THE NIV APPLICATION COMMENTARY

NIV 적용주석

다렐 보크 • 누가복음

솔로몬

NIV 적용주석 시리즈 – 누가복음

2016년 2월 29일 초판 3쇄 발행

지은이 | 다렐 보크
옮긴이 | 조호진
펴낸이 | 박영호
펴낸곳 | 도서출판 솔로몬

주소 | 서울시 동작구 사당로 155 신주빌딩 B1
전화 | 599-1482
팩스 | 592-2104
직영서점 | 596-5225

등록일 | 1990년 7월 31일
등록번호 | 제 16-24호

ISBN 978-89-8255-456-8 94230
ISBN 978-89-8255-449-0(세트)

THE NIV APPLICATION COMMENTARY

DARRELL L. BOCK

NIV LUKE

From biblical text... to contemporary life

이 시리즈는 성경의 영원한 메시지를 이 시대에 말하기를 추구하는 목사와 교사들을 위한 필수적인 도구가 될 것을 약속한다.

－빌리 그래함

NIV 적용주석 시리즈는 내가 바라는 사역의 열정과 동일한 목표－하나님의 말씀의 온전한 영향을 느낄 수 있도록, 메시지를 현대의 청중들에게 전하는 것－를 공유하고 있다.

－빌 하이벨스, 윌로우 크릭 교회

NIV 적용주석은 '하나님의 말씀을 행하는 자들'을 양육하는데 진지한 목사와 여타 사람들을 위한 탁월한 자료다.

－릭 워렌, 새들백 교회

이 주석 시리즈는 진부하지 않다. 그것은 새로운 시대의 신선함으로, 친구의 포옹처럼 직접적으로 들려지고 전달될 수 있도록, 오래된 강력한 하나님의 말씀을 현재로 가져오는 일을 제대로 해내고 있다.

－유진 피터슨, 리젠트 대학

해석의 실타래에서 제대로 된 적용을 얻기 원한다면, NIV 적용주석은 바로 당신을 위한 것이다! 이 시리즈는 원 의미와 현대적 의미에서 탁월하다. 나는 이 주석을 전적으로(100%) 추천한다

－하워드 핸드릭슨, 달라스 신학교

NIV 적용주석 시리즈는 이전에 학자들이 다루지 않았던 것을 과감하게 다룬다－목사와 교사들이 매일 직면하는 성경적 적용의 실제적 세계로 나아간다. 이것이 바로 좋은 주석 시리즈가 가져야 하는 모든 것이다.

－레잇 앤더슨, 우드데일 교회 목사

이것은 21세기의 설교 주석이다.

-조지 브루샤바르, 베델 대학의 신학교 총장

성경의 세계에서 도시 중심가로 적절히 순회하는 주석이 드디어 나왔다.

-켄트 휴 박사, 일리노이주 휘튼 대학교회 목사

NIV 적용주석은 성경이 무엇을 의미하고, 그것을 어떻게 적용해야 하는지, 또 어떻게 반응해야 하는지를 알기 원하는 독자들에게 크게 봉사한다.

-스튜어트 브리스코, 엘름브룩 교회 목사

NIV 적용주석 시리즈는 하나님의 말씀을 설교하고 가르치는 모든 이들에게 매우 탁월한 도움이 될 것을 약속한다.

-J. I. 패커, 리젠트 대학

NIV 적용주석은 NIV 성경에 기반한 철저하고 권위 있는 주석의 긴급한 필요를 충족시킨다. 이 시리즈를 모든 복음주의 공동체의 도서관과 서재에서 곧 발견하게 될 것이다.

-제임스 케네디 박사, 코랄 리지 장로교회 담임목사

차례

시리즈 서문

NIV 적용주석 시리즈는 독특하다. 대부분의 주석들은 우리들이 사는 이 세상에서 성경의 세계로 거슬러 올라가는 여행을 한다. 이 주석들은 우리를 성경의 세계와 분리시키는 시간, 문화, 언어 그리고 지형의 장벽을 넘어설 수 있게 한다. 하지만 그것들은 과거로의 편도 티켓만을 제공할 뿐이고, 돌아오는 여행은 우리들이 알아서 할 수 있다고 가정한다. 이런 주석들이 성경의 각 권이나 구절의 '원 의미' 를 설명하지만 '현대적 의미' 를 탐구하는 데는 우리에게 거의 아무런 도움을 주지 못한다. 이런 주석들이 제공하는 정보가 가치가 있기는 하지만, 단지 절반의 임무를 다하고 있을 뿐이다.

최근에 몇몇 주석들이 다소 현대적인 적용을 주석의 목표 중 하나로 포함시켰다. 하지만 그 적용이 자주 피상적이며 도덕적인 데서 그치고 있다. 또 다른 주석집들은 주석이라기보다는 인쇄된 설교처럼 들린다.

NIV 적용주석 시리즈의 주된 목표는 고대의 메시지를 현대의 정황으로 가져오는 어려우면서도 중요한 임무를 가지고서 여러분을 돕는 것이다. 이 시리즈가 완성된 하나의 책으로서 적용에 초점을 맞추지만 저자들은 성경 구절의 원 의미에서 현대적 의미로 나아가는 '과정' 을 통해서 독자들이 스스로 생각할 수 있도록 돕는다. 본 시리즈는 주석서이지 대중적인 강해서는 아니다. 이것은 참고서적이지 경건 서적은 아니다.

본 주석은 '원 의미', '상황잇기' 그리고 '현대적 의미' 라는 세 항목으로 시리즈의 목표를 이룰 수 있도록 구성되었다.

원 의미

이 항목은 원래의 배경에서 성경의 의미를 이해하도록 돕는다. 여기서는 간결한 형태로 전통적인 주해의 모든 요소들을 논한다. 성경 본문의 역사적, 문학적, 문화적 배경들이 여기에 포함된다. 주석 시리즈의 저자들은 문법과 구문론 그리고 성경 단어들의 의미와 관련한 문제들을 논한다. 시리즈 저자들은 성경구절들의 주요한 개념들을 탐구하고, 성경의 저자들이 이 개념을 어떻게 발전시키는가를 연구한다.

이 항목을 읽고 나면 '원 청중'이 갖고 있었던 문제와 의문, 그리고 관심을 이해하게 되고, 성경의 저자들이 어떻게 이런 이슈들에 대처했는지를 알게 될 것이다. 이런 이해가 오늘날 성경 본문의 합법적인 적용을 행할 수 있는 기초를 제공해준다.

상황잇기

이 항목은 성경의 세계와 오늘날의 세계를 잇는 다리를 놓는다. 즉 성경 본문의 시간적인 측면과 초시간적 측면에 초점을 맞춤으로써 원래의 배경과 현대의 배경을 서로 연결시켜 준다.

하나님의 말씀은 시간적이다. 성경의 저자들은 구체적인 상황과 문제 그리고 질문들에 대해 이야기하였다. 여호수아의 저자는 진노하시는 전사이신 하나님의 손에 난공불락의 도성으로 보였던 여리고의 함락을 이야기함으로써 원 독자들의 용기를 북돋아 주었다(수 6장). 바울은 할례의 결과에 대해서 그리고 율법으로 의롭다함을 얻으려는 위험성을 갈라디아인들에게 경고하였다(갈 5:2-5). 히브리서의 저자는 그리스도가 모세, 아론계열의 제사장들, 그리고 구약성경의 희생제사보다도 우월하시다는 것을 독자들에게 확증하려고 애썼다. 요한은 초기 영지주의의 형태를 가르쳤던 자들의 "영을 시험해 볼" 것을 독자들에게 촉구했다(요일 4:1-6). 이와 같은 경우에 성경의 시간적인 본질이 추상적이 아니라 '구체적'인 상황에서 우리로 하여금 하나님의 말씀을 들을 수 있게 해준다.

하지만 성경의 시간적인 본질은 몇 가지 문제를 낳을 수 있다. 지금 우리의 상황과 난제와 의문들이 성경의 사람들이 직면했던 것들과 항상 직접적으로 연관이 있을 수는 없다. 따라서 성경 시대의 사람들에게 주어진 하나님의 말씀이 항상 우리와 연관이 있어 보이지는 않는다. 예를 들어, 할례가 칭의의 필수적인 요소라고 주장하면서 지금 당신보고 할례를 받으라고 언제 누가 그렇게 주장하였던가? 그리스도가 아론계열의 제사장보다 우월하다는 것에 오늘날 얼마나 많은 사람들이 관심을 쏟고 있는가? 초기 영지주의를 드러내도록 의도된 "실험"이 현대 문화에서 얼마나 가치가 있겠는가?

다행히도 성경은 시간적일 뿐만 아니라 '초시간적'이다. 하나님이 원 청중들에게 말씀하셨던 것처럼 성경 말씀을 통해서 지금 우리에게도 여전히 말씀하신다.

우리는 성경의 사람들과 공통된 인간성을 공유하고 있기 때문에 성경 시대의 사람들이 직면했던 문제들과 하나님이 그들에게 주셨던 해결책 속에서 '보편적인 특징' 을 발견한다. 성경의 초시간적인 본질이 모든 문화의 모든 시간에 능력으로 말씀한다.

성경이 시간적이면서도 초시간적인 측면을 갖고 있음을 인식하지 못하는 사람들은 여러 가지 문제에 직면할 수 있다. 예를 들어, 히브리서와 갈라디아서 또는 신명기와 같은 시간적인 성경책으로 인해 지루함을 느낀 사람들은 오늘날 그런 책들이 의미 없어 보이기 때문에 다시는 그것을 읽지 않으려고 할 수 있다. 한편으로 성경의 초시간적인 본질을 확신하고 있지만 시간적인 요소를 분별하지 못하는 사람들은 멜기세덱의 반차를 좇은 제사장에 대해서 "열변을 토하지만" 청중들은 잠을 자고 있고, 설상가상으로 구약성경의 거룩한 전쟁을 오늘날의 하나님의 대적자들에게 물리적인 방식으로 적용하려고 시도할 것이다.

따라서 이 항목의 목적은 성경의 시간적인 본문에서 무엇이 초시간적인지(또는 무엇이 초시간적이 아닌지)를 여러분들이 식별하도록 돕는데 있다. 예를 들어, 구약의 거룩한 전쟁(성전, 聖戰)은 신약의 영적인 전쟁과 어떻게 관련이 있는가? 바울의 주요한 관심이 (그가 갈 5:6에서 말하고 있는 것처럼) 할례가 아니라면, 그는 무엇에 관심이 있는가? 아론계의 제자장직이나 멜기세덱에 대한 논의가 오늘날 우리와 관련이 없어 보인다면, 오늘날 이 구절에 담겨진 가치는 무엇인가? 1세기의 특정 이단을 분별하기 위해 맞추어진 실험으로 오늘날의 "영을 검증"하려면, 어떤 성경적 검증이 더 적합할 것인가?

하지만 이 항목은 성경 본문에서 어떤 것이 초시간적인지를 밝힐 뿐 아니라 초시간적인 것을 발견하는 방법을 알 수 있도록 돕는다. 주석 시리즈의 저자들은 본문에 함축되어 있는 것들을 명시적으로 밝힌다. 그들은 통상적으로 직관적인 과정을 취하여 논리적이고 정리된 방식으로 그것을 설명한다. 할례가 바울의 주요한 관심사가 아님을 우리는 어떻게 알 수 있는가? 성경 원문이나 배경의 어떤 단서가 바울의 진정한 관심이 더 깊은 차원에 속한 것임을 깨닫게 하는가?

물론 우리들과 원 독자들간의 역사적인 거리가 상당히 있는 구절들은 더 많은 취급을 요할 것이다. 하지만 역사적인 거리가 그리 길지 않거나 겉으로 보기에 거의 존재하지는 않는 구절들은 덜 주의를 기울여도 될 것이다.

마지막으로 덧붙여 말하고 싶은 것은 이 항목이 성경 본문의 '현대적 의미' 를 논의하기 위한 방식을 준비하고 있기 때문에 이 항목과 뒤이어지는 '현대적 의미'

항목간에는 분명한 단절이나 예리한 구분은 주어지지 않는다. 하지만 두 항목들을 종합해서 읽을 때, 여러분들은 성경의 세계에서 오늘의 세계로 이동하는 강력한 감정을 체험하게 될 것이다.

현대적 의미

이 항목은 성경이 처음 작성되었을 때에 그러했던 것처럼 오늘날에도 성경의 메시지가 권능으로 역사하도록 만들어 준다. 당신이 예루살렘, 에베소, 또는 고린도에 대해 배운 것을 시카고, 로스앤젤레스, 또는 런던에서 오늘날 필요한 것들에 어떻게 적용할 수 있는가? 본래 헬라어, 히브리어, 아람어로 전해진 메시지를 우리 자신의 언어로 어떻게 명료하게 전달할 수 있는가? 본래 다른 시대와 문화에 전해진 영원한 진리를 취하여, 유사하지만 다른 필요를 갖고 있는 문화의 사람들에게 어떻게 적용할 수 있는가?

이런 목표를 이루기 위해서 이 항목은 몇 가지 핵심적인 영역에서 도움을 준다.

(1) 이 항목은 원 청중들이 직면했던 상황과 문제 또는 의문들에 상응하는 현대적인 문제들을 식별하도록 돕는다. 현대의 상황이 원 청중들이 직면했던 상황과 좀처럼 일치하지 않기 때문에, 당신의 적용이 연관성이 있으려면 유추적인 상황들을 찾아야 한다.

(2) 이 항목은 성경 본문을 오늘날 적용할 수 있는 다양한 배경들을 탐구한다. 개인적인 적용을 살피기도 하지만, 개인적인 관심을 넘어서서 대체로 사회와 문화에 대해 생각하도록 고무시킨다.

(3) 이 항목은 성경본문을 적용하는 데서 발생할 수 있는 문제나 난관들을 환기시킨다. 그리고 어떤 본문이 적용할 수 있는 다양한 합리적 방식들이 있다면 (즉, 기독교인들이 서로 일치하지 않는 영역이 있다면), 본 시리즈의 저자들은 독자들이 이런 다양한 견해들에 관심을 갖고, 스스로 이런 이슈들에 참여하도록 돕는다.

이런 목표를 추구하는 본 시리즈의 기고자들은 두 가지 극단을 피하였다. 하나는 이 주석이 얼마 지나지 않아 구식이 되지 않도록 너무 구체적인 적용을 피하는 것이고, 다른 하나는 현대인의 삶과 문화와 연관짓지 못하는 아주 일반적인 방식으로 성경 본문의 의미를 논하는 것을 삼가는 것이다.

무엇보다도, 본 주석 시리즈의 기고자들은 이 주석이 도덕책이나 설교집이 되지 않도록 상당한 노력을 기울였다. NIV 적용 주석 시리즈는 바로 써먹을 수 있는 설교 자료집을 제공하려 했다기보다는 당신이 하나님의 말씀을 능력으로 전달할 수 있도록 돕는 도구, 개념, 그리고 통찰을 제공하려 했다. 당신으로 하여금 이 목표를 이룰 수만 있게 한다면, 우리는 이 시리즈의 목적을 이룬 셈이다.

편집자 서문

누가복음은 오늘날 우리에게 무엇을 가르치는가? 아주 많다.

신문을 매 주마다 보면, 이 세상이 새로운 지적 바이러스로 고통당하고 있다는 인상을 가질 수밖에 없다. 많음과 하나의 문제. 많은 인종, 한 인류. 많은 종족, 한 피조물. 많은 국가, 한 세계. 많은 권리, 한 진리. 얼굴의 코를 보는 것처럼, 우리는 이 세상이 다양하다는 것을 분명히 알 수 있다. 하지만 이와 동시에 우리가 연합해야 하는 이유를 발견하지 못한다면, 이 다양성이 쉽게 대립과 멸망으로 바뀌는 것을 알 수 있다.

많음과 하나라는 이런 문제의 바이러스는 결코 새로운 것이 아니다. 하지만 이 바이러스가 우리를 공격하는 형태는 당대에 제공된 대부분의 해독제들을 맹렬하게 저항한다. 한 가지 해독제는 세계 정부를 향한 움직임인데, 그것은 이 문제를 해결하는데 거의 실패한 것으로 보인다. 이전에 소련과 유고슬라비아와 같은 거대한 정부의 파산은 세계가 더 적은 국가가 아니라 더 많은 국가로 나아가는 경향이 있음을 알 수 있게 한다. 인종적이고 종족적인 그룹은 공통된 근거를 찾기보다는 자신의 정체성을 확보하기 위해 열심히 노력한다(캄보디아와 르완다의 경우가 이를 입증한다). 평화를 해치는 종족주의의 제어할 수 없는 바이러스를 무엇이 멈추게 할 수 있는가? 누가가 설명하는 복음의 진리가 최상의 기회를 제공한다. 어떻게 말인가? 한번 설명해 보자.

저자인 다렐 보크가 이 책에서 보여주고 있는 것처럼, 누가는 전체 세계가 하나님이 입안하신 단일한 계획을 따라 운영되었음을 우리에게 보여주는데 관심을 집중한다. 따라서 유아와 어린아이로서 예수에 대한 첫 번째 항목은 하나님이 예수의 삶 속에서 이미 어떻게 역사하셨는지를 보여주고, 세례 요한과 예수의 세례, 그리고 마귀의 시험 이야기는 정확하게 역사하시는 사역으로의 부르심을 정의해주며, 갈릴리라 불리는 호수 근방에서 예수의 초기 사역은 비범한 능력과 권위를 가진 한 사역자를 드러내준다. 예루살렘으로의 마지막 여행에서 예수는 모든 종류의 저항에 부딪히셨고, 이는 하나님의 계획을 따르던 사람들이 얼마나 잔인해질 수 있는지를 보여준다. 예수의 마지막 날의 이야기는 예수가 당대의 여타 지도자들—정치적, 경제적, 종교적 지도자들—과 질적으로 달랐던 영적 리더십을 어떻게 실천하셨는지를 명확하게 보여준다. 누가는 이 비범한 삶이 질서 없이 아무렇게나 발생한 우연이 아니었음을 입증한다. 그것은 하나님이 불어넣으신 삶이었다.

하나님이 불어넣으신 삶은 모든 사람을 위한 유형을 설정하는 삶이다. 이 삶은 세상의 단편적이고 대립적인 요소들을 통합하는 구원자 우리 주 예수 그리스도의 삶이다. 누가는 하나님이 불어넣으신 삶이 유대인과 이방인 간에 주어진 구분이 얼마나 구식인지를 설명하는 수고를 취한다. 인생과 행위의 경쟁적인 비전들을 통합하는 것이 예수 그리스도의 삶이다.

그리고 오늘날 우리의 세계에 누가복음의 핵심적인 적용을 형성하는 것이 바로 이 진리다. 예수의 성육신을 통해서 하나님은 이 거친 세상을 하나로 묶으신다. 우리 시대의 대립은 유대인과 이방인이란 성경적 사례보다도 더 복잡하다. 하지만 이 원리는 동일하다. 하나님이 연합하신다. 하나님은 우리의 독특성—우리의 종족, 국가, 문화—을 부정하심으로써 연합하시는 것이 아니다. 결국에 하나님이 지금 현재의 우리의 존재와 상태를 만드셨다. 하나님은 우리가 알고 있는 자신의 상태를 넘어섬으로써 연합하신다. 하나님이 창조하신 독특한 정체성을 우리가 누리면서 하나가 될 수 있는 이유를 우리에게 주셨다.

저자는 누가가 이 복음서를 썼을 때 의미하는 바를 그의 일생의 학문적 작업을 통해 가져오고, 뒤이어지는 논의들 즉, 누가복음은 오늘날 우리들에게 무엇을 의미하는가라는 질문에 계속해서 응답함으로써 훌륭한 봉사를 행했다. 그 대답은 한마디로 충분하다. 우리는 우리 자신을 넘어서서 주권적인 하나님과 우리를 구원하기 위해서 보내진 성자 하나님께 초점을 맞춘다면 평화로이 더불어 살 수 있다.

테릭 먹

저자 서문

내가 누가복음과 관계를 갖기 시작한 것은, 스코틀랜드의 에버딘(Aberdeen)에서 박사과정 학생이던 때로 거슬러 올라간다. 내가 스코틀랜드의 산지에 살고 있었을 때나, 텍사스의 평원에 살고 있었을 때나, 남서부 독일의 쉬바비안(Schwabian) 산맥에 살고 있었을 때나, 내 마음과 생각은 온통 누가복음으로 가득 차 있었다. 지금 이 책은 15년 이상의 연구 결과들을 담고 있고, 또한 누가복음에 대한 나의 세 번째 주석이기도 하다.

어떤 분은 '왜 같은 복음서에 대해 세 번째 주석을 쓰시나요?' 이렇게 물을지도 모른다. 좋은 질문이다. 나도 이 책을 저술하는 동안 같은 질문을 나 스스로에게 계속해서 던져왔다. 결국 내가 하게 되는 대답은 매우 간단하다. 이 주석을 통해서, 나는 누가복음을 적용하고자 하며, 이 복음이 오늘날에 대해 갖는 메시지를 좀더 구체화하기 위해서이다. 내가 그런 적용에 대해 설명할 수 있게 해 달라.

베이커 출판사(Baker Book House)에서 출간한 나의 두 권짜리 주석은 누가복음에 대한 전문적이고 주석적인 논의들로 가득 차 있다. 만약 누가복음에 대해 학문적인 관점들이 어떤 식으로 얼마나 많이 있는지 알고 싶어 하는 사람이 있다면, 이 책이 아니라 그 주석 책을 봐야 할 것이다. 나는 그 책에서, 누가복음을 이해할 때 발생하는 역사적 문제들이나 문화배경적인 질문들에 관해서 뿐만이 아니라, 이 복음이 다른 복음서들과 어떤 점에서 예수를 제시하는데 있어서 비슷한 면과 다른 면들을 갖고 있는지를 살펴보는데 상당히 많은 분량을 활용할 수 있었다. 물론 그 주석에서도 나는 누가복음의 메시지가 오늘날 시대를 향해 갖는 특징적인 메시지가 무엇인지에 관해서도 살펴보았다. 그러나 그 작업은 학자들, 목회자들, 신학생들 그리고 세세한 헬라어 본문과 그 본문을 둘러싼 수많은 논쟁에 관해 알기 원하는 사람들을 위해 했던 작업이었다.

IVP 출판사(InterVarsity Press)에서 출간한 나의 주석은 그 다음 단계로 나아갔다. 이 주석을 쓸 당시엔, 이전 연구에 토대를 두고 본문을 설명하는 것뿐만 아니라, 좀더 설교적인 느낌을 갖고서 더 분명하게 누가복음과 현재와의 상관성에 관해 설명해 달라는 요청을 받았다. 이 주석에서 나는 주해뿐만이 아니라 적용에도 집중하고자 노력했다. 그러나 이 주석도 누가복음의 메시지를 찾아가고 설명하려고 하면서도, 여전히 현대와 상관성을 가지고 누가복음을 제시하려고 했던 목회자들과 성도들을 위한 주석이었다.

하지만 지금 이 주석은 전혀 다르다. 나는 본문의 메시지를 적절하고 철저하게 다루도록 요청받긴 했지만, 이전에 베이커 출판사에서 했던 것보다는 훨씬 짧게 할 것을 요청받았고, IVP 출판사에서와는 다른 부분에 초점을 맞춰 달라는 요청을 받았다. 전체 주석의 절반가량은, 오늘날에 대한 적용뿐만이 아니라 어떻게 과거의 메시지로부터 그런 적용에 이를 수 있는지에 대해서 논의한다. 나는 할 수 있는 대로 이 두 가지 부분에 대해 동일한 노력을 기울이고자 애썼다. 나는 대부분의 주석들이 해석에 있어서 각각의 단계를 설명하고 변호하는 것과 마찬가지로, 적용의 원리에 대해 주의를 기울였다. 이것은 새로운 도전이었고 나는 이것을 내가 누가복음과 더불어 내디뎌야 할 자연스러운 마지막 단계라고 받아들였다.

모든 목사들이나 신학생들은 그가 해석을 하고 있건 혹은 설교를 하고 있건 아니면 단순히 본문을 적용하고 있건 간에, 해석에 필요한 모든 과정마다 모든 범주의 기술과 여러 질문들을 필요로 하고 또한 야기한다는 것을 잘 알고 있다. 이 책은 앞선 두 권의 주석들의 연구를 상당히 많이 전제로 하고 있으며, 그 주기를 완성시키려고 시도했다. 이전에 이미 행한 연구가 없었다면 이 책은 저술될 수 없었겠지만, 그렇다고 이 책이 그저 이전 내용을 다시 되풀이해 제시하는 그런 내용은 결코 아니다. 나는 이 책의 성공여부를 독자들에게 맡겨 놓고자 한다. 나의 소망과 기도는, 이 복음서에 대한 연구가 독자들로 하여금 하나님과 좀더 밀접한 동행으로 이끌어주고 하나님의 약속을 성취하신 분에 대해 좀더 잘 이해하게끔 해주는 것이다.

이 시리즈에 참여할 수 있도록 친절하게 초청해 준 것에 대해, 존더반(Zondervan) 출판사와 스탠 건드리(Stan Gundry), 잭 쿠하트첵(Jack Kuhatschek), 벌린 벌브러그(Verlyn Verbrugge), 그리고 테리 먹(Terry Muck)에게 깊은 감사를 드린다. 특히나 잭과 테리 두 사람에게는 이 주석의 처음 시작 부분에 유익한 글을 써준 것에 대해 감사한다. 그들의 수고가 이 작업을 즐겁게 만들어주었고, 그들이 내게 해준 상담은 지혜로 가득 차 있었다. 나는 또한 톰슨(Marianne Meye Thompson)과 스노드그라스(Klyne Snodgrass)로부터 받은 제안들을 통해 큰 유익을 누릴 수 있었다. 이들은 내가 무언가를 말하고자 할 때 그 내용을 좀더 정확하게 말할 수 있도록 도와주었고, 내 생각을 여러 방면에 적용할 수 있도록 박차를 가해주었다. 이 주석에 대해 세심한 교정을 봐준 켄 맥길리바리(Ken MacGillivray)에게도 감사드린다.

나는 이 책을, 내게 이제는 누가복음에 대한 저술을 끝냈는지 항상 물어보던 내 가족들에게 바친다! 나는 특히 자신들의 아버지가 일할 수 있도록 배려해 주었던 나의 자녀들, 엘리사, 라라, 그리고 스티븐에게 감사한다—그래, 이제 아빤 좀더 농구를 많이 할 수 있게 되었구나. 나의 형제인 존과 두 자매들인 달시와 조디에게, 나는 지나치게 활동적인 형제를 오랫동안 참아준 것에 대해 진심으로 고마움을 표하고 싶다. 나의 장인 장모인 조와 앤 두 분께도 내가 삶의 기쁨을 아름다운 따님인 샐리와 함께 누릴 수 있도록 허락해 주시고, 내가 성장해서(!) 그분들의 귀한 손주들이 자라나는 것을 돕는 책임을 감당할 수 있게끔 해 주신 것에 대해서 감사를 표현하고자 한다. 그리고 마지막으로 나는 이 책을 돌아가신 나의 부모님들께 바친다. 하나님이 그분들을 내 삶에서 일찍 데려가셨지만, 그분들은 내게 사랑의 유산을 남겨주셔서 내가 하나님의 사랑이 어떠한 것인지를 잘 깨달을 수 있도록 도와주셨다. 그분들께 이 책을 바친다.

다렐 L. 보크
1994년 10월 31일

약어표

AB	Anchor Bible
ACNT	Augsburg Commentary on the New Testament
AnBib	Analecta biblica
BAGD	Bauer, Arndt, Gingrich, and Danker, *A Greek-English Lexicon of the New Testament and Other Early Christian Literature*
BAR	*Biblical Archaeology Review*
BBB	Bonner biblische Beiträge
BBR	*Bulletin for Biblical Research*
BETL	Bibliotheca ephemeridum theologicarum lovaniensium
BibSac	*Bibliotheca Sacra*
BJRL	*Bulletin of the John Rylands University Library*
BNTC	Black's New Testament Commentaries
CBQ	*Catholic Biblical Quarterly*
CNTC	Cambridge New Testament Commentaries
CT	*Christianity Today*
EBC	*Expositor's Bible Commentary*
EKK	Evangelisch-katholischer Kommentar
ExpTim	*Expository Times*
FB	Forschung zur Bibel
HNT	Handbuch zum Neuen Testament
HTKNT	Herders theologischer Kommentar zum Neuen Testament
ICC	International Critical Commentary
JBL	*Journal of Biblical Literature*
JRS	*Journal of Religious Studies*
JSNT	*Journal for the Study of the New Testament*
JSNTMS	Journal for the Study of the New Testament-Monograph Series
JSNTSS	Journal for the Study of the New Testament-Supplement Series
JTS	*Journal for Theological Studies*
LCC	Library of Christian Classics

NAB	New American Bible
NASB	New American Standard Bible
NCB	New Century Bible
NIBC	New International Biblical Commentary
NICNT	New International Commentary on the New Testament
NIDNTT	*New International Dictionary of New Testament Theology*
NIGTC	New International Greek Testament Commentary
NIV	New International Version
NovT	*Novum Testamentum*
NovTSup	Novum Testamentum Supplement Series
NTS	*New Testament Studies*
NTD	Das Neue Testament Deutsch
PTMS	Princeton Theological Monograph Series
PTS	Paderborner theologischen Studien
RNT	Regensburger Neues Testament
SBLDS	Society of Biblical Literature Dissertation Series
SBLMS	Society of Biblical Literature Monograph Series
SNT	Studien zum Neuen Testament
SNTIW	Studies of the New Testament and Its World
SNTSMS	Society for New Testament Studies Monograph Series
SNTU	Studien zum Neuen Testament und seiner Umwelt
TDNT	*Theological Dictionary of the New Testament*
THKNT	Theologischer Handkommentar zum Neuen Testament
TPINTC	Trinity Press International New Testament Commentaries
TS	*Theological Studies*
WBC	Word Biblical Commentary
WUNT	Wissenschaftliche Untersuchungen zum Neuen Testament
ZNW	*Zeitschrift fur die neutestamentliche Wissenschaft*

서론

개론: 왜 누가복음을 읽는가?

대부분의 사람들은 누가복음이 가장 긴 복음서라는 사실—장수가 아니라 절수에서—을 잘 생각하지 않는다. 사실 만약 우리가 절수를 헤아려본다면, 누가는 신약성경 중 가장 많은 분량을 저술한 사람이다(누가, 2157절[누가복음+사도행전]; 바울, 2032절; 요한 1416절[1]; 마태, 1071절; 마가, 678절). 또한 누가복음은 예수의 이야기가 뒤이어 나오는 사도행전에서 속편을 갖고 있다는 점에서도 매우 독특하다. 이를 통해서, 예수와 교회의 사역이 동일한 저자의 시각을 통해 함께 연관되어 서술되고 있다. 이 점은 이 두 권의 성경책이 갖는 도입적인 관심사가 중첩된다는 것을 의미하며, 사도행전에서 얻을 수 있는 증거가 또한 누가복음에 대한 증거이기도 하다는 점을 의미한다.

누가-행전은 하나님의 계획에 관한 내용을 담고 있다. 누가복음은 예수가 누구시며, 그분이 무엇을 하셨고, 왜 이 땅에 오셨으며, 그런 계획들 속에서 제자들이 맡을 역할을 위해 그들을 어떻게 준비시키셨는지에 관해 설명한다. 사도행전의 기본적인 질문들은, 복음서 스토리의 일부분을 형성하고 있거나 혹은 복음서 스토리를 통해 준비된다. 예를 들자면, 사도행전의 중심적인 관심은 유대인들과 이방인들 간의 관계에 대한 것이다. 이런 정황에서, 누가복음은 이 주제를 이런 식으로 제시한다. 원래는 유대적 운동이었던 것이 어떻게 해서 모든 사람에게 구원을 주는 토대가 되었는가? 이방인들이 진정 포함되는가? 만약 예수가 원래는 이스라엘의 메시아였다면, 어떻게 해서 그토록 수많은 반대를 받고 심지어 십자가에 매달릴 정도까지 박해를 받았는가? 더군다나, 십자가에 달린 메시아가 어떻게 해서 모든

---

1. 이 숫자는 요한계시록과 요한 서신들을 포함한 숫자이다. 이 숫자들은, 어떻게 본문 비평적인 문제들을 평가하느냐에 따라서, 조금씩 다를 수도 있다.

인류의 소망의 토대가 될 수 있단 말인가? 어떻게 살해당한 인물이 하나님의 소망의 중심이 될 수 있단 말인가? 요컨대, 왜 모든 사람들은 예수가 하나님의 계획의 중심이라고 반응해야만 하며, 또한 하나님은 우리에게 무엇을 하라고 요청하시고 있는 것인가?

이 주석은 누가복음의 모든 내용들이 얼마나 실제적으로 우리로 하여금 예수께 반응하도록 도전하는지를 보여줄 것이다. 누가복음은 예수가 누구신지를 보여주는데 있어서, 메시아라는 유대적인 소망의 카테고리에서부터 출발한다. 그러나 누가가 예수의 사역을 통해 그분이 누구신지를 드러내면서, 우리는 그분이 메시아적인 인물 이상이라는 것을 보게 된다. 누가는 이 예수를 우리들에게 단 한번에가 아니라 점차적으로 보여주는데, 우리는 이 과정을 놓치는 경향이 있다. 우린 당시 사건에서 거의 2천년이나 떨어져 있고, 한편으로는 사실 그의 메시지를 처음부터 끝까지 매우 익숙하게 잘 알고 있기 때문이기도 하다.

왜 예수는 오셨는가? 누가는 그 이유에 대해서, 우리 죄를 위해 죽으시기 위해서만이 아니라 또한 성령으로 새롭게 된 하나님의 백성을 만들어서 하나님을 성결과 의로 종신토록 섬기게 하시기 위해서라고(눅 1:73-75) 이야기한다. 예수는 하나님의 약속이 실현되기 시작했음을 선포하기 위해 오셨다. 그 약속은 "모세의 율법과 선지자의 글과 시편에 기록된" 약속이었다(눅 24:44).

예수는 무얼 하셨는가? 누가는 하나님께로 가는 길은 죄인이 하나님의 도우심을 받고자 돌아서야만 한다는 것을 철저하게 인식하는 것임을 주가 어떻게 드러내셨는지를 설명한다. 그의 권능을 보여주시면서, 예수는 하나님의 나라와 때가 이르렀음을 설교하셨다(눅 4:16-30; 11:14-23). 주님은 자연을 압도하셨고, 귀신을 쫓아내셨으며, 질병들을 고치셨고, 죽은 자를 무덤에서 일으키시는 것을 통해서, 인류를 대적해왔던 모든 형태의 대적들을 압도할 수 있음을 보여주셨다(8:22-56). 예수는 구원의 여정 기간 제자들에게 오로지 고난을 겪은 이후에만 영광에 도달할 수 있다는 것을 보여주심으로써 그들을 준비시키셨다(9:21-27).

예수는 사람들이 어떤 일을 하기를 원하셨을까? 그분은 죄인을 회개하라고 부르셨고(눅 5:31-32), 제자들에게는 날마다 자기 십자가를 지고 주를 좇으라고 하셨으며(9:23), 증인들을 향해서는 죄 사함을 얻는 회개의 메시지를 모든 열방들에게 전하라고 하셨다(24:43-49). 주님은 이 일을 위해 성령을 보내주실 것이라고 약속하셨는데, 이는 많은 사람들이 그들의 메시지를 거부할 것이기 때문이었다. 그러나 그들은 그들의 대적들을 사랑하고 그들을 위해 기도하라고 부름 받았다(6:27-35).

하나님의 계획속의 각각의 모든 행동 단계의 중심에는 예수가 자리 잡고 있다. 예수는 하나님의 길을 보여주는 유일한 분이시며, 또한 그런 분으로 신뢰해야만 하는 분이시다. 그분은 제자들을 부르는 분이시다. 그분은 성령을 보내주는 분이시다. 그분은 하나님의 용서를 가져오는 분이시다(눅 5:12-26; 7:36-50). 복음은 모든 사람들에게 개방되어 있는데, 예수가 모든 사람들의 주님이시기 때문이다. 누가가 데오빌로에게 그가 배운 바를 확실케 하고자 한다고 언급할 때(1:4), 그 확실함이란 예수가 거룩한 축복의 근원이시며 데오빌로가 하나님의 은혜와 약속의 담지자(擔持者)이신 예수를 받아들일 모든 권리를 갖고 있다는 것이 확실하다는 그런 종류의 확실함이다.

이 복음은 또한 예수가 어떻게 유대인 지도자들로부터 거부당하게 되셨는지를 설명한다. 누가복음은 복음이 어떻게 해서 모든 열방들을 그 약속 안에 포함하고 있는지에 관해서도 이야기한다(사도행전은 이 주제를 좀더 완벽하게 충족시켜준다). 이 복음은 예수가 그분의 제자 삼기 원했던 사람들의 종류에 대해서 이야기하고, 또한 그 제자들이 어떤 종류의 공동체를 갖기를 원하셨는지에 대해서 이야기한다. 누가복음은 그 공동체 안에서 많은 핵심적인 여성들이 감당했던 역할이나, 예수의 윤리적 명령, 기도의 중요성, 세상으로부터 박해당할 때 기뻐하는 태도, 그리고 성령의 중요성 등에 관해서도 이야기한다.

모든 내용의 핵심에는 은혜로우신 하나님의 역사하심이 자리 잡고 있는데, 그분은 자신의 약속들을 지키는 분이시며, 자기 백성을 인도하시고, 말씀을 성취하는 분이시다. 성도들은 누가복음이 특히 비유 형태로 되어 있는 예수의 가르침들을 담고 있기 때문에 사랑하며, 또한 예수가 백성들과 함께하신다는 것—특히 죄인들, 가난한 자들 그리고 사회에서 거부당하는 자들—을 드러내주기 때문에 사랑한다. 긍휼을 베푸시는 하나님은 자기 자신을 이 복음 안에서 충분히 보여주신다. 성경의 하나님은 그분께서 이 세상의 하나님이심을 보여주신다.

우린 이 세상의 다양한 종족을 강조하는데 익숙하다. 사물을 보는데 있어서 우리의 관점은 다문화적이고 다차원적인 관점이다. 누가복음은 하나님이 이처럼 다양한 배경과 차원들의 모습들을 어떻게 새로운 특별한 공동체로 형성하시는지를 설명한다. 비록 우리는 서로 다른 뿌리들을 갖고 있지만, 예수 안에서 하나 됨을 이룰 수 있다. 1세기 사람들을 좀더 가까이에 다가가서 살펴볼수록, 우린 그들이 우리와 매우 비슷하다는 사실을 좀더 알 수 있게 된다. 죄, 돈, 열망, 소망, 공동체, 핍박, 교만, 인간성 등에 대해 그들이 갖고 있었던 문제와 자세들을, 오늘날 우리들도 마찬가지로 마주 대한다. 누가는 예수가 이런 주제들에 대해서 어떻게 가르치셨는지에 관해 통찰력을 제공해주며, 또한 우리가 하나님을 어떻게 알 수 있는지에 대해 매우 분명하게 알려준다.

후자의 이슈인 하나님을 아는 것과 관련된 이슈는, 다른 나머지 이슈들을 전망할 수 있게끔 해주며, 우리들이 왜 누가의 목소리에 주의를 기울여야 하는지를 설명한다. 하나님의 계획은 우리가 거기에 얼마나 잘 조화를 이루고 있는지를 발견하게 될 때까지는 종종 대단히 신학적으로 추상적인 모습일 때들이 많다. 누가의 목표는 우리가 하나님의 계획안에서 어디에 자리 잡고 있는지를 분명하게 제시해주는 것이다. 그는 우리로 하여금 우리가 어떻게 하면 하나님과 관계를 맺을 수 있는지를 보여준다. 즉 어떻게 해야 믿음의 여정을 살 수 있고, 우리가 살아야만 하는 삶을 통해 아름다운 여행을 할 수 있는지를 볼 수 있도록 우리를 초청한다.

누가복음의 구성[2]

저자

누가복음이나 사도행전은 모두 저자의 이름을 제시하지 않는다. 그렇기 때문에 우리는 저자가 누구인지를 알아내기 위해 이 두 권의 성경에서 얻을 수 있는 증거와 교회전통을 조사해야만 한다. 누가-행전은 저자와 관련해 두 가지 핵심적인 사실들을 제시한다. (1) 저자는 이 성경들이 묘사하고 있는 사건들에 대해 직접 목격한 증인은 아니었다. 특별히 누가복음은 그 내용과 관련해서 더더욱 그렇다(눅 1:1-4). 저자는 직접 목격한 사람이라기보다는, 예수의 생애를 요약한 이전 작품들을 자료로 활용했다. (2) 사도행전의 "우리 항목"(we section, 행 16:10-17; 20:5-15; 21:1-18; 27:1-28:16)에 의하자면, 저자는 사도 바울의 동료였다. 이 항목은 비록 그 자체가 논쟁거리이기는 하지만 저자가 누구인지를 상당히 좁은 범위로 축소시켜준다.

어떤 사람들은 "우리 항목"이 문학적 도구이었거나, 혹은 누가-행전의 저자가

2. 우리는 이 서론에서는, 이 세 번째 복음서의 역사적 배경을 소개하고 도입하는 기본적인 특징만 살펴보는 것으로만 제한할 것이다. 누가복음의 구조와 성경신학에 대한 요약들에 대해서는 D. L. Bock, "Luke, Gospel of," in *Dictionary of Jesus and the Gospels*, ed., by J. B. Green, S. Mcnight, and I. H. Marshall(Downers Grove, Ill.: InterVarsity, 1992), 495-510을 보라. 누가복음 신학에 대해 좀더 완전한 논의를 보고 싶다면, 나의 "A Theology of Luke-Acts," in *A Biblical Theology of the New Testament*, ed. by R. Zuck and D. Bock(Chicago: Moody, 1994), 87-166을 보라.

자신의 경험이 아니지만 인칭 변화 없이 단순하게 이어받아 무의미하게 사용한 여행 언급들일 뿐이라고 주장해왔다.[3] 이 논의는 바울의 이름을 담고 있는 신약성경 서신서들의 바울이 정말로 누가의 바울인가 아닌가라는 문제와도 연관되어 있다. 어떤 사람들은 사도행전의 저자는 바울의 동료가 아니라고 주장한다. 왜냐하면 누가가 묘사하는 바울의 모습과 바울이 자기 자신을 보는 관점 사이에 너무 많은 차이점이 있기 때문이다.[4] 만약 사도행전 저자가 바울을 몰랐다면, 그렇다면 그는 전통적으로 사도행전과 연관되어 있다고 생각되어온 누가가 될 수 없거나, 누가 자신이 바울과 연관되어 있지 않았어야 한다.

피츠마이어(Fitzmyer)는 사도행전의 "우리 항목"이 문학적인 도구일 뿐이라는 주장에 대해, 이런 표현들과 이 항목은 무언가를 설명하는데 있어서 상당히 독단적으로 보인다는 점을 지적한다. 그는 이런 지적을 통해, 이런 주장에 대해 매우 적절한 대답을 제시해왔다. 만약 이런 표현방법이 창조적인 문학적 도구들이라면, 왜 이런 표현법들이 그저 드물게 표현양식으로만 나올 뿐이란 말인가? 우리는 왜 더 많은 본문들에서 이런 표현들을 더 많이 발견할 수 없는 것인가? 그러므로 "우리 항목"은 저자 이외의 다른 사람이 아무 생각 없이 단순하게 삽입해 넣은 표현 이상의 것이며, 도리어 이 표현이 드문드문 사용되었다는 것이 이 표현의 출처가 진정성을 갖고 있음을 반영한다. 바울과 관련한 문제에 대해서는, 우리는 한사람이 자기 자신에 대해 갖는 생각과 다른 사람이 그 사람에 대해 갖는 생각이 종종 다르다는 점을 고려해야만 한다. 여기에 덧붙여서, "우리 항목"의 저자가 바울과 함께 했던 사람이라는 점에 대해서도, 그가 바울과 항상 같이 있었다는 것을 의미하는 것은 아니라는 점을 생각해야 한다. 더군다나 누가가 바울에 대해 신학적으로 묘사한 내용과 바울 자신의 묘사는, 이 경우 두 가지가 서로 모순 없이 양립할 수 있다.[5] 물론 이런 여러 사항들 중 그 무엇도 저자가 누가라는 것을 입증하지는 않는다. 그러나 이런 점들은, 누가-행전의 저자가, 적어도 바울을 알고 있었고 때로는 함께 일했던 두 번째 세대 기독교인이라는 점을 지적해준다.

누가-행전 범주내의 이런 증거를 통해 제기되는 가능성들은, 저자 후보들로 추

---

3. 이런 입장에 대해서는 다음을 보라. E. Haenchen, *The Acts of the Apostles A Commentary*(Oxford: Basil Blackwell, 1971), 85.
4. 이런 주장을 가장 강력하게 제시하는 것은 Vielhauer, "On the 'Paulinism' of Acts," in *Studies in Luke-Acts*, ed., by L. E. Keck and J. L. Martyn(LONDON: S. P. C. K., 1966), 33-50이다.
5. F. F. Bruce, "Is the Paul of Acts the Real Paul?" *BJRL* 58(1975/76): 282-305.

측해볼 수 있는 사람들을 상당히 압축시켜준다. 우리는 바울 서신을 근거로 해서 바울과 함께 여행했던 사람들의 목록을 구성해볼 수 있다. 사실 이것도 어느 정도는 긴 목록이 될 것이다: 마가, 아리스다고, 데마, 디모데, 디도, 실라, 에바브라, 누가, 그리고 바나바. 비록 후보자들의 이름이 상당히 여럿이기는 하지만 초대교회 전통에서는 이들 중 누가를 만장일치적인 모습으로 저자로 규정했다는 점도 매우 중요하다. 기원후 200년까지 이런 규정이 일반적으로 받아들여졌다. 순교자 저스틴(대략 기원후 160년경)은 『대화록』(*Dialogues*) 103.19에서 예수에 대한 회상이 바울을 좇는 사람을 통해 기록되었다고 이야기한다. 그 이후 10-20년 후에 기록된 무라토리 정경은 누가를 의사로 부른다. 이와 대략 비슷한 시기에, 이레니우스는 누가복음을 누가가 기록한 것으로 간주했고, "우리 항목"을 언급했다. 터툴리안과 유세비우스 역시 누가복음을 바울 라인과 연결성이 있는 것으로 간주했고, 누가의 역할에 대해서 지적했다. 활용 가능한 옵션들을 사용해본다면, 세 번째 복음서의 저자를 누가와 연결시키는 것은 교회사가 인상 깊게 보여주는 증거이다.

우리가 누가에 관해 알고 있는 내용은, 그가 비록 셈족일 가능성이 있기는 하지만 유대인은 아니었으며, 아마도 그리스가 아니라 안디옥에서 온 시리아인일 것이라는 추측뿐이다(골 4:10-11). 그가 구약성경에 대해 갖고 있던 지식과 하나님을 경외하는 사람들에 대해서 그가 논의했다는 점은, 그가 어쩌면 기독교인이 되기 이전에 유대교와 연결성을 갖고 있었거나 혹은 자신도 하나님을 경외하는 사람이었을 것이라고 추측하게 한다. 누가와 의학의 연결은 골로새서 4:14에서 나온다.

장르

복음서는 신약성경에서 매우 독특한 장르다. 전기는 한 사람의 인생에 대해서 처음 출발부터 마지막에 이르기까지 다 이야기해주지만, 복음서는 그런 모든 내용을 담고자 추구하지 않는다는 점에서 전기와 다르다. 그러나 복음서도 한 사람과 그의 사역 두 가지 모두에 대한 스토리를 담고 있는 장르이다. 누가는 자신의 설명을 제시함에 있어서, 그가 사용해서 작업했던 전승과 그 근원들을 대단한 자산으로 간주한다. 누가복음 1:1-4은 예수에 대한 설명의 근원들이 얼마나 직접적인 증인들의 증거에 토대를 둔 것인지를 자세히 이야기한다. 그러나 누가를 그저 이런 전승들을 오려붙이고 한데 모은 편집자에 불과하다고 말하는 것은 잘못된 일이다. 이 복음서를 다른 두 개의 공관복음서들과 비교해보면, 저자가 자신이 제시하는 내용들을 때로는 주제를 중심으로, 때로는 다른 부수적 원자료들[6]을 토대로 배치했음을 보여준다. 누가는 또한 어떻게 해서 예수가 부활하시고, 승천하신 주님으로 이해하게 되었는지 그리고 어떻게 해서 유대인들이 예수를 반대하는 일이 일어나게 되었는지에 대해서도 두드러지게 설명한다. 그는 예수의 가르치심들을 다른 복음서 기자들과는 다른 방식으로 개요를 잡아 제시하는데, 이로 인해 몇몇 비유들은 누가복음에만 나타난다. 제자도 그리고 이웃이나 특별히 사회에서 거부당하는 사람들에 대한 예수의 관심은, 누가의 설명에 있어서 두드러진 특징으로 자리잡는다. 이 복음은 신학적이면서 동시에 역사적이다. 이 복음은 교훈하기 위해서만이 아니라, 훈계하기 위해서 기록되었다. 이런 복합성은 누가를 역사가이자 신학자이며 목사로 만든다.

연대

많은 사람들은 열방심판에 대한 본문들이 예루살렘 파괴(눅 19:41-44; 21:20-24)를 상당히 구체적으로 다룬다는 점을 근거로 삼아, 이 책의 연대를 A.D. 70년 이후로 잡는데, 일반적으로는 80년대 중반으로 잡는다. 하지만 누가복음의 저자가 예루살렘 파괴를 묘사한 것은 그저 하나님은 이스라엘이 언약에 대해 불성실했기 때문에 앗수르나 바벨론을 통해 이스라엘을 심판하셨던 과거 역사와 마찬가지로 지금도 그들을 심판하실 것이라고 주장하는 것일 뿐이다.[7] 이런 선지자적 선포라는 배경을 두고 생각한다면, 누가복음 기록연대를 굳이 예루살렘 파괴라는 역사적 사건 이후로 잡을 필요가 없다.

좀더 그럴듯해 보이는 연대는 60년대의 어느 시점이다. 사도행전에 나오는 마지막 사건은 기원후 62년경에 일어난 사건이다. 누가복음의 연대로서 이 연대를 제안하는 것은, 바울의 죽음이 사도행전에 기록되어 있지 않고, 마가나 마태 등을 포함한 다른 원자료들을 돌려보기 위한 시간도 어느 정도 고려해야하기 때문이다.

독자

누가의 독자가 누구였는가에 대한 논의에는, 온갖 종류의 내용들이 다 들어있다. 그는 유대인들이 거부했다는 사실에 온통 모든 신경을 기울이면서 유대인 독자들을 위해서 이 복음서를 쓰고 있는 것인가? 그는 사도행전에서 두드러지게 나

---

6. 누가복음에 대한 나의 두 권의 책인 *Luke 1:1-9:50*과 *Luke 9:51-24:53*(Grand Rapids: Baker, 1994, 근간)은 이런 세밀한 비교들을 한번에 한 구절씩 그리고 한번에 한 문단씩 해 놓았다.
7. C. H. Dodd, "The fall of Jerusalem and the Abomination of Desolation," *JRS* 37(1947): 47-54.

타나는 소명에 신경을 쓰면서 이방인 독자들을 대상으로 누가복음을 쓰고 있는 것인가? 독자를 결정짓는데 있어서 생기는 문제점 중 일부는, 이 복음서 자체가 누구를 지향하고 있는지를 명확하게 하지 않고 있다는데 있다. 누가복음 1:1-4에서 이 복음서의 수신인으로 기록하고 있는 데오빌로는 사회적으로 유명한 인물인 것으로 보이지만, 우리는 그가 어디에 살았는지 모르며, 심지어 그의 국적조차도 모르고 있다. 수신인이 어느 정도 신앙생활에 노출되어 있던 사람이었고 확신이 필요한 사람이었다는 사실은, 그가 성도였을 것임을 의미한다. 또한 누가가 글을 썼던 방식을 볼 때, 누가가 데오빌로 이외의 사람들도 독자가 될 것임을 알고 있었다는 점도 분명하다—이 복음서의 많은 훈계들이 일반적인 특징을 갖고 있다는 점을 주목하라. 외관상 이 복음서가 유대인 독자를 갖고 있었는가 아니면 이방인 독자를 갖고 있었는가라는 질문을 구별하기 위해서는, 우린 누가의 두 권의 책이 전체적으로 갖고 있는 목적에 관해서 그리고 이 복음서가 어떻게 이런 목적에 부합하는지에 관해 논의해야만 한다.

목적

학자들은 누가-행전의 저술목적에 대해 수많은 제안들을 제시해왔다.[8] 이런 제안들 중 상당수는 일부 진리의 요소들을 포함하고는 있지만, 이들 중 극히 적은 소수의 제안들만이 누가의 근본적인 목표를 충분히 포괄적으로 표현하고 있다. 예를 들자면, 콘젤만(Conzelmann)은 예수가 왜 아직 재림하시지 않았는지를 누가가 설명하려고 시도하고 있다고 주장한다. 그러나 실제로 이 복음서에는 (콘젤만의 주장과는 달리) 두 번째 오심에 대해서는 거의 다루지 않는다. 저자는 그보다 예수가 형성하신 새로운 그룹들의 소명에 대해 훨씬 더 많은 시간을 할애한다.

몇몇 사람들은 이 작품이 "짧은 변증" 종류의 작품이라고 주장해왔다. 기독교에 대한 변증이거나 혹은 바울이 로마 법정을 대비하기 위해 만들어진 것이라고 말이다. 이런 주장의 중요한 문제점은, 이 두 작품의 4분의 3 이상이 변증과 관련해서는 직접적으로 아무 상관도 없다는 점이다. 도대체 어떤 법정이 요점에 도달하기 전에 대략 40장이 넘는 분량의 스토리를 질질 끌며 읽어나가겠는가? 이런 관점을 약간 변형시킨 주장도 있는데, 바울이 기독교 공동체 앞에서 변론을 하고 있다고 보는 관점이다. 분명, 바울과 같은 대표적인 사역자들과 그들의 소명을 통해 어떻게

8. 누가복음과 관련해서 좀더 완전한 논의를 보고자 한다면, 누가복음 1:1-9:50에 관한 서론을 보라.

해서 복음이 이방인들에게까지 퍼져나갔는지를 설명하는 것이 사도행전의 중심 주제라는 점에는 의심의 여지가 없다. 그러나 이런 저술목적은 누가복음의 역할에 대한 것까지는 분명하게 설명하지 못한다.

일부 사람들은 여전히 누가가 영지주의와 싸우기 원하고 있다고 주장한다. 영지주의는 헬라 철학적인 접근법인데, 이 운동이 완전한 형태를 갖춰 등장한 것은 예수 시대 이후이다. 이런 접근법은 누가복음이 헬라주의적인 배경을 갖고 있다고 간주한다. 그러나 연대적으로 볼 때 한참 늦은 시기에 영지주의가 등장했다는 문제점은 차치하고서라도, 누가복음의 내용들 중 예수가 육체적으로 부활하셨다고 묘사하는 부활 설명 부분만이 영지주의라는 철학적 접근에 도전하는 내용이라는 점도 문제이다.

몇몇 학자들은 복음증거나 혹은 구원이라는 주제 제시라는 폭넓은 저술목적을 주장해왔다. 구원은 분명 핵심적인 관심사이지만, 이 주제는 너무 폭넓게 표현될 수 있기 때문에 비단 누가복음만이 아니라 수많은 다른 신약성경들의 저술목적으로도 역할 할 수 있다. 복음증거라는 특정한 주제로 잡으려는 노력은, 우리를 누가의 핵심적인 노력에 좀더 가까이 다가서게 해준다. 예를 들어서, 누가는 유대교 지도자들이 예수를 거부한 것이 하나님의 계획안에 있다는 것을 설명하는데 매우 많은 시간을 보낸다. 여기에 덧붙여서, 그는 언약의 나라인 이스라엘이 메시아를 향해 얼마나 부정적이었는지를 자세히 규명한다. 이는 하나님의 계획이 본질상 어떤 것인지 제시하는 것을 포함해서, 하나님의 신실하심을 변호하는 신정론이 이 두 권의 작품의 중요한 부분일 수 있음을 의미한다.

우리가 누가복음 한권만 놓고 생각해보면, 중심무대를 차지하고 있는 것은 다름 아니라 예수의 인격과 주를 통해 인간을 구원하시는 하나님의 역사하심이다. 데오빌로는 아마도 유대인이 아닌 셈족계통의 이방인 성도이거나 혹은 하나님을 경외하는 사람이었을 것이고, 유대인들로부터 그토록 수많은 박해와 반대를 당하는 기독교, 그러니까 원래는 유대적이었던 것으로 보이는 기독교 운동 안에서 도대체 자신이 무엇을 하고 있는 것인지를 궁금해 했을 수도 있다. 그는 정말로 신앙 안에 속해 있었는가? 구원은 정말 그 운동 속에서 발견할 수 있는가? 누가는 데오빌로에게 예수가 하나님의 구속계획의 중심부에 자리 잡고 계시다는 사실을, 거절이 어떻게 일어났는지를 설명하는 것을 통해 확신케 한다. 그는 예수가 형성하신 이 공동체가 주님과 마찬가지 길을 걸어갈 준비를 해야만 한다고 설명한다.

누가의 작품은 또한 이방인들이 포함되어 있다는 점에 대해서나 기독교 운동이 취하고 있는 방식에 대한 의문을 여전히 품고 있었을 모든 유대인 기독교인들에게 유익을 주려는 의도를 갖고 있었다. 예수의 고난과 거부당하심은 놀라운 일이 아니었다. 이는 모두 하나님이 계획하신 일들이었다. 새로운 공동체에 대한 반응 역시 놀라운 일이 아니다. 이를 옹호하는 길은, 예수가 겪으신 고통의 종류를 확신하게 하는 것이다. 한편 제자들은 이 구원에 대해 증거 해야만 하고 또한 이런 거부에 대해 사랑으로 반응해야만 한다. 바로 이것이 예수를 받아들이거나 혹은 거부하는 것을 다루는 그 많은 비유들과 그 많은 예수의 가르침들이 나오는 이유이다. 이런 결정에 있어서 이스라엘의 역할에 대해서나, 예수의 대리자로서 윤리적으로 고상하고 존경받을 만한 방식으로 삶을 살고 유지하라는 명령과 관련해서 말이다. 누가복음은 깊이 있는 실천적 복음이다. 그의 메시지는 포용적일 뿐만 아니라, 우리가 어떻게 다른 사람들과 관계 맺어야하는 지에 대해서도 반영해야만 한다. 누가는 또한 우리에게 성령에 대해서도 많이 이야기하는 저자로 알려져 있지만, 이 강조는 누가복음보다는 사도행전에 더 지배적으로 나타난다. 그럼에도 불구하고, 예수의 사역은 하나님의 계획에 잘 들어맞을 뿐만 아니라, 하나님이 능력을 부어주시는 성령 안에서도 능력을 공급받았다(눅 4:16-18). 교회의 사역도 비슷한 역동성을 갖는다(눅 24:43-49; 행 1:8).

누가복음의 구조

내가 누가복음에 대해 제시한 아웃라인에서는 누가복음을 다섯 개의 기본적인 항목들로 구분한다. 다른 곳에서 나는 이런 중심적인 구분들에 대해 구체적으로 설명했었다.[9] 이 주석은 적용과 교훈에 초점을 맞추고 있기 때문에, 나는 좀더 큰 설교단락들을 만들기 위해서 이전에 만들어진 복음서의 전승단위들인 몇몇 하위 단락들을 하나로 묶었다. 나는 가능한 한 이처럼 묶는 본문들을 적은 숫자가 되게 하고자 노력했으며, 누가복음의 기본적인 구조와 주제 배열순서를 분명하게 남겨두고자 했다. 서론(Introduction) 중 지금 이 부분에서는, 나는 누가복음의 대략을 훑어보고 이런 주제들이 적용이라는 측면에서 어느 방향으로 나아가는지를 제시하고자 한다.

9. 누가복음 1:1-9:50과 9:51-24:53을 보라. 복음서의 문단구분과 관련한 문학적 이슈들이, 각각의 문단 구분들이 시작되는 부분에서 충분하게 다루어져 있다.

유소년기 항목(infancy material, 1:1-2:52은 그저 유아기에 관한 내용만이 아니다. 이 내용은 예수의 사춘기 직전 시기까지로 확장된다. 그럼에도 불구하고, 이 부분은 첫출발부터 하나님의 임재하심을 보여준다. 누가는 예수가 주님보다 앞서 온 세례 요한보다 얼마나 우월하신 분이신지를 제시한다. 그는 또한 하나님은 예수보다 앞서 온 세례 요한을 통해서, 그리고 그의 뒤를 이어 오신 바로 주를 통해서 어떻게 자기 백성을 다시 찾아오셨는지를 드러내 보여준다(1:68-79). 여기에는 두 가지 다른 주제들이 지배적으로 나타난다. (1) 하나님은 예수를 통해 실행하실 계획을 갖고 계시다. 그리고 (2) 하나님은 약속을 지키신다. 그러므로 성도는 하나님의 말씀을 계속해서 신뢰해야만 한다. 사가랴와 마리아 모두 다 우리에게 하나님의 약속을 신뢰하는 것에 관해 가르쳐준다. 신뢰하는 사람들은 하나님의 은혜를 경험하며 그들이 하나님께 드리는 경배 안에서 쉼을 누릴 수 있다.

이 복음의 두 번째 단락(3:1-4:13)은 **예수를 위해 사람들을 준비시키는 요한의 소명과 예수가 약속된 바로 그분이심을 확인하는 내용**을 보여준다. 요한의 사역은 예수의 사역을 준비하면서 회개의 본질이 무엇인지를 보여주는 것이었다. 회개는 자신의 죄를 인식하는 것을 통해 하나님께 돌아서는 것과, 또한 다른 사람들을 섬기는 것을 포함한다. 그러나 요한의 중요한 목표는 뒤이어 오실 분을 가리키고 지시하는 것이다. 예수의 선물은 제사가 아니라 하나님께 속한 사람과 그렇지 않은 사람 사이를 분명히 하시는 성령을 주시는 것이다. 메시아는 하나님의 성령을 가져다주시는 분으로 알려지게 될 것이다.

갈릴리 사역 항목(4:14-9:50)은 예수의 행동과 권능을 강조한다. 여기에서는 하나님 약속의 성취에 대한 선포, 가르침, 그리고 기적적인 역사하심 등이 "예수는 누구신가?"라는 질문과 결합되어 있다. 이에 대한 대답은, 하나님은 기름 부으신 분이라고 대답한 베드로의 고백을 통해 제시된다. 예수의 권능이 자연, 사탄, 질병 혹은 다른 그 무엇을 넘어서는 것이건 간에, 주님은 약속된 메시아이시다. 이와 마찬가지로, 제자들은 주가 또한 고난 받으시도록 부름 받으셨다는 것을 이해해야만 한다. 그들은 또한 고난 없이는 영광도 없다는 사실도 이해해야만 한다. 거부당하는 것을 통하지 않고서는 영광으로 가는 길이 없다는 것을 깨닫지 않으면, 우리는 결코 예수를 좇아갈 수 없다. 제자들이 그들 자신을 세상에 참여하게끔 할 때, 세상은 그들을 거부하겠지만, 제자들은 원수를 사랑하고 그들을 위해 기도하고 다른 사람들을 섬기며 세상에 참여하도록 부름 받은 것이다.

이 항목은 또한 예수를 향한 유대인들의 반대가 어떻게 일어나는지를 설명한다. 주의 주장들과 행동들은, 주가 위대한 권세를 갖고 계시다는 것을 지시해주지만 동시에 많은 유대인들을 신학적으로 공격하는 것이기도 했다. 예를 들어서, 죄를 사할 수 있다는 예수의 주장은 그들이 보기엔 신성모독적인 행동이었다. 예수의 선포에 대해서나 죄인들과 연합하시려는 주의 의지에 대한 유대인들의 반응은, 왜 몇몇 사람들이 주께 도전하는지 그 이유를 설명한다. 결과적으로 죄를 용서한다고 주장하는 사람은, 오직 하나님의 권세를 갖고서만 그렇게 할 수 있다. 예수의 대적들은 주의 선지자적인 행동들과 주가 자신이 하나님의 백성들을 구원하는 하나님의 약속된 통치자라고 주장하는 것에 대해서는 참을 수 있었다. 그러나 주가 영적 심판을 넘어서는 특권을 갖고 있다고 주장하실 때엔, 이 내용은 그들이 참을 수 있는 범위를 넘어서는 것이었다. 그러나 바로 이 주장이 누가가 테이블 위에 올려놓기를 원했던 바로 그 질문이다. 예수가 행하시는 모든 일들은 주가 갖고 계신 이와 같은 중요하고 독특한 유일무이한 점을 강조하기 위해 고안되었다.

예루살렘 여행 항목(9:51-19:44)은 제자도를 다루는 이 복음서의 중심단락이다. 여기에는 두 가지 핵심적인 관심사가 들어있다. (1) 예수는 그가 떠나신 이후의 삶을 위해 제자들을 훈련시키실 필요가 있었다. 이런 관심은 누가가 이 항목에서 사용하고 있는 독특한 가르침의 분량, 특히나 비유를 통한 가르침의 분량을 생각해 볼 때 분명해진다. (2) 누가는 또한 예수를 향한 반대와 훼방이 강화되어서 결국은 유대인 지도자들이 주의 죽음을 요청하게 된다는 점을 설명한다. 이런 정황 속에서, 예수께서도 또한 자신의 제자들에게 주를 향한 믿음을 지탱하고 그 안에 남아있으라고 명령하신다. 주님은 이스라엘이 하나님은 그들을 찾으시고 방문하시는 시간을 놓친 것에 대해 심판에 직면하게 될 것임을 보여주신다. 하나님의 임재를 놓치는 것은 위험한 일이다.

마지막 항목(19:45-24:53)은 **예루살렘에서의 예수의 마지막 날들—죽음과 부활을 향한 주의 운명적인 행보들**—을 자세하게 기록한다. 예루살렘에서 일어나는 일련의 논쟁들은, 예수가 공식적인 지도자들과 얼마나 다른 분이신지를 분명하게 제시한다. 마지막 날들에 대한 주의 설교들은, 인자의 옴과 더불어 성전이 파괴되는 것을 비견한다. 하나님의 계획은, 주가 죄 없으신 분으로서 왜 고난 받으셨는지를 주의 죽으심을 통해 드러낸다. 예수의 사역 초기 때에 예언된 것과 마찬가지로 말이다—하나님의 말씀은 성취될 것이다. 예수의 부활은 제자들을 놀라움으로 사로잡는다. 이는 예수 제자들의 소명이 계속 이어질 것임을 의미한다. 하나님의 계획의 다음 단계는 하나님의 약속이 메시아 안에서 실현되었다고 선포하시는 것인데, 이는 신실한 제자들이 감당해야 할 임무가 될 것이다—이는 복음이 만들어내는 중요한 소망이다.

누가는 데오빌로에게 그가 이미 배웠던 내용을 확실하게 하기 위해서 복음을 썼다(1:1-4). 그는 예수가 하나님이 약속하신 바로 그분이시며, 죄 사함과 하나님의 계획의 완수를 보여주시는 분임을 확신할 수 있다. 그는 또한 제자들이 이 세상 속에서 지금 겪고 있는 고난이 하나님께 놀라운 일이 아니라는 것에 대해서도 확신할 수 있는데, 그들은 구세주의 발자취를 따라 행진하고 있는 것이기 때문이다. 예수는 하늘의 권세를 공유하시면서 하나님 보좌 우편에 앉아계신다. 주님은 하나님이 자기 자녀들에게 은혜롭게 베푸시는 모든 구원의 유익들의 근원이시다. 데오빌로는 성령께서 자신의 매일의 삶 속에서 자신을 위로하시는 근원이 될 것임을 알 수 있다. 그는 하나님이 자기 백성들을 결정적으로 옹호하시고자 움직이실 때 예수가 재림하실 것임을 기대하며 기다릴 수 있다. 하나님은 약속을 지키실 것이다. 누가복음 7:28이 가르치는 것처럼, 하나님 나라에서 가장 작은 자도 구약 시대의 가장 위대한 선지자보다 더 위대하다. 실제로 누가는 데오빌로와 우리들 모두에게, "확신하라. 만약 네가 예수를 안다면, 너는 지금 네가 있어야할 올바른 곳에 있는 것이다"라고 말한다. 사람들이 정체성이나 가치의 문제로 인해 혼란스러워하며 분투하는 오늘날 같은 시대에, 하나님을 아는 것과 그분의 약속을 공유하는 것보다 더 좋은 메시지가 과연 무엇이 있겠는가? 누가복음의 보물은, 하나님이 교회에 남겨두신 확신이라는 보물이며, 이는 우리에게도 주어진다.

오늘날에 대해 갖는 중요성

누가복음에 대한 이 연구에서는, 누가복음이 기록되던 1세기 배경에 대해서가 아니라 그보다는 그 메시지를 현대적으로 적용하는데 더 많은 관심을 기울일 것이다. 누가복음은 이런 목표에 잘 어울린다. 저자가 행동과 가르침을 결합한 모습은, 우리에게 하나님에 관하여, 하나님의 계획에 관하여 그리고 예수의 성품에 관하여 많은 것을 가르쳐준다. 이 주제를 깊이 생각하는 것은 매우 중요한 일인데, 우리가 하나님과 구세주에 대해 더 잘 알게 되면 될수록 우리는 우리의 소명과 우리 삶에 대한 주의 목적에 대해 더 잘 이해할 수 있게 되기 때문이다. 더군다나 우리는 믿음의 행보에 있어서 좀더 깊은 믿음의 자리로 내려갈 수 있게 될 것이다. 왜냐하면 하나님의 성품과 우리를 향한 하나님의 기대들에 관해 좀더 적절하게 이해하게 될 것이기 때문이다.

죄와 죄 사함에 관한 예수의 가르침은, 우리의 인간성에 대한 우리의 이해와 창조세계에서 우리가 갖는 역할과 가치 모두에 대해 충격을 준다. 누가는 하나님의 백성들이 항상 고통에서 벗어나 있는 것은 아니며, 또한 항상 이생의 삶에서 늘 받아들여지고 환영받는 것만도 아님을 지적한다. 하나님과 이 세상에서 동행하며 산다는 것이 만약 다른 사람들로부터 비록 철저한 적대감은 아니라 하더라도 오해받는 것을 의미한다면, 우리는 도대체 어떻게 살아야 한단 말인가? 그러나 예수가 우리를 향해 나를 좇아오라고 부르신 제자도는 주를 기쁘시게 하는 길로 우리가 걸어갈 수 있도록 우리에게 힘을 주시는 하나님의 성령을 통해 능력을 공급받는 제자도이다. 성령을 통해서, 우리는 하나님이 우리에게 너희는 이러이러하게 되라고 명령하시는 대로 될 수 있다.

세계관, 신학, 그리고 실천적인 원리의 제시라는 측면에서 보자면, 이 복음은 우리가 어떻게 하나님을 좀더 잘 섬길 수 있는지를 설명한다. 바로 이것이, 저자가 돈, 분노, 박해, 종족이나 성별이 서로 관련 맺는 방식들, 기도, 기쁨, 그리고 찬양 등의 주제를 검토하는 이유이다. 이런 주제들은 누가가 이들을 다루던 당시와 마찬가지로 지금도 매우 생생하고 중요한 주제들이다.

누가는 또한 다양한 유형의 사람들을 분석한다. 하나님의 길을 거부하는 사람들, 응답하는데 주저하는 사람들, 그리고 다양한 정도로 응답하는 사람들 등이 바로 그런 사람들이다. 이 복음서에 등장하는 인물들은, 도대체 어떤 가치와 우선순위들이 사람들로 하여금 예수께 반응하지 못하도록 가로막는지에 대해서와 더불어, 사람들이 어떻게 예수께 반응했는지를 우리에게 이야기한다. 이런 주제들은 적용을 위해 묵상할 풍부한 얘깃거리들을 갖고 있다.

이는 누가복음에 대한 적용이 항상 과거에서부터 현재를 향하는 일직선상의 여행이라는 의미가 아니다. 오늘날 교회의 상황은 누가가 복음서를 기록했던 당시와는 사뭇 다르다. 그 당시에는 교회가 종교 세계에서 "새로운 녀석들"이었다. 교회는 젊고 성장하는 운동이었으며, 교회를 확립하고자 추구하던 시기였다. 지금은 교회는 자신만의 역사와 전통을 이미 갖고 있으며, 오늘날에는 세계화가 이루어져 있다. 누가가 복음서를 쓰던 당시에는 감히 꿈도 꾸지 못할 정도로 말이다. 초기에는 그토록 논쟁거리였던 이방인의 포함문제는 이제 당연한 것으로 받아들여지며, 반면 초기 논쟁에서 핵심적인 문제 중 하나였던 하나님의 약속에서 이스라엘이 갖는 역할은 지금은 거의 생각조차 되지 않는 문제가 되어버렸다. 누가는 이 문제를 다루는데 많은 시간을 할애했다. 그는 하나님께서 모든 사람들을 그분의 약속에 동참할 수 있도록 하신다는 점을 분명히 한다. 교회는 또한 명백한 소수 운동에 불과할 때 그건 불가능하다고 생각했던 방식으로 모든 계층들로 확대되었다. 동시에, 오늘날 교회는 초대교회는 결코 만나볼 수 없었던 지점, 즉 권력을 행사하는(심지어 남용하는) 위치까지 기관화되고 제도화되었다. 이처럼 언제든지 권력을 활용가능한 상황이 되었기에, 섬김에 대한 명령은 실천하기 어려운 지경이 되어버렸다. 이런 모든 요소들은 적용을 좀더 복잡하게 만든다.

더군다나, 옳건 그르건 간에 일부 문화들은 그들 자신들을 유대-기독교적인 문화가 그들 문화의 근간이라고 생각한다. 이런 점은 사람들이 기독교를 이해하는데 있어서 충격을 주는데, 많은 사람들은 자기 자신을 태어날 때부터 기독교문화 안에서 태어나거나 혹은 문화를 통해 기독교가 무엇인지를 알고 있다고 간주하기 때문이다. 이런 관점은 오늘날 성도들이 믿음을 인식하는 방법을 곡해하게 만든다. 이런 가능성은 또한 적용에도 충격을 준다.

다른 한편으로, 우리는 서로 간에 커뮤니케이션이 가능한 "지구촌"을 당연시하기 때문에 종교다원주의에 대해서 좀더 많이 생각해야만 한다. 많은 사람들에게 있어서, 하나님이 한 가지 메시지를 주신다는 이슈는 문제가 많은 것으로 여겨지곤 하는데, 참과 거짓 사이에서 한 가지를 선택해야만 하는 것이 아니라 많은 사람에게 정말 중요하고 문제가 되는 것은 진실함을 가지고 하나님을 추구하는 것이냐 아니냐가 되어버렸기 때문이다. 예수가 하나님의 독생자이며 구세주이시고 하나님의 계시는 오직 예수 안에만 있다는 배타적인 주장은, 하나님께 도달하려는 모든 시도들이 적절한 것이라는 세계관에 반기를 드는 것이다. 예수는 이런 문화적 기대에 도전하신다.

이런 다양한 요소들이 의미하는 바는, 내가 누구이며 하나님은 내가 무얼 하기 원하시는가라는 것을 영적으로 묵상하기 위한 오아시스를 누가가 자극하고 있다는 것이다. 하나님의 은혜를 경험했고 또한 하나님에 관한 것들을 쉽게 받아들이지 않는 세상 속에서 살고 있는 그런 사람들 그리고 그런 세상을 대상으로 사역하게끔 주가 만드신 공동체 안에서 하나 됨을 공유하고 있는 사람들, 이런 사람들의 공동체에 속하는 것을 본문이 자연스럽게 강조하고 있다는 것을 첨가한다면, 하나님이나 다른 성도들 그리고 공동체의 지체가 아닌 사람들과 건강한 관계를 갖는다는 이슈 역시 중요하며 전면에 나서는 이슈이다. 성도들은 하나님을 갈망하며 주목하는 삶을 살도록 부름 받았는데, 이는 하나님이 예수 안에서 죄 사함과 생명을 받은 사람들에게 부어주시기 때문이다. 누가는 예수가 어떻게 이 은혜를 드러내셨으며, 이 은혜를 주시고자 죽으셨으며, 이를 베푸시고자 살아나셨으며, 또한 모든 피조물을 넘어서는 은혜의 임재를 확립하시고자 다시 오실 것임을 이야기한다. 교회는 자신이 도대체 어떤 모습인가에 대해서, 사역을 통해서, 관계를 통해서 그리고 무엇보다도 하나님과의 친밀한 동행을 통해서 잘 보여줘야만 한다. 하나님을 아는 이런 새로운 길이 복음의 빛이며 교회에 대한 부르심이다. 이것이 바로 누가의 스토리가 갖고 있는 내용이다. 그리고 바로 이것이 이 스토리를 읽고 묵상하는 것이, 한 사람의 삶과 그가 이전에 갖고 있었던 삶에 대한 정의와 관점을 바꾸어줄 수 있는 이유이다.

누가복음의 개요

I. 어린아이 내러티브(1:1–2:52)

A. 서언: 확신을 주는 역사(1:1-4)

B. 앞서 와서 선포하는 세례 요한(1:5-25)

C. 예수 탄생에 대한 선언(1:26-38)

D. 마리아의 엘리사벳 방문(1:39-56)

E. 세례 요한의 출생과 사가랴의 노래(1:57-80)

F. 예수의 탄생과 천상의 송축(2:1-21)

G. 경건한 사람과 여선지자가 예수에 대해 증거 하다(2:22-40)

H. 잠시 엿보이는 예수의 자기인식(2:41-52)

II. 사역을 위한 준비(3:1–4:13)

A. 세례 요한 그리고 세례 받으시는 예수(3:1-22)

B. 예수의 족보(3:23-38)

C. 예수에 대한 시험(4:1-13)

III. 갈릴리 사역(4:14–9:50)

A. 갈릴리 사역에 대한 개관(4:14-44)

1. 사역: 요약 그리고 회당에서(4:14-30)
2. 가버나움에서의 사역(4:31-44)

B. 제자들을 모으심(5:1-6:16)

1. 두 번의 부르심과 두 가지 기적들(5:1-32)
2. 새 시대는 새로운 길을 의미한다(5:33-6:5)
3. 반대 그리고 열두 제자를 부르심(6:6-16)

C. 예수의 가르침(6:17-49)

D. 그리스도에 대한 믿음으로의 움직임(7:1-8:3)
1. 예수의 권세: 믿음으로부터 부활에 이르기까지(7:1-17)
2. 예수와 세례 요한(7:18-35)
3. 본보기적인 믿음의 여인(7:36-8:3)
E. 믿음과 예수에 대한 질문(8:4-9:17)
1. 말씀을 받으라는 부르심(8:4-21)
2. 기적1: 파도를 잠잠케 하심(8:22-25)
3. 기적2: 예수가 거라사에서 귀신을 내어 쫓으심(8:26-39)
4. 기적3과 4: 치유 그리고 죽음에서의 부활(8:40-56)
5. 예수의 사역의 확장(9:1-9)
6. 무리를 먹이심(9:10-17)
F. 그리스도에 대한 고백과 제자도(9:18-50)
1. 베드로의 고백 그리고 고난에 대한 예언(9:18-22)
2. 고난이라는 새로운 길(9:23-27)
3. 변화하심(9:28-36)
4. 제자들의 실패와 예수의 교훈(9:37-50)

IV. 예루살렘으로의 여행(9:51-19:44)
A. 제자들의 특권, 소명, 소속(9:51-10:24)
1. 거부속의 제자도 그리고 하나님 나라의 부르심(9:51-62)
2. 70인—둘씩의 소명(10:1-24)
B. 이웃을 향한, 예수를 향한, 하나님 앞에서의 제자도(10:25-11:13)
1. 이웃이 되는 것에 관하여: 선한 사마리아인(10:25-37)
2. 제자도와 예수님: 마리아의 좋은 선택(10:38-42)
3. 제자도와 하나님 앞에서의 기도(11:1-13)
C. 논쟁들 그리고 진리에 대한 부름들(11:14-54)
1. 예수의 사역이 갖는 의미(11:14-23)
2. 반응에 대한 경고(11:24-36)
3. 예수가 바리새인들과 서기관들을 꾸짖으시다(11:37-54)
D. 제자도(12:1-48)
1. 주를 두려워하라(12:1-12)

2. 어리석은 부자에 대한 비유(12:13-21)
3. 염려하지 말라(12:22-34)
4. 신실한 종으로 준비되어 있으라(12:35-48)

E. 때를 알라(12:49-14:24)
1. 이스라엘의 때에 대한 경고(12:49-13:9)
2. 안식일 치유(13:10-17)
3. 하나님 나라의 도래(13:18-35)
4. 안식일 식사와 생각하라는 부르심(14:1-24)

F. 순전한 제자도 그리고 값을 헤아리는 것(14:25-35)

G. 왜 하나님은 죄인들을 찾으시는가?(15:1-32)
1. 잃어버린 양과 동전에 대한 비유(15:1-10)
2. 용서하시는 아버지와 두 아들들에 대한 비유(15:11-32)

H. 관대함: 돈과 소유물을 다루는 것(16:1-31)
1.지혜로운 청지기에 대한 비유(16:1-13)
2. 바리새인들의 비웃음 그리고 새로운 시대(16:14-18)
3. 나사로와 부자에 관한 비유(16:19-31)

I. 잘못된 가르침, 죄 사함, 믿음, 그리고 섬김(17:1-10)

J. 신실하게 왕과 왕의 나라를 기다림(17:11-18:8)
1. 치유와 사마리아인의 믿음(17:11-19)
2. 하나님 나라와 그 도래에 대한 설명(17:20-18:8)

K. 겸손함 그리고 모든 것을 아버지께 맡김(18:9-30)
1. 겸손: 세리와 자녀들(18:9-17)
2. 부유한 통치자와 부에 대한 교훈들(18:18-30)

L. 예루살렘으로 돌아가시다(18:31-19:44)
1. 십자가를 목전에 두시고 교제를 나누시다(18:31-43)
2. 부자의 구원(19:1-10)
3. 청지기됨과 그리스도의 재림(19:11-27)
4. 예루살렘에 들어가심(19:28-44)

V. **예루살렘: 죄 없이 십자가에 달리시고 입증하심(19:45-24:53)**

A. 예루살렘에서의 논쟁(19:45-21:4)

1. 무슨 권세로 네가 이런 일들을 하느냐?(19:45-20:8)
2. 악한 소작농들에 대한 비유(20:9-19)
3. 성전세(20:20-26)
4. 부활에 관한 질문(20:27-40)
5. 메시아에 대한 예수의 질문(20:41-44)
6. 두 가지 유형의 사람: 서기관과 가난한 과부(20:45-21:4)

B. 예루살렘의 파괴와 마지막 날(21:5-38)

C. 배신 그리고 작별(22:1-38)

1. 유다의 배신계획(22:1-6)
2. 최후의 만찬(22:7-20)
3. 마지막 설교(22:21-38)

D. 재판과 예수의 죽으심(22:39-23:56)

1. 기도를 통한 준비(22:39-46)
2. 배신과 체포되심(22:47-53)
3. 재판과 부인(22:54-71)
4. 빌라도와 헤롯 앞에서(23:1-12)
5. 예수가 아니라 바라바(23:13-25)
6. 십자가에 달리심(23:26-49)
7. 장사지냄(23:50-56)

E. 부활과 예수의 승천(24:1-53)

1. 부활 발견(24:1-12)
2. 엠마오로 가는 여행(24:13-35)
3. 예수의 명령, 약속, 작별(24:36-53)

참고 문헌

아래는 누가복음에 대한 선별된 참고문헌이다. 그것은 주로 주석들과 주요한 누가복음 연구물들이다. 여기에 언급한 모든 작품들이 주석에서 인용되지는 않는다. 주석들 중에서 영어로 된 전문적인 연구에 가장 도움이 되는 작품들은 마셜(Marshall), 놀란드(Nolland), 그리고 피츠마이어(Fitzmyer)의 주석들이다. 보다 간단하게 사용할 수 있는 참고문헌으로는 티드(Tiede), 에반스(C. A. Evans), 단커(Danker), 스타인(Stein), 그리고 존슨(L. T. Johnson)의 주석이 도움이 된다. (나는 내 작품과 또 그것이 어디에 적합한지는 언급하지 않을 것이다. 그것에 대해서는 서문을 보라.) 누가복음의 주요한 성경 신학적 주제에 대한 핵심적인 영어 연구물들은 마셜(Marshall), 프랭클린(Franklin), 오툴(O' Toole), 탄네힐(Tannehill)의 작품들과 척-보크(Zuck-Bock)의 자료다.

Achtemeier, P. "The Lucan Perspective on the Miracles of Jesus: A Preliminary Sketch." pp. 153-67 in *Perspectives on Luke-Acts.* Ed. C. H. talbert. Edinburgh: T. & T. Clark, 1978.

Aland, K. *Synopsis Quattuor Evangelorum.* Tenth Edition. Stuttgart: deutsche Bibelstiftung, 1978.

Arndt, W. F. *The Gospel According to St. Luke.* St. Louis: Concordia, 1956.

Bailey, K. E. *Poet and Peasant: A Literary Approach to the Parables in Luke.* Grand Rapids: Eerdmans, 1976.

Berger, K. *Formgeschichte des Neuen Testaments.* Heidelberg: Quelle & Meyer, 1984.

Blomberg, Graig. "The Law in Luke-Acts." *JSNT* 22(1984): 53-80.

_______. *Interpreting the Parables.* Downers Grove, Ill.: InterVarsity, 1990.

Bock, D. L. *Luke.* The IVP New Testament Commentary Series. Downers Grove, Ill.: InterVarsity, 1994.

_______. *Luke 1:1-9:50.* Baker Exegetical New Testament Commentary. Grand

Rapids: Baker, 1994.

_______. *Luke 9:51-24:53*. Baker Exegetical New Testament Commentary. Grand Rapids: Baker, forthcoming.

_______. *Proclamation for Prophecy and Pattern: Lucan Old Testament Christology*. JSNTSS 12. Sheffield: Sheffield Academic Press, 1987.

Bovon, F. C. *Das Evangelium nach Lukas*. EKK 3/1. Koln nd NeuKirchen-Vluyn: Benzinger Verlag und Neukichener Verlag, 1989.

_______. *Luke the Theologian: Thirty-three Years of Research*(1950-1983). Trans. Ken McKinney. PTMS 12. Allison Park: Pickwick Publications, 1987.

Brawley, R. L. *Luke-Acts and the Jews: COnflict, Apology, and Conciliation*. SBLMS 33. Atlanta: Scholars Press, 1987.

Brown, R. E. *The Birth of the Messiah*: A Commentary on the Infancy Narratives of Matthew and Luke. London: Geoffrey Chapman, 1977.

_______. The Death of the Messiah: From Gethsemane to the Grave. 2 vols. New York: Doubleday, 1994.

Brown, S. *Apostasy and Perseverance in the Theology of Luke*. AnBib 36. Rome: Pontifical Biblical Institute, 1969.

Bruce, F.F. *The Book of the Acts*. Revised edition. NICNT. Grand Rapids: Eerdmans, 1988.

_______. "Is the Paul of Acts the Real Paul?" *BJRL* 58(1975/76): 282-305.

Büchele, A. *Der Tod Jesu im Lukasevangelium*. Frankfurt am Main: J. Knecht, 1978.

Bultmann, R. *The History of the Synoptic Tradition*. Trans. J. Marsh. Revised edition. New York: Harper & Row, 1963.

Busse, U. *Die Wundern des Propheten Jesus*. FB 24. Stuttgart: Katholisches Bibelwerk, 1979.

Cadbury, H. J. "Lexical Notes on Luke-Acts: II. Recent Arguments for Medical Language." *JBL* 45(1926): 190-206.

_______. "V. Luke and the Horse-Doctors." *JBL* 52 (1933): 55-65.

_______. *The Making of Luke-Acts*. 2d edition. London: S.P.C.K, 1958.

Cassidy, R. *Jesus, Politics and Society: A Study of Luke's Gospel*. Maryknoll, N.Y.: Orbis, 1978.

Chance, J. B. *Jerusalem, the Temple, and the New Age*. Macon, Ga.: Mercer Press, 1988.

Conzelmann, H. *The Theology of St. Luke*. Trans. Geoffrey Buswell. New York:

Harper & Row, 1960.

Craddock, F. *Luke.* Interpretation. John Knox : Atlanta, 1991.

Creed, J. M. *The Gospel According to St. Luke.* London : MacMillan and Company, 1950.

Danker, F. *Jesus and the New Age.* Revised edition. Philadelphia : Fortress, 1988.

Dibelius, M. *Studies in the Acts of the Apostles.* Ed. H. Greeven. Trans. M. Ling. New York : Charles Scribner's Sons, 1956.

Dillon, R. J. *From Eye-Witnesses to Ministers of the Word.* AnBib 82. Rome : Pontifical Institute Press, 1978.

Dodd, C.H. "The Fall of Jerusalem and the Abomination of Desolation." *JRS* 37(1947) : 47-54.

Dupont, J. *The Salvation of the Gentiles : Essays on the Acts of the Apostles.* New York : Paulist, 1979.

Egelkraut, H. *Jesus' Mission to Jerusalem : A Redaction Critical Study of the travel Narrative in the Gospel of Luke, 9:51-19:48.* Bern/Frankfurt : Lang, 1976.

Ellis, E.E. *The Gospel of Luke.* NCB. London : Oliphants, 1974.

Esler, P. F. *Community and Gospel in Luke-Acts.* SNTSMS 57. Cambridge : Cambridge Univ. Press, 1987.

Ernst, J. *Das Evangelium nach Lukas.* RNT. Regensburg : Pustet, 1977.

Evans, C. A. *Luke.* NIBC. Peabody, Mass. : Hendricksen, 1990.

Evans, C. F. *Saint Luke.* TPINTC. London : SCM, 1990.

Farmer, W. *The Synoptic Problem.* Revised edition. Dillsboro, N.C. : Western North Carolina Press, 1976.

Farris, S. *The Hymns of Luke's Infancy Narratives.* JSNTSS 9. Sheffield : JSOT Press, 1985.

Feiler, P.F. *Jesus the Prophet : The Lucan Portrayal of Jesus as the Prophet Like Moses.* Dissertation ; Princeton : Princeton University, 1986.

Fitzmyer, J. *The Gospel According to Luke.* 2 volumes. AB 28, 28a. Garden City, N.Y. : Doubleday, 1981, 1985.

_______. *Luke the Theologian : Aspects of His Teaching.* London : Geoffrey Chapman, 1989.

Fornara, C. W. *The Nature of History in Ancient Greece and Rome.* Los Angeles : Univ. of California Press, 1983.

Franklin, E. *Christ the Lord : A Study in the Purpose and Theology of Luke-Acts.* London : S.P.C.K., 1975.

Geiger, R. *Die Lukanischen Endzeitreden: Studien zur Eschatologie des Lukas-Evangeliums.* Europäische Hochschulschriften 16. Frankfurt am Main: Peter Lang, 1973.

Giblin, C. H. *The Destruction of Jerusalem According to Luke's Gospel.* AnBib 107. Rome: Biblical Institute Press, 1985.

Glöckner, R. *Die Verkundigung des Heils beim Evangelisten Lukas.* Walberberger Studien 9. Mainz: Matthias-Grünewald Verlag, 1976.

Godet, F. A *Commentary on the Gospel of St. Luke.* 2 volumers. Edinburgh: T. & T. Clark, 1870 (repr. 1975).

Goulder, M. *Luke: A New Paradigm.* JSNTSS 20. Sheffield: Sheffield Academic Press, 1989.

Grundmann, W. *Das Evangelium nach Lukas.* THNT III. Berlin: Evangelische Verlagsanstalt, 1963.

Haenchen, E. *The Acts of the Apostles: A Commentary.* Trans. B. Noble, G. Shinn, H. Anderson, and R. McL. Wilson. Oxford: Basil Blackwell, 1971.

Hemer, C. J. *The Book of Acts in the Setting of Hellenistic History.* Ed. C. Gempf. WUNT 49. Tübingen: J.C.B. Mohr, 1989.

Hendriksen, W. *Luke.* Grand Rapids: Baker, 1978.

Hengel, M. *Acts and the History of Earliest Christianity.* Trans. John Bowden. Philadelphia: Fortress, 1980.

Hobart, W. K. *The Medical Language of St. Luke.* Dublin: Hodges, Figgis, 1882.

Jeremias, J. *The Parables of Jesus.* Trans. S. H. Hooke. New York: Charles Scribner's Sons, 1972.

_______. *Die Sprache des Lukasevangeliums.* Göttingen: Vandengoeck und Ruporecht, 1980.

Jervell, J. *Luke and the People of God.* Minneapolis: Augsburg, 1972.

Johnson, L. T. Luke. Sacra Pagina 3. Wilmington, Del.: Michael Glazier, 1991.

_______. *The Literary Function of Possessions in Like-Acts.* SBLDS 39. Missoula, Mont.: Scholars Press, 1977.

Keck, L. E., and Martyn, J. L., eds. *Studies in Luke-Acts.* Nashville: Abingdon, 1966.

Klostermann, E. *Das Lukasevangelium.* HNT. Tubingen: J.C.B. Mohr, 1929 (repr. 1975).

Knox, J. *Marcion and the New Testament.* Chicago: Univ. of Chicago Press, 1942.

Kummel, W. *Introduction to the New Testament.* 17th ed. Nashville: Abingdon, 1975.

Laurentin, R. *Struktur und Theologie der lukanischen Kindheitsgeschichte.* Stuttgart : Katholische Biblelwerk, 1967.

Leaney, A.R.C. *The Gospel According to St. Luke.* BNTC. London : Adam and Charles Black, 1966.

Liefeld, W. "Luke." pp. 797-1059 in vol. 8, *The Expositor's Bible Commentary.* Ed. Frank C. Gaebelein. Grand Rapids : Zondervan, 1981.

Linnemann, E. *Parables of Jesus : Introduction and Exposition.* London : S.P.C.K., 1966.

Loos, H. van der. *The Miracles of Jesus.* NovTSup IX. Leiden : E.J. Brill, 1968.

Luce, H.K. *The Gospel According to St. Luke.* CGTC. Cambridge : Cambridge Univ. Press, 1933.

Maddox, R. *The Purpose of Luke-Acts.* SNTIW. Edinburgh : T. & T. Clark, 1982.

Manson, T.W. *The Sayings of Jesus.* London : SCM, 1949.

Marshall, I.H. *Commentary on Luke.* NIGTC. Grand Rapids : Eerdmans, 1978.

_______. *Luke : Historian and Theologian.* Grand Rapids : Zondervan, 1970.

Mattill, A.J., Jr. "The Jesus-Paul Parallels and the Purpose of Luke-Acts : H.H. Evans Reconsidered." *NovT* 17(1975) : pp. 15-46.

_______. *Luke and the Last Things.* Dillsboro, N.C. : Western North Carolina Press, 1979.

Metzger, B. A. *Textual Commentary on the Greek New Testament.* London : United Bible Societies, 1971.

Minear, P. *To Heal and to Reveal : The Prophetic Vocation According to Luke.* New York : Seabury, 1976.

Moessner, D. *The Lord of the Banquet.* Philadelphia : Fortress, 1989.

Neyrey, J. *The Passion According to Luke.* New York : Paulist, 1985.

Nolland, J. *Luke* 1-9 : 20. WBC 35a. Dallas : Word, 1990.

O'Neill, J. C. *The Theology of Acts in Its Historical Setting.* 2d ed. London : S.P.C.K., 1970.

O'Toole, R. F. *The Unity of Luke's Theology : AN Analysis of Luke-Acts.* Wilmington, Del. : Michael Glazier, 1984.

Parsons, M.C. *The Departure of Jesus in Luke-Acts : The Ascension Narratives in Context.* JSNTSS 21. Sheffield : Sheffield Academic Press, 1987.

Pilgrim, W. E. *The Death of Christ in Lucan Soteriology.* Dissertation, Princeton : Princeton University, 1971.

_______. *Good News to the Poor.* Minneapolis : Augsburg, 1981.

Plummer, A. *The Gospel According to St. Luke.* 5th ed. ICC. Edinburgh: T. & T. Clark, 1922.

Reicke, B. *The Roots of the Synoptic Gospels.* Philadelphia: Fortress, 1987.

Rengstorf, K. H. *Das Evangelium nach Lukas.* NTD 3. Göttingen: Vandenhoeck und Ruprecht, 1968.

Rese, M. *Alttestamentliche Motive in der Christologie des Lukas.* SNT 1. Gerd Mohn: Gütersloher, 1969.

Sanders, J. T. *The Jews in Luke-Acts.* Philadelphia: Fortress, 1987.

Schlatter, A. *Das Evangelium nach Lukas.* 2d ed. Stuttgart: Calwer Verlag, 1960.

Schmid, J. *Das Evaangeliium nach Lukas.* RNT. Regensberg: Pustet, 1960.

Schmidt, T. E. *Hostility to Wealth in the Synoptic Gospels.* JSNTSS 15. Sheffield: Sheffield Academic Press, 1987.

Schneider, G. *Das Evangelim nach Lukas.* ÖTKNT 3. 2vols. Gütersloh: Gerd Mohn, 1977.

_______. *Lukas, Theologie der Heilsgeschichte.* BBB 59 Königstein/Ts.-Bonn, Peter Hanstein Verlag, 1985.

Scott, B.B. *Hear Then the Parable: A Commentary on the Parables of Jesus.* Minneapolis: Fortress. 1989.

Schramm, T. *Der Markus-Stoff bei Lukas.* SNTSMS 14. Cambridge: Cambridge Univ. Press, 1971.

Schürmann, H. *Das Lukasevangelium.* HTKNT III. Erster Teil. Freiberg. Herder, 1969.

Schwiezer, E. *The Good News According to Luke.* Atlanta: John Knox, 1984.

Seecombe, D.P. *Possessions and the Poor in Luke-Acts.* SNTU, B6. Linz: Verlag F. Plöchl, 1982.

Sloan, R.B., Jr. *The Favorable Year of the Lord.* Austin: Scholars Press, 1977.

Soards, M.L. *The Passion According to Luke: The Special Material of Luke 22.* JSNTSS 14. Sheffield: Sheffield Academic Press, 1987.

Stein, R. *Luke.* NAB. Nashville: Broadman, 1992.

Strack, H., and Billerbeck, P. *Kommentar zum Neuen Testament aus Talmud und Midrasch.* 6 vols. München: C.H. Beck, 1926

Talbert, C. H. *Literary Patterns, Theological Themes and the Genre of Luke-Acts.* SBLMS 20. Missoula, Mont.: Scholars Press, 1974.

_______. ed. *Luke-Acts: New Perspectives from the Society of Biblical Literature Seminar.* New York: Crossroad, 1984.

_______. *Luke and the Gnostics: An Examination of the Lucan Purpose*. Special Studies Series 5. Danville, Va.: Association of Baptist Professors of Religion, 1978.

_______. ed. *Perspectives on Luke-Acts*. Edinburgh: T. & T. Clark, 1978.

_______. *Reading Luke*. New York: Crossroad, 1982.

Tannehill, R.C. *The Narrative Unity of Luke-Acts: A Literary Interpretation*. Vol. 1. Foundations & Facets: NT. Philadelphia: Fortress, 1986.

Theissen, G. *The Miracle Stories of the Early Christian Tradition*. Trans. F. McDonaugh. Edinburgh: T. & T. Clark, 1983.

Tiede, D.L. *Luke*. ACNT. Minneapolis: Augsburg, 1988.

_______. *Prophecy and History in Luke-Acts*. Philadelphia: Fortress, 1980.

Townsend, J. T. "The Date of Luke-Acts." pp. 47-62 in *Luke-Acts: New Perspectives for the Society of Biblical Literature Seminar*. Ed. C. H. Talbert. New York: Crossroad, 1984.

Tuckett, C.M. *The Revival of the Griesbach Hypothesis*. SNTSMS 44. Cambridge: Cambridge Univ. Press, 1983.

Tuckett, C.M., ed *Synoptic Studies*. JSNTSS 7. Sheffield: Sheffield Academic Press, 1984.

Turner, M. M. B. "The Sabbath, Sunday and the Law in Luke-Acts." pp. 99-157 in *From Sabbath to Lord's Day*. Ed. D.A. Carson. Grand Rapids: Zondervan, 1982.

Tyson, J. B. *The Death of Jesus in Luke-Acts*. Columbia, S. C.: Univ. of South Carolina Press, 1986.

_______. ed. *Luke-Acts and the Jewish People*. Minneapolis: Augsburg, p. 188.

Unnik, W. C. van. "The 'Book of Acts' the Confirmation of the Gospel." NovT 4 (1960-61): pp. 26-59.

Untergassmair, F.G. Kreuzweg und Kreuzigung Jesu. PTS. München: Ferdinand Schöningh, 1980.

Vielhauer, P. "On the 'Paulinism' of Acts." pp. 33-50 in *Studies in Luke-Acts*. Ed. L.E. Keck and J.L. Nartyn. London: S.P.C.K., 1966.

Wiefel, W. *Das Evangelium nach Lukas*. THKNT 3. Berlin: Evangelische Verlaganstalt, 1988.

Wilson, S. G. *The Gentiles and the Gentile Mission in Luke-Acts*. SNTSMS 23. Cambridge: Cambridge Univ. Press, 1973.

_______. *Luke and the Law*. SNTSMS 50. Cambridge: Cambridge Univ. Press, 1983.

Zahn, T. *Das Evangelium des Lukas.* Wuppertal: R. Brockhaus Verlag, 1920 (repr. 1988).

Zmijewski, J. *Die Eschatologiereden des Lukas-Evangeliums.* BBB 40. Bonn: Peter Hanstein, 1972.

Zuck, R., ed., and D.L. Bock, consulting ed *A Biblical Theology of the New Testament.* Chicago: Moody, 1994.

누가복음 1:1-4

1 우리 중에 이루어진 사실에 대하여
2 처음부터 목격자와 말씀의 일꾼 된 자들이
전하여 준 그대로 내력을 저술하려고 붓을
든 사람이 많은지라
3 그 모든 일을 근원부터 자세히 미루어 살핀
나도 데오빌로 각하에게 차례대로 써 보내는
것이 좋은 줄 알았노니
4 이는 각하가 알고 있는 바를 더 확실하게 하
려 함이로라

원 의미

누가복음을 처음 시작하는 항목(눅 1:1-2:52)은, 예수의 사역을 도입하고 소개하는데, 여기서는 주가 세례 요한보다 우월하다는 배경 하에서 내용이 진행된다. 세례 요한은 위대한 선지자였지만, 우월하신 예수는 보다 더 위대하시다. 또한 이 내러티브는, 다윗왕가의 약속된 구원자를 보여준다(1:31-35, 67-69). 예수는 하나님의 약속과 말씀대로 오시기 때문에, 누가복음의 독자들은 하나님이 약속을 지키신다는 것을 확신할 수 있다. 이 핵심주제가 이 항목 전체를 주도하고 있다. 하나님이 말씀하시는 것을, 예수는 행하실 것이다.

누가는 예수의 유아기에 대해서 그리고 사춘기에 있었던 한 가지 사건(예루살렘 성전에 머무르신 사건)에 대해서 본격적으로 다루기 전에, 짧은 서언을 통해 그가 왜 이 복음서를 썼는지를 이야기하면서 예수의 전체 사역에 대한 이야기를 도입한다.

우리가 마카비2서나 유대 역사가인 요세푸스의 고대 유대 작품을 읽거나 혹은 헬라 역사가인 루시안(Lucian)을 읽건 간에, 일반적으로 이런 책들도 그 작품에 대해 간단한 설명을 하면서 시작하곤 한다.[1] 누가가 감당했던 목회는, 그보다 앞선

1. Lucian's *How to Write History*, 47-48, L. Alexander. "Luke's Preface in the Context of Greek Preface Writing," *NovT* 28(1986): 48-74를 보라. 누가의 장르에 대해서는, G. E. Sterling, *Historiography and Self Definition: Josephos, Luke-Acts, and Apologetic Historiography*(NovTSup 64; Leiden: E. J. Brill, 1992)를 보라.

많은 사람들이 했던 것처럼, 예수에 관한 내러티브들을 이야기하거나 혹은 이에 대해 "설명"(1절)해 주는 것이다. 이는 이미 이루어진 일들에 대한 것이고, 이를 통해 하나님이 새롭고 극적인 방식으로 인류의 필요를 다루시며 역사하신 것에 관한 내용이다. 그는 앞서 있었던 설명들을 '디에게시스' 라고 부르는데, 이는 구두나 저술로 이루어진 내러티브를 단순하게 표현하는 말이다. 누가는 1절에서 '에피케이레산' (문자적으로는, "set one's hand to")이라는 단어를 사용하고 있는데, 이것은 그가 저술로 이루어진 설명들을 염두에 두고 있음을 보여주는 것일 수도 있다. 반면 2절에서 언급한 전승에 대한 표현은, 구두로 이루어진 전승에 대한 설명일 것이다. 구두전승은, 전해진 내용들을 실제로 보고 경험했던 사람들에게 근거를 두고 있다.

2절에 사용된 헬라어는 여기 언급된 사람들이 두 가지 역할들을 갖는다는 점을 분명히 한다: 그들은 "목격자들"이었고, "말씀의 일꾼들"이었다. 이들을 설명하면서, "~자들"이라는 단일한 표현과 "있었다"라는 두 가지 표현을 조합했다는 점은, 이런 표현들을 사용해 설명하려 했던 그들의 정체성에 대해 추측할 수 있게끔 해준다.[2] 누가의 설명을 통해 독자가 얻게 되는 확실함은, 일정부분 이런 뿌리들로부터 나온다. 이 자료가 "전해 내려왔다"는 사실은, 그의 설명도 이 전승 흐름의 일부분임을 보여주며, 이것이 유대인들은 어떻게 주의 깊게 다루어야 하는지를 잘 알고 있는 중요한 무언가임을 두드러지게 보여 준다.[3] 누가의 설명 역시, 앞서 주어진 설명들이 말씀의 일꾼들이었던 목격자들로부터 주어진 것과 동일한 방식으로, 매우 조심스럽게 작성되었다. 누가는 예수의 이야기를 후세에 남겨두는 이 전승에 동참하기를 원했으며, 새로운 자료를 첨가하고 더 나아가 사도행전으로 이어지는 내용을 제공하길 원했다(3절: "그러므로"를 좀더 문자적으로 풀이하자면 "내가 보기에도 좋은 것으로 보였으므로"이며, 누가가 자기 자신을 이런 앞선 사람들 라인을 좇고 있는 것으로 여기고 있음을 보여준다).

누가는 그가 왜 기록을 남기는지를 이야기하기에 앞서, 그의 작업에 관한 네 가지 사항들을 이야기한다. (1) 그는 그 이야기를 "살펴" 보았다. 즉 그는 그 이야기를 매우 밀접하게 따랐다. 그는 그가 말하려는 내용들에 대해서 오랫동안 주의 깊게 살펴보았다. (2) 그는 "처음"으로 돌아갔다. 바로 이런 이유 때문에, 그는 예수

---

2. J. A. Fitzmyer, *The Gospel According to Luke, I-IX* (AB 28a: Garden City, N. Y.: Doubleday, 1981), 294.
3. R. Riesner, "Jesus as Teacher and Preacher," in *Jesus and the Oral Tradition*, ed. H. Wansbrough (JSNTMS 64: Sheffield: Sheffield Academic Press, 1991), 185-210.

를 소개하고 설명하면서 주님보다 먼저 사역했던 세례 요한에서부터 시작한다. (3) 누가는 "모든 일"을 철저하게 연구해왔다. 바로 이 점으로 인해, 그가 제시하는 내용에는 새로운 내용들이 매우 많이 들어있게 되었다. 예수의 몇 가지 비유들을 포함해서, 누가복음의 약 30퍼센트 정도가 다른 곳에서는 찾아볼 수 없는 내용들이다. (4) 누가는 이야기를 분명하게 전하는 방식으로서 차례대로 설명을 진행시켜나가는 방식을 선택했고, 동시에 대단히 세심한 주의를 기울여 "주의 깊게" 작업했다.

그러나 누가가 자신의 설명을 "차례대로"라고 제시한 것은, 아마도 시간적인 순서를 언급한 것은 아니었을 것이다. 그가 한 설명을 검토해보고 다른 내용들과 견주어보면, 그가 "차례대로"라고 말한 의미가 사건들의 연대기적인 순서가 아니라는 점이 분명해 보인다(참조. 누가복음 4:16-30에서는 마가복음 6:1-6보다 훨씬 더 앞부분에 회당사건을 재배치하고 있다). 그보다 누가는 일부 주제중심의 배열을 포함해서 예수의 사역을 논리적인 방식으로 설명하는데 집중한다.

누가는 데오빌로에게 확신을 심어주길 원한다. 즉 "배운 바의 확실함을 알게"(4절)하길 원한다. 데오빌로는 아마도 새 신자였을 것이고, 유대주의 운동에서 출발했던 흐름 속에서 신앙을 갖게 된 이방인이었을 것이다. 어쩌면 그는 하나님을 경외하는 사람으로서 그리스도를 만나게 된 사람이었을지도 모른다—즉, 처음에는 유대교에 들어왔다가 나중에 그리스도를 만나게 된 사람이었을지도 모른다(이 점은 누가가 사도행전에서 이야기를 진행해나가면서 왜 그가 하나님을 경외하는 사람들을 사랑하는지 그 이유를 설명해줄 수 있다). 데오빌로는 기독교 공동체라는 새롭고 혼혈적인 공동체에 대해 완전히 편한 느낌을 갖지 못했을 것이다. 특히 만약 그가 이전에 다른 유대 공동체와 연계되어 있었다면 말이다. 그는 정말로 여기에 속해 있었던 것일까? 누가는 그가 이 공동체에 잘 어울린다는 점을 보여주고자 노력했다. 그리고 하나님이 주의 섭리 가운데 먼저 이 길로 들어선 다른 사람들과 더불어 그를 이 공동체에 들어오게 하셨음을 보여주기 위해 노력하고 있다.

상황잇기

서론은 로드맵과 비슷하다—두 가지 모두 다 우리가 어디를 향하고 있는지를 우리에게 말해주기 때문이다. 1세기 때에도, 중요한 저작물의 저자들은 그가 지금 무엇을 하고 있는지를 종종 짧게 이야기했다. 예를 들자면, 마카비2서의 저자도 자신의 저작물에 이 점을 기록했다(마카비2서 2:29-31).

> 집을 새로 지을 때에 건축가는 집 구조 전체를 보살펴야 하지만 납화나 사생화로 장식할 책임을 맡은 사람은 그 집에 알 맞는 장식이 되도록 연구해야 한다. 우리의 경우도 이와 마찬가지라고 생각한다. 문제점을 찾아내고 일의 전모를 파악하여 각 부분을 자세히 살피는 것은 역사서의 원저자가 할 일이다. 그러나 요약한 책을 쓰려고 하는 사람은 사건의 세밀한 내용을 피하고 표현을 간결하게 하면 되는 것이다.

이와 같은 고대문헌의 서문은, 독자들에게 저자의 의도가 무엇인지를 알려준다. 고대세계의 역사들은 일반적으로 세 가지 기능을 갖고 있었다: 즐기고, 교훈하고, 그리고 역사가가 제시하고 싶어 하는 사건을 간결하고 때로는 요약적으로 제시하는 것이다. 일반적으로 마지막 세 번째 기능과 관련된 주제는, 저자 자신이 속해있는 사람들에 관한 것이었다. 예를 들자면, 요세푸스는 그가 쓴 유대전쟁사(*Jewish War*—요세푸스는 3부로 구성되어 있는데, 그중 하나가 유대전쟁사다—옮긴이)에서, 주변 그룹에 불과했던 젤롯당(열심당)만이 주후70년 예루살렘의 멸망으로 이끈 전쟁혼돈에 대해 책임이 있다고 설명함으로써, 유대인들을 로마 앞에서 변호했다. 이런 방식으로, 누가도 자신이 "그 길"(the Way)이라고 부르는 이 새로운 운동의 근원들에 대해 설명하면서, 이 운동의 설립자에 대한 구체적인 스토리를 전해주고 또한 이 설립자가 하나님이 오래전에 약속하신 구원자와 갖는 연결성을 구체적으로 이야기하는 방식을 통해 설명한다. 이 스토리는 오랜 유산을 갖고 있는 스토리이며, 끝이 완성되지 않은 스토리이다. "그 길"에 대한 스토리는 아직도 계속해서 기록되고 있기 때문이다.

누가의 서문은 그의 스토리가 자료들과 자신의 조심스러운 연구에 뿌리를 두고 있다고 이야기한다. 그의 목적인 확신케 하길 원한다는 것은, 데오빌로가 하나님이 역사하고 계신 이 운동의 내적인 일들을 확고하게 이해하는 것을 원한다는 것을 의미한다. 비록 지금의 우리는 더 이상 새로운 운동이 아니라 역사와 유산이 풍부한 운동을 다루는 것이기는 하지만 그러나 이런 확고함은 오늘날 우리문화처럼 다문화적인 정황 속에서도 여전히 필요하다. 이제는 핵심적인 이슈가 "그 길"은 존재할 권리가 있으며 이방인들도 반드시 포함해야만 하는가?"에 관한 것이 아니라, "예수에 대한 배타적 유일성을 주장하는 것이 인스턴트 커뮤니케이션과 다종교를 제시하는 현재 세계 속에서도 중요한 것으로 유지될 수 있는가?"에 대한 것이지만 말이다. 그러나 우린 때때로 다원주의가 고대세계에도 존재했었다는 사실을 잊곤 한다. 그러므로 누가가 예수의 독특성을 소개하는 것은, 우리가 갖고 있는 정황과 그리 다르지 않은 상태에서 주어진 것이다. 인공위성과 텔레비전 등으로 인해 다문화적 상황에 대한 인식이 과거에 비해 오늘날 더욱더 커졌지만, 하나님에 대한 필요 그리고 그분의 참된 계시에 대한 필요는 오늘날에도 역시 필요하다. 이런 의미에서, 누가의 주장들은 그의 시대에서와 마찬가지로 오늘날에도 매우 유효하고 시의적절하다.

바로 이 내용으로부터 또 다른 핵심사항이 생겨난다. 누가는 자신의 세밀함과 자세함을 강조하는 것을 통해, 스토리가 갖는 두드러진 특징을 분명히 한다. 누가는 신뢰성을 가지고 일을 했다는 것을 강조함으로써, 자신의 기록이 신뢰받을 만하다는 것을 강조한다. 우리는 복음서 기자들처럼 예수에 대한 복음서를 직접 기록하는 것은 아니다. 그러나 오늘날에도 복음에 대해서 이야기한다는 것은 우리가 신뢰성을 갖고 있어야 한다는 것을 의미한다는 점에 대해서는, 우리들도 마찬가지로 예민해야만 한다. 성실함이 권위를 가져다준다. 다른 모든 권위들은 짧게 유지되고 일시적일 뿐이기 때문이다. 우리가 가지는 힘은, 우리의 메시지와 우리의 삶이 일치할 때 생겨난다. 우리가 사람들을 만나고 그들이 우리가 예수께 속해 있다는 사실을 알게 되는 바로 그 순간부터 우리가 그들과 실제로 복음메시지를 공유하게 될 때까지, 우리가 진정 신뢰해도 좋은 사람이라고 확신을 줄 수 있는 능력을 갖게 되느냐 그렇지 못하느냐는, 우리의 주장과 우리의 행동이 결합되어 있느냐 그렇지 않느냐에 달려있다. 이 내용을 부정적으로 말하자면, 말하는 것에 잘 부합하는 행동을 하지 않는다면, 우리가 뿌리는 모든 씨앗들은 거절이라는 가시떨기에 떨어지는 것이라고도 말할 수 있다. 예수의 스토리가 갖는 힘은, 일정부분 주가 그 스토리에 응집되어 결합되어 있다는 점에 있다. 모든 사람들이 복음을 받아들이지는 않지만, 그들은 주께는 무언가 다른 특별한 점이 있다는 사실을 인식하게 된다.

복음서의 원래 이야기와 우리들이 지금 살아가는 현 세상을 연결해주는 부가적인 접촉점이 두 가지 더 있다. (1) 우리는 모든 기록된 문헌을 읽을 때, 그 문헌이 어떤 유형의 글인지를 알 필요가 있다. 그 문헌이 탐정소설인지, 코미디인지, 소설인지, 논픽션인지 알 필요가 있다.[4] 유형을 아는 것은, 우리가 그 책이 무엇에 관해 이야기하는지를 이해하는데 도움을 준다.

이 서언은 우리가 지금 무엇을 읽고 있으며 이 책이 왜 쓰였는지를 지시해준다.

---

4. 해석학과 장르에 관해서는, R. Stein, *Playing by the Rules: A Basic Guide to Interpreting the Bible*(Grand Rapids: Baker, 1994)을 보라. 장르를 아는 것은 본문을 어떻게 읽을지 읽는 법을 아는 것이다. 누가복음은 신학적 내러티브 역사를 기록하고 있다.

오늘날의 현대인들과 마찬가지로, 고대인들도 역사와 소설 간의 차이점에 대해서 잘 알고 있었다.[5] 루시안, 요세푸스, 투키디데스[6] 등과 같은 역사가들을 체크해보면, 그들은 자신들이 무얼 하고 있는지를 매우 잘 알고 있었음을 알 수 있다(가령, Lucian, *How to Write History*, 39-40). 누가복음은 '내러티브 역사'(narrative history)이다. 비록 저자는 기록된 사건들을 어떻게 제시할 것인지를 선택하고, 요약하고, 배열하지만 그럼에도 불구하고 이 복음서의 설명들은 일어난 사건들을 연대기적인 순차대로 기록하려고 시도한 것들이다. 마치 공포영화에서 한 장면이 어떤 장면인지를 잘 보여주기 위해 으스스한 배경음악을 먼저 들려주곤 하는 것처럼, 이 서언도 마찬가지로 우리들에게 우리가 어떤 종류의 스토리를 읽고 있는지를 말해준다—예수에 대한 권위 있고 신뢰할 수 있는 묘사. 우리는 누가복음을 향해 이 책이 의도한 것 이상의 것을 요구할 수 없다. 다른 식으로 말해서, 우리는 이 책을 향해 사건들의 정확한 배열순서를 드러내달라고 요구하거나 혹은 대화내용이 정확하게 무엇이었는지를 보여 달라고 요구할 수 없다. 어떤 본문배열은 주제 중심적이고, 대화 중 일부는 요약적으로 제시되면서 축약적으로 제시되어 있다. 이런 경우가 생길 때, 우리는 어떻게 이런 경우를 바라봐야 할지에 관해 설명해주고자 노력할 것이다. 그러나 누가는 역사를 썼던 것이지 신화나 소설을 썼던 것이 아니라는 점을 확실히 해야 한다.

(2) 데오빌로라는 배경은 우리의 복음을 밝게 해준다. 교회에 들어오는 많은 사람들은 새로운 세상 안으로 들어온다. "교회"라는 사회는 종종 자신만의 신학적인 언어를 갖고 있으며, 처음에는 낯설게 느껴지는 관습들, 예배의식들, 상호작용들을 갖고 있다. 처음 출발할 때엔 이런 모든 것들이 이상하게 보일 수 있다. 성경시대 때엔 기독교인이 된다는 것은 지금시대와 마찬가지로 문화적 전환을 요구하는 일이었다. 오늘날의 사람들은 자신들의 삶의 변화에 대해서, 그런 변화가 가장 좋은 것이라는 확신을 갖길 원한다. 현대인들은 기독교에 대해 종종 사람이 만든 종교로 간주하거나, 혹은 유대교의 한 변형이라고 간주하거나, 아니면 신에게 도달하는 많은 길들 중 하나라고 믿는 그런 세상 속에서 살아간다. 누가는 기독교가 유일무이한 독특한 것이며, 하나님이 그리스도안에서 하나님을 믿는 사람들을 위해 역사하신다는 점에서 그렇다고 주장한다. 누가는 자신의 기독교인 독자들에게, 그들

5. Fitzmyer, *The Gospel According to Luke, I-IX*, 16.

6. C. W. Fornara, *The Nature of History in Ancient Greece and Rome*(Berkeley: Univ. of California Press, 1983).

이 이 새로운 공동체인 교회 안에서 하나님과의 관계 속에 속해 있다고 확신시킨다. 하나님은 예수 안에서 행하셨던 일들을, 자신의 방식대로가 아니라 그분의 방식대로 하나님께 나아가야만 한다고 인정하는 다른 사람들에게 뿐만이 아니라 이 공동체에 나오는 사람들에게도 행하셨다.

현대적 의미

서언부분에서 얻을 수 있는 세 가지 적용들은, 우리가 이미 지적했었던 두 가지 접촉점들과 연결되어 있다. (1) 누가는 우리에게 하나님이 역사 안에서 **예수를 통해** 행하신 역사하심에 관해 이야기한다. 이런 핵심적인 특징은, 인간의 형상으로 이미지화해서 만들어낸 구원자가 아니다. 결국 도대체 누가 우리의 죄에 대해 책임을 지고 그에 대한 형벌로서 자기 자신을 드리는 그런 구원자를 만들어낸단 말인가? 도대체 누가 낮고 천하게 태어나 결코 왕관을 쓰지 않고 궁궐에 들어가 살지도 않는 그런 왕적인 메시아를 디자인한단 말인가? 도대체 누가 자기 백성들로부터 거부당하는 그런 인물로부터 영웅을 만들어낸단 말인가? 이 이야기는 날조된 소설일 수가 없다. 이 이야기는 비범한 스토리를 갖고 있는 비범한 인물의 진짜 사건에 토대를 두고 있다. 이 이야기가 갖는 평범하지 않은 성격이, 이 이야기의 권위를 입증한다. 이 이야기의 실제성, 사실성이야말로, 누가가 자신의 독자들에게 주고자했던 확신의 토대를 이룬다. 하나님은 지금까지도 우리에게 길을 보여주시고자 보내셨던 오직 그분만을 통해서 역사하신다(눅 1:78-79). 그분께서는 이렇게 하시는 것을 통해, 우리가 그분 앞에서 인격과 정직으로 행하는지를 살펴보는 분이심을 보여주셨다. 하나님은 또한 우리를 위한 준비가 이루어졌음을 우리가 충분히 확신할 수 있게끔 하는데도 신경 쓰신다.

(2) 하나님은 우리가 그분의 공동체에 잘 어울린다는 것을 깨닫길 원하신다. 하나님은 예수의 스토리가 그분에 대한 것일 뿐만이 아니라 바로 우리들에 대한 것임을 우리가 알기를 원하신다—하나님은 권능과 겸허함 모두를 통해 우리들을 건져내시고 우리를 그분의 임재하심으로 이끌어 들이신다. 하나님은 "아웃사이더"였던 사람들을 그분의 돌보심으로 데려오시며, 그들을 "인사이더"가 되게 하셔서 우주의 하나님께 포함되고 관련되게 하신다. 바로 이것이 좋은 소식이다. 이런 전체 스토리는, 하나님이 약속하신 일들을 행하신다는 것을 우리로 하여금 확신케 한다.

그러므로 이 서문은 우리가 역사와 그의 스토리를 다루고 있을 뿐만 아니라 우리 자신의 역사와 스토리를 다루고 있음을 보여준다. 우리는 하나님이 계획하시고 드러내신 일들은 반드시 이루어지게 된다는 것을 아는 것을 통해 위로를 누릴 수 있다. 우리를 구원하시겠다는 그분의 약속은 우리를 죄와 죄의 파괴로부터 건져주시겠다는 것이며, 이 과정은 우리가 그리스도를 믿을 때 시작해서 우리가 아무런 죄도 없는 새 하늘과 새 땅에서 영원히 영광을 누리게 될 때 완성된다.

(3) 우리는 복음을 우리가 읽는 모습 그대로 신뢰할 수 있다. 심지어 학계에 있는 사람들 중에도 복음이 짜깁기로 이루어져 있다고 주장하는 사람들이 있긴 하지만 그렇게 주장하는 사람들과는 달리, 굳건한 고대 역사가로서 누가는 참 예수의 모습을 우리를 위해 기록했으며 이렇게 하는 것을 통해 하나님의 마음을 우리에게 보여주었다.[7] 누가는 오늘날 우리가 하듯이 각주를 달지 않았고, 예수의 설교들을 기록하기 위한 테이프 레코더 장치도 갖고 있지 않았지만, 그는 세심하게 전승을 전달하는 공동체, 주님에 관한 스토리를 정확하고 요약된 형태로 사려 깊고 예민하게 이야기하는 공동체 안에 있었다. 그는 하나님의 인도하심 아래서 일했으며, 자신들이 본 것을 설교했던 사람들로부터 전승을 신중하고 조심스럽게 전달했다(2절). 우리는 하나님이 우리를 예수께로 이끌어주신다는 완전한 확신을 가지고 누가복음을 읽을 수 있다. 하나님은 말씀을 통해 자신을 계시하시며, 그렇게 하심으로써 우리는 우리의 실제 필요가 무엇인지를 알 수 있다. 존 캘빈이 이야기하듯이 말이다.

> 늙거나 혹은 눈이 좋지 못한 사람들 그리고 보는 것에 약한 사람들 앞에, 당신이 만약 가장 아름다운 책을 갖다 놓는다하더라도, 그들이 자신들 앞에 무언가 책이 있다는 것을 알아차린다 하더라도 그들은 고작해서 한두 단어나 읽는 수준에 머무르고 말 것이다. 그러나 안경의 도움을 받는다면, 그들은 책을 또렷하게 읽을 수 있게 될 것이다. 마찬가지로 성경은 우리 마음안의 하나님에 대한 혼란스러운 지식들을 모아주고 어리석

---

7. 예를 들자면, Jesus Seminar, *The Five Gospels*(ed. R. Funk and R. W. Hoover[New York: Macmillan, 1993])에서는 예수에 대한 가르침의 절반 이상이 주님에 대한 역사적 접촉점이 전혀 없는 것들로 되어 있다고 주장한다! 다섯 번째 복음은 외경인 도마복음이다. 이들은 예수의 말씀들을 색깔로 표시하는 것을 통해 1993년 후반기에 상당히 많은 관심을 받았다: 빨강=예수로부터; 핑크=예수의 말씀에 대한 의역, 부연; 회색=예수의 말씀은 아니지만 주께로 귀속할 수 있는; 검정=전혀 예수로부터 나온 것이 아닌. 복음서들에 대해 이처럼 과도하게 회의론적이고 의심적인 접근을 하는 것에 대해 결정적인 평가를 내린 것으로는, *Jesus under Fire: Modern Scholarship Reinvents the Historical Jesus*, ed. J. P. Moreland and M. Wilkens (Grand Rapids: Zondervan, 1995)을 보라.

음을 사라지게 해줌으로써 참된 하나님을 분명하게 보여준다. 그렇기 때문에, 성경은 교회를 가르치시기 위해서 하나님이 사용하시는 조용한 교사들일뿐만 아니라 하나님이 친히 입을 열어 가장 거룩하게 가르치시는 특별한 선물이다.

같은 항목의 뒷부분에서, 캘빈은 덧붙인다. "우주의 창안자이신 하나님은 성경을 통해 우리에게 분명하게 나타나시며, 우리가 그분에 대해 생각해야만 하는 내용들을 성경에 제시하셨으며, 우리로 하여금 사악한 길들을 통해 불확실한 신성을 보지 않게끔 하신다".[8] 캘빈이 이런 점을 우리에게 말할 수 있었던 것은, 누가가 자신이 복음서 기록을 주의 깊게 감당했으며 하나님의 약속들은 참되다는 점을 분명히 했기 때문이다.

8. 이 두 가지는 캘빈의 기독교강요에서 인용한 것이다. John Calvin, *Institutes of the Christian Religion*, 1.4.1.

누가복음 1:5-25

5 유대 왕 헤롯 때에 아비야 반열에 제사장 한
사람이 있었으니 이름은 사가랴요 그의 아내
는 아론의 자손이니 이름은 엘리사벳이라
6 이 두 사람이 하나님 앞에 의인이니 주의 모
든 계명과 규례대로 흠이 없이 행하더라
7 엘리사벳이 잉태를 못하므로 그들에게 자식
이 없고 두 사람의 나이가 많더라
8 마침 사가랴가 그 반열의 차례대로 하나님
앞에서 제사장의 직무를 행할새
9 제사장의 전례를 따라 제비를 뽑아 주의 성
전에 들어가 분향하고
10 모든 백성은 그 분향하는 시간에 밖에서 기
도하더니
11 주의 사자가 그에게 나타나 향단 우편에 선
지라
12 사가랴가 보고 놀라며 무서워하니
13 천사가 그에게 이르되 사가랴여 무서워하지
말라 너의 간구함이 들린지라 네 아내 엘리
사벳이 네게 아들을 낳아 주리니 그 이름을
요한이라 하라
14 너도 기뻐하고 즐거워할 것이요 많은 사람도
그의 태어남을 기뻐하리니
15 이는 그가 주 앞에 큰 자가 되며 포도주나 독
한 술을 마시지 아니하며 모태로부터 성령의
충만함을 받아
16 이스라엘 자손을 주 곧 그들의 하나님께로
많이 돌아오게 하겠음이라
17 그가 또 엘리야의 심령과 능력으로 주 앞에
먼저 와서 아버지의 마음을 자식에게, 거스
르는 자를 의인의 슬기에 돌아오게 하고 주
를 위하여 세운 백성을 준비하리라
18 사가랴가 천사에게 이르되 내가 이것을 어떻
게 알리요 내가 늙고 아내도 나이가 많으니
이다
19 천사가 대답하여 이르되 나는 하나님 앞에
서 있는 가브리엘이라 이 좋은 소식을 전하
여 네게 말하라고 보내심을 받았노라
20 보라 이 일이 되는 날까지 네가 말 못하는 자
가 되어 능히 말을 못하리니 이는 네가 내 말
을 믿지 아니함이거니와 때가 이르면 내 말
이 이루어지리라 하더라
21 백성들이 사가랴를 기다리며 그가 성전 안에
서 지체함을 이상히 여기더라
22 그가 나와서 그들에게 말을 못하니 백성들이
그가 성전 안에서 환상을 본 줄 알았더라 그
가 몸짓으로 뜻을 표시하며 그냥 말 못하는
대로 있더니
23 그 직무의 날이 다 되매 집으로 돌아가니라
24 이 후에 그의 아내 엘리사벳이 잉태하고 다
섯 달 동안 숨어 있으며 이르되
25 주께서 나를 돌보시는 날에 사람들 앞에서
내 부끄러움을 없게 하시려고 이렇게 행하심
이라 하더라

원 의미

누가는 확고한 역사적 배경—헤롯대왕의 통치(37-4 B.C.)—속에 이 스토리를 자리 잡게 하면서 이 스토리에 대한 이야기를 시작한다. "~ 때에"라는 번역은, 헬라어 구약성경인 70인경에서 채택한 표현(삿 13:2; 유딧서 1:1; 토빗서 1:2)[1]인 "그날들에"(in those days)를 부드럽게 표현한 것이다. 헤롯은 나라를 이루는데 많은 일을 했고, 기원전 40년에 마크 안토니(Mark Antony)로부터 임명을 받아 기원전 37년 유다를 통치하기 위해 돌아왔다. 천사가 사가랴에게 나타났을 때는(눅 1:11), 그의 통치가 거의 끝나갈 무렵이었다(5-4 B.C.).

세례 요한의 출생에 관한 선언은 세 가지 측면을 갖는다: 하나님이 인류사의 방향을 이끌어 가시고 또한 여기에 대한 하나님의 관계를 회복시키시려는 계획을 갖고 있다는 계시, 요한 자신의 사역에 대한 개요, 그리고 의로운 사람들의 삶 속에 자리 잡고 있는 실망이 생생한 드라마로 교차되는 것. 이 세 가지 테마들은 모두가 다 원 메시지의 핵심내용들이다.

선하신 하나님은 사가랴가 거룩한 직무를 감당하는 중요한 한 순간을 선택하셨다. 그는 제사장으로서 성전에서 일 년에 두 번 한 주 동안 섬겼다.[2] 그는 1세기의 제사장 24반차 중 한명이었으며(요세푸스, *Life* 1 § 2; *Antiquities* 7.14.7 §§ 363-67), 대략 1만8천 명 정도 되던 제사장들 중 한 명이었다.[3] 좀더 구체적으로 보자면, 그는 아비야 반열의 여덟 번째 구성원이었다(대상 24:10). 한명의 제사장은 자신의 삶에서 오직 한번만 희생 제사를 드리는 일을 담당하며, 이 일은 제비뽑기로 정해진다(*m. Tamid* 5:2-6:3). 성전에서 드려지던(오전 9시, 오후 3시) 매일 드리던 두 번의 기도시간중 하나가 사건배경이었다. 이때는 "매일 드리는 번제"(출 29:38-42)를 드리던 때였다. 천사는 사가랴가 제단에 향을 놓던 때에 나타났다(눅 1:11). 바로 이 순간, 하나님은 이 세상에서 죄를 없앨 주님보다 먼저 앞서 보냄 받는 사람을 보내실 것임을 드러내심으로써, 인류를 구원하시기 위해 새로운 방식으로 역사하시기 시작하신다. 이 일을 시작하시면서, 사람들이 자신들의 죄를 제거하고 정결케 해야 할 필요가 있다는 것을 인식하는 시간, 바로 그 제사 드리는 시간을

1. 이 유대 대리통치자에 대한 좀더 자세한 스토리는 타키투스(*Histories*, 5.9.3)와 요세푸스(*Antiquities*, 14.14.4-5 §§ 383-86; 14.15.1 § 469; 17. 8. 1-3 §§ 191-99)의 고대 작품들 속에서 들을 수 있다
2. I. H. Marshall, *Commentary on Luke*(NIGTC; Grand Rapids: Eerdmans, 1978), 52.
3. H. Strack and P. Billerbeck, *Kommentar zum Neuen Testament aus Talmud und Midrasch* (München: C. H. Beck, 1926), 2:71-75

선택하셨다는 것이 얼마나 적절한가!

첫 대면은 사가랴에게 두려움을 불러일으킨다. 비록 다른 사람들도 하나님이나 혹은 그분의 사자의 임재 앞에서 그런 느낌을 갖는 것이 이상한 일은 아니지만 말이다(출 15:16; 삿 6:22-23; 사 6:5; 단 8:16-17). 천사는 사가랴를 안심시킨 이후에, 그가 왜 왔는지를 이야기한다. 그 천사의 이름인 가브리엘(19절; 참조. 단 8:15-16; 9:21; 토빗서 12:15; 에녹1서 40:9)은 아마도 "하나님은 나의 영웅이시다"라는 의미인 듯하다. 누가는 비록 이 이름에 대해 아무 말도 하지 않지만 말이다.[4]

구약성경에서 하나님이 갖고 계셨던 계획은 이스라엘을 그 중심축에 놓는 것이었다. 이스라엘은 하나님이 그들을 통해 그분의 은혜를 보여주시는 "모델 백성"이었다(창 12:1-3). 누가는 스가랴와 세례 요한의 이야기를 이야기하면서 계속해서 구약성경에서 차용한 언어와 이미지를 사용한다. 이 아이의 출생은, 이전에 불임의 아내들에게서 태어났던 아이들이나 혹은 다른 특별한 아이의 출생과 매우 유사하다(창 16:10-11; 17:15-17; 18:10-15; 25:23; 삿 13:3-21). 이런 방식으로 스토리를 이야기하는 것은, 하나님이 그의 백성들 가운데서 그분의 역사하심을 새롭게 행하셨다는 것을 보여준다. 그분의 계획은 다시 한 번 더 직접적이고 능동적인 방식으로 진행되고 있다. 세례 요한과 그의 뒤를 이어 태어나게 되는 메시아에 관한 스토리는, 하나님의 행동에 대한 거룩한 스토리의 재개이다.

요한은 이 계획에 있어서 매우 특별한 위치를 점한다. 이 선지자는 하나님을 향한 헌신을 보여드리기로 맹세했던 하나님의 특별한 사람들이 그렇게 했던 것처럼, 수도자적인 삶의 스타일로 살 것이다. 그는 아무런 독주도 마시지 않을 것이다. 당시 문화에서는, 의인들을 포함해서 대부분의 사람들이 포도주 등을 마셨기 때문에, 이 명령은 하나님을 향한 요한의 헌신이 얼마나 특별한 수준인지를 보여준다(참조. 엡 5:17-18; 참조. 신 14:26; 29:6; 잠 20:1; 23:20-21, 29-35; 31:6). 하지만 그의 삶의 스타일은 나실인 맹세처럼 보이지는 않는데, 머리카락을 자르지 말라는 언급이 전혀 없기 때문이다. 가브리엘은 이 선지자가 "엘리야의 심령과 능력으로 주 앞에 앞서 가게" 될 것이며(눅 1:17), "[이스라엘 백성들을] 하나님께로 돌아오게 할 것"(16절)이라고 선언한다.

이 천사는 여기에서 말라기 3:1과 4:5을 언급하고 있다(참조. 시락서 48:1). 주

4. Fitzmyer, *The Gospel According to Luke, I-IX*, 328.

님 앞에 앞서 간다는 것은, 요한이 약속을 회복시키는 시기의 선지자임을 묘사한다. 주가 오시는 것을 위해 그를 준비한 것은, 하나님이 그의 대리자이신 예수를 통해 능력으로 오신다는 것을 지칭한다(눅 3:15-18). 여기에서는 아직 예수가 언급되지 않고 있기 때문에, 하나님이 주체이시다. "마음을 돌리는 것"과 "백성들로 준비케 하는 것"은, 요한이 갖고 있는 회개케 하는 소명이, 나라의 관심을 하나님과 의로움으로 돌리는 것임을 반영한다("돌이키는"것이란 회개에 대한 구약성경의 표준이다. 참조. 신 30:2; 호 3:5; 7:10).[5] "주를 위해 예비된 백성"은 이사야 40:3을 연상하게 한다. 하나님이 그의 백성을 효과적으로 이끄실 수 있도록 하기위해서, 그들은 그분께 응답할 준비가 되어있어야만 한다. 그들로 하여금 새로운 시대를 준비하게끔 하는 것이 요한의 소명이었다. 그는 마치 아들들과 아버지들이 서로를 향해 다시 하나로 돌아서는 것처럼 가족들 안에서의 화해를 선포했다.

이 문단의 세 번째 요소는 사가랴와 엘리사벳의 개인적인 이야기이다. 이 의인들은 그들이 오랫동안 갈망해왔던 아이를 얻을 수 없었기 때문에 깊은 실망 속에서 살아왔다—심지어 엘리사벳은 "부끄러움"이라고까지 말한다(25절). 개인적인 스토리는 이 문단 처음부분에서 개인에 대한 묘사를 통해 분명하게 묘사된다. 남편과 아내 두 사람 모두 다 "의로운" 사람들이고(6절; 참조. 신 6:25; 24:13; 시 106:31),[6] 그렇기에 그들의 상황은 죄 때문에 생긴 결과가 아니다. 때때로 의로운 사람들도 삶에서 좌절을 맛보곤 한다. 이 스토리 안의 두 사람은, 천사가 아이를 낳게 될 것이라고 선언할 때, 그들의 상황에 대해 기도해오고 있었다(그래서 이 모습은 그들 기도가 응답되고 있다는 측면도 갖는 것으로 보인다, 13절). 이 약속된 아이는 동시에 두 개의 기도에 대해 응답한다: 사가랴 집의 아이에 대한 기도와, 하나님이 나라를 구원하시도록 역사하실 것을 구하는 기도에 대해서. 하나님은 종종 개인적인 측면과 공동체적인 측면에서 동시적으로 역사하실 수 있다.

그러나 사가랴와 엘리사벳은 서로 다른 두 종류의 의인들을 대표적으로 보여준다. 사가랴는 천사의 메시지에 대해서 의심을 품었는데, 부모가 되어야 할 그들이 일반적으로 아이를 임신할 수 있는 나이를 넘어섰기 때문이다(18절). 때때로 선한 사람들조차도 하나님의 약속에 대해 의심을 품곤 한다. 천사는 사가랴에게 매우 효과적으로 이야기한다. "잠시 동안 침묵하고 하나님이 역사하시는 것을 보라" 그

5. Bertram, "ἐπιστρέφω," *TDNT*, 7:727.
6. J. Nolland, *Luke 1:1-9:20*(WBC 35a: Dallas: Word, 1989), 26.

래서 그에게는 하나님이 이 말씀을 이루실 때까지 벙어리가 되는 표적이 주어졌다. 사가랴는 이 일들이 실제로 실현되기까지 일시적으로 입을 닫아야만 했다.[7] 이 표적은 이 문단이 갖고 있는 중추적인 교훈을 보여 준다: **하나님은 그분의 약속을 행하실 것이다**. 하나님은 그분 말씀을 이루실 것이다. 사가랴는 하나님 말씀을 들어야만하며, 하나님이 이미 약속하신 것을 행하실 것임을 믿어야만 한다. 사가랴가 밖으로 나와서는 관행적인 축복을 해 줄 수 없었을 때(*m. Tamid* 7:2; 참조. 민 6:24-26), 무리들은 범상치 않은 어떤 일이 일어났다는 것을 알게 되었다. 22절은 이 설명에다가 드라마적인 설명을 덧붙인다.

엘리사벳은 그녀의 짐을 하나님께 맡겨드리고 그 짐이 옮겨졌다는 것을 들었을 때 기뻐하는 의로운 성도의 모습을 그려준다. 하나님이 행하시는 이런 행동은 은혜로운 행동으로 다루어지는데, 하나님은 "돌아보고 계심을 보여주셨기" 때문이다(25절; 참조. 창 21:6; 30:23, 이 부분에서는 아이를 주신 것에 대한 찬양이 나타난다). 하나님은 그녀에게 이렇게 응답해야만 하는 의무를 갖고 있는 것은 아니다. 엘리사벳은 하나님을 향해 자신이 자녀를 갖고 있지 않음으로 인해 힘겨워한 피해자인양 반응하지 않는다. 사실 그녀는 이런 운명을 받아들이고 하나님을 신실하게 섬겼던 것으로 보인다. 그러므로 이 짐이 제거되었을 때, 그녀는 하나님의 개인적인 관심과 응답에 대해 기뻐한다.

상황잇기

이 첫 번째 내러티브에 대해서는, 성경의 내러티브를 적용하는 것과 관련된 근본적인 질문을 반드시 제기해야만 한다. 우리들은 하나님의 계획안에 들어있는 독특한 사건들을 포함하고 있는 1세기의 독특한 문화에서 얻게 되는 내용을 취해다가, 그 내용들을 하나님이 우리에게 무엇을 하실 것인지를 이해하기 위한 연구재료로 어떻게 사용할 수 있는가? 이 질문에 대한 대답은 세 단계로 제시된다. (1) 우리는 **하나님의 성품**을 연구할 수 있다. 이런 본문들은 역사하시는 하나님을 계시해주며, 우리는 하나님이 불신자나 혹은 믿음의 사람들에게 어떻게 다가오시는지를 볼 수 있다.

(2) 우리는 **내러티브의 인물**들을 연구할 수 있다. 이 내러티브들은 실제 역사적 인물들을 묘사하지만 그러나 그들은 또한 다양한 지위에 있는 사람들을 대표적으

7. 그가 또한 귀머거리가 되었다는 점은, 62절에서 그들이 그에게 형용을 통해 이야기하는 것으로 표시된다.

로 나타내는 인물들이기도 하다. 우리는 그들을 통해서나 혹은 우리가 알고 있는 다른 사람들을 통해서 우리 자신을 볼 수 있다. 이런 방식으로 성경은 우리들에게 교훈한다. 우리는 그들이 어떻게 반응했으며 그들이 잘 응답했는지 아니면 그렇지 못했는지를 통해서 교훈들을 얻는다. 이런 적용과정 속에서, 우리는 본문들이 현재 세계와 비슷한지 혹은 그렇지 않은지에 세심하게 주의를 기울여야만 한다. 나는 이 주석에서 오늘날과 연계되어 있는 부분이 어느 부분인지, 그런 함축성을 갖고 있는 부분이 어디인지, 그리고 그렇게 연계성을 만들어서는 안 되는 부분이 어디이며 그 이유가 무엇인지를 분명하게 나타내고자 시도할 것이다.

(3) 특별히 생각해야 할 점은 **태도**들인데, 본문은 우리가 가져야할 혹은 가져서는 안 되는 태도들로 우리들을 데려간다. 누가는 한 인물의 마음상태를 묘사할 수도 있고, 혹은 한 단락의 마지막 부분에서 사건을 마무리 짓는 분위기를 요약적으로 제시할 수도 있다. 이런 태도들은 독백이나 인물간의 대화들, 혹은 인물들이 하나님을 향해 직접적으로 고백하는 내용 등을 통해서 나타날 수 있다. 우리는 또한 한 인물이 신뢰할 만한 사람으로 묘사되는지, 아니면 그 인물의 신뢰성에 대해 의문을 야기하게끔 만드는 존재로 묘사되는지에 대해서도 주의를 기울여야만 한다. 이렇게 본문을 읽기 위해서는 1세기 배경에 적합한 관점과 반응에 대해 어느 정도 이해하고 있어야만 하는데, 문화들은 서로 기대하는바가 다르기 때문이다. 나는 그렇기 때문에 사람들이 어떤 상황들을 어떤 방식으로 바라보았는지를 알아내기 위한 단서를 얻기 위해서,[8] 1세기의 문화적인 그리고/혹은 종교적인 상황들로부터 성경외적인 증거를 인용하는 것을 통해서 문화적 기대나 예상을 두드러지게 표현할 것이다. 그런 자료들은 영감 된 자료라는 권위를 갖고 있지는 않지만, 성경 시대의 사람들이 어떻게 살았고 사물들을 어떻게 바라보았는지를 나타내준다. 이런 관찰점들 모두가, 내러티브를 읽고 역사를 조심스럽게 이해해서 고대 본문의 메시지를 분간해내기 위한 일부분들이다.

과거에 일어난 구원에 관한 스토리를 발생한 그대로 이야기하는 것은, 하나님

8. 몇몇 경우들에서, 나는 후대 유대교의 문헌들로부터 내용을 인용할 것이다. 미쉬나(Mishnah, 구두 율법에 대해 글자로 기록한 내용, 기원후 170년경) 혹은 탈무드(기원후 5세기경부터의, 미쉬나에 대한 공식적인 랍비 주석들), 혹은 탈굼과 미드라쉼(같은 시기의 성경본문에 대한 랍비의 번역과 해석들) 등으로부터 인용이 이루어질 것이다. 이런 문헌들은 지금 이야기되는 시기보다 후대이기 때문에 1세기 문화와 직접적인 연관성을 갖고 있다고 말할 수는 없지만, 이들은 종종 유대교에 존재했던 분위기를 반영하고 있다. 그리고 풍성한 역사와 전승을 갖고 있는 이런 종교적 문화는 종종 종교적 예민성으로 인해 매우 천천히 변화한다.

이 오늘날의 인류와 더불어 행하시는 일들이 어떤 토대를 갖고 있는지에 관해 이야기하는 것이다. 그러므로 하나님의 계획과 세례 요한의 역할은, 하나님이 인류를 구원하시는데 다다르기 위해 취하셨던 세부적인 내용을 보여주는 역할을 한다. 하나님은 그저 구원자를 보내시기만 한 것이 아니었다. 하나님은 그분에게로 나아가는 길을 지시해주는 누군가를 보내셨다. 하나님은 종종 지금 역사하시고 있는 것을 보여주고 지시해주는 사람들을 남겨두시곤 하는데, 그들은 우리가 그저 눈과 마음을 그들을 향해 열어두기만 하면 볼 수 있는 사람들이다. 하나님은 그저 단순하게 보여주시기만 하는 그런 경우는 거의 없다. 여기에 덧붙여서, 구원자는 그저 우리 죄를 용서만 하기 위해 오셨던 것이 아니다. 그는 백성들로 하여금 그분의 오심을 받아들일 준비를 하도록 명령했다. 그는 우리가 새로운 생명의 길을 끌어안기를 원한다. 구원의 토대로서가 아니라 그의 선하심에 대한 반응 안에서 말이다. 마음을 돌이켜 그분을 향해 마음을 여는 회개는, 은혜가 제공될 수 있는 통로이자 믿음이 심겨지는 통로이다.

요한과 사가랴의 스토리는 시간에 얽매이지 않는 스토리이다. 이 스토리의 근본적인 요소들은, 오늘날까지도 역사적인 토대로서 작용을 하며 또한 우리 믿음의 근본원리로서 역할 한다. 성경에 나오는 하나님은 인간 상상력의 창조물이 아니다. 그의 스토리는 실제 거룩한 신성이 사람들의 살과 피의 구체적 사건들에 포함되어 있음을 반영한다. 하나님이 세례 요한을 보내셨을 때, 아무런 놀라움도 없었다. 그는 모든 것이 이미 계획된 사람이었다. 변하지 않으시는 하나님은 오늘날에도 마찬가지 방식으로 우리의 태도와 인격에 관계 맺으신다. 우리 자신들은 심지어 깊은 개인적 절망 속에서조차도 어떻게 해야 하나님과 관계 맺을 수 있는지를 배운다. 물론 우린 하나님께 우리가 이해하기 어려운 그분의 행동에 대해 질문을 던질 수도 있을 것이다. 시편기자들이 몇몇 탄식시편들에서 그렇게 했듯이 말이다. 그러나 우리는 또한 그분이 던지는 질문들에 대해서도 대답할 준비가 되어있어야만 한다. 하나님의 방문이 설령 사가랴의 경우처럼 드라마틱하지 않다 하더라도, 오늘날에도 이루어지는 하나님의 방문들은 역시 개인적이고 인격적이다. 종종 가장 훌륭한 교훈들은, 우리를 하나님과 그분의 약속들로 몰아나가는 여러 일들을 경험할 때, 실제 삶의 환경들 속에서 우리가 하나님과 맺는 상호작용을 통해 우리에게 주어지곤 한다.

이미 내가 위에서 지적했던 것처럼, 이 내러티브의 핵심적인 열쇠 중 하나는, 이 스토리의 등장인물들이 사람들의 유형들을 대표적으로 보여준다는 점이다. 사가랴와 엘리사벳을 통해서, 우리는 역사적인 인물만이 아니라 대표적인 인물됨을 볼 수 있고, 또한 그들의 태도들을 규정할 수 있다. 우린 자녀가 없었던 엘리사벳의 곤궁한 상황에 동감할 수 있다. 그러나 그녀도 역시 그녀가 반응을 보인 방식을 통해 하나의 본보기로서 역할 한다. 그녀의 개인적인 절망에도 불구하고, 그녀는 하나님을 신실하게 섬겼다. 그리고 상황이 역전되었을 때조차도, 그녀는 하나님을 잊지 않았으며, 하나님이 그녀를 새롭게 하시고자 행하신 일들을 인해 기뻐했다.

의인 사가랴를 통해서 우리는 또한 하나님과 동행하는 것에 관해 중요한 교훈을 얻는다. 이 복음은 이와 같은 본보기적인 인물들로(모범적인 인물들로) 가득 차 있다. 모범(본보기)을 통해서 가르치는 사람들과 그들의 경험들을 통해 배우는 사람들은, 하나님을 듣게 되고 신뢰하게 된다. 세례 요한의 역할이 인물화를 통해 어떤 유형의 교훈에 속하는지에 대해서는, 우리가 아래에서 논의해야 할 매우 중요한 내용이기도 하다.

사가랴와 엘리사벳은 과거와 현재를 연결해주는 가교에 있어서 핵심이다. 우리의 고통은 자녀가 없는 고통이 아닐 수도 있지만, 삶에는 절망으로 이끌어가는 수많은 일들이 있다. 그러나 설령 엘리사벳이 자신이 "은혜 받지 못했다"고 느꼈다 하더라도, 사가랴나 엘리사벳은 그 어떤 일에도 비통함에 굴복하지 않았다. 아마도 그런 모습이 하나님이 그들을 의롭고 흠이 없다고 부르신 이유 중 하나일 것이다. 그러나 선한 사람들은 좀더 하나님을 의지하는 것을 배울 필요가 있다. 때때로 그들의 절망에 대한 대답은 분명치 않곤 하다. 절망의 종류가 태아의 유산이건, 혹은 경제적인 파탄이나 심각한 죄나 불행에 빠진 자녀문제이건, 혹은 불행한 사고나 매우 어려운 시기들이거나 간에, 이런 문제들이 항상 설명되는 것은 아니다.

하나님은 삶이 고통이나 절망이 없을 것이라고 결코 보장하지 않으신다. 핵심 이슈는 우리가 어떻게 그것들을 조종하느냐이다. 비통함은 삶의 기쁨을 끊어놓으면서 분노와 좌절이라는 열매들을 낳을 것이다. 신뢰와 의지는 우리로 하여금 우리가 전혀 생각조차 하지 않았던 방식들로 성취가 이루어지는 것을 발견하게끔 할 것이다.

예를 들어서, 자녀가 없는 얼마나 많은 부부들이 다른 자녀들을 돌보는 사역으로 삶을 살아가는지 모른다. 교회 안에서 섬기는 것을 통해서나 아니면 이제는 더 이상 부모의 돌봄을 받지 못하는 아이들을 입양하는 것을 통해서 말이다. 때때로 장애물들은 완전한 끝장이 아니라 도리어 길을 새롭게 돌아서는 것이기도 하다.

우리는 또한 이 부부의 삶에 있어서 오랜 기간의 공백도 하나님의 주권적인 계획 중 일부였음을, 하나님이 과거 절망들의 방향을 변화시키기 위해 느즈막히 끼어드신 부분임을 주목해야만 한다. 축복은 일단 주어지기만 하면 훨씬 더 달콤하다. 왜냐하면 아이가 태어났을 때, 그 아이는 당연한 것으로 여겨지지 않기 때문이다. 그 아이는 분명 모든 아이들이 그러하듯이 하나님이 주신 선물이다. 제비뽑기가 스가랴에게 이루어졌다는 것은, 외관상 하나님이 이 부부의 삶은 물론이고 온 나라의 삶에 이처럼 새롭게 개입하시기 위해 실제적으로 계획된 것이었다. 때때로 하나님의 타이밍은 비록 우리의 타이밍과는 다르다 하더라도 우리보다 훨씬 더 지혜롭다.

현대적 의미

이 본문에 대한 적용은 하나님의 계획이라는 측면에서 이루어져야 하는 것이 기본이다. 이 점은 전체 복음을 통해 계속적으로 반복될 것이다. 우리는 하나님을 향해 준비되어 있는가? 하나님이 우리를 그분에게로 이끄시기 위해 보내신 주를 통해 이루어지는 하나님의 역사하심에 응답하는가? 요한은 길을 보여줄 것이다. 우리는 하나님이 필요하다는 것을 인식하는 길을 선택하고, 용서를 제공해주시는 분에게 응답하는 길을 선택하는가? 우리는 그분이 우리를 부르시는 길을 선택하면서, 하나님 앞에서 겸손한가? 혹은 가야만 하는 우리의 길을 선택하는가?

요한은 그의 삶의 스타일에서조차 하나님을 향한 헌신을 표현한 사람이다. 그 삶의 스타일은, 사가랴에게 알려주었던 것처럼, 요한이 얼마나 전적으로 하나님을 나타내주는 사람으로서의 모습에 초점을 맞추어야만 하는지를 보여준다. 태어날 때부터 성령충만했기 때문에, 그는 어머니의 뱃속에서부터 발길질하는 것을 통해서 예수를 나타냈다(눅 1:44). 누가복음에서는 성령의 나타나심이 종종 강력한 증거들과 동반해서 제시된다. 성령 안에서 하나님의 인도하심을 받는 사람들은, 그들 각자의 가정에서만 개인적으로 하나님을 나타낸 것이 아니었다. 마치 사도행전에서 성령충만을 받았던 많은 사람들이 보여주듯이 말이다. 만약 우리가 성령을 갖고 있다면, 우리의 말과 행동들 모두를 통해서 하나님이 나타나시게 될 것이다.

그러나 이렇게 행하는 데에는 다른 방식들이 존재한다(참조. 눅 7:24-35). 요한의 위대함은 그가 선택한 삶의 스타일에서 나타나는 것이 아니라, 그가 자신에게 주어진 소명을 이해함에 있어서 그 소명을 충분하게 추구하고 하나님의 뜻을 신실하게 수행한다는 사실에 있다. 요한의 스타일은 예수의 스타일과는 다를 것이다.

하나님은 모든 사람들을 동일한 방식으로 사역하게끔 하시지 않는다. 이런 다양성은 다른 종류의 사람들에게 충격을 주기 위한 다른 유형의 사역들을 허용한다. 우리는 모든 사역자들이 동일한 방식과 동일한 스타일로 사역하게끔 만들어서는 안 된다. 사역의 기준은 외적인 모양새가 아니다. 외적으로 보이는 부분들보다는 다른 부분에서 더 많이 발견된다. 하나님의 종으로서, 요한은 다른 사람들로 하여금 창조주이신 하나님을 경외하는 방식으로 하나님 앞에서 살게끔 격려하는 촉매제가 되었다. 모든 사람들이 그에게 반응했던 것은 아니었으며, 사역의 성공여부도 숫자를 통해서 가늠할 필요는 없다. 다른 사람들로 하여금 하나님을 찾게끔 자극시키는 소스가 되라는 요한의 사명은, 우리 모두가 그 모습을 좇아가고자 추구할 수 있는 매우 중요한 모습이다.

아버지와 아들들이 서로를 향해 그리고 하나님을 향해 돌아서는 것은(17절), 가족 안에 얼마나 중요한 화해가 있는지를 보여준다.[9] 골로새서 3:21은 아버지의 접근이 그의 자녀의 자기 이미지를 형성하거나 파괴하는데 어떻게 역할을 하는지를 매우 분명하게 보여준다. 그러나 필요한 것은 그저 단순하게 아버지와 아들간의 화해된 관계가 아니라, 강력한 접착제로 그들을 하나님과 묶어주는 든든한 영적 관계성이다. 이런 식으로 둘 모두 돌아서게 되며, 그래서 "거스리는 자를(돌아서서) 의인의 슬기로" 돌아가게 한다(17절). 우리는 아버지, 자녀 그리고 하나님간의 세 가지 관계가 얼마나 중차대한지를 알기 위해서는 잠언에서 아버지가 아들에게 해주는 지혜로운 말들을 그저 읽기만 하면 알 수 있다.

우리는 또한 사가랴와 엘리사벳이 우리에게 가르치는 교훈들을 적용할 수 있다. 우리는 삶의 고달픔을 죄가 있다는 증거로 간주하거나, 혹은 우리가 바라는 모든 것들을 축복해달라고 하나님께 부르짖는 식으로 하나님을 이용해서는 안 된다.

엘리사벳의 딜레마는 한 가지 중요한 점에서 현대의 예상과는 다른 딜레마이다. 그녀는 현대인들이 자녀를 갖는 것을 통해 자아성취와 관련된 관심을 갖는 그런 유형의 관심을 갖지 않았을 것이다. 고대 세계에서는, 특별히 자녀를 임신하고 출산하는 일이 위험한 일이었음에도 불구하고, 이 이슈는 상속자를 얻는 것 그리고 가문의 책임들을 공유할 수 있는 가문을 이루어나가는 것과 매우 긴밀하게 연관되

9. 남성이 특별히 가족이라는 측면에서 갖고 있는 역할을 다룬 탁월한 두 권의 책이 있는데, 이 두 권은 다음과 같다. Steve Farrar: *Point Man*(Sisters, Ore: Multnomah, 1990) and *Standing Tall*(Sisters, Ore.: Multnomah, 1994). 누가복음 1:5-25은 하나님과의 좋은 관계가 가족 구성원들을 서로 화해시키는 잠재력이 있다는 것을 보여준다.

어 있었다. 구약성경에서는, 역연혼제도(Levirate, 죽은 자의 형이나 아우가 미망인과 결혼하는 제도-옮긴이) 같은 관습들을 통해 이 점을 볼 수 있는데, 여기에서의 관심은 자녀 없이 죽은 사람을 위해 상속자를 얻게 하는 것이었다. 자녀들은 한 여자에게 공동체 내에서 그녀의 자리가 있게끔 했다(잠언 31장을 보라). 자녀가 없는 상태를 은혜 받지 못했다고 느끼는 것은, 이런 좀더 공동체적인 관심사들과 관계되어 있다. 여하튼, 이 실망은 실제적이었다(24-25절에 나오는 엘리사벳의 언급들을 참조하라). 비록 그녀의 고통과 뒤이은 안도감이 오늘날과는 다른 관심사들에 뿌리를 두고 있기는 하지만 이런 고통과 안도감은 하나님이 은혜로 행하셨던 일을 통해서 결정적으로 만나게 되었다.

사가랴는 하나님이 경우에 따라 성도들을 어려운 시간들을 통해 교훈하신다는 점을 가르쳐준다.[10] 때때로 하나님을 과소평가하는 것은 하나님께 반역하는 것만큼이나 위험스럽다. 우리의 죄는 잘못된 일을 행하는 것만이 아니라, 의로움을 추구하는데 머뭇거리거나 혹은 주를 충분히 신뢰하지 않는 상태에 있는 것일 수도 있다. 일단 하나님이 말씀하시면, 우리는 응답해야만 한다. 사람들은 종종 자신들이 피해자라는 느낌을 가지고 마치 하나님으로부터 도망치고 멀어지는 것이 정당하다는 식으로, 그들이 잘못된 것이라고 알고 있는 관계나 행동들을 추구하곤 한다. 그러나 우리는 또한 좀더 교묘하게, "나는 지금 상태에서 영적으로 행복합니다, 그래서 나는 이전처럼 하나님을 찾지 않을 겁니다"라고 미적지근한 유형으로 말하는 것을 통해 똑같은 일을 할 수도 있다. 이와 같은 자동속도조정 시스템(cruise control—일정 속도를 계속 유지해주는 자동차 시스템-옮긴이)식의 접근은 영적으로 서서히 퇴조해나가는 위험이 있다. 우리는 사가랴에게 이런 식의 슬로우 모션적인 영적 퇴조를 피하기 위해 새로운 교훈이 필요하다는 점을 생각해야한다.

사가랴가 천사의 말을 의심했었다는 사실은, 그가 이미 위험한 상황 속에 있음을 의미한다. 하나님은 자신이 약속하시는 것을 시행하실 것이다—오직 그분만이 그분의 시간에 그리고 종종 놀라운 방식으로 시행하실 것이다. 성취의 시간이 다가왔을 때, 우리는 하나님의 타이밍이 우리의 타이밍보다 훨씬 훌륭하고 더 좋다는 것을 깨닫는다. 아마도 우리는 때때로 우리가 천상의 회의실에 자리 잡고 앉아서는 하나님을 향해 하나님이 어떻게 그분의 계획들을 시행하셔야 하는지를 내가

10. Philip Yancey, *Where is God When It Hurts?*(Grand Rapids: Zondervan, 1990). 이 책은 고통과 기독교인이라는 질문을 탁월하게 다룬 책이다.

이야기하기를 원하곤 한다. 이 문단은 우리에게 그분의 계획은 그 나름대로의 계획과 타이밍을 갖고 있음을 깨달아야 한다고 요청한다. 온 우주의 창조주는 무엇을 하고 계신지를 잘 알고 계신다.

마지막으로 하나님은 외관상 신비스러운 방식으로 은혜를 베푸신다. 때때로 우리는 하나님이 우리에게 더 좋은 것을 내려주시려고 기다리게 하시기 때문에 무언가를 박탈당하기도 한다. 우리가 인내함로써 주를 기다릴 때, 그분께선 종종 우리에게 우리가 상상할 수 있는 것 이상의 것들을 주시곤 한다. 사가랴와 엘리사벳은 아이를 원했었다. 그들이 얻은 것은 선지자였다. 하나님의 방법들은 그분만의 시계에 맞춰져 있으며, 그 방법들은 우리들이 그 경이로움에 기뻐하고 놀라게 하는 그런 일들로 가득 차 있다.

누가복음 1:26-38

26 여섯째 달에 천사 가브리엘이 하나님의 보내
심을 받아 갈릴리 나사렛이란 동네에 가서
27 다윗의 자손 요셉이라 하는 사람과 약혼한
처녀에게 이르니 그 처녀의 이름은 마리아라
28 그에게 들어가 이르되 은혜를 받은 자여 평
안할지어다 주께서 너와 함께 하시도다 하니
29 처녀가 그 말을 듣고 놀라 이런 인사가 어찌
함인가 생각하매
30 천사가 이르되 마리아여 무서워하지 말라 네
가 하나님께 은혜를 입었느니라
31 보라 네가 잉태하여 아들을 낳으리니 그 이
름을 예수라 하라
32 그가 큰 자가 되고 지극히 높으신 이의 아들
이라 일컬어질 것이요 주 하나님께서 그 조
상 다윗의 왕위를 그에게 주시리니
33 영원히 야곱의 집을 왕으로 다스리실 것이며
그 나라가 무궁하리라
34 마리아가 천사에게 말하되 나는 남자를 알지
못하니 어찌 이 일이 있으리이까
35 천사가 대답하여 이르되 성령이 네게 임하시
고 지극히 높으신 이의 능력이 너를 덮으시
리니 이러므로 나실 바 거룩한 이는 하나님
의 아들이라 일컬어지리라
36 보라 네 친족 엘리사벳도 늙어서 아들을 배
었느니라 본래 임신하지 못한다고 알려진 이
가 이미 여섯 달이 되었나니
37 대저 하나님의 모든 말씀은 능하지 못하심이
없느니라
38 마리아가 이르되 주의 여종이오니 말씀대로
내게 이루어지이다 하매 천사가 떠나가니라

원 의미

마리아에게 주어진 선언은 사가랴에게 주어진 선언과 평행을 이루지만, 둘 사이에 존재하는 차이점들도 매우 중요하다. 첫 번째 선언은 이스라엘 문화의 중심지인 성전 안에서 이루어진 반면, 지금의 선언은 수도에서 북쪽으로 한참이나 떨어진 갈릴리의 불분명한 한 동네에서 이루어졌다. 이 선언의 겸허한 성격은 예수의 출생과 사역이 갖는 겸허한 성격과 평행을 이룬다. 요한에 관한 선언은 한 남자에게 주어진 것이었지만, 반면 예수에 대한 선언은 한 여자에게 주어진 것이었다. 이 점은 중요하다. 왜냐하면 이런 출생 선언들의 성별적인 다양성을 반영하거나 혹은 출생들에 대한 구약성경의 모습들을 반영하기 때문이다(예를 들어서, 아브라함, 아브라함의 아내였던 리브가). 여기에 덧붙여서, 요셉에 관한 이야기를 다루는 마태복음과 비교해 봐도, 관점이 다른 차이점이 있다(마 1:18-25). 출생에 관한 모든 내용은 바울이 후대에 했던 말들을 되풀이한다. 즉 예수의 삶은 그분께서 인간의 몸을 입으실 때에 "자신을 비우시는" 겸손함을 보여주셨다는 내용이다(빌 2:5-11).

나사렛에서의 선언은, 마리아가 낮고, 소작농적인 뿌리를 둔 사람임을 보여준다. 갈릴리는 존경받는 지역이 아니었다. 그 지역은 하나님이 누군가를 보내신다고 기대할 수 없는 그런 지역이었다(요 7:41). 사가랴에게 말을 전했던 천사 가브리엘은 거룩한 메시지를 전한다. 누가는 마리아를 요셉과 정혼한 동정녀라고 설명한다. 즉 그녀는 이전해 어느 때엔가 요셉에게 속하게 되었다. 유대의 약혼식은 두 단계를 거친다: 만남과 신부비용(bridal price)을 지불하는 것을 포함하는 공식적인 약혼과, 그런 뒤 약 일년 정도의 시간이 지난 뒤의 결혼이다(신 22:23; *m. Ketub.* 4:4-5).[1] 마리아의 나이는 나오지 않고 있지만, 당시 문화를 생각해보면 그녀는 12살 정도의 어린 나이였을 수도 있다. 이 본문에서 다윗의 가문에 속해있는 사람은 다름 아니라 요셉이었다.[2]

마리아는 하나님의 주권적인 행동에 토대를 둔 하나님의 은혜를 받고 있는 "지극히 은혜를 받은 자"였다(28절). 우리는 하나님이 은혜를 통해 하나님의 임재하심을 보여주시기로 선택하실 때 항상 기뻐할 수 있다. 주가 그녀와 함께하신다(28절). 그녀의 첫 번째 두려움은, 천사가 자신이 나타난 이유를 설명할 때 가라앉았다. 그녀는 "은혜를 얻었다"(30절)—그녀가 하나님의 은혜를 받는 대상이라는 점이 여기서 두 번째로 나타난다.

마리아는 그런 뒤 구약성경에서의 출생선언을 생각나게 하는 그런 방식으로, 이제 태어나게 될 한 아이의 위대함에 대해 듣는다(창 16:11; 삿 13:5; 사 7:14). 예수의 위대하심은 요한의 위대함보다 뛰어나다: 요한은 "주 앞에 큰 자"(15절)이지만, 예수는 단순하게 "큰 자"(32절)이시다. 요한에서처럼, 이스라엘은 역사의 중심에 있는데, 예수가 그의 조상 다윗의 왕좌에 앉으실 것이기 때문이다.

이 약속은 구약에서 다윗의 아들에 관해 이야기되었던 아들 됨 약속(sonship promise)을 포함한다. 즉 하나님이 그의 아버지가 되시겠다는 약속이다(삼하 7:6-16). 가장 높으신 분의 아들로서, 예수는 지상에서의 하나님의 약속에 대한 대표자

1. Fitzmyer, *The Gospel According to Luke, I-IX*, 343.
2. 이것이 헬라어 단어 배열을 가장 자연스럽게 읽는 것이다(*TDNT*, 4:238, n. 29) 예수와 다윗가문을 요셉을 통해 연결하는 것은 문제가 되지 않는다. 왜냐하면 예수는 비록 동정녀 탄생을 하셨지만, 요셉의 아들로 인식되었기 때문이다. 인간적인 유산은 주께 이런 연결을 통해 주어지게 되었을 것이다. 생물학적이지 않은 조상관계는 역연혼을 통한 관계라는 선례가 있다(신 25:5-10).

로서 하나님과 특별한 관계성을 가지신다. 그의 나라가 세워진 이후에는, 그 나라는 결코 망하거나 끝나지 않을 것이다. 항상 왕이셨던 그분께서는, 그의 위엄이 임재하는 나라를 세우실 것이고, 그분께 속한 자들에게 구원의 유익들을 베푸시는 나라를 세우실 것이다(눅 1:67-79). 이 아이는 "지극히 높으신 이"의 아들이 될 것이며(32절), 또한 "하나님의 아들"(35절)이 될 것이다. 누가는 그의 복음 중 상당히 많은 부분을 이 칭호들이 도대체 무엇을 의미하는지를 설명하는데 할애할 것이다. 이제 이런 칭호들은 하나님이 선택하신 왕적 인물에 관해 묘사하는데, 이 인물의 인간적인 기원은 초자연적인 개념에 속해 있다. 누가는 독자들이 한번에 한 단계씩 깨달을 수 있도록, 예수에 관한 자신의 이해를 점차적으로 제시하는 방법을 선택한다. 누가는 독자들이 이해하는 카테고리들, 왕이나 하나님의 아들 그리고 메시아 같은 카테고리들을 가지고 시작한다. 그러나 누가복음의 나머지 부분이나 주의 출생과 관련한 이 부분들은, 왕가의 왕이 이 땅에 임한다는 것 이상의 내용을 제시하고 분명하게 나타낸다. 이미 전체 스토리를 알고 있는 우리들은 어떻게 이런 장면이 만들어졌는지를 간과하곤 하지만 누가의 처음 독자들은 이 스토리의 단계들을 들어야만 했고, 또한 그들은 이 스토리를 통해서 하나님이 자신을 드러내신 계시가 바로 예수임을 재확신 받았다.

이 특별한 아이는 유일하고 독특한 출생의 모습으로 나타난 아이인데, 마리아가 동정녀이기 때문이다(27절). 어떻게 아이가 태어날 것을 약속받을 수 있느냐고 마리아가 의아스럽게 생각한 것은 이해할 수 있는 일이다. 왜냐하면 그녀는 남자를 알지 못하기 때문이다. 성령을 통한 하나님의 특별한 창조사역은 이 아이가 태어나는 일을 실현하는데 도움을 줄 것이고, 그래서 이 아이는 하나님의 아들이며 거룩한 자로 알려질 것이다. 누가는 비록 마태복음 1:23에서 한 것과는 달리 이사야 7:14을 암시하지는 않았지만, 이 상황은 이 구약성경의 장면을 떠올리게 한다.[3]

이 모든 구체적인 세부사항들은 이 단락의 처음 부분에서 왜 마리아가 "지극히 은혜를 받은"자로 불려졌고 또한 그녀가 왜 "은혜를 얻었다"(30절)라는 이야기를 들었는지를 다시 확인해준다. 그녀는 그녀 자신의 뛰어난 점을 통해서나 혹은 그

---

3. 누가가 묘사하는데 있어서 이사야 7:14이 중추적인 역할을 하느냐 그렇지 않느냐에 관한 문제는 논쟁거리이다. 누가는 분명 이사야 본문을 직접 인용하는 마태(마 1:21-23)보다는 명백한 암시를 덜 하고 있다. 여기서의 이슈는 누가가 동정녀 탄생을 중시하느냐 아니냐가 아니다. 천사와의 대화가 누가가 중시하고 있는 것이 무엇인지를 분명하게 제시하기 때문이다. 그보다는, 질문이 누가가 구약성경과의 연계를 지적했는가 하지 않았는가다. 그 무엇도 이런 연계를 배제할 수 있는 내용이 없지만, 마찬가지로 그 무엇도 이런 연계를 분명하게 보여주는 내용이 이 묘사 안에는 들어있지 않다.

녀가 무언가를 행했기 때문이 아니라, 그저 단순히 하나님의 은혜의 도구가 되었기 때문에 하나님으로부터 존귀히 여김을 받았다. 하나님은 심지어 이런 사건들이 이미 벌어지고 있다는 증표까지도 주신다. 천사는 그녀의 나이 많은 친척도 마찬가지로 아이를 갖게 될 것임을 계시하면서, 그녀에게 "하나님께는 불가능한 일이 아무것도 없다"는 점을 상기시킨다. 사가랴에게서와 마찬가지로, 이 표현은 하나님은 그분의 말씀을 시행하실 수 있고 시행하실 것임을 나타낸다. 그분의 약속은 신뢰할 수 있다.

마리아의 반응은 그녀의 인물됨을 보여준다. "말씀대로 내게 이루어지이다"(38절). 이것은 결코 단순한 문제가 아니다. 그녀는 결혼도 하지 않은 채 동정녀로서 아이를 임신할 것을 요청받고 있다. 지금 하나님과 그분의 권능 앞에 서게 됨으로써, 앞으로 그녀는 아마도 수많은 의심과 조롱의 대상이 될 것이다. 그러나 마리아는 그녀가 하나님의 종이라는 것을 알고 있으며, 그래서 그녀는 하나님이 그분의 뜻대로 자신에게 역사하실 것을 받아들인다. 하나님은 어떤 종류의 어려운 환경 속에건 간에 그분께서 계획하시는 대로 그녀를 두실 수 있다. 그녀는 하나님이 그녀와 함께하신다는 사실을 알고 있기 때문이다.

다시 한번 더 누가는 출생선언의 세부사항을 말하는 것을 통해 어떻게 하나님의 계획이 진전되었는지를 설명할 뿐만 아니라, 그는 또한 하나님의 위대한 두 명의 사람들의 출생을 둘러싼 인물들을 나타내보였다. 여기 포함된 모든 인물들은, 하나님이 그들 가운데 행하고 계신 일들에 대해 그들이 보인 응답을 통해 영성의 본보기로 제시된다. 우주적인 스토리 한가운데에, 인간적인 스토리들이 자리 잡고 있다. 이 내러티브는 독자들이 이 스토리의 두 가지 수준을 모두 이해하기를 원한다.

상황잇기

이 본문의 연결부분은 앞 항목과 평행을 이룬다. 우리는 유일하고 독특한 출생 하나와 아이를 포함하고 있는 하나님의 독특한 세부계획들을 갖고 있다. 이런 세부사항들은 시대를 초월하는 것이며, 구속하시는 하나님의 역사하심이 펼쳐지는 배경이기도 하다. 누가는 예수의 유일한 독특성의 깊이를 한번에 한 단계씩 드러낸다. 주의 첫출발 단계의 범상치 않은 출생은, 우리로 하여금 주의 좀더 범상치 않은 모습들을 기대하고 준비하게 만든다.

이 아이는 모든 독자들에게 이스라엘의 왕으로서 소개된다. 이처럼 별같이 빛나는 인물의 출생이 왕가적인 기원과 겸허한 배경을 갖고 있다는 점은, 우리들로 하여금 하나님이 종종 묘한 방법을 통해 역사하신다는 사실에 대해 벌써부터 주의를 기울이게 한다. 예수에 대한 놀라운 일들이 있을 것이다. 비록 성경에 그 개요가 제시되어 있기는 하지만 하나님의 계획은 진행되기도 전에 미리 미화시켜서 포장할 수는 없다. 하나님이 역사하시는 것을 보기 위해서는, 우리는 그분께서 어떻게 행하실지를 계시해주시는 것에 귀 기울여야만 한다. 만약 우리가 계획들을 만들었다면, 우리들 대부분은 왕의 오심에 대해서 장대한 행렬과 환경을 만들었을 것이다. 그러나 그분의 출생이 다른 여느 보통 출생과 다를 바 없었다는 사실은, 하나님이 이 세상의 대부분의 낮은 사람들과 함께하시기 위해 얼마나 멀리까지 가실 것인지에 관해 매우 많은 내용을 이야기한다. 하나님은 온 우주의 하나님이시지만 그분은 결코 엘리트주의자는 아니시다.

마리아라는 인물 역시 연구할 만한 가치가 있는 인물이다. 그녀에게 발생한 사건들이 비록 매우 독특하긴 하지만 그녀의 태도들은 내러티브 안에서 본보기로서 그리고 칭송들을 만한 모습으로서 제시되고 있다. 본문상의 이런 힌트들은 우리가 이 스토리의 핵심적인 요소들에 집중하는 것을 도와준다. 그러므로 예를 들어서, 다음 항목인 1:45에서 사용한 단어들은, 마리아가 이 모든 사건들에 대해 보인 반응 측면에서 하나의 본보기로서 제시된다. 그녀가 불렀던 찬송에서 하나님이 축복하시는 사람들을 포괄적인 방식으로 묘사하고 있다는 사실은, 성경본문을 이런 본보기 방식으로 읽어야 한다는 점을 강조해준다.

마리아는 하나님이 예기치 않게 선택하셔서 사용하시는 사람들이 어떤 사람들인지를 제시한다. 그녀는 이 과업을 감당할 만한 어떤 특별한 자격들을 갖추고 있는 것이 아니었다. 또한 그저 외곽지역에 거주하고 있는 사람에 불과했다. 그녀는 자신의 능력이나 혹은 섬기고자 하는 의지 등을 표출하지 않았으며, 또한 자신의 이력서를 제출한 것도 아니었다. 이런 특징들은 사실 누구든지 하나님 앞에 표현할 수 있는 그런 기본적인 것들이다. 그러므로 하나님은 그녀를 들어 그분의 계획 안에서 사용하셨는데, 이것은 그녀가 훈련되어 있거나 준비되어 있는 그런 과정을 통해서가 아니었다.

하나님은 그저 이 여행 가운데 그녀와 함께하시겠다고 약속하셨고, 그녀는 함께 그 길을 가겠다는 의지를 갖는 것을 통해 응답한다. 자신의 임무에 신실했던 천사는, 마리아가 자신이 얼마나 은혜를 받은 사람인지를 알기를 그저 원했다. 마리아는 그녀와 함께하는 하나님의 은혜와 더불어, 하나님이 요청하시는 것을 그녀 자신이 행할 수 있다는 것도 안다. 본문이 그녀를 동정녀로 묘사하고 있는 것은, 그녀가 개인적인 책임성과 성실성이 무엇인지를 잘 알만큼 이미 성장했음을 보여준다.

현대적 의미

예수가 탄생하시는 소박한 배경은, 하나님의 계획이 어떤 성격을 갖고 있는지 뿐만이 아니라 하나님의 심정이 어떠한지도 보여준다. 하나님은 심령이 가난한 사람들을 사랑하신다. 그분의 아들께서도, 이스라엘의 왕으로서, 모든 시대의 약속된 분으로서, 가난한 시골처녀에게서 태어나셨다. 이와 같은 하나님의 가식 없으신 본보기는, 그분의 자녀들인 우리들이 가져야만 하는 태도이기도하다. 우리는 하나님이 위대한 일들을 행하실 것이라고 기대할 수도 있고 혹은 그분께서 사회적으로 위대한 사람들을 통해서 역사하실 것이라고 학수고대할 수도 있다. 그러나 하나님은 그분의 위대함을 그분께서 사용하시고자 했던 길 위의 이름 없는 사람들을 통해서 역사하실 것이다. 영적인 위대함은 사회적 계층이나, 금전적인 영향력, 혹은 학위라는 배경에 속한 문제가 아니다. 영적 위대함은 심령의 기능이다. 하나님의 접근방식은 이 세상이 중시하고 가치 있게 취급하는 방식, 즉 자격증을 중시하는 유형과 정반대편에 서 있다. 외적인 것들은 그분께는 거의 아무런 가치도 없다. 다른 이슈들이 훨씬 더 중요하다.

하나님은 여행 내내 그분의 돌보심을 의지하는 사람들을 통해서 위대한 일들을 행하실 수 있다. 이 점은 하나님이 이끌어나가실 때, 성도들은 단순히 "당신의 뜻대로 되기를 원합니다"라고 응답해야한다는 것을 의미한다.

이 문단은 네 가지 서로 다른 중요한 교훈들을 제시한다: (1) 하나님께는 그 무엇도 불가능한 것이 없기 때문에, 약속을 반드시 이행하신다는 확실성 (2) 하나님을 섬기기 위해 선택된 마리아라는 한 인물의 본보기, 하나님이 우리를 우리의 한계들을 넘어서 사용하시겠다는 것에 대해서도 하나님을 신뢰하는 그런 본보기 (3) 우리 주가 동정녀에게서 탄생하셨다는 중요성, 그리고 (4) 우리의 삶 속에서 성(性)적인 신실함이 갖는 중요성.

유소년기 내러티브(infancy narrative) 전체는 하나님이 약속들을 완성하신다는 점을 강조한다. 왜냐하면 그분께서 주신 모든 단기간의 약속들이 정확하게 말씀하신대로 이루어지기 때문이다. 우리는 하나님이 약속들을 실행하신다고 신뢰할 수 있다. 하나님은 자신의 시간에 그리고 그분만의 방식으로 행하실 것이지만, 여하튼 그 모든 일들은 분명 이루어질 것이다. 만약 하나님이 그런 신실함을 갖고 계시다면, 그분의 자녀들인 우리들은 그런 성품을 본받아야만 하며 또한 이 세상 앞에서도 참되고 진실한 모습이 되어야만 한다. 거짓말이 종종 단순히 "절반의 진실"인 양 취급되는 문화 속에서, 이런 성품의 계시는 매우 중요하다.

다른 한편으로, 마리아는 하나님께로부터 부름 받은 모든 사람들이 자격증이 아니라 하나님이 활용하실 수 있으시다는 가능성을 가지고, 응답하는 마음을 가지고, 적절하게 응해야한다는 것을 보여준다. 그녀는 주의 종이며, 우리들도 만약 우리가 주를 안다면 마찬가지로 그분의 종들이다. 하나님의 종들은 만약 "당신의 뜻대로 나를 사용하십시오. 나는 내가 자격이 없다고 느끼거나 혹은 불가능하다는 느낌 때문에 당신을 섬기지 않는 그런 모습은 보이지 않겠습니다"라고 이야기한다면, 주를 위해 위대한 일들을 수행할 올바른 태도와 관점을 갖고 있는 것이다. 하나님은 모든 성도들로 하여금 몸인 교회를 위해 사역하라고 부르셨으며(엡 4:7-16), 또한 그분은 우리가 수행하도록 그분께서 준비하시지 않은 일들에 대해서 우리를 부르시지 않는다.

하나님의 부르심과 더불어, 우리에게는 그분의 인도하심에 응답해야 할 필요성이 있다. 하나님의 뜻을 받아들인다는 것은, 그 길이 얼마나 훌륭한 여행인지를 깨닫는 것을 의미한다. 우리들 세상에서는, 섬김은 일반적으로 낮은 등급을 받는다. 우리는 다른 사람들이 우리를 섬기게 하는 것을 더 선호한다. 이런 관점은 우리로 우리 자신들에게 초점을 맞추게 하는 경향이 있으며, 사실 종종 가장 좋은 만족감을 가져올 수 있는 행동 하나(=섬김)를 잃어가게 한다.

만약 하나님이 우리들을 그분의 종이 되게 창조하셨고, 또한 창세기 1장이 우리가 하나님의 형상대로 창조 받아 이 땅을 정복하라고 창조되었다고 제시하는 것처럼 우리를 "대리인"으로 창조하셨다면, 그렇다면 우리가 그저 우리 자신만을 섬길 때 우리가 도대체 누구인지에 대해 가장 중요한 부분을 상실하고 마는 것이다.

더군다나, 하나님께 대해서는 그분이 우리를 어떻게 사용하실 것인지에 대해서, 그리고 우리가 주어진 임무와 관련해 무엇을 행할 것인지에 대해서 열등의식을 가질 필요가 없다. 하나님이 우리들을 데려가시는 곳에 가고자하는 의지를 갖는 것보다 더 중요한 일은, 그 무엇이건 간에 우리들이 갖고 있는 한계들을 극복하도록 그분께서 도우신다는 것을 깨닫는 것이다. 신실함 안에 영적 능력이 있다. 누가는 우리가 마리아를 예수의 겸손한 어머니로서만이 아니라 믿음의 본보기로 보기를 원한다. 엘리사벳이 하나님이 자신을 사용하신다는 것을 기뻐한 사람으로 묘사된 것과 마찬가지로, 마리아도 역시 하나님이 인도하시는 곳이라면 부족한 것이 무엇이건 모두 공급하실 것임을 알고 어디건 그분을 좇아가는 사람으로 그려진다.

동정녀 출생이라는 사실도 하나님이 우리의 창조주이심을 강조하며, 그분의 창조적 권능은 단순히 임재가 나타나는 것만으로도 무에서 생명을 만드실 수 있음을 강조한다. 만약 여기에서 하나님의 주권을 표현하는 무언가가 자리 잡고 있다면, 그건 생명을 창조하실 수 있는 그분의 능력이다.

나는 내 인생 가운데서 내 자녀들이 태어났을 때보다 더 강력한 순간을 생각해 낼 수가 없다. 새로 태어난 아이를 껴안고서 아홉 달 동안의 생물학적인 기적이 이처럼 부드럽고 새로운 생명, 양육하고 돌봐주어야 하는 이런 생명을 낳았다는 것을 깨닫는 것만으로도, 생명이 얼마나 고귀한 것이며 하나님의 창조 기술이 얼마나 권능 있는 것인지를 보여준다.

동정녀 출생의 중요성은 우리 도시의 신문에 내가 최근에 기고했던 글을 통해서도 잘 표현된다.[4] 우리 문화는 예수의 독특성을 부인하려는 강한 유혹을 갖고 있다. 내가 기고한 글에서는, 예수 세미나(Jesus Seminar)에서 일부 학자들이 예수의 동정녀 출생이 실제로는 일어나지 않았으며 베들레헴은 예수의 출생지가 아닐 수도 있다고 주장한 것을 의문부호를 달아 지적했다. 그런 주장들은 새로운 주장들이 아니다. 이 출생은 오직 마태복음과 누가복음에만 기록되어 있다. 그러나 이 두 곳에만 출생사건이 기록된 이유는, 요한은 자신의 복음서에서 말씀의 선재하심에 관해 말하는 것을 통해 예수에 관해 이야기하기 시작하고, 마가는 어린시절 내용에 관해 전혀 다루지 않았기 때문이다.

이런 내용들로 복음서를 시작한 것은, 성경의 인간 저자들이 선택한 문학적 선택일 뿐이다. 동정녀 탄생은 중요하다. 왜냐하면 이 사실은 처음 출발부터 예수께 특별한 거룩함이 내재되어 있음을 보여주기 때문이다. 또한 이 사실은 생명을 새롭게 편성하시는 하나님의 근본적인 권능도 재확신시켜 준다.

요한의 복음이 다루는 것처럼, 말씀이 육신이 되셨다. 이와 같은 초자연적인 행동은 첫출발부터 예수께 독특성을 부여한다.[5] 이런 사건의 진리에 대해 한 사람이 보이는 반응은, 하나님에 대한 그들의 세계관과 이 세상에서 하나님이 행하실 수 있는 능력에 대한 그들의 세계관이 무엇인지를 드러낸다. 세계관의 차이는, 하나님을 바라봄에 있어서 그분을 우리 삶의 참여자로 보는 관점을 가질 것인가, 아니

---

4. Jim Jones, "The Gospel Truth?" *Fort Worth Star-Telegram*(Dec. 16. 1994), front page of Metropolitan section.

5. 동정녀 탄생에 대한 고전적인 연구에 대해서는 J. Gresham Machen, *The Virgin Birth*(Grand Rapids: Baker, 1965 reprint)를 보라.

면 하나님을 창조에 있어서 방조자로 볼 것인가라는 차이점도 포함한다.

비록 예수의 생애가 유일무이하고 독특한 기원을 갖고 있지만, 모든 생명은 고귀한 것이고, 동시에 하나님의 경이로운 창조권능에 대한 증거이다. 이런 생명이 태어날 것에 대한 기대조차도 특별한 것이며, 결코 대수롭지 않게 취급해서는 안 된다. 나는 바로 이것이 하나님이 성적인 신실함과 순결성을 가치 있게 보시는 이유라고 생각한다.

자기 자신들을 적절한 시간이 될 때까지 정결하게 지키는 사람들은, 함께 삶을 나눌 결혼상대를 위해서만이 아니라 이제 출산하고 그 이후에 돌보게 될 귀한 자녀들을 위해서도 신실함의 테이블을 준비하는 것이다. 새로운 생명은 매우 고귀한 것이며, 우리는 자녀에게 그와 같은 식견을 물려주어야 한다. 불행하게도, 종종 우리는 짧고 가깝게만 바라보며, 그래서 아이는 위험에 놓여있게 되곤 한다. 출생 이전에 유산의 위험에 놓이게 되거나 혹은 출생 이후에 신실치 못한 이유 때문에 만들어지는 이혼이라는 충격(trauma)을 통해서건 간에 말이다.

누가복음 1:39-56

39 이 때에 마리아가 일어나 빨리 산골로 가서
유대 한 동네에 이르러
40 사가랴의 집에 들어가 엘리사벳에게 문안
하니
41 엘리사벳이 마리아가 문안함을 들으매 아이
가 복중에서 뛰노는지라 엘리사벳이 성령의
충만함을 받아
42 큰 소리로 불러 이르되 여자 중에 네가 복이
있으며 네 태중의 아이도 복이 있도다
43 내 주의 어머니가 내게 나아오니 이 어찌 된
일인가
44 보라 네 문안하는 소리가 내 귀에 들릴 때에
아이가 내 복중에서 기쁨으로 뛰놀았도다
45 주께서 하신 말씀이 반드시 이루어지리라고
믿은 그 여자에게 복이 있도다
46 마리아가 이르되 내 영혼이 주를 찬양하며
47 내 마음이 하나님 내 구주를 기뻐하였음은
48 그의 여종의 비천함을 돌보셨음이라 보라 이
제 후로는 만세에 나를 복이 있다 일컬으리
로다
49 능하신 이가 큰 일을 내게 행하셨으니 그 이
름이 거룩하시며
50 긍휼하심이 두려워하는 자에게 대대로 이르
는도다
51 그의 팔로 힘을 보이사 마음의 생각이 교만
한 자들을 흩으셨고
52 권세 있는 자를 그 위에서 내리치셨으며 비
천한 자를 높이셨고
53 주리는 자를 좋은 것으로 배불리셨으며 부자
는 빈 손으로 보내셨도다
54 그 종 이스라엘을 도우사 긍휼히 여기시고
기억하시되
55 우리 조상에게 말씀하신 것과 같이 아브라함
과 그 자손에게 영원히 하시리로다 하니라
56 마리아가 석 달쯤 함께 있다가 집으로 돌아
가니라

원 의미

이 문단은 두 부분으로 구성되어 있다. 첫 번째 부분은 마리아와 엘리사벳이 만나는 장면이다. 이 사건은 나사렛에서 약 3일 정도 여행거리인 80-100마일 정도 떨어져있고, 예루살렘 바깥지역인, 유다 산지에서 일어난다. 이 만남은 마리아의 순종을 보여준다. 마리아가 36절에서 천사가 들려준 이야기와 그 증거를 살펴보려고 엘리사벳을 찾아왔기 때문이다. 마리아는 하나님이 그녀를 데려가시는 곳으로 가는 일에 순종하기 위해 "서두른다." 이 사건은 표면적으로는 거의 아무런 중요성이 없지만, 누가에게는 매우 중요한 문학적 가교이다. 중요한 두 명의 인물들이 그들의 어머니들의 만남을 통해 상징적으로 만나기 때문이다. 세례 요한은 이미 1:15-17에서 정확하게 예언되었던 그대로, 자궁에서부터 예수를 "가리키는" 일을 시작한다. 이 항목의 두 번째 부분은 마리아의 찬송이다—*the Magnificat*, 마리아의 찬송을 지칭하는 이 이름은 이 찬송이 시작되는 라틴어 단어를 따서 만들어진 이름이다. 마리아는 이런 사건들에 참여하고 있음을 기뻐하면서 자신의 영혼을 쏟아 붓는다.

임산부들간의 만남은 창세기 25:22-26의 내용을 생각나게 한다. 비록 이 문단은 창세기 문단과는 매우 중요한 점들에서 대조를 이루지만 말이다. 야곱과 에서는 같은 자궁 안에서 우선권을 놓고 다투었던 반면, 요한은 엘리사벳의 태중에서 뛰어노는 것을 통해 예수가 우월성을 갖고 있다는 사실을 인정하며 기뻐한다(눅 1:41, 44).[1] 성령께서 엘리사벳을 충만케 하신다는 언급은 결정적으로 중요한데, 이 언급은 그녀의 말들과 감정들이 하나님을 통해 인도받는다는 점을 보여주기 때문이다.[2] 이 본문은 우리들에게 엘리사벳이 도대체 어떻게 마리아가 이 아이를 기대하고 있다는 것을 알게 되었는지를 전혀 이야기하지 않는데, 이처럼 이런 과정에 생략을 사용한 것도 우리의 주목을 끈다. 이 점은 이 사건에 신비로움을 더해준다. 이 장면에서, 마리아는 요한의 어머니가 표현한 겸허함을 통해 자신이 그저 아이의 존재만으로도 존귀히 여겨지고 있다는 느낌을 갖는다. 이런 느낌은, 요한복음 3:30에서 요한이 직접 표현한 내용을 통해 좀더 충분하게 표현된다: "그는 흥하여야 하겠고 나는 쇠하여야 하리라." 이는 사무엘하 6:9과 24:21을 생각나게 하는 방식으로 표현되었다. 하나님을 섬기는 사람들이 하나님의 계획 속에서 자신들이 어느 자리에 있는지를 이해할 때, 평화가 다스리게 된다.

이 문단에 나오는 기쁨에 대한 표현은, 앞에 나온 사건들에서 이미 들려졌던 주제를 반복한다. 하나님으로부터 사용 받고 있다는 특권과 은혜는, 여기에서 새로운 표현을 통해 표현된다. 엘리사벳은 하나님이 자신에게 그와 같은 중추적인 역할을 맡기지 않으셨음을 알고 있지만, 그녀는 하나님이 그녀를 포함시키고 있음에 감탄한다. "어찌된 일인고?(어찌 내가 이렇게 은혜를 입었는고?)"라고 물을 때, 엘리사벳은 자신이 하나님의 은혜 중 미미한 일부분의 수혜자일 뿐임을 이해하고 있다.

1. 유대교에서는 아이들이 태중에서부터 사건들에 반응한다고 생각한다. 후대의 시편 68:27에 대한 탈굼은 태중의 태아에게 하나님을 찬양하라고 명령하며, '솔로몬의 송가'(Odes to Solomon) 28:2에서는 아이에게 태중에서 뛰라고 이야기한다. 이런 소망에 대한 전례가 창세기 25:22에 나온다. 팔레스타인 탈무드(Palestinian Talmud)에서는, 출애굽 때의 태아들이 바다가 갈라질 때 반응을 했다고 이야기한다.
2. Friedrich, "προφήτης," *TDNT*, 6:835.

그녀의 놀라움에는 마리아가 받은 축복에 대한 교훈도 함께 자리 잡고 있다. 45절이 이야기하듯이, "믿은 여자에게 복이 있도다 주가 그에게 하신 말씀이 반드시 이루리라!" 바로 이것이 이 복음서 안에 나오는 첫 번째 지극한 복이다.[3] 누가복음 처음 두장의 중심주제는, 하나님은 그분께서 말씀하신 것을 행하신다는 것이다. 이 진리를 믿고 공유하는 사람들에게는 풍요라는 축복이 다가온다. 하나님이 우리 삶 가운데로 들어오실 때, 우리는 기뻐해야만 하고, 또한 그분이 약속하셨던 대로 반드시 행하실 것임을 신뢰해야만 한다.

우리는 이처럼 감사가 가득한 예비 어머니를 통해 태어나게 될 아이들에 대한 성경의 증거가 얼마나 중요한지를 결코 간과해서는 안 된다. 세 가지 사항들이 핵심이다: (1) 마리아의 아이는 특별히 축복받은 아이이며, 하나님의 새로운 역사하심의 핵심에 자리 잡고 있다. (2) 이런 놀라운 사건들 속에 자리 잡고 있다는 것은 굉장한 일이다. 그리고 (3) 하나님은 자신이 말씀하신 것을 행하신다는 것을 믿는 사람들에게는, 기쁨과 축복이 주어진다.

감사 시편인 마리아의 찬송은 두 부분으로 되어 있다. 찬양시편임을 표시해주는 "내 영혼이 주를 찬양하며 내 마음이 하나님 내 구주를 기뻐하였음은"(46b-47절)이라는 부분은, 한나가 하나님을 향해 찬양하던 내용과 비슷하다(삼상 2:1; 참조. 시 35:9). 누가복음 1:46-49은 마리아가 자신의 특별한 상황에 대해 개인적으로 찬양하는 내용을 담고 있는 반면, 찬송의 나머지 부분은 하나님의 행동을 좀더 일반적인 용어들로 찬양한다. 현재 시제(46b절)에서 과거시제로(47-48a절) 그리고 미래시제(48b절)로의 전환은, 그녀가 찬양해야하는 근거들을 자꾸만 넓히고 있음을 보여준다. 만세에 그녀를 복이 있다고 일컫게 될 것이라는 개념(48b절)은, 하나님이 마리아 이외의 다른 "하나님을 두려워하는 자들"을 어떻게 다루셨는가에 대한 개념(49-53절)으로 이끌고 나아간다. "[하나님을] 두려워하는 자들"이라는 언급은 특별히 이 시편을 누가의 청중들에게 활짝 열어젖혀주는 역할을 하는 표현일 수도 있는데, 이는 이방인중에서도 이전에 "하나님을 두려워하는 자들"을 포함할 수 있는 표현이기 때문이다. 비록 외관상 이스라엘이 이 시편 안에 분명하게 들어있긴 하지만(54-55절), 50절에 나오는 일반적인 찬양은, 이스라엘 나라 바깥의 다른 사람들도 이스라엘과 마찬가지로 축복받을 수 있다는 가능성을 활짝 열어젖힌다.

---

3. A. Plummer, *Luke*(ICC: Edinburgh: T. & T. Clark, 1896), 30.

마리아는 하나님이 그녀를 위해 베푸시는 구원의 행동을 기뻐하면서, 이 찬송에서 구약성경의 언어를 되풀이한다(시 34:3; 69:30).[4] 이 여인의 "비천한 신분"에도 불구하고(왕하 14:26; 시 9:11-14; 25:16-18), 하나님은 그녀를 위하여 하나님의 거룩하심을 분명하게 나타내는 위대한 일들을 행하셨다. 그러므로 마리아는 전능자로 인해 기뻐한다(신 10:21; 34:11; 시 44:4-8; 89:8-10; 111:2, 9, 습 3:17). 그녀는 하나님이 그녀의 구원자로서 실천해주셨던 은혜 안에서 기뻐한다(시 25:5-6; 사 12:2; 미 7:7). 하늘에 앉아계신 하나님은 그의 낮은 종을 향한 관심을 보여주셨다. 그녀는 하나님이 창조의 모든 과정 중에서 행하시는 일들 속에서 깨닫게 되었다. 그녀는 하나님이 다른 사람들을 돌보시는 것과 마찬가지로 그녀도 돌보신다는 것을 증거할 것이다.

마리아는 자신이 기뻐한다고('에갈리아센') 말할 때, 그녀는 1:14에 나타나는 것과 동일한 용어를 사용한다. 다른 말로 하자면, 바로 이것이 세례 요한의 중요성에 관해 이미 주어졌던 여러 약속들 중 첫 번째로 성취가 나타난 것이다. 마치 외관상 마리아가 이 사건들을 예수의 임신과 연관시켰던 것처럼, 이 사건들은 그녀가 엘리사벳과 요한과 접촉한 것과 분리되지 않는다. 이런 단어의 연관성을 통해서, 누가는 이 설명을 가장 일찍부터 있었던 성취라는 분위기로 채운다.

마리아는 "지금부터 시삭해서" 반세에 이르도록 복이 있다고 일컬어질 것인데, 이것은 그녀가 특별하기 때문에 아니라 그녀가 하나님의 은혜와 긍휼(50절)의 경험이 무엇인가를 보여주는 모델이고 대표적 인물이기 때문이다.[5] 누가는 하나님의 행하심과 관련되어 있는 사건들이 도대체 어떻게 모든 것들을 "지금부터 시작해서 계속적으로" 변화시키는지를 주목하는 것을 좋아한다(눅 5:10; 12:52; 22:18, 69; 행 18:6).[6]

마리아의 감정은 분명하다. 하나님은 마리아에게 빚진 것이 아무것도 없으셨지만, 그녀는 그분으로부터 모든 것을 받았다. 그녀의 스토리는 하나님이 다른 사람들을 어떻게 다루시는지를 제시해주며, 그렇기에 그녀는 그녀의 스토리가 수천 번도 넘게 계속해서 되풀이 될 수 있다는 것을 계속해서 지적한다. 하나님의 "긍휼"은 하나님을 두려워하는 자들에게까지 확장된다(50절). 이 긍휼은 그분의 왕적인 사랑인데, 구약성경에서는 이것을 가리켜 하나님의 헤세드(*hesed*)라고 부른다. 이

4. 구약성경의 찬송과 배경에 관한 차트는 ibid., 30-31을 보라.
5. Fitzmyer, *The Gospel According to Luke, I-IX*, 367.
6. Stahlin, "νῦν," *TDNT*, 4:1111, 1113.

사랑은 신실하고 은혜로운 사랑이다(시 103:2-6, 8-11, 13, 17).[7] 만약 우리 중 누군가가 하나님의 긍휼이 무엇인지를 보기 원한다면, 성경이 하나님이 낮은 자를 구원하시고 교만한 자를 낮추시는 분이시며, 또한 그분을 신뢰하는 사람들을 어떻게 돌보시는지를 보여주는지를 찾아보면 된다(신 4:34; 시 44:3; 68:1; 89:10, 13; 107:9; 118:15; 146:7; 147:6). 사랑, 긍휼 그리고 충성은 하나님과의 관계에 있어서 핵심적인 태도들이다. 하나님께서는, 궁핍 가운데서도 그분께 돌아서는 자들을 그냥 내버려두지 않으시고 건져내실 것이다. 배고픈 자들은 복이 있지만, 부자들은 빈손으로 가게 될 것이다(참조. 이 주제는 삼상 2:5; 욥 15:29; 렘 17:11에 나온다). 다스리는 자를 내리친다는 개념도 구약성경에서 발견된다(삼상 2:7; 욥 5:11; 12:19).[8] 하나님의 긍휼은 결국 그 모습을, 권능과 구속 그리고 정의를 통해 표현하신다. 바로 이것이 하나님이 아브라함과 그의 자손들을 기억하시며 긍휼을 베푸실 때, 그분의 사랑이자 "그의 종"인 특별한 나라 이스라엘을 어떻게 도우셨는지를 보여주는 모습이기도 하다(사 41:8-9; 42:1-2, 21; 45:4; 48:20; 49:3). 이와 같은 역사적 언급은 하나님이 아브라함, 이삭, 야곱을 통해 그의 백성과 맺으신 언약을 기억하게 한다. 누가는 다시 한번 더 하나님이 어떻게 그분의 말씀을 지키시는지를 강조한다. 그러나 이 복음서가 진행되어 가면 갈수록, 하나님을 두려워하는 자들에 대한 하나님의 섭리하심은 이스라엘이라는 경계선을 넘어서서 확장되어 나갈 것이다.

51-55절에 나오는 동사들의 시제들은 과거형(aorist)인데, 이 사실은 도대체 무슨 목적으로 이런 시제를 사용했는지에 관해 많은 논의를 불러일으켰다.[9] 마리아는 과거의 사건들에 대해 이야기하고 있는 것인가? 이 과거형들은 금언적인 과거형들인가?(즉, 하나님이 시간을 통해서 습관적으로 행하시는 일들이 무엇인지에 관해 언급하고 있는) 혹은 이들은 본문 안에서 너무나 명백한 약속들이기 때문에 마치 이미 벌어진 것처럼 생생하게 표현되고 있는 선지자적 과거형인가? 앞으로 어떤 일들이 벌어질지를 전망하는 방식으로 이 구절들을 도입(49절)하는 양상을 놓고 보면, 마지막 견해가 가장 잘 어울린다. 비록 여기서 언급된 내용들은 모든 시대 속에 나타나는 하나님에 관한 진리이기는 하지만 그러나 가난한 사람들을 향한 하나님의 옹호가 완전하고 확실하게 이루어지는 것은 미래에 이루어질 것이다.

---

7. Marshall, *Commentary on Luke*, 83.
8. Plummer, *Luke*, 33.
9. Marshall, *Commentary on Luke*, 83-84.

이런 본문들을 그저 단순하게 하나님이 가난한 자 편에 서신다는 사회계층적인 측면에서 읽어서는 안 된다. 마리아의 찬양 중 개인적인 내용이 아니라 일반적인 내용으로 이끌고 들어가는 행은 "[하나님을] 두려워하는 자들"이 긍휼을 받는다는 점을 분명히 한다(50절). 가난한 사람들이라 함은 "경건한 가난한 자들"이거나 혹은 구약성경이 종종 '아나윔'(시 9:11-12, 17-20; 10:1-4; 12:1-5; 18:25-29)이라고 부르는 사람들이다. 그들은 그들의 필요를 인식하는 사람들이며, 그렇기에 하나님께 돌아서는 것을 주저하지 않는 사람들이다. 마리아는 하나님이 대적들 앞에서 이스라엘을 옹호하실 것에 대한 소망을 표현한다. 하나님은 이 일을 시행하실 것이고 예수를 통해 더 많은 일들을 행하실 것이다. 하나님께 돌아오는 자들은 그분께서 그들 편에 서서 적절하게 움직이실 시간에 그분의 사랑과 정의를 보여주실 것을 기대할 수 있다. 하나님은 그렇게 행하시는데, 그 약속을 "기억하시기" 때문이다(눅 1:54).

상황잇기

두 개의 열쇠가 이 본문들을 열어준다: (1) 엘리사벳과 마리아가 어떤 한 부류를 대표적으로 보여주는 인물로서 갖는 역할을 통해 성도들의 두 가지 특성과 모습을 묘사해준다는 점, 그리고 (2) 마리아의 찬송이 그저 그녀 자신에게만 국한된 스토리가 아니라 하나님을 두려워하고 그분의 은혜와 긍휼을 받는 사람들에 관한 스토리라는 인식.

마리아와 엘리사벳은, 하나님의 축복을 나누고 누리는 일에 대해 성도들이 놀라는 것을 묘사한다. 엘리사벳의 겸허함은 그녀가 자신이 있을 수 없는 자리에 자신이 있음을 인식하는 것을 통해 두드러지게 나타난다. 그녀는 하나님이 말씀하신 것을 행하실 것이라고 믿는 마리아(그리고 그녀 같은 사람들)를 찬송한다. 이 교훈이 일반화되어 표현된 것은, 45절에 언급된 축복이 마리아에 관한 특수한 언급보다는 일반적인 용어를 통해 하나님이 어떻게 행하셨는지를 언급했기 때문이다. 이 내용은 적용을 이 하나의 사건을 넘어서서 확장하게끔 한다.

겸허함은 하나님이 어떤 분이신지를 묵상할 때 그 결과로 생기는 자연스러운 결과물이다. 고대 세계에서의 하나님과의 관계는 마치 하나님이 친근한 이웃이라도 되는 양 그렇게 자연스럽게 대할 수 있는 관계가 아니었다. 그보다는, 하나님과 관계 맺는 것은 영광스러운 것으로 간주되었고 누군가 유명한 인사를 대할 때 취해야하는 태도보다 훨씬 더 깊은 존경을 표현할 것이 요구되었다. 그분은 창조주이시다. 우리는 그분께서 창조하신 것들 중 일부분이며, 그래서 하나님은 우리의 존재 자체에 대해 책임이 있으신 창조주이시다. 그러므로 유대교에서는 하나님은 많은 두려움의 대상이셨으며, 성전에 나아가 경배할 때에도 어떻게 해야 하는지를 매우 자세하게 세부적으로 논의했었다. 심지어 제사장들도 하나님께 나아갈 때는 정확한 루트를 따라서 나가야만 했다.[10] 요점은, 우리가 그런 율법의 세부사항들을 다시 되살리거나 그런 규정들로 돌아가야 한다는 것이 아니라, 하나님께 나아가는 데 있어서 얼마나 많은 주의와 고려를 했는지를 주목해야 한다는데 있다. 출애굽기 4장에서 자신의 신발을 벗어야만 했던 모세처럼, 우리는 하나님을 안다는 것이 어떤 영예를 의미하는 것인지를 적절하게 잘 인식해야만 한다. 마리아와 엘리사벳은 두 사람 모두 다, 지식의 근본인 주님에 대한 경외(잠 1:7)를 갖고 있었고, 그런 존경심을 서로 간에 나누고 있었다.

마리아의 찬송이 자신의 처지에 대한 것에서 시작해서 하나님이 어떤 부류의 사람들을 어떻게 다루시는지에 대한 일반적인 고백과 찬양으로 나아감에 따라, 그녀의 메시지는 그녀 자신만의 것이 아니라 수많은 다른 사람들의 메시지가 되어간다. 그들은 마리아의 찬송을 자신도 찬양하기 시작할 수 있다. 그들은 세상으로부터 거부당하는 것이 무얼 의미하는지를 알고 있으며, 하나님 앞에서 겸손한 것이 무얼 의미하는지를 알고 있으며, 또한 아마도 가난하다는 것이 무엇을 의미하는지를 알기 때문이다. 우리는 하나님이 경건하면서 가난한 자들에게 말씀하고 계심을 알고 있다. 하지만 설령 우리가 이 사실을 알고 있다 하더라도, 그렇다고 해서 이 묘사가 갖는 사회적 요소를 무시해도 되는 것은 아니다. 종종 하나님에 대해 가장 예민하게 반응하는 사람들은 가난한 사람들이며, 또한 하나님을 향한 갈망을 인식하는 것도 가난한 사람들이다. 마리아의 노래는 하나님의 성품을 나타내 보여주며 또한 그저 거룩함, 긍휼 그리고 구원 등과 같은 추상적인 표현을 통해서가 아니라 사람들과의 구체적인 관계와 다른 생명들에 대한 세부적인 역사하심 등을 통해서 표현한다. 하나님의 속성들은 이해해야 하거나 혹은 경배해야만 하는 그런 모습일 뿐만 아니라, 잘 경험되어야만 하고 또한 삶의 여러 평범한 일상들 속에서 볼 수 있는 것이어야만 한다. 그러므로 이 세상에서 힘 있는 모습으로 나타나는 사람들은 하나님 앞에서 무능력한 사람들이며, 반면 소망도 없고, 도움 받을 길도 없어 보

10. 이런 세부적인 내용들은 미쉬나에서 발견되는 유대인들의 구두전승 기록에서 자세하게 설명된다. 논설 부분인 타미드(Tamid)는 매일 드리는 경배의 세부사항들이 한 단계 한 단계 자세하게 기록하고 있는데, 심지어 한사람이 제사를 드리면서 제단을 도는 방향까지도 자세히 기록하고 있다.

이는 사람들은 하나님의 살펴보시는 눈길아래 있는 사람들이다.

이 본문 이면에는 또 다른 문화적 측면의 언급이 자리 잡고 있다. 그것은 마리아의 딜레마를 통해서 그리고 옛 격언인 "좋은 소녀들은 하지 않는다"(Good girls don't)를 통해서 요약할 수 있다. 고대 문화에서는, 처녀성은 존중받는 모습이었으며, 자기통제와 도덕적 신실성에 대한 훈장 같은 것이었다. 마리아는 많은 사람들에게 결혼생활 밖에서 아이를 낳은 사람으로 여겨질 것이었다. 하나님의 성령에 의한 잉태라는 그녀의 설명은 받아들여지기 어려울 것이다(참조. 마 1:18-25). 누가복음 1:34에서 성적 경험 없이 아이를 갖는 것에 대한 그녀 자신의 의문도 또한 이 측면에 있어서 그녀의 신실함을 보여준다. 우리의 문화는 불행하게도 결혼생활 이전의 성적 경험을 거의 당연한 듯이 받아들인다. 그러므로 여기서 마리아가 수용해야하는 믿음의 행보에 대해서도, 적절하게 평가하고 인식하는데 어려움이 있다. 하지만 이 모든 과정 가운데서 그녀를 압도하고 있는 것은, 그녀의 명예에 대한 잠재적인 위험성이나 겉으로 드러나 있는 이런 "위험"이 아니라, 하나님을 섬기는데 참여하고 그분과 더불어 있다는 기쁨이다. 우리 역시도 도덕적인 성실함을 유지해야만 하며, 또한 설령 우리 자신의 명예에 심각한 위험이 있다 할지라도 하나님을 섬기는데 신속해야만 한다. 이 점은 하나님 앞에서 우리의 도덕적 성실함을 별로 중시하지 않거나 혹은 미래의 배우자와의 관계에 긴장을 더하는 위험을 주는 잘못된 방향의 자기성취를 추구하는 것과 대조적인 모습 속에 자리 잡고 있다.

현대적 의미

누가는 이 본문들의 핵심을 향한다. 성도들은 하나님의 말씀과 함께해야만 하며, 또한 하나님이 성도들의 구체적 삶 속에 함께하신다는 점에 대해서 경이로움을 가져야만 한다. 하나님은 우리에게 아무것도 빚진 것이 없다. 도리어 그리스도를 신뢰해온 우리들이 그분께 모든 것을 빚지고 있다. 아이가 엘리사벳의 태중에서 뛰었던 것처럼, 우리의 심장도 우리가 경험하는 하나님의 수많은 축복들을 생각할 때 우리 가슴 속에서 뛰어야 한다. 하나님은 말씀하신 것을 행하시며, 성도를 위해 많은 것들을 말씀하셨다. 열쇠는 미래에 역전이 이루어질 것을 기대하는 것이다. 지금 이 악하고 타락한 세상 속에서 우리가 제비뽑기를 해서 얻은 제비가 무엇이건 간에, 하나님을 두려워하는 사람들은 역전을 기대할 수 있다.

또한 이 찬송에는 신분신학이 반영되어 있다. 사회적 위치는 수입 지출의 규모나 혹은 우리가 살고 있는 주소지만의 문제가 아니다. 우리는 하나님이 부자와 유명한 사람들을 더 선호하시고 더 좋아하시는 것으로 간주하거나, 그들이 축복받고 능력 있는 사람들이라고 간주하는 경향이 있다. 그러나 이 본문은 하나님이 겸손하고 가난한 사람들을 귀히 여기신다는 사실을 분명히 한다. 우리는 그들을 종종 무시하곤 하지만 하나님은 그들을 주목하신다. 이 점은 모든 사람들이 갖고 있는 고귀함과 가치에 대해 많은 것을 이야기한다. 하나님께 중요한 문제가 되는 주소는, 그 사람이 몇 번가에 살고 있는지 혹은 은행계좌가 어떤지에 대한 것이 아니라, 사람들의 마음에 찍힌 스탬프에 대한 것이다. 그러나 현실 속에서는 많은 사역들이 사회적 신분이라는 정황 속에서 사역하는 것과 관련되어 있고, 또한 마리아가 노래하지 않은 상황들 속에서 사역하는 것과 관련되어 있다. 이 일은 힘겨운 일이다. 종종 이런 일은 몇 년 동안의 시간을 잡아먹거나 비관주의나 좌절을 가져오기도 한다. 이런 사역들은 큰 히트를 쳐서 사역자들을 영광스럽게 빛나게 해주는 결과는 거의 가져오지 않는다. 그러나 이런 사역은 하나님을 기쁘시게 한다.

최근에 크리스채니티 투데이(Christianity Today)지에서는 케이시 더들리(Kathy Dudley)라는 한 앵글로-아메리컨(Anglo-American) 여성에 관한 이야기를 다루었다. 그녀는 달라스 저소득층에 사는 가난한 사람들 중에서도 가장 가난한 사람들을 대상으로 사역하는 여성이었다. 그녀는 부모 없이 살면서 매일 폭행과 살해위험에 노출되어 있는 아이들에게 희망을 갖게 하는 사역에 치중했다. 그런 도시테러의 한가운데서, 그녀는 하나님의 사랑과 관심에 대한 노래를 들려주고자 노력했다. 이런 종류의 사역은 이 찬송이 갖는 가치를 보여준다. 이 찬송은 예수 그분의 사역을 통한 역전을 묘사하며, 가난한 사람들을 향한 특별한 관심을 두드러지게 보여준다(눅 4:18-21; 7:22-23).[11]

우리가 사역을 하거나 기독교인다운 품성을 발전시켜나갈 때, 다른 사람들이 갖고 있는 관점에 예민해지는 것은 매우 중요하다. 윌리암 판넬(William Pannell)이 현재 상황에 대해 날카롭게 묘사하는 다음의 지적을 주목하라.

나의 형제들—그리고 몇몇 자매들—은 인간적인 측면이나 경제적인 측면에서 만만치

---

11. 도시 내의 빈민가에서 효과적으로 사역하지 못하도록 가로막는 장애물들 중 하나는, 소수자들이 그들의 궁핍함에 대해 어떻게 느끼고 있는지를 우리가 이해하지 않는다는 데서 생겨나곤 한다. 분명하고 직접적으로 아웃라인을 제시하고 있는 탁월한 연구로는 William Pannell, *The Coming Race Wars? A Cry for Reconciliation*(Grand Rapids: Zondervan, 1993)이 있다. 좀더 국제적인 스케일로 이 문제를 다룬 것으로서는, John Stott, *Involvement: Being a Responsible Christian in a Non-Christian Society*, vol. 1(Old Tappan, N. J.. Revell, 1984)가 있다.

않은 자원들을 갖고 있다. 그들이 갖고 있는 영향력과 그들이 구축하고 있는 인간관계의 채널은 그보다도 더욱 인상적이다. 그들 중 몇몇 사람들은 전화기를 들고 백악관에 있는 누구건 전화를 할 수 있으며, 내가 생각하기엔 전직 대통령조차도 말에서 내리게 해서 충분한 시간동안 이야기할 수 있을 것 같다. 이렇게 축적된 영향력과 그들을 위해 일하던 IOU의 사람들을 통해서, 일부 대도시에서 도시 폭동이 일어날 것이라는 것은 얼마든지 예견할 수 있는 일이었다. 결국 그런 싸움들이 도시들에서 일어났다. 캘리포니아 공과대학의 진동센터에서 지진에 대해 예측을 내놓을 수 있는 것과 마찬가지로, 큰 싸움도 예측이 가능했다.

그러나 이런 폭발사건에 있어서 아무런 경고도 없었고, 대비를 하라는 촉구도 없었고, 교회들이 활용할 수 있는 응급처치 물품들도 없었다. 집회는 여전히 계속 열리고 있었다. 대형교회들에서 온 목사들은 여전히 현실과는 아무 상관도 없이 그저 더 커지고 더 윤택해지고자 하는 그런 전략들을 수립하기 위해 세미나를 개최하고 있었다. 물론 흑인 목사는 그들 중에 단 한명도 없었다. 비록 교회성장학자들이 대형교회라는 말을 만들기 전부터 이미 그들의 교회는 대형교회였음에도 불구하고 말이다. 이 집회에 참여했던 사람들의 관심 주제 중에는 이 도시가 들어있지 않았다. 아마도 그들의 교회들이 도시들 안에 있지 않았기 때문에….

나는 많은 복음주의자들이 고통을 덜어주기 위해 도움을 준 것에 대해서 감사하고는 있지만, 내가 오늘날 복음주의에 대해 생각하다 다다른 마지막 지점은 실망이라는 지점이다. 나는 좀더 많은 것을 기대했었다. 왜냐하면 그들과 파트너를 이루고 있는 정치적으로 보수적인 사람들과 마찬가지로, 그들은 자신들이 더 많은 줄 것들을 갖고 있다고 말해왔기 때문이다. 그들은 좀더 많은 해답들을 알고 있는 것으로 여겨졌다. 왜냐하면 자유주의가 약화되고 쇠퇴한 이후, 그들은 좀더 훌륭한 질문들을 묻는 법을 배웠기 때문이다. 내가 좀더 많은 것을 기대한 이유는, 보수적인 신학은 매우 인상적으로 들리는 보수적인 정책들이나 사회적 일정들로 자연스럽게 옮겨간다는 생각을 하게 되었기 때문이다. 지금껏, 나는 나의 복음주의적인 동료들이 이런 점들을 좀더 잘 하나로 묶을 것이고, 그들의 신학과 정치적 이데올로기를 잘 결합시켜서 도시의 마음상한 사람들 편에 놓아줄 것이고 그곳에 하나님 나라를 개척해 나갈 것이라고 생각했다.

그곳은 하나님 나라의 변경지역이다. 그러나 그 지역의 리더들은 최근의 복음주의 클럽 모임에 초청받지 못할 것이다. 그 지역들은 새로운 계통의 사람들을 통해 지도받고 있으며, 이것 역시 별로 나쁜 일이 아닌 듯하다.[12]

판넬이 우리의 우선순위들이 좀더 "로맨틱한" 사역적 필요들에 맞추어져 있다고 지적한 것은, 아마 올바른 지적일 것이다. 이런 실제 모습들을 똑바로 바라보기 위해서는, 우리에겐 존 스토트(John Stott)가 다음처럼 규정한 "기독교적인 마음"이 필요하다.

> "새로워진 마음." "그리스도의 마음." "기독교적인 마음." 해리 블래마이어(Harry Blamires)는, 이런 제목으로 출간한 자신의 책을 통해서, 이 개념들을 대중화시켰는데, 이 책은 1963년에 출간된 이래 계속해서 영향력을 넓혀왔다. "기독교적인 마음"이란 표현을 통해서 그가 지적하고 언급하는 것은, 특별히 "종교적인" 주제들에 집중되어 있는 마음에 대해서가 아니라 "세속적인" 주제들에 대해서조차 "기독교적으로", 즉 기독교적인 관점으로 생각할 수 있는 마음에 관한 것이다. 이 마음은, 대화의 주제가 성경에서 오늘 신문기사로 변화할 때 자신의 마음이 기독교적인 정신으로 들어왔다 나갔다 널뛰기를 하는 그런 기독교인의 마음이 아니다. 그는 이야기한다. "그렇다. 기독교적인 마음이란 세속적인 논쟁과 논의에 있어서도 기독교적인 전제들과 가치관의 골격 속에서 다룰 수 있도록 잘 훈련되고, 다져지고, 준비된 마음이다."[13]

기독교적으로 생각하는 것만이 우리가 케이시 더들리가 하는 것처럼 사역할 수 있도록 도와줄 것이다.

하나님과 그분의 은혜를 아는 사람들은 마리아의 노래를 다시 부를 수 있다. 우리는 이 세상의 구주를 낳을 그런 영광을 갖고 있지는 않지만, 하나님의 자녀가 되는 놀라운 축복을 갖고 있다. 하나님이 자신의 겸손하고 가난한 자녀들에게 주시는 약속들, 마리아의 찬양을 통해 제시된 약속들은, 우리도 공유하는 약속들이다. 인류를 죄에서 건져내고 구원하는 것보다 더 권능 있고 영웅적인 행동은 아무것도 없다.

하나님이 그분의 권능 있고, 신실하고, 긍휼히 여기시는 손길을 통해 은혜와 긍휼을 베푸시는 것보다 더 은혜로운 행동은 아무것도 없다. 이 본문의 메시지는 하나님이 역사하고 계신 것에 대해 기뻐하라는 부름을 포함하며, 또한 우리가 하나님의 자녀들로 포함되어 있다는 것에 대해 기뻐하라는 부름도 포함한다. 잘 알려

---

12. Pannell, *The Coming Race Wars?* 38-39. 나는 이 항목을 자세하게 인용하는데, 이렇게 함으로써 이 표현들이 사용한 고통과 분위기가 좀더 분명하게 전달될 수 있게 하기 위해서이다.
13. Stott, *Involvement*, 1:58.

진 찬송이 고백하듯이, 하나님은 하나님을 두려워하는 사람들을 위해서 "세세토록 영원히" 역사하신다.

하나님이 교회가 가난한 사람들에게 긍휼을 보여주길 기대하신다는 것에는 의심의 여지가 없다. 가난한 사람들은 그들이 하나님을 의지해야만 한다는 것을 가장 잘 인식할 수 있는 독특한 지위에 있는 사람들이기 때문이다. 부와 권력 그리고 사회적 지위는, 우리가 삶을 통제할 수 있을 것이라고 생각하도록 우리를 기만하고 현혹한다.

또한 우리가 마치 다른 사람들보다 더 나은 사람인양 착각하게끔 만들기도 한다. 하나님은 교만을 경멸하시며, 세상의 풍습을 좇는 유형의 삶을 경멸하신다(약 4:6-10). 세계적인 기준으로 보았을 때 우리들 대부분이 매우 풍요롭게 지내고 있는 물질주의적인 서구 문명에서는, 우리 자신이 얼마나 물질주의적인 존재인지를 보지 못하는 것이나 우리가 생각하는 것들이 얼마나 물질주의적인지를 보지 못하는 일은 너무나 쉬운 일이다. 이 본문은 하나님이 우리가 무엇을 갖고 있는가가 아니라 우리의 마음을 중시하시고 가치 있게 보신다는 점을 다시금 생각하게 한다.

다른 한편으로, 이 본문은 가난한 사람들이 의로운 사람들이며 그렇기에 그들을 위해서라면 무기를 손에 잡고 싸울 수도 있다는 식의 정치적 성명서가 결코 아니다. 이 본문은 종종 이 본문이 가난한 사람들을 강력하게 지지한다는 이유 때문에 해방신학의 토대로서 사용되곤 했다. 이런 신학들은 심지어 가난한 사람들 편에 서기 위해서 무기를 잡는 것조차 변호해주곤 했다. 그러나 하나님이 공급해주시는 옹호와 변호는 총을 든 싸움을 통해 주어지는 것이 아니라, 하나님께 돌아서는 마음을 통해서 오는 것이다. 축복받은 사람들은 가난한 사람들이 아니라, 경건한 가난한 사람들이다. 이 차이점은 매우 중요한데, 하나님은 총을 사용해 싸우시는 것이 아니라, 변화된 영혼들을 통해 싸우시기 때문이다.[14]

그럼에도 불구하고, 교회는 가난한 사람들과 그들이 자신들의 고통에 대해 호소하는 것을 무시하곤 한다. 하나님은 매우 분명하게 가난한 사람들을 목표로 삼으시기 때문에, 교회도 반드시 그렇게 해야만 한다. 하나님의 심장고동소리를 좇아 이루어지는 도시빈민 선교사역이나 적극적인 아웃리치 프로그램들은, 그들이 하나님의 사랑을 가난한 사람들에게 전달하고 교통케 하는 사역을 하고 있음을 발

14. 해방신학에 대한 균형 잡힌 평가를 보고자 한다면, Emilio Nuñez, *Liberation Theology*(Chicago: Moody, 1985)를 보도록 하라.

견하게 될 것이다.

마지막으로 우리는 도대체 무엇이 마리아로 하여금 감사하게 만들었는지를 주목해야 한다. 우리는 수많은 삶의 부분들을 개인적인 권리나 혹은 인간적인 권리로 누릴 수 있을 것으로 기대하는 그런 연령 시기가 있다. 우리는 그런 연령 때 많은 것들이 우리의 권리라는 태도를 발전시킨다. 어떻게 하면 우리가 섬길 수 있고 남에게 무언가를 줄 수 있는지, 혹은 그렇게 하는 일이 얼마나 훌륭하고 명예로운 일인지, 이런 내용들은 우리가 우선순위를 두는 그런 목록에 들어있지 않다. 심지어 하나님에 대해서조차 전능하신 창조주로서 대하기보다는 마치 그분을 우리가 농담을 지껄이거나 협상을 벌일 수 있는 그런 친구나 이웃으로 취급하는 아주 위험스러운 태도를 갖기도 한다.

마리아는 이런 일들의 차이점에 대해서 이해하고 있었고, 하나님이 그녀의 삶에 포함시켜 주셨기에 그녀가 갖게 된 명예에 대해서도 잘 인식하고 있었다. 비록 특권에 따른 그 어떤 장점에 대한 언급도 나타나지 않고 있지만 특권을 누리고 있다는 의식은, 폭포수처럼 찬양과 감사가 흘러넘치게 했다—찬양은 열정과 경이로움을 다시금 새롭게 해준다.

누가복음 1:57-80

57 엘리사벳이 해산할 기한이 차서 아들을 낳
으니
58 이웃과 친족이 주께서 그를 크게 긍휼히 여
기심을 듣고 함께 즐거워하더라
59 팔 일이 되매 아이를 할례하러 와서 그 아버
지의 이름을 따라 사가랴라 하고자 하더니
60 그 어머니가 대답하여 이르되 아니라 요한이
라 할 것이라 하매
61 그들이 이르되 네 친족 중에 이 이름으로 이
름한 이가 없다 하고
62 그의 아버지께 몸짓하여 무엇으로 이름을 지
으려 하는가 물으니
63 그가 서판을 달라 하여 그 이름을 요한이라
쓰매 다 놀랍게 여기더라
64 이에 그 입이 곧 열리고 혀가 풀리며 말을 하
여 하나님을 찬송하니
65 그 근처에 사는 자가 다 두려워하고 이 모든
말이 온 유대 산골에 두루 퍼지매
66 듣는 사람이 다 이 말을 마음에 두며 이르되
이 아이가 장차 어찌 될까 하니 이는 주의 손
이 그와 함께 하심이러라
67 그 부친 사가랴가 성령의 충만함을 받아 예
언하여 이르되
68 찬송하리로다 주 이스라엘의 하나님이여 그
백성을 돌보사 속량하시며
69 우리를 위하여 구원의 뿔을 그 종 다윗의 집
에 일으키셨으니
70 이것은 주께서 예로부터 거룩한 선지자의 입
으로 말씀하신 바와 같이
71 우리 원수에게서와 우리를 미워하는 모든 자
의 손에서 구원하시는 일이라
72 우리 조상을 긍휼히 여기시며 그 거룩한 언
약을 기억하셨으니
73 곧 우리 조상 아브라함에게 하신 맹세라
74 우리가 원수의 손에서 건지심을 받고
75 종신토록 주의 앞에서 성결과 의로 두려움이
없이 섬기게 하리라 하셨도다
76 이 아이여 네가 지극히 높으신 이의 선지자
라 일컬음을 받고 주 앞에 앞서 가서 그 길을
준비하여
77 주의 백성에게 그 죄 사함으로 말미암는 구
원을 알게 하리니
78 이는 우리 하나님의 긍휼로 인함이라 이로써
돋는 해가 위로부터 우리에게 임하여
79 어둠과 죽음의 그늘에 앉은 자에게 비치고
우리 발을 평강의 길로 인도하시리로다 하니
라
80 아이가 자라며 심령이 강하여지며 이스라엘
에게 나타나는 날까지 빈 들에 있으니라

원 의미

우리는 하나님이 역사하실 때 그 역사하심을 통해 주어지는 선포들을 경청해야만 한다. 사가랴는 이 교훈을 배웠다. 요한의 출생에 관한 소식이 선언되었을 때, 그는 그 선언을 믿을 수 없었고, 그래서 주님은 그에게 깊이 묵상해야 할

표적을 주셨다: 사가랴는 이 모든 일들이 성취될 때까지 말을 할 수 없게 되었다. 그런 뒤 그는 하나님이 그분께서 말씀하신 것들을 이루신다는 것을 알게 된다. 현재 문단은 사가랴가 묵상한 결과가 무엇인지를 보여준다. 의인으로서, 그는 그의 실수를 통해 교훈을 배웠다. 훈련의 고통을 통해서, 그는 좀더 강력한 하나님의 사람이 되어 다시 등장한다. 자신들이 모든 것들을 알고 있다고 생각하는 교만한 사람들은, 하나님이나 교훈을 필요로 하지 않는다. 사가랴는 그런 교만한 사람이 아니다.

큰 기쁨 속에서 그리고 하나님이 이 제사장 가정에 은혜를 베푸셨다는 인식 속에서, 이 아이에게 할례를 행하고 이름을 붙여줄 시간이 되었다. 이 사건들은 관습들로 가득 차 있다. 관습대로라면, 이 아이는 부모와 조부모들 혹은 다른 친척들의 이름을 따라 가족 명을 받아야 한다(마카비1서 1:1-2; 유빗서 11:15; 요세푸스, *Life* 15).[1] 아마도 최근 사가랴의 쇠약한 상황을 생각하면서, 여기 모인 사람들은 이 아이가 사가랴 2세로 이름 붙여질 것으로 예측했을 것이다.[2]

그러나 엘리사벳은 주변에 모인 사람들을 충격 속에 술렁이게 만들면서, 자신의 아들에게 "요한"이라는 이름을 붙여준다. 주변 이웃들은 그녀가 무언가 실수하고 있다고 확신했는데, 이런 이름을 갖고 있는 가문의 조상이 없었기 때문이다. 그래서 그들은 아버지 사가랴에게 손짓을 통해 물었다(62절). 사가랴는 분명 들을 수도 말할 수도 없었다. 사가랴는 아마노 초로 칠해놓았을 나무판 위에다가 천사가 그에게 이 아이에 대해 알려주었던 이름을 적는다(13절).[3] 사가랴는 천사가 알려준 내용들을 따라야만 한다는 것을 알고 있었고, 그래서 그는 이 아이의 이름을 "요한"이라고 명명해서 선언한다.

즉각 그의 혀가 풀렸고, 그는 하나님을 찬양하며 다시금 이야기하기 시작한다. 오랜 침묵은 그에게 하나님이 그에게 무엇을 하도록 요구하시는지를 묵상할 수 있게끔 했으며, 그는 이제 그 일을 할 준비가 되어있었다. 사가랴는 의인들조차도 하나님으로부터 중요한 교훈을 배워야만 한다는 것을 배웠다.

또한 이 사건은 요한을 둘러싸고 있는 사건들의 평범치 않은 배열순서들이 이 아이가 평범하지 않은 아이임을 지시하고 있다는 점도 보여준다. 66절의 "이 아이가 장차 어찌될꼬?"라는 질문은, 누가복음의 독자들로 하여금 잠시 숨을 돌리면서

---

1. E. Earle Ellis, *The Gospel of Luke*(LONDON: Nelson, 1966), 78. 종종 아이에게 이름을 붙이는 일은 출생보다 먼저 이루어지기도 한다(창 4:1; 22:25-26).
2. 59절에는 미완료시제가 사용되었다. 무리는 스가랴라고 "그의 이름을 짓고자 했었다."
3. Danker, *Jesus and the New Age*(Philadelphia: Fortress, 1988), 46.

이 특별한 아이에 관해 다시 생각하게 만든다. 하지만 어떤 방식을 통해서건 간에, 우리는 이 이야기에서 오늘날의 드라마적인 흥미진진한 요소를 찾아볼 수는 없게 되었다. 이 이야기가 너무나 잘 알려져 있기 때문이다. 그러나 누가의 독자들에게는, 이 전체 사건 순서가 흥미를 불러일으켰을 것이다. 이 사건들은 놀라운 전환들을 이루기 때문이다. 사가랴를 포함해서 복음이라는 한편의 드라마를 열어젖히는 사건배열 순서는, 이 이야기가 이제 막 흥미롭게 시작되고 있음을 보여준다. 누가는 이런 분위기를 유지하는 것을 통해서, 이 아이가 얼마나 특별한지를 보여주며, 또한 앞으로 이 아이가 좇아야 할 사람이 얼마나 특별한지에 관한 더 많은 설명이 나올 것임을 암시한다.

입술이 자유롭게 된 사가랴는, 이제 하나님이 행하시는 일에 대해서 찬양한다. 이 두 번째 찬송은 흔히 베네딕투스(Benedictus, 이 문단의 라틴어 번역 첫 단어)라는 이름으로 알려져 있다. 마리아의 찬송이 개인적인 용어들과 일반적인 용어들로 이루어져 있는 반면, 이 찬송은 하나님의 운명을 통해 함께 묶여 있는 두 아이들에 관한 기대와 개요로 이루어져 있다. 지금 태어난 아이는 비록 요한이지만, 사가랴의 찬송은 요한이 가리키게 될 아이—그에게로 돌아오는 자들을 구원하고 축복하기 위해 보냄 받게 될 것으로 오래전부터 약속된 바로 그분—에게 맞추어져 있다. 마리아의 찬양과 마찬가지로, 이 감사 찬양은 구약성경의 이미지들로 가득 차 있으며, 또한 다윗의 집에서 태어나는 권능의 아이가 얼마나 구원의 빛이 되고 그의 백성을 이끄는 인도자가 될 것인지를 선포한다.

누가는 이 찬송에 대해서 사가랴가 성령으로 충만케 된 결과라고 소개한다. 누가복음에 종종 나타나는 것처럼, 성령은 담대하게 증언하게끔 인도하시기도 하고, 또한 찬송하게끔 인도하시곤 한다(참조. 1:41).

이 찬송의 중심 주제는 68-70절에 나타나고, 자세한 상술은 이 시편의 나머지 부분에 나타난다. 주 이스라엘의 하나님은 그의 백성들을 찾아오시고 그들을 구속하시는 것을 통해서, 다시 한번 더 자기 백성들을 위해 역사하셨다(68절). 2:26-32이 분명하게 나타내고 있는 것처럼, 하나님의 찾아오심은 메시아의 찾아오심을 통해서 이루어진다.[4] 하나님은 이 찾아옴을 통해서 다윗의 집에 "구원의 뿔을 일으키셨다"(69절). 사가랴가 여기서 사용한 언급들은 1:31-35의 내용을 좀더 문학적으

---

4. 구약성경에서는 물론이고 유대교에서도 하나님의 방문('에피스케프토마이')이라는 테마는 매우 중요하다. 지혜서 3:7; 아 3:11; 10:4; 창 50:24-25; 출 3:16; 4:31; 13:19; 30:12; 사 23:17; 시 80:14 등. J. Nolland, *Luke 1:1-9:20*(WBC 35a; Dallas:Word, 1989), 86을 보라.

로 상술하는 역할을 한다. 뿔이라는 이미지는 오실 이의 강함을 지시해준다. 이 비유와 상징은 대적들을 무찌르는 황소의 강력한 뿔들을 생각나게 하기 때문이다(신 33:17). 이 상징은 전쟁의 이미지를 대표하며(삼상 2:10; 삼하 22:3), 전투의 이미지를 불러일으킨다. 다윗의 자손은 갈등 속에서 권능의 존재를 생각나게 하는 이미지이다. 다윗의 집에 대한 호소는, 하나님이 오래전에 선지자들을 통해 약속하셨던 것을 행하고 계신다는 점을 분명히 한다.[5] 사가랴는 메시아적인 구원을 기대하고 있으며, 이에 대해서 하나님께 감사한다.

그렇다면 사가랴는 무엇을 학수고대하고 있는 것일까? 그는 원수들로부터 구원받는 것을, 그리고 하나님의 백성들을 미워하는 모든 사람들의 손으로부터 구원받는 것을 고대한다(71절). 그는 하나님이 언약들을 기억하시고, 그분이 보내시는 분을 통해 그들에게 언약을 행하시는 것을 통해, 조상들에게 긍휼—마리아가 이야기했던 하나님의 사랑('헤세드')—을 베푸시는 것을 바라본다(72절). "긍휼"과 "언약"을 연결시키는 일은 일반적으로 잘 나타나는 일이며, 이는 구약성경의 전례들을 통해서도 흔히 나타난다(신 7:9; 왕상 8:23). 하나님의 긍휼은 단순한 말만의 문제가 아니다. 긍휼은 구체적인 행동을 통해서 표현된다. 그래서 사가랴는 하나님이 행하실 일을, 하나님의 약속 선상에서 묘사한다. 이 맹세들은 이스라엘의 초기시대와 아브라함에게 주어진 약속에게까지 되돌아간다(73절). 아브라함에 대한 언급은 하나님이 이스라엘에게 처음 주셨던 약속을 생각하게 한다(창 12:1-3). 사가랴가 가장 소원하는 것은 원수들로부터 구원받는 것이며, 따라서 아무런 두려움 없이 성결과 의로 하나님을 종신토록 섬길 수 있게 되는 것이다(74-75절). 여기에 경건한 사람의 신앙고백이 나타난다: "오 주님, 나는 평생토록 당신을 섬기기 원합니다. 나로 하여금 그렇게 할 수 있도록 해주시고, 내가 추구하는 것을 지켜주소서." 사가랴는 약속된 권능의 그분이 이와 같이 대적들을 이겨내고 이와 같은 경배를 허락해주는 권위를 갖고 있다는 사실에 흥분하고 있다. 섬긴다는 표현('라트레우오')은, 신약성경에서는 하나님을 섬기거나 신들을 경배한다는 의미로만 사용되었다(눅 2:37, 4:8; 롬 1:25).[6] 이스라엘과 관련한 초점은, 이 찬송의 도입부분인 이스라엘의 하나님이 찬송 받으시는 부분에서 분명하게 나타난다(창 9:26; 삼상 25:32; 왕상 1:48; 시 41:13; 89:52). 열왕기상에서 끌어다 사용한 찬송내용은 중

5. 이 본문의 가르침에 대한 해석학에 관해 좀더 많은 것을 보고자 한다면, Darrell L. Bock, "The Son of David and the Saints' Task: The Hermeneutics of Initial Fulfillment," *BibSac* 150(1993): 440-57을 보라.
6. Strathmann, "λατρεύω," *TDNT*, 4:62-63.

요한데, 그 부분에는 다윗의 또 다른 아들인 솔로몬이 나타나기 때문이다. 이 찬송의 동사들은 다른 찬송들보다는 좀더 선지자적 과거형[7] 형태를 띠고 있는데, 이는 사가랴의 표현들이 예수와 요한이 행할 일들에 대해 기대하는 내용임이 분명하기 때문이다.

사가랴는 여기에서 의로운 유대인으로서 이야기한다. 그는 나라의 회복을 갈망하는데, 이는 아마도 로마제국에서부터의 회복일 것이고, 이스라엘을 좌지우지하는 권력으로부터의 회복이었을 것이다. 하지만 누가의 이야기에서는 이 찬송이 품고 있는 소망의 범주가 좀더 폭넓게 나타난다. 그는 다윗의 집에서 나오기로 약속된 그분이 어떠한 권능을 갖고 있는지를 보여줄 것이며, 그래서 비단 지금 이스라엘을 쥐고 있는 정치적 권력들만이 아니라 그들을 얼마나 많이 넘어서시는지에 관해서 보여줄 것이다(8:22-56). 하나님은 온 세상의 무대위로 이 중요한 인물을 "들어올리셨다"(참조. 신 18:15, 18; 삿 3:9, 15; 삼상 2:35; 삼하 23:1). 다윗(하나님의 "종", 69절)의 자손은 그 자신이 종이 될 것이다(참조. 빌 2:7). 그는 인간성을 억압하고 고통과 아픔을 이 세상에 가져오는 우주적인 권세들을 제거할 것이다. 그분의 사역을 통해 자유가 올 때, 죄와 사탄은 원수들을 이끌고 대적할 것이다(눅 4:16-30; 11:14-23). 바로 이것이 사가랴가 자신의 아들 요한과 이제 오게 될 한 아이를 비교하는 것으로 전환해서 찬양할 때, 이 두 사람의 사역과 관련해서 영적인 이슈들이 지배적으로 나타나게 되는 이유이다.

사가랴는 자신의 아들이 백성들에게 "죄 사함을 통한 구원"(76-77절)에 관해 이야기하는 것을 통해, 주의 이와 같은 오심을 준비케 하는 지극히 높으신 하나님의 선지자가 될 것임을 나타낸다. 그는 주의 길을 준비하면서 "주 앞에"[8] 앞서 갈 것이다(참조. 1:17). 물론 하나님의 길은 하나님이 그의 메시아를 통해 행하실 일과 매우 구체적으로 연결되어 있다. 요한이 설교하는 구원과 죄 사함에 관한 메시지는, 이 부분에서는 막연하게 보이지만 결국 사건들을 통해 구체적인 내용들이 채워지게 된다는 점만 제외하면, 예수가 24:43-47에서 교회에 주시는 사명과 비슷하게 될 것이다.[9] 하나님의 부드러운 긍휼은 이 계획안에서 지금 역사하신다. 앞서 달려 나가는 자 그리고 선지자로 묘사되는 요한의 모습, 그리고 구약 영역과 신약

---

7. 누가복음 1:51-55 부분에 대한 논의부분에서, 선지자적 과거형에 대한 설명을 보라.
8. 여기에서 "주님"이라는 표현이 하나님에 관한 것인지 아니면 예수에 관한 것인지에 관한 논쟁에 대해서는 Fitzmyer, *Luke, I-IX*, 385-86 부분과 Danker, *Jesus and the New Age*, 49 부분을 보도록 하라.
9. 죄 사함에 대해서는 Colin Brown, "Redemption," *NIDNTT* 3:212를 보라.

사이의 중간자로 묘사되는 요한의 모습은, 7:26-35 부분에서 다시 한번 강조된다.

하나님은 요한을 통해서만 사역하실 것이 아니다. 하나님은 "돋는 해"(79절; 문자적으로는 "새벽별")를 보내실 것이다. 이는 민수기 24:17과 이사야 11:1-10에서 사용된 암시와 비슷하다.[10] 빛으로 나타나는 그 왕은, 그분의 통치가 갖는 영적 차원을 보여주며, 그분이 정치적 인물로서만이 아니라 영적 인물로서 온다는 점을 알려준다. 누가복음에서는 빛이라는 이미지가 매우 중요하다(눅 2:32; 행 13:49; 26:17-20). 일단 이 이미지가 메시아에게 도입된 후에는, 이 이미지는 다른 곳에는 사용되지 않는다. 그러므로 밝은 새벽별로 섬기시는 성자는, 하늘에서부터 오셔서 어둠과 죽음에 있는 사람들을 비추사 그들을 평강의 길로 인도하신다. 스가랴가 어둠 속에 있는 사람들 중 한사람으로 자신을 자리매김하고 있다는 점도 중요하다. 영적인 인물로서, 그는 하나님이 제시하신 길을 좇는 것이 의로운 일을 행하는 유일한 길임을 잘 알고 있다. 스가랴는 메시아가 오실 것임을 알고 있다. 그는 능력 있는 분이 될 것이다. 그러나 그보다 더 중요한 것은 그분은 빛이 될 것이라는 점이다.

상황잇기

이 찬송 혹은 이 시편의 메시지를 현실에 적용하는 일은 매우 까다로운 일일지도 모른다. 우리들 대부분은, 찬송을 부른 사람의 경험이 우리의 경험과 매우 다르거나 혹은 그의 관심이 우리의 관심과 매우 다른 시편을 읽을 때 이런 느낌을 갖게 된다. 가령 예를 들어서, 사가랴는 로마와 관련한 우려와 소망을 갖고 있는데, 우린 더 이상 그런 염려나 관심사를 갖고 있지 않다! 이런 본문에서 얻는 교훈은, 우리가 이 시편 찬송자의 경험을 동일하게 구체적으로 똑같이 다시 경험한다는 사실에 근거를 두고 있는 것이 아니라, 삶 속의 경험이 그에게 갖게끔 만든 영적 긴장이나 믿음의 소망을 우리도 공유한다는데 근거를 두고 있다. 이 찬송은 우리들에게 이 시편 찬송자가 자신의 환경 속에서 붙잡고자 시도한 것들을 하나님이 지금 우리의 삶 속에 두신 환경들 속에서 마찬가지로 잡고자 동일하게 노력하는 것을 통해 이 찬송 안으로 들어올 것을 요구한다. 그러므로 믿음, 신뢰, 소망, 기쁨,

10. "뜨는 별"에 대해서는, Raymond Brown, *The Birth of the Messiah*(Garden City, N. Y.: Doubleday, 1977), 373-74를 보라. "떠오르는 것"을 가리키는 '아나톨레'에 대한 암시는 이중적인 함의를 감추고 있을 수 있다—떠오르는 태양과 가지(이 용어가 구약 헬라어 성경[사 11:1-10; 렘 23:5; 슥 6:12]에서 그런 방식으로 사용되고 있기 때문이다).

슬픔 그리고 때때로 문제에 대한 정직한 태도들이 종종 우리들을 가르쳐준다.

누가복음 도입항목 중 앞부분에서는 사가랴라는 전형적인 인물이 제시되는데, 그의 찬송을 오늘날에 해석하고 적용하기 위한 가교는 그 찬송이 갖는 교훈을 통해서 제시된다. 사가랴가 묘사하는 인물은, 이미 많이 성숙하고 경건한 신앙인이지만 그럼에도 불구하고 여전히 하나님을 신뢰하는 믿음에 대해 더 많은 것을 배워야하는 인물들이다. 여기에서는, 그 누구도 결코 과거의 영성에 토대를 두고 손쉽게 믿음의 여정을 항해해 나갈 수 없음을 알게 된 사람으로서 사가랴가 제시된다. 하나님은 그에게 침묵이라는 사인을 통해서 그가 말해야 할 시간은 이미 지나갔음을 계시하신다. 이제는 하나님이 말씀하시는 것을 조용히 들어야 하는 시간이다. 엘리사벳이 임신해 있는 몇 달 동안, 하나님의 약속이 천천히 진행되고 있는 동안, 사가랴는 하나님이 약속을 그분의 시간에 그분만의 방식을 통해 열매 맺게 하신다는 것을 배우고 있었다. 그는 그가 배워야 할 교훈을 배우고 있었고, 그의 순종은 결국 하나님을 찬양하는 것으로서 공개적으로 나타나게 되었다.

그러므로 내러티브 측면에서 보자면, 사가랴는 지금 이전보다 좀더 성숙한 신앙인으로서 고백하고 있으며, 하나님이 그에게 주셨던 침묵과 묵상의 시간동안 훨씬 더 많은 것을 교훈 받은 사람으로서 이야기하고 있다. 또한 그는 지금 자신의 경험을 통해서 우리들에게 이 점을 묵상할 것을 요구하면서 이야기한다. 가장 중요한 교훈 중 한 가지는, 설령 모든 이웃들이 왜 그가 여태껏 그들이 해온 대로 행하지 않는지를 이해하지 못한다 하더라도, 사가랴 자신은 하나님이 그에게 걸어가라고 하신 대로 행한다는 점이다. 관습대로 행하라는 압박은 결코 하나님께 불순종할 이유가 되지 않는다.

이 교훈은 매우 중요한 교훈이다. 시대적인 압력이나 혹은 이 세상이 갖는 태도들은, 종종 우리들로 하여금 하나님이 우리를 데리고 가려 하시는 방향과 전혀 다른 방향으로 행동하게끔 만들곤 한다. 그것이 가치에 관한 것이건, 오락에 관한 것이건, 혹은 사업을 하는 방식에 관한 것이건 간에, 이 세상의 방식들은 하나님의 방법들이 아니다. 진정 중요한 것은 이 세상의 관습이 아니라 하나님의 말씀을 듣는 것이다. 그러나 세상적인 관습이 교회의 명령과 혼합되어졌을 때에는, 시대적인 압력을 좇아가는 미묘한 형태들이 나타난다. 나는 교회들이 새로 까는 카펫의 색깔에 대해서, 찬양시간에 사용하는 음악에 관해서, 찬송들의 연대에 관해서, 드라마를 사용하는 것이나, 혹은 그 자체만으로는 중립적인 것이라고 판단할 수 있는 다른 많은 것들에 대해서 다투는 것을 들어왔다. 우리는 때때로 취향이나 관습을 시내 산에서 주어진 계시 수준으로 치켜세우곤 한다. 사가랴가 묵상을 하고 대중적인 관습의 길을 따르지 않는 모습은, 그가 "일반적으로 행해지는 방식"이 아니라, 그것을 넘어서서 하나님의 직접적인 인도하심을 좇을 것임을 보여준다.

이 찬송은 하나님이 그분의 구원과 구속에 대한 약속을 성취하고 계심을 큰 관점에서 제시한다. 현재 속에서 하나님의 약속이 성취되는 것에는 예수와 관련된 사건들이 시대를 초월한 것임을 언급하는 것이 포함되며, 또한 그 안에 분명하게 나타나는 하나님의 태도들을 두드러지게 표현하는 것도 포함된다. 사가랴의 고백이 담긴 이 본문에는, 하나님의 두 가지 위대한 약속이 들어있다—그중 하나는 아브라함에게 주신 약속이고(73절), 다른 하나는 다윗에게 주신 약속이다(69-70절). 이 두 가지 약속들은 지금 막 태어난 두 아이들을 둘러싼 사건들을 통해서 지금 성취되고 있는 것으로 암시된다. 성도들이 품는 소망은 구원과 구속인데, 이는 성도들로 하여금 두려움 없이 하나님을 섬기게 해 준다는 소망이다. 언약된 왕의 능력이 원수들을 물리칠 것이기 때문이다. 그러나 권능의 메시아는 또한 영적 빛의 왕이기도 하다. 그는 지금 그분을 좇는 사람들의 길을 지도하신다. 그분이 만드신 대로(大路)는 평강이라고 이름 붙여진 길이다. 이 길은 그분이 그분을 좇는 자들을 사망의 그늘에서 건져내실 때 추구하시는 길이다.

현대적 의미

이 본문에 대한 적용에 있어서는, 본문의 교훈의 토대로 역할 하는 요한과 예수에 관한 묘사나 전체적인 조망들이 중심을 이루는 것은 물론이고, 이와 더불어 몇 가지 핵심적인 태도들이 중심을 이룬다. 경건한 사가랴가 배우는 교훈은 매우 중요한데, 이는 특히 풍부한 영적 유산을 갖고 있는 사람들에게 매우 중요하다. 그는 평생 동안 믿음으로 살았던 사람이지만, 여전히 성장할 필요가 있는 사람이다. 누군가의 영적인 삶을 지금 그 상태로 유지되어야 하는 것으로 보기보다는 도리어 좀더 성숙하고 완성될 수 있는 것으로 간주하는 것은 너무나 쉬운 일이다.

우리는 종종 과거의 경험을 토대로 해서 우리의 영적인 웰빙을 자동속도 시스템으로 맞추거나 혹은 전통이라는 면류관에 의존하려는 유혹을 받곤 한다. 나는 한 성도가 지난 수십 년간 하나님을 알아왔지만 노년인 70대에 하나님을 더 깊이 그리고 더 잘 배워나가고 알아가는 것을 여전히 원하는 모습을 보았다. 이런 사람들은 나처럼 보다 젊은 성도에게는 얼마나 큰 격려가 되는지 모른다. 내가 생각하기엔 주는 앞으로도 나와 수많은 햇수 동안 동행해 주실 것이기 때문이다. 누군가가 하나님과의 동행을 도전으로 바라보고 있음을 안다는 것이 얼마나 감격스러운 일인지 모른다. 또한 삶에서 하나님과 함께하는 그 감격이 설령 햇수가 거듭된다 하더라도 결코 이지러지지 않는다는 것을 안다는 것이 얼마나 감격스러운 일인지 모른다. 이런 감격은 누군가로 하여금 계속해서 그 일을 하게끔 만든다. 사가랴는 심지어 선한 사람들조차도 더 나아질 수 있으며 또한 하나님을 더 깊이 신뢰하며 동행하는 법을 배울 수 있다는 점을 보여준다. 이 단순한 교훈은 다른 사람들이 어린아이 요한에게 다른 식으로 이름붙이기를 원할 때 분명하게 나타난다. 하나님은 요한의 출생에 관한 선언과 이 아이가 실제로 태어날 때까지 그 중간에 자리 잡고 있는 침묵의 순간들을 통해서, 사가랴에게 설령 때때로 하나님의 일하심이 놀라운 방식들로 이루어진다 하더라도 그분의 주권은 반드시 실현될 것이며 그분의 은혜는 반드시 이루어질 것임을 가르치셨다.

우리는 오늘날 우리의 사가랴를 갖고 있다—그들은 하나님과 수년 동안 동행해 왔음에도 불구하고 여전히 하나님으로부터 많은 것을 배워야한다는 사실을 인식하면서 온 마음을 다해 하나님을 섬기고자 하는 사람들이다. 우리가 생각해봐야 할 흥미로운 사역이 헨리 나우웬(Henri Nouwen)[11]의 글을 통해서 제시된다. 그의 자서전은 노트르담(Notre Dame), 예일(Yale), 그리고 하버드(Harvard) 등에서 그가 20년 동안 목회심리학과 신학을 가르친 매혹적인 여정에서부터 탈진해 버리게 된 것까지 이야기한다. 그리고 그때부터 그는 정신적으로 변화된 사역에 착수했다. 그는 여기에서 이 세상이 별로 중시하지 않고 쳐다보지도 않는 사람들을 향한 "섬김"을 통해서, 자신이 신학교에서 배운 많은 내용들보다 더 많은 것을 자신에게 가르친다는 것을 배웠다. 하나님은 때때로 매우 놀라운 환경들 속에서조차 우리들을 가르치실 수 있다. 사역은 권력이나 특권이 아니라, 겸손한 섬김과 신뢰이다. 하나님의 구원을 추구하는 사람들과 그 구원을 거룩함과 섬김 가운데서 얻고자 하는 사람들은 이전에는 결코 생각해본 적이 없었던 방법과 장소에서 자기 자신을 발견한다. 다음은 헨리 나우웬이 직접 고백하는 내용이다.

> 요약해 보도록 하자. 내가 하버드에서 라르쉬로 옮긴 것은, 나로 하여금 기독교 리더십에 대해 생각하고 있던 내용들이 얼마나 인기 영합적이고 권력추구적인 모습들에 찌

---

11. Henri J. M. Nouwen, *In the Name of Jesus: Reflections on Christian Leadership*(New York Crossroads, 1994) 아래의 인용은 pp. 71-72에서 인용한 것이다.

들어 있던 것들인지를 깨닫게 해주었다. 나는 너무나 자주, 인기 있고, 현대적이고, 힘이 있는 것을 효과적인 사역의 구성요소라고 생각했었다. 하지만 이런 것들은 소명이 아니라 유혹임이 진리이다. 예수는 물으신다, "너는 나를 사랑하느냐?" 예수는 우리를 목자가 되라고 보내신다. 또한 예수는 우리에게 원치 않는 곳으로 가야하는 삶, 우리 손을 더 많이 내밀어야 하는 삶을 약속하신다. 주님은 우리에게 현대적인 것에 관심을 두는 삶으로부터 기도하는 삶으로, 인기를 염려하는 삶으로부터 상호적인 사역의 삶으로, 그리고 권력에 토대를 둔 리더십의 삶으로부터 하나님이 우리와 우리 백성들을 인도하신다는 그런 리더십의 삶으로 옮겨갈 것을 명령하신다.

라르쉬(L'Arche) 사람들은 내게 새로운 길들을 보여주고 있다. 나는 배움에 더딘 사람이다. 매우 효과적이라고 입증되어온 옛 패턴들을 포기하기란 쉽지 않다. 그러나 나는 다음 세기의 기독교 지도자에 대해 생각할 때, 적어도 내가 무언가를 배울 것을 기대했던 사람들이 내게 무언가 길을 보여주고 있다고 분명 믿는다. 나는 나의 새로운 삶을 통해서 배우고 있는 내용이 단지 나만 배워야 할 선한 내용일 뿐만 아니라 당신들이 미래의 기독교 지도자를 식별하는 데도 마찬가지로 도움을 줄 것을 소망하고 기도한다.

비록 우리 하나님은 두려우시고 능력 있으신 분이시지만, 그분께선 그 능력을 놀라운 방법들로 사용하신다. 하나님은 칼로써 처음부터 이끌어나가는 왕이 아니라, 그분의 말씀으로 이끌어나가는 왕을 보내신다. 하나님은 피가 낭자한 전쟁을 통해서가 아니라 새로운 방법을 통해 구원하신다. 그분은 그저 힘만을 가지고서가 아니라 그분의 가르침과 삶이라는 빛을 통해서 인도하신다. 우리가 언약의 왕을 생각할 때에, 우린 궁궐과 기사들, 그리고 그의 백성을 방어하기 위해 도열해있는 왕의 군대 등을 생각한다. 예수의 왕권은 궁궐에 틀어박혀 있는 것이 아니며, 그분은 라운드 테이블에 쑤셔 박혀 있는 분이 아니시다. 이 왕은 자기 백성들 사이에서 거니시며 그들과 마찬가지로 거하시는 분이시다. 그분은 그분께 나아가는 길을 알려주는 사람을 통해 세례를 받으셨는데, 생명은 이 세상이 흔히 생각하듯 권력의 기능이 아니라 인격과 빛에 대한 통찰이기 때문이다.

만약 누군가가 하나님이 보내신 이 왕이 왜 아침 태양처럼 되는 것을 통해 다스리느냐고 묻는다면, 그것은 생명의 길과 평강의 길은 권력을 강압이나 통제적으로 사용하는 문제가 아니기 때문이라고 대답할 것이다. 왜 선지자는 하나님의 길을 준비하면서 죄 사함에 대해 선언하는가? 왜 백성들을 어두움과 죽음의 그늘에서 이끌어내시는 왕은 빛으로 비유되는가? 왜 여행이라는 은유, 평강의 길이라는 표현이 구원받았다는 것을 의미하는 묘사가 되는가? 설령 그 안에 들어가는 것은 그저 찰나의 시간이라 하더라도, 구원은 순간적인 사건이 아니다. 구원은 마음의 평생의 여행이며, 이 여행은 새벽별이신 예수에 대한 헌신을 통해 인도받는다. 이 예수는 우리 앞에서 먼저 행하신 분일뿐만 아니라 하나님을 묵상하는 길은 그분의 성품을 계속해서 성장하는 방식들로 반영하는 것임을 보여주신 분이시다.

달리 말하자면, 우리 앞에는 이런 질문이 남아있다: 우리는 생명을 어떻게 규정할 것인가? 생명은 권능 안에 그리고 "통제"할 수 있는 능력 안에 있는 것인가, 아니면 관리하고 통제하시는 분을 좇아가는 것 안에 있는가? 본문은 의심할 여지없이 우리가 빛의 근원되시는 분을 좇아가야만 한다고 이야기한다. 의로움과 평강에 이르는 유일한 길은, 설령 사가랴처럼 의로운 사람이라 하더라도, 빛을 보고 좇아가기 위해 준비되는 것뿐이다.

본문은 찬양에 대한 언급들을 통해서 이에 대한 질문과 대답들을 제시한다. 새벽별이신 예수를 보고 평강의 길 안에서 그 빛을 좇으라. 이 길이 무엇을 정확하게 포함하고 있는지는 이 복음 스토리의 나머지 부분이 담고 있다. 이 찬양은 그 내용에 대한 가이드적인 도입으로서 역할 한다. 진정한 의미에서 본다면, 이 본문에 대한 적용은 이 복음서 메시지 전체에서 발견된다.

누가복음 2:1-21

1 그때에 가이사 아구스도가 영을 내려 천하로
다 호적하라 하였으니
2 이 호적은 구레뇨가 수리아 총독이 되었을
때에 처음 한 것이라
3 모든 사람이 호적하러 각각 고향으로 돌아
가매
4 요셉도 다윗의 집 족속이므로 갈릴리 나사렛
동네에서 유대를 향하여 베들레헴이라 하는
다윗의 동네로
5 그 약혼한 마리아와 함께 호적하러 올라가니
마리아가 이미 잉태하였더라
6 거기 있을 그때에 해산할 날이 차서
7 첫아들을 낳아 강보로 싸서 구유에 뉘었으니
이는 여관에 있을 곳이 없음이러라
8 그 지역에 목자들이 밤에 밖에서 자기 양 떼
를 지키더니
9 주의 사자가 곁에 서고 주의 영광이 그들을
두루 비추매 크게 무서워하는지라
10 천사가 이르되 무서워하지 말라 보라 내가
온 백성에게 미칠 큰 기쁨의 좋은 소식을 너
희에게 전하노라
11 오늘 다윗의 동네에 너희를 위하여 구주가
나셨으니 곧 그리스도 주시니라
12 너희가 가서 강보에 싸여 구유에 뉘어 있는
아기를 보리니 이것이 너희에게 표적이니라
하더니
13 홀연히 수많은 천군이 그 천사들과 함께 하
나님을 찬송하여 이르되
14 지극히 높은 곳에서는 하나님께 영광이요 땅
에서는 하나님이 기뻐하신 사람들 중에 평화
로다 하니라
15 천사들이 떠나 하늘로 올라가니 목자가 서로
말하되 이제 베들레헴으로 가서 주께서 우리
에게 알리신 바 이 이루어진 일을 보자 하고
16 빨리 가서 마리아와 요셉과 구유에 누인 아
기를 찾아서
17 보고 천사가 자기들에게 이 아기에 대하여
말한 것을 전하니
18 듣는 자가 다 목자들이 그들에게 말한 것들
을 놀랍게 여기되
19 마리아는 이 모든 말을 마음에 새기어 생각
하니라
20 목자들은 자기들에게 이르던 바와 같이 듣고
본 그 모든 것으로 인하여 하나님께 영광을
돌리고 찬송하며 돌아가니라
21 할례할 팔 일이 되매 그 이름을 예수라 하니
곧 잉태하기 전에 천사가 일컬은 바러라

원 의미

고대 세계에서, 만약 누군가가 광대한 로마 제국의 통치자이며 황제인 가이사보다 더 중요한 인물이 있었는지를 물어보았다면, 대답은 분명히 '아니오'가 될 것이다. 그러나 천사들로 하여금 찬양을 시작하게 만든 이는 다름 아니라 유다의 시골 동네에서 태어난 한 작은 아이였다. 예수의 탄생 환경들은 그 기원이 지극히 기본적이고 가난했기에 여기에서 태어난 사람이 누구인지를 음미한다는 것은 어려운 일이었다. 대부분의 왕가 사람들은 대단한 의식과 축하 속에서 태어난다. 그러나 예수의 탄생은 평범하고 일상적인 모습이었다. 그분의 출생지는 인구조사에 응해야 할 필요 때문에 (부분적으로는 이것이 이유가 되어) 결정되었다—아마도 세금 납부를 위한 등록 방편이었을 것이다.[1] 모든 사람이 호적 하러 각각 "고향으로" 여행하는 것은, 유대인들이 그들의 관습을 따라 자기 조상의 고향으로 가는 것[2]을 로마가 허용한 결정인 것으로 보인다. 그래서 요셉과 마리아는 "다윗의 동네"로 일컬어지는 베들레헴으로 갔는데, 이는 요셉의 가계 혈통 때문이었다. 사실 마리아는 같이 가야만 했던 것은 아니었지만, 아마도 요셉이 이제 있게 될 그녀의 출산 때 옆에 있길 원했기 때문에 동행이 가능했을 것이다.

출산은 열악한 환경 속에서 이루어졌다. 아이가 마구간이나 혹은 동굴에서 태어났기 때문이다.[3] 아이의 연약한 몸을 보호하고 눕혀놓기 위해 신생아를 천으로 감싸는 것은, 고대세계에서는 일반적인 일이었다. 그들은 이처럼 아주 낯선 공간에서 출산을 했는데, "왜냐하면 사관에 자리가 없었기 때문"이다. 오늘날의 공연 등에서는 방을 찾는 것을 드라마틱하게 연출하곤 하지만 성경본문은 이 이야기에 대해 예외적으로 짧게 설명한다. 이런 사관들은 일층에는 동물들 우리들이 있고 이층에 사관을 자리 잡게 한 집이었거나, 혹은 마구간 옆에 사관을 차린 일층 집이었을 것이다. 사관에 빈 자리가 없었기 때문에, 이 부부는 그들이 찾을 수 있는 곳에서 쉼터를 찾는다. 예수는 그렇기 때문에 이 세상에 가장 평범한 모습으로 들어오셨다. 예수는 인간으로서의 첫 번째 시간을 말구유에서 보냈다. 하나님의 대리

---

1. 이 인구조사가 이루어진 시기에 관한 문제는, 이 복음의 연대기적-역사적 이슈들 중 가장 심각하게 논의되는 문제들 중 하나이다. 2절에 나오는 구레뇨에 대해서나 그가 수리아의 총독이었을 때 처음으로 했던 것이라는 언급이 중심적인 문제인데, 그가 A.D. 6년에 인구조사를 했던 것으로 알려져 있기 때문이다(Josephus, *Antiquities* 17.13.2 §§ 34-44; 17.13.5 § 354; 18.1.1 §§ 1-10). 이 시기는 B.C. 4년경에 죽은 헤롯왕의 시기 때(눅 1:5을 보라) 예수의 탄생이 있었다고 놓여진 것보다 대략 10여년 정도가 지난 시기이다. 어떤 사람들은 이 부분의 기록에 오류가 있다고 확신한다(R. Brown, *The Birth of the Messiah*, 547-56). 나는 다른 곳에서 세부적인 설명을 통해 이 표현의 역사성을 옹호하고 변호했다(Darrell L. Bock, *Luke* [Baker Exegetical Commentary of the New Testament: Grand Rapids: Baker, 1994], 보론 2, "The Census of Quirinius in the time of Herod the Great"을 보라).
2. 브라운(Brown, *The Birth of the Messiah*, 549)은 이런 가능성을 인정한다. 로마 제국이 허용한 유대관습들로는, 매 칠 년마다의 세금면제와 안식일 준수 등이 있었다.
3. 동물에게 먹이를 주는 여물통 안에 그가 눕혀지는 것으로 묘사된다. 여물통(구유)이라는 헬라어 단어('프하트네')에 대해서는, 헹겔(Hengel), "φάτνη," *TDNT*, 9:53-54 부분을 보라.

자는 이처럼 겉치레 없이 태어나 살았다.

천사가 목자들에게 예수의 탄생에 관해 알려주는 장면은 매우 중요하다. 피조세계는 지금 일어나고 있는 일에 대한 하늘의 증언을 제시하고 있는 천사들보다 결코 신비롭거나 존귀한 존재들이 아니다. 더군다나, 고대 세계에서는 목자들만큼 "평범한 사람들"은 없었다. 목자들은 하나님의 메시지에 대해 응답하는 낮고 겸손한 사람들을 대표하는 사람들로서 보여주는데, 그들의 직업은 성경에서 긍정적으로 제시되었기 때문이다(마 18:12, 막 6:34; 눅 15:4; 요 10장; 엡 4:11; 히 13:2; 벧전 2:25). 그러므로 하늘나라가 만나고 초청하는 사람들은 이처럼 목양하는 일상적인 사람들이며, 이들에게 천사들의 선언이 주어지고 이를 통해 하나님 나라가 그들을 만나고 초청한다. 예수의 출생은 단순한 가족적 사건 이상의 일이다.[4] "온 백성에게 미칠 큰 기쁨의 좋은 소식"(10절)이라는 표현은, 하나님이 모든 사람에게 예수가 오신다는 것을 이야기하길 원하신다는 점을 보여주는데, 모든 인간성은 그분의 오심을 통해 충격을 받게 되기 때문이다.

무명의 천사를 통해 선포된 선언은 유아 항목(infancy material)에서 세 번째로 나오는 선언이다(눅 1:5-25, 26-38을 보라). 이 이야기는 천사와 관련된 전형적인 형태를 띠고 있다: 출현(9a절), 두려움(9b절), "두려워말라" 언급(10-11절), 그리고 선포내용을 확인해줄 표지에 대한 언급(12절). 이 천사는 하나님이 예수를 통해 행하고 계신 일에 관해서 목자들에게 알려준다. 하나님의 영광이 천상의 증인들을 둘러싸면서, 이 장면에 극적 요소를 더해준다. 앞부분에서 천사의 선언을 듣고 먼저 놀라고 두려워했던 다른 사람들처럼(1:12, 29), 이처럼 눈에 보이는 하늘권세의 임재는 목자들로 하여금 떨게 만들었다.

이 천사는 목자들의 두려움을 가라앉힌 뒤에, 하나님이 지금 행하고 계신 일에 대해서 선포한다. 사람은 하나님이 은혜 가운데 행하실 때 두려워할 필요가 없다. 본문은 우리가 복음[5]이라는 단어에서 얻을 수 있는 동사형태를 사용하면서, 이 선언을 "좋은 소식"이라고 이야기한다. 이 용어는 문화적으로 볼 때 중요한 용어였다. 왜냐하면 아우구스투스(Augustus) 황제의 출생도 "좋은 소식"이라는 내용으로 선언되었으며, "구주"가 나셨다는 것으로 표현되었기 때문이다.[6] 누가의 이런 표

4. R. Tannehill, *The Narrative Unity of Luke-Acts. A Literary Interpretation*, vol. 1(Philadelphia: Fortress, 1986), 38.

5. Friedrich, "εὐαγγελίζομαι," *TDNT*, 2:710.

6. Marshall, *Commentary on Luke*, 109.

현은 이 아이의 위대함에 관해서 비슷하게 선포하려는 의도였을 것이다. 이는 온 백성이 왜 기쁨을 누리게 되는지에 대한 이유이다. 예수는 비록 말구유에 누워 계실지 모르지만, 천국은 그분의 출생을 통해 임한다.

천사가 새로 태어난 이 아이에 대해 사용한 호칭은 매우 중요하다. "구주"(*soter*)라는 호칭은, 마리아와 사가랴의 찬송이 이미 선포했었던 것처럼(참조. 1:46-55, 67-79), 예수가 자기 백성을 구원하실 분임을 보여준다. 이 용어는 구약성경 안에 풍성하게 나타나는데, 특히 하나님의 구원을 베푸는 인물에 관한 것으로서 두드러지게 나타난다(신 20:4; 수 22:22; 시 24:5; 25:5; 사 25:9). 헬라 문화에서는 의사와 통치자와 철학자에 이르기까지, 모든 유형의 인물들에 대해 이 호칭이 사용되었다.[7] "그리스도"("기름부음 받은 자"에 대한 헬라어에서 유래되었다)라는 호칭은, 그의 역할이 약속된 메시아임을 지시해준다. "메시아"("기름부음 받은 자"에 대한 히브리어)는 구약성경에 매우 드물게 나타나는 용어이다. 시편 2:2은 대표적인 제왕적 용례이며, 누가는 누가복음 1:27, 31-35, 68-72, 79; 2:4 등에서 그런 식으로 사용한다.[8] "주"는 어떠한가? 세 가지 호칭들 중에서, 이 호칭만이 지금의 정황 속에 설명되지 않은 채 남아있다. 우리는 누가복음의 나머지 부분들과 사도행전이, 예수가 죄와 악의 권세를 이기시는 권능을 행하시는 것에 대해서는 물론이고 예수의 권위와 주되심에 관해 설명하는 역할을 한다고 충분히 주장할 수 있다.

천사가 알려준 표적은 이 천사가 목자들 스스로가 가서 이 아이를 보기를 원했다는 사실을 함축한다. 목자들은 그들이 다윗의 동네에서 "강보에 싸여 구유에 누워있는" 새로 태어난 아이를 볼 때, 그 아이라는 것을 알아볼 수 있게 될 것이다. 선지자들의 표적에 관한 선포들과 마찬가지로, 눈에 보이는 육체적인 실제 특징이 이 선언을 확인해준다. 그리고 이 표적은 유아 시절에 세 번째로 나오는 표적이다(1:19-20, 36).

하늘의 합창단은 마치 이런 선언만으로는 결코 충분하지 않은 것처럼, 하나님께 그분께서 지금 일으키시고 있는 일에 대해 영광을 돌리면서 하나님을 찬양한다. 이 천사의 후렴구는 연속된 사건 흐름에 대한 설명으로서 역할 한다. 지극히 존귀한 방식으로 하나님께 영광을 돌려야만 하며, 반면 땅에서는 이 아이가 "기뻐하

---

7. Foerster and Fohrer, "σωτήρ," *TDNT*, 7:103-21.
8. 기름부음 받은 자(anointed one)라는 용어에 대해서는 M. De Jonge, "The Use of the Word 'Anointed' in the time of Jesus" *NovT* 8(1965-66): 132-48을 보라.

심을 입은 사람들에게" 평화를 의미한다는 것을 알 수 있어야만 한다. 하나님의 기뻐하심을 입은 사람이 된다는 것은, 1:50-53에서 "하나님을 경외하는 자"라는 표현과 매우 흡사하게, 누군가가 하나님이 숫자를 헤아리시는 선택한 백성 안에 들어간다는 것을 이야기하는 유대적인 방식이다. 이 표현은 구원과 구원의 성취가 모든 사람들에게 자동적으로 이루어지는 것이 아니라는 점을 매우 분명하게 표현한다. 하나님의 은혜에 응답하고 돋는 해의 길을 좇는 사람들만이, 그 길이 이끄는 평화 안으로 들어갈 수 있다(1:78-79).

예수는 모든 사람들을 위해서 오셨지만, 모든 사람들이 그분의 오심에 응답하거나 그 오심을 통해 유익을 누리는 것은 아니다.

목자들은 하나님이 행하고 계신 일을 보러가기로 결정한다. 그들은 천사가 이야기한 것과 똑같은 말구유의 한 아이를 발견한다. 다시 한번 더, 하나님은 그분 말씀을 지키시는 분으로 제시된다. 목자들은 그들의 이야기를 오늘날의 사람들과 공유한다. 그들은 순종으로 반응했고, 하나님이 예수의 임재하심을 증거 하신 것을 입증 하는데 자신들을 사용했다. 누가복음을 읽는 독자들은, 하나님이 이 출생을 인류에게 계시해주신 것에 대해 목자들이 반응을 보인 것과 동일한 반응을 보일 것으로 추측된다.

하나님의 역사하심을 들었을 때 종종 나타나는 경우들처럼, 이런 증언을 듣는 사람들은 놀라게 된다(참조. 1:21, 63; 2:33). 반면 마리아는 이 모든 일들을 그저 생각하기만 한다. 이 사건은 목자들이 그들이 들은 것과 마찬가지로 일들이 이루어졌음으로 인해 하나님께 영광과 찬송을 드리고 그들의 양떼에게로 돌아가는 것으로 마무리된다. 하나님은 하신 말씀을 이루실 것이다. 바로 이것이 예수의 탄생이 우리로 주목하게 만드는 마지막 내용이다.[9]

예수는 여느 유대 아이들과 마찬가지로 팔일 만에 할례를 받았으며(창 17:11-12; 레 12:3), 공식적으로 "예수"라는 이름을 갖게 되었다. 그의 부모들은 하나님의 율법을 좇고 하나님께 순종하는 사람들의 특징을 반영한다(참조. 1:31). 예수의 가족은 유대적인 경건과 신실함에 뿌리를 두고 있다.

9. 구약성경에서는 개념의 조합이 빈번하게 나타난다(수 7:19; 대상 16:35; 시편 66:2; 106:47 등).

상황잇기

우리는 성경으로부터 어떻게 배우는가? 한 가지 방법은 본문을 읽는 것을 통해 그리고 본문의 사람들의 판단과 오늘날 우리가 하는 판단들 간에 어떤 중요한 대조점이 있는가를 보는 것을 통해서이다. 이런 성경의 가르침과 교훈은 본문의 세부적인 묘사들에서가 아니라 핵심적인 중심주제 안에 제시되곤 한다. 즉 때때로 성경본문의 묘사는 우리가 무언가를 처리하는 것과 대조를 이루는 방식들을 통해 크게 소리를 내곤 한다. 이런 내용들은 우리 삶이나 가치구조의 중요한 내용들을 다시 심사숙고하거나 개편해야 하지 않느냐고 물어온다. 지금 본문이 바로 그런 성경본문이다. 성육신한 하나님의 아들의 탄생은, 하나님이 어떻게 이 일을 행하셨는가와 만약 우리라면 이 일을 어떻게 처리했을 것인가라는 대조 속에서 교훈을 남긴다.

그러므로 성경의 교훈을 우리의 정황에 적용할 수 있는 핵심적인 가교는, 이 본문의 이런 대조에 대해 심사숙고하는 것을 통해 얻을 수 있다. 누가복음 1장에서, 이 천사는 마리아의 아이가 영원한 왕국의 왕이 될 것이라고 선언했다. 사가랴는 이제 오시는 분이 돋는 해와 같이 될 것이며, 우리의 발걸음을 평강의 길로 인도하는 빛을 주신다고 지적했다. 그러나 그리스도이신 이 아이의 탄생은 너무나 단순했고, 우리들 누구나 그럴 수 있는 평범한 마을에서 일어났다. 이는 결코 왕의 출생이 일반적으로 갖는 그런 상황은 아니다. 예수의 탄생은 거의 "거지 왕자" 이야기이다. 예수의 부모들이 주의 몸을 보호하기 위해 곧장 천으로 둘러싸고 말구유에 눕혔을 때, 자기를 비우시는 그리스도의 겸허함은 이미 시작되었다(빌 2:5-11). 정말로 중요한 것은 한 사람의 환경이나 혹은 여러 물질들을 가져다주는 한 사람의 신분이나 지위가 아니다. 그보다는 한 사람이 하나님의 역사하심 속에서 어떤 역할을 감당하느냐가 중요하다. 예수는 주가 어떤 상황 속에서 출생하셨는가가 아니라 그분이 하나님 앞에서 누구신가로 인해 중요하다. 잠시 동안 하나님의 행동중심은 동물들이 거처하는 곳에 자리 잡고 있었다. 이 사건의 존귀함은 중심부에 자리 잡고 있는 사람으로부터 나온다. 때때로 하나님의 역사하심은 숨겨진 지역들 속에서 조용하게 진행되곤 한다.

우리가 지적해야 할 또 다른 중요한 점은, 하나님이 이 사건을 통해 주시는 공동체에 관한 것이고 또한 그 공동체에 포함되었다는 느낌에 관한 것이다. 한편으로 이 순간은 마리아와 요셉에게는 지극히 개인적인 순간이기도 하지만 그러나 이 사건은 다른 사람들도 포함하고 있다. 그러니까 목자들이나 천사들과 같은 다른 존재들도 포함하고 있다. 하나님은 외톨이 하나님이 아니시다. 하나님은 자기 자신을 피조 세계와 더불어 그 안에 자리 잡게 하시는 것을 원하신다. 하나님의 아들의 탄생에는 양을 치는 사람들에서부터 그들을 하늘에서 바라보고 있던 자들에 이르기까지, 피조 세계의 모든 부분들이 보인 반응들도 포함되어 있다.

새 아이에 관해 듣고 그를 볼 사람들 중에 목자들이 선택되었다는 것 역시 주목할 만한 일이다. 몇몇 주석가들은 이 목자들이 하나님이 경멸받는 자들을 만나주신다는 것을 상징적으로 보여준다고 주장한다. 그러나 목자에 대한 이런 부정적인 평판은 1세기 유대교보다 나중의 일이다.[10] 성경의 목자에 대한 이미지는 상당히 긍정적이며, 목자들을 이 사건들과 연관시키는 것은 이 장면에 매일의 일상적 이미지를 더해준다. 하나님은 특별하거나 위대한 일들에 연관되신 것이 아니라, 모든 백성들과 함께하신다. 이 아이가 매일의 일상 속에 출생한다는 그분의 선언은, 그분께서 인류대중과 함께하신다는 것을 보여준다. "하나님께 기뻐하심을 입은 자들"중에는, 명예란 그저 매일 아침에 일어나서 하나님을 섬기는 삶을 살고자 추구하는 것보다 별반 좋을 것이 없다고 주장하는 사람들이 포함된다.

누가복음의 첫 장을 채웠던 찬양에 나오는 내용들은, 이 항목에서도 계속된다. 하나님을 찬양하는 것은 우주적인 것이어서, 우리가 어떤 영역에 속해있건 그건 중요하지 않다. 그 찬양의 내용들은 말로써 하나님을 찬양하는 것이 얼마나 중요한지를 담고 있다. 이런 천상적인 내용들은 우리 영혼을 고양시켜주고 우리로 하여금 하나님께 마음을 열게 해준다. 하나님께 드려진 찬양은, 자신의 영혼을 새롭게 함으로써 그런 찬양을 드리는 사람들에게 유익을 준다.

또 다른 핵심적인 이슈는 이 이야기 안에 초자연적인 모습이 들어있다는 점이다. 현대를 살아가는 많은 사람들에게는 그런 구체적인 내용들을 받아들이기가 매우 어렵다. 그러나 현대세계는 초자연적인 것에 대한 묘한 애증관계를 갖고 있다. 많은 사람들은 하늘의 별들 뒤편에서 무언가 힘들이 작용하고 있다고 믿으면서 천문학에 몰입하곤 하지만 그러나 그들은 천사들에 대해서는 멈춰 선다. 그들은 이처럼 보이지 않는 힘들의 존재를 부정하지만 그러나 그것은 위기가 닥쳐올 때까지뿐이다. 현대인들은 아무런 도움도 받을 수 없을 때, 그들에게 부르짖곤 한다. 현대인들은 성경의 하나님이 존재한다는 것에 대해 도전하지만 그러나 자연 속에서 활

10. 예를 들자면, 이는 윌리암 헨드릭슨(William Hendriksen, *The Gospel According to Luke*, Grand Rapid: Baker, 1978, p. 149)의 해석이다. 목자에 대한 유대적인 관점에 대한 증거는 후대 것인데, 탈무드와 시편에 대한 미드라쉬를 포함해서, 수세기 이후에 만들어진 본문들이다.

동하는 영적인 실제들에 관한 최근의 소식을 찾아내기 위해 서점으로 쏜살같이 달려가거나 혹은 가장 최근의 뉴 에이지 유행에 몰두하곤 한다. 이런 정신분열이 이치에 닿을까?

성경에 나오는 천사에 관한 논의는(혹은 악마들에 관한), 세상에 쳐져 있던 장막을 뒤로 밀어내버리는 하나님 나라와 비슷하다. 바울이 에베소서 6:12에서 우리의 싸움이 혈과 육에 대한 것이 아니라 정사와 권세에 대한 것이라고 말했을 때, 만약 믿음 가운데 행하지 않는다면 우리가 아무것도 모른 채 무턱대고 다루었어야만 했을 눈에는 보이지 않지만 실제로 존재하는 권세들에 관해 중요한 점을 배우게 된다. 우리는 이 세상에 있는 모든 영적 권세가 누가복음 2장에 나오는 천사들처럼 우리로 하여금 하나님과의 관계에 뿌리내리게 하는 선한 영적 권세만은 아니라는 점을 깨달아야만 한다(엡 2:2을 보라!). 히브리서 1:14은 우리에게 선한 천사들은 하나님을 섬기는 영들임을 이야기한다. 우리는 그들을 볼 수 없지만, 그들은 우리 편에서 일하고 있으며, 이를 통해서 우리는 기뻐할 수 있다.

이제 우리는 천사의 존재에 대해서나, 사탄과 마귀들의 존재에 대해 선입견을 가져서는 안 된다. 그보다는 에베소서 6:10-18이 주장하듯이, 무엇이 되었건 그와 같은 적대적인 권세들이 우리에 대항해 일어나는 것과 싸우기 위해 하나님과 동행하면서 우리의 무장을 갖추고 신실함으로 서야만 한다. 우리가 하나님과 동행한다면, 마귀와 싸울 충분한 자원들을 갖고 있다.

현대적 의미

예수의 탄생은 하나님의 신실하심에 대한 교훈이기도 하고, 동시에 하나님의 심성과 특성을 보여주기도 한다. 하나님은 인류와 같이 하시며, 이 탄생은 이런 같이하심을 반영한다. 여태껏 태어났던 인물들 중 가장 존귀한 분이 가장 겸손하게 탄생하셨다는 점은, 생명의 가장 핵심적인 가치를 생명에 부속되어 있는 여러 겉모습과 치장들이 아니라 생명 그 자체에서 발견해야 한다는 점을 보여준다.

예수의 탄생을 둘러싸고 있는 겸허함에 대한 지적은, 공적인 관계에서 허풍을 떨고 자기선전을 하는 것이 삶의 방식인 오늘날의 문화에 대해 핵심적인 도전을 한다. 이런 긴장들은 우리를 개인적으로나 혹은 공적인 차원에서 충격을 줄 수 있다. 경쟁이나 시기등과 같은 개인적 차원의 경우들과 적용들은 좀더 분명해 보이기 때문에, 나는 공적인 차원의 예를 제시하겠다. 신학교로서 우리는 잠재적인 구매자에게 우리 자신들을 "팔기" 위해서는, 우리가 독특하고 유일하다고 말해줄 수 있는 "무언가"를 갖고 있어야만 한다는 이야기를 듣는다. 우리는 사람들에게 왜 그들이 우리와 공부하기를 원해야만 하는지를 보여줄 있어야만 한다. 교회들도 마찬가지 상황에 직면할 수 있다. 그러나 어떻게 이런 질문이 겸손이라는 테스트를 통과할 수 있단 말인가? 성경은 우리에게 우리 모두가 특별하며 우리 모두가 한 몸 안에서의 독특성을 갖고 있다고 이야기한다. 하나님은 비교하는 것을 싫어하신다. 기관들은—대학교들, 신학교들, 교회들 등—자신들을 종들로서 제시해야만 하며, 하나님을 섬기는 다른 많은 기관들과 협력하는 파트너임을 제시해야만 한다. 하나님은 몇몇 학생들을 우리와 함께 공부하도록 부르신다. 다른 학생들에 대해서는 다른 곳에서 공부하도록 부르신다. 겸손함은 근본적으로 사역에 있어서 성실함을 가지고 신실하게 하나님을 섬기는 것을 의미한다. 우리는 다른 사람을 땅에 쑤셔 박아 넣는 것을 희망하지 않으면서도 얼마든지 탁월함을 추구할 수 있다. 사역들은 진지한 확신을 분명 필요로 하지만 그러나 우리는 우리 존재에 대해서 외치고 싶어 하는 유혹을 피해야만 한다. 만약 칭찬이 주어진다면, 하나님과 다른 사람들이 그것을 가져가게끔 하라. 만약 우리가 진리를 묵상하고 제시하는 분명한 일을 행하고 있다면, 다른 사람들로 하여금 그 일을 주목하게 하라. 나팔은 우리 자신의 손이 아니라 천사의 손에 남겨두는 것이 가장 좋다.

예수의 탄생은, 위대함이란 한 사람의 은행계좌의 잔고가 얼마나 많고 그것이 어떤 역할을 하는가나 혹은 한 사람의 사회적 이력이 어떤 기능을 하는가에 관한 것이 아니라는 점을 보여준다. 신분이 한 사람을 만드는 것은 아니다. 왜냐하면 하나님은 그 사람의 내적 됨됨이를 평가하시고 인식하시기 때문이다. 물론 예수의 경우에 있어서도 신분이 주어졌지만, 하나님은 예수를 이 세상에 소개하신 방식을 통해 신분에 관한 입장을 분명히 하셨다. 성육신은 여태껏 태어난 사람들 중 가장 권능 있는 분이 얼마나 전적인 단순함과 겸손함으로 이 세상에 들어오셨는가를 보여줌으로써 하나님의 가치들을 제시한다. 단순함은 그 자체가 하나님의 권능을 갖고 있다. 하나님은 종종 세상에서 권능 있는 삶의 방식인 엘리트주의적인 격리나 고립을 통해서가 아니라, 우리가 있어야 할 곳에 있을 때 우리와 함께 행하시는 것을 통해 그분의 위대함을 보여주신다. 만약 우리가 사는 곳의 주소, 입는 옷들, 은행 계좌들, 혹은 이력서들에 관심을 기울이지 않고 누가 하나님을 영화롭게 하는지를 생각한다면, 우리는 하나님이 사물들을 보시는 것과 마찬가지 방식으로 사물들을 보는 법을 배울 수 있다(약 2:1-5).

진정한 의미에서 예수의 스토리는 우리의 스토리이며, 마치 우리가 그날 밤 베들레헴 근처에 있었던 천사들 중에 있기라도 했던 것처럼 우리를 위한 그리고 우리에게 들려진 스토리이다. 그날 밤 천사들이 목자들에게 선포했던 것은, 진정 겸손함 편에 서서 선포한 것이었다. 그들이 이 모든 일들을 보고자 여행한 것은, 하나님이 예수를 통해 행하신 것을 보기 위해 모든 사람들이 가야만 하는 여행이다. 하나님이 목자들에게 말씀하신 것을 따라 모든 일들이 일어났다는 사실을 사람들이 알게 되었을 때, 그들과 우리는 하나님이 그분께서 말씀하시는 대로 행하신다는 점을 인식해야만 한다. 우리가 우리의 놀라움을 보여드리는 가장 좋은 방법은, 은혜에 대한 반응과 더불어 충분한 찬양을 담고 있는 신실한 행함을 하는 것이다.

예수가 오신 지 2천여 년이 지난 뒤, 교회는 하나님이 우리 안에 함께하신다는 놀라움을 당연한 것으로 여기고 있다. 지금의 세상은 분명히 예수가 모든 사람들에게 과연 어떤 분이신지를 진정으로 살펴보고 생각하는데 거의 시간을 사용하지 않는다. 일반적으로는 이제는 아기 예수에 대해 절대로 이전만큼 관심 갖지 않게 되었다. 세상을 묶어두는데 실패한 것이 교회의 잘못인가? 이 세상은 너무 분주해서 멈춰서거나 알아차릴 수 없는 것은 아닌가, 혹은 다른 호소들 때문에 너무 산만해진 것은 아닌가? 아니면 둘 다인가? 설령 이 세상이 멈춰 서서 살펴본다 하더라도, 세상은 종종 예수를 수많은 스승들 중 한사람으로 바라본다. 그러나 하나님 나라의 주인이신 분의 가르침은, 예수에 대한 그런 제한적인 관점을 부시한다. 그분은 그리스도이시며 주님이신 구주시다. 그분은 더 이상 말구유나 마구간에 묶여있지 않으시다. 그분은 지금 하나님 보좌 우편에 앉아계시며, 우리가 어떤 일을 하고 무엇을 말하는지를 알고 계신다(눅 22:69). 아기 예수가 누구이셨는가는 예수가 지금 누구신가와 비교할 수 없다. 예수의 탄생과 이를 둘러싼 증언은 우리들에게 그분이 특별한 아이였음을 이야기해준다. 그러나 주의 삶, 사역 그리고 부활은, 주가 독특하신 분이라는 사실을 든든하게 세워준다. 이런 일들에 대해서 오늘날 우리들도 마음에 두고 생각해야만 하는 것처럼, 마리아가 마음에 두고 생각했다는 것은 전혀 이상한 일이 아니다. 그러나 마리아는 아직 아무것도 보지 못했으며 우리들도 마찬가지로 아직까지는 아무것도 보지 못했다. 하나님은 예수를 통해 우리들과 더불어 우리 안에 함께 하시는 스토리에 대해 이제 막 계시하시기 시작했다.

목자들과 마리아의 반응은 찬양과 순종 두 가지 모두를 포함한다. 마리아의 순종은 이 아이의 이름을 짓는 데까지도 뻗어있다. 하나님이 말씀하셨을 때, 마리아는 경청했다. 그녀가 순종했다는 증언은 짧기는 하지만 분명하게 이야기되고 있다. 이와 유사하게, 표적(sign)에 대한 선언은 목자들로 하여금 하나님이 그들을 인도하셨던 곳으로 좇아가게끔 했을 뿐만 아니라, 그들이 도착해서 하나님의 말씀이 실제로 이루어졌다는 것을 보았을 때 그들이 본 내용들을 그들과 공유하게끔 했다. 그러므로 우리들도 또한 하나님이 이끄시는 곳으로 좇아가야만 하며, 우리 삶에 대한 그분의 지시하심을 은혜롭게 증언해야 한다. 하나님이 시련이나 혹은 직업상의 기로 그리고 결혼, 미래, 자녀문제 등을 포함하는 여러 문제에 대한 결정 등을 통해 우리를 이끌어 가실 때, 우리는 하나님이 어떻게 우리 삶에 영향을 주셨는지에 대해 이야기할 준비를 해야만 한다. 우리는 종종 이런 내용들을 교회 안의 동료 친구들과 나누곤 하지만 그러나 우리 모두가 경청해야만 하는 말씀을 피해서는 안 된다.

예수의 탄생에 대해 여기 지적된 다양한 반응들에 대해서 우리는 놀랄 필요가 없다. 사람들은 주께 다르게 반응한다. 어떤 사람들은 놀랍기도 하지만 그러나 좀 더 깊은 차원으로 들어가지는 않기도 한다. 반면 다른 어떤 사람들은 찬양을 드리면서 예수가 의미하시는 바에 대해 생각하기도 한다. 이 문단 안에서 성도들이 마땅히 하나님께 특징적으로 보여야할 깊은 묵상과 순종을 반영하고 있는 중심적인 본보기 인물들로서 마리아와 목자들이 제시되고 있다는 점은 의심할 여지가 없다.

이 스토리의 모든 인물들은 누가 하나님이시며 또한 그분이 무엇을 의미하는지에 관해 새로운 계시를 받았다. 그러나 우리는 하나님을 당연한 늣이 여겨서는 결코 안 되며, 찬양을 그저 공식처럼 판에 박은 것으로 만들어서도 안 된다. 하나님을 알고 그분이 우리 삶 속에서 행동하고 계심을 본다는 일이 얼마나 영광스러운 일인가! 그 불꽃을 다시 얻기 위해서, 우리는 그분께로 돌아가야만 하며 우리가 지금 어디에 있는지를 그분 앞에 정직하게 고백하고 우리의 감긴 눈을 열어달라고 그분께 간구해야 한다. 때때로 성탄절 시기 때의 묵상이나 예수의 스토리에 관한 묵상은, 하나님과의 관계에 대한 의식을 새롭게 해주곤 한다. 왕, 다윗의 자손, 주님, 구주 등은 하나님 나라에서부터 우리와 동일하게 되시고자, 우리와 동행하시고자, 우리를 위해 죽으시고자, 우리를 위해 부활하시고자, 그리고 우리와 관계 맺으시고자 보냄 받으셨다—이것이 예수의 스토리이며, 찬양받기에 합당하고 이야기해야 할 가치가 있는 스토리이다. 너무나 사랑받는 유명한 맹인 찬송 작시자인 크로스비(Fanny Crosby)가 이렇게 노래하는 것은 지극히 당연한 일이다.

큰일을 행하신 하나님께 영광을 돌립니다!
이 세상을 지극히 사랑하셔서 아들을 주셨으니,

그분은 죄를 사하시고자 자기 생명을 주셨고
모든 사람들이 들어가도록 생명 문을 열어주셨습니다.

이것은 고통 속에 살았지만 어둠 속에서 하나님을 보았던 한 여자의 증언이다. 바로 이것이 그분의 사랑에 대한 우리의 고백을 통해 이 세상이 그분의 음성을 들어야만 하는 이유이다. 바로 이것이 삶 속에서 그분을 존귀케 하는 우리의 증언을 이 세상이 들어야만 하는 이유이다. 또한 바로 이것이 우리 모든 사람들이 그분이 오신 스토리를 들으며 기뻐해야만 하는 이유이다.

우리가 예수에 대해 기뻐해야만 하는 이유는 그분의 탄생 스토리에서부터 시작하지만 그러나 거기에서 멈춰 서지 않는다. 주님은 지금까지도 우리 삶 속에 함께 계신다. 성령을 통해서 주의 임재는 우리 안에서 계속해서 그 사실을 나타내신다. 주의 돌보심 안에서, 우리는 주의 손이 우리를 위해 역사하고 계심을 본다. 주님은 때로 우리를 다시 만드시고자 일하시기도 하며, 이런 재역사하심은 고통을 의미하기도 한다. 그러나 이 일은 항상 우리를 돌보시는 눈길과 더불어 이루어진다. 주가 아기로서 구유에 누워계실 때 우리가 주의 온유함을 주목했던 것을 대신해서, 이제는 주가 대목자장으로서 우리를 돌보실 때 우리의 연약함을 보고 계신다. 예수의 탄생 스토리는 강보에 싸여있던 그분에 관한 이야기에서 끝나시 않는다. 종종 아름다운 성탄절 스토리는 마치 그것이 예수에 대한 모든 스토리인양 다루어기도 한다—하나님은 자기 자신을 한 특별한 아이의 탄생을 통해 보여주고 계신다. 그러나 이 스토리는 하나님의 새로운 역사하심에 대한 시작일 뿐이다. 하나님의 이런 역사하심은 그분과의 관계 속에서 주어지는 축복을 수세기를 넘어 공유해온 새로운 성도들에게 지금까지도 계속되고 있다.

성도들인 우리들은, 여러 시대들을 거쳐 이 탄생이 의미하는 바에 대해 감사하면서 그들의 목소리를 높이고 그들의 영혼을 드렸던 위대한 증인 무리 속에 속해 있다. 언젠가 하나님 나라에서, 모든 세대와 모든 나라의 남자 성도들과 여자 성도들이 얼굴과 얼굴을 맞대고서, 우리는 주님 앞에서 감사하게 될 것이다. 지금 그 일을 조금 실천하고 행하는 것이 도대체 무엇이 문제가 되겠는가!

누가복음 2:22-40

22 모세의 법대로 정결예식의 날이 차매 아기를
데리고 예루살렘에 올라가니
23 이는 주의 율법에 쓴 바 첫 태에 처음 난 남
자마다 주의 거룩한 자라 하리라 한 대로 아
기를 주께 드리고
24 또 주의 율법에 말씀하신 대로 산비둘기 한
쌍이나 혹은 어린 집비둘기 둘로 제사하려
함이더라
25 예루살렘에 시므온이라 하는 사람이 있으니
이 사람은 의롭고 경건하여 이스라엘의 위로
를 기다리는 자라 성령이 그 위에 계시더라
26 그가 주의 그리스도를 보기 전에는 죽지 아
니하리라 하는 성령의 지시를 받았더니
27 성령의 감동으로 성전에 들어가매 마침 부모
가 율법의 관례대로 행하고자 하여 그 아기
예수를 데리고 오는지라
28 시므온이 아기를 안고 하나님을 찬송하여 이
르되
29 주재여 이제는 말씀하신 대로 종을 평안히
놓아 주시는도다
30 내 눈이 주의 구원을 보았사오니
31 이는 만민 앞에 예비하신 것이요
32 이방을 비추는 빛이요 주의 백성 이스라엘의
영광이니이다 하니
33 그의 부모가 그에 대한 말들을 놀랍게 여기
더라
34 시므온이 그들에게 축복하고 그의 어머니 마
리아에게 말하여 이르되 보라 이는 이스라엘
중 많은 사람을 패하거나 흥하게 하며 비방
을 받는 표적이 되기 위하여 세움을 받았고
35 또 칼이 네 마음을 찌르듯 하리니 이는 여러
사람의 마음의 생각을 드러내려 함이니라 하
더라
36 또 아셀 지파 바누엘의 딸 안나라 하는 선지
자가 있어 나이가 매우 많았더라 그가 결혼
한 후 일곱 해 동안 남편과 함께 살다가
37 과부가 되고 팔십사 세가 되었더라 이 사람
이 성전을 떠나지 아니하고 주야로 금식하며
기도함으로 섬기더니
38 마침 이 때에 나아와서 하나님께 감사하고
예루살렘의 속량을 바라는 모든 사람에게 그
에 대하여 말하니라
39 주의 율법을 따라 모든 일을 마치고 갈릴리
로 돌아가 본 동네 나사렛에 이르니라
40 아기가 자라며 강하여지고 지혜가 충만하며
하나님의 은혜가 그의 위에 있더라

원 의미

예수는 유대교 율법을 지키는 부모님에게 태어나셨다. 이 두 가지 장면들에서, 그들은 아이가 태어난 이후에 취해야 할 정결의례를 행하고, 예수를 주께 드리기 위해 예루살렘으로 여행한다. 이런 경건한 행동은 예수가 경건한 믿음에 뿌리를 두고 있음을 보여준다. 이 점은 예수가 이후에 유대 종교 지도자들과 갈등을 일으키기 때문에 중요하다. 예수는 자신이 믿음을 존중하지 않는 가정에서 성장했기 때문에 그들에게 도전했던 것일까? 그건 분명히 아니다. 예수는 하나님을 존귀하게 여기는 가정에 오셨다.

누가복음 2:22-24에 나오는 예수의 부모들의 성전으로의 여행은, 하나님의 율법에 기록되어 있는 세 가지 각기 분리된 의례들이 조합되어 있다: 아이를 낳은 뒤 40일이 지나서 행하는 산모의 정결의례(레 12:2-4, 6), 첫 태생을 하나님께 드리는 의례(출 13:2, 12, 16; 34:19; 민 18:15-16), 그리고 장남을 하나님께 드리는 의식(삼상 1-2장).[1] 비록 장남을 하나님께 드리는 이 의식은 수세기동안 이스라엘에서 시행되었던 다른 많은 경우들과 비슷하지만 이 의식은 이 아이가 갖고 있는 소명으로 인해 독특하다.

정결의례는 번제와 속죄제를 포함했다. 제물로 비둘기들을 언급했다는 점은, 비록 중산층들도 그런 제물을 드리기도 했지만 요셉과 마리아가 가난한 사람들의 제물을 드렸음을 나타낸다.[2] 이 본문은 "그들이" 드린 제사에 대해 이야기하는데, 이는 정결제물이 일반적으로는 마리아만의 것이어야 한다는 점에서 얼핏 보기에 조금 이상하게 보인다. 하지만 요셉도 분명 먼 동네에서 마리아의 출산을 도왔다는 것을 생각해본다면, 그도 역시 불결해졌을 것이고 자기 자신의 정결을 위해 제사를 드릴 필요가 있었다(*m. Niddah* 5. 1; 2. 5; 1. 3-5). 또 다른 가능성에 대해서는 누가가 22절에서 암시하고 있는데, 그건 모든 제사들이 세 가지 의례들과 관련되어 있었으며 이 제물들은 일부는 그녀를 위한 것이고 다른 것들은 그들을 위한 것들로서 서로 결합되어 있었다고 보는 것이다. 이 모든 제사들은, 얼마나 유대교가 경배를 통해 하나님께 나아갔는지를 나타내주며, 또한 이들이 하나님 앞에 부르짖을 때에 얼마나 준비된 마음과 영혼을 갖고 있어야만 했는지를 나타내준다.

요셉과 마리아가 이 일들을 진행할 때에, 그들은 이방인의 뜰에서나 혹은 여인들의 뜰에서(마리아가 여기에 있기 때문에) 한 늙은 경건한 사람 시므온을 만난다. 우리는 시므온이 어떤 직업을 갖고 있는지에 대해서는 듣지 못한다. 그가 "의롭고 경건한" 사람(25절)이라는 것이 우리가 알고 있는 전부이다. 구약성경의 "의로운"('디카이오스') 사람들 중에는 욥(욥 1:1)과 많은 선지자들이 있었다. "경건"('에

1. Reicke, "παρίστημι," *TDNT*, 5:841, 특별히 n. 14.
2. Plummer, *Luke*, 65; C. Brown, "Bird," *NIDNTT*, 1:172.

우라베스')이라는 단어는 헬라문화에서는 정치가에게 사용되었다(Plato, *Statesman*, 311b). 필로는 이 단어를 아브라함을 묘사하는데 사용했다(Philo, *Who is the Heir?* 6§22). 앞서 나왔던 목자들이 길 위의 평범한 사람들을 상징적으로 보여준다면, 시므온은 하나님과 동행해온 현명한 장로의 증언을 대표적으로 보여준다. 그가 이스라엘에 대한 소망, 하나님의 약속의 완성—"이스라엘에 대한 위로"(25절)—을 기대하고 있었다는 점이 그의 지혜의 한 단면을 보여준다. 하나님의 마음에 합한 성도들은 종종 하나님의 약속들의 성취를 기대하며 기다린다. 하나님을 경외하는 이 성도는 이 아이의 탄생이 무얼 의미하는지를 볼 수 있도록 인도받았다.

시므온은 사가랴와 마리아처럼 하나님이 이스라엘을 구원하실 것임을 기대한다. 그는 하나님이 약속을 성취하실 것이라는 믿음을 포기하지 않았으며, 이런 소망의 빛 가운데 거한 그의 삶은 이 관점을 지금까지 가져온다. 모든 계시와 증언의 원천이신 성령은, 그가 죽기 전에 "주의 그리스도"를 볼 것이라고 말씀해 주셨다. 그렇기 때문에, 아이 예수가 도착했을 때, 그는 거기에 있었고 찬양하는 말을 드리도록 하나님께 인도받았다(이 찬양은 이 찬송을 시작하는 라틴어 단어를 따라 눙크 디미티스[*Nunc Dimittis*]라고 흔히 불려진다). 예언을 일부 담고 있는 이 찬양에는, 모든 내용들이 행복한 것만은 아니었다. 비록 영광스럽긴 하지만 주의 그리스도의 여정은 시련과 실망이 없는 것이 아니기 때문이다. 시므온의 예언이 이루어졌던 장소인 성전은 유대인 독자들에게는 매우 중요하다. 이 선지자는 이스라엘에서 가장 성스러운 장소에서 예수에 대해 예언하고 있는 것이기 때문이다. 시므온은 하나님이 자신에게 그리스도인 아이를 보게 해주시겠다고 부르셨던 것을 성취해 주셨기 때문에 이제 하나님이 자신을 편안히 가게 하신다고 말하는 것을 통해 이야기를 시작한다. 다시 한번 누가는 하나님이 어떻게 그분의 말씀을 성취하셨는지를 강조했다.

이 아이는 하나님의 구원이며 백성을 향한 하나님의 관심을 공개적으로 보여주는 모습을 제시한다(30-31절). 예수는 1:78-79에서 이미 지적된 주제인 빛이시며, 사도행전 26:22-23에 이르기까지 누가의 마음속에 여전히 남아있는 분이시다. 시므온의 이야기들은, 영광과 빛을 비추어줌과 더불어 구원의 빛이 온다는 이사야 60:1-3 부분을 떠오르게 한다. 예수는 이스라엘과 이방인들이라는 두 대상들을 위해 그분의 구원을 베푸시지만, 각각의 대상들에 대해 약간 다른 방식으로 구원을 베푸신다. 예수는 모든 사람들을 위한 빛이시지만, "이방인들에 대한 빛을 비춤"이며 "자기 백성 이스라엘의 영광"이시다.[3] 주님은 이방인들에 대한 "빛을 비춤"인데, 이방인들은 주가 오시기 이전에는 이방인들이 도저히 상상할 수도 없었던 방법을 통해서, 즉 그분의 사역을 통해 축복으로 들어오게 될 것이기 때문이다(요 1:3-9도 참조하라). 예수는 이스라엘의 "영광"이신데, 주를 통해 이스라엘은 세계를 향한 그들의 사역을 섬기고 수행할 것이기 때문이다. 모든 눈들이 이스라엘의 메시아가 성취하시는 것을 통해 이스라엘에 쏠릴 것이다. 주님은 이스라엘을 위대하게 만드시는 자석 같은 분이시다. 하나님의 약속이 올 때에는 이스라엘의 약속된 자를 통해서 온다.

부모들이 이 찬양의 내용에 놀라고 있을 때, 좀더 어두운 내용의 약속들이 계시되었다. 이스라엘에서 모든 일들이 장밋빛인 것만은 아니다. 예수의 오심은 이스라엘 중 많은 사람의 패하고 흥함을 만들어내기 때문이다.

이 이미지는 이사야 8:14-15과 28:13-16에서 인용되었는데, 이 본문은 신약성경에서 예수에 대한 반응들을 묘사하기 위해 종종 사용되곤 했다(눅 20:17-18; 롬 9:33; 벧전 2:6-8). 예수는 이스라엘을 둘로 나누실 것이다.[4] 일부 사람들은 주를 배척해야 할 사람으로 볼 것이다. 그러나 주의 사역은 사람들의 마음이 어디에 있는지를 드러낸다. 하나님 뜻의 표현이 하나님의 구원인 것처럼, 주를 향한 반응은 하나님에 대한 반응을 보여준다. 주가 만들어내는 주를 향한 반대는, 시므온이 35a절에서 삽입구적으로 이 내용을 이야기해 준 마리아에게 고통의 근원이 될 것이다. 이 어머니의 고통은 이 아이가 경험하게 될 강력한 반대로부터 생겨날 것이고 또한 사역에 우선순위를 두는데서 생겨나게 될 것이다. 이를 피하기 위해 할 수 있는 일은 아무것도 없다. 실제로 이 이야기가 처음으로 성취되는 모습이 바로 다음 사건에 나오는데, 다음 사건에서는 예수가 아버지의 역사하심에 소속되어 있었기에 성전에 머무르게 되었고, 주의 부모들은 다시 예루살렘으로 돌아가야만 했는데, 이 일도 고통을 유발했다. 하지만 이 사건은 그저 시작에 불과할 뿐이다. 십자가 사건이 마리아로 하여금 그 무엇보다 더욱 고통스럽게 만들 것이기 때문이다.

누가복음의 이 항목에 두 번째로 나오는 선지자적인 증인은 안나이다. 그녀는 단순하게 소개되었고, 삶의 이력도 요약적으로 제시되었다. 그녀는 아마도 대략 100살 이상이 된 것 같은데, 오랜 기간 동안을 예배, 기도 그리고 금식을 하며 하나

---

3. "계시"는 이방인들에게 그리고 "영광"은 이스라엘에게 적용되는 것이 서로 평행을 이루고 있는 것과는 달리 "빛"은 모든 사람들에게 일반적으로 적용되고 있는 이 행의 문장구조에 대해서는, 피츠마이어(Fitzmyer, *Luke*, 428)를 보라.

4. Danker, *Jesus and the New Age*, 68.

님을 섬겨왔다.[5] 우리가 하나님을 영적으로 섬기는데 있어서 가장 풍성한 시간들은, 때때로 지상에서의 역경이 가득 찬 시기들을 보낸 이후인 때들이 있다. 그녀는 중보기도 하는데 자기 자신을 온전히 다 드려왔다. 시므온처럼, 그녀는 "예루살렘의 구속"(38절; 사 40:1; 49:13; 51:3; 57:18; 61:2)을 소망하고 있었으며, 다른 사람들에게 아이 예수가 하나님을 찬양하고 감사해야 할 이유라고 이야기한다(사 40:9; 52:9; 63:4). 그녀의 말들이 비록 누가복음에 기록되어 있지는 않지만, 그녀의 증언은 모든 사람들로 하여금 하나님이 이 아이를 통해 무언가 중요한 일을 행하고 계시다는 것을 깨닫게 한다. 하나님께 신실한 사람들은 그녀의 보고를 들을 것이고 그녀의 찬양을 공유할 것이다.

마리아와 요셉은 이런 경배의 날들을 보낸 뒤 집으로 돌아갔고, 이제 계속해서 자라나고 강해지는 이 아이를 양육하는 삶을 시작한다.

상황잇기

율법적인 관습들과 선지자들에 대한 논의를 담고 있는 이 본문은, 지금은 우리가 더 이상 행하지 않고 있거나 혹은 지킬 의무가 없는 관습들에 대해서나 혹은 그런 내용을 논의하는 본문들을 우리가 어떻게 적용할 수 있는가라는 질문을 일으킨다. 성전에서의 예배라는 이슈는 기독교인인 우리들에게는 더 이상 자리잡고 있지 않으며, 율법의 의례적인 측면들을 준수하는 것도 마찬가지다. 그럼에도 불구하고 이런 본문들은 신실한 믿음의 사람들이 하나님이 그들이 살던 시대에 그들에게 부과하신 의무들에 대해서 어떻게 응답했었는지를 보여준다. 그러므로 어떤 관습들은 우리들에게는 더 이상 남아있지 않지만, 이런 관습들의 일부분인 신앙인들이 이런 관습을 지킨 태도들은 하나님이 오늘날 우리들에게 부과하신 책임들을 우리가 감당하는 것에 대해 교훈을 줄 수 있다. 우리가 이 본문내용을 살펴볼 때 주목하려하는 것이 바로 이 점이다.

우린 또한 시므온과 안나가 예수의 부모에게 하나님의 구원계획과 관련해서 어떤 특정한 계시형태를 사용했는지에 대해서도 아는 바가 없다. 이와 관련해 성경본문 자체가 알려주는 가장 가까운 형태는, 그 계획에 있어서 예수가 어떻게 중심

5. 그녀가 84년 동안 과부였는지 아니면 84세였는지의 문제에 대해서는 마샬(Marshall, *Commentary on Luke*, 123-24)을 보도록 하라. 여기에서는 그녀가 과부로 있었던 시간으로 보는 것이 좀더 가능성 있어 보인다. 1세기 때에는 대략 13세 전후의 어린 여성들이 결혼했었다는 사실을 기억하라. 이렇게 본다면, 그녀는 대략 105세 가량이었을 것이다.

축을 이루고 있는지를 설명한 것이다. 하지만 우리는 그들이 자신들의 역할을 어떻게 감당했는지를 통해서 배울 수 있다. 그들은 하나님이 그들을 부르시고 그들에게 부여하신 역할을 신실한 증인들로서 적절하게 감당하기 때문이다.

유아 항목(infancy section)의 앞부분 단락들에서와 마찬가지로, 성경본문과 오늘날을 연결해주는 많은 핵심적인 가교들이 이 내러티브에 등장하는 본보기적인 인물들을 통해서 나타난다. 예수의 부모가 보여준 순종과 경배의 신실한 태도는, 예수의 지상 가계가 갖고 있는 태도를 보여준다. 이 아이는 이처럼 가장 어린 시기 때부터 성전의 유대교적 신앙 중심과 연관되어 있었다. 예수의 삶에 대해 시므온이 했던 예언들은 누가 저술들의 후반부에 나타난다. 우리 주의 삶은 "이방인들의 빛"과 "이스라엘의 영광"으로 이끌어졌다. 더군다나 이스라엘은 주님에 관한 문제로 고통스럽게 분열되었다.

시므온은 또한 한 사람이 신실하게 하나님을 좇아가고 기쁨과 복종의 모습으로 하나님을 섬기는 것을 통해 삶을 규정할 수 있는지에 관한 예를 보여준다. 그가 자신의 의무를 다했을 때, 그는 주님과 함께 할 준비가 되었다. 안나는, 인생의 노년기라 하더라도 하나님이 그를 사역에 사용하실 수 있다는 것을 보여줌으로써, 믿음의 지속성을 묘사해준다. 세례 요한과 예수에 대한 스토리에는 모든 세대들이 총망라되어 있다. 심지어 늙은 세대 사람들도 이 스토리에 자리를 갖고 있다. 너무 많이 늙었기 때문에 하나님이 그 사람을 사용하실 수 없는 사람은 아무도 없으며, 또한 너무 늙었기 때문에 하나님을 섬길 수 없는 사람도 아무도 없다. 이 증인들의 증언은, 예수를 향해 선포된 하늘과 땅의 소리들에 덧붙여진다.

경건함과 헌신에 대한 언급도 또 다른 연결가교인데, 이에 대한 언급은 종종 무시되곤 한다. 신약성경은 하나님을 섬기는 사람들에게 구약성경에서 그랬던 것과 같은 그런 헌신을 요구하지 않기 때문에, 우리는 이런 구절들을 쉽게 그냥 지나쳐 버리곤 한다. 그러나 하나님께 가까이 나아가는 것에 관해 생각할 때에, 우리가 결코 간과해서는 안 되는 불결함과 희생제사라는 이슈 안에는 중요한 무언가가 자리잡고 있다. 하나님께 적절하게 가까이 나아가기 위해서는, 우리는 영적으로나 육적으로 그분께 가까이 나아가기 위한 준비를 해야만 한다(요 4:24). 예수가 그분의 죽으심을 통해 우리를 위해 주신 것들 중에는, 우리로 하여금 하나님의 보좌에 담대히 나아갈 수 있도록 하는 영원한 정결함이 있다(히 10:19-25). 그러나 비록 우리가 지금은 더 이상 동물로 제사를 드리지는 않지만, 하나님께 가까이 나아가는 것과 관련해서는, 이 구절들에서 제시되는 경고와 거룩함에 대한 의식을 결코 간과해서는 안 된다. 이 본문 문단은 생명과 만족에 대해 총괄적으로 보는 관점을 제공한다. 여기에는 삶이 마지막을 향해 치닫고 있지만 여전히 하나님을 온 힘으로 섬기고 있는 두 사람이 등장한다. 만족함은 나이나 정력의 수준의 문제가 아니며, 또한 축적을 통해 나타나는 기능도 아니다. 만족함은 하나님을 섬기는 것에 대한 개방성을 통해 규정되며, 하나님을 다른 사람들과 함께 나누는 것을 통해 규정된다. 본문이 제시해주고 있는 이런 관점에 대해서도 진지하게 생각해야 할 것이다.

현대적 의미

신실함과 지속성을 가지고 섬기는 모범들과 더불어서, 우리는 기독교 사역이 지속성을 요구하는 것은 물론이거니와 이 점에 대해 잘 인식하는 것도 요구한다는 것을 알 수 있다. 시므온은 예수를 찬양하면서 메시아의 과정이 험난할 것이라는 내용을 빠뜨리지 않았다. 마찬가지 내용을 메시아를 좇는 제자들에게도 동일하게 적용할 수 있다. 하나님께 적대적인 이 세상에서 사역한다는 것은, 적대감이나 조롱의 대상이 된다는 것을 의미할 수 있다. 만약 예수가 분열과 배척에 직면했다면, 그분을 좇는 사람들도 마찬가지 일을 예상해야 한다. 그렇지만 이 스토리에는 결코 찬양과 놀라움이 떠나지 않는다. 이 모든 일들에도 불구하고, 예수가 승리하시기 때문이다. 압박에 직면하는 속에서도 승리에 대한 선언은 이 본문 상에서 매우 중요한 혼합적인 감정을 보여준다. 적대감의 한가운데서도, 우리는 하나님께 감사할 수 있다(행 4:24-31).

적용에 있어서는 매우 분명한 신학적 포인트가 지배적으로 나타난다. 예수를 보는 것은 하나님의 구원을 보는 것이다. 예수를 보는 것은 하나님의 빛과 계시를 보는 것이다. 누가가 여기에서 말하는 내용에 대해서 요한복음은 이런 방식으로 이야기한다: "태초에 말씀이 계시니라 이 말씀이 하나님과 함께 계셨으니 이 말씀은 곧 하나님이시니라." 예수를 보는 것은 하나님을 보는 것이고, 계시된 하나님의 길을 보는 것이다. 예수는 더 이상 우리 주변에서 얼굴을 맞대고 볼 수 있는 가시적 모습은 아니지만, 주님은 그의 몸 된 교회를 통해서 그리고 그분의 충만을 표현하도록 자기 자신을 부어주시는 장소인 이 세상에 여전히 존재한다(엡 1:23). 이는 진정으로 우리가 그의 작은 성육신임을 의미한다. 이 내용이 진실이라는 점은 사도 바울과 바나바가 그들 자신을 예수가 이미 그러셨던 것처럼 하나님의 종인 빛으로서의 역할을 감당하는데 드렸던 사도행전 13:47에서 볼 수 있다. 물론 우리는 예수가 갖고 계셨던 그런 완전함들을 모두 갖고 있는 것은 아니지만, 예수에 대한 우리의 증거는 주가 제시하신 소망이 우리를 통해서도 보일 수 있는 그런 것이 되어야만 한다. 우리의 섬김을 통해서, 사람들은 예수를 볼 수 있는 기회를 갖게 된다. 예를 들어서 마태복음 25:40, 44-45 부분에서, 예수는 무언가 도움이 필요한 사람을 섬기는 것이 곧 예수를 섬기는 것이라고 말씀하신다. 즉 만약 예수가 지금 여기에 계셨더라면, 주는 이 구절들에서 언급되고 있는 사람들의 형태로 사역하셨을 것이다. 그러나 지금 우리는 주를 대신해서 그분이 계셔야 할 자리에서 사역한다. 그분의 영광을 위해 우리가 사용된다는 것이 얼마나 영광스러운 일인가!

시므온이 하나님의 뜻을 행하는 것을 자신의 정체성으로 삼았고 그런 뒤 자신의 죽음의 시간이 오고 있다는 것에 대해서도 복종하는 모습은, 그가 얼마나 하나님의 때에 속해있는지를 잘 보여준다. 그의 태도는 빌립보서 1:21-26에 나오는 바울의 태도와 유사하다. 여기에 하나님이 그를 불러 행하라고 하신 일만을 오로지 추구하는 한 종이 있다. 그의 생명과 죽음의 때는 하나님의 손에 있다.

더군다나, 시므온은 예수를 보고 알면서, 평화를 누린다. 그의 평생의 다른 부분들은 상대적으로 희미해진다. 그는 예수를 만났으며, 그의 삶의 나머지 세세한 경력들은 이와 견주면 무의미하다. 바울도 다시 한번 이와 비슷한 증언을 빌립보서 3:1-12에서 한다. 그에게 있어서 삶 속에서 그가 바리새인으로서 성취하고 성공했었던 모든 일들은 그리스도를 알고 섬기는 일에 비한다면 쓰레기에 불과했다. 누군가가 하나님과 동행하고 하나님을 신실하게 섬기는 것이, 삶의 다른 모든 일들을 규정한다. 이런 섬김은 다양한 형태들을 가질 수 있는데, 하나님을 섬기는 모든 사람들이 교회에서 설교자가 되거나 풀타임 사역자가 될 수는 없기 때문이다. 시므온처럼, 어떤 사람들은 증거 하거나 혹은 격려하는 특별한 임무를 가질 수도 있다. 다른 사람들은 그들의 직장이나 아이들의 학교에서 원 포인트 증거를 하라고 부름 받을 수도 있다.

시므온은 그가 자신의 삶에 대해 만족할 수 있다는 점을 알고 있다. 그가 하나님의 구원을 증거 할 영광을 가졌기 때문이다. 이런 태도는 중요한데, 이는 삶의 다른 사건들과 상처들을 이런 관점에 놓기 때문이다. 만약 시므온이 자신의 죽음이 다가오고 있다는 것을 알면서도 이렇게 느꼈다면, 아직 우리 앞에 여전히 많은 삶의 시간들이 남아있는 우리들은 어떻게 느껴야만 하겠는가?

시므온의 태도는 오늘날 우리 문화 속에 자리 잡고 있는 많은 사람들의 태도와 대조적인 자리를 점한다. 1995년 1월 달의 맥콜스(McCall's) 잡지는 "열 가지 작은 건강해법들"이라는 제목으로 새해를 위한 해결책에 관한 작은 기사를 게재했다.

이제 건강과 운동은 중요하며 그렇게 다루어져야만 한다. 그러나 갤럽 조사를 통해 나타난 우리가 생각하는 상위 네 가지 해결책들이 무엇인지를 살펴보면 매우 흥미롭다: (1) 개인적 재정상황의 호전 (2) 금연 (3) 체중감량 (4) 좀더 운동하기. 만약 우리가 생각하는 해결책들이 우리의 관심을 반영하고 우리가 어디에서 만족감을 갖는지를 보여주는 것이라면, 이런 선호대상들은 고상한 목표들을 반영하지 않는다. 가정이나 하나님은 전혀 제시되지 않는다.

우리는 만족에 대해서 어떻게 우리의 개인적인 삶을 살아가는가와 관련한 개인화된 방식으로 규정하는 경향이 있다. 우리는 관계성과 전혀 관련이 없는 목표들을 설정하기 때문에, 우리 중 많은 사람들이 외롭고 불만족스러워한다는 사실을 발견하게 된다. 하나님은 우리를 하나님과 더불어 그리고 다른 이웃들과 더불어 관계 맺으며 살도록 창조하셨기 때문이다. 개인의 권리나 지금 우리가 그러하듯이 개인적인 초점을 고양하는 이런 문화가 보여주는 영향과 결과 중 하나는 하나님이나 다른 이웃들과 상호작용 하는 것을 통해 우리가 어떻게 만족을 누릴 수 있는가를 상실한다는 점이다.

하나님을 추구하거나 혹은 하나님을 좀더 잘 알기 위한 것과 관련된 목적들은 어디에 있는가? 왜 해결책이라는 대부분의 내용들은 외적인 문제들을 다루는 것들뿐인가? 영혼은 그토록 별로 중요하지 않단 말인가? 만약 운동이 육체적 웰빙에 그토록 가치 있는 것이라면, 우리의 내적 존재를 위해서도 그렇게 해야만 하지 않겠는가? 만약 만족이라는 것이 천천히 시들어가는 외적인 것들에 토대를 둔 것이라면, 우리가 그런 목적들에 초점을 맞추는 한 우리 스스로를 절망과 실망에 자리잡게 하는 것이 아닐까? 시므온은 이보다 더 좋은 길을 제시한다. 하나님을 아는 것이 가장 좋은 일이다. 이는 우리가 환경들을 넘어설 수 있다는 것을 의미하는데, 하나님을 아는 것은 "내가 어떤 처지에 처하건 만족하는 법을 배운다"(빌 4:11)는 뜻이기 때문이다. 시므온은 심지어 죽음에 직면하면서도 자신이 주의 부르심을 수행하고 있다는 것을 알기에 만족할 수 있었다. 지금 그는 영원히 계속해서 관계를 맺게 될 하나님을 아는 것이 그의 목적이었다. 만족이라 함은, 우리로 하여금 심지어 우리의 죽음을 넘어서서 볼 수 있게끔 도우시는 삶의 근원되시는 분을 아는 것을 의미한다.

우리는 또한 누가복음 1장과 2장에서 하나님이 예수를 증거 하시기 위해 다양한 범주의 사람들과 광범위한 사회적 배경의 사람들을 사용하셨다는 점을 주목해야 한다: 시골환경인 사람들과 도시환경인 사람들, 남성과 여성, 젊은 약혼자들과

한 쌍의 노년인 성도들—모든 사람들은 주님 오심의 기쁨을 공유한다. 예수는 모든 사람들을 연합하시고 모든 사람들을 위해 오신다.

마지막으로 시므온과 안나의 나이는 우리로 하여금 "은퇴"라는 것이 성도들에게는 잘못된 명칭일 수 있음을 생각하게 한다. 많은 연로한 사람들이 은퇴한 이후에 사역을 감당하는데 있어서 이전에 직장에 얽매여 있을 때는 충분히 에너지를 쏟아 부을 수 없었지만 은퇴 이후에 다른 방식으로 자유롭게 사역한다.

나는 우리 교회의 노년층을 떠올리게 되는데, 우리는 그들 중 한 그룹을 "회색 수염의 사람들"이라고 사랑스럽게 부른다. 여기에 속한 성도 한 명은 이전에 그가 가르치던 고등학교에서 학교신문을 편집하는 것을 도와주는 일을 수년간 했었는데, 지금은 교회신문을 편집하는 책임을 맡고 있다. 하나님은 수년 동안 그분이 우리 교회의 커뮤니케이션 사역을 감당하도록 준비시키셨다. 또 다른 부부도 도시내에 있는 자매교회들을 위해, 그런 교회 안에 있는 서로 다른 문화적 배경을 갖고 있는 아이들을 양육하거나 혹은 그들 부모들을 돕기 위한 다양한 프로젝트를 섬기는 등, 다양한 프로젝트들을 위해 헌신하고 있다. 심한 관절염이 있는 여성 성도는 많은 일을 할 수는 없지만, 몸 된 교회를 위해 정기적으로 기도한다. 그녀는 우리들 대부분의 사람들보다 훨씬 더 많은 일을 하는 가장 강력한 구성원 중 한명이다.

하나님의 뜻을 행하는 것에서 만족감을 발견하는 일은, 우리가 과연 어떻게 해서 하나님을 위한 사역을 가장 훌륭하게 감당할 것인지를 창조적으로 고민할 때 도달할 수 있는 목표이다.

누가복음 2:41-52

41 그의 부모가 해마다 유월절이 되면 예루살렘
으로 가더니
42 예수께서 열두 살 되었을 때에 그들이 이 절
기의 관례를 따라 올라갔다가
43 그날들을 마치고 돌아갈 때에 아이 예수는
예루살렘에 머무셨더라 그 부모는 이를 알지
못하고
44 동행 중에 있는 줄로 생각하고 하룻길을 간
후 친족과 아는 자 중에서 찾되
45 만나지 못하매 찾으면서 예루살렘에 돌아갔
더니
46 사흘 후에 성전에서 만난즉 그가 선생들 중
에 앉으사 그들에게 듣기도 하시며 묻기도
하시니
47 듣는 자가 다 그 지혜와 대답을 놀랍게 여기
더라
48 그의 부모가 보고 놀라며 그의 어머니는 이
르되 아이야 어찌하여 우리에게 이렇게 하였
느냐 보라 네 아버지와 내가 근심하여 너를
찾았노라
49 예수께서 이르시되 어찌하여 나를 찾으셨나
이까 내가 내 아버지 집에 있어야 될 줄을 알
지 못하셨나이까 하시니
50 그 부모가 그가 하신 말씀을 깨닫지 못하더라
51 예수께서 함께 내려가사 나사렛에 이르러 순
종하여 받드시더라 그 어머니는 이 모든 말
을 마음에 두니라
52 예수는 지혜와 키가 자라가며 하나님과 사람
에게 더욱 사랑스러워 가시더라

원 의미

이 사건은 외양상만 놓고 본다면 유아 이야기가 아니다. 예수는 이제 유대 소년으로서 성인식을 1년 앞에 두고 있는 12살의 나이이기 때문이다.[1] 그러나 문학적인 측면에서 보았을 때, 이 문단의 결어부분인 52절이 40절과 평행을 이루고 있기 때문에, 이 문단은 예수를 소개하고 도입하는 부분이다. 이 내용은 예수가 자기 자신에 대해 처음으로 증거 하시는 내용인데, 다양한 사람들이 주님에 대해 이야기한 내용을 담고 있는 항목에 대한 결론으로서 적합한 내용이다.

1. 유대 소년들은 13세가 되면 그들의 행동에 대해 책임을 지는 성인이 된다(*m. Niddab* 5. 6; *m. Megillab* 4. 6). 12살이 되면, 소년에 대한 교육은 어른시기로 들어가는 것을 준비하기 위해 좀더 집중적이 된다(*m. 'Abot* 5. 21). 하지만 현대 시대의 바르 미츠바(Bar Mitzvah)는 예수의 시기를 5백년이나 뒤로 늦춘다 (Fitzmyer, Luke, 440).

매 해마다의 유월절에 예루살렘으로 여행하는 것은 유대교의 가장 중요한 부분 중 하나였으며, 유월절은 수도에서 매 해 지켜지던 3개의 절기들 중 가장 중요한 절기였다(출 23:14-17; 34:22-23; 신 16:16; 초막절과 오순절이 다른 두 개의 절기이다). 예수의 부모들처럼 예루살렘에서 어느 정도 떨어진 거리에서 살던 대부분의 가족들은, 일년에 그저 한번 정도만 절기를 지키러 갔다. 유월절은 유대력으로 닛산월(3월말이나 4월초 경)에 자리 잡고 있다. 이 절기는 출애굽을 통해 이스라엘이 자유를 누리게 된 것을 송축했다(출애굽기 12장). 남성들은 참석하도록 요구되었지만, 여성들은 그렇지 않았다. 그렇기 때문에 마리아가 함께 갔다는 사실은 이 가족의 경건성의 깊이를 보여준다. 나사렛에서부터의 여행은 일반적으로 3일 정도 시간이 걸렸다. 사람들은 안전을 위해 무리를 지어 여행했다. 우리는 남성들과 여성들 그리고 아이들이 여행에서 따로 구별된 그룹을 형성했었는지에 대해서는 모른다.

이 특별한 사건에서 예수는 예루살렘에 남으신다. 하루 동안의 여행을 한 뒤에서야, 그의 부모들은 예수가 무리와 함께하고 계시지 않다는 것을, 예수가 친척들과 함께 있지 않다는 것을 통해 발견하게 된다. 비록 성경 본문 자체는 어떻게 예수를 찾지 않고 하루 동안 지낼 수 있었는지를 설명해주지는 않지만, 분명 그들은 예수가 무리 속 어딘가에 있을 것이라고 확신했었을 것이다. 예수의 부모들이 아들을 찾게 되기까지, 주는 3일 동안 실종상태에 있었다—하루는 여행 무리에서 벗어난 채, 하루는 부모들이 돌아오는데 걸린 시간, 다른 하루는 주를 찾아다는데 소요되었다. 예수의 부모들은 주가 성전에서 선생들과 더불어 그들의 이야기를 듣기도 하시고, 묻기도 하시고, 혹은 대답하시기도 하면서 그들 가운데 있는 것을 발견한다. 그 당시에는, 학생들이 신학을 논하기 위해 종종 질문과 대답 논쟁 형식[2]을 취하면서 랍비들의 발아래 자리 잡고 함께 있는 것이 일상적인 일이었다. 비록 어린 나이였음에도 불구하고, 예수는 하나님에 관한 놀라운 지식들을 갖고 계셨다. 사실 주의 말에 경청하고 있던 사람들은 주의 이해와 지식에 놀랐는데, 이런 반응은 나중에 예수의 기적적인 행하심에 대해 사람들이 보이게 될 반응이었다(8:56). 이미 생의 초기 시대부터, 예수는 "키와 지혜"가 자라남에 따라(2:52) 하나님을 알아가는 것을 추구하는 일에 가치를 두었다. 하나님을 알아가기 위해 나아가고 하나님을 이해하는 것을 추구하는 주의 모습은, 비록 나이가 어리다 하더라도 우리

---

2. C. Schneider, "κάθημαι," *TDNT*, 3:443.

가 마찬가지 일들을 추구해야 한다는 사실을 분명하게 잘 그려준다.

이 설명을 읽는 모든 부모는 그 다음에 일어난 일에 대해서 이해한다. 예수의 부모는 그때 일어나고 있던 일들을 보고 당황했으며, 그들의 아들을 데려오기 위해 움직였다. 근심스러웠던 어머니는 이제 자라나고 있는 아들에게 왜 부모가 큰 근심을 하게 만들면서까지 이렇게 했느냐고 묻는다. 이 표현은 깊은 감정적인 근심과 고민을 나타낸다(16:24-25; 행 20:38).

예수의 대답은 이랬다: "나는…내 아버지의…있어야만 합니다"(문자적인 번역). 이 대답은 다양한 방식으로 해석되어왔다. 이 문구에 대한 번역으로서는 NIV의 "내 아버지의 집에" 있는 것으로 번역하는 방식이 선호되어왔다.[3] 예수가 대답하신 요점은, 주의 삶의 모습은 하나님께로 나아가는 길에 관한 교훈에 관한 것이 되어야만 한다는 것이다. 왜냐하면 성전은 단순히 경배만을 위한 장소가 아니라, 그와 마찬가지로 교훈과 가르침의 장소이기도 하기 때문이다. 예수는 이스라엘을 교훈하고 가르치실 소명을 갖고 계신다. 비록 지금 그분은 열두 살에 불과하지만 이처럼 가르치시는 것이 주의 주된 사역이 될 그런 날이 이제 곧 오게 된다.

주가 하나님을 아버지라고 언급한 것도 매우 결정적이고 중요한데, 이 표현은 주를 보내시는 하나님과의 개인적인 친밀한 관계성을 언급하기 때문이다(참조. 10:21-22). 예수는 이른 시기부터 자신이 아버지의 일을 하도록 부름 받았음을 이해하고 있다. "내가 해야만 합니다"라고 말씀하시는 것을 통해서, 예수는 언젠가 주가 자신만의 길을 갈 것을 의미하는 그런 루트, 그런 길에 들어서기 시작한다. 누가는 하나님 계획의 성취를 보여주기 위해서, '데이'("~이 필요하다, ~해야만 한다")와 더불어 사용된 표현들을 핵심적인 문구로 사용하는 것을 좋아한다(4:4; 9:22; 13:33; 17:25; 19:5; 22:37; 24:7, 26, 44). 예수가 말씀을 통해 자신의 소명에 관해 설명하시는 바로 여기가 유아 기사(infancy narrative)의 요점 부분이다. 이제 예수는 부모님들께 순종한다.

마리아가 할 수 있는 일은, 누가복음 독자들이 해야만 했던 것과 마찬가지로 이 모든 사건들을 그녀의 마음에 담아두는 것뿐이다. 우리는 예수가 하나님을 아는

---

3. 이 신비로운 본문에 대해서는 두 가지 선택이 있다. (1) "나는 내 아버지의 일을 하는데 있어야만 합니다." 이럴 경우 예수의 요점은 주가 하나님의 뜻을 행해야만 한다는데 있다. (2) "나는 내 아버지의 집에 있어야만 합니다." 이럴 경우, 예수는 성전과 연관되어 있는 하나님의 기구나 제도 등에 포함되어 있어야만 한다는 뜻이다. 이런 두 가지 선택들에 대해서 그리고 다른 방식의 관점들에 대해서는, 다음을 살펴보도록 하라. Brown, *The Birth of Messiah*, 475-77; Firzmyer, *Luke*, 443-44. 두 번째 관점이 더 선호된다(창 41:51; 에 7:9; 욥 18:19).

사람들은 두 종류의 가족들을 갖고 있다는 점을 분명히 하셨다는 점을 기억해야만 한다—하나님이 한 사람을 보내시고 자리하게 하신 혈육적인 가족과, 하나님을 알고 있기 때문에 가족인 영적인 가족이다.

상황잇기

예수에 대한 이 장면은 주님 자신의 자기이해가 무엇이었는지를 반영한다. 이 부분은 대화가 본문의 주제를 보여주는 경우이다. 복음서의 다른 많은 본문들과 마찬가지로, 이 본문은 선언적 설명 본문으로 불려지는데 이런 본문들에서는 스토리의 마지막 부분에 나오는 결정적인 선언을 통해 본문의 핵심이 나타나곤 한다.

예수가 신약시대의 사역기간을 통해 하나님의 부르심과 소명을 추구하신 것과 관련해 사역하신 것은, 그 당시나 지금이나 동일하게 마찬가지로 진리이다. 주님은 지금도 하나님 보좌 우편에 앉으셔서 여전히 우리를 위해 중보하고 계시며 우리를 돌보심으로써 하나님 아버지의 일들을 하고 계신다. 하나님께 대한 주님만의 독특하고 유일한 소명과 관계는, 왜 주의 사역이 그토록 특별했는지를 알려준다. 주가 하나님께 특별하게 다가서는 분이시라는 점은, 예수가 그저 단순한 선지자나 혹은 위대한 교사일 뿐만 아니라 하나님의 길을 선포하시고 그 길을 가져오시는 분이심을 의미한다. 하나님의 아들로서, 주님은 단순한 종교적 인물이나 윤리주의자 이상의 분이시다. 주님은 유일무이하시다. 때때로 주의 방식들은 평범하지 않지만, 그것은 예수의 권위를 보여주는 표적이다.

그러나 예수의 사역은 또한 적절한 타이밍도 갖고 있으며, 그래서 주님은 그분이 행하도록 운명지어진 일들을 시작하는 것을 기다리실 것이다. 주는 자신의 사역을 시작하는데 인내했으며 적절한 시간이 될 때까지 기다리실 것이다. 물론 주는 주님 자신의 일들을 시작하기 전에, 주님보다 앞선 선지자가 나올 것도 기다려야만 한다. 그러므로 누가복음의 다음 장에서는 대략 17년 정도 이후의 세례 요한의 사역을 기록한다. 예수는 하나님보다 앞서 나아가거나 혹은 주의 시간이 되기 전에 발을 옮기기 시작하는 것을 추구하지 않으신다. 그보다는 주는 하나님이 주께 행하라고 부르신 일들만을 하나님이 이제 그 일을 행하라고 부르실 때 행하고자 하신다. 가장 좋은 타이밍은 하나님의 타이밍이다. 우리도 역시 하나님의 뜻을 좇아감에 있어서 하나님의 타이밍을 추구해야만 한다.

예수가 하나님과 더불어 동행하는 것에 관하여 하나님을 섬기는 자신의 소명에 관하여, 그리고 하나님과의 친밀함을 추구하는 것에 관하여 보이신 태도들은 그분만이 갖고 계신 하나님의 아들 됨의 산물이 아니다. 주의 태도들과 모습들은 우리 모두가 하나님 앞에서 우리 삶의 우선순위를 가져야 하는지를 잘 묘사한다. 때때로 우리는 다른 사람들은 이해할 수 없는 선택을 해야만 하기도 하는데, 이는 하나님이 우리를 하나님과는 아무 상관없이 삶을 살아가는 사람들과는 전혀 다른 우선순위를 갖도록 부르셨기 때문이다. 설령 예수가 유일무이한 은사들을 갖고 계시고 유일무이한 인격의 분이셨음을 인정한다 하더라도, 주가 자신의 삶을 사신 방식과 하나님을 신실하게 좇으신 방식들은, 우리들이 어떻게 하나님의 얼굴을 추구해야 하는지를 보여준다. "성전에서" 하나님 앞에서 보낸 시간이나 혹은 "말씀을 통해" 그분 발 앞에서 보낸 시간이나 혹은 "사역에" 우리 손을 사용하면서 보낸 시간을, 다른 삶의 우선순위를 갖고 있는 사람들은 이해할 수 없을지도 모른다. 때로는 다른 사람들이 우리가 있는 자리에 우리가 있는 것을 좋아하지 않을 수도 있는, 그런 다른 사람들과 다른 선택을 해야 하기도 한다. 세상에서 갖고 있는 직업과 사역을 할 수 있는 시간을 만들어내는 것 사이의 긴장관계는, 몇몇 사람들로 하여금 우리가 왜 지금 하고 있는 일을 하고 있는지에 관해 오해하게 만들 수도 있다. 하나님은 우리를 부르신다. 예수와 마찬가지로 우리 자신을 다른 사람들을 섬기는 일에 능동적이 되고 그 일을 위해 준비하라고 말이다.

현대적 의미

실제로 독자는 예수의 부모가 직면했던 것과 비슷한 딜레마에 빠지게 된다. 예수는 누구이신가? 그리고 주의 권위는 가장 기초적인 인간적인 관계성들, 즉 부모와 자녀간의 관계성 같은 관계성들조차도 초월하는 권위인가? 우리는 요셉과 마리아가 이 경우에 예수께 보인 반응과 마찬가지로 행동할 수 있다. 그러나 주가 대답하시면서 제기하신 이슈는, 주가 갖고 있는 유일무이한 소명과 주가 갖고 있는 하나님과의 독특한 관계성에 대한 것인데, 이는 예수의 부모들이 간접적으로 주를 꾸짖은 것을 적절치 않은 행동으로 만든다. 예수는 일상적인 평가 범주들을 초월하신다. 최소한 누가는 이 점을 자신의 독자들 앞에 제시한다. 이 복음서 안의 다른 많은 본문들과 마찬가지로, 가장 기초적인 질문은 바로 이것이다: 당신은 예수의 권위에 대해 어떻게 생각하는가? 당신은 주의 주장들에 대해 긍정할 것인가 거부할 것인가? 우리가 하나님과 맺는 관계성은 이 응답에 의해 결정되는데, 이 유일무이한 존재는 하나님과 밀접하게 관련되어 있기 때문이다.

여기에는 또 다른 핵심적인 함축적 의미가 들어있다. 이 세상은 우리에게 예수를 역사상 위대한 수많은 종교적 인물 중 한사람으로 간주하라고 이야기한다. 누가는 우리에게 그런 의견을 제시하지 않는다. 도리어 하나님의 독생자로서 예수는 하나님께 나아가는 길을 보여주시는 배타적인 권리들을 갖고 있으며 우리는 그 계시를 받아들이거나 혹은 거절할 뿐이다. 만약 예수가 길이라고 말씀하신다면(요 14:6), 그렇다면 그분은 진정 그렇거나 혹은 그렇지 않다. 여기에는 다른 선택이 전혀 없다. 루이스(C. S. Lewis)는 예수에 대한 관점에 오직 다음의 세 가지 선택만이 있다는 것을 알게 되었다: 거짓말쟁이, 미치광이, 주님. 사실 이 논쟁은 실제로 두 가지로만 끓어오른다: 그분은 하나님의 아들이거나 혹은 하나님의 아들이 아니다. 예수는 자신을 역사 속의 위대한 종교가들 중 몇 번째에 해당하는지 랭킹을 메길 수 있는 선택을 이 세상에 남겨두시지 않았다. 누가복음은 그분이 진정 하나님의 아들이시라는 것을 보여준다.

오늘날의 예수에 대한 많은 초상화들은, 주님을 현대적인 사람으로, 개인적인 자유나 혹은 자아성취에 관심을 갖고 있는 사람으로 바라본다. 나는 예수를 철저하게 인간적인 측면에서만 묘사하고자 시도했었기 때문에 수년전 열광적 찬사를 받았었던 '예수의 마지막 유혹'(The Last Temptation of Jesus)이라는 영화를 기억한다. 하지만 문제는 인간이신 예수와 씨름하려고 했다는데 있는 것이 아니라, 마치 오늘날 토크쇼에 나오는 사람들이 개인적인 성취를 위해 고군분투하듯이 예수도 그런 모습을 공유하고 있다고 가정하고 있다는데 있다. 이는 예수의 인간적인 차원이 갖는 깊이를 싸구려로 만든다. 예수는 우리의 인간성을 종종 괴롭히는 이기심에 대한 유혹을 거스르는 인간됨을 보여주셨다. 또한 삶에 대한 접근에 있어서 그냥 되는 대로 가는 모습이 아니라 훈련으로 나아가는 그런 접근을 보여주셨다. 예수는 신성에 있어서만이 아니라 인성에 있어서도 유일무이하신데, 즉 삶을 통해 하나님의 뜻에 초점을 맞추고 하나님의 뜻을 수행하는 능력에 있어서도 유일무이하시다.

예수는 때때로 매우 놀라운 일들을 행하셨으며, 이는 그 당시 관습에 잘 맞지 않곤 했다. 그러나 주님은 권위 있는 분이시기 때문에, 무언가를 전혀 다른 방식으로 행하실 권리를 갖고 계셨다. 예수가 성전에서 하나님에 관해 논의하기 위해 12살에 부모를 떠났던 것도, 주의 부모나 그 당시의 관습에서는 문제 거리였다. 그러나 때때로 주님은 우리를 문화라는 정황 속에서 매우 놀라운 일들을 행하시는 하나님을 보게끔 인도하시곤 한다—도덕적 가치를 다시 새롭게 만드는 것을 통해서가 아니라, 우리로 하여금 하나님의 말씀에 나아가는 점에 있어서 창조적이 되라고 부르시는 것을 통해서 말이다.

때때로 하나님은 우리가 하나님을 섬기고자 할 때에 우리로 하여금 처음부터 놀라운 일들을 생각하게끔 하시기도 한다. 이런 이유 때문에, 교회에서 초신자에게 친숙한 열린 예배시간을 만들려는 노력들을 거부할 필요가 없다. 만약 교회가 공동체적으로 예배시간을 양육은 물론이거니와 복음증거를 위해 함께 사용하고자 결정한다면 말이다. 이런 움직임에서 조심해야 할 일은, 교회가 너무 열린 예배만 추구하느라 성도들을 양육하는 것을 무시해서는 안 된다는 점이다. 때로는 논리적인 토론이 예배의 스타일과 분위기에 있어서 중심이 되거나, 혹은 예배에서 음악이 중심이 되거나 혹은 다른 무언가가 예배의 중심을 이루는 그런 때들도 있을 수 있다. 때때로 새로운 방식의 사역을 하는 것은 옳고 그름의 문제가 아니라 우리가 앞으로 어떤 종류의 사역을 할 것인지를 분명하게 결정하는 문제이다. 다른 경우들에 대해서는, 다른 질문들에 대해 우리가 관심을 기울여야 할 것이다. 어떤 종류의 사역들이 지금 하고 있는 사역을 반복하기보다는 파라 처치(para-church) 사역들에 도움을 줌으로써 좀더 뒷받침을 받게 되겠는가?

때때로 교회는 사역의 확장에 대해서 교회 울타리 내에서 무엇이 벌어지고 있는가에 관해서가 아니라 성도들이 교회 밖에서 무엇을 하고 있는지를 통해 살펴볼 수 있도록 "자유롭게" 될 필요가 있다.[4] 누가복음 2:42-52 부분은 예수가 하나님이 새로운 방식으로 역사하신다는 것을 나타내시기 위해 일반적 관습의 "봉투를 여시는" 몇 개의 사건들 중 첫 번째 사건이다. 예수는 하나님의 일들을 가르치셔야만 하며 그렇기 때문에 교회도 그렇게 해야만 한다. 이와 같은 가르침은 이런 교훈이 다가서는 사람에게 창조적이어야만 하며 또한 이 가르침이 주어지는 방식에 있어서도 창조적이어야만 한다. 예수는 지금 여기에서는 성전에 계시지만 나중에는 하나님의 말씀을 들을 필요가 있는 사람들 중에 계시며, 하나님 말씀을 그들과 나누실 것이다. 성전에 있어야 하는 주가 갖고 있던 부르심은, 주가 백성들과 더불어 하

4. 1980년대에 덴버 지역에서 가장 잘 알려져 있던 교회 중 하나가 베어 크릭(Bear Creek) 이었는데, 이 교회는 "속박에서 벗어난 교회"라고 불리는 교회철학을 발전시켰다. 이들의 요점은 사역은 교회의 울타리 안에서 일어나는 것만큼이나 교회에서 멀리 떨어진 곳에서도 일어난다는 것이다. 그래서 그들은 성도들을 포함한 모든 사역을 격려하고자 추구했다. 지역교회가 직접적인 유익을 얻건 혹은 감독하는 역할을 하건 간에 말이다. 그들의 태도는 만약 사역이 의미 있고 목표가 성경적이라면, 그렇다면 베어 크릭 교회는 그들을 격려할 것이고 아멘이라고 말한다는 것이었다. 이 교회는 전체적인 그리스도의 몸을 위해 사역하고자 추구하는 더 다양하고 많은 공동체를 필요로 하며, 성도들에게 "집에 머무르라"고 요구하지 않는다.

나님의 말씀을 나누며 공적인 장소에 있게 될 것에 대한 인식을 보여준다. 왜냐하면 성전은 고대 유대교에 있어서는 가장 공적인 장소였기 때문이다. 교회가 갖고 있는 위험성 중 한 가지는, 하나님의 백성이 되는 것과 관련한 일에 있어서, 교회가 교회의 가르침을 교회 울타리 안으로만 국한시킨다는 점이다.

교회는 하나님의 말씀을 설교하기 위해 노력을 기울임에 있어서 반드시 "봉투를 열어야만" 한다. 예를 들어서, 우리 교회에서는 교회 내의 다른 성도들을 돕는 사역을 하고자하는 남성성도들 그룹이, 교회 내의 독신 엄마들과 과부들을 돕기 위한 "부양 사역"(maintenance ministry)을 하고 있다. 이들은 그들의 자동차 오일을 갈아주거나, 그들을 돌봐주거나 무거운 짐을 나르거나 무언가 해야 할 일들 중 힘든 일들을 감당해준다. 더말 할 필요도 없이. 도움을 주기 위한 이런 평범치 않은 사역은 잘 받아들여진다.

우리 교회 내의 다른 교제그룹들도 도시 내의 음식공급소(푸드 센터)를 돕기 위한 사역을 이미 착수했다. 우리 교회는 교회 내의 작은 그룹들에게 그저 한 가지 프로그램을 제공하는 것을 통해 그들이 무엇을 어떻게 해야만 하는지를 가르치지 않는다. 우리는 능력과 근원을 공급받기 위해 하나님의 집에 머물러야만 하지만 그러나 그런 능력들을 사용하고 실천하기 위해 하나님의 집안에 머물러 있어야만 할 필요는 없다.

예수로부터 우리들 자신에게로 옮겨오는데 있어서, 이 본문은 또한 일반적인 긴장성도 제시한다: 공동체와 가족간의 갈등 속에서의 선택이라는 갈등. 하나님이나 가족 그리고 사역 중 어느 것에 우선순위를 두느냐는 것은 쉬운 선택이 아니다.

나는 훌륭한 라틴 아메리카 성도와 나누었던 토론을 기억하는데, 그는 몇 해 전 신학교를 다닐 때 자신은 신학교가 있는 한 나라에 거주하고 그의 부인은 가정이 있는 다른 나라에서 살던 때에 나와 그 토론을 가졌다. 그들 부부는 이제 곧 아이를 출산할 예정이었기 때문에, 이 학생은 딜레마에 봉착했다. 그 신학교는 출석에 대한 필수조건이 있었고, 반면 그 학생은 집에 가서 아내와 함께 새로운 아이의 출산을 축하하고 하나님이 그의 가정에 행하신 일을 기뻐하기를 원했다. 그는 교수에게 혹시 이렇게 할 수 있도록 수업을 빠질 수 있는지를 문의했다. 그 교수는 수업시간이 하나님께 우선적으로 드려져야만 하고 가족은 이차적이라고 생각했고, 그래서 그렇게 할 수 없다고 대답했다. 이 학생은 대답하면서 자신은 집으로 돌아가 아내와 함께 있고자 하며 그래서 생기는 결과들을 모두 받아들이겠다고 이야기했다. 왜냐하면 그 학생은 하나님이 자신에게 아내와 가족을 위로하고 격려하길 원하신다고 느꼈기 때문이다. 사역을 위한 준비는 이런 종류의 짧은 거북함과 어려움과 만날 수 있다. 나는 그 학교가 그 학생에게 벌칙을 부과했는지에 대해 전혀 발견할 수 없었지만(그는 나중에 그 학교의 총장이 되었다!), 그는 분명 이제 우리 학교와 기관들은 학생들이 사역과 가족 사이에서 균형을 잡는 것을 돕는데 좀더 민감하다고 이야기했었다.

다른 한편으로, 때때로 우리는 만약 우리가 가족들과 갖고 있지 않는 친밀감을 성도들과 갖고 있다고 느낄 때, 우린 죄책감을 갖기도 한다. 그러나 우리는 그렇게 느낄 필요가 없다. 우리가 동일한 하나님을 공유하는 것을 통해 가장 깊은 차원의 공통성을 함께 갖고 있는 관계성에서는, 우리가 혈통적인 형제들과는 가질 수 없는 영혼의 형제 됨을 느끼는 것이 지극히 자연스러운 일이다. 누가복음 12:51-53은 우리와 같은 믿음을 공유하지 않는 가족과의 불화가 예수께 나아오는 것으로부터 생겨날 수 있음을 보여준다.

예수의 우선순위들이 갖는 마음의 비통함은 지금 여기서 마리아와 요셉이 느끼는 그런 비통함이다. 이 고통은 자녀들이 하나님을 섬기기 위해서 "진짜 전문직"에 들어가는 것이 아니라 도리어 선교지로 들어가거나 혹은 사역하러 들어갈 때 일부 부모들이 느끼는 그런 고통과 다르지 않다. 때때로 이 고통은 우리의 가장 우선적인 우선순위는 하나님을 섬기는 것임을 다시금 기억하게 해주는 그런 도움을 준다. 때때로 부모들은 그들의 자녀들이 가는 것을 내버려둘 필요가 있다. 왜냐하면 이 아이들은 신실하게 하나님을 섬기고 있기 때문이다.

마지막 적용 한 가지는 예수가 성전에서 멈추셨다는 것에서 얻을 수 있다. 때때로 우리는 청(소)년들이 그들이 이십대가 되면 소망을 갖고 빠져나오게 될 중간시기로 접어들었다고 생각하면서, 그들이 유용한 영적인 묵상을 하지 못한다고 생각하곤 한다.

나는 전에 십대들에 대해 이렇게 규정하는 것을 들은 적이 있다: "14살짜리는, 딱 1분 동안 당신이 지상에서 가장 위대한 아버지라고 생각한다. 그리고 그 1분이 지나면 하나님이 왜 당신을 창조하신 것인지 심각하게 의아스러워한다! 16살 때엔, 무언가를 결정 내리는데, 그 선택은 용기를 북돋는 그런 결정이 아니다." 우리는 예수가 하나님의 아들이시기 때문에 여기에서 예외라고 취급하곤 한다. 그러나 예수는 우리에게 어떻게 하나님과 동행하며 살아야하는지를 보여주시기 위해 인간됨을 입으셨다. 지금 여기에는 하나님을 좀더 잘 알고자 추구하고 있는 12살짜리가 있다. 우리는 자녀들이 만약 격려를 받으면 얼마나 잘 묵상할 수 있는지를 종종 무시하곤 한다.

독일에 처음 갔을 때, 나나 내 아내보다는 7살, 8살짜리 자녀들이 훨씬 더 독일에 빠르게 적응했다. 그들의 손에 전화기를 쥐여주고 우리를 위해 통역을 하게끔 하는 일은, 때로는 당황스럽기는 하지만 필요한 일이다. 십대라는 나이는 길리건(Gilligan)의 섬에서 탈출하는데 반드시 그 시기를 보내도록 운명이 정해진 그런 시기가 아니다. 자녀들은 교회에 그들이 소속되는 것을 통해서건 부모나 다른 사람들과 더불어 토론을 벌이는 과정 등을 통해서건, 영적으로 성장하도록 격려 받고 고무되어야만 한다.

예수는 랍비들과 더불어 같이 앉아 계실 수 있었다. 만약 우리가 자녀들이 갖고 있는 잠재성에 예민하게 반응한다면, 그들이 반응할 수 있는 수준에 맞추어 자녀들과 관계 맺는다면, 우리 자녀들도 마찬가지로 할 수 있을 것이다.

누가복음 3:1-22

1 디베료 황제가 통치한 지 열다섯 해 곧 본디
오 빌라도가 유대의 총독으로, 헤롯이 갈릴
리의 분봉 왕으로, 그 동생 빌립이 이두래와
드라고닛 지방의 분봉 왕으로, 루사니아가
아빌레네의 분봉 왕으로,
2 안나스와 가야바가 대제사장으로 있을 때에
하나님의 말씀이 빈 들에서 사가랴의 아들
요한에게 임한지라
3 요한이 요단 강 부근 각처에 와서 죄 사함을
받게 하는 회개의 세례를 전파하니
4 선지자 이사야의 책에 쓴 바 광야에서 외치
는 자의 소리가 있어 이르되 너희는 주의 길
을 준비하라 그의 오실 길을 곧게 하라
5 모든 골짜기가 메워지고 모든 산과 작은 산
이 낮아지고 굽은 것이 곧아지고 험한 길이
평탄하여질 것이요
6 모든 육체가 하나님의 구원하심을 보리라 함
과 같으니라
7 요한이 세례 받으러 나아오는 무리에게 이르
되 독사의 자식들아 누가 너희에게 일러 장
차 올 진노를 피하라 하더냐
8 그러므로 회개에 합당한 열매를 맺고 속으로
아브라함이 우리 조상이라 말하지 말라 내가
너희에게 이르노니 하나님이 능히 이 돌들로
도 아브라함의 자손이 되게 하시리라
9 이미 도끼가 나무 뿌리에 놓였으니 좋은 열
매 맺지 아니하는 나무마다 찍혀 불에 던져
지리라
10 무리가 물어 이르되 그러면 우리가 무엇을
하리이까
11 대답하여 이르되 옷 두 벌 있는 자는 옷 없는
자에게 나눠 줄 것이요 먹을 것이 있는 자도
그렇게 할 것이니라 하고
12 세리들도 세례를 받고자 하여 와서 이르되
선생이여 우리는 무엇을 하리이까 하매
13 이르되 부과된 것 외에는 거두지 말라 하고
14 군인들도 물어 이르되 우리는 무엇을 하리이
까 하매 이르되 사람에게서 강탈하지 말며
거짓으로 고발하지 말고 받는 급료를 족한
줄로 알라 하니라
15 백성들이 바라고 기다리므로 모든 사람들이
요한을 혹 그리스도신가 심중에 생각하니
16 요한이 모든 사람에게 대답하여 이르되 나는
물로 너희에게 세례를 베풀거니와 나보다 능
력이 많으신 이가 오시나니 나는 그의 신발
끈을 풀기도 감당하지 못하겠노라 그는 성령
과 불로 너희에게 세례를 베푸실 것이요
17 손에 키를 들고 자기의 타작 마당을 정하게
하사 알곡은 모아 곳간에 들이고 쭉정이는
꺼지지 않는 불에 태우시리라
18 또 그밖에 여러 가지로 권하여 백성에게 좋
은 소식을 전하였으나
19 분봉 왕 헤롯은 그의 동생의 아내 헤로디아
의 일과 또 자기가 행한 모든 악한 일로 말미
암아 요한에게 책망을 받고
20 그 위에 한 가지 악을 더하여 요한을 옥에 가
두니라
21 백성이 다 세례를 받을새 예수도 세례를 받
으시고 기도하실 때에 하늘이 열리며
22 성령이 비둘기 같은 형체로 그의 위에 강림
하시더니 하늘로부터 소리가 나기를 너는 내
사랑하는 아들이라 내가 너를 기뻐하노라 하
시니라

원 의미

누가복음의 두 번째 항목은 누가복음 3:1-4:13에 걸쳐 나타나며, 이 부분은 요한이 예수의 길을 어떻게 보여주었는지(3:1-20), 예수가 어떻게 세례 받으셨는지(3:21-22), 예수의 가계 근원이 어떻게 다윗을 거쳐 아브라함과 아담에게까지 거슬러 올라가는지(3:23-38), 그리고 어떻게 사탄의 시험들에 대해 대응하셨는지(4:1-13)에 관한 내용들을 보여준다. 이 단락 전체는 예수가 어떻게 인성을 갖고 계신 분으로 인정받는지에 대해서 그리고 어떻게 이스라엘 나라의 메시아이신지를 보여준다. 세례 요한에 대한 기록들을 다른 공관복음서에서는 여기저기에 흩어 놓은 것과는 달리, 누가복음은 7:18-22에 나오는 짧은 전환을 제외하곤 세례 요한의 사역에 관한 대부분의 내용을 여기에 배열하여 이야기하고 있다. 이렇게 하는 것을 통해, 요한에 관한 스토리를 일단 다룬 다음에는 예수에 관한 스토리가 그 이후에는 계속해서 중심무대에 서게 된다. 누가는 사탄의 시험에 관한 스토리를 마태와 공유하고 있긴 하지만 예수의 족보를 세례와 시험 사이에 자리 잡게 하는 선택을 한다. 이런 방식을 통해서 누가는 두 가지 점을 지적해준다. (1) 인성을 대표하는 분이신 예수는 사탄으로부터 그분이 하나님의 아들인지를 시험받으셨으며, (2) 예수의 가계가 갖는 특징은 주를 모든 사람들과 관련 있는 분이 되게 한다. 누가는 이 가계도를 마태가 아브라함에서 멈추는 반면 아담으로까지 거슬러 올라가게 하기 때문이다. 누가는 또한 주가 받으신 시험의 순서에 있어서도 다른 순서를 사용해서 성전 장면을 마지막에 배치했는데, 이는 아마도 예루살렘이 이 복음서의 중심적인 부분(9:51-19:44)에서 중요한 역할을 담당하기 때문일 것이다. 이런 차이점들은 누가가 예수에 대한 묘사에 있어서 자기만의 구별된 강조점을 두고자 했음을 보여준다.[1]

이 단락의 흐름은 직설적이다. 예수의 사역의 장을 준비하는 윤리적 훈계가 세례 요한의 선포 속에 나타난다. 복음에 응하기 위해서는 무언가 준비된 마음이 필요한데, 바로 이 점이 요한이 회개를 선포하고 요청하는 이유이다. 예수가 세례 받으실 때 하늘로부터 들려진 예수를 규정하는 하나님의 음성은 아마도 개인적인 경험이었겠지만, 메시아-종이 되어야 한다는 하나님의 부르심을 분명하게 표현한

1. 핵심적인 사항들에 대해서 논의하기는 하겠지만, 이 책에서는 이런 차이점들을 전적으로 분석하지는 않을 것이다. 이들에 대한 자세한 분석에 대해서는 Darrell L. Bock, *Luke*, vols. 1-2(Grand Rapids: Baker, 1994, 그리고 앞으로 나올 예정)를 보도록 하라. 좀더 전문적인 이 주석에서는 누가에게 있어서 이런 차이점들이 문학적으로나 역사적으로 어떤 중요성을 갖는지를 평가해준다.

다. 예수의 족보도 또한 메시아적인 기대에 잘 들어맞는다. 하나님의 아들은 사탄이 주를 향해 권력을 가지라고 시험했던 것에 대해서 그렇게 하기보다는 도리어 하나님과 그분의 말씀에 의지하는 것을 통해 자신의 도덕적 자격을 보여주신다. 아담이 하나님의 아들로서 그렇지 못했던 것에 대해서, 예수는 다른 모습을 보여주셨다. 그러므로 주님은 모든 인간을 위해 사역하실 준비가 되어있었다.

3:1-22의 대부분은 누가복음에만 나오는 부분이다. 오직 누가만이 요한의 가르침에 대해 세부적으로 기록하며(3:10-14), 또한 오직 그만이 이사야서에서의 인용을 이사야 40:4-5 이상의 분량을 포함하는 데까지 확장시킨다. 오직 누가만이 요한의 투옥에 대해서 이처럼 앞에 나온 설명부분에 포함시키며, 오직 누가만이 요한의 사역을 좀더 광범위한 역사적 틀 속에 자리 잡게 하고 있다. 나머지 설명부분은 마태복음 3:7-17, 마가복음 1:2-11, 요한복음 1:29-34과 평행을 이룬다.

이 하위 단락은 예수를 세속사의 정황(3:1-2)과 성경의 약속(3:4-6)이라는 정황 속에 자리 잡게 하는 것을 통해서 시작한다. 요한의 사역에 관한 짧은 묘사가 연결 구절을 이룬다. 이사야 40장에 의하면, 하나님은 자기 백성을 구원하실 것이고 그들에게 구원의 위로를 베푸실 것이다. 복음서 저자들이 이 본문을 지적할 때, 그들은 우리들에게 요한의 사역이 하나님이 다시금 자기 백성을 구원하시기 위해 역사하심을 의미한다는 점을 알려준다. 하나님은 우리들에게 다가오고 계시며, 그렇기 때문에 창조세계는 그분의 오심을 위하여 마치 거대한 붉은 카펫처럼 화려하게 영광을 돌리며 그분 앞에 펼쳐져야만 한다. 이와 같은 카펫들이 펼쳐지고 있다는 증거들 중에는 회개하는 마음이 들어있다(사 57:14-17). 누가는 요한을 가장 먼 인물로부터 좀더 가까운 인물에 이르기까지 역사 안에 자리 잡게 한다. 요한의 사역은 디베료 15년경인 A. D. 28-29년에 나타난다.[2] 가이사가 거대한 권력을 갖고 있긴 했지만, 팔레스타인에서는 그의 통치를 오직 몇몇 그를 위해 임명된 사람들을 통해서만 느낄 수 있었다—총독 본디오 빌라도 그리고 헤롯대왕의 아들들로부터 분할된 세 분봉 왕들 중 한명이며 유대 통치자로 임명된 헤롯. 빌라도는 평화를 유지하고 세금을 거둬들이는 책임을 맡고 있었다(요세푸스, *Jewish War* 2.9.2 §§169-

2. 어떻게 해서 15년을 헤아렸는지에 대한 논쟁이 있다. 이것은 기원전 11년경부터인가 아니면 아우구스투스의 죽음이나 혹은 공의회에서 디베랴를 편입시키기로 결정한 기원후 14년부터인가? 등극한 해를 제외한다면, 기원후 12년이나 혹은 15년이 셈을 시작하는 해인가? 그리고 어떤 달력이 사용되었는가?(로마, 유대교, 시리아 혹은 이집트) 여기서의 이 이슈는 매우 복잡하지만 누가가 즉위 연도를 언급하고 있을 가능성이 가장 높은데, 이 때부터 15년을 헤아리기 시작한다. 이는 우리를 기원후 28-29년에 자리 잡게 한다 (H. Hoehner, *Chronological Aspects of the Life of Christ*[Grand Rapids: Zondervan, 1977], 29-44).

77). 헤롯 역시 비록 그의 가문이 로마의 우호적 입장을 통해 기원전 63년경부터 정치적 권력을 잡고 있긴 했지만, 유다 지역에 자치 정부적인 분위기를 풍겨주면서 그 지역에 대한 감시하는 역할을 감당했다. 헤롯의 형제 빌립은 인근 지역의 분봉왕으로서 역할 했다. 우리는 이 기록에 나타나지 않는 루사니아(Lysanias)에 대해서는 거의 아는 것이 없다.

유대 종교의 권위는 안나스 가문이 잡고 있었다. 그는 A. D. 6-15년까지 대제사장이었으며, 그의 아들들과 다른 친척들이 그 이후 수년 동안 견고하게 그 직위를 이어갔다(요세푸스, *Antiquities* 18.2.1-2 §§26-35). 가야바는 안나스의 사위였다. 팔레스타인에서의 권력은 종종 가문의 문제이곤 했다. 안나스에 대한 존경은, 그가 이미 대제사장 직위에서 물러나 더 이상 그 역할을 감당하지 않음에도 불구하고 그 이후에도 계속해서 그렇게 불려졌다는 사실을 통해서 표현된다. 요한은 이처럼 복잡한 상황 속에서 사역을 시작했다: 정치적인 로마, 정치적인 이스라엘, 그리고 종교적인 이스라엘 이 모두가 이 지역의 일들 속에 이해관계로 얽혀 있었다.

누가는 요한의 사역을 회개하라는 요청으로 묘사한다. 누가복음의 윤리적인 날카로운 요구는 여기에서부터 시작한다. 요한은 이사야가 구원에 대해 예언했던 내용을 성취하는 패턴으로 사막에서 사역했다. 요한은 "죄 사함을 얻게 하는 회개의 세례"를 선포하고 설교한다. 요단강 지역에서 이루어진 그의 사역은 사람들로 하여금 이제 오실 메시아에게 반응할 수 있도록 마음을 열게끔 하는 것을 통해 하나님의 구원이 임하는 것에 대해 사람들을 준비시키기 위해 계획되었다(1:15-17, 76-77). 바로 이것이 누가가 이사야를 인용하면서 하나님이 오시는 길을 평탄케 하는 것에 관해 이야기하는 이유이다. 만약 창조세계가 하나님의 오심에 대해 고개를 숙인다면, 분명 인간의 마음도 마찬가지가 되어야만 한다.

세례라는 의식은 전례가 없는 것이었다. 유대교는 회개케 하는 세례에 대해서 잠깐 동안만의 정결함으로 알고 있었으나, 이것은 구원의 도래를 준비하기 위한 부름이었으며, 종말론적인 구원의 영역의 도래에 대해 경외를 표현하는 한번의 세례였다.[3] 흥미롭게도, 회개하라는 요한의 외침과 마찬가지로, 예수께서도 이후에는 그분의 소명을 죄인들을 구원하는 것으로 간주하실 것이었으며(5:31-32;

3. Fitzmyer, *Luke*, 460; H. Schürmann, *Das Lukasevangelium. 1 Teil Kommentar zu Kap. 1,1-9,50*(HTKNT 3; Freiburg: Herder, 1969), 154-57; Nolland, *Luke 1:1-9:20*, 141 특히나 R. Webb, *John the Baptizer and Prophet: A Socio-Historical Study*(JSNTMS 62; Sheffield: Sheffield Academic Press, 1991), 214-16; 254-348.

19:10), 주님 제자들도 복음을 공유하면서 마찬가지로 비슷한 메시지를 전하게 된다(눅 24:43-47).

요한은 심령이 "돌아서는" 것을 촉구하면서, 마치 구약성경의 선지자들과 비슷한 방식으로 설교한다. 비록 "회개"에 해당하는 헬라어 단어('메타노이아')가 "마음의 변화"를 의미하기는 하지만 회개라는 개념은 하나님께 돌아선다는 의미에 있어서 구약성경적인 어원을 갖고 있다(왕상 8:47; 왕하 23:25; 시 78:34; 사 6:10; 겔 3:19; 암 4:6, 8; 참조. 예수는 누가복음 24:43-47 부분에서 회개에 관해 언급하시는데, 이 부분은 구약성경과 회개와 연결되어 있다). 하나님의 구원에 대해 준비하기 위해서, 우리의 마음은 그분의 메시지에 열려있어야만 한다. 요한이 추진한 회개가 과연 무엇인가에 대한 내용은, 그가 누가복음 3:10-14 부분에서 회개에 대해 설명한 것을 통해서 알 수 있는데, 이 부분에서는 회개가 추상적인 마음의 작용이 아니라 행동을 통해 구체적으로 표현되는 무언가로 규정된다. 요한은 하나님의 계획을 계속해서 돌아보면서 메시아의 임재를 준비하라고 선언하기 위해 나팔을 부는 파수꾼이다. 메시아의 도래가 임할 때, 모든 사람들은 하나님의 구원을 보게 될 것이다(6절).

구원이라는 가능성은 또한 심판이 임한다는 것도 함축한다. 그러므로 만약 응답하지 않는다면, 구원의 기회는 비극이 될 수도 있다. 요한은 도끼가 나무뿌리에 놓였다고 말하는 것을 통해 백성들을 준비시키면서 경고한다. 조상들이나 전통에 의지하는 것은 하나님 앞에서는 결코 추천할 만한 방법이 아니다. 구원은 가족 유산을 통해서가 아니라 믿음을 통해서 얻는 것이며, 살아계신 하나님을 믿기로 돌아서는 것을 통해서 얻는 것이다.

요한은 군중들을 향해 축복을 보장받기 위해 족보나 혹은 직업적인 커넥션을 의지하지 말라고[4] 단도직입적으로 경고한다. 누가는 3:7-9에서는 심판이 가까웠다는 점을 강조하지만 반면 3:10-14에서는 어떻게 반응해야하는가에 관해 설명한다. 이 두 가지의 조합에 있어서 흥미로운 점은 하나님에 대한 우리의 책임성을 깨닫는 것이 우리로 하여금 다른 사람들에게 어떻게 대해야만 하는가를 예민하게끔 만들어야 한다는 점이다. 요한에게 있어서 삶의 윤리적 차원은 우리가 하나님과 수직적으로 맺는 관계성에 얼마나 예민한가에 깊이 영향을 받는 것이었다.

4. 흥미롭게도, 마태복음 3:7의 평행부분에서는 이 청중을 사두개인들과 바리새인들로 규정한다. 분명 요한은 모든 사람들에게 선포했지만, 그의 말들은 특별히 리더십을 갖고 있는 사람들과 관련한 것이었다.

요한은 군중을 사막에서 불로부터 도망치는 뱀에 비교한다. 불의 열기가 다가올 때, 뱀은 은신처에서 기어 나온다. 뱀은 종종 하나님의 원수들을 상징하곤 한다(마 12:34, 23:33, 참조. 사 14:29; 59:5; 렘 45:22). 그는 백성들을 "불"이 가까웠으며 도망쳐야함을 느끼고 있는 것으로 묘사한다. 그들은 여전히 저주가 실제로 일어날 가능성 하나님의 심판이 실제 행해진다는 것에 주의를 기울여야만 한다. 이 이미지는 주의 날이라는 개념들을 생각나게 한다(사 13:9; 30:23; 말 3:2). 요한이 구원이 다가오고 있음을 선포할 때 복음은 이면적인 성격도 갖고 있다—하나님께 응답하지 않았을 때의 심판에 대한 경고.

요한은 그들이 과연 세례가 진정 무엇을 의미하며 지금 무엇이 위험한 지경인지를 이해하고 있는지를 효과적으로 묻고 있다. 그러므로 그는 구약성경과 공통적인 스타일과 방식으로 윤리적인 명령을 이슈화한다. 사람들은 회개에 합당한 열매를 맺어야 한다. 만약 누군가가 하나님께로 돌아선다면, 그 사람의 삶은 달라야하고 달라 보여야만 한다. 신약성경은 이런 "행함"을 강조하는 것을 좋아한다(눅 6:43-45; 13:6-9; 고전 9:23; 골 3:17; 약 1:19-25; 3:12-18). 하나님께로 돌아선다는 것은 다른 사람을 섬기기 위해 준비됨을 의미한다.

누군가가 자신을 족보를 의지하는 것에 둘 수 있는 상황이라면, 이런 선택을 하는 것은 위험성이 있다. 요한의 청중은 그들이 유대인들이었고, 아브라함을 조상으로 갖고 있었기 때문에, 하나님의 선택된 가족의 구성원으로서 구원을 보장받고 있다고 확신하고 있었을 것이다. 요한은 그런 생각을 치명적인 것으로 묘사한다. 유대인들은 그들의 유산에 대해 긍지를 갖고 있었지만(참조. 에스라4서 6:56-58; Josephus, *Antiquities* 3.5.3 §§ 87-88), 요한은 그런 유산은 개인적이고 인격적으로 하나님께 돌아서지 않은 개개인에게는 아무것도 아니라는 점을 경고한다.[5] 하나님은 돌맹이같이 극히 미미한 피조물을 가지고서도 하나님의 자녀들을 만드실 수 있다. 아브라함은 그의 자녀들을 떠낸 "반석"으로 여겨지기 때문에(사 51:1-2), 요한은 하나님이 일단의 새로운 백성의 무리를 창조하실 수 있다고 이야기한다. 하나님은 선택받은 나라의 구성원이 아닌 다른 사람들을 하나님이 데리고 오실 창조의 권능을 갖고 계시다.

심판은 주로 응답하지 않는 사람들을 향한다. 사실 이미 도끼가 열매 없는 나무들을 잘라내려는 모습으로 나무뿌리에 놓여있다. 이런 나무들은 일단 베어진 이후

5. Tannehill, *The Narrative Unity of Luke-Acts*, 50-145.

에는 불속에 던져질 것이다(참조. 시 74:5-6; 렘 2:21-22; 11:16; 겔 15:6-7; 호 10:1-2). 요한은 백성들에게 새로운 시대를 준비케 하기 위해서 구약성경의 이미지를 사용한다.

무리는 다가올 진노를 피하기 위해 무엇을 해야 하는가에 관한 요한의 메시지와 요구들을 이해한다. "행하라" 혹은 "맺어라"는 단어의 반복은, 요한의 선포들과 무리의 반응간의 연결을 보여준다. 무리는 핵심적인 문제는 그저 세례를 받는 것이 아니라 하나님께 확고한 마음과 삶의 모습을 통해 반응하는 것임을 알고 있다.

요한은 무리를 향해 옷이 필요한 자에게 옷을 주고 음식이 부족한 자에게 음식을 주는 관대한 사람들이 되라고 이야기한다. 당시 미움을 받던 세리들 역시 반응을 보였다.[6] 이 사람들은 피라미드 구조로 일을 했는데, 세금 수집은 세리들에게 주어지는 할당량이었고 커미션이 세금 수집액 안에 포함되어 있었기 때문이다. 신약성경에서 "세리들"이 종종 "죄인들"과 짝을 이루고 있다는 점은, 유대 사회에서 그들을 얼마나 경멸했는지를 잘 보여준다. 요한은 그들에게 정해 놓은 세금만 받으라고 이야기한다. 마지막으로 질서를 유지하면서 큰 권력을 휘둘렀던 군인들은 그 권력으로 돈을 무리하게 빼앗는데 사용하거나 거짓으로 사람들을 고소하는데 사용하지 말고 받는 월급에 만족하라는 이야기를 듣는다.[7] 이 마지막 사항은 중요하다. 왜냐하면 군인은 기본적인 월급만을 받았기 때문에 경제적 압박은 강탈(강포)로 이어질 수 있었기 때문이다. "강포"('디아세이오')라는 단어는 특히나 행동을 표현하는 묘사적인 단어인데, 이 단어는 "폭력을 휘 두른다"를 의미한다.

요한은 인격적인 준비에 관해 설교하지만 그러나 그는 예수를 지시하는 일도 역시 감당한다(3:15-17). 요한이 메시아냐 아니냐는 이슈가 제기되었을 때, 그는 그런 의구심을 부인하면서 그들이 그리스도가 오신 것을 어떻게 알 수 있게 되는지에 관해 설명한다. 사실 이 두 사람 간에는 너무나 현격한 차이가 있기 때문에 요한은 종이나 하는 가장 천한 일들 그러니까 이제 오시는 더 강하신 분의 신발 끈을 묶는 일조차도 자신은 감당할 수 없다고 느낀다.[8] 그리스도께서 오셨다는 것을 그들이 알게 되는 방법은 이 두 사람간의 세례를 비교하는 것을 통해서이다. 요한

6. Donahue, "Tax Collectors and Sinners," *CBQ* 33(1971): 39-61. 이 부분에서는 세리들이 어떻게 일했으며 이들이 로마를 위해 일하기 때문에 얼마나 미움을 받았는지를 세부적으로 서술한다. 고대 세계에서의 세금은 한 사람의 수입의 대략 20-30%를 넘나들었다.

7. 군인들에 대해서는, Marshall, *Commentary on Luke*, 143; Heiland, "ὀψώνιον," *TDNT*, 5:592; Josephus, *Antiquities* 17.8.3 §§ 198-99를 보라.

은 물로 세례를 주지만, 그리스도는 성령으로 세례를 주실 것이다.

성령과 불로 주시는 세례는 하나님의 임재와 하나님의 깨끗하게 하심을 대표적으로 보여준다(사 4:4-5).[9] 성령의 오심은 구약성경에서는 종종 마지막 때라는 영역과 연결되었다(사 32:15; 44:3; 겔 36:25-27; 욜 2:28-32). 임재하심과 깨끗케 하심이 겉으로 어떻게 나타나는지는 17절에서 분명하게 제시되는데, 이 부분에는 타작마당을 깨끗하게 하기 위해서 "타작하는 키"가 준비되어 있다고 이야기된다. 추수라는 이미지는 타작을 한 곡물을 공중에 흩뿌려서 쭉정이는 바람에 날라 가게 하고 알곡은 타작마당에 떨어져서 거두어들일 수 있게 하는 나무키에 관해 언급한다(잠 20:28; 렘 15:7; 사 34:8-10). 성령의 세례는 일부 사람들을 모으실 것이고, 반면 다른 일부 사람들은 바람에 날려질 것이다(눅 12:49-53; 17:29-30도 참조하라).

누가는 요한이 백성들에게 "좋은 소식"(18절)을 권할 때에 이 외에도 다른 많은 내용들로 가르쳤다고 기록한다. 우리는 좋은 소식과 심판을 거의 함께 결합하는 방식을 사용하지 않는데 누가가 이 두 가지 사항을 어떻게 병렬적으로 조합했는가는 매우 흥미롭다. 성경본문은 하나님의 심판과 본문이 제시하는 정의를 옹호하는 데 있어서 정직하다. 바로 이것이 심판이 좋은 소식이 될 수 있는 이유이다. 심판이 있는 곳에 긍휼도 주어진다.

요한의 메시지는 높은 사회적 계층들에도 주어지며, 그 누구도 회개하라는 그의 지속적인 선포에서 예외적인 인물이 되지 않는다. 그는 헤롯에 대해 헤로디아와의 결혼과 관련해 책망했다. 이에 덧붙여서 헤로디아는 유대율법이 헤롯의 아내가 될 수 없다고 금지하고 있는 친인척 관계, 즉 헤롯의 이복동생과 이미 결혼했었던 여자였다(레 18:16; 20:21).[10] 이것은 요한이 공격한 유일한 도덕적 이슈였다. 헤롯은 이 문제에 대해서 강퍅한 죄인의 전형적인 방식으로 반응을 보였다—요한을 재공격하고 감옥에 가두는 것을 통해서 말이다. 이 통치자는 죄를 회개하거나 혹은 제거할 수 있는 선택권을 부여받았지만, 책임 소재를 없애버리려고만 시도한다. 누가는 이 투옥에 관한 설명으로 옮겨가는데, 이를 통해 누가는 예수에 관한 이

8. 이 일은 유대인 종은 이런 일을 하지 않도록 규정되어 있을 만큼 너무 허드렛일이었다(*Mekilta de Rabbi Ishmael* on Ex. 21:2).

9. J. D. Dunn, *Baptism in the Holy Spirit*(London: SCM, 1970).

10. 헤롯에 대해서는 Hoehner, *Herod Antipas A Contemporary of Jesus Christ*(Cambridge: Cambridge Univ. Press, 1972).

야기로 돌아왔을 때 세례 요한에 관한 내용이나 혹은 다른 것에 방해받지 않고 예수의 스토리에 관해 이야기할 수 있었다.[11]

우리가 예수가 세례 받으시는 장면에 관해 생각할 때, 하늘에서 음성이 들려온 것(이 장면에서 그리고 변화산상에서)보다 더 중요한 순간은 없다. 이 사건은 세 가지 중요한 요점을 갖고 있다. (1) 예수는 세례 요한의 사역과 동일한 분으로 여겨진다.[12] 비록 마태복음 3:13-17 부분에서는 이 점에 대해 좀더 분명하게 제시하긴 하지만 예수는 세례를 받으셨고 그 결과 주는 자신을 요한의 메시지와 동일하게 여기실 수 있다.[13] 예수가 이 씻음에 따르실 때, 요한의 메시지가 참이며 백성들은 구원을 받아들일 준비를 해야만 한다는 점을 선포하고 계신 것이다.

(2) 독특하게도 누가복음에서만 성령께서 비둘기같이 자신에게 임하실 때에 예수가 기도하고 계신 것으로 설명한다. 누가는 예수가 얼마나 삶을 기도로 범벅이 되게 하셨는지를 언급하는 것을 좋아한다(6:12; 9:18, 29; 11:1; 22:41). 이와 같은 하나님의 보증은, 성부와 성자간의 달콤한 연합 가운데서 주어진다.

(3) 이 설명 중에 종종 간과하는 점이 있는데, 그건 이 사건이 아마도 예수의 개인적인 사건일 것이라는 점에 대해서이다. 하늘의 음성은 주께 직접적으로 말씀하신다. 누가는 좀더 공개적으로 일어났던 다른 사건들에서 무리가 어떤 반응과 응답을 보였는지를 기록했던 것과는 달리, 여기서는 아무런 반응과 응답을 기록하지 않고 있다(참조. 행 9장). 마가와 누가 두 사람 모두 다 이 음성이 예수께 직접적으로 선포되었다고 기록했으나("너를"이라는 단어를 사용하면서), 반면 마태는 "이는 내 사랑하는 아들이요"라는 표현을 사용해 이야기하는 것을 통해 이 사건의 중요성을 요약적으로 제시한다. 요한복음은 세례 집전자가 비둘기가 내려오는 것을 보았다고만 기록한다.

좀더 중요한 점은 "기름 부으심"이 일어난다는 점이다(참조. 눅 4:16-18). 성령이 예수 위에 비둘기처럼 임하신다. 비둘기라는 상징에 관해 확실하게 설명하기엔 어려움이 있다. 성령은 하나님의 창조사역과 하나님의 은혜의 임재와(창 1:2; 8:8-12) 관련이 있다.[14]

---

11. 누가는 이 말들을 문학적 이유들 때문에 분명하게 배열했는데, 다음에 나오는 사건이 요한이 예수를 세례 주는 사건이기 때문이다. 이 사건은 분명 요한이 잡히기 이전의 사건이었다. 요한이 잡히는 것과 평행을 이루는 내용은 마태복음 14:3-5과 마가복음 6:17-20에 나온다.
12. 요한의 사역이 갖는 중요성에 대한 주석은, 누가복음 7:26-35; 사도행전 10:37-38; 13:23-25에 나온다.
13. 누가는 마가복음 1:9-11의 평행부분에서 끌어온 듯하다. 이 사건을 세례자의 관점에서 이야기하는 것은 요한복음1:29-34 부분이다. 마태와 마가는 예수가 갈릴리로부터 요한에게 나아오셨다고 기록한다.

이 본문의 가장 중요한 특징은 예수에 대한 보증 그 자체이다: 하나님은 예수에게 그의 사역을 임명하시고 부으시면서 주가 하나님의 아들이시라고 증명하신다. 이 사건은 예수의 소명에 관해 확인해주고 주의 역할에 대해 이름을 붙여준다. "내가 사랑하는 아들, 내가 너를 기뻐하노라"는 말씀은, 구약성경의 세 암시들을 한데로 묶어준다.[15] (1) 예수는 시편 2:7에서 메시아적인 아들로 언급되시는 분과 동일하신 분이시다. 우리가 누가복음 1:31-35 부분에서 이미 주목했던 것처럼, 유대교에서는 "아들"이라는 호칭이 하나님의 아들을 지칭한다.

이 호칭의 근원은 다윗 언약으로까지 거슬러 올라가는데, 그 부분에서 하나님은 다윗의 후손들을 아버지가 아들에게 행하듯이 그렇게 다루시겠다고 동의하셨다(삼하 7:7-16). 시편 2편에서, 시편기자는 대적들과 배척자들 가운데서조차도 하나님 아들의 주권이 갖는 중요성에 관해 설명한다. 그래서 하나님이 이 호칭을 누가복음 중 이 부분에서 사용하실 때, 하나님은 예수가 주권자 왕이심을 표현하고 있는 것이다.

(2) 다음 암시는 이사야 42:1에 나오는데, 이 부분은 종에 대한 본문이다(마 12:18). 구약성경에서 "종"이 갖는 정체성이 무엇인지에 대해서는 여전히 논쟁이 벌어지곤 한다. 그는 메시아적 인물인가 아니면 선지자적인 인물인가? 이사야가 종에 관해 묘사한 내용은 선지자적인 모습들을 많이 부여하고 있으며, 누가복음 4:16-30 부분이 이사야 61:1-2의 개념적인 평행본문을 사용하고 있다는 점도 이런 좀더 선지자적인 모습들을 보여준다. 종의 노래 후반 부분에는 매우 독특하고, 좀더 메시아적인 고난 받는 종의 모습들이 나타나기는 하지만 예수를 "내가 기뻐하는 자요"라고 부르는 것을 통해서, 이 음성은 주의 권위를 인식하는 것과 주님 안에 계시적 진리가 존재한다는 사실을 병합하면서 예수의 선지자적인 성격을 암시한다.

(3) 세 번째 암시가 "내가 사랑하는 자요"라는 표현에 나타나는지에 대해서는 논쟁거리이다. 일부 사람들은 창세기 22:12, 16의 배경을 인용하면서 이 언급이 예수가 하나님의 독생자이심을 의미한다고 본다.[16] 이렇게 보는 것도 가능하다. 그러나 이 암시가 성자에 대한 것이 되려면, 동시에 두 가지 의미들을 담고 있어야만 한다: 한 가지는 왕적인 이미지에 대한 것이고, 다른 하나는 이삭 모형론에 관한

---

14. 이와 관련된 방식들의 요약으로는 Marshall, *Commentary on Luke*, 153-154가 있다.
15. D. Bock, *Proclamation from Prophecy and Pattern Lucan Old Testament Christology*(JSNTMS 12; (Sheffield:JSOT Press), 100-105.

것이다. 이와는 달리 좀더 가능성 있는 선택으로는 이 호칭을 이사야 41:8에 나오는 암시로 간주하는 것인데, 이사야 부분에서는 선택된 종과 사랑받는 사람이라는 개념이 열거된다. 여기서의 강조점은 성자의 지위를 하나님이 선택하셨다는 특징과 그가 하나님과 갖는 특별한 관계성에 있다.

이 사건은 이전에는 예수가 그런 분이 아니셨는데 그분을 새로운 존재로 만드는 것을 통해서가 아니라, 이제 사랑받는 성자께서 이미 갖고 있는 권위를 능동적으로 행사하기 시작하실 것임을 인식하는 것을 통해 예수의 사역을 "대관식"한다.

상황잇기

누가복음 중 이 항목의 대부분은 세례 요한의 사역을 다룬다. 그 사역 가운데에는 예수가 세례 받으시는 것도 포함되어 있다. 우리는 이런 두 단락의 정황을 각각 우리에게 각각 접목시켜 볼 것이다.

세례 요한의 사역

요한은 독특한 사역을 했는데, 먼저 와서 우리에게 그리스도를 준비하게끔 한 것은 오직 이 한사람뿐이기 때문이다. 그의 사역은 일반적으로 구약성경의 선지자들의 모습을 반영하고 있다. 이런 연결점은 정황들을 접목시키는 것을 도와준다. 구약성경의 선지자는, 비록 이스라엘이라는 언약백성에게 선포를 하기는 했지만, 하나님의 윤리적 가치들을 제시하고 반영한다. 그러므로 그런 본문들은 교훈과 책망과 바르게 함과 의로 교육하기에 유익하다(딤후 3:16-17). 이것을 넘어서서 오늘날 우리들은 그리스도를 주가 이미 행하신 일들이라는 측면에서 제시해주는 사역을 갖고 있다. 요한이 외치고 요구하는 준비("회개")의 종류는, 예수가 제자들을 향해 세상을 향해 하라고 했던 요구와 비슷하다(눅 24:47). 그러므로 이 문단은 하나님이 바라시는 핵심이 무엇인지를 잘 드러낸다.

이 문단은 또한 세속적인 역사와 거룩한 역사가 분명하게 혼합되어 있는 것을 보여준다. 어떤 점에서는, 우린 이 두 가지를 구별할 수 없는데, 하나님은 이 두 가

---

16. 예를 들자면, W. R. Stegner, *Narrative Theology in Early Jewish Christianity*(Louisville: Westminster/John Knox Press, 1989), 15-31.

지 역사 모두에 간여하시기 때문이다. 우리는 오늘날 성(聖)과 속(俗)을 구분하는 경향이 있다. 선지자 요한은 그가 헤롯에 대해 논의해야 하는 것처럼, 예수의 오심에 관한 선언에도 관련되어 있다. 그의 선지자적인 역할은 그것이 어디가 되었건 죄와 축복이 나타나는 모든 곳들에 대해서 선포하는 것이다. 오늘날에는 복음주의자들이 정치적 영역에 들어갈 때, 정당과 교회를 혼동할 수 있는 위험이 있다. 과반수 이상의 득표를 얻는 것 이상의 무언가를 요구하거나 정치적 권력을 현명하게 실행하는 것 이상의 무언가를 요구하는 부분에 대해, 정치를 해답으로 만들면서 말이다. 우리는 사람들을 점점 더 가난하게 만들거나 끔찍한 폭력으로 들어가게 만드는 실질적인 불평등을 무시하면서, 반면 풍요를 남용하는 사람들의 게으름에 동참하는 것을 통해, 죄에 동참하는데 선택적이 되가는 위험에 빠진다. 물질주의와 자기탐닉 헤롯의 죄악들은 게으름과 마찬가지로 동일하게 영적으로 해악을 끼친다.

이 본문 문단 내의 많은 개념들은, 하나님의 계시에 대한 근본적인 신학적 응답들을 대표적으로 제시한다—예를 들자면 임박한 심판 앞에서의 회개 그리고 혈연적 유산을 하나님의 축복에 들어가기 위한 토대로 의지하지 않는 것. 사실 조상들의 면류관을 의지하는 사람들을 뱀처럼 묘사하는 것(독사의 자식들이라고)은 하나님이 그런 뻔뻔함을 얼마나 많이 싫어하시는지를 보여준다. 하나님은 죄 사함을 진실하게 추구하는 것만을 오로지 귀히 여기신다.

그러므로 우리는 이런 본문 문단을 읽을 때나, 이런 종류의 족보적인 접목이 죄의 결과들로부터 벗어나게 해준다고 확신하는 것에 대해서는, 반드시 주의해야만 한다. 우리가 그리스도를 의지할 때, 모든 죄로부터 죄 사함을 당연히 누리고 받게 되지만, 이 말은 우리가 원하는 것이 무엇이건 아무거나 다 해도 좋다는 자격증을 받았음을 의미하는 것은 아니다. 하나님은 우리가 성도로서 죄에 참여하건 불신자로서 죄에 참여하건 간에 죄를 미워하신다. 죄는 여전히 뉘우침과 더불어 진지한 고백을 통해 그분 앞에 갖고 나와야 할 필요가 있다. 구약성경은 속죄제를 통해서 예수의 사역을 준비하는 그런 고백을 묘사한다. 만약 우리가 주께 나아오기 전에 주가 죄를 위해 죽으셨다면, 주는 우리가 주를 주님으로 고백한 이후에도 죄를 위한 값을 이미 지불하셨다. 진정으로, 이 문단은 또 다른 그룹에게도 적용되는데, 나는 그 그룹을 “사이에 있는 사람들”(tweeners)라고 부른다. 이들은 자기 자신이 하나님과의 관계 “안에” 있다고 간주하지만 사실은 하나님을 신뢰하지 않아왔기 때문에 하나님과 진정으로 연합을 이루지 않고 있는 사람들이다. 그들은 안에 있는 것처럼 보이지만, 사실은 밖에 있다. 그러므로 그들은 그들의 주장과 실제 "사이에" 자리 잡고 있다. 요한이 선포했던 많은 유대인들은 조상들 때문에 혹은 하나님과 연관성이 있다는 느낌 때문에 자기 자신들이 하나님과의 관계 "안에" 있다고 간주한다. 요한은 하나님과의 관계는 연합하고 있다는 주장에 근거를 두는 것이 아니라 죄 사함을 갈망하면서 하나님께 의식적으로 돌아선 마음에 근거를 두고 주어진다고 강조한다. 이것은 요한의 선포 대상이던 사람들이 설령 그들 자신을 "안에" 있다고 간주한다 하더라도, 사실은 그들이 "밖에" 있을 수 있음을 의미한다. 기독교적인 삶의 가장 근본적인 진리 한 가지는, 그리스도 안에서 이루어지는 구원은 우리가 갖고 있는 어떤 상속권 때문이 아님을 깨닫는 것이다.

그 어떤 사람도 하나님께 반하는 이런 주장을 할 수 없다(롬 3:9-19; 엡 2:8-10). 우리가 그의 소유인 것은, 하나님이 우리를 이러이러한 모습으로 만들겠다고 계획하신 하나님의 백성이 되게끔 우리를 만들어주시는 은혜가 필요함을 우리가 그저 알고 있다는 것 때문이다. 오직 하나님만이 우리의 원죄를 다루는 것을 도우실 수 있다. 너무나 명백하게 나타나는 죄 사함과 의로움은 하나님의 은혜를 통해서 주어진다. 그리고 하나님이 주시는 새 생명이라는 선물도, 죄 사함이 필요하다는 것을 깨닫는 마음으로 그리스도를 의지하는 사람들에게 하나님의 은혜를 통해서만 오는 것이 분명하다. 기독교인의 삶에서 나타나는 성공은 주님 없이는 그리고 그분의 은혜 없이는 우리가 죄짓기 쉬운 사람들임을 계속해서 인식하는 것이다. 그러므로 요한의 메시지는 비록 그 선포 자체가 아웃사이더들과 "사이에 있는 사람들"에게 경고하는 것이기는 하지만 하나님으로부터 받아 갖고 있는 생명이 하나님의 은혜를 통해 우리의 것이 된 것임을 또한 기억하게 하며, 하나님의 은혜의 풍성하심이 우리를 계속해서 지탱해준다는 것도 기억하게 한다. 우리가 그 은혜로 나아갈수록 하나님은 우리에게 회개에 합당한 열매를 맺게 하실 것이다. 하나님의 은혜가 있음으로 해서 우리는 그분께로 돌아서게 되며 또한 바울이 디도서 2:11-14에서 쓰고 있는 것처럼 "선한 일에 열심 하는" 백성이 되게끔 한다. 이런 열매는 하나님의 은혜가 우리 삶 속에서 활동하고 있다는 증거다.

다른 사람을 선대하는 것이 갖고 있는 근본적인 윤리적 가치 역시 시대를 초월한 가치를 갖고 있다. 타인에 대해 이처럼 대하는 것은, 우리가 하나님과 그분의 창조에 대해 적절하게 잘 이해하는 것에서부터 나온다. 요한의 경고들은 이 세상과 그 안에 거하는 백성들에게 직접적으로 향하고 있다. 이처럼 억제되지 않는 권력을 통해 권위가 행사되는 곳에서는 권력남용의 가능성이 있기 마련이다. 누가복음

3:10-14은 세리들과 군인들을 향해 권력을 남용하지 말라는 요한의 명령을 담고 있다. 이런 본문들을 수많은 제3세계 상황들에 적용하기 위해서는 권력 사용에 대한 근본적인 재규정이 필요하다. 제3세계들에서는 권력을 휘두르는 것과 더불어 권력 남용이 종종 눈으로 볼 수 있는 가시적이고 자동적인 양상으로 나타나는 경우들이 있다. 물론 권위나 혹은 업무 실행상의 남용들도 가능한데, 이런 양상은 강요나 지나친 부담보다 좀더 미묘한 양상을 갖는다.

제1세계(비공산 선진국들)의 남용은 종종 사람들에게 비즈니스적인 측면에서 필요한 것들을 그들의 가정 건강을 위해 필요한 것보다 더 많이 할 것을 요구하는 형태로 나타나곤 한다. 제1세계의 남용은 임금 노동자들이 기여하는 것을 반영해 그들을 존중하기보다는 높은 자리에 있는 사람들은 그들이 받아야 할 것 이상의 것을 가져가는 그런 양상의 남용이다. 제1세계의 교회에서의 남용은 선의의 자발적 봉사자들을 단 한번이라도 진지하게 감사를 표현하거나 그들의 노력에 대해 구체적인 형태로 인식해주는 것 없이 지속적으로 이용하는 모습으로 나타난다.

사회 계층적인 측면에서의 제1세계의 남용은 거의 목소리를 내지 않는 돈 없는 사람들을 그냥 방치하지만 재화를 갖고 있는 사람들은 부자들이나 권력자들에게 로비할 수 있게끔 하는 모습으로 나타난다. 만약 요한이 여기 기록된 로마시대의 관행들을 비난한다면, 그는 자리와 지위를 이용한 좀더 치밀한 남용 형태들에 대해서도 마찬가지로 비난할 것이다.

우리는 이 문단에서 모든 사람들이 자신들의 행위가 도덕적인 것이라고 설명할 수 있어야 한다는 개념을 결코 놓쳐서는 안 된다. 헤롯은 어쩌면 자기 자신이 하나님의 도덕률을 넘어서는 사람이라고 간주했을지도 모르지만, 요한은 그 문제를 그런 식으로 보지 않았다. 헤롯이 선지자를 향해 어떤 권위를 행사할 수 있는가는 상관없이 하나님은 헤롯에게 그의 도덕적 결정들에 대한 책임을 여전히 물으신다.

요한의 선지자로서의 신실함은 죄와 심판이라는 이슈를 직접적으로 선포할 수 있는 능력을 보여준다. 비록 이런 이슈들이 위험스럽고 인기가 없는 이슈들이기는 하지만 요한은 하나님의 도덕적 명령이 무엇을 그에게 요구하는지를 알고 있다. 그는 또한 누구에게 심판에 대한 책임성을 제기해야 하는지도 알고 있다. 도끼는 선지자의 결정에 따라 자기 마음대로 실행하거나 포기할 수 있는 자신의 도끼가 아니다. 선지자는 오직 하나님만을 가리킬 수 있으며, 그 하나님은 결국 칼을 휘두르실 것이다.

예수가 세례 받으심

예수가 세례 받으신 사건은 오늘날과 두 가지 핵심적인 접촉점을 갖는다. (1) 그 세례는 요한의 세례를 긍정하고 인정해준다. 누가복음 3:1-20에서 요한에 관해 이야기된 모든 내용은, 예수가 그에게 세례를 받으시고자 요한 앞으로 나아가셨을 때 확인이 된다. 그러나 주가 세례를 받으신 것은 세례 그 자체를 중요하게 만든 것이 아니라, 이 의례가 대표해서 보여주는 것을 중요하게 만드신 것이다. 1세기 때 예수 안에서 하나님의 구원이 임하는 것에 대해 마음으로 응답하는 것과 관련한 모든 내용은, 그때만이 아니라 지금도 진리이다. 예수께 나아가고자 한다면 누구든지 죄 사함을 갈망해야만 한다.

(2) 예수는 성부 하나님을 통해 완전히 입증 받으셨다. 주님은 구원의 축복들에 대한 약속된 아들이시며, 주권적 권위를 갖고 계신다. 주님은 선지자적 인물이시며 하나님의 길을 계시하시는 분이시다. 주님은 이 일을 위해 선택되셨고 또한 하나님의 사랑을 보여주시는 독특한 분이시다. 이 모든 것들은 우리의 문화가 제시해주는 예수에 대한 그림을 능가한다.

하나님이 예수의 세례에서 커뮤니케이션 하신 방법은, 그분께서 우리들에게 이야기하시는 일상적인 방법과는 다르다. 우리는 설령 하나님이 말씀하시는 것을 듣는다 하더라도 하늘에서 직접 들리는 음성으로는 거의 듣지 못한다. 그 대신 우리 안에 내주하시는 성령께서 우리들을 인도하신다. 특별히 우리가 기도하거나 상황들을 살펴보면서 하나님의 방향을 찾고자 추구할 때에 그렇다. 여기에 덧붙여서, 하나님은 우리를 돌보고 양육하는 다른 성도들을 통해서도 우리에게 말씀하실 수 있다. 바로 이것이 공동체가 왜 그렇게 중요한가에 대한 대답이다. 그곳은 성도들 간에 성령의 연합함이 있는 곳이기 때문이다.

현대적 의미

누가복음 중 이 항목의 대부분은, 세례 요한의 사역을 접목적인 사역들로서 다룬다. 그리고 그의 사역에는 예수가 세례 받으신 내용이 포함되어 있다. 우리는 이런 두 가지 내용들을 각기 적용할 것이다.

세례 요한의 사역

요한은 말씀 선포자가 어떻게 자신의 임무를 수행해야만 하는지를 잘 제시해준다. 설교자들은 죄를 드러나게 하는 소식들은 물론이거니와 좋은 소식들도 품고 있어야만 한다. 과거의 어떤 설교자들은 죄를 너무나 지나치게 강조해서 사람들이 도대체 어디에서 은혜를 찾을 수 있는지 의아스럽게 만드는 경향이 있었다. 오늘날 우리의 문제는 정반대이다: 하나님 앞에서 사람들의 책임성과 죄악성을 직면하게 하는 것이 필요하다. 하나님의 메시지를 전달하는 설교자는 이 두 가지 메시지들을 전달하는데 균형을 갖추어야만 한다. 죄 사함은 죄에 대한 책임성과 죄에 대한 회개를 깨닫는 것 없이는 일어날 수 없다.

우리가 하나님께 설명해야 할 의무가 있다는 사실을 인식하는 것은 우리를 질식하게끔 만들거나 아니면 자유롭게 할 수 있다. 이런 의무는 우리가 자신의 흠 있는 모습을 의지하면서 계속해서 죄짓는 것을 고집할 때 우리를 질식하게 한다. 이런 의무는 우리가 죄 사함을 위해 하나님께 돌아서고 죄가 용서받는 축복의 경험으로 돌아설 때에 우리를 자유케 한다. 십자가에서 얻은 죄 사함이 우리가 예수께 나아갈 때 모든 죄를 덮어준다는 점에서 성도에 대한 이런 역동성은 매우 중요하다. 죄 사함을 받은 사람들은 비록 그들이 계속해서 죄를 범할 때에라도 영원한 심판에 이르지는 않지만, 죄가 필연적으로 가져오는 결과들로 인해 계속해서 고통당한다. 다른 한편으로 죄 사함을 추구한다는 것은 예수가 단번에 우리 모든 사람에게 가능케 하신 죄 사함의 실재성을 우리가 주장할 수 있음을 의미한다.

죄 사함은 또 다른 추론을 갖고 있다. 우리가 하나님께 돌아서고 죄를 용서받았을 때, 이와 같은 죄 사함은 하나님의 은혜에 대한 응답으로서 변화된 인격을 낳아야만 한다. 요한은 회개가 열매를 맺게 될 것이라고 확신한다. 예수는 이 복음서의 뒷부분에서 죄 용서를 많이 받은 사람이 주를 많이 사랑한다고 말씀하신다(7:47). 죄 사함을 받았다는 인식을 얼마나 깊게 하는가는 변화가 필요하다는 인식을 더욱 깊이 갖게 하는 역할을 한다. 죄가 우리에게 어떤 대가를 치르게 하고 하나님께 어떤 대가를 치르게 하는지를 깨달을 때, 우리는 죄에서 돌아서기 위한 준비를 좀더 잘하게 된다.

만약 누군가가 변화된 삶이 어떤 모습을 갖느냐고 묻는다면, 여기에 나타나는 가장 단순한 대답은 사람들의 궁핍함을 인자함으로 만나고 권위의 남용을 피하는 것을 담는다(3:10-14). 다른 식으로 말하자면 변화된 삶은 다른 사람들과 관계 맺는 방식들을 변화시킨다. 사람들을 무시하거나 이용하거나 착취해서는 안 된다. 하나님은 다른 사람들을 귀히 여기는 사람들을 귀하게 여기신다. 바로 이것이 주가 가르쳐주신 기도에서 우리가 다른 사람들을 용서한 것같이 우리 죄를 용서해달라고 기도하는 이유이다. 용서받은 사람은 용서하는 사람이 되어야만 한다. 구원받은 사람은 구원하는 사람이 되어야만 한다. 하나님이 그분의 선의를 우리에게 보여주셨던 것처럼, 우리도 다른 사람들에게 선의를 보여주어야만 한다.

이 본문에서 지적하고 있는 또 다른 중요한 점은 문화적 연관성들이 구원을 확보해주지 않는다는 개념이다. "기독교 국가"에서 태어난 것이나, "기독교 가정"에서 자라난 것이나, "교회"에 가는 것, 그리고 도덕적인 "기독교적 삶"을 사는 것은 만약 우리가 예수가 이 땅에 오셨다는 사실 안에서 발견할 수 있는 죄 사함에 인격적으로 반응하지 않는다면 아무 의미가 없다. 세례도, 교회출석도, 그리고 가문의 기독교 역사도, 예수가 우리의 죄에 대해 죄 사함을 주신다는 지식과 더불어 인격적으로 예수께 돌아서는 것을 결코 대체할 수 없다. 세례 요한의 메시지의 적용 중 가장 위대한 것은 하나님의 구원을 가져오시는 그가 지시하는 더 강한 그분께로 돌아서라는 것이다. 죄 사함을 얻기 위해 예수를 의지하는 것이야말로 본문을 가장 궁극적인 형태로 적용하는 것이다.

예수가 사람들을 두 부류로 나누는 분으로서 사람들 가운데 오신 것은 매우 중요하다. 그렇기 때문에 이 중요성이 반응을 보이라는 명령형을 만들어낸다. 주님은 그 어떤 선지자보다도 위대하시다. 그분은 오늘날 우리 시대와 문화가 묘사하는 것처럼 단순한 도덕주의자가 아니다. 알곡과 쭉정이를 구별하시는 성령을 품고 계신 분이시기 때문에, 모든 사람들은 분명히 예수의 오심을 통해 구분된다. 그 누구도 주께 반응하는 것에서 피해갈 수 없다. 주는 키질을 하시며, 우리 모두는 공중에 던져지고 우리가 얼마나 주께 잘 반응했는지를 평가받게 될 것이다.

헤롯에 대한 책망은 가정에까지 하나님 말씀의 지적을 가지고 간다. 가장 높은 사회계층 사람들과 가장 높은 세속적 권력을 휘두르는 사람들까지도, 도덕적으로 살아야 한다는 세례 요한의 선포가 펼쳐지는 대상이었다. 권력을 갖고 있는 사람들은 때때로 하나님 앞에서 자신의 삶을 설명해야 할 의무에서 면제되어 있다고 생각하거나 자신들이 독립적이라는 잘못된 생각을 발전시킬 수 있다. 요한의 책망은 비록 그가 헤롯으로 하여금 회개하게끔 강제할 수는 없지만, 헤롯이 자신의 행동에 대해 하나님 앞에 책임을 져야한다는 것을 분명하게 지적한다. 그 누구도 하나님의 기준 위에 설 수는 없다. 하나님의 기준이 헤롯에게 적용될 때, 모든 것들은 권력자에게건 비권력자에게건 동일한 상황에서 작동한다.

헤롯의 반응은 또 다른 교훈을 낳는다. 때때로 죄인들은 죄를 죄라고 지칭했을 때 적대적인 반응을 보이곤 한다. 헤롯은 요한을 가두어 버리는 것을 통해 양심이 작동하는 것을 중단시켜 버리고자 했다. 하지만 그 무엇도 헤롯이 갖고 있는 책임 하나님 앞에서 자기 자신의 삶을 설명해야 할 의무를 바꾸어놓지는 못한다.

우리가 관찰해야 할 마지막 사항은 요한의 신실함에 대해서이다. 때때로 하나님의 뜻을 행하는 것은 별로 인기가 없는 일이곤 하다. 이 일은 개인적인 위험을 포함할 수도 있다. 요한은 공개적으로 선포했고 그래서 그의 선포 결과들로 인해 고통당해야만 했다. 그는 말씀을 선포하는 것을 통해, 죄가 무엇인지를 묘사하고 사람들에게 하나님 앞에서 이에 대해 설명할 것을 요구했으며, 또한 사악한 죄에 잡혀있는 상태로부터 어떻게 나올 수 있는지에 대해서도 보여주었다. 오늘날의 교회도 마찬가지로 해야 할 필요가 있다. 우리는 십자가가 하나님 앞에 무엇을 지불했는지를 정직하게 공유할 필요가 있는데, 죄는 인간성에 대가를 지불하게 하기 때문이다. 또한 우리는 다른 사람들에게 요구하는 죄에 대한 고백에서 우리 자신도 개인적으로 면제되어 있지 않음을 분명하게 할 필요가 있다. 복음이 없는 경고는 우리가 죄에 취약하다는 깨달음이 없는 복음과 마찬가지로 불균형적이다. 교회의 메시지는 죄와 죄 사함 사이에서 균형을 갖추어야만 한다. 죄로 벌어진 틈새를 넘어가게 해주는 가교는 회개와 죄 사함이다. 하나님의 선하심의 깊이에 대한 이해는 구원을 얻게 하는 믿음을 생겨나게 한다.

예수의 세례

우리는 예수가 세례 받으시는 일이 기도라는 골격 속에서 이루어진다는 사실을 결코 간과해서는 안 된다. 만약 하나님이 사랑하시는 아들이 자신의 삶의 목적을 추구하면서 하나님과 기도를 통해 의사소통한다면, 우리는 더 많이 기도해야 하지 않겠는가! 정기적인 기도시간은 하나님과 우리가 관계를 맺는 생명선이다. 기도하지 않는 실패는 마치 당신의 배우자와 이야기를 나누지 않으면서 결혼생활을 유지하려고 노력하는 것과 마찬가지다. 누군가가 삶의 여러 도전들에 직면하면서 그런 힘겨운 상황 속에서 삶을 안정적으로 정착시키는 것은 거의 불가능한 일이다. 그러므로 성경은 우리로 하여금 쉬지 말고 기도할 것을 격려한다(참조. 눅 18:1; 살전 5:17).

이 본문의 가장 중요한 적용은 기독론에 대한 것이다. 오늘날 우리 문화에서는 많은 사람들이 예수를 존경하지만 그들의 존경은 주를 매우 중요한 종교적 교사로서 간주하거나 혹은 위대한 종교적 교사들 중 한사람으로 간주하는 존경이다. 심지어 어떤 사람들은 예수를 이보다 좀더 제한적인 계시자들 그룹에 속한 것으로 간주하면서 선지자로 인식하기도 한다. 그러나 이런 식의 존경은 아무리 지극히 높은 것이라 하더라도 성경이 묘사하는 것에 비하면 매우 희미할 뿐이다. 누가는 예수가 주님 이전이나 주님 이후에 온 그 어떤 사람과도 비슷하지 않다는 것을 보여준다. 예수가 자리 잡고 계신 신앙의 명예의 전당에는 오로지 단 한사람 예수의 초상화만이 걸려있다. 여태껏 위대한 교사들, 선지자들, 그리고 왕들이 있어왔지만, 하나님의 아들로서 이 모든 사람들의 역할을 하나로 묶으셨던 분은 오로지 한 분 뿐이셨다.

이런 사실이 갖는 중요성은 누군가가 예수께 나아올 때 그 사람은 그저 수많은 진리 중 한 가지에 다가서고 있는 것이 아니라는 데 있다. 종교는 어떤 식사와 어떤 차를 마실지를 선택하기 위해 카페테리아에서 구비해 놓은 메뉴판이 아니다. 예수의 메시지는 유일무이하다. 성부 하나님께로 가는 길은 주를 통해서만 주어진다(요 14:6; 행 4:12). 또한 이 세상에서의 종교는 하나님께로 가게 해주는 수많은 길들을 갖고 있는 광대한 주간고속도로(미국에서 주와 주 사이를 이어주는 고속도로) 시스템도 아니다. 예수는 모든 사람들에게 활용 가능하며, 그래서 주가 주시는 도움은 배타적인 것이 아니다. 그러나 성부 하나님을 알려면 우리는 성자 예수를 알아야만 한다. 이 메시지는 오늘날의 문화적 다원주의와 배치되는 것일 수도 있지만, 이 메시지는 예수가 유일무이한 분이라는 것을 반영한다: "너는 내가 사랑하는 아들이라, 내가 너를 기뻐하노라." 이와 같은 하나님의 인정하심이 있기 때문에, 우리는 주를 경청해야만 한다.

불행하게도, 오늘날에는 일부 복음주의자들조차도 예수에 대한 믿음이 왜 필요하며 왜 그런 믿음이 배타적이어야만 하는지를 의문시한다. 그들은 우리가 "하나님께 개방되어" 있어야만 한다고 주장하며, 하나님이 예수님 밖의 사람들을 예수의 사역에 토대를 두고 구원하실 가능성이 있다고 주장한다.[17] 그러나 이와 같은

17. 이 논쟁에 대해 간략하게 살펴보려면, William Crockett and James G. Sigountos, ed., *Through No Fault of Their Own? The Fate of Those Who Have Not Heard*(Grand Rapids: Baker, 1991); Ramesh P. Richard, *The Population of Heaven*(Chicago: Moody, 1994); Roger Olson, "Has God Been Held Hostage by Philosophy?" *CT* 39(January 9, 1995) 등을 보라. 이는 이 이슈에 대해 가장 최근에 이루어진 논의들 중

주장은, 바울의 주장과 전혀 어울리지 않는다. 바울은 이미 야훼 하나님을 알고 있었고 자신들이 할 수 있는 한 믿음에 있어서 진지한 모습이었던 유대인들에게 전혀 새롭게 주장하고 하나님 말씀을 선포했었다(롬 9:33-10:4). 만약 복음을 듣지 않은 사람이 예수 없이도 구원을 받을 수 있다면, 왜 그들과 복음을 공유하고 그들을 위험에 몰아넣는단 말인가? 유일무이한 하나님의 아들은 유일무이한 소명을 갖고 있었다. 그분은 길이며, 진리이며, 생명이시다. 그 누구도 그분을 통하지 않고서는 아버지께로 올 수 없다(요 14:6). 이런 근본적인 성경의 진리는 아무리 다원주의적인 세계관이 받아들이기 힘들어한다 하더라도 결코 개정할 수 없다. 이전에 썼던 에세이에서 나는 이 이슈를 다음과 같은 방식으로 요약했었다.

> 신약성경이 보여주듯이 예수에 대한 무지나 혹은 예수님 없이 이루어지는 "하나님을 두려워하는 헌신"은 하나님의 임재하심 안으로 들어갈 수 있는 소망을 제공하지 않는다. 하나님께 대한 헌신은 지식에 따른 것이어야만 한다. 다른 식으로 말하자면, 우리는 예수에 대한 믿음을 통해 하나님이 주시는 의로움을 믿어야만 한다. 사도행전 17:30-31(RSV)은 아마도 이 점을 가장 잘 이야기해 주는 부분일 것이다:
>
> "알지 못하던 시대에는 하나님이 허물치 아니하셨거니와 이제는 어디든지 사람을 다 명하사 회개하라 하셨으니 이는 정하신 사람으로 하여금 천하를 공의로 심판할 날을 작정하시고 이에 저를 죽은 자 가운데서 다시 살리신 것으로 모든 사람에게 믿을 만한 증거를 주셨음이니라 하니라." 하나님을 알기 위해서, 우리는 하나님이 지명하신 분(정하신 사람)을 알아야만 한다. 짧게 말해서, 하나님 나라의 구성원이 되려면, 우리는 왕이신 분을 알아야만 한다.[18]

하나이다.

18. Darrell. Bock, "Athenians Who Have Never Heard," in Crockett and Sigountos, *Through No Fault of Their Own?* 124.

누가복음 3:23-38

23 예수께서 가르치심을 시작하실 때에 삼십 세
쯤 되시니라 사람들이 아는 대로는 요셉의
아들이니 요셉의 위는 헬리요
24 그 위는 맛닷이요 그 위는 레위요 그 위는 멜
기요 그 위는 얀나요 그 위는 요셉이요
25 그 위는 맛다디아요 그 위는 아모스요 그 위는
나훔이요 그 위는 에슬리요 그 위는 낙개요
26 그 위는 마앗이요 그 위는 맛다디아요 그 위
는 서머인이요 그 위는 요섹이요 그 위는 요
다요
27 그 위는 요아난이요 그 위는 레사요 그 위는
스룹바벨이요 그 위는 스알디엘이요 그 위는
네리요
28 그 위는 멜기요 그 위는 앗디요 그 위는 고삼
이요 그 위는 엘마담이요 그 위는 에르요
29 그 위는 예수요 그 위는 엘리에서요 그 위는
요림이요 그 위는 맛닷이요 그 위는 레위요
30 그 위는 시므온이요 그 위는 유다요 그 위는
요셉이요 그 위는 요남이요 그 위는 엘리아
김이요
31 그 위는 멜레아요 그 위는 멘나요 그 위는 맛
다다요 그 위는 나단이요 그 위는 다윗이요
32 그 위는 이새요 그 위는 오벳이요 그 위는 보
아스요 그 위는 살몬이요 그 위는 나손이요
33 그 위는 아미나답이요 그 위는 아니요 그 위
는 헤스론이요 그 위는 베레스요 그 위는 유
다요
34 그 위는 야곱이요 그 위는 이삭이요 그 위는
아브라함이요 그 위는 데라요 그 위는 나홀
이요
35 그 위는 스룩이요 그 위는 르우요 그 위는 벨
렉이요 그 위는 헤버요 그 위는 살라요
36 그 위는 가이난이요 그 위는 아박삿이요 그 위
는 셈이요 그 위는 노아요 그 위는 레멕이요
37 그 위는 므두셀라요 그 위는 에녹이요 그 위
는 야렛이요 그 위는 마할랄렐이요 그 위는
가이난이요
38 그 위는 에노스요 그 위는 셋이요 그 위는 아
담이요 그 위는 하나님이시니라

원 의미

유대교에서는 선조들에 관한 기록을 보존하는 것이 일반적인 일이었다. 유대교적인 사고방식에서 한 사람의 족보를 추적하는 것이 얼마나 중요한 것인지를 살펴보려면, 우린 그저 창세기 4-5장; 10장; 혹은 역대상 1-9장을 읽어보기만 하면 알 수 있다.[1] 헬라인들도 역시 그들의 뿌리를 추적하는 것을 좋아했다

1. 요세푸스는 유대인에게 있어서 족보의 중요성을 *Life* §§3-6, *Against Apion* 1.7 §§30-36에서 지적한다.

(Diogenes Laertius, *Life of Plato* 3. 1-2; Plutarch, *Parallel Lives*, Alexander 2.1).[2] 그러므로 누가가 예수의 조상들을 기록할 때, 독자들은 누가가 무엇을 하고 있는지를 잘 이해했을 것이다.

가계는 계시가 될 수 있다. 예수의 경우에는 특별히 더욱 그렇다. 마태복음 1:1-17에 나오는 족보와 비교해볼 때 누가의 족보에는 몇몇 인물들이 두드러지게 나타난다. (1) 누가는 마태와는 다른 곳에 족보를 위치시켜 놓았다. 마태는 가계 목록으로 마태복음을 시작했지만, 반면 누가는 이 목록을 예수가 하나님의 아들로서 세례 받으시는 사건과 주를 검증하는 시험들 사이에 위치시킨다. 누가는 질문에 대답하고 있다: 예수는 하나님이 약속하신 아들인가? (2) 누가의 목록은 마태와는 정반대 순서로 진행한다—현재에서 과거 방향으로 거슬러 올라가며 진행된다. (3) 누가의 목록은 마태의 목록보다 더 멀리 나아간다. 마태는 아브라함에서 멈추지만, 반면 누가는 아담에게까지 거슬러 올라간다. 이런 방식을 통해서, 누가는 예수의 스토리가 인류의 스토리임을 보여준다.

(4) 마태와 누가의 목록 안에도 약간의 차이점이 있는데, 이 목록에 대한 설명이 전적으로 확실한 것은 아니다. 마태는 예수를 솔로몬을 통해 추적하지만 누가는 나단을 통해 지나간다. 마태복음에서는 예수의 조부가 야곱이라고 되어 있지만 누가에서는 헬리라고 되어 있다.[3] 어떤 사람들은 이런 차이점을 조화시킬 수 없다고 생각하지만 다른 사람들은 조화시킬 수 있다고 생각한다. 어떤 사람들은 누가는 마리아 계보를 따르고 있고, 반면 마태는 요셉의 계보를 따르고 있다고 생각하는데, 누가는 이 스토리를 마리아의 관점에서 이야기하기 때문이다. 이런 식으로 접근하는 방식이 갖고 있는 문제점은 마리아에 토대를 둔 계보는 전례가 없다는 것인데, 특히나 누가복음의 족보에는 그 어떤 여성도 나타나지 않는다. 다른 사람들은 요셉 족보를 두 가지 다른 방식을 통해 추적하고 있다고 제안한다: 마태는 자연스러운 계보를 제시하고 반면 누가는 왕가 계보를 제시한다. 다른 사람들은 이 같은 구분을 하기는 하지만 다른 방식으로 계보가 구분되어 진행된다고 주장한다. 한편 다른 사람들은 역연혼(형이 죽은 뒤 형수와 결혼하는 제도)이 목록에 나타나고 있다는 점을 지적하면서, 육체적 계보와 법적인 계보 간에 구분을 하고 있는데 (신 25:5-10), 이는 특별히 조부 차원에서 제기된다. 놀란드(Nolland)는 아마도 엘

2. L. T. Johnson, *Luke*(Sacra Pagna 3: Collegeville, Minn: Liturgical Press, 1991), 72.
3. R. H. Stein, *Luke*(The New American Commentary: Nashville: Broadman, 1992), 141.

리(=헬리)가 아들이 없어서 요셉을 양자로 받아들였을 것이고, 그 결과 누가의 목록은 입양을 반영하고 있다고 주장한다.[4] 누가의 목록은 또한 고니야의 저주 때문(렘 22:30)에 법적인 목록일 수도 있는데, 마태는 그를 언급하고 있는 반면, 누가는 언급하지 않기 때문이다. 이 두 개의 목록들을 다양한 방식을 통해 조화시킬 수 있다고 지적하는 것 이외에 마태와 누가 중 어느 한 가지 목록이 다른 목록에 비해 우월성이 있다고 확정할 수 있는 방법은 전혀 없다.

누가의 목록이 갖고 있는 전체적인 목적과 의도는 매우 분명하다. 그는 예수가 다윗, 아브라함, 그리고 아담과 갖는 연계성을 보여주길 원한다. 각각의 연계성은 예수가 누구시며 누구를 위해 섬기실 수 있는지에 관한 점들을 보여준다. 다윗과의 연계성은 왕적인 상속자이신 주의 권리들을 확립한다. 예수는 이스라엘의 왕이 되실 수 있다.[5] 이런 의미에서의 "하나님의 아들"이라 함은 약속된 분으로서 다윗의 아들(1:31-35; 참조. 삼하 7:6-16)로서, 통치하실 수 있는 권리를 갖고 있다. 아브라함과의 연계성은 예수를 국가적인 약속과 소망에 연결시킨다. 아담과의 연계성은 누가로 하여금 예수가 모든 인류를 대표한다고 주장할 수 있게끔 한다. 그러므로 예수 안에서 하나님은 사려 깊게 일들을 계획하셨고, 그 결과 성자로서 예수는 구약성경의 소망과 창조의 소망 두 가지 모두를 실현하실 수 있다.

누가가 주의 가계를 소개하면서, 그는 예수가 사역을 시작하실 때의 나이가 약 삼십 세 쯤 되셨다고(3:23) 제시한다. 그는 또한 자신이 이미 앞부분에서 주장하고 제시했던 마리아를 통한 기적적인 탄생을 재확인하면서, 예수가 요셉의 아들로 "생각되어졌다"고(사람들의 아는 대로는) 지적한다. 이런 자격에도 불구하고, 법적 부계 노선이 여전히 고대 가계의 근원이었으며, 그렇기에 이 족보는 요셉의 계인 것 같다. 누가의 족보를 "법적인" 족보로 만드는 것은 다름 아니라 바로 이런 구별이다.

---

4. Nolland, *Luke 1:1-9:20*, 170-72.

5. 일부 사람들은 누가가 다윗의 아들로서 나단을 선택한 것이, 왕가적인 관점이 아니라 선지자적인 관점을 보여준다고 주장한다. 이런 입장은 M. Johnson, *The Purpose of Biblical Genealogies*(SNTSMS 8; Cambridge: Cambridge Univ. Press, 1988), 234-52에 나타난다. 그러나 피츠마이어(Fitzmyer, *Luke*, 497)는, 이런 대안은 다윗의 아들 나단과 선지자 나단이 동일인일 것을 요구하며, 이렇게 동일시하는 것은 성립할 수 없다는 점을 올바르게 지적한다. 그러므로 선지자적인 강조가 이루어지고 있다는 것은 별로 그럴듯하지 않다. 만약 누군가가 나단 노선을 주장하고자 한다면, 그것 역시 왕가적인 강조를 통해서 이루어져야만 한다.

상황잇기

누가의 족보는 분명 예수가 인류를 위한 중재자로서 하나님을 섬길 권리를 갖고 있다는 점을 권위 있게 해주는 역할을 한다. 이 가계는 유일무이하고 오직 주께만 적용되기 때문에, 이 족보 내용을 오늘날과 연결해주는 가교역할이 별로 필요치 않다. 우린 그저 예수 가문의 풍성한 배경에 대해서 보여주는 이 본문을 그저 묵상하기만 하면 된다.

이 가계 목록이 아담까지 확장된다는 사실이, 근본적인 요점을 형성한다. 이스라엘의 약속된 왕은 또한 인류의 머리이기도 하다. 이스라엘을 향한 하나님의 약속은 그리스도 안에서 우리의 약속이 된다. 이방인들은 예수를 믿는 유대인들 쪽의 축복 속에 접붙여졌다. 예수를 믿는 모든 사람들은 아브라함의 자녀가 되며(롬 4장; 11장; 갈 3:26-29) 이런 약속의 계보를 공유한다. 수세기에 걸쳐있는 이 이름 목록은 하나님이 그분의 창조에 있어서 매우 특별하고 유일무이하시다는 점을 선포한다. 예수 그리고 약속과의 연합은 하나님이 수세기 동안 준비하신 축복과 연합하는 기회이다.

이 목록의 독특성을 잘 인식하는 것은 중요하다. 우리 모두는 족보를 갖고 있지만, 그 족보 안에 들어있는 사람들 중 그 누구도 우리로 하여금 하나님의 선택된 아들이라는 자격을 부여해주지 않는다. 우리는 주를 통해 하나님의 가족 안에서 우리의 역할을 갖는다. 어떤 점에서는 우리에게 중요한 유일한 족보는 우리를 예수께 연결시켜주는 족보인데, 주의 역사하심은 우리의 생물학적인 뿌리를 별로 상관없는 것으로 만드시기 때문이다. 주님은 그분의 자녀들을 유대인들과 이방인들, 남성들과 여성들, 흑인들과 백인들, 크로아티아인들과 세르비아인들로부터 만드신다(갈 3:29).

현대적 의미

이와 같은 족보는 그 누구도 외딴 섬과 같은 존재가 아니라는 점을 보여준다. 우리는 물려받은 유산을 반영하고 누군가를 대표하면서 이 세상에 온다. 예수도 예외가 아니다. 주의 가족들은 다윗, 아브라함, 그리고 아담 등과 같은 중요한 역사적 인물들로 가득 차 있다:

예를 들자면 스룹바벨, 보아스, 유다, 야곱, 이삭, 셈, 노아, 그리고 에녹 같은 사람들이다. 이 목록 안에는 하나님과 친밀하게 동행했던 사람들도 있고 또한 그들의 행보가 일정치 않았던 사람들도 있다. 이 목록들 안에는 또한 인류의 다양성도들어있다. 일부 사람들은 구약성경에서 위대한 표식을 남긴 잘 알려진 사람들이다. 다른 일부 사람들은 이 목록 안에서만 우리에게 알려진 사람들이다. 예수는 잘 알려진 세계와 잘 알려지지 않은 세계 둘 모두를 대표하신다.

교회는 이 진리의 거울이다. 기독교 공동체에서 역할을 감당하는 일부 사람들은 대중들의 관심을 많이 받는다. 다른 사람들은 거의 알려져 있지 않다. 그러나 하나님은 그들 모두를 알고 계시며, 모든 신실한 이들을 존귀히 여기신다. 신실한 사람들이 신실하게 행했을 때 대중적으로 얼마나 많이 갈채를 받느냐는 아무 상관없이 말이다. 하나님의 역사하심은 종종 신비스러운 뒤틀림이나 전환들을 취하곤 한다.

마지막으로 예수의 뿌리는 아담에게로 가는데, 이 처음 사람을 통해서 우리 모두는 서로에게 연결되어 있다. 인종간의 다양성과 증오가 거의 종교적인 수준으로까지 올라갔을 때, 우리는 우리의 다양성 안에서조차 인류는 하나라는 사실을 깊이 잘 생각해야 한다. 인류에 대해 아담이 그러했던 것처럼, 예수는 우리 모두를 대표하신다.

우리의 민족성, 종족, 혹은 사회적 지위들이 이런 근본적인 진리에 눈감게 하는 일은 쉬운 일이다. 인간으로서 우리는 이 지구를 공유하고 있을 뿐만 아니라, 서로에 대한 관계성도 공유한다. 이를 능가하는 것은 성자이신 예수가 우리들 누구에게나 하나님의 풍성한 축복을 고유할 수 있는 기회를 제공한다는 사실이다.

예수는 우리들이 서로 화해하게 하시고자 오셨으며(엡 2:11-22), 주는 그 목적을 성취하실 수 있는 유일한 지위에 계신다. 구원에 대한 하나님의 계획은 하나님이 한 종족만의 신이 되거나 혹은 한 지역만의 신이 되심을 원하지 않는다는 점을 보여준다. 주님은 모든 사람들을 위해 오셨다.

누가복음 4:1-13

1 예수께서 성령의 충만함을 입어 요단 강에서
돌아오사 광야에서 사십 일 동안 성령에게
이끌리시며
2 마귀에게 시험을 받으시더라 이 모든 날에
아무 것도 잡수시지 아니하시니 날 수가 다
하매 주리신지라
3 마귀가 이르되 네가 만일 하나님의 아들이어
든 이 돌들에게 명하여 떡이 되게 하라
4 예수께서 대답하시되 기록된 바 사람이 떡으
로만 살 것이 아니라 하였느니라
5 마귀가 또 예수를 이끌고 올라가서 순식간에
천하 만국을 보이며
6 이르되 이 모든 권위와 그 영광을 내가 네게
주리라 이것은 내게 넘겨 준 것이므로 내가
원하는 자에게 주노라
7 그러므로 네가 만일 내게 절하면 다 네 것이
되리라
8 예수께서 대답하여 이르시되 기록된 바 주
너의 하나님께 경배하고 다만 그를 섬기라
하였느니라
9 또 이끌고 예루살렘으로 가서 성전 꼭대기에
세우고 이르되 네가 만일 하나님의 아들이어
든 여기서 뛰어내리라
10 기록되었으되 하나님이 너를 위하여 그 사자
들을 명하사 너를 지키게 하시리라 하였고
11 또한 그들이 손으로 너를 받들어 네 발이 돌
에 부딪치지 않게 하시리라 하였느니라
12 예수께서 대답하여 이르시되 주 너의 하나님
을 시험하지 말라 하였느니라
13 마귀가 모든 시험을 다 한 후에 얼마 동안 떠
나니라

원 의미

예수는 자신의 사역을 시작하시기 전에, 성령의 인도하심으로 광야에 들어가신 뒤 사탄의 시험에 직면하셨다.[1] 누가는 예수가 "성령의 충만함을 입어"서 그리고 "성령에 이끌리어 광야로 나가셨다"고 지적하는 것을 통해, 성령의 이런

1. 이 사건은 두 개의 평행부분을 갖고 있다. 마가복음 1:12-13은 이 사건을 매우 짧게 요약적으로만 제시한다. 마태복음 4:1-13 부분은 유혹의 순서만이 다를 뿐 평행을 이루고 있는데, 누가복음의 세 번째 시험이 마태복음에서는 두 번째 시험이다. 가장 그럴 듯한 설명은, 누가가 순서를 바꿈으로써 예루살렘이 시험의 클라이맥스 부분에 자리 잡게 되었다는 것이다. 왜냐하면 예루살렘은 누가의 스토리에서 매우 중요한 자리를 점하기 때문이다. 누가복음에서 분명한 시간표현들이 부재하다는 사실은, 이런 결론을 뒷받침해준다. 이와는 다른 또 다른 가능한 설명들에 대해서는, 다음을 보도록 하라. C. Kimball, *Jesus' Exposition of the Old Testament in Luke's Gospel* (JSNTMS 94: Sheffield: Sheffield Academic Press, 1994), 81. n. 8.

인도함을 분명히 하고 있다. 그렇기 때문에, 여기서 벌어지는 일은 하나님의 지시하심 하에서 일어나는 일들이다. 또한 이 사건의 배경에 있어서 중요한 것은 이 사건이 40일간의 금식 이후에 벌어졌다는 사실이다. 40일은 성경에서 매우 중요한 숫자이다(창 7:4; 레 12:1-4; 민 14:33; 신 25:3; 겔 4:6; 금식에 관해서는, 출 34:28; 신 9:9; 왕상 19:8을 보라).[2] 이 금식에는 아마도 최소한의 음료섭취는 포함되었을 것이다. 이 언급은 중요한데 예수를 향한 시험이 아담이 직면했던 환경과는 정반대 상황에서 일어나는 것이기 때문이다.

아담과의 비교는 바로 앞에 나온 족보의 결론인 "아담의 아들, 하나님의 아들"(3:38)을 통해서 제시된다. 예수와 사탄의 우주적인 대결은 앞에 나왔던 대립을 떠올리게 하는데, 그때도 마찬가지로 인류에게 긴박한 결과들을 만들었다. 이 본문에서 표면적으로 떠올리게 하는 또 다른 성경 사건은 출애굽이다. 예수는 사탄의 시험에 대해 각각 신명기를 사용해 대답하셨기 때문이다.

예수가 사탄과의 충돌에서 승리하신 것은 주가 얼마나 철저하게 하나님의 뜻과 부르심에 헌신되어 있었는지를 보여준다. 예수는 하나님이 좇으라고 요구하시는 그 길로만 가실 것이다. 주님은 다른 어떤 지름길도 선택하지 않을 것이다. 주님은 하나님과의 성공적인 동행이 오로지 성부께서 이끄시는 곳으로만 가는 것임을 알고 계신다.

이 사건은 세 가지 유혹들로 구성되어 있다. 이들 중 두 가지는 특별히 예수의 아들 되심을 문제 삼는다(3, 9절). 이 유혹들은 날카로운 용어들을 사용해 주장하는데, 사탄은 매우 악한 동기들을 갖고서 네가 하나님의 아들이라면서 "만약"('에이')을 사용한 조건절을 활용한다. 사탄은 예수가 자신의 아들 됨을 뒷받침하고 입증하기 위해 행동하게끔 유혹한다. 물론 이런 유혹 이면에 깔린 사탄의 목적은 정확하게 반대이다: 예수가 성부와는 상관없이 독자적으로 행동하게끔 미끼를 던지고, 이를 통해서 반역적인 아들 됨을 만들어보려는 것이 사탄의 목적이다. 각각의 경우에 있어서, 예수는 사탄의 유혹을 물리치시기 위해 성경본문을 사용하신다.

첫 번째 유혹은 하나님의 공급과 돌보심에 대해 의문을 제기한다. 사탄이 전제로 깔고 있는 것은 예수의 아들 됨은 하나님이 주님으로 하여금 광야에서 굶주리는 것을 원치 않으신다는 것을 의미해야만 한다는 것이다. 그래서 전능한 아들은 자신의 권능을 사용해서 돌을 빵으로 만들어 자신의 기본적인 필요를 충족시켜야

2. Marshall, *Commentary on Luke*, 169.

만 한다는 것이었다. 그러나 예수는 이 요구가 강해지라는 도전이 아니라 독자적이 되라는 유혹임을 이해하신다. 그와 같은 독자성은 연약함이며 실패로 이끌어간다. 예수는 신명기 8:3b을 사용하시면서 생명은 빵 이상의 것을 통해 살아야 한다고 주장하시면서 대답하셨다. 사실 일의 우선순위에 있어서, 생명은 결코 빵으로 규정되지 않는다. 그 대신 생명은 하나님의 뜻을 행하고 그분의 인도하심을 의지하는 것을 통해 규정된다. 신명기를 인용하시면서, 그 다음 행은 하나님의 입에서 나오는 모든 말씀으로 살아가는 것에 관해 언급한다. 하나님을 좇는 것이 진정 삶을 누리는 것이다.

두 번째 유혹은 사탄을 경배하고 성부에 대한 충성심을 포기하라는 제안인데, 이는 제1계명에 대한 직접적인 도전이다(출 20:3). 사탄은 예수께 이 세상의 모든 왕국을 볼 수 있게끔 했고 만약 주가 그저 사탄을 경배하기만 하면 이 모든 나라들을 다스릴 권위를 주겠다고 약속한다.[3] 이 제안은 성부와 사탄간의 동맹이다. 이 유혹은 그저 사탄에게 동참하라는 것만이 아니라 예수께 앞에 놓여있는 주의 사역들 모두를 사양하라는 것이다. 주님은 권력을 신속하게 얻기 위해서 배척과 고통을 뒤로 남겨두고 그런 것들을 거절할 수도 있다.

사탄이 비록 엄청난 권력을 소유하고 있기는 하지만(요 12:31; 14:30; 16:11; 고후 4:4; 엡 2:2), 그는 정말로 이런 것을 부여할 수 있는 것은 아니다. 이 제안은 사탄이 우리들 모두를 정상적인 궤도에서 벗어나게 하려고 사용하는 유혹들과 마찬가지로, 기만이자 거짓말이다. 예수의 대답은 어떤 길이 진리인지를 주가 알고 있다는 점을 분명히 한다. 사탄의 길로 가는 것은 권력을 얻는 길이 아니라 도리어 잃는 길이다. 이 적대적인 세상에서 메시아의 영광을 누리거나 영적 생존을 누릴 수 있는 쉽고 빠른 길은 없다. 예수는 성부께서 주시고자 하는 것을 성부로부터 받으시는 것을 선택하신다. 그렇기 때문에, 예수가 신명기 6:13을 사용해 대답하신다. 오직 단 한분만이 경배 받으실 수 있다—그분은 바로 주 하나님이시다. 이 본문은 유대인들이 날마다 암송하는 쉐마(신 6:4-9) 이후에 나오는 본문 중 일부분에서 인용하신 것이다. 이 구절은 경배와 더불어 섬김이라는 또 다른 중요한 부분을 지적한다. 진정한 섬김은 하나님께 붙들려 있는 채로 남아있는 것을 의미한다.

세 번째 유혹은 두 번째와 마찬가지로 가시적인 경험이다. 예수는 예루살렘의

---

3. 특별히 이 부분에서 헬라어가 두드러진다. 문자적으로 보자면, 단어 배열 순서는 이렇다. "*To you* I will give all this authority and their glory."

성전으로 이끌려 가신다—아마도 성전의 남동쪽 코너에 있는 부분(아마도 Royal Porch)이었을 것이다. 이곳은 절벽 부분을 바라보고 있고, 약 450피트 아래 부분에 기드론 골짜기가 자리 잡고 있다.[4] 요세푸스는 이 구석부분에서 바라보면 사람들은 현기증을 느낀다고 언급하기도 한다(*Antiquities* 15.11.5 §§411-12). 누군가가 이런 높이에서 자기 자신을 떨어뜨리고 살아남는다면 그건 하나님의 개입이 있기 때문일 것이다. 성전의 위치는 아마도 하나님이 도우시고자 임재하신다는 생각을 강조할 것이다. 이 유혹과 시험이 공개적인 행동으로 일어났다는 것을 보여주는 내용은 전혀 없다.[5] 그보다는, "잠정적인" 상황 연출형태인 것으로 보인다.

사탄은 그의 설정에다 자신이 직접 시편 91:11-12 부분을 인용해 첨가하는데, 그 내용은 하나님이 보호를 약속하시는 내용이다. 이 유혹의 전제는, "만약 하나님이 자기 아들을 보호하시고 네가 하나님의 아들이라면, 너는 뛰어내릴 수 있고 염려하지 않아도 된다. 너는 이 낭떠러지를 뛰어내릴 수 있고 다치지 않을 것이다"라는 것이다. 사탄은 예수가 자기 자신을 하나님의 보호하시는 팔 안에 던져버리고 그때 하나님의 기적을 통한 보호가 나타나면, 하나님에 대한 예수의 유일무이한 관계가 강화시켜줄 것이라고 주장한다. 더군다나 하나님은 분명코 자기 아들이 고통당하게 내버려두지 않을 것이라고 주장한다.

이런 제안이 영적인 것처럼 들릴지도 모르지만, 예수는 이 이야기들이 하나님의 돌보심을 위선적으로 시험하는 것임을 알고 계신다. 하나님은 예수가 이런 시험에 간여하거나 혹은 하나님이 행동하실 필요가 있도록 인위적인 행동을 하라고 하시지 않았다. 이것은 하나님을 "제게 보여 주세요"라는 위치에 집어넣어버리는 것이기 때문에, 이런 행동은 하나님을 진짜로 개인적으로 시험하는 것이고 또한 믿음이 부족하다는 것을 보여주는 증표이기도 하다. 하나님의 자녀들은 이런 종류의 시험을 해서는 안 된다. 그러므로 예수는 신명기 6:16 말씀을 사용해 대답하셨는데, 이 본문은 이스라엘이 출애굽 이후 맛사 등에서 하나님을 시험한 것을 꾸짖는 내용이다(출 17:1-7).

예수는 하나님을 시험하시거나 혹은 이기적인 목적을 위해 자신의 사역을 그럴듯하게 전시해 특징적으로 보이게 하려는 일들을 하지 않으실 것이다. 예수의 메시아적인 사역은 기적을 펼쳐 보여주는 로드 쇼가 되지 않을 것이다.

---

4. Plummer, *Luke*, 113.
5. B. Gerhardsson, *The Testing of God's Son* (Lund: Gleerup, 1966), 56-58.

사탄은 세 번에 걸쳐 실패한 이후에, 잠시 동안 떠나갔다. 사탄이 떠나간 것은 오랜 기간이 아니었다. 사탄과의 충돌은 4:31-44에서 다시 생겨나기 때문이다. 이 모든 것을 통해서 예수는 왕의 아들로서 그 모습을 드러내신다. 주님은 그분이 성자이심을 보여주는 특성들을 보여주셨다.

상황잇기

이 본문은 사탄이 어떻게 시험했으며 주가 어떻게 대응하셨는지를 보여준다. 이미 위에서 지적했듯이 사탄은 자신이 예수가 취하기를 원하는 행동을 정당화하기 위해서 이기적인 술책을 사용한다.

"너는 진실로 네가 너 자신에게 먹을 것을 공급해야만 한다." "분명 성부께서는 네가 권력을 갖길 원하신다. 너는 나와 동맹하기만 하면 된다." "분명 하나님은 자신의 아들을 보호하실 것이다. 그런데 왜 하나님이 무언가를 하도록 하지 않는가?" 이처럼 하나님으로부터 떨어져 나와 독자적이 되는 것이, 영적인 변절과 황폐화의 기본이다. 이는 창세기 3:1, 5에 나오는 최초의 유혹과 시험을 기억하게 한다: "하나님이 정말로 그렇게 말씀하셨느냐?… " 그리고 "하나님은 네가 그 열매를 따먹으면 하나님처럼 된다는 것을 알고 있다."

예수에 대한 유혹과 시험은 유일무이한 유혹이지만 충성심에 대한 사탄의 도전들은 그렇지 않다. 사탄은 우리들에게 똑같은 시험을 반복하지는 않을 것이다. 우리는 하나님의 특별하고 유일한 아들이 아니기 때문이다. 그러나 사탄은 동일한 핵심적 이슈를 사용해서 우리들을 시험한다. 즉 신실함에 대해 도전한다. 사탄은 영성에 대해 손쉬운 길—결국엔 죽음으로 끝나는 길—을 제시하는 것을 통해 우리가 하나님과 동행하는 것을 전복시키고자 시도한다. 이에 응대하면서, 우리는 하나님을 신뢰하고 의지해야만 하며, 어떤 경우에는 하나님과 더불어 어려운 길도 걸어야 한다. 우리가 주님으로부터 떨어져서 독자적으로 행하는 일은 그것이 무엇이건 간에 하나님과의 연결성 부족을 표출해준다. 예수가 성자로서의 충실함을 보여주신 것처럼, 우리도 하나님의 자녀로서의 충실함을 보여야만 한다.

이 시험에 대해서 하나님의 말씀에 대한 예수의 지식이 해결책으로 사용되었다. 하나님의 말씀에 대한 지식은 우리가 하나님의 뜻과 인도하심을 이해하게 해주는 방법이다. 하나님에 대한 충실함은 말씀에 대한 충실함을 포함하며, 이와 같은 충실함이 가장 최상의 것이다. 하나님은 우리가 하나님 앞에서 어디에 서 있는지를 보여주시기 위해 우리 삶 속에서 시험들을 사용하신다. 예수가 받으신 시험은 주가 하나님과 더불어 견고하게 서 계심을 보여준다. 우리가 받는 시험들은 우리가 이와 비슷한 특징들을 나타내는 방식을 통해 저지되어야만 한다.

마지막 핵심적인 이슈는 예수가 이런 시험들을 어떻게 다루셨는가를 통해 나타난다. 주님은 자신의 길이 하나님의 뜻에서 벗어나는 것에 대해서 생각하시거나 혹은 합리화하지 않으셨다. 주님은 하나님이 아들이 굶주리거나 혹은 거절당하는 고통을 당하거나 혹은 죽는 것을 원치 않을 것이라는 식으로 쉽게 말하실 수도 있었다. 더군다나, 어쨌든 이 왕국은 결국 주께 속하게 될 것이었고 그러니까 어떤 방식이 되었건 이 왕국이 주님 손에 들어오게 된다면 뭐가 문제가 되겠는가? 그러나 예수는 사탄이 제시한 제안들에 응하시면서 목적이 수단을 정당화해준다는 이런 식의 생각을 피하신다. 우리는 종종 삶 속에서 사용가능하긴 하지만 그러나 사실 하나님의 뜻을 피하기 위한 합리화에 불과한 이런 지름길들에 대해서 조심해야만 한다.

현대적 의미

이 사건에서 찾아볼 수 있는 첫 번째 적용은, 유혹 그 자체에 대한 것이다. 삶 속에서의 시험들은 그 자체만 놓고 볼 때 반드시 나쁜 것만은 아니다. 사실 시험들은 하나님이 보내신 것들일 수 있다(약 1:2-4). 핵심적인 문제는 시험에 대한 나의 반응이다. 나는 하나님이 시험을 통해 나를 인도하시길 바라는 방식으로 반응하는가? 나는 하나님을 신뢰하는가 아니면 하나님을 시험으로 내모는가? 나는 나의 삶 속의 여러 개인적인 문제들에 대해서 어떻게 반응하는가? 나는 화를 내는가? 나는 (내가 사건들을 통제할 수 없다는 것을 알 때조차도) 내가 통제하겠다고 주장하는 것을 추구하는가? 혹은 하나님의 손을 기다리면서 믿음에 의지하고 하나님께 내가 지금 경험하고 있는 일들을 통해 무엇을 배워야만 하는지를 여쭈어 보는가? 비록 난 개인적으로는 내가 항상 후자처럼 한다고 대답하길 원하기는 하지만 그러나 내가 그렇지 않다는 것을 나도 잘 알고 있다. 그러나 후자의 모습이 분명 나의 목표가 되어야 할 것이다. 만약 내가 영적으로 성장해야만 한다면, 나는 실험의 시련을 예상할 수 있다. 만약 영적으로 성장해야만 한다면, 나는 그 가운데서 하나님을 바라볼 필요가 있다.

이런 신뢰는 하나님의 공급하심에까지 확장될 수 있다. 비록 사탄은 가장 기본적인 필요인 빵에 대한 것에 대해 예수를 시험했지만, 우린 종종 우리가 삶의 가장 기초적인 것이라고 느끼는 것들에 대해 "우리가 우리 스스로를 먹여주고 공급할 수 있기를" 바라곤 한다. 그러나 이와 같은 "기초적인 것들"에는 종종 더 넓은 집, 더 많은 옷들, 가장 좋은 가전제품들, 가장 비싼 의류들, 그리고 다른 많은 물질적 소유물들이 포함되곤 한다. 그러나 삶은 물질적으로 규정되지 않는다. 그보다는 하나님을 알고 하나님의 뜻이라는 정황 속에서 주를 섬기는 것과 관련해 영적으로 그리고 관계적으로 규정된다. 사역을 이루어나가기 위해 재화들을 드린다는 것은 때때로 개인적인 물질적 즐거움들을 포기한다는 것을 의미할 수도 있다.

물질적인 목표들에 대한 추구는 우리 삶의 추진력이 될 수 있다. 그러나 하나님의 말씀과 인도하심은 어디에 서 있는가? 사탄은 우리로 하여금 하나님이 우리에게 먹으라고 요구하시지 않는 빵을 우리가 가지게끔 시험하는 데 성공할 것인가? 우리가 모든 것들 중 가장 기초적인 양식인 주의 뜻을 무시하는 동안 말이다. 하나님은 하나님의 뜻에 순종하기 위해 헌신하는 과정 속에서 놀랍도록 필요한 것을 공급하신다. 덜 물질적으로 되는 것을 추구하는 것은 좀더 많은 것을 소유하게 되는 것을 의미할 수 있다.

우리가 믿음의 부족을 보여주게 되는 또 다른 방식은 우리의 것이 아닌 권력을 잡고자 하거나 혹은 권력을 가질 수 있도록 의도된 방법이 아닌 다른 방법으로 권력을 잡고나 하는 것을 통해서이다. 사탄은 여기에서 예수께 직접적으로 했던 것처럼, 미묘한 바꿔치기를 사용하면서 우리로 하여금 우상숭배에 빠져들도록 유혹한다. 우리는 어쩌면 우리의 직장, 우리의 지위, 우리의 소유물들, 우리의 가족, 혹은 하나님을 알아가는 과정에 부적절하게 자리 잡고 있는 다른 항목들을 섬긴다. 아마도 사탄은 우리에게 예수를 위한 삶이나 하나님의 가치들을 위한 삶에 있어서 고통당하지 않는 길이나 혹은 거절당하는 것에 직면하지 않고 "성장"할 수 있는 쉬운 길을 선택하라고 요구할 것이다. 종종 편안함을 선택한다는 것은 자신의 영혼을 이 세상의 왕에게 팔아버리는 것을 의미한다. 물론 하나님은 심지어 우리에게 그분의 권위에 참여케 하시기까지 풍성한 복을 주시기를 원한다. 그러나 거기에 다다르기 위해 사탄을 경배하고 사탄의 길을 추종하는 것은 복에 이르는 수단으로서 우리가 갖고 있는 모든 방법을 잃어버리는 것이다.

권력을 잡으려는 이와 같은 모습은 우리가 가정에서 어떻게 권위를 행사하는가, 사업상의 일들을 어떻게 하는가, 우리가 다른 사람들과 어떻게 관계를 맺는가 등에도 함축하는 바가 있다. 최상의 권위는 위협 하에서 행사되는 권위가 아니라 존경을 얻었기 때문에 행사할 수 있는 권위이다. 가장 진정한 권위는 내가 확보해서 붙잡고 있는 권위가 아니라, 신실함을 귀히 보시는 하나님으로부터 받은 권위이다.

우리가 하나님에 대한 믿음 없음을 나타내곤 하는 마지막 방식은 하나님으로 하여금 우리 편에 서서 무언가 하시게끔 하나님을 강제하는 것이다. 우리가 종종 들어가게 되는 시험받는 상황에서, 하나님이 우리 편이신지 아니면 우리 편이 아닌지를 알아보길 원한다. 이런 형태의 영적인 내기에는 높은 건물을 건너뛰기 같은 것이 포함되지는 않지만, 우리가 "하나님, 만약 우리를 돌보신다면 이 상황이 이런 식이 되게 해 주세요"라고 말하는 그런 사건들로 빠져들곤 한다. 요컨대, 우리는 하나님의 "긴급 방송시스템"을 시험하고 또한 하나님이 어떻게 반응하셔야만 한다는 식으로 가정한다. 이런 종류의 실험을 하는 것은 하나님의 인도하심을 좇아가는 것이 아니라 도리어 하나님을 통제하려고 시도하는 것이다.

우리가 여기에서 문제의식을 가질 수 있는 또 다른 방식은, 고통이 발생할 때마다 적어도 간접적으로 하나님을 비난하는 것이다. 우린 사실 하나님이 우리에게 더 나은 길을 제시하시거나 혹은 우리에게 역경 속에서 그분을 만나라고 요구하실 때, 하나님이 우리를 버리셨다고 느낄 수도 있다.

엘리사벳 엘리엇은 자신의 남편인 짐 엘리엇이 1950년대 중반에 라틴 아메리카의 인디언들에 의해 죽임당하고 순교하게 되었을 때 어떤 느낌을 가질 수밖에 없었는지를 나는 기억한다.[6] 그러나 그녀는 자신의 좌절의 경험을 불확실성 가운데서도 하나님의 음성을 듣는 기회로 바꾸었고, 하나님이 이런 절망 속에서 그녀를 어떻게 돌보셨는지를 증거 하는 새로운 사역을 발견했다. 그녀는 하나님을 포기하거나 혹은 하나님을 시험하지 않았으며, 도리어 하나님이 그녀에게 시작하라고 부르신 미지의 여행을 받아들였다. 물론 그 여행은 그녀와 동행하시며 그 길을 걸어가신 하나님이 아니라, 그녀에게만 미지의 여행이었다.

예수가 자신의 힘겨운 사역의 길을 걸어감에 있어서 사탄에게 등을 돌리고 하나님을 좇기로 의식적으로 선택하신 것처럼, 우리들도 마찬가지로 설령 결과가 분명치 않아 보이는 곳이라 하더라도 하나님의 인도 하에서 사건들 안으로 걸어 들어갈 준비를 해야만 한다.

6. 그녀의 책 *Through Gates of Splendor*(New York: Harper& Row, 1957)을 보라.

누가복음 4:14-30

14 예수께서 성령의 능력으로 갈릴리에 돌아가
시니 그 소문이 사방에 퍼졌고
15 친히 그 여러 회당에서 가르치시매 뭇 사람
에게 칭송을 받으시더라
16 예수께서 그 자라나신 곳 나사렛에 이르사
안식일에 늘 하시던 대로 회당에 들어가사
성경을 읽으려고 서시매
17 선지자 이사야의 글을 드리거늘 책을 펴서
이렇게 기록된 데를 찾으시니 곧
18 주의 성령이 내게 임하셨으니 이는 가난한
자에게 복음을 전하게 하시려고 내게 기름을
부으시고 나를 보내사 포로 된 자에게 자유
를, 눈 먼 자에게 다시 보게 함을 전파하며 눌
린 자를 자유롭게 하고
19 주의 은혜의 해를 전파하게 하려 하심이라
하였더라
20 책을 덮어 그 맡은 자에게 주시고 앉으시니
회당에 있는 자들이 다 주목하여 보더라
21 이에 예수께서 그들에게 말씀하시되 이 글이
오늘 너희 귀에 응하였느니라 하시니
22 그들이 다 그를 증언하고 그 입으로 나오는
바 은혜로운 말을 놀랍게 여겨 이르되 이 사
람이 요셉의 아들이 아니냐
23 예수께서 그들에게 이르시되 너희가 반드시
의사야 너 자신을 고치라 하는 속담을 인용
하여 내게 말하기를 우리가 들은 바 가버나
움에서 행한 일을 네 고향 여기서도 행하라
하리라
24 또 이르시되 내가 진실로 너희에게 이르노니
선지자가 고향에서는 환영을 받는 자가 없느
니라
25 내가 참으로 너희에게 이르노니 엘리야 시대
에 하늘이 삼 년 육 개월간 닫히어 온 땅에
큰 흉년이 들었을 때에 이스라엘에 많은 과
부가 있었으되
26 엘리야가 그 중 한 사람에게도 보내심을 받
지 않고 오직 시돈 땅에 있는 사렙다의 한 과
부에게 뿐이었으며
27 또 선지자 엘리사 때에 이스라엘에 많은 나
병환자가 있었으되 그 중의 한 사람도 깨끗
함을 얻지 못하고 오직 수리아 사람 나아만
뿐이었느니라
28 회당에 있는 자들이 이것을 듣고 다 크게 화
가 나서
29 일어나 동네 밖으로 쫓아내어 그 동네가 건
설된 산 낭떠러지까지 끌고 가서 밀쳐 떨어
뜨리고자 하되
30 예수께서 그들 가운데로 지나서 가시니라

원 의미

다음에 이어지는 누가복음의 큰 항목(4:14-9:50)은 예수의 사역에 관해 묘사한다. 이 부분에는 가르침과 기적들이 주도적으로 자리 잡고 있다. 이 항목 전체를 통해 제시되는 핵심적인 질문은, "예수는 누구신가?"라는 것이다. 교사나 선지자 등과 같은 다양한 대답들이 제시된다. 이런 직함들은 이 이야기를 시작할 뿐인데, 예수는 이런 칭호가 제시하는 것보다 훨씬 더 큰 분이시기 때문이다. 핵심적인 대답은 9:18-20에 베드로부터 나온다: 예수는 "하나님의 그리스도"이시다. 주님은 이 고백 이후에 나오는 구절들에서 메시아적 역할의 의미가 무엇인지를 좀 더 발전시키신다. 강력한 배척과 적대감이 예수와 제자들을 향해 일어날 것이고, 주님은 메시아로서 거부될 것이다. 이런 배척 속에서 예수는 제자들에게 그들이 죄인들이 하는 것과는 다르게 원수들을 사랑해야만 한다고 가르치시기 시작한다.

누가복음 4:14-44은 예수의 권능 있는 가르침과 치료사역을 요약한다. 4:14-15에서 어떻게 이런 사역이 관심을 끌게 되었는지를 설명한 이후에, 누가는 예수가 자기 자신에 관해 선포하시고 주의 사역이 언약의 성취라고 선포하셨던 회당에서의 일을 제시한다(4:16-30). 그런 뒤에 주가 귀신을 쫓아내시고 치유하시는 능력을 보여주시는 일련의 기적들이 뒤이어 나온다(4:31-44). 가버나움에 있던 사람들은 주가 머무르기를 원하지만 그러나 주의 소명은 다른 사람들도 하나님 나라에 대한 소식을 마찬가지로 들어야할 것을 요구한다. 이 단락은 예수의 선포들과 권위의 범위를 보여준다.

누가복음 4:14-15(참조. 마 4:13-17; 막 1:14-15)은 예수가 초기 갈릴리 단계에서 행하신 사역의 일반적인 특징을 소개하고 요약한다. 갈릴리는 예수의 고향이었기 때문에, 주의 사역이 그 지역에서 시작된다는 점은 놀라운 일이 아니다. 갈릴리에서 예수와 출입한 것이 사도 선택의 자격조건이 될 것이고(행 1:21-22), 그래서 이 기간은 제자들의 토대를 다지는 기초적인 시기이다.

예수가 시험을 받으셨을 때와 마찬가지로 예수는 성령의 인도하심 아래 있다. 누가는 예수가 하나님의 인도하심에 어떻게 응답했는지를 언급하기를 즐겨한다. 주가 사역하심에 따라 주의 명성이 퍼져나갔다.[1] 고대세계에서는 이런 소식들이 입에서 입으로 전해졌다. 성령의 권능에 관한 언급 역시 예수의 기적적인 행하심을 시사하는 것인지 아닌지는 논쟁거리다.[2] 하지만 누가는 예수의 기적들이 초점에 맞추어져 있을 때 성령의 권능에 관한 점을 분명히 한다(5:17; 6:19; 8:46). 사람들의 관심을 붙든 것은 주의 가르침이었고 심히 그랬기 때문에 그들은 주를 "찬양"(우리말 성경에서는 "칭송")한다. 이 단어('독사조')는 일반적으로 하나님을 찬

1. "news"에 대한 헬라어 단어('훼메')는, 우리가 영어 단어 "fame"을 얻은 단어에서부터 나왔다. 헬라어에서 이 단어는 대중을 통해 전달되는 소식들을 언급한다.

2. Nolland, *Luke 1:1-9:20*, 187에서 주장되었다.

양하는 것을 언급할 때 사용되는 단어다.[3]

누가는 계속해서 주가 성경본문을 지적하시고 사용하시는 것을 묘사한다(4:16-30). 예수가 나사렛의 회당에서 설교하실 때, 백성들은 비록 완전히 설득당한 것은 아니었지만 주의 말씀에 대해 강한 인상을 받았다. 이 중요한 본문에서, 우리는 예수가 회당에서 어떻게 설교하셨으며 자기 자신과 자신의 행동에 관해서 무엇을 말씀하셔야만 했는지를 얼핏 살펴볼 수 있다. 제자도의 윤리적 주제를 다룬 평지설교(6:20-48)와는 달리 여기에서 예수는 자신의 소명에 관해 묘사한다.

예수의 가르치는 사역에 대한 이 설명은 누가복음 4:31-44 부분과 반드시 짝을 이루어야 하는데, 이 부분은 주의 기적 사역을 강조한다. 예수는 말씀과 사건을 결합하신다. 사랑에 대한 주의 메시지는 긍휼히 여기시는 사역을 통해 뒷받침된다. 누가는 마태복음 13:53-58과 마가복음 6:1-6a에 위치하고 있는 회당사건을 이 자리로 옮겼다.[4] 누가는 나사렛 회당에서 있었던 일의 본질에 대해서 자세하게 설명하며, 이를 통해 우리는 다른 복음서들에서 알 수 있는 것보다 이 장면에 대해 훨씬 더 많은 것을 알게 된다. 이 점은 이 사건의 중요성과 이 사건이 모종의 전형으로서 갖고 있는 성격을 나타낸다. 이 사건은 예수의 갈릴리 전체 사역이 어떠할지를 보여주는 스냅사진과도 같다: 사람들은 주의 가르침과 주장에 놀라겠지만 그들은 주를 따르지는 않을 것이다.

이 본문에 나타난 자유에 대한 메시지는 매우 두드러진 것이어서, 이 본문은 "해방신학"이라고 알려져 있는 신학운동의 중심적인 성경본문이 되어왔다.[5] 이 신학은 예수가 가난한 사람들 편에 서신다고 가르친다. 좀더 급진적인 형태에서는 권력을 갖고 있는 사람들로 하여금 그들이 사회적 구조에 대해 억압적으로 확보하고 있는 권력을 포기하게 하고, 그래서 가난한 사람들이 그들의 사회적 신분에 더 이상 붙잡혀 있지 않게 하는 것을 돕기 위해서는, 어떤 방법이건 사용해도 좋다고 심지어 분열적인 모든 방법들조차 사용해도 무방하다고 옹호한다. 이 신학에서는 예수의 말씀에서 강한 정치적 메시지와 정치적 분위기를 읽는다. 성경본문 자체에 대해 조심스럽게 살펴보는 것만이, 이런 강조들이 제시하는 것들이 과연 그러한지

---

3. H. Schurmann, *Das Lukasevangelium*. 223. 누가복음 2:13, 20, 28; 7:16도 또한 주목하라.

4. Marshall, *Commentary on Luke*, 177-80; D. Hill, "The Rejection of Jesus at Nazareth," *NovT* 13(1971) 161-68; C. J. Schrenk, "The Nazareth Pericope: Luke 4, 16-30 in Recent Study," in *L'évangile de Luc*, ed. F. Neirynck (BETL 32; Leuven: Leuven Univ. Press, 1989), 397-471.

5. 이 운동에 대한 조심스러운 평가에 대해서는 E. Nuñez, *Liberation Theology*, trans P. Sywalka(Chicago: Moody, 1985)을 보라.

그리고 그런 방식이어야 하는지에 대해 대답할 수 있다.

예수가 보여주신 습관에 의하자면, 주는 안식일에 회당에 계신다. 이처럼 회당에 있는 것은 하나님을 향한 경배를 주가 존중하신 것임을 반영한다. 지금 이 장면에서 벌어지고 있는 일을 통찰하기 위해서는, 회당 예배순서를 이해해야만 한다. 회당예배에 대한 지식은 미쉬나(Mishnah) 같은 고대 유대교 자료들로부터 얻어진다. 이 자료는 유대교의 구두 율법을 성문화한 것이다.[6] 예배를 드리기 위해서는, 10명의 남성들이 있어야만 한다. 회중은 신명기 6:4-9에 기록되어 있는 고백인 쉐마(Shema)를 암송한다. 그런 뒤 그들은 함께 기도한다. 그러고 나서 율법책인 토라를 읽게 되고, 그 뒤에 선지서를 읽는다. 이 본문들은 히브리어로 읽혀지며 그 지역의 지배적 언어인 아람어로 번역되어 다시 읽힌다. 그 다음에 해석이 뒤따라 나오게 되는데, 일반적으로 함께 읽었던 것들과 연계되어 있고, 마지막으로 축복과 더불어 예배가 마무리된다.

아마도 예수는 예배순서들 중 해석 항목 동안 말씀하셨을 것이다. 이는 주가 독특하게 인용하신 것을 설명해 줄 수 있는데, 이사야 61:1-2을 인용하셨을 뿐만 아니라 그 안에다가 이사야 58:6을 암시하는 내용도 섞으시는 독특한 모습을 보이셨기 때문이다.[7] 이런 혼합은 좀더 넓은 본문을 읽은 것을 대표적으로 표현한 것일 수도 있고, 혹은 주가 언급하신 부분들을 보여주는 것일 수도 있다.

이 본문은 성령께서 화자(話者) 위에 임하고 계신다는 것을 확인하는 것에서부터 시작한다. 이사야의 정황에서는 이 표현은 온 나라에 대한 하나님의 구원의 도래를 선포하는 선지자적인 인물을 예견하는 내용이다. 이 본문은 명백한 종의 노래는 아니지만, 종의 노래에 나오는 많은 테마들이 나타난다. 예수는 자기 자신을 이 본문의 성취라고 말씀하시기 때문에, 주님은 이 본문이 적용되어야 하는 바로 그분이시다(21절). 이 본문이 성령의 기름 부으심을 받는 것에 관해서 명백하게 이야기하고 있으므로, 이 기름부음은 주가 요한으로부터 세례 받으실 때 성령께서 임하신 것을 다시 돌아보게 한다(3:21-22).

예수의 임무에는 메시지가 포함되어 있으며, 이 메시지에는 청중이 있다: 가난

6. *Mishnah*는 기원후 170년경에 편집되었지만, 이 안에 담겨있는 많은 관습들, 특히나 회당에서의 경배와 관련된 규정들은 아마도 이보다 더 오래된 관습들을 반영하고 있을 것이다. 왜냐하면 종교적 제의는 천천히 변화하는 습성을 갖고 있기 때문이다. 회당 예배들은 *Megillah* 3-4와 *Berakoth* 2에 묘사되어 있다.

7. 히브리어 구약성경과 헬라어 구약성경 두 곳에서 인용함에 있어서 사소한 작은 변형들이 있지만, 이런 변형은 본문의 근본적인 의미에 영향을 끼치지 않는다. 자세한 사항들에 대해서는 D. Bock, *Proclamation from Prophecy and Pattern*, 106-7을 보라.

한 사람들이 바로 그 청중들이다. 여기서 언급되고 있는 "가난"이 사회적으로나 경제적으로 한정된 환경 속에서 살고 있는 사람들을 언급하고 있다는 것을 우리는 부인할 수 없다. 그러나 구약성경과 누가복음에서 이 단어가 사용된 용례를 보자면, 그런 식의 규정만이 여기서 사용된 가난이라는 단어의 모든 의미는 아니다. 구약성경이라는 배경에서는, '아나윔'("경건한 사람들")을 고통당하는 사람들로 지적한다(삼하 22:28; 시 14:6; 22:24; 25:16; 34:6; 40:17; 69:29; 암 8:4; 사 3:14-15).[8] 이들은 하나님이 높여주실 겸허하고 가난한 사람들이며(눅 1:51-53), 또한 하나님께 열려있기 때문에 고통당하는 선지자들과 같은 사람들이다(6:20-23; 고전 1:26-29, 약 2:5의 묘사를 참조하라). 이들은 하나님께 대해 그리고 그분의 길에 대해 열려 있는 사람들이다. 이들은 얼마나 하나님을 필요로 하는지를 다른 누구보다 가장 먼저 인식하는 사람들이기 때문이다.

이처럼 영적으로 열려 있는 무리들에게, 예수는 놓임, 눈 먼데서의 회복, 억압에서의 자유를 선포하신다. 이런 이미지의 배경은 희년인데, 이때는 모든 부채가 탕감된다고 선포되었다(레 25:8-17). 희년이 새로운 출발을 시작했던 것처럼, 마찬가지로 예수는 하나님의 구원을 통해 새로운 출발을 선포하신다. 주님은 이런 놓임에 대해서와 이런 성취에 대해서 선포하신다. 주가 눈먼 자를 자유케 하시는 것은 아마도 육체적으로 눈먼 자에 대한 기적적인 치유뿐만이 아니라 영적인 구원 사역도 암시해주는데, 예수는 어둠 속에 있는 자들에게 빛을 주시기 때문이다(눅 1:78-79을 보라).

예수가 그저 단순하게 자유를 선포하시는 것이 아니라 실제로 자유를 가져다주신다는 개념은, 이사야 58:6을 암시한다. 예수는 이 본문이 실제로 원래 갖고 있던 배경과는 대조적인 방식으로 사용하신다. 이사야 58장에서는, 하나님이 이스라엘을 향해 그들이 안식일에 하나님을 경배하지 않고 살아가는 것에 대해 책망하신다. 이스라엘은 억압받는 사람들에게 자유를 선사하는 근원으로서의 역할에 실패했다. 책망과 부르심은 특별히 58:13-14 부분에서 분명하게 나타난다. 예수는 그렇기 때문에 이스라엘이 실패한 일을 행하실 것이다: 주님은 하나님의 구원을 가져다주실 것이고, 삶의 일부분인 억압으로부터 고통당하는 사람들을 자유케 하실 것이다(눅 11:14-23, 31-32; 18:38-39; 19:37-38 부분도 참조하라). 바로 이것이 예수가 "주의 은혜의 해"가 임했다고 말씀하시는 이유이다. 이 구문은 분명하게 희

8. Bammel, "πτωχός," *TDNT*, 6:888.

넌 때 이루어지는 놓임을 암시한다.[9]

요약해서 보자면, 예수는 여기에서 세 가지 요점을 제시하신다. (1) 주님은 특별한 사역을 수행하시게끔 성령으로 기름부음 받으셨다. (2) 주님은 새로운 시대의 도래를 선포하시는 선지자적인 인물이시다. (3) 주님은 자신이 선포하신 놓임을 실제로 가져오실 것이다. 이 조합은 예수가 선지자와 메시아로서 역할 하신다는 것을 의미한다.[10] 이 조합은 중요한데, 뒤이어 나오는 구절들이 예수를 선지자 엘리야와 엘리사와 비교하지만 그러나 주의 기름 부으심은 그분의 메시아적인 역할을 생각하게 만들기 때문이다.

예수는 청중들에게 지금 이사야의 말씀들에 대한 성취를 보고 있다고 이야기하시는 것을 통해 말씀을 결론짓는다. 이제 모든 유대인들은 이사야 61장이 마지막 때의 하나님의 최종적 구원과 연결되어 있었다는 점을 알게 될 것이며, 이 구원은 예수가 도입하신다. 이 프로그램은 누가복음의 나머지 부분들에서 분명해지게 되는 것과 마찬가지로 이제 구문들 속에서도 나타나게 되긴 하겠지만, 지금 예수는 그저 이 성취가 이미 시작되었다고만 언급하신다.

무리들은 예수가 말씀하신 은혜의 말씀들에 놀라워하는 반응을 보였고 주의 메시지 내용으로 인해 압도당하고 당황했다. 그러나 정확한 검토가 뒤이어져야만 한다. 예수가 어디서 왔느냐는 문제가 그들 마음에 일어난다. 이 사람은 요셉의 아들인데, 어떻게 이사야가 선포했던 모든 일들이 이루어지는 그런 인물이 될 수 있단 말인가. 그들은 예수의 가계와 주의 주장을 조화시킬 수가 없었다.[11] 그들은 놀라워했음에도 불구하고, 부정적이었다.

예수는 세 가지 요점들을 통해 대답하신다. (1) 주님은 누군가가 자기 주장을 입증하기 위해 자기 분야에서 하는 일을 해보이도록 요구받는다는 것을 표현하는 속담(의원아 너를 고치라)을 인용하신다. 의사에게 자신을 고치라고 요구하는 것은, 예수께는 다른 곳에서 행하셨던 일들을 행해보이고 자신을 입증해 보이라고 요구하는 것이다.[12] 동네사람들은 주가 자신의 능력을 입증해 보이기를 원한다. 이 사

---

9. 이 주제에 대해서는 R. B. Sloan, *The Favorable Year of the Lord* (Austin: Scholars Press, 1977).

10. 누가복음 4장이 예수의 선지자적인 메시아 역할에 대해서 강조하고 있는 것인지 아니면 왕적 메시아 역할에 대해 강조하고 있는 것인지에 대해서는 수많은 논쟁이 있다. 실제적으로는 두 가지 모두 다 포함된다. 누가복음 4장과 그 예시들에서는 선지자로서의 예수에게 강세가 주어진다. 그러나 세례라는 측면과 예수가 기름부음 받으신다는 본질적 측면에서는 이 묘사가 메시아적 강조를 포함한다.

11. 22절의 헬라어는 예수의 뿌리가 요셉에게로 거슬러 올라가는 것과 관련한 질문에 대해 긍정적인 대답을 기대한다.

실은 설령 예수가 치료를 베푸실 수 있는 분으로 제시하신다 하더라도, 그들은 아이러니컬하게도 주가 어떤 의미에서는 아픈 사람이라고 믿고 있다는 점을 제시해준다. 구약의 이 말씀이 성취되었다는 주의 주장은 무언가 중요한 부분에 있어서 결코 옳지 않다. 만약 예수가 다른 무언가를 입증하실 수 없다면, 주님에 대한 어떤 중요한 부분을 조사해야 할 필요가 있다.

(2) 예수는 선지자가 자기 고향에서 존경받지 못하는 것에 관해서 지적하신다. 예수는 구약성경의 많은 선지자들이 환영받지 못했다는 것을 잘 알고 계신다—이 주제는 누가가 다른 곳에서 지적하는 테마이기도 하다(11:49-52; 13:32-35; 20:10-12; 행 7:51-53). 하나님의 메시지는 종종 배척과 거절을 만나곤 한다.

(3) 그런 뒤 예수는 특정한 사례들을 채용해 말씀하신다. 주는 이스라엘 역사 중 가장 믿음이 낮았고 변절적인 시기 중 하나였던 엘리야와 엘리사 시대를 집어내신다(왕상 17-18장; 왕하 5:1-14). 주는 사람들에게 그 시간 동안 이 선지자들이 이스라엘에서는 아무것도 행하지 않았지만 그러나 이방인 두 사람에게는 치유를 행했음을 상기시키신다! 주의 이 말씀 내용은 두 가지 이유 때문에 매우 강력하다. ⓐ 이 말씀은 현재 시대를 이스라엘 역사 중 가장 영적으로 좋지 못했던 시기들과 비교한다, 그리고 ⓑ 이 말씀은 유대인들이 극도로 꺼려하고 싫어했던 이방인들이 그들이 여태껏 겪어온 것보다는 훨씬 더 사역대상이 될 가치가 있다는 점을 제시한다. 예수는 청중들에게 그들의 반응이 과거 이스라엘 역사 중 가장 좋지 못한 시기들을 생각하게 만든다는 점을 경고하고 계신다. 하나의 선택이 예수를 둘러싸고 있고, 잘못 선택하는 것은 축복을 받을 기회를 상실해버리는 것이다. 이런 의미에서 예수의 메시지는 세례 요한의 경고와 비슷하다. 축복을 받을 수 있는 기회는 마찬가지로 심판에 대한 기회가 되기도 한다. 만약 잘못된 선택을 한다면 말이다.

예수의 말씀은 무리들을 화나게 만들었고, 그들은 예수를 절벽 아래로 떨어뜨려서 없애버리고자 했다—이는 그들이 주를 완전히 거절해야 할 거짓선지자로 인식했다는 것을 암시할 수 있다(신 13:5-6). 그러나 그 대신 예수는 걸어서 떠나셨다. 이로써 축복을 받을 수 있는 기회는 결국 천국을 상실하는 순간이 되고 말았다.

---

12. 이 구절은 많은 사람들이 이 사건이 누가복음에서 앞부분으로 이동되었다고 의심하는 이유이다. 예수는 아직 가버나움에 가신 적이 없었지만(눅 4:31-33을 보라), 그러나 주님은 분명 이미 거기에서 여러 일들을 행하셨다.

상황잇기

이 항목은 예수의 사역에 있어서 가르침이 얼마나 중요한지를 잠시 보여주는 것을 통해 시작한다. 하나님께 책임 있게 반응하기 위해서는 우린 하나님이 무얼 원하시며 또한 이슈들을 어떻게 바라보시는지를 알아야만 한다. 그러므로 하나님의 가르침은 주님 사역의 핵심적인 구성요소이다. 예수의 가르침이 두드러진 특색을 갖게 만들어주는 것은 이 복음서가 분명하게 보여주겠지만, 이 가르침이 전달될 때 사용되는 권위이다.

누군가가 예수가 회당에서 설교하시는 장면에 주의를 기울인다면, 주의 사명이 매우 독특하고 유일무이한 것이라는 점이 분명해진다. 주가 제기하신 성취라는 지적은 그 기저에 놓임이라는 메시지를 담고 있다. 실질적으로, 예수의 메시지와 사역의 모든 측면들은 우리와 상관성을 갖고 있다. 예를 들어서, 바울과 바나바가 사도행전 13장에서 설교할 때, 그들은 여기에서 예수께 적용된 것과 동일한 이미지를 사용하면서 그들 자신을 "빛"이라고 부른다(행 13:47). 그들의 메시지는 주의 메시지와 평행을 이루며, 그들의 소명도 주의 소명에서 나온 것이다. 예수는 그렇기 때문에 복음설교를 듣는 사람들에게 말씀하실 수 있다: 그들을 듣는 것이 나를 듣는 것이다.

예수께 보였던 사람들의 반응은 우리가 하나님의 결정적인 대리자가 이러이러한 기원을 갖고 있어야 한다고 기대한 것과 실제 주의 모습 간에는 차이가 있다는 것을 보여준다. 일부 사람들은 예수의 배경을 도무지 지나칠 수 없었다. 온 우주의 하나님이 그의 영광스러운 메시지를 이렇게 별 볼 일없는 뿌리를 갖고 있는 사람을 통해 선포하시겠는가? 이에 대한 대답은 부분적으로 예수의 메시지를 통해 주어진다. 주님은 경건한 사람들에게 설교하시며, 그들에게 다가서시는 것을 통해, 자기 자신을 그들과 동일시하실 수 있는 그런 분이시다. 메시아에 대해 가장 기대하는 모습은 장엄하고 왕적이고 엘리트적인 메시아의 모습이다. 예수가 단순하게 요셉의 아들이라는 사실은 그들에게는 너무 지나친 것이었다. 요한복음 1:46에 기록된 불평처럼, "나사렛에서 선한 것이 나올 수 있겠느냐?"라는 질문이 제기된다. 우리가 이미 유아 기사에서 지적했던 것처럼, 하나님은 역사하시는 방법을 통해서 그리고 어떻게 자신을 계시할 것인지를 선택하시는 것을 통해서 때때로 우리를 놀라게 하신다.

예수의 비평이 갖는 본질과, 무리들이 이에 대해 보인 반응 역시 중요하다. 예수는 주께 대해 긍정적으로 반응하지 않는 것에 대해서, 이런 의심은 지금 세대를 이스라엘 역사 중 가장 나쁜 시절과 마찬가지 시대로 만드는 것이라고 경고하신다. 그래서 비판받고 경고 받은 사람들은 분노로 응답한다. 경고와 반응 이 두 가지는 모두 다 우리가 오늘날 경청해야 할 요소들이다.

어떤 사람들은 회당 청중의 존재와 이사야서의 인용이라는 점들이 예수가 이스라엘만을 향하시는 것을 의미하지 않느냐고 물어 올 수 있다. 어떤 의미에서 보자면, 예수는 하나님의 계획 속에 "아직 남아있는" 신실한 사람들과 함께 동참하기 위해, 이런 특정한 청중을 방문하고 계신다. 후에 예수는 주의 초청을 거부한 사람들이 어떻게 다른 사람들에게 제공된 중요한 무언가를 상실하게 되는지를 설명하실 것이다(14:15-24). 잔치는 연기되거나 혹은 취소되지 않을 것이다. 그 대신 축하하러 오라는 초청은 다른 사람들에게로 확장된다. 여기에서 제시되고 제공되는 것은 예수가 모든 사람들, 즉 이스라엘의 안과 밖의 사람들 모두에게 제공하시는 약속의 일부분이다(엡 2:11-22).

현대적 의미

좋은 가르침이 어떻게 사역의 중심이 되는지를 잘 인식하는 것은 중요한 일이다. 감성과 상호 관계성이 중요한 아젠다를 이루고 있는 시대에서는 예수가 왜 많은 시간을 사람들을 가르치는데 사용하셨는지를 근본적으로 심사숙고해 보는 것이 필요하다. 성경의 근본적인 가정 중 하나는, 인간 문화가 실재(reality)를 뒤틀리게 만든다는 점이다. 우리 마음은 재구성되고 다시금 새롭게 될 필요가 있으며, 그래서 우리의 감성들과 반응들 역시 하나님이 원하시는 모습으로 되어야 한다(롬 12:1-2).[13] 월쉬(Walsh)와 미들튼(Middleton)은 우리 문화 전체가 얼마나 과학, 기술 그리고 경제에 몰입되어 있는지를 다음처럼 요약한다.

> 우리는 경제의 부정한 삼위일체 하에서 "마지막 날들"을 살아가고 있다. 약속된 땅은 그저 구석에 있을 뿐이고, 우리는 세속적인 "구속사"의 마지막 단계에 머무르고 있다. 성부께서 우리를 구원하시고자 성자를 보내셨고, 성령께서 그 구원을 지금 여기에서

13. 우리 문화가 어떻게 이것을 하는지에 관한 대중적이고 분명한 분석에 대해서는, 다음 두 가지를 보도록 하라. Sire, *Chris Christman goes to College*(Downers Grove, Ill.: InterVarsity, 1993), 그리고 *The Universe Next Door*, 2d ed. (Downers Grove, Ill.: InterVarsity, 1988). 시어(Sire)는 우리 문화 안에 존재하는 다른 "~이즘"들을 조심스럽게 분석하고 그들을 기독교적인 관점에서 평가한다. 시어는 "~이즘"들을 개인주의, 다원주의, 상대주의 등으로 구별한다.

우리 삶에 적용하시고자 우리 안에 거주하고 계신 것과 마찬가지로, 세속주의라는 구속사도 그런 삼위일체의 모습을 갖고 있다. 르네상스 시대의 과학에 대한 절대화는 구원을 가져다주는 끔찍한 거대한 과학기술이라는 아버지가 되었다. 우리가 그 안에서 살아가고 있고 움직이고 있고 우리 존재를 부지해가고 있는 경제 소비 사회를 통해서, 우리는 이런 인본주의적인 신들의 임재와 축복을 오늘날 중보 받는다. 최고의 절대 신인 과학주의는 그 전지함을 통해 거룩한 계획을 가지고 자연을 정복하기 위해 그 아들인 기술의 승리를 우리에게 보내 우리로 이익을 누리게 한다. 거룩한 이성은 자연세계에 대한 과학-기술적 승리라는 육체를 입고 성육신했다.

새로운 종교의 제자들이 산업혁명에 몰려들었을 때, 자본주의의 영이 그들에게 쏟아 부어졌다. 그리고 지금 이 마지막 날에, 우리들은 이 영으로 충만하게 되어서 보이지 않는 손이 경제적 축복들을 모든 열방에 내려주는 것을 갈망하며 생산과 소비의 권능을 받았다. 그리고 그날에는, 큰 사람이나 작은 사람이나 모든 사람들이 번영을 누리게 될 것이다. 시간이 시작된 이래 그와 같은 날은 결코 없게 될 것이다. 풍요가 이 땅을 덮게 되고, 눈물이나 노고는 더 이상 없게 될 것이다.

현대 세계의 선지자들인 캐나다인 작사가 브루스 칵번(Bruce Cockburn)은 우리에게 이런 노래를 들려준다.

별 것 아닌 것을 위해 중요한 것을, 오래된 램프 대신에 새 램프들을,

그리고 길거리는 백금이 될 것이니, 금 따위엔 신경 쓰지 마시게나.

그러나 브루스 칵번은 그 뒤를 이어 계속 노래한다.

자, 이보게, 계속해 보세나.

잘못된 믿음을 가진데다, 캔디맨(마약파는 사람을 지칭하는 속어-옮긴이)은 가버렸다네.

이 비전은 산산이 부서져 버렸다! 무제한적인 경제 팽창의 시대는 종말을 고하고 있다. 우리는 피조 세계 그 자체의 한계들과 충돌하고 있다. 우리들의 우상숭배적인 불순종으로 인해, 하나님의 언약적 저주들이 우리들에게 고개를 들고 있다. 세속적인 신들은 구원을 베풀지 못해왔다. 이 문화가 섬기는 신들이 실패하는 지금, 세계관을 진지하게 다시 고려해야 할 시간이 무르익고 있다.[14]

---

14. Brian J. Walsh and J. Richard Middleton, *The Transforming Vision: Shaping a Christian World View*(Downers Grove, Ill.: InterVarsity, 1984), 139-40.

문화가 우리에게 공급하는 내용들에 대해 우리가 어떻게 반응할 것인지에 대해서는 주의 깊은 문화적 분별력이 필요하다.

예수의 사역은 주의 가르침을 둘러싸고 구성되어 있었고, 주님은 하나님의 뜻이 당시 종교적 문화가 전달하고 있던 것과 다르다는 것을 보여주셨다. 그렇기에 우리는 우리 공동체가 하나님의 진리를 통해 잘 교육받았고 하나님의 진리에 토대를 두고 있다는 것을 확신하는 데 있어서 조심스러워야만 한다. 이와 같은 교훈은 목회자의 설교준비가 조심스러워야한다는 것을 보여준다. 본질에 초점을 맞추는 훈련기관들을 발전시키는 것은 물론이거니와 목회자들에게 설교준비를 할 수 있는 충분한 시간을 주는 것을 포함해서 말이다. 우리는 사역을 위해 훈련받고자 하는 학생들을 격려해주어야만 하는데, 그들이 얼마나 훈련을 완수할 수 있는가에 대해서가 아니라, 그들이 사역을 시작하게 될 때까지 깊게 기초를 닦아두라는 것에 대해서 말이다. 내 동료 한사람이 내게 물었던 적이 있다. 만약 우리가 심장수술을 하기 위해 수술실로 들어가기 전에 수술 집도의가 고작 일년이나 이년만에 학위를 취득했다는 것을 듣게 된다면 과연 우리가 편안해하고 자부심을 가질 수 있겠느냐고 말이다. 하물며 영혼을 대상으로 사역하는 우리들에게는 얼마나 더 많은 것들이 필요하겠는가! 만약 가르침이 교회의 효과적인 사역에 있어서 중추적인 것이라면, 효과적인 사역 목록의 맨 꼭대기에는 (사역자가 받는) 견고한 훈련이 자리 잡고 있어야만 한다. 예수가 제자들을 사도들로서 준비시키기 위해 삼년 이상의 시간을 들여 그들을 훈련시키신 것이 과연 우연히 일어난 일인가?

그저 교리와 사실들에 대해서 가르치는 것만이 문제가 아니라, 그런 가르침들을 삶에 적용하고 그 가르침에 살과 피를 입히는 것이 중요하다. 나는 종종 내가 가르치는 학생들에게, 사역은 오염되지 않은 가르침을 알려주는 일을 감당하는 것이면서 또한 그만큼 권고하고 격려하는 것이라고 이야기한다. 우리는 그저 지성을 향해서만이 아니라 마음을 향해서 이야기한다. 그러나 성도들의 마음에 무언가를 이야기할 때에는 반드시 내용이 있어야만 한다. 그렇지 않으면 우린 그저 성도들이 서점의 라이프스타일 코너에서나 혹은 인근의 상담가들에게서 얻을 수 있는 것 이상의 것을 줄 수가 없다.

가장 중심적인 적용은 예수가 회당에서 설교하시는 장면에서 얻을 수 있다. 물론 예수의 설교에는 주가 갖고 계신 소명의 본질이 무엇인지에 관한 내용도 포함되어 있다. 교회의 소명은 예수의 소명이 확장된 것일 뿐이다. 주가 선포하시는 성취는 교회가 선포하는 성취의 일부분이다. 교회는 아웃리치를 실천함에 있어서,

이 소명에 반영되어 있는 가치들을 깊이 묵상해야만하고 또한 반영해야만 한다. 예를 들어서, 교회는 복음을 선포하고 복음증거 사역을 감당함에 있어서, 복음 메시지가 가난한 사람들에게 적합하다는 사실과 또한 이미 의지적인 상황 속에 있는 사람들에게 좀더 적합하다는 것을 이해하면서 감당해야만 한다. 종종 자립적으로 살 수 있는 사람들이나 혹은 유복하게 생활하는 사람들은 삶에 대해서 마치 삶이 자신들의 조정 하에 있다는 잘못된 생각을 하곤 한다. 우리 문화는 사람들에게 자기 자신의 삶을 조정하라고 이야기한다—마치 자신의 삶을 자기 자신의 방식대로 고삐잡거나 키를 잡을 수 있는 것처럼 말이다. 하지만 가난한 사람은 그런 환상 속에서 살지 않으며, 일반적으로 하나님을 향해 돌아서는 데 좀더 준비가 되어 있다.

가난한 사람들이 갖고 있는 복음에 대한 이런 잠재적 개방성에도 불구하고 또한 복음이 그들에게 적합함에도 불구하고, 사역자 그룹들은 종종 부자들을 목표로 삼곤 한다. 도시 빈민층이나 혹은 눈에 잘 띄지 않는 지역에서의 사역은 종종 시작하기도 어렵고 또한 지탱하기도 어렵곤 하다. 물론 교회는 모든 사람들에게 복음을 전하도록 명령받았으며, 그렇기에 이처럼 여러 다양한 사회 그룹들을 대상으로 사역하는 것은 잘못된 일이 아니다. 그러나 성경본문은 복음이 좀더 쉽게 다가설 수 있는 대상들을 향해 사역하는 것에 좀더 노력을 기울여야 하는 것은 아닌가라고 분명한 질문을 던진다.

우리는 또한 궁핍한 사람들과 도움이 필요한 사람들에게 우리가 어떻게 하면 긍휼과 관심을 가장 적절하게 보일 수 있을지에 대해 질문해야만 한다. 때때로 "하나님은 당신을 사랑하시며 당신의 삶을 향한 계획을 갖고 계십니다."라고 말하면서 긍휼을 베푸는 행동을 하는 것이, 그 어떤 복음증거를 위한 이야기를 늘어놓는 것보다 훨씬 더 우리 주장을 잘 보여주곤 한다. 진정 복음이 주로 관심을 기울이는 것은 사회 변화가 아니라 마음의 변화이다. 그러나 마음이 변화되었을 때, 긍휼이 나타나게 되고, 사회도 변화하게 된다. 사람들을 향해 관심을 표현하는 것은 복음증거에 있어서 아주 강력한 도구가 될 수 있다. 예수는 구속의 의미에 대해서 매우 악명 높은 죄인들과 더불어 그리고 심각한 궁핍에 빠져 있는 사람들과 더불어 나누고 계셨다. 주가 사람들의 고통을 다루시는 것은 이런 사람들의 고통과 더 많은 관련을 갖고 있었다. 사람들은 주가 회개, 죄 사함, 자유케 함, 언약의 성취 등에 대해서 선포하시는 메시지를 들었을 뿐만 아니라, 주가 보여주신 긍휼과 돌봄도 또한 본다.

이 본문의 또 다른 핵심적인 적용은, 구원의 본질이 무엇인가에 초점이 맞추어져 있다. 여기에서 언약성취에 대한 예수의 선포내용을 주도하는 한 가지 은유는 자유케 하고 풀려나게 하시는 것에 관한 은유이다. 희년에 대한 모습, 즉 모든 대적들과 부채로부터의 총체적인 해방을 바라보게 하는 모습은 구원의 본질을 매우 놀랍게 묘사해 준다. 회계장부는 깨끗하게 말소되었다. 모든 법적인 책임들은 예수가 베푸시는 은혜를 통해 모두 제거되었다. 여기에 덧붙여서, 무언가를 바라보는 전혀 새로운 방식이 있으며, 그렇기에 이전 관점을 통해 바라보던 삶은 이제 어두움과 소경됨으로 인식된다. 우리는 수많은 사람들이 예수가 베푸신 일들을 통해 경험한 해방과 자유케 됨이 어떤 의미인지를 알기 위해서는 기적들을 통해 나타난 주의 긍휼히 여기시는 사역을 그저 바라보기만 하면 된다. 이런 기적들은 주의 역사하심의 핵심에 진정 자리 잡고 있는 것이 무엇인지를 듣고 볼 수 있게끔 해준다.

이 본문을 따르자면 교회는 억압된 사람들을 돌봐야만 한다. 오늘날 우리 문화가 자신의 행동에 대해 책임을 지지 않는 모습이 된 것에 대해서 많은 논의가 있다. 현재 문화가 자기 자신의 문제들에 대해서 지금 상황의 책임성에 대해서나 죄악에 대해 인식하지 않고 그저 다른 사람들을 비난하는 모습이 되고 있는 것에 대해서 말이다. 나쁜 부모님 때문이라고 핑계를 대건, 혹은 이성 때문이라건, 가난하게 성장한 배경 탓이라건, 혹은 다른 무엇이 되었건 간에, 우리 문화는 내가 지금의 모습이 된 것에 대해 외부의 요소들 때문에 이렇게 된 것이라고 이야기한다.

이런 문화적 해석은 소경됨을 반영한다. 이런 관점들은 이 세상에 죄악이 스며들고 있다는 것을 인식하지만 그러나 나 자신이 개인적으로 그 안에 뒤섞여 있다는 점을 무시하곤 한다. 이런 뒤틀려진 관점은 우리가 이 세상에서 무엇이 진정한 문제인지를 다루는데 도움을 주지 못한다. 우리들 각자가 근접할 수 있는 유일한 한사람은 다름 아니라 바로 우리 자신들의 영혼뿐이기 때문이다. 예수는 사회 구조의 변화에 좀더 초점을 맞추시는 것이 아니라, 각 개인들을 변화시키는데 좀더 초점을 맞추신다. 사회구조들은 그 안에서 역할 하는 사람들이 변화할 때까지는 결코 변화할 수 없다. "나는 원한다"는 세상은, 그런 방식에 들어있는 다른 사람들을 짓누르는 것으로 끝이 난다. 죄에 대한 정직함과 다른 사람들에 대한 긍휼을 통해서, 이 세상을 다스리는 억압을 뒤집을 수 있는 가능성이 오게 된다.

우리를 얽어매고 있고 다른 사람들을 잘못 대하게 하는 왜곡된 삶의 관점들로부터 자유롭게 되기 위해서는 하나님이 그런 모습에서 우리를 자유케 하실 수 있다는 것을 깨닫고 그 아버지 앞에 나아가야만 하며, 이는 복음이 우리들에게 주는 자유의 일부이다. 바로 이것이 예수가 자신의 소명을 묘사하신 다른 성경본문에서,

주가 죄인을 불러 회개케 하시고 잃어버린 자를 찾는 것에 초점을 두신다는 것을 분명히 하시는 이유이다(5:31-32; 19:10). 이 세상의 잘못된 것을 제대로 바로잡기 위해 첫출발하는 방법은 우리 자신을 바로 잡는 데서 출발하는 것이다. 그렇게 한 이후에서야, 우리는 고통스럽게 관계가 깨져버린 장소가 되어 버린 이 세상에 대해 우리가 얼마나 기여해왔는지를 볼 수 있게 될 것이다.

교회가 사람들에게 그들 자신을 진지하게 바라보라고 요구할 때, 예수가 현세대를 영적으로 공허했던 엘리야와 엘리사 시대와 견주셨던 것을 패턴화해서 따라할 때, 교회는 또한 많은 사람들이 거울을 자기 얼굴에 갖다대고 자세히 들여다보는 일을 별로 기뻐하지 않는다는 사실도 이해해야만 한다. 때때로 배척은 실패가 아니라 성공을 보여주는 잣대가 되기도 한다. 이는 복음이 복음을 듣는 사람들의 귀에 만족을 주지 않기 때문이다. 진정으로 거울을 통해 내 안에 무엇이 있는지를 자세히 들여다보고 관찰하는 것은 정말로 어려운 일일 수 있다.

교회는 사뭇 다른 직무를 갖고 있다. 한편으로, 구속과 자유케 됨에 관해 이야기하기 위해서, 우리는 죄에 대해서 언급해야만 한다. 다른 한편으로 복음의 제시는 궁극적으로 긍정적인 것이기 때문에 복음제시의 목표는 침울한 메시지가 아니라 소망의 메시지이다. 복음을 선택할 것인가가 위태로운 문제이기는 하지만 그러나 복음은 복음 안에 들어올 모든 사람들에게 제시된다. 하나님은 열린 마음을 가진 모든 사람들이 들어올 수 있는 열린 문을 갖고 계신다. 교회가 처할 수 있는 위험이란, 교회가 죄를 선택함에 있어서 주가 행하시듯 하는 것이 아니라 우리가 죄로 여기는 것들만 죄로 선택하게 되거나, 혹은 적대적인 문화에 직면하면서 부정적인 톤으로 방어적이 될 수 있다는데 있다. 유산과 동성애는 나쁜 것이지만, 이혼, 탐욕, 정신적인 잔인성, 혹은 권력의 남용은 어느 정도 용납해 줄 수 있는 그런 것인 양 생각하곤 한다. 무엇이 죄악인지를 규정함에 있어서 신빙성을 가지려면, 죄의 목록은 한 죄가 다른 죄보다 더 위험하다거나 혹은 더 중대하다는 식으로 선택적이 되거나 우선순위를 배정받는 방식이 되어서는 안 된다.

예수가 여기에서 주의 소명이 무엇인지를 아웃라인을 제시하시긴 하지만 우리가 주가 행하셨던 일들, 즉 하나님이 명령하신 사역들이 어떤 가치를 갖는지를 묵상할 때 적용들을 찾을 수 있다. 나는 예수의 사역을 전체적으로 생각해볼 때, 항상 의아스러워하는 모습이 된다. 주님은 모든 죄악에 대해 도전하셨음에도 불구하고, 우린 주가 분명한 태도를 취하시는 죄악들에 대해 좀더 편안하게 생각하고 별 것 아닌 것처럼 취급하는 경향을 갖기 때문이다. 이런 생각들과 적용들은 자유를 얻는다는 것이 무엇을 의미하는 것인지, 그리고 복음이 우리에게 갖도록 명령하는 새로운 관점을 받아들이는 것이 무엇을 의미하는지를 반영한다.

마지막 한 가지 주목할 점이 제시된다. 때때로 축복은 놀라운 장소들에서 나타나곤 한다. 엘리야와 엘리사가 사역을 시작했을 때, 이들의 중요한 기적들에는 이방 땅의 과부와 시리아의 문둥병자가 포함되어 있었다. 그러나 이들은 선지자들이 중요한 목표로 삼고 있던 청중 속에 들어있던 사람들이 아니었다. 이런 일들은 사람들을 말문이 막히게 한다. 다시 말해서 이 본문은 우리에게 우리가 하나님을 발견할 수 있어야만 한다는 점에 관해 경고한다. 예수가 엘리야와 엘리사에 대해 언급하신 것은 하나님이 축복하시는 사람들 중에는(이방인들) 하나님이 축복하시고자 했던 사람들(이스라엘)이 아니었던 사람들이 있으며 또한 약속이 처음 주어질 때 그 약속을 받지 못했던 사람들도 들어있음을 예로 제시해 준다. 우리는 원치 않던 방향들로 하나님이 우리 사역들을 전환시키시고 바꾸시는 것에 대해 열려있어야만 한다. 때때로 한 부분에서 문이 닫혀 있는 것은 또 다른 부분에서 열린 문의 기회일 수도 있다.

이런 변화들은 다양한 형태들로 일어날 수 있다. 나는 사역할 기회들에 대해서 "그런 경험이 전혀 없어요!"라고 말하는 많은 사람들을 알고 있다. 그런 모습 속에서, 그렇게 말하는 사람들은 하나님이 행하실 수 있는 새롭고 신선한 중요한 일들로부터 멀리 도망치는 것이다. 하나님이 사도행전에서 복음을 이방인들에게 열어젖히셨을 때, 하나님은 교회로 하여금 이런 새로운 방향이 가능하다는 것을 확신케 하셔야만 했다는 점을 주목하라(행 10-11장).

하나님은 그분의 계속적인 이런 방향에 대해 계속해서 계시를 주시고 뒷받침해 주셔야만 했다. 교회가 사람들에게 나아가고 다가섬에 있어서 자신의 생각대로가 아니라 하나님이 이렇게 인도하시도록 하는 것을 통해서만이—복음의 본질을 바꾸는 것을 통해서가 아니라 궁핍하고 복음이 필요한 사람들에게 하나님이 다가서실 수 있는 다양한 방법이 무엇인지를 생각하는 것을 통해서—교회는 하나님이 교회를 향해 나아가라고 명령하시는 잃어버린 다양한 그룹의 사람들에게 스며들 수 있게 될 것이다.

누가복음 4:31-44

31 갈릴리의 가버나움 동네에 내려오사 안식일
에 가르치시매
32 그들이 그 가르치심에 놀라니 이는 그 말씀
이 권위가 있음이러라
33 회당에 더러운 귀신 들린 사람이 있어 크게
소리 질러 이르되
34 아 나사렛 예수여 우리가 당신과 무슨 상관이
있나이까 우리를 멸하러 왔나이까 나는 당신이
누구인 줄 아노니 하나님의 거룩한 자니이다
35 예수께서 꾸짖어 이르시되 잠잠하고 그 사람
에게서 나오라 하시니 귀신이 그 사람을 무
리 중에 넘어뜨리고 나오되 그 사람은 상하
지 아니한지라
36 다 놀라 서로 말하여 이르되 이 어떠한 말씀
인고 권위와 능력으로 더러운 귀신을 명하매
나가는도다 하더라
37 이에 예수의 소문이 그 근처 사방에 퍼지니라
38 예수께서 일어나 회당에서 나가사 시몬의 집
에 들어가시니 시몬의 장모가 중한 열병을
앓고 있는지라 사람들이 그를 위하여 예수께
구하니
39 예수께서 가까이 서서 열병을 꾸짖으신대 병
이 떠나고 여자가 곧 일어나 그들에게 수종
드니라
40 해 질 무렵에 사람들이 온갖 병자들을 데리
고 나아오매 예수께서 일일이 그 위에 손을
얹으사 고치시니
41 여러 사람에게서 귀신들이 나가며 소리 질러
이르되 당신은 하나님의 아들이니이다 예수
께서 꾸짖으사 그들이 말함을 허락하지 아니
하시니 이는 자기를 그리스도인 줄 앎이러라
42 날이 밝으매 예수께서 나오사 한적한 곳에
가시니 무리가 찾다가 만나서 자기들에게서
떠나시지 못하게 만류하려 하매
43 예수께서 이르시되 내가 다른 동네들에서도
하나님의 나라 복음을 전하여야 하리니 나는
이 일을 위해 보내심을 받았노라 하시고
44 갈릴리 여러 회당에서 전도하시더라

원 의미

이 단락은 예수가 활동 토대를 만드신 고대 도시인 가버나움에서 일어난 몇 가지 두드러진 사건들을 요약한다. 이 도시는 갈릴리 바다 북서쪽에 접해 있는, 해발 680피트 정도의 도시였다. 이곳은 이 지역에서 어업과 농업 무역중심지로서 유대인의 중추적인 핵심지역이었다(Josephus, *Life* 72§403; *Jewish War* 3.10.8§519).[1]

1. Marshall, *Commentary on Luke*, 191.

누가복음에서 이 단락은 분명하게 구분된다: 도입(4:31-32), 귀신을 쫓아내심(4:33-37), 시몬 장모의 병을 고쳐주심(4:38-39), 귀신과의 또 다른 대결(4:40-41), 그리고 마무리하는 소명 선언(4:42-44). 세 가지 기적에 대한 설명이 예수의 행동을 주도적으로 묘사한다. 주의 사역은 주가 보이셨던 긍휼을 반영한다.

누가는 예수가 안식일에 행하신 다섯 가지 기적들 가운데 두 가지를 여기에 소개한다(4:31-37, 38-39; 6:6-11; 13:10-17; 14:1-6을 보라). 주님은 안식일에 나사렛의 회당에서 하나님의 약속이 성취되었다고 선포하셨다. 지금 주님은 그런 성취가 나타나는 모습을 보여주신다. 마가복음 1:21-39 부분과 마찬가지로, 누가는 예수의 사역에 나타나는 행동들을 마치 스냅사진처럼 보여주는 일련의 사건들에 대해서 기록한다. 마가는 기적 그 자체에 대해서 초점을 맞추는 경향을 보이지만, 반면 누가는 가르치심, 귀신을 쫓아내심 그리고 치유 사이에 균형을 맞추어 묘사한다. 누가에게 있어서는 말씀들과 행하심들이 마가보다는 좀더 함께 묶여 있다.

예수의 사역에는 다양성이 있다. 주님은 개인들과 군중들을 다루신다. 주님은 남자와 여자를 치유하신다. 주님은 가르치시고 권세를 행하신다. 우리는 주가 행하신 기적들에 너무나 친숙하기 때문에, 주의 기적들을 보면서도 별로 놀라지 않는다. 그러나 우리는 고대세계에서 이런 행동이 비록 지금보다는 좀더 잘 받아들여지기는 했겠지만 여전히 드문 행동이었고 경이로움과 놀라움을 만들어냈다는 점을 놓쳐서는 안 된다.

예수의 생애 속에서 기적이 사건으로서 중요한 것처럼, 기적들은 또한 좀더 깊은 의미와 영적 실재들을 가시적으로 보여주는 역할도 한다. 아마 이런 가장 뚜렷한 본보기는 5:1-11일 것이다. 이 부분에서는 물고기를 잡는 것이 주가 "사람을 낚는 어부"가 되라는 부르심의 토대가 된다. 예수의 모든 기적들은 어떤 의미에서는 무언가 중요한 영적 실재를 가시적으로 제시하고 대표적으로 보여주는 것이기도 하다—종종 주의 사역과 연관되어 있는 우주적 투쟁의 깊이를 현실적이고 가시적으로 보여주는 것이기도 하다. 주의 일하심은 의로움의 힘이 하나님의 세상 안으로 권세 있게 도래한 것을 보여주는 것이기 때문에, 예수가 악의 세력들과 백병전으로 전투를 치러야만 한다는 것은 이상한 일이 아니다. 진정으로 이 기적들은 창조 세계 내에서 활동하고 있는 우주적인 권세들의 베일을 걷어내고 분명하게 드러내 보여준다.

31-32절에서 예수의 사역을 첫 번째로 요약하면서 제시되는 핵심적인 특징은 주의 가르침에 내재되어 있는 권세에 대한 인식이다. 예수 이후 수세기가 지난 뒤

랍비들의 활동들이 보여주는 특징은 랍비의 주장들을 선집(選集) 형태로 만들어서 그들의 가르침에 접근했다는 점이다. 이 선집 안에는 어떤 문제에 대해 랍비들이 어떤 견해를 갖고 있었는지가 목록화 되어 있었고, 어떤 사상에 대해 어떤 판례들을 갖고 있는지를 잘 구축하는 것이 바로 진리라고 간주되곤 했다. 예수는 이런 방식으로 가르치지 않으신다. 주님은 하나님의 뜻을 직접적으로 선포하신다. 심지어 제한된 상황들 속에 성경본문을 계속해서 직접 대입해 사용하면서까지 말이다. 무리들은 가르침에 대한 주님의 접근이 랍비들이나 다른 종교 지도자들과 뚜렷하게 구별된다는 사실을 알았고, 이로 인해 놀라워했다.

누가복음에서 기록하고 있는 첫 번째 기적은 귀신을 쫓아내신 사건이다. 예수의 사역에 있어서 가장 핵심적인 대적은 악한 영적 세력들로 이루어져 있다. 마귀는 이 복음서 안에서만 23번 언급되는데, 지금 여기에서부터 갈릴리 사역 항목인 9:50 사이에만도 14번이나 등장한다. 유대교는 메시아의 시대에는 사탄의 권세가 박살나게 될 것이라고 믿었다.[2] 예수는 이미 사탄과 맞대응하셨다. 이제 주님은 사탄의 군대들에 대한 싸움이 시작되고 있다.

회당 안에는 "더러운 악한 영"에게 붙들린 한 사람이(문자적인 번역이다) 있었다. 이 사람에 대한 이런 표현들은 상황이 얼마나 심각한지를 보여주고자 의도적으로 묘사들을 중첩시킨 것이다. 누가는 다른 신약성경들에서 그렇게 하는 것처럼, 귀신들린 것을 육체적 질병과 구분한다(마 4:24; 눅 4:40-41; 7:21; 9:1; 13:32)—비록 어떤 경우에는 이 두 가지 개념들이 중복되긴 하지만 말이다(참조. 눅 8:29; 9:39; 11:14-20; 13:11, 16 이 부분에서는 귀신이 들린 모습은 마치 병처럼 보인다). 귀신들린 것을 구별지어주는 특징은, 기괴한 행동이나 혹은 심각한 육체적 뒤틀림이다(막 5:1-20; 눅 8:29; 9:39, 42; 11:14; 13:10-17). 예수의 임재는 귀신으로 하여금 신경질적이 되게 하고, 귀신은 사람을 통해 주를 향해 주가 무엇을 하시려고 계획하시는지 물으면서 소리 지른다. 주님은 그것을 멸망케 하실 것인가? 34절에 나오는 이 질문은, 관용적인 질문 방식이다, "왜 당신은 우리를 괴롭게 하십니까?"[3] 이 말의 내용은 예수가 갖고 계신 본래적인 권세에 대해서 제시해

2. *Testament of Zebulon* 9:8; *Assumption[Testament] of Moses* 10:1. 사탄에 대한 유대인들의 관점에 대해서는 Josephus, *Jewish Wars* 7.6.3. §185; 제1에녹서 19:1; *Jubilees* 10:5; *Testament of Benjamin* 5:2; Foerster, "δαίμων," *TDNT*, 2:8-9.

3. Danker, *Jesus and the New Age*, 111, Seesemann은 이것을 "방어 공식"이라고 부른다. "οἶδα," *TDNT*, 5:117-18.

주는 것은 물론이고, 사탄이 그 권세를 알고 있다는 점도 나타내 주기 때문에, 계시적인 성격을 갖는다. 이에 덧붙여서 귀신은 고백을 한다: 예수는 "하나님의 거룩하신 분이십니다"(참조. 1:31-34). 이 고백은 주를 하나님을 향한 섬김에 있어서 유일하고 독특하신 구별된 분으로 인식한다. 이 호칭은 아론(시 106:16), 삼손(삿 13:7), 엘리사(왕하 4:9) 등과 같은 인물들을 생각나게 한다.

예수는 악한 영을 꾸짖으시고, 그 사람은 즉각 회복된다. 그 사람은 또한 조용하게 되었다. 예수는 사탄이 공개적인 자리에서 주가 누구신지를 고백하는 것을 결코 원하지 않으신다. 그 이유는 분명치가 않다. 단지 아마도 유대교는 몇몇 제한된 방식들로 메시아가 선포되어야 한다고 기대했었고, 사탄이 고백한 이 호칭 자체에 대해서 예수가 유대인들이 갖고 있던 생각들을 바로잡으시려고 했다는 점만 추측할 수 있을 뿐이다.[4] 귀신은 이 사람을 땅바닥에 집어던지는 것을 통해서 이 사람에게 피해를 주려고 했던 것조차도 실패하고 말았다. 악한 영의 파괴적인 경향들은 귀신들의 올가미에서 인간을 구원하시는 예수의 권세를 통해 정복된다.

이 놀라운 사건과 그 결과는 즉각 가장 기본적인 질문을 던지는 무리들 속에 나타난다: "이 어떠한 말씀인고?" 사람들은 주의 말씀으로 인해 마귀의 권세들이 굴복 당했다는 것을 인식했다. 예수는 권세와 권능 두 가지 모두를 갖고 계신다. 누가의 독자들에게도 이 무리가 제기한 질문이 생각해봐야 할 질문으로 남게 된다. 이 사건에 대한 소식은 이 지역에 널리 퍼져간다.

그 다음 치유사건은 좀 덜 드라마틱하긴 하지만 그러나 마찬가지로 매우 중요하다. 예수는 고열로 시달리고 있던 병든 베드로의 장모를 만나신다. 만약 이 집이 전형적인 고대 팔레스타인 가정이었다면, 그녀는 방한칸짜리 집에 있었을 것이다. 예수는 생명을 위협하는 또 다른 분명한 위험과 맞서신다. 주님은 방금 전에 귀신에게 행하셨던 것과 마찬가지로, 지금은 질병에 대해 그렇게 행하신다. 주님은 질병을 꾸짖으시고, 그 여자는 회복되었으며 그들을 섬기기 시작했다. 이 내용은 그녀가 회복되었다는 것만이 아니라, 그녀가 감사했다는 점도 보여준다.

소문은 신속하게 퍼져나갔고, 예수는 각양각색 질병을 갖고 주께 찾아오는 자들을 치료해 주셨다. 치료하시는 일들은 방해 없이 계속되어갔다. 주의 사역에는 한결같은 모습이 있다. 주의 권세는 계속해서 흘러넘쳤다. 여기에다가 귀신들은

---

4. R. Longenecker, *The Christology of Early Jewish Christianity*(London: SCM, 1970), 71-74; R. H. Stein, *Luke*, 163.

계속해서 쫓겨져 나갔다. 그들은 예수가 하나님의 아들이시라고 고백하는데, 이는 그들이 주를 그리스도로 인식한다는 것을 의미한다. 기름부음 받은 자는 자신의 독특한 소명에 대한 증거를 보여준다. 주님은 이전에 행하셨던 것과 마찬가지로, 사탄이 고백하려는 모든 시도들에 대해 잠잠케 하셨다.

예수는 때때로 개인적으로 기도하시기 위해 물러나셨지만, 사람들은 주를 찾았다. 가버나움 사람들은 주가 머무르시기를 원하지만 예수의 소명은 한 지역에만 국한되는 것이 아니다. 예수는 하나님 나라를 다른 모든 곳들에서도 선포하시도록 부름 받으셨으며, 그래서 주님은 보냄 받으시는 곳으로 가셔야만 했다. 이는 예수가 그 땅의 다른 회당들에서도 설교하셔야만 한다는 것을 의미했다. "하나님 나라"라는 주의 메시지는 주가 나사렛에서 설교하셨던 메시지와 비슷하다(4:16-21)—놓임과 성취라는 말씀이라는 메시지와 말이다. 누가는 여기에서 나라가 무엇을 의미하는 지를 구체화시키거나 혹은 한정하지 않는다. 누가복음 4장에 나오는 놓임에 관한 메시지는, 그 본질에 대해서 사탄의 권세들을 정복하는 것임을 제시한다. 다른 본문들은 이 사상을 좀더 분명하게 발전시킬 것이다.

상황잇기

과거와 오늘날이라는 정황 사이에 가교를 놓아주는 주도적인 이슈는 예수의 이적 사역 안에 나타나는 기적의 존재이다. 이 점은 특별히 쟁점이 되는 논쟁을 일으키는데, 기적의 존재에 대해서는 교회 밖에 존재하는 회의론은 차치하고서라도, 오늘날 교회 내에서도 두 가지 접근법이 있기 때문이다.

기적에 대한 교회 밖의 관점에서부터 살펴보자. 계몽주의 이래로 많은 사람들은 기적의 실체를 거부해왔다. 이런 거부는 신이 없다는 것을 전제하거나 혹은 창조 세계에 신이 간여하지 않는다고 확신한다. 그렇기 때문에 기본적인 이슈는 하나님이 존재하느냐라는 문제와, 만약 존재한다면 하나님이 이 세상 속에서 과연 역사하는가[5]라는 문제에 집중된다. 이 논쟁의 중심에는 예수의 부활이 자리 잡고 있다. 기독교는 십자가에 달려 돌아가셨지만 지금은 주가 살아 계시다고 선포한다.

---

5. 아마도 오늘날 가장 널리 알려진 기적에 대한 변증은 C. S. Lewis의 *Miracles*(New York: Macmillian, 1947)일 것이다. 유추의 법칙(과거에도 오늘날과 마찬가지였다—즉, 예전에도 기적은 없었다)을 인정하지 않으면서 기적들에 대해 다룬 가톨릭의 서술에 대해서는, J. P. Meier, *A Marginal Jew*, vol. 2(New York: Doubleday, 1994), 528-29를 보라. 그리고 또 다른 중요한 연구는, Brown, *Miracles and the Critical Mind*(Grand Rapids: Eerdmans, 1984)가 있다.

이것이 진실이 되려면, 부활은 반드시 실체적으로 존재해야만 한다—이 관점은 적어도 죽은 사람이 다시 살아나는 범위까지는 기적이 일어난다고 주장한다. 기적을 부인하는 사람들은 어떻게 초대교회가 존재하게 되었는지 그리고 부활하신 주님에 대한 가르침을 심지어 그들의 목숨을 대가로 치르면서까지 방어했는지를 설명해야만 한다. 무언가가 그들의 생각을 완전히 돌려놓았다는 것은 틀림없는 사실이다. 그들이 교리를 꾸며냈다고 주장하는 것은 왜 제자들이 그것이 거짓인줄 알면서도 그것을 위해 죽음까지 감내했는지를 설명하지 못하기 때문에, 타당하지 않다. 누군가는 착각 때문이었다고 주장할 수도 있겠지만, 이런 주장 역시 복합적인 착각을 주장해야만 한다. 왜냐하면 많은 제자들이 그들의 믿음을 위해 자신들의 생명을 걸었기 때문이다.

기적에 관한 논쟁 이면에는 하나님의 존재와 역사하심에 대한 세계관적인 질문이 자리 잡고 있다. 만약 하나님이 존재한다면, 우리는 하나님이 전적으로 그분의 창조세계와 유리되어 있다고 생각해야만 하는가? 정말로 하나님을 그저 팝콘이나 먹어가며 창조세계를 바라보면서 쇼를 즐기고 있는 단순한 관람자로 여겨야만 하는가? 하나님이 존재하더라도 창조세계 안에서는 아무런 일도 하지 않는다는 것은 당연히 여길 수 있는 생각이 아니다. 우리의 경험은 종종 이와는 달리 증거하곤 한다. 대부분의 공동체들은 신적인 존재의 간섭이라고만 설명할 수 있는 그런 사건들에 관해 이야기할 거리들을 갖고 있기 때문이다.

이제 교회 내의 관점들로 돌아가서 생각해보자. 몇몇 사람들은 하나님이 여전히 경우에 따라서 오늘날에도 기적을 행하시기는 하지만 그러나 교회 안에 기적을 행하는 은사는 없다고 주장한다—즉, 그 누구도 예수나 사도들이 행했던 것처럼 기적을 행하지 못한다고 주장한다. 이런 입장은 중단론(cessationism)이라고 알려져 있다. 이런 입장과는 달리, 다른 사람들은 기적을 행하는 은사가 여전히 오늘날에도 역할을 하며, 그렇기 때문에 우리는 예수처럼 사역을 행할 수 있다고 주장한다.[6] 이 논쟁은 매우 복잡하며, 때때로 심각한 논쟁을 일으키기도 했다. 양측이 함

6. 이런 은사들의 중단을 주장하는 고전적인 연구로는 B. B. Warfield, *Counterfeit Miracles*(London. Banner of Truth, 1972)가 있다. 좀더 최근의 중단론자의 연구로는 T. Edgar, *Miraculous Gifts: Are they for today?*(Neptune, N. J.: Loizeaux Brothers, 1983)이 있다. 이런 은사들이 있다고 주장하는 것으로는, Jack Deere, *Surprised by the Power of the Spirit*(Grand Rapids: Zondervan, 1993)이 있다. Deere는 Warfield와 직접 상호작용을 하지만, 왜 오늘날에는 사도시대와는 달리 이런 은사들이 빈번하게 나타나지 않고 지속적으로 표출되지 않는지를 설명하고자 열심히 노력한다. 좀더 중도적인 것으로는 D. A. Carson, *Showing the Spirit A Theological Exposition of 1Corinthians 12-14*(Grand Rapids: Baker, 1987)이 있다.

께 공통적으로 동의하는 바가 무엇인지를 먼저 지적해두는 것이 도움이 될지도 모르겠다. 양측은 하나님이 역사하시기로 주권적으로 선택하실 때 하나님의 기적적인 간섭하심이 가능하다는 것에 대해 확고하게 믿는다. 다른 식으로 말하자면, 이 논쟁은 하나님이 기적을 행하시는가 아니면 그렇지 않는가에 관한 논쟁이 아니다. 그보다는 서로 동의하지 못하는 부분은 하나님이 특정한 사람들에게 치료의 능력을 지속적으로 주시는가 아닌가, 그리고 사역들이 치료사역에 초점 맞추기를 원하시는가 아닌가에 있다. 하나님이 오늘날에는 기적을 행하는 은사를 통해 역사하시지 않는다고 주장하는 사람들은 치유은사가 새로운 시대의 도래를 도입하는 제한적인 시기 동안에만 주어졌다고 믿는다(히 2:3-4을 보라. 이 부분은 성령의 증거하시는 사역을 과거의 것으로 다룬다). 이들은 또한 예수가 무리들이 예수보다도 표적에 더 초점을 맞추게 되지 않게 하시고자 기적을 행하시는 사역을 덜 강조하셨다는 점 역시 지적한다(마 12:38-42; 눅 11:29). 오늘날에도 이 은사들이 기능을 하고 있다고 보는 사람들은 오늘날의 사역이 예수의 사역과 유사한 방식으로 이루어져야 한다고 주장한다.

내가 갖고 있는 조심스러운 접근법은 오늘날에는 기적을 행하는 은사가 기능하지 않다는 관점이다. 우리는 예수의 사역에서 분명하게 나타나는 치유의 다양성이나 비율 등을 오늘날에도 유사한 본보기들로 다루어야 한다고 보지 않는다. 예를 들자면 어떤 지지자는 현대의 치유에 대한 요청들 중 단지 2퍼센트만이 성공을 한다는 점을 인정했다. 이것은 예수께서나 혹은 제자들이 행한 것과는 매우 중요하게 다른 점이다. 이런 퍼센트는 훌륭한 믿음의 반응들이 좀더 자주 나타나는 곳에 계속적으로 거주하는 은사라기보다는 하나님의 주권적인 행하심을 보여주는 본보기가 나타나는 것이라고 보인다. 다른 식으로 말하자면 비록 하나님이 지금도 여전히 치유를 베푸시기는 하지만 나는 예수의 사역 중 치유하시는 측면이 오늘날에도 반복적으로 지속성을 가져야한다고 기대하지는 않는 것이다. 나는 축사(귀신을 쫓아냄)라는 이슈에 대해서도 이와 비슷한 방식으로 다룰 것이다. 치유에 대한 이런 제한들은 하나님이 어떻게 역사하시는지에 대해 신뢰가 부족하다는 증거가 아니다. 치유하시는 하나님의 주권적인 권리와 역사하심은 여전히 확고하기 때문이다. 의문이 제기되는 부분은 하나님이 치유의 은사들을 개인들에게 계속해서 주시고 그들을 통해 사람들을 치유케 하시는가 아닌가라는 부분이다.

성경본문과 현재를 연결시켜주는 중심적인 가교는 사역의 특징과 목표이다. 예수의 행동은 심지어 갈등상황 속에서조차 섬김과 긍휼히 여김에 동참하고 계심을 보여준다. 기적들은 인류를 위한 진정한 전쟁이 어디에 놓여있는지 그리고 예수가 그런 장애물들을 이겨내실 수 있는 권세를 어떻게 갖고 계신지를 보여준다. 예수가 귀신들을 쫓아내시고 병을 치유하는 행동을 하실 때, 우주적인 권세들과 질병들 양자 모두는 주의 뜻이 나타나는 대상들이 된다. 예수가 이와 같은 총체적인 권세를 갖고 계시다는 점이 우리들을 붙들어야만 하며, 우리로 하여금 주가 구원을 베푸시겠다는 약속에 토대를 두고 구원하실 능력이 있으시다는 것을 묵상하게끔 만들어야만 한다. 이는 또한 주가 이 권세들이 결코 이런 방식으로 우리를 총괄적으로 덮칠 수 없는 권세를 갖고 계시다는 점을 알려준다. 적대적인 권세들은 우리를 파괴하려고 하겠지만, 주님은 우리가 저항하는 것을 도우실 수 있는 능력을 갖고 계신다. 우리들을 위협하는 삶의 장애물들은 예수가 그런 문제들을 극복하실 수 없을 만큼 거대하거나 권능이 있는 것이 아니다. 사실 실제로는 정확하게 그 반대이다.

현대적 의미

무엇보다도 예수는 자신이 유일무이하게 하나님으로부터 보냄 받은 존재로서 행하시는 일들을 통해 권위를 인정받으신다는 점을 지적하는 것이 가장 중요하다. 이런 사건들에 대한 가장 훌륭한 해석과 설명은 사도행전 10:38-42이다.

또 다른 핵심적인 적용은 예수의 사역하시는 스타일이 함축하는 바에서 찾아볼 수 있다. 역사 속의 많은 선교기관들과 교회들은 예수가 여기에서 행하시는 긍휼히 여기시는 섬김의 스타일을 표현하는 방법으로서 자선 사업들과 병원들을 조직했다. 그런 식의 연결은 지극히 정당하다. 치유사건들과 축사사건들이 보여주는 것은 하나님의 권능과 사람에 대한 하나님의 관심이다. 교회는 오늘날 결코 긍휼히 여기는 모습을 축소시키거나 약하게 해서는 안 된다. 우리가 질병으로 인한 피폐함을 다루거나 혹은 상처받는 사람들에 대한 관심을 보여줄 때, 우리는 하나님이 이 타락한 세상 속에 살고 있는 사람들을 향해 갖고 계셨던 사랑을 제시하고 반영하고 있는 것이 된다.

또 다른 적용은 상담의 영역 안에서 나타난다. 우리는 사람들의 영혼을 다루고 목회하는 데 있어서, 사람들이 도대체 어떤 존재들이며 또한 그들이 왜 상처받는지를 이해하고자 노력하는 성경중심적인 상담적 접근을 통해, 사람들이 죄책감이나 삶 속의 타락 등의 문제와 씨름하는 것을 도울 수 있다. 이것은 정신건강과 축사가 동일하다고 주장하는 것이 결코 아니다. 이 두 가지는 같은 것이 아니기 때문이다. 그러나 축사에서 적용되는 긍휼히 여기는 스타일이, 정신적인 혼란을 겪은 상처 입은 영혼을 사용하는데 있어서 필요한 긍휼히 여기는 스타일과 비슷하다고 제시하는 것이다.

필요한 것은 좋은 상담이다—좋은 상담은 죄의 성격에 대한 성경의 진리와 이 세상의 타락 그리고 환경이라는 요소들을 우리가 힘들어하는 이유들과 증상들에 대한 분석 및 연구와 통합한다. 이들 중 무엇이라도 간과하거나 무시하는 것을 통해서 우리의 상태에 대한 개인적인 책임을 피하거나, 혹은 한 사람이 항상 자신을 자책하는 느낌을 갖게 만드는 것은 잘못된 일이다. 학교에서는 이미 신학자들과 카운슬러들을 함께 데려오는 노력을 시작했다. 이런 두 가지 균형 모두에 대해 이야기하고 통합하기 위한 건강한 노력을 기울이면서 말이다. 카운슬러들은 너무나 자주 자기들만의 영역 속에 남아 있곤 하며, 신학자들은 감정적으로 위험에 처한 사람들을 다루면서 죄의 뿌리들이 반영되어있는 다양한 요소들을 인식하지 않는 모습을 보이곤 한다.

우리는 예수의 사역에서, 주가 도우셔야만 했던 사람들, 즉 사람들을 공격하고 약화시킨 권세들로 인해 괴롭힘 당하던 사람들을 돕기 위해, 주가 모든 수단들을 활용하시는 것을 본다. 비록 오늘날에는 이런 사역을 행하는 형태가 조금 달라지긴 하겠지만, 이런 섬김을 유발하게 하는 긍휼히 여기는 마음은 과거와 전혀 달라지지 않았다.

누가복음 5:1-32

1 무리가 몰려와서 하나님의 말씀을 들을새 예
수는 게네사렛 호숫가에 서서
2 호숫가에 배 두 척이 있는 것을 보시니 어부
들은 배에서 나와서 그물을 씻는지라
3 예수께서 한 배에 오르시니 그 배는 시몬의
배라 육지에서 조금 떼기를 청하시고 앉으사
배에서 무리를 가르치시더니
4 말씀을 마치시고 시몬에게 이르시되 깊은 데
로 가서 그물을 내려 고기를 잡으라
5 시몬이 대답하여 이르되 선생님 우리들이
밤이 새도록 수고하였으되 잡은 것이 없지마
는 말씀에 의지하여 내가 그물을 내리리이다
하고
6 그렇게 하니 고기를 잡은 것이 심히 많아 그
물이 찢어지는지라
7 이에 다른 배에 있는 동무들에게 손짓하여
와서 도와 달라 하니 그들이 와서 두 배에 채
우매 잠기게 되었더라
8 시몬 베드로가 이를 보고 예수의 무릎 아래
에 엎드려 이르되 주여 나를 떠나소서 나는
죄인이로소이다 하니
9 이는 자기 및 자기와 함께 있는 모든 사람이
고기 잡힌 것으로 말미암아 놀라고
10 세베대의 아들로서 시몬의 동업자인 야고보
와 요한도 놀랐음이라 예수께서 시몬에게 이
르시되 무서워하지 말라 이제 후로는 네가
사람을 취하리라 하시니
11 그들이 배들을 육지에 대고 모든 것을 버려
두고 예수를 따르니라
12 예수께서 한 동네에 계실 때에 온 몸에 나병
들린 사람이 있어 예수를 보고 엎드려 구하
여 이르되 주여 원하시면 나를 깨끗하게 하
실 수 있나이다 하니
13 예수께서 손을 내밀어 그에게 대시며 이르시
되 내가 원하노니 깨끗함을 받으라 하신대
나병이 곧 떠나니라
14 예수께서 그를 경고하시되 아무에게도 이르
지 말고 가서 제사장에게 네 몸을 보이고 또
네가 깨끗하게 됨으로 인하여 모세가 명한
대로 예물을 드려 그들에게 입증하라 하셨
더니
15 예수의 소문이 더욱 퍼지매 수많은 무리가
말씀도 듣고 자기 병도 고침을 받고자 하여
모여 오되
16 예수는 물러가사 한적한 곳에서 기도하시
니라
17 하루는 가르치실 때에 갈릴리의 각 마을과
유대와 예루살렘에서 온 바리새인과 율법교
사들이 앉았는데 병을 고치는 주의 능력이
예수와 함께 하더라
18 한 중풍병자를 사람들이 침상에 메고 와서
예수 앞에 들여놓고자 하였으나
19 무리 때문에 메고 들어갈 길을 얻지 못한지
라 지붕에 올라가 기와를 벗기고 병자를 침
상째 무리 가운데로 예수 앞에 달아 내리니
20 예수께서 그들의 믿음을 보시고 이르시되 이
사람아 네 죄 사함을 받았느니라 하시니
21 서기관과 바리새인들이 생각하여 이르되 이
신성 모독 하는 자가 누구냐 오직 하나님 외
에 누가 능히 죄를 사하겠느냐
22 예수께서 그 생각을 아시고 대답하여 이르시
되 너희 마음에 무슨 생각을 하느냐
23 네 죄 사함을 받았느니라 하는 말과 일어나
걸어가라 하는 말이 어느 것이 쉽겠느냐
24 그러나 인자가 땅에서 죄를 사하는 권세가
있는 줄을 너희로 알게 하리라 하시고 중풍

병자에게 말씀하시되 내가 네게 이르노니 일
어나 네 침상을 가지고 집으로 가라 하시매
25 그 사람이 그들 앞에서 곧 일어나 그 누웠던
것을 가지고 하나님께 영광을 돌리며 자기
집으로 돌아가니
26 모든 사람이 놀라 하나님께 영광을 돌리며
심히 두려워하여 이르되 오늘 우리가 놀라운
일을 보았다 하니라
27 그 후에 예수께서 나가사 레위라 하는 세리
가 세관에 앉아 있는 것을 보시고 나를 따르
라 하시니
28 그가 모든 것을 버리고 일어나 따르니라
29 레위가 예수를 위하여 자기 집에서 큰 잔치
를 하니 세리와 다른 사람이 많이 함께 앉아
있는지라
30 바리새인과 그들의 서기관들이 그 제자들을
비방하여 이르되 너희가 어찌하여 세리와 죄
인과 함께 먹고 마시느냐
31 예수께서 대답하여 이르시되 건강한 자에게
는 의사가 쓸 데 없고 병든 자에게라야 쓸 데
있나니
32 내가 의인을 부르러 온 것이 아니요 죄인을
불러 회개시키러 왔노라

원 의미

이 긴 단락은 이제 예수가 훈련시키실 제자들("배우는 사람들"이라는 의미)을 부르시고 모으시는 것을 묘사한다. 이들은 다양한 생업 속에 있다가 왔다: 어부, 세리, 열심당원, 그리고 평범한 사람. 이런 "부르시는 장면들"에서, 예수는 죄인들을 부르셨고 그들로 하여금 하나님이 사용하시기 위한 도구들이 되게끔 변화 시키신다.[1] 예수는 또한 계속해서 주의 권세를 행하시는데, 특별히 죄를 사하시고 안식일에 선한 일을 행하신다—이런 일들은 주의 사역에 반대를 불러일으키는 행동들이기도 하다.

첫 번째 제자를 부르심

제자를 부르시는 첫 번째 장면은 누가복음 5:1-11 부분이다. 때때로 예수에 대한 섬김은 때 묻지 않은 모습에서 출발한다. 베드로에게 한번 물어보라. 이 본문에 기록된 이 사건은 아마도 마태복음 4:18-22 부분이나 마가복음 1:16-20과는 분명하게 구별되는 사건일 것이다. 예수는 베드로와 그의 동료 몇 사람을 미래 사역을 위해 부르신다.[2] 전체 에피소드는 놀랍기도 하고 계시적이기도 하다. 무리들은 게

1. 부르심 장면들은 5:1-11, 27-39; 6:12-16 부분들에 나온다.
2. 이 본문이 마태복음과 마가복음의 부르심 장면들과 어떤 관계를 갖고 있는지는 명확하지가 않다. 누가복음의 사건은 따로 구별된 확인적인 사건인 것으로 보이는데, 어부들의 행동이 약간 다르고(그물을 씻는

네사렛 호숫가(갈릴리 바다)에서 주님 주변에 몰려들었다. 해안가에는 그물을 씻고 있는 일부 어부들이 있었다. 밀치는 것을 피하기 위해서, 예수는 시몬의 배에 올라 해안가에서 바다로 조금 나아가기로 결정하셨다. 이는 이렇게 해서 무리들에게 설교하실 수 있기 위해서였다. 예수의 가르침은 인기가 많아졌다. 만약 이 배가 당시 고대의 평균적인 고기잡이 배였다면, 이 배는 대략 20-30피트 정도(6-9미터 정도) 길이였을 것이다.[3]

예수는 가르침을 마치신 후에, 베드로에게 뱃머리를 돌려 고기를 잡으러 가라고 말씀하신다. 이 아이러니를 주목하라. 목수의 아들이자 순회설교자인 사람이 어부들에게 지금이 물고기를 잡을 시간이라고 말하는 장면을 보라! 베드로가 지적하듯이, 상황은 물고기를 잡기에 별로 적절하지 않았을 것이다. 예수가 이제 막 설교를 마치신 것으로 보아 아직 시간이 낮이었을 뿐만 아니라, 전날 밤도 허탕을 쳤다. 그럼에도 불구하고, 베드로는 예수의 말씀을 듣고서는 그물을 던지기로 동의한다. 이 점은 베드로 안에 자리 잡고 있는 가능성을 보여준다. 왜냐하면 그는 예수의 인도하심에 반응한 것이기 때문이다.

물고기를 잡으려는 노력은 성공을 거두었는데, 보통 성공이 아니라 너무나 많은 물고기를 잡게 되었다. 배는 물고기로 인해 기우뚱거리면서 잠겨들기 시작한다. 베드로는 야고보와 요한에게 도와달라고 소리친다. 그물은 찢어지고 있었고, 물고기는 모든 곳들에서 펄떡이고 있다. 이와 같은 갑작스런 상황 속에서, 무언가가 베드로에게 찾아온다. 지금 벌어진 일은 결코 우연이 아니다. 오직 하나님의 대리자만이 한낮에 이와 같은 물고기 잡이를 만들어 낼 수 있다. 배를 건져내는 일과 물고기를 모으는 일을 마친 뒤에, 베드로는 예수 앞에 엎드렸다. 그는 두려움과 경외심이 가득한 말들을 통해서 주를 향해 떠나가시라고 말씀드린다. 이 표현 뒤에 깔려 있는 기본적인 전제는, 하나님의 사람은 분명 일상적인 죄인과 아무 관계를 맺지 않길 원할 것이라는 전제이다. 베드로는 예수의 축복을 받거나 혹은 주님과의 그런 친밀한 교제를 할 만큼 가치 있는 사람이라고 느끼지 않는다. 그는 하나님은 오직 경건한 사람들만을 통해 일하시고 그런 사람들만을 사용하신다고 믿는다. 죄

것과 수선하는 것), 묘사된 그물들도 다르다고 볼 수 있으며(누가는 깊은 바다에서 사용하는 그물을 언급하고, 마가는 얕은 바다에서 물고기 잡는 그물을 언급한다), 여기에는 안드레가 언급되지 않는다. 누가가 가장 크게 세밀하게 설명한 것은, 왜 제자가 주의 명령이 강한 힘을 갖고 있다고 느끼는지에 대해서이다.

3. Stein, *Luke*, 169; S. Wachsmann, "The Galilee Boat—2000-year-Old Hull Recovered Intact," *BAR* 14(1988): 18-33.

인으로서 하나님의 임재하심 앞에 있다는 것은 너무나 위험스러운 일이다.

베드로가 깨닫지 못한 것은, 누군가가 자신의 무능력과 죄를 인정하는 것이 섬김을 위해 필요한 가장 훌륭한 전제조건이라는 점이다. 그렇게 인정해야만 비로소 하나님을 의지할 수 있기 때문이다. 베드로의 고백은 섬김을 위해 필요한 것을 되찾게 한다. 겸손은 영적인 위대함으로 올라가게 한다. 그러므로 예수는 베드로에게 두려워하지 말라고 말씀하시는 것을 통해 대답하신다. 죄인이라는 점과 그것을 부정하는 것, 그리고 자신이 하나님 앞에서 누구인지를 알고 그분 앞에 겸손히 엎드리는 것은 전혀 별개의 일이다.

이 장면에서 예수는 베드로가 사람을 낚게 될 것이라고 말씀하신다. 예수는 이 표현을 통해 두 가지를 행하신다. (1) 주님은 사람들을 모으고 그들을 타락한 세상의 위험으로부터 구출하는 일을 시작하는 소명을 위해 베드로를 부르신다. 베드로는, 잡아서 비늘을 벗기고 음식으로 먹게 되는 물고기와는 달리 사람들을 낚게 될 것이고 그들을 생명으로 인도할 것이다. 배와 그물은 더 이상 그의 도구가 되지 않을 것이다. 대신 하나님의 말씀이 그의 도구가 될 것이다. 예수는 그저 베드로의 섬김의 역할을 변화시키시는 것을 통해서, 평범하고 부정적인 사람을 뒤집으셔서 긍정적인 사람으로 만드신다. 예수께는 자신이 도움이 필요한 죄인이라는 사실을 알고 있는 죄인들만이 섬김으로 들어갈 수 있는 사람들이다.

(2) 물고기를 기적적으로 잡은 사건은 기적들이 영적인 실재(reality)를 어떻게 묘사하는지에 대해서 혹은 어떻게 상징적으로 보여주는지를 알려준다. 물고기를 기적적으로 잡은 것은 사람을 잡으라는 은유적인 부름을 낳는다. 예수의 선지자적인 인도하심과 통찰력은, 베드로가 주님 앞에서 갖게 되는 소명을 도표화시켜서 선명하게 보여주는 것을 통해, 매우 강력하게 주의 부르심을 묘사한다.

제자들은 모든 것을 버려두고 주를 좇는 것을 통해 주의 부르심에 응답한다. 그 날은 그들이 어부로서 보낸 마지막 날이었고 마지막 시간이었다. 예수는 사람들의 우선순위를 바꾸신다. 사역에 대한 부름은 그들이 이전에 갖고 있던 직업을 초월한다.

두 가지 치유 기적

이런 첫 번째 부르심 이후에, 누가는 예수의 권세(5:12-26)와 긍휼히 여기심을 좀더 세부적으로 제시해주는 두 가지 기적들을 기록한다. 문둥병자와 중풍병자에게 역사하시는 것을 통해, 주님은 사람들로 하여금 하나님과 동행하도록 회복시키실 뿐만 아니라 육체적 병들도 깨끗케 하실 수 있다는 것을 보여주신다. 두 가지 기적 스토리는 모두 다, 주의 가르침을 재강조하면서 주의 역사하심이 갖는 구속적 목적들을 잘 보여준다. 이 항목은 또한 예수의 리더십에 대한 첫 번째 조직화된 배척을 기록하는데, 이 배척은 예수의 죄 사함에 대한 주장에 초점을 맞춘다. 오직 하나님만이 그런 주장을 하실 수 있기 때문에, 예수의 권세에 대한 질문은 이 복음서의 사건 흐름 중에서도 좀더 중심적인 위치를 차지해 간다. 더군다나, 4:31-44에 나오는 기적들이 5:1-11에 나오는 베드로의 반응을 형성한 것처럼, 이 기적들도 5:27-32에 나오는 레위를 부르시는 장면의 배경으로서 역할 한다.[4] 예수의 사역은 백성들이 주께 반응하게끔 한다. 마지막으로 여기서의 예수의 사역은 시대의 본질도 제시해 주는데, 유대교에서는 메시아 시대에 치유가 동반되는 것으로 믿었기 때문이다.[5]

누가는 예수가 "한 동네에 계실 때에"라고 언급하는 것을 통해 첫 번째 치유사건을 도입한다. 주님은 내가 다른 동네에서도 복음을 전해야한다고 말씀하신 대로 갈릴리의 다른 지역들을 다니고 계셨다(4:43-44). 온 몸에 문둥병 걸린 사람이 주께 나아온다. 문둥병을 지칭하는 '레프라' 라는 단어는 질병들이 도열하고 있는 모습을 지칭할 수도 있다.[6] 이 병은 장애나 혹은 피부 위에 부풀어 오르는 부분들을 만들어낸다. 때때로 이 병은 신경계를 공격하기도 한다. 이 병은 한센 병을 포함할 뿐만 아니라, 피부결핵, 낭창 등 여러 가지 질병을 포함한다. 구약성경은 문둥병이 걸렸는지를 확인하는 것과 관련된 구체적인 지침들을 제시하며, 누군가가 이 질병에서 고침 받았을 때 어떻게 선포해야 하는지에 관해서도 지침을 준다(레 13-14장). 이 질병을 갖고 있다는 것은 추방을 의미했는데(레 13:45-46; 왕하 7:3), 누구든지 이런 사람과 함께 있는 사람은 다른 사람들에게 "불결하도다! 불결하도다!" 라고 외쳐서 알려주어야만 했다. 이 질병이 사회적 격리를 불러왔다는 것은 오늘날 에이즈 환자들이 경험하는 격리와 별반 다르지 않다. 그렇기 때문에 문둥병자를 향한 예수의 사역은 주가 사회 밖에 내몰린 사람들에 대해 관심을 갖고 있다는

---

4. C. Talbert: *Reading Luke: A Literary and Theological Commentary on the third Gospel*(New York: Crossroad, 1982), 63. 이 치유사건들에 대한 평행본문들은 마태복음 8:1-4과 마가복음 1:40-45, 그리고 마태복음 9:1-8과 마가복음 2:1-12 부분이다.

5. H. Schurmann, *Das Lukasevangelium*, 276; 쥬빌리서 23:26-30; 제1에녹서 5:8-9; 96:3; 제2에스드라서 7:123; 제2바룩서 29:7.

6. Michaelis, "λέπρα," *TDNT*, 4:233-34.

것을 보여주며, 이런 사람도 하나님의 축복에 접근할 수 있다는 것을 제시해준다.

이 사람은 주님 앞에 엎드리면서 겸손하게 주께 나아온다. 그의 질문은 주의 능력에 대한 것이 아니라, 치료해주실 것인지 의향을 묻는 것으로 제시된다.[7] 사실 이 문둥병자는 주가 치유하실 수 있다는 확신을 갖고 있었다. 아마도 그는 자신이 하나님의 은혜가 닿지 않는 곳에 있다고 느꼈을 것이고, 그래서 자기 자신을 의기소침하게 표현했을 것이다. 그가 주께 나아왔으며 예수께 모든 것을 말씀드렸다는 사실은 큰 용기를 냈다는 것을 보여준다.

예수는 내가 원한다고 선포하시는 것을 통해서 그리고 깨끗함을 받으라고 말씀하시는 것을 통해서 그의 질문에 대답하신다. 예수는 또한 그를 만져주셨는데, 이는 주가 그를 긍휼히 여기시며 부드럽게 만지신 것을 보여준다. 또한 다른 사람들이 만져주지 않던 사람도 받아들이신다는 것을 보여준다(참조. 레 14:46; 참조. *Mishnah, Nega'im* 3:1; 11:1; 12:1; 13:6-12). 그리고 그는 즉시 완전히 회복되었다. 구원받는 장면을 결코 놓쳐서는 안 된다. 깨끗함을 얻기 위해 주께 향한 사람들은 주가 기쁘게 그들에게 깨끗함을 주시기 때문에 주님으로부터 깨끗함을 받는다.

예수는 그 사람에게 제사장에게 가라고 말씀하시고 아무에게도 말하지 말라고 말씀하신다. 이 사람이 레위기 14장이 정한 율법적 요구를 좇아야만 한다는 것은 충분히 이해할 수 있는 일이지만, 왜 침묵을 명령하셨는지는 분명하게 이유를 제시하지 않고 있다. 아마도 예수는 제사장 앞에서 필요한 사항들이 모두 선포되기 이전까지는 아무것도 이야기되는 것을 원치 않으셨을 것이고, 또한 주님은 주의 기적적인 사역에 대해 과도한 관심이 기울여지는 것을 원치 않으셨을 것이다(눅 4:35, 41; 8:56; 또한 마 9:30; 12:16; 막 1:34; 3:12; 5:43; 7:36; 8:26 등도 보라).[8] 율법에 의하자면 제사장 앞에서의 이런 증언은 약 일주일 가량이 걸린다. 제사는 정결케 됨과 죄의 제거를 눈으로 보이게 그려주었으며, 그래서 문둥병자에게 뒤이어 진행되는 프로그램들도 예수가 이미 행하신 일이 갖는 메시지를 두드러지게 해준다.

그러나 이 소식을 통제하려는 예수의 노력에도 불구하고 소식은 그 지역으로 확산되어 가면서 모든 곳으로 알려지게 된다. 예수는 갈릴리에 계시지만, 소식은 남쪽으로 유다와 예루살렘에까지 퍼져나간다. 이런 보고는 왜 유대인 리더들이 다

7. 누가는 예수가 행동하실 것인지에 관해 이 사람이 불확실했다는 점을 표현하기 위해 12절에서 제3조건절을 사용한다.

8. Marshall, *Commentary on Luke*, 209, Plummer, *Luke*, 149-50.

음 사건에 자리하고 있었는지를 설명해준다.

누가는 주가 기도하시기 위해 물러가신 것에 대해 지적하는 것을 통해(5:16), 이 두 개의 기적 스토리들과 예수가 이끌고 계신 고조된 페이스를 연결한다. 급속한 사건들이 전개 이후에 개인적으로 고요한 시간을 갖는 것을 통해, 예수는 하나님과 밀접한 관계를 유지하는 시간을 얻고 또한 위로를 누리신다. 누가는 이처럼 기도하시는 모습을 규칙적으로 지적한다(3:21; 6:12; 9:18, 28-29; 11:1; 23:46).[9]

다음 치유사건은 중풍환자에 대한 것이다(5:17-26). 마가복음 2:1은 우리에게 이 기적이 가버나움에서 일어났다고 이야기한다. 바리새인들과 율법 교사들(흔히 서기관들로 더 잘 알려져 있는)도 무리 속에 끼여 있었다. 바리새인들은 유대교의 4대 종파 중 한 분파였다(사두개인들, 열심당원 그리고 엣세네파가 다른 3개의 종파들이다). 이들은 제사장 계층이 아니라 평신도 분리주의 운동인데, 모세 율법을 신실하게 지키는 모습을 갖고자 노력했다. 이들은 그들 세대 속에 율법을 어떻게 적용해야만 하는지를 확립하기 위해서 많은 전통들과 구두판례들을 발전시켰다. 이런 판례들은 잘 훈련된 서기관들을 통해 만들어졌는데, 서기관들은 분파의 일부분을 구성하는 사람들이었다.[10] 이 리더들은 지금 예수를 보고 있다.

주님은 치유하시는 권능을 갖고 계신다(17b절). 이 작은 분량의 내러티브는 누가의 독자들로 하여금 이제 앞으로 전개될 내용을 준비하게 한다. 예수가 가르치실 때, 한 무리의 사람들이 중풍병자를 치유하기 위해 주께 데려오고자 시도했지만, 그렇게 하기엔 사람들이 너무 많았다. 그래서 그들은 지붕으로 올라갔는데, 아마도 사다리를 통해서나 혹은 고대의 가옥에 지붕으로 올라갈 수 있게끔 마련되어 있던 계단을 통해서였을 것이다.[11] 그들은 기와를 벗겨낸 뒤에, 그 사람을 예수 앞으로 내려 보냈다. 지붕에 구멍을 내는 일에는 지붕골격 위에 있던 진흙층을 벗겨내는 일도 포함되어 있었을 것이다.[12]

예수는 "그들의 믿음"을 보신다. 이 본문에서의 믿음은 단순한 태도가 아니라 눈에 보이는 가시적인 믿음의 표현이어야만 한다. 왜냐하면 예수가 그것을 사람들의 행동들을 통해 보셨기 때문이다. 결과적으로, 예수는 이 사람에게 그가 추구하

---

9. A. Leaney, *A Commentary on the Gospel according to St. Luke*(New York: Harper, 1958), 124.
10. Marshall, *Commentary on Luke*, 212, Fitzmyer, *Luke*, 581.
11. S. Safrai, *The Jewish People in the First Century*, sec. 1, vol. 2(Philadelphia: Fortress, 1976), 730-32.
12. Plummer, *Luke*, 153.

던 것 이상으로 더 많은 것을 주신다. 주님은 그의 죄가 용서받았다고 선포하신다.

이와 관련한 반응이 뒤따라 나온다. 바리새인들과 서기관들은 예수가 지금 막 말씀하신 내용이 신학적으로 무엇을 함축하는지에 관해서 생각하기 시작한다. 그들은 오직 하나님만이 죄를 용서하실 수 있다는 사실을 알고 있다. 따라서 하나님이 행하시는 일을 한다고 주장하는 것은 하나님을 대적하는 신성모독이다.[13]

누가복음에서는 누군가가 무언가를 생각하고 있다고 서술할 때마다, 일반적으로 예수가 주시는 교훈이 뒤따라 나온다. 예수는 바리새인들에게 정말로 딜레마인 질문에 대해 생각해 보라고 말씀하신다. 죄악들이 용서받았다고 선포하는 것이 더 쉽겠는가 아니면 문둥병자에게 일어나 걸으라고 말하는 것이 더 쉽겠는가? 논리는 우리에게 누군가의 죄가 용서받았다고 말하는 것이 더 쉽다고 이야기한다. 왜냐하면 그건 눈으로 볼 수 없는 것이기 때문이다. 그러나 사실 그것이 더 어려운 일이다. 그렇게 하려면 그런 일을 할 수 있는 권세를 갖고 있어야만 하기 때문이다. 그렇기에 예수는 이 두 가지 이슈를 함께 연결시킨다. 주님은 행동하시며 그 결과 청중은 인자의 아들이 죄를 사하는 권세가 있다는 것을 알 수 있다.[14] 주님은 그 사람에게 걸으라고 말씀하신다. 주님은 어렵고 힘든 일—중풍병자로 하여금 일어나 걷게 하는 것—을 할 수 있게끔 하신다. 이보다 더 어렵고 힘든 일—죄를 용서하는 권능—도 하실 수 있음을 보여주시기 위해서 말이다.

이 사람은 일어나서 걸어갔다. 만약 하나님이 죄에서 자유로운 사람들만을 치유하신다면 그리고 만약 하나님은 잘못된 주장을 하는 사람들을 통해서는 자기 자신을 나타내시지 않는다면, 그렇다면 어떻게 이 사람이 일어났단 말인가? 바로 이것이 이 중풍병자가 걸어서 간 것이 청중들에게 제기하는 질문이다. 이 기적의 성공은 선택의 폭을 좁힌다. 우리는 하나님을 찬양하며 예수를 통해 나타난 놀랍고

---

13. 오늘날까지 전해지는 그 어떤 유대교 본문도 죄를 용서하는 사람을 보여주지 않는다. 한 가지 본문만이 논쟁거리가 되는데, 쿰란에서 나온 *The Prayer of Nabonidus*(4QprNab 1. 4)이다. 하지만 이 본문은 여기에 언급된 축사가 죄를 사하는 것을 의미하는 것으로 해석되어서는 안 된다. D. Bock, "The Son of Man in Luke 5:24," *BBR 1*(1991): 109-21을 보라.

14. 탈무드에 나오는 후대 유대교 본문인 *Nedarim* 41a에는 이렇게 되어 있다. "그 누구도 자신의 모든 죄가 용서받을 때까지는 병상에서 일어나지 않는다." "인자"라는 칭호는 논쟁거리이며 일련의 복잡한 질문들을 담고 있다. 예수의 사역 초기인 지금 같은 경우엔, 이 타이틀은 예수가 자기 자신을 호칭하기 위해 사용하신 방식이었다. 이 호칭은 예수가 자신에 대해 즐겨 사용하시던 호칭이었는데, 아마도 이 호칭이 초자연적인 권세를 갖고 있는 인물을 지칭하기 때문일 것이다. 후에 주님은 이 이미지가 다니엘 7:13-14에서 온 것임을 드러내신다. 인자라는 타이틀에 관한 더 많은 내용은, Bock, *Luke 1:1-9:50*, excursus 6을 보라. 다니엘서에서의 인자의 이미지는 하나님이 주시는 권위를 갖고 있으며 하나님이 하시듯 구름을 타시는 분으로 묘사된다.

기이한 일을 보았음을 깨달았다.

이 사건은 좀더 진전된 장면을 드러낸다. 중풍병자가 자기 삶의 걸음을 다시 걸을 수 있는 능력을 갖게 된 것은, 예수가 구원을 베푸실 때 무엇을 행하시는지를 묘사적으로 보여준다. 주의 메시지는 자유케 하는 메시지이다.

레위를 부르심

누가복음 5:27-32은 다시 한번 예수의 사역 패턴을 드러낸다: 주님은 사회 변두리의 사람들에게까지 다가가신다. 5:12-26에서는 육체적인 한계들로 인해 고통당하는 사람들이 그런 변두리적인 사람들이었다. 이제 여기서는 사회적으로 버림받은 사람들로 인식되는 사람들이 바로 그런 사람들이다. 예수는 멸시받는 세리를 부르신다. 이 행동은 종교적인 관료들로부터 반응을 일으킨다. 누가복음 3:10-14에서, 우리는 유대 문화 속에서 세리들이 어떻게 인식되었는지를 생각해보았다.—그들은 이스라엘의 배반자들이며 또한 끔찍한 죄인들이다. 여기에서 직면하게 되는 질문은 예수와 그의 제자들이 바리새인들과 비슷한 그런 분리주의적인 유형의 행동을 해야만 하는가 아닌가에 대한 것이다. 이 질문은 누가복음에서 지속적으로 제기되는 이슈이다(15:1-32; 18:9-14; 19:1-10; 또한 마 20:13-16).[15] 레위가 나타내주는 것은 회개하라는 부름에 대해 성공적인 결과를 보여주었다는 점인데, 이는 이 본문의 주석부분에 요약되어 있다(5:31-32).[16]

예수는 중풍병자를 고치신 뒤, 나가셔서 세관에 앉아있는 세리에게 가셨는데, 그의 직업은 사람들이 한 도시에서 다른 도시로 여행할 때 과도한 세금을 받아 모으는 일이었다. 레위가 아니라 예수가 이 만남 전체를 주도하시고 시작하시는데, 이는 중요한 요지다. 주가 이런 사람들과의 만남에서 주도권을 행사하는 것은 논쟁거리가 되는 일이기 때문이다. 주님은 빈번하게 사용하시는 부름인 나를 "좇으라"라고 레위에게 말씀하신다(9:23, 59; 18:22; 참조. 5:10-11). 예수는 매우 효과

---

15. Fitzmyer, *Luke*, 589; Michel, "τελώνης," *TDNT*, 8:105. 피츠마이어는 바리새인들이 이런 경멸당하는 자들과의 연합과 관계를 어떻게 바라보았는지를 자세하게 설명한다.

16. 이 본문에 대해 평행을 이루는 부분으로는 마태복음 9:9-13과 마가복음 2:13-17이 포함된다. 마태복음에 나오는 세리는 마태라는 이름을 가졌다. 이는 이것이 동일한 사건인지 아닌지에 대한 질문을 야기한다. 대부분의 사람들은 이 두 사람을 동일인으로 취급하는데, 세부적인 설명들이 일치하고, 또한 열두제자들 중 오직 마태-레위만이 세리였는데 당시 문화에서는 한 사람이 두 개의 이름을 갖는 것이 흔한 일이었기 때문이다(행 1:23; 4:36; 12:25; 13:9; Josephus, *Antiquities*, 18.2.2§35).

적으로 그를 향해 제자가 되라고 명령하신다. 죄인들이 하나님과 친밀한 관계를 갖기 시작할 수 있는 것과 마찬가지로(5:10-11), 세리들도 그렇게 할 수 있다. 다른 식으로 말하자면, 예수께 응답하는 사람은 그 누구든지 복받을 수 있다. 레위는 자신의 직업을 버리고 재정적인 안전성을 뒤로한 채 예수를 좇아가는 것을 통해 이 초청에 응했다.

그런 뒤 레위는 예수께 "큰 잔치" 연회를 베푼다.[17] 이 잔칫상에 초청받은 사람들은 레위와 비슷한 끔찍한 부류의 친구들인 "세리와 죄인들"이었는데, 바리새인들은 이들을 30절에서 죄인들이라고 불렀다. 레위는 이제 친구들에게 예수와의 새로운 관계를 소개하고 드러내는데 자신의 물질을 사용하는 사람으로 바뀌었다. 그는 친구들에게 전혀 다른 스타일의 종교 리더, 즉 하나님으로부터 분리되어져 있던 사람들을 찾고 추구하는 종교적 리더를 소개한다.

예수가 형성하시는 관계는 다른 종교 인사들로 하여금 의문을 야기하게끔 만든다. 그들은 제자들에게 불평을 제기한다. 헬라어 용어인 '에공구존'("불평했다"—우리말 성경에서는 "비방했다"로 번역함)은, 생생하고, 감정적이기도 한 용어인데, 말하는 소리에서조차 불평을 들을 수 있는 그런 모습을 보여주는 단어이다.[18] 이 불평은 직접적이고 분명하다: "너희가 어찌하여 세리와 죄인들과 함께 먹고 마시느냐?" 고대 문화에서는 함께 테이블에 앉아 교제하는 것은 받아들임의 의미였고, 그렇기에 이 문제로 인해 예수는 빈번하게 추궁을 당하셨다(5:33; 7:33-34). 다른 한편으로 죄인들을 뒷받침해준다는 추측을 피하기 위해서 바리새인들은 그들을 피하기도 했었다. 이 두 가지 관점은 가장 적대적이고 상반된 모습이다. 바리새인들은 죄인들로부터 격리되고 떨어지는 것을 선호한다. 예수는 죄인들의 회복을 목적으로 삼는 것을 선포하신다. 바리새인들이 옹호하는 분리주의는 하나님을 존귀케 하는 일이 아니라는 점을 주의 행동은 제시한다.

그런 뒤 예수는 자신의 행동에 대해 신학적이고 선교적인 근거를 제시하신다. 주가 사용하시는 이미지는 근본적으로 이 이슈들을 가리키고 있다. 예수는 건강한 사람은 의원을 찾지 않고 아픈 사람이 의원을 찾는다고 지적하신다. 그러므로 예수의 소명은 건강한 사람을 부르는 것이 아니라 아픈 사람들에게 "회개하라고" 부

---

17. "잔치, 연회"라는 단어에 대해서는, 창 21:8, 26:30, 에 1:3, 눅 14:13 Grundmann, "δοχή," *TDNT,* 2:54을 보라.
18. 구약성경 헬라어 역본에서도 역시 이스라엘이 광야에서 불평하는 것을 묘사하기 위해 이 단어를 사용했다(출 15:24; 16:7-8; 민 14:2, 26-35; 16:11).

르시는 것이다. 의사에 대한 특징은 잘 알려진 고대 은유이다(왕하 16:12; 사 3:7; 렘 8:22; 시락서 10:10; 38:1-15).[19]

이 이미지는 강력하다. 의사에게 갈 때, 나는 몇 가지 점들을 알고 있다: 나는 아프고, 도움이 필요하며, 나 자신을 도울 수가 없다. 다시 말해서 예수의 부르심은 도움이 필요하다는 것을 깨닫는 사람들에게 주어진다. 죄인들을 찾아가는 것은 자신의 힘으로 할 수 없다는 것을 깨닫는 사람에게로 가는 것이다. 그러나 예수는 가짜 약을 처방하기 위해 가시는 것이 아니다. 그게 아니라 주님은 그들로 하여금 회개하라고 부르신다. 우리가 3:7-14에서 본 것처럼, 회개는 방향전환을 의미하며, 이전과는 전혀 다른 모습을 통해 분명하게 증명되는 돌아섬을 의미한다. 그러므로 예수는 지금은 건강하지 않으며, 하나님이 제공하시는 은혜 안으로 들어가는 것을 통해 더 나아져야 하는 그런 사람들을 부르신다. 만약 그들이 하나님을 알기 원한다면, 주님은 그들을 거부하지 않으시고 그들로 하여금 더 건강한 사람들이 되게끔 하는 과정들을 시작하실 것이다.

예수는 죄인들에게로 다가가신다. 주님은 그들이 하나님의 은혜를 통해 새롭게 될 수 있는 가능성을 보시기 때문이다. 예수는 이와 같은 변화가 자신을 죄인들과 상종하지 않으려고 하는 사람들을 통해서 일어나지 않는다는 것을 아신다. 주의 소명은 잃어버린 사람들을 되찾는 것이다. 주가 여기에서 레위에게 행하시는 것처럼, 그들에게 찾아가시는 것을 통해서 말이다.

상황잇기

이 본문이 가르치는 교훈의 핵심에는 이 본문이 보여주는 예수에 대한 반응이 자리 잡고 있다. 우리는 베드로가 자신의 그물을 던져두고 주의 부르심에 응답하는 것에서부터 출발한다. 비록 겸손한 성품이있지만, 그는 하나님이 자기 자신의 실수들을 이해하고 그분께로 돌아서는 사람을 통해 사역하시는 것을 이해하지 못했다. 그는 자신이 죄인으로서 하나님 앞에서 아무런 기회가 없다고 느낀다. 예수는 이와 같은 느낌, 하나님보다 못한 존재이며 거룩하지 못한 존재라는 이런 느낌이 바로 정확하게 하나님이 더불어 일하실 수 있는 모습임을 보여주신다. 진정 중요한 사건은 한 사람이 하나님 앞에 직면할 때에 아무런 도움을 받을 수 없다는 느낌을 경험한 이후에 일어난다. 예수는 누군가가 배워야 할 것이 많다는 점

19. Schrenk, "δίκαιος," *TDNT*, 2:189; Priesker, "μισθός," *TDNT*, 4:717.

을 깨닫기까지는 "배우는 사람"인 제자를 가질 수 없다!

베드로의 부르심과 소명은 교회의 부르심과 소명이나 혹은 교회 내의 각 개인들이 갖게 되는 부르심이나 소명과 결코 다르지 않다. 베드로는 여기에서 단순하게 열두 명 중의 한사람만이 아니라 제자를 보여주는 대표 격인 인물이다. 비록 부르심은 베드로에게 주어졌지만, 배를 버려두고 주를 좇은 사람은 그 자리에 있던 모든 사람들이었다(11절). "네가 사람을 낚는 어부가 되리라"는 표현으로부터 "저희가… 모든 것을 버려두고"로의 문학적 전환은 이 부르심이 유일무이한 것이 아니라는 점을 보여준다.

하지만 모든 것을 버려두는 응답은 또 다른 질문을 함축하고 있다. 모든 제자들이 예수를 섬기기 위해 그들의 직업을 포기하고 버려야만 하는가? 성도들을 향한 부르심은 베드로를 향한 이런 부르심과 어떻게 비슷하고 어떻게 다른가? 이 질문에 대한 대답은 교회사 안에서 찾을 수 있다. 신약성경 서신서들이 보여주는 것처럼, 모든 사람들이 풀타임 사역자로 부름 받은 것은 아니다. 사실 사도 바울은 사역을 하면서도 계속해서 텐트메이커로서도 계속해서 일을 했다. 중요한 요소는 주님과 동행하라는 부르심이 우선성을 갖는다는 것이며, 그렇기에 우리는 무엇이 되었건 그리고 어디가 되었건 하나님이 우리에게 되라고 부르시는 대로 되고 행할 준비가 되어 있어야 한다는 점이다. 이것이 어떤 사람들에게는 거라사의 귀신들렸다가 고침 받은 사람처럼, 집에 머무르면서 예수를 증거 하는 것을 의미하기도 한다(8:38-39). 다른 사람들에게는 이것이 예수와 함께 여행하는 것을 의미하기도 한다. 어떤 사람에게는 이것이 선교지를 의미할 수도 있고, 다른 사람들에게는 매일의 일상의 삶 속에서의 선교나 혹은 파라 처치 사역을 의미할 수도 있다. 이 소명은 "사람을 낚는 것"이다. 때때로 우리의 직업은 물고기를 발견하기 가장 좋은 장소가 되곤 한다. 교회는 안 그렇지만 말이다.

물고기를 잡는 동안 베드로가 보여준 세 가지 반응들은 매우 오랫동안 다음과 같은 감정들을 반영해왔다. 그물을 버려두다, 예수 앞에 엎드리다, 그리고 주를 좇기 위해 모든 것을 버리다. 베드로는 예수의 부르심과 임재에 관해 풍성한 열매를 맺는 반응법을 보여준다. 만약 이 놀라운 결과들이 이처럼 압도적인 결과로 끝나지 않았다면, 신앙에 대한 교사가 이처럼 물고기 잡는 것에서부터 어부라는 교훈을 취하는 것은 웃음거리가 되었을 것이다. 베드로가 물고기를 잡아들이게 되었을 때 왜 자신이 죄인이라고 느끼게 되었는가를 살펴보는 것에서 우리는 특별한 통찰을 발견할 수 있다. 그가 자신을 죄인이라고 느꼈던 이유가, 비록 그물을 바다에 내리기는 했지만 정말 물고기를 잡을 것이라는 그런 믿음은 없이 그렇게 했기 때문이었는가? 그건 확신하기 어렵다. 그러나 베드로는 명예롭게도 주의 지시를 좇았다. 우리는 설령 가시적으로는 어려움이 있고 열매가 없는 일을 해야 하는 것처럼 보인다 하더라도, 주의 인도하심을 좇아가야만 한다.

이 본문은 또한 예수의 특별한 통찰력과 은사들을 드러내 보여준다. 주님은 자신이 이제 시작하실 소명을 잘 이해하고 계셨고 조절하고 계셨다. 주님은 그분 자신을 이끌어줄 사람을 필요로 하지 않으셨으며, 주를 섬길 사람들을 필요로 하셨다. 여기에 덧붙여서, 주님은 그들로 하여금 어떻게 최상으로 주를 섬길 수 있는지를 가르치시고 지시하시는 능력이 있으시다. 만약 주가 제자들에게 방향을 지시하실 수 있다면, 주님은 우리가 그분을 의지할 때 주의 성령을 통해 분명 우리에게 방향을 지시하실 수 있다(엡 6:18-20).

고기잡이라는 은유는 복음 선포에 적절한 은유이다. 물고기를 잡는 일은 베드로가 밤새도록 아무것도 못 잡은 것이 보여주듯이, 결코 자동으로 이루어지지 않는다. 물고기를 잡으러 바다로 나가기 전에 많은 준비를 해야만 하고, 많은 노동을 해야만 한다. 특히 고대세계에서는 어부들이 지금보다 더 큰 그물을 가지고 일해야만 했었다. 종종 베드로가 했었던 고기잡이는 팀워크로 잡는 방식을 취하곤 했었다. 우리 주가 이 일을 묘사하시기 위해 이런 은유를 선택하신 것은 결코 우연이 아니다.

누가복음 5:12-26에 나오는 두 개의 기적들과 관련해서, 우리는 오늘날 은사가 풍성한 사역이 기적행하는 것을 추구하는 것이 바람직한 것은 아니라고 이미(4:31-44) 주장했다. 그러나 이런 기적들을 통해 여기에 표현된 긍휼히 여기는 마음은 성경본문과 오늘날 사이에 매우 의미심장한 가교를 제공한다. 예수는 아웃사이더들을 치유하시며 주가 치유하신 자들에게 믿음을 격려하신다. 즉 예수는 사회에서 추방된 사람들을 포함해서, 넓은 범위의 사람들을 대상으로 사역하신다. 여기에 덧붙여서, 예수는 자신이 왜 중풍병자의 죄를 용서하는 행동을 하시는지 그 이유를 설명하지 않으시지만, 이 본문은 예수께 나아오는 것을 통해 표현된 믿음이 주님으로 하여금 그렇게 행동하시도록 이끈다는 점을 드러내 보여준다. 이 본문은 믿음의 중요성을 부각시키는 몇몇 본문들 중 첫 번째 본문이다. 여기에서의 믿음은 단순히 지적인 신뢰나 태도가 아니다. 믿음은 예수께 가까이 나아가려는 의도를 통해 자기 자신을 표현한다.

이 기적이 갖는 중심적인 관심은 예수의 정체성에 대한 것이다. 중요한 점은 예수가 여러 옵션들 가운데서 승부하시는 방식이다. 주님은 이 기적이 자신이 죄를 사하는 권세를 갖고 있음을 보여준다고 주장하신다. 대적들은 오직 하나님만이 죄를 사하실 수 있다고 주장한다. 만약 이 사람이 일어나고 그의 죄가 정말로 용서받는다면, 그 일이 주께는 어떤 영향을 끼칠까? 여기서와 11:14-23에서, 선택들은 제한되어 있다. 누군가가 자신이 할 수 없는 일을 하나님의 이름을 빙자해 자신이 할 수 있다고 주장할 때 하나님의 영광이 가려진다. 그러나 만약 하나님이 그들의 주장을 입증해주신다면?

치유라는 이슈는 1세기에 매우 중요했다. 왜냐하면 병든 자들을 돌볼 수 있는 능력은 제한되어 있었고, 오늘날 우리가 갖고 있는 것과 같은 그런 질의 의료는 너무 부족했기 때문이다. 심각한 질병들은 종종 예수와 같은 선지자에게 도움을 요청하고자 호소하곤 했다. 흥미롭게도 의사의 치료와 관련된 내용이 유대교 안에서도 논의된 기록이 있다. 의사의 치료를 받으러 가는 것은 믿음을 모욕하는 것인가? 고대 유대교 책인 시락서 38:1-4은 다음처럼 기록한다.

> 의사들의 섬김에 대해 그들을 존귀히 여기라. 주가 그들을 창조하셨기 때문이다. 그들의 치료하는 은사는 지존하신 분으로부터 왔기 때문이며, 그들은 왕으로부터 상급을 받기 때문이다. 의사들의 기술은 그들을 다른 사람들과 구별되게 만들어주며, 위대한 사람들 앞에서 그들은 존경받는다. 주님은 땅에서부터 약을 만드셨으며, 지각을 갖고 있는 사람이라면 약을 무시하지 않을 것이다(NRSV).

그러나 같은 본문의 조금 뒷부분에서는(9-15절), 영적인 이슈들을 다룬다.

> 나의 자녀여, 네가 아플 때 지체하지 말고 주께 기도하라. 그러면 그분께서 너를 치유하실 것이다. 잘못을 그만두고, 너의 손을 즉시 내밀며 너의 마음을 모든 죄에서 깨끗케 하라. 네가 할 수 있는 대로, 향기로운 제사와 주께 드려야 할 몫을 드리고 네 제물위에 기름을 부으라. 그런 뒤 의사에게 그의 할 일을 행케 하라, 주가 그를 창조하셨기 때문이다. 그로 하여금 너를 떠나지 말게 하라, 너는 그가 필요하기 때문이다. 의사들의 손에 회복이 주어지는 그런 때가 올 것인데, 그들이 주께 지극히 기도하고 주가 그들에게 치유의 성공을 공급하시기 때문이다. 자기를 지으신 분에게 대적하며 죄를 짓는 자는 의사를 향하여 오만을 부릴 것이다(NRSV).

그러므로 유대교에서는 죄와 의료적인 치료가 함께 뒤섞여 있는 것처럼 보인다. 치유는 주님으로부터 나오지만, 치유를 가져오는 중요한 대리자는 의사였다. 치료가 좀더 직접적이고 즉각적으로 일어났을 때는, 선지자가 있을 때였다. 이런 배경을 인식한다면, 예수가 선지자로 간주되었고 중풍병자의 이슈가 죄라는 주제를 불러일으켰다는 것은 놀랄 일이 아니다.

성경과 유대교는 모두 '필사(必死)'라는 측면이 타락의 결과라는 관점을 갖고 있으며, 질병은 죄와 연관되어 있다는 관점을 갖는다. 오늘날 우리는 질병을 화학이나 생물학적인 문제로 주로 간주하면서, 죄를 건강과 동일하게 놓는 입장을 취하지 않는 경향이 있다. 요한복음 9장은 우리가 죄와 질병을 항상 동일선상에 놓는 입장을 갖는 것에 대해 경고하기는 하지만 때때로 우리는 현명하지 못하게 살았기 때문에 건강하지 못한 때들이 있다. 우리 자신을 지나치게 혹사시키는 것, 죄의 존재, 그리고 본질에서 벗어나 버리는 것 등은 우리를 건강 악화로 이끌고 가는 좀더 깊은 문제 거리들이다. 예수가 주시는 이런 치유와 같이, 무언가 어떤 상황들로부터 놓임을 받는 것은 오직 하나님의 은혜와 주권적인 역사하심을 통해서만 나타난다.

5:27-32에 나오는 레위에 대한 부르심은 누가복음의 다른 모든 본문들에 대해 가장 직접적인 연결점들을 갖고 있다. 예수의 소명이 복음전파였던 것처럼, 교회의 소명도 마찬가지로 복음전파이다. 예수가 죄인들을 그들의 하나님과의 관계를 회복시키는 것을 통해 치유하시고 구원하시는 메시지를 갖고 계셨던 것처럼, 교회도 마찬가지로 그렇다. 교회가 다른 사람들에게 다가서고 그런 만남을 주도적으로 시작하는 일이 중요하다는 것을 깨닫게 되는 일은 매우 결정적인 일이다. 우리는 예수가 죄인들을 어떻게 다루셨으며, 어떻게 죄인들이 예수께 반응했으며, 어떻게 유대인 리더들이 이 양자 모두에게 반응했는지를 통해 배울 수 있다.

적절하게 구별된 삶을 사는 것에 대한 관심은 중요하다. 그리고 에베소서 5:7-14과 같은 성경본문들은 무엇이 적절하게 구별된 삶을 사는 것인지를 어떻게 정돈해야하는지 도와준다. 우리는 우리 자신을 "어둠의 일들"로부터, 그리고 죄를 행하는 것들로부터 구별해야만 하지만 우리 자신을 죄인들로부터 고립되고 동떨어지게 만들어서는 안 된다. 빛의 역할은 어둠 속에서 빛을 발하는 것이다. 예수께서는 고대 세계에서는 관계를 맺는 중요한 방식이었던 식탁교제를 죄인들과 더불어 가지셨다. 사실 바리새인들은 뒷부분에서 이런 관계들에 대해 비난한다(15:1-2).

이 본문은 또한 우리에게 겸손함에 관해서도 가르친다. 경건이 갖는 한 가지 위험성은 분리주의라는 위험성이다. 바리새인들이 요청했던 것과 같은 과도한 분리주의 형태는 소명을 죽여 버릴 수 있다. 바로 이 점이 예수가 유대교 지도자들에게 주가 행하시는 일을 통해서 응답하신 이유이다. 분명 그 누구도 의롭고 도덕적 신실함을 갖춘 삶에 대해서 우리 주가 중시하시는 것만큼 중시하지 않는다. 그러나 주님은 사실 죄인들을 찾아가시고 그들을 하나님께로 부르시는 일에 있어서 주도권을 행하셨다. 마찬가지 방식으로 우리는 잃어버린 자들을 찾고자 추구하는데 매진해야만 한다.

현대적 의미

물고기를 잡는 기적에서의 핵심적인 적용은 예수의 교훈과 베드로의 반응에 중점이 있다. 많은 사람들을 가르치시는 중에, 예수는 몇몇 소수의 사람들을 부르셔서 주를 섬기는데 좀더 초점을 맞추게 하셨다. 베드로를 부르심은 이와 같은 부르심의 한 예이다. 모든 사람은 사역을 갖고 있으며, 모든 사람은 하나님 앞에서 동등하지만, 일부 몇몇 사람들은 하나님을 직접적으로 섬기라고 부름을 받는다. 베드로는 예수가 찾으시는 세 가지 필요한 자격을 갖추고 있었다. 그는 예수가 이끄시는 곳으로 가고자하는 의지를 갖고 있었으며, 겸손했고, 또한 온전히 헌신되어 있었다.

(1) 그물을 던지려는 의지에 있어서, 베드로는 예수의 말씀이라는 토대 위에서 견고하게 반응한다(5절). 베드로의 직업적인 경륜은 그로 하여금 별로 물고기를 잡을 수 없을 것이라고 이야기했겠지만, 베드로는 분명 예수의 통찰력이 자신의 경륜을 능가한다는 점에 대해 충분히 알고 있었다. 예수가 인도하시는 곳으로 좇아가겠다는 이런 의지는 종종 문화, 관습, 혹은 일반적인 상식과 지혜에 반할 (against) 수도 있다. 때때로 하나님은 우리들을 성장시키기 위해 놀라운 장소에 놀라운 방식으로 데려가시곤 한다.

몇 해 전 나는 안식년을 맞아 독일로 갔었다. 그 누구도 나와 내 아내에 대해 염려하지 않았지만, 일반적으로 해오던 질문은 "애들은 어떻게 할 겁니까?"라는 것이었다. 이런 질문 이면에는 그 누구도 이제 막 여덟 살, 일곱 살 그리고 다섯 살 된 아이들을 전혀 생소한 문화환경 속에 그렇게 이른 나이에 데려가서는 안 된다는 관점이 깔려 있었다. 설령 하나님이 우리를 그곳으로 잠시 보내시고 부르신다 하더라도 말이다. 우리의 입장은 달랐다. 하나님은 우리를 독일로 부르셨고, 독일을 경험케 하셨다. 그래서 우리는 영어로 수업하는 학교를 찾지 않았다. 우리는 하나님이 우리를 새로운 현실과 상황 속에서 돌보실 것이라고 신뢰했다. 내가 지금 이런 이야기를 하는 것은 해외여행을 하는 사람이라면 누구든지 이처럼 문화적 참여를 해야만 한다고 말하기 위해서가 아니라, 하나님이 우리로 하여금 이런 결정을 하게끔 지도하셨다고 느꼈다고 말하기 위해서이다.

하나님이 어떻게 인도하셨는지는 참 놀라운 일이었다. 우리는 인구 약 오천 명 정도의 작은 도시에 살았는데, 그곳의 작은 초등학교에는 제2외국어 교실이 있었다. 그리고 우리 아이들은 독일아이들과 더불어 학교에 참여한 것만이 아니라 모두 8개국에서 온 아이들과 함께 수업을 받았다—모두 다 독일어는 같은 수준에서 독일어를 배우고 있다. 우리는 동유럽에서 수많은 망명객들이 흘러넘치게 들어오던 때에 독일에 갔었다. 이런 교실들과 수업들은 이 공동체에게도 새로운 모험이었다. 우리 둘째 딸이 들어간 반에는 이중 언어 가족의 자녀가 있었는데, 그 가정의 어머니는 영국 사람이고, 아버지는 독일인이었다. 그 반의 선생님은 우리 아이들을 가르쳤던 선생님들 중 유일하게 영어를 전혀 못하는 분이셨다! 그러나 하나님은 빌트인(built-in) 통역자를 공급하셨는데, 바로 이중 언어를 사용하던 8살 된 아이였다. 다른 한편으로, 우리 첫째 딸은 제힘으로 학교생활을 꾸려나가야만 했다. 하나님은 각각의 아이들에게 모두 동일한 방식으로 필요한 것들을 공급하시지는 않았지만, 이들 모두를 돌봐주셨다. 요컨대 하나님은 우리가 그분이 이끄시는 곳으로 가고 온전히 그분을 신뢰했을 때, 우리들을 각기 다른 방식으로 돌보셨다. 비록 쉬운 경험은 아니었지만 우리에게 믿음에 관해 많은 것을 가르쳐준 이런 경험을 한 결과, 우리 집 아이들은 전혀 다른 문화적 배경들을 갖고 있는 사람들이 갖고 있는 매력들을 발견하고 그것을 발전시켰다. 이는 이 아이들이 미래에 하나님을 섬길 때 유익이 될 것이다.

(2) 베드로의 겸손함 역시 중요한 본보기이다. 하나님은 베드로가 자신이 주변의 다른 방법들이 아니라 하나님을 필요로 한다는 것을 알고 있었기 때문에 그를 사용하실 수 있었다. 사역을 하는 어떤 사람들은 만약 그들이 없다면 하나님이 정말로 힘드실 것이라는 그런 인상을 풍기곤 한다. 그러나 '나의 사랑스런 여인'(My Fair Lady)라는 뮤지컬에서 엘리사가 히긴스 교수에게 불러주는 노래처럼, "이 세상은 당신이 없더라도 여전히 거기에 있을 것이다." 베드로는 죄인으로서 자신이 책상 위에 가져올 수 있는 것이라곤, 하나님이 그의 방향을 인도하실 수 있었다는 것 이외엔 아무것도 없다는 것을 잘 이해했다. 이런 사실이 베드로를 별로 중요하지 않게 만드는 것이 아니다. 도리어 그의 힘은 연약함을 아는 것에서부터, 하나님

이 일의 방향을 정하시게끔 하는 것에서부터 나왔다. 바울은 빌립보서 2:1-11에서 이와 유사한 태도를 표현하는데, 이 부분에서 그는 주를 기꺼이 섬김의 자리에 앉으신 겸손함의 본보기로 인용한다.

(3) 베드로는 주를 좇기 위해 모든 것을 기꺼이 내려놓았다. 나는 사역자가 되기 위해 겉으로 보기에 매우 많아 보이는 것들을 포기한 여러 신학생들을 알고 있다. 일부 학생들은 돈을 잘 벌어들이는 사업을 포기했고, 다른 신학생들은 사역자로 훈련받는 재정을 마련하기 위해 집을 팔았으며, 지금도 여전히 일부 학생들은 그들이 설교자로 들어섰을 때 좀더 잘 준비된 모습이 되기 위해 수천마일을 여행한다. 각각의 경우들에서, 그들의 우선순위는 하나님을 섬기는 것이며, 그분의 부르심에 신실하게 대답하는 것이다. 어부들이 그물을 버려두고 제자가 되었을 때, 하나님이 그들의 방향을 인도해주시고 그들의 필요를 공급해주시는, 3년 과정의 집중 인턴십 프로그램에 올라탄 것이다. 나는 종종 궁금해지곤 한다. 만약 그가 개인적인 재정 담당 컨설턴트를 갖고 있었다면, 비즈니스맨으로서 그리고 어업 사업가로서 어떤 조언을 받았을지 말이다. 그의 회계사는 과연 베드로의 배들이 바닷가에 정박해 있는 것을 기뻐했을까?

베드로는 예수를 위해서 그리고 복음이라는 구원의 그물에서 자기 길을 찾는 사람들을 대상으로 사역하기 위해서 그물을 집어던져 버리는 것보다 더 큰 부르심이 없다는 것을 이해했다. 그가 처음으로 하나님의 권능과 만났을 때, 그는 예수가 떠나셔야만 한다고 생각했었다. 왜냐하면 이 선생님은 죄인들 가운데 계셨기 때문이다. 예수는 베드로에게 하나님께 돌아서는 죄인들은 하나님이 가장 잘 사용하실 수 있는 사람들임을 가르치셨다. 그래서 베드로는 단순하게 예수를 좇았다.

문둥병자를 깨끗케 하신 스토리에서 가장 중요한 교훈은 아웃사이더조차도 하나님의 치유하시는 은혜를 경험할 수 있다는 것이다. 교회는 이 본보기를 통해서 사회 언저리에 있는 사람들에게 다가가야 하는 부름을 받는다. 당시의 문둥병은 죄가 있어서 그렇게 되었다고 인식되었고, 그렇기 때문에 지금 여기에서는 죄인들에게 다가서는 것이 그려졌다. 나는 교회 안의 상당히 많은 사람들이 에이즈에 걸린 사람들(오늘날로 치자면 가장 문둥병자와 평행을 이루는)을 마치 그들에게는 하나님의 능력이 다다를 수 없기라도 하는 양 반응하는 것을 볼 때, 종종 움찔하곤 한다. 에이즈 환자들이 죄에 연루되어 있다는 식의 주장은 변명이 되지 못한다. 예수는 사람들을 죄로부터 구원해 내시고자 오셨다. 그 죄가 아무리 심각하건 간에 모든 죄로부터 말이다. 그래서 주가 여기서 드러내시는 긍휼히 여기는 사역은 대부분의 사회에서 포기해버린 사람들에 대해 교회가 노력을 기울여야한다는 것과 짝을 맞추어야만 한다. 우리가 고국에서는 이 사실을 망각하지만 그에 반해 선교기관들이 이 세상의 먼 지역들에서 처음 아웃리치를 시작하는 토대로 이 원칙을 받아들이고 있다는 것은 참 흥미로운 일이다.

중풍병자에 대한 치유는 예수가 누군가를 죄에서 깨끗케 하시는 장면을 그려준다. 우리는 중풍병자를 추악한 무언가로 취급하면서 우리 자신의 죄에 대해서는 별다르지 않은 것인 양 변명하는 경향이 있다. 이 본문은 우리에게 모든 죄를 가볍게 취급하지 말라는 경고를 한다. 죄는 우리를 불결하게 만들기 때문이다. 하나님은 죄를 매우 심각하게 다루셨으며 우리를 죄의 사슬로부터 정결케 하시기 위해 자신의 친아들을 보내셨다. 우리가 예수의 사역을 통해 정결케 되었기 때문에 설령 죄 사함의 다른 면에 서 있다 하더라도, 우리는 이 본문이 죄에 대해서 그리고 예수가 자신에게 "만약 원하신다면, 당신은 나를 깨끗케 하실 수 있습니다"라는 태도와 더불어 나아오는 모든 사람을 용서하실 준비가 되어있다는 점에 관해 묵상해야만 한다.

예수가 기도하고자 잠시 머무르시는 것은 주의 사역 중 이 지점에서 매우 중요한 일이다. 주님은 하나님과의 의사소통이 얼마나 중요한지를 우리에게 가르치신다. 특별히 우리가 일이 너무 바빠서 하나님을 무시하는 경향이 있을 때 말이나. 때때로 삶이 정신없이 돌아갈 때 우리가 할 수 있는 가장 최상의 일은 상황을 천천히 진행하면서 하나님께 귀 기울이는 것이다. 우리가 만약 시간이 없다고 주장한다면 심각하게 실수하는 것이다. 우리가 압박 속에서 필요로 하는 것은 하나님의 임재하심과 우리 삶 속에 있는 것들을 잠잠케 하는 것이기 때문이다.

중풍병자에 대한 치유 사건은 믿음은 부지런한 신뢰를 통해 자기 자신을 표현한다는 점을 드러낸다. 중풍병자의 친구들이 보여준 것이 바로 이것이고, 예수가 명령하시는 것도 바로 이것이다. 이 믿음은 예수 앞에 나아가기 위해 대단히 먼 거리를 가는 능동적인 믿음이다. 이와 같은 믿음은 예수의 눈을 사로잡으며 하나님의 마음을 움직인다.

바리새인들의 도전은 이 복음서에서 새로운 점을 드러나게 한다. 우리는 이들이 "예수를 체크하기 위해" 왔다는 것을 알 수 있다. 이는 그들의 분명한 태도이다. 그들은 주님에 대해 너무나 빨리 판단해 버림으로써, 예수를 통해 주어지는 하나님의 계시로부터 그들 자신을 닫아버리는 위험을 감행한다. 비록 우린 이 본문을 통해서는 그들이 보인 반응이 무엇인지를 알 수 없지만, 뒤이어 나오는 본문들은 그들이 이런 치유사건을 통해 무엇이 벌어지고 있는가에 대해 전혀 마음을 기울이지 않았다는 점을 지적한다. 이는 심지어 그들의 마음이 이미 사전에 결정된 것처럼 보이게까지 한다. 이것은 강퍅한 마음이다. 우리는 하나님이 행하고 계신 일에 대해 판단함에 있어서 조급해질 수 있다.

25-26절에 나오는 찬양과 놀라움에 대한 언급들은 유아 기사(infancy narrative)에 나왔던 찬양과 놀라움을 생각나게 한다. 하나님의 역사하심은 놀라운 것이며, 우리는 그 역사하심을 누리며 기뻐해야만 한다. 때로 힘겹고 장애물이 숨겨져 있다 하더라도 말이다.

예수가 레위를 만나시는 장면인 27-32절에서부터, 몇 가지 적용들이 나온다. 레위가 예수를 좇아가는 것과 주를 위해 잔치를 여는 것 두 가지를 통해 보인 반응을 주목하라. 여기에서 우리는 자신의 모든 삶을 예수 때문에 완전히 돌아서게 했으며, 또한 자신의 이전 부류 친구들에게 예수를 소개하고 공유하는 것을 결코 늦출 수 없었던 죄인을 보게 된다.

복음증거는 새 신자들에게 종종 회심 이후 첫 2년 동안 가장 강력하게 나타난다. 그런 뒤 한사람의 친구 그룹들이 변화해가게 되고, 이는 좀더 넓은 기회들을 상실하게 한다. 예수는 비록 이전 친구 그룹들 속에서 사신 적이 없었지만, 다른 사람들을 향해 자기 자신을 넓혀 나가셨다. 그들이 주의 메시지를 듣게 하시는 방식을 통해서 말이다. 아마도 우리는 너무 지나치게 이 세상과의 연관성이 어떻게 의로운 사람을 타락시켜가는 지에 대해 예민해지면서, 마치 경건한 바리새인들이 그랬듯이 우리 자신을 고립시키고 그래서 누군가의 삶이 레위가 그랬던 것처럼 돌아서는 것을 볼 수 있는 기회를 잃어버리지 않나 싶다.

여기에서는 예수의 주도권 행사도 드러나고 있다. 주님은 죄인들을 찾는 것에 그분의 시선을 유지하시면서, 그들에게 다가서는 것에 우선순위를 두셨다. 나는 기독교인들이 죄인들을 피한다는 사실을 충분히 알 수 있을 만큼 여러 교회들을 경험해왔다. 우리는 죄인들을 찾아 나서기보다는 그들로부터 도망치며, 또한 그들이 불러일으킬 문제 거리들에 대해서나 그들로 인해 처하게 될 상황들로 인해 종종 두려움에 가득 차곤 한다. 복음증거는 반문화적인 행위이며 이는 어색하고 거북한 순간들을 만들어낸다.[20] 때때로 그들이 사용하는 언어나 혹은 농담들이 별로

---

20. 이 주제에 대해 도움을 줄 수 있는 균형 잡혀 있고 지혜로 가득한 연구로는 Joseph C. Aldrich, *Life-Style Evangelism. Crossing Traditional Boundaries to Reach the Unbelieving World*(Portland: Multnomah, 1981)가 있다.

적절치 못하기도 하다. 논의하는 주제들이 불편할 수도 있다. 잃어버린 사람들이 가장 즐겨하는 행동들은 상냥하게 거절해야하는 그런 부류 안에 들어가 있는 행동들일 수도 있다. 그러나 거북하지 않으면서도 추구할 수 있는 기회들도 여전히 있다. 바로 이것이 내가 잃어버린 자들을 찾아 아웃리치를 나가는 수많은 파라 처치 사역자들을 존경하는 이유이다. 그들이 고등학교 학생들을 향한 영 라이프(Young Life) 사역이건, 혹은 대학생들을 향한 CCC나 네비게이토(Navigators) 사역이건, 혹은 직장인들을 향한 전도 사역이건 간에 말이다. 이런 기관들은 잃어버린 사람들을 찾아 나서고 그들과의 관계를 발전시키는 일에 주도권을 갖고 행동하는 데 있어서 큰일을 하고 있다. 복음증거가 효과적이 되기 위해서는 구원받지 못한 사람들에게 다가서야만 한다. 그들이 교회 안으로 들어오는 것은 결코 갈망하거나 찾지 않기 때문이다!

오늘날 많은 사람들이 구도자 중심적인(초신자 중심적인) 예배의 실효성과 가치에 대해 논쟁하지만, 이 운동에 대해 한 가지는 말할 수 있다. 이 운동이 전체 교회로 하여금 복음증거에 대해서 그리고 잃어버린 사람들에게 다가서는 주도권을 잡는 일에 창의적이 되어야한다는 것에 좀더 민감하게 만들었다는 점이다. 이런 노력은 어떻게 잃어버린 영혼과의 연결점들을 만들 것이며, 어떻게 복음증거를 위한 기회가 되도록 관심들을 불러일으키고 발전시킬 것인가를 통해 생각한다. 이와 같은 사역들의 목표는 하나님이 우리 모두로 하여금 위대한 의사를 향해 나아가는 길을 가리켜주는 역할을 감당하기 원하시는 것에 좀더 밀접하고 가깝다. 이런 청중들에게 방향을 정해놓고 있는 몇몇 교회들은 전체적으로 몸 된 교회에 유익을 끼치며 또한 대 사명을 성취하는데 도움을 준다.

이와는 반대로 이 본문에서는 바리새인들이 보인 태도가 비난받는다. 그들은 너무 겉으로 드러나 보이는 외양에만 치중하기 때문에 그 과정 속에서 사람들은 공격받거나 무시되곤 한다. 사람들을 섬기는 것을 피해서 얻는 정결함은 정결함이 아니다. 그것은 고립주의이다—그리고 죄이다. 예수는 세상을 향해 그런 접근법을 취하는 것을 반대하신다. 바리새인들이 비록 경건하기는 했지만, 그것은 사람들의 필요를 무시하는 파괴적인 경건성이다.

마지막으로 우리의 소명에는 죄인들에게 회개하라고 초청하는 설교가 포함된다. 우리는 외관상 매우 그럴 듯해 보이는 사람들에게, 즉 매력적으로 보이는 사람들에게만 다가서는 것이 아니라, 예수가 레위에게 하셨던 것처럼 사회에서 쫓겨나고 거부된 사람들에게도 마찬가지로 다가서도록 주의를 기울여야만 한다. 사람들에게 주목받지 못하는 사역들에서 일하는 몇몇 사람들은 관심 받지 못하는 사람들 속에서, 도시 빈민들의 어두운 그늘 속에서 일한다. 그러나 우리가 누구를 찾아 나서건 간에, 복음의 부름이라는 소망을 제시해야만 한다. 이런 부름을 주는 것에는 두 가지 형태의 겸손함이 포함된다.

(1) 이 부름을 선포하는 사람은 하나님의 은혜가 성도에게까지 확장해서 외과 수술적인 치료를 하시는 행동임을 기억해야 한다. 예수를 공유하는 사람은 그것이 잃어버린 영혼이 어디에 있게 되는 것인지를 알고 있다. 우리는 다른 사람들로 하여금 주를 찾도록 격려할 때, 동감과 겸손함이라는 느낌을 만들어야만 한다.

(2) 그러나 겸손함은 또한 반응하는 사람 편에서도 요구되는데, 하나님께 영적인 치유를 받고자 나아가는 것은 자기 자신의 필요를 인식하고 스스로를 치유할 능력이 없음을 인정하는 것이기 때문이다. 자기 자신의 삶을 조절하고 통제하라는 이 세상의 부름은 삶의 방향과 회복에 대한 조절을 하나님께 맡겨드리라는 하나님의 부르심과는 대조적이고 정반대이다. 우리가 종종 문제들을 우리 자신의 방식으로 취급하고자 할 때마다, 우리는 문제들을 복합화시키고 복잡하게 만드는데, 해결과 조정을 우리가 붙잡으려는 이런 시도는 이기적인 동기들을 반영하기 때문이다. 돌려서 말하자면 이런 동기들은 우리가 다른 사람들에 대해서는 돌보지 않고 민감하지 않다는 것을 의미한다.

하나님이 우리에게 구원의 은혜를 베푸시고 우리 삶 속에서 역사하기 시작하실 때, 우리를 좀더 섬김 지향적이고 다른 사람들에게 헌신적인 사람들로 만들기 원하신다. 통제와 조절은 더 이상 우리의 관심이 아니다. 다른 사람들을 사랑하는 것이 우리의 관심이다. 예수께 대한 레위의 반응은 그런 방향전환을 보여준다. 그가 주께 베푼 잔치는 단순한 감사 표현만이 아니라, 하나님이 은혜를 베푸셨으므로 우리도 그래야만 한다는 것(엡 4:30-5:2)을 깨달은 것을 보여준다.

누가복음 5:33-6:5

33 그들이 예수께 말하되 요한의 제자는 자주
금식하며 기도하고 바리새인의 제자들도 또
한 그리하되 당신의 제자들은 먹고 마시나
이다
34 예수께서 그들에게 이르시되 혼인 집 손님들
이 신랑과 함께 있을 때에 너희가 그 손님으
로 금식하게 할 수 있느냐
35 그러나 그날에 이르러 그들이 신랑을 빼앗기
리니 그날에는 금식할 것이니라
36 또 비유하여 이르시되 새 옷에서 한 조각을
찢어 낡은 옷에 붙이는 자가 없나니 만일 그
렇게 하면 새 옷을 찢을 뿐이요 또 새 옷에서
찢은 조각이 낡은 것에 어울리지 아니하리라
37 새 포도주를 낡은 가죽 부대에 넣는 자가 없
나니 만일 그렇게 하면 새 포도주가 부대를
터뜨려 포도주가 쏟아지고 부대도 못쓰게 되
리라
38 새 포도주는 새 부대에 넣어야 할 것이니라
39 묵은 포도주를 마시고 새 것을 원하는 자가
없나니 이는 묵은 것이 좋다 함이니라

6:1 안식일에 예수께서 밀밭 사이로 지나가실새
제자들이 이삭을 잘라 손으로 비비어 먹으니
2 어떤 바리새인들이 말하되 어찌하여 안식일
에 하지 못할 일을 하느냐
3 예수께서 대답하여 이르시되 다윗이 자기 및
자기와 함께 한 자들이 시장할 때에 한 일을
읽지 못하였느냐
4 그가 하나님의 전에 들어가서 다만 제사장
외에는 먹어서는 안 되는 진설병을 먹고 함
께 한 자들에게도 주지 아니하였느냐
5 또 이르시되 인자는 안식일의 주인이니라 하
시더라

원 의미

누가는 5:33-6:11 부분에서 일련의 논쟁들을 묘사하는데, 이 내용들은 예수의 사역이 당면했던 여러 종류의 대석과 배척의 종류들을 설명한다. 처음 나오는 논쟁은 금식에 관한 것이고, 그 뒤에 나오는 두 개의 논쟁은 안식일과 관련한 것이다. 각각의 경우마다 예수의 권세가 표현되거나 혹은 함축적으로 나타난다. 이런 논쟁들 이후에, 유대교 지도자들은 예수에 대해 그들이 무엇을 어떻게 해야 할 것인지에 관해 논의하기 시작하는데, 이는 대적자들의 단결을 보여준다.

예수는 전통적인 관습과는 전혀 다른 방식으로 일들을 행하신다. 누가복음 5:33-39은 한 가지 본보기를 논의한다: 그의 제자들이 금식하지 않는 문제에 관해서이다.[1] 금식은 유대교에 있어서 경건의 중요한 의례였다. 금식은 하나님을 경배하는 행동으로서 매우 높게 평가되었기 때문에, 속죄일(레 16:29, 31)과 같이 중추적인 사건들이 있을 때에 행해졌다. 예루살렘 멸망을 기억하는 일에도 4일간이 금식이 동반되었다(슥 7:3, 5; 8:19). 금식에는 일반적으로 회개, 탄식, 혹은 구원해 달라는 간구 등이 포함되었다. 바리새인들은 일주일에 두 차례씩 금식했다(눅 8:12).[2] 일반적으로 금식은 하루에 걸쳐 하는 일이었다. 그러나 금식은 하루만이 아니라 때로는 3일이나 혹은 3주에 걸쳐서까지 진행되기도 했다(에 4:16; 단 10:2-3). 예수 시대의 유대교에서는 금식은 하나의 덕목으로 간주되었다(요세푸스 정경 3:4-5; 제1에녹서 108:7-9). 예수의 제자들이 금식하지 않은 것은 하나님을 향한 경외심이 부족한 것을 보여주는 것이라고 읽을 수 있었으며, 경건성이 심각하게 결여된 것이라고 해석할 수 있었다. 누가의 설명은 예수께 금식에 관해 질문하는 사람들이 주가 죄인들과 관계를 맺으시는 것에 대해 5:30에서 불평하던 사람들과 동일인들이라고 가정한다. 유대교에서 금식을 높이 여겼었다면, 도대체 왜 제자들은 금식하지 않았던 것일까? 예수는 주가 왜 금식하지 않으시는지에 관해서 설명하실 뿐만 아니라, 또한 이를 거절하는 깊고 중요한 이유에 대해서도 설명하신다. 주가 사용하시는 장면은 결혼에 대한 것이다—결혼은 종종 하나님과 하나님의 백성간의 관계를 묘사하기 위해 사용되곤 하는 상징이다(사 54:5-6; 62:4-5; 렘 2:2; 겔 16장).[3] 신랑이 지금 같이 있고 결혼식이 지금 진행되고 있기 때문에, 슬퍼하거나 구원을 갈망할 필요가 없다. 그러나 미래에는 신랑을 빼앗기게 될 것이다. 그러면 금식이 필요하고 적절한 때가 될 것이다. 여기에 예수가 고난에 접근하시는 첫 번째 힌트가 나온다. 예수가 대적자들이 일어난 것에 대해 이 점을 사용하시는 것은 결코 우연이 아니다. 신랑이 사라졌을 때, 그때 하나님의 백성들은 구원의 완성을 갈망하게 될 것이다(롬 8:17-30; 고전 15:20-28). 비록 얼마나 자주 금식해야하는지에 관해 율법이 아무 내용도 알려주지 않지만, 금식은 다시 한번 적절한 것이 될 것이다.[4]

예수는 이 질문에 대답하셨다. 주님은 세 가지 장면들에서 대답을 발전시키시는데, 각각의 장면들은 요점을 전달하기 위해 "~하는 자가 없나니"라는 표현을 사

1. 이 본문과 평행을 이루는 본문은 마태복음 9:14-17과 마가복음 2:18-33이다. 마가복음에서 자리 잡고 있는 위치는 누가복음의 자리와 평행을 이룬다. 마태는 이 내용을 좀더 주제별로 항목을 만든 자신의 복음서에서 뒷부분에 자리 잡게 한다.
2. Behm, "νῆστις," *TDNT*, 4:928-29.
3. 유대교에서의 이 이미지에 대해서는, Jeremias, "νύμφη," *TDNT*, 4:1101-3을 보라.
4. Danker, *Jesus and the New Age*, 128.

용한다(36, 37, 39절). 새로운 관점의 새로운 시대가 이미 도래했다. (1) 예수가 가져오시는 시대는 새 옷의 조각과 같다. 누구든지 새 옷에서 한 조각을 찢어내서 헌 옷에 기워 붙이지는 않는다. 그건 새 옷을 유익하게 사용하는 방법이 아니다. 예수는 만약 누군가가 이와 같이 부조화스런 행동을 한다면, 빨래를 할 때 새로운 옷은 수축되지만 헌 옷은 그렇게 되지 않는다는 것을 알고 계신다. 이는 옷이 찢어지게 되고 결국 못쓰게 되는 결과를 낳게 될 뿐이다. 예수의 요점은 단순하다: 누구든지 예수가 가져오시는 것을 이전 방식과 섞는다면, 파괴적인 결과를 낳는 혼합을 피할 수 없다.

(2) 예수의 시대는 또한 보통 양가죽이나 염소가죽으로 만드는 포도부대와 같다. 동물의 목 부분 가죽은 포도부대의 목 부분이 된다. 일단 털을 제거하고 경화처리를 하면, 포도주를 저장하는 용도로 사용할 수 있게 된다. 새로운 포도주를 헌 가죽부대에 넣는 것은 비극적인 실수다. 새 포도주는 아직 발효되고 있지만, 헌 가죽부대는 이런 발효에 맞추어 팽창할 수 없기 때문이다. 헌 가죽부대의 연식과 찢어지기 쉬운 품질은 가죽부대로 하여금 찢어지게 만들고 결국 포도주는 쏟아지게 된다. 이 이야기는 "얼마나 아까운 낭비인가"라는 느낌으로 이야기된다. 여기서의 요점은 새로운 시대는 새로운 방법들을 가져온다는데 있으며, 그렇기 때문에 새로운 방법은 새로운 그릇을 가져야만 한다는 것이다. 예수는 단순히 유대교의 개혁자가 아니라 그 이상의 분이시다. 주님은 유대교를 새로운 무언가로 개조하고자 오셨다.

(3) 마지막 장면은 전통적인 유대인들이 예수가 가져오고 계신 변화들에 대해 어떻게 간주했는지를 보여준다. 예수는 일반적인 속담을 사용하신다.[5] 묵은 포도주를 좋아하는 사람들은 새 포도주를 먹지 않는데, 그들의 마음은 이미 결정되어 있기 때문이다: "오래된 것이 좋은 것이다." 그러므로 예수는 많은 사람들이 주의 새로운 길에 반응하지 않을 것이라고 예상하신다. 그들은 지금 현재 그대로의 삶과 경건에 만족스러워한다. 예수의 언급은 단순한 묘사이면서 동시에 경고이기도 하다. 세례 요한은 백성들에게 새로운 변화의 시대가 올 것이라고 이야기하기 위해서 왔지만, 예수는 일부 사람들은 변화를 원치 않는다는 사실을 알고 계신다.

누가는 곧장 다음 사건인 안식일 날 이삭을 잘라 먹는 사건으로 넘어간다(6:1-5). 어떤 특정한 안식일 날, 제자들은 밀밭 사이를 지나가고 있었다.[6] 그들은 지나

5. Marshall, *Commentary on Luke*, 228; 참조. 시락서 9:10; *Mishnah, Aboth* 4:20.

가면서, 밭에 있는 이삭을 잘라서, 손으로 비벼서 낟알을 얻었다. 표면적으로 드러난 이런 행동은 충분히 결백한 것으로 보인다. 낟알 자체를 얻은 것은 문제가 안 되는데, 이스라엘에서는 밭의 일정부분은 궁핍한 사람들을 위해 남겨두어야만 했기 때문이다(신 23:25). 그러나 이 날은 안식일, 즉 쉬어야하는 거룩한 날이었다. 유대교의 전통은 안식일 날 무엇을 할 수 있으며 무엇을 할 수 없는지에 대해 구체적으로 정해놓았다. 미쉬나(*Mishnah*—고대 유대교의 규칙집)에는 안식일 준수에 관한 교훈들이 담겨있다. 안식일(*Shabbath*) 7:2 부분에는 흔히 "하나 모자란 사십"[7]으로 잘 알려져 있는 안식일에 해서는 안 된다고 금지되어 있는 39가지 행동 목록이 들어있다. 유대인들은 이 관습들이 얼마나 특별한지를 잘 알고 있는데, 그들은 "안식일에 대한 규칙들은…머리카락에 매달려 있는 산들과도 같다. 성경에는 없는 규칙들이 많기 때문이다"라고 말했기 때문이다(*Mishnah, Hagigah* 1:8). 이 목록에 의하자면, 제자들은 여러 가지를 범했다: 그들은 수확하고, 탈곡하고, 까부르고, 음식을 준비하는 잘못을 저질렀다.

일부 바리새인들은 그저 우연히 예수의 제자들을 관찰하고 있었다. 본문은 우리에게 그 이유를 말하지 않지만, 제자들이 행하고 있는 일들이 무엇인지를 알고 있다는 사실은 그들이 제자들을 얼마나 주의 깊게 감시하고 있었는지를 보여준다. 그들은 제자들에게 묻는다, "어찌하여 안식일에 해서는 안 되는 일을 하느냐?" 이 질문은 구체적이다. 이 질문은 율법적인 용어인 '엑세스틴'(*exestin*)을 사용하는데, 이 단어는 무엇이 율법적으로 허용되는지에 관해 언급하는 단어이다. 유대교의 관점에서 보자면, 제자들은 안식일에 앞서서 미리 식사를 준비해야만 했다.

예수는 성경을 인용하시는 것을 통해 동료인 제자들의 행동들을 옹호하신다. 주님은 "너희가 읽어보지 못하였느냐?…"라는 도전적인 표현을 통해 말씀을 시작하신다. 예수는 바리새인들이 사무엘상 21:1-7과 22:8-9을 이미 읽고 알고 있다는 사실을 아신다. 그러나 주님은 그들이 그 본문들을 잘못 이해하고 있다고 주장하신다. 그래서 주의 대답은 책망을 함축한 내용으로 시작한다. 이 본문에서, 다윗은 성소에서 진설병을 가져다가 자기와 자기 사람들이 그것을 먹었다—이는 분명하게 율법을 범한 것이다.[8] 예수는 그들이 율법에 합당하지 않게 행동했다는 점을 분

---

6. 이 본문과 평행을 이루는 본문은, 마태복음 12:1-8과 마가복음 2:23-28이다. 누가는 이 사건을 마가의 배열 순서와 유사하게 자리 잡았다. 마태복음에서는 마태가 예수의 사역을 좀더 주제 중심별로 기록한 항목에 두고 있기에 독특하다.

7. Lohse, "σάββατον," *TDNT,* 7:12-13.

명하게 지적하신다(다시 한번 더 율법적 용어인 '엑세스틴'을 사용하신다). 그들은 거룩한 떡("하나님의 앞에 있는 진설병" 출 25:30)을 먹었는데, 이 떡은 율법에는 오로지 제사장들만 먹게끔 되어있었다. 다윗은 그 당시 대제사장으로부터 징계를 받지 않았기 때문에, 구약성경은 다윗이 행했던 일이 적절한 행동인 것으로 제시한다. 예수의 대답은 바리새인들을 딜레마에 빠지게 한다. 실제적으로 만약 그들이 이 이슈에 대해 주를 비난하면, 그들은 다윗도 마찬가지로 비판하는 것이 되기 때문이다.[9]

예수의 대답이 갖는 요점은 단순하게 다윗과 주님 자신을 비교하는 것이다. 주의 요점은 두 가지 방식으로 옹호되어 왔다. 예수는 하나님의 율법이 사람들로 하여금 먹는 것과 같은 기본적인 필요를 충족시키지 못하게 하려는 의도를 갖고 있는 것이 결코 아니라고 주장하시는 것이며, 다윗의 경우는 율법이 정말로 의도하는 바가 무엇인지를 보여주는 방식이다. 혹은 예수는 어떤 상황들 속에서는 율법을 다른 것으로 대체할 수 있다고 주장하고 계신 것으로 보는 방식이다. 이 본문 자체에서는 이 두 가지 선택들 중 어느 것이 예수님 말씀의 의도인지 분명치 않다. 그러나 이 본문이 예수가 가져오시는 새로운 방식이라는 이전 본문을 좇는다는 점은 결코 우연이 아니다. 왜냐하면 이 사건은 안식일 이슈에 대해 유대인 리더들이 갖는 전통적인 접근법과는 전혀 다른 접근을 보여주기 때문이다. 새 포도주는 새 가죽부대에 담겨질 것이다.

그러나 예수는 여기서 끝내지 않는다. 주님은 인자가 안식일의 주인이라고 주장하시면서 주의 권세에 관한 내용을 첨가하신다. 이 주장은 다윗 사건과의 평행에서 한걸음 더 나아간다. 예수가 인자라는 사실 주가 하나님의 대리자라는 사실은 주가 안식일에 일어나는 일들을 규칙화하고 조정할 권리를 갖고 있다는 것을 의미한다. 이 말씀에는 주의 독특한 지위가 전제되어 있다. 주의 행동들은 이슈가 아니다. 주의 권세가 이슈이다. 주님은 십계명 중 안식일 계명에 대한 적용을 다스리신다. 모든 사람들이 생각하게 되는 질문은 다음의 질문이다: "예수는 하나님의 길을 드러내시는 것인가 그리고 이에 대한 권세를 갖고 있는 것인가, 혹은 그렇지 않은가?" 이 본문 마지막 부분에 나오는 진술은 누가의 독자들이 주의 깊게 이 질문에 대해 응답해야만 한다는 점을 함축하고 있다.

---

8. 다윗이 성막에 있었다는 것은 사무엘상 21:7의 기록을 통해 제시되는데, 그는 주님 앞에 붙들려 있었다. 그가 자신만이 아니라 다른 사람들도 먹게 했다는 것은 다섯 덩어리의 빵을 요청했다는 것을 통해 추측된다.
9. Danker, *Jesus and the New Age*, 131.

상황잇기

예수는 여기에서 하나님의 계획 중 행정적인 영역의 변화에 관해 논의하신다. 새로운 제도가 동터오고 있는데, 이를 통해서 여러 일들은 전혀 다르게 행해질 것이다. 비록 예수가 이런 변화가 어떻게 작동할 것인지를 여기에서 정확하게 전개하신 것은 아니지만 말이다. 신약성경 서신서들은 성령의 역동적인 임재하심이 하나님이 우리에게 어떻게 역사하시는가에 있어서 중대한 변화를 가져왔음을 분명히 한다(고후 3-4장; 히 8-10장). 여전히 믿음은 구원을 행하며 하나님은 여전히 신실한 자들을 찾으시지만, 예배의 일부 규정들은 예수의 오심과 더불어 변화했다. 그러므로 우리는 희생제물을 가지고 교회에 오거나, 정결한 음식 불결한 음식에 대해 염려하면서 교회에 오지 않는다. 더 이상 남자 성도들에게 할례는 문제 거리가 되지 않는다. 어떻게 예배드릴 것인가와 관련한 세부규정들은 이미 오래 전에 폐기되었다. 비록 예수와 초대교회 당시에는 이런 규정들이 심각하게 논의되고 논쟁되었지만 말이다(막 7:1-22을 보라; 정결한 음식과 불결한 음식에 대해서는 행 10-11장을 보라; 할례에 대해서는 행 15장을 보라).

예수의 방식은 하나님의 백성에게 요구되는 역동성에 대해 혁명적이다—상당히 혁명적이기 때문에 우리는 규칙들과 규제들을 통해 하나님께 나아가는 그런 형태로 되돌아가려는 유혹을 받는다. 마치 영성이란 것이 심령의 문제와는 분리될 수 있는 행동이라는 문제인 것처럼 취급하는 것으로 말이다. 이 본문에서 지금 논의하고 있는 문제로 들어가는 가교는 성경이 우리에게 주는 가장 기본적인 영적 가교 중 하나다. 예수는 지금 우리가 공유하고 있는 새로운 시대를 가져오고 계신다. 주님은 하나님께로 나아가는 입구를 열어주고 계신다. 새로운 길은 옛길의 끝을 의미한다. 기독교는 이스라엘과 유대교적인 기대에 그 뿌리를 두고 있지만, 옛것들은 지나가버렸고 새로운 것들이 이미 왔다.

초대교회에서는 이 새로운 길이 중요한 특징으로 간주되었는데, 이 특징은 지금 우리 공동체들에서도 여전히 나타나야만 한다. 초대교회에서의 이런 중요한 특징에서는, 하나님과 관계 맺는데 있어서 외적인 부분들에 대해서는 관심이 좀 덜 있었고, 좀더 진지한 관심들은 공동체에서나 공동체 밖에 대해서나 심령의 상태를 돌보는 것과 다른 사람들을 다루는 것에 있었다. 우리 문화가 촉진시키고 있는 개인화된 형태의 신앙은 예수의 임재하심이 우리가 다른 사람들과 관계 맺는 방식에 대해 어떻게 충격을 주는지를 깨닫는데 더딜 수 있다. 우리는 때때로 우리의 영적 삶을 장려하면서, 우리가 다른 사람들과 맺고 있는 관계성의 수준이나 우리가 주님과 갖는 개인적인 시간의 질이 어떠한가보다는 하나님에 대한 우리의 느낌들이라는 측면에서 연관짓거나 혹은 우리가 관련되어 있는 활동들 숫자와 연관시키곤 한다.

하나님은 경배 받으시고 찬양받으시기를 원하시지만, 그런 일들이 일어나게 하시는 핵심적인 방법은 교회의 활동을 계발하는 것을 통해서이다. 로마서 12-16장과 에베소서 4-6장 같은 항목들은 바울의 적용들이 제의가 아니라 품성에 얼마나 중점을 두고 있는지를 보여준다(거룩한 삶을 살라고 명령하는 베드로전서도 또한 참조하라). 여기에서 그리스도의 말씀은 우리에게 정말 중요한 것은 내적인 것이라고 경고한다. 외적인 활동은 이슈가 아니며, 그저 어떤 종교적 경험들을 갖거나 혹은 수많은 예배에 참석하는 것에 불과할 뿐이다. 하나님은 주께 응답하고 다른 사람을 돌보는 것을 통해 주의 임재하심을 송축하는 그런 마음을 갈망하신다.

바리새인들은 우리가 하나님 안에서 무언가를 이전과 다른 방식으로 행하는데 있어서 얼마나 머뭇거리고 저항적일 수 있는지를 묘사한다. 예수의 임재하심은 우리들에게 어떻게 주가 우리로 하여금 우리의 경건성을 증명하도록 인도하시는지를 깊이 생각하도록 요구한다. 완전한 제의만을 위한 제의는 우리 주님으로부터 아무런 칭찬도 받지 못한다. 주의 제자들은 경건주의를 보여주기 위해서 계속해서 금식하는 모습을 보여줄 수도 있었지만, 예수는 그들이 주님과 함께하는 특별한 시간에 관해 깊이 생각하기를 원하신다. 주가 떠나신 이후에는 다시 금식해야 할 시간이 올 것이지만, 금식은 새로운 시대의 도래에 있어서 맨 마지막에 해야 할 일이다.

이삭을 따서 먹은 본문을 어떻게 적용할 것인지를 생각하면서, 두 가지 이슈들을 중심에 놓아야 한다. (1) 예수의 권세가 유대교의 안식일 율법과 같은 근본적이고 중요한 것을 능가한다는 점은 주가 하나님의 계획 속에서 얼마나 중요한 중심적인 역할을 갖고 계신지를 분명하게 보여준다. 율법은 수세기 동안 이스라엘의 삶을 규칙화하는데 있어서 핵심적인 권위를 갖고 있었다. 예수는 지금 주가 이를 능가하는 권세를 행하신 권리가 있다고 주장하신다. 이것은 매우 중요한 주장인데, 야훼 하나님께서 이 율법을 제정하신 분이시기 때문이다.

(2) 비록 예수가 이 율법과 관련해서 대답하신 것이 어떤 정확한 논리를 전제하고 있는지를 본문 자체에서는 분명하게 제시하지 않고 있지만, 율법의 기능과 관련해서 예수의 적용은 이 율법을 궤변적인 방식으로 적용해서는 안 된다는 점을 분명하게 드러내신다. 율법을 문자적으로 벗어나는 모든 행동들이 무조건 자동적

으로 율법을 범하는 것이 되는 그런 방식으로 율법을 적용해서는 안 되는 것이다. 다윗의 사람들이 금지되어 있었던 무언가 중요한 일을 행했다는 것은 의심할 여지가 없다. 우리는 예수가 여기에서 이 예를 사용하시는 것을 통해 무엇을 의미하시려했는지 정확하게 모를 수도 있지만, 여하튼 주의 요점은 겉으로 피상적으로 드러나는 율법을 어긴 모습이 다윗이나 혹은 제자들의 경우에는 그렇지 않다는 것이다.

그렇기에 이 본문은 우리에게 어떻게 율법이 새로운 시대 속에서 역할 하는지에 관해 중요한 내용을 이야기한다. 단순한 신학적인 대답은 율법이 지나가 버렸다는 것이다. 그러나 예수가 이와 같은 이슈들을 다루시는 모습은 우리가 율법이 무엇을 성취하려는 의도를 갖고 있는지를 생각해볼 때, 좀더 근본적인 대답을 제시해준다. 뒤이어 나오게 될 안식일과 관련한 갈등들이 보여주는 것처럼, 긍휼히 여기는 것을 사람들에게 항상 적용하고 이용할 수 있어야만 한다. 특정한 율법의 엄격한 적용이 항상 올바른 것만은 아닌데, 율법들은 사람들로 하여금 식사를 하지 못하게 금지하거나 혹은 궁핍한 사람을 구제하지 못하도록 금지시키려는 의도로 만들어진 것이 아니기 때문이다. 안식일 율법은 사람을 회복케 하거나 하나님을 기뻐하는 것에는 자유로웠으며, 다른 사람을 섬기지 못하게 족쇄를 채우거나 기본적인 필요를 채워주지 못하도록 하지 않았다.

그러나 율법은 자유로의 초청이 아니다. 자유함은 율법에 전혀 신경 쓰지 않으며, 자신이 원하는 무엇이건 할 수 있다고 주장한다. 예수는 율법이 추구하는 것은 의로움을 격려하고 사람들을 건강하게 담아내는 것을 격려하는 것이지, 규정들의 주인 자리를 추구하는 것이 아니라고 선포하신다. 예수는 또한 주의 권세를 알려주시면서 이 점을 분명히 하신다. 그래서 율법에 대한 주의 통찰력은 매우 분명하게 율법이 어떤 기능을 하도록 제정되었는지를 설명해준다.

현대적 의미

기독교인은 "시대들 사이"에 있다. 우리는 예수가 가져오신 유익함들을 공유하지만 아직도 주의 완전한 구속을 기다리고 있다. 예수는 우리에게 율법이 정해준 고정된 날에 규칙적으로 금식하라고 더 이상 명령하시지 않지만, 주가 미래에 오실 것을 바라보면서 주를 경배하는 행동이나 우리의 완전한 구속을 기다리는 일은 칭찬받을 만한 일들이다. 신랑은 이미 우리들에게서 떠나가 버렸고, 우리는 신랑이 다시 오는 것을 고대한다. 우리는 이런 사실을 금식을 통해 송축할 수 있을 뿐만 아니라, 주의 식탁에 앉아 함께 식사할 때마다 이 사실을 다시 기억하곤 한다—우리가 예수와 맺고 있는 관계의 확실성뿐만 아니라 우리가 서로 동일한 신앙고백에 속해있다는 점(고전 11:23-26)을 기억한다. 이 모든 점들은 비록 우리가 새로운 시대의 처음 유익들을 공유하고 있다 하더라도, 아직 하나님이 우리를 위해 주신 모든 것을 경험한 것은 아님을 깨닫도록 해준다. 또한 이 지상에서의 삶은 그저 하나님이 행하시는 일들의 준비단계일 뿐임을 깨닫도록 해준다.

이 문단은 또한 기독교와 다른 종교 간의 혼합주의에 대해서도 경고한다. 만약 혼합주의가 가능하다면, 우리는 유대교가 가장 가능성 있는 후보라고 생각할 것이다. 유대교는 좀더 오래되었고 같은 하나님을 섬기며, 메시아에 대한 동일한 소망을 공유하고 있고 동일한 구원을 갈망하며 간구하기 때문이다. 예수는 비록 주가 약속의 성취이심에도 불구하고 주가 가져오시는 새로운 길이 이전 것과 뒤섞여서는 안 된다는 점을 매우 분명히 하신다. 경배와 희생 제사를 드리는 옛 방식은 이제 더 이상 필요하지 않으며, 경건함을 보여주는 옛 표징들도 더 이상 필요하지 않다. 우리는 유대교 기독교인들이 신약성경에서 그랬던 것처럼 그리고 오늘날에도 여전히 그런 사람들이 있는 것처럼 그런 방식들에 얽매여 있을 수도 있지만, 이것은 도덕적인 필요성에 기반을 둔 것은 아니다. 만약 기독교가 가장 가까운 사촌이라고 할 수 있는 유대교와 혼합될 수 없다면, 기독교는 이 세상의 다른 그 어떤 종교와도 혼합될 수 없다. 그렇게 혼합하는 것은 모두를 파괴할 것이다.

우리는 또한 사람들이 심지어 하나님이 지시하셨다 하더라도 변화에 얼마나 심각하게 저항하는지를 배운다. 대부분의 사람들은 현재 방식에 만족한다. 유대교 지도자들은 율법 하에서의 종교적 삶에 만족하고 있었고, 그래서 그들의 종교성에 대한 예수의 도전을 위협으로 간주했다. 옛 시스템의 한계 속에서 만족했기 때문에, 그들은 새로운 시대에 대해서는 생각조차도 하지 않았다. 기독교인들은 오늘날에도 제의적인 만족이 주는 상투성으로 떨어질 수 있다. 자신들이 하나님을 경배하는 방식이 바로 모든 사람들이 하나님을 경배해야하는 방식이라고 확신하면서 말이다. 이런 종류의 문제는 바리새인들이 겉으로 드러나게끔 예수께 도전했던 것보다 좀더 구별하기 어려운데, 어떤 정황 속에서 매우 훌륭하고 의미 있는 관습이라 하더라도 다른 사람들이 정확하게 똑같은 방식으로 되풀이할 필요는 없기 때문이다. 음악 스타일들이나 혹은 교회의 어떤 관행들은 목적에 다다르기 위한 방법들로 간주되기보다는 필요성이라는 차원에서 평가된다.

예를 들자면, 나는 다른 그 어떤 일보다도 아침에 QT 시간을 반드시 먼저 가져야만 한다는 강력한 훈계를 들었던 것을 기억한다. 이는 하루 중 늦은 시간에 QT를 했던 몇몇 사람들이 그들이 "아침에 가장 먼저 하나님과 더불어 일어나지 않았기" 때문에 죄책감을 갖게 되는 결과를 가져왔다. 언제 예배를 드리느냐는 타이밍의 문제가 예배시간을 가졌다는 것이나 그 시간에 긍정적인 영적 경험을 가졌다는 것보다 더 중요하게 되어버린 것이다. 우리는 성경이 명령하지 않는 것을 율법으로 만들지 않도록 주의해야만 한다.

배척은 많은 형태로 일어날 수 있다. 어떤 사람들은 그들이 예수가 행하시는 일에 적대적이기 때문에 배척하기도 하며, 다른 사람들은 그들이 지금 현재 모습 그대로의 삶에 만족하기 때문에 배척하기도 한다. 우리는 예수를 공유하고자 추구할 때 우리 안에 존재하는 차이점들에 대해서 예민해야만 한다. 지금 만족하고 있는 사람에게, 그렇지 않다고 확신케 하는 일은 정말 어려운 일이다. 이런 사람들이 종종 다가서기 가장 어려운 사람들이곤 하다. 우리가 할 수 있는 최상의 일은, 삶이 좀더 좋아질 수 있다는 소망을 꼭 붙드는 것이다. 그러나 만약 묵은 포도주가 좋아 보인다면, 종종 그런 사람들은 새 포도주는 한모금도 입에 대지 않으려 한다. 이들이 갖고 있는 안정성과 정체성은 매우 분명하기 때문에, 하나님이 그들에게 가져다주실 수 있는 새로운 길에 대해서는 전혀 생각조차 하려하지 않는다. 우리에겐 이것이 그들이 존재하는 방식이라는 것을 받아들여야만 하는 때들이 있다.

마가복음의 이 항목에 나오는 다른 많은 본문들과 마찬가지로, 제자들이 밀을 따먹는 장면에서 나타나는 제일 중요한 적용은 예수의 권세에 중점을 둔다. 결국 예수가 제자들과 더불어 행하시는 일이 올바른 것인가 아니면 오류인가는 주의 선포에 달려있다. 주님은 인자로서 권위를 갖고 계시며, 그래서 구약성경과 현재 상황에 대한 주의 분석은 율법을 능가하는 권위를 갖고 있는 것인가? 만약 그렇다면, 예수는 누구신가? 이것이 이 본문에서의 근본적인 질문이다. 바리새인들은 예수가 지금 그분이 가르치시는 내용을 가르칠 권세가 없다고 믿는다. 오늘날 사람들도 여전히 예수의 권세에 도전한다. 그러나 만약 주가 율법의 해석자이시라면, 우리는 주의 말씀을 경청해야만 한다. 주님은 하나님께로 가는 길을 계시하시기 때문이다.

또한 율법에 관한 적용도 있다. 하나님은 율법을 주시면서 끼니를 먹는 것과 같은 기본적인 필요를 규정의 문제로 간주해 부정하는 이런 방식으로 결코 율법을 주시지 않았다. 율법은 이처럼 가혹하게 적용할 것으로 제시된 것이 아니었다. 새로운 시대에서의 율법과 기독교인과의 관계는 여전히 논쟁거리인 문제이다.[10] 지금 이 본문조차도, 이 주장이 어떻게 제시되었는지를 정확하게 보여주지는 않는다. 그러나 어떤 접근법을 취하건 간에, 제자들이 밀을 먹었다는 것으로 인해 하나님의 도덕적 요구를 깬 것이 아니라는 점만은 분명하다.

우리는 초대교회가 이방인들에 대한 할례 문제를 어떻게 다루었는지를 생각해 보면, 어떻게 변화가 일어났는지를 알 수 있다. 이 부분에서는, 하나님의 백성으로서의 정체성과 관련해 주어진 핵심적인 명령은 기독교 믿음 안에 들어온 사람들에게는 적용되지 않는다. 설령 이 예가 가장 기본적인 필요를 채워주는 것이 아니라 하더라도, 그러나 이 예는 이전의 중심적 율법들이 더 이상 역할하지 않는 새 시대에서 과연 하나님이 율법의 기능을 어떻게 재검토하셨는지를 보여준다.

기독교인에 대한 핵심적인 표증이 된 것은 할례가 아니라 내주하시는 성령이다(행 15:1-21). 이런 내주하심은 육체적으로 할례 받는 것과 동등한 것으로 간주되었는데, 여기엔 마음의 할례가 포함되어 있기 때문이다(빌 3:1-3). 다른 식으로 말하자면, 이런 변화는 새로운 시대가 율법의 문제를 새로운 방식으로 접근한다는 것을 지시해준다. 예수는 강조점의 변화를 설명하고 정당화하실 수 있는 권세를 갖고 계신다.

---

10. 율법에 대한 다섯 가지 구분되는 견해를 지적하는 이런 선택의 충분한 논의에 대해서는 G. Bahnsen, W. Kaiser, D. Moo, W. Strickland 그리고 W. VanGemeren에 의한 *The Law, the Gospel, and the Modern Christian*(Grand Rapids: Zondervan, 1922)을 보라. 이 견해에 따르면, 율법은 (1) "그리스도 예수의 의의 완전성", (2) "여전히 충분히 적용 가능한 것", (3) "거룩함을 증진하기 위한 하나님의 가이드", (4) "그리스도의 율법과 복음으로 대체됨", (5) "그리스도의 율법으로 성취된 것"이라 볼 수 있다. 이 모든 견해들은 이런 의미든 저런 의미든 그리스도가 율법이 의도했던 것을 대변하지만 율법을 어떻게 행해야 하며 율법의 어느 부분을 오늘날 적용할 수 있는지에 대해서는 일치하지 않는다. 신에 의한 통치(Theonomy)는 어떤 다른 접근보다도 오늘날에 더 많이 율법을 적용시킨다. 율법이 여전히 강점을 가질 수 있도록 다른 견해들은 율법의 요구를 성령으로 말미암아 내적으로 어떻게 충족시킬 수 있는지를 설명하거나, 하나님이 요구하신 의의 종류를 예증하는 것이라고 논증한다. 아울러 율법의 도덕적 요구는 여전히 충족시킬 필요가 있다거나, 그리스도 안에서 사랑의 율법은 그 율법이 요구했던 것을 성취시키는 것이라고 제기한다. 율법에 관한 이슈는 복잡하고 여기서 해결할 수 있는 문제는 아니다. 신약성경은 구약성경이 우리의 지침이 된다고 말하면서도(딤후 3:15-17), 한편으로 성령의 시대는 율법을 바라보는 방식을 바꾸어놓았음을 분명히 한다(고후 3-4장; 히 7-10장).

누가복음 6:6-16

6 또 다른 안식일에 예수께서 회당에 들어가
사 가르치실새 거기 오른손 마른 사람이 있
는지라
7 서기관과 바리새인들이 예수를 고발할 증거
를 찾으려 하여 안식일에 병을 고치시는가
엿보니
8 예수께서 그들의 생각을 아시고 손 마른 사
람에게 이르시되 일어나 한가운데 서라 하시
니 그가 일어나 서거늘
9 예수께서 그들에게 이르시되 내가 너희에게
묻노니 안식일에 선을 행하는 것과 악을 행
하는 것, 생명을 구하는 것과 죽이는 것, 어느
것이 옳으냐 하시며
10 무리를 둘러보시고 그 사람에게 이르시되 네
손을 내밀라 하시니 그가 그리하매 그 손이
회복된지라
11 그들은 노기가 가득하여 예수를 어떻게 할까
하고 서로 의논하니라
12 이 때에 예수께서 기도하시러 산으로 가사
밤이 새도록 하나님께 기도하시고
13 밝으매 그 제자들을 부르사 그 중에서 열둘
을 택하여 사도라 칭하셨으니
14 곧 베드로라고도 이름을 주신 시몬과 그의
동생 안드레와 야고보와 요한과 빌립과 바돌
로매와
15 마태와 도마와 알패오의 아들 야고보와 셀롯
이라는 시몬과
16 야고보의 아들 유다와 예수를 파는 자 될 가
룟 유다라

원 의미

6-11절에 나오는 사건은 예수를 포함시키는 일련의 논쟁들 중 세 번째 논쟁이다. 이 행동 역시 다시 한번 더 안식일에 발생한다.[1] 회당 안에서 가르치실 때에, 예수는 오른편 손이 마른 사람을 보셨고 주도권을 갖고 그를 치유해 주신다. 이 사람이 갖고 있던 불구는 이 사람으로 하여금 직업을 가질 수 없게 했을 것이다. 다른 식으로 말하자면, 이 사람은 비록 죽을 병에 걸린 것은 아니었지만, 할 수 있는 일에는 한계가 있었다.

서기관들과 바리새인들은 예수를 엿본다. "엿봤다"에 해당하는 헬라어 단어는

1. 이 본문과 평행을 이루는 본문들은 마태복음 12:9-14과 마가복음 3:1-6이다. 이 사건을 마태가 뒷부분에 배치한 것에 대한 의문은 누가복음 6:1-5과 평행을 이루는 본문들에 대해서와 비슷하게 제기된다.

"스파이로 행동하다" 혹은 "구석에서 쳐다보다"라는 뜻을 의미한다(참조. 시 36:12 LXX).[2] 그들은 예수를 대적할 만한 무언가를 찾고자 한다. 이런 태도는 반대와 대적이 점증하는 것에서부터 나타나고 있다. 유대인의 관점에서 보자면, 죽을 병에 처하지 않은 사람은 치유되기를 기다릴 수 있다.[3]

예수는 무언가를 행하시기 전에 근본적인 질문을 제기하신다. 주님은 바리새인들의 생각을 아시기 때문이다. 주님은 이 사람에게 앞으로 나오라고 말씀하시고서는 물으신다. "어떤 것이 안식일에 율법적인 행동인가? 선을 행하는 것과 악을 행하는 것, 생명을 구하는 것과 멸하는 것?" 이 질문은 아이러니한 성격을 갖고 있는데, 예수는 관계론적인 각도에서 안식일을 보고 계시기 때문이다. 사실 주가 이 질문을 추구하시는 방식은, 여기에서 행동하지 않는 것은 악을 행하는 것이라고 거의 주장하는 것이다. 다른 한편으로, 유대인들의 리더십은 악을 꾸미고 있다.

이 행동은 시험이 된다. 하나님이 과연 이 치유를 일어나게 하실 것인가? 하나님은 과연 예수를 두둔해주시고 예수의 질문에 대해 대답을 드러내주실 것인가? 예수는 모든 사람들을 둘러보셨고, 그런 뒤 행동하셨다. 주님은 이 사람에게 그의 손을 내밀라고 말씀하시고, 이 사람은 이 말씀에 응답할 수 있었는데, 이는 치유가 일어났음을 보여준다. 그러나 유대인들의 지도자들은 그가 회복된 것에 기뻐하기보다는 예수의 성공에 대해서 분이 났다. "분(노)"라는 단어는 강력한 용어인데, 비이성적인 분노를 묘사하며, 심지어 병적인 화를 표현한다.[4] 전환점이 다가왔다. 권위 있는 자들은 예수를 멈추게 하기 위해서 무언가를 해야만 하며, 그래서 그들은 계획을 짜기 시작한다. 예수가 그들 앞에 제시하신 증거를 거부하면서, 그들은 강퍅한 마음을 드러내고 예수께 반대하는데 표를 던진다.

대적과 배척이 일어나는 것은 예수가 주를 좇는 사람들을 조직하셔야만 한다는 것을 의미한다. 주가 12명을 선택하신 것은(12-16절) 주가 미래에 죽음을 통해 제자들을 떠날 것을 기대하시고 준비하시는 것이기도 하면서(9:1-6; 10:1-12) 또한 다가올 소명에 대한 준비이기도 하다.[5] 이렇게 조직화된 제자들 그룹의 맨 위에는 12명의 제자들이 자리 잡는다. 가룟 유다를 제외한 모든 제자들은 초대교회의 발

---

2. Reisenfeld, "παρτηρέω," *TDNT*, 8:147.
3. Mishnah, Yoma 8:6.
4. Behm, "ἄνοια," *TDNT*, 4:963.
5. 이 본문과 평행을 이루는 본문은 마태복음 10:1-4과 마가복음 3:13-19이다. 다시 한번 이 사건을 배치하는데 있어서 마가복음과 누가복음은 좀더 긴밀한 상관성을 갖고 있다.

전에 있어서 중추적인 역할을 감당하게 될 것이다.

예수의 선택이 자리 잡고 있는 배경은 결코 우연이 아니다. 주님은 이전 밤을 기도하시는데 모두 사용하신다. 그러므로 주의 선택은 하나님과의 교통이라는 정황 속에서 이루어진다. 이 부분은 신약성경에서 밤새도록 철야한 것이 지적된 유일한 장소이다. 예수는 12명을 선택하셨다. 이 숫자는 이스라엘과 맞물려 생각나게끔 고안되었다(참조. 22:29-30; 마 19:28). 오직 누가만이 이들 이름을 목록화하면서 이들 그룹을 "사도들"이라고 부른다. 이 타이틀은 이들의 역할이 하나님 나라라는 메시지 측면에서 이들이 예수와 관련된 대표자들임을 지시해준다.[6]

세 가지 요소들이 이 목록의 평행성과 더불어 이 목록을 주도한다. (1) 베드로는 항상 첫 번째로 나온다. (2) 첫 번째 4명은 베드로, 안드레, 야고보 그리고 요한이다(비록 종종 순서가 다르기는 하지만). (3) 4명씩 구성된 3개의 소그룹들이 있으며, 이 소그룹들은 각각 베드로, 빌립 그리고 알패오의 아들 야고보가 이끌고 있다.[7]

베드로는 핵심적인 인물이다. 그는 종종 제자들을 대표해서 이야기하곤 하며, 이 그룹 내에서 핵심적인 역할을 담당하곤 한다. 그의 형제인 안드레는 이 목록 이외 부분에서는 거의 등장하지 않는다. 세베대의 아들인 야고보와 요한은 첫 번째 소그룹에 들어있고 이 첫 번째 소그룹은 연속된 4명의 어부들로 구성되어 있다. 두 번째 소그룹에는 빌립이 요한복음에서는 따로 분리되어 몇 차례 언급된다. 바돌로매는 아마도 요한복음 1:45에서 나다나엘이라고 알려진 인물과 동일 인물일 것이다. 많은 유대인들은 두 개의 대표적인 이름들을 갖곤 했기 때문이다.[8] 마태는 아마도 세리 레위일 것이다.[9] 도마는 예수의 부활에 대해서 확신을 가져야만 하게 되는 제자이다(요 20:24-29). 세 번째 그룹에서, 우리는 알패오의 아들 야고보에 대해서는 거의 아는 바가 없다. 열심당원(셀롯) 시몬은 예수를 만나기 이전에 정치적인 민족주의자였다.[10] 그는 마태처럼 나라를 배신하고 로마에 기승했던 사람들을 비워했을 것이다. 가룟인이 아닌 유다는 아마도 다른 목록에 나오는 다대오일 것이다. 가룟 유다는 예수를 배반한 것으로 인해 불명예스럽게 유명해진 사람이다. 길거리의 12명이 갖고 있는 이런 다양성은 예수를 위한 리더십의 기초를 형성한다.

6. Fitzmyer, *Luke*, 617; Marshall, *Commentary on Luke*, 238-39.
7. Plummer, *Luke*, 172.
8. Plummer, *Luke*, 173.
9. 누가복음 5:27-32에 나오는 레위에 대한 논의를 보라.
10. 비록 기원후 70년 예루살렘 멸망을 이끌었던 공식적인 열심당은 아직 존재하지 않았겠지만, 훗날의 운동과 연결된 민족주의적인 경향들이 아마도 시몬의 별명으로 반영되었을 것이다.

상황잇기

이 본문은 안식일에 무엇을 행할 수 있는지를 탐험하는 것을 통해서, 다시 한번 하나님의 뜻을 드러낸다. 유대인들의 율법에 대한 질문이 비록 더 이상 교회의 관심사가 아니기는 하지만 안식일 날조차 어떻게 다른 사람들이 다루어지는가에 관한 이슈는 교회의 관심사이다. 예수는 하나님이 우리가 사랑과 은혜로 행동할 수 있는 기회가 존재할 때마다 그렇게 행동하는 것을 무시하거나 간과하는 것을 결코 원치 않으신다는 것을 보여주신다. 여기에서 "사랑의 율법"이 작동한다.

기독교인들은 여전히 어떻게 안식일과 같은 날을 다루어야 하는지에 관해서 논의한다. 각기 다른 전통들은 다른 강조점들을 갖고 있다.[11] 어떤 전통에서는 십계명이 여전히 계속해서 유효하다고 주장하면서, 안식일 원칙이 여전히 효력을 갖고 있다고 간주한다. 이런 관점은 "안식일 엄수주의자"라고 불려져 왔는데, 어거스틴과 토마스 아퀴나스에 뿌리를 둔다. 이런 전통은 주일날에는 활동과 레저를 위한 여가를 의도적으로 금지하며, 이 날이 쉼과 주를 위해서만 사용될 수 있게끔 하는 결과를 가져온다. 다른 전통들은 그리스도께서 율법의 완성이시며, 그래서 안식일 원칙도 이제는 더 이상 신약성경에서는 재확인되지 않고 있으며, 모든 날들이 거룩하다고 주장한다(참조. 롬 14:5-8). 이런 전통들은 주일날 무엇을 할 수 있고 무엇을 할 수 없느냐는 문제에 대해서 좀 덜 구체적이다. 나는 후자로 생각하는 편인데, 2세기의 순교자 저스틴이 『대화편』(*Dialogues*) 12:3에서 요약한 이유들 때문이다.

> 새로운 율법은 당신에게 끊임없는 안식일을 지킬 것을 요구한다. 그리고 당신은 하루 동안 빈둥거렸기 때문에 당신이 경건하다고 생각한다…주 하나님은 그런 식의 안식일 준수를 기뻐하시지 않는다. 만약 여러분들 중에 위증했던 사람이나 도둑이 있다면, 그로 하여금 그렇게 하는 것을 멈추게 하라. 만약 간음하는 자가 있다면, 그로 하여금 회개하게 하라. 그런 뒤 그는 달콤하고 진정한 하나님의 안식을 지키게 된다.

이 인용구문에서 발견할 수 있는 가치는 예수가 이 본문에서 보여주시는 가치를 반영한다. 안식일 준수는 아무런 가치가 없으며, 또한 만약 매일의 삶 속에서 섬

11. 이 질문과 관련된 포괄적인 연구로는 D. A. Carson, ed., *From Sabbath to Lord's Day A Biblical, Historical, and Theological Investigation*(Grand Rapids: Zondervan, 1982)를 보라. 특히 A. T. Lincoln(pp. 343-412)의 마지막 논문을 보라.

김과 신실함이라는 태도를 추구하지 않는다면 날과 관련한 논쟁도 아무런 가치가 없다. 시편 118:24 말씀은 우리가 어느 날이 주의 날이라고 생각할 때, 이 점에 관해서 가장 훌륭하게 잘 말씀한다: "이날은 주의 날, 기뻐하고 즐거워하세"

하나님은 이 치유를 통해서 예수를 입증하셨는데, 이 치유기적 자체가 하나님의 구원하심을 묘사한다. 여기에는 하나님이 예수와 함께 하신다는 좀더 풍성한 증거가 있다. 하나님이 만약 예수가 행하시던 일을 거부하셨다면, 하나님은 문을 닫아버리고 치유가 일어나지 않게 하셨을 것이다. 예수의 주장은 하나님이 주를 통해 행동하시기 때문에 좀더 중요성을 갖는다. 예수를 향해 강력한 증거를 형성하는 것은 다름 아니라 바로 이와 같은 말씀과 행함의 조합이다.

이 본문은 예수에 대한 반대와 대적에 초점을 맞춘다. 하나님의 인정하심과 기뻐하심이 예수의 행동을 둘러싸고 있다는 모든 표적들에도 불구하고, 유대인 지도자들은 계속해서 점점 더 적대적이 되어갔다. 예수는 실질적으로 바리새인들에게 율법주의에 대한 책임을 물으신다—즉, 율법을 이처럼 확장해서 사람들로 하여금 무시당하거나 질리게끔 만든 것에 관해서. 엄격한 규율은 감당하기 힘든 멍에가 되어버린다(참조. 행 15:10). 심지어 오늘날에도 우리는 종종 율법을 지키고자 노력하면서도 율법을 어기곤 한다.

나는 신학생 시설 어떤 교회에서 매우 심각하게 예배 순서를 가지고 싸우던 것을 기억한다. 그 교회의 싸우던 양편에서는 찬송, 광고, 설교 등의 특정한 순서를 놓고 강하게 자기주장을 하면서 다투었다. 좀 엉뚱한 예가 될지도 모르지만, 그들은 자기들 방식대로 하는 것만이 유일한 길이라고 주장하는 죄를 범했다. 양식이나 스타일에 관한 이슈들을 논의할 때, 우리는 분명한 도덕적 선택이나 올바른 신학을 포함하고 있는 문제들보다는 율법주의에 집중하는 경우가 너무나 종종 있다. 우리는 그와 같은 "중립적인" 주제들에 대해서는 인내와 복종을 배워야만 한다. 양편의 사람들 각각은 하나님 앞에서 자신들의 행동들에 대해서 그리고 하나님 앞에 깨끗한 양심을 추구했는가에 대해서 책임을 지기 때문이다(롬14-15장).

예수의 12제자 선택은 독특하고 다양한 그룹을 반영하고 있다. 주님은 동질 그룹을 선택하지 않으셨다. 제자들 중에는 어부들, 세리들, 정치적 견해가 분명한 사람, 그리고 정체성이 아직 분명하게 발전되지 않은 소수의 다른 사람들이 있었다. 이들은 풀뿌리에 토대를 두고 있는 예수의 사역 특징을 보여주는 일상적인 종류의 사람들이다. 우리 문화에서는 돈, 지위 그리고 권력이 한 사람으로 하여금 리더십의 자리에 오르게 하곤 하는데, 주가 선택하신 리더십은 우리 문화가 선택하는 것과 매우 많이 다르다. 혼합적인 리더십을 선택하는 것과 관련해서는 중요한 무언가를 이야기해야만 한다. 이런 혼합적 리더십은 사회적 지위를 넘어서서 성품과 성실성이라는 핵심적인 이슈에 매우 민감한 리더십이다. 얼마나 많은 교회들이 리더십이 영적인 품성을 갖추지 못했지만 포춘(Fortune) 지에 실리는 유명인사를 자격 있는 것으로 간주해 그런 사람들을 리더로 뽑았기에 상처들을 입어왔는가!

현대적 의미

이 문단은 은혜를 베풀고 보여주는 일이 하나님의 마음속에 우선순위를 차지한다는 점을 제시하고 보여준다. 하나님은 우리를 긍휼히 여기시며 또한 우리가 가능할 때마다 다른 사람들을 돕기를 원하신다.

안식일과 같은 쉬는 날이라는 점도, 우리가 선을 행하지 않고 넘어갈 수 있는 근거가 되지 못한다. 예수는 하나님이 다른 사람들이 어떻게 다루어지기를 원하시는지를 대적들에게 보여주시기 위해 자신의 길에서 벗어나 가시기도 한다. 주님은 다른 사람들을 위해, 특별히 궁핍한 사람들을 섬기기 위해 자기 자신을 드리셨다. 우리는 심지어 예수가 다른 사람에게 가능한 한 빨리 도움을 제공하시기 위해 갖고 계셨던 긴급함에 대해서도 지적한다. 비록 이런 특별한 치유를 예수에 대한 유대인 지도자들의 반응이 나타나지 않게끔 안식일이 지날 때까지 기다릴 수도 있었겠지만, 주님은 첫 번째 기회에서 행동하셨다. 우리의 신속한 반응은 주의 반응에 잘 어울려야만 한다.

이 문단의 중심적인 강조점은 예수를 향한 대적과 배척이 일어나고 있다는 것이며, 그 성격이 매우 차갑고 비이성적인 것이라는 점이다. 예수를 향한 이와 같은 반응은 오늘날의 반대와 대적과도 평행을 이루며, 이 점으로 인해 성도들은 놀랄 필요가 없다. 왜냐하면 이런 반응이 하나님의 은혜에 대한 죄악 가득한 반응이라는 증거가 되기 때문이다.

유대인 리더십은 이 사람의 손이 회복되었다는 것을 무시했는데, 그들이 보았던 모든 것은 안식일을 범한 것뿐이었기 때문이다. 때때로 예수를 거부하는 사람들은 마치 도덕적으로 예민하거나 섬김이라는 삶의 스타일을 추구하기만 한다면 그것만으로도 결정적인 요소를 이미 갖고 있는 것이라는 식으로 반응한다. 이것은 도덕적으로 도치된 세상이다. 예를 들어서, 나는 도시의 좀더 “어두운” 부분에서 사역하고 있는 성도들을 알고 있는데, 그들은 자신들이 일하고 섬기는 정황에 어울리는 스타일로 자기 자신을 헌신한다. 그들은 자신들이 다가가고자 하는 사람들이 하는 행동들을 하지는 않는다. 그러나 그들의 옷, 그들의 음악 스타일 등을 그들과 동일하게 하는 것을 통해서 그들에게 다가가려는 노력을 기울이면서 그들을 그저 사랑한다. 때때로 이런 사람들은 죄인들과 함께 매달리는 죄인들처럼 판단되곤 한다—예수가 들으셨던 것과 별반 다르지 않은 그런 추궁! 그러나 우리는 이와 같은 사역에 동반되어 나타나며, 하나님을 섬기고자하는 진지하고 의로운 바람을 통해 동기 부여된 긍휼이라는 증거에 관해서 생각해야만 한다.

예수는 긍휼이 필요했던 사람들에게 그저 계속해서 사랑으로 사역하셨기 때문에 대적들의 이와 같은 반대에 직면하셨다. 여기에서 우리는 섬김을 향해 부르시는 하나님의 도덕적 요구에 응답하지 않는 마음과 주의 마음이 대조되고 있음을 본다. 바울은 이를 "그리스도의 법"(고전 9:21)이라고 부르며 야고보는 "최고한 법"(약 2:8)이라고 부른다. 설령 강력한 대적과 반대에 직면한다 하더라도, 주님과 동행하는 사람들은 섬김과 사랑의 사역을 감당하도록 부름 받았다.

예수가 12명을 선택하신 것으로 돌아가 생각해볼 때, 예수는 아마도 주의 사역이 팀 균형을 유지하도록 하기 위해서 의식적으로 다양한 그룹의 사람들을 선택하셨다. 그들을 묶어준 중심적인 매개체는 예수님이셨다. 주가 세우신 이 새로운 공동체는 오늘날도 마찬가지로 다양하며, 우리는 그런 다양성을 기뻐해야만 한다.

예수는 우리 모두가 한 종류의 동일한 사람들이 되기를 원치 않으신다. 우리의 다양성들은 예수가 우리들을 하나로 묶으신 것과 마찬가지로 이런 각기 다른 모습들 사이에서 하나의 단일체를 형성하지 못하게끔 가로막는 것이 되어서는 안 된다.

가룟 유다가 이 그룹에 속해 있다는 점도 역시 교훈이 있다. 모든 사람들이 팀 플레이어로 남는 것은 아니며, 배신이 가장 깊은 내부로부터 생겨날 수 있다. 예수와의 밀접한 연관성이 반드시 마음의 진실함을 보장해주거나 나타내주는 것은 아니다. 요한은 비록 유다를 "마귀"(요 6:70-71)라고 부르지만, 유다는 수년 동안 예수와 가장 가까운 관련성을 갖고 있던 사람으로 간주되었다. 신실치 못함과 부정은 결국 그 자신을 드러내기 마련이지만, 유다가 예수가 사역하시던 중요한 시기 동안 과연 어디에 자리매김하고 있는지는 말하기 어려운 문제이다.

마지막 질문은 이 선택과 부르심에서 나온다. 우리는 어떻게 우리의 리더들을 선택해야 하는가? 우리는 어떤 기준을 사용하는가? 성품이 매우 중요한 것인가? 우리는 공동체 안에서는 물론이고 마찬가지로 공동체 밖에서 좋은 평판과 존경을 받는 사람들을 생각하는가?(딤전 3:7) 혹시 누군가가 우리의 대표나 리더로 선출

될 때, 그저 그가 갖고 있는 관계들이나 우리를 도와줄 수 있는 사람들을 네트워킹 하는 것으로 인해 선출되는 것은 아닌가? 어떤 사람이 선출될 때 그저 그 사람이 재정적으로 많은 부담을 할 수 있기 때문은 아닌가? 예수는 소수의 선한 사람들을 찾으셨고, 주가 떠나가신 뒤 교회를 이끌어나갈 수 있는 특성을 그들에게 만들 수 있다는 소망 안에서 그들을 선택하신다.

이 목표는 리더십과 관련된 또 다른 핵심을 제시한다. 가장 훌륭한 리더는 공동체의 미래를 잘 준비해서 그가 떠날 때 그저 단순히 그가 빠진 것에 불과한 것이 되게끔 하는 리더이다. 견고한 리더십은 뒤에도 여전히 남기 때문이다. 이런 원리는 우리들에게 한사람이 강력한 쇼를 하는 그런 리더십을 추구하지 말 것을 경고한다. 이런 리더십은 종종 훗날의 파괴적 결과를 씨 뿌리곤 한다. 최상의 리더십은 종종 그 사람이 여전히 함께하고 있을 때가 아니라 그가 이미 떠나간 뒤에 전개되는 모습을 통해서 볼 수 있다. 만약 한 그룹인 이 12명의 제자들을 이런 표준의 리더십을 통해 평가해 본다면, 예수는 그들을 매우 전략적으로 계승자로 선택하셨음을 알 수 있다. 이 그룹이 세상을 흔들고 재구성했기 때문이다.

누가복음 6:17-49

17 예수께서 그들과 함께 내려오사 평지에 서시
니 그 제자의 많은 무리와 예수의 말씀도 듣
고 병 고침을 받으려고 유대 사방과 예루살
렘과 두로와 시돈의 해안으로부터 온 많은
백성도 있더라
18 더러운 귀신에게 고난 받는 자들도 고침을
받은지라
19 온 무리가 예수를 만지려고 힘쓰니 이는 능
력이 예수께로부터 나와서 모든 사람을 낫게
함이러라
20 예수께서 눈을 들어 제자들을 보시고 이르시
되 너희 가난한 자는 복이 있나니 하나님의
나라가 너희 것임이요
21 지금 주린 자는 복이 있나니 너희가 배부름
을 얻을 것임이요 지금 우는 자는 복이 있나
니 너희가 웃을 것임이요
22 인자로 말미암아 사람들이 너희를 미워하며
멀리하고 욕하고 너희 이름을 악하다 하여
버릴 때에는 너희에게 복이 있도다
23 그날에 기뻐하고 뛰놀라 하늘에서 너희 상이
큼이라 그들의 조상들이 선지자들에게 이와
같이 하였느니라
24 그러나 화 있을진저 너희 부요한 자여 너희
는 너희의 위로를 이미 받았도다
25 화 있을진저 너희 지금 배부른 자여 너희는
주리리로다 화 있을진저 너희 지금 웃는 자
여 너희가 애통하며 울리로다
26 모든 사람이 너희를 칭찬하면 화가 있도다
그들의 조상들이 거짓 선지자들에게 이와 같
이 하였느니라
27 그러나 너희 듣는 자에게 내가 이르노니 너
희 원수를 사랑하며 너희를 미워하는 자를
선대하며
28 너희를 저주하는 자를 위하여 축복하며 너희
를 모욕하는 자를 위하여 기도하라
29 너의 이 뺨을 치는 자에게 저 뺨도 돌려대며
네 겉옷을 빼앗는 자에게 속옷도 거절하지
말라
30 네게 구하는 자에게 주며 네 것을 가져가는
자에게 다시 달라 하지 말며
31 남에게 대접을 받고자 하는 대로 너희도 남
을 대접하라
32 너희가 만일 너희를 사랑하는 자만을 사랑하
면 칭찬 받을 것이 무엇이냐 죄인들도 사랑
하는 자는 사랑하느니라
33 너희가 만일 선대하는 자만을 선대하면 칭
찬 받을 것이 무엇이냐 죄인들도 이렇게 하
느니라
34 너희가 받기를 바라고 사람들에게 꾸어 주면
칭찬 받을 것이 무엇이냐 죄인들도 그만큼
받고자 하여 죄인에게 꾸어 주느니라
35 오직 너희는 원수를 사랑하고 선대하며 아무
것도 바라지 말고 꾸어 주라 그리하면 너희
상이 클 것이요 또 지극히 높으신 이의 아들
이 되리니 그는 은혜를 모르는 자와 악한 자
에게도 인자하시니라
36 너희 아버지의 자비로우심 같이 너희도 자비
로운 자가 되라
37 비판하지 말라 그리하면 너희가 비판을 받지
않을 것이요 정죄하지 말라 그리하면 너희가
정죄를 받지 않을 것이요 용서하라 그리하면
너희가 용서를 받을 것이요
38 주라 그리하면 너희에게 줄 것이니 곧 후히
되어 누르고 흔들어 넘치도록 하여 너희에게
안겨 주리라 너희가 헤아리는 그 헤아림으로
너희도 헤아림을 도로 받을 것이니라

39 또 비유로 말씀하시되 맹인이 맹인을 인도할 수 있느냐 둘이 다 구덩이에 빠지지 아니하겠느냐
40 제자가 그 선생보다 높지 못하나 무릇 온전하게 된 자는 그 선생과 같으리라
41 어찌하여 형제의 눈 속에 있는 티는 보고 네 눈 속에 있는 들보는 깨닫지 못하느냐
42 너는 네 눈 속에 있는 들보를 보지 못하면서 어찌하여 형제에게 말하기를 형제여 나로 네 눈 속에 있는 티를 빼게 하라 할 수 있느냐 외식하는 자여 먼저 네 눈 속에서 들보를 빼라 그 후에야 네가 밝히 보고 형제의 눈 속에 있는 티를 빼리라
43 못된 열매 맺는 좋은 나무가 없고 또 좋은 열매 맺는 못된 나무가 없느니라
44 나무는 각각 그 열매로 아나니 가시나무에서 무화과를, 또는 찔레에서 포도를 따지 못하느니라
45 선한 사람은 마음에 쌓은 선에서 선을 내고 악한 자는 그 쌓은 악에서 악을 내나니 이는 마음에 가득한 것을 입으로 말함이니라
46 너희는 나를 불러 주여 주여 하면서도 어찌하여 내가 말하는 것을 행하지 아니하느냐
47 내게 나아와 내 말을 듣고 행하는 자마다 누구와 같은 것을 너희에게 보이리라
48 집을 짓되 깊이 파고 주추를 반석 위에 놓은 사람과 같으니 큰 물이 나서 탁류가 그 집에 부딪치되 잘 지었기 때문에 능히 요동하지 못하게 하였거니와
49 듣고 행하지 아니하는 자는 주추 없이 흙 위에 집 지은 사람과 같으니 탁류가 부딪치매 집이 곧 무너져 파괴됨이 심하니라 하시니라

원 의미

만약 누가복음 4:16-30 부분이 예수의 가르침에 나타난 성취에 관해 요약하고 지적하는 것이라면, 이 부분의 설교는 주가 제자들을 향해 갖고 계신 윤리적 기대를 두드러지게 보여준다. 평지설교는 마태복음의 산상설교와 상응하는 누가복음의 설교이다. 누가는 이 설교들을 마태가 다루었던 것과는 달리 율법적인 요소들을 배제한 채 제시하는데, 아마도 이는 누가복음의 이방인 독자들 때문이었을 것이다.[1] 누가가 예수가 원래는 유대인 청중들을 향해 전달하셨던 내용을 이방인들을 위해 요약할 수 있었다는 점은, 이 복음서기자가 이 설교에 제시되는 윤리를 기독교 공동체에 있어서 얼마나 초시대적이고 근본적인 것으로 간주했는지를 보여준다. 이 관점은 실제로 그렇다. 이 설교가 예수의 설교 모음집이건 혹은 한번

1. 이 설교와 산상설교와의 관계성은 매우 복잡한 문제이다. 나는 이 설교를 누가가 마태복음의 설교기록들을 요약한 것이라고 간주한다. 산상수훈과 평지설교 사이의 세부적인 내용, 비교 그리고 윤리-신학적인 역할에 관한 논의에 대해서는 D. Bock, *Luke 1:1-9:50* excursus 7: "The Sermon on the Plain in Luke"을 보라. 또한 여기에는 이 설교가 단일한 경우인지 아니면 예수의 윤리적 가르침을 전집처럼 모은 것인지에 대한 내용도 세부적으로 담겨있다. 나는 비록 이것이 특별한 경우라고 생각하기는 하지만 이 두 가지 관점 모두 가능하다. 나는 누가가 마태복음을 사용했을 가능성은 적다고 생각한다. 그보다는 그는 마태복음에서 발견되는 것과 비슷한 설교 전승을 알고 있었던 것으로 보인다.

의 설교를 제시하고 있는 것이건 간에 말이다. 마태복음의 산상수훈과 개념적인 평행을 이루고 있다는 사실은, 오늘날의 주의 제자들도 예수가 가르치신 내용을 진지하고 심각하게 다루어야만 한다는 점을 보여준다. 비록 마태복음에 기록되어 있는 특정한 율법적 예들이 누가복음에서는 직접적인 상관성이 없기 때문에 누락되어 있긴 하지만 말이다.[2]

이 단락은 예수의 가르치시는 사역에 대한 요약적 도입과 더불어 시작하는데(17-19절), 이런 요약은 누가복음에서 4번째로 등장한다(참조. 4:14-15, 31-32, 40-41). 실제적인 이 설교를 쭉 따라가다 보면(6:20-49), 이 설교의 중심주제가 하나님의 은혜로운 축복을 제공한다는 측면에서 매우 비범한 사랑을 하라는 부름임을 알 수 있다. 예수는 제자들에게 주가 무엇을 원하시는지 그 개요를 말씀하셨는데, 특히 제자들이 그들을 대적하는 사람들을 포함해서 공동체 밖의 사람들과 관계 맺을 때 어떻게 해야 하는지에 관해 말씀하신다.

예수는 여기에서 세 그룹들에게 사역하신다: 사도들, "제자의 허다한 무리", 그리고 "많은 사람들." 주는 "평지에서" 설교하신다. 이 위치는 능선으로 구성된 지역들에 있는 평평한 지역이었을 것이다(사 13:2; 렘 21:13).[3] 백성들은 두 가지 이유 때문에 모여들었다: 주의 가르침을 듣기 위해서 그리고 주님으로부터 치유받기 위해서. 가르침과 긍휼히 여기는 섬김은 사람들을 움직이기 위해 결합한다. 하나님의 사랑에 대한 예수의 메시지는 주의 행동들을 통해서 뒷받침된다. 이 치유들은 병자를 고치는 것과 귀신을 쫓아내는 것이 포함한다. 예수로부터 나오는 권세는 주가 어떤 권세로 일하시는지를 지시해준다.

이 설교 자체는 세 부분들로 구성되어 있다: 첫 번째는 선지자적인 축복과 화에 대한 선포이고(20-26절), 두 번째는 비범한 사랑, 은혜 그리고 판단치 말라는 것에 대한 설명이며(27-38절), 세 번째는 의로움, 열매, 그리고 지혜로운 건축에 관한 말씀들이다(39-49절).

---

2. 이렇게 주장하는 것이 조금 이상하게 보일 수도 있겠지만, 금세기 전반부의 일부 세대주의 신학적인 표현들은 산상수훈은 장차 올 하나님 나라의 이슈들을 선포한 것이므로 오늘날과는 직접적인 상관이 없다고 주장했었다. 많은 복음주의자들은 여전히 세대주의 전통에서는 아직도 이것이 주도적인 위치를 점하고 있다고 생각하지만 그러나 그건 실수이다. 이 이슈에 대해 세대주의적인 관점에서 그리고 짧은 세대주의 해석사를 통해 논의한 것으로는 다음을 보라. C. Blaising and D. Bock, ed., *Dispensationalism, Israel, and the Church: A Search for Definition*(Grand Rapids, Zondervan, 1992), 특별히 John Martin의 논문 "Christ, the Fulfillment of the Law in the Sermon on the Mount," 248-63을 보라.
3. 이 설명은 이 사건과 마태의 설교를 동일한 것으로 간주하는데 아무런 문제가 없다는 것을 의미한다.

축복과 화에 대한 선포. 이 설교는 선지자적인 선포—주님 말씀을 듣는 사람들에 대한 초청과 경고—로 시작한다. 첫 번째 부분은 하나님과 함께하는 사람들을 향한 하나님의 은혜와 축복을 선포한다. 이와는 대조적으로, 누가복음의 독특한 부분인 화에 대한 선포는 하나님이 예수를 통해 주시는 축복을 반대하고 그렇기 때문에 제자들을 핍박하는 사람들을 향한 하나님의 불쾌함과 분노를 보여준다.

하나님은 그분의 제자들을 현재 세대에서 깊이 연관시키실 뿐만 아니라 그들을 미래에도 풍성하게 축복하실 것이다. 20-22절에서 묘사되는 네 가지 의로움을 각기 분리된 그룹으로 간주해서는 안 되며, 하나님이 긍휼히 여기시는 사람들을 묘사하는 하나의 그림의 여러 요소들로 간주해야만 한다.[4] 하나님이 약속하신 규칙들과 축복들은 이런 사람들에게 속해 있다.

"가난한" 사람들이 제일 먼저 논의된다. 이 용어는 예수가 4:16-20에서 하신 말씀을 떠오르게 한다. 그 본문에서처럼, 가난한 사람들은 경건한 사람들이며, 이들은 하나님 나라에서 일정한 위치를 갖고 있기 때문에 축복받은 사람들이다. 가난한 사람들은 누가가 이미 반복해서 이야기하고 있는 것처럼(1:52-53; 4:16-20; 7:22; 14:13, 21) 예수의 특별한 사역대상들이다. 이 개념의 뿌리는 시편에서 그리고 이사야와 같은 선지서들에서 나타난다(시 25:9; 34:2; 사 42:1-18; 61:1).[5] 예수는 가난한 사람들 중 주님 말씀에 응답하는 경건한 사람을 찾는 방법으로서 모든 가난한 사람들에게 설교하시고 사역하시는데, 그들은 하나님의 은혜를 받을 사람이다. 이런 사람들은 자신들이 하나님을 의지해야만 한다는 것을 이해하는데, 삶이 그들의 통제를 벗어나 있기 때문이다.

주린 자는 이제 미래의 배부름과 만족을 약속받는다. 주린 자는 다른 사람들을 착취하는 권력자들이 종교적으로 박해하고 거칠게 다룬 결과로 생긴다. 주린 자는 궁핍함의 여러 결과들 중 하나이다(참조. 사 32:6-7; 58:6-7, 9-10; 겔 18:7, 16). 이런 사람들은 물질적인 재화에 있어서는 궁핍할지 모르지만, 이들은 돌봄을 구하며 하나님께 돌아섰으며 그분께서는 그들을 돌보실 것이고 만족케 하실 것이다.

---

4. 가난한 사람들이 예수의 특별한 관심의 대상이었다고 말하는 것은 부자들을 배제하는 것이 아니다. 누가복음 19:1-10을 보면 삭개오는 축복을 받았다. 그러나 예수가 가난한 사람들에게 특별한 관심을 기울이신다는 언급은 지속적으로 나온다. 이 본문을 영적인 것으로 이해해서는 안 되며, 그래서 가난한 사람들을 초점대상으로 삼는 것은 그만두어야 한다. 예수는 목적을 가지고 그의 청중에 대해 이렇게 묘사하시는 것을 선택하신다. 너무나 종종 우리는 이 묘사가 갖고 있는 사회학적인 요소를 무시해왔다. 이런 사회적 요소가 종교적 요소도 갖고 있음에도 불구하고 말이다.

5. Guelich, *The Sermon on the Mount*(Waco, Tex. Word, 1982), 67-72.

그들이 받게 되는 축복은 그들이 지금 갖고 있는 어떤 부족도 능가한다.

가난한 사람들과 주린 자들은 모두 다 빡빡한 삶으로 인해 슬프지만, 그들은 웃게 될 시간이 이제 올 것이다. 하나님은 그들의 눈물을 보시며, 그들의 눈물은 이제 웃음이 될 것이다. 실망과 고통은 기쁨으로 변할 것이다. 부당하게 고통 받는 사람들의 우는 모습도 구약성경에서 나오는 주제이다(시 126:5-6; 137:1; 사 40:1-2). 우는 자들은 하나님과 같은 편에 서는 것으로 인해 고통스럽게 거부당하는 대가를 치렀다.[6]

마지막 단락은 일련의 축복들 중 핵심적인 선포이다. 왜냐하면 이 내용은 축복받는 사람들이 갖는 신앙적인 측면을 보여주기 때문이다. 이들은 미움, 욕설, 거절, 그리고 유대 공동체로부터의 축출이라는 고통을 당한다. 유대 공동체는 이들을 "악하다"고 규정하는데, 이들이 하나님의 아들, 즉 예수께 나아왔기 때문이다. 이런 선포들은 분명하게 신앙적인 박해에 직면한 삶을 가정하고 있으며, 네 가지 묘사들은 이들이 예수께 연합하고 있다는 것에 대해 부정적인 반응이 점증하는 것을 서술한다. 고대 세계에 있어서, 신앙적인 확신은 개인적인 문제가 아니었다. 오늘날 서방세계 이외의 많은 나라들에서 지금도 그러한 것처럼 말이다. 예수를 선택한다는 것은 가족과의 교제를 상실한다는 의미였고, 회당에서 쫓겨난다는 의미였고, 사회적인 접촉에서 추방된다는 의미였다. 회당에서 내던져진다는 것은 불결한 사람으로 간주되고 있음을 의미했다. 그러나 이런 환경들에도 불구하고, 제자들은 하나님이 그들을 보고 계시며 그들을 축복하실 것이라는 사실로 인해 기뻐해야만 한다. 그들은 구약성경의 위대한 선지자들이라는 선조들을 갖고 있는데, 그들도 비슷하게 취급당했다. "기뻐하라"는 선포는 여러 축복들에 나오는 명령이다. 다른 모든 것들은 약속이다. 하나님의 은혜는 그들이 믿음으로 인해 당하는 고통을 극복하는 것을 도와줄 것이다.

네 가지 화있을찐저 선포는 네 가지 축복들과 대조를 이루며 짝을 형성하는데, 이 내용은 자기 주변의 다른 사람들을 돌보지 않고 하나님께 예민하게 반응하는 것을 거부하는 사람들에 대한 예수의 화를 드러내고 있다. 축복에서와 마찬가지로, 네 가지 묘사들은 4개의 각기 분리된 그룹들이 아니라 서로 연관성을 갖고 한 종류의 사람에 대해 묘사하는 서술들이다. 선지자적인 화있을찐저 선포는, 이제 불행한 심판에 직면하게 될 사람들을 향해 연민과 고통을 이야기한다.[7] "부요한 자"가

6. Rengstorf, "γελάω," *TDNT*, 1:660; "κλαίω," 3:722-23.

발탁된 것은, 그들이 종종 가난한 사람들을 이용해먹기 때문이다(약 2:1-7; 5:1-6). 물론 이 선포는 일반화시킨 내용이다. 왜냐하면 일부 부요한 사람들은 복음에 대한 책임을 다하기 때문이다. 그러나 이 경고는 매우 심각하고 진지한데, 풍요는 하나님으로부터 멀어지는 결과를 가져오는 자기중심적인 독립성을 만들어낼 수 있으며, 다른 사람들에 대한 냉담함을 만들어낼 수 있기 때문이다(딤전 6:6-18).[8] 그들의 풍요가 그들의 "위로"인데, 그들은 이것을 가지고 갈 수 없다.

그 다음 화있을찐저는 "지금 배부른 자"이다. 전형적인 역전적 경우로서, 그들은 심판의 날에 주리게 될 것이다—이는 구약성경의 경고를 회상하게 한다(사 5:22; 6:13; 암 8:11).[9] 하나님을 무시하고 오로지 풍요한 삶에만 소망을 두고 있는 사람들은 미래에 위로를 얻지 못한다. "지금 웃는 자"는 언젠간 울게 되고 탄식하게 될 것이다(참조. 사 65:14); 이들 역시 다른 것들을 신경 쓰느라 삶을 살아가는 것에만 몰두하고 있다.

마지막 화있을찐저는 이런 사람들의 영적 부패를 드러낸다. 이들은 구약성경의 거짓 선지자들과 마찬가지로 다른 사람들로부터 칭찬을 듣는다. 이들은 다르게 살아야한다고 도전하지 않는 그런 삶에 이미 안주하고 있다. 이들은 자기 자신이 하나님께 스스로를 설명할 필요가 없다고 잘못 생각한다.

이런 네 가지 화있을찐저는 이런 사람들의 심각한 영적 상황을 보여주는데, 이들은 그들이 이 세상의 맨 꼭대기에 있다고 생각한다. 축복과 화있을찐저의 선포들이 보여주듯이, 겉으로 드러나는 것은 얼마든지 기만적일 수 있다.

사랑과 자비에 대한 선포. 격려하고 경고하는 것을 통해서, 예수는 제자들을 향해 윤리적 품성과 명령을 말씀하시는 쪽으로 방향을 돌리신다(27-38절). 윤리의 근본은 사랑이다—이 세상의 사랑이 아니라, 참아주는 독특한 사랑이다. 이런 훈계들은 27-28절에서는 대적들에 대한 언급과 더불어 표현되며, 31절에서는 인간적인 관점의 측면에서 그리고 35절에서는 하나님의 기준의 측면에서 이야기된다. 두 상황의 예시들이 이 훈계를 뒷받침한다(29-30, 32-34절). 사랑은 아버지께서 그러하시듯이 자비로 증거를 보여야하며(36절), 그 결과는 비판하는데 주저하고 용서하는데 이미 준비가 되어있는 모습이어야 한다(37절). 이런 개념은 구약성경에 풍부

7. Danker, *Jesus and the New Age*, 142.
8. W. E. Pilgrim, *Good News to the Poor*(Minneapolis: Augsburg, 1981). 이 책은 이 주제에 대한 탁월한 책이다.
9. Plummer, *Luke*, 182.

한 근거들을 갖고 있다(시 86:15; 103:4; 112:4).

27절과 28절에 나오는 네 가지 훈계들이 핵심을 형성한다. 특별한 사랑의 대상이 있는데, 그것은 한사람의 원수들이다. 예수가 명령하시는 사랑은 내적 깊은 곳에 잠겨있는 추상적 사랑이 아니라, 사랑 자체를 구체적인 행동을 통해 표현하는 그런 사랑이다. 제자들은 그들을 미워하는 사람들에게 선대해야만 하며, 그들을 저주하는 사람들을 축복해야만 하며, 그들을 모욕하는 사람들을 위해 기도해야만 한다. 이 행동들은 행동을 기대하며, 그저 하나님을 향한 개인적인 표현만을 기대하는 것이 아니다. 배척과 박해라는 정황 속에서, 예수는 하나님을 향해 비범한 신뢰를 가질 것을 명령하신다. 제자들은 이와 같은 사랑을 지속적으로 보여주어야만 한다.

예수가 자신의 제자들에게 행동하도록 부르셨다는 것에 대해, 원수들을 향해 가시적인 사랑을 명령하셨다는 것에 대해, 네 가지 실제적 예들을 주심으로써 이것이 주의 포커스임을 분명히 하고 있다. 빰을 돌려대는 것은, 배척당하면서 빰을 맞는 사람의 모습을 그려준다. 이 행동은 회당에서 쫓겨나는 것과 연관된 것은 물론이고 모욕당하는 것을 포함한다.[10] 이런 유로 폭력을 행사한 예들이 사도행전 안에는 수없이 많이 나타난다(18:17; 21:32; 23:2). 그러나 초대교회는 그들을 거부했던 사람들과 복음을 계속적으로 공유하는 것을 통해 그들에게 지속적으로 자신들의 빰을 돌려댔다. 그들은 어떤 종류건 보복하거나 싸우지 않고, 선으로 악을 이기기 위해 노력했다.

두 번째 실제적 예도 계속해서 공격당하는 장면을 제시한다. 겉옷을 빼앗아 가는 사람에게, 속옷 역시 가져가도록 허락해야만 한다. 예수가 지금 말씀하시는 요점은 길거리 구석모퉁이에 서서 강도당하라는 것이 아니라, 경제적 고립을 포함하는 거부와 박해라는 정황 속에서 사역할 때에 계속적으로 공격당하고 또 공격당할 수 있다는 점이다. 선교사역은 자기 자신을 위험에 노출시킬 수 있지만, 그런 위험이 우리로 하여금 사람들을 얻기 위해 다양한 노력을 기울이는 것을 그만두게 만들어서는 안 된다.[11]

제자는 또한 긍휼히 여기는 마음과 인자한 마음을 갖고 있어야만 하며 그렇기에 궁핍하고 무언가가 필요한 사람에게 무언가를 주어야만 한다. 가난한 사람에게

10. 제1에스드라서 4:30; Stählin, "τύπτω," *TDNT*, 8:263, nn. 23-24.
11. Ellis, *Luke*, 114-15.

기부금을 주는 것은 유대교 경건에 있어서 중요한 일부분이었다. 예수가 지금 하신 말씀들은, 수많은 구약성경 본문들이 그러하듯이 이런 배경[12]에 잘 들어맞는다(신 15:7-8; 시 37:21, 26; 잠 19:17; 21:26b). 이런 긍휼히 여김은 사랑을 근본적으로 표현하는 것을 대표적으로 보여준다.

마지막 실제적 예는 잘못된 행동에 대한 대응에 관한 내용을 포함한다. 예수는 제자들이 자신이 빼앗긴 것을 다시 되찾아오고자 하는 것을 원치 않으신다. 이 훈계에는 놀라운 절제가 포함되어 있다. 바울은 고린도전서 6:1-8에서 권면할 때 이 사실을 알고 있었던 것으로 보인다.[13] 예수의 이름에 비난이 가해지게 하는 것보다는, 차라리 착취당하는 것이 훨씬 더 낫다. 제자들을 치는 사람들에 대해서, 제자들은 그들 방식과는 전혀 다르게 다루어야만 한다.

이 모든 훈계들은 제자들이 하나님이 그들을 보고 계시다는 것을 이해하고 있다는 것을 전제한다. 모든 해명은 그분의 손에 맡겨져야만 한다. 모든 입증 중 가장 위대한 입증은 사랑의 예를 통해 원수를 하나님의 친구로 변화시키는 것이다. 사울은 아마도 가장 두드러진 성경의 예가 아닐까 싶다. 스데반 집사에게 돌을 던질 때 핍박하는데 앞장섰던 사람이었지만, 사울은 스데반이 하나님 앞에 그에게 돌을 던지는 자들을 용서해달라고 기도했던 그 기도의 응답으로서 하나님이 변화시킨 사람이었다(행 7장, 특히 60절; 9:1-19).

이 훈계는 반복된다. "황금률"로 흔히 알려져 있는 이 내용은 비록 이 내용이 문화적으로 일반적인 윤리적 주제를 반영하기는 하지만 예수의 윤리적 가르침 중에서 가장 정점 중 하나로 여겨지곤 한다.[14] 예수는 여기에서 이면적인 동기에 대해서는 전혀 말씀하시지 않는다. 사랑의 본질은 다른 사람들의 필요에 대해 그들이 어떻게 다루어지는 것을 선호하는지를 존중하면서 그들의 필요성에 예민성을 갖는 것이다. 이와 같은 사랑은 다른 사람들이 말하고자 하는 내용을 듣고자하는 예민성과 영성을 취한다. 이것은 다른 사람들을 향한 존중을 보여주는 또 다른 방식이다.

예수는 29-30절의 급진적인 긍정적 훈계들을 사용하시면서, 일련의 질문들(32-34절)을 통해 요점으로 몰아가신다. 만약 우리가 우리에게 친절한 사람들에게만

12. Guelich, *The Sermon on the Mount*, 223.

13. 벧전 2:21-24도 보라.

14. 누가복음 6:31에 관한 Bock, *Luke 1:1-9:50*, 이 본문에 대한 논의 가운데서, 열한 가지 문화적 유사성들이 인용된다. 가장 접근이 용이한 것은 시락서 31:15, 토빗서 4:15, 제2에녹서 61:7 등이다. 하지만 예수의 설명이 가장 강조적으로 표현된 형태라는 점을 주목해야만 한다.

친절하다면, 거기엔 특별한 노력이 필요하지 않다는 것이 요점이다(클레멘트2서 13:4). 죄인들조차도 그런 사랑은 다들 한다. 제자들에게 주어지는 선포는 더 위대한 사랑, 구별된 사랑, 이 세상의 사랑과는 전혀 다른 유일한 사랑을 하라는 것이다.

이 사랑은 다른 사람들의 필요를 채워주기 위해 우리의 물질들을 사용하는 것조차도 포함한다. 우리는 다시 돌려받을 것을 기대하는 그런 방식으로 빌려주어서는 안 된다. 예수는 여기에서 구약성경의 원칙들을 인용하신다(출 22:25; 레 25:35-37; 신 15:7-11): 제 칠년 면제년이 가까웠다 하여, 빌려주는 것을 주저해서는 안 된다. 인색해지거나 강퍅해져서는 안 되며, 궁핍한 자에게 손을 펴야만 한다. 이렇게 응답하지 않는다는 것은 돈이 필요한 사람이 하나님을 향해 부르짖게 될 것을 의미했다. 그러므로 예수는 이런 종류에 대해서 주장하신다: 누구도 그저 미래의 어느 날 그 빚을 다시 돌려달라고 요구할 것을 기대하면서 돈을 빌려주어서는 안 된다.[15] 그게 아니라 그저 자비를 베풀고 사람의 필요를 채워주는 것을 추구해야만 한다. 다른 방식으로 돈을 빌려주는 것은 죄인이 돈을 빌려주는 것과 마찬가지일 뿐이다.

예수는 그런 뒤 훈계를 다시 말씀하신다: 너희 원수들을 사랑하고, 선대하고, 무언가를 돌려받을 것으로 기대하지 말고 꾸어주고, 하늘에 계신 하나님이 갚아주실 것이라고 기대하도록 하라(35절). 예수의 제자들은 비범한 사랑으로, 세상은 볼 수 없는 너무나 다른 사랑으로 사랑해야만 한다. 이런 사랑은 보답을 받게 된다. 왜냐하면 하나님의 성품을 보여주는 하나님의 자녀라는 사실을 분명히 표시해주기 때문이다. 하나님께서는 은혜롭지 않고 이기적인 사람들에게도 친절하시다. 하나님의 자녀가 된다는 것은 아버지의 성품을 드러낸다는 의미이다(참조. 시 112:4-5).

다른 식으로 말하자면, 제자들이 해야 할 행동의 표준은 하나님의 자비로우신 성품이다(36절). 예수는 다시 한번 구약성경의 하나님에 대한 묘사들을 되풀이하신다(출 34:6; 사 63:15; 욘 4:2). 하나님의 자녀가 된다는 것은 하나님이 우리들을 용서해주시는 그런 관계 속으로 들어가게 된다는 것만을 의미하는 것이 아니다. 그것은 은혜롭고, 자비롭고, 세상을 용서하시는 하나님의 성품을 반영하는 과정을 시작한다는 것도 의미한다. 그렇게 해 간다면, 우리는 그분을 닮은 삶을 살라는 부름대로 살아가는 것이며, 하나님의 형상을 반영하며 살아가는 것이다. 이와

15. Marshall, *Commentary on Luke*, 263.

같은 삶을 통해 드러나는 "도덕적인 유사성은 혈통을 입증한다".[16]

또한 하나님을 닮는데 있어서, 제자는 남을 판단하는데 느려야만 한다(37절).[17] 누군가의 원수를 사랑하는 것은 그 사람에 대한 관점을 단단하게 고정시키지 않는다. 더군다나, 우리가 다른 사람들을 평가하기 위해 사용하는 기준으로, 하나님은 우리들을 평가하실 것이다. 만약 우리가 판단하지 않는다면, 하나님도 우리에게 그렇게 하실 것이다. 만약 우리가 정죄하지 않는다면, 하나님도 우리를 정죄하지 않으실 것이다. 만약 우리가 준다면, 하나님도 우리에게 "후히" 주실 것이다. 후히 주시는 모습은 고대 시장에서 벌어지던 모습을 보여주는데, 물건을 파는 사람이 곡식을 그릇에 많이 담아주던 모습이다. 이 모습은 하나님이 자비로운 사람과 무언가를 주는 사람에게 어떻게 담아주시는지를 보여주는 모습이다. 사실 하나님이 주시는 것은 그릇이 넘치도록 담아주신다. 하나님은 풍성한 양을 고대의 의복 안에 부어주셔서 "담게" 하신다. 하나님은 긍휼히 여기는 영혼을 귀히 여기신다. 예수는 이런 태도와 정반대되는 바리새인들의 모습을 18:11-14에서 드러내시는데, 그들의 교만은 그저 겉으로 보이는 것만 가지고 다른 사람들을 판단하게끔 이끈다.[18]

의로움, 열매 그리고 지혜로운 건축에 대한 선포. 예수는 제자들에게 그들이 좇는 스승들에 대해 주의하라고 선포하시는 경고를 통해 마지막 단락을 시작하신다. 소경 인도자는 누군가를 웅덩이로 이끌어갈 뿐이다. "소경이 소경을 인도할 수 있느냐?"라는 질문은, 헬라어에서는 부정적인 대답을 예상하는 질문이다. 두 번째 질문인 "둘 다 웅덩이에 빠지지 않겠느냐?"라는 질문은 예라는 대답을 예상한다. 예수의 요점은 제자는 선생과 비슷하며, 그렇기 때문에 만약 선생이 소경이라면 학생도 마찬가지로 소경이 될 것이라는 점이다. 소경됨은 영적 소경됨을 보여주는 일반적인 특징이다(시 25:5; 86:11; 119:35).[19] 그러므로 예수는 여기에서 종교적 지도자에 대해 경고하고 계신다. 우리는 의로운 교사를 좇아야만 하며 누군가가 스스로 자신의 권위를 주장하는 것에 너무 많이 기대서는 안 된다. 이 말씀의 정황 속에서는 그런 교사는 오직 한분만이 존재한다—예수이시다. 제자는 그분 이외의

16. Plummer, *Luke*, 189.
17. 유대교는 이런 관점을 일부 문학에서 공유하고 있다. *Mishunah 'Aboth* 1:6은 이렇게 되어있다. "When you judge, incline the balance in his favor", *Sota* 1:7은 이렇게 되어있다. 즉 "한 사람이 평가하는 기준을 가지고, 그 사람도 다시 평가받게 될 것이다."
18. Ellis, *Luke*, 116.
19. Michaeli, "ὁδηγός, ὁδηγέω," *TDNT*, 5:100.

다른 곳으로 가려고 시도해서는 안 된다.

계속해서 예수는 우리가 내가 아닌 다른 사람의 아주 사소하고 작은 실수에 대해서는 너무나 신속하게 알아차리면서도 자기 눈 속에 있는 들보에 대해서는 무시하는 위선적인 모습을 말씀하시는 것을 통해,[20] 바리새인들이 보여주는 것과 같은 비판하는 모습을 공격하신다. 예수에 의하자면, 형제인 다른 사람에게 그의 사소한 잘못들을 이야기하는 데는 그토록 열성적이면서, 반면에 자기 자신은 아무런 잘못이 없는 척한다. 하지만 예수는 우리 공동체가 하나님 앞에서 우리 스스로에 대해 설명해야 할 책임을 면제해 주시지 않는다. 이를 다루어야 하는 방식은 우리 자신의 잘못들을 우선적으로 충분하게 다룬 뒤, 우리의 관심을 다른 사람들의 사소한 잘못을 다루는 데로 돌리는 방식이어야 한다(참조. 갈 6:1-5).

예수는 설명할 수 있는 특징을 통해서 성품이라는 이슈를 제기하신다(43-45절). 어떻게 우리는 누군가의 성품을 알 수 있는가? 예수는 열매를 검증해 보라고 말씀하신다. 좋은 나무는 좋은 열매를 맺지만, 악한 나무는 나쁜 열매를 맺는다. 모든 나무는 그 열매를 통해서 알 수 있다. 나쁜 나무는 좋은 열매를 맺을 수 없고, 좋은 나무는 나쁜 열매를 맺을 수 없다. 팔레스타인 지역의 일상적인 삶인 농업에서 끌어온 이런 예는 사람들을 묘사한다. 선한 사람들은 선한 마음으로부터 선한 행동들을 하며, 악한 사람들은 파괴적인 마음으로부터 악한 행동들을 분출한다. 예수는 여기서 선포하신다. "마음에 가득한 것을 입으로 말함이니라." 야고보도 이와 비슷한 선포를 한다(약 3:1-12). 혀는 영혼의 리트머스 시험지이며, 한사람의 행동은 그 사람의 마음을 보여주는 리트머스 시험지이다. 우리들 각자는 이런 측면에서 다른 사람들이 아니라 자기 자신을 검토하고 돌아봐야만 한다.

마지막으로 예수는 주의 권세라는 이슈로 다시 돌아가신다(46-49절). 예수를 존경하는 모든 제자들은 주가 말씀하시는 것을 행해야만 한다. 누군가가 만약 주를 "주여"라고 부른다면 어떻게 주가 말씀하시는 것을 행치 않을 수가 있단 말인가? 그건 위선이다. 이 부분은 듣는 것과 행하는 것을 강조하는 여러 본문들 중 한곳이다. 요점을 분명하게 하시기 위해서, 예수는 비유를 통해 설교를 마무리하신다. 예수의 말씀을 듣고 주가 말씀하신 대로 행하는 것은, 마치 단단한 기초를 가지고 집을 짓는 것과 같다. 그런 집은 삶의 홍수 속에서도 견고하게 서 있을 수 있다. 심지

20. 들보에 대한 언급은 건축용 큰 들보를 언급하는데, 이는 실제로 우리가 오늘날 사용하는 것보다 더 큰 것이다. 헬라어에서 위선에 해당하는 단어는 "배우로 연극하다"였는데, 행동에 있어서 성품과는 다르게 행동하는 사람을 의미했다: Danker, *Luke*, 154.

어 홍수가 그 집을 몰아치려 한다 하더라도, 그 집은 견고하게 서 있을 수 있는데, 그 집은 견고하게 잘 지어졌기 때문이다. 이와는 대조적으로, 예수가 말씀하신 것을 좇지 않는 사람은 비극적인 인물이 된다. 그 집은 기초 없이 세워진 집이다. 삶의 문제들이 일어나고 긴장들이 넘쳐 들어올 때, 그런 것들이 집을 쓸어 엎어버릴 것이다. 여기에서 예수가 사용하신 이미지의 뿌리는 에스겔 13:10-16에서 나온 것이다. 만약 우리가 1993년도에 있었던 미시시피 강의 홍수를 기억한다면, 우린 예수가 그려주고 계신 파괴적인 장면을 잘 알아차릴 수 있다.

그렇기 때문에 집을 기초도 없이 세우는 것은 어리석은 일이다. 마찬가지로, 예수의 말씀에 순종하지 않는 것도 역시 어리석은 일이다. 우리는 하나님의 은혜 안으로 들어오라는 주의 초청과 하나님이 주시는 확실성을 경험하라는 주의 초청에 귀 기울여만 한다. 우리는 세상과는 다른 방식으로 사랑하라는 주의 선포를 좇아야만 하며, 다른 사람들에게 자비를 베풀고 은혜를 베풀라는 주의 선포와, 다른 사람들의 실수보다는 자기 자신의 실수를 살펴보라는 선포를 좇아야만 한다. 빛의 교사로서, 주님은 자신을 좇는 자들이 웅덩이에 빠지는 것을 결코 허용하지 않으실 것이다. 누가에게 있어서, 우리가 좇아가야할 분은 오직 한분뿐이시다. 그분의 이름은 예수이시다.

상황잇기

17-19절과 관련해서, 예수의 사역은 설교와 사람들의 필요를 채워주시는 두 가지 모두를 포함했다. 주님은 청중에게 그저 말씀만 주시면 된다고 생각지 않으신다. 주님은 긍휼히 여기심을 돌보심을 통해서도 또한 보여주셨다. 오늘날 교회의 사역도 이와 마찬가지로 긍휼을 베푸는 손길을 통해서 내밀어야만 한다.

예수의 설교에 대한 누가복음 버전이 어떤 중요성을 갖는지를 결정하는 중심적인 열쇠는 이 설교와 평행을 이루는 산상수훈과 비교해 보는 것을 통해서 얻을 수 있다. 마태복음은 137절들로 구성되어 있고, 누가복음은 30절로 되어있다. 누가복음은 마태복음이 유대인 청중의 관심사인 율법에 대한 묘사 등을 생략한다. 이 비교는 중요한데, 누가복음이 예수가 이방인 청중들에게 설교하신 핵심을 제시하고 있음을 보여주기 때문이다. 이 사실은 이 설교의 윤리적 핵심이 예수를 좇는 모든 사람들을 위해 의도된 것임을 의미한다. 오늘날에 이르기까지 말이다.

축복과 화에 대한 선포. 축복과 화는 하나님의 근본적인 윤리적 가치들을 반영하며, 또한 엄청난 대가에도 불구하고 자기 자신을 하나님께 속하게 하는 사람들을 향한 하나님의 축복을 반영한다. 하나님은 누가 그분의 자녀이며 누가 그분 편에 서 있는지를 아신다. 예수는 축복을 제공하시는데, 이 주제는 오늘날 인기 있는 주제이다. 우리는 하나님이 얼마나 우리를 반기시는가에 관해 생각하는 것을 좋아한다. 그러나 하나님이 위협적인 심판을 선포하시는 것에 대해서는 어떤가? 많은 사람들은 현대의 다문화적 배경 속에서 예수를 좀더 입맛에 맞게 만들고자 노력하면서, 심판이라는 주제가 누군가 편집자를 통해 예수의 모습에 첨가되었다고 주장한다. 최근에 잘 선전되고 있는 '지저스 세미나'(Jesus Seminar)에서는 예수가 심판에 대해 논의하시는 거의 대부분의 본문들에 대해 이런 입장을 취한다. 그러나 이런 주장은 예수가 구약의 선지자처럼 설교하셨다는 인식과 조화를 이루지 못한다. 도대체 이스라엘의 어떤 선지자가 의로움에 대한 선포를 하면서 심판에 대한 경고 없이 했단 말인가? 우리는 부자들에 대해서 경고하는 본문들에 대해서나, 혹은 하나님이 그들이 이웃을 향한 관심부족을 보이고 있기 때문에 하나님을 향해 관심을 보이지 않고 있다고 지적하시는 그런 부류의 사람들에게 경고하는 딱딱한 성경본문들의 어투를 부드럽게 만들어서는 안 된다.

사랑과 자비에 대한 선포. 많은 사람들에게 있어서, 이 설교 안에서 제기되고 있는 박해라는 이슈를 오늘날의 문화적 정황 속에 대입하는 것은 어려운 일이다. 하지만 우리는 오늘날의 세계 속에서, 중동지역, 아시아, 그리고 아프리카 등지처럼 그리스도로 인해 박해받거나 심지어 생명을 잃어버릴 위험이 실존하는 지역들이 있다는 사실을 결코 잊어서는 안 된다. 여기에 덧붙여서, 서방 세계 박해의 많은 부분들도 그 스타일에 있어서 좀더 간접적이고 덜 육체적인 형태를 띠면서, 포착하기 쉽지 않아졌다. 성도들은 구타를 당하지는 않겠지만, 아마도 대학 캠퍼스에서 "그들과 함께" 하지 않는다고, 혹은 "낯설다고" 혹은 어떤 윤리적 기준 때문에 "얌전하다고" 해서 중상모략 당하곤 한다. 아마도 우리가 갖고 있는 비즈니스 관행들은 성실함에 관련되어 있음을 보여주기는 하지만 팀을 위한 일들로 보이지는 않을 것이며 우리에게 대가를 지불하라고도 하지 않을 것이다. 그러나 우리가 믿음을 갖고 있다는 이유로 인해 참고 견디도록 요구받고 있는 내용이 무엇이건 간에, 우리는 사랑하고, 섬겨야만 하며, 우리를 반대하는 사람들에게 은혜를 보여주어야만 한다.

이 본문을 이해하는데 있어서, 이 본문을 지금 우리 세상과 연결하는데 있어서, 논쟁적으로 생겨나는 또 다른 이슈는 예수의 선포와 말씀의 특징에 관해서이다. 예수는 여기에서 성도들이 종교적 박해상황에서 이용당하는 것을 언급하실 때 과

장법을 사용하신 것인가? 물론 과장법은 선지자적인 선포에 있어서 유별난 수사적 스타일이 아니다. 이에 대한 인식은 우리로 하여금 수사적으로 제시된 이미지 이면에 자리 잡고 있는 중심적이고 구체적인 적용에 초점을 맞추도록 해준다. 그렇다면 우리는 어떻게 과장법을 사용하고 있음을 알 수 있는가? 이 말씀선포의 특징을 규정짓는데 있어서 적어도 두 가지 핵심적인 열쇠가 있다. (1) 이 선포 내용을 엄격하고 문자적으로 적용하면 모순적인 결과를 낳게 되는가, (2) 초대교회가 실제로 적용했던 예들이 여기에 의도된 적용을 좀더 구체적으로 보여주는가?

어떻게 이런 점들을 적용하는지 살펴보도록 하라. (1) 예를 들자면, 예수가 누군가가 제자의 외투를 가져가면 그 사람은 제자의 살갗까지도 가져가도록 허용되어야 한다고 주장하실 때, 이는 예수가 제자가 자발적으로 문자 그대로 그들의 피부까지도 벗겨내 주고 나체가 되어야 한다고 주장하는 것이 아니라는 점은 분명하다! 요점은 완전히 노출된 상황에서 발생하는 위험과 관련이 있다. 심지어 완전히 이용당한 상황에서까지 말이다. (2) 우리는 바울이 계속적으로 자기 자신을 복음을 위해 큰 위험에 노출시켰음에도 불구하고, 교회가 위험한 지역들로부터 보호하기 위해 내보낸 경우들이 있었다는 점을 지적할 수 있다(예를 들자면, 행 16:40; 17:10, 13-14). 그러므로 때때로 사역을 다른 곳으로 옮기는 것을 통해 박해로부터 자기 자신을 보호하는 것은 신중한 일이다. 다른 한편으로, 스데반은 예수가 십자가에서 그렇게 하신 것처럼, 자기 자신을 죽음으로 몰아넣은 원수들을 용서했다. 때때로 하나님은 심지어 우리의 생명조차도 주라고 명령하신다.

우리는 오늘날 복음에 종종 적대적인 세상에서 살고 있으며, 그래서 우리는 예수께 돌아섰던 제자들이 처했던 고대의 정황을 공유한다. 우리가 받게 되는 고통이 예수님 당시 때와 동일한 형태를 가지느냐 혹은 그렇지 않느냐는 우리가 어디에 살고 있느냐에 달려있지만, 비범한 사랑을 가지고 다른 사람들을 사랑하라는 명령은 여전히 남는다. 하나님은 자비를 가지고 응답하는 사람들은 하나님의 손에서 더 많은 것을 받게 될 것임을 약속하신다—아마도 이 세상이 귀하게 여기는 그런 것들은 아닐지도 모르지만, 하나님의 손을 통해 주어지는 참된 축복. 용서하는 사람에게는 용서가 주어지며, 주는 자에게는 하나님의 손으로부터 선물들이 주어진다.

의로움, 열매, 그리고 지혜로운 건축에 대한 선포. 다른 누군가가 아니라 오직 예수만을 좇는 것에 관한 경고(39절)는, 교회의 근본적인 가치를 반영한다. 예수는 믿음의 핵심이시다. 주가 위임하신 사도들은 주의 길을 드러내도록 명령받았다. 그러므로 올바른 교사를 좇아가는 중요성은 매우 중요하다. 우리는 예수께 귀 기울여만 하는데, 주님은 기독교 믿음의 유일한 축이시며, 하나님과의 관계에 있어서 중재자이시기 때문이다. 이런 주장은 복음이 세상을 향해 가하는 공격이라고도 할 수 있는데, 이런 복음의 주장은 종교를 하나님께로 이끌어주는 주간고속도로 시스템(interstate highway system)으로 비교하는 이 세상 사람들이 그리스도를 공유하는 것을 어렵게 만드는 요소가 되기도 한다. 예수는 자기 자신을 많은 길들 중의 하나라고 제시하지 않으셨고, '그 길' 이라고 제시하셨다. 사실 불신자인 나로 하여금 주의 주장들에 대해 좀더 심각하고 진지하게 생각하도록 이끌었던 것은, 다름 아니라 평행을 이루고 있는 산상수훈의 바로 이 항목이었다. 이 부분을 읽고난 뒤에, 나는 예수가 단순히 지혜를 가르치는 교사가 아니며, 하나님을 알게 해 주시는 바로 그 길임을 분명하게 느꼈다. 예수께 응답하는 것을 통해 지혜롭게 건축하라는 도전이 나를 주께로 이끌었다.

오늘날에도 그리스도를 증거 함에 있어서 풍성한 열매를 맺어야 할 필요성이 매우 많다. 종종 예수의 주장들에 귀 기울이기를 거부하는 사람들 중에는 그들이 알고 있는 위선적인 기독교인들 때문인 경우가 상당히 많다. 이런 도전이 제기되었을 때, 기독교인들이 완벽한 것이 아니며 그저 용서받은 죄인들뿐이라고 지적하는 것은 일정부분 의미가 있긴 하지만 이런 변명은 그저 조금 진행할 수 있을 뿐이다. 교회는 하나님과 맺는 관계성의 뿌리가 밝은 빛으로 빛나는 방식으로 하나님을 알고 하나님과 동행하는 사람들이 필요하다. 풍성한 열매는 이 점을 분명하게 해준다.

요약하자면, 이 설교는 성도들이 하나님의 자녀로서 아버지 하나님의 은혜로우신 성품을 어떻게 증거 할 것인지를 보여주는 시대를 초월하는 윤리적 개요다. 자비, 사랑, 그리고 은혜가 우리 성품을 지배해야만 한다. 설령 이렇게 되기 위해서 개인적인 위험을 감내해야 한다 하더라도 말이다.

현대적 의미

요약항목(17-19절)은 중요한 적용들을 제시한다. 이 부분은 예수님 사역의 다양한 요소들을 묘사하기 때문이다. 제 기능을 잘 감당하는 모든 사역은 긍휼을 반영해야만 하며, 그저 단순히 말로만 하는 사역이어서는 안 된다. 예수는 하나님이 사랑하시는 사람들을 어떻게 돌보시는지를 보여주셨다. 만약 하나님이 교회가 설교대상으로 삼고 있는 사람들을 사랑하신다면, 그렇다면 분명 그분의 종들은 그 사랑을 보여주어야만 한다. 이 구절들은 또한 예수의 권세를 분명하게 강조한다. 사람들은 주가 하나님의 권능을 갖고 계시다는 것을 알았다. 마리아는 예수가 하나님의 권세와 죄 사함을 중재하셨음을 볼 수 있었다. 주가 십자가에서 죄에 대해 행하셨던 일을, 예수는 자신의 치유 사역을 통해 보여주시고 그려주셨다.

축복과 화에 대한 선포. 축복과 화는 두 가지 중심적인 요점을 갖는다. (1) 하나님은 우리가 어떤 과정들을 거쳐나가고 있는지를 알고 계시며, 신실한 자들을 지지해주실 것을 약속하신다. 하나님 나라에 속한 우리들은 주가 우리에게 영원한 안식과 상급이라는 축복을 주실 것을 확신하면서 의지할 수 있다. 여기에서 출발하는 것이 근본적으로 중요한데, 예수의 윤리는 희생과 인내를 요구하기 때문이다. 이 세상과는 다른 방식으로 사랑하는 것은 오해받을 위험을 안고 있다. 오직 하나님의 돌봄 안에 있고 그분의 축복을 확신하는 사람들만이 이 어려운 길을 참아낼 수 있다. 그렇기에 이런 축복들은 우리로 하여금 연약함 가운데에서도 이 세상 앞에서 강하게 남아있으라고 격려한다. 우리는 우리 자신을 위한 변명거리를 찾아 헤맬 필요가 없으며, 우리는 뺨을 돌려댈 수 있으며, 우리에게 자비로 되갚아주지 않을 사람들에게도 자비로울 수 있다. 받아들임은 아버지로부터 나오는 것이며, 우리는 그분을 닮고자 추구한다. 결과적으로, 다른 사람들로부터 받아들여지는 것은 덜 중요한 일이다.

(2) 축복과 화는 또한 하나님의 가치들을 반영한다. 그분께서는 누구를 귀히 여기시는가? 하나님은 가난한 사람들, 주린 사람들, 탄식하는 사람들, 그리고 거부당한 사람들에게 응답하신다. 이런 카테고리들은 하나님이 도대체 어떤 사람들에게 복음의 소망을 주시는지, 주된 청중이 누구인지를 드러낸다. 하지만 이들은 또한 축복받은 사람들의 사회적 상황이 어떠한지에 관한 묘사이기도 하다. 나는 내가 과테말라에서 잠시 사역을 시작하기 전까지는, 이 본문의 이런 측면에 대해서 개인적으로 별로 민감하지 않았었다. 내가 물질주의와 같은 미국적 가치에 대해 진지하게 질문을 던지기 시작하고, 가난한 사람들에 대해 민감하게 반응한다는 이슈에 대해 생각하기 시작했던 것도, 바로 거기에서였다. 서방세계에서는 우리의 문제투성이인 도시 지역 센터들에서도 이런 문제에 대해서 생각 좀 해보라고 소리를 질러댄다. 하나님은 이런 사람들을 돌보신다—그들의 영혼을 구하시기 위해서만이 아니라, 그들에게 하나님이 삶의 기본적인 필요들을 채워주시는 측면에서도 돌보신다는 증거를 제시하는 그런 공동체로 들어가게 하시기 위해서 말이다.

물어보도록 하자: 왜 하나님은 가난한 사람에 대해서나 고통 받는 것 그리고 부

자들을 향한 엄한 경고와 같은 이슈들을 두드러지게 표현하시는 것일까? 분명 하나님은 이 세상이 별것 아닌 것처럼 취급하는 사람들이 참으로 존엄하다는 사실에 확고하시다. 만약 하나님이 이런 부류의 사람들을 돌보신다면, 그분의 교회는 마찬가지 일을 해야만 하지 않겠는가? 교회는 마태복음으로 달려가서는 누가가 20절에 기록한 말씀들을 무기력하게 하는 일은 하지 않을 것이다. 마태가 "마음이 가난한 자"(마 5:3)에 대해 표현한 것은 진실한 표현이지만, 누가가 제기하는 지적도 마찬가지로 진실하다. 하나님은 예수가 설교하신 대상들과 비슷한, 그런 가난한 사람들을 위한 하나님 나라를 계획하셨다. 그들을 하나님이 행하시는 일의 일부분이 되게끔 초청하셨던 분은, 다름 아니라 하나님이셨다. 하나님은 베푸시는 축복에 대한 소망을 가난한 사람들에게로 확장하신다.

이런 본문들은 내가 권세 있거나 혹은 부유한 것을 지향하는 사역들을 생각할 때, 나를 잠시 멈춰 서게 만든다. 내가 그런 식의 사역이 잘못된 것이라고 믿기 때문이 아니다. 하나님은 이런 저런 모든 사람들을 사랑하신다. 그러나 이 질문이 여전히 내게 남기 때문이다: 왜 하나님은 궁핍한 사람들을 두드러지게 표현하셨던 것일까? 만약 교회가 궁핍한 사람들에게 긍휼히 여기는 것, 사랑, 섬김 등을 통해 다가가야 하는 그런 부름을 갖고 있다면, 이런 선물들이 주어진다는 것을 증거 할 대상으로서 가난한 사람들보다 누가 더 좋은 청중이 되겠는가? 제자들은 예수가 예민성을 보여주셨던 바로 그들을 향해 예민해야만 한다. 사실 고린도전서 1:26-31은 고린도 교회에서 만들어지고 있는 이와 정반대의 모습들에 대해 분명하게 지적한다. 이 세상이 잊어버리는 사람들에게 다가가는 것에 헌신하는 것은 설령 이 세상이 별로 중요하지 않다고 간주하는 사람들이라 하더라도 하나님께는 모든 사람들이 소중하다는 것을 부각시킨다.

이는 교회가 지금보다 좀더 이런 부분에 우선성을 두어야한다는 점을 제시한다. 이와 같은 강조점들은 사회복음이 말하는 받아들임을 제시하는 것이 아니다. 왜냐하면 사회복음은 하나님의 구원하시는 역사하심에 중심을 두는 구속적 메시지가 결여되어 있기 때문이다. 이 세상의 다른 부분들에는 여기에서 우리들에게 가르칠 많은 것들을 갖고 있는 복음전도자들이 있다. 우리는 그들에게 좀더 겸손하고 주의 깊게 귀 기울여야만 한다.[21]

---

21. 이런 연구의 본보기로는 Emilio A. Nuñez and William D. Taylor의 *Crisis and Hope in Latin America: An Evangelical Pespective*(Pasadena, Calif.: William Carey, 1995)가 있다. 이 연구는 라틴 아메리카 사역자들이 살고 있는 문화와 그들이 날마다 직면해야만 하는 삶과 죽음의 이슈들을 이해하고 다루는데 분

사랑과 자비에 대한 선포. 적대적인 세상 속에서 사랑에 대한 본을 보인다는 것은 어려운 일이다. 여기에서는 초자연적인 관점과 사고의 변화가 일어난다. 이 세상에서는 사람들을 다루는데 있어서 권력, 유용성, 혹은 동등한 교환이라는 토대 위에서 사람들을 다룬다. 이유 없는 섬김이나 무조건적인 사랑이라는 개념은 성행하지 않는다. 예수가 우리에게 원수를 사랑하라고 선포하실 때, 나는 우리가 교회에서 의사소통하는 방식으로 사랑을 바라보는 것을 우리가 갖고 있는 것과는 다른 가치관을 갖고 있는 세상 사람들과 나누는데 굉장히 어려운 시간을 보냈다. 우리는 매우 예민하고 우리가 사랑하는 관심에 대해 의사소통하는 동안, 우리의 확신을 꽉 붙들고 있어야만 한다. 이 세상은 우리들을 오해할 수도 있겠지만, 그것이 우리로 하여금 무감각하게 만들어도 좋거나 혹은 그들에 대한 오해를 은닉시켜주는 것을 용납해주는 것은 아니다.

사랑, 선을 행하는 것, 축복, 그리고 원수들을 위해 기도하는 것 등은 역시 실제로 존재하는 또 다른 실재를 전제로 하는데, 그 존재는 우리가 관계적으로 접촉하고 있는 이 세상 밖의 존재이다. 뺨을 맞을 수 있는 능력은 우리와 뺨을 때리는 사람이 아주 가까운 거리에 있다는 것을 의미하며, 또한 그들과 접촉하려는 노력이 위험에 처하게 되었다는 것을 의미한다. 때때로 교회를 공격하는 요새화된 정신은 예수가 이 설교에서 제자들에게 요구하신 내용을 부인하는 것뿐만 아니라 후퇴의 형태를 갖고 있기도 하다. 사울을 바울로 돌아서게끔 할 수 있는 것은 다름 아니라 바로 받은 대로 갚아주겠다는 식의 상대주의적인 삶을 포기하는 모습이다. 우리가 사랑받길 원하는 것과 마찬가지로 사랑을 베푸는 것은 하나님의 형상대로 만들어진 다른 사람들의 존엄성을 인식하고 알고 있다는 것을 의미한다. 누군가를 그 사람이 개인적으로 보상해줄 것으로 기대하지 않으면서도 사랑하는 것은 이 세상을 향해 내가 무엇을 받게 될 것인가에 토대를 둔 것이 아니라 내가 무엇을 줄 수 있는가에 토대를 둔 전혀 다른 종류의 사랑을 주는 것이다. 이것이 죄인과는 다른 방식으로 사랑하는 길이다.

슬프게도 우린 종종 이처럼 이기적이지 않은 사랑을 심지어 하나님의 공동체 내에서조차 할 수 없곤 하다. 우리의 원수에게는 두말할 것도 없고 말이다. 사랑하는데 실패하는 것을 통해서, 우리는 하나님의 사랑 많으시고 자비로우신 성품을 드러내는 데에도 역시 실패한다. 아마도 합리적인 복음주의의 실패들은 사람들이

명한 관심을 기울인다.

교회가 보여주는 관계성을 통해 하나님의 은혜를 볼 수 없기 때문에 생겨난다. 이와 같은 아웃리치에 성공하고 이런 사랑을 증거 하는 일을 성취한다는 것은 하나님 아버지 그러니까 그분의 성품을 궁핍하고 적대적인 세상에 제시하고 보여주는 사람들에게 상을 주시는 하나님 아버지께 전적으로 의지한다는 것을 의미한다.

하나님의 축복과 사랑할 수 있는 우리의 능력간의 연결성을 결코 간과해서는 안 된다. 우리를 향한 하나님의 축복과 그분을 향한 우리의 감사로 인해서, 우리는 서로를 사랑할 수 있다. 그분께서 주셨기 때문에 우리는 줄 수 있다. 우리가 그분으로부터 받는 기쁨을 알기 때문에, 다른 사람들에게 무언가를 주려고 동기부여 될 수 있다. 예수가 그분의 설교를 통해 요구하신 행동들은 주가 이미 우리들에게 적용하신 것을 다른 사람들에게도 적용하라는 것이다. 하나님이 행하신 일들에 대해 좀더 깊게 이해하고 감사한다면, 우리는 하나님의 성품을 다른 사람들에게 보여주고 제시하는데 있어서 좀더 잘 준비될 것이다.

다른 태도들 역시 발전될 필요가 있다. 주님은 비난하는 데는 더디고 용서하는 데는 신속한 사람들에게 흘러넘치는 축복이 주어진다고 지적하신다. 검열하고 비판하는 마음가짐은 사랑에 열려있지 않은 마음이다. 왜냐하면 그런 마음은 무조건적인 마음이 아니라 계속해서 주변의 모든 사람과 모든 것들을 평가하기 때문이다. 다른 사람에 대한 판단은 하나님의 손에 맡겨야만 하며, 또한 주의 판단이 적절하고 올바를 것이다(참조. 롬 12:17-21). 그렇다고 해서 이것은 공동체가 자신들의 삶을 설명할 의무를 갖지 않는다는 의미는 아니다. 예수는 41-42절에서 그런 질문을 말씀하시기 때문이다. 이는 다른 사람들에게는 딱딱하고 자기 자신에게는 너그럽다는 것을 의미한다. 우리를 어떻게 변화시키실 것인가에 관한 하나님의 계시는 다른 사람들의 잘못을 발견해내면서 기뻐하는 것이 아니라 무엇이 우리와 우리의 삶을 주장하고 이끌고 가야만 하는가에 관한 것이나. 하나님의 친설함이 가져다주는 화해 안에서 쉼을 누리고 있는 용서받은 사람으로서, 우리는 이런 친절함을 다른 사람들에게 신속하게 보여주어야만 한다.

의로움, 열매, 그리고 지혜로운 건축에 대한 선포. 예수가 요구하시는 윤리적인 역전은 우리가 도대체 어떤 교사를 좇아야만 하는지를 선택할 때 조심해야만 한다는 것을 의미한다. 인격에 관해 가르치는 많은 사람들은 자기중심적인 방식으로 인격을 계발하는 것에 관련되어 있다. 그것도 우리가 원하는 것을 가장 효과적으로 얻는 방식이나 혹은 가능한 한 가장 쉬운 방법을 통해서 말이다. 그와 같은 아젠다가 바리새인들로 하여금 어떻게 다른 사람들이 행동해야 하는지를 통제하려고 시도하게끔 만들었다. 그들은 열성적인 사람들이었기 때문에 소경이었다. 자기중심적인 상황에 머무르고 있으면서 윤리적인 인격을 만들고자 노력하는 것이 소경됨의 본질이다. 우리는 우리의 모델을 매우 주의 깊게 선택해야만 한다. 주를 좇아가는데 있어서 자기 자신을 분명하게 했던 사람들을 좇는 것을 통해서 말이다. 오직 한 분 선생님만이 좇아갈 가치가 있는데, 그분은 바로 예수이시다.

만약 무언가를 설명해야 할 책임이 있다면, 그건 자기 자신에서부터 출발해야만 한다. 우린 종종 자녀들이나 배우자 같은 다른 사람들의 아주 사소하고 작은 실수들은 잘 발견하지만 우리 자신의 큰 결점과 잘못들은 무시하곤 한다. 예수는 그런 모습을 위선이라고 부르신다. 주는 제자들을 향해 자기 자신에 대해 설명할 수 있어야 한다고 선포하신다. 살아가면서 다른 사람을 회복시키는 일에 최선을 다하는 사람들이 그들 자신을 회복시킬 수 있는 사람들이다. 이것은 책망을 들을 수 있고 주님 앞에 정직하게 나아갈 수 있어야 우리의 들보를 제거 받을 수 있음을 의미한다. 오직 그럴 때에만 우리는 동료 성도가 그들의 눈에서 티를 빼는 것을 어떻게 도와줄지를 생각할 준비가 된다.

예수의 윤리적 우선순위는 또한 우리가 하는 행동들, 특별히 우리가 무엇을 말하는가를 통해서 우리가 누구인지를 알 수 있음을 지적한다. 입은 우리가 영적으로 어떤 사람인지를 보여주는 리트머스 시험지이다. 만약 우리가 매일 하는 말의 성격과 분위기를 평가한다면, 산(acid)이 리트머스 시험지에 반응하는 것처럼 우리 말도 적당한 평가로 나타날 것인가? 야고보는 우리가 혀를 통제하는 법을 배울 필요가 있다고 증거 한다(약 3:1-12). 성숙한 사람만이 그렇게 할 수 있다.

마지막으로 우리가 제자로서 가져야 할 충성이라는 이슈는 우리가 무엇을 행하는가를 통해 예수께 응답하는 것으로 나타난다. 주를 향해 "주여, 주여"라고 부르지만 주가 말씀하신 것을 무시하는 자들을 향한 예수의 책망은 주가 얼마나 구체적이고 실제적인 반응을 중요하고 진지하게 생각하시는지를 보여준다. 사실 성경 본문이나 예수의 훈계는 그 내용을 실제로 적용할 때까지는 진정으로 이해한 것이 아니다. 예수께 응답하고 주가 선포하시는 내용을 행하는 제자는 타락한 이 세상 속에서 삶의 여러 힘겨운 실체들을 향해 당당하게 설 수 있다. 이 세상 속에서 예수가 제자에게 행하라고 선포하시는 대로 보고 행동하는 법을 배운 제자는 홍수와 직면할 수 있다. 즉 삶이 종종 가져다주는 좌절이나 상처들과 직면할 수 있다. 이와는 대조적으로, 주의 가르침을 무시하는 것은 비극적인 상실로 고통당할 준비가 된 것이나 다름없다. 홍수로 인해 자기 집을 잃어버린 것도 슬픈 일이겠지만, 하나님의 선포와 충고를 무시했기 때문에 자신의 생명이 사라져버린다는 것은 더더욱 슬픈 일이다. 그러므로 예수의 설교 중 제자들을 향한 마지막 말씀들은 이러하다: "나의 가르침을 적용하는데 전념하라; 거친 일들 속에서 똑바로 서 있을 수 있게 해주는 것이 바로 지혜이다." 열매로 그 나무를 알 수 있다는 것에 관한 이 설교내용은 본문에서 좀 미묘한 목회적 이슈들을 제기한다. 나는 한 사람의 영적인 위치와 상황을 내가 볼 그 사람의 삶의 행동들을 통해서 알 수 있는 것인가? 결론적으로 말하자면, 수많은 "선한" 사람들이 선한 행동들을 행하지만 하나님을 모를 수도 있다. 한편으로, 기독교인이라고 주장하는 어떤 사람들은 하나님이 귀히 여기시는 방식대로 살기 위해 투쟁한다.

이 설교에서 사용된 열매라는 이미지에 관해서 그리고 어떻게 우리가 이런 질문을 다루어야 할 것인지에 대해서, 세 가지 사항들을 살펴볼 필요가 있다. (1) 여기서 예수의 말씀들은 개인적인 삶의 어떤 순간들을 검토하고 조사하기 위해서 제시한 것이 아니라, 하나님과 동행하는 오랜 기간의 패턴에 관한 것이다. 이 점은 중요한데, 모든 사람들은 죄를 범하거나 심지어 죄의 기간들을 거칠 수도 있기 때문이다. 이런 사람들은 이후에 그들의 실수와 잘못을 깊이 후회할 것이다. 그러나 이는 그들로 하여금 혹시 그 "열매"가 그들이 하나님을 안다고 말할 수 없게 만들어 버리는 것은 아닌지 당황하게 만든다. 나는 최근에 어떤 상담가로부터 이메일을 받았다. 그는 내게 동일한 문제를 갖고 있는 세 명의 다른 십대들을 어떻게 다루어야할지에 관해 물어왔다. 그들은 그들이 범했던 어떤 죄가 너무나 심각한 것이었다고 확신하게 되었고, 이 죄가 설령 그들이 후회한다 하더라도 그들과 예수와의 관계를 회복 불가능한 수준으로 만들어버렸다고 생각했다. 특정한 죄와 관련해서 이런 본문을 지나치게 적용하는 것은 자신의 영적 실패에 대해 민감하게 반응하는 사람들에게는 특별히 상당히 큰 영향을 줄 수 있다.

(2) 이 본문은 비록 열매가 확실한 표시가 될 수 없다 하더라도, 추측할 수 있게 해주는 표시가 될 수 있다는 점을 지적한다. 바울은 고린도 성도들의 열매 없음에 대해서 지극히 관심을 기울였으며, 그래서 많은 시간이 지난 뒤 그들에게 자기 자신들이 과연 믿음 안에 있는지를 살펴보고 점검하라고 명령했다(고후 13:5). 바울에게 질문하게끔 만들었던 것은 그들의 행함과 그들이 거듭난 마음을 갖고 있다고 주장하는 것 사이에 부조리가 있다는 점에 대해서였다. 그러나 바울이 이 질문을 어떻게 제기했는지를 주목하라. 바울은 외양을 보는 것을 통해 답을 알고 있다고 말하지 않는다. 도리어 그는 이 이슈를 그들 스스로가 돌아보고 생각해야 할 문제

로 제기한다. 여기에는 "서로 다른" 경우들에 대해 어떻게 다루어 나가야 할 것인가에 관한 중요한 목회적 교훈들이 있다.

어떤 성도들은 그저 "단순한 사람들처럼" 살아가는데, 이것은 그런 모습이 추천할 만하거나 혹은 받아들일 만한 것이어서가 아니라, 그들이 잠시 동안 하나님의 길에서 떠났기 때문이다(고전 3:1-3). 이런 경우들은 도전받아야 할 필요가 있지만, 우리는 예수가 지금의 설교를 통해 판단치 말라고 말씀하신 경고를 결코 무시해서는 안 된다. 우리가 누군가에게 이런 상황에 대해 이야기해줄 때 말이다.

(3) 성경은 거듭난 사람들은 무언가 열매를 맺는다고 분명하게 간주한다. 열매가 완전히 없는 것, 특별히 사랑이 없는 것은 정말로 거듭나고 생명이 있는가에 대해 심각한 의문을 일으킨다(롬 8:1-16; 약 2:14-26; 요일 3:1-9). 우리는 여기에서 믿음에 의한 구원과 행위에 의한 구원을 혼동하지 않는다. 우리는 행함이 구원한다고 이야기하고 있는 것이 아니다. 구원은 은혜를 통한 믿음에 의한 것이지만, 그 은혜는 하나님을 아버지로 받아들이는 변화된 마음을 갖게 해주며, 적어도 어느 정도 그분의 임재하심에 대해 반응하게끔 해준다. 만약 새로운 믿음의 씨앗이 주어졌다면, 그 씨앗은 다양한 사람들 속에서 서로 다른 정도로 싹이 나고 자라날 것이다.

예수는 제자들에게 주님 안에서 자라나고 주님 말씀을 듣는 것에서 자라나라고 교훈하고 계신다. 행함이 있는 사람들은 열매를 맺는 것을 기다리면서 염려하지 않을 것이다. 그들은 주의 은혜를 통해 열매를 맺게 될 것이기 때문이다.

누가복음 7:1-17

1 예수께서 모든 말씀을 백성에게 들려 주시기
를 마치신 후에 가버나움으로 들어가시니라
2 어떤 백부장의 사랑하는 종이 병들어 죽게
되었더니
3 예수의 소문을 듣고 유대인의 장로 몇 사람
을 예수께 보내어 오셔서 그 종을 구해 주시
기를 청한지라
4 이에 그들이 예수께 나아와 간절히 구하여
이르되 이 일을 하시는 것이 이 사람에게는
합당하니이다
5 그가 우리 민족을 사랑하고 또한 우리를 위
하여 회당을 지었나이다 하니
6 예수께서 함께 가실새 이에 그 집이 멀지 아
니하여 백부장이 벗들을 보내어 이르되 주여
수고하시지 마옵소서 내 집에 들어오심을 나
는 감당하지 못하겠나이다
7 그러므로 내가 주께 나아가기도 감당하지 못
할 줄을 알았나이다 말씀만 하사 내 하인을
낫게 하소서
8 나도 남의 수하에 든 사람이요 내 아래에도
병사가 있으니 이더러 가라 하면 가고 저더
러 오라 하면 오고 내 종더러 이것을 하라 하
면 하나이다
9 예수께서 들으시고 그를 놀랍게 여겨 돌이키
사 따르는 무리에게 이르시되 내가 너희에게
이르노니 이스라엘 중에서도 이만한 믿음은
만나보지 못하였노라 하시더라
10 보내었던 사람들이 집으로 돌아가 보매 종이
이미 나아 있었더라
11 그 후에 예수께서 나인이란 성으로 가실새
제자와 많은 무리가 동행하더니
12 성문에 가까이 이르실 때에 사람들이 한 죽
은 자를 메고 나오니 이는 한 어머니의 독자
요 그의 어머니는 과부라 그 성의 많은 사람
도 그와 함께 나오거늘
13 주께서 과부를 보시고 불쌍히 여기사 울지
말라 하시고
14 가까이 가서 그 관에 손을 대시니 멘 자들이
서는지라 예수께서 이르시되 청년아 내가 네
게 말하노니 일어나라 하시매
15 죽었던 자가 일어나 앉고 말도 하거늘 예수
께서 그를 어머니에게 주시니
16 모든 사람이 두려워하며 하나님께 영광을 돌
려 이르되 큰 선지자가 우리 가운데 일어나
셨다 하고 또 하나님께서 자기 백성을 돌보
셨다 하더라
17 예수께 대한 이 소문이 온 유대와 사방에 두
루 퍼지니라

원 의미

누가복음 7:1-8:3에 나오는 이슈들은 믿음에 대한 요청과 예수의 정체성에 대한 질문들을 둘러싼 것이다. 주님은 치유하시지만, 그렇게 하시는 과정에서 죄를 용서하시고 누군가를 죽음으로부터 일으키시며, 그 결과 사람들은 주가 도대체 누구신지 의아해한다. 무리는 선지자를 기대하고 있지만, 예수의 행동들은 그 이상을 보여주신다. 예수의 정체성은 주님에 대한 적절한 반응에 관한 이슈를 일으킨다. 백부장과 죄 많은 여성에 관한 스토리에서, 믿음이 가장 중요한 핵심적인 특징이다. 세례 요한과 예수의 관계성은 하나님의 달력이 이미 전환점에 다다랐음을 보여주었다. 그리고 예수는 약속이 아니라 성취시대의 사역을 행하신다.

백부장의 종을 치유하시는 7:1-10은 영적 실재(reality)들을 드러내 보여주는 예수의 또 다른 사역이기도 하다. 이 스토리를 이전과 다르게 만들어주는 요소는 중심인물이 이방인인 백부장이라는 점이다. 비록 그가 이 본문에는 결코 등장하지는 않지만 말이다.[1] 치유 사건의 중심적인 주제는 예수의 권세에 대한 믿음이다. 누가의 두 번째 테마도 또한 나타난다: 유대인과 이방인이 더불어 살 수 있으며, 서로를 존중할 수 있다. 유대인과 이방인이 그리스도 안에서 이루는 하나 됨은 사도행전과 바울의 서신인 에베소서에서 좀더 분명하게 강조된다(엡 2:11-22).

예수는 지금 가버나움에 계신데, 이곳은 복음서에서 특정적으로 언급되는 극히 적은 장소들 중 하나이다. 우리가 4:16-44에서 본 것과 동일한 패턴의 단어와 행동이 여기에 나타난다. 예수는 자신의 권세에 대해 6:20-49에서 말씀하시며, 그런 뒤 그것을 7:1-17에서 예시적으로 보여주신다. 그 당시 사회에서 부유층에 속해 있었을 군인 신분의 백부장[2]은 예수가 지금껏 행하신 일들에 대해 경의를 표하기 위해 왔다. 비록 우리는 그가 어떤 국가적 배경을 갖고 있는지 알지 못하지만 그가 유대인이 아니라는 점만은 분명하게 알고 있다. 아마도 그는 잠재적인 개종자이었을 수도 있고, 혹은 종교를 사회적인 건강한 세력으로 존중하는 로마관습을 좇는 군인이었을 것이다.[3] 아마도 후자가 좀더 가능성이 있을 것이다.

백부장에게는 죽음 직전에 다다른 종이 있었다. 그는 유대인 장로의 대표를 예수께 보내 이 사람을 치유해 달라고 요청한다. 이 장로들은 아마도 회당 지도자들이 아니라 유대사회 지도자들이었을 것이다.[4] 이 사자들은 단순히 백부장의 요구

1. 누가복음에는 중심인물이 직접 이야기를 하지 않는 장면들이 몇 군데 나온다. 7:36-50(죄 많은 여인), 10:38-42(마리아), 그리고 16:19-31(나사로) 등을 보라. 이 스토리와 평행을 이루는 본문은 마태복음 8:5-13 부분이다. 아마도 십중팔구 마태는 이 사건을 끼어 넣었을 것이다. 그는 백부장이 예수께 직접적으로 이야기하는 것으로 기록하기 때문이다. 그러나 고대 문화에서는 누군가를 위해 이야기하도록 부탁받은 사람은 그 사람에게 직접 이야기하는 것처럼 이야기한다. 그러므로 마태도 이 설명을 축약하면서, 그저 설명을 단순화했을 것이다. 누가가 좀더 세밀하게 편집한 내용이 보여주는 것은 유대인과 이방인간의 협력이 가능하다는 것이다.
2. 백부장은 용병이었거나 혹은 세금 징수를 돕던 군인이었을 수 있다. 참조. Fitzmyer, *Luke*, 651.
3. Josephus, *Antiquities* 16.6.2§§162-65; 19.6.3§§300-301.

만을 가져온 것이 아니라, 또한 이 백부장이 도움을 얻을 만한 자격이 있다고 주장하면서 이 백부장을 위한 로비도 했다. 이 백부장은 지역 회당을 건축하는데 기부를 했었다. 이런 자애로운 행동들은 고대의 전례가 없는 것이 아니다.[5] 그는 이스라엘을 사랑했는데, 이는 그가 이 나라를 향한 존경을 보여주었다는 것을 의미할 수 있다. 이 질문은 여기에서 두 가지 차원에서 중요한 질문을 야기한다: 첫 번째는 예수는 이스라엘 밖의 사람에게도 사역하실 것인가라는 질문이고, 두 번째는 주님은 부자인 사람에게도 사역하실 것인가라는 질문이다.

예수는 두 번째 사신들이 도착했을 때 백부장의 집으로 가기 위해 돌아서신다. 그들은 자신들이 백부장을 대신해 이야기하고 있음을 알리면서, 1인칭으로 백부장의 전갈을 알려드린다. 그의 메시지는 예수가 자신의 집에 들어오는 것을 감당할 만큼 가치 있는 사람이 아니라고 선언한다. 그는 선생님이 문제에 빠지는 것을 원하지 않으며, 그저 자신의 종을 치유하시는 것만을 원한다. 그는 예수의 권세를 이해하고 있으며, 만약 주가 명령만 내리신다면 치유가 일어날 것임을 알고 있다. 자신의 생각을 분명하게 표현하기 위해서, 이 백부장은 자신이 권세 있는 자리에 있는 사람으로서 어떤 역할을 하는지를 말씀드리는 것을 통해, 그가 이해하고 있음을 적절하게 잘 표현한다. 그가 하는 것은 오직 명령을 말하는 것이며, 그렇게 하면 병사들은 그 명령을 순종했다.

이방인이 이런 믿음을 갖고 있다는 점에서, 이 말들은 예수를 놀라게 한다. 사실 이 이방인은 예수가 이스라엘 중에서 보신 그 어떤 믿음보다 예민한 믿음을 갖고 있다. 주를 인상 깊게 만든 것은 이 백부장의 겸손함과 그가 예수의 권능(먼 거리에서도 병을 치유하실 수 있는 능력)을 이해하고 있다는 두 가지 모두이다. 우리는 믿음의 본질을 겸손이라고 주장할 수 있다: 하나님의 돌보심을 의지하면서, 하나님의 유일무이한 권능과 우리가 그분 앞에서 무가치하다는 것을 인식하는 것이 바로 겸손이다. 이 사건을 마무리하는 언급에서, 성경본문은 백부장이 기대한 것처럼 치유가 일어났다고 확인해준다. 예수의 권능과 믿음의 존재가 권능 있는 조합을 형성한 것이다.

7:11-17에 나오는 과부의 독자를 일으키신 사건에서부터는 예수에 대한 두 가지 기본적인 질문이 제기된다: 이스라엘 백성의 무리들은 주님에 대해 어떤 종류

4. Marshall, *Commentary on Luke*, 280.
5. Fitzmyer, *Luke*, 652.

의 이해를 갖고 있는가, 그리고 왜 그들은 이런 방식으로 주를 생각하는가? 이 청년의 부활은 예수가 긍휼히 여기심으로 이 과부의 슬픔에 동참하시는 것을 보여주며, 이는 또한 구약성경에 나오는 엘리야와 엘리사의 사역들을 제시한다(왕상 17:17-24; 왕하 4:8-37).[6] 이런 연결성은 우리로 하여금 왜 사람들이 그들이 한 것처럼 반응했는지를 알게 해주는데 도움을 준다.

이 사건은 나인이라는 작은 성에서 시작한다. 우리는 이 성의 정확한 위치가 어디인지는 알지 못하지만, 아마도 엔돌(Endor)에서 서쪽 3마일, 가버나움에서 남서쪽으로 20마일 정도에 위치했을 것이다.[7] 예수가 이 성의 곁을 지나가실 때, 주님은 우연히 자신의 독자를 잃은 과부가 포함된 장례식을 만나신다. 이 묘사는 매우 자세한 세부묘사인데, 이는 중요한 표현이다. 왜냐하면 당시 문화에서는 자녀가 없는 홀로된 과부는 보호가 필요한 사람이기 때문이다. 구약성경은 과부와 고아를 도움이 가장 필요한 사람들 중에 포함시키고 있으며, 독자의 죽음을 애도하는 인물을 고통스러운 상실을 보여주는 표시로 사용한다(렘 6:26; 암 8:10; 슥12:10). 이 죽음은 아마도 바로 그날 일어났었던 것 같다. 유대인들은 일반적으로 죽음 즉시 시신을 매장하기 때문이다.[8] 비록 천으로 싸기는 하지만 시신은 막혀있는 관이 아니라 널빤지에 지지되어 있었다(개역개정 성경에서는 '관'으로 번역했다). 공동체가 이 과부의 슬픔을 함께 나눌 때, 탄식하는 사람들이 이 시신을 좇아 나왔다.[9]

예수는 성 바깥에서 이 행렬을 멈추게 하셨으며, 관에 손을 대신다. 이런 만짐은 주를 불결하게 만들지만(민 19:11), 이는 또한 주가 긍휼히 여기시는 관심을 갖고 계심을 표현해준다. 예수는 그저 시신을 향해 일어서라고 말씀하시는데, 이 말씀은 만약 주가 이 말씀대로 성취하실 능력이 없다면 매우 심각한 내용이다. 죽은 사람—더 좋게는 이전에 죽은 사람—은 일어선다. 시신 위에 세 번 엎드렸던 엘리야와는 대조적으로(왕상 17:21), 그리고 아이 옆에 시종을 머물러 있게 했었던 엘리사와는 달리(왕하 4:31, 34-35), 예수는 그저 말씀만 하신다. 이 일을 행한 뒤에, 예수는 이 청년을 그의 어머니에게 주셨다. 예수는 어머니와 그의 아들 간에 이미 깨져있었던 관계성을 새로운 생명을 주심을 통해 회복시키셨다.

---

6. C. A. Evans와 J. A. Sanders, *Luke and Scripture: The Function of Sacred Tradition in Luke-Acts*(Minneapolis: Fortress, 1993), 223-24.
7. Marshall, *Commentary on Luke*, 284.
8. *Mishunah, Sanhedrin* 6:5; 23:4-5; 참조. 행 5:1-11.
9. *Mishunah, Megillah* 4:3.

무리는 예수가 "큰 선지자"라고 결론 내린다. 의심할 여지없이 성경적인 평행들이 이런 결론을 내리게 했다. 그들은 주를 존중했지만, 누가는 예수의 전체 스토리라는 정황을 통해 예수가 선지자적인 인정을 받는 것이 결코 충분한 것이 아님을 보여줄 것이다. 무리는 또한 하나님이 그들을 방문하고 계시다는 것을 깨닫는데, 이런 종류의 기적들은 일상적인 일이 아니기 때문이다. 고대 사람들은 종종 일상적이지 않은 사건들은 하나님이 그들 가운데 계시다는 표식으로 인식했었다. 여기에서의 무리는 하나님과 예수님간의 연결성을 본다. 그러므로 이 내용은 유대와 사방에 두루 퍼졌다.

상황잇기

백부장의 하인을 치유하신 기적은 기적 스토리라기보다는 좀더 인물을 연구케 하는 사건이다. 일련의 사건 묶음은 이 백부장의 이해를 다룬다. 그는 중심인물이며, 우리는 그에 대해 어떤 내용들이 이야기되는지에 집중해야만 한다. 그는 본보기적인 인물이다. 비록 인종적으로 외부인이고 의심할 여지없이 부유한 사람에 속하지만 말이다. 그는 복음의 보편성을 대표적으로 보여준다. 여기에서는 또한 세례 요한이 3:14에서 묘사했던 긍휼히 여기는 마음을 갖는 군인의 모습도 나타난다. 문화적으로만 본다면, 이 백부장은 예수께 반응하지 않게끔 할 수 있었던 세 가지 지위들을 갖고 있었지만, 그의 눈과 귀는 반응하는데 열려 있었다. 예수는 이 백부장에 대해서 주가 이스라엘의 그 누구에게도 이야기하실 수 없었던 내용을 이야기하신다. 그러므로 이 본문에서부터 얻을 수 있는 모든 적용들은 이 백부장이라는 인물에 관해 생각하는 것에서부터 나와야만 한다.

이 백부장 본문에서는 또 다른 특징이 결정적으로 중요한데—그건 예수가 그를 만나시는 과정에 제시되어 있는 다양한 조합들이다. 우리는 이방인 군인이 유대인 교사와 선지자를 만나면서 혈통적인 경계선들이 교차하는 장면을 본다. 우리는 회당에 상당한 물질을 기부할 만한 재산을 갖고 있는 군인과 사역의 대부분의 시간을 가난한 사람들 사이에서 사역하는 선지자가 만나면서 사회적 경계선들이 교차하는 장면을 본다. 우리는 하나님이 나아가는 구원의 길을 가져오시는 유일한 분이신 예수께서, 종교적 이상을 뒷받침해주는 데는 관심이 있지만 그러나 아직 개인적인 결정을 하지는 못한 사람에게 사역하시는 것을 통해 신앙 공동체의 경계선들이 교차하는 장면을 본다.

위에서 제기한 모든 요소들이 우리가 살아가는 세상 속에 교차하고 있다. 예수는 이 사람을 그가 다른 인종이라는 이유로 거부하지 않으신다. 우리는 사역들 속에서 혹시 이런 배타적인 항목들을 갖고 있지는 않은가? 예수는 계층에 대해서 차별하지 않으신다. 우리는 누구에게 사역할 것인지 방향을 정하는데 있어서 혹시 이런 구별을 하지는 않는가? 예수는 이 백부장이 하나님의 백성들에 속해 있지 않기 때문에 이 사람은 사역대상이 아니라고 말하는 그런 분리주의 형태를 주장하지 않으신다. 때때로 우리는 인종, 사회신분, 혹은 신앙의 노선을 교차하는 복음증거의 능력을 평가절하하곤 한다. 때때로 한 사람이 하나님께 인도받는 방식은 하나님이 이런 경계선들을 넘으셔서 마음을 만지시고 변화시키시는 그런 방식임을 보여준다.

더군다나, 예수는 이 세상의 관점에 의하자면 사회적으로 좀더 낮은 지위이셨음에도 불구하고, 주가 제공하시는 구원과 은혜들은 사회적으로 높은 지위에서 주께 도움 받는 사람들보다, 주를 더 많은 것을 갖고 있는 분이 되게 만든다. 때때로 우리는 외적인 요소들이 우리가 어떻게 사물을 보는가에 영향을 미치게끔 허용한다. 예를 들자면, 다른 문화에서 온 기독교인들과 상호 작용할 때, 우리는 문화적으로, 기술적으로 혹은 교육적으로 "우월한" 지위에 있는 사람들이 베풀고 줄 것을 더 많이 갖고 있다고 생각할 수도 있다. 이런 성향은 미묘한 것이기는 하지만 너무나 실제적이다. 하지만 사회적으로 낮은 환경에서 살아온 성도들은 우리가 이해를 잘 못하거나 더딘 모든 이슈들에 대해서 바로 그 환경들이 그들로 하여금 종종 더 예민하게 만들어준다.

이와 관련한 두 가지 개인적인 상황들이 있는데, 하나는 라틴 아메리카에서의 상황이고 다른 하나는 공산주의 몰락 이후의 동유럽에서의 상황이다. 나는 그들이 가난에 대해서, 고통 받는 것과 박해에 대해서, 그리고 내가 거의 이해할 수 없는 심각한 제한적인 상황들 속에서 살아왔던 사람들의 다른 환경들에 대해서 그들이 어떻게 생각하는지를 그저 배우기 위해서 성도들과 함께 그곳을 여행했다. 그들이 주가 이런 경험들을 통해 그들에게 무엇을 가르치셨다고 생각하는지를 보면서, 그들이 성경에 대해서 묵상하는 것을 보면서, 그리고 그들에게 어떻게 한 사람이 그런 상황들 속에서 예수와 최상으로 함께할 수 있는지에 관해 질문하면서, 나는 나 자신이 그들의 제자로 배우고 있는 모습을 발견했다. 이런 세상에 다녀온 다른 성도들도 내게 비슷한 경험들을 이야기했다. 나는 도시 빈민가에서 기독교 사역을 하는 몇몇 동료 사역자들을 보면서도 이와 비슷한 상황을 발견했다. 선생님은 항상 좀더 높은 사회적 상황에서 오거나 좀더 높은 학위를 갖고 있는 것이 아니다!

나인에서의 부활 기적은 예수의 긍휼과 주의 권세의 범위에 대해 많은 것을 드러내준다. 우리도 종종 다른 누군가의 고통이나 어려움에 대해 관심을 갖게 되곤 하지만 그것을 충족시켜주고 해결하기 위해 무엇을 하는가? 때때로 거북함이 첫 번째 단계가 되곤 하는데, 우리는 그들에게 나아가려는 우리의 노력을 어떻게 해야 그들이 받아들일 수 있게끔 할 수 있는지를 놓고 씨름하거나, 힘겨운 주제를 드러내게 하는 것을 통해 혹시 우리가 그저 문제를 더 나쁘게만 만드는 것은 아닌지 염려하기 때문이다. 그러나 때때로 가장 효과적인 사역은 문제와 고통을 해결하려는 시도를 통해서가 아니라 긍휼을 베푸는 작은 행동을 통해서 이루어진다. 예수는 여기에서 우리가 할 수 있는 일들보다 훨씬 더 많은 일을 행하셨지만, 주가 행동하셨던 방식이 매우 중요하다. 관을 만지시는 것을 선택하신 주의 방식은 주가 그 상황과 동일시하시고 거기에서 뒤로 물러서지 않으시려는 의지를 갖고 계심을 보여주었다. 아마도 우리가 할 수 있는 최상의 일은 잘 들어주는 귀와 인정 많은 어깨를 제공해 주는 것일 것이다. 이런 종류의 "터치"는 종종 단순히 외적으로 드러난 고통만이 아니라 상처받은 마음의 고통을 만나주곤 한다.

우리가 이미 살펴본 것처럼, 예수의 기적들은 위대한 진리를 보여주는 시청각 교재들이며, 죽음을 역전시키는 주의 권세보다 더 근본적인 진리는 아무것도 없다. 독자를 잃은 가장 슬픈 순간에, 예수는 다시금 재회가 일어나게끔 하신다. 이 스토리는 우리가 죽음에 대해 느끼는 슬픔이라는 감정과 연결되어 있으며, 예수가 어떻게 이런 슬픔을 역전시키시는지를 보여준다. 우리의 복음사역은 예수 안에서 죽음을 극복할 수 있다는 소망을 주어야만 한다.

마지막 연결점은 예수의 중요성에 대한 무리들의 생각이다. 주님은 사회적인 역사에 있어서도 지극히 중요한 인물이기 때문에, 모든 사람들은 그분이 어디에 적합한지를 결정해야만 한다. 무리는 그들의 견해를 표현하는데, 마찬가지로 우리들도 그래야만 한다. 그러나 나는 이 무리가 우리가 싸우는 것과는 다른 일들로 인해 싸우고 있는 것이 아닌가 싶다. 이 고대 사람들은 예수의 기적이라는 이슈와 싸우지 않는다. 그들은 거기에 있었고 그것을 보았다. 그들이 이해하고자 발버둥치고 있는 것은 주의 위대한 권세에 대해서이다. 오늘날, 예수를 이해하는 것과 관련한 전투는 좀더 이해하기 쉬운데, 우리는 주의 사역에서 먼 거리에 자리 잡고 있기 때문이다. 우리는 주가 위대한 종교적 교사였음을 받아들일 수 있으며, 그분께 선지자를 향한 존경을 드릴 수도 있을 것이다. 그러나 주가 베푸신 기적의 실체는 특히나 지금 이 사건처럼 드라마틱한 기적은 종종 의문시되곤 한다.

주가 누구신가에 관해 예수가 선포하신 위대한 주장은 오늘날 의심받는다. 예수로부터 먼 거리에 떨어져 있다는 점은 안개가 낄 수 있게끔 한다. 많은 사람들은 성경이 주님에 관해 무엇을 가르치는지 알지 못한 채 해석한다. 다른 사람들은 주님에 대한 성경의 묘사에 도전한다. 그러나 만약 우리가 예수를 이해하는데 성경이 정확한 도움을 주지 않는다면, 그렇다면 우리가 어떻게 주님에 관해 단 한 가지라도 알 수 있겠는가? 주의 사역들과 말씀들은 함께 이루어지며, 성경이 묘사해주는 주의 모습도 마찬가지다. 사람들이 오늘날에는 비록 주를 나인 성 사람들이 보듯이 그렇게 볼 수는 없다 하더라도, 우리를 통해 주를 보고 성경의 증언을 통해 주를 들어야만 한다.

현대적 의미

백부장과 관련한 첫 번째 적용은 그가 비록 외부인이었지만 다른 배경의 사람들로부터 좋은 평판을 받고 있었다는 점이다. 우리는 교회의 장로들을 향해서 그들이 믿음의 공동체 바깥사람들로부터도 존경을 받아야만 한다는 훈계를 기억한다(딤전 3:7). 이 사람은 이런 존경을 받았는데, 그가 유대인들과 유대적 관습을 존중한다는 것을 보여주었기 때문이다. 그가 아직 신자가 아니었지만 회당 건축을 후원했다는 사실은 그가 다른 사람들에게 예민한 태도를 갖고 있는 사람임을 보여준다.

이에 대해서 유대인들은 그에게 책임을 다했다. 이는 상호존중이 문화적, 인종적 장벽을 극복하는 방법임을 보여준다. 누가는 여기에서 유대인들과 이방인들이 서로를 존중할 수 있음을 지적하고 있다. 만약 양편이 특히 하나님의 방법에 대해 개방되어 있으면서 필요한 노력들을 기울인다면 말이다.

나는 선교사들이 외국의 선교지에 들어가기 위해서 어떻게 대응하는지에 관해 그리고 다문화적인 환경에 접근하기 위해 어떻게 해야 하는지에 대해서 기억한다. 자연스러운 대응은 누군가의 문화적 관습들을 존중해주고 또한 자기 자신의 문화적 범주를 유지하는 것이다.

선교사들은 때때로 동료 선교사들과 우선적으로 연합하는 것을 통해 이 일을 한다. 그러나 다문화적인 정황에서, 우리는 종종 선교지와는 달리 고립적인 모습을 갖곤 한다. 우리는 다른 배경을 갖고 있는 사람들에게 좀 덜 효과적으로 사역한다. 그리고 만약 그들 세계에 들어가기 위해 집중적인 노력을 기울이지 않거나 그들의 문화를 적절히 인식하기 위해 집중적인 노력을 기울이지 않는다면, 사랑이나 존경 등을 배우는데 있어서나 그들을 이해하는데 있어서 느리게 된다. 우리나라에 있어서는 우리가 좀더 다양하게 되어가기 때문에, 기독교인들은 문화적 민감성을 발전시킬 필요가 있을 것이다. 만약 우리가 복음을 모든 정황 속에서 함께 공유하길 원한다면 말이다. 성경은 고넬료(행 10장)나 이 백부장같이 "하나님을 경외하는 사람들"에게 존경을 보낸다. 이런 개방성을 가지고, 이전에 우리가 두려움이나 무지 때문에 우리 스스로를 고립시켜 왔던 곳에서 복음을 위한 새로운 가교를 세울 수 있다.

또 다른 적용은 권력과 부를 갖고 있는 지위도, 사람들을 부려먹는 것이 아니라 섬기는 방식으로 사용할 수 있다는 점이다. 여기에는 자신의 권력과 물질을 주변 사람들의 유익을 위해 사용했던 부자가 나온다. 여기에는 하나님을 경배하는데 열려있는 것으로 보이는 부자가 나온다.

현재 우리나라에서 이루어지는 기부에 대한 통계를 잠깐 보는 것만으로도 오싹하다. 우리나라의 평균사람들은 다른 사람을 위해서나 혹은 여러 이유들로 자기 수입의 5퍼센트 이하를 기부한다. 우리가 이 지구상 재원의 20퍼센트 이상을 사용하고 있으면서 말이다. 우리는 혹시 교회에서의 퍼센트는 좀 다르지 않을까 궁금하게 생각한다. 세상적인 기준을 통해서 보자면, 우리나라의 기독교인들은 부유하다. 그러나 우리는 우리의 특권적인 위치를 우리 자신을 위해서 사용하는가 아니면 다른 사람들 특히 믿음 안에서 한 가족 된 다른 사람들을 위해서 사용하는가? 유대인들은 이 백부장이 예수의 관심을 받을 자격이 있다고 주장한다. 그 이유 중에는 그가 자비의 본보기를 보였으며 또한 예수가 사역대상으로 삼고 오신 하나님의 백성들을 존중했다는 점이 들어있다. 주를 알고 있는 우리에게는 어떤 차이점이 있어야만 하겠는가?

백부장 이야기의 중심적인 교훈은 이 사람이 갖고 있는 믿음의 본질이다. 그의 겸손함은 다른 사람들로 하여금 그를 존경받을 만한 가치가 있는 사람으로 만들었지만, 하나님의 사자 앞에 서 있으면서 그는 하나님이 그에게 아무것도 빚진 것이 없다는 사실을 이해했다. 그는 하나님의 사자가 자신을 방문해줄 만한 그런 가치가 있다고도 느끼지 않았다. 그러나 그는 또한 하나님의 치유하시는 권세를 이해했으며 주의 긍휼에 대해서도 이해했다. 그는 예수가 비록 먼 거리라 하더라도 그저 단순하게 주권적인 말씀을 하시는 것을 통해서 치유하실 수 있다는 사실을 믿었다. 그리고 그는 예수가 그렇게 하실 만큼 충분히 돌봐주신다는 사실을 알고 있었다. 하나님의 권능 앞에 나아갈 때 갖는 이런 믿음과 겸손함이, 예수를 놀래게 만든 모습들이었다. 이 본문은 우리에게 이와 유사한 믿음을 갖도록 명령한다. 하나님이 우리에게 빚진 것은 아무것도 없지만, 그분은 긍휼을 우리에게 베푸신다. 하나님은 은혜로 우리를 귀히 여기신다. 이는 우리가 은혜를 받을 만한 존재여서가 아니라, 하나님이 우리를 돌보시기 때문이다(요일 4:9-10).

과부의 아들을 부활시켜주시는 이야기에서, 우리는 죽음을 뒤집으시는 권능을 본다. 예수는 여기에서 우리들 모두가 결국 직면하게 될 가장 근본적인 장애물을 다루신다. 만약 죽음이 끝이라면, 그렇다면 이생이나 죽음 이후에 아무런 소망도 없게 될 것이다(고전 15:12-19). 하나님의 심판은 무의미해질 것이며, 우리를 구원하시고 회복시키실 것이라는 그분의 약속도 무의미해질 것이다. 그러므로 이 기적은 기독교 소망의 핵심이 무엇인지를 증거 한다. 이 이야기가 다루는 이미지는 새로워지고 재연합을 하는 것이 결코 불가능한 꿈이 아니라는 것을 우리에게 상기시킨다. 하나님은 당신의 어루만지심을 아는 사람들을 생명으로 회복시키시겠다고 약속하신다. 예수 안에서, 하나님은 이 새로워짐을 성취하겠다고 초청하신다.

나는 나의 은사 중 한분의 장례식에 참석했던 것을 기억한다. 내가 학생이었을 때, 우리 학교는 그분께서 예수 안의 믿음으로 나오신 50주년을 축하해 드렸었다. 그 축하식에서, 그는 자신이 젊은이였던 1920년대에 예수 안에서 마음에 품었던 계획에 대해서 이야기했다. 장례식에서, 사회자로서 그의 지나온 평생의 사역과 이제 지금은 주님 앞에 서 있다는 것을 송축한 이후에, 나는 우리가 기독교인으로서 갖고 있는 죽음을 극복하는 위대한 소망, 이 기적이 생생하게 묘사하고 있는 소망에 대해서 회상했다.

6살 된 소녀가 병원에서 백혈병으로 인해 죽어가며 누워있다. 우리 교회 공동체는 이 도시의 다른 많은 사람들과 함께 주님 앞에 이 소녀를 살려달라고 18개월 넘게 중보 기도해 왔다. 다른 한편으로, 나는 여쭈었다. "주님, 왜 당신께서는 이 어린 소녀를 이렇게 일찍 그리고 이렇게 천천히 데려가시는 겁니까? 특히나 이 아이의 부모들에게 왜 이런 고통이 있는 겁니까?" 다른 한편으로, 이 본문은 나에게 일깨워주었다. 궁극적으로 하나님이 죽음에서 새 생명을 가져오는 것을 조종하고 계시며, 아마도 멀지 않은 어느 날, 설령 이 소녀가 회복되지 못한다 하더라도 고통 속에서 자유롭게 될 것이고 하나님 앞에 서게 될 것임을 말이다.

사랑하는 두 명의 성도들에 대한 이런 이원적인 묵상이 내게 말해주는 것은 성도가 증거 하는 시간들을 보낸 뒤 늙어서 죽거나 젊은 나이에 비극적으로 죽건 간에, 이 과부의 아들에 대해 가족이 묘사해주는 소망은 여전히 생생하게 살아있다는 점이다. 죽음은 주를 알고 있는 사람들에게는 끝이 아니다. 죽음은 이 지상에서는 알지 못했던 새로운 차원의 생명으로 옮겨가는 것을 포함한다. 이 기적은 우리가 깨지기 쉽고 반드시 죽어야만 하는 존재임을 생각나게 해줄 뿐만 아니라, 또한 살려서 일으키시고 변화시키시는 하나님의 권능에 대해서도 우리에게 외쳐댄다. 이 기적을 본 사람들이 경외하는 마음으로 가득 차게 되었다는 것은 결코 놀라운 일이 아니다.

우리도 역시 하나님의 창조하시는 권능과 긍휼하심을 묵상하면서 마찬가지로 그렇게 해야만 한다.

누가복음 7:18-35

18 요한의 제자들이 이 모든 일을 그에게 알리니
19 요한이 그 제자 중 둘을 불러 주께 보내어 이
르되 오실 그이가 당신이오니이까 우리가 다
른 이를 기다리오리이까 하라 하매
20 그들이 예수께 나아가 이르되 세례 요한이
우리를 보내어 당신께 여쭈어 보라고 하기를
오실 그이가 당신이오니이까 우리가 다른 이
를 기다리오리이까 하더이다 하니
21 마침 그때에 예수께서 질병과 고통과 및 악
귀 들린 자를 많이 고치시며 또 많은 맹인을
보게 하신지라
22 예수께서 대답하여 이르시되 너희가 가서 보
고 들은 것을 요한에게 알리되 맹인이 보며
못 걷는 사람이 걸으며 나병환자가 깨끗함을
받으며 귀먹은 사람이 들으며 죽은 자가 살
아나며 가난한 자에게 복음이 전파된다 하라
23 누구든지 나로 말미암아 실족하지 아니하는
자는 복이 있도다 하시니라
24 요한이 보낸 자가 떠난 후에 예수께서 무리
에게 요한에 대하여 말씀하시되 너희가 무엇
을 보려고 광야에 나갔더냐 바람에 흔들리는
갈대냐
25 그러면 너희가 무엇을 보려고 나갔더냐 부드
러운 옷 입은 사람이냐 보라 화려한 옷을 입
고 사치하게 지내는 자는 왕궁에 있느니라
26 그러면 너희가 무엇을 보려고 나갔더냐 선지
자냐 옳다 내가 너희에게 이르노니 선지자보
다도 훌륭한 자니라
27 기록된 바 보라 내가 내 사자를 네 앞에 보내
노니 그가 네 앞에서 네 길을 준비하리라 한
것이 이 사람에 대한 말씀이라
28 내가 너희에게 말하노니 여자가 낳은 자 중
에 요한보다 큰 자가 없도다 그러나 하나님
의 나라에서는 극히 작은 자라도 그보다 크
니라 하시니
29 모든 백성과 세리들은 이미 요한의 세례를
받은지라 이 말씀을 듣고 하나님을 의롭다
하되
30 바리새인과 율법교사들은 그의 세례를 받지
아니함으로 그들 자신을 위한 하나님의 뜻을
저버리니라
31 또 이르시되 이 세대의 사람을 무엇으로 비
유할까 무엇과 같은가
32 비유하건대 아이들이 장터에 앉아 서로 불러
이르되 우리가 너희를 향하여 피리를 불어도
너희가 춤추지 않고 우리가 곡하여도 너희가
울지 아니하였다 함과 같도다
33 세례 요한이 와서 떡도 먹지 아니하며 포도
주도 마시지 아니하매 너희 말이 귀신이 들
렸다 하더니
34 인자는 와서 먹고 마시매 너희 말이 보라 먹
기를 탐하고 포도주를 즐기는 사람이요 세리
와 죄인의 친구로다 하니
35 지혜는 자기의 모든 자녀로 인하여 옳다 함
을 얻느니라

원 의미

이 단락에는 세 개의 소단락들이 들어있다: 예수께 대한 요한의 질문(18-23절), 요한에 대한 예수의 관점(24-30절), 그리고 예수의 비유들(31-35절).

19절에 나오는 요한의 질문은 이 질문이 예수보다 앞서 왔던 사람조차 예수의 사역이 갖는 본질을 이해하기 위해 갈등하고 발버둥쳐야만 했다는 점을 보여주기 때문에 중요하다. 예수는 요한이 기대했던 스타일의 모습이 아니었고, 그래서 그는 확인을 위해 사람들을 예수께 보낸다.[1] 요한에 대한 예수의 재확인은 요한을 마치 데오빌로 같은 사람이 되게 한다(1:4). 요한의 질문도 또한 중요한데, 무리가 예수를 큰 선지자라고 인식한 바로 뒤에 연이어 나오기 때문이다 세례자가 예수께 "오실 그분"이신지를 물을 때, 이 질문은 예수에 대한 대중들의 부적절한 인식과 닮아있다. 대중들의 인식은 종종 틀리곤 한다. 예수의 경우, 그들 역시 정확한 인식에는 모자랐다.

요한의 질문이 생겨나는 것은 그의 제자들이 그에게 예수가 행하시는 일들을 알려주었기 때문이었다. 주가 행하신 기적들에 관한 말들은 예수가 중요한 인물이라는 생각에 용기를 주기는 하지만 그러나 무언가 중요한 부분이 아직도 여전히 잘 들어맞지 않고 있다. 요한이 선포했었던 주권적이고 권능 있는 심판은 어디에 있단 말인가?(3:7-9) 감옥에서, 요한은 그 제자 두 명을 예수께 보내서 주가 진정 오실 그분이신지를 묻는다. 두 명의 메신저를 사용한다는 것은 요한에게 대답이 신실하게 돌아올 것임을 확실하게 보증해준다(신 19:15).[2]

요한이 묻는 질문은 성경을 연구하는 일부 사람들에게 충격을 주는데, 이들은 요한이 예수를 의심한다는 사실을 받아들일 수 없어한다.[3] 그의 질문은 구체적이다. 그는 예수가 하나님으로부터 보냄 받은 사람인지 아닌지를 의심하는 것이 아니다. 그는 그저 주의 사역이 약속된 구원사역이라는 것을 확인받고 싶어 할 뿐이다. 하나님의 가장 훌륭한 종들조차도 때로는 재확인을 필요로 하곤 한다. "오실 더 강한 자"라는 언급은 3:15-16에서 요한 자신이 사용한 말들을 떠오르게 한다. 그러므로 요한은 예수가 메시아이신가에 관해 묻고 있다.

보냄 받은 사람들은 요한이 그들에게 준 말 그대로 질문한다. 예수의 대답은 직

---

1. 이 부분과 평행을 이루는 부분은 마태복음 11:2-19 부분이다.
2. Danker, *Jesus and the New Age*, 163.
3. 예를 들자면, W. F. Arndt, *Luke*(St. Louis: Concordia, 1956), 209를 들 수 있다. 그는 요한은 그저 자신의 제자들을 재확신 시킬 목적이었다고 주장한다.

접적이지 않은 추론을 필요로 하는 대답이다. 대답을 기록하기에 앞서서, 누가는 예수의 사역하시는 장면에 관해 중간에 내용을 삽입한다. 여기에는 치유, 축사는 물론이고, 심지어 소경이 눈을 뜨게 되는 것도 포함되어 있다.[4] 예수의 사역은 많은 사람들에게 회복을 주시며 "은혜를 베푸시는" 사역이다. 보냄 받은 사람들은 구약성경 중 이사야에서 인용한 부분을 사용해서(사 35:5-6; 26:19; 29:18-19; 61:1) 그저 그들이 보았던 것을 보고하기만 하면 된다. 그 내용들은 결정적 구원의 시기가 도래하는 것을 언급하는 내용들이다. 예수의 사역은 이런 선지자들의 예언 성취를 표시해준다. 이 응답은 믿음을 요구하는 행복에 대한 내용으로 마무리된다. 주의 사역 스타일은 이 세상이 기대하는 권능 있는 지위나 신분을 통해 이루어지는 것이 아니지만, 주님은 하나님께로부터 보냄 받으셨다.

그런 뒤 예수는 무리를 향해 요한에 관한 질문을 제기하신다. 주님은 광야에 갈대를 보러 가거나 혹은 그들이 요한을 보러갔을 때 좋은 옷 입은 사람을 보러 간 것이 아니라는 점을 지적하신다. 갈대에 대한 언급은 요한의 사역 장소의 풍경에 대한 암시이거나 혹은 요한을 별로 풍채가 좋지 못한 사람으로 아이러니하게 비유하는 언급일 것이다. 이 두 가지 모두 다 가능하지만 다음에 나오는 좋은 의복에 대한 서술을 문자 그대로 취급해야하기 때문에, 갈대에 대한 언급도 마찬가지로 문자 그대로 다루어야 한다. 사람들은 요단 강가나 혹은 패션을 보려고 요단에게 간 것이 아니었다. 그들은 다른 이유 때문에 갔다: 선지자를 보기 위해서 간 것이다.

사실 요한은 선지자 이상의 사람이었다. 그가 출생하던 때에, 그는 한 시대를 마감하고 하나님의 계획이 실현되는 새로운 시대를 열어주는 대표적인 사람이었기 때문에, 그는 여태껏 태어난 사람들 중에 가장 위대한 사람이었다. 말라기 3:1 내용에서 인용한 27절에 나오는 성경 말씀은, 그가 갖고 있던 앞서 행하는 사람의 역할을 지시한다. 엘리야가 담대하게 온 나라를 향해 설교했던 것처럼, 요한은 하나님의 뜻을 백성들에게 선포했고 그들이 새로운 시대를 준비하게끔 도와주었다. 요한이 백성들 앞에 나아가는 이미지는[5] 또한 쉐키나(Shekinah)가 광야에서 백성들을 보호하고 인도했던 출애굽의 언어를 떠오르게 한다(출 23:20). 하나님께서는,

4. 이 구절에서 질병을 표현하기 위해 사용된 두 개의 용어들은 단순한 아픔에서부터 심각한 병으로 확장되었음을 추측케 한다.

5. 말라기 3:1에 대한 인용에서 2인칭을 사용한 것은 간접적으로 예수를 암시하는 것이라고 주장할 수 있다. 만약 그렇다면, 그럴 경우 요한은 예수보다 앞서 간다는 의미이다. 그러나 이 구절들의 정황은 사람들의 반응을 두드러지게 표현하는 것이며, 이 테마는 누가복음 1:17이 가르쳤던 것을 반영한다. 그러므로 사람들 앞서 가는 것을 언급한다고 보는 것이 더 적절하다.

약속의 실현이 다가오고 있다는 것을 증거 하는 증인인, 바로 이 앞서 행하는 사람을 통해 길을 지적하고 계셨다.

그러나 요한의 위대함은 새로운 시대의 축복과 유익에 참여하는 사람들과 견주어본다면 아무것도 아니다. 28절에 나오는 예수의 말씀은 성경 중에서 성도의 신분에 대해 가장 확고하게 말씀하시는 부분 중 하나이다. 하나님 나라에 속한다는 것은 위대한 특권이다. 요한은 이 두 시대 사이의 가교이고, 세례자가 지시하는 곳을 좇아가는 사람들은 하나님과 좀더 밀접하고 친밀한 관계 안으로 들어간다. 옛 시대가 제공했던 최상의 모습들조차 변화시키는 그런 관계 안으로 말이다. 바로 이것이 어째서 새 시대 속에서 예수의 사역이 위대한가를 보여준다. 누가는 뒤이어 나올 비유를 준비하면서, 요한에 대한 다양한 반응들을 다시 한번 더 지적한다. 사람들과 세리들은 하나님의 역사하심을 인정하고 요한의 세례로 나아왔지만, 지도자들은 적대적인 모습으로 그대로 남아있다. 그들은 자신들이 회개할 필요가 있다는 사실을 인식하지 못하며, 그래서 하나님의 계획을 거부한다. 우리가 경건하다고 생각했던 곳이 그렇지 않다는 이런 역전은 성취 사건들 속에서 또 다른 놀라움을 표시해준다.

예수는 그렇기 때문에 현세대의 종교지도자들에게 그들이 요한에게 보인 반응에 관해 경고하신다. 주님은 하나님 나라나 하나님의 계획에 관해 종종 논의하실 때 그러신 것처럼, 비유를 통해서 경고하신다(마 13:24; 18:23; 22:2; 25:1; 눅 13:8). 주는 그들을 시장에서 놀이를 하던 고대 아이들에 비교하신다.[6] 우리는 이 비교를 "애들 비유"라고 부를 수 있다. 그렇다면 두 개의 말다툼하는 그룹이나 혹은 판을 엎어버리는 아이들 그룹만이 있는 것인가? 그리고 누가 불평하는 사람들인가—하나님의 메신저들인가 아니면 이를 거부하는 유대인들인가? 두 번째 질문이 첫 번째 질문보다 훨씬 쉬운데, 예수는 분명하게 불평하는 아이들을 이 세대와 비교하시기 때문이다. 즉 거부하는 유대인들에게 비교하신다(눅 7:33-34). 이 비유는 그들의 관점에서 이야기된다. 그들은 자리 잡고 앉아서는 놀기를 거부하는 아이들이다. 요한과 예수가 그들이 부는 피리에 춤추지 않는다고 불평하면서 말이다. 그들이 흥겨운 곡조의 피리를 불거나 아니면 장례곡조를 불건 간에, 이 두 사람은 유대 지도자들의 바람대로 따라주지 않는다. 그들은 요한에게는 귀신들렸다고 비난하고, 예수께는 탐욕스럽고 죄인들의 친구라고 비난한다. 죄인들에게 다가가시

6. Marshall, *Commentary on Luke*, 109; Nolland, *Luke 1:1-9:20*, 344.

는 주의 개방된 노력은 지도자들의 좀더 분리적인 접근을 거부하는 모습을 대표적으로 제시한다(5:31-32; 15:1-32).

예수께 응답하는 지혜의 자녀들은 29-30절에서 비교되는 것처럼 응답하지 않는 사람들과 대조된다.[7] 몇몇 사람들은 예수의 연합과 요한의 부름에 함께 했다. 회복된 사람들의 존재는 하나님의 지혜를 드러내면서 하나님의 길을 입증한다. 죄인에게 다가가시려는 하나님의 시도는 죄인들을 간과해서는 안 되며 도리어 그들을 추구해야 한다는 점을 의미한다. 이 비유를 통한 책망은 이 리더십이 하나님의 길을 거부하는 강퍅한 리더십임을 보여주는 또 다른 방식이다.

상황잇기

이 문단의 중심적인 특징들은 이 문단이 예수와 요한의 사역들에 대해 제시하는 구체적인 내용들, 요한이 예수께 보인 반응의 본질, 그리고 새로운 시대의 중요성 등이다. 요한과 예수가 하나님의 계획 속에서 매우 독특하고 유일무이한 존재들임에도 불구하고, 이들의 사역들은 아웃리치 하는 모든 노력이 근본적인 특징을 갖고 있다. 사실 이 본문이 보여주는 매혹적인 측면 중 하나는 죄인들을 하나님께로 데려오는 동일한 목적을 성취하는데 있어서 전혀 다른 스타일들이 사용되었다는 점이다. 복음증거에 있어서 근본적인 이슈는 복음증거 하는 스타일이나 양식의 문제가 아니라, 사람들을 하나님께로 인도하는 헌신과 책임성에 있다. 요한은 사막으로 나아간 고행적인 사람이었고 예수는 세리들이나 죄인들의 "탐욕스러운" 친구이지만, 이 두 사람 모두 다 하나님의 뜻을 성취하신다. 우리는 스타일이 아니라 우리 사역에서 본질성을 갖는데 중심을 두어야만 한다.

오늘날 우리에게는 스타일이라는 이슈가 여전히 있다. 수년 동안 나는 내가 아직 구원받지 못했던 십대 때부터 시작한 영 라이프(Young Life)에 소속되어 있었다. 영 라이프는 내가 인내할 수 있었던 유일한 종교모임이었다. 노래 부르는 것이 즐거웠고, 스킷 드라마들은 항상 재미있었으며, 메시지를 전하는 사람은 항상 내가 그 내용 안에서 적용을 찾고 나를 연관시킬 수 있는 그런 수준에서 이야기를 했다. 나는 이런 느긋한 십대 스타일의 복음증거 아웃리치가 본질과 내용이 부족하다고 무시당하는 것을 알고 있다. 그러나 이 모임은 구원받은 내 친구들이 구원받지 못한 나를 데려가기에 완벽한 장소였다. 만약 영 라이프 같은 사역이 존재하지

7. 지혜의 자녀들이라는 인물에 대해서는 시락서 4:11, 잠언 8:32-33; Nolland, *Luke 1:1-9:20*, 346을 보라.

않았다면, 내가 오늘날 어디에 어떤 모습으로 서 있을는지 확신할 수가 없다.

나는 매번 교회에서 사역하고 있는 한 사람의 성인인 나를 발견하게 되며, 그러면 나 자신에게 십대처럼 된다는 것이 무얼 의미했는지를 자꾸만 되새기곤 한다. 특히나 오늘날의 청소년 사역들이 하는 일들이 내가 낯선 모습으로 충격을 줄 때마다 말이다. 나의 과거 경험은 내게 지금 내가 보는 사역 모습들에 대해 좀더 인내하게끔 가르쳤고, 스타일과 본질을 혼동하지 말도록 가르쳤다. 이것은 청소년 사역을 위한 노력들이 지나친 행동으로 빠져버리지 않는다는 게 아니라, 지금 일어나고 있는 일에 대해서 내가 어른으로서 갖는 취향과 실제 본질적인 모습간의 문제라고 내게 경고해준다. 많은 청소년 사역자들은 사역 기준들이 낮춰지는 것에 관해 무엇이 비난받아야 하는지를 알고 있다. 그들 대부분은 하나님과의 동행을 생각하는 방편으로서 그들과의 관계를 세워나가야 하는 아이들에게 다가가고자 시도함에 있어서 쉼을 가질 필요가 있다.

이 부분이 갖고 있는 또 다른 핵심적인 뉘앙스는 메시아적인 휘황찬란한 모습이 예수께 없다는 점이 주의 사역에 권세가 없는 것을 의미하는 것이 아니라는 점이다. 요한은 그가 생각했던 일들이 진행 되어야 하는 방식이 나타나지 않았기 때문에 질문을 제기한다. 예수는 사람들에게 주장들이나 화려함을 통해 인상 깊게 만드시는 것이 아니라, 본질적인 사역을 통해서 그렇게 하신다. 중요하게 간주되는 것은 "겉으로 무엇이 드러나느냐"가 아니라, 마음에 무엇이 있는가이다. 본질과 비교했을 때, 겉으로 드러나는 스타일은 우리에게 거의 아무것도 알려주지 않는다.

우리는 하나님이 매우 다양한 부류와 스타일의 사람들에게 다가가시고자 사역에서 사용하시는 다양한 스타일들과 우리가 갖는 기대들을 혼동하지 않도록 주의해야한다. 하나님은 때때로 권능 있는 무언가를 행하시기도 하지만 그러나 하나님이 무엇을 하셔야만하고 어떻게 하셔야만 한다고 우리가 기대하는 것과 다르다는 이유로 인해 그런 일들을 놓쳐버리곤 한다. 요한은 예수가 즉각적인 영광의 길을 가실 것이라고 기대했었다. 주가 그렇게 하지 않으셨을 때, 그는 질문을 던졌다. 우리는 얼마나 자주 이와 똑같은 덫에 걸리는가? 우린 때대로 하나님이 무언가를 분명한 방식으로 행하시기를 기대하며, 하나님이 그렇게 하지 않으셨을 때, 하나님이 실패하셨다고 생각한다. 이런 기대들은 다양한 부류의 일들과 관련되어 있을 수 있다—어떤 사업적인 상황이 성공적이 되도록 하나님이 도와주시는 것에서부터 병든 상황에서 우리를 고쳐주시겠다는 하나님의 약속에 이르기까지, 그리고 기독교인의 삶은 어려움이 없을 것이라는 우리의 기대에 이르기까지. 하나님이 이러이러하게 역사하셔야만 한다는 모든 전제들은 그분께서 우리를 좀더 어려운 길로 데리고 가시는 것을 통해 우리의 성품을 만드시고자 선택하실 때 우리에게 역작용으로 나타날 수 있다.

더군다나, 우리는 또한 때때로 우리에게 사역하는 사람들에게도 이와 마찬가지 기대를 갖곤 한다. 만약 그들이 우리를 편안하거나 격려하는 길로 데려가지 않으면, 그러면 우리는 하나님이 그들을 통해 역사하지 않으신다고 결론 내려 버린다. 하나님과 동행하는 삶이 항상 풍성함과 윤택하기만 한 길이 아니라는 진리는 때때로 선포되어야 한다. 하나님은 어려움을 통해 축복하실 수 있고 실제로도 그렇게 하신다. 우리는 만약 이런 메시지가 하나님께로부터 주어진다면 그 메시지를 들을 것인가? 우리는 만약 우리가 하나님과 더불어 계획을 짜던 책상에서 계획했거나 혹은 소망했었던 것과 전혀 다른 방식으로 사건들이 진행되더라도, 그 가운데서 하나님을 볼 수 있는가? 예수가 요한에게 주의 사역의 본질에 관해 놀랍게도 어렵고 겸손하게 제시하신 이런 메시지를 통해서도, 또한 측량하기 힘든 엄청난 권면이 주어진다. 이 시대의 성도가 된다는 것은 구약시대의 성도들이 그토록 갖기를 갈망하고 원했던 영적 강점을 소유한다는 뜻이다(참조. 10:23-24). 지금 우리가 한 번 얻음으로써 영원히 지속되는 은혜, 즉 예수의 죄 사함의 은혜를 의지하는 것과, 우리가 성령을 통해 하나님께 영원히 나아갈 수 있는 은혜는 구약시대 때는 결여되어 있던 장점들이다. 우리는 하나님이 앞으로 행하실 나머지 일들을 기다리는 동안에도, 그분께서 이미 행하신 일들을 적절히 평가하지 못하거나 잘 인식하지 못하는 경향이 있곤 하다. 믿기 어려운 일일 수도 있겠지만, 우리는 세례 요한이 예수보다 먼저 보냄 받은 자로서 사역할 때 그가 자리 잡고 있던 상황보다 더 위대한 지위에 있다.

현대적 의미

이 본문의 핵심적인 이슈는 예수에 대한 요한의 관계성이 무엇인지와, 사역 스타일에 대한 그의 질문들 및 이에 대한 대답이다. 신학적인 차원에서 보자면, 요한이 예수께 종속적이라는 사실은 거의 분명해 보인다. 우리를 놀라게 만드는 것은 선지자 요한이 하나님 나라에 속한 모든 사람들에게 종속적이라는 사실이다(28절). 즉 하나님의 구원계획에 있어서 매우 뚜렷한 간격이 예수의 오심을 통해 생겨났다(16:16). 하나님 나라에 있는 사람들을 향한 축복은 구약시대의 선지자가 자기 식탁위로 가져갈 수 있었던 그 어떤 축복보다도 위대하다.

이런 점을 관찰하는 것은 매우 중요한데, 우리는 종종 구약 선지자들이 모든 강점들을 갖고 있다고 느끼곤 하기 때문이다. 우리는 모세나 엘리야, 혹은 세례 요한과 만약 함께할 수 있다면 그게 얼마나 대단할까라는 생각을 하곤 한다. 하나님이 "실제로" 역사하시는 장면을 직접 본다면, 얼마나 대단하고 놀랍겠는가. 그러나 이 본문은 예수를 진정으로 알고 있는 모든 사람은 훨씬 더 위대한 축복들을 갖고 있음을 지적한다.

구약성경 선지자들은 우리가 성도로서 갖고 있는 것들을 경험하기를 소망했다(벧전 1:10-22). 우리는 우리가 받은 축복들을 당연한 것으로 여기기 쉽다. 우리가 갖고 있는 자원들은 무궁무진하다. 그저 생각해보기만 하라. 우리는 성경을 갖고 있다. 우리자신이 개인적으로 갖고 있고 또한 우리 공동체들도 갖고 있다. 우리는 완벽한 죄 사함을 소유한다. 예수가 십자가에서 완성하신 역사하심 때문이다. 이런 축복들은 구약시대의 임시적이고 개인적인 축복들보다 훨씬 더 위대하다. 바울은 지금 시대의 사역이 과거 시대보다 훨씬 더 새롭고 깊은 은혜라는 점을 강조한다(고후 3-4장). 하나님은 우리가 효과적인 사역을 감당하기 위해 필요한 모든 선물들을 은사와 선물들을 교회에 이미 주셨으며, 각자 나름대로의 역할을 감당하는 모든 사람들에게 공급해주셨다(롬 12장, 고전 12장, 엡 4:7-16).

예수의 사역은 단순한 선포가 아니라 본질적인 사역이다. 요한이 주께 직접적으로 주의 정체성에 관해 물어보았을 때조차도, 예수가 제시하신 유일한 대답은 주의 역사하심들을 지적하시는 것뿐이었다. 주님은 주님의 주장을 널리 선전하는 것을 거부하셨다. 우리가 이룬 일들에 대해서나 우리가 섬긴 내용들을 자랑하고 선전하라고 요구하는 지금의 시대를 향해, 예수는 전혀 다른 관점을 제시하신다. 주장은 단지 몇푼 어치에 불과하지만 그러나 깊은 사역은 전집(全集)의 크기로 이야기한다.

예수는 그저 요한으로 하여금 주가 누구신지를 주의 행하심을 통해 추론하게끔 하신다. 이런 사역들은 예수가 구약성경이 약속했던 메시아임을 지시해준다. 우리의 사역들은 우리 사역의 기원이 어디에 있는지를 지적해주는 이와 유사한 본질을 갖고 있어야만 한다.

예수는 다시 한번 더 누가복음의 중추적 이슈이다. 만약 주께 반응하지 않는다면, 다른 모든 적용들은 무의미할 뿐이다. 예수가 요한에게 말씀하신 것처럼, "주님으로 인해 실족하지 않는 자는 복이 있다"

요한의 갈등이 갖는 가치를 결코 간과해서는 안 된다. 여기에 하나님이 그에게 예수가 진정으로 그가 고대하던 바로 그분이심을 재확신 시켜주셔야 할 필요가 있는 한 사람이 있다. 우리는 때때로 위대한 성도들은 결코 의심하지 않는다는 생각을 한다. 그렇게 생각하는 것을 통해, 우리는 그들이 평범한 사람들이라는 점을 부인한다. 성경은 오늘날 기독교 공동체가 그래야만 하는 것처럼, 이런 갈등과 의심들에 대해 정직하고 열려 있다. 이런 갈등과 의심을 다루는 방법은 요한이 그랬던 것처럼 이들을 표현하는 것이다. 하지만 의심에 대한 표현과 더불어, 대답을 들을 수 있게끔 준비되어 있는 열린 귀가 반드시 준비되어야만 한다. 건강한 의심과 파괴적인 의심간의 차이점은 확신을 갖고 있지 못하다고 말하는 것에 있는 것이 아니라 그 뒤에 이어지는 반응에 있다.

시편기자의 탄식들은 성도들도 그들이 하나님에 관해 어떻게 느끼는지를 냉엄하게 정직할 수 있음을 가르쳐주지만, 이들은 또한 우리에게 성도들이 주님에 대한 불평을 공유한 이후에는 겸손하게 주의 대답을 기다려야 한다는 점도 가르쳐준다. 절망은 종종 우리에게 자기에게 덜 초점을 맞추고, 좀더 깊이 하나님과 동행하라고 명령한다.[8]

세리와 죄인들의 응답 역시, 도대체 누가 복음에 응답할 것인가에 대해 놀라는 것을 기대할 수 있음을 제시한다. 사실 우리가 전혀 기대하지 않았던 사람들이 복음에 응답할 것이다. 이 점이 바로 우리가 결코 하나님이 누구를 우리를 통해 그분께로 데려오실지 결코 추측할 수 없는 이유이다. 우리는 복음을 그 누구와도 공유할 준비가 되어있어야만 한다. 그저 일단 보기엔 불가능해 보이는 사람과도 말이다.

스타일의 차이점도 이런 강조를 잘 보여주는데 기여한다. 나의 가장 절친한 친구와 나는 전혀 다른 방식으로 주께 나아왔다. 나는 5년도 넘는 기간 동안의 낮은 차원의 복음증거 스타일을 통해 주께 나아왔다. 나의 친구는 그가 대학에 갈 때까지 전혀 복음을 듣지 않았지만 처음으로 복음을 듣게 된 이후 몇 주간만에 주께 나아왔다. 그는 나를 곁길로 나가게 만들었던 복음증거의 대립적인 스타일로 인해 깊은 충격을 받고 주께 나아왔다.

우리는 종종 하나님이 우리를 그분께로 인도하실 때 사용하신 전혀 다른 방법들로 인해 웃곤 한다. 나는 길고, 느린 과정이 필요했다. 그는 고작 2-4주간의 강타가 필요했다! 요한과 예수의 스타일 차이는 다른 사람들을 다른 방법들을 통해 다

---

8. 이 이슈에 대한 사려 깊은 연구에 대해서는 Philip Yancey, *Disappointment with God*(Grand Rapid: Zondervan, 1992)을 보라.

가셨음을 기억하게 한다.

우리는 또한 여기에서 예수를 거부한 사람들에 관한 중요한 내용을 배운다. 아이들에 관한 비유는 겉모습만 경건한 사람들이 얼마나 하나님이 그들에게 그들 자신들의 방식으로 접근하시기를 원하는지를 보여준다. 그들은 하나님의 곡조에 맞추어나가기보다는 하나님이 그들의 음악에 응답하시기를 원한다. 사람들은 하나님의 부르심, 그러니까 자신들이 하나님의 은혜와 죄 사함을 필요로 한다는 것을 인정하면서 하나님께 나아와야만 한다는 하나님의 부르심에 응답하면서 종종 불편해하곤 한다. 우리는 하나님께 우리를 섬겨달라고 요구하는가, 아니면 우리가 그분을 섬기는가? 이 문단은 궁극적으로는 예수가 유일한 길이심을 분명하게 해준다.

선지자보다 더 위대한 존재가 되는 축복은, 하나님의 은혜 안으로 들어오라는 주의 명령과 하나님의 음악가의 음악에 맞추어 춤을 추라는 명령을 좇는 것을 통해서만 주어진다.

누가복음 7:36-8:3

36 한 바리새인이 예수께 자기와 함께 잡수시기
를 청하니 이에 바리새인의 집에 들어가 앉
으셨을 때에
37 그 동네에 죄를 지은 한 여자가 있어 예수께
서 바리새인의 집에 앉아 계심을 알고 향유
담은 옥합을 가지고 와서
38 예수의 뒤로 그 발 곁에 서서 울며 눈물로 그
발을 적시고 자기 머리털로 닦고 그 발에 입
맞추고 향유를 부으니
39 예수를 청한 바리새인이 그것을 보고 마음에
이르되 이 사람이 만일 선지자라면 자기를
만지는 이 여자가 누구며 어떠한 자 곧 죄인
인 줄을 알았으리라 하거늘
40 예수께서 대답하여 이르시되 시몬아 내가 네
게 이를 말이 있다 하시니 그가 이르되 선생
님 말씀하소서
41 이르시되 빚 주는 사람에게 빚진 자가 둘이
있어 하나는 오백 데나리온을 졌고 하나는
오십 데나리온을 졌는데
42 갚을 것이 없으므로 둘 다 탕감하여 주었으
니 둘 중에 누가 그를 더 사랑하겠느냐
43 시몬이 대답하여 이르되 내 생각에는 많이
탕감함을 받은 자니이다 이르시되 네 판단이
옳다 하시고
44 그 여자를 돌아보시며 시몬에게 이르시되 이
여자를 보느냐 내가 네 집에 들어올 때 너는
내게 발 씻을 물도 주지 아니하였으되 이 여
자는 눈물로 내 발을 적시고 그 머리털로 닦
았으며
45 너는 내게 입맞추지 아니하였으되 그는 내가
들어올 때로부터 내 발에 입맞추기를 그치지
아니하였으며
46 너는 내 머리에 감람유도 붓지 아니하였으되
그는 향유를 내 발에 부었느니라
47 이러므로 내가 네게 말하노니 그의 많은 죄
가 사하여졌도다 이는 그의 사랑함이 많음이
라 사함을 받은 일이 적은 자는 적게 사랑하
느니라
48 이에 여자에게 이르시되 네 죄 사함을 받았
느니라 하시니
49 함께 앉아 있는 자들이 속으로 말하되 이가
누구이기에 죄도 사하는가 하더라
50 예수께서 여자에게 이르시되 네 믿음이 너를
구원하였으니 평안히 가라 하시니라

8:1 그 후에 예수께서 각 성과 마을에 두루 다니
시며 하나님의 나라를 선포하시며 그 복음을
전하실새 열두 제자가 함께 하였고
2 또한 악귀를 쫓아내심과 병 고침을 받은 어
떤 여자들 곧 일곱 귀신이 나간 자 막달라인
이라 하는 마리아와
3 헤롯의 청지기 구사의 아내 요안나와 수산나
와 다른 여러 여자가 함께 하여 자기들의 소
유로 그들을 섬기더라

원 의미

죄인들은 요한에게도 반응했고 또한 예수께도 반응했다. 그들이 반응한 이유가 이 문단에서 매우 분명하게 나타나는데, 이 부분에는 죄인들을 향한 예수의 다가가심이 바리새인들의 태도와 극명하게 대조적으로 제시된다. 이 문단은 또한 예수에 대한 여자들의 믿음의 반응을 기리고 칭찬해주는 두 개의 사건들 중 첫 번째 사건이다. 그러므로 누가의 설명에서 믿음이라는 이슈가 계속해서 중심적인 위치를 차지하고 있다.

이 설명의 중심 테마들은 중심인물들과 연결되어 있다.[1] 이 여자는 감사하는 믿음, 담대하고 겸손한 믿음을 그려준다. 바리새인은 예수와 맞서는 분리주의를 그려준다. 예수는 왜 주의 메시지를 들고 죄인들을 향하셔야만 하는지 그 이유를 설명하신다. 주님은 또한 죄 사함이 어떻게 변화시키는 권능을 갖고 있는지를 드러내신다.

예수는 저녁식사에 청함 받으셨고 그 초청을 받아들이신다. 바리새인이 주님과 적대적이기는 하지만 주님은 그들 중 한사람을 방문하는 기회를 받아들이신다. 고대 세계의 관행대로, 손님들은 식탁 옆에서 쿠션 위에 눕는다. 예수는 공적 인물이시기 때문에 식사자리에 들어오는 문은 아마도 열려있었을 것이고, 관심 있는 사람들은 들어와서 방의 가장자리에 앉아 식사자리에서 이루어지는 이야기를 들을 수 있게끔 했을 것이다. 39절에 나오는 책망은 이 여자가 식사자리에 왔기 때문에 이루어진 것이 아니라 그녀가 한쪽 구석에 머물러 있지 않았기 때문에 생겨난 것이다.

이 여자는 이 내러티브에서 아무 말도 하지 않지만, 그녀의 행동은 넓은 범주의 논의를 일으킨다.[2] 그녀가 어떤 죄인인지는 규정되거나 설명되지 않는다. 아마도 그녀는 매춘부이거나 혹은 다른 어떤 음란과 관련해 유명한 사람일 것이다. 그러나 그녀는 대담하게도 방안으로 들어왔고, 값비싼 향유를 예수의 발에 붓는다. 이 행동은 대단한 대가를 지불하는 행동인데, 이런 향유는 매우 비쌌기 때문이다. 가령 예를 들어서, 만약 그녀가 나드를 사용했다면, 그 값은 아마도 1파운드에 300데

1. 이 문단은 누가복음에만 나온다. 비록 어떤 사람들은 이 내용을 마태복음 26:6-13; 마가복음 14:3-9; 요한복음 12:1-8과 동등한 것으로 간주하지만 이 부분은 분명하게 구별되는 설명이다. 이와 같은 다른 본문들에서는 한 여자가 끔찍한 죄인으로 제시되지도 않고, 바리새인이 집주인도 아니다.
2. 이 여자의 이름은 결코 제시되지 않는다. 그녀는 다음 사건에서 소개되는 막달라 마리아가 아니다.
3. 또한 Josephus, *Antiquities* 3.8.6§§205; 19.9.1§358도 보라.

나리온 정도 했을 것이고, 이는 보통 사람의 1년 치 품삯이다! 몰약과 같은 향유는 장례식을 위해서나 혹은 제사장을 정결케 하는데 사용되었다(출 30:25-30).[3] 이 향유의 등장은 이 여자가 예수를 매우 중요한 방문자로 대하고 있음을 지시해준다. 이 일이 이루어지던 순간으로 가보면, 이 여자는 예수께 부어드릴 때 울면서 주의 발에 입맞춤을 한다. 이 행동은 그녀의 겸손함을 보여준다.

그러나 예수를 초청한 주인에게 이 행동은 충격적인 일이다. 충격을 받은 뒤, 이 바리새인은 예수가 이런 여자가 들어와서 자신을 만지게끔 허용하시는 것을 보면 주가 선지자가 아닌 것이 틀림없다고 스스로 생각하기 시작한다. 이 본문은 바리새인의 말을 표현하면서 헬라어 구문에서 "사실과 반대되는" 표현을 의미하는 조건절을 사용하고 있으며, 이를 통해 이 사람이 예수의 선지자적인 신임을 의심하고 있음을 분명하게 보여준다. 아이러니컬하게도, 예수는 그의 마음을 읽으시고 주의 행동들을 설명하는 비유를 말씀하신다.

이 비유는 두 명의 채무자를 묘사한다: 한사람은 오십 데나리온을 빚졌고, 다른 사람은 오백 데나리온의 빚이 있다(기본적인 수입으로 보았을 때, 2개월 치 수입의 빚과 20개월 치의 빚). 빚 주는 사람이 이들 둘 다 빚을 갚을 능력이 없음을 발견한다. 그러나 대부분의 빚 주는 사람들과는 달리, 이 사람은 두 사람의 빚을 탕감해준다. 이제 예수는 누가 더 빚 준 자를 사랑하겠느냐고 물으신다. 시몬은 기민하게 대답한다: 더 많이 탕감 받은 사람입니다. 바로 여기에 예수의 관계적 윤리의 핵심이 있다. 죄인의 과거 기록만 바라보면서 우물쭈물하는 바리새인과는 달리, 예수는 사랑과 죄 사함(탕감)이 있는 한사람의 마음을 변화시키는 잠재성을 더 선호하신다. 그래서 주님은 이 여자가 주를 초청한 주인이 하지 않은 방식으로 주를 섬겼음을 지적하신다. 주님은 발을 씻겨주는 것과 이 여자가 주의 발에 입맞춤으로 인사하는 것, 그리고 향유를 주님 발에 부어드린 것을 언급하신다. 초청했던 주인은 이런 행동들 중 아무것도 하지 않았지만 그러나 이 여자는 이 모두를 했다는 사실은 그녀가 주께 나아와 인사하기 위해 특별한 단계들을 밟았음을 보여준다.[4]

그러나 그녀의 사랑에는 또 다른 이유가 있다—그녀의 많은 죄악들이 지금 사함을 받았기 때문이다(47절). 다른 한편으로, 적게 사함 받은 자는 적게 사랑한다. 예수의 요점을 이해하기 위해서는 이 비유와 주의 말씀들을 함께 묶어놓고 생각해야만 한다. 이 비유에 의하자면, 사랑의 토대는 그런 사랑의 반응을 불러일으키는

4. Marshall, *Commentary on Luke*, 311-12.

원인에 있다. 즉 그런 반응 이전에 그가 받은 죄 사함(탕감)이며 이 죄 사함은 이전에는 받을 수 없었는데 자신에게까지 확장된 죄 사함이다. 그러므로 예수는 이 여자의 행동이 그녀가 주님으로부터 죄 사함 받은 경험을 반영한다는 점을 지적하신다. 그녀에 대한 주의 죄 사함 선포는 이 비유가 이미 보여준 내용을 다시금 확인하는 것을 돕는다. 여기에는 또한 자기 자신을 아마도 "죄가 적은 죄인"으로 간주하는 바리새인을 향한 예수의 함축적인 경고도 포함되어 있다: "너의 사랑은 크지 않을 수도 있는데, 하나님이 네가 사용가능하도록 이미 베푸신 죄 사함의 깊이를 너는 적절하게 받아들이거나 인식하지 못했기 때문이다. 대신 너는 너 자신에 대한 좋은 느낌을 얻기 위해 이 여자를 판단하고 있다" 예수는 죄를 바라보는 이런 방식에 대해 도전하신다.

죄 사함에 대한 예수의 말씀 역시 중요하다. 바리새인들은 이미 앞에서 예수가 선지자인지 아닌지에 대해 질문을 제기했다(7:30; 그리고 7:16도 참조하라). 그러나 여기에서 주께서는 바리새인들이 잘 알고 있듯(49절) 하나님께서만 제한적으로 하실 수 있는 행동인 죄를 용서하시는 일을 하고 계신다. 5:24에서처럼, 이 행동은 신학적인 전문가들의 관심을 끈다. 그들은 예수가 궁극적인 권위라는 차원에서 자기 자신에게 접근하고 계심을 알고 있다. 그러나 이것이 반대들 속에서도 이 여자에게 돌아서셔서는 그녀에게 그녀의 믿음이 그녀를 구원했으므로 평안히 가라고 말씀하시는 주를 멈추게 하지 않는다.

이 마지막 말씀은 중요한데, 지금까지의 이슈는 사랑의 유무에 관한 것이었기 때문이다. 예수의 말씀은 매우 중요한 신학적 순서를 드러낸다: 처음에는 하나님께로부터 주어지는 죄 사함이 있고, 그런 다음이 구원을 베푸는 믿음이다. 이런 믿음은 그녀가 예수를 위해 수행했던 사랑의 행동들을 통해 믿음 자체를 증거 한다. 이와 같은 사이클이 하나님과 성도 간에 존재하는 근본적인 관계 사이클이다. 죄인과의 건강한 관계성을 확립해나가는 가능성 바로 이것이 예수가 죄인들을 추구하시고 그들과 관계 맺으시는 이유이다. 주님은 바리새인들의 비판적이고 거리를 두는 태도를 취하지 않으신다. 죄 사함과 믿음을 통한 거룩한 변화라는 잠재성은 그리스도로 하여금 죄인들을 찾아 나서시게끔 하고 또한 그들과 관계를 맺게 한다(5:31-32; 15:1-31; 18:9-14).

8:1-3에서, 복음서 기자는 유독 누가복음에서만 세 명의 여자들이 행하는 믿음의 일에 관해 주목한다. 예수가 사역하실 때, 주님은 상당히 넓고 다양한 배경의 사람들을 좇는 자들로 모으셨다. 막달라 마리아는 예수가 일곱 귀신을 축사해 주신

뒤에 섬겼다. 헤롯의 청지기 구사의 아내 요안나는 예수의 메시지가 심지어 궁궐 안에까지 들어갔음을 증거 한다. 이들과 다른 여자들이 믿음으로 나아왔을 때, 그들은 주가 계속해서 사역하실 수 있도록 곧장 자신들의 물질을 주께 드린다. 이런 지적은 중요한데, 이 본문은 예수의 사역을 위한 이와 같은 드림이 성(性)별의 다양성과 사회적 계층의 다양성으로 확장되는 것을 분명히 보여주기 때문이다. 은혜를 받은 형태와 사역을 추구하는 형태는 이 여자들의 본보기적인 반응을 통해서 나타난다. 그들의 사역은 두 가지 차원에서 나타난다: 개인적인 참여와 물질을 드리는 두 가지 차원으로 말이다. 이 두 가지 차원은 모두 효과적인 사역을 위해 중요하다.

상황잇기

이 본문 안에 분명한 대조를 이루며 나타나는 태도들은 이 세상과 관계를 맺는 근본적인 패러다임을 드러낸다. 정결함을 바라는 바리새인들은 자기 자신을 죄인들과의 교제에서 분리시킨다. 그는 주께 다가온 이 여자와 같은 사람들로부터 상당히 먼 거리를 유지하고, 이를 통해서 이런 여자의 삶의 스타일을 인정하지 않는다는 것을 분명하게 한다. 예수는 죄에 관해서 설교하시고 말씀하시지만, 주님은 자기 자신을 죄인들로부터 고립시키지 않으신다. 주님은 빛이 어둠 속에서 빛을 발하기 위해서는 빛은 어둠과 연관되어야만 한다는 점을 이해하신다.

이런 대조는 교회가 세상 속에서 어떻게 사역해야하는가와 관련해서 시간을 넘어서서 계속 이어진다. 이 세상은 심지어 극악무도한 죄인들을 포함해서, 항상 죄인들을 갖고 있다. 나는 내가 누가복음에서 가장 좋아하는 본문중 하나인 이 본문을 가르치면서, 한 가지 질문을 묻고 싶은 유혹을 받곤 한다: "만약 죄인으로 평판이 자자한 여자인 마돈나 같은 오늘날의 인물이 주님 앞에 나아온다면, 만약 실제로 그녀가 주의 발 앞에 나아와 앉는다면 우리는 어떻게 반응할 것인가?"[5] 이 질문은 지금 본문이 묻는 매우 어려운 질문이다. 우리는 죄인들에 대해서 그들이 과거 어떤 사람이었는지를 보는가, 아니면 하나님이 그들을 어떻게 만드실 수 있는지를 통해서 보는가? 만약 교회가 그들에게 제공할 무언가를 갖고 있다고 믿는다면, 그렇다면 교회는 예수가 행하셨던 것과 마찬가지로 그들을 향한 관심과 그들과 관계

5. 예수가 마돈나나 다른 현대의 유명인사들과 관련되어 있다는 식으로 상상력을 발휘해 생각해본 것에 대해서는 Lee Strobel, *What would Jesus Say?*(Grand Rapids: Zondervan, 1994).

맺으시는 하나님의 새로운 방식을 보여주어야만 한다.

여기서 작동하고 있는 신학적인 원리는 오늘날 시대까지 확장된다. 사람들을 변화시키시는 하나님의 근본적인 방식은 은혜와 죄 사함을 공급하시는 것을 통해서이다. 끊어진 관계를 회복시키기 위한 기회가 제공되지 않는다면, 하나님께로 돌아가는 길은 막혀버리고 만다. 어떤 사람들은 다시 한번 더 새롭게 출발하기를 간절히 바라지만, 과연 그렇게 할 수 있을지 확신하지 못한다. 예수는 그 어떤 끔찍한 죄인이라 하더라도 하나님의 구원과 긍휼히 여기시는 손길에 다다르지 못할 만큼 깊은 구덩이에 빠진 죄인은 없다는 것을 본보기를 통해 보여주신다. 이는 우리가 그들의 삶이 근본적으로 하나님의 만지심에서 벗어나 있는 사람들을 만날 때, 우리는 인내해야만하며 만약 하나님이 없다면 우리도 그들과 다를 것 없는 마찬가지 사람임을 인식해야만 한다는 것을 의미한다. 복음은 그들에게 그들이 필요로 하는 것을 공급할 뿐만 아니라, 그들의 부족한 부분들까지도 제공한다. 우리는 하나님은 은혜를 통해 한 사람의 삶을 정결케 하는 관계를 확립해 주실 것이라고 약속해주시는 반면, 종종 본말을 전도시켜서 삶에서 대박이 우선 일어나기를 종종 원하곤 한다. 우리 마음속에서 하나님이 행동하실 가능성을 유지하고 있는 동안만, 우리는 하나님을 필요로 하는 사람들과 좀더 예민하게 관계 맺을 수 있는 자리를 유지하게 될 것이다. 우리의 변화의 토대인 하나님의 은혜를 하나님이 우리에게 주시기 전에 우리가 어디에 있었는지를 기억하는 것은 중요하다. 우리를 이전과 다르게 만드시는 분은 다름 아니라 바로 그분이시며 우리 자신이 결코 아니다. 바로 이것이 우리가 하나님께 나아갈 필요가 있는 이유이다.

요약하자면, 이 본문을 연구하는 적절한 방식은 이 스토리에 등장하는 각각의 인물들의 관점을 통해서이다. 바리새인들은 죄인들의 질문에 대해 어떻게 접근하지 않는지를 드러낸다. 예수는 그런 관점을 거부하신다. 이 여자는 본보기적인 방식을 통해 대담하게 믿음으로 반응하는 죄인을 묘사한다. 그녀는 죄인이라 하더라도, 심지어 심각한 죄인이라 하더라도 하나님을 발견할 수 있다는 소망을 대표한다. 예수는 관계론적으로 그리고 신학적으로 지금 벌어진 일에 대해 설명과 해석을 제공하신다. 은혜에 응답하는 근본적인 사역방식은 8:1-3의 두드러진 테마이다. 공동체에 들어온 사람들은 사역을 쳐다보는 관찰자들이 아니다. 그보다 그들은 자신들의 은사와 자원들을 주를 섬기는데 사용한다. 사탄의 권세로부터 구원을 받았건 혹은 왕의 궁정에서부터 보냄을 받았건 간에, 이 여자들은 효과적인 사역이 가능하게끔 하기 위해 무언가를 드린다. 그들의 사역 중 일부분은 공동체에서 핵심적인 역할의 사역을 하는 다른 사람들을 대상으로 사역하는 것이다. 1세기 문화 속에서 여성들의 역할을 확인해주는 이와 같은 본문들은, 여성들이 교회사역에 핵심적인 역할을 감당했다는 것을 보여주는데 있어서 중요한 역할을 한다. 이런 본문들에서 여성들은 적절한 역할을 감당하는 것으로 제시되거나 혹은 거의 눈에 보이지 않는 역할을 감당하는 것으로 제시된다.

오늘날 여성에 대한 관점은 1세기와는 매우 중요하게 다르다. 많은 여성들이 남성들과 마찬가지로 교육을 받았으며 다양한 역할을 맡을 자격을 갖추고 있고, 다양한 능력을 통해 뚜렷한 모습으로 섬긴다. 좀더 전통적인 관점에서 보자면, 교회는 남성과 여성의 역할들을 만들어왔으며, 이 본문은 여성이 교회 안의 모든 일들을 감당할 수 있는 것인지 그러니까 담임목회와 장로직을 감당하는 것 등을 포함해서 신약성경이 남성들에게만 제한해놓은 직분들을 모두 감당할 수 있는 것인지에 관해 많은 질문들을 낳아왔다. 여성의 역할에 관한 논쟁 가운데서, 우리는 결코 한 가지 사실에 대해 눈을 떼서는 안 되는데, 그것은 바로 우리 모두가 서로를 섬기는 것을 통해 주를 섬기도록 부름 받았다는 사실이다. 여성의 역할에 대한 오늘날의 논의 중에서 가장 큰 아쉬움은 이 논의가 성경적인 섬김의 기준들보다는 문화적인 기준을 통해 더 불이 붙고 권력에 초점이 맞추어져 있다는 점이다. 남성의 우선성을 확인해주는 본문들조차, 순수한 권력의 행사를 지적하는 것이 아니라 섬김을 지시하는 방식으로 그렇게 한다(예를 들자면, 엡 5:23-33). 이런 테마들에 좀더 주의를 기울인다면 다른 문제들에 대한 다툼들을 줄일 수 있을 것이다.[6]

6. 좀더 전통적으로 여성의 역할을 이해하는 것에 대한 변호로는 John Piper and Wayne Grudem, *Recovering Biblical Manhood and Womanhood: A Response to Evangelical Feminism*(Wheaton, Ill.: Crossway, 1991), 그리고 Stephen B. Clark, *Man and Woman in Christ: An Examination of Roles of Men and Women in Light of Scripture and the Social Sciences*(Ann Arbor: Servant Books, 1980) 등을 보라. 좀더 평등주의적인 입장에서, 여성이 교회 안에서 모든 역할을 감당할 수 있다고 주장하는 것으로는 Gretchen Gaebelin Hull, *Equal to Serve*(Old Tappan, N. J.: Revell, 1987), 그리고 Craig Keener, *Paul, Women, Wives. Marriage and Women's Ministry in the Letters of Paul*(Peabody, Mass: Hendricksen, 1992) 등을 보라. 나는 개인적으로는 바울이 창조된 모습에 호소하면서 머리와 돕는 자로서 역할이 구별되어 있다고 바라본 것이, 바울이 그저 단순하게 남성중심적인 1세기라는 제한된 문화 속에 살았기 때문에 생겨난 것이라기보다는 하나님이 처음부터 그렇게 디자인하셨기 때문이라고 간주하는 것이 좀더 옳다고 생각한다(특별히 고전 11:7-9; 딤전 2:11-15). 비록 좀더 전통적인 접근법을 유지하고는 있지만, 나는 복음주의적인 페미니즘이 우리 모두로 하여금 여성의 역할이라는 이슈에 대해서 좀더 무겁게 다루게끔 만들어주었다는 점에 대해서 감사하게 생각한다. 비록 내가 관심사를 공유하기는 하지만 어떤 측면에서는 그들이 너무 멀리 나갔다고 생각한다. 하지만 여성의 사역에 대해 생각하고 긍정적으로 바라보게 해준 것에 대해서는 그들에게 감사하게 생각한다. 좀더 전통적인 관점을 갖고 있는 사람들은 논의 과정에서 은유를 지나치게 사용해 왔다. 여성이 되고 사역을 추구하는 것과 관련해서 매우 탁월한 실천적인 연구들

현대적 의미

예수의 가르치심에 대한 적용은 개방되어 있다. 근본적으로 성도는 믿음 밖의 사람들과의 관계성에 대해 개방되어 있어야만 한다. 바리새인들이 바랐던 분리는 반드시 거부되어야만 한다. 사실 우리가 깊이 생각해야하는 질문은 왜 세리들이나 죄인들과 같은 믿음 밖의 사람들이 왜 예수께 인도되었는가에 대해서이다. 무엇이 그들로 하여금 주의 메시지가 그들에게 관심을 갖고 있다는 것을 느끼게끔 만들었는가? 하나님의 진리와 성품을 붙들고 있으면서, 교회도 마찬가지로 바깥사람들을 향해 개방되어 있어야만 하는 것은 아닌가?

우리 시대에는 개방적으로 아웃사이더들을 추구하는 "사용자 친화적인" 교회에 관한 논쟁이 많이 있다. 교회가 성도들을 우선적으로 사역해야만 하는 것인지 아니면 아웃사이더들이 들어올 때 진리가 약화되게 될 것인지와 같은 중요한 문제들이 표면화 된다. 여기에는 심각하게 숙고해야 할 위험성이 있다.[7] 그러나 우리는 예수의 가르침 스타일을 주목해야만 하며, 어떻게 주가 그분의 사명을 수행하셨는지를 생각해야만 한다. 주님은 불신자들을 포함해서 모든 사람들이 경험하는 바로 그런 행동들과 관련되어 있는 장터와 농업에서부터 예증을 사용하셨다. 우리는 예수가 전문적이고 신학적인 용어들을 사용하시는 모습을 발견하기가 매우 어렵다.

이것은 교회가 성도들을 대상으로 사역하는 것을 추구해서는 안 된다거나, 혹은 깊은 신학적 지식을 가르치는 것이 교회가 해야 할 사명의 일부분임을 부정하는 것이 아니다. 만약 하나님이 이런 훈련을 하도록 교회를 부르셨다고 내가 생각하지 않았다면, 나는 내 삶을 이런 훈련에 사용하지 않았을 것이다. 그러나 우리는 아직 믿음으로 나아오지 않은 사람들을 목포로 삼도록 부름 받았다고 느끼는 사람들에게 까칠하게 대해서는 안 된다. 교회는 이 분야에서 일할 더 많은 사역자들이 필요하다.[8] 곡식을 추수하기 위해서, 우리는 심는 것만이 아니라 들판에서 일하는 것도 역시 필요하다. 예수의 태도는 과거가 그들이 하나님이 닿는 것을 넘어서 있는 것으로 보이게끔 하는 그런 사람들에게 소망을 갖고 다가서는 개방을 갖도록 격려해 주신다. 리 스트로벨(Lee Strobel)은 이런 방식으로 다루는 것을 계속 유지

이 있는데, 다음과 같다. Vickie Kraft, *The Influencial Woman*(Dallas, Word, 1992), 그리고 Mary Farrer, *Choices: For Women Who Long to Discover Life's Best*(Sisters, Ore.: Multnomah, 1994).

7. Os Guinness, *Dining with the Devil The Modern Church Movement Flirts With Modernity*(Grand Rapids: Baker, 1993)에 나오는 경고들을 보라.
8. 잃어버린 자들이 어떻게 생각하는가를 이해하기 위한 교훈적이고 실천적인 연구로는 Lee Strobel, *Inside the Mind of Unchurched Harry and Mary*(Grand Rapids: Zondervan, 1993)를 보라.

하는 일이 중요하다고 다음처럼 요약한다.

> 당신이 일을 진행시키는데 있어서 주저하는 이유 중 일부분은 당신이 교회에 다니지 않는 해리(Harry)와 메리(Mary)에 대해 갖고 있는 불확실성에서 기인했을 수 있다. 당신은 과연 내가 정말로 그들을 어떻게 해야 사랑스럽게, 지혜롭게 그리고 권능 있게 복음으로 데려 가야할 지를 알고 있을 만큼 충분히 그들을 이해하고 있는지 자신 없어할 수도 있다.
>
> 당신은 기독교인이 되었기 때문에 당신이 점차 교회의 사회적 네트워크에 점차 빠져 들어감에 따라 불신자 친구들이 당신에게서 떠나갔다는 것을 발견했을지도 모른다. 일반적으로는, 기독교인이 된지 2년 이내에 평균적인 사람은 이미 그가 이전에 믿음 밖에서 갖고 있던 중요한 관계들을 상실해버린다고 이야기되곤 한다. 만약 흉금을 털어놓고 교회에 다니지 않는 사람들과 종종 대화하지 않는다면, 그들이 어떤 방식으로 생각하는지를 쉽게 잊게 된다….
>
> 솔직히…가장 친한 몇몇 내 친구들은 지옥에 묶여있는 타종교인이고, 나는 내 자신의 삶의 궤도를 급격하게 재설정해준 바로 그 동일한 놀라운 은혜를 통해 그들도 변화되는 것을 볼 수 있기를 간절히 원한다.[9]

잃어버린 사람들을 그들의 잃어버려진 모습 속에서가 아니라 놀라운 은혜가 그들의 길을 찾게 할 것이라는 소망 속에서 사랑하는 것은 매우 중요하다.

7:36-50에 나오는 죄 많은 여자는 믿음과 사랑에 관한 근본적인 진리들을 묘사한다. 믿음의 측면에서 보자면, 그녀는 그녀에 대한 일반인들의 인식 등과 같은 장벽들을 극복할 수 있는 능력을 증명해 보인다. 여성으로서, 공개적으로 예수께 가까이 나아가고자 생각하는 것조차도 그녀에겐 위험스러운 일이었는데, 그 당시 문화에서는 여성이 그런 일들을 그런 식으로 하지 않았기 때문이다. 그 여자가 죄인이었다는 사실은 그저 이 위험을 더 증폭시킬 뿐이었는데, 예수와 같은 종교적 인물은 그녀를 거부했을 수도 있기 때문이다. 그러나 그녀의 감사와 겸손이 지극히 컸기 때문에, 그녀가 온통 마음을 쏟은 것은 예수께 가까이 나아가는 것이었다. 그녀는 비용을 계산했고 주를 향해 겸손하게 나아가는 것에 대해 주가 반응을 보이실 것이라고 간주했다. 그녀의 믿음은 존중되었다. 우리는 오늘날 우리들 중 얼마나 많은

9. Ibid., 15.

사람들이 과연 주께 나아갔을 때 공개적인 거부를 당할 수도 있다는 것을 알면서도 이처럼 예수께 담대하게 나아가고 주님과 동일시할 것인지 의문을 품곤 한다.

이 여자는 큰 목소리를 통해서가 아니라 조용한 행동을 통해서 자기 자신을 표현했다. 그녀는 이 스토리 과정 중에서 단 한마디도 말하지 않지만, 그녀가 보여준 예수를 향한 헌신의 행동들은 큰 목소리로 이야기한다. 그녀의 고백은 진가를 갖는다. 어떤 사람들은 아마도 이에 대해 잘못 이해했거나 혹은 심지어 의심했을지도 모르지만, 하나님은 그녀의 마음을 보시고 그녀에게 정결함을 선포하신다. 교회는 복음증거에 있어서 소리를 좀 덜 내고 좀더 마음으로 느껴지는 헌신과 섬김을 보여줄 필요가 있다.

바리새인의 반응과 관련해서 생각해보자면, 얼마나 많은 신앙공동체들이 죄인들에 대해 생각하는 방식에 있어서, 그리고 그들과 관계 맺는데 있어서, 마치 바리새인들이 했던 것과 같은 죄를 범하는지 모른다. 사람들을 하나님의 죄 사함이라는 측면으로 데려오기 위해 진지하게 노력하기보다는, 도리어 사람들과 하나님 사이에 미묘한 담을 세우고 그들이 하나님이 닿으실 수 없는 곳에 있다는 식으로 느끼게 하는 일이 더 쉬운 일이다.

오늘날의 도덕적으로 큰 이슈들에 대한 공개적인 논쟁에서, 교회는 자신의 주장을 전개함에 있어서 이 세상이 권력과 압력을 행사하는 것과 동일한 정책을 사용하는 잘못된 방법을 통해 의로운 모습을 위험에 빠뜨리게 해서는 안 된다. 이런 태도는 죄 사함이라는 열매를 맺을 수 없다. 특히나 교회가 복음 메시지를 전달하고 소통하는데 있어서, 만약 그리스도로 하여금 죄인들을 위해 죽으시게끔 이끌었던 죄 사함의 기회와 거룩한 사랑의 분위기가 결코 표면화되지 않는다면 더더욱 그렇다. 공동체에서 도덕적 가치를 추구함에 있어서, 우리는 모든 것보다 가장 중요한 가치, 즉 죄 사함을 공급하시는 것을 통해 표현된 하나님의 사랑이라는 가치를 전달하는 능력을 결코 잃어버려서는 안 된다. 의로움을 위한 개혁이 만약 죄인을 향한 긍휼을 담고 있지 않는다면, 그런 모습은 우리 모두가 동일한 장소에서 출발했으며 또한 하나님의 죄 사함이 필요하다는 사실을 잊게 한다. 하나님을 향한 우리의 감사는 하나님이 우리에게 베푸신 것과 같은 긍휼을 다른 사람들에게 제공하는 것으로 전환되어야만 한다(6:27-36).

죄를 용서하실 수 있는 권리를 갖고 계신 건, 우리가 아니라 바로 예수이시다. 주님만이 마음을 향해 변화하라고 명령하실 수 있는 유일한 분이시다. 우리는 성도들로서 주를 섬기고 또한 주를 가리킨다. 우리가 갖는 모든 의로움은 주가 우리 삶 속에서 역사하셨기 때문에 오게 된다. 우리는 그것을 벌어들인 것이 아니라, 주의 은혜 때문에 받은 것이다. 우리 모두는 예수의 발아래 있던 여자의 위치에 있다. 우리는 결코 그 진리를 잊어서는 안 되며, 그래서 우리는 다른 사람들에게 주님 발 앞에 나아가는 길을 보여줄 수 있어야 한다.

마지막으로 죄 많은 여인의 스토리는 하나님의 사랑의 깊이에 관해 매우 중대한 교훈을 가르친다. 하나님이 우리를 긍휼 가운데 다루셨다는 것을 더 크게 느낄수록, 우리가 그에 대한 회답으로 주를 향해 갖게 되는 사랑도 더 크게 될 것이다. 만약 하나님을 향한 우리의 사랑이 차갑다면, 그것은 우리가 주가 우리 빚을 갚아주셨다고 생각하는 것이 아니라 주가 우리에게 빚을 지고 있다고 생각하게 되었기 때문일 수도 있다. 복음은 마치 우리가 담보대출을 갚지 못할 때 우리에게 성큼성큼 걸어오는 은행가와도 같다. 담보물을 처분해버리는 것 대신에, 그는 빚을 갚아주는 수표를 써준다. 만약 당신이 이런 은행가를 만났다면, 당신은 항상 그에게 감사하고 당신 친구들에게 그에 관해 이야기할 것이다. 하나님은 그런 영적 은행가이신데, 우리의 죄의 삯을 예수를 통해 갚아주신 분이시다. 우리가 하나님이 긍휼을 통해 우리를 우리의 불순종 가운데서부터 다루셨음을 깊이 깨달으면 깨달을수록, 사랑에 대한 우리의 반응도 더욱더 커질 것이다. 바리새인들이 그랬듯이, 우리 자신을 "작은 죄인들"로 간주하는 것은 위험한 일이다. 우리는 그보다는 우리 자신을 마치 이 여자가 그랬듯이 하나님의 풍성한 은혜를 받기에 결코 합당하지 않은 사람으로 간주해야만 한다.[10]

누가복음 8:1-3은 자신들의 물질을 가지고 사역했었던 세 명의 여성들을 두드러지게 표현하면서 특별히 언급한다. 사역과 물질을 다룸에 있어서, 우리는 두 가지 불균형을 옹호할 수 있다. (1) 우리는 사역을 돈이 필요한 사람에게 그저 돈을 던져주는 문제로 간주할 수 있다. 그러나 마음이 담겨있지 않은 사역은 재정적으로 훌륭한 사역이라 하더라도 하나님의 눈으로 보기엔 사역이 아니다. 사역은 가장 훌륭한 준비, 가장 좋은 빌딩 그리고 가장 큰 메일링 리스트 등을 갖고 있다 하더라도, 만약 사람들이 좀더 중요한 대상으로 남아있지 않는다면 하나님의 일을 하는 것이 아닐 수도 있다. 겉으로 드러나는 기준들을 통해 규정되는 탁월함은 하나님의 눈으로 보기에는 탁월함이 아니다. 나는 사람들보다는 프로그램과 건물에

10. 자아존중, 자긍, 겸손 등에 관한 유익한 논의로는 Joseph M. Stowell, *Perilous Pursuits*(Chicago: Moody, 1994)를 보라.

좀더 관심을 기울이는 것을 통해 명성을 쌓았기 때문에 그들의 증거사역에 있어서 효율성을 상실해버린 기관들을 보아왔다. 나는 또한 건물이나 물질과 재화 등에 있어서 이 세상에서 가장 가난해서 바람들을 많이 가져야하는 그런 나라에서 이루어지는 사역들에도 있어왔다. 그런 곳들의 사역은 마음이 있고 그래서 사람들이 돌봄의 우선적인 대상이 되곤 한다. 사역에 돈을 던져주는 것 그리고 다른 사람들이 교회 일을 하게끔 돈을 지불하면서 겉으로 보기에 그럴듯하게 보이게끔 하는 것은 하나님이 보시기엔 사역이 아니다.

(2) 이와 정반대의 잘못은 물질은 아무 문제가 되지 않으며 논의하지 않고 놔두는 것이 가장 좋은 것이라고 주장하는 잘못이다. 지금 이 본문, 21:1-4에서 과부가 적은 돈을 드린 것에 관한 주의 말씀, 그리고 물질에 대한 바울의 논의들(고전 16:1-4; 고후 8-9장; 딤전 6장 등을 보라)은 성도들의 사역적 책무에 있어서 중요한 측면임을 보여준다.

나는 수많은 교회들이 동일한 신학교에서 수년 동안 목회자들을 공급받으면서도 그 신학교를 뒷받침하는 예산을 갖고 있지 않다는 것을 보면서 매우 놀랐다. 이런 신학교들은 다음 세대 사역자들을 준비시키고, 지역교회들은 그런 사역을 통해 가장 중심적인 유익을 누린다. 교단들마다 일반적으로 이런 기관들을 돕는 공식적인 방식들이 있긴 하지만 독자적인 서클들 등에서는 이런 인식이나 책임성을 종종 잊곤 한다. 사역자는 사례를 받을 자격을 갖고 있으며, 교회를 섬기는 이런 기관들도 마찬가지로 그렇다. 은혜를 받는 사람들은 은혜를 되갚는 것에 대해서 생각해야만 한다(고전 9:11). 그런데 사역자들을 향해서는 아주 묘한 태도가 매우 자주 나타나곤 한다.

나는 내 가족에게 최고로 좋은 것을 주기를 기대하지만, 우리 목사님은 자신을 전적으로 하나님께 완전히 의존하는 방식의 삶을 살아야만 한다. 이런 미묘한 이중 잣대는 결코 성경적인 기준이 아니다. 우리 모두는 자비로워야만 하며, 만약 구약성경이 이와 관련해 무언가 가이드를 제시해주고, 그 가이드를 오늘날에까지 적용한다면, 성전에서 사역하는 사람들도 충분하고 훌륭한 공급을 받아서 그들이 사역을 감당하는 데만 집중할 수 있어야만 했다는 것을 기억하도록 하자. 예수와 열두 제자들이 매우 효과적으로 사역에 임할 수 있었던 것은 이런 여자들과 같은 제자들이 전적으로 사역 뒤편에 서서 후원했기 때문이었다.

누가복음 8:4-21

4 각 동네 사람들이 예수께로 나아와 큰 무리를 이루니 예수께서 비유로 말씀하시되

5 씨를 뿌리는 자가 그 씨를 뿌리러 나가서 뿌릴새 더러는 길 가에 떨어지매 밟히며 공중의 새들이 먹어버렸고

6 더러는 바위 위에 떨어지매 싹이 났다가 습기가 없으므로 말랐고

7 더러는 가시떨기 속에 떨어지매 가시가 함께 자라서 기운을 막았고

8 더러는 좋은 땅에 떨어지매 나서 백 배의 결실을 하였느니라 이 말씀을 하시고 외치시되 들을 귀 있는 자는 들을지어다

9 제자들이 이 비유의 뜻을 물으니

10 이르시되 하나님 나라의 비밀을 아는 것이 너희에게는 허락되었으나 다른 사람에게는 비유로 하나니 이는 그들로 보아도 보지 못하고 들어도 깨닫지 못하게 하려 함이라

11 이 비유는 이러하니라 씨는 하나님의 말씀이요

12 길 가에 있다는 것은 말씀을 들은 자니 이에 마귀가 가서 그들이 믿어 구원을 얻지 못하게 하려고 말씀을 그 마음에서 빼앗는 것이요

13 바위 위에 있다는 것은 말씀을 들을 때에 기쁨으로 받으나 뿌리가 없어 잠깐 믿다가 시련을 당할 때에 배반하는 자요

14 가시떨기에 떨어졌다는 것은 말씀을 들은 자이나 지내는 중 이생의 염려와 재물과 향락에 기운이 막혀 온전히 결실하지 못하는 자요

15 좋은 땅에 있다는 것은 착하고 좋은 마음으로 말씀을 듣고 지키어 인내로 결실하는 자니라

16 누구든지 등불을 켜서 그릇으로 덮거나 평상 아래에 두지 아니하고 등경 위에 두나니 이는 들어가는 자들로 그 빛을 보게 하려 함이라

17 숨은 것이 장차 드러나지 아니할 것이 없고 감추인 것이 장차 알려지고 나타나지 않을 것이 없느니라

18 그러므로 너희가 어떻게 들을까 스스로 삼가라 누구든지 있는 자는 받겠고 없는 자는 그 있는 줄로 아는 것까지도 빼앗기리라 하시니라

19 예수의 어머니와 그 동생들이 왔으나 무리로 인하여 가까이 하지 못하니

20 어떤 이가 알리되 당신의 어머니와 동생들이 당신을 보려고 밖에 서 있나이다

21 예수께서 대답하여 이르시되 내 어머니와 내 동생들은 곧 하나님의 말씀을 듣고 행하는 이 사람들이라 하시니라

원 의미

누가복음 8:4-9:17은 제자들을 향해 하나님의 말씀에 붙어 있으라고 명령하는 것을 통해 믿음이 어떻게 보이는지를 생각한다(8:4-21). 씨뿌리는 비유에서는 하나님의 말씀을 인내로써 붙들고 있는 땅만을 칭찬한다. 예수는 하나님의

말씀, 즉 주가 결코 덮이지 않을 빛으로 묘사하시는 메시지에 순종하는 사람들만이 주의 가족들이라고 계속 이어서 선포하신다. 8:22-56에는 일련의 기적들이 뒤이어 나오는데, 이 부분은 자연, 사탄, 질병 그리고 죽음을 넘어서는 주의 권능을 보여주며 또한 주의 권세에 대해 이해를 돕는 역할을 한다. 그런 뒤 9:1-17에서 예수는 주의 열두 제자들에게 그들이 앞으로 어떻게 주의 사역을 그들의 소명으로 공유하게 될 것인지를 보여주시고 오천 명을 먹여주시는 사건을 보여주신다. 예수가 도대체 누구신지에 관한 의문은 제자들(8:25)과 헤롯(9:7-9)이 이 문제를 갖고 씨름하는 것을 통해 표면화된다. 이 전체 단락은 9:18-20에 나오는 베드로의 고백이라는 중심 전환점을 준비한다.

예수가 제자들을 모으심에 따라 주님에 대한 반대는 물론이고 주의 메시지에 대해 백성들이 어떻게 반응해야 하는가에 관한 의문도 표면으로 드러난다. 씨뿌리는 비유(8:4-15)는 이 지점에서 누가가 하나님 나라에 관한 비유로서 이야기하고자 선택한 비유이다. 마가복음 4장이나 마태복음 13장에서는 한 장 전체가 비유를 통해 하나님 나라를 가르치는 내용들로 구성되어 있지만, 이와는 달리 누가는 이 부분에서와 뒤이어 나오는 두 개의 짧은 본문들(8:16-21)에서 오직 믿음이라는 테마에만 집중한다. 믿음에는 많은 장애물들이 있지만, 믿음과 순종으로 반응하는 것이 하나님께 반응하는 가장 결정적인 모습이다. 이 비유가 설명하는 것과 마찬가지로, 예수가 하나님이 선택하신 대리자라는 이유만으로 사람들이 주께 자동적으로 응답하고 반응하는 것은 아니다. 비록 주가 다양한 종류의 가르침을 주셨기 때문이 아니더라도, 다양한 종류의 반응들이 존재한다. 이 모든 것은 듣는 사람의 마음의 문제 즉, 땅의 문제이다.

예수는 이 비유를 "큰 무리"와 연관시키신다. 누가복음에서 큰 무리는 종종 뒤이어 나오는 반응을 행하지 않는 것에 대한 경고를 의미하곤 한다(참조. 12:1-2). 씨뿌리는 비유는 뿌려진 씨앗은 많지만 그중 오직 일부만이 열매를 맺는 것에 대한 비유이다. 이 이미지는 팔레스타인의 농사짓는 관습에 표준을 두고 묘사한다. 씨를 뿌리는 것은 늦은 10월에서부터 11월초까지 이루어졌다. 씨뿌리는 사람은 일반적으로는 어깨에 둘러메는 씨앗을 담는 바구니를 메고 있었다. 씨뿌리는 사람은 무작위로 씨앗을 흩뿌렸다. 과연 씨앗이 뿌려진 뒤에 땅을 갈아엎고 김을 매주느냐 아니면 그대로 놔두느냐에 대해서는 논쟁이 되어왔다. 그러나 어떻게 하건 간에 이 비유에는 아무 변화가 없다.[1]

예수는 씨앗이 떨어진 네 종류의 구체적인 땅들에 대해서 말씀하신다: 길가, 바위, 가시떨기, 그리고 좋은 땅. 길가에 떨어진 씨앗은 땅에서 싹이 나거나 흙에서 영양분을 공급받을 기회를 갖지도 못했을뿐만 아니라, 밟히기까지 한다. 바위는 적어도 팔레스타인에서는 찾아보기도 쉽지 않은데, 구릉지역들에서는 석회암 위에 얇게 흙들이 덮여있는 정도이기 때문이다. 가시덤불 역시 풍성한데, 어떤 것은 6피트 높이까지 자란다. 이 비유는 또한 100배의 열매에 관해서 이야기하는데, 7배에서 10배 정도를 기대했던 당시 문화에서는 이런 풍성한 성적은 결코 나쁜 것이 아니었다(비록 바벨론에서는 삼백 배에 대한 주장도 있기는 하지만).[2] 이런 일상적이고 자연스러운 농업적 요소들은 예수가 사용하신 이미지에 생명력을 더해준다. 들판에서 일해 본 사람이나 그들과 함께 지내본 사람이라면 누구든지 씨를 뿌리는 일이 갖는 이런 모습들을 알고 있었을 것이다.

예수는 아무 설명 없이 이 비유를 말씀하시고서는 청중들을 향해 그들이 들은 것에 대해서 들으라고(8b절) 명령하신다. 누가는 이와 같은 들으라는 명령을 다른 곳에서도 지적한다(9:44; 14:35). 그 이후 제자들은 예수께 왜 설명 없이 비유로만 말씀하시는지를 묻는다. 주의 대답은 두 가지 역할을 드러낸다. (1) 제자들은 비유적인 교훈이 갖고 있는 유익을 누리는데, 그들은 하나님 나라의 신비에 대한 계시를 받고 있기 때문이다. 신비라는 개념은 신약성경의 핵심적인 개념이다. 이 개념은 구약성경에서는 좀더 분명하게 드러나게 되는 하나님의 계시를 묘사했었다. 이 개념은 새로운 계시나 혹은 이미 계시된 무언가를 좀더 분명하게 표현하는 것을 지칭할 수도 있다. 예를 들자면, 다니엘은 꿈과 다른 징조들을 해석하는 것을 통해서, 하나님의 신비들을 드러나게 했다. 그러므로 신비라는 용어는 하나님의 계시를 분명하게 만든다는 의미를 갖는다. 제자들은 하나님의 은혜에 대한 계시적 선물로서 비유를 받는다. (2) 외인들에게는 비유가 주어지는 것은 심판의 형태이며 이해할 수 없도록 해서 계시가 숨겨진 것을 의미한다. 예수는 이사야 6:9-10을 여기에서 인용하시는데, 그 부분에서 선지자는 마음이 강퍅한 모습을 보인 사람들에 대한 심판을 이야기했다.

예수의 비유가 갖는 중심 주제는 신약성경의 또 다른 핵심 개념인 하나님 나라이다. 하나님 나라는 하나님이 약속하셨던 통치가 드러나는 것에 관해 이야기한다. 세례 요한이 하나님 나라가 가까이 왔다고 선포했을 때(마 3:2; 막 1:14-15), 그는

1. Fitzmyer, *Luke I-IX*, 703.
2. Nolland, *Luke 1:1-9:20*, 371-72.

구약에서 약속했었던 메시아를 통해 하나님의 통치하심이 가까이 오고 있다고 선포하고 있는 것이었다. 신약성경에서는 비록 하나님 나라가 여러 현상들을 통해 도래하기는 하지만 예수의 사역을 통해서 이런 시대가 도래했다(눅 4:16-30; 7:28; 11:19-20; 16:16; 17:20-21). 예수는 주의 사역을 통해서 그리고 십자가에서 주가 행하시는 일을 통해서 하나님 나라가 임하는 것을 준비하시는데, 이는 죄 사함에 대한 새로운 언약이 새롭게 자리 잡을 수 있게 해주고 또한 제자들이 모든 사람들에게 하나님 나라를 제시하는 설교를 시작할 수 있게끔 해준다(22:20; 24:43-47). 하나님 나라의 임재에 대한 징조는 성령께서 임하시는 것이다(눅 3:15-17; 행 2:16-36). 그러나 하나님 나라에는 영적 축복보다 더 많은 것이 있는데, 예수는 앞으로 이루어진 하나님 나라의 나타남을 통해서 모든 지상의 권세를 넘어서는 권세를 언젠가 행하실 것이기 때문이다(행 3:14-23). 주의 설교는 이런 약속된 하나님 나라 프로그램과 관련 있는데, 주님은 메시아로서 하나님 나라의 왕이셨고 지금도 왕이시기 때문이다. 이 비유들은 지금 시대와 장차 올 시대 모두에서의 하나님 나라의 삶을 다룬다.

그러므로 예수는 제자들에게 이 씨앗은 하나님의 말씀이라는 점, 즉 씨뿌리는 사람이신 예수를 통해 이 땅 가운데 뿌려지는 하나님 나라에 관한 계시적 메시지라는 점을 설명하신다. 이 비유의 포커스는 씨앗들이 아니라 땅들인데, 씨앗들은 네 가지 서로 다른 반응들을 받기 때문이다. 길 위에 뿌려진 씨앗은 사탄이 와서 이미 밟혀진 것들과 그렇지 않은 것들까지 집어가기 때문에 아예 기회조차 갖지 못한다. 이런 경우들에 있어서는, 사람들이 듣고, 믿고, 구원받을 기회를 전혀 갖지 못한다. 바위 위에 떨어진 씨앗은 썩 훌륭하게 출발은 하지만 씨앗이 싹이 나는 것에만 그치는 짧은 생명의 믿음 형태이다. 깊은 뿌리가 없기에, 어려움들이 닥쳐오면 이런 사람들은 배반해 버린다. 가시떨기 가운데 떨어진 씨앗들은 땅에서 영양분을 얻기 위해 다른 요소들과 싸우며, 가시떨기는 이들을 가로막는다. 이는 영적인 문제들이 우선순위를 갖지 못하게 하는 이 생의 염려와 재리와 일락 등을 묘사한다. 성공적인 씨앗은 좋은 땅을 발견한 씨앗이다. 이 낟알은 선하고 진실한 마음에 정착하는데, 이 마음은 메시지를 듣고 유지하고 인내로써 끝까지 붙들고 있는 마음이다.

열매는 결코 하룻밤만의 결과물에 대한 문제가 아니다. 여기에는 영양공급이 소요된다. 그러므로 예수의 가르침은 하나님의 말씀에 대한 일순간의 반응을 바라보시는 것이 아니라 일정 기간 동안의 반응을 바라보시며, 아마도 이것이 식물을 심는 비유가 사용된 이유일 것이다. 열매를 맺는 데에는, 가시떨기가 씨앗을 가로막거나 혹은 식물에 뿌리가 없다는 것이 분명해지기까지 시간이 걸리는 것과 마찬가지로 시간이 소요된다. 예수의 요점은 말씀에 대해 어떻게 반응하는 것이 어떤 과정을 만들어내는가를 다루신다. 오직 한 가지 땅인 네 번째 좋은 땅만이, 씨앗이 심겨졌던 목적을 이룬다.

이런 관찰은 불행하게도 종종 이 비유의 핵심 포커스가 되어버리는 해석의 문제를 야기한다: 어느 땅이 "구원받은" 사람들을 보여주는 것인가? 분명히, 첫 번째 땅이 제시하는 사람들은 구원받지 못한 사람들이고, 반면 네 번째 땅은 구원받은 사람들을 분명하게 보여준다. 이 논쟁은 두 번째와 세 번째 땅에 대한 논의에 뿌리를 두고 있는데, 특별히 누가는 두 번째 땅으로 묘사되는 사람들이 비록 잠시나마라도 믿음을 갖고 있음을 지적한다. 이 사람들이 "배반"한다고(13절) 이야기된다는 점이나 오직 한 종류의 땅만이 실제적으로 열매를 맺는다는 인식에서부터 어려움이 생겨난다. 나는 이 비유가 여기에서 의도적으로 중의적 의미를 갖는다고 주장한다.

하지만 나는 한 가지 부가적인 관철을 제시해야만 한다. 두 번째와 세 번째 땅의 상황은 비극적으로 보이는데, 씨를 뿌리는 목적을 달성하지 못했기 때문이다. 이런 땅들로 묘사된 사람들에게는 아무런 위로가 없다. 그보다는 그들의 상황은 탄식할 만한 상황이다. 이 점은 중요하다. 왜냐하면 두 번째와 세 번째 땅도 구원받았다고 확실하게 말을 해준다면 그건 그런 묘사에 속해있거나 빠지는 사람들에게도 위로를 주는 효과를 갖게 되기 때문이다. 그러나 이 비유는 문학적인 측면에서 그런 평안을 전혀 제시하지 않는다. 이 비유의 정황 속에서 "배반"한다는 것은 하나님의 말씀을 배반한다는 것이고 믿음이 더 이상 존재하지 않는 지점에 다다른다는 의미이다. 잠시잠간만 나타나는 믿음은 믿음이 아닌데, 신약성경의 다른 본문들도 순수한 믿음은 예수를 배반하지 않는다고 제시하기 때문이다(요 15:1-6; 골 1:21-23; 요이 9절). 이 본문의 장면묘사는 이 비유가 다른 이슈를 다루고 있기 때문에 비록 이 질문에 대해서 분명하지는 않지만, 두 번째 땅에 대한 문학적 취지와 이미지는 건강한 상태에 관해 질문하게 한다. 마찬가지 내용을 세 번째 땅에 대해서도 말할 수 있는데, 세 번째 땅에 대해서는 믿음이 언급되지 않았다.

누가복음 8:16-18은 사람들에게 빛에 반응하라고 요구하는데, 그렇게 하지 않았을 때의 두려운 결과 때문이다. 예수의 메시지는 빛으로 묘사된다. 주님은 한사람이 등불을 켜는 것은 숨겨놓기 위해서가 아니라 등불을 등잔 위에 두고서 빛을 활용하기 위해서라고 지적하신다. 빛의 역할은 이전에는 어둠 속에 숨겨있던 것을 눈에 보이게끔 하는 것이다. 그러므로 예수의 메시지도 마찬가지 역할을 할 것이다. 숨겨있던 모든 것들이 알려지게 될 것이고, 또한 모든 비밀들이 빛으로 나아오게 될 것이다. 그렇기 때문에 우리는 주의 깊게 귀 기울여야만 한다. 우리 모두는 책임을 져야만하기 때문이다. 계시에 반응하는 것과 관련해서 생각해보자면, 누구건 간에 더 많이 듣는 사람들은 더 많은 문제가 될 것이다. 다른 한편으로, 반응하는 것을 거부함으로써 듣지 않은 사람들은 그들이 들었다면 가질 수 있었던 것을 놓치면서 아무것도 없는 상황으로 끝장나게 될 것이다.

누가복음 8:19-21은 또한 하나님의 말씀에 반응하는 것이 얼마나 중요한지를 두드러지게 제시한다. 예수의 가족은 주를 보기 원하지만, 무리들로 인해서 그들이 주께 나아가기가 어려웠다. 예수는 주의 가족들이 주를 찾는다는 이야기를 들으셨을 때, 어디에서 주의 가족을 찾을 수 있는지를 나타내는 잠언적인 스타일의 대답을 하신다. 예수의 가족들은 하나님의 말씀을 듣고 행하는 자들로 이루어진다. 듣고 행하는 것에 대한 이와 같은 강조는 공통적인 요소이다(6:47-49; 약 1:22-25). 이 말씀은 누가복음 8:14-15과, 주의 말씀을 빛으로 묘사하는 8:16-18 두 부분 모두에서 재강조된다.

상황잇기

하나님 나라에 대한 말씀은 오늘날에도 여전히 전파되며, 마찬가지로 이에 대한 반응들의 연속성도 우리와 함께하고 있다. 그러므로 이 비유는 하나님의 말씀에 대한 우리의 반응에 영향을 끼치는 다양한 요소들에 관해 여전히 많은 진리들을 담고 있다. 삶의 다양한 어려움들은 풍성한 열매를 맺는 것을 여전히 방해하며, 비록 다양한 형태를 띠고 있기는 하지만 박해도 여전히 행해진다. 삶은 여전히 우리들에게 시험적인 환경들, 직업적인 요구들, 가족을 부양해야 할 필요, 아이들과 시간을 보내야한다는 요청과 삶의 다른 의무들을 감당해야한다는 요구들, 그리고 때때로 건강을 유지하기 위한 부담 등과 관련해서 우리에게 시험거리들을 던져준다. 우리 사회는 여전히 우리의 가치관과 윤리적 판단에 대해 유혹한다. 에베소서 5:15 말씀은 우리에게 어떻게 행하고 있는지를 주의 깊게 살펴봐야 한다고 명령하는데, 때가 악하기 때문이다. 우리가 21세기에 직면하면서, 삶의 모든 자리와 단계마다 죄를 지을 기회들이 참 많이 있다는 것을 깨닫는 데는 특별히 많은 생각을 할 필요도 없다.

오늘날의 씨뿌리는 사람은 더 이상 예수가 아니시다. 적어도 주가 전파하셨을 때와 동일한 의미가 아니다. 그보다는 주는 이제 주의 이름으로 말씀을 전파하는 대리자들을 통해서 일하신다. 그러나 사탄은 여전히 이 세상을 어슬렁거리면서 씨앗이 뿌리를 내리기 전에 집어삼키고자 찾아다니고 있다. 다른 식으로 말하자면, 이 본문의 모든 차원들은 여전히 적용할 수 있다. 다양한 요소들의 형태들만이 우리로 하여금 주의 말씀이 변화했다는 것을 무시하게끔 한다.

이 본문에 접근할 때, 우리는 이 본문을 일순간의 반응으로 제시하려는 경향을 갖곤 한다: "오늘 이 메시지를 들을 때, 당신은 어떤 종류의 땅입니까?" 그러나 질문은 좀더 포괄적이다: "오늘날까지 당신의 영적 생활을 바라볼 때, 당신은 어떤 종류의 땅입니까?" 이 비유는 반응의 경력을 살펴보는데, 이는 우리가 좋은 땅이 다양한 단계의 열매를 맺는다는 것을 생각할 때 분명해진다. 평가는 분명 한 순간에 이루어지지만, 이런 평가를 내리기 위해서는 한 사람의 영혼이 어떠한지를 천천히 성장하는 곡물과 관련지어 생각해야하고 이는 반응을 보인 삶을 필요로 한다. 식물은 하룻밤 사이에 훌쩍 자라는 것이 아니며, 마음의 추수도 마찬가지다.

본문 안에 나타난 사탄의 역할은 현대 청중들에게는 이해하기 힘든 부분이다. 사탄은 보이지 않기 때문에, 우리는 그를 잊어버리곤 한다. 그러나 성경이 말씀이 누군가의 마음에 들어가는데 실패하는 것을 사탄이 역사한 결과로 간주하는 것은 분명하다. 다른 한편으로, 어떤 사람들은 사탄의 존재에 대해서 지나치게 예민하다. 물론 우리 문화 중 어떤 요소들이 사탄적이라는 것은 사실이다. 가장 폭력적이고 끔찍한 락 그룹들이 사탄적인 상징을 사용하는 것이 모두 우연인가? 한 영혼을 사로잡고 있는 망상을 하나님의 권능들을 통해서 얻게 되는 근본적인 자유함을 통해서만 역전시킬 수 있다는 것도 마찬가지가 아닌가? 하나님의 임재하심과 권능은 사탄의 권세들을 이기실 수 있다. 어둠의 왕자는 그들이 우리를 향해 집어던지는 것들을 예수가 조종하실 수 없을 만큼 강력한 것이 아니다. 그러나 하나님의 말씀에 성공적으로 반응하는 것을 가로막을 수 있는 유일한 한 가지 장애물이 바로 사탄이라는 것을 주목하는 일은 매우 중요하다. 말씀에 대해서나 삶의 환경들에 대한 우리의 반응은 두 가지 종류의 땅을 형성한다. 사탄을 무시하는 것은 그를 과소평가하는 것이지만, 사탄에게 지나치게 많은 의미를 부여하는 것도 그의 권세를 과대평가하는 것이다. 우리는 사탄이 갖고 있는 것보다 더 많은 가치를 그에게 부여하지 않도록 주의해야만 한다.

개인적인 충격이라 할 수 있는 거부당하는 것에 대한 두려움이나 혹은 편안한 삶을 추구하는 것은, 우리 삶에서 종종 주도적인 역할을 하는 영향을 끼치곤 한다. 만약 대부분의 사람들이 그들의 시간과 열정을 이런 이슈들을 대처하는데 사용하고 있는지 정직하게 생각해보라고 요청받는다면, 이런 이슈들이 우리 열정의 대부분을 사용하고 있다는데 동의해야 할 것이다. 그러나 우리는 너무 빈번하게 이런 이슈들이 우리에게 주는 충격들을 피할 수 없는 것으로 받아들이곤 한다. 이런 관심들에 지배당하는 삶은 영적으로 풍성한 열매를 맺는 것을 향할 수 없다. 내가 대학을 다닐 때 『늘 급한 일로 쫓기는 삶』(*The Tyranny of the Urgent*, IVP)이라는 제목의 책이 인기를 끌었었다. 이 책은 인생이 우리 삶들 안에 집어던져진 것들과 우리 관심을 요구하는 것들로 인해 이리저리 끌려 다닌다고 주장한다. 반면 영혼을 살찌우고 오랜 기간을 둔 영적 성장과 사역은 두 번째 자리로 밀려난다고 주장한다. 만약 우리가 주의하지 않는다면, 이런 관심들은 중심관심사들에서 사라져버리게 된다. 예수가 이 비유에서 경고하시는 내용은 오늘날 우리들도 여전히 귀기울여야하는 내용이다. 열매를 맺도록 하나님의 말씀을 사용하는 유일한 용법은 꾸준한 인내와 견고한 마음을 갖고 말씀에 붙어있는 것이다—이 사상은 가장 시급한 과제는 삶을 살아가면서 생의 모든 문제 거리들을 하나님의 손과 하나님의 말씀에 밀착해서 붙어있는 것이라고 이야기한다.

누가복음 8:16-18은 하나님의 교훈에 반응해야 할 근본적인 필요성에 대해 다룬다. 빛을 거부하는 것은 어둠으로 끝내는 일이다. 하나님은 우리가 그분의 말씀에 어떻게 반응하는가에 대해 우리에게 책임을 물으신다. 그러므로 예수가 여기에서 말씀하시는 경고는 매우 심각한 것이며, 특히나 아무 열매도 없이 남게 될 가능성도 제기하신다. 우리 문화가 모든 종교적 잠언들을 하나님께로부터 나오는 것들로 취급하거나 사람들로부터 나온 하나님에 대한 말들로 취급하려는 경향이 있음에도 불구하고, 이런 본문은 분명하고 뚜렷한 구분을 해야만 한다는 경고를 한다. 하나님의 약속은 예수님 안에서만 성취된다. 빛은 오직 주의 메시지뿐이다. 오만하게 들릴지도 모르겠지만, 하나님은 분명하게 그리고 권위 있게 예수를 통해서 말씀하셨다는 것을 다시 확실히 알아야 한다. 이 주장은 진지하게 다루어질 필요가 있다.

8:19-21에서, 예수의 말씀들은 그저 지적인 이해수준에서가 아니라 매우 구체적으로 하나님의 말씀에 반응하는 것이 중요함을 강조한다. 성경은 하나님과 동행하기 원하는 사람들은 그들의 생각과 사고방식을 성경적인 방식을 따라 다시 재구성할 필요가 있다고 주장한다. 우리는 생명에 대해 어떻게 반응해야하는지를 본능

적으로 아는 것이 아니다(엡 4:17-24). 예수는 말씀을 듣고 행하는 것의 필요성에 대해 여기에서 생생하게 제시하신다. 주가 가장 친밀하다고 느끼시는 사람들은 하나님의 뜻을 행하는 사람들이다. 예수의 가족들은 하나님의 말씀에 대해 하나님이 보내신 중재자처럼 반응하는 것이 중요하다는 사실을 안다.

현대적 의미

예수께 반응하는 과정 안에는 많은 것들이 끼어들 수 있다. 어떤 사람들은 결코 흥미를 보이지 않는다—이들은 첫 번째 땅과 같은 사람들이다. 혹은 만약 하나님의 말씀에 대해 관심을 보인다 하더라도, 그저 희한한 요소들만이 그들에게 이야기하기도 한다. 씨앗이 결코 뿌리를 내리지 않는 사람들에게 다가가는 것이란 매우 어려운 일이다.

다른 사람들은 처음에는 하나님의 말씀에 이끌리지만, 그리스도께 헌신하는 것을 도무지 이해하지 못하는 이 세상에서 기독교인이 되는 것이 어렵다는 점이 점차 분명해지면, 그들의 관심은 사라지고 그들은 시야에서 사라진다. 그리스도와 함께하는 정체성은 결코 스며들어가지 않는다. 이런 사람들은 두 번째 땅과 같은 사람들이다—교회 언저리에만 있는 사람들인데, 이들은 교회의 프로그램에 참여할 수도 있었지만 결코 그 안에서는 볼 수 없는 그런 사람들이다. 이들은 처음에는 교회에 흥미를 갖지만, 곧이어 떠나가는데 이는 그들의 마음이 어디에 있는지를 보여준다. 그렇게 가까이 있지만 그러나 그렇게 멀리 있다는 것이 비극이다. 오직 하나님만이 이처럼 반응하는 사람들의 마음이 어떤 상태인지를 아신다.

일부 사람들은 여전히 기독교적인 삶에 대해 장난처럼 관심을 가지지만, 그들 자신을 예수께로 이끌어가는 반응을 보이기엔 삶은 유혹이 너무 많거나 혹은 요구가 너무 많다. 우리가 살고 있는 이 세상은 아마도 예수 당시보다도 더 많은 이런 훼방거리들을 갖고 있다. 우리들 대부분이 삶의 자질구레한 일들이나 매일의 삶의 요구들이 우리들을 압도하지 않게끔 하고자 분투하고 있다고 말하는 것은 타당한 일이다. 세 번째 땅과 네 번째 땅 사이의 차이점은 사람들의 마음상태인 것으로 보인다. 건강한 마음은 하나님의 말씀을 붙든다. 상처 입은 마음은 산만한 일들을 넘어서거나 다른 일들에 끌리는 것을 넘어서서 주를 바라보는 것에 문제가 있다. 풍성한 열매를 맺기 위해서는 하나님의 말씀에 지속적으로 귀를 기울이고 붙어있는 것을 필요로 한다. 하나님께 반응하는 것은 하나님의 일에 대해 본능적으로 반응할 때 무언가 일이 자동적으로 생겨나는 그런 곳에서 영적으로 크루즈 미사일을 조종하듯 조종하는 문제가 아니다. 이 일에는 하나님과 그분의 방법들에 포커스를 맞추려는 의식적인 노력이 필요하며, 그 결과 우리는 지속적으로 풍성한 열매를 맺을 수 있게 된다.

예수는 그의 제자들이 이런 진리를 이해하기를 원하신다. 풍성한 열매는 마치 씨앗을 뿌리는 농부가 그러한 것처럼 인내를 필요로 한다. 씨앗이 뿌려졌을 때, 농부는 씨앗이 던져진 땅의 상태나 품질에 대해서는 알지 못한다. 씨앗은 같은 씨앗이지만, 땅은 같은 땅이 아니다. 하나님 나라의 씨앗을 뿌리는 일을 할 때 우리는 서로 다른 반응이 일어나는 것이 당연한 것임을 기억해야만 한다. 우린 또한 열매를 맺기까지 나타나는 많은 함정과 어려움들에 대해서 분명하게 논의해야만 한다. 부자이건, 유명하건, 성공했건, 다른 사람이 자신을 받아들여주는 것을 원하건, 기쁨이나 편안함을 추구하건, 혹은 하나님이 조종하실 것에 대한 두려움을 갖고 있건 간에, 풍성한 열매로 나아가는 길은 선명하고 활기찬 영적 모습으로 나가는 모든 과정을 다 집어삼키는 블랙홀로 가득 차 있다.[3] 예수가 "귀 있는 자는 들을찌어다"라고 말씀하신 것처럼 말이다.

누가복음 8:16-18에서, 예수의 교훈은 하나님의 교훈에 진지한 관심을 기울일 것을 강조한다. 경배가 두드러진 위치를 점하고 있고 감성들이 문화적으로 매우 중요한 오늘날의 정황 속에서는 하나님의 메시지는 심각하고 진지한 위치를 차지하는 경향이 아니다. 그러나 하나님은 그분의 말씀에 대한 우리의 책임을 물으신다. 또한 말씀을 가르치고 그것을 듣는 것이 탁월하고 중요하게 되는 일은 매우 중요하고 결정적인 일이다. 이와 동일한 책임성은 불신자들에게도 주어진다. 어른들로서 우리가 우리 자신에 대해서만 책임을 지면된다고 생각하는 것은 쉬운 일이지만, 예수는 그런 식의 기만적인 관점에 대해 경고하신다.

우리 모두는 하나님 앞에서 책임을 져야하는데, 특히나 우리가 그분의 계시에 대해 어떻게 반응하는가에 대해서 책임져야만 한다. 하나님은 그 계시를 눈으로 볼 수 있는 등잔 위에 두셨다. 그러므로 우리 모두는 우리가 어디에 있으며 무엇을 하고 있는지를 드러내는 하나님의 진리에 대해 관심을 기울일 필요가 있다. 여기에는 우리가 하나님께 반응하는 법을 바꾸라는 명령이나 하나님이 역사하실 수 있는 삶의 새로운 영역들을 찾으라는 명령이 포함된다.

---

3. 아마도 우리 시대의 그 누구도 이 점을 패커(J. I. Packer)만큼 효과적으로 전달했던 사람이 없었을 것이다. 그의 작품인 *Knowing God*(Downers Grove, Ill.: InterVarsity, 1973)과 *Hot Tub Religion*(Wheaton: Tyndale, 1987)은, 이런 주제들에 대해 긍정적이고 부정적인 검토들을 한다.

이 항목에는 또 다른 함축이 있다. 만약 예수가 빛에 대해 가르치시고 우리가 오늘날 그분의 대리자들이라면, 우리는 가르치는 일과 빛을 발하는 일 모두를 하라고 부르심을 받았다(예수는 마 5:12-14 부분에서 제자들에게 마찬가지로 말씀하셨다). 빛이 된다는 것은 우리가 빛으로 가득 차 있어야 한다는 것을 의미한다(눅 11:33-36). 땅들에 대한 이 비유는 우리에게 이 일이 꾸준한 연구와 하나님 말씀이라는 씨앗에 대한 적용을 통해 일어난다고 말해준다. 바로 이 점이, 왜 우리에게 다르게 살고 성경적으로 살라고 도전하는 교훈이 그토록 중요하고 핵심적인가에 대한 이유이다. 어떤 교회들에서는 성도들에게 거슬리게 하지 않도록 하기 위해서, 죄를 주제로 삼아 논의하는 것을 중단해버렸다—놀랍게도 오늘날에는 세속적인 잡지에서조차 질문을 던진다. "죄한테 무슨 일이 일어난 것인가(What Ever Happened to Sin?)"[4] 만약 어떤 사람이 의로움을 추구할 때 삶이 도대체 어떤 모습인지에 대해 목사가 성경적으로 설교하지 않는다면, 우리는 교회 성도들로서 빛과 더불어 동행할 준비가 되어있지 않은 것이다. 성장하기 위해서, 우리의 방식들은 빛에 노출될 필요가 있으며, 이렇게 함으로써 주가 우리가 되기를 원하시는 그런 모습을 좀더 잘 반영할 수 있다. 참된 성장은 변형과 변화를 의미한다. 성숙은 그저 활발하게 서 있는 것만을 통해서는 결코 오지 않는다. 이런 변형은 하나님의 말씀에 대해 주의 깊게 연구하는 것을 통해서 오며, 다른 여러 가지들에 대한 사려 깊은 해석과 비평들을 통해서 온다. 하나님의 빛나는 빛의 목적은 우리로 빛을 만드시는 것이며, 그리하여 우리가 주를 빛나게 하는 것이다.

8:19-21의 적용은 매우 단순하다: 하나님의 말씀을 그저 듣거나 연구하기만 하지 말고, 적용하도록 하라. 믿음의 행보는 복잡한 신학 논쟁들을 포함하지 않는다. 믿음의 행보는 하나님의 교훈 속에 계시된 그분의 성품의 성육신에 삶을 관련시키는 것을 포함한다. 우리를 향한 하나님의 뜻은 우리가 주께 응답하고, 그분의 성품을 반영하는 것이다. 이는 그리스도의 형상을 따르는 존재가 되는 것이며, 이것이 성도의 소명이다.

또한 한사람이 하나님을 좇는 것에 예수가 우선순위를 두셨다는 것도 교훈적이다. 이는 가족으로부터의 분리라는 고통을 의미할 수도 있다. 내 사역에 있어서 가장 힘든 부분은 아주 자주 여행을 해야만 했다는 부분이었다. 이는 아내와 자녀들

---

4. 1995년 2월 6일, 뉴스위크지는 수치, 우리 문화, 그리고 죄의 이슈를 다루었다. 이 이슈를 다룬 사이드 자료들 중에 이 제목의 글이 있었다(p. 23).

과 더불어 보낼 주말이 사라져버리는 것을 의미했으며, 가족들이 내가 참여하길 원하는 행사들에 빠진다는 것을 의미했다. 말씀을 듣는다는 것은 내게 주어진 소명을 감당하는 것뿐만 아니라 내 아내를 사랑하고 내 자녀들을 주의 공급과 훈계 속에서 양육한다는 것을 의미한다.

이 두 가지를 균형 잡는 것이 항상 쉬운 것은 아니다. 지혜는 내게 이런 영역에 대해 나 혼자서 판단해서는 안 된다고 가르쳐주는데, 내가 개인적으로 이 두 가지들 안에서 판단하는 일은 어려운 일이기 때문이다. 그러므로 내 배우자는 이런 영역에 대해 나와 논의하는데 있어서 좀더 자유로운 측면을 갖고 있다. 소명과 가족 간의 이런 긴장은 무엇이 하나님을 가장 영화롭게 하는 일인지를 계속해서 판단할 것을 요구한다. 이는 또한 적어도 이상적으로는 내가 내 가족을 활용할 수 있을 때가, 내가 그들을 진정으로 활용할 수 있을 때임을 의미하기도 한다. 내가 이렇게 말하는 이유는 남성이건 여성이건 일하는 대부분의 사람들은 이런 긴장 속에서 분투하기 때문이다.

나는 이런 어려운 선택을 해야 할 경우마다, 두 가지 기준들을 활용하곤 한다. (1) 하나님이 나를 이 일에 포함되도록 인도하고 계신가? (2) 아내도 이 일 역시 하나님의 인도하심이라고 느끼는가? 내 아내와 내가 하나님의 뜻을 찾고자 추구할 때에만, 하나님은 그분의 소명이 요구하는 것을 추구할 수 있는 힘을 우리에게 공급하신다.

누가복음 8:22-25

22 하루는 제자들과 함께 배에 오르사 그들에게
이르시되 호수 저편으로 건너가자 하시매 이
에 떠나
23 행선할 때에 예수께서 잠이 드셨더니 마침
광풍이 호수로 내리치매 배에 물이 가득하게
되어 위태한지라
24 제자들이 나아와 깨워 이르되 주여 주여 우
리가 죽겠나이다 한대 예수께서 잠을 깨사
바람과 물결을 꾸짖으시니 이에 그쳐 잔잔하
여지더라
25 제자들에게 이르시되 너희 믿음이 어디 있느
냐 하시니 그들이 두려워하고 놀랍게 여겨
서로 말하되 그가 누구이기에 바람과 물을
명하매 순종하는가 하더라

원 의미

누가복음에 나오는 두 번째 자연 속에서의 기적은 주님에 대한 기독론적인 관심들을 발전시킨다.[1] 특히 마무리하는 질문을 주목하라: "저는 누구인가?" 이 기독론적인 표출에는 아이러니가 들어있는데, 직업적인 어부들이 하나님의 진리를 가르치는 교사에게 바다에서 구해달라고 했기 때문이다. 그들의 절망과 이에 대한 해결이라는 아이러니는 예수가 그저 평범한 선생이 아니라는 점을 드러내 준다.

이 사건의 세팅은 갈릴리 바다를 건너가는 것이다. 이 바다는 대략 해발 7백 피트 아래에 자리 잡고 있고, 주변에는 산들이 자리 잡고 있다. 동편에는 특별히 가파른 산등성이 자리 잡고 있다. 찬바람이 더운 바람과 더불어 산등성이의 갈라진 틈들 사이에서 강하게 분출되어 호수 위편으로 불어오는 것은 흔히 있는 일이고, 기상학자들은 이런 패턴이 매우 위험한 기상조건을 만들어 낸다고 이야기한다.

예수가 쉬실 때, 그런 날씨 사이클이 발생한다. 제자들이 반응할 시간을 갖기 전

1. 누가복음 5:1-11은 자연에서의 첫 번째 기적이며, 이것은 제자들을 부르시는 토대로서 역할 했다. 이 본문은 마태복음 8:23-25과 마가복음 4:35-41 부분에 평행본문을 갖고 있다. 누가복음 8:22-56에 나오는 4개의 기적 스토리 묶음은 마가복음 4:35-5:43과 평행을 이룬다. 하나님의 말씀을 강조하는 8:4-21 항목이 끝난 이후에, 우린 다시금 말씀과 행위 패턴을 보게 된다(참조. 4:16-44).

에, 회리바람이 등장하고, 제자들은 자신들이 배위에서 위험에 처했다는 것을 발견하게 된다. 물결이 모서리로 들어와 그들을 뒤집으려고 위협한다. 제자들은 이런 위험을 보면서, 예수께 그들이 절박한 상황에 처해있다고 소리를 질렀다. 우리는 다른 무언가를 할 수 있었을까? 예수는 돌아서서는 바람을 꾸짖으시고, 즉시 평온이 찾아온다. 그런 뒤에 주님은 그들에게 "너희 믿음이 어디 있느냐?"라고 날카로운 질문을 던지신다. 그들은 하나님이 그들을 보고 계시며 최상으로 돌보신다는 것을 신뢰하지 않은 것일까? 이 대화는 여기에서 끝나고, 그래서 이 사건은 이제 묵상할 대상이 될 수 있게 된다.

누가는 제자들의 반응들을 계속해서 기록한다: 그들의 반응은 두려움과 놀라움이었다. 그들은 중심적인 질문을 던진다: "저가 뉘기에 바람과 물을 명령하매 순종하는고?" 이 질문은 매우 결정적인데, 구약성경은 도대체 누가 자연을 통치하는 권세를 갖고 있는지를 매우 분명하게 밝히기 때문이다: 하나님이 자연을 통치하신다(시 104:3; 107:23-30). 비록 다른 성경 스토리들에는 하나님께 간구하는 중심인물이 등장하거나 혹은 심각한 날씨와 자연재해로부터 하나님이 보호해주시는 것을 경험하는 하나님의 백성들이 등장하곤 하지만 예수는 여기에서 직접적으로 역사하신다.[2] 누가는 분명한 목적을 가지고 예수의 정체성과 독특하심에 관한 질문을 자신의 독자들 앞에서 제기하길 원한다. 제자들은 주가 얼마나 유일무이하신 분인지를 이제 막 올바르게 인식하기 시작하고 있다.

상황잇기

이 본문의 중심 포커스는 제자들의 믿음에 대한 문제와 그들이 예수의 권세에 대해 논의한 내용에 놓여있다. 우리 역시 그들이 느낀 것과 동일한 절망적 감정들을 느낄 수 있다. 특히나 우리의 통제범위를 넘어선 사건들 속에서, 우리는 종종 하나님이 우리를 돌보시지 않거나 관심 없어 하신다는 느낌을 갖곤 한다—하나님이 주무시고 계시거나 혹은 우리를 돌봐달라고 깨워 드려야할 것 같다는 느낌. 예수는 하나님의 돌보심을 깊이 생각하라고 제자들에게 명령하신다. 그들은 공포 상태에 빠져들 필요가 없다. 그보다 하나님이 그들을 진정 돌보시며 그들을

2. 우리는 요나(요나서 1장)나 혹은 바울(행 27:8-44)을 생각할 수 있다. 유대교에서는, 마카비2서 9:8이 안디오커스 에피파네스 4세의 선포가 바다를 잔잔케 할 수 있다고 이야기한다. 유대 전통은 하나님이 기도를 통해 간구를 들으시고 잔잔케 되는 일이 나타난 한 쌍의 예를 알고 있다(Bock, *Luke 1:1-9:50*, 757을 보라).

진정 주목해 관찰하고 계시다는 점을 이해할 필요가 있다.

제자들은 그들의 선생이 전 우주를 움직이시는 데까지 확장될 수 있는 권세를 갖고 있음을 깨달을 필요가 있다(참조. 바울이 골 1:15-20에서 한 말들을 참조하라). 예수의 주권은 주를 선지자나 윤리주의자 이상의 분이심을 분명히 제시한다. 예수를 주님으로 고백하는 것은 주가 자연을 모든 권세로 통치하신다는 것을 의미한다. 지금 우리가 살고 있는 세상에서는 종종 자연이 마치 독자적인 정체성을 갖고 있는 우주적 힘으로 인격화되곤 하지만, 과연 누가 창조세계 이면의 진정한 권능이신지를 확실히 기억하는 것은 매우 중요하다.

정황들을 연결시켜 생각해보는데 있어서, 우리가 아무런 도움을 받을 수 없다는 느낌을 굳이 우리 자신이 자연 속에서 위험에 처해있음을 발견하게 되는 그런 환경에만 제한할 필요는 없다. 오늘날의 폭풍들은 우리의 통제를 벗어난 환경과 돌진 속에서 다가올 수 있다. 성경본문과 오늘날과의 연결점은 제자들이 배위에서 만났던 것과 정확하게 동일한 상황이 아니라, 그들이 예수가 그들을 인도하셨던 곳에서 느꼈던 도움을 받을 수 없다는 느낌 속에 있다. 우리 삶 속의 사건들은 때때로 우리가 위험에 빠져있다는 느낌을 갖게 한다. 그것이 우리에게 무언가 입장을 취할 것을 요구하는 직업적인 상황 속에서 일어나는 것이건, 사랑하는 사람의 심각한 질병 속에서 일어나는 것이건, 혹은 예기치 못했던 비극이나 관계의 단절에서 생겨나는 것이건 간에 말이다. 이 모든 것들은 우리가 그 가운데 있으면서 하나님의 선하심을 의심할 수 있는 폭풍우가 될 수 있다. 우리는 하나님이 스스로 알아서 살라고 우리를 버리셨다고 느낄 수도 있다.

이런 쉼 없는 여행에 대해서 래리 크랩(Larry Crabb) 박사는 현대적이고 솔직하게 자신의 삶을 전기(傳記) 스타일로 스케치한다.[3] 그는 자신의 형제를 1991년 5월 3일, 비행기 사고로 갑작스럽게 잃은 고통스러운 스토리를 이야기한다. 그는 하나님과의 관계에 있어서 새로운 깊이를 발견하게 될 때마다 그가 반응을 보였던 모습들을 순서대로 기록한다. 그는 하나님과의 동행에 대해 다섯 가지 단계로 이야기한다: 나는 당신이 필요합니다. 나는 당신이 싫습니다. 나는 살아남을 것입니다. 이것이 내가 살아남을 방법입니다. 이 여행에 빛이 오기 전에 어둠은 일상적으로 자리 잡고 있었다. 기초부분에는 하나님을 신뢰하고 그분을 의심하지 않는 것이 자리 잡고 있다. 하나님은 결코 우리 삶들이 고통이나 좌절 혹은 폭풍우가 없을

3. Larry Crabb, *Finding God*(Grand Rapids: Zondervan, 1993).

것이라고 약속하시지 않았다. 누구든지 여러분에게 이와 다르게 말하는 사람은 하나님과의 참된 동행에 대해 가르치고 있는 것이 아니다. 하나님이 진정 약속하시는 것은 분노하는 물결을 통과하는 여행에 필요한 물질들을 주시겠다는 것이다. 8:22-25에서 고함치고 있는 제자들처럼 그리고 래리 크랩처럼, 고요함은 격렬한 폭풍 이후에 다가온다.

현대적 의미

이 본문은 우리의 통제를 벗어나 있는 환경들 속에서조차 좀더 깊이 신뢰하는 믿음을 가지라는 명령을 한다. 이전에 어부였던 제자들이 얼마나 자주 폭풍우 속에서 바다에 있었는지에 대해서는 전혀 언급이 없다. 그러나 그들이 이런 힘 앞에서 완전히 무기력했다는 것은 분명하다. 믿음이 비록 약하긴 했지만, 그들은 예수께 도와달라고 돌아서는 올바른 선택을 했다. 그들이 죽을 지경이라고 그저 외친 것은 잘못된 것이었다. 만약 하나님의 돌보심을 이해했었더라면, 그들은 하나님의 돌보심이 결코 중단되지 않으며 심지어 거친 바다 속으로 그들을 인도하셨을 때에도 멈추지 않는다는 것을 깨달았을 것이다. 믿음에 대한 예수의 명령은 또한 하나님이 우리가 어떤 폭풍 속을 걸어가고 있는지를 알고 계시며 우리를 관찰하고 계시다는 것을 다시금 확신하라는 명령이기도 하다.

가장 위대한 믿음의 찬송 중 하나가 이와 같은 폭풍에 대한 반응 속에서 기록되었다. 19세기에 스패포드(Horatio G. Spafford)는 대서양에서 배가 침몰하면서 네 명의 딸을 잃었다. 살아남은 단 한명인 그의 아내가 남편에게 연락을 취하며 이야기했다: "저 혼자만 살아 남았어요."[4] 폭풍우가 외관상으로는 그를 침몰시킨 것으로 보였다. 그러나 이 성도는 자신에게 일어났던 것을 묵상하면서 무엇이라고 글을 썼는가? 잘 알려져 있는 후렴구와 마찬가지로, 이 찬송의 첫 소절도 우리에게 매우 많은 것을 이야기해준다.

> 내 평생에 가는 길 순탄하여 늘 잔잔한 강 같든지
> 큰 풍파로 무섭고 어렵든지 나의 영혼은 늘 편하다
> 내 영혼 평안해, 내 영혼 내 영혼 평안해.

4. William J. Reynolds, *Companion to Baptist Hymnal*(Nashville: Broadman, 1976), 241-42를 보라.

성도들은 이 찬송 가사가 어떤 끔찍한 환경 속에서 쓰였는지 일반적으로 잘 모른다. 여기에 폭풍우 속에서 하나님을 신뢰하는 법을 배운 한 사람이 있다.

이 본문의 두 번째 질문은 예수의 정체성에 대해 좀더 깊은 묵상을 다룬다. 누가는 예수의 스토리를 지상에서의 모습에서부터 이야기한다. 그는 예수에 대한 초상을 좀더 초월적인 존재로 발전시키기 이전에 선생, 선지자, 그리고 왕으로 묘사하는데서 출발한다. 이런 접근은 누가복음의 독자들로 하여금 이분이 누구신지를 정확하게 인식하는데 있어서 한번에 한 단계 성장하도록 해준다. 우리가 승천하신 예수에 대해 급작스럽게 설교하는 것이나 나머지 스토리에 대해 우리가 알고 있다는 점은 종종 우리로 하여금 누가가 주의 스토리를 얼마나 점차적으로 전개했는지를 보지 못하게 만들기도 한다. 그럼에도 불구하고, 이 본문은 우리 구세주에 대해 좀더 천상적인 이해를 향해 나아가는 다리를 놓아주는데 결정적인 역할을 한다. 예수를 성인이나 선생의 신분에 귀속시키고자 하는 현 세상의 사람들은 이와 같은 본문을 평가하는데 실패한다. 제자들은 예수와 함께 생활하고 주가 역사하시는 것을 보면서, 그들이 그저 평범한 랍비를 따르고 있는 것이 아니라는 사실을 이해하게 되었다. 누가는 여기에 제자들의 질문을 담고 있다: "저가 누구인가?" 그리고 그가 기록한 복음서의 나머지 부분은 이 질문에 대한 대답을 보여준다.

그 대답은 삶의 핵심적인 이슈이다: 그분은 하나님의 유일하신 아들이시다. 여기에 우리를 구원하고 죽음으로부터 생명을 구원하실 권세를 갖고 계신 구세주가 계시다. 나는 에베소서 1:15-23을 기억하는데, 이 부분에서 바울은 특별히 에베소 성도들이 예수를 죽음에서 살리시고 주께 창조세계의 모든 힘을 능가하는 권능을 부여한 바로 그와 같은 권능이 우리 안에서도 역사하고 있다는 것을 이해하게 되기를 기도한다. 그와 같은 권세를 갖고 계신 바로 그분께서는 만약 그분께서 선택하시기만 한다면 우리가 직면하게 되는 모든 상황에서부터 우리를 구원하실 수 있다. 주가 우리에게 명령하시는 것은 우리가 길을 행할 때 주를 의지하는 것뿐이다. 주님은 또한 이 생애 속에서 우리를 압도하는 모든 것들로부터, 그리고 아마도 가장 결정적인 권세들로부터 우리를 궁극적으로 구원하실 수 있으시다. 제자들은 그들이 거의 3년 동안이나 함께 동행했던 그분 안에서 바로 이와 같은 권능을 이제 막 붙들기 시작하게 되었다. 우리도 또한 예수가 얼마나 위대하신 분이신지 그리고 주의 구원이 얼마나 멀리까지 이르는지를 진정 적절하게 이해하기 전까지, 얼마동안은 주의 발아래 앉아있어야만 한다.

누가복음 8:26-39

26 그들이 갈릴리 맞은편 거라사인의 땅에 이
르러
27 예수께서 육지에 내리시매 그 도시 사람으로
서 귀신 들린 자 하나가 예수를 만나니 그 사
람은 오래 옷을 입지 아니하며 집에 거하지
도 아니하고 무덤 사이에 거하는 자라
28 예수를 보고 부르짖으며 그 앞에 엎드려 큰
소리로 불러 이르되 지극히 높으신 하나님의
아들 예수여 당신이 나와 무슨 상관이 있나
이까 당신께 구하노니 나를 괴롭게 하지 마
옵소서 하니
29 이는 예수께서 이미 더러운 귀신을 명하사
그 사람에게서 나오라 하셨음이라 (귀신이
가끔 그 사람을 붙잡으므로 그를 쇠사슬과
고랑에 매어 지켰으되 그 맨 것을 끊고 귀신
에게 몰려 광야로 나갔더라)
30 예수께서 네 이름이 무엇이냐 물으신즉 이르
되 군대라 하니 이는 많은 귀신이 들렸음이라
31 무저갱으로 들어가라 하지 마시기를 간구하
더니
32 마침 그곳에 많은 돼지 떼가 산에서 먹고 있
는지라 귀신들이 그 돼지에게로 들어가게 허
락하심을 간구하니 이에 허락하시니
33 귀신들이 그 사람에게서 나와 돼지에게로 들
어가니 그 떼가 비탈로 내리달아 호수에 들
어가 몰사하거늘
34 치던 자들이 그 이루어진 일을 보고 도망하
여 성내와 마을에 알리니
35 사람들이 그 이루어진 일을 보러 나와서 예
수께 이르러 귀신 나간 사람이 옷을 입고 정
신이 온전하여 예수의 발치에 앉아 있는 것
을 보고 두려워하거늘
36 귀신 들렸던 자가 어떻게 구원 받았는지를
본 자들이 그들에게 이르매
37 거라사인의 땅 근방 모든 백성이 크게 두려
워하여 예수께 떠나가시기를 구하더라 예수
께서 배에 올라 돌아가실새
38 귀신 나간 사람이 함께 있기를 구하였으나
예수께서 그를 보내시며 이르시되
39 집으로 돌아가 하나님이 네게 어떻게 큰 일
을 행하셨는지를 말하라 하시니 그가 가서
예수께서 자기에게 어떻게 큰 일을 행하셨는
지를 온 성내에 전파하니라

원 의미

예수는 이미 이 복음서 내에서 축사(逐邪)를 행하신 적이 있으셨다(4:31-36; 40-41; 6:18; 8:2). 그렇다면 누가는 왜 여기에 또 다른 축사기록을 이야기하고 있는 것일까? 이 스토리는 기록될 만한 충분한 독특한 가치와 특징을 지니고 있다. (1) 이 축사는 이방지역에서 벌어진 첫 번째 축사 사건이다. 거라사는 요단 동편에 위치하고 있기 때문이다.[1] 이 사건은 예수의 사역이 범주에 있어서 얼마나 확장되고 있는지를 보여준다. (2) 이 축사는 수많은 귀신들림을 포함하고 있으며, 그렇기에 이전에 나온 축사들보다 좀더 격하고 강력한 대결이다. (3) 이 설명은 예수의 기적에 대한 여러 반응들을 좀더 충분하게 다루고 있는데, 그 지방 사람들이 예수께 떠나달라고 요구한 것에서부터 귀신들렸던 사람이 주의 증인으로 변화하는 것에 이르기까지의 반응들이 나온다. (4) 이 기적은 8:22-56에 나오는 네 개의 기적들을 계속 이어나가는데, 이 부분에서 각각의 기적들은 기적을 행하시는 다양한 측면들을 대표적으로 제시한다(자연에서 귀신들에서 질병에서 죽음). (5) 마지막으로 이 기적은 인간이 아닌 지상의 피조물이 포함되어 있는 유일한 경우이다. 돼지들은 중요한 역할을 담당하는데, 돼지 떼의 몰살은 귀신의 행동이 갖는 파괴적인 속성을 묘사하기 때문이다. 귀신들 그들 자체는 눈에 보이지 않지만, 그들이 돼지 안에 있기 때문에 생기는 결과는 그들이 얼마나 위험스러운 존재일 수 있는지를 보여준다.

이 설명은 표준적인 기적 설명의 순서를 따라 진행된다: 환경, 간구, 축사, 결과, 반응 그리고 마무리.[2] 귀신들린 것에 대한 세부적인 묘사는 귀신의 파괴적인 힘을 보여주는데, 이 사람은 무덤에서 옷도 입지 않은 채 살면서 사회에서 완전히 격리되어 있었기 때문이다. 우리는 그가 얼마나 여러 차례 붙들렸으며 줄이나 사슬 혹은 두 가지 모두를 통해 묶여 있었는지를 듣는다. 그러나 그는 이런 것들을 다 끊어버렸으며 그를 그 무엇도 억제할 수 없었다.

이 사람은 귀신들이 주께 "지극히 높으신 하나님의 아들"이라고 고백할 때 예수님 앞에 엎드렸으며, 그는 예수께 자신을 괴롭히지 말아달라고 요청한다. 이 귀신들의 이름은 군대(Legion)인데, 이 사람 안에 귀신들의 전체 전투군대가 들어있다는 것을 지시해준다. 로마시대 때에는 레기온(*legion*)은 수천 명의 군인들 무리를 지칭했다.[3] 다른 식으로 말하자면, 예수는 여기에서 핵심전투에 참여하고 계신 것이다. 사탄은 수적으로 우세했지만, 더 압도적이고 능가하는 것은 아니었다.

---

1. 거라사의 정확한 위치는 논쟁거리이다. 어떤 사람들은 거라사가 갈릴리 바다 동편에 위치하고 있다고 생각하고, 다른 사람들은 갈릴리 바다에서 남편으로 20마일 떨어진 요단 동편의 데가볼리 지역에 있다고 생각한다. 또 다른 복잡한 요소는 마태와 마가는 축사가 데가볼리의 다른 도시이며 갈릴리 바다에서 남동쪽으로 5마일 정도 떨어진 가다라에서 일어난 것으로 묘사한다는 점이다. 아마도 이 사건에 일반적인 지역성을 부여하기 위해서, 지방 위치에 대한 언급은 다양한 방식의 지역 표시들을 통해 이루어졌을 것이다.
2. 이 내용과 평행을 이루는 부분은 마태복음 8:28-34과 마가복음 5:1-20 부분이다. 마가의 설명은 좀더 구체적으로 되어 있고, 반면 마태복음에서는 그가 일상적으로 하듯이 가장 축약적인 형태를 띠고 있다.
3. Preisker, "λεγιών," *TDNT*, 4:68.

귀신들은 무저갱에 들어가느니 돼지 떼에 들어가게 해 달라고 요청했다.[4] 이 요청은 상당히 많은 추측을 불러일으켰지만, 본문은 이에 대해 아무런 대답도 해 주지 않는다. 돼지들이 행한 일을 포함해서 여기서 벌어진 사건이 지시해주는 내용은, 귀신의 존재와 영향이 어떤 실제 충격을 가져오는가에 대해서이다. 즉 생명의 파괴에 대한 것이다. 예수의 명령이 있었고, 귀신들은 그 사람을 떠나 돼지 떼에게로 들어간다. 이 귀신들이 돼지 떼에 들어가자 돼지 떼는 패닉 상태가 되었고 결국 돼지 떼를 낭떠러지로 밀어 넣어 바다에 빠지게 했으며, 거기서 돼지 떼는 물에 빠져 죽었다. 그 지역에 어떻게 해서든 남아있으려던 이 귀신들의 노력은 명명백백하게 실패한다.

이 소식은 돼지 떼를 치던 사람들이 성읍에 들어가서 무슨 일이 벌어졌는지를 알려주는 것을 통해 빠르게 퍼져나간다. 사람들이 그 지역으로 나아갔을 때, 모든 일들 중 가장 놀라운 것은 이전에 귀신들렸던 사람이 지금은 전혀 새로운 모습으로 앉아있는 것을 본 것이었다. 그는 회복된 모습으로, 옷을 입고서 그리고 건강한 마음을 가진 채 예수 발 앞에 조용히 앉아있었다. 예수는 그를 무덤 가운데서 살아가는 삶으로부터 건져내시고 그를 다시 진짜 세상으로 데리고 오셨다. 이 장면은 새 생명을 보여주는 장면이다.

하지만 그 지역 사람들은 예수의 행하심을 달가워하지 않는다. 누가는 우리에게 그들이 왜 두려워하면서도 예수께 떠나달라고 요청했는지 그 이유를 이야기해주지 않는다. 그러나 마가복음 5:16은 그 지역에 경제적으로 부정적인 충격을 가져오셨다는 점을 분명히 한다. 그들은 더 많은 가축을 잃는 것을 원치 않았다. 그들의 두려움은 거부로 변화했고 하나님의 권위가 그들 속에 계속해서 더 머무르는 것을 원치 않았다.

치유 받은 사람은 예수와 함께 여행하는 제자들 그룹에 참여하기를 원했지만, 예수는 마음속에 또 다른 부름을 갖고 계셨다. 누군가는 하나님이 행하신 일을 그 지역에 공유하게 하기 위해 남아있어야만 한다. 바로 이것이 이 사람의 임무이다. 그는 이 일을 했고 더 많은 일을 한다. 예수가 그를 위해 베푸신 일에 관해 설교하고 선포한다. 삶이 가장 급격하게 변화한 사람들이 종종 예수에 대한 가장 강력한 증인들이 되곤 한다.

---

4. 무저갱은 아마도 죽은 사람들이 있는 곳이면서 심판의 장소일 것이다. Jeremias, "ἄβυσσος," *TDNT,* 1:9-10을 보라.

상황잇기

이 기적은 예수에 대한 반응에 있어서 놀라운 콜라주를 만든다. 귀신들에 대해서건, 지역사람들에 대해서건 혹은 예수의 행하심을 통해 유익을 누린 그 사람에 대해서 생각하건 간에 말이다. 귀신은 예수의 권능을 인식하고 있지만, 이것이 그들로 하여금 주변의 것들을 황폐화시키고자 하는 것을 멈추게 하지는 않는다. 전쟁에서 지고 있다는 것을 알고 있는 군대조차도, 퇴각하기 전에 가능한 한 많이 피해를 입히고자 시도할 수 있다. 이 지역 사람들은 예수의 권능을 보고, 이 권능과 더불어 아무것도 행하기를 원치 않았다. 그들은 하나님의 권능과 임재하심에 대해 너무나 많이 두려워한다. 치유 받은 사람은 예수 없이 한 사람이 얼마나 도움 없는 상태일 수 있는지를 보여준다. 특히나 자신의 힘보다 더 강력한 힘들이 한 사람 안에 자리 잡고 있고 정신을 벗겨버릴 때 말이다. 그러나 그의 전환은 한 사람이 이런 종 됨으로부터 자유로워질 때 얼마나 놀라운 대조를 불러오는지를 보여준다. 이 기적은 축사에 관한 것만이 아니다. 이 기적은 특별히 한 영혼의 자유에 관한 것이다.

우리가 이미 다른 항목에서 주목했듯이, 기적들은 영적 행동을 시청각적으로 보여준다. 돼지 떼 사건은 비록 비극적이기는 하지만 매우 생생하게 악의 힘이 얼마나 치명적인지를 보여준다. 악과 귀신의 존재를 가볍게 취급해서는 안 된다. 예수는 아마도 악의 존재가 어떻게 죽음이라는 결과를 맺는지를 고통스러운 방식을 통해 보여주시고자 행하신다. 이는 우리에게 인간의 죄악이 그 대가로서 자기 자신의 죽음을 요구한다는 것을 기억하게끔 한다.

비록 우리는 귀신들린 분명한 경우를 거의 다루지 않지만, 이런 점이 우리로 하여금 귀신이 우리의 매일의 삶에 어떤 충격을 주는지를 생각하지 않게끔 해서는 안 된다. 왜 귀신들림이 서방세계에서는 매우 드문지 그 이유는 분명치가 않다. 귀신들림이 좀더 개방적으로 받아들여지는 문화 속에서 사역하는 사람들은 귀신의 존재와 귀신들림의 경우들에 대해 우리들보다 좀더 개방적으로 이야기한다. 우리는 귀신의 존재를 과소평가하는 것인가? 아니면 사탄은 그의 존재를 부정하는 문화 속에서는 자신을 개방적으로 드러낼 필요가 적어진 것인가? 나는 복합적인 요소들이 작용하고 있는 것이 아닌가 추측한다. 성경은 타락한 세상이 여전히 죄와 사탄의 존재에 영향을 받고 있음을 분명히 하며, 이런 일은 이 치유 사건이 대표적으로 제시해주듯이 주가 다시 오실 때 끝이 난다(롬 8:18-39).

그러므로 우리의 정황과 연결될 수 있는 가교는 귀신이 우리 세상 안에서도 여전히 지속적으로 존재하고 영향을 끼친다는 점이다. 그런 징후들을 발견하는 것은 어려운 일이 아니다. 귀신은 이 사건의 경우에서처럼 한 영혼을 차지하는 일이 뚜렷하게 나타나지는 않지만, 사람들로 하여금 파괴적인 일들을 하게끔 이끌고 사람들을 압도하는 권능을 여전히 갖고 있다. 과도한 음주나 마약, 혹은 강한 욕망 등에 사로잡혀 있는 사람들은 이 세상이 어떤 모습인지를 반영한다.

이 세상은 파괴적인 방종이 그런 것들에 사로잡혀 있는 사람들에게만이 아니라 그들 주변의 다른 사람들에게까지 고통을 끼치는 곳이다. 비록 외견상 이 힘들은 화학적이고 정신분석적이라 하더라도, 이들은 사탄이 활개 치는 타락한 세상의 일부분임은 의심할 여지가 없다(참조. 엡 4:17-19). 이런 영적 통찰력을 통해서 생각해본다면, 우리가 오늘날 사탄에 대해 생각하고 있는 것보다도 사탄은 훨씬 더 많이 활동하고 있을 수 있다.

현대적 의미

지금의 세계는 영적 힘들에 대해서 진지하게 다루기보다는 손쉽게 다룬다. 사탄과 귀신에 대해 관심 기울이는 것은 최근엔 전위예술적인 분위기로 취급된다. 우리 문화에 스며들어있는 일부 음악은 영적 세계에 대한 풍자나 암시에서 차용되고 있다. 우리는 이런 관습을 행하는 사람들이 놀이나 흥미 거리로 그렇게 한다고 느낀다. 이것은 반항을 표현하는 방식이다. 그러나 여기에는 이런 실체에 대한 심각한 면이 있다.

나는 내 친척 중 한사람이 내게 집을 사기 위해 갔다가 지하실에 누군가가 임시거처를 만들면서 동물로 제사를 드리는 형태를 만들어놓은 것을 발견했다고 말하는 것을 들으면서 내가 충격을 받았던 것을 기억한다. 뉴스 매체에서는 종종 귀신에게 제사를 드리는 일을 하면서 사람들이 그룹으로 폭력을 행사하거나, 상해, 심지어 죽음에 이르는 사건들을 우리에게 알려주곤 한다. 누가복음 8장에 나오는 축사는 그런 위험스러운 행동의 한 장면일 뿐이다. 사탄과 맞부딪히는 일은 중립적인 일이 아니다.

하지만 우리는 지나치게 예민하게 반응하지 않도록 주의해야 한다. 어떤 사람들은 귀신이 모든 덤불 뒤에 숨어 있다고 생각하기도 한다. 계몽된 우리 문화에서는 그렇게 말하는 것이 원시적인 세계관을 반영하는 것이라고 정반대의 실수를 범하지만 말이다. 두 가지 접근법 모두 어두운 측면에 대해 잘못 다루는 모습이다. 한 가지는 한사람이 거기에 있다고 믿지 않는 것에 대해서 결코 싸우지 않는 것이다.

다른 한편으로는 귀신이 어떤 고착화된 유형의 행동을 만들어낸다고 몰두하는 것은 영적인 균형을 반영하지 못하고 도리어 영적 책임성을 비껴나가게 한다. "귀신이 내게 그 일을 하게 만들었어요"라고 말하는 것은 죄인들을 도리어 피해자로 바꾼다. 자기 자신이 하는 일을 스스로 결정하고 통제할 수 없는 사람으로서 말이다. 그런 힘들을 넘어서는 예수의 권능은 귀신의 권능에 너무 많은 책임을 떠넘기는 우리의 잘못된 경향에서부터도 우리를 구원해주셔야만 한다(엡 1:15-23).

귀신들에 대한 본문이 현대인들에게 어려운 이유는 이 본문들이 보거나 들리는 것을 포함하지 않는 카테고리들을 다루도록 요구하기 때문이다. 그러나 우리가 우리 문화가 갖고 있는 끔찍한 파괴적 성격을 본다면, 우린 서로를 다룰 수 있다. 우리 세계 안에 있는 사탄적인 악의 존재를 깨닫지 못한다는 것은 어려운 일이다. 이 존재를 역전시키기 위해서는 우리의 노력보다도 더 많은 것이 필요하다. 이 실체는 또한 이 사건에서도 묘사되어 있다. 우리의 노력은 이 지역 사람들이 귀신들린 사람을 억제하기 위해 사슬로 묶어 놓고자 시도했던 것만큼만 성공할 수 있다. 예수의 권능이 필요하다.

나는 약물에 점차 중독 되어간 친한 친구를 기억한다. 그는 가족들과의 관계가 소원해졌고, 학교에서 여러 차례 유급 등을 당했으며, 치료를 위해 정신과 의사에게 보내졌다. 아무것도 도움이 되지 못했다. 그런 뒤 그는 주께로 인도받았다. 그의 삶은 정결해졌으며 그의 행실도 변화했다. 가족과 그의 관계도 회복되었다. 그의 정신과 의사는 그가 이전에 자신의 환자였다는 것에 매우 놀라했다.

만약 여러분이 그에게 도대체 무엇이 그를 이렇게 변하게 만들었는지 묻는다면, 그는 여러분에게 종교라고 대답하지 않을 것이다. 비록 종교라는 용어가 교회를 다니지 않는 많은 친척들이 사용한 중립적이고 문화적인 용어이긴 하지만 말이다. 그건 예수님 때문이다. 순수하고 간단한 대답이다. 하나님의 은혜가 그에게 새로운 마음을 주셨다. 그는 당신에게 자신이 주의 얼굴을 마주 대하게 될 때까지 사탄이 자신을 견고하게 붙들고 있었다고 말할 것이다. 그는 누가복음 8장의 스토리와 자신의 이야기를 동일시하는데, 예수가 그를 자기 파괴로 이끄는 깊은 수렁에서 건져주셨기 때문이다.

이 본문 안에는 매우 중요한 인간다움의 모습이 등장한다. 예수께 자기 고장을 떠나달라고 요청하는 사람들은 주의 권능을 알고는 있지만, 주님과 너무 가까이 지내는 것을 두려워한다. 많은 사람들은 하나님이 책임져 주시는 것을 두려워하며, 도리어 자기 혼자 남아서 스스로 자신의 필요를 채우는 것을 더 선호한다. 그들은 기독교를 버팀목 정도로 간주하지만, 나는 사실 그들이 진정한 연약함이 어디에 있는지를 알아차리지 못하고 있는 것은 아닌지 의아스럽다. 이 지역 사람들은 그들 자신의 일들에만 너무 관심이 집중되어 있어서, 그들 눈앞에서 펼쳐진 구원을 적절하게 인식하고 이해하지 못했다. 아마도 가장 큰 비극은 하나님이 역사하시는 것을 바라보고서도 실제로는 아무것도 일어나지 않은 척하는 일이다.

구원받은 이 사람은 우리에게 마지막 적용을 준다. 모든 사람들이 예수와 더불어 여행하면서 사역하도록 부름 받은 것은 아니다. 즉 모든 사람들이 집에서 멀리 떨어진 사역지로 부름 받는 것은 아니다. 때때로 예수는 주의 선하심을 경험한 사람들이 그들 자신의 고향에서 주님에 대해 이야기하고 증거 하기를 원하신다. 어떤 사람들은 가도록 부름 받았다. 다른 사람들은 머물도록 부름 받았다.

새롭게 변화 받고 치유 받은 이 사람은 자신의 소명지로 가기 위해 후원을 받을 필요가 없었다. 그는 그저 나누기 시작하기만 하면 된다—그리고 사실 이것이 그가 행한 일이다. 그는 예수를 빼놓고서는 하나님이 그의 삶에서 행하신 일에 대해서 도무지 아무것도 이야기할 수 없었다.

누가복음 8:40-56

40 예수께서 돌아오시매 무리가 환영하니 이는
다 기다렸음이러라
41 이에 회당장인 야이로라 하는 사람이 와서
예수의 발 아래에 엎드려 자기 집에 오시기
를 간구하니
42 이는 자기에게 열두 살 된 외딸이 있어 죽어
감이러라 예수께서 가실 때에 무리가 밀려들
더라
43 이에 열두 해를 혈루증으로 앓는 중에 아무
에게도 고침을 받지 못하던 여자가
44 예수의 뒤로 와서 그의 옷 가에 손을 대니 혈
루증이 즉시 그쳤더라
45 예수께서 이르시되 내게 손을 댄 자가 누구
냐 하시니 다 아니라 할 때에 베드로가 이르
되 주여 무리가 밀려들어 미나이다
46 예수께서 이르시되 내게 손을 댄 자가 있도
다 이는 내게서 능력이 나간 줄 앎이로다 하
신대
47 여자가 스스로 숨기지 못할 줄 알고 떨며 나
아와 엎드리어 그 손 댄 이유와 곧 나은 것을
모든 사람 앞에서 말하니
48 예수께서 이르시되 딸아 네 믿음이 너를 구
원하였으니 평안히 가라 하시더라
49 아직 말씀하실 때에 회당장의 집에서 사람이
와서 말하되 당신의 딸이 죽었나이다 선생님
을 더 괴롭게 하지 마소서 하거늘
50 예수께서 들으시고 이르시되 두려워하지 말
고 믿기만 하라 그리하면 딸이 구원을 얻으
리라 하시고
51 그 집에 이르러 베드로와 요한과 야고보와
아이의 부모 외에는 함께 들어가기를 허락하
지 아니하시니라
52 모든 사람이 아이를 위하여 울며 통곡하매
예수께서 이르시되 울지 말라 죽은 것이 아
니라 잔다 하시니
53 그들이 그 죽은 것을 아는 고로 비웃더라
54 예수께서 아이의 손을 잡고 불러 이르시되
아이야 일어나라 하시니
55 그 영이 돌아와 아이가 곧 일어나거늘 예수
께서 먹을 것을 주라 명하시니
56 그 부모가 놀라는지라 예수께서 경고하사 이
일을 아무에게도 말하지 말라 하시니라

원 의미

누가복음 8장에서 순서상 마지막으로 나오는 기적은 복음서들 중에서 유일하게 두 개의 사건이 얽혀있는 사건이다.[1] 하나로 묶여있는 연속된 짧은 사건들을 통해, 예수는 질병과 죽음을 동시에 다루신다. 이 두 개의 기적들은 세부적으

1. 이 본문과 평행을 이루는 부분은 마태복음 9:18-26과 마가복음 5:21-43이다.

로 연결되어 있으며, 따라서 두 개의 조화가 매우 분명하게 나타난다. 다른 기적들에서와 마찬가지로, 초점은 예수의 권세에 맞춰져 있다. 하지만 이 조화는 또 다른 테마를 야기하는데, 바로 믿음이다. 이 여자와 야이로는 믿음의 성장에 있어서 서로 다른 측면을 반영한다.

첫 장면은 다소 매서운 모습이다. 예수는 무리 가운데 계셨으며, 그들은 주를 보고자 기다리고 있었다. 그들 중에는 회당장인 야이로가 있었다—예배 진행과 경배 과정들을 책임지고 있는 사람.[2] 모든 사람들이 그를 알고 있다. 예수가 등장하시자, 이 리더는 예수 앞에 엎드려서는 거의 죽을 지경인 열두 살 된 외동딸이 있는 자기 집으로 가시자고 주께 부탁드린다. 우리는 이 소녀의 병이 어떤 것인지에 대해서는 알 수 없으며, 그저 시간이 많지 않다는 것만 알 수 있다.[3] 이 소녀를 구하기 위해서는 신속한 행동이 필요하다.

예수는 그의 집을 향해 출발하시지만, 그 과정에서 또 다른 사람이 예수를 필요로 한다. 한 여자인데, 그녀는 혈루증으로 인해 12년 동안 고생했던 사람이고, 그래서 예수가 자신을 치유해 주시기를 원한다. 이런 그녀의 형편은 좌절적인 것일 뿐만 아니라, 또한 의례적으로 볼 때 그녀를 계속 불결한 상태가 되게끔 한다. 유대종교 공동체에서 격리되게끔 말이다. 의사들조차 그녀를 돕는데 여태껏 실패해왔다. 그녀는 공적인 시선을 받는 것을 원치 않는데, 이는 충분히 이해할 수 있는 일이다. 그녀가 원한 일은 예수를 만지는 일이다. 그렇게만 하면 치유를 받을 수 있다는 소망을 가지고서 말이다. 예수가 옆으로 지나가실 때, 이 여자는 자리를 잡고 있다가 주를 만지고, 곧장 그녀는 치유 받았다. 이것은 마술이 아니다. 그 어떤 주문이나 약물을 투여하는 것도 포함되지 않았다.[4] 그녀는 그저 예수가 위대한 권능을 갖고 있다고 믿었을 뿐이다. 그 뒤에 일어나는 일은 굳이 필요한 일들이 아니었지만, 예수의 다음 행동은 야이로를 곤란한 상황이 되게 한다. 예수는 무슨 일이 지금 일어났는지를 찾아보고자 멈추신다. 주님은 서로 밀쳐가면서 좇아오던 수많은 군중에게로 돌아서고는 질문하신다, "누가 나를 만졌느냐?" 두말할 필요도 없이, 베드로는 충격을 받는다. 도대체 어떻게 이렇게 수많은 사람들이 예수를 만져보고자 밀쳐드는 상황 속에서 예수가 이런 질문을 하실 수 있단 말인가? 예수는 계속하신

2. Schrage, "ἀρχισυνάγωγος," *TDNT*, 7:847.

3. 축약적으로 되어있는 마태복음에서는 시간 배열이 무너져 있고 이 딸은 이미 죽은 것으로 제시된다. 마태복음은 종종 이런 방식으로 설명을 짧게 만들곤 한다.

4. Arndt, *Luke*, 256.

다. 예수는 권능이 주님으로부터 나갔다는 것을 의식하신다. 주가 묻고 있는 만짐(터치)은 단순히 육체적인 만짐이 아니라 도움을 간구하는 만짐이고 또 도움을 발견한 만짐이다. 이 여자의 조용한 믿음이 이제는 드러나야 할 필요가 있게 되었다.

이 여자는 예수가 자신이 무엇을 행했는지를 아신다는 것을 깨닫는다. 그녀는 더 이상 숨겨져 있지 않다. 그래서 큰 두려움을 가지고, 앞으로 나아와서는 외관상 예수의 이상한 질문이 왜 합리성을 갖는지를 드러내 보여준다. 이 여자는 주님 앞에 엎드리고 그녀의 스토리를 이야기한다. 예수는 그녀에게 믿음이 그녀를 구원했다고 말씀하시면서 칭찬하신다. 이 말씀은 중요한데, 때때로 "등 뒤편에서" 예수께 접근했다는 것으로 인해 이 여자를 헐뜯기도 하기 때문이다. 그러나 예수가 이 여자를 다루시는 과정에는 이 여자를 책망하는 내용은 아무것도 없다. 이 여자에게 필요한 것은 그녀의 행동을 비밀로 남겨놓을 필요가 없다는 자신과 확신이다. 어떤 주석가가 이 점에 대해 제시한 것처럼, 그녀의 "연기를 피우는 심지"같은 믿음은 불꽃으로 타오를 필요가 있다.[5] 기회가 주어졌을 때에, 그녀는 용기를 내서는 자신의 일을 증거 한다.

우리는 예수의 질문과 일련의 과정들이 결합되면서 이처럼 집으로 가는 진행이 더디게 되었을 때 야이로가 얼마나 심각한 절망을 느꼈을지에 대해서는 그저 상상할 수 있을 뿐이다. 그러면서 상황은 더 악화되었다. 야이로의 집에서 온 사람이 그에게 이미 너무 늦어버렸고 예수를 더 괴롭게 할 필요가 없다고 이야기한다. 그의 딸이 지금 막 죽었다. 나는 이 소식을 접하면서 고통, 절망 그리고 분노가 야이로의 영혼에서 흘러넘쳤을 것이라고 추측한다. 그러나 예수는 회당장에게 두려워말고 믿기만 하라는 말씀을 하시면서 그를 안심시키는 말들을 이야기하신다. 이 여자의 믿음은 이 여자가 부끄러워했기 때문에 좀더 담대해질 필요가 있었고, 반면 야이로의 믿음은 조용해지고, 지속적으로 신뢰하는 믿음이 될 필요가 있었다.

예수가 그 집에 도착하셨을 때, 주님은 가족들과 베드로, 요한, 그리고 야고보만 아이의 시체가 누워있는 방안에 들어오는 것을 허락하셨다. 밖에는 곡하는 사람들이 모여 있었다. 그들은 죽었다는 것이 분명해진 이후에서야 불려온 사람들이었다.[6] 공동체의 슬픔 속에서, 예수는 그들에게 멈추라고 명령하셨는데, 이 소녀는 "죽은 것이 아니라 자는 것이기 때문"이다. 하나님의 대리자는 자신의 권능이 죽을

5. Liefeld, "Luke" in *The Expositor's Commentary,* 8:916.

6. Stählin, "κοπετός," *TDNT,* 3:844-45; Rengstorf, "κλαίω," *TDNT,* 3:724-25.

수밖에 없는 인간의 운명조차 넘어서는 것임을 드러내고자 움직이실 것이다. 무리는 비웃는다. 분명 그 누구도 죽음에서부터 누군가를 건져낼 수 없다. 우리는 종종 고대 사람들이 잘 속는 사람들이라고 생각하곤 하지만, 여기서 보여주는 반응들은 그들이 가장 현대적인 사람들과 마찬가지로 경험에 토대를 두고 반응한다는 점을 보여준다. 만약 그대로 되지 않는다면, 예수의 주장은 정말 우스꽝스러운 것이 되고 만다. 일단 안으로 들어간 뒤에, 주는 그 소녀의 손을 잡으시고서는 일어나라고 말씀하신다. 여기에는 그 어떤 주술이나 약물도 사용하지 않으셨고, 그 어떤 외적 권능에도 호소하지 않으셨다. 여기에는 오직 만지시는 예수의 손만이 있었다. 이 소녀는 일어나 앉았으며, 그녀의 영혼은 다시 그녀 안에서 소생했다. 누군가가 곧장 그녀에게 음식을 주었다. 이 소녀의 부모들은 놀랐다. 예수가 야이로에게 명령하셨던 믿음은 지금 그 응답을 받았다.

이 설명은 지금 일어난 일에 대해서 아무것도 말하지 말라는 주의 명령과 더불어 마무리된다. 이것은 좀 묘한 명령인데, 분명 이 소녀가 길거리를 활보하는 것을 통해서 모든 사람들이 예수가 무슨 일을 행하셨는지를 알게 될 것이기 때문이다. 예수의 요점은 주가 행하신 일에 대해서 과도한 관심이 주어지는 것을 원치 않으신다는 것이다. 이 치유를 널리 그리고 멀리 퍼뜨리는 것은 주가 기적을 행하는 사람으로 관심 받게 할 것이고, 이는 이 사역에 대중들의 관심이 집중되게 하는 결과를 가져올 것이다.

예수는 이와는 다른 부분들인 주의 핵심적인 가르침 등에 대한 관심을 원하시며, 잘못된 부분에 강조점이 놓일 수도 있는 행동들을 선전하는 일에는 전혀 관련을 두지 않으실 것이다(4:41; 5:14을 보라). 이 기적들은 좀더 근본적인 존재들을 지시한다. 예수는 중심적인 이슈들에 관심을 두길 원하신다.

상황잇기

다른 모든 기적들과 마찬가지로, 이 기적이 우리 시대까지 건네주는 근본적인 요점은 예수의 권세와 연결되어 있다. 질병과 죽음을 넘어서는 주의 권능은 비단 육체적인 생명의 측면만이 아니라 생명이 직면하게 되는 모든 측면에서 생명 그 자체에 대해 주가 주권을 갖고 계심을 보여준다. 이 주권은 기독교 신앙의 소망에 있어서 근본적인 것인데, 죽음 이후의 삶은 기독교인들이 기대하는 가장 기본적인 특징을 대표적으로 보여주기 때문이다. 야이로의 딸을 부활시키는 사건은 큰 믿음을 요구했던 사건이었고, 우리가 죽음 이후에 하나님 앞으로 인도받는다는 하나님의 권능에 대해 믿음을 가져야만 한다는 것을 다시금 상기하게 한다. 만약 우리가 하나님 앞으로 나아가기를 기다리고 있다면, 그 과정 속에서 그 만남의 핵심에 자리 잡고 있는 분은 다름 아니라 예수이시다.

이 본문에는 또한 믿음과 하나님의 타이밍에 관한 근본적인 교훈들이 담겨 있다. 우리는 이미 이 여자와 야이로를 통해서 믿음의 전혀 다른 측면들이 제시되고 있음을 주목했다. 이 여자는 그녀의 믿음을 껍데기 밖으로 끄집어 내오는 것을 요청받았다. 야이로는 그곳에 좀더 매달려 있는 믿음을 가지라는 명령을 받았다. 두 가지 특징들 모두 다 믿음의 매우 중요한 특성들이다.

좀더 밝게 빛나는 것은 이 두 가지가 병합되는 것이다. 자신의 딸이 죽어가고 있는데 예수는 긴박한 상황이 아닌 사소한 문제(혈루증 여인의 문제)를 다루시는 것을 보면서, 분명 야이로는 깊은 좌절을 경험했었을 것이다. 우리는 종종 하나님의 타이밍을 이해하기 위해 분투를 벌이곤 한다. 사실 믿음의 상당 부분은 어떤 사건들에 대한 하나님의 타이밍을 받아들이는 것과 관련되어 있다.

현대적 의미

우리는 하나님이 지금 당장 행하셔야만 한다고 생각하는 것에 대해서 하나님은 나중에 행하는 것을 선택하시고, 반면 우리가 나중으로 연기하는 것을 선택하는 문제에 대해서 하나님은 지금 당장 손을 대는 것을 선택하시는 경우들이 종종 있다. 야이로에게 명령된 믿음의 일부분은 하나님이 최근에 질병에 걸린 그의 딸을 다루실 것이라는 믿음만을 필요로 했던 것이 아니라, 외관상 연기되고 늦어지고 있는 상황에 대해서도 하나님을 의지할 수 있어야 한다는 것을 의미한다. 궁극적으로, 하나님의 돌보심을 신뢰한다는 것은 사건들에 대한 그분의 타이밍을 받아들인나는 것을 의미한다.

내 삶을 보면, 내가 시급히 선호하지만 하나님은 늦장을 부리고 계신 사건들에 대해서, 내가 하나님 나라의 한자리를 턱하니 차지하고 앉아서 내 상황과 문제를 하나님의 타이밍에서 우선 처리하시게끔 할 수 있었으면 좋겠다는 그런 바람을 갖던 때들이 종종 있었다. 정말로 놀라운 일은 좀더 긴 안목을 가지고 되돌아보면, 하나님이 내 삶에서 일들을 처리하신 순서들이 내가 원했던 것들보다 훨씬 더 훌륭하고 좋았다는 것을 너무나 자주 발견할 수 있게 된다는 점이다.

먼저 있었던 소심한 여성의 증거도 역시 교훈적이다. 그녀는 난처한 상황 속에서 하나님이 어떻게 치유하셨는지를 증거 하도록 요청받았다. 여성이 당시 문화에서는 이처럼 공개적인 자리에서 무언가를 말한다는 것이 일반적이지 않았던 것은 물론이고, 그녀가 갖고 있었던 문제 자체도 이렇게 하는 것을 좀더 어렵게 만들었다. 그러나 예수는 그녀에게 앞으로 나오라고 명령하셨고, 그녀는 이야기했다. 이 본문은 그녀가 "떨며 나아와" 이야기를 했다고 분명하게 기록한다. 때때로 주를 향해 이야기한다는 것은 두려운 일일 수 있지만, 이 여자는 하나님의 은혜를 통해 그런 두려움을 극복할 수 있는 힘을 발견했고 예수가 그녀를 위해 행하신 일들을 이야기할 수 있었다. 소심한 믿음이 증거 하는 믿음이 될 수 있다. 하나님은 얼마나 선한 분이신지를 우리가 다른 사람들과 공유하기를 갈망하신다.

이 본문이 갖고 있는 가장 근본적인 교훈은 믿음과 결부되어 있는 특징들이 복합되어 있다는 점이다. 믿음은 하나님을 의지하고 그분에 관해 이야기하는데 있어서 행동의 주도권을 갖고 있지만, 때때로 믿음은 인내해야만 한다. 한편으로 믿음은 최고 속도로 앞으로 나아가는 것이지만, 반면 다른 의미에서 믿음은 주를 그저 기다리기만 하는 것이기도 하다.

인생은 삶의 문제들에 적용되는 생생한 믿음을 요구하지만, 또한 삶은 주를 인내하며 기다리는 것을 요구하기도 한다. 아버지께서는 무엇이 최상인지를 가장 잘 아시기 때문이다.

누가복음 9:1-9

1 예수께서 열두 제자를 불러 모으사 모든 귀
신을 제어하며 병을 고치는 능력과 권위를
주시고
2 하나님의 나라를 전파하며 앓는 자를 고치게
하려고 내보내시며
3 이르시되 여행을 위하여 아무 것도 가지지
말라 지팡이나 배낭이나 양식이나 돈이나 두
벌 옷을 가지지 말며
4 어느 집에 들어가든지 거기서 머물다가 거기
서 떠나라
5 누구든지 너희를 영접하지 아니하거든 그 성
에서 떠날 때에 너희 발에서 먼지를 떨어 버
려 그들에게 증거를 삼으라 하시니
6 제자들이 나가 각 마을에 두루 다니며 곳곳
에 복음을 전하며 병을 고치더라
7 분봉 왕 헤롯이 이 모든 일을 듣고 심히 당황
하니 이는 어떤 사람은 요한이 죽은 자 가운
데서 살아났다고도 하며
8 어떤 사람은 엘리야가 나타났다고도 하며 어
떤 사람은 옛 선지자 한 사람이 다시 살아났
다고도 함이라
9 헤롯이 이르되 요한은 내가 목을 베었거늘
이제 이런 일이 들리니 이 사람이 누군가 하
며 그를 보고자 하더라

원 의미

예수는 하나님 나라가 임했다는 소망의 메시지가 온 이스라엘에 퍼져나가게 되는 것을 계획하신다.[1] 이 일을 하시기 위해서, 주님은 열두 명으로 하여금 온 나라의 마을과 동네들로 가서 주를 위해 사역하게끔 하신다. 주님은 치유와 축사의 권세를 포함해서, 주가 행하신 것과 동일한 권세를 주셔서 그들을 파송하셨다.[2] 그들은 하나님 나라에 관해 선포해야만 하며, 병든 자들을 치유해야만 한다. 이런 조합은 예수의 말씀과 행함이라는 두 가지 사역을 반영하는 것이며, 하나님의 통치하심이 약속대로 임재 하신다는 소망에 대한 선포를 긍휼히 여기는 행동을

1. 하나님 나라의 소망에 관해 좀더 자세한 내용을 보고 싶으면, 누가복음 10:1-24에 대한 논의를 보도록 하라.

2. 이 설명에 대한 개념적인 평행부분은 마태복음 10:1-14 부분과 마가복음 6:6b-13 부분에서 찾아볼 수 있다. 비록 마태복음 본문은 누가복음 10:1-24 부분과 평행을 이루는 좀더 큰 사명 부분의 작은 일부분이긴 하지만 말이다.

통해 제시하는 것과 연결시키는 것이기도 하다. 제자들은 백성들을 돕고자 하는 그들의 관심이 결코 의심받지 않는 방식으로 사역해야만 한다.

제자들은 당시 문화 속에서 다른 여러 종교적 관례주의자들처럼 행동해서는 안 되는데, 이런 사람들은 그들이 한 일에 대해 대가를 기대하거나 혹은 필요한 것들을 공급받을 수 있는 거처를 달라고 요청하곤 했다.[3] 예수는 그들에게 하나님을 신뢰하라고 명령하신다. 그들은 그들의 여행을 위한 것 이외엔 아무것도 갖지 않은 채 심지어 겉옷조차 없이 오직 가벼운 모습으로 여행해야만 한다.[4] 그들은 한곳에 머물러야만 하며 이집에서 저집으로 옮겨 다녀서는 안 된다. 사역은 섬김을 받는 사람들에게 짐을 지워서는 안 된다. 도리어 그들을 오직 섬기는 일만 해야 한다. 환대받는 곳마다, 그들은 거기에 머무르며 사역해야만 한다. 만약 환대하지 않는다면, 하나님의 사자들을 거부하는 것이 하나님을 거부하는 것임을 보여주는 행동으로서 그들은 발의 티끌을 털어버리고 거기를 떠나야만 한다.[5] 제자들은 이런 소명을 갖고서 좋은 소식을 선포하고 치유사역을 베풀기 위해 떠난다.

이 본문 안에 있는 결합들을 결코 놓쳐서는 안 된다. 2절에서는 제자들은 "하나님의 나라를 선포해야만" 반면 6절에서는 "복음을 선포해야만" 한다고 되어있다. 다른 식으로 말하자면, 예수를 통해 주어지는 축복의 도래에 관한 복음은 하나님 나라와 연결되어 있다. 치유하는 일들은 하나님의 통치하심을 분명하게 제시해준다(8:22-56; 11:14-23). 하나님은 누가가 이미 앞부분에 나온 세 가지 기적들을 통해서 제시한 것처럼, 우리에게 적대적인 세력들로부터 인류를 건져내시는 권능을 갖고 계시다. 이런 역사하심들을 통해서, 하나님의 권능과 관심이 공개적으로 제시되고 나타난다.

---

3. Danker, *Jesus and the New Age*, 190. 교회에서 후대에 이와 같은 문제가 발생했고, 따라서 *Didache* 11-12는 어떻게 순회 전도자들을 대우할 것인가에 관해 세부적인 사항들을 가르쳐주고 있다. 오늘날에도 돈을 필요로 한다고 계속해서 이야기하는 사람이 정말로 교회를 대표할 수 있는가에 대해서는 여전히 문제가 남아있다.

4. 직원을 두는 것과 관련된 지침이 있었는가와 관련해서 다양한 평행본문들 사이에 나타나는 차이점들은 예수가 가벼운 모습으로 여행하라고 말씀하셨으며 그렇기에 다른 보충적인 공급이 필요 없었다는 것을 인식하면 해결할 수 있다. 비록 마가복음에서는 허용을 하고 있고(막 6:8-9) 반면 다른 복음서인 마태복음에서는 직원을 두지 말라고 이야기하고 있지만(마 10:9-10), 이 두 개의 본문 모두 다 보충적인 직원을 둘 필요가 없다는 개념에 대해서는 서로 공통적인 모습을 보여주고 있다. 두 본문 모두 다 가벼운 모습으로 여행해야한다는 것을 제시하고 있기 때문이다.

5. 이 항목의 유대적인 배경에 의하자면, 이처럼 먼지를 털어버리는 것은 이교적인 문화 속에 살고 있는 사람들에게 "거참 시원하게 없어졌군"이라고 말하면서 그들 발에서 불결함을 없애는 것을 보여주는 것이다.

누가복음 9:7-9 부분은 계속해서 이 복음에 관한 근본적인 질문을 던진다, "예수는 누구신가?"[6] 이때 이 문제는 헤롯의 궁궐에서도 표면화되어 나타난다. 이 통치자는 예수를 보기 원했는데, 주님에 관해 들어왔기 때문이다. 헤롯의 흥미를 끈 것은 예수의 기적들이었다(23:8). 그는 쇼를 보기 원했다. 도대체 어떤 인물이 그런 일들을 할 수 있는가에 대한 생각은 이에 대한 대답으로서 몇 가지 선택에 초점을 맞춘다. 즉 (1) 예수는 선지자다. (2) 그는 세례 요한을 잡아들였었기 때문에, 요한이 "살아난 것으로" 생각했었을 수 있다. (3) 아마도 주님은 이 세상의 종말이 다가오고 있다고 선포하는 엘리야와 같은 종말론적 선지자일 수도 있다. 헤롯이 혼란스러워하는 모습은, 당시 사회의 최고위층 사람들조차 예수를 이해하는데 어려워했음을 보여준다. 대부분의 생각들은 나인성에 이루어진 치유사건이 보여주듯이, 예수를 선지자 범주로 제한하는 것들이었다(7:16; 9:19). 주가 베푸신 치유 사건들과 하나님과 동행하라고 도전하신 내용들은 구약시대의 많은 선지자들을 떠올리게 한다. 그러나 하나님 나라가 임한다는 것은, 주의 사역을 통해 더 많은 것이 제공되고 있음을 의미한다.

상황잇기

이 본문에 분명하게 드러나는 두 갈래의 근본적인 사역들이, 우리 시대와 본문 당시의 시대 사이의 시간적 경계를 넘나든다. 하나님의 말씀에 대한 선포와 긍휼히 여기는 섬김을 행하는 것이, 서로를 보충하고 보완한다. 하나님은 죄인들을 사랑하신다고 가르치는 것은 사람들의 필요를 채워주시는 능력을 통해 하나님이 긍휼을 베푸신다고 증거 하는 것을 의미한다. 제자들이 아무런 반응도 얻지 못할 때, 그들은 그저 떠나야만 했고 하나님을 거부하는 것은 심판에 다다르는 것을 의미한다고 선포해야만 했다.

가벼운 모습으로 여행하라는 명령은 오늘날 우리들이 어떻게 사역해야하는가에 관해 다시금 생각해보도록 질문을 던져준다. 우리는 이런 짧은 선교여행의 순회사역 유형과 오늘날 그보다 훨씬 더 오랜 기간 동안 선교적인 노력을 기울이는 사역 유형을 동일시하지 않도록 주의해야만 한다. 우리는 선교사들은 사역에 대해 가장 엄격하고 스파르타 스타일로 접근해야만 한다고 생각할지도 모르지만, 이런 생각은 어떤 한 지역에 거주하기 위해 가는 사람들에 대해서는 적절한 생각이 아

6. 이 본문과 평행을 이루는 본문은 마태복음 14:1-2 부분과 마가복음 6:14-16 부분이다.

니다. 가볍게 여행하는 것은 어떤 한 지역에 짧은 시간동안 사역 캠페인을 벌이기 위해 가는 사람들에게 좀더 적절한 형태이다. 하지만 하나님이 어떤 한 지역에 상당 기간 동안 정착하고 거주해 살도록 명령하신 사람들은 그들이 충분히 사역할 수 있게끔 해줄 수 있는 가게를 열어야만 하며, 그들 주변 사람들에게 좋은 이웃이 되어야만 한다. 물론 사역과 선교는 모두 사례비를 받아야 한다.

우리가 헤롯의 궁궐에서 예수를 어떻게 생각하는지 9:7-9에서 보게 되는 내용은 오늘날의 생각과 별로 다를 바가 없는 모습이다. 옛적의 생각들은 예수를 향해 훨씬 더 많이 고유한 존경심을 표시하는 반면, 오늘날에는 그렇지 않은 경향이 있다는 점만 빼면 말이다. 주의 치유사역과 회개하라는 도전으로 인해, 예수의 행동은 주로 선지자적인 특징을 갖고 있는 것으로 간주되었다.

우리가 이런 사건들과는 사뭇 거리가 있고 또한 처음부터 다원주의적인 문화 속에서 태어나 살아간다는 점은 오늘날의 많은 사람들로 하여금 예수를 위대한 종교적 스승들 중 한사람으로만 자리매김하게 만들곤 하며, 반면 주의 기적을 행하시는 능력에 대해서는 의문을 갖게끔 하곤 한다. 그러나 누가는 주님과 주의 사역을 이런 식으로 바라보는 것에 대해서, 그가 관심을 갖고 기록하는 내용을 통해 그런 태도가 부적절하다는 것을 제시하고 있으며, 자신의 복음서 전체를 사용해 왜 그런지 이유를 설명한다. 예수의 주장들은 수많은 주장들 중 한 가지가 아니다. 주님은 하나님의 구원계획이 성취되는 완성의 시간을 가져다주시며, 이는 우리에게 결정을 내리도록 명령한다.

현대적 의미

교회의 가장 큰 위험들 중 하나는 두려움 때문에, 우리가 하나님의 말씀을 사람들과 공유하고자 추구할 때 구체적인 행동을 통해 사역하려는 바람을 잃어버렸다는 점이다. 오늘날의 복음증거 중 상당부분은 게릴라적인 투쟁과 비슷하다고 특징지어질 수 있다. 안전한 장소인 집으로 돌아오기 전에 잠시 짧은 시간동안만 신속하게 말씀을 나누는 모험을 감행하는 그런 특징 말이다.

예수가 제자들을 파송하셨을 때, 그들은 하나님의 돌보심을 확신해야만 했으며, 또한 그들이 사역했던 대상들과 직접적으로 연관되어야만 했다. 제자들이 머물 집을 찾아야만 했던 것은 바로 이런 이유 때문이었다. 제자들은 적들을 공격하고 눈앞에 나타났다 사라졌다하는 게릴라 전술을 사용한 것이 아니라, 자신들의 존재가 분명하게 드러나는 그런 완전침투 전략을 사용했다.

복음증거는 연관성을 필요로 한다. 복음증거는 또한 누군가에게 설교하는 것만이 아니라 사역을 돕는 사람들도 역시 필요로 한다. 불신자들에게 하나님이 돌보신다고 말하는 것은 그런 돌봄을 보여줄 수 있는 증거들을 통해 강조되어야만 한다. 비록 제자들의 섬김 속에는 새로운 시대를 보여주는 하나님의 권능이 나타나는 것도 포함되어 있기는 하지만, 그런 기적을 행하는 사역이 제자들 사역에 포함되어 있었다는 점은 오늘날에도 복음을 증거 하기 위해 마찬가지로 기적을 행해야만 한다는 의미는 아니다. 제자들의 행동에 있어서 핵심적인 요소는 긍휼히 여김과 메시지의 결합이었으며, 바로 이것이 복음을 말과 행동으로 선포할 때 반드시 제시되어야만 하는 요소이다.

하나님은 주권적인 권능으로 행하실 수 있고 또한 행하시겠지만, 우리의 일상적인 복음증거 사역은 좀더 평범하지만 동시에 의미 있는 접근을 필요로 한다. 일부 권능 있는 복음증거 그룹들이 하는 것처럼 기적을 행하는 사역에 초점을 맞추는 것은 강조점을 잘못된 곳에 두고 있는 것이다.[7] 열두 제자들의 소명은 하나님 나라를 소개하는 것이다. 지금 우리가 갖고 있는 소명은 하나님 나라의 임재를 섬김을 통해 제시하고 보여주는 것이다.

대부분의 교회들은 허둥지둥 대면서 그저 복음을 나누는 것만을 추구할 뿐, 복음증거의 이런 측면을 상실해왔다. 탁월하다는 수많은 복음증거 세미나들도, 종종 사역적인 구체적 차원들을 간과하곤 한다. 목표는 그저 소책자를 나눠주거나 설문조사를 하면서 사람들을 모으는 것뿐인 경우들이 많다. 물론 이런 접근방식들이 잘못된 것은 아니다. 그러나 이런 접근법들은 교회로 하여금 자기 성장이나 자기 필요에 초점을 맞추는 사역을 하게끔 만들곤 한다. 우리에게 필요한 것은 좀더 전도대상자들과 우리가 연관되는 것에 중점을 두는 프로그램들이며, 그저 말뿐만이 아니라 섬김을 통해 교회공동체가 참여를 보여주고 "가벼운 모습으로 여행하는" 그런 프로그램들이다. 이와 같은 아웃리치 집중적인 사역들은 만들어내기도 힘들고 지탱하기도 힘든데, 이런 사역들을 효과적으로 시작하고 진행하기 위해서는 상당히 많은 노력이 요청되기 때문이다. 그럼에도 불구하고, 이런 사역들은 그저 말로만 하는 것보다는 분명 훨씬 더 복음을 분명하게 전달하는 잠재력들을 갖고 있다. 실제로 돌봐주는 행동들은 하나님이 돌보신다는 주장을 더욱 강화시켜주며,

7. 오늘날 기적을 행하는 사역이 갖는 역할에 관한 좀더 깊은 논의에 대해서는 누가복음 4:31-44에 대한 논의를 보도록 하라. 우리는 이 부분에서 존 윔버(John Wimber)와 피터 와그너(Peter Wagner)가 소개한 사역들과 연관되어 있는 복음증거 운동에 관해 논의했다.

우리의 주장에 살과 피를 입혀준다.

헤롯의 본문에 관해 생각해본다면, 종교적 이슈들은 그에게 있어서 중추적인 이슈나 문제 거리가 아니었다. 사람들은 지금 일어나고 있는 일들에 대해서 추측하고 이런저런 생각해보는 것을 좋아하는데, 심지어 종교적인 상황들에 대해서도 그렇다. 그러나 그런 추측과 생각들이 그들의 판단을 옳게 만들어주는 것은 아니다. 헤롯이 궁궐에서 생각했던 모든 선택들은 예수가 누구신지를 설명하는데 있어서 모두 부족한 것들이었다.

오늘날 예수를 향한 존경도, 심지어 주를 선지자적인 인물로 간주하는 것조차도, 그런 태도에서 별로 먼 태도가 아니다. 우리는 주가 하나님의 길을 가져다주신다는 주장을 받아들여야만 한다. 이슬람과 다른 종교들은 예수를 하나님의 사람으로서 존경하기는 하지만, 그들은 주가 우리를 하나님께로 데리고 간다는 주의 주장을 부인한다. 만약 예수의 가르침이 좋은 것이라고 생각해주기만 한다면, 주의 가장 기본적인 주장들은 무시될 수 있는 것인가? 우리는 예수를 존경하면서도 주가 죄 사함을 가져다주시는 약속된 바로 그분이라는 주장은 거부할 수 있는 것인가?(24:47)

헤롯은 예수에 대해 단순히 호기심만 보이는 모습으로 제시된다. 그는 주님 보기를 매우 원하지만, 그건 주님에 대해 많은 이야기를 들어왔기 때문일 뿐이었다. 이것은 예수께 나아가는 가장 좋은 길이 아니다. 주의 사역은 결코 인기영합적인, 사회학적 탐문조사의 대상이 되는 것이 아니다. 주님은 '피플'(People) 지에 등장하는 그런 인물이 아니시다. 우리는 주가 하나님으로부터 보냄 받은 메시아이시며 하나님께 나아가는 길을 보여주시는 분(9:18-20)이라는 주장을 심각하고 진지하게 받아들여야만 한다. 헤롯의 모습은, 예수와 그분의 사역을 가장 비극적으로 평범화시키는 인물의 모습을 그려준다.

누가복음 9:10-17

10 사도들이 돌아와 자기들이 행한 모든 것을
예수께 여쭈니 데리시고 따로 벳새다라는 고
을로 떠나 가셨으나
11 무리가 알고 따라왔거늘 예수께서 그들을 영
접하사 하나님 나라의 일을 이야기하시며 병
고칠 자들은 고치시더라
12 날이 저물어 가매 열두 사도가 나아와 여짜
오되 무리를 보내어 두루 마을과 촌으로 가
서 유하며 먹을 것을 얻게 하소서 우리가 있
는 여기는 빈 들이니이다
13 예수께서 이르시되 너희가 먹을 것을 주라
하시니 여짜오되 우리에게 떡 다섯 개와 물
고기 두 마리밖에 없으니 이 모든 사람을 위
하여 먹을 것을 사지 아니하고서는 할 수 없
사옵나이다 하니
14 이는 남자가 한 오천 명 됨이러라 제자들에
게 이르시되 떼를 지어 한 오십 명씩 앉히라
하시니
15 제자들이 이렇게 하여 다 앉힌 후
16 예수께서 떡 다섯 개와 물고기 두 마리를 가
지사 하늘을 우러러 축사하시고 떼어 제자들
에게 주어 무리에게 나누어 주게 하시니
17 먹고 다 배불렀더라 그 남은 조각을 열두 바
구니에 거두니라

원 의미

누가는 이제 4복음서 모두에 나오는 유일한 기적에 관해서 기록한다: 그것은 5천명을 먹이시는 기적이다(마 14:13-21; 막 6:32-44; 요 6:1-15). 음식과 관련한 기적은 예수가 사람들의 필요를 어떻게 충족시키시는지를 분명하게 보여준다. 그러나 이 기적에는 두 번째 핵심적인 열쇠가 있는데, 이 공급이 제자들을 통해서 이루어졌다는 점이다. 예수는 방금 전에 그들에게 하나님 나라의 메시지를 공유하게끔 하셨다(9:1-6). 그들은 자신들이 그리스도를 통해 무엇을 할 수 있는지를 깨달을 필요가 있다. 예수는 제자들에게 주의 능력주심을 통해 그들이 주의 권세를 갖고 있음을 보여주신다.

이 사건에는 두 가지 서로 다른 이미지가 상충한다. 먹을 것을 주시는 것은 개념상 구약성경의 두 가지 핵심적인 사건들과 유사한데, 하나는 하나님이 메추라기를 공급해주신 것이고, 다른 하나는 엘리사가 떡을 공급해준 사건이다(민 11:2; 왕하 4:42-44).[1] 식탁교제라는 장면도 역시 메시아적인 이미지를 떠오르게 하는데,

이 장면은 메시아를 통해 은혜로운 음식이 공급되고 이를 통해 하나님의 백성이 즐거운 교제를 나누는 장면이다. 이 기적에는 예수의 사역을 통해 엮어져 나타나는 근본적인 주제들이 풍성하게 들어있다: 긍휼, 피조 세계에 대한 조절, 그리고 생명의 양식을 공급해주는 능력 등. 다시 말해서, 이 장면은 하나님의 은혜를 보여주는 강렬하고 인상적인 장면이며 하나님이 자기 자녀들에게 먹을 것을 공급하시는 식탁에 함께 계시면서 먹을 것을 주시는 인상 깊은 장면이기도 하다.

제자들은 자신들에게 주어졌던 소명을 감당하고 돌아와 예수께 그들이 행한 모든 일에 대해서 보고했다. 그들이 보고한 내용은 이후의 소명 내용과 틀림없이 유사했겠지만(10:17), 구체적인 사항은 아무것도 제시되지 않았다. 이 보고가 이 기적의 배경이라는 점은 결코 우연이 아니다. 누가는 예수가 주의 종들을 통해서 사역하실 것이라는 개념이 중요하다는 점을 지적하고 있다. 그들은 주가 공급하시는 권능을 통해 위대한 일을 행할 것이다.

제자들은 예수와 함께 벳세다로 떠났는데, 이 성읍은 갈릴리 바다 서편에 자리잡고 있었다. 항상 그랬던 것처럼, 무리들이 그들을 좇았다. 예수는 다시 한번 더 하나님 나라에 관해서 설교하시고 무리를 고치셨다. 그러나 이날은 바람도 불고해도 저물고 있었다. 항상 실제적인 문제들과 질문들을 제기하곤 했던 제자들은 5천 명이나 되는 이렇게 많은 사람들을 어떻게 먹일 것인지 궁금하게 여기기 시작한다. 분명 지금은 오늘은 여기까지라고 이야기해야 할 시간이다. 무리는 먹을 음식과 잠잘 곳을 찾기 위해 흩어져야만 한다.

예수는 제자들에게 음식을 공급하라고 말씀하심으로써 제자들을 놀라게 하신다: 이 사람들 속에 있던 음식이 조사되었다: 떡 다섯 개와 물고기 두 마리뿐이었다. 이 작은 양을 가지고 오천 명을 먹인다는 것은 불가능하다. 이 무리를 먹일 수 있을 만큼 충분한 양을 고작 열두 명이 준비한다는 것은 논리적으로만 본다면 끔찍한 악몽이 될 것이다. 분명 예수는 다시 생각하셔야만 한다!

주는 행하신다. 주는 그들에게 무리를 50명씩 무리지어 앉게끔 하라고 말씀하신다. 그런 뒤 떡 다섯 개와 물고기 두 마리를 가지시고서는 하나님의 축복을 간구하신다. 주님은 떡을 떼어서 제자들에게 나눠주라고 건네주신다. 제자들은 예수와의 연결을 통해서, 그 자리에 있던 모든 사람들에게 충분한 음식을 공급해주었으며 12광주리가 남았다. 떡과 물고기가 어떻게 해서 늘어나는 일이 일어났는지에

1. Marshall, *Commentary on Luke*, 357.

관해서는 구체적인 내용이 기록되지 않았다. 그보다 누가가 강조하는 것은 채워주심 그 자체에 대해서이다. 광야에서의 이스라엘이나 혹은 엘리사 선지자 시대 때처럼, 예수는 우리의 가장 근본적인 필요들을 채워주시는 그런 사역을 행하신다. 더군다나, 제자들은 그들에게 능력을 주시는 그리스도를 통해서 사역에 필요한 모든 일들을 행할 수 있다. 어떤 점에서 보자면, 예수는 사역의 불꽃을 제자들에게 건네시고자 준비하고 계신다고 볼 수 있다. 그러므로 양식을 공급받는 사람들이나 그들에게 예수로부터 양식을 받아 공급해주는 사람들 모두에게, 교훈이 주어진다.

상황잇기

성공적인 사역이 보여주는 이 역동성은 시대를 넘어선다. 제자들은 예수가 공급하시는 능력주심을 통해서 양식을 공급할 수 있다. 긍휼히 여기는 것으로부터 다른 사람들을 위해 섬기고 공급하라는 주의 명령은 우리가 우리 자신에 대해서 생각하는 것이 아니라 어떻게 하면 우리가 다른 사람들에게 나아가도 다다를 수 있는지 생각할 것을 요구한다. 이런 사역은 종종 자기 공급이 삶의 질서인 이 세상에 대해서나, 사람들이 일반적으로 작동하는 방식과는 정반대로 가는 것이다. 교회의 사역은 주를 통해서 그리고 주를 위해서 사역하라는 명령을 포함한다. 어쩌면 오늘날 우리들은 식량을 준비해주고 공급해주는 것이 아니라 다른 문제에 대해 의논할지도 모르지만, 여하튼 역동성이 차지하는 모습은 동일하다. 예수가 공급해주시는 양식 바깥에서 사역하는 것은 결코 참된 사역이 아니다. 다른 한편으로, 주를 의지한다는 것은, 우리가 효과적인 사역을 하는데 필요한 모든 것들을 공급하시는 바로 그분과 접촉하면서 사역한다는 것을 의미한다.

제자들은 그들이 결코 꿈도 꿀 수 없었던 일들을 예수와 관계를 맺는 것을 통해서 성취할 수 있다는 것을 주목할 필요가 있다. 그들이 비전의 한계를 어디로 정할 것인가라는 점만이, 사역에 있어서 그들이 전진해 나아가는 것을 가로막을 뿐이다. 이날에, 그들은 이전에는 결코 이룰 수 있다고 생각해본 적이 없었던 그 무언가의 중요한 일부분이었다. 그들은 결코 다시 똑같아지지 않을 것이다. 왜냐하면 예수가 여기에서 그들에게 가르치기 시작하신 교훈의 과정은 그들이 효과적으로 사역하는데 필요한 중요한 교훈을 그들에게 가르쳐주기 때문이다. 그들이 요점을 찾아내는 데는 아마도 시간이 좀 걸릴 것이고, 그런 모습은 우리들에게도 종종 마찬가지일 것이다. 그러나 그들은 결국엔 예수의 권능을 온전히 보게 되고 끌어다 사용하게 될 것이다.

현대적 의미

"우린 전엔 결코 그런 일을 해본 적이 없습니다" 혹은 "우린 그렇게 할 수 없어요" 이 두 가지 말들은 가장 크게 사역을 죽이는 표현들이다. 이런 표현들은 일반적으로 실제적인 관심사나 혹은 어떤 일을 해온 전통적인 방식으로 인해 생겨나곤 한다. 일이 진행되는 과정 속에서, 대단한 아이디어들도 짓눌러질 수 있다. 제자들은 예수가 무리에게 먹을 것을 공급하길 원하신 새로운 방식에 대해 전혀 비전을 갖지 못했다. 그들의 그런 모습이 전혀 놀라운 모습은 아니긴 하지만 말이다. 그러나 주의 존재는 무엇이 할 수 있는 일인가에 대한 공식을 완전히 바꾸신다. 이 기적은 예수를 만나는 사역자들은 놀라운 방법들을 통해 준비할 수 있다는 점을 보여준다. 주를 창조적으로 의지하는 것은 열두 명의 제자들에게 사역의 새로운 장을 열어주었다. 주님은 그들을 이끌어 가실 수 있고 그들로 하여금 주를 통해 영적인 양분을 공급하는 것을 보게끔 하신다.

요한복음 6장에 나오는 이 사건에 대한 예수의 설명은, 주가 "생명의 양식"이시며 영적인 양분과 방향 인도자이심을 보여주신다. 사도행전 3-4장에, 교회는 사역에 있어서 효과적이 되기 위해서는 예수가 공급하시는 것에 초점을 맞추어야만 한다는 교훈을 배운다. 사도행전 전체를 통해서, 교회는 예수에 대한 의지를 통해 사역가능성에 대해 창조적으로 계속해서 배워나간다.

사람들에게 다가가는 유일한 방법은 결코 없다. 공급하는 사역은 많은 형태를 가진다. 그러나 한 가지 역동성은 계속해서 지속된다: 효과적이 되기 위해서는 상황 속에서 이끄시고 공급하시는 분은 오직 예수가 되셔야만 한다. 우리가 병원에 심방 가는 것을 통해 사역하건, 스스로 자급할 힘이 없는 가족들에게 양식을 공급하는 것을 통해서 사역을 하건, 누군가의 감정적인 어려움들을 들어주는 것을 통해서 사역을 하건 간에, 우리가 예수가 제공하시는 것을 공급해주고자 추구하는 사람들이라면, 우리가 섬기는 사람들에게 하나님의 긍휼히 여기심을 보여주는 사람들이 되어야만 한다.

이 사건에는 우리가 주목해야 하는 또 다른 사항이 하나 더 있다. 함께 서로에게 기대고 있는 교제의 모습은 예수가 공급하시고자 하시는 공동체의 모습을 그려준다. 음식이 나누어지고 양식이 공급될 때, 예수가 그들 모두에게 사역하셨다는 느낌이 드는데, 거기엔 그들에게 제공된 충분한 음식 이상의 무언가가 있었기 때문이다. 이 상황 자체는 개인화된 종교, 즉 나의 유일한 관심사가 하나님이 내게 무엇을 행하실 것이냐는 그런 신앙 상황과는 전혀 상반된 서술을 보여준다. 예수는 우리에게 무리들을 대상으로 사역하는 것을 가르치시고 또한 그들을 공동체로서 함께 모을 것을 가르치신다. 예수는 이후에도 제자들을 향해 그들이 얼마나 서로 사랑하는지를 세상에 보여주라는 명령을 통해, 하나 됨을 명령하시고 원하셨다(요 13:34-35). 우리의 개인적인 계획들은, 우리가 주의 임재하심 안에 있을 때에는 문 앞에 남겨두어야만 한다.

예수는 같은 점을 분명히 하시고자 이후에도 주의 식탁을 마련하셨다. 우리가 예수의 발 앞에서 누리는 교제의 식사는 우리 모두가 같은 식탁에 앉는다는 것을 의미한다. 우리는 이 식탁이 주의 것이며 또한 주가 공급하신 음식들도 주의 것이라는 깨달음을 가지고 사역해야만 한다. 바로 이것이 고린도전서 10:16-17과 11:23-27에서 식탁에서의 하나 됨이 얼마나 중요한지를 강조하는 이유이다. 우리 모두는 한 떡과 같은 잔에 동참하며 우리 모두가 예수께 속해있다고 선포하는 사람들이기 때문이다.

누가복음 9:18-22

18 예수께서 따로 기도하실 때에 제자들이 주와
함께 있더니 물어 이르시되 무리가 나를 누
구라고 하느냐
19 대답하여 이르되 세례 요한이라 하고 더러는
엘리야라, 더러는 옛 선지자 중의 한 사람이
살아났다 하나이다
20 예수께서 이르시되 너희는 나를 누구라 하느
냐 베드로가 대답하여 이르되 하나님의 그리
스도시니이다 하니
21 경고하사 이 말을 아무에게도 이르지 말라
명하시고
22 이르시되 인자가 많은 고난을 받고 장로들과
대제사장들과 서기관들에게 버린 바 되어
죽임을 당하고 제삼일에 살아나야 하리라 하
시고

원 의미

누가복음은 9:18-22에서 베드로가 예수를 그리스도라고 고백하면서 전환점에 다다르게 된다. 이 고백은 9:23-50에 나오는 제자도에 대한 논의를 시작하는 문을 열어준다. 예수를 그리스도로 인식한다는 것은 예수께 반응하는데 있어서 근본적으로 중요한 것이지만, 여기에다 주의 메시아적 행적에 대한 설명들이 보충되고 첨가되어야만 한다. 예수는 실제로 이 땅에 다시 재림해 오셔서 주의 권세를 가시적으로 행하실 때, 영광스러운 통치기간을 실제로 갖게 되실 것이다. 그런 뒤에 주는 불의한 자들을 심판하시고 주의 사람들을 옹호하실 것이다. 그러나 영광 이전에 고통이 오며, 주의 제자들도 마찬가지 길을 걷게 될 것이다. 그러므로 베드로의 고백 이후에, 예수는 제자들에게 메시아에 관해 가르치셔야만 한다. 그리고 제자들은 하나님의 계획을 이해하기 위해서는 주의 말씀에 "귀 기울여야만" 한다(35절). 효과적으로 사역하기 위해서는 그들은 관점을 바꿔야만 한다. 통치하는 것이 아니라 도리어 고난과 섬김을 명령하는 제자도의 길을 통해 자신들의 길을 이끌어 가는데 있어서, 그들의 본능 하나만으로는 적절한 가이드가 될 수 없다.

누가는 몇몇 본문들을 통해서 예수는 누구신가라는 질문을 생각해왔다(4:14-30; 7:16; 8:25; 9:7-9). 이제 제자들은 예수로부터 긍정적인 반응을 받게 되는 그런 대답들을 제시한다.[1] 베드로는 예수가 단순한 선지자 이상의 분이심을 안다. 그들은 주님과 함께 지내왔으며 주가 그저 하나님 말씀의 교사이거나 하나님의 많은 대리자들 중 한사람이 아니시라는 것도 안다. 주님은 하나님이 보내신 약속된 구원자이시다.

이 고백은 점차적으로 나타난다. 예수는 우선 사람들이 주가 누구시라고 생각하는지에 관해 물으신다. 이에 대한 대답은 9:7-9에 나오는 생각들과 비슷하다. 무리는 예수가 선지자이거나 세례 요한의 현현 정도로만 생각한다. 반대로, 베드로는 예수가 메시아이시라고 고백한다. 이런 차이점이 갖는 중요성을 결코 놓쳐서는 안 된다. 베드로는 예수를 하나님이 약속하신 통치자로 바라본다. 비록 이런 범주가 주의 신성에 대한 온전한 고백에는 미치지 못하긴 하지만 말이다. 예수와 시간을 좀더 보낼수록, 부활의 중요성에 대해 좀더 묵상할수록, 예수에 대해서나 주의 메시아적 역할에 대해 좀더 깊은 이해를 하게 될 것이다.

베드로의 고백은 예수 앞에 무엇이 기다리고 있는지를 오해하는 데로 이끌고 갈 수 있기에, 예수는 즉각 그런 가능성을 바로 잡아주기 위해 움직이신다. 제자들은 영광으로 직접 나아가는 그런 루트를 기대한다. 그들은 주님과 연관된 사람들의 운명은 권세와 특권을 누리는 것이라고 믿었다. 그러나 그들은 메시아가 가야 할 길에 대해서 더 많은 것을 배워야만 한다. 주님은 인자가 배척당하며 고난당하고, 죽게 되고 부활하게 될 것이라고 예언하신다. 이런 일들은 "반드시" 일어나야만 한다. 누가는 하나님의 계획 안에는 고난 받으라는 명령이 포함되어 있다는 점을 보여주기 위해서, 헬라어 단어 '데이'(~해야만 한다)를 사용한다. 이곳이 누가복음에서 인자가 고난에 관해 이야기하는 첫 번째 부분이다.

이와 같은 고난과 관련되어 있는 구약성경적인 배경에 대해서는 많은 내용들이 논의되어왔다.[2] 어떤 사람들은 이 예언이 실제 사건이 일어난 이후에 기록된 이야기처럼 보이며, 예수는 사실 이런 예언을 하시지 않은 것으로 보인다고 주장한다. 그러나 이런 주장은 고난과 승리와 연관되어 있는 구약성경에 대한 활용가능성을 과소평가한 것이다. 구약성경 가르침들의 결합은 분명하게 이런 연상을 만들어낸다: 고난받는 종의 이미지(사 52:13-53:12)와 시편에 나오는 의인의 고난이라는

---

1. 이 본문과 평행을 이루는 본문은 마태복음 16:13-23과 마가복음 8:27-33이다. 이와 관련된 설명은 약간씩 변형되어 있긴 하지만, 각각의 본문이 갖고 있는 근본적인 요점은 동일하다: 예수의 메시아이심에 대한 고백.

2. Nolland, *Luke 9:21-18:34*, 468-74.

개념(시 16편; 22편; 31편; 69편; 118편). 이 두 가지 테마들은 모두 다 고난이 영광보다 앞서 일어난다는 것을 가르친다. 예수로 하여금 주를 메시아라고 고백한 앞선 고백에 대해 침묵하라고 명령하시게 만든 것은, 다름 아니라 바로 영광으로 나아가는 바로 이와 같은 놀라운 루트이다. 왜냐하면 이 메시아는 결코 고난 받지 않는 승리적인 인물인 것으로 여겨졌기 때문이다. 제자들은 하나님의 참된 계획을 다른 사람들과 공유할 수 있게끔 되기 이전에, 먼저 하나님의 참된 계획을 설명 받아야만 한다.

좀더 많은 교훈을 받고 배워야하긴 하지만 그럼에도 불구하고 베드로의 고백은 결정적인 전환점이다. 베드로는 예수가 약속된 그분이심을 인식했기 때문에, 주를 유일무이한 독특한 존재로 바라본다. 이런 양상은, 예수를 통해 성취되는 하나님의 구속계획을 이해하는데 있어서 매우 근본적인 부분이다. "선지자"라는 범주는 예수께는 부족한 범주이지만, "메시아"는 주를 하나님의 약속된 구원자로 간주하는 범주다. 바로 이 점이 이 고백을 다루는 마태복음 부분에서 예수가 "반석 위에"—즉, 고백 위에, 그리고 베드로처럼 보는 사람들 위에—교회가 세워질 것이라고 주가 지적하신 이유이다(마 16:18). 기독교인이 되는 것은 예수의 이런 독특한 역할을 이해하는 것이다. 하나님의 계획 속에는 주님과 같은 존재는 아무도 없다. 바로 주님만이 하나님의 집이 토대를 두고 세워질 수 있는 유일한 기초이시다(고전 3:11).

상황잇기

이 예언은 성도가 축복으로 나아가는 루트에 대해 적용을 갖고 있다는데 중요성을 갖는다. 예수는 길을 걸으시며 주의 제자들에게 좇아오라고 명령하셨는데, 고난을 통과해야만 하는 이런 길은 1세기와 지금은 다른 형태를 취할 수 있다. 그 당시에는 가족들이 종교적 이슈로 인해 갈라서고 외톨이가 되는 결과를 낳았다. 오늘날에도 어떤 문화 속에서는 예수를 믿는 것이 여전히 그런 결과들을 낳는 것이 목격되기도 한다. 그러나 종교적 인내가 지배적인 문화들 속에서는 고난은 좀더 미묘한 형태를 띤다. 예를 들어서, 성도들이 직장에서의 승진보다 가족들에게 더 우선순위와 가치를 둘 때, 사람들은 이런 일을 잘 이해하지 못하곤 한다. 성도들이 "일반적인 휴가"를 보내기보다는 다른 사람들에게 복음을 전하기 위해 먼 지역으로 여행하기를 원할 때, 사람들은 이런 일을 잘 이해하지 못하곤 한다. 가장 가까운 가족들조차도 이런 결정들을 잘 이해하지 못하는 경우들이 있다(9:57-

62을 보라). 제자들은 삶 속에서 그들이 내리는 결정에 분명한 가치들을 반영하거나 혹은 그들이 실천하려는 가치를 반영하라는 명령을 받았다.

삶의 평가에 있어서 개인적인 선택이 최고의 가치를 갖는 것은 아니다. 그렇기에 아직 태어나지 않은 태아의 권리도 중요한 것이며, 혹은 하나님을 효과적으로 섬기는 가능성을 확보해주고 확장해 주지 않을 경우 우리는 직업적인 성공을 포기할 수도 있다. 이런 감격한 선택들은 오해를 불러일으킬 수도 있다. 이런 고난은 예수가 여기에서 암시하신 육체적 고통은 아니지만, 한사람이 하나님을 위해 다른 길을 걸었기 때문에 받게 되는 거부의 또 다른 형태이다. 그러므로 비록 오늘날의 세상에서는 순교가 덜 일어나기는 하지만 그러나 예수께 속한 모습으로 이 세상을 살아가고자 하는 많은 사람들에게 고난은 여전히 분명한 실체로서 존재한다.

현대적 의미

이 본문 안에서의 근본적인 중요성은 이 본문에서 그리스도가 누구인가에 대해 인식하고 있다는 점이다. 삶의 판단에 있어서 주를 과소평가하는 것보다 더 비극적이고 잘못된 일은 없다. 생명이라는 선물을 갖고 계신 분을 놓치는 것은 생명 그 자체를 놓치는 것이다. 메시아가 진정 어떤 분인지 이해하는 것 없이 주를 그리스도로 이해하는 것은 예수에 대한 이해에 있어서 우리에게 부족함을 갖게 된다. 바로 이 점이 20:41-44 부분에서 예수가 왜 다윗이 메시아를 "아들"이라기보다는 "주님"이라고 불렀는지 물으셨던 이유이기도 하다. 하나님의 계획 안에는 체계와 계급이 있으며, 예수는 그 중 맨 꼭대기에 자리 잡고 계신다. 하나님의 오른편에 앉으셔서 우리 편에 서서 하나님을 위해 사역하시면서 말이다. 뒤이어 나오는 사건들이 좀더 분명히 보여주긴 하겠지만, 제자들은 이때에 예수에 관해 이해하지 못했다.

오늘날의 예수에 대한 많은 묘사들은 예수가 누구신지를 적절하게 이해하지 못한 것들이다. 어떤 사람들은 주를 종교적 교사로서, 종교적 명예의 전당에 들어간 멤버로서 받아들이고자 시도하지만, 주를 유일무이한 분으로서는 바라보지 않는다. 예수에 대한 이런 접근법은 우리 시대 문화 속에서는 대중적인 것인데, 이런 관용적 입장이 다른 누구에게도 주의 독특성을 강제하지 않는 입장이기 때문이다. 불행하게도, 이런 관점은 또한 가장 위대한 교사의 가장 근본적인 주장을 부정하는 관점이기도 하다. 즉 주님은 하나님의 약속들의 성취를 비길 데 없이 대표하시며, 하나님께로 가는 길을 비길 데 없이 보여주셨다는 것을 부정한다. 우리가 예수에 대해서 공관복음서에서 그러했듯이 이사야 61:1-2에 나오는 이사야의 약속을 성취하신 분으로 간주하건, 예수를 "길과 진리와 생명"(요 14:6)이라고 설명한 요한의 묘사를 받아들이건 간에, 예수는 그 당시 많은 사람들이 주를 인식했던 것과는 달리 단순한 선지자가 아니라는 것이 요점이다. 주는 그 이상인 분이시다. 예수의 근본적인 주장들 중 일부를 상대화시키고자 하는 우리 문화의 시도는 주를 가장 위대한 교사로 간주하는 것과 잘 부합하지 않는다. 만약 누군가가 예수의 종교적 위대함을 스승으로서 존경한다면, 도대체 어떻게 그런 뒤에 주가 자신이 하나님의 아들이라고 말씀하신 가장 근본적인 주장을 거부하거나 상대화할 수 있단 말인가? 이 두 가지를 한꺼번에 취할 수는 없다. 예수는 하나님의 약속을 성취하신 비길 데 없는 분이시거나, 아니면 그의 주장은 진리를 왜곡한 것이어야 한다.

이보다 좀더 미묘하게 예수의 주장을 상대화하려는 시도들이, 신약성경을 연구하는 일부 사람들 사이에서 최근에 나타났다. 이들은 예수가 가르치신 내용과 주가 가르치신 것에 대해 복음이 묘사하고 있는 것 사이를 구별해서 갈라놓고자 시도한다. 이 주장은 믿음의 대상인 그리스도와 역사적 예수는 동일하지 않다는 것이다. 이들은 복음서의 묘사들 사이에 존재하는 차이점들을, 교회가 예수에 관한 가르침을 확장시켜왔다는 증거로 두드러지게 강조한다. 이런 방식을 통해서, 예수의 강조적인 주장들은 초대교회의 언급인 것으로 간주되며, 복음서 기자들이 주의 입에다가 극단적인 언급들을 담아둔 것으로 간주된다. 이런 입장을 발전시키는 사람들은 주의 독특함이 주님 자신이 친히 행하신 것보다는 주를 좇던 헌신된 제자들이 만들어낸 산물이라는 것을 보여주는 것을 통해, 그들 입맛에 맞는 예수로 재주장하길 원한다.[3] 그러나 그런 비평주의는 예수가 어떻게 해서 십자가에 달리실 수 있었으며 제자들이 그런 믿음을 위해 생명을 걸었는지를 설명할 수 없다. 이런 시도는 또한 교회의 전통이 예수의 삶과 교훈에 관해 요약형태로 의사소통해 온 것에 대해서도 과소평가한다. 이런 시도는 복음서 저자들이 그들의 스토리를 이야기함에 있어서 각자가 예수에 대한 새롭고 신선한 사실들을 갖고 있었을 가능성에 대해 거부한다. 이런 시도는 또한 복음서 기자들이 인용을 사용했을 뿐만 아니라 예수의 가르치심의 핵심들을 다양한 표현변화들을 사용해가면서 종종 요약하곤 했다는 점에 대해서도 생각하지 않는다. 복음서 기자들은 예수가 누구시며 주가

3. 예수에 대한 이런 식의 접근방식은 다음의 책을 통해 철저하게 비평받았다. *Jesus Under Fire: Modern Scholarship Reinvents the Historical Jesus*, ed. M. Wilkins and J. P. Moreland(Grand Rapids: Zondervan, 1994).

무엇을 행하셨는지에 관한 근본적인 묘사를 뒤틀리게 하지 않으면서도 그렇게 했다. 지금껏 이야기한 예수에 대한 고등비평적인 접근은 예수를 선지자나 혹은 하나님이 약속하신 분이 아닌 것으로 취급하려는 현대적인 형태에 불과할 뿐이며, 그렇기에 베드로의 고백에 다다르는 데는 실패할 수밖에 없다. 그저 단순히 선지자일 뿐인 한명의 예수는 기독교 신앙을 수많은 윤리 중 한 가지에 불과한 것으로 축소시켜버리며, 기독교 신앙이 중요하고 독특한 무엇인가라고 주장할 수 없게끔 만들어버린다.

베드로의 고백이 결정적인 것은 그 고백은 예수만이 하나님의 약속에 대한 소망을 유일무이하게 담지하시는 분이시라고 주장하는 것이기 때문이다.

이 본문은 또한 하나님의 축복이 항상 윤택과 풍요를 통해서만 오는 것이 아님을 분명히 한다. 영성은 종종 큰 대가와 고통을 요구하기도 하며(9:23-27을 보라), 우리는 예수가 만나셔야 했던 것과 동일한 종류의 반응에 직면할 준비를 해야만 한다. 누가복음 9-19장의 많은 부분은 주의 길이 정확하게 어떤 내용들을 포함하고 있는지를 묘사하는데 할애되고 있다. 우리는 이 부분에서 앞으로 어떤 내용들이 나오게 될 것인지에 대해 그저 첫 번째 힌트를 갖게 되었을 뿐이다. 이 세상의 어떤 지역들에서는 그리스도와의 동행이 갖는 이런 부분들에 대해 서방세계에 존재하는 것보다 훨씬 더 잘 이해할 수 있는 모습을 본래부터 갖고 있기도 하다. 전 세계에서 온 학생들과 함께 한 신학교에서 지내는 일이 가져다주는 장점은 한 사람의 성도가 예수를 고백할 때 그들이 사는 사회 속에서 우리와는 얼마나 다른 조건과 환경 속에서 살아야만 하는지를 들을 수 있다는 점이다. 그저 사람들이 그 사람이 성도라는 것을 알아버렸기 때문에 승진기회를 박탈당하거나 직장을 잃거나 혹은 주일날에도 일하도록 강요받는 사람들에 관해 듣는 것은 흔한 일이다. 어떤 사람들은 그들의 믿음으로 인해 감옥에 가야만 하는 상황과 직면하기도 한다. 어떤 곳들에서는 예수를 고백하는 일이 문자 그대로 고난을 의미한다.

예수를 이야기하고 함께 나누는 것이 법을 위반하는 것이 아닌 사회 속에서 살고 있는 우리 같은 사람들에게는 그런 사람들의 증언과 증거들이 우리로 하여금 담대해지도록 격려하고 용기를 북돋아준다.

누가복음 9:23-27

23 또 무리에게 이르시되 아무든지 나를 따라오
려거든 자기를 부인하고 날마다 제 십자가를
지고 나를 따를 것이니라
24 누구든지 제 목숨을 구원하고자 하면 잃을
것이요 누구든지 나를 위하여 제 목숨을 잃
으면 구원하리라
25 사람이 만일 온 천하를 얻고도 자기를 잃든
지 빼앗기든지 하면 무엇이 유익하리요
26 누구든지 나와 내 말을 부끄러워하면 인자도
자기와 아버지와 거룩한 천사들의 영광으로
올 때에 그 사람을 부끄러워하리라
27 내가 참으로 너희에게 이르노니 여기 서 있
는 사람 중에 죽기 전에 하나님의 나라를 볼
자들도 있느니라

원 의미

고대 세계에서는 십자가를 진다는 것은 강력한 이미지였다.[1] 이 이미지의 한가운데에는 어떤 상황에 대한 강한 책임성이라는 이미지와 더불어, 거부와 거절이 자리 잡고 있다.[2] 십자가를 지는 사람은 매우 심각한 범죄를 저지른 사람이며 제거되어야 할 사람이다. 범죄자들은 죽음의 장소로 이동해 가면서 자신의 십자가를 자기가 짊어졌다. 그러므로 기독교인에게 있어서 십자가를 진다는 것은 거부와 죽음에 직면할 준비를 해야 한다는 것이었다. 자신이 걸은 길에 대해 하나님 앞에서 책임을 져야한다는 것은 물론이고 말이다. 이는 우리가 세상에 대해서 죽었으며, 세상적인 가치와 삶의 스타일에서도 분리되었다는 것을 의미한다(갈 6:14).

누가복음 9:23은 시제 배열에 있어서 아주 흥미로운 모습이다. 세 개의 동사 모두가 명령형이지만, "자기 자신을 부인하라"는 명령과 "자기 십자가를 지라"[3]는

1. 이 본문과 평행을 이루는 부분은 마태복음 16:24-28과 마가복음 8:34-9:1 부분이다. 이 본문들은 각각의 공관복음서들에서 모두 동일한 관련지점에 자리 잡고 있다. 십자가에 달리는 것에 관해서는 M. Hengel, *Crucifiction in the Ancient World and the Folly of the Message of the Cross*(Philadelphia: Fortress, 1977)을 보라.
2. J. Schneider, "σταυρός," *TDNT*, 7:578-79; Fitzmyer *Luke 1-IX*, 787; Marshall, *Commentary on Luke*, 373.
3. 오직 누가만이 "날마다"라는 단어를 자기 십자가를 진다는 개념에 첨가한다.

명령은 헬라어 과거형 시제들이지만, 반면 "(예수님을) 좇으라"는 명령형은 현재 시제이다. 이는 제자도란 자기부인과 자신의 십자가를 감당하는 것은 근본적인 요청이고 근본적으로 그렇게 해야 하는 것이지만, 반면 예수를 좇으라는 명령은 그런 모습에 토대를 두고 지속성을 보여야하고 계속해서 성장해야 한다는 것을 의미한다. 그렇기 때문에, 제자도는 우리가 우리의 계획을 하나님의 뜻에 겸손하게 연합시키는 것을 통해 우리자신을 하나님의 뜻에 맞도록 정돈하면서, 지향점을 근본적으로 이동시킬 것을 요구한다. 십자가를 지는 정황 속에서 자기 자신을 부인한다는 것은 우리가 이 세상의 길에서 벗어나 걸어가는 것에 대해 세상이 우리를 "죽일 수도" 있지만, 그럼에도 불구하고 우리는 그렇게 할 준비가 되어있어야 한다는 의미이다. 하나님이 우리에게 다른 방식으로 삶을 살고 걸어갈 것을 명령하셨기 때문이다.

24절은 요점을 매우 훌륭하게 잘 정돈해준다. 만약 네가 이 세상의 대적으로부터 너 자신을 보존하는 것을 통해, 그리고/혹은 너 자신을 이 세상에 적절하게 잘 맞추는 것을 통해, 너의 생명을 지키고자 한다면, 그 결과는 참된 생명을 잃는 것이다. 다른 한편으로, 만약 네가 하나님의 일을 위해 너의 생명을 잃고자 한다면, 그러면 너는 참된 생명을 얻게 될 것이다. 고대 세계에서는 예수를 선택한다는 것은 이 세상에서 사람들로부터 무언가 대적 받는다는 것을 의미했다. 이런 대적은 예수가 당하셨던 조소의 형태나, 초대교회가 직면해야만 했던 비웃음의 형태, 바울이 경험했었던 구타와 매 맞음, 혹은 스데반이 맞이해야만 했던 죽음 같은 형태를 띠곤 했다. 기독교 신앙은 새로운 것이었고, 유대교적인 정황 속에서는 잘 확립된 전통에 대한 위협이기도 했다. 만약 누군가가 대중성이나 세상에서 받아들여지는 것을 원했다면, 그들은 그리스도를 받아들이지 않았다. 그러나 대중적인 환호에 대한 대가는 매우 큰 대가였는데, 이런 선택을 하는 것은 구원의 기회를 박탈당한다는 것을 의미했기 때문이다. 하나님 편에 서기로 하고 대중적인 거부에 직면하기로 선택하는 사람들만이, 복음에 반응하는 것이었고 생명에 들어가는 것이었다. 그러므로 처음 시작부터, 예수에 대한 선택은 전혀 다른 길로 간다는 의미를 만들어나갔다.

25절에 나오는 예수의 수사학적인 질문은 요점을 매우 견고하게 만들어준다. "온 세상을 얻고도"라는 말의 의미는 이 세상이 줄 수 있는 모든 공급, 권력, 그리고 풍요를 우리가 이용할 수 있다는 의미이다. 이런 방식으로 사는 것은 예수께는 아무 의미가 없는 삶이다. 이런 삶은 한 사람으로 하여금 참된 생명을 잃어버리는 사람이 되게 만들 뿐이기 때문이다. 여기에 잠언 형태로 기록된 내용은 예수께 이전에 주어졌던 유혹이기도 했다. 4:5-8에서, 주님은 하나님이 주께 걸어가라고 명령하신 길로 행할 것인지 아니면 이 사탄에게 절하는 것을 통해 이 세상의 왕국을 받아들이는 것을 선택할 것인지 두 선택 사이에 놓이셨다. 물론 예수는 이 선택이 진정한 선택이 아니라는 것을 알고 계셨는데, 사탄은 하나님이 주실 수 있는 것을 줄 수 없기 때문이다. 그러므로 예수는 여기에서 제자들에게 주가 이미 먼저 보여주신 본을 좇으라고 명령하신다. 자신의 영혼을 대가로 지불하고 이 세상을 얻는 것은, 좋지 못한 투자이고 자산을 잃는 것이다.

그렇다면 이런 희생을 통해서 무엇을 얻게 될 것인가? 예수는 이 질문에 대답하시기 위해 부정적인 장면을 사용하신다. 인자(즉, 예수님)를 고백하는 것을 부끄러워하거나 두려워하는 사람들은 주가 하늘의 모든 영광으로 돌아오실 때에 주의 부인을 접하게 될 것이다. 그들은 그들이 선택한 것을 받게 될 것이다: 주님으로부터의 분리. 예수는 자기 자신을 마지막 때의 심판주로 묘사하시는데, 이는 누가가 다른 부분들에서 발전시킨 주제이기도 하다(행 10:40-43; 17:30-31). 우리 주님은 주를 향해 자기 삶의 부분이 되지 말아달라고 요구하는 사람들을 받지 않으실 것이다. 그러나 이 장면은 슬픈 장면인데, 주가 다시 나타나실 때 주의 신분과 지위 그리고 특권을 모든 사람들이 분명히 알게 되고 보게 될 것이기 때문이다. 제외되는 것은 공식적인 일이 될 것이다. 하나님 없이 영원성을 만나야만 하며, 삶에 있어서 이것이 가장 비극적인 일임을 알게 될 것이다. 다른 한편으로, 함축을 통해서 자기 자신을 예수께 속하게 하는 사람들은 하나님 나라를 경험하게 될 것이다.

예수는 지금 함께하고 있는 자들 중 일부 사람은 하나님 나라를 경험하게 될 때까지 죽음을 맛보지 않을 것이라고 말씀하시는 것과 더불어 주의 말씀을 마무리하신다. 이 말씀은 두 가지를 언급하시는 것으로 보인다. (1) 열두 제자들 중 일부는 예수와 함께 변화산에 올라가서 주의 변형을 경험하게 될 것이고(9:28-36), 그곳에서 예수가 다시 오실 영광을 어렴풋이나마 미리 보게 될 것이다. 그들은 이제 오게 될 하나님 나라를 "보게" 될 것이다. (2) 이 언급은 오순절 때 교회 위에 강림하게 되는 축복의 형태에 대해서 고대하는 것일 수도 있는데, 그때 부활하신 예수의 권능이 성령을 나눠주시는 것을 통해 분명하게 나타나기 때문이다(행 2:14-39). 성령과 더불어, 메시아적 축복의 약속이 시작되며, 하나님은 자기 백성들 안에서부터 주의 임재하심과 다스리심을 표현하기 시작하신다(눅 3:15-17; 24:49; 행 1:5-8). 그러므로 예수는 제자도의 험난한 길과 하나님 나라의 일부분이 되는 풍성한 축복이 연관되어 있음을 지적하신다.

상황잇기

이 본문들을 오늘날에 대해서 적용하고 묵상하는 것은 매우 어려운 일이다. 십자가를 진다는 것이 고대세계에서 갖고 있었던 죽음을 향해 걷는다는 의미가 오늘날의 기독교인들에게는 거의 일어나지 않기 때문이다. 그렇기에 오늘날에는 제자도가 거의 자동적으로 대가를 지불한다는 의미를 갖고 다가오지 않는다. 오늘날에는 예수를 위한 결정이 자동적으로 거부와 박해를 불러오지도 않는다. 만약 손해 보는 무엇가가 있다면, 우린 적대적인 이슈로부터 고난을 받는다. 우리는 한 사람이 모태신앙으로 태어나도록 해주는 제도화된 기독교나 혹은 이 세상에서 결코 채택하지 않는 자신의 도덕적 정체성을 보호해주는 제도화된 기독교를 경험할 수 있다. 이런 기독교는 결코 예수가 여기에서 묘사하시는 제자도의 긴장성을 만나지 않을 것이다. 그러나 이처럼 보호받는 종류의 제자도는 예수가 제자들에게 날마다 자기 십자가를 지라고 명령하시면서 제자들에게 감당하라고 명령하신 그런 종류의 제자도는 아니다.

예수는 주께 속한 사람들은 이 세상에서 실제로 주를 대신하고 대표하게 될 것임을 확신하셨다. 주는 또한 이 세상이 그들에 대해서 반응할 것임도 알고 계셨다. 그러나 주의 소명을 오늘날 신실하게 감당하는 사람들은 종종 초대 기독교가 인내하고 참아야만 했던 그런 박해를 만나지 않는다.

그러나 오늘날의 믿음이 종종 박해를 포함하지 않는다고 해서, 이런 모습이 제자도가 대가를 지불하지 않는 것이라거나 그런 식의 제자도는 더 이상 존재하지 않는다는 것을 의미하지는 않는다. 이 세상은 과거와 마찬가지로 잠재적이며 또한 강력하게 그런 모습을 오늘날에도 보여준다. 우리를 향해 이 세상의 행보와는 다르게 살라는 명령은 그 당시와 마찬가지로 오늘날의 제자도에 있어서도 본질적인 태도이다. 성실함, 정결함, 신실함 그리고 겸손한 섬김의 삶은 예수님 당시와 마찬가지로 오늘날에도 분명하게 나타나야만 한다. 만약 우리가 이 세상에서 너무 편안하고 만약 그 누구도 우리 삶이 다르다고 말할 수 없다면, 그건 우리가 그리스도께서 우리에게 명령하신 제자도의 온전한 여정을 택하지 않았기 때문일 것이다. 이건 우리가 우리의 다른 삶의 방식에 관심을 끌기 위해 나팔을 불어야한다는 의미는 아니다. 이런 삶의 모습은 빛이 어둠 속에서 빛나는 것과 마찬가지로 자연스럽게 나타나야만 한다.

섬김의 길은 이 세상이 선포하는 자기 성취의 길이 아니다. 섬김의 길은 다른 사람들의 영적인 필요와 기본적인 필요들을 채워주고자 추구하는 자기부인의 형태를 포함한다. 개인적인 권리들이 거의 신성불가침적인 지위를 갖고 있는 이 세상에서는 이와 같은 사심 없음은 못마땅한 모습이다. 자기 자신의 십자가를 진다는 것은 자기 자신의 일정을 부인하고 하나님을 섬기고 주를 좇는 것을 의미하며, 따라서 하나님이 우리 모두를 긍휼히 여기신다는 증거를 성도로서 다른 사람들을 섬기는 것을 통해 보여준다는 것을 의미한다. 이것은 자기실현의 권리를 드높이는 이 세상에서는 결코 대중적이지 않다.

현대적 의미

우리가 하나님과 동행하는 것은 "자동항법장치"를 통해 일어나는 그런 방식이 아니다. 많은 사람들에게, 기독교는 그저 하늘나라를 보장해주는 티켓에 불과할 뿐일지도 모른다. 그러나 예수는 믿음을 "한번 머무르는" 그런 경험으로 제시하시는 것이 아니고 이전에도 그렇게 제시하셨던 것이 결코 아니었다. 예수를 좇는 것과 관련한 이 항목은 제자도가 무엇을 어떻게 요구하는 것인가를 분명하게 해준다. 제자도는 완전히 새로운 사고방식과 삶에 대한 한 사람의 완전히 새로운 태도를 요구한다. 예수를 좇는 길은 영적인 노력 날마다 십자가를 지는 것을 요구한다. 예수는 십자가를 지기 위해서는 자기 자신을 부인해야만 한다는 사실을 전제로 깔아놓으신다. 우리가 주를 따라갈 때에는 계획들이 변하는데, 주님은 이미 어느 길로 가야할지 표식을 다 달아놓으셨기 때문이다.

자기 자신을 부인한다는 것은 전혀 다른 정황들 속의 전혀 다른 일들을 의미한다. 부모들에게는 이것은 자기 자신이 바라는 일들을 추구하는 것이 아니라 자녀를 섬기기 위해 시간과 열정이라는 투자를 부모들의 최고의 관심 속에 담아 헌신하는 것을 의미한다. 배우자에게는 나 자신을 위해서 무엇을 할 수 있는가를 요구하는 것이 아니라, 어떻게 하면 자신의 배우자에게 도움이 될 수 있을지 생각하는 것을 의미한다. 이웃에게는 어떻게 하면 삶의 일상적인 일들 속에서 관심을 보여주고 도움과 섬김을 베풀 수 있을지 생각하는 것을 의미한다. 직장 동료들에게는 어떻게 하면 내가 착수해야하는 일들에 대해서 책임을 다할 수 있을지만을 생각하는 것이 아니라, 어떻게 하면 다른 동료들에게 도움이 될 것인지를 생각하는 것을 의미한다. 제자도는 배우는 사람, 좇는 사람이 된다는 것을 의미한다. 제자도는 우리의 관심이 어떻게 하면 예수를 좇을 것인지로 돌아서는 것을 의미하며, 어떻게 하면 우리가 주가 우리를 좇게 만들 수 있을지 생각하는 것이 아니다.

이것은 우리가 우리 자신이 아니라 하나님 나라를 추구한다는 것을 의미한다. 물질주의와 권력, 독립 그리고 안전을 추구하는 것은 아마도 영적 진보와 성숙을 이루는데 가장 큰 장애물들일 것이다. 상업주의에서 생겨난 우리 문화 속의 모든 것들은 우리의 교육으로 하여금 우리가 우리 삶의 진보의 방향을 좀더 편안함을 향하게 추구하도록 이끌곤 한다. 십자가를 진다는 것은 문화적 가치들과 정반대의 길을 걷는 것을 통해 우리의 기대와 필요들을 하나님의 소명보다 뒤편에 자리 잡게 하는 것을 의미한다. 우리가 우리의 자연적인 권리라고 간주해왔던 중요한 내용들을 다시 재정립할 필요가 있는데, 그런 것들도 매우 미묘한 우상숭배 형태를 보여주는 것이기 때문이다. 성령은 우리가 사물들을 이전에 보던 것과는 다르게 볼 수 있도록 인도하신다. 십자가를 지는 것은 우리가 지금은 뒤로 내어놓은 이 땅의 시민권이 오래 전에 우리를 위해 만들었던 꿈들을 떠나버리는 것을 의미할 수 있다.

그러므로 제자도는 심령이 새롭게 되는 것을 요구한다(롬 12:1-2). 제자도는 하나님의 말씀은 물론이고, 신앙성장에 헌신되어 있는 다른 성도들과 깊은 관계를 맺는 것을 의미한다. 제자는 결코 정체되지 않으며, 또한 하나님이 더 깊은 동행을 하도록 그를 도전하실 수 없는 그런 모드에서는 결코 영적 삶을 누릴 수 없다. 예수가 이미 지적하신 것처럼, 제자도는 인자를 섬기는 일에 자기 자신을 드리는 것이다.

마지막으로 예수는 우리를 제자가 되라고 구원하셨다. 주의 목표는 한 사람으로 하여금 주의 백성이 되는데 열심을 품게끔 하는 것이었다(딛 2:11-14). 하늘나라로 가는 티켓이라는 개념은 결코 주의 목표가 아니었다. 그런 개념은 기껏해야 부산물 정도였다. 영생을 소유한다는 것은 위대한 축복인데, 그것은 우리가 하나님을 알고 있으며 주의 임재하심을 영원히 누리게 될 것을 의미하기 때문이다(요 17:3). 영원히 사는 것은 만약 자신이 그 영생의 일부분으로 거기에 없다면 아무 소용이 없게 될 것이다. 그러나 구원에는 하나님 나라만이 아니라 그 이상의 것이 있다. 주님은 우리를 변화시키시고, 이 세상에서 우리가 주를 알기 이전에 갖고 있던 모습과는 전혀 다른 존재가 되도록 하시기 위해 우리를 구원하셨다. 바로 이것이 영적이 사람이 주가 이끄시는 곳으로 좇아가도록 명령받는 이유이다. 주의 인도하심을 통해서, 주님은 우리로 하여금 좀더 주를 닮도록 변화시키신다. 그러므로 제자도는 주말의 취미가 아니라 풀타임 직업이다. 삶의 스타일로서, 제자도는 결코 휴일을 갖지 않는다. 바로 이것이 우리가 십자가를 날마다 져야 한다고 예수가 말씀하신 이유다.

누가복음 9:28-36

28 이 말씀을 하신 후 팔 일쯤 되어 예수께서 베
드로와 요한과 야고보를 데리고 기도하시러
산에 올라가사
29 기도하실 때에 용모가 변화되고 그 옷이 희
어져 광채가 나더라
30 문득 두 사람이 예수와 함께 말하니 이는 모
세와 엘리야라
31 영광중에 나타나서 장차 예수께서 예루살렘
에서 별세하실 것을 말할새
32 베드로와 및 함께 있는 자들이 깊이 졸다가
온전히 깨어나 예수의 영광과 및 함께 선 두
사람을 보더니
33 두 사람이 떠날 때에 베드로가 예수께 여짜
오되 주여 우리가 여기 있는 것이 좋사오니
우리가 초막 셋을 짓되 하나는 주를 위하여,
하나는 모세를 위하여, 하나는 엘리야를 위
하여 하사이다 하되 자기가 하는 말을 자기
도 알지 못하더라
34 이 말 할 즈음에 구름이 와서 그들을 덮는지
라 구름 속으로 들어갈 때에 그들이 무서워
하더니
35 구름 속에서 소리가 나서 이르되 이는 나의
아들 곧 택함을 받은 자니 너희는 그의 말을
들으라 하고
36 소리가 그치매 오직 예수만 보이더라 제자들
이 잠잠하여 그 본 것을 무엇이든지 그때에
는 아무에게도 이르지 아니하니라

원 의미

주의 형체가 변화하셨던 이 독특한 사건은, "하늘"에서 예수에 대해 직접적으로 이야기한 두 곳 중 한 곳이다. 제자들에게 예수의 말씀을 들으라고 이야기한 이 음성은 이전에 주가 세례 받으실 때 하늘에서 인정해주었던 바로 그 사건을 기억나게 한다(3:21-22). 모세와 엘리야가 더불어 나타난 것 역시 독특함을 더해주는 내용이다. 복음서에 나오는 다른 그 어떤 사건도, 과거 유명인의 등장을 포함하지 않고 있다. 예수가 가시적으로 영화롭게 되시는 것 역시 독특하다. 주가 부활하신 이후에 등장하셨을 때조차도, 주님은 여기에 묘사된 것처럼 찬란함을 갖고 계신 것으로 묘사되지 않았었다.[1]

1. 이 사건과 평행을 이루는 부분은 마태복음 17:1-9과 마가복음 9:2-10이다. 이 부분들에서 이 사건은 비슷한 위치를 차지한다.

예수는 제자들에게 주를 좇는 것이 관점의 급격한 변화를 포함하게 될 것이라고만 그저 말씀하셨다. 제자들의 삶은 이 세상의 삶이나 혹은 이 세상이 하나님의 백성들이 살기를 기대하는 그런 종류의 삶과는 다르다. 이제 많은 교훈과 지시들이 제자들 앞에 놓여진다. 그러므로 이 장면은 예수의 말씀을 들을 필요성을 강조한다. 이 장의 나머지 사건들은 어떤 사건에 대해 어떻게 반응해야 하는지에 대해, 제자들의 본능적인 처음 반응들이 잘못되었음을 보여준다. 그들은 자신들의 방식을 올바르게 고치기 위해 주의 깊게 들을 필요가 있을 것이다.

예수는 습관대로 기도하시러 산에 가시면서 베드로, 요한, 그리고 야고보를 함께 데리고 가셨다. 이 산의 이름은 구체적으로 나오지 않지만, 가이사랴 빌립보 인근의 헤르몬산, 남갈릴리에 있는 타볼산, 그리고 갈릴리 북서쪽에 자리 잡고 있는 메론산 등이 후보군으로 지적되곤 한다. 전승에서는 다볼산이 가장 강력한 후보로 거론되어왔다.[2] 이 산의 이름이 나오지 않는 것은 정확한 위치가 중요하지 않기 때문이라고 추측하게 한다. 비록 예수가 북쪽 팔레스타인에 계셨다는 점은 주의 중심 사역이 예루살렘 바깥지역에서 이루어졌음을 보여주지만 말이다.

주가 기도하시는 동안, 예수는 찬란한 광채가 나는 영광스러운 모습으로 변모하셨다. 주의 영광은 출애굽기 34:29-34에 나오는 모세에 대한 묘사를 생각하게 한다. 예수는 혼자가 아니셨는데, 거기엔 모세와 엘리야가 함께하고 있었기 때문이다. 그들이 함께 있었다는 것은 수많은 논의를 일으켜왔다. 왜 두 사람이 있었던 것일까? 그들은 그저 자기 자신들만 나타내는 것일까, 아니면 더 큰 그룹을 대표하는 것일까?[3] 비록 이들 두 사람이 위대한 성도들이기는 하지만 이들을 선택한 것이 그저 개인적인 의미만 갖고 있다고 보기는 어렵다. 이들은 이스라엘 역사에 있어서 핵심적인 두 시기를 대표한다. 아브라함, 이삭, 야곱 같은 인물들처럼, 모세와 엘리야가 언급될 때엔 일련의 관계들이 떠오른다. 모세는 예수가 채우실 선지자라는 직분 유형을 대표하는데, 특히나 하늘에서 들려온 음성이 신명기 18:15(참조. 35절)을 암시하기 때문이다. 엘리야는 종말의 선지자(참조. 말 4:5)를 대표하는데, 그러므로 그는 성취 시대의 도래를 보여준다. 이 두 명의 구약성경 증인들은 예수가 구약성경의 소망실현을 대표한다는 것을 강조하는데, 이 두 인물들도 마찬가지로 구약 역사의 초기와 후기 시대 인물들이기 때문이다.

---

2. Arndt, *Luke*, 262; Fitzmyer, *Luke I-IX*, 798.
3. 많은 제안들에 대해서는 다음을 살펴보도록 하라. Jeremias, "Ἠλείας," *TDNT*, 2:938-39; Danker, *Jesus and the New Age*, 199; Marshall, *Commentary on Luke*, 384.

모세와 엘리야는 예수가 "별세"(헬라어로는 '엑소두스')하실 것에 관해서 이야기하고 있었다. 누가는 대화 주제에 대해 언급하는 유일한 복음서이다. 이 "별세"는 예수가 예루살렘에서 죽으심을 전환점으로 해서, 주가 가셔야 할 여정을 암시한다. 이곳에서부터 19장에 이르기까지 누가복음의 많은 부분들이 주의 별세라는 측면에서 제자들을 준비시키는 것에 관심을 둔다.

제자들은 잠을 자고 있었지만, 깨어나서는 대화가 진행 중인 모습을 발견한다(32절). 베드로는 흥분해서 예수께 초막 셋을 짓자고 여쭙는다—이는 초막절을 암시하는데, 초막절은 하나님이 광야에서 이스라엘에 먹을 것을 공급하셨던 것을 회상하는 것을 통해 마지막 때가 임하는 것을 고대하는 절기이다(출 23:16; 34:22; 레 23:34; 신 16:13).[4] 베드로는 모세와 엘리야가 소망과 성취를 대표한다는 것을 올바르게 이해했지만, 그는 이들 세 명의 인물들을 동등하게 평가하는 방식으로 세 개의 초막을 원했다. 누가는 베드로가 무지함을 가지고 이야기한다는 것을 표시하는데, 그는 자신이 무엇을 말하고 있는지 몰랐기 때문이다(33b절). 대답이 주어지기 전에, 구름이 세 명을 감쌌고 설명이 주어진다. 구름의 임재는 출애굽에서 하나님의 임재하심인 쉐키나를 회상케 한다. 제자들은 두려움에 휩싸였지만, 그 음성이 택함 받은 자인 하나님의 아들의 말을 들으라고 명령하는 것을 그저 듣기만 할 필요가 있었다. 이 표현들은 마치 정치적 인정과 같은 기능을 한다—오직 이 순간에만 이런 인정이 하나님으로부터 주어진다. "나의 아들"이라는 일인칭의 사용은 누가 말씀하고 있는지를 보여준다. 이 말씀은 실제적으로 예수가 세례 받으실 때 주어진 말씀과 평행을 이룬다. 그때에도 마찬가지로 하나님이 나의 사랑하는 아들이라고 말씀하셨는데, 여기에 한 가지만 덧붙여지고 한 가지만 표현이 변했다. (1) "내가 택한 사람을"이라는 묘사는 세례 받으시는 장면에서 "내가 사랑하는 자"라는 표현을 정교하게 공들여 표현한다. 이 표현은 하나님의 예수에 대한 선택이 의식적인 것이며 이 선택이 주를 유일무이한 독특한 분으로 만드신다는 사실을 강조한다. 주님은 택함 받은 분이시다. 또한 주님은 구원자이며, 율법을 통해 하나님의 길을 계시하고 그가 인도했던 백성을 새로운 존재로 견고하게 만들었던 모세와 같은 선지자적 인물로 불려진다.

(2) "저의 말을 들으라"라는 덧붙여진 표현은 제자들의 책임성을 두드러지게 표

---

4. Marshall, *Commentary on Luke*, 386; Michaelis, "σκηνή," *TDNT*, 7:370; 또한 *Mishnah, Sukka* 3:9; 4:5 부분도 보라.

시한다. 그들은 예수가 말씀하시는 내용에 특히나 주의를 기울여야만 하는데, 이는 그들이 배워야 할 내용이 많기 때문이다. 이 구문은 신명기 18:15에서 나온 것인데, 예수를 모세 같은 선지자로 표현한다. 주가 하나님의 백성들을 인도하고 이끄시는 것처럼, 그들을 새롭게 구성된 공동체로 만드실 것이다. 세 개의 초막은 필요가 없다. 그들은 그저 한 가지 목소리만 들으면 된다—바로 예수의 목소리이다.

하나님의 보증이 끝난 뒤에 오직 예수만 남으셨다. 이 사건은 매우 놀라운 일이었기 때문에, 제자들은 한동안 이에 관해 아무것도 말하지 않았다. 그들은 자신들이 본 것을 이해할 때까지 침묵하는 것이 최상이었다. 의심할 여지없이, 이 사건이 함축하는 바를 깨닫게 되기까지는 시간이 필요할 것이다. 베드로후서 1:16-18은 이 사건에 대한 이후의 묵상과 해석을 제공한다. 놀라운 사건들에 대해서 잠시 침묵의 시기가 동반되는 것은 흔한 일이었다(단 10:15). 어떤 사건들은 적절하게 해석하고 설명하기에 앞서, 깊은 묵상을 필요로 한다.

상황잇기

이 사건은 우리에게 예수가 갖게 되실 영광을 생각하게 한다. 주님은 인자가 영광 가운데 오는 것에 관해서 방금 전에 막 말씀하셨다(26-27절). 이제 주님은 주님 안에 도대체 어떤 하나님의 계획이 담겨져 있는지를 살짝 보여주시는 그런 모습으로 제시되고 있다. 그러나 영광 이전에 반드시 고통의 "별세"가 있어야만 한다.

누가복음의 다른 많은 본문들과 마찬가지로, 이 본문의 가장 두드러진 특징은 이 본문이 갖고 있는 기독론적인 가르침이다. 즉 예수가 모세와 엘리야처럼 역할하시는 분이시며 메시아로 택함 받으신 분이라는 가르침이다. 구약성경의 많은 위대한 인물들이 거룩한 역사의 페이지 속에서 삶을 살았지만, 모세와 엘리야보다 더 유명했던 사람은 없었다. 그러나 예수의 임재하심 앞에서, 그들은 그저 단순한 증인들에 불과할 뿐이었다. 성경의 위대한 인물들로 구성된 명예의 전당에서, 그 누구도 예수와 더불어 자리를 차지할 수 있는 사람은 아무도 없다. 예수는 유일하신 분이시다.

예수의 말을 들으라는 명령 역시 시대를 초월하는 명령이다. 주가 제자도에 관해서 그리고 사역에 관해서 여기에서 말씀하신 것들은 교회가 오늘날에도 새겨듣고 순종해야하는 내용들이다. 이는 특히나 교회가 사역을 할 때에 반드시 가져야만 하는 진정한 가치이다(참조. 6:20-49, 그리고 9-19장, 이 부분들은 "저의 말을 들으라"에 대한 주석으로서 역할 한다). 성공적인 사역을 위해 요청되는 윤리적 요구는 결코 변하지 않는다. 제자들은 주를 좇는 것이 세상과는 다른 길을 가는 것임을 반드시 이해해야만 한다. 편의주의는 이 여정을 가는 길이 결코 아니다. 성실함이 길이다. 사역은 물질적인 수확을 포함하지 않는다. 사역은 다른 사람들을 섬기라는 부름이다.

현대적 의미

이 문단의 근본적인 적용은 예수의 유일무이한 독특성에 대한 강조이다. 부활이나 혹은 새롭게 된다는 의미에서조차도, 예수는 "많은 형제들 중 첫 번째"이시며(롬 8:29), 주님은 또한 이제 곧 부활을 통해 권능으로 나타나실 다윗의 자손이며 하나님의 유일한 아들이시다(롬 1:2-4). 그 누구도 주가 행하시는 하나님의 약속 테이블에 꾸러미를 가지고 오지 못한다. 이 주장이 갖고 있는 놀라운 특징과 본질은 2천년이 지난 지금 우리들에게는 사라져 버렸다. 공동체 내에서 교회의 공적인 관계들이 매우 실제적이 되었기 때문이다. 그러나 예수가 모세보다 우월하시다는 주장은 그 당시엔 혁명적인 것이었다.

하지만 아이러니하게도 예수가 유일무이한 존재라는 주장은 오늘날에도 마찬가지로 혁명적인 주장이다. 다원주의적인 문화 속에서, 우리는 영적인 본보기가 되는 사람들을 갈망하며, 마치 베드로가 그렇게 했던 것처럼 우리도 가능한 한 많은 수의 초막들이 세워지기를 원한다. 우리 문화는 가능한 한 많은 수의 종교 전통들로부터 종교적인 명예의 전당을 모으고자 원하고 있으며, 우리의 소속에 대해 종교적 관용을 가지고 존중하고자 한다. 그러나 예수는 다른 사람들 곁에 세워지는 그런 초막을 요구하지 않으셨다. 하늘의 음성은 주가 모든 문화들을 초월하신다는 것을 지석하며, 주가 하나님의 택함 받은 종으로서 모든 인류를 위해 사역해야한다고 명령하신다. 주님은 궁극적으로 다문화적 인물이시며, 궁극적으로 공평한 기회 속에서 모든 사람들을 주님께로 부르시고 계신다. 이 세상은 경쟁적인 종교적 인물들이나 본보기들 간의 충돌을 필요로 하지 않는다. 이 세상은 모든 인류를 위한 구세주를 필요로 한다. 예수의 변형은 그와 같은 유일무이한 인물이 존재하며, 이 세상은 그분의 말씀을 들어야 한다는 거룩한 선포이다. 예수에 대한 모든 평가절하는 주가 누구이신지를 왜곡하는 것이다.

이 사건은 또한 특권을 부여받은 이 제자들에게 하나님의 계획이 어디를 향하는지에 관해 통찰력을 제공한다. 예수는 단순한 갈릴리의 교사도 아니시며, 또한 주님에 대해 오늘날 가장 인기 있는 이미지인 우리에게 서로 사랑하라고 명령하는 그저 누군가로만 여겨져서도 안 된다. 주님은 모세나 모하메드 혹은 요셉 스미스 등과 동등한 분이 결코 아니시다. 예수에 대한 이와 같은 오늘날의 대중적인 생각들은 예수가 누구신가에 대해 가장 흔히 왜곡하는 모습이다. 주님은 영광스럽게 되시고 택함 받으신 하나님의 사람이며, 언젠가 이 산에서 보여주셨던 모든 영광과 더불어 그분 자신을 드러내실 분이시다.

우리는 여기에서 요한계시록 4-5장과 그 부분에서 하늘 보좌에 대해 영광스럽게 묘사한 것을 생각한다. 하나님은 그 보좌에 영광 가운데 "어린양'과 더불어 앉아계시며, 그 어린양은 봉해진 두루마리 안에 들어있는 하나님의 계획을 드러내실 분이시다. 수많은 교회들이 바로 이 분을 경배하고자 하는 열망으로 인해 움직이고 있다는 사실은 놀라운 일이 아니다. 하나님이 우리에게 주가 얼마나 비길 데 없는 분이시며 우리가 그분 손의 축복 안에서 얼마나 존귀하게 모든 것을 공유하고 있는지를 기억하게 하시면서, 우리에게 경배하라고 명령하시는 일은 결코 놀라운 일이 아니다. 이 놀라운 사건을 경험했던 제자들이 한참 동안이나 도대체 어떤 일이 일어났었는지에 대해 침묵했었던 것은 결코 놀라운 일이 아니다. 우리가 교회 안에서 때때로 "권능과 존귀와 통치하시기에 합당하신 어린양"을 찬양하는 것은 결코 놀랄 일이 아니다. 이런 찬송은 허공에서 생겨나는 것이 아니다. 이런 찬송들은 주가 누구신지를 잘 이해하고 있는 공동체의 감흥이 반영된 것이다. 주의 변형을 측정하기 위해서는, 그저 말들 이상의 무언가가 요구된다. 여기엔 새로운 마음이 필요하다.

새로운 마음은 우리로 하여금 배우고 들을 준비가 된 모습으로 예수의 발 앞에 앉게끔 인도한다. 감성을 매우 중시하는 우리 시대에서는 종교적인 교훈을 조심스럽게 다루고 중시하는 것이 중요하다고 강조하는 것이 어려운 일이다. 여기에 나타나고 보이는 것은 종교적 사실들을 현학적으로 암기하거나 성경 중 어디에 중요한 내용이 있는지를 찾아내는 능력이 아니라, 성경 말씀을 묵상하고 반영하면서 상호작용을 하고 하나님과 더불어 동행하는 것이다. 하나님의 말씀과 우리의 삶 사이의 이와 같은 역동성은, 성도로 하여금 문화에 대해서 그리고 하나님이 성도의 삶에 데려오시는 사람들에 대해 지혜롭게 상호 작용할 수 있게끔 해준다.

하나님과 함께하는 우리의 동행은, 이 세상에 대해 다른 방식으로 평가하는 것을 요구하고 도덕적 가치들에 대해서도 뚜렷하게 구별되는 분명한 관점을 기대한다. 이는 배우자들은 서로가 상호존중과 존경으로 대하는 것을 의미하며, 권력에 대한 이슈들은 서로간의 사랑과 관심 속에 녹아들어가는 것을 의미한다. 이는 한 가지 말을 하면 그것은 곧 실천된다는 것을 의미한다. 이것은 성(性)과 같은 아름답고 귀한 하나님의 선물을 입찰자들 앞에서 퍼레이드 하듯이 취급하지 않고 고귀한 보물처럼 지키면서 하나님이 의도하셨던 대로 사랑과 연합이라는 가정생활 속에서 사용한다는 것을 의미한다. 이것은 생명과 생명유지를 존귀히 여겨야 한다는 것을 의미한다. 이것은 성경에서 나오는 신학과 도덕적 관점들이 최고의 가치를 갖고 있으며, 여기에 다다르는 과정에 있어서 그 어떤 이데올로기나 정치적 파당도 더 중요하지 않다는 것을 의미한다. 이것은 의료와 관련된 내용들을 포함한 윤리적 결정들이 철저하게 생각된다는 것이며, 편의주의적인 선택이 여기에 전혀 없다는 것을 의미한다.[5]

이런 분명하고 구별된 관점들은 본능에서부터 나오는 것도 아니며, 하룻밤에 생겨나는 것도 아니다. 제자들은 하나님의 부르심에 대한 이해를 성장시키는데 있어서, 주님으로부터 하루 24시간 동안 삶의 교훈을 받는 것을 몇 년 동안이나 해야만 했다. 오늘날의 교회도 이와 비슷하게 하나님의 음성에 집중적으로 노출되는 것이 필요하다. 하나님을 알기 원하는 제자들은 주를 경배하는 것만 추구하는 것이 아니라 주의 발 앞에 꾸준히 앉아 주님 음성 듣는 것도 추구해야 할 것이다.

세속화라는 우리 문화를 분석하면서, 오스 기니스(Os Guinness)는 세속주의가 만들어내는 죽음이라는 결과를 살아계신 하나님이 불어넣어주시는 관점과 대조시킨다.

> 삶에 대해 순전히 세속적인 관점을 갖고 있는 미국인들은 함께 갖고 살아야 할 수많은 것들을 갖고 있지만 그러나 무엇을 위해서 살아야하는지에 대해서는 거의 아무것도 갖고 있지 않다. 모든 것이 허락되고 있지만, 중요한 것은 아무것도 없다. 그러나 일단 성장과 번영이 그들의 존재 이유로서 존재하기를 멈추기만 한다면, 그들은 삶의 목적과 의미에 관한 질문을 묻게 되어있다: 무엇을? 어디로? 왜? 그리고 이런 질문들에 대해서, 세속주의는 실제적으로 폭넓은 만족을 주는 대답을 제시해준 적이 없다. 20세기의 위대한 사상가들 중 세속적인 휴머니즘에 충실한 모습으로 남아있는 사람은 아무

5. 서로 다른 영역에 대한 이런 질문들을 다루는 핵심적인 두 가지 연구들에 대해서는, 다음의 두 권의 책을 보도록 하라. Os Guinness, *The American Hour A Time of Reckoning and the Once and Future Role of Faith*(New York: Free Press, 1993), John S. Feinberg and Paul D. Feinberg, *Ethics for a brave New World*(Wheaton: Crossway, 1993).

도 없다.

심지어 우리 세대에 대해서는 지금까지의 역사적인 흐름과 균형을 맞추기 위한 반작용들이 도입되고 있다고 생각할 수 있을 정도이다. 대단했던 반종교적 이데올로기들의 붕괴—개인적인 세계를 재편집하려던 프로이드주의의 실패와 공적 세상을 재편집하려던 마르크스주의의 실패—는 이런 흐름들(여태껏 반종교적인 이데올로기들과는 정반대의 흐름들)에 대한 가장 큰 장애물들을 제거해 주었다. 믿음에 대한 철학적 부정들은 확신들이 되었다. 이젠 부정들이 확고한 것이 아니다. 심지어 세속주의적인 휴머니즘은 대적들을 두려움에 떨게 하는 것이 아니라 도리어 그 지지자들을 후회하게 만들뿐임이 입증된다—세속주의는 휴머니즘을 낳지 않기 때문이다. 휴머니즘은 세속주의가 아니라, 초월주의를 필요로 한다.[6]

하나님께 돌아서는 것과 또한 하나님과 그분의 가치관들이 우리 삶을 이끌어나가고 인도하시게끔 허용하는 것은 바로 이런 이유로 인해서, 건강한 존재로서 살아가는 것에 있어서 결정적이고 중대할 뿐만 아니라 다른 사람들을 훌륭하게 섬기는데 있어서도 매우 본질적인 일이다.

6. Guiness, *The American Hour*, 398.

누가복음 9:37-50

37 이튿날 산에서 내려오시니 큰 무리가 맞을새
38 무리 중의 한 사람이 소리 질러 이르되 선생
님 청컨대 내 아들을 돌보아 주옵소서 이는
내 외아들이니이다
39 귀신이 그를 잡아 갑자기 부르짖게 하고 경
련을 일으켜 거품을 흘리게 하며 몹시 상하
게 하고야 겨우 떠나 가나이다
40 당신의 제자들에게 내쫓아 주기를 구하였으
나 그들이 능히 못하더이다
41 예수께서 대답하여 이르시되 믿음이 없고 패
역한 세대여 내가 얼마나 너희와 함께 있으
며 너희에게 참으리요 네 아들을 이리로 데
리고 오라 하시니
42 올 때에 귀신이 그를 거꾸러뜨리고 심한 경
련을 일으키게 하는지라 예수께서 더러운 귀
신을 꾸짖으시고 아이를 낫게 하사 그 아버
지에게 도로 주시니
43 사람들이 다 하나님의 위엄에 놀라니라 그들
이 다 그 행하시는 모든 일을 놀랍게 여길새
예수께서 제자들에게 이르시되
44 이 말을 너희 귀에 담아 두라 인자가 장차 사
람들의 손에 넘겨지리라 하시되
45 그들이 이 말씀을 알지 못하니 이는 그들로
깨닫지 못하게 숨긴 바 되었음이라 또 그들
은 이 말씀을 묻기도 두려워하더라
46 제자 중에서 누가 크냐 하는 변론이 일어나니
47 예수께서 그 마음에 변론하는 것을 아시고
어린아이 하나를 데려다가 자기 곁에 세우
시고
48 그들에게 이르시되 누구든지 내 이름으로 이
런 어린아이를 영접하면 곧 나를 영접함이요
또 누구든지 나를 영접하면 곧 나를 보내신
이를 영접함이라 너희 모든 사람 중에 가장
작은 그가 큰 자니라
49 요한이 여짜오되 주여 어떤 사람이 주의 이
름으로 귀신을 내쫓는 것을 우리가 보고 우
리와 함께 따르지 아니하므로 금하였나이다
50 예수께서 이르시되 금하지 말라 너희를 반대
하지 않는 자는 너희를 위하는 자니라 하시
니라

원 의미

제자들은 아직 여전히 주님으로부터 배워야 할 것들이 많이 있다. 베드로, 야고보, 요한이 산에 올라 변화하신 예수와 함께 있으면서 하나님의 음성을 듣는 동안, 나머지 아홉 명의 제자들이 귀신들린 소년을 고쳐주지 못한 사건만큼 이런 사실을 분명하게 보여주는 사건도 없다. 여기에는 그들이 자신들의 방법들을 가지고서는 도무지 아무것도 할 수 없다는 점이 생생하게 드러난다.[1] 이 부분은 또한 9:56까지 이어지는 일련의 본문들 중 첫 번째 본문이기도 하다. 이 본문들에서는 제자들이 심각한 교정을 필요로 하는 내용들이 나온다. 구름속의 음성이 말씀했던 것처럼, 제자들은 예수의 말씀을 들어야만 한다.

예수는 절망적인 상태에 있는 외아들을 둔 한 사람을 만나신다.[2] 그 외아들은 악한 영에 붙들려서 경련을 일으키거나 혹은 상해를 입기도 했다. 많은 사람들은 여기 나온 현상을 간질병으로 본다. 특히 마태복음 17:15에서는 이 소년이 "발작을 했다고" 되어 있는데, 이 증상은 간질증상이기 때문이다. 유대교에서는 이런 상황을 매우 두려운 상황으로 간주했다.[3]

치유해달라는 이 사람의 간청에 대한 예수의 반응은 무언가가 잘못되었음을 보여주는데, 주는 이 세대를 '믿음이 없고 패역한" 세대라고 묘사하시기 때문이다. 인간은 삐뚤어진 길을 걸어가면서, 하나님을 향해 그들을 품으라고 강요한다(사 46:4). 이 영은 갑작스럽게 이 소년을 거꾸러뜨렸으며, 예수는 그 영을 향해 나오라고 명령하신다. 이 책망은 작동했다. 마귀는 떠나갔을 뿐만 아니라, 이 소년은 전혀 다치지 않았다. 예수의 보호하심은 전체적이다. 무리는 끔찍한 상황들을 이기시고 극복하시는 하나님의 위엄과(1:49) 권능을 생각하게 되었다.

무리들이 놀라고 있는 가운데서, 예수는 좇는 자들에게 이와 같은 경탄은 일시적인 것임을 상기시키셔야만 했다. 그런 뒤에 주는 주가 고난당하시게 될 것이며,[4] 인자에 대한 배신이 반복될 것임을 두 번째로 예언하신다. 오직 누가만이 제자들이 이 말씀의 의미를 이해하지 못했다고 지적하는데, 이 말씀의 의미가 그들에게 숨겨졌기 때문이다. 그들은 이에 관해 주께 물어볼 담력조차 갖지 못했다. 이들이 물어보기조차 두려워했다는 사실은 그들이 주의 말씀을 분명 이해하고 있다는 점을 보여준다. 그들이 이해하지 못했던 것은 도대체 어떻게 해서 지금 막 메시아라고 고백했던 분을 향해 그런 배신이 일어날 수 있는가에 관해서였다. 도대체 어떻게 이처럼 대중적이고 하나님이 선택하신 사람이 고난 받을 수 있단 말인가? 하나님의 역사하심이 거부당할 수 있단 말인가? 그러나 지금 막 예수가 말씀하신 것처럼, 인간 세대는 구부러질 수 있고 눈멀 수도 있다.

---

1. 이 본문은 마태복음 17:14-21과 마가복음 9:14-29에 평행본문이 있다. 이 장면은 또한 누가가 갈릴리 항목에서 묘사하고 있는 13개의 기적들 중 마지막 기적이다.
2. 이 점은 7:11-17에 나오는 나인 성 과부의 독자를 생각나게 하며, 또한 8:40-56에 나오는 야이로의 외동딸을 생각나게 한다.
3. H. van der Loos, *The Miracles of Jesus*, 401-5. 이 질병은 특히나 치료하기 어려운 질병으로 여겨졌다. 일부 유대인들은 발람과 사울도 이 질병이 있었다고 생각한다(민 24:4; 삼상 19:24).
4. 평행본문들은 마태복음 17:22-23과 마가복음 9:30-32이다.

이 본문은 또한 누가 이 진리를 그들에게 "숨겼는지"에 대해서도 모호하다(45절). 하나님이 구원 계획 속에서 이렇게 하신 것인가? 혹은 사탄이 활동하고 있는 것인가? 하나님의 주권 속에서, 무엇이 되었건 간에 제자들이 이런 이해부족을 뛰어넘기 위해 필요한 것들이 아직 제자리를 찾지 못하고 있다. 복음의 끝이 올 때 이렇게 판단을 방해하는 것들이 제거될 것이다. 이런 제거에 있어서 가장 능동적인 분은 분명 하나님이시다.

두 개의 짧은 사건들이 갈릴리 사역에 대한 누가의 보고를 마무리짓는다.[5] 우선 나오는 것은, 제자들이 제자들의 명예의 전당에서 누가 가장 위대한 자리를 차지하느냐와 관련해 다툼을 벌이는 것이었다. 예수는 그들의 좀스러운 논쟁을 아셨고, 한 아이를 데려다가 세우시고서는 제자들에게 이와 같은 어린아이 한명을 받아들이는 것이 얼마나 가치 있는 일인지에 대해서 지적하신다(문화적으로 볼 때, 이런 어린아이는 아무 힘이 없고 이래도 저래도 그만인 존재이다). 이런 아이 하나를 받아들이는 사람은 또한 주를 보내신 분을 받아들이는 것이다. 중요한지 그렇지 않은지는 대중들의 인식을 통해 결정되는 문제가 아니라, 그저 그 사람이 사람이라는 것만으로 결정된다. 일반적으로 존중받지 못하는 어린아이라 하더라도 소중하다. 가장 못난 사람을 가장 위대하게 만드는 것이 모든 사람을 위대하게 만드는 것이다. 중요하지 않은 사람은 아무도 없다.

두 번째로, 사역은 상표등록을 해서 독점권을 갖고 있는 그런 것이 아니다. 제자들은 누군가가 예수의 이름으로 귀신을 쫓아내는 것을 보았다. 이 사람은 엘리트가 아니었기 때문에, 제자들은 그를 중지시키고자 했다. 예수는 제자들에게 너희가 틀렸다고 말씀하신다. 주님과 제자들을 반대하지 않는 사람이라면, 그가 누구건 그는 주님편이다. 사역은 선택된 극소수의 몫으로 제한되어서는 안 된다. 소수의 탁월한 사람이 되고자 하는 해병대와는 달리, 예수는 모든 사람들이 모두를 향해 사역하도록 섬기고 격려하기를 원하신다. "누구든지 너희를 반대하지 않는 자는 너희를 위하는 자니라"는 주의 말씀은 모세가 엘닷과 메닷을 향해 취한 태도와 같은(민 11:26-30) 유대적 문화에서의 잠언적 지혜를 반영하고 있다.[6] 모세는 다른 사람들이 주의 인도하심을 받아 사역하는 것에 대해 기뻐했다. 한 그룹, 한 교단, 혹은 하나의 신학적 전통만 사역할 수 있는 권리를 제한적으로 가져서는 안 된

---

5. 첫 번째 사건과 평행을 이루는 본문은 마태복음 18:1-5과 마가복음 9:33-37이다. 두 번째 사건과의 평행은 마가복음 9:49-50 부분이다.
6. Fitzmyer *Luke I-IX*, 821.

다. 주를 신실하게 섬기는 모든 사람들은 우리의 후원을 받을 수 있어야 한다.

상황잇기

사역을 위한 의지, 믿음, 거부, 겸손의 가치 등에 관한 교훈들과 사역에서의 엘리트주의에 관한 교훈 등은 하나님과의 동행에 있어서 근본적인 테마들이며, 이런 각각의 내용들이 이 항목에서 가르쳐진다. 오늘날에는 비록 축사할 수 있는 능력 등은 이슈가 되지 않을 수도 있지만, 하나님을 신뢰하는 것이나 악을 극복할 수 있다는 확신 등은 과거와 마찬가지로 오늘날에도 매우 중요하다. 악을 물리칠 때마다 우리는 하나님의 위대하심을 경탄할 수 있다. 의지와 믿음은 삶에서 우리에게 닥쳐오는 영적 대적들 앞에 우리를 굳건하게 세워준다. 이렇게 할 수 있는 것은 우리가 그런 우주적인 어둠의 권세들과 얼굴과 얼굴을 맞대고 대응할 수 있도록 하나님이 공급해주시는 권능 있는 자원들을 받는 것을 통해서이다.

에베소서 6:10-18은 이런 전투를 하나님의 전신갑주라는 이미지로 발전시켜 표현하는데, 윤리적인 의로움, 성실함, 하나 됨, 성령, 하나님의 말씀, 기도 등을 상징화해서 표현하고 있다. 이런 자원들을 통해서 우리는 전투에서 신실할 수 있다. 영적인 제자들에 대한 오늘날의 논의는 교회가 이런 이슈들에 새롭게 초점을 맞추도록 시도한다.[7]

그러나 하나님의 말씀의 권능 앞에 그저 단순하게 놀라워하거나 서 있기만 한 것 이상으로, 우리는 주를 위해 일어서야만 한다. 어떤 사람들은 이런 것을 좋아하지 않을 것이다. 그러므로 예수가 배척하는 자들의 손에 넘겨지신 것처럼, 주의 제자들도 마찬가지 일을 당할 것을 기대할 수 있다. 때때로 이처럼 어려운 길로 여행하는 것이 우리에게는 별로 와 닿지 않기도 하고, 또한 우리는 하나님이 행하시는 일들을 왜 그런 방식으로 하시는지 그 이유를 알 수 없을 때들도 있다. 그러나 제자들이 예수에 대한 하나님의 계획을 신뢰해야만 한다는 것을 배워야 했던 것처럼, 우리도 우리를 향한 그분의 길을 배울 수 있다. 또한 때때로 거부와 배척당하는 길이 십자가가 부활로 전환된 것과 마찬가지 방식으로 놀라운 방식으로 전환되기도 한다.

우린 고대 사람들은 우리들과 좀 다른 사람들이라고 생각할 수도 있겠지만, 서

7. R. Kent Hughes, *Disciplines of a Godly Man*(Wheaton: Crossway, 1991); Stuart and Jill Briscoe, *Life, Liberty, and the Pursuit of Holiness*(Wheaton Scripture Press, 1993).

로 간에 다투고 또한 엘리트 사역을 세우고자 시도했던 제자들의 경향은 그들과 우리들이 얼마나 비슷하고 닮았는지를 잘 보여준다. 우리 시대의 문화는 경쟁하고 다투는 것을 좋아하고 사역에 접근하는 것을 제한하기를 좋아한다. 예수는 그런 식의 강조는 하나님의 명령을 왜곡시킨다는 점을 분명히 하신다. 모든 사람들이 중요하며, 사역은 그리스도를 부둥켜안고 있는 모든 사람들에게 열려있다. 우리는 사람들을 하나님이 보시는 것처럼 보아야하며, 그에 합당하게 그들에게 대우해야만 한다. 예수는 고난당하시고 거부당하시는 것에 가까이 다가서실수록, 미래의 복합적인 사역은 제자들이 사역지에서 많은 일꾼들을 필요로 한다는 것을 적절히 잘 인식할 것을 요청한다는 것을 알고 계셨다.

현대적 의미

죄는 우리 삶 속에 강력한 영향력을 갖고 있다. 사탄은 강력한 반대자이며, 이 세상에 있는 의의 대적들은 만만치 않다. 예수가 "믿음이 없고 패역한" 세대라고 꾸짖으셨을 때, 주님은 죄가 얼마나 파괴적이며 우리로 하여금 하나님의 뜻에 무지하게 만드는지를 생각하지 않는 태도에 대해 전쟁을 선포하고 계신 것이다.

그러나 때때로 죄의 세력들이 갖고 있는 힘은 과장되곤 하며, 우리는 우리 자신들이 그런 죄의 세력들과 맞서 싸우기 위해 필요한 자원들이 부족하다는 식으로 생각하곤 한다. 우리는 우리 자신의 죄악들에 대해서, 너무나 쉽게 "내가 이렇게 하도록 마귀가 만들었어요"라고 말하거나 "나는 그저 사람일뿐이니까요"라고 말하면서 변명하곤 한다. 악의 손아귀에 무기력하게 붙들려 있다고 느끼면서, 우리는 마치 이 간질병 증세를 보였던 소년처럼 기독교적인 삶에 경련을 일으키거나 상해를 입는 모습이 되곤 한다. 예수는 사탄이나 죄악이 도저히 무찌를 수 없는 골리앗 같은 존재라고 생각하는 의로운 겁쟁이들에 반대하신다. 이 세상에 있는 존재보다도 우리 안에 계신 분이 더 위대하시다. 바로 이것이 이 기적이 드러내고 보여주고자 하는 내용이다. 예수는 의로움이 악보다 더 강력하다는 것을 확신하는 그런 믿음을 요구하신다. 그 어떤 죄악도 난공불락일 수 없으며, 사탄에 대해서도 그가 가질 수 있는 것보다 더 많은 것을 갖고 있는 양 인식되어서는 안 된다.

그리스도 안에서 활용가능한 모든 자원들이 있기 때문에, 죄가 이길 아무런 이유가 없으며, 우리가 실패할 아무런 이유가 없으며, 사탄의 권세가 여전히 남아있을 아무런 이유도 없다(엡 1:15-23). 우리가 실패할 때엔, 그건 우리가 하나님이 우리에게 사용가능하도록 주신 것들을 활용하지 않았기 때문이다. 그런 자원들을 끌어다 사용하는 것에 실패하는 것은 영적인 태만이다. 마치 한 나라를 건너가고자 할 때 이미 제트비행기가 준비되어 있음에도 불구하고 자전거를 사용하려고 하는 것과 비슷한 모습이다. 귀신을 쫓아내시던 이 장면에서 무리가 하나님의 위엄에 놀라워했을 때, 그것은 하나님의 우월한 권능이 너무나 명백하게 드러났기 때문이었다.

하나님은 그분이 주시는 자원들을 축적하지 않으신다. 하나님은 그것들을 흩으신다. 그런 자원들을 활용하는 것은 상해를 받지 않고 도리어 악의 존재를 몰아내는 실체를 경험하는 것이다. 이것은 설령 위험이나 불확실성이 있다 하더라도 그저 하나님이 이끄시는 방향으로 단호하게 나아가는 것 이상을 의미하지 않을 수도 있다. 이는 또한 하나님이 활용가능하게 하시는 영적 은사들을 적용하는 것을 포함하며, 또한 그분께서 비춰주시는 빛 가운데로 행하는 것을 의미한다. 우리는 또한 우리의 임무를 공유하고 나누는 다른 성도들을 통해서도 격려를 받을 수 있다.

우리가 기독교인으로서의 삶을 위해 분투하게 되는 때들 중 하나는 하나님이 우리를 "알 수 없는 미지의"라는 표식이 붙은 길 위로 우리를 데려다가 여행을 시키실 때이다. 예수는 여기에서 앞으로 주가 고난을 당하실 것을 이야기하실 때 제자들을 데려다가 그런 여행을 하게끔 하신다(44절). 제자들은 주의 말씀을 듣고서는 질문을 가졌다. 그들은 주가 그들을 어디로 데려가시는지, 왜 데려가시는지 알지 못했다. 그들은 묻기조차 두려워했다. 제자들은 종종 알 수 없는 미지의 길들로 갈 것을 요청받곤 한다. 때때로 하나님은 우리에게 교회 내에서 겉으로만 보기에는 별 의미도 없어 보이는 그런 사역을 할당해 주시곤 하시며, 그러나 시간이 흐른 뒤 우리는 하나님이 우리에게 새로운 것들을 가르치시기 위해 그 일을 사용하셨음을 보게 된다. 나는 장로로서 종종 어떤 사람이 청년들을 가르치도록 부름 받았다고 느끼지 못한다거나 혹은 교사로 임명받은 이후에서야 비로소 "내가 왜 전에는 이 일을 하지 않았던 것일까?"라는 느낌을 갖게 되었다는 이야기를 듣곤 한다. 우리는 아직 준비가 되지 않았고 훈련되지 않았다고 느낄 수도 있지만, 하나님은 "내가 너를 데리고 가는 방향에 대해서 그저 나를 믿고 따라오라"라고 말씀하신다. 하나님은 우리를 우리의 목적지로 데리고 가시며, 주님과 동행하는 것이 항상 우리가 하나님을 이해하고 있다는 것을 의미하지는 않는다 하더라도 우리가 하나님을 신뢰하기를 원하신다. 하나님은 하나님만의 이유를 갖고 계신다. 설령 우리가 발견하게 되는 유일한 결과물이 비록 하나님을 좀더 잘 알게 되었다는 한 가지뿐인 것처럼 보인다 하더라도 말이다.

제자들은 비록 질문을 갖고 있긴 했지만, 계속해서 주님과 동행한다. 이것이 믿음의 본질이다. 만약 믿음이 안전하기만 하다면, 과연 그것이 믿음이겠는가? 나는 풀러 신학교의 총장인 리차드 마우(Richard Mouw)의 취임 연설에 관해 들었던 것을 기억한다. 그는 그때 "쉼 없는 기독교인"이 되는 것에 관해 이야기했었다. 이 표현은 모순처럼 보일지도 모르지만, 사실은 그렇지 않다. 기독교인은 하나님의 쇄신 하에서 계속해서 과정 속에 있는 존재이며, 날마다 하나님이 기독교인의 삶을 고치고 다시 만드시는 일에 얼마나 많이 간여하고 계시는지를 발견하는 존재이다.

우리는 하나님 나라의 시민권자이면서 이 세상에서 살아가는 것에 대해 긴장을 느낀다. 우리는 의롭고 거룩해지고자 하면서도 아직 영광스러운 몸을 갖지도 못했고 죄에서 정결하게 되지도 못했다는 것을 인식하면서 긴장을 느낀다. 적어도 만약 우리가 소명에 민감하다면, 우린 낯선 땅에서 마치 이방인들처럼 살아간다. 믿음은 하나님의 손길이 우리의 걸음을 지켜주신다는 것을 알면서 걸어 나간다. 믿음은 우리가 항상 왜 삶이 이 방향으로 꺾이는지 그 이유를 이해하고 있기 때문이 아니라, 하나님이 "여기서 방향을 틀어라"라고 말씀하시기 때문에 방향을 트는 위험을 감내한다.

제자들은 예수가 그들로 하여금 예루살렘으로 향하는 여행을 하도록 준비하신 것과 같은 그런 여행을 하도록 부름 받았다. 비록 주가 거부당하시는 것에 관해 묻기조차 두렵다 하더라도, 그들은 주를 좇아간다. 비록 어렵다 하더라도, 그들은 믿음이 부족하지는 않다(참조. 22:28-30).

각각의 제자들이 자신이 최고가 되기를 원하는 것과 관련해서, 우리는 종종 사랑스러운 것과 사랑스럽지 않은 것 사이의 구별이나, 은사가 많은 사람들과 문제투성이 사람들 사이의 구별, 중요한 사람들과 그렇지 않은 나머지 사람들 등으로 구별하는 것을 좋아하곤 한다. 이런 식으로 생각하는 것은 모든 사람들 속에 있는 하나님의 형상을 하찮게 여기는 식으로 생각하는 것이다.

"휴머니스트"라는 단어가 종종 상대주의자라는 의미로 사용된다는 점에서 이 단어를 사용하는 것이 조금 위험스럽기는 하지만 우리는 성경이 기독교인들로 하여금 그 누구보다도 가장 휴머니스트가 되라고 명령한다고 주장할 수 있다. 결국 도대체 무엇이 한 사람을 향해 당신은 하나님의 형상대로 지음을 받았으며 이 땅에서 하나님의 대리인이 되도록 디자인되었다고 말하는 것보다 한사람에게 존엄성을 더해줄 수 있단 말인가? 도대체 무엇이 우리를 우주의 창조주와 유지자에게 연결시키는 것보다 더 중요한 방식으로 우리를 우주와 연결시킬 수 있단 말인가?

온 우주의 하나님을 통해 사람이 창조되었기 때문에 모든 사람들이 본래적이고 선천적인 가치를 지니고 있다고 말하는 것보다 도대체 무엇이 모든 인간의 삶에 가치를 부여한단 말인가? 바울조차도 이방인 청중들을 향해 우리는 모두 하나님의 자녀들이라고 말했다(행 17:24-28). 예수는 일종의 경쟁에 대해서 그리고 제자들이 관심을 두고 있었던 평가와 순위매기기를 싫어하셨다.

어린아이의 가치를 강조하는 것을 통해서, 예수는 모든 사람들의 존엄성을 높이셨다. 만약 가장 낮은 사람이 예수의 이름으로 환영받아야만 한다면, 모든 사람들은 환영받아야만 한다. 우리 모두는 주께 소중하고 중요하다. 만약 주가 우리 죄를 위해 죽으셨다면, 주님은 주를 섬기는 모든 사람들의 존귀함을 이미 격상시켜 주신 것인데, 죄 사함과 온전한 회복은 주님에 대한 믿음에 기초를 두고 있기 때문이다. 어린아이를 영접하는 것은 예수를 영접하는 것이며, 이는 이들 모두를 보내신 하나님을 영접하는 것이다. 가장 작은 자가 가장 위대한 자가 될 때, 모든 사람들은 위대한 것이며 위대함을 찾는 것은 비본질적인 일이 된다.

마지막으로 사역을 괴롭히는 질병은 우리가 반드시 있어야만 하는 존재라는 믿음, 즉 우리만이 그 일을 감당할 수 있다는 생각이다. 그러나 사역은 우리만이 배타적인 자격증을 갖고 있는 프랜차이즈 사업이 아니다. 제자들은 이 세상을 뒤덮기 위해서는 많은 사역자들이 필요하다는 사실을 배워야만 하며, 예수는 사역 목록에 많은 내용을 첨부해 놓으셨다. 일부 사역들로 하여금 다른 사역들이나 다른 섬김의 영역들을 넘어서는 중요한 사역으로 높이고자 하는 노력들은 그리스도의 몸이 갖고 있는 다양한 아름다움을 부인하는 것이다. 바울이 이 점을 고린도전서 12장에서 다룰 때, 그는 덜 존귀한 지체에게 하나님이 존귀함을 부어주시며 그래서 모든 지체들이 몸 안에서 각자의 역할들을 있다는 것을 받아들이게끔 하신다고 언급했다(고전 12:21-26).

예수는 주의 제자들이 다른 사람들이 사역할 권리를 갖고 있다는 점을 잘 인식하기를 원하신다. 그 누구도 교회 안에서 마치 외로운 보안관인양 그렇게 모든 일을 감당하지 않는다. 우리를 반대하지 않는 자는 우리를 위하는 자이다. 그리고 우리는 우리가 사용할 수 있는 모든 동맹자들을 필요로 한다.

누가복음 9:51-62

51 예수께서 승천하실 기약이 차가매 예루살렘
을 향하여 올라가기로 굳게 결심하시고
52 사자들을 앞서 보내시매 그들이 가서 예수를
위하여 준비하려고 사마리아인의 한 마을에
들어갔더니
53 예수께서 예루살렘을 향하여 가시기 때문에
그들이 받아들이지 아니 하는지라
54 제자 야고보와 요한이 이를 보고 이르되 주
여 우리가 불을 명하여 하늘로부터 내려 저
들을 멸하라 하기를 원하시나이까
55 예수께서 돌아보시며 꾸짖으시고
56 함께 다른 마을로 가시니라
57 길 가실 때에 어떤 사람이 여짜오되 어디로
가시든지 나는 따르리이다
58 예수께서 이르시되 여우도 굴이 있고 공중의
새도 집이 있으되 인자는 머리 둘 곳이 없도
다 하시고
59 또 다른 사람에게 나를 따르라 하시니 그가
이르되 나로 먼저 가서 내 아버지를 장사하
게 허락하옵소서
60 이르시되 죽은 자들로 자기의 죽은 자들을
장사하게 하고 너는 가서 하나님의 나라를
전파하라 하시고
61 또 다른 사람이 이르되 주여 내가 주를 따르
겠나이다마는 나로 먼저 내 가족을 작별하게
허락하소서
62 예수께서 이르시되 손에 쟁기를 잡고 뒤를
돌아보는 자는 하나님의 나라에 합당하지 아
니하니라 하시니라

원 의미

누가복음의 핵심적인 중심항목(9:51-19:44)은 예수가 어떻게 거부를 경험하셨으며 또한 떠나실 때를 위해 주의 제자들을 준비하셨는지를 보여준다. 이 단락에는 두 개의 주제들이 지배적으로 나타난다. (1) 누가는 유대인 지도자들에게서 나타나는 예수에 대한 반대와 적대감이 점차 성장하고 깊어지는 것을 조심스럽게 추적해 들어간다. 9-14장의 많은 내용들이 이런 고통스러운 분열을 자세하게 이야기하고 있다. (2) 제자도에 대한 확장된 가르침이 이 항목을 주도하는데, 특별히 14-19장에서 그렇다. 예수는 효과적인 제자도가 요구하는 완전한 소속감에 대해서, 자원들에 대한 자비로운 활용에 대해서, 하나님을 의지하는 것에 대해서, 그리고 죄인을 사랑하는 것에 대해서 강조하신다. 앞선 항목에서는 기적들이 주도적인 역할을 했었지만, 지금 이 항목에서는 비유들과 가르침들이 핵심적인 내러티브

요소들을 구성하고 있다. 마지막 부분에서, 예수는 우시면서 예루살렘에 들어가시는데, 이스라엘은 메시아의 초청을 놓쳐버렸기 때문이다. 그러나 하나님의 계획과 하나님 나라의 행진은 예수께 돌아오는 사람들을 축복하기 위해 계속된다.

이 항목의 처음 시작 단락(9:51-10:24)은 실패와 그에 뒤이은 성공을 두드러지게 강조한다. 제자들은 그들이 거부당한 것에 대해 적절하게 반응하는데 실패하며(9:51-56), 반면 제자로 가능성이 있는 사람들은 소속감에 대해 배워야 할 점들이 많이 있다(9:57-62). 그러나 10:1-24의 소명은 완벽한 성공인데, 제자들은 사역의 기쁨과 특권들을 만끽한다. 제자들의 사역은 심판의 때가 아니라 초청의 시기이다. 초청을 거부하는 사람들은 하나님 앞에 설명해야 할 책임을 갖고 남게 되지만, 소망과 죄 사함을 준다는 것이 제자들 메시지를 지배하고 있다. 이것은 왕들과 선지자들이 그토록 보기 원하며 학수고대하던 특별한 시기였다. 사역은 위대한 명예이지만, 그 무엇보다도 하나님을 아는 것이 가장 큰 특권이다.

이 항목은 예수가 예루살렘으로 향하시겠다고 말씀하시는 것으로 시작한다. "향하여"라는 숙어는 구약의 "결심하다"라는 표현이다(창 31:21; 렘 21:10; 44:12).[1] 주님은 주가 들림 받으실 날이 가까워옴에 따라 이 여행에 착수하신다. 하지만 이 여행은 예루살렘을 향해 일직선으로 가는 그런 여행은 아니었는데, 10:38-42에서 예수는 예루살렘 인근의 베다니에 계셨지만(참조. 요 12:1) 더 이후인 누가복음 17:11에서 주님은 북쪽인 사마리아와 갈릴리 사이를 여행하고 계셨다. 누가는 지리적인 여행이 아니라 운명적인 여행을 묘사하는데, 이 여행은 이스라엘의 수도를 목적지로 하고 있다. 그러므로 예루살렘은 운명과 숙명의 도시이며, 하나님의 계획과 선지자에 대한 배척이 실현되는 곳이다(13:31-35). 누가는 다른 복음서는 하지 않는 방식으로 이런 테마들을 여행 모티브를 통해서 강조한다.

이 여행은 예수가 사역범주를 사마리아 지역으로까지 확장하는 것을 통해 출발한다. 유대인들에게는 이들 족속들은 반역자들이었으며 혼혈 집합체에 불과했다. 이 이름은 분열된 이스라엘 중 북이스라엘의 수도였으며 오므리 통치시기에 세워진 사마리아에서 생겨났다(왕상 16:21-24). 사마리아 사람들은 이방 나라 사람들과 혼합결혼을 했으며 그렇기에 이스라엘에 신실치 못한 사람들로 간주되었다.[2]

---

1. Lohse, "πρόσωπον κτλ.," *TDNT*, 6:776, n. 45.
2. 적대심에 대한 1세기의 묘사들에 대해서는 Josephus, *Jewish War* 2.12.3§§232-33; *Antiquities* 20.6.1 §§118-23 부분을 보라. 좀더 앞선 기록으로는 시락서 50:25-26 등이 포함된다. 흥미롭게도 이 부분은 누가복음 중에서 사마리아 사람들이 부정적으로 묘사된 유일한 본문이다.

예수가 그들을 향해 나아가신다는 사실은, 주가 사역을 넓히고자 원하셨음을 보여준다.

앞서 나왔던 열두 제자들의 사역에서 나타난 패턴과 마찬가지로(눅 9:1-6), 예수는 주를 위한 길을 예비하게 하시고자 메신저들을 앞서서 보내신다. 그러나 그들과 주가 만난 것은 거부이다. 누가는 거부한 이유가 예수가 "예루살렘을 향해 가시기 때문"이라고 분명하게 설명한다. 다른 식으로 말하자면, 누가가 관심을 두고 범주 내에서 생각해보자면, 예수에 대한 거부는 예루살렘을 넘어서까지 확대될 것이다.

제자들은 사마리아의 반응이 별반 없었다는 것에 대해서 기분이 좋지 않았고, 예수께 마치 열왕기하 1장에서 엘리야가 했던 것처럼 하늘에서 불이 내려오게끔 해서 극렬한 심판을 당하게 하실 것인지 묻는다. 분명히 하나님의 오심을 거부하는 것은 즉각적으로 심판당하고 보복당해 마땅한 일이다. 그러나 예수는 그들을 책망하신다. 왜? 누가는 예수가 사용하신 말씀들을 기록하지 않는다. 주님과 제자들은 그저 계속해서 이동했고, 그 어떤 심판집행도 이루어지지 않았다. 분명히 지금은 심판의 시간이 아니다. 그보다는 은혜를 베풀고 책임성에 대해 경고하는 시간이다. 여기에서의 강조점은 누가복음 4:16-19과 흡사한데, 그 부분에서 이루어진 이사야 61:1-2에 대한 인용은 복수에 대한 언급은 전혀 없는 내용이었다. 예수만이 홀로 침묵하신 것이 아닌데, 하늘에서도 마찬가지로 심판을 원하던 제자들의 바람에 대해 침묵했기 때문이다. 9:57-62이 증명해주듯이, 제자도는 예수께 별로 중요하지 않은 그런 일이 결코 아니었다. 세 가지 일련의 만남들을 통해서, 예수는 주가 제자도에 매우 높은 우선순위를 두고 계심을 보여주신다.[3] 이 본문이 거부당하는 것에 중심을 두고 있는 본문 뒤에 나온다는 것은 결코 우연이 아니다. 제자도가 무엇을 요구하는지를 보여주는 내용 중 일부분은, 일정 형태의 거부들이 성도들에게 주어진다는 것이었다. 제자도는 집중적인 소속감을 가진다. 누가는 하나님

3. 이 본문에 대한 평행본문은 마태복음 8:18-22인데, 이 부분에서는 이 사건들 중 처음 두 개의 사건들을 기록한다. 세 번째 사건은 누가복음에만 등장한다. 마태복음은 이 사건들을 예수가 많은 사람들을 치유하셨다는 요약적 본문 이후에 기록하고 있다. 그러므로 제자도는 집중적인 기적 사역 시기 사이에 샌드위치로 들어있다. 제자도는 하나님의 권능을 의지할 수 있다. 누가복음에는 이 사건이 사마리아에서의 실패 이후와 좀더 큰 사명 이전에 거부라는 정황 속에 자리 잡게 하고 있다. 지금 그의 패턴과 마찬가지로 정체성 규정을 하지 않은 채 그대로 놔둔다. 마지막 한 가지 차이점은 누가는 두 번째와 세 번째 대답들을 통해 하나님 나라에 대해 강조하고 있다는 점이다. 반면 마태복음에는 구체적인 서술들이 생략되어 있다. 그러므로 누가의 기록이 하나님 나라의 긴급성에 대해 좀더 강조하고 있다.

나라에 관해 설교하는 임무가 긴급한 사항임을 분명히 하고 있는데, 세 가지 부름들 중 두 가지가 하나님 나라에 관해 언급하기 때문이다(하나님 나라에 대해서는 10:1-24; 11:14-23; 17:20-21을 보라).

이 항목의 중심적인 용어는 "좇다"이다(57, 59, 61절). 엘리사의 부름에서처럼, 이 본문은 "좇다"라는 이 요점을 반복해서 제시하고 있다. 그러나 한 가지 핵심적인 차이점이 있다: 구약성경에서는 한 사람에게 세 가지 종류의 부르심이 주어졌지만(왕하 2:1-6), 신약성경에서는 동일한 부르심이 서로 다른 세 명의 인물들에게 주어진다.[4] 여기에 나오는 세 가지 경우들에서, 두 가지 경우는 제자들이 만남을 시작하고(첫 번째와 세 번째), 한 가지 경우만 예수가 시작하신다. 그러나 각각의 경우들에 담겨있는 요점은 동일하다: 삶에 있어서, 제자도가 우선적으로 중시되어야만 한다.

첫 번째 주고받는 대화에서는 한 사람이 자신은 예수가 어디로 가시든지 반드시 좇을 것이라고 확신 있게 이야기하는 것을 통해 시작한다. 그가 한 말의 내용은 심사숙고가 필요한 말이었고, 따라서 예수는 이 사람에게 무엇이 요구될 것인지를 정확하게 알려주신다. 이 사람은 아마도 랍비를 좇아가는 학생들의 본보기를 염두에 두었을 것이다. 학생들이 스승으로부터 배우는 그런 모습을 말이다. 랍비를 좇아간다는 것은 그 스승의 뒤에서 걸어가는 것을 의미했으며, 또한 스승에 대한 학생의 복종을 의미했다. 그러나 예수를 좇아간다는 것은 전혀 다른 형태의 제자도를 의미한다. 이것은 선지자를 좇아가는 것에 좀더 가깝다.[5] 이 선지자는 순회 교사였으며, 잘 확립된 공동체의 일원이 아니었다. 주님은 불확실한 존재였으며 사역에 반응을 보이는 사람들이 드리는 헌금을 통해 생계를 유지했다.

그렇기 때문에, 예수를 좇는다는 것은 한사람에게 하나님을 향해 신실하라고 명령하는 선지자를 좇는 것이었다. 우선순위는 하나님 나라의 임재와 도래에 관심을 기울이는 것으로 돌려져야만 한다. 이는 이 여행을 바라봄에 있어서 전적인 헌신을 할 것을 요구하는데, 특히나 인자는 거처할 집이 없을 것이기 때문이다. 굴과 둥지를 갖고 있는 여우나 새들과는 달리, 인자는 집이 없다. 주님은 외국 땅에 잠시 동안 체류하는 이방인이시다. 거부가 주어질 것이고, 집을 발견하는 일은 아마도 어려울 것이다. 예수는 이제 도래하게 될 시간들을 위해서 제자가 될 사람들을 준

4. L. Johnson, *Luke*, 162.

5. M. Hengel, *The Charismatic Leader and His Fellowers*(New York: Crossroad, 1981).

비하고 계신다.

두 번째 경우에서는 제자가 되고자하는 사람이 제자 그룹에 동참하기 전에 자기 아버지를 장사지내기를 원한다. 이 요구는 합리적인 것으로 보이는데, 가족을 장사지내는 일은 유대교에서 우선성을 갖는 일이기 때문이다(왕상 19:19-21).[6] 사실 예수의 요구는 유대인들의 귀에는 지나치게 무리한 것으로 충격을 주었을 것이다. 그러나 구약 시대 때 참고 기다렸던 일들은 좀더 급박한 신약 시대 때에는 뒤로 남겨져야 할 필요가 있다. 엄격하게 보자면, 예수는 "죽은 자들로 저희 죽은 자를 장사지내게 하라"고 말씀하신다. 외관상 거칠게 보이는 대답은 수사학적인 대답이지만, 이는 이 대답이 제자도와 한 사람의 하나님 나라에 대한 소속감은 심지어 가족에 대한 배려들보다도 우선성을 갖는다는 요지를 갖는다. 이 말씀은 어머니와 아버지를 미워하는 것에 관한 예수의 다른 본문들과도 흡사하다—이것이 의미하는 바는 만약 어떤 선택을 했다면, 하나님이 반드시 제일 우선순위에 두어져야 한다는 것이다. 가족을 장사지내는 의례에 신경을 쓰는 것은 더 낮은 우선성을 갖고 있을 뿐이다. 그 대신 이 사람은 나가서 복음을 선포해야만 한다. 죽은 사람을 위해 신경을 쓰는 것보다 더 중요한 일은 생명을 주는 복음을 설교하는 일이다. 제자들은 이미 지나가 버린 것을 기억하기 위해서가 아니라, 이런 필요를 공유하기 위해 앞으로 나아가야만 한다.

이와 비슷한 요구가 세 번째 만남에서도 표면화된다. 여기서의 한 사람은, 가족들에게 작별인사 하기를 원한다(왕상 19:19-20에 나오는 엘리사를 참조하라). 예수는 다시 한번 더 겉으로만 보면 매우 거칠어 보이는 명령을 하신다: 뒤를 돌아보는 사람들은 하나님 나라에 합당치 않다. 예수의 말씀은 구약성경에 이미 전례가 있다. 롯의 아내는 소돔을 더 선호했고 뒤를 돌아보았다. 이스라엘 백성들은 애굽을 갈망했고, 하나님이 그들을 사막으로 이끄시고 여행하게끔 만들었기 때문에 불평했다. 지금도 마찬가지로 이 지상에서의 삶에 연연해하고 매달리는 사람들은 구원이 가져다주는 개혁에 대해 아직 준비가 되지 않은 사람들이다. 예수는 우리에게 하나님 나라에 한 자리를 마련해 주시기 위해서만 우리를 구원하신 것이 아니라, 우리를 바로 지금 여기에서도 새로운 사람들로 만드시고 이 세상에서 분리된 사람들로 만들고자 구원하셨다(고후 5:17; 갈 2:20; 6:14; 딛 2:11-14). 제자들은 옛 삶에 매달릴 수 없으며, 엄격한 제자도에 대해 준비되어야만 한다. 예수는 처음

6. 시락서 38:16과 토빗서 4:3-4; 12:12을 보라.

출발할 때부터 이런 진리를 분명하게 하기를 원하신다. 구원은 편안하고 쉽게 잘 포장된 길이 아니다. 참된 영성은 훈련의 과정을 거치기 때문이다.

쟁기질을 하면서 뒤를 돌아보는 모습은 쉽게 일어나는 모습인데, 팔레스타인에서는 지형이 울퉁불퉁하기 때문이다. 쟁기질은 앞쪽에 자리 잡고 있는 것에 시선을 고정하고 일을 하는 것이 필요했다. 그러므로 제자도는 우리 앞에 있는 거친 길에 주의를 기울이는 것을 필요로 한다. 뒤를 돌아다보는 것은 일을 그만두게 할 위험성을 안고 있다.

상황잇기

분명히 오늘날에도 예수 당시와 마찬가지로 복음에 대한 거부가 있다. 그러나 예수가 그런 태도에 대해 심판 행하심을 거절하신 것은 사역이 가져야 할 지속적인 패턴이다. 첫 번째 항목에서 이미 언급했던 것처럼, 지금은 심판의 때가 아니다. 예수는 여기에서 주가 사역하시는 지금 시대가 기회와 초청의 시기임을 강조하신다. 예수는 분명 공개적으로 심판에 대해서 말씀하시지만, 그것은 다가오는 시대에 일어날 것이다. 인자가 영광과 권세를 나타내며 다시 오실 때 말이다 (9:26; 12:8-10; 17:26-37; 21:25). 또한 주가 심판을 연기하시는 것이 주의 사랑과 인내의 표현임을 설명하는 베드로후서 3:9도 보도록 하라. 복음의 제시에 대해 반응을 보일 수 있는 기회는 심판이 올 때까지 아직 열려있다.

이런 관점은 교회가 거부를 어떻게 다루어야하는지에 대해 보여준다. 하나님은 미래의 어느 시점에 정의를 행하실 것이기 때문에, 평가는 지금 명령되고 있는 것이 아니다. 은혜의 시대가 계속되는 한, 교회는 소망의 메시지를 계속해서 제시하고 사역해야만 한다. 복음의 종이 되는 것은 심판을 강조하거나 혹은 집행을 갈망하는 것이 아니라, 하나님이 허락하시는 한 생명들을 구원하고자 노력하는 것이다.

누가복음 9:57-62은 제자가 된다는 것이 갖고 있는 근본적인 소속감에 관해 강조한다(참조. 9:23-27). 제자도가 우선성을 갖는다는 것은 과거나 오늘이나 앞으로나 동일하다: 하나님과의 관계를 발전시키는 것. 우리의 본능이 우리에게 가르치고 제시하는 오류를 피하기 위해서는 우린 제자도를 발전시키는 것에 우선성을 두고 다루어야만 한다. 이 세상은 우리가 어떤 문화적 기대들과는 전혀 다른 방향으로 움직이는 것을 이해하지 못할 것임을 이해하면서 말이다. 이보다 좀더 미묘한 방식으로, 믿음의 공동체들이 우리에게 우리 자신을 이 세상의 기대들에 적절하게 순응하도록 요구하거나 심지어 우리 주변의 기독교 세계와 타협하도록 요구할 수도 있다. 우리는 성도들에게 다르게 살라고 선지자적으로 도전하지 말라고 요구받을 수도 있다. 그런 행동이 우리의 자존심을 확보해주지 않을 수 있거나 반응을 불러일으킬 수 있다는 이유 때문에 말이다. 때때로 성경적인 검토는, 우리에게 스스로를 길고 어려운 반성을 하도록 요구하며 또한 변화를 요구하기도 한다. 여기서 예수의 방향성과 충격적인 말씀의 내용들은 주가 얼마나 제자도에 대한 부르심을 진지하게 다루시는지를 보여준다. 예수를 좇아가는 길은 아르바이트가 아니다. 그것은 종신토록 종사해야하는 일이다. 제자도는 하나님뿐만이 아니라 사람들에게도 반응하는 것을 포함하기 때문에, 우리가 "작동 중"이 아닌 순간은 한순간도 없다. 영성을 취미로 추구하기 원하는 사람들은 영성의 축복을 결코 발견할 수 없을 것이다.

예수는 가장 지고한 소속감마저도 가장 우선순위를 갖는 것이 아니라 두 번째 우선순위를 가져야한다는 것을 보여주심으로써, 이 진리를 매우 분명하게 하신다. 우리는 가족들이 근처에 있을 수 없는 그런 곳들로 가서 사역하도록 명령받을 수도 있다. "제정신인"(Sane) 사람은 받아들이지 않을 수도 있는 그런 위험들을 복음을 위해 감내하라고 명령받을 수도 있다. 우리는 우리에게 상당한 대가를 지불하도록 하는 그런 상황들 속에서도 성실함으로 굳건히 서 있어야만 할 것이다.

현대적 의미

교회는 이 세상의 거부를 처리해야만 한다. 이 세상은 우리가 예수께 속해있는 것을 종종 눈먼 것으로 간주하거나 오만한 배타주의로 간주하곤 한다. 실제로는 하나님의 풍성한 축복하심을 공유하자고 초청하는 것임에도 말이다. 교회는 이런 적대감에 대해서 어떻게 반응해야만 하는가? 이 세상의 많은 사람들은 현대 문화의 도덕적 특성에 대해서 교회가 갖고 있는 관심에 대해서 그것이 교조주의적으로 다른 사람들을 통제하려고 시도하는 것이라고 간주하면서 강력하게 반대하는 반응을 보인다. 교회가 비도덕적인 행동에 반대하면서 경고할 때, 이것은 궁극적으로 자기 파괴적인 행동에 대해 반대하는 것인데, 이는 그런 행동에 연루된 한 개인은 물론이거니와 크게 본다면 사회를 향해서도 역시 자기 파괴적이기 때문이다.

그렇지만 우리는 그런 반대와 거부에 대해서 어떻게 반응해야만 하는가? 제자들은 사마리아 사람들에게 자연적인 본능대로 반응한다: "이 어리석은 사람들을 이 지상에서 쓸어내 버립시다." 그러나 예수의 방식은 권세를 변덕스럽게 행사하시는 그런 방식이 아니다. 주가 요구하시는 것은 끊임없이 아웃리치를 나가고 사역하는 것이다. 그렇다고 해서, 연기를 하는 것이 아예 심판이 없다는 것을 보여주는 것은 결코 아니다. 10:13-15과 11:37-52이 보여주듯이, 주님은 주를 거부하는 것이 가져올 결과에 대해 매우 진지하게 경고하실 수 있으시다. 그럼에도 불구하고, 교회의 목표는 계속해서 복음의 메시지가 공유되게끔 하고 교회가 말과 행동을 통해 다른 사람들에게 계속해서 다가서는 것이다.

나는 이 본문과 예수의 책망에 대해서 생각할 때, 수많은 기독교인들이 이 세상을 향해 이야기하고 선포할 때 얼마나 많이 분노한 모습으로 나타나는지를 생각한다. 오늘날 텔레비전에서 크게 보자면 우리 사회에 대해 비난하는 내용을 이야기하면서 성난 표정을 짓고 있는 기독교인의 얼굴을 보는 것은 흔치 않은 일이 아니다. 진리, 정의, 그리고 하나님의 길 등은 위쪽 부분에 배너 형식으로 조그맣게 띄워져 있고, 세상과 다르게 살아가는 사람들은 그저 심판의 말들만 듣고 앉아있게 되버린다. 어떤 사람들은 죄를 제지하기 위해서 심지어 무지막지한 방식이나 폭력에 의지하기도 한다. 그것이 우리가 선택할 수 있는 유일한 옵션인가?

예수가 예루살렘이 주를 거부할 것을 예견하시면서도 예루살렘에 들어가셨을 때(19:41-44), 주님은 화내지 않으셨다. 그 대신 주님은 예루살렘을 위해서 우신다. 이는 그 무엇도 주를 화나게 만들지 않았다는 것을 의미하는 것이 아니다(주가 성전을 청결케 하신 사건을 참조하라). 그러나 주의 분노는 하나님께 나아가는 것을 가로막고 있던 종교적 위선을 향했다. 간음하다 붙들려온 한 여자처럼(요 7:53-8:11) 사회가 가장 배제해버린 사람들이, 놀랍게도 주님으로부터 다루심을 받았다. 예수가 온 이스라엘이 거부한 증거로서 손과 발에 못 박히신 채 십자가에 달리셔서 고통당하실 때, 주님은 대적들에 대해 분노하지 않으셨다. 주님은 그들을 위해 중보 하셨다.

스데반이 예수님 편에 서 있다는 것으로 인해 유대인들에게 돌에 맞아 죽을 때, 그도 역시 그들에 대해 분노하지 않았다. 그는 그들을 용서해달라고 기도했다. 강퍅한 마음들에 대해서 하나님의 공의로우신 진노가 나타나게 되는 심판이 요청되는 그런 시간이 올 것이다. 그러나 지금 시대에 있어서 교회에 대한 명령은 사랑하라는 것이며, 복음을 박해하고 거부하는 사람들을 위해 계속해서 중보 하라는 것이다. 물론 이것이 대결을 배제하는 것은 아니다. 그러나 변화한 마음을 갖는 사람에게 죄 사함이 주어진다는 초청을 계속해서 견지하는 그런 방식의 대결도 있다. 스데반을 박해할 때 옷을 맡아두었던 사람인 사울의 경우처럼, 작은 용서는 하나님이 열매를 거두실 수 있는 씨앗을 뿌릴 수도 있다. 9:57-62을 통해서 볼 때, 예수는 어떤 종류의 종을 원하시는가? 어떤 형태의 섬김을 주님은 기대하시는가? 몇 가지 유추를 떠올릴 수 있다. 군대에서는 전쟁터에 나가는 군인은 종종 오랫동안 집에서 떠나야만 한다. 신병캠프에 있건 아니면 전 세계 어느 곳으로 보냄을 받건 간에, 가족들과 접촉을 하거나 죽은 사람을 장사지내기 위해 멈춰 설 그런 시간은 없다. 국가의 부름에 응하기 위해 나서는 것과 마찬가지로, 제자도는 하나님을 섬기라는 부름이다. 개인적인 일정들은 국가적인 요청과 실체들 앞에서 더 이상 유지되지 않는다. 예수는 제자도에 대한 부름이 이와 같다고 말씀하신다.

이보다는 좀 덜 중요하긴 하지만 마찬가지 상황을 잘 보여주는 것이 스포츠의 훈련캠프이다. 훈련기간 동안, 선수들은 가족들이나 친구들로부터 떨어져서 팀원들과 하나로 훈련되도록 요구받는다. 하루에 두 번에 걸쳐 격렬하게 훈련하는 것은 운동선수들이 제대로 팀을 갖추기 위해 얼마나 많은 노력을 기울여야만 하는지를 보여준다.

새로운 시즌을 준비하기 위한 이런 과정에는 그 무엇도 끼어들 수 없다. 제자도도 마치 이와 비슷한데, 다만 한 가지가 다를 뿐이다. 우리의 캠프는 교회이지만, 스포츠 훈련 캠프는 결코 멈추지 않는다는 점이다. 제자들은 항상 잘 준비되기 위해 준비해야만 한다.

또 다른 비유로 결혼을 들 수 있다. 결혼하기 전까지 나는 부모님께 속해 있다. 그러나 새로운 가정의 성립은 우선성을 갖는 새로운 관계를 성립하게 한다. 나의 새로운 가족에게 공정하게 하기 위해서는 모든 가능성을 다 뒤로 내려놓을 것을 요구한다. 제자도도 이와 비슷하다. 하나님과 나의 관계는 다른 모든 관계들에 대해 우선성을 갖고 있는 것으로 규정된다.

예수 시대 때의 제자도와 그 뒤 2천년의 교회역사가 지난 오늘날의 제자도 사이에는 한 가지 중요한 차이점이 있을 수 있다. 예수 당시에는 주께 나아오는 사람들은 그들의 결정으로 인해 종종 가족들을 떠나야만 했다. 유대교의 거부가 너무나 강력했기 때문에 예수를 믿겠다고 결정한다는 것은 자신의 가족과 등을 지겠다고 결정하는 것을 의미했다. 오늘날에는 많은 사람들이 예수를 좇겠다는 결정을 존중해주고 귀히 여겨주는 기독교 가정에서 성장한다. 제자가 된다는 것은 사랑하는 사람들과 훈련을 공유한다는 것을 의미한다. 적합성은 우리들에게 우리 자신을 그 일에 충분히 집중할 것을 요구한다. 똑같은 길을 걷고 있는 사람과 그 일을 함께 나가는 것은 격려가 된다. 바로 이것이 가장 효과적인 제자도가 소그룹들에서 일어나는 이유이다. 예수가 열두 명을 구성하시고 또한 주님과 더불어 일을 감당해 나가는 다른 제자 그룹들을 만드신 것은 결코 우연이 아니다. 제자도는 세상으로부터 나오라는 부름일 수 있지만, 외롭게 혼자서 감당하라고 의도된 것은 결코 아니다.

그러나 이 세상에서 살아가는 제자들로서, 우리는 잘 준비되어야만 할 것이다. 하나님은 우리들을 편안함이 불확실한 장소에 부르실 수도 있다. 인자는 머리 둘 곳이 없었기 때문이다. 불확실성이 있다고 해서, 하루하루 삶의 걱정들이 제자가 되라는 요구를 압도하게끔 해서는 안 된다. 죽은 사람들은 죽은 사람들이 장사지내야만 하기 때문이다. 제자도는 제자도를 가장 우선적인 자리에 놔야만 하는 긴급성을 갖고 있다. 그리고 일단 시작한 다음에는 우린 뒤를 돌아봐서는 안 된다. 하나님은 한 시즌 동안만이 아니라 평생 동안 우리들에게 부름을 명하신다.

하나님 나라에 대한 섬김은 우리가 예수를 받아들이는 순간 시작되며, 아버지께서 우리를 집으로 부르실 때까지 계속된다. 이것이 어떤 모습으로 보이는가? 구체적으로 말하자면, 이 일은 각각의 사람들에게 모두 다르다. 어떤 사람들은 자신들이 성장한 곳에서 섬기도록 부름 받는다. 다른 사람들은 수천마일이 떨어진 곳으로 여행하도록 부름 받는다. 믿음을 위해 죽은 베드로 같은 사람처럼 어떤 사람들은 난관 속에서 살면서 믿음으로 인해 생명을 잃기도 하며, 반면 다른 어떤 사람들은 요한처럼 오랫동안 살다가 죽기도 한다. 이 모든 사람들에게 동일한 것은 제자도가 다른 그 무엇보다도 가장 우선성을 가져야만 한다는 부름이라는 점이다.

누가복음 10:1-24

1 그 후에 주께서 따로 칠십 인을 세우사 친히
가시려는 각 동네와 각 지역으로 둘씩 앞서
보내시며
2 이르시되 추수할 것은 많되 일꾼이 적으니
그러므로 추수하는 주인에게 청하여 추수할
일꾼들을 보내 주소서 하라
3 갈지어다 내가 너희를 보냄이 어린 양을 이
리 가운데로 보냄과 같도다
4 전대나 배낭이나 신발을 가지지 말며 길에서
아무에게도 문안하지 말며
5 어느 집에 들어가든지 먼저 말하되 이 집이
평안할지어다 하라
6 만일 평안을 받을 사람이 거기 있으면 너희
의 평안이 그에게 머물 것이요 그렇지 않으
면 너희에게로 돌아오리라
7 그 집에 유하며 주는 것을 먹고 마시라 일꾼
이 그 삯을 받는 것이 마땅하니라 이 집에서
저 집으로 옮기지 말라
8 어느 동네에 들어가든지 너희를 영접하거든
너희 앞에 차려놓는 것을 먹고
9 거기 있는 병자들을 고치고 또 말하기를 하
나님의 나라가 너희에게 가까이 왔다 하라
10 어느 동네에 들어가든지 너희를 영접하지 아
니하거든 그 거리로 나와서 말하되
11 너희 동네에서 우리 발에 묻은 먼지도 너희
에게 떨어버리노라 그러나 하나님의 나라가
가까이 온 줄을 알라 하라
12 내가 너희에게 말하노니 그날에 소돔이 그
동네보다 견디기 쉬우리라
13 화 있을진저 고라신아, 화 있을진저 벳새다
야, 너희에게 행한 모든 권능을 두로와 시돈
에서 행하였더라면 그들이 벌써 베옷을 입고
재에 앉아 회개하였으리라
14 심판 때에 두로와 시돈이 너희보다 견디기
쉬우리라
15 가버나움아 네가 하늘에까지 높아지겠느냐
음부에까지 낮아지리라
16 너희 말을 듣는 자는 곧 내 말을 듣는 것이요
너희를 저버리는 자는 곧 나를 저버리는 것
이요 나를 저버리는 자는 나 보내신 이를 저
버리는 것이라 하시니라
17 칠십 인이 기뻐하며 돌아와 이르되 주여 주
의 이름이면 귀신들도 우리에게 항복하더
이다
18 예수께서 이르시되 사탄이 하늘로부터 번개
같이 떨어지는 것을 내가 보았노라
19 내가 너희에게 뱀과 전갈을 밟으며 원수의
모든 능력을 제어할 권능을 주었으니 너희를
해칠 자가 결코 없으리라
20 그러나 귀신들이 너희에게 항복하는 것으로
기뻐하지 말고 너희 이름이 하늘에 기록된
것으로 기뻐하라 하시니라
21 그때에 예수께서 성령으로 기뻐하시며 이르
시되 천지의 주재이신 아버지여 이것을 지혜
롭고 슬기 있는 자들에게는 숨기시고 어린아
이들에게는 나타내심을 감사하나이다 옳소
이다 이렇게 된 것이 아버지의 뜻이니이다
22 내 아버지께서 모든 것을 내게 주셨으니 아
버지 외에는 아들이 누구인지 아는 자가 없
고 아들과 또 아들의 소원대로 계시를 받는
자 외에는 아버지가 누구인지 아는 자가 없
나이다 하시고
23 제자들을 돌아 보시며 조용히 이르시되 너희
가 보는 것을 보는 눈은 복이 있도다
24 내가 너희에게 말하노니 많은 선지자와 임금
이 너희가 보는 바를 보고자 하였으되 보지

못하였으며 너희가 듣는 바를 듣고자 하였으
되 듣지 못하였느니라

원 의미

누가복음 9:49-50이 보여준 것처럼, 사역에는 열두 명의 제자들 이외의 다른 사람들이 포함되어 있다. 예수는 또 다른 소명을 주셔서 사람들을 보내셨는데, 이번에는 72명이 포함되어 있었다.[1] 아마도 열두 제자들은 설령 72명 중에 함께 넣어져서 헤아려지지 않았다 하더라도 이 보내심에 일부분으로 포함되어 있었을 것이다(참조. 22:35). "달리 72명"이라고 기록되어 있기 때문이다(우리말 성경에서는 70명으로 되어 있다–옮긴이).

예수는 그들을 둘씩 짝을 지워 보내셨다. 그들이 하는 것은 그저 시작만 하는 것인데, 그들은 추수를 위해 더 많은 일꾼을 보내달라고 기도해야만 하기 때문이다. 영적 추수에 대해서 농업적인 이미지를 사용하는 것은 유대교에서는 흔한 일이었다(사 27:11-12; 호 6:11; 엘 3:13을 보라; 또한 눅 10:10-16; 요 4:31-38; 롬 11:16-24; 고전 3:6-7도 보라).[2] 회심과 더불어, 복음을 공유하고 나누는 일에 함께 참여해야 할 책임이 주어진다. 이 일꾼들이 중보기도의 결과 등장한다는 사실은 하나님이 이런 축복의 주권적인 근원이시라는 점을 강조해준다. 하나님은 수확의 주님이시며, 하나님은 보내심을 인도하시고, 일꾼들을 들판으로 "보내시는" 일에 대해 책임을 지신다. 보내심은 마케팅의 문제가 아니라, 주가 그분의 백성들로 하여금 그들이 이미 경험한 은혜를 신실하게 나누라고 이끄시고 지시하시는 것이다.

이런 사역은 쉽지 않은데, 일꾼들이 "이리떼 가운데의 양들과 같기" 때문이다. 모든 측면들에 적대적인 거부와 위험들이 있다(참조. 9:51-56). 유대교에서는 이리

1. 이 본문의 숫자는 공관복음과 평행을 갖고 있다: 마태복음 9:37-10:16은 누가복음 10:1-12과 비슷하다. 누가복음 10:13-15은 마태복음 11:20-24과 비슷하다. 누가복음 11:17-20은 평행부분을 갖고 있지 않다. 그리고 누가복음 10:21-24은 마태복음 11:25-27과 13:16-17과 비슷하다. 마태복음은 열두 제자를 언급한 것에 대해서만 평행을 이룬다. 누가복음에서는 72인의 파송이 열두 제자들의 파송과 동일한 원칙들을 갖고 있다. 이 본문 안에 나오는 또 다른 이슈는 70명인가 아니면 72명이 보냄 받았는가에 관한 것이다. 이 문제는 누가복음 헬라어 본문 전승의 차이점을 포함한다. 어떤 숫자를 선택하건 둘 모두 다 올바를 수 있지만, 본문상의 증거는 72명을 좀더 선호한다.
2. 비성경적인 문학 중에서는, 1QS 8:5-6; CD 1:7; 1QH 8:4-11; *Odes of Solomon* 38:17-21을 보라.
3. 솔로몬의 시편 8:23, 30은 열방을 이스라엘을 탐식하는 이리들로 언급한다.

떼는 종종 대적들을 먹어치워 버리는 사람들을 대표하는 것으로 여겨졌다.[3] 위험에도 불구하고, 제자들은 그들의 부르심과 소명을 수행하기 위해 나아가야만 한다.

이런 위험은 일꾼들로 하여금 가벼운 모습으로 여행할 것을 요구한다. 이 교훈들은 9:1-6 내용과 유사하지만 이 부분에서 좀더 세밀하고 구체적인 내용이 제시되고 있다. 그들은 전대, 주머니, 신을 가져서는 안 된다. 그들은 어느 누구건 길에서 인사하기 위해 멈춰 서서는 안 되는데, 파송이 급박하기 때문이다. 이들은 일상생활의 일들에 대해서 다른 사람들이 하듯이 관심을 기울여서는 안 된다. 사역에 우선성이 있기 때문이다. 이들은 또한 하나님이 그들에게 필요한 것을 공급하실 것이라는 지식에 의존해야만 하는데, "일꾼들은 자기 먹을 것을 받는 것이 마땅하기" 때문이다.

그들은 마을에 도착하면, 이집에서 저 집으로 옮겨 다니면 안 되고 한 곳에만 머물러 있어야 한다. 그들은 자신들을 받아준 사람에게 평화를 비는 축복을 주어야만 하며, 하나님의 선한 뜻이 이루어지기를 기도해주어야 한다.[4] 만약 누군가가 그들을 영접하길 거부한다면, 그때엔 그 축복이 그들 집에서 물러나올 것이다(마 25:31-46). 제자들은 손님으로서 그들 앞에 주어지는 것을 하나님이 그들을 위해 제공하는 것으로 먹어야 한다. 그들의 주된 의무는 병든 자들을 치유하고 하나님 나라의 도래를 선포하는 것이다.

하나님 나라에 대한 선포가 핵심적인 일인데, 제자들은 예수가 가져오시는 새로운 시대를 반영하는 사람들이기 때문이다. 건져내심을 통한 하나님의 다스리시는 권세가 나타날 것이다. 9절과 11절에 나오는 "하나님 나라가 가까웠다"라는 표현은 수많은 학문적 토론의 주제가 되어왔다. 이 표현은 하나님 나라가 다가오기는 했지만 아직 도달하기엔 조금 모자란 상황을 의미하는 것인가? 혹은 이런 식으로 선포하는 접근방식은 도래(임함)를 선포하는 방식인가? 이 질문에 대답하기 위한 열쇠는 11절에 나타나는 가까이 다가오고 있다는 헬라적 개념에서가 아니라, 가까이 다가오고 있다는 개념과 더불어 사용되고 있는 전치사 안에 있다: 11:20에 평행을 이루며 다시 나타나는 것과 마찬가지로, 9절에서도 come upon you라고 사용되고 있는 전치사. 이 뒷 본문(11:20)은 주의 사역의 중요성을 설명하시는 예수의 행동에 관한 해석을 담고 있다. 이는 예수가 10:9에서 말씀하신 내용을 다시

4. *Mishnah, ʾAboth* 4:15.

재확인하는 내용이다. 예수의 행동은 그저 다가오고 있는 그런 것이 아니다. 이미 "upon you"(당신)에게 왔다. 이 숙어는 또한 다니엘 4:24, 28에 대한 헬라어 번역 성경에도 나타나는데, 이 부분에서 이 개념은 분명 도래(임함)라는 의미를 갖는다. 이 전치사는 분명하게 근접 이상의 것을 이야기한다.

17-18절은 파송을 통한 사역을 사탄이 떨어진 증거로 묘사하는 것을 통해 이런 이해를 분명하게 한다.[5] 하나님 나라를 선포하는 것은 예수의 권세와 연관된 모든 것들이 지금 분명해졌다고 말하는 것이 아니다. 주님은 앞으로 주가 다시 오셨을 때 행하실 일들이 있다고 또한 말씀하시기 때문이다. 그러나 예수를 통해 이루어지는 하나님의 통치하심은 이미 시작되었다. 사탄의 권세로부터 구원하시는 권능은 이미 역사와 인류 속에서 그 자체가 활동하기 시작했다. 사역을 통해 이루어지는 행동들은 악한 세력들과 죽음이란 존재가 예수의 권세에 도전하고 저항할 수 없다는 것을 보여줌으로써 이런 주장을 뒷받침한다.

만약 제자들이 거절당한다면, 그들은 그들 발에서 먼지를 떨어버리고 나가야 한다. 이 행동은 하나님과 거부하는 성읍 사이의 분리를 선언하는 것이며, 거절한 사람들에게 하나님 앞에서 자신들의 결정을 설명해야 할 책임을 부과하는 것이다(눅 9:5; 행 13:51; 19:6). 누가복음 10:13-15이 드러내 보여주듯이, 이처럼 은혜로운 초청을 거절하는 것은 위험한 일이다. 죄악으로 유명했던 이방도시인 두로와 시돈조차도, 갈릴리의 성읍들이었던 고라신, 벳세다, 그리고 가버나움보다는 심판 때 더 나은 위치가 될 것이다. 이런 종류의 위협적인 화있을찐저라는 표현들은 구약성경에 앞서 나온 전례가 있다(사 23장; 렘 25:22; 47:4; 겔 26:3-28:24; 엘 3:4-8; 암 1:9-10). 오늘날 시대는 대단히 위대한 시대인데, 달리 말해서 이방인의 도시들 중 가장 악한 도시들에조차 티끌과 재를 무릅쓰고 회개하는 것을 통해 예수가 제시하시는 것에 반응을 보여 왔기 때문이다(왕상 20:31-32; 왕하 19:1; 대상 21:16; 엘 1:13; 암 8:10). 거절과 거부하는 사람들의 운명은 "깊음들"이다(헬라어 단어로 바꿔 쓰자면 '하데스'). 즉 거부와 배척이 가져오는 위험성은 영원한 것이다. 종종 예수와 주의 메신저들 사이에 놓여지는 불가분의 연계성에 대해서 종종 잘 인식하지 못하는 경우들이 있다. 보냄 받은 이들은 그들이 예수를 대신하고 대리하는 소명을 부여받았다. 그들이 하는 이야기를 듣는 사람들은 예수를 듣

5. 11:14-23도 주목하도록 하라. 이 부분에서는 사탄이 좀더 강력한 대적 앞에서 패배하는 것으로 예수의 사역을 증거 한다.

는 것이다. 그들을 거부하는 사람들은 예수를 거부하는 것이다. 사람들은 예수와 그분의 메시지를 전달하는 사람들 사이를 구별할 수 없으며, 이런 연계성은 열두 제자들을 넘어서서 신실하게 주의 메시지를 선포하는 모든 사람들에게로 확장된다. 이런 연계성 형태는 오늘날 우리가 대사에게 부여하는 권위와 별반 다르지 않다. 대사는 자기 나라를 대표하며, 그가 말하는 것은 곧 정부가 말하는 것이다.

이 보내심은 성공적이었는데, 제자들은 그들이 소유한 권능에 대해 흥분으로 가득 차 돌아왔기 때문이다. 예수의 이름으로, 심지어 귀신들조차 그들에게 복종했다! 이런 권능은 생각할수록 흥분되는 일이다.

예수는 사탄이 떨어지는 것을 설명하시고 묘사하시는 것을 통해 응답하신다. 사탄이 위로부터 떨어지는 것, 그가 권능을 잃어버리는 것은 여태껏 일어난 일들을 통해서 분명해진다. 이 비유는 이사야 14:12에서 나온 이미지이다. 유대교는 사탄의 종말을 메시아와 연계시켰다.[6] 예수는 72명들에게 모든 형태의 악한 세력들과 그들의 대리자들을 극복하고 이길 수 있는 권세를 주셨다. 뒷부분인 누가복음 11:20-23에서는 예수가 자기 자신의 행동이 주가 사탄의 소유물을 차지하는 사탄보다 더 강력한 분임을 보여주는 것이라고 묘사하신다. 이런 권능을 부여받았기 때문에, 그 무엇도 그들을 해할 수 없다—예수가 표현하시는 진리는 헬라어에서는 강조적인 형태인 '우 메'로 제시되어 있다. 그러나 이런 권세가 그들이 기뻐해야하는 진정한 근거는 아니다. 즉 악한 영들이 그들에게 복종하는 일은 그들이 생명책에 구원받은 사람들로 기록되어 있다는 사실에 견주어보면 아무것도 아니다. 바로 여기에 기뻐해야 할 진정한 이유가 있다. 사실 예수가 강조하시기 위해 명령형을 사용해 표현하신 것처럼('차이레테'), 바로 이것이 계속해서 기뻐해야하는 이유이다. 생명책은 축복받은 사람들의 이름이 기록되게 될 하나님의 거대한 통계조사책이다.[7] 영원하신 하나님과 더불어 참되고 영원한 생명을 누리는 것이 진정한 축복의 본질이다.

이 점을 강조하기 위해서, 예수는 하나님을 찬양하는 말씀을 하신다. 하나님의 주권은 이런 축복을 지혜롭고 학식 있는 사람들이 아니라 "어린아이들"에게 보내신다. 자기 자신의 지혜를 의지하는 사람들이 아니라, 단순한 믿음의 사람들이 하나님의 축복을 보게 된다(고전 1:25-31). 하나님은 단순함을 가지고 그분을 의지하

6. 에녹1서 55:1; *Testament of Judah* 23:3.

7. 출 32:32; 시 69:28; 사 4:3; 단 7:10; 12:1; 빌 4:3; 계 3:5; 20:12; 21:27 등을 보라.

는 사람들을 귀히 여기신다.

그러나 같이 묶어주는 또 다른 근본적인 연결성이 있다. 성부 하나님의 권위는 성자 예수께 주어져 있다. 돌려 말하자면, 성부 하나님을 다른 사람들에게 계시하는 것은 다름 아니라 바로 성자이시다. 하나님께 나아오는 사람들에게 성자는 이런 계시의 근원이시다. 예수가 요한복음에서 말씀하셨던 것처럼, 예수는 "길이요, 진리요, 생명이시며 누구도 예수를 통하지 않고서는 아버지께로 갈 수 없는" 분이시다(요 14:6). 성부 하나님으로부터 성자 예수를 통해 성자의 메시지에 응답하고 그 메시지를 품는 사람들에게 계시의 연관성이 뻗어나간다. 이 보내심과 주를 아는 것이 그토록 결정적으로 중요한 이유는 바로 이것 때문이다.

성자 예수의 사역을 더불어 공유하는 일에는 하나님의 거룩한 승인이라는 축복이 있다. 그러므로 예수는 72인의 제자들이 본 것을 보는 자들에게 큰 축복이 있다는 말씀으로 결론 맺으신다. 왕과 선지자들은 이들이 경험하고 있는 것을 경험하고자 갈망했었지만, 그들은 이런 특별한 영예를 누리지 못했다(벧전 1:10-12). 모세, 다윗, 그리고 이사야 등의 위대한 시대들이라 하더라도, 메시아를 본 사람들과는 견줄 수 없다.

상황잇기

이 보내심은 예수와 직접적으로 연관되어 있다는 점에서 독특하고, 또한 이 72인이 하나님 나라의 도래를 선포하는 권위의 형태에 있어서 매우 독특하다. 그러나 예수는 22:35-38에서 여기에서 주신 교훈들 중 일부를 바꾸신다. 다른 사람들의 친절에 의존하는 것보다는 미래의 제자들은 거부와 거절에 대해 좀더 준비할 필요가 있을 것이고, 좀더 직접적으로 그들을 보내신 분을 의지해야 하게 될 것이다. 1세기 때 상황들이 점차 더 악화되고 적대적이 되어감에 따라 사람들도 좀더 조심해야만 했던 것이 사실이다. 이런 구별과 차이점은 서로 다른 설교 환경 속에서는 다른 방식의 접근법들이 필요했다는 점을 제시해준다. 상황이 열려 있고 자유롭다면, 우린 다른 사람들의 친절을 의지할 수 있다. 그러나 상황이 닫혀 있고 적대적이라면, 우리는 용의주도하게 행동해야만 한다. 우리 시대에서는 이런 차이점을 좀더 개방적인 서구 나라들에서 요구되는 사역 스타일과 이슬람이나 일부 아시아 지역들에서의 사역 스타일의 차이점을 통해 좀더 쉽게 볼 수 있다. 좀더 적대적인 정황들 속에서는 만남에 있어서 좀더 신중함이 요구된다. 디모데전서 5:18에서 반복되는 내용이면서 예수가 여기에서 제시하시는 한 가지 요점은 다음

과 같다: 사역자가 자기 삯을 받는 것이 마땅하다.

하나님은 선교사역에 대해서 주권을 갖고 계시며, 이 세상은 여전히 추수를 위한 더 많은 일꾼을 필요로 한다. 수십 억 인구인 이 세계에서는 수백 만 명의 기독교인들이 있다 하더라도 모든 사람들에게 다 다다르기에는 충분치 않다. 자원들은 현명하게 사용되어야만 한다. 모든 기독교 전통들이 한 지역에 각기 자기들 나름의 선교사들을 보내야만 하는가, 아니면 자원들을 좀더 효과적이고 집중적으로 사용하기 위한 협력적인 노력들이 있어야 할 것인가? 좀더 많은 외국 선교사들을 내보내는 것이 항상 최상의 목표인가, 아니면 자원들을 좀더 지역 리더십을 발전시키기 위해 사용되게끔 해야만 하는 것인가? 우리는 하나님이 사역들을 위해 주시는 사역자들을 어떻게 사용하는가에 있어서 현명해야만 한다.

우리가 미전도 지역들과 복음을 듣지 못한 사람들에게 다가가고자 추구할 때엔, 특별한 지혜가 필요하다. 아브라함, 이삭, 야곱의 하나님을 잘 알지 못하는 세상에 대해서도 예수의 기본적인 메시지에 신실한 일꾼들이 필요하지만 뿐만 아니라 하나님을 잘 알고 있기 때문에 하나님과 아무 상관없다고 하나님을 배제시킨 그런 세상에서도 그들이 필요하다. 그러나 그들은 그들이 섬기고 있는 독특한 문화 안에서 예민성을 가지고 복음의 메시지를 공유해야만 한다. 즉 그들은 그 문화를 이해해야만 하며, 그래서 사역자들이 사람들의 필요에 맞는 분명한 방식으로 전달할 수 있어야만 한다. 라틴 아메리카 인들이 모여 사는 지역에서 사역하는 사람의 메시지 형태와 사역 스타일은, 분명 도시 중심부에서 비즈니스 리더들을 대상으로 사역하는 사역자들과는 다를 것이다.

가벼운 차림으로 급박성을 가지고 여행해야한다는 원칙들은 시대를 초월한다. 복음은 결코 그 복음을 통해 섬김 받는 사람들에게 짐을 지워서는 안 된다. 또한 생계를 유지하고 돈을 벌기 위해 복음의 메시지를 미묘하게 흐려버리지 않도록 경계해야만 한다. 우리는 복음 메시지의 독특성을 결코 부인하지 않도록 해야만 하며, 교회는 복음이 문화적으로 수용될 수 있게끔 만들어지기 때문에 후원금을 받고자 하는 유혹을 피해야만 한다. 자원들이 복음 메시지를 몰아갈 때, 일반적으로 메시지는 상실된다. 이런 위험성은 교회들, 선교사들, 기관들, 신학교들, 혹은 선교단체 사역들에 존재할 수 있다. 한사람에게 그리스도가 필요하다는 복음 메시지는 최고봉으로 남아있어야만 한다. 교회는 다양한 사역들을 충분히 강력하게 뒷받침해서 그저 살아남는 것이 정책이 되지 않게 해야 한다.

문제가 되는 것은 복음을 듣는 모든 사람들의 운명이다. 예수가 주시는 죄 사함이 필요 없다거나 죄가 어느 정도 허용될 수 있다는 식의 생각에 대해서는 전혀 고려할 여지가 없다. 바로 이 점이 예수가 메신저들을 보내시면서 그들에게 하나님의 축복을 거부하는 것이 위험한 일임을 분명히 이야기하도록 명령하신 이유이다. 복음은 복음이 여러 선택들 중 하나일 뿐이라는 개인적인 종교적 견해표명을 포함하지 않는다. 복음은 하나님의 계시이다. 우리 시대의 많은 사람들은, 자신들이 복음 메시지에 대해 반응하는 것에 관한 문제와 하나님의 말씀하심을 뒤섞으면서, 과연 하나님이 말씀하시는지 의심하곤 한다. 여기에 덧붙여서, 예수가 유일한 길이라고 설교한다는 것은 복음전도자로 하여금 관대함이 없고 교조주의적이고 다른 사람을 통제하려 한다는 오해를 불러일으키는 위험이 있다는 것을 의미한다. 그러나 이런 장애물들이 하나님이 요청하시는 선택들에 있어서 무엇이 중요한 것인지를 눈물을 담은 사랑으로 선포해야하는 책임성을 우리에게서 없애주는 것은 아니다.

우주적인 전투가 복음 안에는 자리 잡고 있다. 이 싸움은 비록 갈보리에서 승리에 대한 질문이 결정되긴 했지만, 오늘날까지도 여전히 계속 진행되고 있다. 우리가 72명을 통해서 볼 수 있는 것은 2차 세계대전 중에 연합군들의 결전의 날과 매우 흡사한 첫 번째 승리의 순간이다. 전쟁은 그 이후에도 계속해서 오랫동안 진행되었지만, 전쟁 승패는 근본적으로 그 첫 번째 며칠 동안 이미 결판났다. 그리스도를 위한 우리의 사역은 이런 우주적 전투를 끝까지 경주하는 것이며, 우리는 이 일을 기뻐하며 예수를 다른 사람들에게 알리고 나눈다. 왜냐하면 주님 안에서 우리의 이름이 생명책 안에 기록되는 것을 우리가 의지하기 때문이다.

추수 때의 나눔이라는 축복을 생각해보라. 우리는 2천년 역사를 갖는 사역에 속해 있다. 우리는 이 세상의 현재적 악을 뒤집기 위한 전투에 참여하고 있다. 우리는 하늘과 땅의 주님과의 관계에 참여한다. 우리는 오직 주님만이 주실 수 있는 죄 사함의 축복을 경험한다—이 축복은 예수를 바라보는 사람들에게 주어진다. 2천년이 흘러갔지만, 이 축복이 갖는 위대함과 독특함은 결코 희미해지지 않았다.

현대적 의미

이 본문에 대한 적용은 무수히 많다. 기독교 사역은 계속해서 사역자들을 필요로 한다. 이 사역과 일은 결코 외로운 보안관 혼자서 감당해서는 안 되는 일이다. 72명이 둘씩 짝을 이루어 여행했다는 사실에는 공유, 책임성, 그리고 성실함에 대한 보호라는 의미가 들어있다. 이처럼 사역을 공유하는 것은 사역에 있어서 오만한 접근을 하지 않게끔 해주며, 다른 동반자의 진실함을 확인할 수 있게끔 도와준다. 사역에 있어서 홀로 가지 않는 것에는 지혜가 담겨있다.

보내심은 오늘날에도 여전히 하나님을 향한 의존을 통해서 세워져야만 한다. 이런 의존은 기도로 시작하고 또한 이처럼 위대하고 오랫동안 지속되어온 보내심의 일부분으로 참여하고 있다는 기쁨으로 마무리된다. 내가 유럽으로 여행할 때, 1400년대에 세워진 대학에 참여하는 것이나 혹은 주후 750년경 이후부터 주가 정기적으로 예배 받으신 장소를 바라보면서, 거의 신비에 가까운 무언가를 느꼈다. 그러나 누가복음 10장에 묘사되고 있는 기독교적 소명, 기독교적 보내심을 통해서 본다면, 이런 모든 노력들조차도 신선하고 풋풋한 오래되지 않은 것에 불과할 뿐이다.

예수님 시대 이후로부터, 하나님은 일꾼들을 계속해서 부르셔서 그들로 하여금 필드에서 일하게끔 하셨으며, 항상 생명이 열매로 맺히는 그래서 추수가 필요한 그런 일들을 심어오셨다. 기도, 현명한 노력 그리고 거부에 직면하는 능력 등을 통해서, 각각의 세대들은, 하나님의 인도하심이 복음증거 사역에 일꾼들을 공급하심을 보아왔다. 풍성한 믿음의 역사만큼이나, 무엇이 설교되고 선포되었는가라는 점도 이 일을 매우 값진 것으로 만들어준다. 하나님의 축복을 공유하고 나누라는 명령은 우리가 누리고 소유할 수 있는 가장 고귀하고 위대한 직업이다. 모든 믿음의 공동체들은 소속된 모든 지체들을 향해 이 일에 참여할 것을 강조하고 가르칠 필요가 있다. 어떤 사람들은 아주 먼 곳으로 갈 것이다. 다른 어떤 사람들은 친구들이나 이웃들과 복음을 나눌 것이다. 그러나 무언가를 하라고 부름 받은 것은 일부 사람들이 아니라 우리 모두이다. 예수는 이 일을 그저 열두 명의 사도들에게만 맡기지 않으셨다. 오늘날에도 목사들만이 하나님의 축복을 다른 사람들과 나누는 일을 하라고 부름 받은 것이 결코 아니다.

흥미롭게도, 예수는 도구와 방식에 대해서는 거의 아무것도 말씀하지 않으셨으며, 또한 제자들에게 좀더 발전된 메시지를 제공하시지도 않았다. 그들의 사역은 필요한 자들에게 하나님의 권능을 계시하고 드러내는 사역이다. 많은 사람들은 자신들이 도대체 뭘 이야기해야 할지 모른다고 느끼기 때문에 예수를 나누는 것에 익숙하지 않아하곤 한다. 예수는 72명을 보내시면서 그들에게 그저 자기 자신을 주고 하나님의 임재하심을 가리키기만 하라고 명령하셨다. 때때로 우리는 복음증거를 실제로 복음증거가 요구하는 것보다 훨씬 더 어려운 일로 만들곤 한다.

하지만 주께 나아올 때 영원한 생명과 죽음이 이슈가 된다는 것에는 의심의 여지가 없어야 한다. 우리 시대는 종교적 견해를 마치 아이스크림 가게에서 아이스크림을 기호에 따라 선택하듯 너무 쉽게 취급하게 만들었다. 하나님은 이처럼 중요한 문제를 인간의 변덕에 맡겨 놓을 만큼 그렇게 냉철치 못한 분이 아니시다. 자신의 아들을 주시면서, 하나님은 참된 생명을 죽음 위에 두셨으며, 그래서 남자들과 여자들 모두가 생명을 경험할 수 있게끔 하셨다. 죽음을 통해, 참된 생명은 하나님과의 관계를 가로막고 있는 모든 장애물들을 제거했다. 매우 이상하게 보일지도 모르지만, 이 세상은 하나님이 자신의 아들을 통해 이 길을 매우 넓게 열어주신 편협함을 탓하곤 한다. 예수 안에서 협소하게 보이는 길이 사실은 매우 광대한 축복으로 나아가는 길을 열어주는 문이다. 예수는 13:24에서 좁은 문에 관한 메시지를 말씀하실 것이다. 제자들은 그 문의 넓이가 얼마이냐가 핵심이 아니라 그 문이 어디로 인도하느냐가 핵심이라는 점을 알고 있다.

하나님이 각각의 사람들에게 요구하시는 것은 하나님 앞에서 자기 자신이 하나님을 경외하는 삶을 살지 않았다는 것을 인식하는 것이며, 그렇기에 하나님이 예수를 통해 제공하기를 그토록 원하셨던 하나님과의 관계와 죄 사함을 끌어안는 것이다. 하나님은 이런 축복을 통해 우리가 필요로 하는 모든 것을 공급해주시는 것을 통해, 선한 신실함의 증거를 보여주신다. 우리가 해야 하는 일은 그저 선한 믿음으로 돌아서는 것이며 하나님이 이미 베풀어주신 선물들을 끌어안고 받아들이는 것뿐이다.

복음은 그리스도 안에서 하나님이 베푸시는 죄 사함을 받기 위해 돌아서라는 이런 기본적인 요소에 있어서 매우 단순하며, 그렇기 때문에 그 누구도 이해할 수 없을 만큼 어렵거나 받아들이기 힘든 내용이 결코 아니다. 바로 이처럼 지극히 단순한 단순성이, 예수로 하여금 이런 복음을 어린아이 같은 사람들이 보고 받아들인다고 말씀하시게끔 만들었다. 예수가 주시는 것들은 선지자들과 왕들이 학수고대하며 경험하기를 갈망하던 것들이었다. 예수를 아는 사람들은 결코 박물관으로 전락해버리지 않을 그런 궁궐 안에서 살아간다.

누가복음 10:25-37

25 어떤 율법교사가 일어나 예수를 시험하여 이
르되 선생님 내가 무엇을 하여야 영생을 얻
으리이까
26 예수께서 이르시되 율법에 무엇이라 기록되
었으며 네가 어떻게 읽느냐
27 대답하여 이르되 네 마음을 다하며 목숨을
다하며 힘을 다하며 뜻을 다하여 주 너의 하
나님을 사랑하고 또한 네 이웃을 네 자신 같
이 사랑하라 하였나이다
28 예수께서 이르시되 네 대답이 옳도다 이를
행하라 그러면 살리라 하시니
29 그 사람이 자기를 옳게 보이려고 예수께 여
짜오되 그러면 내 이웃이 누구니이까
30 예수께서 대답하여 이르시되 어떤 사람이 예
루살렘에서 여리고로 내려가다가 강도를 만
나매 강도들이 그 옷을 벗기고 때려 거의 죽
은 것을 버리고 갔더라
31 마침 한 제사장이 그 길로 내려가다가 그를
보고 피하여 지나가고
32 또 이와 같이 한 레위인도 그곳에 이르러 그
를 보고 피하여 지나가되
33 어떤 사마리아 사람은 여행하는 중 거기 이
르러 그를 보고 불쌍히 여겨
34 가까이 가서 기름과 포도주를 그 상처에 붓
고 싸매고 자기 짐승에 태워 주막으로 데리
고 가서 돌보아 주니라
35 그 이튿날 그가 주막 주인에게 데나리온 둘
을 내어 주며 이르되 이 사람을 돌보아 주라
비용이 더 들면 내가 돌아올 때에 갚으리라
하였으니
36 네 생각에는 이 세 사람 중에 누가 강도 만난
자의 이웃이 되겠느냐
37 이르되 자비를 베푼 자니이다 예수께서 이르
시되 가서 너도 이와 같이 하라 하시니라

원 의미

제자도는 누가복음의 가장 중요한 테마 중 하나이다. 누가복음 10:25-11:13 부분은 근본적인 세 가지 차원의 관계성들을 강조하는 것을 통해 이 이슈에 초점을 맞춘다: 이웃과의 관계(10:25-37), 예수와의 관계(10:38-42), 그리고 기도를 통한 하나님 앞에서의 관계(11:1-13). 이런 관계성들의 매우 밀접한 병렬배치는 사도 바울이 빌레몬서 6절과 골로새서 1:3-5 등과 같은 본문들에서 강조했던 영성의 수직적 수평적 관계성을 제시해준다. 윤리는 어떤 상황들에 대한 추상적인 문제가 아니다. 윤리는 하나님의 말씀을 듣는 것과 다른 사람을 예민하게 섬기는 것을 결합하는 성품을 반영한다.

누가복음 10:25-37은 추상적인 신학적 논의를 실제적인 삶의 이슈들로 전환시키시는 주의 탁월한 능력을 아주 놀랍도록 잘 보여준다. 주가 이 율법사를 만나신 것은 주가 사람들을 다루어야하실 때 어떤 차별이 만들어지는 것도 허용하지 않으신다는 점을 잘 드러내준다.[1]

이 율법사는 누군가가 "영생"을 소유할 수 있음을 구약성경이 암시하고 있다는 점을 알고 있었고(시 36:18; 단 12:2), 유대교 전승 전문가였던 율법사로서 예수께 영생을 얻기 위해서는 무엇을 해야만 하는지를 물었다. 의인의 부활을 공유하려 한다면 그는 무엇을 해야만 하는가? 미래의 축복이 올 때, 어떻게 그는 자신이 그것을 받을 수 있을지 아닌지를 알 수 있는가?

예수는 그만의 질문을 통해 대답하신다. 주님은 율법으로 돌아가셔서는 이 율법사에게 율법이 뭐라고 기록하고 있는지를 물으신다. 이 율법사는 신명기 6:5에 나오는 쉐마 구문 중 일부를 가지고 대답했는데, 이 내용은 유대인들이 날마다 반복해서 암송하는 부분이고 또한 하나님을 온 마음을 다해 사랑하라는 내용이다. 그는 또한 레위기 19:18 중 일부분도 인용하는데, 이 부분에는 자기 이웃을 사랑하라는 명령이 들어있다. 이런 조합은 "대명령"[2]이라고 알려져 있다.

예수는 만약 이 율법사가 이런 명령들대로 행한다면, 그가 살게 될 것이라고 말씀하심으로써 대답하셨다. 이 대답은 이 시대에는 더 이상 진리가 아닌 "율법"적인 전제를 토대로 하고 있다고 해석되어왔다. 이런 관점은 예수의 요점을 피해 지나가는 것이다. 예수는 세대주의적으로 제한된 명령을 주고 계신 것이 아니다. 주님은 하나님의 근본적인 윤리적 명령을 확인하고 계신다: 하나님을 사랑하고 그 사랑에 비추어 다른 사람들에게 반응하라는 명령. 10:21-24의 문학적 정황 속에서 생각해본다면, 이 반응은 하나님을 사랑하는 사람은 예수의 말씀을 듣고, 예수께 나아오고, 주께 반응하며, 주가 주시는 유익들을 받아 누릴 것이라는 의미이다. 뒷부분에서 예수가 분명하게 제시하시는 것처럼, 이와 같은 사람들은 죄 사함만이 아니라 성도들로 하여금 전혀 다른 종류의 사람이 되게 하시는 성령을 받게 될 것이다(눅 24:47, 49; 행 2:38). 하나님의 자녀로서 그분을 향해 반응하는 사람에게

1. 이 본문에 대한 평행들은 논쟁거리이다. 이 비유는 누가복음에만 독특하게 나타나지만, 이 도입은 마태복음 22:34-40과 마가복음 12:28-34에도 나타나는 것으로 보인다. 마태복음과 마가복음은 분명 서로 평행을 이루고 있지만, 누가복음과의 연계성은 확실치가 않다. 누가복음의 사건은 유사한 테마를 다루고 있는 개별적이고 분리된 사건으로 제시되고 있는 듯 하다. R. Stein, *Luke*, 314-15, 특히 n. 39를 보라.

2. G. Schenk, "δόξα," *TDNT*, 2:249-50. 이 대답은 유대교에도 평행을 이루는 내용이 있다. *Testament Issachar* 5:1-2 부분에서는 주를 사랑하고 이웃을 사랑하는 것에 관해 언급하며, *Testament of Dan* 5:3에서는 하나님을 사랑하는 것과 서로서로 사랑하는 것에 관해 이야기한다.

나타나는 하나님을 향한 사랑은 하나님의 명령이 청종되고 순종될 것이라는 것을 의미한다. 그러므로 예수는 타당하게 말씀하신다, "이를 행하라 그러면 살리라."

율법사는 이 대답인 자신의 질문에 대해 구체적으로 충분한 대답이 된다고 받아들이지 않는다. "이웃을 사랑하라는 이 명령의 범위가 어디까지입니까? 모든 사람들이 내 이웃입니까, 내가 이 명령을 모두에게 실천해야 합니까?" 누가는 우리에게 이 율법사가 "자기 자신을 옳게 보이려고" 했다고 말한다. 그래서 그는 예수께 묻는다, "누가 나의 이웃입니까?" 이 율법사는 자신이 이 율법명령을 다 준수했다고 말하기 위해서 이웃의 한계범위를 정하고자 했던 것일까? 이 질문에는 문화적인 배경이 있다. 유대교의 고대 지혜서인 시락서 12:1-4에서는 죄인을 돕지 말라고 명령한다. 그러므로 이 율법사의 질문은 어떤 사람들은 이웃이지만 반면 다른 어떤 사람들은 이웃이 아니라고 주장하면서 한사람의 책임은 오직 하나님의 사람들만을 사랑하는 것임을 뚜렷하게 구별해서 이야기하려는 것이었다.

예수는 이 스토리의 하이라이트로서 사마리아인을 사용하시는데, 이런 사람은 이 율법사의 시각에 의하자면 "이웃이 아닌" 사람이기 때문이다. 예수의 스토리가 그 당시에 갖고 있었던 힘을 지금은 갖고 있지 못한데, 그건 이 스토리를 충격적인 스토리로 만들었던 문화적인 전제나 가정들이 오늘날에는 없기 때문이다. 이 설명에서 기대되는 바는 제사장이나 레위인은 상처 입은 여행자를 도와줄 것으로 예상되는 훌륭한 사람들이라는 점이다. 반면 혼혈인이며 배교자인 사마리아인은 긍휼을 베풀 것으로 예상되는 맨 마지막 사람이었다(사마리아인에 대한 유대인들의 관점에 대해서는 9:51-56에 대한 주석을 보라).

또 다른 문화적 사항도 중요하다. 예수는 이 사건이 일어난 장소로서 여리고에서 예루살렘으로 내려가는 루트를 설정하신다. 약 17마일 정도인 이 여행로는 매우 위험한 루트로 잘 알려져 있었다. 오늘날 비슷한 상황을 설정해본다면, 아마 자정쯤에 할렘가를 통과해가는 것과 비슷하다고 할 수 있을 것이다. 이 길은 강도들 사이에서 엎드러지게 된 사람이 보여주듯이 매우 위험한 길이었다. 강도들은 사막으로 연결되어 있으면서 길을 따라 자리 잡고 있는 동굴들을 이용해서,[3] 여행객이 통과할 때 그들을 덮쳤다. 그래서 이 사람은 옷이 벗겨지고, 매를 맞고, 강도를 당했다. 이 사람은 거반 죽게 된 채로 길 한편에 버려졌다.

두 번에 걸쳐 도움을 받을 수 있는 기회가 연이어 지나갔다. 그러나 제사장과

---

3. W. Michaelis, "ληστής," *TDNT*, 4:257-59, 261.

레위인 둘 모두 다, 비록 그들이 경건한 사람들이었겠지만, 절실한 도움이 필요한 이 사람을 돕지 않고 피해가기 위해 곁으로 지나가 버리고 말았다. 이처럼 "의로운" 사람들이 길로 걸어 내려가던 각각의 경우들마다, 이 상처 입은 여행객은 아마도 "이제 분명 도움을 받을 것이다"라고 생각했었을 것이다. 그러나 각각의 경우마다 실망만 있었는데, 그들은 가는 길에 누워있던 불쌍한 사람을 그냥 지나쳐 갔기 때문이다. 그들은 왜 그냥 지나쳐 갔던 것일까? 아마도 그들은 죽은 시체처럼 보이는 사람을 만질 때에 생겨나는 불결함을 피하기 위해서 그렇게 했을 것이다(레 21:1-3; 민 5:2; 19:2-13; 겔 44:25-27). 비록 구두 율법은 가족들이 아무도 없는 곳에서는 제사장들에게 예외를 인정해주긴 했지만 말이다(*Mishunah, Nazir* 6:5; 7:1). 그러나 성경본문은 왜 그렇게 했는지 동기나 이유에 대해서는 전혀 언급하지 않는다. 그리고 아무런 추측도 하지 않는 것이 가장 좋을 것이다.

그 다음에 사마리아 사람이 온다. 이는 놀라운 일인데, 사람들은 그 다음엔 "혼혈인"이 아니라 유대인 평신도가 이제 등장할 것이라고 기대했을 것이기 때문이다. 그러나 이 사마리아인은 상처 입은 여행객을 불쌍히 여겼다. 예수는 이 사마리아인이 그가 새롭게 발견한 도움이 필요한 이웃을 돕고 그에게 사역을 하는 것을 얼마나 능동적으로 행했는지를 보여주는 일련의 동사들을 통해 매우 상세하게 표현하시고 말씀하신다: 이 사마리아인은 그에게 다가갔고, 상처를 싸매고, 기름과 포도주를 상처에 붓고, 자신의 나귀에 태워, 주막으로 데리고 가서, 그를 돌보아주고, 떠나야 할 시점이 되자 회복하기 위한 두 주 동안의 숙박비를 지불해주었다. 여기에 덧붙여서, 그는 주막 주인에게 이 사람을 부탁하면서, 자신이 돌아올 때 부비가 더 든 것도 더 갚아주겠다고 이야기한다. 이것이 피해자를 처음부터 마지막까지 회복시키는 사역이다. 학자들이 이 스토리를 "본보기 스토리"라고 부르는 것은 결코 놀라운 일이 아닌데, 바로 그것이 이 사마리아인이 행한 일을 정확하게 표현하는 것이기 때문이다.

예수는 그런 뒤 매우 단순한 질문을 물으신다: "이 세 사람들 중… 누가 강도만난 사람의 이웃이겠느냐?" 이 율법사는 자신의 행보를 가지고서는 자기 자신을 이 사람과 동일시할 수 없다. 선한 사마리아인이라는 개념은 유대인들에게는 모순 어법이었다. 그러므로 이 율법사는 이야기한다, "자비를 베푼 자니이다"라고 말이다. 예수는 그 사람에게 "가서 너도 이와 같이 하라"라고 말씀하신다.

요점은 분명하다. 이 율법사는 자신이 과연 선택받은 소수 엘리트들의 이웃이 될 수 있는지를 알고 싶어 한다. 예수는 사마리아인의 본보기를 통해서, "네가 이웃이 되라"라고 말씀하신다. 예수의 명령은 다른 어떤 사람이 자신의 이웃이 될 것인지를 염려하기보다는 너 자신이 무언가 도움이 필요한 사람의 이웃이 되어주라는 것이다. 관점을 뒤집어 놓는 것을 통해서, 예수는 질문과 대답을 바꾸어버리신다. 예수는 더 이상 다른 사람을 평가하고 판단하는 사람이 되기보다는 자신의 행동을 통해 어떠한 종류의 사람이 되어야하는가에 관해 명령하신다.

한 가지 요점이 더 등장한다. 사마리아인을 본보기로 만드는 것을 통해서, 예수는 이웃이 놀라운 장소들에서 나타날 수 있다는 점을 분명히 하신다. 이 율법사가 이웃들을 제한하고자 시도한 것은 실제적으로는 그의 교제권이 올 수 있는 장소들을 제한하는 것일 수 있다. 사람들을 체로 걸러내며 제한을 두는 사람들은 의미 있는 우정의 능력도 제한하는 사람들이다.

상황잇기

이 스토리에서 본문상의 중요한 가교를 찾는 것은 매우 쉬운 일인데, 그건 도움이 필요한 이웃에게 책임 있는 사람이 되라는 윤리적 명령이 하나님과 이웃을 사랑하라는 제자도의 가장 기본적인 요소이기 때문이다.

이 본문에 관해 많이 논의되는 측면은 영생을 얻는 것과 관련된 예수의 대답에 관해서이다. 왜 주님은 이 질문에 대답하시면서 좀더 직접적으로 자기 자신을 제시하고 지시하지 않으신 것인가? 우리는 이미 윗부분에서, 이 대답이 예수가 오늘날 말씀하실 수 있는 그 무엇보다도 가장 성경적인 대답이라고 주장했다. 하나님을 사랑하는 것은 모든 차원에 있어서 그분께 응답하고 반응하는 것이다. 예수는 바로 앞 항목에서 주께 반응한다는 것의 의미는 주가 보내신 종들을 통해 주가 선포하시는 하나님 나라 메시지에 반응하는 것이라고 방금 전에 지적하셨다. 윤리적인 자원에서, 이는 사마리아인이 보여준 사랑의 관심이라는 유형으로 해석된다. 예수께는 사랑을 가지고 반응한다는 이슈는 사람들이 사랑 안에서 하나님께 돌아설 때 하나님이 제공하시는 것이 성장한 결과이다.

예수의 대답에는 주가 자신의 가르침들을 통해 지속적으로 제시하시고 보여주신 구체적인 특징이 담겨져 있다. 이미 앞부분에서 주가 말씀하셨던 것처럼, 그의 가족들은 하나님의 말씀을 듣고 행하는 자들로 이루어진다(8:19-21). 그러나 주님은 여기에서는 그런 사랑을 표현할 수 있게끔 해주시는 성령을 주시는 것에 관해서는 언급하지 않으신다. 바울의 갈라디아서에서, 성령의 열매들이 얼마나 관계적인 용어들로 구성되어 있는지를 주목해보라(갈 5:22-23). 생명을 갖고 있는 사람들은, 그 생명을 예수가 주시는 성령님을 통해 얻는다. 하나님 앞에 사랑을 품고 나아오는 사람들은, 성령님의 은혜로운 공급을 통해 사랑의 유익들을 받는다(눅 24:49; 행 1:8; 고전 12:13 등을 보라).

또 다른 실제적인 이슈는 그저 문제를 향해 돈을 집어 던져주면서 이것만으로 상황이 잘 풀리기를 바라는 그런 것이 아니라, 개인적으로 긍휼히 여기는 모습으로 근본적인 필요를 갖고 있는 사람들을 만나는 문제이다. 이 사마리아인은 그저 필요한 물품들을 제공했을 뿐만 아니라 이 피해자를 치유하는 과정에 참여하게 되는 다른 사람들이 정말로 사마리아인이 이 피해자가 건강하게 돌아오기를 원한다는 사실을 알 수 있을 정도로 개인적으로 이 일에 참여하고 간여했다. 이제 돌봄은 앞으로 이 일을 책임지고 완수해야 할 사람들의 손에 남겨졌다.

현대적 의미

어떻게 한 사람은 누군가의 이웃이 될 수 있는가? 긍휼히 여기는 마음만이 아니라, 누군가의 이웃이 되기 위해서는 눈과 귀도 필요하다. 이쪽 한편인 제사장과 레위인들과 저쪽 편인 사마리아인 사이에 있는 한 가지 핵심적인 차이점은 그들이 무엇을 보고 들었는가에 있는 것이 아니라 그들이 보고 들은 것에 대해 과연 무엇을 행했는가에 있다. 오직 사마리아인만이 불쌍히 여기는 마음을 가졌다. 오직 그만이 그런 마음을 가졌다. 이웃들은 단순히 피가 도는 그런 것 이상의 심장을 갖고 있는 사람들이다. 이런 심장박동은 보고, 느끼고, 섬긴다.

우리는 종종 이 세상에서 고통당하고 있는 사람들을 다루는 일이 너무나 광범위해서 도대체 어디에서부터 시작해야 할지 혹은 어떻게 우리가 무언가 필요한 사람들에게 무엇을 해주어야 할지 잘 모르겠다고 이야기하는 것을 듣곤 한다. 이런 생각은 아무것도 하지 않는 것에 대한 변명이 될 수 있다. 만약 내가 어디에서 시작해야 할지 알 수 없다면, 나는 돕는 일을 아예 시작조차 하지 않을 것이다. 왜냐하면 만약 내가 돕는 일을 한다면 나는 질리게 될 것이기 때문이다. 좀더 나은 태도는 우리가 무언가 도울 수 있는 능력이 있고 도와야겠다는 느낌이 느껴지는 곳에서 자리를 정하는 것이다. 아마도 나는 모든 곳을 도울 수는 없겠지만, 나는 어딘가는 도울 수 있으며 또한 의미 있는 섬김의 일을 시도할 수 있다. 이웃이 된다는 것은 내가 인식하고 알게 되는 모든 필요들을 다 충족시켜줘야 하는 것을 요구하는 것은 아니지만, 어떤 특정한 정황 속에서 거대한 퍼즐 중 의미 깊게 도와주는 한 조각이 되는 것을 의미한다.

교회 공동체는 이런 관점에서 사역의 전체적인 방면들과 방법들을 제공하고자 추구해야만 한다. 도시 빈민가의 교회들이나 근교 지역들에 있는 교회들은 개인학습이나 보모를 필요로 하는 지역 학교 아이들을 섬길 수 있는 독특한 사역기회들을 갖고 있다. 우리 교회도 달라스에서 가장 가난한 지역들 중 한 곳인 교외지역의 교회로서 그런 기회를 갖고 있는 교회들에 포함되어 있으며, 우리 교회의 자매 분들은 서로 다른 인종적 배경을 갖고 있는 기초실력이 부족한 아이들을 개인 교습해 왔다.

이런 사역은 우리 거리에 있는 상처 입은 사람의 상처를 싸매주는 것과 비슷한 그런 사역이다. 부모의 본보기나 뒷받침이 부족한 채 성장하는 아이들은 자신들이 교회의 돌봄과 관심 속에 있다는 사실을 발견한다. 교회는 어떻게 해서 사역들이 일어날 수 있는지를 생각하는 것을 통해, 교회 자신에게 창조적인 생각을 부여해야만 한다.

우리 교회 지체가 보여주는 또 다른 사역 본보기에는 최근에 시작한 것으로서 "엄마의 외출날"이 있는데, 이렇게 해 줌으로써 젊은 엄마들은 그들이 부모로서 필요했던 숨고르기와 쉼을 잠시나마 누릴 수 있다. 우리 교회의 다른 사람들은 아이가 입양되어 가기 전까지 몇 날 동안, 몇 주 동안, 혹은 몇 달 동안 양부모가 되어 아이들을 섬기라고 부름 받았다고 느껴왔다. 다른 사람들은 그런 역할을 고아원의 십대들이나 사회로 다시 돌아가기 위해 준비하는 사람들을 돕기 위해 사용하기도 한다.

이런 사역들은 일반적으로 희생적인 사역들이지만, 이런 일들은 이웃이 되고자 노력하는 아주 특별한 본보기들이다. 그리고 물론 때때로 이웃이 된다는 것은 고통스러운 상황이 생겼을 때 그저 이웃과 함께 더불어 있어준다는 것을 의미하기도 한다. 이웃됨이라는 것은 모든 형태들과 크고 작은 모습들로 온다. 이웃됨이 제한되는 것은 그저 우리가 보고, 느끼고 반응하는데 실패하는 것을 통해 규정될 뿐이다.

누가복음 10:38-42

38 그들이 길 갈 때에 예수께서 한 마을에 들어
가시매 마르다라 이름하는 한 여자가 자기
집으로 영접하더라
39 그에게 마리아라 하는 동생이 있어 주의 발
치에 앉아 그의 말씀을 듣더니
40 마르다는 준비하는 일이 많아 마음이 분주한
지라 예수께 나아가 이르되 주여 내 동생이 나
혼자 일하게 두는 것을 생각하지 아니하시나
이까 그를 명하사 나를 도와 주라 하소서
41 주께서 대답하여 이르시되 마르다야 마르다
야 네가 많은 일로 염려하고 근심하나
42 몇 가지만 하든지 혹은 한 가지만이라도 족
하니라 마리아는 이 좋은 편을 택하였으니
빼앗기지 아니하리라 하시니라

원 의미

이 짧은 본문은 누가복음에만 나오며, 마르다가 마리아가 자신을 도와주지 않는 것에 관해 제기한 긴장에 대해 예수가 무엇이 우선인지를 가르쳐주신 것에서 중요성을 갖는다. 이 스토리는 두 가지 각도에서 생각해볼 수 있다. 하나는 마르다의 관점에서 생각해보는 것인데, 그녀는 예수께 식사 대접하는 것을 준비하는데 있어서 마리아가 별로 돕지 않는다는 것에 대해 분명 마음이 상해 있다. 이 자매들의 다툼을 본 사람이라면 누구든지 그녀가 예수께 문제를 제기한 분위기를 적절하게 이해할 수 있을 것이다, "주여, 내 동생이 나 혼자 일하게 두는 것을 생각지 아니하시나이까?" 헬라어에서 이 질문이 제기된 방식은 마르다가 자신의 질문에 대해 긍정적인 대답을 기대하고 있다는 점을 분명히 한다. 그녀는 예수가 자기편이 되어줄 것을 기대했다. 마르다는 매우 가치 있는 일을 수행하고 있긴 했지만, 다른 사람이 하고 있는 일에 대해 마음을 졸이고 있다. 예수는 그녀가 지금 하고 있는 일에 대해서는 전혀 비판하지 않으시지만, 다른 사람들의 행동들에 대해 간여하고 있는 것에 대해서는 나무라신다.

마리아의 관점에서 보자면, 예수님 발아래 앉아서 주의 제자로서 주님과 교제를 나누고자하는 그런 본보기를 볼 수 있다. 마리아가 하고 있는 일에는 무언가 잔잔한 것이 자리 잡고 있다. 종종 삶의 바쁘고 분주함 속에서, 우리는 주님 앞에서 묵상하기 위해 잠시 멈춰서는 것이 필요하다. 마르다의 이름을 두 번씩이나 부르시면서, 예수가 마음을 담아 감성적으로 그녀에게 대답하시는 모습은 이 두 자매가 주님 앞에 앉아있는 것이 얼마나 적절한 것인지를 잘 보여준다. 마리아는 가장 필요한 일, 좋은 일을 선택했으며, 주님과 더불어 보낸 시간에 대해서 그녀는 적절한 보상을 받게 될 것이다. 제자도에는 때때로 교제하며 시간을 보내는 동안 여러 일들을 잠시 뒤로 미루는 것이 필요하다.

상황잇기

이 본문은 누가의 주장 중 어느 부분에 자리 잡고 있느냐는 면에서, 그리고 누가가 제자도에 관한 논지를 전개하면서 본보기로서 사용하고 있다는 점에서, 매우 중요하다. 시리즈로 이어져 있는 세 개의 본문들 속에 들어있으며, 이 세 가지 본문들 각각은 우리가 하나님과 갖는 관계성에 있어서 세 가지 서로 다른 핵심적인 측면들에 관해 다룬다: 어떻게 이웃과 관계 맺을 것인가(10:25-37), 어떻게 하나님과의 대화를 할 것인가(11:1-13), 그리고 우리는 서로에 대해 어떻게 볼 것이며 주님과의 시간을 어떻게 보낼 것인가(10:38-42). 예수가 두드러지게 강조하시기 위해 사용하시고 있는 본보기가 되고 있는 사람은 한마디도 말하지 않는 인물로 등장한다—마리아는 주의 발 앞에서 집중하며 앉아있다. 그녀의 침묵을 통한 증거는 무엇이 훌륭한 선택인가를 제시해주면서 강한 인상을 준다. 이 여인이 주의 옆에 앉을 만큼 가치 있는 사람으로서 이처럼 긍정적인 모습으로 묘사될 수 있었다는 사실은 여성들이 종종 교훈을 받거나 교육을 받을 수 없었던 1세기 문화 속에서 생각해 볼 때도 또한 매우 중요한 점이다. 은혜는 성별에 아무런 차별과 경계를 두지 않는다. 주가 성별을 넘나들고 사회적 장벽들과 아무 상관없이 매우 개방성을 갖고 가르침을 주셨다는 점은 우리들에게 매우 교훈이 되는데, 종종 그런 장벽들이 사역을 능력 있게 감당하는데 장애물이 되곤 하기 때문이다. 주님은 모든 사람들을 가르치고자 하셨으며, 그렇기에 우리들도 그렇게 해야만 한다. 주님과 관계된 일들에 대한 가르침은 모든 사람들에게 개방되어야만 한다.

이 본문은 또한 제자도에 관한 핵심적인 본문이다—마르다와 마리아가 행한 일들 사이의 비교를 통해서가 아니라, 마르다가 마리아의 무반응에 대해서 잘못 판단했다는 점에 있어서 그리고 다른 사람들이 하고 있는 일에 대해서 지나치게 많은 걱정을 하고 있다는 점에 있어서 말이다. 이 본문은 두 가지 구별된 강조점을 갖고 있다: 마르다가 자신이 행하도록 부름 받을 일을 감당하면서도 다른 사람들을 평가하는 일에 마음을 쓰고 있다는 점과, 또한 마리아가 예수의 옆에서 시간을 보내는 일을 추구하면서 보여준 지혜. 한 가지는 부정적이고 다른 한 가지는 긍정적인데, 이 두 가지 특징들은 제자도의 핵심이다.

현대적 의미

우리가 지적했던 것처럼, 이 본문은 그저 여성의 지위나 역할에 관한 본문이 아니라, 제자도에 관한 본문이다. 하지만 예수가 여성들을 제자들로서 묘사하고 있다는 사실은 그들이 사람들로서 그리고 충분한 제자들로서 존중되며 다루어졌음을 보여준다. 여성을 아이들보다 조금 더 나은 존재로 간주했던 문화 속에서 이 점은 그 자체가 매우 중요한 발전이고 진전이다. 누가복음에는 예수께 있어서 여성들이 갖는 가치를 강조하는 몇 가지 설명들이 들어있다(1장과 8:1-3을 보라). 오늘날에는 1세기 때엔 생각조차 할 수 없을 만큼 여성들을 위한 기회들이 열려져 있으며, 성별간의 다툼은 그 당시와는 사뭇 다른 방식으로 진행된다. 남성들과 여성들은 거의 전쟁 상황이다. 이것은 가장 불행한 일인데, 예수는 남성과 여성들 모두가 그리스도로 인해 서로 도우며, 또한 권력다툼을 하기보다는 서로 함께 사역하는 것을 원하시기 때문이다. 제자도 안에서 섬김이 적절한 위치에서 서로 고양될 때, 그때 권력다툼은 점차 사그라지게 될 것이다. 그러므로 마리아가 예수의 발아래 앉아있는 것은 주님으로부터 배우고자하는 사람을 묘사해주며, 반면 마르다의 분주함은 주를 섬기고 있는 누군가를 묘사해준다. 제자들은 이 두 가지 모두를 해야 할 필요가 있다.

다른 식으로 말하자면, 제자도는 두 가지 일이 균형을 잡고 결합되어 있어야 한다: 섬김과 묵상. 마리아는 예수가 가르치시는 내용을 듣고 묵상하는 중요성을 보여준다. 오늘날 이것은 말씀을 듣는 시간과 그리고 교회에서 제자들에게 그들이 세상에서 어떤 역할을 해야 하는지를 가르치는 것으로 비견될 수 있다. 여기에는 하나님 앞에서 기도하기 위해 침묵하는 시간, 그분의 음성을 듣는 시간도 포함될 수 있다. 영적으로 공급받는 것을 대가로 지불해가면서까지 무언가를 섬기고자 하는 것은 대단히 강력한 유혹이다. 바로 이것이 예수가 마르다에게 말씀하신 내용이 갖는 의미이다. 어떤 행동들은 기다릴 수 있다. 일을 해야 하는 시간이 있고, 귀 기울여 들어야하는 시간도 있다.

불행하게도, 일들이 바쁠 때 첫 번째로 생략되는 일은 주님과 시간을 보내는 일이다. 내가 섬겼던 교회의 장로들은 서로가 기도의 리더들이 되기로 맹세했었다.

이것은 매주 화요일 아침 6시 30분부터 8시까지 함께 모여서, 주일 예배시간에 받은 기도요청 내용들을 가지고 함께 기도하는 것을 의미했다. 내가 계산해본 바에 의하자면, 우리가 교회 일을 다루기 위해 직접적으로 논의하기 위해 사용하는 시간은 함께 기도하거나 혹은 기도로 준비하는 시간의 세배나 많은 시간들이다. 그러나 이것은 잘못 이끌어가는 것이었다. 우리가 기도할 때, 바로 그것이 교회를 위한 리더십을 행사하는 것이기 때문이다. 행동하기 전에 그것이 의미심장해지고 또한 민감하게 행해지기 위해서는 그 일들을 기도로 담어야만 한다. 나는 많은 이들이 마리아가 아니라 마르다처럼 행동하고 있다고 생각한다.

마르다가 갖고 있던 문제점에는 그녀가 다른 사람들이 행하고 있는 일들에 대해 지나치게 많은 염려를 하고 있음이 들어있다. 마르다가 예수께 자신의 불만을 이야기하기 시작하면서 질문을 던질 때, 그녀는 마리아의 우선순위 선택에 대한 자신의 평가가 옳다는 확신을 갖고 있었다. 마르다의 평가에 대해 예수가 인정해주시지 않고 거부하셨던 것은 마르다가 비록 가치 있는 일을 하고 있긴 했지만 그녀는 마리아의 선택에 대해서 좀 덜 걱정하고 염려해야 했었다는 점을 보여준다. 우리도 종종 다른 사람들의 행적을 평가하는데 지나치게 많은 시간을 할애하거나 예수를 향한 우리 자신의 행동들을 자기반성적으로 평가하는데 너무 적은 시간을 보내곤 한다. 우리가 만약 다른 사람들의 행동을 평가하는데 소비하는 에너지를 우리 자신의 행동을 평가하는데 절반만 사용한다면, 얼마나 교회가 효과적으로 사역하게 되겠는지를 한번 생각해보라. 공동체는 서로서로를 평가하는 일에 에너지를 다 쏟아 부을 때 질식해버리고 만다.

좀더 효과적인 공동체를 위해 정말로 결정적으로 필요한 것은 각각의 성도들이 자기 자신의 행보에 대해 개인적인 책임을 지고 또한 공동체로 하여금 성도들 서로를 향해 긍정적이고 적극적으로 격려하는 사역을 할 수 있게끔 하는 것이다. 이것은 공동체 내의 죄악을 무시하라는 의미가 아니라, 죄와 상관없는 영역에 대해서 평가하고 가늠할 때 좀더 느리고 천천히 하라는 의미이다. 마르다는 이 선을 넘어섰다. 주님은 그녀의 불평을 들어주지 않으셨다. 마리아는 그녀의 선택에 대해 존중받고 존경받을 필요가 있었다.

누가복음 11:1-13

1 예수께서 한 곳에서 기도하시고 마치시매 제
자 중 하나가 여짜오되 주여 요한이 자기 제
자들에게 기도를 가르친 것과 같이 우리에게
도 가르쳐 주옵소서
2 예수께서 이르시되 너희는 기도할 때에 이렇
게 하라 아버지여 이름이 거룩히 여김을 받
으시오며 나라가 임하시오며
3 우리에게 날마다 일용할 양식을 주시옵고
4 우리가 우리에게 죄 지은 모든 사람을 용서
하오니 우리 죄도 사하여 주시옵고 우리를
시험에 들게 하지 마시옵소서 하라
5 또 이르시되 너희 중에 누가 벗이 있는데 밤
중에 그에게 가서 말하기를 벗이여 떡 세 덩
이를 내게 꾸어 달라
6 내 벗이 여행중에 내게 왔으나 내가 먹일 것
이 없노라 하면
7 그가 안에서 대답하여 이르되 나를 괴롭게
하지 말라 문이 이미 닫혔고 아이들이 나와
함께 침실에 누웠으니 일어나 네게 줄 수가
없노라 하겠느냐
8 내가 너희에게 말하노니 비록 벗 됨으로 인
하여서는 일어나서 주지 아니할지라도 그 간
청함을 인하여 일어나 그 요구대로 주리라
9 내가 또 너희에게 이르노니 구하라 그러면
너희에게 주실 것이요 찾으라 그러면 찾아낼
것이요 문을 두드리라 그러면 너희에게 열릴
것이니
10 구하는 이마다 받을 것이요 찾는 이는 찾아
낼 것이요 두드리는 이에게는 열릴 것이니라
11 너희 중에 아버지 된 자로서 누가 아들이 생
선을 달라 하는데 생선 대신에 뱀을 주며
12 알을 달라 하는데 전갈을 주겠느냐
13 너희가 악할지라도 좋은 것을 자식에게 줄
줄 알거든 하물며 너희 하늘 아버지께서 구하
는 자에게 성령을 주시지 않겠느냐 하시니라

원 의미

여기에서 누가복음의 본문 자리배치가 다시 한번 더 다른 복음서들과 뚜렷하게 구분된다. 주의 기도가 마태복음에서는 설교들을 묶어놓은 부분 즉, 산상수훈부분에 나타나지만, 누가복음에서는 하나님과 적절하게 관계 맺는 것에 관한 핵심적인 본문들을 결론 맺는 가르침 한가운데에 등장한다. 이 본문은 또한 예수의 권세가 어디에서 비롯된 것인지에 관한 논쟁 앞부분에 자리 잡고 있다. 달리 말하자면, 예수는 주의 사역의 본질에 대해 도전받게 되는 정황 속에서, 제자들에게 그들이 행하는 일들의 본질이 무엇인지에 관해 가르치고 계신 것이다. 본문 배열 순서를 놓고 본다면, 하나님과 더불어 동행하는 것이 그런 압박에 직면하는 것을 준비하는 가장 좋은 길이다.

이 본문은 세 부분으로 되어 있다: 주의 기도(1-4절), 담대하게 계속해서 기도할 것을 촉구하시는 짧은 비유(5-8절), 그리고 기도하라는 두 부분의 권면(9-13절).[1] 기도에 대한 이 논의는 기도 자체에 대해서만이 아니라, 10:25에까지 거슬러 올라가는 제자도에 대한 세단계의 논의 또한 마무리한다. 그러므로 여기서의 주제는 하나님과의 관계이다. 지금 이 부분의 논의는 제자들이 기도에 관해 질문하는 것을 통해 시작된다. 제자들이 요한 공동체가 그렇게 했듯이 기도를 가르쳐달라고 요청했다는 것은 그들이 요한공동체와 마찬가지로 동일시 될 수 있는 공동체를 이루어가고 있음을 보여준다.[2] 그러므로 이 단락은 제자들의 자기 정체성이 성장하고 있음도 입증해 준다.

기도를 가르쳐달라는 요청은 예수로 하여금 그들에게 주의 기도라고 우리에게 알려져 있는 내용을 가르쳐주시게끔 이끌어간다. 하지만 이 기도에 붙여진 이런 이름은 이 스토리의 절반에 불과할 뿐이다. 이 기도가 주님으로부터 주어졌기 때문에 주의 기도라고 불려지기는 하지만, 사실 이 기도는 제자들의 공통적인 필요들과 공동체적인 함께함이라는 의식을 표현하는 제자들의 기도이기도 하다. 이 기도에는 하나님을 의지하는 공동체가 들어있고, 그들 삶의 가장 기본적인 필요에 대해서조차 하나님 앞에서 함께 기도하는 것으로 연합되어 있는 공동체가 있다. 하나님을 만나는 제자들은 하나님께로부터 주어지는 그 무엇도 당연한 것으로 여기지 않는다.

이 기도는 "아버지"를 부르는 것에서부터 시작한다. 비록 아버지를 호칭하는 이 용어가 일부 사람들이 주장하듯 아람어 '압바'(*abba*)가 표현하는 친밀한 "아빠"라는 의미를 갖고 있는 것은 아니지만, 아버지라는 이 단어는 하나님을 돌봄을 베

---

1. 이 본문과 평행을 이루는 내용들은 복음서 여기저기에 흩어져 있으며, 과연 이런 본문들이 동일한 사건을 기록하고 있는 것인지 아니면 단순히 개념적인 평행만을 이루고 있는 것인지는 대답하기 어려운 질문이다. 누가복음 11:1-4은 마태복음 6:9-13과 유사하지만 그러나 누가복음 버전은 마태복음보다 좀더 짧고, 전혀 다른 정황 속에 자리 잡고 있다. 누가복음 11:5-8은 누가복음에만 나타나는 독특한 내용이지만, 반면 누가복음 11:9-13은 전혀 다른 배경 속에 자리 잡고 있긴 하지만, 마태복음 7:7-11과 개념상 유사하다. 많은 사람들은 이 두 부분들이 순수하게 평행을 이루는 부분들이라고 이야기 하지만, 나는 유사한 주제들을 다루는 구별된 사건들과 가르침들이라고 보는 것을 더 선호한다.
2. 분명 요한공동체는 구별된 다른 기도를 갖고 있었다. 유대인들 역시 18가지 축복기도(*Eighteen Benedictions*)라고 잘 알려져 있는 그들만의 공동체 기도를 갖고 있었다. 이런 기도문들은 공동체가 동일한 정체성을 갖고 있다는 느낌을 갖게끔 해주었다. 비록 오늘날의 많은 전통들은 제의에 대해서 별로 중요하게 생각하지 않곤 하지만, 한 몸으로서 하나의 중보적 형태를 공유하고 있다는 것은 공동체적으로 중요한 가치를 지닌다.

푸는 아버지의 모습으로 접근하고 있음을 보여준다.[3] 제자들은 천박하고 어리석은 친밀함이 아니라 하나님을 천진난만하게 신뢰하라는 명령을 받는다. 하나님과의 참된 친밀함은 감성들에 토대를 두거나 아버지께서 나를 위해 무엇을 해 주실 수 있는가에 토대를 두고 세워지는 것이 아니라, 성도와 하나님간의 관계성이 어떤 본질을 갖고 있는지를 제대로 인식하는 것에 토대를 두고 세워진다. 성도들은 보호하심과 돌보심을 받고자 하나님께로 돌아간다. 하나님은 유일무이하시고 위대한 분이시지만, 접근이 불가능한 그런 분은 아니시다. 예수는 우리가 하나님께 나아갈 수 있다는 점과, 성도들이 하나님의 공급하심과 돌보심을 받기 위해 그분께 나아간다는 점을 강조하시는데, 이는 하나님에 대한 주의 관점이 매우 인격적인 것임을 돋보이게 한다(엡 2:17-18).

마지막으로 예수는 "너희는"이라는 표현을 사용하시면서 제자들이 혼자만이 아니라 그룹으로 함께 기도하기를 원하신다(2절에 나오는 "너희는"은 복수형이다). 이 기도는 공동체 전체가 공유하고 있는 기도이며, 또한 한 몸의 지체들로서 함께 해야만 하는 기도이다. 기도모임을 처음 시작할 때, 주의 기도를 다함께 반복하면서 "주가 우리에게 기도하라고 가르쳐주신 대로 기도"하는 관습은 바로 이 점에서 아주 훌륭한 근거를 갖고 있다.

긴밀한 관계성을 발전시키며 하나님께 나아가는 것은 하나님을 향한 경외감을 무너뜨리지 않는다. 그러므로 처음에 아버지라고 부를 때, 그분의 이름이 "거룩히 여김을" 받으시옵시며라고 제시한다(시 111:9; 사 5:16; 29:23; 겔 20:41; 28:22, 25; 38:23; 벧전 3:15). 하나님은 유일무이한 분이시며 성품에 있어서 우리와는 완전히 다르고 분리되어 있는 분이시다. 우리가 하나님께 기도할 때, 우리는 우리와 대등한 사람들 간에 의사소통하듯이 그렇게 기도하고 있는 것이 아니라는 사실을 깨닫는다. 우리는 온 우주에서 그 누구와도 동등하실 수 없는 그런 존재 앞으로 겸손하게 나아가는 것이다. 우리가 이 지구상에 존재하는 그 누구에게 어떤 종류의 두려움과 경외를 표현하건 간에, 그 무엇도 하나님께 드려지는 존경과 경외와는 감히 비교할 수 없다. 그러므로 이 기도문을 처음 시작하면서 나오는 이 표현은 우리가 기도를 시작하면서 매우 적절하게 사용할 수 있는 표현이라고 할 수 있다.

그 다음으로 나오는 내용은 하나님 나라가 임하게 해 달라는 간구이다. 우리는 하나님의 통치하심이 이 지상에서 완전하게 드러나게 되기를 기도한다. 1세기 때,

---

3. J. Barr, "Abba Isn't Daddy," *JTS* ns 39(1988): 28-47.

성도들은 하나님이 그분의 권능을 완전히 드러내시고 보여주시고 성도들 편에 서 주시기를 갈망했었다(1:67-75에 나오는 사가랴의 기도를 참조하라). 우리는 타락하고 뒤틀려진 피조 세계 속에서 살아간다. 성도들은 종종 이런 세계의 손아귀에 붙들려 고통당하곤 하지만, 우리는 장차 어느 날 하나님이 권능으로 자신을 나타내시고 영광 중에 다스리실 것임을 알고 있다. 이 간구는 바로 그런 소망을 갈망한다. 우리는 역사가 도대체 어디를 지향해서 나아가고 있는지를 정확하게 인식할 때, 삶을 좀더 효과적으로 살아갈 수 있다. 그러므로 우리의 현재적이고 잠정적인 간구들은 영원이라는 정황 속에서 생각할 때 좀더 의미를 갖게 된다.

우리는 또한 우리의 가장 기본적인 필요들을 하나님으로부터 얻는다는 것을 인식한다. 그러므로 세 번째로 간구하는 내용은 하나님이 날마다 일용할 양식을 공급해 주실 것을 간구하는 내용을 담고 있다. "날마다"라는 단어가 어떤 의미인지에 대해서는 논쟁이 되고 있다. 이 단어는 바로 당일인 이 날의 음식을 지칭하는 것인가, 아니면 다음 날 먹을 음식을 공급해 주는 것을 언급하는 것인가?[4] 이 용어가 헬라어만의 독특한 용어이기 때문에, 어떤 뜻인지를 확실하게 말하기는 어렵지만, 어떤 의미건 간에 의미상으로는 동일하다고 할 수 있다. 이 표현이 갖고 있는 기대와 인식은 하나님이 우리의 공급자이시며, 우리의 날마다의 삶을 지탱하고 유지하게 해주는 음식을 주시는 분이라는 점이다. 만약 땅이 음식물을 공급하지 않는다면, 우리는 도대체 어디에서부터 음식물을 얻어서 영양분을 섭취하고 생명을 유지할 수 있단 말인가? 제자들은 이런 기초적인 차원에 대한 하나님의 돌보심을 고백한다(12:22-31).

제자들은 또한 죄 사함을 구하지만 자신에게 용서를 구하는 자를 자신도 마찬가지로 용서해야만 한다는 것을 인식하면서 죄 사함을 구한다. 그러므로 우리는 우리의 "죄악들"이 용서받는 것만을 구하는 것이 아니라, 우리에게 빚진 자들을 용서하려는 준비가 되어 있어야만 한다(마 18:23-25; 눅 7:41-42).[5] 우리가 다른 사람들에게 주고자 하지 않는 것을 하나님께 받고자 하는 것은 잘못된 일이다. 유대교 역시 이런 상관성을 잘 인식하고 있다: "네 이웃이 범한 잘못을 용서하라. 그러면 너의 죄들도 네가 기도할 때 용서받을 것이다"(시락서 28:2). 우리는 우리가 구하는 것에 대한 모델이 되어야만 한다.

---

4. 여러 선택들과 논의에 대해서는, Foerster "ἐπιούσιος," *TDNT*, 2:592-95를 보라.
5. 참조. Fitzmyer, *The Gospel According to Luke X-XXIV*(ab 28A; Garden City, N. J.: Doubleday, 1985), 906. 쿰란문헌 역시 빚에 대한 은유를 사용했다(4QMess at 2:17).

마지막 간구는 영적 보호에 대한 것이다. 종종 우리는 이 간구에 대해 오해하곤 한다. 도대체 왜 우리는 "시험에 들게 하지 마옵시고"라고 기도해야만 한단 말인가? 분명 하나님은 우리 심령에 대해 최고로 관심을 두고 계시며, 우리가 시험받는 것을 원치 않으실 텐데 말이다. 이 간구는 우리 자신에 대한 근본적인 인식이 어떤 것인지를 잘 반영해준다. 만약 우리가 유혹으로부터 보호받아야만 하는 존재라면, 우리는 하나님께 우리들을 지켜달라고 간구해야만 한다.[6] 이 간구의 초점은 "우리가 시험에 굴복하지 말게 하옵소서"라는데 있다.[7] 성실함이라는 결과는 우리가 하나님의 인도하심이 없이는 곧장 죄악에 빠져들고 만다는 것을 인식했을 때 생겨난다. 그렇기에 이 간구 역시 깊은 영적 통찰을 반영하고 있다. 이 간구는 만약 우리가 하나님의 얼굴을 구하지 않는다면 우리가 얼마나 죄악에 쉽게 빠져드는 존재인지를 잘 이해하기에 드리는 간구이기 때문이다.

이 기도는 전체적으로 하나님과 하나님의 돌보심에 대해 제자들이 전폭적으로 의지하는 것을 반영한다. 하나님의 돌보심이, 역사를 주장하시는 하나님의 모습과 상황을 통해서건, 음식 등과 같은 기본적인 필요를 제공하시는 것을 통해서건, 혹은 영적 보호를 통해서 나타나는 것이건 간에, 제자들은 하나님의 임재하심이 절대적으로 필요하다는 사실을 알고 있다. 바로 이런 인식이 이 기도의 핵심이다. 그러므로 이 기도는 제자들을 하나님께 꽉 붙들어 매고 있다. 삶의 대소사들은 진정 문제가 되느냐 그렇지 않느냐는, 우리가 우리 혼자 걷고 있는지 아니면 그분의 손을 잡고 걷고 있는지에 따라 결정된다는 것을 인식하면서 말이다. 제자들의 기도는 우리의 손이 하나님의 손안에 있어야만 한다는 사실을 고백하는 기도이다.

그렇다면 우리는 기도에 대해 어떻게 접근해야만 하는가? 예수는 우리에게 무엇을 기도해야 하는지에 대해서만 가르치셨을 뿐, 우리가 어떻게 은혜의 보좌에 나아가야만 하는지에 대해서는 가르치시 않으신 것인가? 하나님은 거룩하시며 온 우주의 창조주이시기 때문에, 아마도 그분께는 거의 접근하기가 어렵거나 매우 심각한 문제가 있을 경우에만 나아갈 수 있는 것인가? 이런 생각은 심각하게 잘못된 생각이다. 우리는 겸손한 마음을 가지고 기도해야만 하며, 의지하는 마음을 가지고 기도해야만 한다. 하나님이 은혜로 공급해주시는 것을 갈망하면서 말이다. 이

6. 유대인들은 이런 관점을 공유한다. 탈무드(berakoth 60b)에는 이렇게 되어 있다. "나를 죄의 권능, 악의 권능, 유혹의 권능으로 빠져들지 않게 하소서." 탈무드는 예수님 이후 시대에 기록되었지만, 하나님을 의지하는 것이 죄를 피하는 방법이라는 인식을 보여준다.

7. Marshall, *Commentary on Luke*, 462.

문제와 관련해서, 예수는 하나님은 우리가 다가설 수 있으신 분이시며, 은혜롭고 자비하시고 우리의 간구를 들을 준비가 되어있는 분이라는 점을 돋보이게 하는 비유를 베푸신다.

우리가 이 비유를 이해하기 위해서는 1세기 문화 속에서 당시 사람들이 어떤 당연한 기대를 품었을지를 충분히 이해할 필요가 있다. (1) 음식은 오늘날처럼 항상 먹을 수 있도록 준비되어 있는 것이 아니었다. 24시간 편의점은 오늘날에만 있는 것이다. 빵은 매일매일 그날의 필요를 위해 구워졌다. (2) 그 당시 문화에서는 환대하는 것을 매우 높게 평가했을 뿐만 아니라, 거의 의무처럼 여겼다. 방문객이 언제 오는지와 상관없이 환대해야만 했고 또한 섬김 받아야만 했다. 그러나 여기에서 우리는 딜레마에 빠진다: 이 딜레마는 늦은 저녁 손님이 왔는데, 먹을 것이 아무것도 없는 상황이라는 딜레마다. 이럴 경우 주인은 어떻게 하겠는가? 우리가 또 당시 상황과 관련해서 생각해야 할 점은, 고대의 집들에는 방이 한 개밖에 없었다는 현실적인 모습에 대해서이다. 늦은 시간에 이웃을 찾아간다는 것은 그 집안 식구들을 모두 깨워야 할지도 모른다는 것을 의미했다. 이 주인은 늦게 자신을 찾아온 벗을 위해 다른 집을 찾아가 얼마나 강청해야만 하는가?[8]

예수는 이런 딜레마를 제시하시면서 물으신다, "너희 가운데 누가 한밤중에 떡을 구하기 위해 벗을(그리고 아마도 그의 가족들까지도 모두 다!) 깨우겠는가?" 아마도 떡 세 덩어리를 달라는 그의 요청은 이루어질 것이고, 이웃은 그날 남은 일부 떡덩이를 그에게 줄 것이다. 주의 이 대답에는 긴장감이 있다. 그는 자신을 괴롭게 하지 말라고, 아이들이 이미 침대에 누웠고 그들을 깨우고 싶지 않다고 대답한다! 자녀들을 이미 침대에 눕힌 사람이라면, 이웃이 이런 요구에 대해 어떻게 느낄지를 잘 알고 있다. 사실 이런 자연스러운 대답이 이 비유의 매력적인 부분이다(개역개정의 번역과 저자가 사용한 영어성경은 뉘앙스가 정반대처럼 보이는 본문으로 되어 있다—옮긴이).

예수는 그런 뒤 핵심을 이야기하신다. 이 이웃은 자신에게 늦게 찾아와 부탁하

---

8. 이 비유의 역할과 기능에 대해서는 논쟁이 벌어지곤 한다. 5-8절의 헬라어 구문이 어렵기 때문이다. 어떤 사람들은 이 비유에서 이웃과 하나님을 대조적으로 비교하는 것으로 간주하기도 한다. 이웃과 비슷한 하나님은 수치를 피하기 위해서, 즉 자신의 명예를 지키기 위해서 응답하실 것이라고 보기도 한다. 그러나 이런 식으로 본문을 읽는 것은 예수가 13절에 이르기까지 계속해서 강조해 오신 간구와 요청이라는 정황과 잘 맞지 않는다. 하나님은 자신의 명예를 지키기 위해 그렇게 하실 필요가 없다. 그렇기 때문에 8절의 관점은 간청하는 사람의 관점이다. "그의" 친구와 "그의" 이웃이 보여주는 것처럼 말이다. 그러므로 요점은 하나님에 관한 것이 아니라 주를 향해 간청하는 사람에게 놓여있다.

는 사람이 친구라서가 아니라, 간구하는 사람이 "강청하기"('아나이데이안') 때문에 응답한다고 말이다. 이 헬라어 용어는 영어로 번역하기 매우 어려운 용어이다(우리말에서는 강청이라고 번역했으나, 사실 우리말로도 정확하게 번역하기가 매우 어려운 단어이다−옮긴이). 이 단어는 두 가지 성격을 갖는다: 대담함(boldness)과 파렴치함, 뻔뻔함(shamelessness). 이 사람은 이런 요구를 할 만큼 열정적이다. 그의 이런 대담함을 알고 있기 때문에, 이 이웃은 그의 요구를 존중한다(참조. 히 10:19-22).[9]

영적 필요들에 대해서도 이런 간청하는 특징을 적용하는 부분이 나오는데, 그건 예수가 "구하라, 찾으라, 문을 두드리라"고 명령하시는 이 단락 맨 마지막 부분이다(9-10절). 제자들은 간구하는 것을 결코 부끄러워할 필요가 없으며, 그런 그들 앞에 예수는 열려 있는 문에 관한 약속을 주신다. 그런 뒤 예수는 또 다른 예를 제시하신다. 만약 한 아이가 빵이나 물고기 혹은 계란을 달라고 한다면, 아버지가 아들에게 그런 것들 말고 대신 뱀이나 전갈 같은 위험한 것을 주겠는가? 어떤 아버지가 그렇게 하겠는가? 아무도 그렇게 하지 않는다. 예수는 결론지으신다. "만일 악한 너희도 좋은 것으로 자녀들에게 줄 줄 알거든, 하물며 하늘에 계신 너희 아버지께서는 구하는 자들에게 성령을 얼마나 더 많이 주시지 않겠느냐!"

누가가 여기에서 제시하는 요점은 마태가 제시한 이미지와는 조금 다르다. 마태는 하나님이 좋은 것을 주신다는 것을 좀더 넓은 카테고리에서 제시한다. 그러나 누가는 영적 권능이라는 좀더 협소한 관심에 초점을 맞춘다. 어떤 사람들은 누가복음에 나오는 간구가 사도행전 2장에서 성취가 되었으며, 또한 하나님 나라라는 새로운 영역에만 국한되는 것으로 간주한다. 그러나 우리는 그보다 좀더 넓은 개념으로 봐야 할 것이다. 왜냐하면 주의 이 말씀은 영적 삶의 모든 부분을 염두에 둔 것으로 봐야하기 때문이다. 우리는 성령의 역사하심을 받을 때, 그 역사하심이 시작되는 출발점 때만이 아니라 우리 삶의 모든 순간들 속에서도 받을 수 있다. 아버지 하나님은 제자들이 삶을 살아가면서 필요로 하고 간구하는 기본적인 영적 공급들을 채워주시는 것을 기뻐하신다. 만약 한사람이 하나님이 주시는 통찰력이나 능력을 필요로 한다면, 하나님은 그저 요구하기만 하면 그것들을 채워주실 것이다.

누가에게 있어서 성령은 권능(행 1:8)을 주시는 분이시다. 그러므로 제자들의 기도에 표현된 '의지'(의존)는 그들로 하여금 하나님을 좀더 온전히 의지하게끔

9. 누가복음 18:1-8에 나오는 비유는 여기에다가 기도를 일관되게 해야 하는 개념을 덧붙인다.

이끌어준다. 물론 그분께 영적 통찰력을 달라고 담대하게 간구하는 것을 포함해서 말이다. 우리가 이웃들이나 자녀들과 맺고 있는 기본적인 관계들도 이 점을 잘 보여준다. 우리는 무언가가 필요할 때 이웃에게 도움을 요청할 수 있으며, 또한 아이는 부모에게 도움을 요청해야만 한다. 우리가 하나님께 구하는 것들에 대해서도, 하나님과 우리와의 관계는 가장 친밀한 관계이기에 이와 비슷한 모습의 돌봄으로 나타난다. 우린 하나님이 우리를 돌보시고 우리 간구를 들으신다는 것을 알고 있기에 그분을 의지할 수 있다.

상황잇기

이 본문에는 기본적인 영적 특징들이 제시되어 있다. 모든 성도들의 삶에 있어서, 하나님을 의지하는 것과 기도하는 것은 가장 중요한 일이고 또한 가장 영적 삶의 핵심적인 특징들이기도 하다. 하나의 모델로 제시된 고대 기도에서부터 현재에 적용할 수 있는 가교를 놓기 위해서, 우리는 간구 그 자체에 대해서와 또한 그 안에 제시된 태도 이 두 가지 모두에 대해서 심사숙고할 필요가 있다.

기도는 우리를 하나님과 올바른 방식으로 연결시켜주며, 우리로 하여금 하나님과 대화하게끔 한다. 기도하지 않는 것은 마치 결혼식장에 뚜벅뚜벅 걸어 들어가서는 배우자에게 맹세를 한 뒤에 그 뒤로는 날마다 침묵만 하면서 지내는 관계와 비슷한 모습이다. 식탁에서 함께 이야기하는 시간이 없이는 좀더 깊은 관계로 발전할 수가 없다. 사실 그런 기본적인 접촉이 없다면, 관계는 앞으로 나아갈 수 없을 뿐만 아니라 도리어 뒤로 퇴보한다. 바로 이것이 예수와 누가가 기도에 대해 그토록 많은 비중을 둔 이유이다.

주의 기도에서 흔히 깊이 인식하지 않는 부분은 이 기도가 갖고 있는 공동체적인 특징에 대해서이다. 주가 가르쳐주신 기도는 개인적인 기도가 아니라, 공동체가 함께 공유하는 기도이며, 모두가 한목소리로 다함께 아뢰는 그런 기도이다. 다른 식으로 말하자면, 제자들은 큰 가족의 일원으로서 다함께 같은 일에 대해서 기도한다. 오늘날에는 이런 공동체성이 제한적인 측면에서만 유지되어 왔다. 성도들은 물론이고 교회들조차도 각각의 성도들 상호간의 연결성을 중요하게 느끼거나 증진시키지 않는다. 우리는 우리들이 동일한 영적 목표들과 동일한 영적 필요들을 공유하고 있다는 사실을 기억할 필요가 있다. 주의 기도에 대한 적용은 대개 나 자신이나 개인에 관한 것으로 이야기될 뿐, 우리나 우리들의 문제로 적용되지는 않곤 한다. 우리는 드물기는 하지만 때로 교파적인 경계선을 넘어서는 공동체를 갖기도 한다. 그러나 예수가 지금 접근하시는 것은, 마치 하나의 단일체 같은 그런 성도들의 공동체이다(요 17장을 보라).

기독교의 단일성의 중추적인 토대는 함께 기도할 수 있다는 능력에 있다. 미국의 북서지역에서 조 알드리치(Joe Aldrich)가 형성했고 이후 다른 지역들로 퍼져나간 기도그룹들은, 이런 측면에서 올바른 방향으로 일보 전진한 모임이었다. 최근에 일어난 프라미스 키퍼(Promise Keepers) 운동처럼 폭넓고 다양한 성도 그룹들이 서로서로 영적 목표를 놓고 함께 기도하는 것만이 하나님의 얼굴을 기쁨으로 웃음 짓게 만든다. 또한 이런 연합된 중보기도를 하나님의 귀에 올려드릴 때 우린 하나님의 마음을 기쁘시게 할 수 있다.

주의 기도는 우리에게 서로 함께 기도하라고 명령할 뿐만 아니라, 서로를 향해 용서하라고도 명령하신다. 만약 용서하고자 하는 우리의 의지가 우리 기도에 대해 하나님이 주시는 응답이라면, 이처럼 서로 용서해주는 능력은 하나 됨을 이루는 핵심적인 열쇠라고 할 수 있다. 용서를 통해 만들어지는 단일성이라는 성도의 관계는 죄가 만들어내는 단일성의 파괴로 인해 부서지지 않게 된다. 교회의 비극은 그리스도께서 흘리신 보혈을 대가로 지불하고 화해의 원칙 위에 교회공동체가 세워졌음에도 불구하고, 교회가 종종 교회담장 안팎의 사람들에게 긍휼의 눈물 한 방울도 흘려주지 않는다는 데 있다.

기도는 영성에 있어서 영원한 요소이다. 시편을 그저 잠시 흘낏 쳐다보는 것만으로도, 공동체가 하나님과 동행하는데 있어서 중보기도가 얼마나 오랫동안 중요한 부분을 차지하고 지속되어왔는지를 알 수 있다. 우리는 우리가 궁핍하거나 무언가 의지할 필요가 있는 순간들에만 하나님을 찾는 경향이 있다. 그러나 만약 우리가 지혜롭다면, 우린 항상 그분이 필요하다는 것을 알게 될 것이다. 하나님은 우리 간구를 항상 듣고 계시며 예민하게 반응하신다. 하나님은 우리가 지속적으로 기도하기를 원하시며, 서로서로 다른 사람들을 위해 중보하기를 원하신다. 하나님은 자신의 자녀들이 영적 요청들이 필요할 때마다 담대함을 갖는 것도 원하신다. 그러나 마찬가지로 우리가 원하는 것을 무엇이건 아무것이나 요구할 수 있는 것이 아니라는 점을 인식하는 것도 중요하다. 하나님은 우리가 원하는 모든 것을 주겠다고 약속하시지 않는다. 우리에게 필요한 것을 주겠다고 약속하신다.

현대적 의미

이 기도 이면에는 공동체라는 중요한 이슈를 차치하고서라도, 몇몇 다른 중요한 점들이 있다. 가장 근본적인 요점 중 하나는 기도가 성도와 하나님 사이의 깊은 친밀함을 전제하고 있다는 점이다. 이런 친밀함은 단순한 느낌의 문제가 아니라, 매우 견고하게 잘 확립된 관계에 토대를 두고 있다. 이는 답답함을 느끼는 것이 아니라, 우리에겐 신뢰와 의지가 필요하다는 것을 잘 이해하고 음미하는 것이다. 불행하게도 이 세상에서는 많은 사람들이 혈육의 아버지를 통해서는 이 점을 결코 알 수도, 친밀함을 누릴 수도, 결코 동행을 할 수도 없는 경우들이 있다. 육체의 아버지가 좋은 아버지가 아닌 경우들이 많기 때문이다.

만약 하나님이 부재중이거나, 멀리 떨어져 있거나 혹은 잔혹하다면, 우리가 육체적으로 볼 수 없는 성부 하나님을 의지하는 일은 어려운 일이다. 그러나 하나님은 우주적인 불평꾼이 아니시다. 하나님은 우리에게 최상의 것이 주어지기를 바라시면서 우리를 돌보시고 사랑하신다. 하나님은 예수의 희생을 통해 그분이 우리와 얼마나 함께하시고 우리와 얼마나 하나로 속해 있으신지를 보여주신다(롬 8:30-39). 그 무엇도 우리들을 하나님과의 친밀한 연합됨에서 분리시킬 수 없다.

하지만 우리 자신이 하나님과 우리를 분리시키곤 하거나, 하나님의 돌보심, 공급하심 그리고 하나님의 손에서 주어지는 것들을 받지 않는 우리의 실패하는 모습이 우리를 하나님과 분리시키곤 한다. 하나님과의 관계는 그저 그분의 임재하심을 주장하는 몇 마디 주장들보다 훨씬 더 중요하다. 관계는 단순한 몇 마디 말이 아니라 시간과 노력을 통해 양육되어야만 한다. 바로 이것이 기도가 기독교인의 삶에서 그토록 중요한 이유이다.

만약 예수가 우리에게 어떻게 기도해야하는지 가르치시고 우리에게 담대함을 가지고 간구하라고 가르치시는데 시간을 사용하셨다면, 우리가 기도하는데 시간을 사용하는 것은 분명 우리에게 주어진 소명이며 명령이다.

오늘날에는 영적 훈련을 추구하는 일이 새로운 관심을 받고 있다. 이는 옳은 일이다. 우리 세계는 너무나 바쁜 나머지, 종종 위에 계신 아버지 앞에서 그저 "체크인"할 시간 내기도 힘들다고 생각하곤 한다. 그러나 사실 매우 바쁘면 바쁠수록, 우리는 그분을 더욱더 필요로 한다. 누가는 예수의 삶에 있어서 주가 몹시 바쁘실수록 기도하는데 시간을 보내셨음을 기록한다.

주님은 세례 받으셨을 때에도 기도하셨고, 열두 제자들을 선택하기 이전에도, 베드로의 고백 이후 예루살렘을 목전에 두고 준비하시면서 변화산에서도, 그리고 겟세마네 동산에 계실 때에도, 심지어 병사들이 주를 잡아가려고 다가왔을 때에도 기도하셨다—십자가 그 위에서 기도하신 것은 더 말할 필요도 없을 것이다. 사건들이 주를 둘러싸고 있을 때, 예수는 그 짐들을 하나님의 보좌 앞에 가져다 놓으셨다. 제자들은 이 점을 분명 알아차렸을 것이다. 지금 주가 가르침을 주시는 이 부분은 그들이 주께 무언가를 가르쳐달라고 요청했던 몇 안 되는 장면들 중 하나이기 때문이다. 적용은 매우 간단하다: 그분의 얼굴을 보기 위한 시간을 마련하라.

또 다른 적용은 주의 기도 안에는 하나님의 유일하심에 대한 존경과 친밀함이 병렬적으로 나타난다는 점에서 찾을 수 있다. 하나님은 "동료"가 아니라, 아버지이시며 주님이시다. 하나님의 유일하심을 인식하는 간구자는 그분의 임재하심을 경험하는 것이 특권이라는 사실을 잘 이해한다. 온 우주의 하나님 앞에 무릎 꿇는 일은 겸손함을 요구한다. 연장자들을 향한 존경이 거꾸로 젊음에 대한 경배로 뒤집어져버린 현대 문화 속에 살고 있기에, 우리는 하나님과의 관계가 동료간의 관계가 아니라는 점을 잘 이해해야만 하며 이는 매우 중요한 부분이다.

하나님은 하늘 위의 보좌에 앉아 계신다. 그러므로 겸손함은 영적 훈련에 있어서 매우 중요하고 근본적인 일이다. 공동체 기도에 나타나는 간구들은 이런 측면을 매우 잘 보여준다. 일용할 양식에서부터 영적인 죄 사함과 영적 보호에 이르기까지, 제자들은 하나님을 바라본다. 하나님을 향한 의지에서 벗어나 여유를 부릴 수 있는 순간은 전혀 없다.

하나님은 그분께 나아감에 있어서 담대하고 심지어 뻔뻔스럽기까지 한 그런 기도를 원하신다. 하나님 앞에 나아감에 있어서는 우리가 갖고 있는 모든 부족함을 들고 나아가는 것은 결코 뻔뻔한 것이 아니다. 도리어 하나님이 주시는 그분 앞에 나아감을 사용함에 있어서, 우리를 영적으로 성숙시켜달라고 요청하고 의지하고자 그분의 얼굴을 구하는 것은 담대한 일이다. 하나님은 열망이 있는 기도를 원하신다. 우리의 간구들은 그분의 식탁 위에 놓여지게 될 것이다. 물론 어떻게 반응하실 것이냐는 전적으로 하나님의 몫이지만, 하나님은 우리가 마음을 나누는 것을 원하시며 하늘 문을 두들기는 강렬한 바램으로 나아오기를 원하신다. 이 비유의 좀 더 근본적인 내용 안에는 우리가 담대함을 갖고 나아갈 수 있는 이유가 제시된다.

만약 한 사람이 지상에서 다른 이웃의 요구에 대해서 긍정적으로 반응한다면, 은혜가 풍성하신 하나님이 우리의 기본적인 영적 필요들에 대한 간구에 긍정적으로 반응하실 것은 너무나 분명하다. 5-10절에 나오는 함축적인 이런 개념은, 10-13절에서 분명하게 제시된다.

우리는 하나님의 팔이 우리를 향해 열려있음을 알고 있기에 그분께 나아가야만 한다. 나는 나를 사랑했던 아버지의 선물을 갖고 있다. 나는 내가 아버지의 방, 아버지의 사무실, 아버지의 거실, 혹은 아버지께서 어디계시건 그곳에 들어갈 수 있었다는 것이 무엇을 의미하는지를 알고 있었다. 그리고 만약 내게 중요하게 필요한 것이 있을 때, 아버지께서 내가 가려는 방향에 대해 들어주시는 귀와 나의 고통에 대해 열려있는 마음을 갖고 계심을 알고 있다. 좋은 아버지가 내게 준 위대한 교훈은 비록 지금은 육신의 아버지가 이 땅에는 계시지 않지만, 나로 하여금 아버지의 모습을 통해 지금 내가 갖고 있는 하늘에 계신 아버지에 대해 알 수 있게 해주셨다는 점이다.

나는 내가 요청할 때 물고기나 계란 등을 받게 될 것임을 알고 있었다. 마치 지금 내가 기본적인 영적 필요들을 위해 영적 능력들을 하늘에 계신 아버지로부터 받을 수 있는 것과 마찬가지로 말이다. 우리는 하나님이 돌보시기 때문에 담대할 수 있다. 우리는 하나님이 하늘에 계시며, 우리의 영적 필요들을 들으시고 채워주고자 기다리시기 때문에 그분의 얼굴을 바라보고 추구할 수 있다.

누가복음 11:14-23

14 예수께서 한 말 못하게 하는 귀신을 쫓아내
시니 귀신이 나가매 말 못하는 사람이 말하
는지라 무리들이 놀랍게 여겼으나
15 그 중에 더러는 말하기를 그가 귀신의 왕 바
알세불을 힘입어 귀신을 쫓아낸다 하고
16 또 더러는 예수를 시험하여 하늘로부터 오는
표적을 구하니
17 예수께서 그들의 생각을 아시고 이르시되 스
스로 분쟁하는 나라마다 황폐하여지며 스스
로 분쟁하는 집은 무너지느니라
18 너희 말이 내가 바알세불을 힘입어 귀신을
쫓아낸다 하니 만일 사탄이 스스로 분쟁하면
그의 나라가 어떻게 서겠느냐
19 내가 바알세불을 힘입어 귀신을 쫓아내면 너
희 아들들은 누구를 힘입어 쫓아내느냐 그러
므로 그들이 너희 재판관이 되리라
20 그러나 내가 만일 하나님의 손을 힘입어 귀
신을 쫓아낸다면 하나님의 나라가 이미 너희
에게 임하였느니라
21 강한 자가 무장을 하고 자기 집을 지킬 때에
는 그 소유가 안전하되
22 더 강한 자가 와서 그를 굴복시킬 때에는 그
가 믿던 무장을 빼앗고 그의 재물을 나누느
니라
23 나와 함께 하지 아니하는 자는 나를 반대하
는 자요 나와 함께 모으지 아니하는 자는 헤
치는 자니라

원 의미

누가복음 11:11-54은 예수와 유대 종교지도자들이었던 바리새인들 간의 틈이 더 넓어진 것을 보여준다. 누가는 예수를 대적하는 사람들로, 정치지도자들과 더불어(13:31-35; 19:41-44) 바리새인들을 핵심적인 인물들로 간주한다. 그들은 귀신을 쫓아내는 예수의 능력이 사탄에게서 온 것이라고 생각하면서, 예수의 근원이 무엇인지에 대해서 논쟁한다(11:14-23). 그러나 예수는 이런 일대일 논쟁들에서 자신을 변호하시면서, 예수가 사탄보다 더 강력하시다는 점을 주장하신다. 주님은 축복이 하나님의 말씀에 순종하는 것으로부터 오는 것이므로, 축복의 순간을 놓치지 말 것과 이전보다 더 악한 상황으로 결말짓게 만들지 말 것을 백성들에게 경고하신다(11:24-29). 이 세대에 주어진 유일한 표적은 예수의 메시지인데, 이는 솔로몬의 지혜와 비슷한 것이고 회개하라고 외쳤던 요나의 선포와도 유사한 것이다(11:30-32). 우리 주님은 백성들이 그들이 어떤 영적 충고와 조언들을 선택하는지에 대해 주의할 것을 원하셨는데, 그런 결정이 그들 마음의 상태와 특징을 결정짓기 때문이다(11:33-36).

이 단락은 바리새인들과 서기관들을 향한 누가복음에서 가장 강력한 예수의 책망으로 마무리되는데, 이는 유대 지도자들의 리더십이 얼마나 잘못된 것인지를 보여준다. 그들의 길은 파괴적인 길이다. 그들은 스스로 경건하다고 주장하지만, 주변에서 도무지 경건을 찾아볼 수 없다. 그들은 다른 사람들을 죽음으로 이끄는 사람들이다(11:37-54). 여섯 번 등장하는 '화있을찐저' 라는 선포는 회개하라는 간접적인 선포이다. 그러나 유대 지도자들은 도리어 예수와 심각하게 대립하기로 결정한다. 그들은 예수가 그들의 통제를 받지 않고 주가 원하시는 대로 행하는 것을 허용할 수 없었으며, 그들은 자신들이 하고자 하는 대로 행하기로 계획한다. 예수는 예루살렘에서 주가 짊어지셔야 할 운명에 조금 더 가까이 다가가신 것이다.

우리는 예수가 행하신 기적들이 갖는 중요성을 잘 이해하기 위해서, 특히나 귀신을 쫓아내신 일들을 이해하기 위해서는, 11:14-23을 잘 이해해야만 한다. 14절 단 한 구절에만 기록된 이 기적은 예수의 사역들 중 가장 중요한 한 측면을 반영하고 있다.[1] 이 기적이 갖는 중요성은 다른 복음서 기자들이 다른 기적들을 어떻게 제시하는지와 비교해보면 잘 드러난다. 다른 기적들은 대부분 생동감과 구체성을 갖고 기록되는 반면, 기적에 대한 반응들은 짧게 요약만 되어있을 뿐이다. 그러나 지금은 상황이 정반대로 되어있다. 기적에 대한 반응들과 기적에 대한 주변 사람들의 해석이 기적 스토리 대부분의 분량을 차지하고 있다. 달리 말하자면, 이 스토리 설명은 기적을 행하시는 예수의 사역에 대한 일반 대중들의 논쟁을 요약하고 있으며, 주의 다른 모든 기적들에 관한 설명들을 담고 있다. 이 단락에서는 악을 넘어서시는 예수의 포괄적인 권능에 대해 이야기한다. 결과적으로, 피조 세계를 넘어서시는 주의 권능은 든든하고 확고한 권능이다.[2]

여기에 제시된 이슈는 예수의 권세와 권위에 대한 것이다. 한 사람을 벙어리로 만들었던 귀신을 예수가 쫓아내셨을 때, 범상치 않은 예수의 사역이 어떤 특징과 본질을 갖는지에 관한 논쟁이 시작된다. 두 가지 접근법이 제시된다. (1) 어떤 사람

1. 이 본문과 평행을 이루는 본문들은 마태복음 12:22-30과 마가복음 3:22-27이다. 마가복음에서는 마태복음이나 누가복음보다 앞부분에 본문이 자리 잡고 있지만, 그것은 아마도 마가복음 2:1-3:6이 좀더 주제 중심으로 배열되어 있기 때문에 연속적인 논쟁들을 기록하다보니 그렇게 되었을 것이다.

2. 사탄이 귀신들림 이외의 여러 질병이나 약함들과 연결되어 있다는 점은 13:10-17 등과 같은 본문들에서 볼 수 있는데, 이런 본문들이 비록 치유로 묘사되어 있기는 하지만(14절) 이런 양상들 역시 사탄의 활동과 연결되어있다(16절).

들은 주의 사역을 바알세불과 연관시킨다. 이방 우상의 이름에서 유래된 것으로 보이는 바알세불이라는 이름은 "파리들의 주인"[3]을 지칭하면서 사탄에게 적용되었다. (2) 다른 사람들은 그저 담벼락에 앉아서는 예수가 무언가를 좀더 행하실 것을 기다리고 있다. 하늘로부터 내려오는 표적을 구하는 것은, 예수가 이미 수많은 기적들을 행하셨다는 점을 생각해보면 매우 모호한 요구라고 할 수 있다. 분명히, 하늘에서부터 주어지는 역사하심을 포함하는 가시적인 모종의 표적이 이미 나타나고 있었다.

이런 의문과 질문은 예수께 속하는 것을 가로막는 동시에, 지금 일어나고 있는 일들에 대해 다시 깊이 생각해볼 필요가 있다는 요구를 만들어낸다. 아마도 예수를 향한 이들의 시험(16절)은, 구약성경이 하나님의 백성들에게 선지자들을 향해 시험해보라고 가르쳤던 것과도 맥을 같이 할 것이다(신 13:1-5). 예수는 이미 많은 일들을 행해주셨고, 이런 일들이 주가 누구신지를 충분히 알려주기 때문에, 주님은 자신이 사탄과 연결되어 있다는 주장에 대해서만 반응하신다. 표적들에 대해서는, 예수는 주의 선포라는 표적만이 주의 메시지임을 짧고 분명하게 말씀하실 것이다(12:29-32).

예수는 이미 자신을 향한 의심에 대해 잘 알고 계시며 그래서 이에 관해 이야기하신다. 주님은 단순한 전제를 가지고 주님과 사탄을 연결시키는 것을 거부하신다. 사탄의 목표가 파괴하는 것이고 예수는 치유를 통해서 파괴된 결과들을 역전시키신다면, 그렇다면 어떻게 예수의 사역을 사탄과 하나로 묶을 수 있단 말인가? 그것은 집안이 분열되고 나라가 망할 지경이 되었다는 것을 의미한다. 만약 예수가 사탄을 사탄의 권능으로 쫓아내신다면, 사탄의 나라는 설 수 없다.[4]

예수는 자신의 주장에 한 가지 중요한 점을 더 첨가하시는데, 그것은 주가 홀로 그렇게 행하시는 것이 아니라는 점이다. 다른 사람들도 역시 귀신들을 쫓아내곤 한다. 주가 말씀하신 이 내용이 도대체 무엇을 의미하는가에 대해서는 아직 논쟁이 계속되고 있다. 예수는 지금 귀신을 쫓아내는 모든 유대인들을 지적하고 계신 것인가?[5] 그들이 어떻게 그들의 일들을 하고 있는지를 물으시면서 말이다. 이런 의미는 아닌 것 같다. 예수는 귀신을 쫓아내는 유대인들이 정말로 최종적인 판단

3. Fitzmyer, *Luke X-XXIV*, 920-21.

4. 누가는 헬라어에서 제1 조건절을 사용해 매우 생생하게 이 표현을 제시한다. 이런 생생함은 실질적으로는 "만약 이것이 진짜라면, 도대체 이것이 정말로 무엇을 의미하는지에 대해서 생각하라"는 의미다.

5. Rengstorf, "μαθητής," *TDNT*, 4:443.

에 도움을 줄 것으로 생각하시는 것일까?(19절 마지막 부분이 이야기하는 것처럼) 아마 이것도 아닌 것 같다. 예수는 개혁이 필요한 공동체를 향해 하나님이 귀신을 쫓아내는 유대인들을 사용해 역사하신다고 인정하고 있는 것이 아니다. 좀더 그럴 듯한 해석은 '호이 휴오이 휴몬'(문자적으로는 "너희 아들들")이 암시하는 것은 주의 제자들을 지칭한다고 보는 것이다. 주의 제자들은 그들 역시 유대인들이었지만, 예수가 임명하신 것을 통해 자신들의 일을 행하던 사람들이었다.[6]

여기에서 예수가 지적하시는 바는, 적어도 한사람 이상이 이런 권세를 보여주고 있다는 점이다. 하나님이 인정하시고 능력을 주시는 모습은 비단 예수께만이 아니라 주가 임명하신 사람들에게로까지 확장된다. 만약 유대 지도자들이 예수가 누구신가에 대한 그들의 마음을 바꾸지 않는다면, 바로 이들이 재판관들로서 역할을 할 것이다.

만약 사탄과의 연관성이 제외된다면, 그렇다면 어떤 가능성이 남는가? 예수는 곧이어 주의 사역에 관한 가장 중요한 선포 중 하나를 제시하신다: "그러나 내가 만일 하나님의 손을 힘입어 귀신을 쫓아내는 것이면, 하나님의 나라가 이미 너희에게 임하였느니라." 예수는 지금 벌어지고 있는 일들을 설명할 수 있는 두 가지 가능성들을 제시하시고 설명하신다. 주님은 사탄의 권세를 통해 역사하고 계신 것이거나, 아니면 하나님과의 연관성을 통해 일하고 계신 것이다. 여기에는 세 번째 설명방식이나 중립지대는 존재하지 않는다. 주가 사용하신 "하나님의 손(손가락)"—이 표현은 성경이 출애굽을 설명할 때 등장하는데(출 8:19), 하나님이 역사하신 또 다른 위대한 순간을 나타내는 표현이다—이라는 표현은 하나님이 예수를 통해 은혜와 권능으로 역사 가운데 직접적으로 역사하고 계심을 보여준다.

주의 설명이 하나님의 나라가 임하는 것과 관련되어 있다는 점도 매우 중요하다. 지금 예수의 사역에서, 도대체 통치할 수 있는 권리가 누구에게 있는가를 보여주는 우주적 싸움이 문제가 되고 있다. 전투에 임하는 사람들은 지금 거대한 전쟁을 하고 있는 것처럼 모든 문제들을 심각하게 취급하고 있다. 하나님 나라에 대한 약속은 구약성경의 가장 위대한 약속들 중 하나이다. 하나님이 약속하셨고 보내신 이가, 이 지상의 정의를 회복시키면서 하나님의 대리자로서 통치할 것이다. 예수가 귀신을 쫓아내시는 모습은 바로 그런 대리자가 임했다는 표식이다. 어떤 사람

6. NIV에서는 "너희를 좇는 자들"로 되어 있고(개역개정 성경에서는 "너희 아들들"로 되어있다—옮긴이), 이는 예수가 귀신을 쫓아내는 유대인들을 지칭하신다는 관점을 취한다. 그러나 내가 제시한 것처럼, 이런 식으로 본문을 읽는 것은 이 언급이 예수의 제자들을 지칭한다고 보는 것보다 의미상 덜 어울린다.

들은 그런 대리자가 임했다는 것이 보이고 있는 것이 아니라, 그저 하나님 나라가 접근해 왔다는 것만 나타나고 있는 것이라고 주장한다. 그러나 이런 생각은, 뒤에 나오는 비유에서 사탄의 집이 무너지고 패배하는 것을 묘사하면서 승리자가 전리품들을 나눈다는 점을 묘사하고 있다는 점을 망각한 것이다.[7] 또한 도래에 관한 언어도 "너희에게 임했느니라"고 번역된 구문을 사용해 언급되었는데, 이는 하나님 나라의 접근이 아니라 도래를 제시한다.[8]

예수는 자신의 기적들이 하나님의 승리적인 통치의 임재를 가시적으로 보여주는 것이라고 선포하신다. 이런 기적들은 약속된 위대한 통치 대리자가 임했음을 제시한다. 주님은 그런 하나님 나라와 관련해 약속된 모든 것들이 다 성취되었다고 말씀하시는 것이 아니라, 하나님 나라 그 자체가 임했다고만 말씀하시고 있다. 신약성경 다른 버전들과 더불어 이 본문을 읽어보면, 이 본문은 하나님 나라의 임재가 확립되어가는 과정이 시작되었다고 선포하시는 내용이다.[9] 예수의 사역은 하나님의 손가락이 선명하게 그려주신 거룩한 그림이며, 지상에서 하늘의 권능들이 분명하게 나타나게 하시는 분이 누구신지를 분명하게 가리켜주는 사역이다. 주님은 이 지상에서 의로움이 파괴를 승리할 수 있고 승리한다는 것을 분명하게 확립하시는 것을 통해, 주의 권세가 사탄을 넘어서는 것임을 보여주고 계신다. 주를 통해서 구속이 임한다. 이제 사람들에게 남아있는 것은 주를 선택하는 일 뿐이다.

이제 예수는 비유를 통해 주가 말씀하시려는 핵심을 이야기하신다. 어떤 강한 사람이 집을 차지하고 자신의 소유들을 지키고 있다. 이런 소유들은 누군가 더 강력한 사람이 그를 공격해서 집을 무너뜨릴 때까지는 안전하다.[10] 좀더 강력하고 힘센 사람이 올 때, 원래 사람의 무장은 해제되게 되고 소유물들은 승리자의 전리품

---

7. 에베소서 4:7-10을 참조하라. 동일한 이미지를 사용하고 있는 이 부분에서는 승리와 예수의 부활-승천이 분명하게 연계되어 있다.

8. W. Kümmel, *Promise and Fulfilment. The Eschatological Maessage of Jesus*(London. SCM, 1961), 특히 107; K. Schmidt, "βασιλεύς"와 "βασιλεία," *TDNT,* 1:566-76과 580-89. 동의어에 대해서는, 다니엘 4. 24, 28(헬라어 데오도션[Theodotion] 버전)을 보라. 핵심은 전치사 '에피'가 동사 '에프다센' 앞에 자리잡고 있다는 점이다. 10:9에 대한 위의 주석을 보라.

9. 많은 본문들이 이 주제들을 다룬다. 장차 예수의 통치하심과 더불어 미래가 어떻게 될 것인가를 다룬 핵심적인 두 가지 본문은 사도행전 3:18-20과 요한계시록 20-22장이다. 이런 주제들을 좀더 구체적으로 다룬 것에 대해서는 D. Bock, "The Reign of the Lord Christ" in *Dispensationalism, Israel, and the Church A Search for Definition*, ed. by C Blaising and D Bock(Grand Rapids. Zondervan, 1992), 37-67을 보라.

10. 이 이미지는 드문 이미지가 아니다. 유대교에서 보자면, *Testament of Levi* 18·12에서는 약속된 대제사장의 자녀들에게 벨리알(사탄의 또 다른 이름)을 결박하고 악한 영들을 제압할 권능이 주어질 날을 바라보고 있다. 비록 신약성경에서는 메시아와는 전혀 별개인 이런 구별된 대제사장적인 인물에 대해서 언급하고 있지 않지만, 이런 내용은 사탄에 대한 승리를 포함하는 약속이라는 개념에서 매우 비슷하다.

으로 나눠지게 된다. 예수는 주의 기적이 바로 그와 같은 승리를 보여준다고 선포하신다. 주님은 사탄을 능가하는 강력함과 권능을 갖고 계신다. 이는 또한 예수가 사탄을 통해 역사하시는 것이 아니라 사탄과 대적해서 역사하고 계신다는 점도 함축한다. 사람들을 괴롭혀온 권세들은 예수 안에서 극복된다. 바로 이것이 예수와 함께하지 않는 자는 주를 반대하는 자이며 헤치는 자인 이유이다(23절). 예수는 이런 마지막 말씀을 통해서 주가 누구신지에 대해 결정하는 것이 얼마나 중요하고 결정적인 것인지에 관해 강조하신다. 여기에는 오직 두 가지 결정과 선택만이 존재할 뿐이다. 이런 우주적 싸움에서 어느 편에 설 것인가는 매우 중요하고 결정적인 문제이다.

상황잇기

기적들은 하나님이 지지해주시고 임재해 계심을 보여주는 창문으로서 역할 하는데, 예수는 이를 통해 자신의 사역이 어떤 것인지를 설명하신다. 이 본문은 마치 커튼을 걷으면서 예수의 사역이 갖고 있는 거룩한 신적 측면을 보여주는 그런 본문이다. 마찬가지로 이 본문이 가르쳐주는 기독론은 시대를 초월하는 내용이다. 예수가 사탄과 벌이시는 싸움은 모든 시대를 통틀어 가장 위대한 영적 전쟁이기 때문이다. 예수는 자기 자신을 악한 자의 권능을 넘어서시는 더욱더 강한 사람으로 자리매김하신다. 비록 작은 접전들이 여전히 벌어지고 있고 완벽한 승리가 여전히 우리를 기다리고 있긴 하지만 예수는 제자들은 물론이거니와 대적들조차도 여기에 묘사된 승리를 적절히 이해하고 인식하기를 원하시며, 바로 이것이 이 본문이 갖고 있는 가장 근본적인 특징 중 하나이다. 예수의 승리라는 주제는 주의 기적들을 통해 묘사되고 있으며, 이는 주가 아무도 필적할 수 없는 권세를 갖고 계시다는 사실을 모든 세대에게 이야기한다.

예수의 역사하심은 사탄의 일들과는 다르다. 사탄은 파괴적이지만, 구원자이신 예수는 고치시고 회복시키신다. 사탄은 생명을 악하세 만들지만, 예수는 생명을 풍성하게 하신다. 사탄은 절뚝거리게 만들지만, 예수는 자유케 하신다. 예수는 주의 역사하심이 삶을 얼마나 고양시키는지를 보여주신다. 이런 주의 역사하심은 주의 섬김이 어떤 것인지를 규정해주며, 또한 제자들이 다른 사람들에게 풍성한 생명을 경험하게끔 격려하는데 있어서 어떤 방식으로 행동해야만 하는지를 묘사해준다.

이 본문을 통해 예수가 명령하시고 요구하시는 결단도, 모든 세대들에게 진리로 적용되어야 한다. 주의 삶과 사역은 지극히 비범하기에 우리는 그 근원이 무엇인지를 잘 평가해야만 한다. 현재와 과거 사이의 거리로 인해, 어떤 사람들은 예수가 이런 종류의 놀라운 일들을 실제로 행하신 것이 아니라고 주장하기도 하고, 혹은 이런 유형의 증거를 주신 목적이 주가 하나님과 맺고 있는 독특하고 유일한 관계성을 입증하시려 했던 것은 아니었다고 주장하기도 한다. 이들은 이런 주장들을 통해 예수를 다른 종교지도자들과 비슷한 수준으로 격하시키고자 시도한다. 그러나 예수 당시에 살았던 대적자들은 사치스럽게 그런 주장을 하지 않았다. 그들은 주가 비범한 권능으로 여러 일들을 행하셨다는 사실을 부정할 수 없었다.

우리가 지금 갖고 있는 예수에 대해 언급하고 있는 유대교 기록들은 주의 행적이 갖고 있는 비범한 본질에 대해서 보고하며, 또한 이런 일들을 부정하는 것이 아니라 설명해보고자 시도한다. 시간이라는 긴 복도는, 몇몇 사람들이 예수가 행하신 장엄한 역사하심들을 부정해버릴 만큼 주의 사역의 실재성을 희미하게 만들 수도 있다. 그러나 이것은 합리적인 옵션이 아니다. 만약 이런 옵션을 활용하는 것이 가능하다면, 아마 아주 오래 전 주의 대적들이 그 길을 선택했을 것이다. 주의 대적들은 주가 행하신 초자연적인 권능들과 그 증거들에 대해서, 그들에게 남겨진 유일한 논리적 방식을 선택했다: 그들은 주의 역사하심이 사탄적인 권능에 뿌리를 두고 있다고 주장했다. 예수는 그런 주장을 알고 계셨고 그런 주장에 대해 여기에서 다루셨다.

현대적 의미

이 항목에 나오는 기적을 예수와 사탄 사이의 초자연적인 전투로 이해하는 것은 예수가 누구신지를 결정하는 것에 대해서, 그리고 기적이 갖는 증언적인 기능에 대해서 많은 내용을 우리들에게 이야기해준다. 예수가 해주신 설명은 기적이 주의 사역에 대해 갖는 조력적인 역할을 이해하는데 도움을 준다. 또한 예수가 왜 사역에 있어서 이런 기적들에 지대한 관심과 초점을 두지 않으셨는지 그 이유에 대해서도 설명해 준다. 이런 기적들은 좀더 근본적인 실재들을 보여주는 초상일 뿐이다. 즉 피조 세계를 회복시키시고 죄악을 이기시려는 하나님의 선한 의지를 보여주는 초상일 뿐이다.

이 본문은 또한 하나님 나라가 갖는 본질에 대해서나, 여기 묘사된 예수의 승리가 어떤 의미를 갖는지에 대해서도, 매우 중요한 적용들을 갖고 있다. 그리스도의 통치는 이 지상에 의로움이 나타나고 그것을 확립하는 모습으로 제시되었는데, 이는 다른 사람들 앞에서 주의 품성을 보여주는 새로운 백성들을 형성하는 것을 통해 이루어진다(마 5:14-16; 딛 2:11-14). 물론 장차 주가 다시 오실 때에 주의 나라가 가시적으로 훨씬 더 권능 있는 모습으로 임하겠지만, 예수는 변화와 참된 삶을 보여주는 구원받은 백성들의 공동체를 주님 주변으로 불러 모으셨다. 물론 주의 승리가 이런 변화로 나아갈 수 있는 길을 닦아놓았다. 사도 바울이 로마서 1:16-17에서 복음을 "하나님의 능력"이라고 규정한 것도 바로 이런 변화를 불러오기 때문이다. 바울은 그런 뒤 로마서라는 위대한 서신을 통해 깊은 죄의 속박으로부터 인간이 어떻게 구원받았는지를 설명한다(고후 3-4장도 마찬가지인데, 이 부분에서는 성령과 새 언약에 관해 이야기한다). 이 새로운 공동체의 사람들은 화해를 증거 하는 사람들이어야만 하며, 유대인과 이방인들이 새로운 한 몸으로 연합된 사람들이어야만 하며(엡 2:11-22), 죄로부터 오는 악이 없는 사람들 그리고 "공중의 권세 잡은 자"를 좇는 것에서 오는 죄악이 없는 사람들이어야만 한다. 그리스도께서는 교회가 세상의 다른 사람들과 다르다는 것을 보여줄 수 있어야 한다고 명령하신다. 이런 새로운 유형의 공동체가 과연 어떤 모습인지는 사도행전에 나오는 성도들이 인종이나 지역을 넘어서서 소유물을 공유하고 각자의 필요대로 돈과 재물을 함께 나누기까지 했던 모습에서 잠시 찾아볼 수 있다.

어쩌면 이런 논의는 좀 모호해 보일지도 모르지만, 그렇지 않다. 바울 서신들은 하나님의 임재하심이 지금 이 누가복음 본문이 그려주고 있는 사탄적인 권능의 임재를 역전시킬 수 있음을 보여준다. 사실 바울 사도는 바로 이 진리를 둘러싼 공동체 신학을 세웠다. 우리는 하나님이 사랑하시는 성자의 나라에 자리 잡고 있고 또한 어둠의 세력으로부터 건짐 받았기 때문에(골 1:12-14), 우린 하나님이 우리에게 명령하시는 그런 백성의 모습이 되기 위한 모든 영적 준비들을 갖추었다. 그 어떤 권세도 그리스도의 권세보다 더 위대하지 않다(엡 1:15-23). 주가 주시는 권능에는(주가 나눠주시는 소유물들!), 우리로 하여금 새로워진 관계라는 정황 속에서 사랑과 화해를 누리는 백성으로서 살아갈 수 있게 해주는 능력이 포함되어 있다.

예수가 누가복음 11장에서 묘사하시는 승리는 교회 공동체도 극복할 수 없는 장애물이 있다는 모든 주장에 대해 그렇지 않다는 점을 분명하게 보여준다. 만약 교회공동체가 실패한다면, 그건 능력이 주어지지 않았기 때문이 아니라, 우리가 예수가 공급하시는 승리를 사용하는데 실패했기 때문이다. 이는 우리가 이 생에서 완벽하다는 것을 의미하는 것이 아니다. 참된 영화(glorification)는 지금이 아니라 장래의 하나님 나라에서 우리를 기다리고 있기 때문이다. 그러나 지금 이 본문은 현재 여러 면에서 우리들을 능가하는 권세들을 우리가 극복하도록 도와주는 여러 풍성한 원천들이 마련되어 있음을 제시해준다. 이는 또한 영적으로 성장하지 못하는 것이 우리 잘못 때문이라는 점도 지적해주는데, 하나님은 성령을 통해서 이미 풍성한 능력을 공급해주셨기 때문이다.

달리 말하자면, 이 본문은 예수가 "하나님을 의지하라고 선포"하시는 토대이다. 여러 열방들과 많은 사람들은 자기 자신들이 전적으로 자유롭고 독립적이라는 것을 매우 자랑스러워하지만 예수의 공동체는 그들과는 달리 자신의 정체성을 주님으로부터 구원받았으며 그렇기에 영원히 주께 속해 있다는 것에서 발견한다. 이 선포는 위대한 특권을 동반하고 있다. 왜냐하면 우리가 하나님의 성령과 동행하고 성령님께 반응하며 살아갈 때, 이제는 우리가 의롭게 살 수 있는 잠재력을 가질 수 있게 되었기 때문이다.

우리는 주를 의지하는 가운데서 주가 우리에게 되라고 명령하신 그런 공동체가 될 수 있다. 하나님 나라는 추상적인 것이 아니다. 하나님 나라는 추상적인 모습이 아니라 구체적으로 나타나는데, 하나님의 임재하심과 통치하심이 우리의 존재를 다스리고, 그래서 우리가 주를 우리가 행하는 모든 일들 안에서 존귀히 여기며 또한 적대적인 이 세상에 직면해서도 의로움이 분명하게 드러나는 모습으로 나타나기 때문이다(갈 2:20; 5:22-26; 6:14-16).

하나님 나라에 속하고, 그 나라에 근원을 두고 있는 선물들을 누리고 받는 것이, 사탄 앞에서 견고하고 굳건하게 서는 것이다(엡 6:10-18). 하나님 나라를 공유하는 것은 우리에게 새로운 생명을 주는 유익들을 단지 그저 하늘에서만이 아니라 바로 지금 여기에서도 공유하는 것이다.

이런 신학적인 배경을 통해서 생각해볼 때, 이 본문을 근본적으로 적용하는 것은 사탄을 이기신 더 강하신 분과 너불어 우리 자신의 정체성을 재확인하고 견고하게 추구하는 것이다. 예수가 하나님으로부터 보냄 받으셨다고 믿음으로 받아들이기로 결정하는 것은 "그분 안에 생명이 있다"고 받아들이기로 결정하는 것이다. 만약 주의 오심이 의미하는 바가 주의 통치하심에 대한 증거가 나타나고, 그와 더불어 하나님의 손가락이 나타나는 것을 의미하는 것이라면, 우리의 소명은 바로 그 손가락이 지시하는 곳으로 좇아가는 것이다.

누가복음 11:24-36

24 더러운 귀신이 사람에게서 나갔을 때에 물 없는 곳으로 다니며 쉬기를 구하되 얻지 못하고 이에 이르되 내가 나온 내 집으로 돌아가리라 하고
25 가서 보니 그 집이 청소되고 수리되었거늘
26 이에 가서 저보다 더 악한 귀신 일곱을 데리고 들어가서 거하니 그 사람의 나중 형편이 전보다 더 심하게 되느니라
27 이 말씀을 하실 때에 무리 중에서 한 여자가 음성을 높여 이르되 당신을 밴 태와 당신을 먹인 젖이 복이 있나이다 하니
28 예수께서 이르시되 오히려 하나님의 말씀을 듣고 지키는 자가 복이 있느니라 하시니라
29 무리가 모였을 때에 예수께서 말씀하시되 이 세대는 악한 세대라 표적을 구하되 요나의 표적 밖에는 보일 표적이 없나니
30 요나가 니느웨 사람들에게 표적이 됨과 같이 인자도 이 세대에 그러하리라
31 심판 때에 남방 여왕이 일어나 이 세대 사람을 정죄하리니 이는 그가 솔로몬의 지혜로운 말을 들으려고 땅 끝에서 왔음이거니와 솔로몬보다 더 큰 이가 여기 있으며
32 심판 때에 니느웨 사람들이 일어나 이 세대 사람을 정죄하리니 이는 그들이 요나의 전도를 듣고 회개하였음이거니와 요나보다 더 큰 이가 여기 있느니라
33 누구든지 등불을 켜서 움 속에나 말 아래에 두지 아니하고 등경 위에 두나니 이는 들어가는 자로 그 빛을 보게 하려 함이라
34 네 몸의 등불은 눈이라 네 눈이 성하면 온 몸이 밝을 것이요 만일 나쁘면 네 몸도 어두우리라
35 그러므로 네 속에 있는 빛이 어둡지 아니한가 보라
36 네 온 몸이 밝아 조금도 어두운 데가 없으면 등불의 빛이 너를 비출 때와 같이 온전히 밝으리라 하시니라

원 의미

예수의 사역은 선택을 요구한다. 가장 기본적인 삶의 선택들을 요구한다. 이 항목은 일련의 권면을 통해 이런 선택이 얼마나 결정적이고 중요한지를 보여주며, 이를 통해 선택의 중요성을 강조한다.[1] 이 점은 예화를 통해서(24-26절),

1. 이 단락 안의 작은 소단락인 누가복음 11:27-28은 누가복음에만 나타난다. 누가복음 11:24-26은 마태복음 12:43-45과 평행을 이룬다. 누가복음 11:29-32은 마태복음 12:38-42과 마가복음 8:11-12과 비슷하다. 비록 누가복음의 내용이 요나가 언급된 마태복음과 좀더 가깝긴 하지만 말이다. 누가복음 11:33은 마태복음 5:15(산상수훈에서) 그리고 마가복음 4:21(하나님 나라에 대한 말씀들)과 유사하다. 이 말씀은 이런

선포를 통해서(27-28절), 경고를 통해서(29-32절) 그리고 훈계를 통해서(33-34절) 제시된다. 각각의 본문은 예수가 주시는 계시에 신실하게 반응하라는 명령을 담고 있다.

첫 번째 말씀(24-26절)은 귀신이 그 집을 떠났지만 아무것도 그 집을 대신 채우지 않았던 그런 모습에 대한 보고이다. 그 집은 깨끗해졌지만 여전히 빈 채로 남아 있다. 그래서 귀신은 돌아가기로 결심하고 자신과 더불어 자기보다 더 악한 일곱 귀신들을 데리고 왔다.[2] 이들은 귀신을 쫓아내기 이전보다 더 상황을 악화시키면서 그 집으로 다시 들어왔다. 이 본문은 영적인 응답에 관한 내용을 다룬다. 만약 하나님의 은혜가 누군가를 죄악으로부터 일시적으로 자유케 하거나 혹은 적어도 그렇게 되도록 만들어주었다 하더라도, 그런 은혜에 반응하는 것을 거부한다면 더 위험한 상황이 도래하게 된다. 이 "집"은 소제되어 깨끗하게 남아있었지만, 그 집의 문은 여태껏 그 집에서 살았던 권세들이 더욱더 결심하고 돌아오는 것에 대해서 열려있었다. 이런 최종적인 결과는 처음보다 상황이 더 악화된 것이었다. 계시를 간과하면 악의 손아귀에 떨어지게 되는데 한걸음 더 가까이 다가가게 된다. 하나님의 은혜에 반응하는 것을 거부하는 일은 중립적인 일이 아니라 파괴적인 손아귀에 남아있는 선택을 하는 것이다.

그 다음 내용으로는 축복 선포로 결론 맺어지는 짧은 변화가 온다(27-28절). 더 좋지 못한 상황으로 떨어질 수 있는 가능성은 누군가로 하여금 주제를 바꾸게 만들었고 예수를 양육하고 돌본 사람들을 칭송하는 것으로 내용을 바꾸게 만들었다. 예수의 모친에 대한 이 여자의 칭송은 주의 가족을 존귀히 표현하려고 시도한다. 당시 문화에서는 아들의 업적들을 통해 그 엄마를 존귀하게 칭송하는 것이 유별난 일이 아니었다(창 49:25; 잠 23:24-25).[3] 그러나 예수는 이 칭송을 무엇이 삶에 있어서 참되고 진정한 축복인지를 선포하시는 또 다른 기회로 삼으신다. 바로 하나님의 말씀을 듣고 순종하는 사람이 진정 복된 사람이라고 선포하신 것이다. 앞에 나온 예화처럼, 예수는 하나님 말씀을 받아들이는 것이 얼마나 중대한 일인지에 초점을 맞추신다. 삶의 풍성함과 온전함은 육체적이거나 사회적인 측면의 문제가 아니라, 온 우주의 주님과 매우 밀접하게 관련되어 있는 문제이다(참조. 8:19-21).

. 각각의 상황에 적절할 만큼 충분히 잠언적이다. 누가복음 11:34-36이 평행을 이루는 마태복음 6:22-23도 마찬가지다.

2. 귀신이 쉴 곳을 찾는다는 개념은 유대교에서도 나타난다: 토빗서 8:3; 바룩서 4:35.

3. F. Hauck, "μακάριος," *TDNT*, 4:369.

그런 뒤 예수는 끊임없이 표적을 구하는 것에 대해 경고하시면서 과거 역사에 관한 내용을 이야기하신다(29-32절). 예수는 "악한 세대"라는 표현과 더불어 말씀을 시작하시는데, 특히 이미 행해진 표적이라는 측면을 말씀하시면서 계속적으로 표적을 구하는 요청이 악한 것임을 분명히 하신다. 이런 요청은 예수가 이미 행하셨고 지금 행하고 계신 일들을 직시하는 것을 거부하는 변명에 불과하다. 우리 주님은 요나와 솔로몬이 보여준 것 이외의 다른 표적을 주지 않을 것이라고 선언하신다. 인자와 요나와의 비교는 요나가 삼일동안 물고기 배속에 있었던 것에 관한 것이 아니다. 그보다는, 32절은 지금 제시되는 내용이 요나의 선포임을 분명히 하고 있다(욘 3:6-10). 그렇기 때문에 회개하라는 선포가 바로 이 표적이다.

솔로몬의 지혜를 듣기 위해 방문했던 남방 여왕에 관한 묘사(왕상 10:1-13; 대하 9:1-12)는 예수의 가르침이 중심 이슈라는 것을 재강조한다.[4] 그녀는 남방 아라비아에서부터 솔로몬의 가르침을 듣기 위해 찾아왔다. 지금은 요나와 솔로몬보다 더 크신 이가 그들 앞에 서 있으며, 그분의 가르침은 이들 모두가 그토록 듣기를 갈망하던 것이었다. 다시 말해서, 예수의 기적들과 표적들은 그 자체도 중요하지만 기적보다 좀더 중요한 부분—주의 가르침—을 보게끔 가리켜주는 역할을 한다. 이 여왕과 니느웨 사람들은 이 세대 사람들이 예수에 대해 놓친 내용들에 대해 증거 하기 위해 심판 때에 일어날 것이다. 그들의 증언은 이들을 정죄할 것이다. 이 말씀은 경고이다. 예수를 배척하면 심판에서 배척당하는 일을 직면하게 될 것이다. 또한 이는 예수의 가르침이 얼마나 중요한 기회인지를 이해했던 이전 구약시대 세대들을 비난하는 일이다.

마지막으로 예수는 주의 요점을 좀더 강력하게 제시하기 위해 빛이라는 이미지를 사용하신다(33-34절). 예수는 자신의 가르침을 "등불"에 비유하시는데, 고대 세계에서의 등불은 촛불이거나 기름 등불이었다. 누구든지 불빛이 가려지는 곳에 등불을 두고자 불을 켜지는 않는다. 불을 켜면 등잔에 두는데, 이곳은 빛을 발할 수 있는 곳이다. 그러므로 예수의 가르침은 모든 사람들이 볼 수 있도록 만들어진 빛이다. 주가 말씀하시는 내용은 숨겨지거나 감춰지도록 고안된 것이 아닌데, 하나님은 예수를 통해 하나님의 약속들을 드러내고 계시하고자 하시기 때문이다.

그러나 빛은 빛나기만 하면 되는 것이 아니다. 빛은 눈을 통해 받아들여지고 인식되어야만 한다. 앞에 나온 등불 이미지와 지금 이 이미지가 병렬되어 있는 것은

---

4. Josephus, *Antiquities* 8.6.5-6 §§154-75도 보라.

예수가 공급하시는 빛에 주의를 기울일 필요가 있다는 점을 제시한다. 그러므로 예수는 눈을 환유법으로서 등불에 비유하시는데, 빛을 수용하는 도구인 눈은 빛을 받아들이는 것과 관련되어 있다. 눈은 문지기라는 점에서 등불이다(바룩2서 18:1-2 부분에서 이 이미지를 사용하고 있음을 참조하라). 눈이 마음에 들어가게끔 받아들이는 것이 그 사람을 형성한다. 이런 눈이 선할 때, 빛이 들어오게끔 할 때, 그 사람은 빛으로 가득 차게 되고 빛이 삶을 비추게끔 허용한다. 그러나 만약 눈이 악하면, 선한 것은 아무것도 들어오지 못하게 하고, 그 몸은 어둠 속에 머물게 되는데, 하나님의 계시를 통해 인도받지 못하는 우리의 천성적인 성향은 우리를 파괴적인 방향으로 몰아가기 때문이다. 물론 안으로 들어오게끔 허용되는 것은 우리 마음이 어디를 향하는가를 반영하는 것이기도 하다. 그렇기 때문에, 예수는 사람들에게 빛이 가득하게 하라고 명령하신다. 사람들은 하나님의 말씀을 받아들이는 것을 통해 빛이신 하나님의 말씀에 반응해야만 한다. 빛을 받아들이는 것은, 그 빛이 안에서 빛나게끔 하는 것이기도 하다.

빛이라는 이런 이미지는 신약성경에는 종종 나타난다(눅 1:78-79; 2:32; 요 1:4; 3:19-21; 9:39-42; 행 26:18; 고후 6:14-15; 엡 5:14-15; 요일 1:6-10). 근본적인 이미지로서, 빛의 이미지는 하나님의 임재 하심 없이는 어두움만이 지배할 뿐임을 보여준다. 예수와 관련한 문제에 있어서 결코 자동적인 "내적 빛"이 생겨나는 경우는 없다. 그러므로 우리는 문을 통해(눈을 통해) 도대체 무엇이 우리 영혼 가운데 들어오는지에 대해 매우 주의 깊게 살펴야만 한다. 위대한 의사인 주님은 무언가를 받아들이고 수용하는 곳이 빛으로 가득차야 한다고 명령하신다.

상황잇기

이 문단은 우리가 예수께 응답해야만 한다는 점을 강조한다. 우리가 만약 우리가 살고 있는 이 세상이 어떤 곳인지에 관해 이야기해야 한다면, 현재의 이 세상에 대해 매우 결정적이고 중요한 특징 한 가지를 이야기해야만 한다. 예수가 가르치셨을 때, 사람들은 하나님으로 주어진 계시와 절대적 진리가 실재한다는 점을 확신했었다. 그저 그런 것들을 추구하고 발견하는 것만이 그저 이슈였을 뿐이다. 하지만 오늘날에는 많은 사람들이 절대적인 진리가 존재한다는 것조차도 부정한다. 우리 문화 속에서는 특히나 철학적인 형태들에 있어서는, 대부분의 사람들은 진리가 관념적이고 상대적인 것이라고 주장하곤 한다. 어떤 주제를 여러 관점들로 바라볼 수 있다고 해서 꼭 상대주의로 귀결되는 것은 아니다. 그러나 오늘날의 주장은 종종 모든 관점들이 상대적이라고 주장하며, 철저하게 인간적인 측면에서만 역할 한다고 본다. 나의 진리는 오직 내가 그것을 보는 곳에서만 진리인 것이며, 그것은 오직 내가 구성하고 속해있는 시스템과 실재성 안에만 그러하다. 그 누구도 진리에 대해서 다른 사람들에게 그것을 말하고 지시해줄 그런 위치를 점하지 못한다. 이런 생각을 갖지 않고 다른 생각이나 관점을 갖는 것은 교조주의나 권력 지향적인 것으로 낙인찍혀 버린다.

이런 입장에 대해서는 두 가지 차원에서 이야기할 필요가 있다. (1) 모든 것이 상대적 관점일 뿐이라는 이런 주장에 절대적 권위를 부여하는 것도, 만약 절대적 선언이 만들어질 수 없다면 결코 제기될 수 없는 절대적인 주장이다. 절대적인 것에 관한 논쟁을 이런 식으로 주도하려는 것은 그 자체의 가정들과 한계들을 넘어서는 시도에 불과할 뿐이다. 불행하게도, 많은 사람들은 이런 예민한 논리적 부조리를 이해하지 못한다.

(2) 좀더 본질적인 반박은 반대편에 서 있는 사람들이 갖고 있는 전제에서부터 출발한다. 만약 진리가 이해하고 누릴 수 있는 경험이라면, 그리고 만약 진리가 우리가 인식할 수 있는 범주 내에서 작동하는 것이라면, 진리는 예수가 우리들을 위해 제공하신 것과 정확하게 일치한다. 지금 본문에서 예수는 하나님을 포함하는 실재를 어떻게 봐야할 것인지에 대한 관점을 제공하시며, 선택에 대해 책임을 져야한다고 책임성을 주장하신다. 이 두 번째 항목이 중요한데, 절대적 진리가 존재하는가에 관한 논쟁에 있어서 종종 이 사항을 놓쳐버리기 때문이다. 예수는 결코 강요하시지는 않는다. 주님은 그저 주가 제공하신 것을 거부한 사람이 그런 결정에 대해 책임을 져야한다는 것을 언급하실 뿐이다. 주가 제공하시는 빛을 우리는 거부할 수도 있다. 설령 그런 거부가 매우 심각한 대가를 지불한다 하더라도 말이다. 신학은, 교회가 여태껏 제시해온 것처럼, 진리에 관한 문제가 아니라 책임성과 자신의 선택을 설명해야한다는 것과 관련한 문제다. 이는 매우 중요하다. 이것이 바로 예수가 자신의 가르침을 "빛"이라고 부르신 이유이다. 주의 가르침은 길을 보여주고 비춰준다. 그 길로 걸어가는 것을 거부하는 것은 모든 권리들, 특권들과 더불어 삶을 어둠 속에 팽개치고 그런 어둠이 설치해놓은 장애물들에 던져버리는 자유를 갖고 있다는 것을 의미한다.

이 본문에는 한 가지 부가적인 단서가 더 제기된다. 우리는 하나님을 보게 될 것이고, 하나님은 우리에게 그분이 주신 빛을 가지고 우리가 무엇을 했는지를 물으실 것이다. 모든 세대의 증인들이 우리의 반응에 대해 증거 할 것이다. 이것이 우리 선택에 대해 설명해야 하는 책임성(accountability)이다. 현대시대에서는 그런 설명의 책임성을 강조하는 것이 빛을 공유하는 방법이다. 경험이라는 측면에서 보자면, 진리는 선택이다. 그러나 선택과 더불어 여기에는 심오한 책임성이 있다. 세밀하게 관찰하고 지혜롭게 선택하라.

나는 "모든 세상은 무대이고 우리는 그 안의 광대들이다"라는 세익스피어의 말을 기억한다. 그는 비록 삶에서 우리의 역할은 운명적으로 정해져 있다고 말하고자 이 표현을 사용했지만, 인물을 보는 데에는 또 다른 방법도 있다. 진리와 선택에 대한 우리의 관점은 공적인 관점이며, 우리가 도대체 누구인가에 대한 우주적 방송의 일부분이다. 우리의 행동들과 선택들은 우리의 인격과 가치를 드러낸다. 진리에 대한 우리의 선택이 개인적이라는 생각은 매우 대담한 왜곡이다. 그렇기에 예수는 주의 가르침이 빛이라고 주장하신다. 바로 주의 이 주장이 우리의 정황에 놓여있는 가교이며, 우리는 반응해야 하는 책임성을 갖고 있다.

현대적 의미

빛을 드러내신다는 예수의 선포나 우리가 하나님의 임재하심과 계시에 대해 어떻게 반응할 것인지를 주의 깊게 선택해야한다는 주의 명령을 적용하는 방법은, 빛을 주신다는 주의 선포를 진지하고 심각하게 다루는 것이다. 우리 사회는 모든 것을 공공(公共)적인 기준으로 인식해야 한다는 블랙홀에 빠져 들어가면서, 진리에 대한 책임을 포기해 왔다. 객관적인 진리는 이미 끝났다고 바라보는 이 세상 속에서, 교회는 어쩌면 다시는 역할 할 수 없을지도 모른다. 그래서 우리는 현재 이 세상이 진리가 존재한다는 믿음을 포기해버렸다는 측면을 생각하면서 우리 메시지를 제시해야만 한다. 인간의 마음은 상대주의라는 바다에서 길을 잃어버렸다. 그렇게 난파한 인간의 마음에 도달하고자 하는 생명선은, 그저 단순하게 객관적인 진리를 위해 다시 싸우는 것만이 아니라, 삶이 감당해야 하는 광대한 책임성을 강조한다. 즉 자신의 선택에 대해 설명하고 책임져야한다는 점도 강조한다. 사실 이런 두 번째 접근법이 개인적으로 복음을 증거 하는데서는 좀더 열매를 잘 맺는다. 이런 접근법은 우리의 선택들이 엄청난 대가를 지불한다는 것을 분명하게 하기 때문이다.

경험과 인식이라는 측면에서 볼 때, 삶은 종종 여러 가지 실체들이 짜 맞춰진 모습이곤 하다. 우리는 삶이 무엇인지에 대해서, 그리고 삶이 어떻게 작동해야 하는지에 대해서 판단해야만 한다. 우리는 삶을 어떻게 볼 것인지를 판단할 때, 그런 판단을 형성해주는 소스(sources)들과 그런 판단 형성에 무엇이 영향을 끼치게 할 것인지를 선택해야만 한다. 그렇기에 문제는 소스들과 영향력들이 제대로 된 것들인지 아닌지, 잘 짜여진 것인지 아닌지이다. 우리 시대의 교회가 직면한 도전은 사람들로 하여금 궁극적인 질문들을 깊이 생각해야 할 책임에서부터 도무지 피할 방법이 없다는 것을 깨닫게 하고 보게 하는 것이다. 장차 하나님은 모든 사람들의 결정에 대해 평가하실 것이다. 교회의 역할은 공적인 장소에서 이 메시지를 선포하는 것이며, 또한 무엇이 문제인지를 분명하게 제시하는 것이다.

이 본문에는 또 다른 결정적인 적용이 있다. 그 어떤 종교적인 논의도 결코 개인적인 문제가 아니라는 점이다. 종교에 대한 한사람의 결정은 개인적으로 고민되면서 개인적으로 이루어지지만, 그 결과는 공적으로도 매우 결정적이고 중요하다. 인격과 도덕은 종종 한사람의 종교적 결정을 통해 생겨나는 부산물이기 때문이다.

우리가 속해 있는 오늘날의 문화가 종교적 논의를 삶의 언저리로 격하시키는데 동참하고 있다는 점은 인류 역사의 가장 위대한 지적 영적 축복 중 하나를 망각하고 있음을 보여준다. 영혼을 망각한 채 삶의 다른 모든 방면들을 부지런하고 열정적으로 추구하는 것은 삶이 수많은 행동들로 가득 들어차 있지만 그러나 영혼은 빈껍데기처럼 되어버리는 그런 사람들을 낳게 된다. 또한 무언가로 가득 차는 것을 기다리고 있는 빈 집들만을 낳게 될 뿐이다. 텅 빈 사람들은 종종 그림자 같은 삶을 살아간다. 만약 공적인 영역이 무언가에 관한 논의로 채워져야만 한다면, 그것은 종교에 대한 논의이다. 빛이 실제로 존재에 대한 가능성은 어디에서 그 빛을 찾을 수 있는가에 대한 논의가 열정적으로 진행되어야만 한다는 것을 의미한다.

누가복음 11:37-54

37 예수께서 말씀하실 때에 한 바리새인이 자기
와 함께 점심 잡수시기를 청하므로 들어가
앉으셨더니
38 잡수시기 전에 손 씻지 아니하심을 그 바리
새인이 보고 이상히 여기는지라
39 주께서 이르시되 너희 바리새인은 지금 잔과
대접의 겉은 깨끗이 하나 너희 속에는 탐욕
과 악독이 가득하도다
40 어리석은 자들아 겉을 만드신 이가 속도 만
들지 아니하셨느냐
41 그러나 그 안에 있는 것으로 구제하라 그리
하면 모든 것이 너희에게 깨끗하리라
42 화 있을진저 너희 바리새인이여 너희가 박하
와 운향과 모든 채소의 십일조는 드리되 공
의와 하나님께 대한 사랑은 버리는도다 그러
나 이것도 행하고 저것도 버리지 말아야 할
지니라
43 화 있을진저 너희 바리새인이여 너희가 회당
의 높은 자리와 시장에서 문안 받는 것을 기
뻐하는도다
44 화 있을진저 너희여 너희는 평토장한 무덤 같
아서 그 위를 밟는 사람이 알지 못하느니라
45 한 율법교사가 예수께 대답하여 이르되 선생
님 이렇게 말씀하시니 우리까지 모욕하심이
니이다
46 이르시되 화 있을진저 또 너희 율법교사여
지기 어려운 짐을 사람에게 지우고 너희는
한 손가락도 이 짐에 대지 않는도다
47 화 있을진저 너희는 선지자들의 무덤을 만드
는도다 그들을 죽인 자도 너희 조상들이로다
48 이와 같이 그들은 죽이고 너희는 무덤을 만
드니 너희가 너희 조상의 행한 일에 증인이
되어 옳게 여기는도다
49 그러므로 하나님의 지혜가 일렀으되 내가 선
지자와 사도들을 그들에게 보내리니 그 중에
서 더러는 죽이며 또 박해하리라 하였느니라
50 창세 이후로 흘린 모든 선지자의 피를 이 세
대가 담당하되
51 곧 아벨의 피로부터 제단과 성전 사이에서
죽임을 당한 사가랴의 피까지 하리라 내가
너희에게 이르노니 과연 이 세대가 담당하
리라
52 화 있을진저 너희 율법교사여 너희가 지식의
열쇠를 가져가서 너희도 들어가지 않고 또
들어가고자 하는 자도 막았느니라 하시니라
53 거기서 나오실 때에 서기관과 바리새인들이
거세게 달려들어 여러 가지 일을 따져 묻고
54 그 입에서 나오는 말을 책잡고자 하여 노리
고 있더라

원 의미

이 본문은 유대 종교 지도자들 중 중요한 위치를 점하고 있던 바리새인들과 서기관들[1]에 대한 예수의 가장 직접적인 책망을 담고 있다. 예수와 이들 간의 간격은 크게 벌어졌고, 이런 변화는 그들로 하여금 예수를 제거하겠다는 결심을 더욱 굳건히 갖게 만들었다. 바리새인들과 서기관들은 유대교 공의회를 지배하던 주류세력은 아니었지만(사두개인들이 주류 세력이었다), 공의회에서 실제로 지대한 영향력을 갖고 있었다. 사두개인들이 기본적으로 모세오경(창세기에서 신명기까지)을 따랐던 것에 비해, 바리새인들은 삶의 모든 영역에 적용되는 율법의 구두 전승을 확장시켜 발전시켰다. 이 요소는 그들을 유대 종교 분파들 중 가장 엄격한 분파로 만들었다. 비록 숫자상으로는 적은 그룹에 불과했지만(이 당시 대략 6천명 정도였던 것으로 추정된다), 그들은 평신도 운동으로서 유대교에서 큰 영향력을 갖고 있던 대표적 종파였다.[2] 서기관들은 어떻게 하는 것이 율법을 좇는 것인지를 결정하고자 노력했던 학자들이었다. 이들은 대부분의 유대인들로부터 존경받았다.

이 항목의 배경은 식사장면인데, 누가복음에서는 식사장면에서 많은 중요한 논쟁들이 벌어진다(참조. 5:29; 7:36; 10:38; 14:1; 22:1; 24:42). 이 본문에서의 사건의 촉매는 예수가 식사 준비를 하시면서 손을 씻지 않으신 것이었다. 비록 하나님의 율법에 포함되어 있는 것은 아니었지만, 식사 전에 손을 씻는 유대인의 관습은 구약성경에도 나오며 또한 그들은 이런 관습을 좇았다(창 18:4; 삿 19:21; 참조. 막 7:1-5).[3] 예수는 자신을 초청한 집주인이 무엇을 생각하고 있는지를 아셨음으로 이 질문에 관해 모든 바리새인들에게 말씀하신다. 주님은 네 가지 책망으로 이야기를 시작하신다. 첫 번째는 일반적인 책망이며, 나머지 세 가지는 특별하게 '화있을찐저' 로 구성된 책망이다.

일반적인 훈계는 바리새인들이 그릇의 바깥과 접시는 닦으면서 내적으로는 탐욕과 악덕이 가득하다는 내용이었다. 11:33-36의 언어를 통해서 보자면, 그들은 내적으로 음침한 사람들이다. 그들은 빛 가운데로 들어가지 않는다. 예수가 "악덕"에 대해 언급하실 때엔 도덕적 성실함을 염두에 둔 반면, "탐욕"(헬라어 '포르네이아')을 말씀하실 때엔 리더십의 자리에 있는 사람들이 물질을 사용하는 것을 염두에 두신 것으로 보인다(마 23:16-22; 눅 20:45-47). 예수의 책망은 마치 선지자들

---

1. 이 본문은 마태복음 23장과 개념상 평행을 이룬다. 대부분의 경우 누가복음이 이 사건을 여기에 재배치한 것으로 간주한다. 이 결론과는 배치되는 분명한 특징들도 있는데, 두 본문들 간에 동시에 등장하는 어휘들이 별로 없으며, 화있을찐저의 배열 순서가 다르다는 점이다. 이 두 본문들 사이에는 개념적으로 분명히 평행을 이루는 말씀들이 들어있다.

2. Josephus, *Antiquities* 17.2.4 §42; 18.1.3-5 §§12-22. 바리새인에 대한 이런 묘사에 대해서는, E. P. Sanders, *The Historical Figure of Jesus*(London: Penguine, 1993) 44-46을 보라.

3. *Mishnah, Yadim* 1; Josephus, Jewish Wars 2.8.5 §129; R. Booth, *Jesus and the Laws of Purity Tradition History and Legal History in Mark 7*(JSNTSS 13: Sheffield: JSOT Press, 1987), 119-50, 194-203.

의 책망처럼 들리는데(사 1:10-17; 58:4-8; 암 5:21-24, 미 6:6-8), 주변 사람들에게 성실함을 촉구하고 명령하던 선지자들의 책망은 예수의 책망의 토대로서 역할한다. 주님은 자기 자신이 하나님과 하나님의 길을 대변하고 있다고 주장하는 사람들을 향해 도전을 제기하는 일을 하고 계신다.

예수는 질문을 제기하신다. 하나님은 안과 밖을 모두 만드시지 않았는가? 이 문장을 시작하는 헬라어 '우크'(not)는 예수의 질문이 긍정적인 대답을 기대하고 있다는 점을 보여준다. 즉 하나님은 양쪽 측면 모두에 관련되어 있으시다. 사실 바깥보다는 안쪽이 하나님이 특별한 관심을 기울이시는 부분이다. 주가 이 질문을 제기하시기 전부터 이들을 "어리석은 자들"이라고 부르신 것은 바로 이런 이유 때문이다. 예수는 비유를 사용하시면서 그리고 가난한 자들을 구제하는 일반적인 관습을 사용하셔서, 그들에게 안에 있는 것을 가지고 구제를 하라고 말씀하신다.[4] 이런 말씀은 한 사람이 마음을 살피는데 열정을 쏟아야만 한다는 것을 의미한다. 가난한 사람들에게 기부를 하는 행동이 존경을 받는 것처럼 내면 안쪽에 신경을 써야 한다는 것이다. 즉 우리는 하나님에 대해서와 다른 사람들에 대해서 모두 예민해야만 한다. 구제는 존경받을 만한 종교적 행동이며, 그렇기에 내적 삶에 관심을 기울이는 일도 마찬가지로 존경받을 만한 일이다. 이렇게 하는 것을 통해서 내적 삶은 깨끗해질 것이다.

그런 뒤 예수는 세 가지 책망을 하신다. 첫 번째는 십일조에 관한 것인데, 이들이 구약성경에서 명령한 것처럼 지극히 작은 채소들까지도 십일조를 하면서(신 14:22-27; 26:12-15), 반면 공의와 사랑은 무시하는 것에 관한 책망이다. 이 내용은 39-41절에 나오는 내용과 비슷하다. 이들은 십일조를 드리는 것과 더불어 그 본질과 특징에 대해서도 민감해야만 한다.

하지만 위선만이 유일한 문제는 아니다. 교만이라는 이슈도 역시 문제이다. 이들은 회당 앞자리와 길거리에서 인사 받는 것을 사랑한다. 이처럼 특권적인 관심을 받는 것은 섬김에 참여하는 것보다는 엘리트적인 정서를 갖게끔 한다. 사실 예수는 이들이 다른 사람들에게는 무덤과도 같다고 묘사하시는데, 그들은 사람들이 전혀 그곳이 무덤인줄 모르고 지나다니는 평토장한 무덤과 같기 때문이다. 그들은

---

4. 유대인의 관점과 기부를 높이 평가하는 것에 대해서는, 시락서 7:10과 토빗서 12:8-9을 보라. 나는 이 본문에 대해 NIV 번역과 다르게 본다. NIV는 이 본문을 좀더 문자적으로 읽는 방법을 선택하는데, 가난한 사람들에게 그릇 안에 있는 것을 주는 것을 언급하는 것으로 읽는다. 그러나 이런 본문읽기는 정황과는 잘 맞지 않는다. 여기에서는 서사적인 특징이 있는 것으로 본문을 읽는 것이 좀더 좋다.

영적 불결을 만들어내는 사람들이다. 그들은 진정한 영성의 모델이 아니기 때문이다. 이런 리더십은 파괴적이며, 그렇기에 예수는 이를 가차 없이 비판하신다.

어떤 사람이 식탁자리에서 바리새인을 변호한다. 서기관은 만약 예수가 바리새인들을 계속해서 비난한다면 주는 서기관들 역시 포함시켜야만 한다고 지적한다. 이 사람은 흥분하기는 했지만, 적어도 이 사람은 정직하다. 자기 자신에 대해 다른 생각들을 갖고 있는 다른 사람들과는 달리 말이다.

그래서 예수는 세 가지 책망을 더하시는데, 이번에는 서기관들(우리말 성경에서는 율법사들)을 바라보시면서 책망하신다.[5] 첫 번째 책망은 두 가지 방식으로 이해할 수 있다. 첫 번째 관점은 여기서 언급하는 것은 외적으로 드러나는 외식, 그러니까 다른 사람들이 있어야만 하는 리더십에 대한 것이라고 보는 관점이다. 다른 본문들에서, 예수는 다른 사람들에게 맹세하는 것에 대해 꾸짖으시지만, 반면 바리새인들은 그들이 어떻게 맹세하는지를 이야기하면서 스스로를 변명한다(마 23:16-22). 두 번째 관점은 외식의 좀더 본질적인 형태를 보는 것인데, 이것은 실제로 짊어져야 할 큰 짐을 갖고 있는 사람들에게 도무지 아무런 사랑이나 도움도 제공하지 않는 그런 외식이다.[6] 예를 들자면, 안식일 논쟁들은 안식일 금지 조항들이 안식일에 긍휼을 베푸는 일들을 어떻게 금지했는지를 보여준다(눅 13:10-17). 이 전통은 상당히 분명하고 지도자들은 이런 규칙들을 심각하게 취급했던 것으로 보이기 때문에, 이 책망은 이런 규칙들로 인해 짐을 지게 된 다른 사람들을 향해 긍휼히 여기지 않는 것에 관한 책망이라고 보인다. 그러므로 예수는 이들이 다른 사람들의 등에 전통의 짐을 지라고 명령해 놓고서는 그들이 이런 짐을 감당하는 일에는 아무런 도움도 주지 않는 것에 대해서 책망한다. 실제적으로, 예수는 그들에게 좀더 사려 깊고 긍휼이 많아야 한다고 말씀하신다. 이 비난은 반복적으로 이루어졌던 과거 역사와 연결되면서 좀더 강해진다. 예수는 그들의 선조들이 선지자들의 무덤을 만든 것에 대해서 지적하신다. 주님은 수사적인 장면의 묘사를 사용하시면서 그들이 그들의 조상들이 했던 것을 입증한다고 단언하신다. 최고의 선지자는 죽은 선지자이다! 그들은 선지자들의 무덤을 만들었을 뿐만 아니라 선지자들의 메시지를 부인함으로써 그곳에 무덤을 만들고 돌을 얹어놓았던 그들 조상들과 닮았다! 그들은 선지자들을 죽였고, 서기관들은 그들이 만든 무덤들을 명예롭

5. 서기관들에 대해서는 누가복음 5:17-26을 보라.

6. K. Weiss, "φορτίον," *TDNT*, 9:85.

게 여겼다. 예수는 이런 패턴이 또 다른 선지자들과 사도들에게도 마찬가지로 반복해서 일어날 것이라고 선포하신다(참조. 렘 7:25).

세례 요한은 이미 앞으로도 이런 패턴이 나타날 것이라는 잠재성을 보여주었으며, 하나님은 그들이 앞으로 올 하나님의 사자들도 박해할 것임을 알고 계신다. 그러므로 그들은 자신들의 행동들과 아벨의 시대 이후 하나님을 거부했던 모든 사람들의 행동에 대해 책임을 갖고 있다.[7] 예수는 모든 죄악을 뒤집어버리실 바로 그분이시기 때문에, 주를 부인하는 것은 모든 죄에 대해 책임이 있음을 의미한다. 누가는 다시 한번 더 예수가 만드시는 결정적인 선택에 대해 강조한다. 예수를 배척하는 환경을 만들어내는 것에 대해 책임져야 하는 세대가 된다는 것은 끔찍한 일이다. 19:41-44이 지적하듯이, 열방에 대한 심판이 그 첫 번째 결과이다.

가장 강력한 말씀을 통해, 예수는 서기관들이 그들이 생각하는 것과 정확하게 정반대편에 서 있다는 것에 대해 비난하신다. 그들은 그들이 지식의 열쇠를 갖고 있다고 믿는다.[8] 그러나 사실은 그들 자신들이 진리에 대한 장애물들이다. 그들은 그 문으로 들어가지 않을 뿐만 아니라, 다른 사람들이 그 안에 들어가는 것도 가로막고 있다. 종교 지도자들과 교사들에게는 이보다 더 큰 책망은 없다. 이런 추궁은 44절에 나오는 평토장한 무덤과 비슷하다.

화있을찐저라는 이 책망들은 경건을 추구한다고 하면서도 사실 교만과 자기 확신에 차 있던 사람들에 대한 압도적인 책망이다. 경고를 무시한 마음은 소경되고 강퍅한 마음이 된다. 올바른 것을 강박적인 모습으로 추구하는 것은 심각한 오류를 낳을 수 있다. 예수의 경고에 대한 반응은 즉각적으로 나타났다. 서기관들과 바리새인들은 예수에 대해 "목을 지키기" 시작했으며, NIV에서는 "그를 공격했다"고 표현한다. 그들은 예수에 대해 중요한 실수를 잡아내고자 했다(이와 관련한 그들의 마지막 노력이 20:1-40에 나온다). 만약 그들이 주를 올무에 걸리게 할 수 있다면, 아마도 로마는 주를 제거할 수 있을 것이다. 예수가 선포하시는 화있을찐저들은 회개라는 결과를 낳은 것이 아니라, 도리어 강퍅한 마음들만을 만나게 되었다.

---

7. 이 사가랴가 누구냐라는 문제는 명확하지가 않다. 역대하 24:20-25에 언급된 순교자일 수도 있고, 혹은 소선지자 사가랴일 수도 있다. 이 둘 중에서, 전자가 조금 더 가능성이 있다.
8. 지식의 열쇠라는 이미지에 대해서는 H. F. Weiss, "Φαρισαῖος," *TDNT*, 9:48을 보라.

상황잇기

바리새인들은 하나님과 동행하는 삶을 살고자 노력하면서 율법주의적인 삶과 위선적인 삶을 살았다. 동시에, 그들은 그들 주변에서 일어나고 있는 일들을 무시했고, 하나님이 그들에게 보내신 것들을 놓쳐버렸다. 비록 그들은 그들이 가르치고자 했던 내용들에 대해서 깊은 믿음을 갖고 있긴 했지만, 열정이나 진지함은 그것만으로는 불충분하다. 예수는 그들이 탐욕과 악함에서 깨끗해지고 정의와 하나님의 사랑이 가득하기를 원하셨다.

비록 여기 나오는 화있을찐저라는 책망들이 직접적으로 바리새인들을 향하는 것이고, 그런 종교 그룹들이 오늘날에는 더 이상 존재하지 않지만, 그들의 행보가 보여준 영적 오류들은 오늘날에도 여전히 우리와 함께하고 있다. 예수가 여기서 제기하신 이슈들은 보수적인 신학적 기호를 갖고 있는 사람들이 항상 직면하게 되는 그런 위험들이기도 하다. 진리와 하나님의 방식을 추구함에 있어서, 너무나 많은 사람들이 철자 하나하나가 과연 제대로 점이 찍혀 있고 글자가 제대로 기록되어 있는지를 확인하는 일이나, 다른 사람들이 과연 적절하게 행동하고 있는지를 감시하는데 열정을 쏟고 있다. 다른 한편으로, 이들은 정의에 대한 하나님의 명령에 대해서는 너무나 자주 민감성을 상실하곤 했다. 하나님은 우리가 우리보다 궁핍한 상황에 있는 사람들을 돌보기 원하신다(롬 12:16). 우리는 하나님이 하나님의 말씀을 통해서 진리를 규정하시게끔 해야만 하며, 우리 자신의 선호도나 전통들이 우리 행동을 규정하거나 명령하게끔 해서는 안 된다.

예수가 사역을 하시면서 말씀을 하셨던 분위기와 접근방식에 대해서도 우린 주목할 필요가 있다. 주님은 종종 바리새인들에 대한 주의 반응에 있어서 개방적이고 솔직한 모습을 보이셨다. 주님은 바리새인들과 상당히 많은 시간을 보내신 이후에, 공개적으로 그들을 책망하셨다. 주님은 자신의 대적들이 등 뒤에서 예수를 죽일 계획을 짜면서 불평하는 경향을 갖고 있던 것과는 대조적으로, 뒤에 숨겨놓은 의도나 등 뒤에서 바리새인들을 비평하는 그런 태도를 갖지 않으셨다. 예수는 주가 어디에 서 계신지 그리고 그들이 어디에 서 있다고 주가 생각하시는지에 대해 솔직하셨으며, 또한 주는 그들에게 변화할 수 있는 수많은 기회를 제공하셨다.

예수는 왜 이 종교 그룹에 대해 강경한 입장이신가? 비록 이 본문이 우리들에게 직접 이야기해 주지는 않지만, 그들은 자신들이 하나님을 대표한다고 주장하지만 실제로는 다른 사람들의 영적 축복을 가로막는 심각하고 위험한 장애물들이었기 때문이다. 자기 자신이 그런 모습의 사람이라는 것을 알고 있는 죄인은 결코 위선적인 모습은 아니다. 당신은 당신이 자신에 대해 보는 것을 또한 얻게 된다. 그러나 자기 자신이 말하는 것과 정반대로 행동하는 종교적 인물은 거짓말쟁이일 뿐만 아니라 다른 사람들이 하나님께 가까이 나아가는 것을 가로막는 이유가 되곤 한다. 우리가 하나님과 그분의 방법들을 알려준다고 주장한다면, 우리는 그리스도께서 여기에서 명령하신 긍휼과 섬김을 보여주어야만 한다. 그래서 예수는 설령 그들이 종교적으로 유명한 사람들이었음에도 불구하고 그들의 종교적 위선을 매우 심각하게 다루셨다. 이런 모습은 또한 우리 시대에도 마찬가지로 적용되어야만 한다.

현대적 의미

이 본문은 종교적 위선과 율법주의에 대해서 그리고 하나님이 그런 것들에 대해 어떻게 책망하시는지에 대해 다룬다. 나는 여태껏 바리새인들과 사촌쯤 될 수도 있는 그런 신앙 그룹에 속해 왔다. 내가 신앙 생활해 온 환경들은 조금은 억압적인 분위기이다. 우리는 모든 사람들이 자신을 제외한 다른 사람을 보고 있는 것 같은 그런 느낌을 가지며, 다른 사람이 무엇을 하는지도 잘 알고 있다. 이들의 목표는 그들이 무언가 죄를 짓는지 살펴보고 그들에게 알게끔 하는 것인데, 이는 공동체의 책임성이라는 이름 하에 이루어진다—이런 공동 책임에서는 비평할 권리는 주어지지만 비평받을 권리는 거부된다. 바리새인들은 예수가 관습대로 손을 씻는지를 검증하면서 쳐다봤고, 이런 사람들은 이런 식으로 한 사람이 하나님과 적절한 관계에 있는지를 살펴보기 위해 금지되거나 요구되는 일련의 모든 행동들을 검증하며 쳐다봤다. 율법주의적인 사람은 그런 사람들이 성경에 들어있지는 않지만 일련의 요구사항 목록들을 사용하면서 모든 사람들의 영적 관찰자가 될 권리를 갖고 있다고 느낀다. 율법주의는 일반적으로 하나님을 향한 참된 지식을 가로막음으로써 사람들이 계발되고 발전하는 것이 아니라 도리어 상처를 입는다. 이런 일들이 교활한 일이 되는 것은 바로 이런 이유 때문이다.

율법주의는 여러 방식으로 율법주의를 드러낸다. (1) 종종 율법주의자들은 자신들의 기준에 맞지 않는 행동을 하는 사람들에게 직접적으로 말하는 것을 꺼려한다. 바리새인들은 여기에서 예수가 행하시는 일에 대해서 동의하지 않지만, 그들은 이에 관해서 오직 자신들의 내부에서만 개인적으로 이야기한다.

(2) 율법주의자들은 사소한 것들을 중요하게 여기며, 반면 하나님이 자기 백성들에게 관계맺음에 있어 중요하게 명령하신 것을 간과한다. 예수의 주된 책망은 그들이 이처럼 바깥쪽에 과도한 관심을 기울이는 동안 내적인 마음이 간과되었고,

이와 더불어 정의와 하나님의 사랑도 잊어버렸다는 내용이었다. 예수는 십일조나 혹은 자신의 영적 행보를 관찰하고 경계하는 일에 대해 비판하고 계신 것이 아니다. 주가 비난하시는 것은, 자기 자신의 영적 문제들에 매우 관심을 기울이는 것처럼 하면서도, 사실은 마음에 대해서나 진정 상처입고 있는 사람들에 대해 전혀 생각하지 않는 모습에 대해서이다.

(3) 율법주의자들과 교만은 긴밀한 연관성을 갖고 있는데, 교만이 이런 상황과 밀접한 연관성을 갖고 있는 것은 결코 우연이 아니다. 교만은 우리들로 하여금 귀 기울여 듣지 않는 사람이 되게 만드는 경향이 있다. 만약 우리가 귀 기울여 듣지 않는 모습이 된다면, 우리는 마지막 결과가 순수한 영성이 죽음이 되어버리는 율법주의적인 마음, 교만한 마음으로 미끄러져 내려가고 있는 것이다. 우리는 우리 자신도 역시 유혹을 받으며 죄 가운데 빠져 들어갈 수 있다는 태도를 가지고 비평해야만 한다(갈 6:1).

(4) 율법주의자는 종종 비판은 빨리하고 듣는 일은 천천히 하곤 한다. 다른 사람들에게 그들이 감당해야 할 영적 책임들을 확인시키는데 있어서, 율법주의자들은 다른 사람들로 하여금 그런 목적을 추구하도록 격려하는 일은 종종 맨 마지막에 하곤 한다. 관계를 통한 소속감이 없다는 것은 좀더 깊은 문제가 있다는 징후이다. 예수의 사역이 우리에게 보여준 중요한 한 가지 특징은 주의 사역이 사람들과 함께하고 그들에게 속해 있었다는 점이다.

언젠가 학생 한명이 내게 자신이 지금 생각해보면 율법주의로 가득하다고 생각하게 되는 그런 자신의 대학생활에 관해 이야기한 적이 있다. 그 학교는 벌점 시스템을 갖고 있었고, 남학생들과 여학생들은 캠퍼스에서 적어도 3피트 이상 떨어져서 걸어야하는 규정도 있었다. 주말에 데이트를 하는 것에서도, 커플들은 시내를 벗어나서는 안 된다는 요구가 주어졌다.

벌점 시스템은 처음에는 목회자에게 서신으로 연락이 되고, 그 다음 두 번째 단계에서는 목회자와 부모에게, 그리고 마지막으로는 퇴학처분이 내려졌다. 다른 식으로 말하자면, 세 번 경고를 받으면 퇴학당하는 것이다! 어떤 학생은 교실에서 장난스럽게 교수를 잡아당겼다가 용서해달라고 사정했지만, 결국엔 결코 학점을 받을 수도 없고 사역에서 성공할 수도 없다는 통보만을 받았다. 그 교수는 위원회의 이런 결정이 내려진 이후, 그 학생과의 면담을 거부했다.

하나님의 말씀 중에서 은혜가 중심 메시지로 자리 잡았으면서도 실제 행동에 있어서 은혜가 거의 나타나지 않는다면, 그건 무언가 중요한 부분에 있어서 잘못된 것이다. 비록 이런 규칙들이 훌륭한 동기로 인해 제정되었다 하더라도, 많은 학생들은 심각한 감정적 상처를 입었다. 이런 채점표를 갖는 환경 속에서 기독교적인 삶을 살아가면서 은혜와 죄 사함을 적절하게 인식하고 누리기란 매우 어려운 일이다. 율법주의는 연탄가스에 질식되는 것과 같다. 율법주의는 천천히 그리고 때때로 알아차리기 어렵게 살인을 한다.

예수는 율법주의의 특성들과는 대조적인 모습으로 어떻게 의로움을 추구해야 하는지를 보여주시는 모델이다. 예수는 자신이 하나님의 어루만지심에서 제외되어 있다고 느끼는 사람들을 격려하시며, 그들로 하여금 하나님을 알 수 있게끔 하신다. 비록 주님은 죄악을 지적하시지만, 믿음으로 반응하지 않는 것이 어떤 결과를 가져오는지를 그저 알리심으로써 의로움으로 가는 길에 대해서 말씀하신다.

영성은 자격조건처럼 요구되는 것이 아니다. 영성은 제공된다. 주는 반응하지 않는 것으로 인해 야기되는 책임성을 분명하게 말씀하신다. 우리가 영적 훈련, 정직, 성실 그리고 정의 등에 대해서는 전혀 생각하지 않는 문화 속에서 싸울 때, 매우 직설적이지만 동시에 온유하게 설득하시는 주의 모델을 교회는 배울 수 있어야 한다.

마지막으로 예수가 화있을찐저라고 선포하신 것은, 자기 자신이 하나님과 관계 맺고 있다고 주장하는 사람들을 포함해서, 모든 사람들이 자신의 선택에 대해 책임을 져야만 한다는 것을 의미한다. 우리 문화는 선택할 수 있는 권리에 대해서 주장한다.

그러나 그런 "권리들"은 윤리적인 논쟁으로만 끝나지 않는다. 예수가 다른 사람에게 과도한 짐을 지게 하는 일을 하고자 추구하던 사람들을 비난하신 것은 한 사람이 다른 사람에게 얽매이지 않고 자신이 원하는 것을 하나님 앞에서 아무 처벌 없이 할 수 있는 자격증을 갖고 있다는 것을 의미하는 것이 아니다. 바리새인들을 향한 예수의 경고는 모든 사람들을 향한 경고이다. 그러므로 지혜롭게 선택하라.

누가복음 12:1-12

1 그 동안에 무리 수만 명이 모여 서로 밟힐 만
큼 되었더니 예수께서 먼저 제자들에게 말씀
하여 이르시되 바리새인들의 누룩 곧 외식을
주의하라
2 감추인 것이 드러나지 않을 것이 없고 숨긴
것이 알려지지 않을 것이 없나니
3 이러므로 너희가 어두운 데서 말한 모든 것
이 광명한 데서 들리고 너희가 골방에서 귀
에 대고 말한 것이 지붕 위에서 전파되리라
4 내가 내 친구 너희에게 말하노니 몸을 죽이
고 그 후에는 능히 더 못하는 자들을 두려워
하지 말라
5 마땅히 두려워할 자를 내가 너희에게 보이리
니 곧 죽인 후에 또한 지옥에 던져 넣는 권세
있는 그를 두려워하라 내가 참으로 너희에게
이르노니 그를 두려워하라
6 참새 다섯 마리가 두 앗사리온에 팔리는 것
이 아니냐 그러나 하나님 앞에는 그 하나도
잊어버리시는 바 되지 아니하는도다
7 너희에게는 심지어 머리털까지도 다 세신 바
되었나니 두려워하지 말라 너희는 많은 참새
보다 더 귀하니라
8 내가 또한 너희에게 말하노니 누구든지 사람
앞에서 나를 시인하면 인자도 하나님의 사자
들 앞에서 그를 시인할 것이요
9 사람 앞에서 나를 부인하는 자는 하나님의
사자들 앞에서 부인을 당하리라
10 누구든지 말로 인자를 거역하면 사하심을 받
으려니와 성령을 모독하는 자는 사하심을 받
지 못하리라
11 사람이 너희를 회당이나 위정자나 권세 있는
자 앞에 끌고 가거든 어떻게 무엇으로 대답
하며 무엇으로 말할까 염려하지 말라
12 마땅히 할 말을 성령이 곧 그때에 너희에게
가르치시리라 하시니라

원 의미

예수는 12:1-48을 통해서 사람들에게 제자도로 나아올 것을 명령하신다. 이 단락에는 사람들보다 하나님 두려워하는 것(1-12절), 물질에 대해 주의하는 것(13-21절), 하나님을 의지하는 것(22-34절), 그리고 우리의 청지기 직분을 추구하는 것(35-48절)에 관한 내용들이 나온다. 제자는 하나님을 바라봐야만 하며 다른 곳에 관심을 분산시키지 않는 눈으로 자신의 소명을 바라봐야만 한다. 하나님을 안다는 것은 우리가 하나님 이외에 다른 그 무엇도 두려워하는 것이 없으며, 그래서 우리가 그분과 함께 확신 가운데 걸어갈 수 있다는 것을 의미한다.

예수는 제자들이 주변에 몰려든 수많은 무리를 다루고 있을 때, 도리어 제자들에게로 주의를 돌리신다.[1] 사람들이 너무 많이 몰려들어서, 거의 서로를 밟고 올라설 지경이었다. 이처럼 수많은 사람들이 몰려드는 모습은 제자들에게 유혹이 되는 이슈를 제기한다: 그것은 위선이다. 인기를 유지하고 인기에 영합하려는 노력은 쉽게 위선으로 나아가게 한다. 예수는 그들에게 바리새인들의 본을 좇지 말라고 경고하시는데, 누가복음에서는 방금 직전에도 바리새인들에 대해서 지적했었다(11:37-52). 예수는 제자들에게 "바리새인들의 누룩"을 주의하라고 명령하신다. 누룩은 그들의 가르침과 위선을 의미하는데, 그들의 가르침과 위선은 사람들이 빵에 넣는 누룩처럼 공동체 안에 스며들 수 있다.

이 경고를 강화하기 위해서, 예수는 우리 삶이 평가받게 될 다가올 심판의 날에 모든 것들이 하나님 앞에서 다 드러나게 될 것이라고 말씀하신다(롬 2:15; 고전 4:5). 아무것도 숨겨지지 않을 것이다. 3절에 나오는 "골방"에 대한 언급은 집안의 가장 구석지고 숨겨진 장소를 묘사한다. 하나님의 전지하심은 모든 장소들과 모든 생각들을 감찰하신다. 귀에 대고 속삭였던 말들까지도 알려지게 될 것이다. 비록 죄 사함과 영생은 오직 그리스도께서 우리에게 주시는 죄 사함을 통해서만 얻게 되겠지만, 바로 그날에 제자들은 하나님이 그들에게 주신 청지기직분과 선물들에 대해서 검사받게 될 것이고, 그들은 그에 따라 상급을 받게 될 것이다(고전 3:10-17). 주를 모르는 자들은 자신들의 행동에 대해 비난받게 될 것이다(계 20:11-15; 21:27; 22:15).

우리는 우리의 모든 것을 아시는 분을 두려워해야만 한다. 그렇기 때문에, 예수는 그저 우리 몸을 죽일 수 있는 사람이 아니라 우리를 지옥에 집어넣으실 수 있는 분을 두려워해야만 한다고 선포하신다. 전자는 그저 이 생의 끝을 의미할 뿐이지만, 후자는 하나님으로부터의 영원한 분리를 의미한다. 예수가 9:25에서 질문하셨던 것처럼, 자기 영혼을 잃어버리고 온 세상을 얻는다면 그게 무슨 유익이 되겠는가?[2] 예수는 이 세상이 주를 진정 바라봐야 할 분으로 인정하는 것을 거부하고 있기 때문에, 누구를 두려워해야 하는가라는 이슈에 관해 이야기하신다. 대중들을

---

1. 이 본문과 평행을 이루는 본문들은 다른 복음서들에서 여기저기에 흩어져 있는데, 이는 여기 제시되는 내용이 예수가 다양하게 말씀하신 것들에 관한 것일 수 있다는 가능성을 제기한다: 누가복음 12:1-2은 마태복음 16:5-6, 마가복음 8:14-15과 비슷하다. 누가복음 12:3-9은 마태복음 10:26-33과 잠재적인 평행성을 갖는다. 누가복음 12:10은 마태복음 12:31-32, 마가복음 3:28-30과 비슷하다. 누가복음 12:11-12은 마태복음 10:19-20; 마가복음 13:11 그리고 누가복음 21:14-15과 개념적인 평행을 이룬다.

2. 유대인들은 이와 비슷한 이해를 갖고 있었다. 제4마카비서 13:14-15은 "자신이 죽일 수 있다고 생각하는 사람을 우리로 두려워하지 말게 하소서. 하나님의 명령을 넘는 사람들에게는 영혼의 고생과 위험이 영원한 고통 속에서 기다리고 있기 때문입니다."

두려워하고 하나님에게서 돌아서는 것은 잘못된 선택이다.

다른 한편으로, 하나님과 그분의 임재하심에 대한 두려움은 또한 형언할 수 없는 평안을 가져다줄 수 있다. 우리 주가 적은 액수의 돈에 팔려가는 새들에 대해서조차 알고 계시고 그들조차 돌보시듯이, 주께 속한 사람들의 필요가 무엇인지에 대해서도 알고 계신다. 하나님은 우리 머리에 있는 머리카락의 숫자까지도 일일이 다 세시고 알고 계신다. 우리를 잘 알고 있는 사람이라면 우리를 분명 돌볼 것이다. 그러므로 우리는 하나님을 두려워하고 있기에 하나님이 아닌 다른 그 누구도 두려워할 필요가 없다. 우리는 하나님이 기르시는 참새들보다 더 고귀한 존재들이기 때문이다.

하나님을 두려워하는 것에 관한 이 메시지는, 예수를 인자로 이야기하는 말씀에서 더욱더 강조된다(8-9절). 인자를 인정하고 고백하는 일은 하나님으로부터 인정받는 일이다. 주를 부인하는 것은 후에 하나님으로부터 부인당하는 결과와 직면하게 될 것이다. 하나님을 두려워하는 것과 인자에 관한 내용을 이처럼 병렬시켜 놓은 것은 주의 사역과 하나님의 부르심 간에 긴밀한 연결성이 있음을 다시 한번 더 보여준다. 예루살렘 여행 항목의 모든 본문은 예수를 믿기로 선택하는 일이 얼마나 중요하며 그 결과가 무엇인지를 실제적으로 강조한다.

10절은 누가복음에서 가장 불가사의한 구절이다. 인자를 부인하는 죄는 용서받을 수 있지만, 성령을 훼방하는 죄는 결코 사함 받지 못할 것이라는 내용이다. 이런 훼방이 무엇인지를 규정하는 데에는, 네 가지 옵션들이 있다: 예수가 사탄으로부터 왔다고 주장하는 것(11:14-20), 박해로 인해 예수를 저버리는 것(즉, 배교), 사도들의 설교를 거부하거나 복음의 메시지를 지속적으로 거부하는 것. 마지막 선택이 가장 가능성이 높은데, 이것이 지옥에 던져지는 것에 관한 경고와 잘 들어맞고 또한 사도행전에서 사도들의 메시지를 배척하는 것에 관한 경고와도 잘 들어맞기 때문이다(행 3:22-26; 13:38-41). 인자를 반대하며 이야기하는 것은 주를 배척하는 구체적인 행동을 지칭하는 것이지만, 성령을 거스리는 것은 구원의 메시지를 영원히 배척하는 것을 지칭한다. 이런 원칙을 가장 잘 보여주는 것이 사울인데, 그는 사도행전 7장에서 스데반을 죽일 때 앞장섰던 사람이었지만, 후에는 믿음으로 돌아왔기에 이전에 예수에 관한 설교에 반대하며 했던 행동들을 용서받은 사람이다. 그는 인자에 반대하며 이야기했었지만, 예수를 믿으라는 성령의 부르심을 배척하는 것으로 삶을 마무리하지는 않았다. 성령께서 주시는 증거에 대한 이런 결정이 예수께는 핵심적인 이슈이다.

이런 연결성은 11-12절에서 다시 강조된다. 성도들은 박해를 결코 두려워할 필요가 없는데, 성령께서 자기 백성들에게 회당 앞에서, 통치자들과 권세자들 앞에서 무엇을 이야기해야 할 것인지 알려주실 것이기 때문이다. 그들이 증거 할 메시지는 성령님의 메시지가 될 것이다. 만약 박해자들이 그들을 배척한다면, 그들은 예수를 배척하는 것이다. 그러나 주님은 자기 백성들의 힘과 지혜의 근원으로서 성도들을 섬겨주실 것이다. 그러므로 하나님을 두려워하기 때문에, 제자들은 사람들을 전혀 두려워할 필요가 없다.

상황잇기

이 본문은 우리의 정체성에 관해 근본적인 질문들을 묻는다. 우리는 하나님을 두려워할 것인가 아니면 사람들을 두려워할 것인가? 우리의 확신은 위로부터 오는 것인가 아니면 우리의 이웃들로부터 오는 것인가? 어떤 기독교인들은 하나님을 선택함에 있어서 필연적으로 다른 사람들로부터 배척받는 상황과 직면하게 될 것이다. 예수는 제자들에게 말씀하시면서 그들이 회당들과 통치자들 앞에 불려나가게 될 것임을 예견하신다. 그런 압박을 받는 순간들에, 그들은 사람들을 의식하려하는 유혹을 받게 될 것이고 아마 위선적이 되려는 유혹도 받게 될 것이다. 예수가 그런 "위선"(1절)을 삼가고 주의하라고 명령하신 것은 우리에게 우리가 얼마나 많은 숫자의 배척에 직면하게 될 것인지를 중시하지 말라는 경고이기도 하다. 이 말씀들을 단단히 뒷받침하는 신학—하나님의 전지하심과 성령님의 도우심—역시 이 본문에 대해서와 우리 모두의 삶에 대해 알려주는 한 요소로서 자리잡고 있다.

이 본문은 우리가 하나님 앞에서 우리가 갖는 책임성에 대해 이야기한다. 우리는 하나님을 두려워해야만 한다. 이 점은 지금 이 본문의 배경 속에서는 재판관이신 하나님의 권세를 존경하고 우릴 향한 하나님의 지식들을 존경해야 한다는 의미이다. 우린 종종 무엇을 생각하건 아무도 알 수 없고 무엇을 행하는지 아무도 볼 수 없는 그런 개인적인 순간들을 가질 수 있다고 생각하길 좋아한다. 이런 생각은 사람들과 관련해서는 사실이 될 수도 있지만, 하나님께는 결코 사실이 아니다. 하나님은 빛이 모두 꺼졌을 때조차, 그리고 그 누구도 볼 수 없을 때조차, 우리의 깊숙한 모든 것들을 보시는 분이시기 때문이다. 하나님의 지식과 우리가 그분께 갖는 책임성을 존경한다는 것은 우리가 삶을 마치 아무것도 숨길 수 없는 펴져 있는 책처럼 그렇게 살아야 한다는 것을 뜻한다.

만약 우리가 하나님 앞에서 의롭다면, 하나님을 두려워할 것이 아무것도 없다. 요한1서 3:1-3이 제시하듯이, 하나님의 재림을 소망하면서 살아가는 사람들은 하나님이 모든 것을 아신다는 사실을 알고 있기 때문에, 재림에 대한 소망과 우리가 신실해야만 한다는 책임성을 통해 자신들을 정결케 할 것이다. 그러나 우리가 만약 이렇게 사는데 실패한다 하더라도, 우린 소망 없는 절망 가운데 빠지는 것이 아니다. 우린 하나님의 은혜를 기억하며, 그리스도께서 우리에게 베푸시는 죄 사함을 기억한다. 죄 사함을 받을 수 있음이 은혜를 그토록 놀라운 것으로 만들어주고 하나님의 사랑을 그토록 거룩한 것으로 만들어준다. "놀라운 은혜"(Amazing Grace) 등과 같은 찬송가는 하나님의 죄 사함의 참된 풍요로움이 얼마나 아름다운지를 강조한다. 우리는 하나님을 의지할 때, 아무런 두려움 없이 하나님을 경외한다. 하나님이 은혜 가운데 주시는 능력을 통해 의로움을 추구하면서 말이다.

성령님의 증거를 듣고 하나님을 두려워하는 근본적인 선택을 한다는 것 역시, 이 세대까지 확대되는 주제이다. 우리안에 내주하시는 성령께서는 우리로 하여금 믿음에 적대적인 사람들과 직면해야하는 어려운 순간들을 만났을 때 그분의 능력을 의지하게끔 이끌어주신다. 우리는 도전받을 때를 대비해야만 하며(벧전 3:15), 하나님이 우리 공동체 안에서 공급해 주시는 교훈과 용기에 집중할 필요가 있다.

또한 우리는 적대 받을 때 하나님이 그곳에서 우리와 함께 계신다는 지식을 의지해야만 한다. 이런 모습과 관련한 수많은 증언들이 이전의 동구권의 성도들로부터 나왔다. 그들은 죽음이나 고문에 직면하면서도 굳건하게 서 있었으며, 하나님을 향한 믿음을 증거 했다. 심지어 때때로 이런 성도들의 능력을 통해 주께 인도받게 된 사람들도 있었다.[3] 첫 번째 제자 세대가 직면했어야만 했던 이 본문 안의 박해 내용들은 우리 시대에는 거의 나타나지 않는다. 다만 오늘날에도 세계의 몇몇 장소들에서만 박해가 여전히 일어나곤 할 뿐이다. 초대 교회 성도들이 직면해야만 했던 배척은 그들이 성장하고 자랐던 유대교적 범주들로부터 생겨나는 경향이 있었다. 오늘날의 배척은 좀더 폭넓은 곳들에서부터 생겨나며, 좀더 미묘한 형태들을 띠고 일어나는데, 이런 배척들을 통해서는 육체적인 삶은 손상 받지 않을지 모

---

3. Chuck Colson, *The Body*(Waco, Tex.: Word, 1992)는 이런 내용들로 된 설명들로 가득 차 있다. 그는 하나님이 성령을 통해 공급하신 것을 의지하는 사람들에 관해 묘사한다. 우리가 어떻게 준비할 수 있는지에 관한 제안들은 Bob Briner, *Roaring Lambs A Gentle Plan to Radically Change Your World*(Grand Rapids: Zondervan, 1993을 보라). 기독교인들이 갖고 있는 선택들에 대한 고전적인 설명들은 John Bunyan, *The Pilgrim's Progress*(New York: Penguin, 1965: 본래 1678년과 1684년에 출간되었다)을 보라.

르지만 고립되고 외톨이가 될 수 있는 그런 형태들이다.

교회는 이 시대 속에서 효과적으로 자리 잡기 위해 무엇을 해야만 하는가? 찰스 콜슨(Charles Colson)과 밥 브리너(Bob Briner)는 다른 사람들 앞에서 어떻게 하나님을 경외할 수 있는지에 대해 매우 유익한 관찰을 한다. 콜슨은 교회가 선지자적이 될 필요가 있다는 점을 지적한다.

> 기독교가 4세기에 로마의 공식적인 종교가 되었을 때, 교회는 사회적으로나 정치적으로 수용되었다. 별로 마음 내켜하지 않는 믿음을 갖고 있던 무리들도 교회들로 들어왔기에 교회는 그들을 훈련시킬 수 없었다. 곧이어 "기독교인"이라는 단어는 무의미한 것이 되어버렸다. 그리고 기독교를 재가해준 제국이 무너졌을 때, 교회 역시 거의 무너져 내렸다.
>
> 중세 때, 교회와 국가의 불경건한 동맹은 피로 물든 십자군과 불명예스러운 종교재판들을 낳았다. 그리고 우리 시대인 1930년 대에는, 독일에서 히틀러에 반대하는 모습으로 교회가 견고하게 서 있지 못하면서, 교회는 가장 불명예스러운 본보기들을 보여주었다.
>
> 교회는 국가와 분리되어 서 있어야만 한다. 문화로부터의 독립은 교회에게 개혁하는 능력을 주고 또한 사회로 하여금 진리를 향하게끔 진리를 가리키는 능력을 갖게 한다. 교회는 모든 스펙트럼의 이슈들에 대해서 자유롭게 성경적으로 선포할 수 있어야만 하며, 권력자가 누구인지와 상관없이 자유롭게 선지자적으로 선포할 수 있어야만 한다.
>
> 아이러니컬하게도, 정치적인 일시적 흥미 거리들이나 유희들이 서방세계에서 교회의 독립을 위협해왔다. 공산주의로부터 직접적인 압박과 박해를 받았던 동구권보다 훨씬 더 말이다.[4]

브리너는 으르렁거리는 양이라는 이미지를 사용하면서, 교회가 그런 방식으로 증거 하는 소망에 관해 서술한다.

> 지금은 양들이 으르렁거릴 시간.
>
> 내가 지금 부르짖고 있는 것은 우리 세상에 대해 급격하게 다른 방식으로 생각하는

4. Colson, *The Body*, 239.

것이다. 이 세상에서 도망치는 대신에, 우린 그 안으로 돌진해 들어가야 한다. 그리고 우리 문화의 주변 언저리에 그저 매달려 있는 대신에, 우린 그 가운데서 문화를 두들겨 대야 한다.

왜 가장 비평적으로 갈채를 받는 할리우드의 감독이 자신이 다니는 교회에서 능동적인 기독교 평신도가 될 수 있다는 것을 믿지 않는가? 왜 퓰리처 상을 중요 일간지에서 스텝으로 일하는 기독교 저널리스트가 받게 되는 것을 소망하지 않는가? 기독교 대학들의 스텝 중 한명인 미술가의 작품이 현대 미술 박물관에서 중요한 전시회를 갖게 되는 것을 생각하는 건 너무 지나치게 많이 생각을 끌어내는 것인가?

내가 당신의 아들이나 딸이 죠프리 발레단(Joffrey Ballet Company)의 수석 무용수가 되어, 한 때 도덕적으로 파산지경에 이르렀다고 생각되었던[5] 직업에서 매주 다른 무용수들의 성경공부를 인도하는 것을 생각한다면, 그건 미친 생각인가?

복음을 증거 하는 가장 최상의 방법은 우리가 받은 직업적인 소명 안에서 신뢰할 만한 모습을 보여주는 것을 통해서이다.

현대적 의미

우리 모두는 진리의 순간들을 갖는다—우리가 영혼을 우리 입술에 올려놔야만 하고, 우리가 서서 평가받아야만 하는 순간을 갖게 된다. 기독교인이 되기 위해서, 우리는 종종 우리를 이해하지 못하는 사람들과 직면해야만 한다. 그들은 우리 삶의 원칙들을 배척하거나 하나님을 향한 우리 믿음에 적대적이기까지 한 사람들이다. 우리는 때때로 주님에 대해 함께 나눌 수 있는 기회를 가지면서, 배척 당할 위험한 가능성을 겪어야만 한다. 우리의 가치관들은 우리로 하여금 무언가 일을 하게끔 만들거나 무언가 일을 하지 않게끔 만들어서, 사람들이 우리에게 부정적인 반응을 불러일으키게끔 한다. 이 모든 일들은 자기 자신의 정체성을 예수와 더불어 동일하게 규정하면서 생겨날 수 있는 일들이다.

내가 대학에서 영 라이프(Young Life) 사역을 할 때, 우리는 종종 이런 질문을 제시하곤 했다: 만약 당신이 기독교인이라는 이유로 재판자리에 서게 되었다면, 당신에게는 당신을 유죄로 입증할 증거가 있습니까? 사람들은 어떻게 해서 당신이 주께 속한 사람으로 살고 있다는 것을(단순히 당신이 말하는 것을 통해서가 아

5. Briner, *Roaring Lambs*, 31.

니라) 알 수 있습니까? 그런 증언을 가능하게끔 해주는 기초적인 태도는 하나님을 경외하고 섬기는데서 나온다.

예수는 때때로 기독교인들에게 부정적으로 반응하는 세상을 만나게 될 때, 그런 기초적인 태도를 가질 것을 명령하신다.

어떤 점에서는 예수는 여기에서 행동이 아니라 태도를 명령하신 것이라 할 수 있다. 여기에는 해야 할 일은 별로 없지만, 우리 자신을 하나님과의 관계성 속에서 어떻게 인식해야하는지에 대해서 그리고 주의 돌보심에 대해서 어떻게 인식해야 하는지에 대해서는 많은 것들이 나와 있다.

우리는 상황들에 대해서 그리고 우리가 주님과 동행한 결과로 주어지는 압력들에 대해 우리가 어떻게 반응했는지를 주께 설명을 하고 그에 대해 책임져야만 한다. 우리는 주가 우리들을 돌보신다는 것을 신뢰해야만 하며, 필요할 때 주가 성령의 능력을 공급해주실 것임을 믿어야만 한다. 주를 경외하는 것은 그분의 임재하심을 존경하는 것이고, 주의 돌보심을 신뢰하는 것이며, 또한 다른 사람들이 우리에게 어떻게 반응할 것인지를 염려하지 않는 것을 뜻한다. 이는 인기 있는 선택을 따라가지 않는 것을 의미한다. 대중들이 항상 옳은 것은 아닐 수 있기 때문이다. 이런 인식을 가지고, 우리는 믿음이 도전받는 곳에서 내적 능력을 가지고 응대할 수 있다.

또 다른 적용은 예수에 관한 성령님의 증거를 배척하는 선택을 하는 것이 얼마나 심각한 일인지와 관련되어 있다—이 점은 누가가 지난 몇 장을 통해 제시하고 형성해온 점이다. 용서받을 수 없는 죄는, 하나님이 예수를 통해 제시하신 죄 사함과 이를 통해 공급하시는 은혜들을 배척하는 죄이다. 예수의 질문에 대해 "별다른 차이가 없다"는 식의 접근은 있을 수 없다. 우리 문화는 하나님께 이르는 많은 길들이 있다고 주장할 수도 있지만, 예수는 그런 선택을 제공하시지 않는다.

이 문단의 "결코 피할 수 없는" 결론은 예수가 마지막 심판의 전망에 대해 얼마나 심각하게 다루시는지를 보여준다. 하나님은 누군가를 지옥에 던져버리실 수 있다. 이 교리는 기독교 믿음 중에서 좀더 논쟁적인 가르침 속에 들어있다. 어떤 사람들은 하나님은 영원히 형벌주시지 않는다고 주장해왔다. 이런 사람들은 그보다는 심판에 떨어진 사람들은 파괴되며, 영원한 파괴에 대한 모든 본문들은 영혼의 파괴에 대한 비유들이라고 주장한다.[6] 그러나 요한계시록 20:10-15과 22:15 등과 같

6. 이런 입장은 멸절설이라고 불려진다. 이런 입장은 특별히 영국에서 두드러지게 나타나는데, 나는 거기에

은 본문들은 불의한 사람들은 자신이 여전히 존재하고 있으며 너무 늦어버렸다는 것을 발견하면서 하나님의 임재 밖에서 계속해서 존재한다고 주장한다. 성경에서 분명 가장 비극적인 본문들에서는 하나님을 배척하고 심판에 이르는 것은 가장 절망적인 경험이라고 가르친다.

심판 이후에 사람은 하나님이 계시며 또한 그들이 하나님을 알 수 있는 기회를 영원히 놓쳐버렸다는 것을 확실하게 알게 된다. 하나님이 존재하신다는 것을 발견하게 되는 것, 예수가 대답이시라는 것, 그리고 하나님을 얼굴과 얼굴을 맞대어 보게 된 이후 축복의 기회가 이미 사라져버렸다는 것을 알게 되고 느끼는 것은 정말이지 무시무시한 느낌임에 틀림없다. 심판에 대한 가르침이 그토록 중요한 것은 바로 이 이유 때문이며, 예수를 필요로 하는 사람들과 더불어 주를 공유하는 것이 결정적이고 중요한 것도 바로 이런 이유 때문이다.

서 이런 입장을 처음 접했었다. 이 관점을 검토한 것으로는 Clark H. Pinnock, "The Conditional View" in *Four Views on Hell*, ed. William Crockett(Grand Rapids: Zondervan, 1992), 135-66을 보라.

누가복음 12:13-21

13 무리 중에 한 사람이 이르되 선생님 내 형을
명하여 유산을 나와 나누게 하소서 하니
14 이르시되 이 사람아 누가 나를 너희의 재판
장이나 물건 나누는 자로 세웠느냐 하시고
15 그들에게 이르시되 삼가 모든 탐심을 물리치
라 사람의 생명이 그 소유의 넉넉한 데 있지
아니하니라 하시고
16 또 비유로 그들에게 말하여 이르시되 한 부
자가 그 밭에 소출이 풍성하매
17 심중에 생각하여 이르되 내가 곡식 쌓아 둘
곳이 없으니 어찌할까 하고
18 또 이르되 내가 이렇게 하리라 내 곳간을 헐
고 더 크게 짓고 내 모든 곡식과 물건을 거기
쌓아 두리라
19 또 내가 내 영혼에게 이르되 영혼아 여러 해
쓸 물건을 많이 쌓아 두었으니 평안히 쉬고
먹고 마시고 즐거워하자 하리라 하되
20 하나님은 이르시되 어리석은 자여 오늘 밤에
네 영혼을 도로 찾으리니 그러면 네 준비한
것이 누구의 것이 되겠느냐 하셨으니
21 자기를 위하여 재물을 쌓아 두고 하나님께
대하여 부요하지 못한 자가 이와 같으니라

원 의미

물질을 잘못 사용하는 것은 한 사람의 영적 생활을 가로막는 중요한 장애물이 될 수 있다. 특히나 박해 가운데서는 더더욱 그렇다. 예수는 이미 소유물이 영성에 위협이 된다는 점을 땅들의 비유(8:4-15)—씨뿌리는 비유—를 통해서 지적하셨고, 앞으로도 16:1-13, 19-31; 18:18-30(또한 12:24-34; 14:12-33)에 나오는 비유들을 통해서 다시금 이 주제로 돌아가실 것이다. 이 어리석은 부자가 추구했던 소유물과 편안함은 그로 하여금 하나님을 추구하는 것에 게으르게끔 이끌었기에, 결국 그는 자신이 이미 받았던 재물들을 빈곤하게 사용한다.

지금 논의되고 있는 경우는 어떤 한 형제가 다른 형제에 대해서 유산으로 물려받은 것을 나눠달라고 불평하는 경우이다. 예수는 여기에서 마치 랍비처럼 대우받고 있다. 왜냐하면 가족의 다툼들을 해결해달라고 요청받고 있기 때문이다[1]—이 요구는 실질적인 유산분배에 관한 것이 아니라, 이 요구를 하는 사람이 자기 형제

1. Ellis, *The Gospel of Luke*, 177.

에 대해 자기주장을 제기하고 있다는 점은 조금 다르지만 말이다. 이 점은 예수가 왜 주가 보여주신 그런 방식으로 응답하셨는지 그 이유를 알게 해주는 단서가 될 수도 있다. 주님은 어느 한편을 선택해서 편들어주는 것을 거부하시고, 그 대신 탐심과 관련한 질문을 도리어 제기하신다. 탐심은 관계성을 잘라낼 수 있다. 특히 가족 관계를 칼날처럼 잘라낼 수 있다. 재산분배 문제에서 촉발되어 주가 탐심에 관해 말씀하시면서 가르쳐주신 이 비유는 누가복음에만 나온다.

예수는 이 비유를 시작하시기 전에, 형제들에게가 아니라 모든 사람들에게 모든 형태의 탐심을 물리치라고 경고하신다. 탐심이라는 주제와 관련된 메시지는 신약성경에서 빈번하게 제시된다(롬 1:29; 고후 9:5; 골 3:5; 엡 4:19; 5:3; 벧후 2:3, 14). 헬라어 현재 명령형인 "삼가라"는 명령형은 탐심에 대해 계속적으로 경계할 것을 명령한다. 삶과 생명은 소유의 넉넉함에 달려 있는 것이 아니기 때문이다.

이 비유의 핵심적인 이슈는 부요함이 아니다. 그보다는 한 사람이 풍요로움을 얻는 것과 관련해 어떤 태도를 갖느냐가 핵심적인 이슈이다. 이 스토리 속의 사람은 우연히도 풍성한 수확을 거두어들이게 되었고, 그는 이런 넘치는 수확으로 무엇을 해야 할지를 결정해야만 했다. 그는 비도덕적으로 자신의 수확을 거두어들인 것이 아니다. 단지 수확이 풍성한 좋은 해를 만났을 뿐이다. 신중하게 그는 거둬들인 것들을 저장하기 위해 창고를 세우기로 결정한다. 그의 실수는 자신의 소유가 된 것들을 어떻게 바라보는가와 관련된 잘못이다. 17-19절을 보면, 그는 다섯 번이나 "내가" 이것저것을 하겠다고 이야기한다. 마치 자신이 모든 것을 소유한 것처럼 말이다. 그는 "나의" 곡식, "나의" 창고, "나의" 물품들, "나의" 영혼이라고 이야기한다. 그는 자신의 풍성함을 나누지 않을 것이고, 그저 자신의 개인적인 용도를 위해 갖고 있을 것이다. 그의 목표는 삶에서 편안하게 지내는 것이다. 그는 "먹고, 마시고, 기뻐할" 것이다. 그는 다른 누군가에 대해서는 아무런 관심도 책임감도 느끼지 않는다. 탐심의 본질은 하나님이 주신 것을 오직 당신만을 위해 갖고 있는 것이다.

그런 뒤 예수는 하나님이 이 사람의 생명을 그날 밤에 요구하실 것이라고 말씀하신다.[2] 하나님은 수사적인 질문을 하신다: "네가 너 자신을 위해 준비한 것들이

---

2. 20절에서 헬라어로 "그들이 너를 요구할 것이다"(NIV: "네게서 네 생명을 요구한다")라는 언급은 하나님을 셈어적으로 간접적으로 지칭하는 것이거나(잠 9:11b), 아니면 천사가 형을 집행하는 것을 지칭하는 것이다. 어떤 방식이건 간에 하늘에서 부름이 있었고 이 사람의 생명은 끝나게 된다.

누구 것이 되겠느냐?"[3] 물론 이 질문에 대한 대답은 미래를 위해 모든 것을 잘 준비했다고 생각했던 이 사람은 결코 자신이 생각했던 것 같은 그런 미래를 가질 수 없다는 것이다! 이는 궁극적으로 "너는 그것들을 같이 가지고 갈 수 없다"는 질문이다. 예수는 이 사람을 "어리석다"(20절)고 말씀하시는데, 이 표현은 구약성경이 누군가 하나님 없이 행동하거나 자기 파괴적인 방식으로 지혜 없이 행동하는 것을 묘사할 때 사용되는 단어이다(시 14:1; 53:1). 이 사람이 재물과 부요에 걸려 휘청거리는 모습에 대해서, 주님은 그런 모습은 자기중심적이고 그렇기에 자기 파괴적이라고 접근하신다.[4] 그는 자기 재물들을 하나님을 기쁘시게 하지 않는 방식으로 사용한다.

예수는 이 사람이 자기 자신을 위해서는 보물을 쌓았지만 하나님을 향해서는 부요치 못한 사람이라고 결론 내리신다. 하나님을 향한 풍요로움이란, 생명과 축복에 대해 하나님이 원하시는 방식대로, 하나님께 영광 돌리는 방식으로 응답하는 것이다—섬김과 긍휼을 통해서 말이다(엡 4:28). 이 결론은 탐욕이 무엇인가에 대해서, 그저 자기 자신만의 소용을 위해 물질을 쌓아놓는 태도라고 판결한다.

상황잇기

예수는 여기에서 다시 한번 더 제자가 가져야 할 근본적인 태도들에 관해 다루신다. 소유물과 그것이 영적 생활에 대해 갖는 관계성은 오늘날이 도리어 이런 부분에 대해 좀더 잘 이야기되는 시대이기는 하지만, 예수님 당시나 오늘날이나 매우 실제적인 이슈이다. 많은 서구 문화 속에는 과거에 그랬던 것보다 훨씬 더 많이, 물질과 관련된 여러 문제들이 사람들을 좀더 예민하고 날카롭게 만들곤 한다. 사실 세계적인 기준으로 보자면, 우리가 부자라고 부르는 사람들은 수백만 달러를 갖고 있는 엄청난 부자들을 지칭하는 것은 아니다. 현재의 세계적인 기준들을 통해서만이 아니라 오랫동안 적용되어온 기준을 놓고 보더라도, 지금의 많은 서구사람들을 부유하다고 말하는 것은 공정한 일일 것이다.

부는 우리로 하여금 다양한 방식으로 흥미를 추구하는 선택을 할 수 있게끔 해

3. 이 비유는 시락서 11:18-19의 내용과 유사하다. 이 비유와 결론이 비슷하지만 이 부자가 재물을 부도덕한 방식으로 모았다고 가정하고 있는 두 번째 유대교 본문도 있는데, 제1에녹서 97:8-10이다. G. Nicklesburg, "Riches, the Rich, and God's Judgement in 1 Enoch 92-105 and the Gospel According to Luke," *NTS* 25(1978-79): 324-44를 보라.

4. W. Pilgrim, *Good News to the Poor*, 112.

준다. 이런 추구들은 아주 쉽게 우리들을 하나님께 영광 돌리기 위해 재물을 사용하지 못하게끔 만들어버린다. 예수는 부요함 그 자체를 비난하고 계신 것이 아니라, 그 사용에 관해 말씀하고 계시다는 점을 주목하라. 우리는 하나님이 우리에게 주신 것들을 어떻게 사용하고 있는가? 자신을 위해 보물을 쌓아놓는 것을 추구하는가? 자비를 베푸는 것이 우리의 습관인가? 혹은 긍휼을 베푸는 일이 우리의 개인적인 바람들 뒤로 내팽개쳐져 있지 않은가? 여기서 제기되는 이런 질문들은 시대를 초월한 질문들이다. 신약성경에서 탐욕이 죄악이라는 사실은 이 본문에 나오는 예수의 가르침을 윤리적으로 중요한 가르침이 되게 한다.

여기에는 또 다른 미묘한 이슈가 제기된다. 우리가 소유물들을 축적하는 경향에 집착하는 이유는 이 지상에서의 생명이 전부라고 확신하기 때문이다. 적어도, 이런 확신과 생각으로 인해, 우리 문화는 우리를 그런 방식으로 양육한다. 친숙한 오래된 잠언이 있다. "먹고, 마시고, 기뻐하라, 내일이면 죽을지도 모르니까 말이다." 오늘날에도 이와 동일한 상업광고가 여기저기서 딸랑거린다, "당신은 인생을 한번만 살아갑니다. 할 수 있을 때 모든 즐거움을 붙잡으세요." 여기엔 그 어떤 책임성도, 하나님과의 미래에 대한 생각도, 혹은 귀히 여겨야 할 가치도 없다. 예수가 말씀하시는 "오늘 밤에 네 영혼을 도로 찾을 것이다"라는 말씀은 마치 도전적인 경고를 선포하는 구약성경의 선지자처럼, 오늘날 우리 문화가 갖고 있는 세계관에 직접 도전한다.

이 문단이 우리에게 교훈해주는 가르침은 우리에게 우리가 행하는 일을 어떻게 선택할 것인지에 관해서, 그리고 그런 선택을 하게끔 정보를 준 관점들에 대해서 깊이 살펴보고 생각해볼 것을 요구한다.

우리의 물질들을 적절하게 사용한다는 것은 중요한 문제이고 중요하게 다뤄야 할 질문들을 제기한다. 우리는 가족들을 책임 있게 돌보는가? 우리는 자녀들이 대학에 갈 것을 미리 준비하는가? 우리는 은퇴 이후를 준비하는가? 예수는 우리가 가족이나 다른 사람들을 위해 물질을 사용하는 것은 비난하시지 않는다. 우리가 자녀들에게 항상 "최고"의 물품들이나 아니면 값비싼 것을 공급해야만 하는 것은 아니지만, 우리는 자녀들을 위해 현명하고 책임감 있게 그들의 쓸 것을 공급하는 것을 결코 무시해서는 안 된다. 물질들을 사용하는 것에 대한 근본적인 시금석은 그런 사용이 과연 다른 사람들에게 유익을 주기 위한 섬김의 도구인지, 또한 그들로 하여금 하나님을 좀더 잘 섬기는 자리에 갈 수 있게끔 해주는 지이다. 로마서 12:8이 여러 은사들에 관해 기록하면서 다른 사람들의 필요를 채워주고 그들에게 기부하는 것을 하나님이 교회에 주신 은사들 중 하나로 제시하고 있다는 점을 주목하라.

현대적 의미

이 본문은 자기 성찰을 요구한다. 우리는 하나님이 우리에게 주신 것들에 대해서 어떻게 생각하고 어떤 방식으로 느끼는가? 그것은 나의 것인가? 과연 나는 내 삶에 주어진 것들의 청지기인가? 나는 자비로운가? 나는 하나님이 주신 것들을 가져다가 나 자신의 목적을 위해 쌓아놓는가? 나는 다른 사람들이 갖고 있는 것을 움켜쥐는 것을 추구하는가? 여기서는 물질을 현명하게 사용하는 것과 탐심부리지 않는 것 두 가지 모두 다를 이야기하고 있다. 왜냐하면 한 가지는 태도는 다른 한 가지에 대한 이유가 되기 때문이다.

이 본문의 적용은 단지 우리가 갖고 있는 소유물들에 대해 어떻게 행하는가에만 국한되는 것이 아니라, 그것을 넘어서서 확장된다. 이 본문은 우리가 다른 사람들과 어떻게 관계를 맺는지 그리고 그들에게 무엇을 남겨주는지에 관한 문제도 역시 제기한다. 구약성경에서조차 들판의 구석 부분들은 궁핍한 사람들을 위해 남겨놓았다(신 24:19-22)—이는 어리석은 부자가 그저 자기 자신의 용도만을 위해 물품들을 저장하면서 무시했었던 원칙이다. 우린 스스로를 향해 생존에 필요한 가장 기본적인 물품들에 관해 물어보아야만 한다: 우리는 이 세상의 지극히 작은 일부분에 살고 있으면서, 과연 음식이나 다른 물품들 대부분을 소비할 그런 권리를 갖고 있는가? 다른 사람들은 우리가 갖고 있는 이런 유리한 입장에 접근조차 어려운 상황 속에서 말이다.

우리가 다른 사람들에게 어떻게 주는가는 우리 마음을 알아볼 수 있는 시금석이다. 우리는 자비로운가 아니면 봉땅 차지하는가? 이는 우리가 주님 앞에서 반드시 개인적으로 검토해 봐야만 하는 기준이다. 그 누구도 이런 질문에 대해 정확하게 어떻게 대답해야 한다고 다른 사람에게 가르치듯이 말할 수 없다. 왜냐하면 남을 위해 물질을 사용하는 것을 어느 수치까지 도달하게끔 해야 한다는 그런 퍼센트 기준은 없기 때문이다. 구약성경의 십일조라는 기준(10퍼센트)은 우리가 할 수 있는 일들에 비한다면 너무 낮은 기준일 것이다(고후 8-9장). 그러나 우리가 어느 정도로 자비를 베풀 수 있는가라는 이슈는 자신의 영성을 살펴보고 성찰하는 문제로 제기될 수 있고, 또한 그런 문제로 제기되어야만 한다. 바로 그것이 이 비유가 감당하는 역할이기도 하다.

아내와 나는 매해마다 우리가 돌려받는 세금 환급금을 놓고 의논하곤 한다. 그러니까 우리가 아마도 더 많은 돈을 다른 사람들과 주께 드릴 수 있었을 것이라는 점에 대해서 이야기를 나누곤 한다(참고—구제비나 헌금 혹은 기타 기부금에 대해서는 세금 환급금이 주어진다). 결과적으로, 우리는 우리가 돕고 후원해야 할 사람들을 더 찾아보게 되곤 한다. 주의 사역으로서 말이다. 비록 우리에게는 앞으로 가야할 먼 길이 남아있기는 하지만, 매해마다 다른 사람들을 향해 주고 베푸는 것을 더 확대하고자 노력한다. 때때로 우리는 무언가 새로운 것을 구매하고자 할 때, 그 물품이 필요하지 않다는 이유로 좀더 연기하거나, 아니면 아예 그 물품을 사지 않기로 결정하곤 했다. 이런 선택은 종종 우리로 하여금 갖고 있는 물질들을 좀더 자비롭게 사용할 수 있도록 여유를 주었다. 우리는 아마도 스스로에게 유사한 질문들을 던져야만 할 것이다.

이 책을 쓰고 있는 동안, 나는 내가 참여하고 있는 두 기관들로부터 두 개의 중요한 건축 프로젝트에 개인적으로 기부를 할 수 있는 기회를 맞고 있다. 내게 있어서 앞으로 몇 년 동안의 가장 결정적이고 중요한 질문은 내가 어떻게 이런 일들에 기여할 수 있을 것인가가 될 것이다.

나는 그저 내 수입의 몇 퍼센트를 드리고 있다는 것만 이야기하면서 더 이상은 드리지 않을 것인가, 아니면 나는 좀더 자비롭게 기부를 하고 그래서 아마도 누군가로 하여금 내가 주는 선물을 통해 혜택을 누리게 할 것인가? 우리의 물질을 사용해야 하는 때가 올 때, 우리는 이런 질문들을 우리 스스로에게 정직하게 물어봐야만 한다. 우리는 또한 우리가 어떻게 우리 물질을 사용했는지가 언젠가 하나님이 우리의 청지기 직분을 검토하실 부분이라는 점도 반드시 기억해야만 한다. 이런 전망은 우리로 하여금 어떻게 하나님이 주신 재물을 사용할 것인지를 깊이 묵상하게끔 이끌어주어야만 한다.

누가복음 12:22-34

22 또 제자들에게 이르시되 그러므로 내가 너희
에게 이르노니 너희 목숨을 위하여 무엇을
먹을까 몸을 위하여 무엇을 입을까 염려하지
말라
23 목숨이 음식보다 중하고 몸이 의복보다 중하
니라
24 까마귀를 생각하라 심지도 아니하고 거두지
도 아니하며 골방도 없고 창고도 없으되 하
나님이 기르시나니 너희는 새보다 얼마나 더
귀하냐
25 또 너희 중에 누가 염려함으로 그 키를 한 자
라도 더할 수 있느냐
26 그런즉 가장 작은 일도 하지 못하면서 어찌
다른 일들을 염려하느냐
27 백합화를 생각하여 보라 실도 만들지 않고
짜지도 아니하느니라 그러나 내가 너희에게
말하노니 솔로몬의 모든 영광으로도 입은 것
이 이 꽃 하나만큼 훌륭하지 못하였느니라
28 오늘 있다가 내일 아궁이에 던져지는 들풀도
하나님이 이렇게 입히시거든 하물며 너희일
까보냐 믿음이 작은 자들아
29 너희는 무엇을 먹을까 무엇을 마실까 하여
구하지 말며 근심하지도 말라
30 이 모든 것은 세상 백성들이 구하는 것이라
너희 아버지께서는 이런 것이 너희에게 있어
야 할 것을 아시느니라
31 다만 너희는 그의 나라를 구하라 그리하면
이런 것들을 너희에게 더하시리라
32 적은 무리여 무서워 말라 너희 아버지께서 그
나라를 너희에게 주시기를 기뻐하시느니라
33 너희 소유를 팔아 구제하여 낡아지지 아니하
는 배낭을 만들라 곧 하늘에 둔 바 다함이 없
는 보물이니 거기는 도둑도 가까이 하는 일
이 없고 좀도 먹는 일이 없느니라
34 너희 보물 있는 곳에는 너희 마음도 있으리라

원 의미

하나님을 두려워하고 하나님을 위해 보물을 쌓는 자는 두려워할 것이 아무것도 없다. 그렇기 때문에 예수는 하나님을 신뢰하는 것이 얼마나 중요한지를 강조하신다. 주가 여기에서 사용하신 예는 피조물들에게서 끌어온 것이다. 까마귀와 백합화 그리고 들풀은 우리에게 많은 것을 가르쳐준다. 예수는 이 단락의 내용을 33-34절에 나오는 자비에 관한 내용을 통해 마무리하신다. 만약 하나님이 우리를 돌보신다고 신뢰할 수 있다면, 우린 16-21절에 나오는 어리석은 부자와는 달리 자비로워질 수 있다.[1]

예수는 염려하지 말라는 명령을 주시면서 이 단락의 말씀을 시작하신다. 여기에 사용된 단어는 헬라어 현재 명령형인데, 이는 계속적으로 염려에서 자유롭게 되어야만 한다는 것을 의미한다. 우리는 하나님이 돌봐주시는 대상이므로, 그분의 손길을 의지해야만 한다. 이 문단에서의 이슈들은 "생명"을 유지하기 위해 기본적으로 필요한 것들에 대한 관심사들과 관련한 것들이다(22절): 음식, 건강 그리고 의복. 우리는 육체적 환경들에 과도하게 집중해서는 안 된다. 음식과 의복들은 그저 참된 생명을 싸고 있는 포장지일 뿐이기 때문이다.

예수가 첫 번째로 주시는 예는 불결한 피조물인 까마귀에 대한 것이다(레 11:15; 신 14:14). 주가 이 동물을 선택하셨다는 것은 까마귀가 살아있는 피조물들 중 낮은 등급에 속해 있다는 점에서 중요하다.[2] 하나님은 까마귀들이 오고 가는 동안에, 그들이 무엇이 필요한지 그들의 필요들을 알고 계신다. 그들은 심지도 거두지도 않는다. 그러나 하나님이 그들을 기르신다. 만약 하나님이 까마귀조차 기르신다면, 그분이 돌보시는 우리는 얼마나 더욱 돌보시겠는가! 생명이 음식이나 의복보다 더 중할 뿐만 아니라, 하나님도 역시 다른 어떤 피조물들보다도 돌보시는 대상인 사람들에 대해 더 많은 관심을 갖고 계신다.

이 예를 통해서 예수는 염려에 관한 매우 실제적인 생각들을 강하게 제시하신다. 도대체 염려가 할 수 있는 일이 무엇인가? 염려가 생명을 조금이라도 더 연장할 수 있단 말인가?[3] 만약 그렇지 않다면, 왜 생명의 문제들에 대해 염려한단 말인가? 우리가 사는 이 세상에서는 그 무엇이건 염려를 통해서 아무것도 성취할 수 없다. 염려는 비록 우리가 조절할 수 없는 사건들에 대해 자연스럽게 생겨나는 반응일수는 있겠지만, 아무 유익도 없는 행동일 뿐이다.

백합처럼 아름다운 꽃들에 대해서도 생각해보라—이것은 주께서 자연에서부터 제시하신 두 번째 예이다. 이런 꽃들은 생명을 유지하기 위해 아무런 노동도 하지 않는다. 그들은 그저 그들이 창조 받은 대로만 행할 뿐이다. 그러나 이 꽃들은 솔로몬이 자신의 모든 풍요함으로 입었던 옷들보다도 더 아름답고 고상한 모습을 갖고

---

1. 이 본문과 평행을 이루는 성경본문들은 마태복음의 산상수훈에 나온다: 마태복음 6:25-34은 누가복음 12:24-32 그리고 마태복음 6:19-21은 누가복음 12:33-34과 평행을 이룬다.
2. Fitzmyer, *Luke X-XXIV*, 978.
3. 헬라어로의 이 표현은 한 사람의 생명을 한 큐빗 연장하는 것이다. 어떤 사람들은 예수가 여기에서 시간의 길이를 연장하는 것에 관해 말씀하시는 것인지 아니면 키의 높이를 높이는 것에 관해 말씀하시는 것인지에 관해 논쟁한다. 두 번째 예는 좀더 적나라한데 이는 이 말씀에 감성적인 어조를 더해준다. 어떤 방식이건 간에 여하튼 염려하는 것이 아무것도 바꾸지 못한다는 것을 보여준다. 염려는 긍정적인 목적으로 역할하지 않는다.

있다(대하 9:13-21). 누가 하나님이 이들을 옷 입혀 주신 것보다 더 아름답게 자신을 옷 입힐 수 있단 말인가? 심지어 짧은 생명만 유지하다가 아궁이에 던져지게 되는 들풀조차도, 하나님이 돌봐주시고 옷 입혀 주신다.[4] 만약 하나님이 그들을 돌보신다면, 하나님은 우리 인간들도 돌봐 주실 것이다.

염려는 하나님의 돌보심에 대해 의심이 생기게 한다. 그러므로 예수는 그들을 "믿음이 작은 자들"이라고 부르신다(28절). 믿음의 본질은 하나님이 그분 손에 있는 사람들을 돌보신다는 점을 깨닫는 것이다. 그러므로 음식이나 의복에 대해 염려할 필요가 없다. 생명에 대해 이런 방식으로 접근하는 것은 "이방 세계"가 생명에 대해 접근하는 것과는 전혀 다른 방식이다. 이방세계 사람들은 하나님의 존재에 대해 전혀 생각하지 않고 삶을 살아간다. 그들은 육체적인 관심사만을 위해 질주한다. 그러나 아버지 하나님은 주의 제자들이 무엇이 필요한지를 알고 계신다. 예수가 "아버지"에 관해 말씀하시는 것으로 전환하시는 것은 주의 말씀에 대해 가족과 관심이라는 이미지를 더해준다. 모든 선한 아버지는 자신의 자녀들을 관찰한다.

예수는 제자들이 한 가지 이슈에 대해서만 지대한 관심을 가져야 한다고 명령하신다: 그것은 바로 하나님의 나라이다(31절). 하나님이 다른 나머지 문제들에 대해서 돌봐주실 것이다. [하나님의] 나라를 구하는 것은 하나님을 대리하고 대표하는 사람들로 살아가는 것을 의미한다. 하나님의 가족 구성원으로서 그리고 하나님 공동체의 구성원으로서, 우리는 진정한 가정과 진정한 나라에 대해 가장 깊은 관심을 두는 모습으로 우리 자신들을 만들어야만 한다. 우린 하나님을 대표해야만 하며 또한 하나님을 아는 것에 대해 전혀 관심 없어 하는 이 세상 속에서 하나님의 의로움을 보여주어야만 한다. 이것이 바로 헬라어 현재 명령형인 "구하라"가 보여주는 제자들을 향한 지속적인 명령이다.

이 일을 감당하는데 있어서 두려워할 것은 아무것도 없다. 하나님은 양떼들에게 이 나라를 주시고자 하기 때문이다. 22절에 나오는 목양적인 이미지는 정보를 제공하는 교육적 성격을 갖고 있는데, 양들은 피조물들 중에서도 소심한 편에 속하고 또한 쉽게 놀라는 경향을 갖고 있기 때문이다. 예수는 하나님을 자신의 양떼를 돌보시고 또한 하나님이 그들에게 행하라고 명령하신 일들을 감당할 수 있도록 그들에게 필요한 것을 공급해 주시는 위대한 목자로 제시하신다(시편 23편).

4. 들풀은 잠시잠간을 대표적으로 보여주는 표현이다(욥 8:12; 시 37:2; 90:5-6; 102:12; 사 37:27; 40:6-8).

만약 우리가 생명을 위한 물품들을 염려할 필요가 없다면, 하나님이 우리들에게 주신 것들을 가지고 자비를 베풀 수 있다. 그러므로 예수는 소유를 팔아 가난한 자들에게 주고 자비로운 자가 되라고 명령하신다. 하나님은 이런 자비를 귀히 여기신다. 하나님은 우리에게 "하나님 나라의 보물"을 주신다. 이런 보물에는 하나님을 기쁘시게 한 것에 대한 칭찬과 상급이 포함된다. 이런 하나님 나라의 보물에는 보초를 세울 필요가 없는데, 거기엔 도적도 좀도 침범할 수 없기 때문이다.

자비로워지는 것은 단순히 다른 사람들에게 도움을 주는 것 이상을 드러낸다. 우리의 보물들이 있는 곳에 우리의 마음도 역시 있게 될 것이다. 다시 말해서, 우리가 어떻게 소유물들을 사용하는지가, 우리의 가치관이 무엇인지를 보여준다. 만약 우리가 지상의 소유물들을 무언가에 투자한다면, 그런 투자는 우리가 무엇에 신경쓰는지를 보여준다. 만약 우리가 사람들을 돌보는데 투자한다면, 우린 다른 사람들을 향한 사랑을 보여주는 것이다. 하나님의 나라는 사람들에 대한 것이다. 그곳은 우리의 시간과 물질이 있어야만 하는 곳이며, 특별히 도움을 주어야 할 사람들에게 우리가 주는 시간과 물질이 있어야만 하는 곳이다.

이런 권면에는 또 다른 근본적인 이유가 있다. 소유물에 매달리는 삶은 돌부리에 걸려 비틀거리는 모습이다. 그런 삶은 우리를 매우 염려하게끔 이끌기 때문이다. 예수는 제자들을 향해, 재물이나 재물이 내 것이라는 의식보다도, 사람들이나 누군가의 궁핍함을 돌봐주는 것에 더 우선순위를 갖는 그런 모습으로 살아갈 것을 제시하신다. 사도행전 2장과 4장 그리고 사도행전 4장 마지막 부분에 나오는 바나바의 본보기는 초대교회가 이런 가치관을 갖고 있었음을 보여준다. 염려하지 않는 삶의 모습, 즉 염려부재의 윤리는 자비를 통해 사람들과 관련 맺는 윤리이기도 하다. 또한 우리가 그런 윤리를 가질 수 있는 것은 우리가 하나님의 돌보심을 확신하는 사람들이기 때문이다.

상황잇기

예수가 이 본문에서 명령하시는 바는, 가치관에 있어서나 지향점에 있어서, 우리가 살아가고 있는 현대 세계와는 전혀 다른 내용이다. 오늘날 대부분의 사람들의 삶은 자기 자신의 삶을 좀더 편안하고 안전하게 만들기 위해 모을 수 있는 것들, 그러니까 자기 자신을 위해 축적할 수 있는 것들을 통해 규정된다. 우리가 자신의 개인적인 삶을 둥지로 생각하건 혹은 성곽으로 생각하건 간에, 안전한 개인적인 세상을 만들고자하는 우리의 바람이야말로, 이 문화가 갖고 있는 가장 대표적이고 근본적인 가치관이다. 주의 이 메시지를 이런 문화 속에서 생각해보라: "너는 오늘 쉴 수 있단다", "너는 이미 그것을 얻었단다." 오늘날의 문화는 우리가 자기 자신만의 산 위에서 왕이나 여왕 같은 호칭을 얻어야만 한다는 그런 철학을 키우고 있다. 삶 속에서 벌어지는 일들과 환경들을 우리 자신이 컨트롤 할 수 없다는 사실이 얼마나 많은 사람들을 좌절시키는지 모른다. 이런 모습으로 살아가는 것은 하나님 나라에 대한 우리의 소명과는 아무 상관없는 모습이다. 삶에 있어서 어느 정도 단계의 편안함을 성취하거나 성공한 사람들은 자기 자신이 어느덧 12:13-21에 나오는 어리석은 부자의 자리에 있다는 것을 발견하곤 한다. 이는 덧없는 것이다. 물질적인 목표를 추구하는 것과 이 지상에 보물을 쌓아놓는 것은 하나님이 가장 고귀한 선물들로 계획하셨던 우리의 삶, 우리 주변의 사람들을 섬기는 고귀한 삶을 공허하게 만들어버리는 결과를 낳는다. 예수의 명령과 우리 문화의 명령 사이의 갈등은, 비록 우리가 염려에 대한 주의 명령을 이해하면서 반응한다 하더라도, '왜' 그렇게 해야 하는가라는 질문을 낳을 수 있다. 우리는 주가 재물의 사용에 대해 말씀하신 것에 대해 저항하는 경향이 있기 때문이다.

하지만 이런 내용들을 조합하신 것은 의도적이다. 하나님은 그분의 돌보심을 신뢰하고 그분의 손길을 의지하는 성도들이, 하나님께서 그들에게 명령하신 것에 역행하는 계획이나 감정들을 추구하기보다는 하나님이 명령하신 것을 행하기 원하신다. 하나님이 우리에게 주시는 둥지는 하나님을 섬기기 위한 피난처로, 행동 기지로서 계획되었다. 우리가 관심을 기울여야 하는 것은 우리의 음식이나 의복이 아니라, 바로 여기에 대해서이다. 하나님은 우리를 돌봐주실 것이고, 그렇기에 주가 어떻게 우리에게 필요한 것들을 공급하실 것인지를 염려할 필요가 없다.

우리는 예수가 지금 말씀의 대상으로 삼고 계신 청중들이 사회적 지위에 있어서 대부분 가난하고 별 볼일 없는 사람들이었다는 점을 잘 기억해야 할 것이다. 예수의 가르침은 종종 가난한 사람들을 대상으로 삼으시곤 했다(참조. 4:16-18). 주의 청중 대부분은 하루하루의 생계를 위해 노동해야 하는 사람들이었다. 만약 주가 이런 일들을 이처럼 가난하고 힘겨운 사람들에게 말씀하실 수 있었다면, 우리처럼 매일의 양식이 좀더 안정적이고 지속적으로 확보되어 있는 사람들에게는 이 말씀이 얼마나 더 진실한 말씀이겠는가. 여기에서 예민하게 명령되고 있는 점은 우리가 사람들의 궁핍함을 볼 때 그것을 채워주기 위해 매우 힘써야만 한다는 점이다. 가난한 사람들의 기본적인 필요를 채워주고 공급해주는 많은 기독교 공동체 기구들은 종종 참된 사역을 감당하지 않고 그저 이 진리에서 하나도 더 나아가지 않는 것처럼 보이기도 한다. 그러나 하나님은 성도들이 궁핍한 자들을 찾아가 그들의 필요를 사랑 안에서 채워주는 것을 통해서 죄인들을 향한 하나님의 사랑을 보여주신다. 굶주리는 사람들을 돌보는 수단은 종종 무언가 줄 것을 갖고 있는 사람들을 통해서 이루어지곤 한다.

현대적 의미

어떻게 우리는 염려하지 말고 자비를 베풀라는 명령을 적용할 수 있는가? 적용해야 할 이 이슈들은 인간 정신의 깊은 부분에 다가가게끔 한다. 우리 모두는 안전감을 느끼길 원한다. 우리는 통제 가능한 상황 속에 있는 것을 좋아하지만 만약 그렇지 못하고 거꾸로 우리 생명이 멱살 잡힌 상황에 빠졌다고 생각하면, 우린 우리 자신을 바보로 만들어버리곤 한다.

정신과 상담의사들의 상담소는 자신들이 그들의 세계를 컨트롤하는데 실패한 사람들과 감정적인 여유 공간을 잃어버렸기에 감정적으로 난파해버린 사람들로 가득 차 있다. 내 장인은 이런 사람들을 치료하는 의사셨는데, 나는 장인 어른이 방문해서 치료하던 사람들이 육체적인 질병이 아니라 감정적으로 바다에서 허우적거리며 헤매던 사람들이었던 것을 기억한다.

지혜의 첫 번째 단계는 더 잘 아는 것이다. 우리는 자신을 아버지의 부드러운 사랑의 돌보심 안에 남겨두어야만 한다. 하나님은 우리가 은사들과 능력들을 사용하도록 지도하실 수 있고, 또한 우리가 하나님을 섬기기 위해 일할 때 그분께서 우리에게 능력주실 것임을 신뢰해야만 한다. 바로 이런 이유로 인해 예수는 우리에게 하나님 나라를 구하라고 말씀하시기 전에, 하나님을 신뢰할 것에 관해 이야기하셨다.

안전을 확보하려는 인간적인 노력들은 다양한 원인들로부터 올 수 있다. 우린 목숨을 위해 안전한 환경들을 만들고자 시도할 수 있다. 우린 다른 사람들을 통제할 수 있는 그런 세상을 만들고자 시도할 수 있다. 우린 자신을 고귀하게 만들기 위해 명예스러운 일들을 추구할 수 있다. 우리는 우리만의 작은 세상 속에서 안전하게끔 관심을 돌릴 수도 있다. 우린 남다르게 되기를 추구해서 긍정적이건 부정적이건 간에 우리가 주목받게 하고자 할 수도 있다—십대들이 직업을 선택하는 방식이기도 하다! 이런 각각의 시도들은 하나님의 부드러운 돌보심을 베푸는 사람이라는 정체성을 정말로 회피하는 것이다.

예수는 제자들에게 하나님이 필요들을 채우고 돌보는 일을 하신다는 것을 이해하고 그 본질을 관찰하라고 호소하시고, 또한 주가 그렇게 행하심으로써 우리들에게 어떻게 다른 사람들을 돌볼 수 있는지 모델을 제시하신다. 이 세상은 영역, 권력 그리고 엄격한 통제 등에 대해 다툼을 벌이고 염려하지만, 하나님은 까마귀를 먹이시고, 백합화를 입히시고, 들풀을 화려하게 치장해 주신다. 주님은 하나님 안에서 안전한 정체성을 갖고 있기에 은혜롭고 자비롭게 하나님 나라의 가치들을 추구할 수 있는 주의 제자들이, 지불해야 할 대가와 상관없이 성실함으로 살아가는 것과 주변의 다른 사람들을 섬기는 것을 통해 하나님께 영광 돌리기를 갈망하신다. 아들을 우리에게 주신 하나님은 우리가 하나님이 하셨듯이 그와 동일한 길을 걸어갈 때 우리를 돌보신다는 약속이 있는 길을 보여주신다. 하나님은 우리가 무엇이 필요한지를 아시며, 이 부름에 무엇이 요구되는지를 이해하신다.

하지만 하나님의 명령을 추구하지 못하도록 가로막는 중요한 장애물은 우리가 하나님이 원하시는 대로 자유롭게 섬길 수 있기 전에 삶의 여러 영역들에서 안전함을 확보하는 것이 필요하다고 생각하는 것이다. 그 과정에서 우리는 하나님이 우리에게 행하라고 명령하신 것과 개인적인 안전성이라는 이슈들이 합성된다. 때때로 하나님이 우리들을 하나님을 의지하는 것이 필수적이고 너무나 분명한 그런 상황 속에 놓으실 때, 우리는 가장 효율적인 모습을 보이곤 한다.

예수가 보시는 영적 삶은 편안한 삶이 아니라 위험, 노출, 연약함 그리고 상처받기 쉬운 그런 모습의 삶이다. 주님은 그 여정이 명확하게 제시되어 있지 않은 바다로 모험을 떠나듯 나가기를 원하신다. 그저 주가 우리에게 창조 받은 목적대로 행할 수 있는 기회를 주실 것이라 의지하면서 말이다(고후 1장). 그러므로 믿음이 없다면 하나님을 기쁘시게 하거나 하나님을 효과적으로 섬길 수 없다. 하나님의 명령은 하나님의 은혜가 우릴 붙들어 줄 수 없는 그런 곳으로 우리를 데려가지 않으실 것이다.

이 본문이 명령하고 있는 자비에 대해서는 종종 질문이 제기되어왔다. 우리는 정말로 우리의 소유물들을 팔도록 명령받은 것인가? 예수의 요점은 우리가 우리 것이라고 부르는 것들을 마치 그 물건들이 개인적인 소유물로 축적되어야 한다고 보는 것을 포기하라는 것이다. 누가복음 19:8에서 삭개오가 그가 갖고 있던 재산의 절반을 팔아 가난한 사람들에게 주었을 때, 예수는 어떤 조건을 달지 않고 그를 칭찬하셨다. 삭개오가 했던 일은 "나의 소유는 나의 것이 아니라, 당신 것입니다. 오 하나님, 이 재산을 당신의 영광을 위해 어떻게 사용해야 하는지를 보여주십시오"라고 말하는 믿음의 첫 단계를 밟는 것이었다. 이것은 예수가 여기서 가르치신 것을 적용하고자 추구했던 한 제자의 기도였다. 이 기도 이전에는 우리가 재산들을 가져다가 나눠주거나 다른 사람들이 이 재산의 사용을 통해 유익을 얻을 수 있도록 두는 그런 신뢰의 순간들이 자리 잡고 있다.

그러나 이와 같은 기도가 만약 기꺼이 이런 요구를 철저히 시행하겠다는 내적인 마음을 갖고 고백되는 것이 아니라면, 단순한 합리화가 될 수 있다. 삭개오는 자기 생각들을 이야기했을 뿐만 아니라, 실제로 그대로 행동했다. 하나님을 향해 적절한 방향성을 가지고 하나님의 나라를 구하는 것은 하나님이 그에게 주신 것들을 이기적인 이익들만을 위해 제한적으로 사용하지 않는다는 것을 의미한다. 우린 섬김 받아야 하고 사랑받아야 하는 공동체의 일부분으로 자신을 간주한다. 이런 모습을 위해서, 하나님은 우리의 진정한 필요들을 채워주시겠다고 약속하신다—물론 지금만이 아니라 다가올 시대 모두에서 우리의 자비에 대해 상급을 줄 것을 약속하신다.

누가복음 12:35-48

35 허리에 띠를 띠고 등불을 켜고 서 있으라
36 너희는 마치 그 주인이 혼인 집에서 돌아와
문을 두드리면 곧 열어 주려고 기다리는 사
람과 같이 되라
37 주인이 와서 깨어 있는 것을 보면 그 종들은
복이 있으리로다 내가 진실로 너희에게 이르
노니 주인이 띠를 띠고 그 종들을 자리에 앉
히고 나아와 수종들리라
38 주인이 혹 이경에나 혹 삼경에 이르러서도
종들이 그같이 하고 있는 것을 보면 그 종들
은 복이 있으리로다
39 너희도 아는 바니 집 주인이 만일 도둑이 어
느 때에 이를 줄 알았더라면 그 집을 뚫지 못
하게 하였으리라
40 그러므로 너희도 준비하고 있으라 생각하지
않은 때에 인자가 오리라 하시니라
41 베드로가 여짜오되 주께서 이 비유를 우리
에게 하심이니이까 모든 사람에게 하심이니
이까
42 주께서 이르시되 지혜 있고 진실한 청지기가
되어 주인에게 그 집 종들을 맡아 때를 따라
양식을 나누어 줄 자가 누구냐
43 주인이 이를 때에 그 종이 그렇게 하는 것을
보면 그 종은 복이 있으리로다
44 내가 참으로 너희에게 이르노니 주인이 그
모든 소유를 그에게 맡기리라
45 만일 그 종이 마음에 생각하기를 주인이 더
디 오리라 하여 남녀 종들을 때리며 먹고 마
시고 취하게 되면
46 생각하지 않은 날 알지 못하는 시각에 그 종
의 주인이 이르러 엄히 때리고 신실하지 아
니한 자의 받는 벌에 처하리니
47 주인의 뜻을 알고도 준비하지 아니하고 그 뜻
대로 행하지 아니한 종은 많이 맞을 것이요
48 알지 못하고 맞을 일을 행한 종은 적게 맞으
리라 무릇 많이 받은 자에게는 많이 요구할
것이요 많이 맡은 자에게는 많이 달라 할 것
이니라

원 의미

하나님을 경외하는 것(참조. 12:4-5)은 섬기기 위해 준비되어 있는 것을 의미하며, 예수는 이제 신실한 섬김으로 관심을 돌리신다. 우리가 하늘에 쌓아놓는 보물은(12:33-34) 바로 이런 섬김을 통해서 온다. 우리는 또한 섬김을 통해 주가 돌아오실 때 그 주님 앞에서 우리 삶에 대해 설명하는 책임성을 감당할 수 있게 된다. 성경에 종말론(미래에 관한 가르침)이 나오는 것은 미래에 관한 세부사항을 알려주기 위해서라기보다는 우리로 하여금 하나님을 날마다 신실하게 섬기도록 준비시키기 위해서이다. 지금 이 단락은 세 부분으로 이루어져 있다: 기본적인 권고와 가장 좋은 모습(35-38절), 도둑이 언제 올 지 아는 것에 관한 장면(39-40절), 그리고 불성실한 종에 대한 비유(41-48절).[1]

제자들인 우리들은 주가 돌아오셔서 우리가 주님과 동행한 것을 평가하실 때 주께 영광을 돌릴 수 있는 모습으로 사는 것을 통해 주의 오심을 준비해야만 한다. 고대 세계에서는 이런 준비를 하라는 명령이 "허리에 허리띠를 띠고"라는 방식으로 표현된다. 이 표현에서 사용된 헬라어 완료 명령형은, 계속 준비된 모습이어야 한다는 점을 함축적으로 보여주며, 일단 준비가 되면 계속해서 그 자리에서 준비된 채로 있어야한다는 것을 보여준다. 구약성경은 이 이미지가 어떤 배경에서 나온 것인지를 제시해준다(출 12:10; 왕상 18:46; 왕하 4:29; 사 59:17).

주님은 이 동일한 명령을 제자들로 하여금 "등불을 켜고 있으라"는 두 번째 방식으로 권면하신다. 즉 그들은 계속해서 주의 깊게 관찰하고 있어야만 한다. 비록 한밤중이라 하더라도 말이다.[2] 이 권면은 앞에 나온 권면과 마찬가지 명령형 형태를 갖고 있다. 그러므로 이 준비도 역시 계속적인 준비를 뜻한다.

세 번째 이미지는 첫 번째 권면을 좀더 완성적으로 보여준다. 제자들은 언제 주인이 결혼 잔치에서 집으로 돌아올 것인지 정확한 시간을 알지 못하는 종들과 같아야만 한다.[3] 그들은 주인이 돌아왔을 때 문을 열 수 있도록 준비되어 있어야만 한다. 오늘날의 이미지로 치자면, 아이 부모가 집으로 돌아와서 다시 집을 관리할 때까지 그 부모를 기다리고 있는 아기 돌보는 자와 비슷하다고 할 수 있을 것이다. 돌아오는 이 주인은 종으로부터 단 한 가지만을 기대한다—신실하게 집을 잘 관리하고 돌보고 있다가, 그 집을 다시금 넘겨줄 준비가 되어 있는 모습을 말이다. 항상 그렇지만, 예수가 사용하시는 이미지들은 비틀림을 갖고 있다. 여기서의 비틀림은 집이 잘 돌봐졌다는 것을 발견하고 확인한 주인이, 종과 입장을 바꾸어 그 종들을 마치 주인을 대하듯 섬겨준다는 것이다. 이것은 주가 그들에게 제시하시는 축복이다. NIV에서는 "이것이 그들에게 좋을 것이다"(37절)라고 되어 있는데, 이는 신실한 종들이 받게 될 축복에 대해 이야기한다. 다른 식으로 말하자면, 설사 한밤중에 주인이 돌아왔다 하더라도, 주인을 기다리고 준비하고 있는 모습을 보여주는 종들

1. 이 비유는 마태복음 24:42-51과 개념상 평행을 이룬다. 이 본문의 다른 많은 부분들은 누가복음에만 나온다. 우리가 이 비유를 개념적으로 평행적이라고 부르는 것은 두 곳의 비유들이 갖고 있는 명확한 배경설정 때문이다.

2. W. Michaelis, "λύχνος," *TDNT*, 4:326.

3. 고대 결혼식에서는 축하행사가 일주일동안 계속 될 수도 있었다. 그래서 돌아오는 것을 항상 예측할 수 있는 것이 아니었다.

에게는 축복이 기다리고 있다. 즉 다른 사람들은 준비가 안 되어 있다 하더라도 준비가 되어 있는 종에겐 축복이 있는 것이다.

그런 뒤 예수는 이런 교훈을 제시하시고자 도둑에 관한 장면을 다시 더 사용하신다. 만약 사람들이 도둑이 언제 집안으로 침투해 들어올지를 알고 있다면, 집안에 있는 사람들은 도둑을 준비하고 막을 방비책을 세울 것이다.[4] 이와 마찬가지로 성도들도 계속해서 준비되어 있어야만 한다. 왜냐하면 인자(즉, 예수)는 성도들이 기대하지 않는 때에 갑자기 오시게 될 것이기 때문이다. 주가 돌아오시는 것이 불확실한 시간에 이루어진다는 점은 우리로 항상 깨어있을 것을 요구한다. 주님 앞에서 자신의 삶에 대해 설명하는 책임을 져야한다는 것은, 신약성경의 핵심적인 주제이다(고전 3:10-15; 4:1-5; 딤전 4:12-16; 벧후 2:1-2, 13). 은혜는 책임성을 버리지 않는다. 도리어 은혜의 목적은 책임성을 도외시하거나 게으르게 사는 것이 아니라 하나님을 신실하고 열정적으로 섬기는 사람들을 만드는 것이다(딛 2:11-14). 하나님은 예수가 돌아오실 때 우리가 주의 은사들을 가지고 무엇을 했는지 살펴보시며, 신실한 사람들을 존귀케 하시고 그렇지 않은 사람들을 책망하실 것이다.

베드로는 예수의 말씀이 방금 전의 내용에서 지금 새롭게 전개된 것을 이해하고서는 주가 열두 제자들과 같은 리더들에게만 말씀하시는 것인지 아니면 다른 모든 사람들에게도 말씀하시는 것인지를 묻는다. 예수는 이 질문에 대해 신실한 종이 어떤 사람인지를 규정해주는 새로운 다른 비유를 통해서 대답하신다. 주님은 주인이 일을 보러 떠나있는 동안 다른 종들에게 음식을 나눠주는 책임을 갖고 있는 종에 대해서 이야기하신다. 주인이 돌아왔을 때, 자신의 일을 잘 감당한 종에게는 축복이 주어진다. 그는 주인의 더 많은 소유물들을 섬기는 자가 될 것이다.

만약 예수가 이 비유를 여기에서 끝내셨다면, 주님은 그저 신실함에 대해서만 예를 드신 것이 될 것이다. 그러나 이 비유는 여기서 끝나지 않고 섬김을 위해 부름 받았던 다른 종들의 반응들에 관한 내용에 관해서도 이야기하기 시작한다. 만약 이 종이 주인이 오랫동안 멀리 떠나갈 것이라고 생각했다면 어떻게 되었을까? 그렇기 때문에 종들을 섬기고 그들에게 적절하게 나눠주는 것 대신에, 그와 정반대로 행동하면서 모든 것들을 이기적으로 사용하는 것은 물론이고 다른 종들을 때리고 물품들을 허비했다면 어떻게 되었을까? 주인이 기대하지 않았던 때 돌아와

4. 재림과 관련해서 도둑이라는 이미지를 사용하는 것이 종종 등장한다(살전 5:2, 4; 벧후 3:10; 계 3:3; 16:15).

서는 그런 종을 어떻게 했을까? 주인은 그 종을 벌주었을 것이다.

이 가능성이 얼마나 진지하고 무거운 것인지를 이해하기 위해서, 우리는 46-48절을 봐야만 하고, 또한 세 가지 형벌들에 대해서도 비교해 봐야만 한다. (1) 주인은 명령된 것과 정반대로 행동하면서 겉으로 드러나는 불순종을 한 종을 쫓아낼 것이고 신실치 못한 자들의 자리에 둘 것이다. 일부 번역들은 신실치 못한 자의 자리에 둔다는 이 구문을 조금 약화시켜서 표현하지만 NIV는 원래의 강조점을 그대로 보전하고 있다. 여기서의 이 장면은 철저한 배척을 보여준다. (2) 주가 무엇을 원하는지를 알면서도 거기에 순종하지 않은 사람들은 중차대한 형벌을 받게 될 것이다. 그는 많이 맞게 될 것이다. 여기서의 이 장면은 징계적인(훈육적인) 심판이다. (3) 그러나 자신이 무엇에 대해 순종해야 하는지를 몰랐기에 순종하지 않은 종에 대해서는 주인은 조금 때릴 것이다. 예수는 여기에서 한 사람이 행한 것과 그가 알고 있는 것에 따라 책임성의 다양한 장면을 제시하신다. 여기서의 이 장면 역시 징계적인(훈육적인) 심판이지만, 좀 덜 심하다. 심판들이 다양하게 나타난다는 점은 주님 앞에서 갖는 책임성이 각기 다르다는 것을 표현한다.

예수는 많은 것을 받은 사람에게는 많은 것을 요구하며, 많은 것을 맡은 사람에게는 많은 것을 요구할 것이라는 말씀으로 마무리하신다. 즉 은혜를 많이 받은 사람들은 마찬가지로 자신들이 새롭게 형성한 관계에 대해 신실하게 책임져야 할 것을 요구받는다. 우리는 하나님의 선물들을 섬김 속에서 책임성 있게 사용해야만 한다. 예수는 41절에 나오는 베드로의 질문에 대해 직접적으로 대답하시지 않는데, 주가 말씀하시는 중요한 원칙은 우리가 행해야 할 섬김의 종류에 대한 것이지 누가 책임져야 할 사람인지를 분류하는 것에 관한 것이 아니기 때문이다. 주가 이런 방식으로 대답하시는 것은 모든 사람들이 예수가 부재하신 동안 다른 사람들을 지체로서 섬기도록 명령받았다는 것을 보여준다. 주의 공동체의 일원이 되는 것은, 그 안에서 책임성을 갖는 것이다. 이것은 특히나 리더십의 자리에 있는 사람들에게는 더더욱 그렇다.

교육이나 커뮤니케이션을 위한 재원들이 이미 충분히 준비되어 있는 서구 교회를 생각해 보자면, 우리 모두는 이미 많은 것들을 받았고 그래서 우리는 많은 것에 대해 책임을 져야만 한다. 본문 말씀에 대한 이런 관찰은 우리가 이 내용을 현재에 어떻게 적용해야 할 것인지를 기대하게 한다.

상황잇기

지금 본문에 주어진 예수의 가르침은 신약성경의 근본적인 두 가지 주제들을 하나로 묶는다: 그 중 하나는 주의 돌아오심에 대한 것이고, 다른 하나는 신실한 청지기 직분에 대한 명령이다. 이 비유가 갖고 있는 내적 역동성은 우리로 하여금 주의 교훈이 갖는 주제를 좀더 구체적이고 특징적인 분야로 제한하게끔 한다. 주가 중심 주제로 삼으시는 신실함은 교회안의 사람들이 믿음 안에서 가족으로 묶여있는 사람들을 어떻게 섬길 것인가라는 문제와 특징적으로 상관되어 있다. 그러므로 지금 선포되는 주의 말씀을 들어야하는 일차적인 청중은 공동체 내에서 특정한 책임들과 사역들을 부여받은 사람들이다.

우리는 이런 사람들로서 교회 안에서 교사로서 가르치는 사람, 목회하는 사람, 선교사역을 섬기는 사람, 복음증거 하는 사람, 젊은이들을 섬기는 사람, 그리고 사역들과 관련된 모든 사람들을 생각해 볼 수 있다.

다른 한편으로, 이를 좀더 확장해서 넓게 적용해본다면, 하나님의 집에서 섬기도록 부름 받은 모든 사람들에게 책임성이 있다고 적용할 수 있다. 왜냐하면 신실함에 대한 말씀들과 공동체를 보존하고 세워나가는 방식으로 서로를 섬기라는 원칙에 관한 말씀들은 모든 제자들이 가져야만 하는 가치들을 반영하고 있기 때문이다. 요약하자면, 이 본문을 적용해야 하는 대상은, 성직자와 평신도들 모두이며, 이 말씀은 우리 모두에게 신실함을 요구한다.

주의 돌아오심이라는 주제 또한 우리들과 상관성을 갖는다. 왜냐하면 우린 아직 주의 오심을 기다리고 있기 때문이다. 우리는 정확하게 언제 주가 오실 것인지를 알 수 없기 때문에, 더욱 주의 깊게 살펴보면서 신실한 모습을 지키고 있어야만 한다. 사실 이것은 시간이 지나갈수록 더욱더 그렇게 해야만 한다. 해가 지나갈수록 주가 오실 전망은 점점 더 가까워지는 것이기 때문이다.

지금 이 본문과 우리의 현실을 연결시켜주는 마지막 주제는 여기에 제시된 책임성이 어떤 본질을 갖고 있는가에 관한 것이다. 우리가 해결해야 하는 가장 어려운 주제는 "쫓겨난" 종에게 어떤 결과가 주어질 것으로 주가 의도하셨는가에 관해서이다. 만약 우리가 이 점을 알아낼 수 있다면, 47-48절에 나오는 다른 두 가지 본보기들의 의미도 좀더 분명해진다. 46절을 해석하는 데는 세 가지 선택이 가능하다. (1) 어떤 사람들은 이 종이 집의 구성원이기 때문에 이 점으로 인해 이 사람이 성도라고 생각할 수 있고, 그러므로 성경이 이미 받은 구원은 결코 박탈당하지 않는다고 가르치듯, 여기 언급된 형벌은 구원의 박탈을 의미할 수 없다고 주장한다.

그렇기 때문에, 이 형벌은 그가 비록 집 안에 남아있기는 하지만 자신의 섬김에 대해 주님으로부터 상급을 받을 수 없을 만큼 신실치 못하고 가치 없다고 평가받게 되는 것을 의미한다고 주장한다. 하지만 이런 해석적 선택은 좀 의심스럽다. 이런 주장은 마치 구원은 믿음으로 받고 상급은 행함으로 받는다는 것처럼 보이기 때문이다. 또한 이런 해석의 선택은 46절의 쫓아냄에 관한 언급을 과소평가하는 문제도 갖고 있다.

(2) 또 다른 해석적 선택은 이 사람이 성도라는 전제를 갖고는 있지만, 그렇다 하더라도 이 형벌은 이 사람을 궁극적으로 거부하는 것을 의미한다고 주장한다. 이런 접근은 성도가 받은 구원이 항상 유지된다는 것을 받아들이지 않으며, 그렇기에 주인의 심판은 그의 불순종을 토대로 해서 이 사람을 공동체로부터 배제시키는 것이라고 주장한다. 이런 입장은 주님 안에서 성도가 갖는 지위는 행함을 통해서가 아니라 성도 안에서 주가 역사하시는 것에 확실성의 토대가 있다는 여러 성경본문들과 배치된다(참조. 롬 8:28-30, 38-39; 빌 1:6). 결국 이 관점은 구원이 궁극적으로 행함에 의한 것이라는 함축을 담고 있다.

(3) 최상의 해석적 선택은 여기 나오는 사람들이 믿음의 가족들과 관련되어 있는 사람들이며 그 안에서 책임도 갖고 있는 사람들이지만, 그들에 대한 묘사는 그들의 영적 상태에 대해서는 아무것도 말하고 있지 않다고 보는 것이다. 그렇기에 이 선택은 쫓겨난 종은 교회와 관련되어 있기는 하지만 믿음을 보여주는 것에서나 주인과의 관계성을 보여주는데 있어서 어떤 긍정적인 태도도 보여주지 않는 종들이라고 보는 입장이다. 이 종은 자신이 갖고 있던 것을 잃지 않는다. 그보다는 자신이 결코 적절한 관계를 시작하지 않았다는 것을 보여줄 뿐이다. 주인을 향한 그의 태도는 믿음과는 결코 동등한 것으로 말할 수 없는 경시와 멸시를 반영한다. 그가 받은 형벌은 궁극적으로 공동체로부터 배제된 것이다("불신자들"이 받는 것과 동일한). 이 방식의 해석은 성도가 하나님 안에서 받은 지위를 상실할 수도 있다는 생각을 기부한다. 이 묘사에 적합한 사람으로는 열두 세사들 중 한사람이었고 주님과 동행했고 주의 가족으로서 책임을 맡고 있었지만 "마귀"였던 가룟 유다를 생각해볼 수 있다(요 6:70-71). 이것과 개념적으로 유사한 또 다른 본문은 고린도전서 3:14-18인데, 이 본문에서는 어떤 이들은 주가 돌아오실 때 축복받지만, 다른 사람들은 "불꽃가운데서 구원받은 것처럼" 구원받으며(참조. 눅 12:47-48), 다른 사람들은 하나님의 성전을 파괴하려고 시도한 것으로 인해 파괴당한다.[5]

현대적 의미

이 본문에 대한 가장 핵심적인 적용은 주를 경외하는 방식으로 살고, 언제이건 오실 수 있는 주의 재림을 준비하면서 사는 것이다. 주가 다시 오시는 일이 실제로 일어날 때, 주님은 우리가 어떻게 주님과 동행해왔는지에 대해서, 특히 믿음의 공동체 안에서 어떻게 살아왔는지에 대해서 평가하실 것이다. 이 본문에서 평가의 가장 기본이 되는 것으로 두드러지게 제시되는 것은, 우리가 어떻게 공동체 안에서 다른 사람들을 섬겼는가에 관한 것이다. 우리는 성도들을 세워주는가 아니면 파괴하는가? 예수는 공동체 안에서 다른 지체들과 어떻게 관계 맺는가에 대해서 최고의 가치를 부여하시는데, 주의 사역은 많은 압력을 받는 이 세상 속에서 공동체의 연합성을 어떻게 유지하느냐가 매우 결정적이고 중요한 요소이기 때문이다. 예수가 십자가를 향하시기 전에 하나 됨을 위해 기도하신 것도 바로 이런 이유 때문이며(요 17장), 에베소서 같은 성경(4:1-16)이 이 점을 그토록 지극히 강조하는 것도 이런 이유 때문이다. 성도들 간의 서로 다른 차이점은 성도와 세상이 갖는 차이점과 비교해보면 아무것도 아니다. 예수는 지금 이 본문에서 신실함을 명령하시는데, 그렇기 때문에 이 신실함은 주인이 멀리 떠나가 있을 동안 다른 사람들을 어떻게 돌볼 것인가에 대한 신실성을 명령하신다.

아마도 매우 많은 공동체들이 단일성을 추구하는 것과 교리적인 진리와 정결성을 유지하려는 관심 사이에서 긴장관계를 갖고 있을 것이고, 이 주제는 매우 예민한 주제일 것이다. 마치 이 비유에 나오는 것처럼 종종 성도들이 서로 치고 받을 때, 그것은 우리가 무엇을 믿는가에 관한 논쟁을 넘어서는 것이다. 우리들 대부분은 주의 재림, 영적 은사들의 지속성, 주권적인 구원을 주시는 은혜, 세례 받는 양식들, 캘빈주의 대 알미니안주의 등의 주제들에 대해 격렬한 의견 불일치가 있다는 것을 알고 있다.

나는 최근에 내가 속한 신학 전통 내의 단일성에 관한 논쟁을 다룬 문헌 하나를 읽었다. 그 내용은 단일성에 도달하기 위한 신학적 노력을 담고 있는 내용이었는데, 이 문헌의 입장은 단일성의 조건으로서 성경에 부합한 모습이 있는가에 관심

5. 고린도전서 3장의 문학적인 배열이 이 점을 이해하는 핵심적인 열쇠이다. 각각의 형벌들은 점차 그 추가 무겁게 내려간다. 불 가운데서 구원받은 사람(15절)은 간신히 구원받은 것이기 때문에, 그 다음 단계는 구원에서 제외되는 사람에 관한 것이어야만 한다(16-17절). 신학적으로는 우린 이런 사람들이 비록 교회와 관련되어 있고 그리스도의 지체인 것처럼 보이지만 사실은 전혀 그렇지 않았다고 이야기할 수 있다. 당신은 이미 갖고 있는 것을 결코 잃어버릴 수 없다. 고린도인들에게 보낸 서신에 나오는 평행적인 내용은 매우 중요한데, 그 내용은 사람들이 떨어질 수 있는 다양한 범주들을 보여주기 때문이다.

을 기울이는 입장이었다. 이 문헌은 일정 면에서 기독교인으로 고백되고 인정된다면, 다른 일정 차원에서 우리 자신의 전통에서 분리된 전통들이라 하더라도 긍정하는 입장을 취했다. 이처럼 다른 전통에 대해 긍정적으로 받아들이기 위해서는 성경을 건전하게 받아들이는 것이 필요한 모습이라고 본다. 물론 이런 기준에 있어서 반드시 기억해야만 하는 것은 우리 신앙전통 역시 성경 해석에 대한 판단들을 내리고 있고 그런 판단들을 포함하고 있다는 점이다. 여기에서 우리는 겸손함이 요구되며 또한 지혜롭게 처신해야만 한다. 내게는 성경적인 가르침이 무엇인지가 매우 분명하게 보이는 부분들이 어쩌면 교회 안의 다른 사람들에게는 분명치 않게 보일 수도 있다. 그들은 또 다른 가르침들을 좀더 핵심적인 것으로 바라보거나 또 다른 교훈들을 매우 날카롭게 볼 수도 있다. 이들 중 어떤 한편에 대해서만 성령의 확실한 인도하심이 있다고 주장한다면, 상호관계는 배제될 수밖에 없다. 그렇기에 이런 경우들에 있어서 핵심적인 확신들과 논쟁거리가 될 만한 것들 그리고 그에 대한 반응들을 구별하는 것은 매우 중요하다.

믿음의 핵심적인 진리들이란 우리가 반드시 확신을 가져야만 하는 내용들이다. 무엇이 이런 진리들인지를 수많은 신학과 해석의 영역들 중에서 규정하기란 힘든 일이다. 그렇지만 만약 내가 핵심적인 주제들을 제시하는 위험을 감행해 본다면, 성경의 권위, 삼위일체, 그리스도의 신성과 인성, 그리스도만의 유일한 사역, 죄로부터 구원받기 위해 필요한 예수에 대한 믿음, 성도의 삶 가운데서 하나님의 대리자로서 우리를 변화시키는 성령의 임재하심, 성도를 향한 은혜의 축복들, 하나님의 공동체로서 교회의 중요성, 예수가 성도들에게 참여하라고 명령하신 제의인 세례와 성찬의 가치, 실제적인 주의 재림, 하나님을 모르는 사람들을 향한 심판과 영원한 형벌, 기도와 예배의 핵심성, 윤리적 성실성의 중요성, 그리고 복음증거에 대한 명령 등을 그런 핵심적인 진리들로 들 수 있을 것이다. 이런 내용들은 우리가 핵심적인 테마들로 갖고 있어야만 하는 내용들이다.

그러나 이런 영역들 각각에 대해서도 서로 논의할 수 있도록 열려져 있는 하위 주제들이 있다. 우리가 서로에게 이야기할 때, 우리는 근본적인 영역들과 논의를 할 수 있는 적절한 영역들을 잘 구별해야만 한다. 물론 분명히 하위 주제들도 핵심적인 가르침과 개념들을 포함한다. 교회는 이런 하위 주제의 내용들에도 주의를 기울여야만 한다. 하지만 그리스도께서 우리에게 갖고 있으라고 명령하신 하나 됨을 이런 하위 차원의 논의가 잘라내 버리게 하는 그런 식이 되어서는 안 된다.

나는 최근 십년 정도의 전통을 갖고 있는 그룹 토의에 참여하고 있는데, 이곳은 긴장과 적대감의 오랜 역사를 갖고 있는 다른 전통의 사람들이 서로의 차이점들에 대해 이야기할 때, 상대방과 그쪽의 교리를 함께 존중하기로 동의하고 토의를 진행하는 토의 그룹이다. 이 경험은 우리 모두를 신선하고 새롭게 만들어주었다. 우리는 무엇이 이슈인지에 대해 좀더 잘 이해하게 되었을 뿐만 아니라, 또한 이런 차이점들에 대해 토론하면서 서로에 대해 좀더 공정하게 대하게 되었다. 우리는 이미 우리가 어떤 판단들을 하고 있는지에 대해 좀더 정직할 수 있게 되었고 또한, 우리가 서로 왜 다른지에 대해서도 좀더 정직할 수 있게 되었다. 물론 서로를 그리스도 안에서 형제와 자매로서 존중하는 것을 잃지 않으면서 말이다.

이 결과는 비록 우리가 여전히 많은 세부적인 내용들에 대해 서로 동의하지 않긴 하지만 우리 모두에 대해 좀더 깊이 이해할 수 있게끔 해주었고 성장을 가져다 주었다. 우리는 파괴적이 되거나 결코 동의할 수 없는 그런 모습들을 피하면서 어떻게 논의를 전개해 나갈 수 있는지에 대해서도 배웠다. 주가 가장 원하시는 것들 중 하나는 주의 제자들이 서로가 진리를 섬기면서 사려 깊게 다른 사람들을 다루는 것이다.

주님은 신실함을 원하신다. 특히 우리의 상호관계의 차원에 대해서 신실함을 원하신다. 예수가 십자가로 가시기 직전에 제자들과 나누셨던 이슈들에 대해서 주목해보라: 그건 서로 사랑하라는 명령(요 13:34-35; 15:9-17), 지위라는 관념을 넘어서는 섬김(눅 22:24-30)에 관한 것이었다.

십자가를 목전에 두고 주가 마지막으로 하신 기도는 한 몸으로서의 하나 됨에 대한 것이었다(요 17장). 물론 하나님 집의 감독이 되고 청지기 직분을 맡는다는 것은 관계성이라는 측면에서만이 아니라 재화들을 다루거나 재화들을 사용함에 있어서 우선순위 등을 잘 판단하는 것을 의미한다.

우리는 주가 재림하시면 책임을 지게 될 것이다. 이 개념은 만약 우리가 신실치 못하기 때문에 두려워해야 하는 무언가를 갖고 있는 경우에만 두려운 일이다. 주의 재림과 더불어 우리의 죄악 된 인간성은 영광의 모습이 되고 정결케 된 존재가 되어 하나님과 더불어 영원히 거하게 될 것이다. 이런 본문들은 우리에게 우리가 살아야하는 모습으로 살 것을 권면한다. 만약 우리가 의롭게 산다면, 우리는 주가 재림하실 때 아무것도 두려워할 필요가 없을 것이다.

이 본문 안의 내용들이 모두 심판에 대해서만 경고하는 것은 아니다. 성경 안에서 주인이 식탁에서 신실한 종을 섬길 것이라는 것보다 더 놀라운 약속이 있겠는가? 그러므로 주의 재림의 핵심은 하나님과의 관계가 우리를 어디로 이끌고 가는

지를 기억케 하는 것이다. 즉 우리를 좀더 주를 닮게 만드는 것이다. 언제 그리고 어떻게 주가 오실 것인지에 관해 생각함에 있어서, 우리는 아마도 주가 오실 때 우린 어떤 모습이 되어 있을 것인지에 대해 좀더 많은 관심을 기울여야만 한다.

그러므로 우리는 비록 정확하게 언제 주가 다시 돌아 오실지는 모르지만, 주의 재림을 기대하면서 주를 섬기고 기다린다. 이런 불확실성은 그 자체로 경고를 담고 있다. 성경은 우리들에게 계속해서 관찰하고 준비하고 있으라고 이야기하면서, 이런 예수의 재림을 밤에 오는 도적과 비교한다.

우리는 정확하게 언제 주가 오실지 모르며, 또한 예수의 재림 시기를 이야기하는 모든 사람들을 의심해야 한다. 대신에 우리는 주가 떠나 계신 모든 시간동안 신실한 모습으로 있는 것에 대해 집중해야만 하며, 주인이 나타나실 그때를 간절히 고대해야만 한다.

누가복음 12:49-13:9

49 내가 불을 땅에 던지러 왔노니 이 불이 이미
붙었으면 내가 무엇을 원하리요
50 나는 받을 세례가 있으니 그것이 이루어지기
까지 나의 답답함이 어떠하겠느냐
51 내가 세상에 화평을 주려고 온 줄로 아느냐
내가 너희에게 이르노니 아니라 도리어 분쟁
하게 하려 함이로라
52 이 후부터 한 집에 다섯 사람이 있어 분쟁하
되 셋이 둘과, 둘이 셋과 하리니
53 아버지가 아들과, 아들이 아버지와, 어머니가
딸과, 딸이 어머니와, 시어머니가 며느리와,
며느리가 시어머니와 분쟁하리라 하시니라
54 또 무리에게 이르시되 너희가 구름이 서쪽에
서 이는 것을 보면 곧 말하기를 소나기가 오
리라 하나니 과연 그러하고
55 남풍이 부는 것을 보면 말하기를 심히 더우
리라 하나니 과연 그러하니라
56 외식하는 자여 너희가 천지의 기상은 분간할
줄 알면서 어찌 이 시대는 분간하지 못하느냐
57 또 어찌하여 옳은 것을 스스로 판단하지 아
니하느냐
58 네가 너를 고발하는 자와 함께 법관에게 갈
때에 길에서 화해하기를 힘쓰라 그가 너를
재판장에게 끌어 가고 재판장이 너를 옥졸에
게 넘겨 주어 옥졸이 옥에 가둘까 염려하라
59 네게 이르노니 한 푼이라도 남김이 없이 갚
지 아니하고서는 결코 거기서 나오지 못하리
라 하시니라

13:1 그때 마침 두어 사람이 와서 빌라도가 어떤
갈릴리 사람들의 피를 그들의 제물에 섞은
일로 예수께 아뢰니
2 대답하여 이르시되 너희는 이 갈릴리 사람들
이 이같이 해 받으므로 다른 모든 갈릴리 사
람보다 죄가 더 있는 줄 아느냐
3 너희에게 이르노니 아니라 너희도 만일 회개
하지 아니하면 다 이와 같이 망하리라
4 또 실로암에서 망대가 무너져 치어 죽은 열
여덟 사람이 예루살렘에 거한 다른 모든 사
람보다 죄가 더 있는 줄 아느냐
5 너희에게 이르노니 아니라 너희도 만일 회개
하지 아니하면 다 이와 같이 망하리라
6 이에 비유로 말씀하시되 한 사람이 포도원에
무화과나무를 심은 것이 있더니 와서 그 열
매를 구하였으나 얻지 못한지라
7 포도원지기에게 이르되 내가 삼 년을 와서
이 무화과나무에서 열매를 구하되 얻지 못하
니 찍어버리라 어찌 땅만 버리게 하겠느냐
8 대답하여 이르되 주인이여 금년에도 그대로
두소서 내가 두루 파고 거름을 주리니
9 이 후에 만일 열매가 열면 좋거니와 그렇지
않으면 찍어버리소서 하였다 하시니라

원 의미

예수는 누가복음 12:49-14:24 부분에서 청중들을 향해 시간의 본질에 대해 주목할 것을 말씀하신다—하나님이 사람들을 구분하시는 때, 사람들이 하나님이 예수를 통해서 무엇을 행하시는지를 볼 수 있어야만 하는 때, 이스라엘이 민족적으로 하나님의 사자를 배척하는 죄를 짓게 되기 전에 그 사자에게 응답하는 것이 더 낳은 때에 관해서. 이 세대가 흔들리는 터전 위에 서 있다는 점은 13:6-9, 31-35에 나오고, 또한 여기만이 아니라 누가복음 후반부인 19:41-44에 나오는 경고를 통해 분명하게 제시된다. 하나님 나라는 점차 다가오고 있고, 하나님 나라로 들어가는 방법으로는 좁은 문만이 열려져 있다. 그리고 예수께 응답하지 않는다는 것은 이스라엘이 그들을 파멸시킬 심판에 직면하게 될 것을 의미한다. 하나님의 백성은 또한 그들 주변의 다른 사람들을 섬기는 태도를 계속해서 성장시켜야만 하는데, 특별히 자기 자신을 책임질 수 없는 사람들을 도와야만 한다. 예수는 이 항목 이후로는 거의 대부분의 관심을 주의 제자들에게만 거의 배타적으로 집중하시는 것으로 전환하신다. 이스라엘은 주가 지금 여기서 명령하시는 경고를 놓쳐버리게 될 것이기 때문이다.

누가복음 12:49-59 단락은 세 가지 하위 단락들로 구성되어 있다: 분쟁의 이유(49-53절), 시대의 징표를 생각하라는 명령(54-56절), 그리고 자신이 결제해야 할 문제를 해결하라는 명령(57-59절).[1] 하위 단락들의 이런 배열순서는 중요하다. 예수의 사역은 선택을 요구하며, 가족들을 분쟁하게 한다. 예수에 대해 어떤 선택들을 할 것인지를 생각함에 있어서, 하나님이 실제로 예수를 보내셨다는 것을 보여주는 증거들에 대해서, 마치 우리는 하늘을 바라보면서 날씨가 어떨지를 생각하듯이, 반드시 검토해야만 한다. 그리고 만약 누군가가 하나님께 빚지게 되었다면 그 빚들을 계산하고 청산해야만 할 것이다. 그래서 예수를 향한 이 선택은 매우 중요하다. 예수는 이스라엘 나라를 향해 회개하라는 마지막 호소를 시작하고 계신다. 13:31-35에서, 주님은 만약 그들이 회개하는 것에 응답하지 않을 경우 어떤 일들이 일어날 것인지에 대해서 경고하신다. 누가복음의 모든 내용들처럼, 이 이슈는 하나님께 응답하는 것에 관한 것이고 또한 하나님이 보내신 인자에게 응답하는 것

1. 이 본문과 평행을 이루는 본문들 역시 이 장의 많은 본문들과 마찬가지로 개념적인 평행을 이룬다. 누가복음 12:49-53은 마태복음 10:34-36과 마가복음 10:38과 비슷하다. 누가복음 12:54-56은 마태복음 16:2-3과 묶여있다. 누가복음 12:57-59은 마태복음 5:25-26과 묶여있다. 그러나 이런 본문들 사이의 배경이나 어휘적인 차이점들은 이들이 동일한 사건에 대해 평행을 이루고 있는 것은 아님을 뜻한다.

에 관한 것이다.

예수는 주가 "이 땅에 불을 던지러" 왔으며 이미 그 불이 붙었기를 바라신다고 말씀하면서 시작하신다. 예수가 지금 사용하시는 "내가 왔노라" 구문들은 주의 사역을 요약하기 위해 사용된다. 불이라는 이미지는 심판(3:9)이나 성령(3:16)을 지칭한다. 구약성경에서의 불이라는 이미지는 백성들을 정결케 하는 선지자들의 메시지를 묘사한다(렘 5:14; 23:29). 예수의 메시지는 주의 사역이 심판하시는 것과 정결케 하시는 것이 대표적인 사역임을 드러낸다: 사람들이 어디에 서 있는지를 드러내주시고, 또한 치유 받는 기회에 자기 자신을 내어드리기로 결단하는 사람들에게 길을 제공하시기 위하여(5:31-32). 그러나 주님은 그런 심판과 권세를 행사하실 수 있기 전에 주님만의 세례를 받으셔야만 하며 그렇게 하시기까지는 주가 하실 수 있는 일을 제한하신다. "세례"는 죽음을 향해 주가 나아가시는 것을 지칭한다. 뒷부분에 나오는 내용들이 분명하게 보여주는 것처럼, 예수는 정결케 하시는 위대한 일을 행하실 것인데(십자가에서), 거기에서 주님은 인간의 죄를 자신에게 규정하시는 것을 통해 그리고 사람들이 받아야 할 하나님의 심판을 주가 경험하시는 것을 통해, 구원과 정죄 두 가지 모두를 위한 토대를 제공하실 것이다. 주님은 친히 당하시는 심판을 통해서, 다른 사람들로 하여금 풀려나는 기회를 갖게 하신다.[2]

예수는 주님 자신이 사람들에게 선택의 기로에 놓이게 한다는 것을 알고 계시며, 그렇기에 자신이 화평이 아니라 "분쟁"을 가져오신다는 것도 아신다. 주가 당하게 되실 배척은 그저 주의 존재로 인해 생겨나는 긴장이 가져오는 일부분에 불과할 뿐이다. 가족들은 주님 편에 서는 사람들과 주를 반대하는 사람들로 나뉠 것이다. 여기에는 모든 조합 가능한 경우들이 언급되었다: 아버지와 아들, 어머니와 딸, 시어머니와 며느리 등. 이 신택은 실제적인 것이고 사람들은 각기 다른 길을 가게 될 것이다. 그 누구도 예수에 대한 견해 차이가 선택을 강요하게 될 것이라는 것에 대해 놀라서는 안 된다.

그러나 이런 결단에는 길잡이가 있다. 예수는 무리를 향해 날씨를 분간하는 방법에 대해 생각해보라고 말씀하신다. 그들은 팔레스타인에 살고 있었기 때문에, 바람과 구름을 살피면서 날씨를 예측할 수 있었다. 만약 구름이 서쪽과 지중해에

---

2. A. Oepke, "βάπτω," *TDNT,* 1:535-36; 욥 9:28; 32:35; 시 18:4; 욘 2:3-6. 이 본문들은 물이 심판과 관련되어 있음을 보여준다.

서부터 온다면, 그들은 이제 곧 비가 올 것임을 알 수 있다. 만약 바람이 남서쪽 사막에서부터 온다면(NIV, "남쪽"), 그들은 이제 곧 무덥게 될 것임을 알 수 있다—너무 뜨겁기 때문에 풀들이 시들어버리는(약 1:11; 참조. 사 49:10). 그들은 그저 주변을 둘러보는 것을 통해서, 날씨를 읽을 수 있고 예상할 수 있다. 그러나 그들은 지금 예수 주변에서 일어나고 있는 사건들의 본질을 전혀 파악하지 못하고 있다. 그들은 주의 기적적인 역사하심에 대해서나 주의 구원의 메시지에 대해서, 전혀 적절하게 판단하지 못하고 있다. 주의 말씀과 역사하심을 무시하고 있다. 예수는 그들을 "위선자"라고 부르시면서, 그들에게 충격을 주어 주님에 관해 생각하게끔 하고자 하시는데, 이는 마치 이렇게 말씀하시는 것 같다: "너희는 도대체 어떻게 너희 주변에서 일어나고 있는 내 사역에 대해서 놓칠 수 있단 말이냐?" 그들의 빈곤한 판단이 그들을 위험에 몰아넣는 것이다.

그러므로 예수는 사람들에게 자신들의 상황이 어떠한지를 적절하게 판단하기 위해 "무엇이 옳은지" 생각하라고 명령하신다(57-59절). 주가 사용하시는 예는 일상적인 삶에서 나온 것이고, 법적인 분쟁에서 나온 것인데, 그 내용은 다른 사람에게 빚을 갚아야하는 채무라는 주제와 관련한 것이다. 여기 나오는 재판관은 채무자를 투옥할 책임을 갖고 있는 행정관과도 같다.[3] 당신이 재판관에게 갈 때, 재판이 진행되게 하는 것보다 차라리 빚을 청산하고 협상을 하는 것이 더 낫다. 법정은 당신에게 죄가 있다고 판단할 것이고, 그런 뒤 모든 빚을 다 갚을 때까지 당신을 투옥할 것이기 때문이다. 이 예는 종종 개인적인 관계성을 언급하는 것으로 취급되곤 하는데, 마태복음 5:25-26이 이 이미지를 그런 방식으로 사용하기 때문이다. 그러나 누가복음의 정황 속에서는 주가 경고라는 정황 속에서 말씀하고 계시고, 그렇기에 이 말씀은 하나님 앞에서의 빚에 관해 언급하신 것으로 보는 것이 더 적절하다. 예수는 우리에게 하나님께 진 빚을 청산하라고 혹은 아직 남아있는 예견되는 심판을 청산하라고 독촉하고 계신다. 단 한 푼도 남김없이 빚을 다 갚게 될 때까지는 결코 석방은 없을 것이다. 이 비유가 갖는 당시의 이미지와 배경은 매우 고통스러운 것이다. 왜냐하면 재소자 자신이 빚을 갚을 수 없을 경우 다른 사람한테라도 빚을 갚아 달라고 하소연하게끔 만들려고 감옥 안에서 매를 맞기 때문이다.[4] 하지만 여기서 제시된 비유의 핵심적인 개념은 지옥에서 벗어날 수 있다는 그

3. K. Rengstorf, "ὑπερέτης," *TDNT*, 8:539; C. Mauer, "πράκτωρ," *TDNT*, 6:642.
4. S. Safrai and M. Stern, *The Jewish People in the First Century*(Philadelphia. Fortress, 1974), 1:554-55에서는 개인적인 규정과 불법행위에 대해 논의한다.

런 측면이 아니라 자신이 범한 모든 죄에 대해 책임을 져야할 것이라는 점에 있다.

누가복음에만 나오는 이 본문에서, 저자는 이스라엘 나라와 그 나라 백성들에게로 관심을 돌린다(13:1-9). 여기에서 이스라엘 나라는 열매 없는 나무라는 이미지로 제시된다(6-9절). 이 암시는 모든 유대인들이 예수를 배척했다는 그런 의미는 아니다. 왜냐하면 많은 사람들이 주께 반응했기 때문이다. 하지만 그렇다고 해서 이스라엘 나라 대다수가 그렇게 주께 응답했던 것은 아니었고, 특히나 이스라엘의 종교 지도자들은 주를 배척했고 그 결과 그들은 나라를 하나님의 심판에 처하게끔 이끌고 있다(19:41-44; 20:9-19). 이 본문들은 또한 예수가 하나님으로부터 보냄 받으셨다는 것을 받아들이기로 결단하는 것이 얼마나 중요한지를 보여준다.

첫 번째 부분(1-5절)은 심판이라는 이슈에 대한 내용인데, 특히 비극적인 참사와 연결되어 있다. 예수는 만약 그들이 회개하지 않는다면, 모든 사람들에게 심판이 임할 것이라고 선언하신다. 두 번째 부분은 비유를 포함하고 있는데(6-9절), 이 부분은 이스라엘을 향해 그들이 심판에 직면하기 전에 회개할 수 있는 시간이 그리 많지 않다는 점을 이야기한다.

사람들은 1-5절에 나오는 두 가지 비극적인 참사들에 대해 이야기하면서, 얼마나 악한 죄를 저지르느냐에 따라, 그 사람이 일련의 참사들의 희생자가 되는지 아니면 국가적인 재난의 희생자가 되는지,[5] 특별한 심판을 받게 되는 것인지에 관해 질문한다. 당시 벌어졌던 사건, 즉 빌라도가 성전에서 갈릴리 사람들을 학살하고 그 피를 유대인들의 희생 제물에 섞은 사건은 하나님이 그렇게 죽임 당한 사람들에게 특별한 심판을 행하고 계신 것인지에 대해 질문을 일으켰다. 반면, 실로암 망대가 무너져서 18명이 죽은 것은 자연 재해였다—그냥 일어나곤 하는 그런 사건들 중 하나였다. 그러나 이 사건에 대해서도 질문이 제기된다. "하나님이 그들의 지나친 죄악들에 대해 심판하신 것인가요?"[6] 이 두 가지 참사들에 대해서 동일한 질문이 제기된다: 하나님은 그들이 받아 마땅한 대가를 지불하게 하신 것인가?

예수는 질문 내용을 뒤집으시는 것을 통해서 대답하신다. 이런 비극적인 참사가 생겨나는 이유는 우리가 죽음을 피할 수 없는 필멸(mortality)의 존재라는 점을

---

5. 여기 언급된 두 가지 사건들은, 여기 이외의 다른 곳에서는 알려지지 않은 사건들이다. 요세푸스에서 몇몇 사건들을 찾아내서 이 사건의 후보 사건들로 제시하는 경우들도 있긴 하지만 정확하게 잘 들어맞는 사건들은 아무것도 없다. Fitzmyer, *Luke, X-XXIV*, 1006-7.

6. 4절에서 "죄인"에 해당하는 용어는 흥미로운 단어인데, 이 단어는 다른 사람들보다 좀더 많이 빚진 자를 묘사하기 때문이다. 주가 가르쳐주신 기도에서도 보여주듯이, 죄를 빚으로 비교하는 것은 흔한 일이다. F. Hauck, "ὀφείλω," *TDNT*, 5:561-63.

드러내기 위해서이다. 죽음은 타락한 세상 속에 존재하며, 더 생명을 연장하며 살 수도 있었는데 갑자기 죽음이 기대하지 못했던 모습으로 찾아와서 생명을 단축시킬 때, 우리의 필멸성(죽음을 피할 수 없는 모습)은 가장 적나라하게 그 운명적인 모습을 드러낸다. 예수는 지금 깊이 묵상해야하는 문제는 이런 구체적인 몇몇 사람들의 생명이 단축되었다는 것에 대해서가 아니라, 생명이 끝나버렸다는 점에 대해서라고 말씀하신다. 이제 그렇다면 그 이후에는 무엇이 오게 되는가라는 좀더 근본적인 질문을 제기하게 한다. 우리는 어떻게 이 끝이 궁극적인 끝이 되지 않게끔 하는가? 예수는 필멸성에 관한 문제를 가져다가, 성경에서 이후에 "두 번째 죽음"(계 20:11-15)이라고 부르는 영원한 형벌에 관한 질문으로 만드신다. 그러므로 주님은 사람들에게 회개할 것을 촉구하시는데, 회개가 없다면 모든 사람들은 망하게 될 것이다—그저 단순히 죽음을 피할 수 없기에 죽어야만 하는 그런 것 이상의 죽음을 당하게 될 것이다. 주의 요점은 죽음과 더불어 죄를 다루게 되는 하나님과의 결정적인 만남이 오게 된다는 점이다. 한 사람이 작은 죄인이건 큰 죄인이건 간에, 이제 다가오는 그런 만남에서 살아남는 유일한 길은 이제 회개뿐이다.

어떤 사람들은 예수가 지금 정말로 최종적이고 궁극적인 심판과 죽음에 대해서 암시하고 있는 것인지에 대해 질문할 수도 있을 것이다. 우리는 네 가지 점에서 주가 그렇게 말씀하고 있는 것이라고 생각해볼 수 있다. (1) 바로 직전 앞에 나온 문단(12:57-59)은 하나님과의 부채를 청산하는 것에 관한 이슈에 관해 제기했었는데, 이는 죄 사함을 위한 회개를 바라보는 것이다. (2) 바로 직후 다음에 나오는 문단(13:6-9)은 이스라엘 나라에 대한 심판을 바라보는 것이며, 또한 하나님의 축복에 접근하는 것이 근본적으로 상실되는 것을 암시한다. (3) 만약 예수가 회개하지 않은 것에 대해 단순히 육체적 죽음을 맞게 될 것이라고만 말씀하시는 것이라면, 주님은 이 비극적 사건들에 대해서 긍정적으로 말씀하시는 것이며, 더불어 청중들을 향해 육체적 죽음이 그들 미래에 만나야 할 무언가 별로 중요하지 않은 것이라고 말씀하시는 것이다. (4) 예수가 말씀하시는 것을 육체적 죽음이라고 보는 것은 심각하게 잘못된 생각인데, 여하튼 모든 사람들이 다 육체적으로는 죽음을 맞이할 것이기 때문이다. 그러므로 예수의 요점은 이 비극에 대한 질문에 에둘러 대답하시는 것이라기보다는 청중들로 하여금 좀더 깊은 이슈에 대해 생각하도록 도전하는 것으로 보인다.

예수는 죄의 단계에 관한 질문에서 비껴나가신다. 그런 식으로 접근하는 것은 형태가 무엇이 되었건 간에 죄는 죄라는 진정한 문제에서 벗어나는 것이기 때문이다. 종종 우리는 죄인들과 우리 자신을 비교하면서 우리가 다른 사람들보다는 악하지 않다고 변명하곤 한다. 여기에서 예수는 그런 식으로 책임에서 벗어나고자 하는 것을 원치 않으신다. 그러므로 주님은 주의 생각들을 가장 눈에 확 띄는 질문에만 초점을 맞추신다. 바로 이것이 주가 이 본문에서 크고 작은 죄의 단계에 관해서 특정적으로는 아무것도 말씀하시지 않는 이유이다.

회개하라는 명령은 누가복음의 근본적인 주제이다(3:8; 5:31-32; 15:1-32; 18:9-14; 24:47). 예수는 하나님이 보내신 메신저의 선포를 듣고 응답하여 지향점을 전환하는 것에서부터 방향전환이 온다는 점을 염두에 두고 회개하라는 명령을 하신다. 한사람이 회개하기 전에는 그는 하나님과 올바르게 관련되어 있는 것이 아니다. 회개와 더불어 한사람의 삶의 지향점이 하나님을 향한 믿음을 향하게 되고, 그렇기 때문에 진정 삶의 방향의 전환을 가져오는 마음의 변화가 오게 된다. 구약성경에서의 회개라는 개념이 "돌아서는 것"을 묘사하는 용어를 사용하는 것도 바로 이런 이유 때문이다.

누가복음의 이 항목은 개인적인 훈계(1-5절)와 국가적인 경고(6-9절)를 번갈아 담고 있다. 이 두 가지는 서로 관련되어 있는데, 개인의 응답이 이 세대 속에서 국가가 하는 응답을 결정할 것이기 때문이다(예를 들어, 11:29-32, 50-51). 그렇기 때문에, 마지막에 나오는 비유는 이스라엘을 지칭하는 표준적인 상징—포도원이나 혹은 정원 등—을 조금 변화시킨 상징적인 모습을 사용하면서 이스라엘 나라에 관해 논의한다(참조. 시 80:9-19; 사 5:1-7). 예수는 지금 특별히 미가서 7:1을 암시하시며 말씀하시는 것일 수도 있는데, 그 부분은 하나님이 정원에서 포도와 무화과를 찾으시지만 아무것도 찾으실 수 없다는 내용을 기록하고 있다. 무화과나무는 제삼 년까지는 열매를 맺었어야만 했지만, 그렇지 못했다. 주인은 나무에게 열매를 맺을 수 있는 충분한 기회를 주었고 풍성한 열매를 맺을 수 있게끔 충분히 돌봐주었다.[7] 그러므로 열매를 맺지 못한다는 것은 실망스러운 일이면서 동시에 값비싼 비용만 지출되는 일이기도 하다. 그렇기 때문에 이 주인은 무화과나무를 잘라내버리라고 명령하지만 정원을 돌보는 사람이 주인에게 조금만 더 시간을 주고 유예해 달라고 부탁한다. 만약 1년이 더 지난 뒤에도 무화과나무가 열매를 맺지 못한다면, 그땐 잘라내도 좋다고 말이다.

이 비유는 아무런 열매를 맺지 못하는 이스라엘 나라의 상황을 묘사한다. 왜냐

7. G. Stählin, "εκκόπτω," *TDNT*, 3:859.

하면 누가가 9-12장에서 분명하게 이유들을 제시하기 때문이고, 이스라엘 나라가 회개할 수 있는 시간이 제한되어 있다는 것을 보여주기 때문이다. 이 비유는 또한 하나님의 인내도 묘사한다. 하나님은 심판을 실행하시기 전에 짧은 시간을 주신다. 그러나 이런 짧음은 주를 향한 결단이 너무 늦기 전에 신속하게 이루어져야 할 중요성을 강조한다. 이스라엘 나라는 응답하는데 전반적으로 실패했다. 달리 말하자면, 이스라엘 중 일부 사람들은 응답하고 있지만, 대부분은 그렇지 않다. 누가는 비록 로마에도 일정 부분 책임이 있음을 간과하지는 않지만(행 4:24-27), 그러나 유대 지도자들에게 대부분의 책임이 있다고 보는 듯하다.

이스라엘에 대한 심판은 주후 70년경에 왔지만(눅 21:5-7), 사도 바울이 로마서 11:12, 14, 26-27에서 알려주듯이, 이 심판은 영원한 심판이 되지는 않을 것이다. 하나님은 은혜로우신 분이시고, 잘려진 이스라엘이라는 원가지를 다시금 나무에 붙여주실 것이기 때문이다.

상황잇기

이 본문에는 기본적인 영적 주제들이 제시되어 있다: 예수가 가족들 속에서조차 불러일으키시는 분쟁들, 예수가 하나님이 선택하신 자임을 보여주고자 하나님이 주시는 증거들을 보라는 명령 그리고 하나님을 향한 영적 부채가 갚아졌다는 것을 확신하라는 명령. 우리는 예수가 제공하시는 기회, 즉 하나님의 가족이 되고 죄 사함을 받을 수 있는 기회를 잡아야만 한다.

예수를 믿기로 하는 결단은 오늘날에도 여전히 가족들을 분쟁하게 할 수 있다. 특별히 오늘날에는 유대인들이 예수께 오는 것은 민감한 일이다. 메시아닉(messianic) 유대인(즉, 예수를 믿는 유대인들) 사역들에 의하자면, 많은 어린이들이 가족들로부터 추방되고 있으며, 그들이 더 이상 존재하지 않는 것처럼 취급되고 있다. 이슬람이나 혹은 다른 아시아의 신앙들로부터 개종을 하게 되면, 이와 비슷한 고립과 직면하게 된다. 그래서 예수의 사역은 여전히 인류 안에서 구별들을 만들어낸다. 그러나 지금은 예수 당시보다 좀더 폭넓은 정황들 속에서 그렇다. 이런 일들이 일어날 때, 교회는 예수를 믿었다는 이유로 "가족들을 잃어버린" 사람들을 불러 모을 필요가 있다. 하나님은 우리에게 그들의 새로운 형제들과 자매들이 되어 주라고 명령하신다(참조. 18:29-30).

시대의 징조를 읽는 것(12:54-56)은 예수 당시와 오늘날은 다른 형태를 취할 것이다. 우리는 주의 기적적인 사역을 직접적으로는 누리지 못한다. 그러므로 하나님이 주를 통해 역사하신다는 증거는 크게 보면 성경의 증거 속에, 변화된 삶의 증거 속에, 그리고 교회의 사역 속에 들어있다. 20세기 동안 계속 자라온 교회의 존재 바로 그 자체가 하나님의 역사하심에 대한 증거이다. 예수는 이 지구의 모든 구석 구석에서 지금도 역사하시는데, 이런 곳들은 때로는 원래의 새로운 공동체가 세워졌던 곳에서 엄청나게 먼 곳들이기도 하다.

그러나 지금 교회가 자리 잡고 있는 방식은 그 당시와는 사뭇 다르다. 우리 모두는 누군가가 지불해야만 하는 그런 죄의 빚을 하나님 앞에서 지고 있는 존재들이다(롬 3:9-31). 예수가 십자가에서 주의 희생을 통해 우리를 위해 그 빚을 감당하시거나, 아니면 우리 힘으로는 도무지 다 갚을 수 없는 그런 빚을 하나님 앞에서 단 한 푼도 남기지 않을 때까지 우리가 갚아나가야만 한다. 예수가 회개가 필요하다고 13:1-9에서 그토록 강력하게 경고하시는 것은 바로 이런 이유 때문이다.

13:1-5의 주제는 필멸성(반드시 죽어야만 하는 운명)과 유죄성(모두가 죄를 갖고 있다는 것)에 관한 일반적인 내용을 담고 있다. 우리 모두는 다 죄인들이기 때문에, 죄 사함을 받기 위해 하나님께로 돌아서야만 한다(롬 3:20-26). 진정 우리를 영원히 죽여 버리는 것은 이 생에서의 죽음이 아니라 죄가 낳는 "두 번째 죽음"이다. 그러므로 예수가 회개하라고 명령하신 것은 시대를 초월한 명령이다. 이 명령이 이스라엘처럼 언약 국가를 향해 주어진 것이건 하나님과 더불어 은혜와 죄 사함의 관계를 시작할 필요가 있는 개인들에 대한 명령이건 간에 말이다.

이 본문의 또 다른 중요한 개념은 우린 항상 왜 어떤 비극적이고 뒤틀린 운명이 일어나는지 그 이유를 알 수 없다는 것이다. 한 개인의 비극이 그 사람의 삶 속에 있는 죄 때문에 생겨난다고 믿는 것은 잔혹한 일이다(요 9장도 보라).

13:6-9은 특정한 정황을 갖고 있다. 이 본문은 이스라엘을 무화과나무로 언급한다. 심판과 결정할 시간이 짧다는 개념은 상호작용을 하면서 이 내용을 이스라엘의 상황과 관련지어준다. 하지만 가만히 생각해보면, 회개하지 않는 사람에게 심판이 주어진다는 것은 개개인에게 개별적으로도 적용할 수 있다. 그것이 1-5절의 요점이기 때문이다.

우리는 하나님 앞에서 우리가 어떤 상태인지를 삶 속에서 무관심하게 옆으로 밀쳐놓지 않도록 조심해야만 한다(참조. 롬 1:18-32).

마지막으로 이 비유는 어떻게 하는 것이 우리 삶 속에서 열매 없음으로 하나님을 기쁘지 않게 하는 것이냐는 질문을 생겨나게 한다. 물론 여기에 보이는 심판은 이스라엘에게만 독특하게 적용되는 것이다. 그러나 하나님이 주신 재화들을 무시하거나 낭비하는 모든 사람들에 대해 하나님이 기뻐하지 않으신다는 사실은 우리 모두에게 풍성한 열매를 맺으라고 권고한다. 하나님의 은혜를 아는 사람들과 그 안에 든든히 서 있는 사람들은 감사함으로 풍성한 열매를 맺는 응답을 해야만 한다(엡 2:8-10; 딛 2:11-14). 우리는 주의 은혜가 필요하다는 것을 깨닫는 마음으로 주께 나아왔으며, 지금은 주의 긍휼을 경험하고 있기에 우리의 스토리는 이 열매 없는 무화과나무와는 달라야만 한다(롬 12:1-2).

현대적 의미

예수에 대한 오늘날의 초상화는 왜곡되어 있다. 우리 문화는 주를 대립이나 심판에 관한 이야기에는 간여하지 않는 분인 양 잘못 간주하는 경향이 있다.[8] 주님은 궁극적인 피스 메이커(peace-maker)로 오셨으며, 모든 대가를 지불하시고서라도 평화를 추구하셨다. 주님은 사랑과 관용에 대해 그 누구보다도 역설하셨다. 지혜의 교사로서 그리고 비유로 말씀하는 분으로서, 예수가 사람들에게 요구한 선택은 어려운 선택이 아니었다. 혹시 강제적이거나 강력하게 말씀하시고 어려운 선택을 요구하신 경우들이 있다면, 그건 주님의 인격됨 때문이 아니라, 오직 이스라엘이 윤리적으로 새롭게 탈바꿈해야 할 필요성 때문이었다.

스캇 맥나이트(Scott McKnight)는 '지저스 세미나'(Jesus Seminar)가 그들 나름대로 예수를 바라보는 관점에 대해 비평하면서, 현대 연구들이 제공하는 예수에 대한 부적절한 초상들을 지적한다: 현자 예수, 종교적 천재 예수, 혹은 사회 혁명가 예수. 이들은 모두 우리를 하나님 앞으로 데리고 가시는 분에 대해 부적절하게 제시하는 초상들이다. 맥나이트는 자신의 견해를 잘 요약해서 표명한다.

> 내가 존경하고 많은 것을 배워왔던 학자 분들에 대해서 전면적으로 비평하는 것이 어쩌면 부적절한 일이긴 하겠지만, 나는 꼭 이 점은 반드시 말해야만 하겠다. 위의 각각의 설명들은 복음의 증거를 한 움큼의 말들이나 사건들로만 제한하는 것이다. 예수의

8. 예를 들어서, '지저스 세미나'(Jesus Seminar)는 복음서들에 나오는 예수의 말씀들 중 어떤 부분들은 주의 실제적인 가르침에 뿌리를 두고 있지 않다고 믿는데, 그들이 보는 관점에 의하자면 예수는 심판을 가르치지 않으셨기 때문이다. 그들은 이런 모습들을 초대교회가 예수의 초상에 나중에 첨가한 부분이라고 주장한다. 이런 경우는 예수를 좀더 입맛에 맞는 이미지로 창조하는 그런 예이다. R. Funk and R. Hoover, *The Five Gospels: What Did Jesus Really Say?*(New York:Macmillan, 1993), 332-35를 보라. 이 세미나의 주장에 대한 비평들에 관해서는 M. Winlkins and J. P. Moreland, ed, *Jesus Under Fire. Modern Scholarship Reinverts the Historical Jesus*(Grand Rapids: Zondervan, 1995)를 보라.

모습을 복음전승의 한 지류만을 가지고 그려내면서 그것이 예수의 전체 모습인양 그렇게 예수를 다루는 것은 공평하지 않다. 그렇다. 예수는 지혜로운 현자이며 깊은 종교적 인물이고 주의 가르침은 많은 복음주의자들이 생각하는 것보다 의심할 여지없이 훨씬 더 사회적으로 혁명적이다. 이들 각각의 초상들은 예수에 관한 무언가 진실들을 담고 있고 그런 점들에 대해 이야기한다. 하지만 최소치로 잡는다 하더라도, 예수에 대해 좀더 온전한 초상의 제시를 위해서는 이런 설명들을 종합할 필요가 있다.

내가 이런 표현들 각각에 대해 근본적으로 동의하지 않는 것은 이런 모습의 예수는 결코 십자가에 달리시는 그런 모습이 아니기 때문이고, 결코 주가 하셨듯이 불을 내리시는 분이 아니기 때문이며, 주가 행하셨듯이 뒤이어 나오는 그런 명령들을 하시는 모습이 아니고, 또한 지금까지도 여전히 세상을 뒤흔드는 그런 운동을 창조하신 모습이 아니기 때문이다. 지혜롭고 재치 있는 교훈 정도의 그런 따위 주변을 서성이는 예수이셨다면, 주님은 결코 주를 좋아하던 수많은 사람들이 둘러서 있는 상황 속에서 유월절 동안에 십자가에 달리실 만큼 그렇게 위협적인 분이 아니었다. 종교적인 천재라는 예수의 모습도 하나님과 사람들이 관계를 맺는 것을 도와주셨고 친절하셨고 긍휼이 많으셨으며 인자한 분으로 예수를 묘사하는데, 이런 모습의 예수도 결코 십자가에 달리지 않으셨을 것이다. 사회 혁명가적인 모습은 십자가에 달릴 수도 있었던 모습이었지만(내가 생각하기엔 이 점은 부분적으로 예수의 죽음에 대해 설명해준다), 그러나 그런 혁명가가 과연 사회 혁명 운동단체가 아니라 그런 모습과는 거의 거리가 먼 교회를 태어나게 했었을지는 의심스럽다. 그리고 만약 교회가 사회 혁명적 과정에서 태어났다고 한다면, 교회는 역사 속에서 살아남는 과정 속에서 예수의 사회 혁명적인 모습을 잘라내고 깔끔하게 정리해야만 했을 텐데, 도리어 교회는 거꾸로 자신들을 예수와 연관시키기로 결정했고 심지어 그 뿌리를 예수께 두었었다. 과연 교회가 정말로 사회 혁명의 핵심에 있던 분과 그런 관련을 맺었을지 의문스럽다. 아니다. 예수에 대한 이런 모습들은 예수를 잘 보여주는 것이 아니다.[9]

누가복음의 이 항목은 예수에 대한 오늘날의 초상에 대해 도전한다. 예수는 여기에서 자기 자신을 분쟁을 불러오는 인물로 바라보신다. 주님은 선택들을 하게끔 하시는데, 삶을 어떻게 살 것인가에 관한 것만이 아니라 어떻게 주가 하나님의 계획에 잘 맞는가에 대해서도이다. 간단하게 제시하자면, 예수는 하나님과의 관계를

9. Scott McKnight, "Who is Jesus, An Introduction to Jesus Studies," in *Jesus Under Fire*, 61-62.

형성하게 하시는 길이시다. 어떤 점에서 예수의 사역은 거칠지는 않지만 매우 직접적으로 또한 그들에게 하나님 앞에서 책임지는 모습이 되어야 한다고 명령하시는 것을 통해 사람들을 몰아대셨다. 주의 명령은 어떤 대가를 치르더라도 평화를 가져오라는 것이 아니라, 비록 어떤 이는 돌아서겠지만 누군가를 주께로 데려오기 위해서 사람들을 분류하라는 것이다. 주님은 이전에도 그러셨고 지금도 분쟁을 일으키는 분이시다. 주의 사역은 양심을 태우시며, 또한 주를 향한 우리의 반응은 주의 심판의 본질을 결정짓는다.

이 본문은 각각의 독자들에게 각자가 하나님 앞에서 어디에 서 있는지를 생각해볼 것을 명령하며, 또한 하나님이 그런 결단을 내릴 수 있도록 척도로서 베풀어주신 증거에 대해서 생각해 볼 것을 명령한다. 즉 궁극적인 징표로서 이 본문 등의 성경이 고대했던 부활에 대해서는 물론이고, 예수님 사역의 활동에 대해서 생각해 볼 것을 명령한다. 대중문화의 예수는 그런 선택을 하라고 하지 않으신다. 우리는 우리 자신의 이미지 속으로 성경의 예수를 교묘하게 밀어 넣어서는 안 된다. 복음서들은 예수가 사람들에게 주의 선지자적인 명령을 통해 위협적인 방식으로 도전하셨기 때문에, 주를 배척했던 많은 반응들이 있었음을 분명히 한다.

이 본문의 또 다른 적용은 만약 누군가가 하나님 앞에서 빚을 지고 있다면(빚은 죄의 특성이다. 참조. 11:4), 그 빚을 청산하는 것이 가장 중요한 것이라는 점이다. 하나님 앞에서 회계장부를 정산하는 것은 매우 중요하다. 자신의 빚을 정확하게 평가하고 재판이 끝나기 전에 그 빚을 갚는 것이 지혜로운 일이다.

12:49-59의 많은 부분들은 심판과 하나님 앞에서의 책임성이라는 이슈를 제기한다. 그러나 우리 모두는 종종 예수를 오늘날 우리 문화와 함께 패키지로 묶어버리곤 한다. 마치 죄가 주께 있어서 별로 중요하지 않은 소소한 주제인 양 말이다. 이것은 위에서 언급했던 회의주의적인 학자들의 연구에서만이 아니라 우리가 복음을 증거 하면서 예수를 제시할 때조차 나타나는 방식이곤 한다. 물론 구도자에게 접근하는 일은 대단히 중요한 일이고 엄청난 가치를 갖는 일이다. 그러나 만약 예수를 상품화하고자 시도하면서 교회가 이 점에 있어서 메시지를 물렁물렁하게 만들어버린다면, 그들은 복음을 왜곡하는 것이고 삶을 새롭게 하시는 예수를 선포하는 것이 아니다. 죄에 대해서 하나님 앞에서 책임을 져야한다는 점을 제거해버리는 것은 은혜를 매우 강력하게 만들어주는 실제적인 요소 한 가지를 제거해 버리는 것이다. 복음을 입맛에 맞게 만들고자 노력할 때, 우리는 복음의 가장 값비싼 진리를 무력하게 만드는 위험을 만나게 되는데, 그것은 하나님이 우리의 실패에

대해 대가를 지불하셨고 우리 죄를 흰눈처럼 깨끗하게 씻어주셨다는 진리이다. 아이러니컬하게도 죄를 무시하는 것을 통해 하나님의 사랑을 높이고자 시도하면서, 우린 하나님 사랑의 가장 강력한 증거를 제거해 버린다.

누가복음 13:1-5은 하나님 앞에서 우리가 어떤 상태인지를 생각하는 것이 얼마나 중요한지를 강조한다. 우리는 회개해야만 하고 하나님께로 돌아서야만 하는데, 그렇지 않으면 망하게 될 것이다. 누가복음의 정황에서, 이런 돌아섬은 예수와 주의 가르침에 응답하는 것을 포함한다(6:47-49). 회개는 감정이나 혹은 단순히 어떤 견해에 동의하는 것이 아니다. 회개는 새로운 삶으로 방향을 재정립하는 것이다. 회개하는 것은 단순히 우리가 했던 일들을 후회하는 것이나, 미안하다고 사죄를 하거나, 혹은 이미 저질러진 잘못을 인식하는 것이 아니다. 회개하는 것은 방향전환이 필요하다는 것에 동의하는 것이며, 그런 뒤 그에 따라 반응하는 것이다. 바로 이것이 세례 요한이 회개에 합당한 열매를 맺으라고 선포한 이유이다(3:8). 또한 사도 바울이 회개와 회개가 낳는 선한 일을 같은 호흡으로 이야기할 수 있었던 이유이기도 하다(행 26:20). 자신의 죄를 회개하는 사람들은 생명을 선물로 받는다.

누가복음 13:6-9은 하나님이 인내하시지만, 회개하기엔 너무 늦은 시간이 올 것이라는 점을 보여준다. 죽는 침상에서 회개하는 그런 모습을 기대하는 사람들, 그래서 마지막 순간이 올 때까지 삶을 "즐기라고" 이야기하는 사람들은 일반적으로 삶의 마지막이 왔을 때 회개하는 것에 신경 쓰지 않는다. 묵은 포도주가 좋다고 말하는 사람들은 새 포도주를 찾지 않는다.

회개하는 것은 하나님과 그리스도 밖에서 살았던 삶은 하나님이 인정하시는 삶이 아니라고 보는 것을 의미한다. 우리는 너무 늦게 되기 전에 혹은 우리가 죄악 된 길에 익숙하게 되기 전에 응답해야만 한다. 이 메시지는 함축성을 갖고 있다. 종종 복음을 나눌 때, 우리는 사람들에게 시간이 많이 남아있다는 식으로 생각하곤 한다. 어떤 점에서 그것은 사실이다. 왜냐하면 하나님은 인내하시며 심판을 연기하시기 때문이다. 그러나 어떤 점에서는 이것은 우리를 나태하고 잠만 자게 만든다. 우리는 예수를 전하고 나눌 때, 만족함을 누릴 수 있다. 비록 궁극적으로 성령께서 사람들로 하여금 예수께 응답하도록 이끄시지만, 만약 우리가 뒤로 물러서 있는 태도를 취한다면, 기회들에 대해서 우리가 할 수 있는 만큼 충분히 활용할 수 없게 될 것이다. 무화과나무를 돌보던 농부가 얼마나 무화과나무를 기름지게 하고자 계속해서 노력하고 있었는지를 주목하라. 우리 역시 복음을 들을 필요가 있는 사람들에게 진리의 씨앗을 계속해서 뿌려야만 한다.

누가복음 13:10-17

10 예수께서 안식일에 한 회당에서 가르치실
때에
11 열여덟 해 동안이나 귀신 들려 앓으며 꼬부
라져 조금도 펴지 못하는 한 여자가 있더라
12 예수께서 보시고 불러 이르시되 여자여 네가
네 병에서 놓였다 하시고
13 안수하시니 여자가 곧 펴고 하나님께 영광을
돌리는지라
14 회당장이 예수께서 안식일에 병 고치시는 것
을 분 내어 무리에게 이르되 일할 날이 엿새
가 있으니 그 동안에 와서 고침을 받을 것이
요 안식일에는 하지 말 것이니라 하거늘
15 주께서 대답하여 이르시되 외식하는 자들아
너희가 각각 안식일에 자기의 소나 나귀를
외양간에서 풀어내어 이끌고 가서 물을 먹이
지 아니하느냐
16 그러면 열여덟 해 동안 사탄에게 매인 바 된
이 아브라함의 딸을 안식일에 이 매임에서
푸는 것이 합당하지 아니하냐
17 예수께서 이 말씀을 하시매 모든 반대하는
자들은 부끄러워하고 온 무리는 그가 하시는
모든 영광스러운 일을 기뻐하니라

원 의미

예수는 사람들에게 회개하라고 빈번하게 명령하셨다. 오직 누가가 이야기하는 기적에서만, 우린 유대 종교 지도자들이(예를 들어서, 바리새인들이나 회당장 같은 사람들) 이 명령에 어떻게 반응했는지에 관해 발견한다. 그들 중에 주를 가까이에서 바라보고서 주의 메시지를 거부하는 것에 대한 책임성을 통감한 사람이 있는가? 이 사건은 "거울 기적"(mirror miracle)이다. 왜냐하면 이 사건은 누가복음 앞쪽에 있는 행동을 반복하기 때문이고(4:31-44; 5:12-26; 6:6-11), 또한 이런 재연을 통해 예수를 향한 응답이라는 측면에서 변화한 것이 무언가 있는지를 볼 수 있게끔 해주기 때문이다. 15절에 나오는 책망은 아무것도 변하지 않았다는 것을 보여주며, 그렇기에 새로운 경고가 13:22-35에서 표면화된다.

본문의 두 번째 중요한 테마는 이 여자를 억누르고 있던 사탄과의 싸움에 대한 묘사이다. 여기서 누가가 하는 표현들은, 4:16-30에 나오는 자유케 하는 이미지를 반영하는데, 그 부분에서는 자유케 함이 사탄과 예수간의 우주적인 투쟁이라는 결정적인 영적 차원을 갖고 있음을 보여주었다.[1] 10:18과 11:14-23이 예수의 사역을 우주적인 투쟁으로 묶고 있는 것과 마찬가지로, 이 본문도 역시 사탄의 권세를 몰수하는 것을 보여주시면서 그런 싸움을 강조한다. 결과적으로, 예수의 사역은 하나님의 긍휼을 나타내 보여주신다.

이 기적은 11:14 이후 첫 번째로 나오는 기적이며, 누가가 마지막으로 기록하는 기적들 중 하나이다. 14:1-6에 나오는 기적은 지금 여기서 보이는 반응이 우연이 아니라 계속적인 반응 패턴임을 보여줄 것이다. 그러므로 이 사건은 복음 스토리에서 예수께 반응하는 것이 갖는 중요성을 규정하는 것이기도 하다.

지금 예수는 회당에 계신다. 사람들 사이에는 18년 동안 그녀를 연약하게 하고 구부러지게 만들었던 귀신으로 인해 고통당해온 여자도 있다(아마도 그녀의 육체적 상황은 뼈의 퇴화나 근육마비 등의 형태가 포함되어 있었던 것 같다). 누가는 자신이 원할 때엔 질병 자체에 대해서 이야기를 하기 때문에, 분명 여기에는 단순한 의학적 문제 이상의 무언가 문제점이 있음을 알 수 있다. 그녀가 고통당해온 시간이 얼마 동안인지를 이야기한 것은 이 여자의 상황이 매우 심각하다는 것을 강조한다. 당시 문화 속에서 여자라는 것과 이런 악성 질환으로 고통당하고 있다는 사실이 그녀를 아웃사이더가 되게 만들었을 것이다.[2] 예수는 그녀를 보시고서 즉각 그녀에게 "네 질병에서 놓였다"라고 말씀하신다. 주님은 그녀에게 안수하셨고, 그녀는 즉각 구부러진 병이 고침을 받아 펴지게 되었다. 누가는 즉각적인 치유에 관해 기록하는 것을 좋아한다(4:39; 5:25; 8:44, 47, 55; 18:43). 이런 치유는 단 한 가지 사실만 제외하고서는 극적인 기쁨을 불러왔다: 이 날은 안식일이었다.

---

1. R. Tannehill, *The Narrative Unity of Luke-Acts*, 1:65.
2. S. Safrai, "The Synagogue," in *The Jewish People in the First Century Historical Geography Political History, Social, Cultural and Religious Life and Institutions*, ed. S. Safrai and M. Stern(Compendia Retum Iudaicarum ad Novum Testamentum: Assen: Van Gorcum, 1974), 2. 919-20, 여기에서는 회당에서 여성의 역할에 대해 논의한다. 누가는 여성들에 대해 이야기하는 것을 좋아한다. 그는 여성과 관련한 모티브를 갖고 있는 본문 42개 문단을 제시한다. 3개는 모든 복음서들에 함께 나오고, 9개는 공관복음서와, 다섯 개는 마태복음과, 두 개는 마가복음과 공유된 문단들이다. 23개의 문단은 특별하게 누가복음에만 나오는 문단들이다. T. Seim, *The Double Message. Patterns of Gender in Luke & Acts*(Nashiville. Abingdon, 1994). 당시 문화 속에서 여성이 점하고 있던 지위에 관해 생각해보자면, 일반적으로 그들은 예배 때 숫자로 헤아려지지 않았다. 남성들만이 회당의 공식적 예배의 숫자로 간주되었다(Mishnah, *Megillah* 4:3). 일반적으로 그들은 일하라고 가정에 남겨졌다(ibid., 118-24). 여성들은 회당에 참석할 수는 있었지만, 그들이 어느 정도 능동적이었는지는 논쟁거리이다. Mishnah, *Megillah* 4는 예배시간에 여성들이 성경을 읽거나 논의하는 것에 관해서 이야기하지 않는다(참조. Babylonian Talmud, *Megillah* 23a, 이 부분은 이 점에 관해 좀 더 분명하게 이야기한다). 여성들이 지도적인 역할을 했다는 주장을 포함해서 회당에서 어떤 역할을 했는지에 대해 좀더 능동적인 관점을 갖는 주장들에 대해서는 M. D. Hamm, "The Freeing of the Bent Women and the Restoration of Israel: Luke 13. 10-17 as Narrative Theology," *JSNT* 31(1987): 23-44를 보라.

회당장은 치유를 다른 날에 하도록 기다렸어야만 했다고 주장했다. 예수는 노동과 관련한 안식일 규정을 어기셨다(출 20:9-10; 신 5:12-14). 이런 불평을 제대로 이해하기 위해서는 주의 일하심이 어떻게 구성되어 있는지를 보는 것이 중요하다. 유대적 전승은 안식일에 일하는 것과 관련해 매우 특별했다. 2세기 후반부터 내려오는 유대 전승과 관련한 책인 미드라쉬를 통해서, 우리는 안식일에 금지되어 있는 39가지 행동 목록들을 볼 수 있다(*Sabbat* 7:2). 미드라쉬의 다른 본문들에서도, 한 사람이 안식일에 가축들을 어떻게 다루어야 하는지에 관한 제한들에 대해서 대략적으로 제시한다(*Sabbat* 15:1-2; 5:1-4; *'Erubin* 2:14). 비록 예수가 어떤 규정을 어기신 것인지는 분명하지 않지만, 안식일 규정들은 매우 구체적이다. 주가 행하신 일들은 이 여자에게 이야기하신 것과 그녀에게 안수한 것이 전부였다.

예수는 회당장의 말에 동의하는 사람들을 향해 "위선자들"이라고 말씀하시면서 엄하게 반응하신다. 주님은 긍정적인 대답을 기대하는 헬라어 형태의 질문을 제기하시면서 그들이 하는 일들을 예로 인용하신다. 너희는 나귀나 소를 끌고 나가서 안식일에 물을 먹이지 않느냐? 위에서 언급했던 에루빈 사밧(Erubin Shabbat) 본문들은 이와 매우 비슷한 예에 대해 다루는데, 실제로 그런 행동들을 했다는 것을 보여주는 내용이다. 유일한 한 가지 제약점은 한 사람에게 안식일에 허용된 여행의 길이였다(쿰란에서는, 제한된 거리가 2천 큐빗이었다[약 3천 피트, 약 915미터 정도]). 그러나 물을 먹이기 위해 가축을 끌고 가는 것은 허락되었다.[3] 만약 사람들이 안식일에도 가축들을 향해 이처럼 많은 긍휼을 보여준다면, 사람은 얼마나 더 많은 긍휼을 받아야만 하겠는가!

예수는 요점을 말씀하신다. 사탄에 의해 18년 동안이나 묶여있었던 이 여자가 안식일에 풀려나야만 하지 않겠는가? 약속의 딸, 아브라함의 딸인 이 여자에게 이런 일을 베풀어주기에 안식일보다 더 적절한 날이 어디 있단 말인가? 사탄을 물리치고 사탄의 결박들로부터 사람들을 자유케 하는 일을 하는데 있어서 하나님을 묵상하고 쉼을 누리는 날인 이 날보다 더 적절한 날이 어디 있단 말인가? 이 날은 하나님을 기억하고 그분의 치유하시는 은혜의 선함을 송축하는 날이다. 이 말씀들과 4:16-30 사이의 연계성은 매우 분명해 보인다. 예수는 주의 구원과 풀어주시는 사역을 행하고 계신다. 주님은 안식일의 주인이시다(6:5). 그러나 예수가 이 이슈에 접근하시는 방식은 유대 지도자들의 관점과는 정확하게 정반대이시다.

---

3. *Dmascus Document 11* 5-7은 쿰란 공동체의 관습에 대해서 이야기한다.

반응은 즉각적이다. 지도자들은 부끄럽게 된 반면, 무리들은 예수가 행하신 일에 대해 기뻐했다. 우주적인 싸움에서 긍휼이 제시되었다. 안식일 규정들을 부적절하게 적용하는 사람들은 꾸지람을 받았다. 율법주의는 책망을 받았다.

상황잇기

이 본문의 중심 이슈는 안식일의 행동에 관한 것이 아니라, 그 뒤에 자리 잡고 있는 것에 관한 것이다. 안식일 관습은 초대교회에서 강조된 이슈가 아니었다(롬 14:5). 서로 다른 성도들이 안식일에 서로 다른 일들을 했기 때문이다. 그러나 긍휼을 가지라는 명령은 매우 중요한 명령이다.[4] 이 본문은 항상 긍휼히 여기는 모습을 갖는 것이 적절한 태도라는 점을 강조한다. 물론 이 사건을 바라보고 있던 무리들을 기뻐하게끔 만든 것도 주의 긍휼이었다. 하지만 회당장은 자신의 규정들에 너무 강하게 묶여있는 나머지, 지금 일어난 구원의 축복 속에서조차 기뻐할 수 없었다.

시대를 초월한 또 다른 중요한 이슈는 이 사건과 관련되어 있는 예수의 권세에 관한 논쟁이다. 만약 예수가 치유의 권세를 갖고 계시고 또한 하나님이 이런 치유가 일어나게끔 주께 능력을 주시는 것을 통해 안식일에 대한 주의 권세를 인정하신다면, 이런 점은 예수에 관해 도대체 어떤 것을 이야기해주는가? 유대적인 관점에서는 하나님은 결코 그분의 안식일 율법을 어기는 것을 허용하시지 않는다고 본다. 그렇다면 사탄 때문에 생긴 이 여인의 상태가 역전되게 한 주의 권능은 도대체 어디에서 온 것인가? 그 힘의 근원은 사탄이 될 수 없다. 왜냐하면 사탄은 이 여인의 상태를 만든 장본인이기 때문이다. 그러므로 이 치유는 분명 하나님의 거룩한 능력이어야만 한다(11:14-23). 하나님은 예수를 통해 역사하시며, 그러므로 이 전체 사건은 예수의 권세를 더욱더 강조한다. 예수께 응답하라고 명령하는 누가의 권리를 더욱더 공고히 만들어주면서 말이다.

우린 또한 이 문단에 제시되어 있는 딱딱하게 굳은 마음이 얼마나 깊은지 보게 된다. 예수는 반복해서 유대 지도자들과 이 세대를 향해 주를 배척하는 것에 관해 경고해 오셨다. 주님은 계속해서 주의 선포를 강조하시지만, 많은 사람들은 주가 행하시는 것에 대해서 계속해서 도전한다. 그들은 심지어 주의 신뢰를 깎아내리기

4. 로마서 14:5은 유대인들과 이방인들이 이 이슈를 다르게 다루었을 수 있음을 보여주지만, 신약성경에서는 이건 율법의 문제가 아니다. 그보다 서로 다른 관습들은 상호 관용의 문제이다.

위해 안식일의 "노동하지 말라는 율법"까지도 끌어다 사용한다. 그러나 치유를 통해서 하나님은 이 도전받는 선생 편에 지지표를 던져주신다. 이 치유는 하나님이 누구 편에 서 계신지를 보여준다. 주가 도대체 누구신가라는 측면에서, 그리고 예수가 무엇을 행하시는가라는 측면에서, 예수를 선택하는 이슈는 모든 영역에서 최고로 중요한 일이다.

세계관이라는 이슈도 역시 여기에서 표면화된다. 서구사람들은 어떤 상황들이 그저 물질적인 것만이 아니라 적대적인 영적 차원을 담고 있을 가능성을 별로 생각하지 않는 경향이 있다. 우린 질병을 단순하게 그렇게 질병으로만 취급한다. 우린 사람들 안에서의 깨진 관계나 죄악에 대해서도 그런 식으로만 단순하게 다룬다. 비록 분명하게 단언하기 어려운 점이 있기는 하지만 어떤 상황들이 영적 차원들을 갖고 있을 가능성에 대해서 우리는 좀더 민감해야만 하며 또한 이런 상황들을 놓고 기도해야만 한다(약 5:14-15).

나는 나의 학생들 중 주(state) 교도소에서 수년간 사역했던 한 학생과 나누었던 이야기를 결코 잊지 못할 것이다. 그는 귀신의 활동에 억눌린 재소자들에 관해 상세하게 보고서를 제출했었다. 심지어 불신자인 교도관들 중에서도 이런 재소자들의 태도에는 평범치 않은 무언가가 개입되어 있다는 것을 알아차릴 수 있을 정도였다. 예를 들어서, 경찰들의 제지를 받고 매를 맞더라도 거친 숨을 들이쉬고서는 곧장 튀어 올라 다른 사람들을 계속적으로 공격하거나 온 몸에 사탄을 숭배한다는 문신을 한 사람들도 있었다. 이런 경우들은 이 여자의 질병보다도 좀더 극심한 경우들일 수 있는데, 이런 모습들은 악한 세력들이 사람들의 삶 속에서 어떻게 강제적인 힘들을 발휘하는지를 보여준다. 그러므로 우린 하나님의 도우심으로 나아가야만 한다. 특별히 이와 같은 상황들을 만났지만 그 근원이 어디인지 모를 때 말이다.

이런 상황이 마귀적인 것에서부터 오는 것일 때, C. S. 루이스가 『스크루테이프의 편지』라는 자신의 책에서 이야기한 것이 아마 이와 관련해 가장 풍부한 이야기를 전해주는 것이 아닐까 싶다.[5] 이 책은 전부 읽어볼 만하고 깊이 생각해볼 만한 내용들로 되어 있는데, 특히 사탄에 대한 관심이 증가하는 것과 관련된 부분에서는 더더욱 그렇다. 여기 몇 부분들을 인용하도록 한다.

---

5. C. S. Lewis, *The Screwtape Letters*(New Yorker: Macmillan, 1961). 다음의 인용은 3, 20 그리고 p. 32에서 각기 인용한 것이다.

우리들이 사탄에 대해 빠져들 수 있는 똑같으면서도 정반대의 오류들이 있다. 하나는 사탄의 존재를 믿지 않는 것이다. 다른 하나는 사탄의 존재를 믿는데, 과도하고 건강치 못하게 관심을 기울이는 경우이다. 사탄들은 이 두 가지 오류들 모두에 대해서 똑같이 기뻐하고 좋아하면서, 유물론자들에 대해서나 혹은 마술사에 대해서 동일한 기쁨을 가지고 환호성을 질러댄다.

[스크루테이프가 신참 악마에게]: 사람들이 우리들을 [악마들을] 뭔가를 사람들 마음속에 심어놓는 존재로 항상 묘사한다는 것은 참 흥미로운 일이다: 실제로 우리의 최상의 과업은 뭔가를 바깥에 두는 것을 통해서 이루어졌는데 말이다.

[스크루테이프가 신참 악마에게]: 지금 이 순간에는 우리 자신들을 숨기는 것이 우리 정책이다.

루이스가 잘 이해하고 매우 강력하게 묘사한 것은 우리가 악마의 존재와 힘에 대해 지나치게 의식하는 것을 악마가 원하거나, 악마가 전혀 없다고 결론내리기를 원한다는 것이다. 이 본문에 나오는 치유 사건은 우리에게 적대적인 영적 세력에 대해 주의해야하지만, 두려워하지 말 것을 이야기한다. 하나님은 이런 적대적인 세력들이 우리에게 할 수 있는 그 어떤 일들보다도 하나님이 더욱더 권능 있으시고 강력하시기 때문이다.

현대적 의미

누가복음의 마지막 부분에 나오는 몇 장들과 마찬가지로, 이 본문도 역시 예수에 대한 응답을 명령한다. 지도자들이 응답하지 않는 것은 수많은 증언과 증거들을 볼 수 있음에도 불구하고 얼마나 마음이 완고할 수 있는지를 잘 드러내준다. 그들은 많은 장소들에서 발견할 수 있는 완고한 불신앙을 대표적으로 제시해준다. 우린 이 점을 이미 다른 본문들에서 충분히 지적해왔고, 그래서 여기서는 이 점에 대해서는 더 이야기하지 않고자 한다.

구원이 갖고 있는 이미지, 즉 사탄의 속박으로부터 자유케 되고 풀려나는 이미지는 이 본문에서 드러나는 가장 긍정적인 모습이다. 예수는 우리를 사탄이 붙들고 있는 감옥에서부터 자유케 하고자 오셨다. 이 여성은 육체적 상황에서 족쇄가 채워져 있었지만, 또한 사탄의 존재도 이 상황 안에 분명하게 드러나고 있다.[6] 사

6. 오늘날의 육체적 질병의 치유라는 이슈 역시 4:31-44에 대한 이 주석에서 논의했다.

탄은 육체적으로나 정신적으로 해를 끼칠 수 있으며, 우리로 하여금 강제적이고 파괴적인 행동들에 의지하게끔 만들곤 한다. 그런 도전이 "구부러지게" 하는 것이건 아니면 술, 약, 섹스 혹은 다른 쇠약케 만드는 상황들을 통해 "무너져 내리게" 하는 것이건 간에, 예수의 구원은 우리들을 주님과 관계 맺을 수 있도록 자유케 하시고자 하는 것이며, 이를 통해 우리로 하여금 사탄이 때때로 우릴 얽어맨 사슬들로부터 벗어날 수 있게끔 하시는 것이다.

요한복음 9장이 보여주는 것처럼, 모든 질병이나 모든 쇠약케 하는 모습들이 사탄과 연결되어 있는 것은 아니다. 그러나 사탄이 공격할 때, 우린 하나님 안에서 어떤 공격이 닥쳐오건 거기에 맞설 수 있고 이길 수 있음을 확신할 필요가 있다. 사탄의 공격으로 인한 상황들은 갑작스럽게 역전될 수도 있고, 혹은 오랜 시간이 걸리면서 역전되거나, 앞으로 다가올 영광으로 변화된 삶 속에서 역전될 수 있다.

여하튼 여기 나오는 육체적 구원의 모습은 예수를 통해 구원이 가능하다는 점을 분명하게 알려주는 역할을 한다. 하나님과의 관계정립과 성령 안에서 하나님의 권능에 나아가는 것은 우리로 하여금 하나님이 주시는 것들을 통해 우리 삶을 새롭게 만들 수 있게끔 해준다. 회복을 향해 나아가는 그런 움직임은 언제가 되었건 적절한 움직임이다. 바로 이것이 예수의 사역이—그리고 오늘날 교회의 사역이—보여주는 것이다.

마지막으로 우리는 우리가 선호하는 관행대로 종교적 관습을 추구하는 것이 혹시 우리가 긍휼을 베푸는 사람이 되어야한다는 그런 우리의 책임보다 더 중요하게 되지 않도록 주의해야만 한다.

많은 교회들은 음악의 역할에 대해서 혹은 영적 중요성에서 이슈가 되지 않는 교회의 다른 여러 관습들에 대해서 싸워왔다. 우리는 관행의 편안함이라는 독재자를 허용해서는 안 되며, 혹은 이미 짜여진 스케쥴이 우리로 하여금 주변의 다른 사람들에게 예민하지 못하게끔 만들어서도 안 된다.

누가복음 13:18-35

18 그러므로 예수께서 이르시되 하나님의 나라
가 무엇과 같을까 내가 무엇으로 비교할까
19 마치 사람이 자기 채소밭에 갖다 심은 겨자
씨 한 알 같으니 자라 나무가 되어 공중의 새
들이 그 가지에 깃들였느니라
20 또 이르시되 내가 하나님의 나라를 무엇으로
비교할까
21 마치 여자가 가루 서 말 속에 갖다 넣어 전부
부풀게 한 누룩과 같으니라 하셨더라
22 예수께서 각 성 각 마을로 다니사 가르치시
며 예루살렘으로 여행하시더니
23 어떤 사람이 여짜오되 주여 구원을 받는 자
가 적으니이까 그들에게 이르시되
24 좁은 문으로 들어가기를 힘쓰라 내가 너희에
게 이르노니 들어가기를 구하여도 못하는 자
가 많으리라
25 집 주인이 일어나 문을 한 번 닫은 후에 너희
가 밖에 서서 문을 두드리며 주여 열어 주소
서 하면 그가 대답하여 이르되 나는 너희가
어디에서 온 자인지 알지 못하노라 하리니
26 그때에 너희가 말하되 우리는 주 앞에서 먹
고 마셨으며 주는 또한 우리를 길거리에서
가르치셨나이다 하나
27 그가 너희에게 말하여 이르되 나는 너희가
어디에서 왔는지 알지 못하노라 행악하는 모
든 자들아 나를 떠나 가라 하리라
28 너희가 아브라함과 이삭과 야곱과 모든 선지
자는 하나님 나라에 있고 오직 너희는 밖에
쫓겨난 것을 볼 때에 거기서 슬피 울며 이를
갈리라
29 사람들이 동서남북으로부터 와서 하나님의
나라 잔치에 참여하리니
30 보라 나중 된 자로서 먼저 될 자도 있고 먼저
된 자로서 나중 될 자도 있느니라 하시더라
31 곧 그때에 어떤 바리새인들이 나아와서 이르
되 나가서 여기를 떠나소서 헤롯이 당신을
죽이고자 하나이다
32 이르시되 너희는 가서 저 여우에게 이르되
오늘과 내일은 내가 귀신을 쫓아내며 병을
고치다가 제삼일에는 완전하여지리라 하라
33 그러나 오늘과 내일과 모레는 내가 갈 길을
가야 하리니 선지자가 예루살렘 밖에서는 죽
는 법이 없느니라
34 예루살렘아 예루살렘아 선지자들을 죽이고
네게 파송된 자들을 돌로 치는 자여 암탉이
제 새끼를 날개 아래에 모음 같이 내가 너희
의 자녀를 모으려 한 일이 몇 번이냐 그러나
너희가 원하지 아니하였도다
35 보라 너희 집이 황폐하여 버린 바 되리라 내
가 너희에게 이르노니 너희가 주의 이름으로
오시는 이를 찬송하리로다 할 때까지는 나를
보지 못하리라 하시니라

원 의미

예수는 이제 하나님 나라에 관한 짧은 논의를 하신다. 주의 기적들이 주의 권세를 증명해주는 것이라면, 주의 통치하심은 정확하게 어떤 모습인가? 주의 말씀은 하나님의 나라가 갑작스럽게 엄청난 권능으로 임할 것이라는 기대를 품고 있던 유대인들에게 매우 중요하다. 겨자씨 비유(18-19절)와 누룩 비유(20-21절)는 근본적으로 동일한 내용을 제시하는데, 그것은 하나님 나라는 작게 시작하지만 결국엔 온 땅을 덮게 된다는 내용이다.[1] 예수는 하나님 나라를 땅에 뿌려지고 큰 나무가 되어 새들이 그 가지에 깃들이게 되는 겨자씨로 비유하신다.[2] 새들을 쉬게 하는 나무라는 이미지는 에스겔 17:22-24에서 온 것인데, 이 부분에서는 약속된 위대한 다윗의 자손이 하나님의 백성들의 구원의 근원으로 제시된다. 이 이미지는 또한 다니엘 4:10-12과 대비를 이루는데, 그 부분에서는 느부갓네살의 큰 나무가 하늘 끝까지 자라는 모습이 나온다. 이 비유에 나오는 나무의 성장은 필연적인 것이면서 매우 놀라운 것으로서 묘사된다. 유대인들이 갑작스럽게 올 것이라고 기대했던 것들은 점차적으로 성장해서 위대함이 되는 그런 모습으로 올 것이다.

누룩 비유도 유사하다. 여기서의 요점은 하나님 나라의 임재가 갖는 침투성이다. 예수는 예를 드시기 위해 많은 양의 가루를 들어 보이신다: 3세아(거의 50파운드–23kg). 약간의 누룩이 결국엔 전체 빵으로 스며들어간다. 이것 역시 필연적인 모습이다. 별로 중요하지 않은 운동으로 시작한 것이 마지막엔 온 세상을 다 뒤엎게 될 것이다.

예수는 믿음을 요구하시면서 이 비유를 말씀하신다. 주님은 하나님 나라를 세우고 계시며, 이 운동이 비록 별 것 아닌 것처럼 보인다 하더라도, 사람들은 하나님 나라가 올 것임에 대해서 하나님을 신뢰하고 믿어야만 한다. 하나님의 계획은 계속 전진해나가고 있다. 하나님 나라는 도래할 것이다.[3] 그 무엇도 하나님 나라가

1. 이 본문과 평행을 이루는 부분들은 마태복음 13:31-33과 마가복음 4:30-32이다. 이 복음서들에서 이 말씀들은 하나님 나라에 대한 설교들의 일부분이다. 여기에서는 이 비유들이 단독적으로 제시되어 있지만, 이 내용들은 예수가 반복적으로 가르치시던 내용들이다.
2. 지금 여기에서 제시된 나무가 어떤 유형이냐는 논쟁거리이다. 이 나무는 25피트까지 자랄 수 있는 *Salvadora Persica*인가? 아니면 이 나무는 10피트까지 자랄 수 있는 *Sinapis Nigra*인가? 이 논쟁에 대해서는 C. H. Hunzinger, "σίναπι," *TDNT*, 7:288-89를 보라. 사실 이 스토리에는 왜곡된 점도 들어있다. 왜냐하면 겨자씨는 일반적으로 나무들로 자라나지 않기 때문이다. 달리 말하자면, 여기 나오는 성장은 일반적인 것이 아니고 초자연적인 것이다.
3. 하나님 나라라는 주제를 좀더 완성적으로 다룬 것에 대해서는 9:27, 58-62; 10:8; 그리고 11:14-23에 대한 논의를 보라. 우리가 거기에서 주목했던 것처럼, 하나님 나라는 교회가 아니라 지금 실현되어가는 과정 안에 있으며 여기에는 지금의 교회가 포함되고 또한 다가올 예수의 통치가 포함된다. 미래의 통치하심

온전하게 임하는 것을 막을 수 없다.

13:22-30에 나오는 비유는 비록 복음서의 다른 부분들에서 개념적인 평행들이 나타나기는 하지만 누가복음에만 등장하는 비유이다.[4] 이 비유는 이스라엘을 향한 경고로서 역할 한다. 하나님 나라가 도래할 것이기 때문에, 사람들은 지금 그 문이 닫히기 전에 응답해야만 한다. 처음에 초청을 받았던 많은 사람들, 원래 약속이 주어졌던 후손들은 만약 그들이 응답하지 않는다면 이 축복을 잃어버리게 될 것이다. 하나님의 축복에 닫혀져 버린 사람이 되고 그런 뒤 밖으로 쫓겨나는 것보다 더 비극적인 일은 아무것도 없다.

예수는 예루살렘을 향해 가고 계신다.[5] 누군가가 주께 적은 사람들만 구원을 받을 것인지를 묻는다. 아마도 그는 예수가 이스라엘을 책망하시는 것에 대해서 사람들이 생각했듯이 족보를 토대로 해서 구원이 자동적으로 주어지는 것이 아니라는 것을 의미함을 알았을 것이다. 유대인들은 그 나라의 신실한 사람들이 하나님의 축복을 경험할 것이라고 기대했었고, 신실함은 이스라엘 나라에서 태어난 사람들에게 주어지는 것이라고 생각했다.[6] 예수의 대답은 이 사람의 추측이 정확하다는 점을 분명히 한다.

예수는 청중들을 향해 "좁은 문으로 들어가기 위해 모든 노력을 다하라"고 권면하신다. 동사 "모든 노력을 다하다"('아고니제스데')는, 안으로 들어가기 위해 일을 하는 것을 뜻한다. 이는 안으로 들어갈 수 있는 특별한 루트가 있다는 사실을 함축한다. 예수가 좁은 문에 대해서 말씀하시고 그것에 대해 설명하시는 것도 바

이 오직 새 하늘과 새 땅에서만 이루어지는 것인지(무천년주의/후천년주의) 혹은 지상에서의 천년동안의 통치를 포함하는 것인지(전천년주의)에 대해서는 논쟁이 많다. 나는 사도행전 3:14-26; 로마서 11:13-32; 요한계시록 20:1-6 등의 본문들의 견지에서 전천년주의로 성경을 읽는 것을 더 선호한다. 요한계시록이 갖고 있는 상징적인 특성을 인식한다 하더라도, 요한계시록 20장의 묘사는 새 하늘과 새 땅이 확립되기 이전에 중간단계의 왕국을 추정하게 한다(계 21-22장). 사도행전 3장에 의하자면, 그런 왕국은 구약성경에서 제시된 약속들을 완성하는 것이며, 이는 예수가 예루살렘에서 통치하시는 것을 포함한다. 이런 이슈와 상관없이, 이 비유는 예수의 통치하심이라는 프로그램이 이 나무를 심는 것과 더불어 시작된다는 것을 분명히 한다. 주가 신실한 사람들의 새로운 공동체를 형성하기 위해 일하시면서 주의 시작이 사역된 것과 더불어 말이다.

4. 개념적인 평행본문들은 마태복음 7:13-14, 22-23; 8:11-12; 19:30; 25:10-12 등이다. 이 본문들은 이 비유에서 제기한 다양한 주제들 중 한 가지 주제나 혹은 다른 주제들을 다룬다.

5. 이 기록은 이 항목에서 예루살렘 여행에 대한 누가의 몇 차례에 걸친 기록들 중 하나이다: 9:51; 17:11; 18:31; 19:28; 그리고 (개념상으로는) 13:31-34; 19:44.

6. 미쉬나(*Mishnah*), 산헤드린(*Sanhedrin*) 10:1; 제2에스드라서 7:47, 9:15을 보라. 소수의 사람들만이 구원받는다는 것은 유대교에서는 드물게 나타나는 생각이 아니었다. 이슈는 도대체 누가 소수의 사람들이냐는 것이었다(제2에스드라서 8:1, 3을 보라).

로 이런 이유 때문이다.[7] 그 문으로 들어가는 것에 실패하는 사람들은 비록 그들이 들어가고자 한다 하더라도 실패하게 될 것이다. 일단 그 문이 닫히게 되면, 너무 늦게 될 것이다. 개개인들에게는 그 문은 죽음에서 닫히게 된다.

잔치 이미지는 예수가 재림하신 이후의 시간을 보여주는데, 이때는 주를 믿은 사람들이 함께 모여 구원을 축하하는 때이다. 이 이후에는 아무 기회도 전혀 없다. 늦게 들어가고자 하는 사람들은 주님으로부터 너희가 어디에서 왔는지 모른다는 이야기를 듣게 될 것이며, 또한 그들은 받아들여지지 않고 거부될 것이다. 달리 말하자면, 예수가 제공하시는 방법들을 통해서 들어가게 되거나 아니면 전혀 들어가지 못할 것이다.

잔치에 늦게 와서 들어가겠다고 호소하는 사람들은 자신이 예수를 본적이 있고 함께 먹은 적이 있고 주가 가르치시는 것을 들은 적이 있다는 사실에 토대를 두고 그런 호소를 한다(26절). 그러나 돌아오는 대답은 매우 강조적인 대답이다. 문지기(예수를 대리하는 사람)는 그들을 전혀 모른다고 대답할 것이고, 그들을 향해 "악을 행하는 자들"이라고 말하면서 떠나라고 말할 것이다. 외적으로 예수와 접촉했다는 것은 중요하지 않다. 주가 원하시는 것은 내적인 응답이다.

마지막 결과는 "울면서" "이를 가는 것"[8]인데, 이는 그 순간을 놓쳤다는 것에 대한 고통과 좌절을 표현한다. 비록 그들의 출생과 혈통은 그들을 은혜에 참예할 수 있는 탁월한 후보자들로 만들었지만, 그들은 응답하지 않았고 그 축복들을 놓쳤다. 특별히 고통스러운 것은 믿음의 조상들을 보지만—아브라함, 이삭, 야곱 그리고 다른 모든 선지자들—그들과 더불어 식탁에 앉을 수 없다는 점이다. 많은 사람들이 여러 방향에서부터 와서 그들과 더불어 잔치에 참예하겠지만, 가장 큰 기회를 갖고 있었던 사람들은 그 축복을 놓칠 것이다. 이것은 이스라엘과 열방들의 운명이 전환된다는 것을 암시하며, 그 결과 나중 된 자가 먼저 되고 먼저 된 자가 나중이 될 것임을 보여준다(30절). 이 비유의 마지막 주제는 복음서에 매우 일반적으로 나타난다(마 19:30; 20:16; 막 10:31). 예수의 말씀은 원래 던져진 질문의 이론적인 특징을 실제적인 차원으로 바꿔주는 효과를 갖는다. "구원받는 이가 적습니까?"라는 질문은 "구원받는 사람들이 과연 너희가 될 것인가?"가 된다.

13:31-35에서 예수는 이스라엘 나라를 대표하는 도시인 예루살렘을 언급하시

---

7. G. Bertram, "στενός," *TDNT*, 7:605-6(참조. 요 10:7).

8. K. Rengstorf, "βρυγμός," *TDNT*, 1:642; "κλαυθμός," *TDNT*, 3:726. 유대교에서 이 구문은 불경스러운 것을 묘사하는 것으로 간주되었다.

는 것을 통해, 이스라엘에게 경고하신다. 주님은 과거 선지자들을 회고하는 스타일을 사용하시면서, 이스라엘을 향한 심판이 피할 수 없는 일임을 선언하신다.[9] 예수가 주셨던 복합적인 경고들은 무시된 채 지나가 버렸고, 그래서 이제 하나님은 그분의 선택된 백성들을 훈련하실 것이다. 이 형벌은 전체적으로 생각했을 때 이스라엘 나라가 하나님의 대리자를 인정하고 인식할 때까지 계속될 것이다. 이스라엘의 많은 사람들은 예수를 청종하고 응답하지만, 그 나라를 책임지고 있는 많은 사람들을 포함해서 대다수 사람들은 그렇게 하지 않았다. 여기서 제시된 원칙은 열왕기서와 역대기서의 원칙과 다르지 않은데, 이 성경들에 나오는 이스라엘 나라의 운명은 왕의 의로움에 따라 유형화 되었다.

31절은 바리새인들이 예수를 향해 헤롯이 주를 죽이고자 찾고 있다고 경고하는 내용으로부터 시작한다. 이 내용은 중요한데, 이는 예수가 지도자들의 관심을 받고 계시다는 점을 보여주기 때문이다. 이는 또한 바리새인들로 하여금 자신들은 정죄될 수 있는 아무 일도 하지 않고서 예수를 제거할 수 있는 방법을 제공한다. 헤롯이 예수를 죽이려하는 위협은 만약 예수가 자신의 생명을 보존하기 위해 도망치시는 결과를 가져오게만 한다면, 손쉽게 회개하라는 예수의 뉘앙스를 제거할 수 있었을 것이다. 바리새인들이 하는 말은 마치 예수께 관심을 기울이고 있는 것처럼 보이지만, 이것은 임시방편적인 것이었다.[10] 그들은 계속해서 예수를 의심하고 예수께 도전하는 사람들로 그려져 왔으며, 그래서 그들이 주를 위하는 것으로 보이는 것은 전적으로 안 어울리는 모습이다.

주님은 자신의 사명을 완수하시겠다는 말씀을 하시는 것을 통해 대답하신다. 그 무엇도 주를 멈추게 할 수 없을 것이다. 그러므로 그들은 "그 여우" 즉 예수를 파괴하기 원하는 사람에게,[11] 주가 계속해서 귀신들을 쫓아내며, 사람들을 치유하

---

9. 누가복음 13:31-32은 평행구절들이 없는 반면, 33-35절은 마태복음 23:37-39과 유사하다. 다른 배경들은 이 두 개의 본문들이 개념적으로 평행을 이루고 있음을 추측케 한다. 누가가 이런 구체적인 내용을 여기에 배치한 것은, 이것이 분리된 사건으로건 아니면 단순한 주제적인 배열이건 간에, 여행항목으로 전환하려는 분위기를 조성한다. 이 지점에서부터 계속해서, 예수는 제자들에게 배척을 직면하는 것에 관해서 그리고 제자도의 어려운 길을 가도록 준비시키시는데 좀더 많은 시간을 사용하신다. 이런 내용들은 이미 예언적으로 제시된 배척을 향해 이스라엘이 점차 나아가는 먹구름과 더불어 온다. 여기 나온 예수의 메시지는 19:41-44에서 반복되는데, 그 부분에서는 이스라엘의 이 세대를 향해 심판의 증거로서 예루살렘의 파괴가 올 것이라는 내용이 예언된다(참조. 11:29-32).

10. J. Darr, *On Character Building: The Reader and the Rhetoric of Characterization in Luke-Acts*, 105-6, 127-46에서는 누가복음에 나오는 헤롯과 바리새인들의 성격에 대해 날카로운 검토를 한다.

11. "여우"가 약삭빠른 것을 지칭하기보다는 "파괴자"라는 의미를 갖는 것에 대해서는 Darr, *On Character Building*, 140-141을 보라. 이 이미지의 배경은 느헤미야 3:35; 아가서 2:15; 애가서 5:17-18이다.

며, 주의 임무를 완성하실 것이라고 전해야만 할 것이다. 주님은 이 길을 가야만 하는데, 선지자는 예루살렘 밖에서 죽임 당할 수 없기 때문이다. 죽음은 피해야 하는 것이 아니라, 도리어 주님 사역의 정점에 자리 잡고 있는 것이다. 예수가 자기 자신을 "선지자"로 제시하심은 주가 자기 자신의 역할을 하나님의 뜻을 계시하시는 분으로 강조하시는 것이다. 변화산상에서 하나님이 제자들을 향해 "저의 말을 들으라"라고 말씀하셨던 것처럼, 지금 주님은 이스라엘을 향해 주의 선지자적 소명을 단언하신다. 그들은 주를 배척하는 것을 통해, 주를 통해 주시는 하나님의 명령을 배척하고 있다.

그런 뒤 예수의 탄식이 나온다. 주의 탄식하는 감정과 고통은 처음 시작 부분부터 마치 다윗이 압살롬을 향해 탄식하듯이 예루살렘을 두 번 부르시는 것을 통해 시작한다(삼하 18:33). 예수의 고통은 선지자들을 죽이고 돌을 던졌던 불순종의 역사와는 대조적으로 예루살렘이 이스라엘 나라를 대표하는 특권적인 위치를 갖고 있다는 데서 온다. 예수는 하나님 입장에서 1인칭으로서 말씀하신다. 선지자의 전형의 모습으로서, 하나님이 마치 암탉이 병아리들을 돌보듯이 얼마나 예루살렘을 돌보시고 보호하기를 갈망하셨는지를 말씀하신다(신 32:11; 룻 2:12; 시 17:8; 사 31:5). 이보다 더 부드러운 이미지가 있는가? 그러나 병아리들은 그 날개 아래 머물기를 원치 않았는데, 이는 아마도 이스라엘 나라가 하나님 앞에 다시 모여 하나님의 보호하시고 돌보시는 구원을 누리기를 원치 않았다는 것을 암시한다. 그 결과는 고립과 하나님의 뜻에서부터 자유로워지는 것인데, 이는 이스라엘 안의 사람들이 하나님의 부드러운 돌보심 안에 들어가기를 거절했을 때 원했던 일들이었다. 하나님의 뜻을 배척한 비극적인 결과들 중 한 가지는 사람들이 그들이 요구했던 것을 얻었다는 것이다. 무시무시한 결과들을 포함해서 말이다. 그들의 집은 황폐화되어질 것이다. 황폐화된 집이라는 이미지는 포로기의 고통스러운 시대를 회상하게 한다(렘 12:7; 22:5). 이스라엘 나라와 그 백성들은 그들 자신들의 연약한 도구들만 가진 채 남겨지게 될 것이다. 이런 황폐화는 이스라엘 나라의 대부분의 사람들이 "주의 이름으로 오시는 이"—이 말씀들은 시편 118:26에서 나온 말씀이다(참조. 눅 3:15-16; 7:18, 22)—의 축복을 인정할 때까지 남아있게 될 것이다. 이 시편에서, 성전에 있는 사람들은 그들이 성전에 들어가면서 그 왕과 그를 둘러싼 사람들을 알아차린다. 예수가 그런 인정을 얻게 되실 때까지, 이스라엘 나라는 위험에 처한다. 그들은 예수를 세례 요한이 선포했었던 분으로서 그리고 하나님이 주의 역사하심을 통해 증거 하신 분으로서 인정해야만 한다. "~까지"라는 표현은,

비록 지금의 심판이 매우 심각하긴 하지만 이것이 영원한 것은 아님을 추측케 한다.[12] 만약 이스라엘 나라가 돌아온다면, 하나님은 다시금 그들을 그분의 날개 아래 두실 것이다.

이 사건은 누가복음에서 중대한 전환점인데, 예수는 이제 이스라엘 나라에 대해서 말씀하시기보다는 주의 제자들을 가르치시는데 더 집중하실 것이기 때문이다. 이스라엘 나라는 이미 그들의 결정을 내렸고 그들의 운명을 봉인해 버렸다.

상황잇기

하나님 나라가 갖는 성장이라는 특징은 매우 중요한 주제이다. 예수는 주를 통해 이루어지는 하나님의 통치하심이 어떻게 뚜렷하게 나타나는지에 대해 말씀하시면서, 하나님 나라가 작은 발단에서부터 시작해서 거대한 성장에 이르게 된다는 것을 통해 묘사하신다. 비록 하나님 나라가 이미 시작되기는 했지만(11:20), 하나님 나라와 그 약속들은 미래까지 뻗어있으며 또한 왕의 임재를 통해 평화가 완성되는 그날을 바라보고 있다.

마태복음 13장이 가르쳐주듯이, 이런 성장은 하나님 나라의 "신비"중 일부분이며, 어떻게 하나님의 통치하심이 진행될 것인지를 분명하게 보여주는 새로운 계시이다. 하나님은 그분의 권세를 표현하고 계시며, 그분께서 형성하고 계신 공동체를 통해서 생명의 유익들을 나누어주고 계신다. 비록 1세기 때엔 예수 주변에 오직 소수의 사람들만이 모여들었지만, 오늘날 우리는 그리스도의 제자들 공동체가 거대한 무리가 되었음을 본다. 그러나 오늘날의 교회조차도 앞으로 오게 될 모습의 일부분에 불과할 뿐이다. 겨자씨의 이미지와 누룩의 이미지의 결합은 이 땅에 대한 하나님의 통치하심의 임재가 갖는 침투성과 확장성에 대한 묘사를 제시한다. 예수는 성령이 좀더 많은 사람들을 주의 구원과 돌보심 안으로 이끌어 오시는 것을 통해, 하나님의 권세의 임재하심이 하나님의 백성들 사이에서 어떻게 좀더 확장되는지를 강조하신다. 성장에 대한 결정적인 요점은 교회의 숫자나 문화 속에서의 권력에 대한 선포가 아니라, 돌보시는 하나님의 보호하시는 임재에 관한 선포이다.

우리는 이 이미지를 깊이 묵상해야 한다. 구원받은 사람들의 모임인 교회가 성

12. 누가복음 21-24장과 사도행전 3장 역시 이스라엘의 미래에 대해 제시하는데, 사도행전 3장에서는 구약성경에서 약속되었던 것들의 나머지가 예수의 재림 때 일어날 것으로 보기 때문이다(18-21절): Tannehill, *The Narrative Unity of Luke-Acts*, 155-56을 보라.

장하는 공동체이어야 하고, 또한 그 안에 하나님의 임재하심이 계시며 그로 인해 교회가 성장한다는 점에 대해서 깊이 묵상해야 한다. 이는 교회를 하나님 나라로 생각해서는 안 된다는 것을 의미하기도 한다. 교회를 하나님 나라 그 자체로 보는 것은 하나님 나라를 오해하는 것이다. 하나님 나라는 교회보다 더 크며, 또한 "새들이 깃들여 쉬는" 곳이다. 하나님 나라는 하나님이 친히 인도하신다. 하나님 나라의 이런 모습은 구원을 베푸시는 하나님의 돌보심을 강조하고 또한 하나님의 나라가 의로움과 평화의 장소라는 점을 강조한다. 하나님 나라가 종국적으로 분명하게 제시되기 위해서는 주의 재림이 요구되는데, 이 사건의 타이밍은 아무도 알 수 없는 전적인 비밀이다. 그러나 콘스탄틴 대제 시대 이후부터, 교회는 이런 본문이 교회가 갖게 되는 점증하는 권력을 행사하라고 명령하는 것이라고 잘못 생각하면서, 교회가 무엇이냐는 정체성을 놓고 투쟁해왔다. 어떤 사람들은 교회가 권력을 행사하는 것에 대해서 생각하지만 제자도의 길은 섬김과 희생의 길이다. 교회는 검이나 권력을 위해서가 아니라 섬김을 위해 부름 받았다(막 10:35-45). 교회가 이 두 가지를 혼동할 때마다, 매우 어지러운 결과들이 생겨났다. 하나님은 그리스도의 재림 때에 세상에 변형을 가져오실 것이다. 그때까지 우리는 믿음의 공동체를 신실하게 섬기며 사역해야만 하며, 크게는 하나님의 사랑과 돌보심을 증거 하면서 사회를 섬겨야만 한다. 우리가 어떤 문제와 직면하게 되느냐는 상관없이 하나님의 계획이 진행되어나갈 것이라는 확신을 갖는다면 이를 통해 섬김의 삶을 살아갈 수 있다.[13]

13:22-30의 비유는 구체적인 정황을 염두에 두고 베풀어주신 비유이다—그것은 이스라엘 안의 사람들이 그들이 오랫동안 기다려왔던 축복을 놓쳐버릴 수 있는 위험성이라는 정황이다. 이 내용을 직접 적용하는 방식으로 말하자면, 예수는 열조의 후손들인 유대인들에게 말씀하신다. 그러므로 이 본문 대부분은 유대인들에게 계속해서 직접적으로 이야기하시는 내용이며, 또한 그들에게 자신들이 예수가 제공하시는 "좁은 문"을 통해 들어가는 것에 개방되어 있는지 아닌지를 생각해 보도록 요구한다.

그러나 원칙적으로 보자면, 이 본문은 유대인들과만 상관된 것이 아니라, 다른

---

13. 교회가 갖고 있는 문화적 측면의 명령은 사회와 문화를 재편성하는 것이 주된 것이 아니라 복음을 선포하는 것이며, 또한 교회를 가리켜 하나님의 공동체를 건강하고 회복된 관계를 보여줄 수 있는 장소로 가리킬 수 있게끔 하는 것이다. 교회가 사회에 지나친 열정을 갖고 참여할 때, 교회는 공동체가 어떤 특징과 덕목에 초점 맞춰야하는지를 종종 망각해 버리곤 한다. Hauweras, *A Peaceable Kingdom*(London: SCM, 1984).

적용들도 우리에게 제시한다. 누구든 하나님의 약속에 매우 근접할 수 있지만 그러나 그것을 놓칠 수 있다는 적용이다. 이 점은 다양한 방식으로 제시된다. 교회 안의 사람들은 자신들이 교회에 출석하던 가정에서 태어났고 지금도 교회 안에 있기 때문에 자동적으로 하나님의 축복을 받을 것이라고 생각할 수도 있다. 하나님의 축복 대부분을 문화적 유산처럼 물려받는 것으로 생각했었던 유대인들처럼, 어떤 사람들은 자신이 믿음을 갖고 있어서가 아니라 기독교 가정에서 태어났기 때문에, 혹은 어떤 교단에 속해 있기 때문에, 혹은 문화적으로 기독교와 접촉하고 있기 때문에, 혹은 일년에 한 두어 차례(성탄절과 부활절) 교회에 출석하기 때문에 자기 자신을 기독교인이라고 부른다.

스코틀랜드에 있을 동안, 나는 마을 인구가 약 800명 정도 되는 작은 마을에 자리 잡은 지역교회에 출석했다. 주일 출석은 일반적으로 약 35명 정도였고, 그들 대부분은 50세 이상의 연령층인 사람들이었다. 그들 중 몇몇 사람들은 미국인들이었다. 그러나 일년에 두 차례 교회는 성찬예배를 드렸다. 이 교회에서는 이 두 번의 예배 중 한번은 반드시 참석해야만 교회명부에 이름을 올려둘 수 있었다. 이 주간 동안에는 하루에 세 차례 예배를 나누어 드리는데, 그 동네의 거의 모든 사람들이 모습을 드러냈다. 이런 식으로 문화적으로 교회에 속한 것은 예수와 관계를 맺는 것이 아니다. 주님과 단순히 공식적으로 연결되는 것이 마지막 날 주를 송축하게 될 것을 의미한다고 확신하는 것은 비극적인 오류이다.

문화가 "기독교적"이기 때문에 그 문화에서 태어나는 사람은 누구나 하나님과 자동적으로 관계를 갖게 된다고 생각하는 것도 마찬가지다. 복음에 대한 소망이 한 사람을 직접적으로 옷 입혀 주고 있는 그런 모습이 아니다. "좁은 문"으로 들어가는 것은 예수께 인격적으로 응답하는 것을 의미한다. 가까이 있기는 하지만 응답하지 않는 것은 교제의 식탁에서 밖으로 영원히 쫓겨나는 위험한 결과를 맞이할 것이다. 그러므로 이 본문은 세대를 넘어서는 메시지를 담고 있다. 이 메시지는 직접적으로 유대인들에게 이야기하는 것이기도 하고 혹은 하나님의 약속 안에 들어가 있지는 않으면서 가까이 자리 잡고 있는 모든 사람들에게 간접적으로 이야기하는 것이기도 하다. 교회에 관련되어 있다거나 아니면 교회에 출석하는 사람과 연관되어 있다는 것만으로는 충분하지 않다. 하나님은 우리의 행동을 통해서나, 우리의 유산을 통해서 우리를 구원하시지 않는다.

다가올 심판이 실제로 있다는 점과 그런 심판이 어떤 토대 위에서 이루어질 것인가라는 점이 이런 일반적인 원칙을 만들어낸다. 핵심적인 이슈는 그저 예수와 무심하게 접촉하는 것이 아니라, 예수를 아는 것이다. 예수를 안다는 것은 주가 우리를 구원하실 것임을 믿는 것을 의미하며, 매일의 삶으로서 주님과 상호작용을 하는 그런 삶을 열어간다는 것을 의미한다. 신앙 공동체와 그저 단순하게 접촉만 하는 사람들은 그들이 살아계신 그리스도를 향한 믿음을 통해 죄 사함을 경험하고 주를 알게 되도록 격려 받아야만 한다.

누가복음 13:31-35은 이미 일어난 사건들을 다룬다. 예수의 사역은 예수가 우리들을 위해 자신의 운명으로 받아들이신 십자가 안에서 이제 핵심적인 전환점을 만났다. 주님은 자신이 그렇게 행할 것이라고 말씀하셨던 바로 그대로 행하셨다. 모든 용기를 통해서 그리고 순교자의 죽음이라는 고통을 감내하기로 결심하는 것을 통해서 말이다. 주님은 그저 단순히 이 일이 너무 위험하다는 것 때문에 등을 돌리시지 않았다. 돌려 말하자면, 이스라엘 나라는 주후 70년에 예루살렘 파괴 속에서 황폐화되는 운명을 만났다. 그들은 중간시기 속에서 많은 고통을 당해오면서 여전히 구원을 기다리고 있고 메시아를 기다리고 있다. 예수가 여기에서 말씀하신 내용이 실현되었다는 점은 하나님의 약속의 신실하심과 주님 계획의 확실성을 잘 드러내준다. 주가 약속하신 다른 나머지 내용들—열조의 후손들을 포함하는 영광의 날에 관한 약속들—도 마찬가지로 실현될 것이다.

현대적 의미

하나님 나라의 프로그램은 우리에게 소망을 준다. 하나님의 계획은 우연히 일어나는 것이 아니라 하나님이 계획하신 대로 진행된다. 하나님 나라를 쉴 수 있는 장소로 묘사할 수 있다는 점은 우리에게 편안함을 준다. 하나님 나라는 그 안에 들어와 공유하는 사람들에게 쉼을 주기 때문이다(마 11:28-30; 히 3-4장). 우리는 외견상 이 공동체의 기원이 불분명해 보인다는 점 때문에 고민해서는 안 된다. 이 공동체의 성장 이면에는 하나님이 계시기 때문이다.

하나님 나라를 이런 방식으로 묘사하는 것은 하나님의 이끌어주심에 대해 좀더 큰 신뢰를 가져오는 결과를 가져온다. 하나님이 주시는 것은 그 과업이 다 끝날 때까지 보호를 제공해주는 공동체이다. 어떤 사람들은 교회가 하나님 나라 프로그램의 일부로서 별로 상관없거나 별로 중요하지 않은 기관이라고 주장한다. 그러나 하나님께는 교회가 가장 고귀한 공동체이며, 교회는 하나님이 능동적으로 그분의 돌보심과 임재를 공급해 주시는 곳이다(엡 1:23). 오늘날에는 이 세상 권력들은 다른 부분에서 그 재원들을 찾을 수도 있고, 심지어 교회가 성장하는 사이즈도 그렇게 결정될지도 모른다. 그러나 때가 오면, 하나님은 하나님 나라의 임재가 모든 지상으로 확장되는 것을 통해 권세를 행사하시면서, 하나님 나라의 풍성한 약속에 대해 하나님이 책임지심을 보여주실 것이며, 또한 그분의 백성들에 대해서 책임지심도 보여주실 것이다. 예수를 아는 사람들은 하나님 나라의 역사, 유산 그리고 성장의 일부분이다.

그 중간시간 동안인 오늘날에는 하나님 나라는 "숨겨진" 형태로 나타난다. 하나님의 나라는 장차 그 나라가 갖게 될 완전한 권능을 지금 분명하게 나타내지는 않는다. 또한 어떤 특정한 나라, 정당, 혹은 인간적인 기관을 하나님 나라라고 부를 수도 없다. 하나님 나라는 그보다는 하나님의 백성들이 발견되는 모든 곳들에서 발견된다. 하나님 나라의 권능은 살아계신 하나님을 섬기게끔 삶을 변형시키는 것을 통해 드러난다(롬 14:17-18). 하나님 나라의 임재를 "나타내는" 것은 건물을 짓거나 법률을 통과시키는 것이 아니라, 삶을 변화시키시는 성령의 강력한 인도하심을 받는 삶의 모습을 통해 하나님께 영광을 돌리는 것이다. 만약 하나님의 백성들에게 무언가 우선권이 있다면, 그것은 하나님께 영광을 돌리는 방식과 관련된 것이어야만 하며, 섬기는 것이어야만 하며, 삶과 관련된 것이어야만 한다.

누가복음 13:22-30은 경고를 선포한다. 사람들은 하나님 나라를 가져오시는 분께 응답해야만 한다는 것을 확실히 알아야만 한다. 우리는 자동적으로 자격을 부여받는다고 생각하기 쉽다—출생을 통해, 문화적 연결성을 통해, 혹은 유산을 통해서. 그러나 하나님과의 관계는 주가 제시하신 길을 통해 개인적이고 인격적으로 적절하게 나아가는 것만이 필요하다(요 1:12).

하나님께 이르는 길이 많이 있다고 주장하는 문화 속에서는 이것이 근본적인 원칙이다. 오늘날 문화는 하나님 나라에 이르는 길이 마치 수많은 루트들과 인터체인지들을 제공하는 복합적인 고속도로 시스템과 비슷하다고 주장한다. 예수는 좀더 집중적인 이미지를 사용하시는데, 바로 좁은 문과 곧 닫히는 문이라는 이미지다. 한 민족으로서의 이스라엘에게 이 문은 주후 70년의 심판과 더불어 닫혀버렸다(19:41-44). 그러나 이 문이 유대인들에게 완전히 닫혀버린 것은 아니며, 이 문이 이스라엘 나라에 영원히 닫혀버린 채로 남아있는 것도 아니다(롬 11:12, 14-15, 26-27을 보라. 이 부분은 그들이 미래에 신실함으로 되돌아올 것이라고 주장한다). 그러나 이것은 하나님 계획의 전환점이었다.

이 문은 모든 사람들에게 개인적으로는 열려있다. 이 길은 동등한 기회의 길이며 이 길을 가는 모든 사람들은 그 문으로 갈 수 있다. 그러나 이 루트는 우리들이 아니라 하나님이 표시해 주신 길이다. 비록 우리 마음속으로는 하나님이 모든 사람들을 그 길로 데리고 가기를 원하는 마음이 있을 수도 있지만, 그것은 성경이 가르치는 내용이 아니다. 하나님은 사람들이 죄와 부족함을 깨닫고 하나님이 필요함을 인식하면서 그리고 예수가 그들을 위해 구원을 성취하셨음을 인정하면서 의식적으로 하나님과의 관계를 시작하기를 원하신다. 하나님께 응답하는 것은 자신의 죽음을 통해 생명의 길을 준비하시고자 하나님이 보내신 바로 그분께 응답하는 것이다. 요한복음은 그분을 "양의 문"이라고 부른다(요 10:7). 들을 귀가 있는 사람들은 성경이 하나님의 축복을 경험하기 원하는 사람들에 관해 이야기하는 내용을 들어야만 한다.

이 본문이 담고 있는 또 다른 함축점은 질문을 던진 사람이 자신을 제외한 다른 모든 사람들을 향해 "구원 받는 이가 적습니까?"라고 이론적인 질문을 던진 것에서 얻을 수 있다. 이 질문 자체에는 잘못된 점이 없지만, 이처럼 종종 자기 자신에게서 관심을 다른 곳으로 돌리는 질문이 던져지곤 한다. 예수는 우리의 이론적인 질문을 옆으로 치우시고서는 그 질문들을 인격적이고 개인적인 것으로 만드신다. 하나님이 멀리 떨어져 있는 곳에 있는 사람들을 과연 구원하실 것인지가 매우 흥미로운 질문인 것과 마찬가지로, 우리가 하나님과 관계를 맺고 있는지에 대한 질문, 즉 우리 모두가 대답해야만 하는 이 질문이 좀더 근본적인 질문이다. 예수는 우리 모두를 향해 우리가 과연 하나님과 더불어 어디에 서 있는지를 물으시고 도전하신다.

13:31-35에 의하자면, 하나님의 계획이 일어나고 진행되는 것을 막을 수 있는 것은 아무것도 없다. 헤롯은 자신이 하나님의 대리자를 제거할 수 있다고 생각했다. 유대 지도자들은 주를 향한 생명의 위협을 알려주는 것을 통해 주를 제거할 수 있을 것이라고 생각했다. 오늘날 우리 문화 속에서도 유사한 노력들이 진행되곤 한다.[14] 아프리칸-아메리칸인 예일 법대 교수가 미국 문화의 딜레마에 대해 얼마나 잘 이야기하는지를 들어보도록 하라.

> 오늘날 미국 정책이 직면하는 가장 큰 딜레마는 종교적 믿음의 부활을 어떻게 처리할 것인지를 결정하는 것이다. 한편으로, 미국의 이데올로기는 종교를 개인적인 양심의

---

14. 어떻게 이 점이 현대 문화 속에서 작동하는지에 대해서는 Stephen Carter, *The Culture of Disbelief*(New York: Basic Books, 1993)을 보라.

> 문제로서 소중하게 여기는데, 국가가 개인의 종교적 선택을 간섭하는 것에 우리가 반대하는 강력한 전통을 지지하는 것도 바로 이런 이유 때문이다. 동시에, 많은 정치 지도자들, 평론가들, 학자들, 그리고 유권자들은, 공적 도덕 논쟁에 있어서 종교적 요소를 미국 사회를 재편성하려는 극우의 도구라고 간주하고 있다. 그러나 종교를 정치적 목적을 위해 사용하려는 것은 우리를 궤도에서 벗어나게끔 해왔다: 종교가 정치를 지배하지 못하게끔 하려는 열정을 통해서, 우리는 종교적으로 신실한 사람들은 그들 자신에 대해서만 그렇게 표현하거나, 공개적으로나 혹은 때때로 개인적으로 행동하도록 압박하는 정치적 법률적 문화를 만들어왔다. 마치 그들의 믿음은 그들에게 별로 중요하지 않은 것처럼….
>
> 그러나 종교는 사람들에게 중요한 것이고, 뿐만 아니라 매우 많이 중요한 문제이다. 설문조사들은 미국이 서구세계의 그 어떤 다른 사람들보다도 예배에 정기적으로 참석하고 하나님을 믿는 믿음을 갖고 있는 것으로 보인다는 점을 나타내준다. 그 누구도 만약 종교가 중요한 부분이 아니라면 텔레비전에서 주요 프로그램을 하는 시간대에 기도하지 않을 것이다. 그러나 시민들 대부분은 여론 조사원에게 종교적 믿음은 그들의 매일의 삶 속에서 매우 중요하다고 이야기한다. 비록 일부 인기 있는 역사들이 거꾸로 잘못 주장하기는 하지만 이 깊은 신앙심이 항상 미국의 특징이었으며, 이 나라의 역사를 통해 이런 특징이 계속적으로 성장해왔다는 것이 가장 훌륭한 증거이다. 그리고 오늘날 종교는 법률에서나 정치적 문화속의 수많은 오피니언 리더들에게 좌절을 안겨주면서, 도덕적인 힘이자 아마도 정치적인 힘으로서 물결치고 있다. 불행하게도, 우린 우리의 공적인 삶 속에서, 마치 그렇지 않은 척하는 것을 더 선호한다.[15]

종교적 진리를 제시하는 것을 훼방하려는 노력들은 많이 있다. 이런 노력들은 기독교가 한물 간 시대의 흐름에 뒤떨어진 것이라는 주장들에서부터, 박해를 공공연하게 하고 순교도 실제로 가능성이 있는 제3세계에서 기독교를 훼방하거나 위협하고자 하는 모습에 이르기까지 매우 다양하다. 교회가 사회적 정치적 과정들을 통해 얻게 되는 외관상의 결과가 무엇이건 간에, 하나님의 길은 결코 방해되지 못할 것이다. 기독교인들에게는 종종 외견상 패배로 보이는 승리가 있으며, 교회는 외관상의 승리가 그저 허상일 수 있다는 점을 반드시 기억할 필요가 있다. 우리가 하나님의 신실하심에 대해 할 수 있는 가장 강력한 증거들 중 일부는 박해 가운데

15. Ibid., 3-4.

서도 꿋꿋하고 신실하게 서 있어왔던 사람들에 대한 설명들로부터도 나온다—이런 스토리들은 성도들을 종종 격려한다. 이런 스토리들과 더불어, 이전에는 박해자였는데 하나님을 향해 이처럼 꿋꿋하게 서 있는 사람들을 바라보면서 그리스도께 돌아온 사람들에 관한 이야기들도 있다.

우린 종종 우리 사회 안에서의 다툼들을 마치 우리가 외관상 드러나는 결과에서 반드시 이겨야만 하는 생사가 달린 문제인 것처럼 다루곤 한다. 그러나 우리가 구체적으로 어떤 상황 속에서 어떤 역할을 담당하도록 요청받는가는 아무 상관없이, 예수의 죽음이 이미 우리들에게 생명에 이르는 길을 가져다 주셨다. 이 세상에서 어떤 일이 일어나는가는 아무 상관없이, 승리는 이미 우리의 것이다. 이 사실은 사회에서 낙오된 것에 대한 변명으로서가 아니라, 무엇이 승리인가에 대해 올바른 관점을 갖도록 격려한다는 점에서 매우 중요하다. 승리는 선거나 논쟁을 이기는 것을 통해서가 아니라, 신실하게 주를 대리하는 것을 통해서 온다. 예수 그분 자신의 삶이 바로 이런 모델이다. 그 어떤 차원의 친밀함이나 배척도 주님으로 하여금 그분께 정해져 있던 경기 라운드들을 완성하지 못하게 방해하지 못했다.

이 본문에서 제시되는 또 다른 적용에는 유대인들이 포함된다. 비록 이스라엘 자손들 대부분은 그리스도를 통해 이루어진 하나님의 역사하심에서 멀리 떨어져 있지만, 그렇다고 해서 이스라엘 나라가 그리스도를 통한 축복을 발견할 수 있는 소망에서 영원히 제거된 것은 아니다. 그들이 예수를 하나님이 보내신 분으로 인정할 때, 그들의 집은 더 이상 황폐하게 되지 않을 것이다. 그들의 회복을 통해서, 수천 년을 넘어 계속되어온 하나님의 신실하심이 기념비로 세워지게 될 것이다. 누가는 언제 이런 일이 일어날 것인지에 대해서는 이야기하지 않지만, 35절에 나오는 "~까지"라는 표현은 그날이 올 것이라는 점을 추측케 한다(참조. 행 3:18-22; 롬 11:12-32도 보라).[16]

마지막으로 그리스도의 긍휼에 대해 주목해야만 한다. 주의 마음은 사랑하고 복수를 원하는 그런 사람의 마음이 아니다. 이스라엘의 실패는 고통스러운 것이며, 예수는 경고를 선포하시면서 고통스러워하신다. 심판을 맛본 것은 아니지만, 심판의 실재성은 여전히 선포되어야만 한다. 이 마음이 우리가 때때로 적대적인 세상 가운데 서게 될 때 가질 가치가 있는 마음이다.

16. 이스라엘의 미래에 대한 이런 관점은 비단 세대주의적인 가르침에만 국한되는 것은 아니다. 개혁주의 신약학자인 David Holwerda, *Jesus & Israel. One Covenant or Two*(Grand Rapids: Eerdmans, 1995)의 흥미로운 논문을 보라.

누가복음 14:1-24

1 안식일에 예수께서 한 바리새인 지도자의 집
에 떡 잡수시러 들어가시니 그들이 엿보고
있더라
2 주의 앞에 수종병 든 한 사람이 있는지라
3 예수께서 대답하여 율법교사들과 바리새인
들에게 이르시되 안식일에 병 고쳐 주는 것
이 합당하냐 아니하냐
4 그들이 잠잠하거늘 예수께서 그 사람을 데려
다가 고쳐 보내시고
5 또 그들에게 이르시되 너희 중에 누가 그 아
들이나 소가 우물에 빠졌으면 안식일에라도
곧 끌어내지 않겠느냐 하시니
6 그들이 이에 대하여 대답하지 못하니라
7 청함을 받은 사람들이 높은 자리 택함을 보
시고 그들에게 비유로 말씀하여 이르시되
8 네가 누구에게나 혼인 잔치에 청함을 받았을
때에 높은 자리에 앉지 말라 그렇지 않으면
너보다 더 높은 사람이 청함을 받은 경우에
9 너와 그를 청한 자가 와서 너더러 이 사람에
게 자리를 내주라 하리니 그때에 네가 부끄
러워 끝자리로 가게 되리라
10 청함을 받았을 때에 차라리 가서 끝자리에
앉으라 그러면 너를 청한 자가 와서 너더러
벗이여 올라 앉으라 하리니 그때에야 함께
앉은 모든 사람 앞에서 영광이 있으리라
11 무릇 자기를 높이는 자는 낮아지고 자기를
낮추는 자는 높아지리라
12 또 자기를 청한 자에게 이르시되 네가 점심
이나 저녁이나 베풀거든 벗이나 형제나 친척
이나 부한 이웃을 청하지 말라 두렵건대 그
사람들이 너를 도로 청하여 네게 갚음이 될
까 하노라
13 잔치를 베풀거든 차라리 가난한 자들과 몸
불편한 자들과 저는 자들과 맹인들을 청하라
14 그리하면 그들이 갚을 것이 없으므로 네게
복이 되리니 이는 의인들의 부활시에 네가
갚음을 받겠음이라 하시더라
15 함께 먹는 사람 중의 하나가 이 말을 듣고 이
르되 무릇 하나님의 나라에서 떡을 먹는 자
는 복되도다 하니
16 이르시되 어떤 사람이 큰 잔치를 베풀고 많
은 사람을 청하였더니
17 잔치할 시각에 그 청하였던 자들에게 종을
보내어 이르되 오소서 모든 것이 준비되었나
이다 하매
18 다 일치하게 사양하여 한 사람은 이르되 나
는 밭을 샀으매 아무래도 나가 보아야 하겠
으니 청컨대 나를 양해하도록 하라 하고
19 또 한 사람은 이르되 나는 소 다섯 겨리를 샀
으매 시험하러 가니 청컨대 나를 양해하도록
하라 하고
20 또 한 사람은 이르되 나는 장가 들었으니 그
러므로 가지 못하겠노라 하는지라
21 종이 돌아와 주인에게 그대로 고하니 이에
집 주인이 노하여 그 종에게 이르되 빨리 시
내의 거리와 골목으로 나가서 가난한 자들과
몸 불편한 자들과 맹인들과 저는 자들을 데
려오라 하니라
22 종이 이르되 주인이여 명하신 대로 하였으되
아직도 자리가 있나이다
23 주인이 종에게 이르되 길과 산울타리 가로
나가서 사람을 강권하여 데려다가 내 집을
채우라
24 내가 너희에게 말하노니 전에 청하였던 그
사람들은 하나도 내 잔치를 맛보지 못하리라
하였다 하시니라

원 의미

누가는 다시금 식사 장면으로 돌아오는데, 이 부분은 24절까지 확장되어서 나타난다.[1] 이 식사장면은 세 개의 부분으로 되어 있다: 치유(1-6절), 겸손함에 대한 강화(7-14절), 그리고 마무리 짓는 비유(15-24절). 누가복음에만 나오는 이 기적은 안식일에 일어난 사건이며 또한 앞선 부분인 13:10-17에 나오는 기적을 거울처럼 비춰준다. 이 사건은 누가가 이야기하는 몇몇 안식일 사건들 중 하나이다(4:16-38; 6:1-15, 6-11; 13:10-17). 이런 반복은 종교 지도자들에게 통지된다. 그들은 예수가 이런 치유들을 통해 제공하시는 하나님의 권능에 대한 증거를 어떻게 처리할 것인가? 이 사건의 설명 마지막 부분이 될 때까지 그들은 침묵한다. 결국 그들은 믿지 않을 것이다. 그들이 소경됨과 딱딱한 마음으로 가득 차 있기 때문이다.

치유(1-6절). 예수가 식사하시기 위해 집에 들어가실 때, 바리새인들은 주를 감시하고 있었다(참조. 11:53-54; 20:20).[2] 수종병으로 고생하던 사람이 거기 있었는데, 그는 신체적으로 좋지 못한 상황이었다. 많은 사람들은 이 상태를 하나님으로부터 심판받은 결과라고 생각한다.[3] 그러므로 예수는 사건 전개에서 주도권을 갖고 행동하시며 바리새인들과 서기관들에게 이런 사람을 안식일에 치유해주는 것이 합당한 것인지를 물으신다. 그들은 침묵하고 있다. 그러자 예수는 이 사람의 손을 잡아 이끄시고, 그를 고치시고 보내신다. 주님은 만약 너희가 아들이나 소가 우물에 빠졌다면 우물 밖으로 건져내어 끌어내지 않겠느냐고 말씀하시는 것을 통해서 자신의 행동을 변호하신다(참조. 13:10-17). 달리 말하자면, 안식일에 긍휼을 베풀고 보이는 것이 적절하다는 것이다(혹은 다른 어떤 날이라 하더라도!).

이런 "거울" 기적들과 긍휼을 베푸는 것이 적절한가와 관련된 반복된 논의는 누가의 독자들의 인내심을 불편하게 만든다. 그러나 누가는 이런 모든 권능과 긍휼이 나타난 이후에조차, 지도자들이 그 메시지를 받아들이지 않았다는 점을 보여주고자 노력한다. 죄는 소경이 되게 만들고, 굳은 마음은 깨기가 매우 힘들다(11:29-36, 47-52). 수많은 기회들이 있었음에도 불구하고, 지도자들은 하나님이

---

1. 그리스 로마 문화에서는 이런 식사 장면들은 향연('*symposia*')이라고 불려지곤 했는데, 지혜로운 사람이 자신의 지식을 다른 사람들과 나누는 그런 장면이기도 하다. 누가는 몇 차례 이런 장면을 제시한다: 5:29; 7:36; 10:38; 11:37; 22:14; 24:30, 41.
2. Riesenfeld, "παρατηρέω," *TDNT*, 8:147.
3. 탈무드와 헬라 문화의 문헌들은 모두 다 이런 의심을 보여준다(van der Loos, *The Miracles of Jesus*, 506을 보라).

행하시는 일을 보지 못한다.

겸손함에 대한 강화(7-14절). 그런 뒤 예수는 이와 관련한 다른 이슈들에 관해 말씀하신다(7-14절). 이 본문 역시 누가복음에만 나오는 내용인데, 순수한 겸손함의 중요성을 강조한다. 이 이미지는 잠언 25:6-7의 모습을 회상하게 하는데, 그 부분에서 잠언 저자는 한 사람이 주인의 관심을 끌고자 노력하는 것보다는 주인이 누군가를 부르게끔 하는 것이 더 좋은 일이라고 이야기한다. 겸손은 사회적인 속물근성을 반영하는 것이 아니며, 자기 자신을 높이는 것이 아니며, 자기 자신이 얻게 될 것만 생각하지 않는 것이다. 하나님은 사회 계층의 양 끝에 있는 사람 모두를 친구들로 두고 있는 사람들을 귀히 보신다.

이 비유는 겸손함이 없는 세상과 관련한 통렬한 스토리이다. 예수는 바리새인의 식탁에 초대받은 손님들이 높은 자리를 찾고자 노력하고 있기 때문에 이 비유를 말씀하신다. 고대의 식사자리에서는 식탁은 일반적으로 U자 형태였고, 집주인이 U자 모양 중 아래쪽에 앉았다. 자리들 중 높은 자리들은 주인 옆쪽 자리들이었다. 종종 가장 귀한 손님들은 가장 늦게 오곤 했다.[4]

예수는 많은 중요한 사람들이 초청받는 결혼예식이나 특별한 절기 등과 같은 모임을 묘사하시면서,[5] 높임 받는 것에 관해 어떻게 접근해야하는가라는 근본적인 질문을 다루신다. 이 배경에는 하나님과 우리 사이의 관계라는 이슈와, 우리가 하나님 앞에 서 있는 위치의 본질이 무엇인가라는 이슈들이 자리 잡고 있다. 하나님 앞에서 그리고 하나님이 누구신가라는 측면에서, 그 누구도 높임 받는 자리에 서 있을 수 없다. 그러나 만약 주가 한 사람이 섬김을 잘한 것에 대해서나 혹은 훌륭한 태도를 견지한 것에 대해서 높여주신다면, 그렇다면 그건 정말이지 영광스러운 일이다. 누가복음 14:11은, 자기 자신이 스스로를 높이는 것이 아니라 하나님이 높여주시는 것에 관해 이야기하는 것을 통해, 이런 연관성을 분명하게 하고 도대체 어디에 높임과 영광이 있는지를 보여준다. 또한 하나님은 겸손한 사람을 높여주신다는 점을 분명히 한다. 그럼에도 불구하고, 이 권고 자체는 삶 속의 일들에 대한 것이다. 11절에 나오는 하나님의 반응과 연결한 것은 이 권면이 또한 거룩한 관계성 속에도 적용된다는 사실을 강조할 뿐이다.

예수에 의하자면, 우리는 높은 자리를 추구해서는 안 된다. 우리가 먼저 앉아버

4. Marshall, *Commentary on Luke*, 581.

5. 여기 사용된 '가모스'라는 헬라어 용어는 결혼 피로연이나 좀더 일반적인 잔치를 지칭할 수 있다(에 2:18; 9:22). Fitzmyer, *The Gospel According to Luke XX-XXIV*, 1046을 보라.

린 자리에 앉아야 할 좀더 뛰어난 사람이 올 수도 있기 때문이다. 그런 사람이 오게 되면, 주인은 우리에게 옮길 것을 요구할 것이고, 우리는 가장 마지막 자리로 옮겨야만 하게 될 것이다. 이런 자리이동은 부끄러움과 더불어 일어나게 되는데, 우리는 다른 사람들이 인정해주는 것보다 자기 자신을 스스로 더 높이 생각했다는 것이 드러나게 되기 때문이다. 부끄러움에 대한 주의 언급은 매우 중요하다. 고대 근동 지역 문화에서 높임과 부끄러움은 한 사람의 정체성, 가치 그리고 특징을 보여주는 매우 중요한 핵심적인 이슈였기 때문이다.

예수는 말씀하신다. 만약 당신이 현명한 사람이라면, 말석에 앉는 것을 선택할 것이고, 주인은 당신이 그 자리에 앉아있는 것을 보고 좀더 좋은 자리로 청해 올릴 것이라고 말이다. 그러면 부끄러움 대신에 영광(*doxa*)—즉, 인정과 칭찬—을 얻게 될 것이다. 하나님도 이런 영광을 다가 올 시대에 주실 것이다. 이 본문의 원칙은 11절에 분명하게 제시된다—하나님은 자기 자신을 겸손히 하는 사람을 높여주신다. 하나님 나라는 하나님의 선물이다. 비록 하나님은 축복과 받아들임을 그 누구에게도 빚지고 있는 분이 아니시지만, 모든 사람들에게 하나님의 호의를 받을 수 있게끔 열어놓으신다. 사도 바울은 예수가 이 진리의 가장 위대한 본보기이심을 보여준다(빌 2:5-11). 다른 한편으로, 자기 자신을 높이는 사람들은 하나님으로부터 낮아짐을 당할 것이다. 이 구절에 나오는 수동태 동사들은 높아짐과 낮아짐이 하나님의 평가로부터 주어진다는 것을 제시해준다. 우리가 어떻게 다른 사람들을 다루는가가 하나님이 우리들을 어떻게 다루시는가에 강한 영향을 준다.[6]

예수는 또 다른 주제를 도입하시면서 12-14절의 명령을 확장하신다. 손님으로서 식탁에 앉을 때 어떤 자리를 얻게 될 것인지 염려하는 것을 넘어서서, 우리는 도대체 누구를 손님으로 대접하고 섬길 것인가라는 질문에 대해 생각해봐야만 한다. 예수는 우리의 친절함에 보답할 수 없는 사람들을 섬기라고 명령하신다. 그렇기에 우린 친구들, 친척들 혹은 부한 이웃들을 초청해서는 안 되는데, 그들이 우리를 다시 초청하면서 우리가 보답을 받게 되기 때문이다. 예수의 요점은 우리를 사랑하고 우리 친구인 사람들을 사랑하고 초청하는 것은 본래적으로 도덕적으로 칭찬할 만한 일이 아니라는 점이다. 우린 그런 식으로 행동할 것을 기대한다. 그러나 그보다는, 우린 "가난한 사람, 불구인 사람, 저는 사람, 소경"을 초청해야만 한다.[7]

6. 이 개념은 우리가 다른 사람들을 용서하므로 하나님이 죄 사함을 주시는 것과 유사한 개념이다(눅 11:4; 엡 4:30-32).

최상의 접대는 지금 여기 주어진 이런 모습이며 이것은 변하지 않는다. 그러면 하나님의 칭찬이 주어질 것이다. 비록 초청받은 사람들은 보답을 돌려줄 수 없겠지만, 하나님은 다가올 부활 속에서 그런 돌봄에 대해 상급을 주실 것이다(고전 4:5). 다시 한번 상급에 대한 약속이 수동태로 표현되어 있는데("축복받을 것이다"), 이는 하나님이 응답을 주신다는 것을 의미한다. 하나님은 궁핍한 사람들을 찾아 나서고, 그들에게 사역하는 사람들을 칭찬하신다. 이런 사역들에 대해서는 종종 아무도 관심을 기울이지도 바라보지도 않겠지만 말이다. 진정한 의로움은 보상을 바라지 않고, 아무 대가없이 은혜롭게 제공된다. 마치 하나님이 우리에게 아무 대가를 지불하라고 하지 않으시고 그리스도 안에서 죄 사함을 주셨던 것처럼 말이다(엡 4:32; 5:2).

마무리하는 비유(15-24절). 식사장면 중 이 마지막 부분은 여태껏 몇몇 장들을 통해 예수가 이스라엘 나라에게 경고하신 내용을 요약적으로 제시하는 역할을 한다. 손님들 중 한사람이 하나님 나라의 잔치 식탁에 앉는 것이 복되다고 이야기한 것은 예수로 하여금 또 다른 비유를 이야기하시게끔 이끈다.[8] 아마도 이 말은 예수의 말씀과 행동이 만들어낸 긴장을 좀 완화시키고 없애보려고 이야기된 것으로 보인다. 이 말의 강조점은 "우리가 차이가 있기는 하지만 하나님이 완전한 통치하심을 베푸실 때 우리 모두가 하나님 앞에서 교제를 나누는 축복의 자리를 경험하는 것이 좋은 일이 아니겠느냐"[9]는 것이다. 예수는 이 말이 갖고 있는 몇 가지 전제들에 대해 도전하신다. 그런 축복의 자리에 앉는 것으로 보이는 사람들이 사실은 전혀 그 식탁에 들어가지 못하는 위험한 상황에 있다. 여기서 제시되는 요점들은 11:37-54과 13:6-9, 31-35에 토대를 두고 있다.

예수는 자기 집에서 큰 잔치를 계획하고 있는 한 사람의 스토리를 이야기하신다. 이 잔치는 중요한 일인데, 이 잔치에는 처음의 초청장을 보내고 거기에 대해 답장을 요구하는 고대의 형식도 포함되어 있다. 잔치를 베풀 시간이 되자, 주인은 자

7. 이 목록의 두 번째 그룹은 그저 단순히 발을 저는 것을 표현하는 세 번째 그룹과는 대조적으로 매우 심각하게 불구 상황인 사람들이다.

8. 이 문단은 종종 마태복음 22:1-14과 평행을 이루는 것으로 생각되곤 하지만 차이점들이 너무나 확연하고 크기 때문에 개념적으로만 유사할 뿐이다. 두 본문 사이의 구체적인 차이점들에 대해서는, Blomberg, *Interpreting the Parables*, 237-39을 보라.

9. 하나님 나라에 대한 언급은 미래의 축복과 하나님의 통치하심에 대한 기대를 암시하는데, 이런 미래는 이스라엘이 하나님의 계획 속에서 핵심적인 역할을 갖게 되는 때이다. 시편 22:26; 이사야 25:6; 에녹1서 62:14, 25:5; 바룩서 29:8을 보라. 참조. Behm, "ἐσθίω," *TDNT*, 2:691.

기 종들을 보내 식사 시작을 알린다(참조. Est 5:8; 6:14; Lamentations Rabbah 4:2).

이 순간 이 스토리는 흥미로워진다. 이전에 이미 초청에 응했었던 세 명의 사람들이 오지 않기 때문이다. 각각의 사람들은 그들 스스로 생각하기에 그럴듯한 변명거리들을 갖고 있다. 한사람은 최근에 산 밭을 점검해 보기를 원하는데, 이렇게 매매 이후에 밭을 점검해보는 것으로서 거래는 완료되게 된다. 이는 한사람이 자신을 이스라엘의 전쟁에 참여하는 것에서 제외시켜달라고 사용하는 이유와 비슷하게 들린다(신 20:5-7).[10] 두 번째 변명은 소 다섯 겨리를 샀다는 것이다. 최근에 사들인 가축도 밭과 마찬가지로 검사해 봐야 한다. 소 다섯 겨리를 샀다는 것은 이 사람이 부자임을 보여주는데, 아마도 그는 평균적인 땅 소유자보다 두 배에서 다섯 배 정도 더 많은 땅을 갖고 있었을 것이다.[11] 물론 이 사람은 소를 검사하는 일을 잔칫집 식사 이후에 할 수도 있었겠지만, 그의 바람은 이 거래를 마무리 짓는 것이고, 그가 갖고 있는 우선순위는 그로 하여금 잔치에 참석하지 못하게끔 한다. 세 번째 변명은 최근에 한 결혼에 관한 것이다—구약성경은 때때로 새로 결혼한 사람들에게 매우 중요한 책임들을 면제받을 수 있게끔 허용해준다(신 20:7; 24:5). 이 잔치는 아마도 남성들만을 참석자로 포함시키고 있었을 것이고, 이 세 번째 초청받은 사람은 자신의 새신부가 참석할 수 없기에 잔치에 가지 않고자 했을 것이다.

종은 주인에게 마지막 순간에 이루어진 참석취소들에 대해서 이야기한다. 주인은 딜레마에 빠진다. 비록 음식이 이미 다 나오고 준비되었지만, 좀더 나은 시간대로 잔치를 연기할 것인가? 아니면 그냥 그대로 진행할 것인가? 이미 준비된 것을 허비하기보다는 잔치는 계획된 그대로 진행된다. 그래서 종은 밖으로 나가서, 가난한 사람들, 몸이 불편한 사람들, 소경, 그리고 저는 자들—14:13에서 이미 언급되었던 사람들(또한 1:52-53; 6:20-23;; 7:22-23)—을 초청한다. 하나님은 일반적으로 배제되던 사람들을 포함해서 모든 종류의 사람들을 초청하실 것이다(참조. 레 21:17-23). 하나님 나라의 식탁들은 반드시 채워져야만 하기 때문이다.

종들이 두 번째 초청을 위해 밖으로 처음 나간 것을 통해서 잔치 자리가 채워지

---

10. L. T. Johnson, *The Gospel of Luke*, 229.

11. J. Jeremias, *The Parables of Jesus*(London: SCM, 1972), 176-77.

12. 이 지역에 대해서는 W. Michaelis, "ὁδός," *TDNT*, 5:68을 보라. 길들은 나라를 관통하는 큰 도로들을 의미하며, 반면 울타리는 성읍 바깥쪽의 포도원이나 다른 과수원들로 둘러싸인 곳들을 지칭한다.

기 시작하긴 했지만, 여전히 다른 자리들이 비어 있었다. 그래서 주인은 종을 성읍 외곽으로, 길과 울타리 있는 곳으로 보낸다.[12] 거기에서 종은 다른 사람들을 잔치에 오라고 강권해야만 한다. 이 사람들은 아마도 간접적으로조차 잔치 주인을 모를 것이고, 그래서 잔치에 오라는 강권이 필요할 것이다. 주인은 자리에 사람들이 가득 찬 잔치를 원한다.

바로 여기에 이 비유의 핵심이 있다. 처음 원래 초청받은 사람들은 이스라엘을 보여준다. 비록 원래 초청받았던 이스라엘 나라는 응답하지 않지만, 하나님 나라가 도래하는 시간은 다 되었고, 하나님 나라의 축복을 송축하는 모습은 원래 계획 그대로 진행될 것이다. 이전에는 이 송축에 참여하지 못하고 배제된 것으로 생각되었던 다른 사람들이 청함을 받게 될 것이다. 이런 사람들은 하나님의 축복이 이스라엘의 필요를 채워주는 울타리를 넘어 확장된다는 점을 나타낸다. 이런 모든 점들과 마찬가지로, 여기에는 이방인들이 포함된다는 것도 암시된다(사 49:6). 이스라엘은 비록 처음에는 잔치에 참여하는 노선에 있었지만, 지금은 잔치 식탁에 앉을 수 있는 기회를 놓치고 있다. 먼저 된 사람들이 실제로 나중이 되고 있는 것이다.

상황잇기

비록 오늘날의 우리들에게는 안식일이라는 이슈가 더 이상 존재하지 않긴 하지만 '긍휼'의 중요성은 여전히 중요한 이슈이다. 예수는 어느 순간에건 궁핍한 사람들의 필요를 채워주는 그런 사역의 모습에 모델을 제시하신다. 긍휼히 여기지 못한 것에 대한 변명들은 설령 왜 그랬는지에 대한 변명들이 경건한 것처럼 보인다 하더라도, 결코 변명이 되지 못한다. 이 주제들이 계속적으로 반복된다는 점은 누가가 이 점을 제시하고자 얼마나 부단히 노력했는지를 잘 보여준다. 동시에, 죄의 강력한 힘은 누군가로 하여금 사람의 필요들에 대해 눈감게 만들어버린다는 교훈은 오늘날에도 인간성 안에 내재되어 있는 통해 살아남아 있다. 하나님께 순종하기 위해서 우리는 사물들을 하나님의 방식대로 바라보는 마음을 가져야만 한다.

누가복음 14:7-14은 두 가지 핵심적인 주제들을 다룬다: 그 두 가지 주제들은 겸손함과 자비로움이다. 두 가지 태도들은 모두 다 기독교인의 특징으로 발전시켜야 할 중요한 내용들이고, 모두 삶 속에서 보여주어야 할 그런 내용들이다. 우리는 어떻게 하면 받을가에 집중하기보다 주는 자들이 되어야만 한다. 그러나 이런 태도들 역시 문화가 우리 안에 심어주고 있는 기대나 경향들과 대치되는 모습이다. 문화는 우리를 향해 소유를 위해 지금 당장 무언가 하라고 이야기하기를 즐기거나 혹은 "황금을 찾아 나서라"고 이야기하길 좋아한다. 우리는 부자들이나 유명한 사람들, 권력을 갖고 있는 사람들 등의 비위를 맞추는 것을 좋아한다. 이런 서클의 사람들을 대상으로 목회하는 것은 특권적인 것이다. 물론 이런 사역들이 그 자체가 본래적으로 잘못된 것은 아니지만, 이런 사역들은 "외모로 사람을 취하지 아니하시는"(롬 2:11) 하나님을 묵상하고 반영하는 방식으로 추구되어야만 한다. 부자들과 가난한 사람들(약 2:5), 주인과 종(참조. 엡 6:9)은 하나님 보시기에는 모두가 똑같다(참조. 갈 3:28). 우리 문화가 갖고 있는 태도들은 모든 사람들을 긍휼히 여기는 모습으로 사역하는 그런 능력을 교묘하게 파괴해버리곤 한다.

우리 문화에서 끄집어낼 수 있는 또 다른 태도는 누군가가 처해 있는 삶의 상황들은 그저 그 사람 개인의 문제라는 태도이다. 예를 들어서, 사람들이 가난한건 그들이 게으르기 때문이다. 이런 태도는 가족들로부터 아무런 후원도 받지 못했거나 훈련받을 기회를 누리지 못했을 수도 있는 그런 사람들을 도와주고자 하는 긍휼히 여기는 마음을 생겨나지 않게 한다. 기독교 그룹들 안에서 우리 모두 "가족으로 돌아가자"라는 강조는 매우 좋은 것이기는 하지만 어떤 사람들은 돌아갈 가족들이 없다는 사실도 함께 잘 생각해야만 한다! 진정한 겸손은 이런 사람들을 무시하는 눈 먼 관점을 막아주고, 개인적으로 파괴적인 관점을 갖는 것도 막아준다. 표면적으로 생각하는 것이 주는 유익은 그런 생각이 공동체를 세우는 것을 도와준다는 점이다.

예수는 교만이 공동체가 세워지지 않게끔 만들기 때문에 교만하지 말라고 권고하신다. 선한 뜻이라 하더라도 참된 기독교 사역 안에서 이루어지는 자기중심적이지 않은 아웃리치를 통해서만, 사역을 효과적으로 깊이 있게 진전되게끔 만들어줄 수 있다. 우리가 그들을 섬기고 있다는 것을 알고 있는 사람들은 듣기 힘든 말들도 좀더 듣고자 할 것이다.

14:15-24에 나오는 비유에서 우리가 이스라엘을 두드러지게 강조하는 것은 하나님의 계획 속에서 타이밍과 지위라는 관심사에 대해 이야기하기 때문이다. 이 비유가 갖는 이런 독특한 특징은 예수님 당시의 배경 속에서만 생겨날 수 있는 특징이다. 당시엔 유대인들이 하나님 나라에 대한 하나님의 초청에서 그들이 일순위 사람들이었지만, 그들은 그 초청을 거부하고 있었다. 그러나 우리는 예수의 초청, 즉 그분께서 베푸시는 유익함에 참여하라는 초청을 거부하는 모든 사람들이 맞이

하게 되는 결과를 결코 간과해서는 안 된다. 주가 하나님의 환대와 죄 사함이라는 식탁에 앉으라고 초청하실 때, 우리는 그것을 받아들여야만 한다. 만약 우리가 그 식탁에 인격적으로 나아가 앉지 않는다면, 예수와의 그 어떤 근접성도 도움이 되지 못할 것이다. 예수를 거부한다는 것은 결국 함께 송축하는 것을 상실해 버린다는 것을 의미한다.

이스라엘이 거부한 이 유익들은 지금은 그 잔치에 초대받은 많은 다른 사람들—이방인들—의 몫이 되었다. "늦게 청함 받은 사람들"의 목록은 이 비유를 시간을 초월한 비유로 열어주는데, 이런 그룹의 사람들은 아직도 여전히 초청받고 있으며 또한 잔치에 나아오고 있기 때문이다. 하나님 나라는 처음에 많은 사람들이 생각했던 것보다는 매우 다양한 배경과 스펙트럼을 갖고 있는 사람들로 구성될 것이다. 이스라엘의 거부는 하나님이 이 세상에게 그분의 은혜를 보여주시는 기회가 되었다(롬 11장). 이 식탁에 오는 것은 예수가 주시는 구원을 받아들인다는 것을 뜻한다.

우리는 겸손함과 감사함으로 나아와야만 한다. 우리들 중 많은 사람들이 "늦게 청함 받은 사람들"이기 때문이다. 이후에 나오게 될 비유에서는 앞에 나온 말씀들에 토대를 두고서, 이스라엘 나라가 거부한 결과로 포도원이 다른 사람들에게 주어질 것이라는 좀더 진전된 내용이 선포될 것이다(20:9-19).

현대적 의미

이 본문의 주제들은 다른 안식일 치유사건 본문들이 갖고 있던 적용들을 다시 생각해보게 한다. 중심적인 교훈은 긍휼을 베풀려는 의지에 관한 것이고, 또한 죄가 어떻게 한사람을 하나님의 역사하심을 보지 못하는 소경이 되게 하는지에 관한 것이다. 유대 지도자들은 하나님의 통치하심과 그 통치하심의 수단들에 대해 자신들의 확고한 생각을 갖고 있었기 때문에 예수가 행하고 계셨던 일들을 보지 못했다. 그들은 율법의 지경이 어디까지인지를 적절하게 인식하지 못했다. 그들은 하나님이 하나님을 송축하고 예배드림에 있어서 긍정적인 표현방식으로 생각하시는 것들을 절대 해서는 안 된다고 금지시키는 정도로까지 율법을 치켜 올려버렸다.

안식일은 그들에게 배타적인 날이 되어버렸고, 그래서 어떻게 표현하건 간에 긍휼을 베푸는 일들도 제한해 버렸다. 하나님은 예수를 통해 하나님의 날이라 하더라도 긍휼을 바라신다는 것을 보여주고 계셨다.

우린 원래의 범주를 넘어서서 숨 막히는 환경을 만들 정도로 율법을 강요하는 이런 율법주의적인 관점에 대해서, 이미 11:37-54에서 다루었다. 바리새인들은 결코 놀라지 않을 준비가 되어 있었다. 그들은 하나님의 역사하심을 제한적으로 정하길 원했다. 우리는 종종 하나님이 어떻게 행하시는지를 잘 안다고 생각하기에 하나님이 행하고 계신 일을 놓치곤 한다. 하나님이 역사하시는 것을 보고자 하는 사람들은 하나님께 명령하는 방식이 되지 않게끔 반드시 주의해야만 한다. 하나님은 하나님이 원하시는 대로 역사하시며, 또한 하나님의 뜻의 여러 측면들을 우리에게 계시해 오셨다. 그러나 이것이 하나님이 주권적으로 그분의 은혜를 새로운 방식을 통해서나 혹은 아직 드러내지 않았던 방식으로 나타내시고자 선택할 수 없음을 의미하는 것은 아니다. 하나님은 하나님의 계획을 성취하실 것이고, 우린 그것이 놀라운 방법들로 올 것임을 확신할 수 있다.

누가복음 14:7-14이 겸손에 대해 명령하고 있다는 점은 분명하다. 그러나 실제적으로 겸손한 영성을 발전시키고 겸손한 모습으로 살아간다는 것은 참 힘든 일이다. 겸손은 우리 자신이 갖고 있는 바람이나 경향과 정반대의 모습이기 때문이다. 높은 자리를 추구하지 않고 자발적으로 낮은 자리로 내려가는 것을 추구하는 것, 보답해 줄 수 없을 것 같은 사람들에게 관심을 기울이는 것 등은 어려운 일이다.

우리는 혹시 "중요하지 않은" 사람들을 무시하지는 않는가? 우리가 아무런 대가를 지불받지 않고 섬기는 모습은 하나님이 귀하게 보시는 모습이 될 것이다.

또한 우리가 우리 자신을 위해 나팔을 불고 싶을 때 도리어 동료를 칭찬하는 일은 어려운 일이다. 예수는 여기에서 모든 칭찬이나 명예에 반대해서 말씀하시지는 않는다. 하나님이나 다른 사람들로부터 "영광"을 받기에 적절한 시간도 있다. 그러나 그런 영광은 자연스럽고 자발적으로 나타나는 것들이어야만 한다. 우리는 스스로에게 물어볼 필요가 있다: 우리는 관심받기를 추구하지는 않는가? 우리는 의도적으로 우리에게 친절함이나 다른 무언가를 대가로 보답해줄 수 있는 사람들에게만 예민하게 행동하지는 않는가?

공동체를 시험해볼 수 있는 훌륭한 리트머스 시험지는 공동체가 행하고 있는 얼마나 많은 일들이 과연 얼마나 많이 자기를 섬기는 것과 정반대 모습으로 바깥을 향해 이루어지고 있는지 살펴보는 것이다. 이기심은 비단 개인적으로만이 아니라 공동체적으로도 표출될 수 있다. 교회와 예산이 어떤 프로그램들을 시행하고 있는지를 검토해 보는 것도 교훈을 줄 수 있고 또한 얼마나 많은 활동들이 우리 자신의 관심을 위해서 이루어지고 있고 또한 얼마나 많은 일들이 순수하게 주는 것을 위해서 이루어지고 있는지를 살펴보는 것도 교훈을 줄 수 있다. 우리가 개인적인 시간과 물질을 어떻게 사용하고 있는지를 검토해보는 것도 마찬가지로 역할 할 수 있다.

우리 교회는 최근에 장로회 모임을 가지면서 숫자적인 성장과 관련된 이슈들에만 매달리느라 선교를 등한시 여겨왔다는 것을 깨달았다. 자기 성찰을 통해서 우린 초창기 때 실제적으로 더 많은 관심을 바깥을 향해 쏟았었다는 것도 알게 되었다. 이런 결과는 건축을 위해 헌금을 모으고자 노력하는 중이기는 했지만, 좀더 많은 돈을 국내와 해외선교를 위해 사용하게끔 하는 새로운 동력이 되었다.

우리의 전제는 만약 우리가 순수하게 주기만 하는 그런 사역에 열심을 내지 않는다면, 어떻게 하나님이 우리의 성장을 귀히 여기시게 할 수 있느냐는 것이었다. 외부를 향해 베풀고 주는 것을 강조하는 것이 우리를 건강하게 하고, 우리와 함께 가려는 사람들에게도 건강한 모습이 되지 않겠는가?

나는 도시 빈민층 아이들에게 자원해서 개인 교사로 섬겨왔던 사람들을 알고 있다. 그들은 가난한 사람들의 중요한 필요를 채워주는 것 말고는 다른 어떤 보수도 받지 않았다. 나는 입양되어 가는 아이들을 위해 정기적으로 자기 집을 "수양가정"으로 제공해 주어서 아이들이 새로운 영구적인 가정을 찾기까지 섬겨주던 사람들도 알고 있다. 이런 돌봄은 보답을 할 수 없는 사람들에게 주어진다. 하나님의 은혜를 통해 유익을 누린 사람들은 어떻게 그 은혜를 받았으며 어떻게 갚아야하는지에 대해 알아야만 한다. 이런 사람들은 우리가 얻기 위해서 베푸는 것이 아니라, 하나님이 우리에게 더 많은 것을 주셨기에 감사하면서 베푸는 것임을 안다. 예수가 여기서 우리에게 명령하시는 것은 바로 이런 태도와 사역이다.

14:15-24은 기회를 놓쳐버린 것에 대해 고통스럽고 비극적으로 묘사한다. 이스라엘 나라의 많은 사람들은 그들에게 주어졌던 초청이 얼마나 중요한 것인지를 보지 못했기 때문에 축복이 오는 시간에 들어가는 것을 놓쳐버렸다. 그러나 하나님의 축복을 송축하고 함께 공유할 수 있는 기회는 여전히 오늘날까지 확대되며 남아있다. 이 초청이 (유대인들을 향한) 원래의 초청이건, 성읍에 있는 다른 사람들을 향한 것이건, 성읍 외곽의 사람들을 향한 것이건 간에 축복을 공유하고 그 자리에 앉을 기회를 하나님이 제공하시고 계시다는 것이 요점이다. 우리는 이 초청에 응답해야만 한다. 삶의 그 무엇도 하나님이 예수를 통해 행하고 계신 일에 응답하는 것을 방해해서는 안 된다.

우리는 하나님이 지금 당장 우리들을 심판하지 않으시거나 우리가 마지막 순간에 회개할 수 있다는 생각으로 인해 하나님이 결국에 우리들을 축복하실 것이라고 가정하지 않도록 주의해야만 한다. 나는 은혜에 관한 이야기를 들으면서도 "나는 내가 죽기 직전까지 기다릴 겁니다"라고 말하는 사람들을 보아왔다. 이것은 지금 내가 원하는 대로 살 수 있다는 그런 태도이다. 이런 응답은 종종 내가 고등학생들과 대학 연령의 학생들을 대상으로 하고 있는 영 라이프 사역에서도 나타나곤 한다. 이런 생각은 한 가지 중요한 사실을 간과한다.

성경은 우리가 초청에 대해 오랫동안 거부할수록, 우리 마음이 하나님의 어떤 말씀에도 반응하지 않게 되는 딱딱한 마음을 갖게 된다고 경고한다. 사람들이 복음에 응답하지 않는 것에는 수많은 변명거리들이 있다. 대학생 시절에는 "그건 내 스타일을 망쳐 놓을거야", "조금 더 있다가", "나한테는 버팀목 따위는 필요 없어"가 그런 변명이었다. 이런 변명과 응답들은 하나님 앞에서 져야 할 책임과 자기 삶을 설명해야 할 의무에서 벗어나려는 시도들이다. 이런 변명들은 어쩌면 내 말이 조금 무뚝뚝하게 보일지도 모르겠지만, 자기 자신을 우상으로 섬기는 그런 모습이다. 이런 태도는 하나님으로 하여금 우리를 시중들게 하는 자리에 두는 태도이다. 이런 유형의 교만이 바로 하나님이 가난한 사람들, 저는 자, 그리고 소경을 선택하시는 이유이며, 누가의 주제에서 이런 그룹의 사람들을 그토록 중요하게 다루는 이유이기도 하다(4:16-19; 7:22-23).

이런 누가의 주제는 하나님이 겸손하고 궁핍한 자들을 얼마나 가치 있게 보시는지를 드러내준다. 자신들이 하나님 앞에서 어떤 지위의 사람이며 무엇이 필요한지를 알고 있는 사람들이 자기 자신을 하나님 앞으로 나아가게 하는 사람들이다(18:9-14; 참조. 고전 1:26-31).

더군다나, 하나님은 누군가가 하나님을 배척하고 거부할 때 놀라지 않으신다. 하나님의 축복을 송축하고 누리는 일은 첫 번째 원래 초청받은 사람들 없이도 계속 진행되어가며, 하나님의 은혜를 통해 다른 사람들이 그 식탁에 초청받게 된다. 중요한 질문은 언제 우리가 그 식탁에 초청받느냐가 아니라, 초청을 받았을 때 우리가 그 자리에 가느냐에 관한 것이다.

하나님은 계속해서 은혜로 사람들에게 잔치에 오라고 청하신다. 만약 누군가가 거부한다면, 다른 사람들이 그 잔치에 있게 될 것이다. 상실은 하나님의 몫이 아니라, 그 잔치를 놓치는 사람들의 몫이다.

예수가 이런 초청을 하시는 분이시라는 점이 이 비유의 핵심적인 이미지이다. 축복은 단순히 헌신이나 열정을 통해 받는 것이 아니다. 헌신과 열정은 하나님이 선택하신 분에 대한 지식과 응답과 더불어 동반되어야만 한다. 이런 실제적인 모습을 알지 못했던 것이 처음에 초청받았지만 그것을 거부했던 유대인들을 비극적인 사람들이 되게 만들었다(롬 10:1-4을 보라). 그들은 유산만으로 그리고 하나님이 선택하신 백성의 일부라는 것만으로 충분하다고 생각했다.

예수는 원래 초청받은 사람들 속에 들어있다는 것만으로는 충분치 않다고 말씀하신다. 초청받은 사람들은 참여하는 것을 선택해야만 한다. 만약 참석하지 않는다면, 그들은 축복의 자리에 앉는 기회를 갖지 못하게 될 것이다. 축복으로의 초청을 받았지만 그 시간이 왔을 때 잔치에 참여하지 못한다면 얼마나 비극적인 일인가.

누가복음 14:25-35

25 수많은 무리가 함께 갈새 예수께서 돌이키사
이르시되
26 무릇 내게 오는 자가 자기 부모와 처자와 형
제와 자매와 더욱이 자기 목숨까지 미워하지
아니하면 능히 내 제자가 되지 못하고
27 누구든지 자기 십자가를 지고 나를 따르지
않는 자도 능히 내 제자가 되지 못하리라
28 너희 중의 누가 망대를 세우고자 할진대 자
기의 가진 것이 준공하기까지에 족할는지 먼
저 앉아 그 비용을 계산하지 아니하겠느냐
29 그렇게 아니하여 그 기초만 쌓고 능히 이루
지 못하면 보는 자가 다 비웃어
30 이르되 이 사람이 공사를 시작하고 능히 이
루지 못하였다 하리라
31 또 어떤 임금이 다른 임금과 싸우러 갈 때에
먼저 앉아 일만 명으로써 저 이만 명을 거느
리고 오는 자를 대적할 수 있을까 헤아리지
아니하겠느냐
32 만일 못할 터이면 그가 아직 멀리 있을 때에
사신을 보내어 화친을 청할지니라
33 이와 같이 너희 중의 누구든지 자기의 모든
소유를 버리지 아니하면 능히 내 제자가 되
지 못하리라
34 소금이 좋은 것이나 소금도 만일 그 맛을 잃
으면 무엇으로 짜게 하리요
35 땅에도, 거름에도 쓸 데 없어 내버리느니라
들을 귀가 있는 자는 들을지어다 하시니라

원 의미

이 부분은 누가복음의 여행 항목(9:51-19:44) 중 여섯 번째 단락인데, 여기에는 오직 한 문단만 들어있다—제자도가 무엇을 의미하는지를 생각하라는 명령. 이 단락은 예루살렘을 향한 여정의 중심부 가까이에 자리 잡고 있으며, 중심 내용도 유대 지도자들의 배척과 반대에 관한 내용에서부터 제자들로 하여금 주가 떠나시는 것을 준비케 하는 것으로 강조점이 전환된다. 제자도는 쉬운 것이 아니다. 그러나 우리가 하나님 앞에서 우리 삶을 설명해야한다는 책임성과 이 제자도가 갖는 엄중함은 우리가 주의 제자로서 성공적으로 제자도를 감당할 것을 요구한다.

여기에서 예수는 제자들에게 제자도가 무엇을 요구하는지를 잘 판단할 것을 요구하시면서, 관심을 주를 좇는 제자들에게 돌리신다.[1] 주님은 주님과 더불어 온전

1. 이 본문 중 일부분은 마태복음 10:37-38과 비슷하게 들리기는 하지만 이 본문은 누가복음에만 독특하게

한 길을 동행하기 위해서는 무엇이 요구되는지를 제자들이 깨닫기를 원하신다. 주의 중점은 성공적인 제자도의 삶을 살려면, 삶에 있어서 예수께 가장 최우선의 우선성을 부여해야 한다는 것에 있다. 그렇기 때문에 만약 우리가 이 믿음의 길을 완수하고자 한다면, 주를 좇아가는 대가를 지불해야만 한다. 주의 뜻과 주가 이끄시는 방향은 그 대상으로 우리의 삶을 끌어들인다. 우리는 우리 삶을 주께 드려야만 하며 또한 하나님께 영광 돌리는 가치들을 삶 속에서 보여드려야만 한다.

예수는 오직 제자들만 있을 때 말씀하셨던 앞의 9:18-27, 57-62과는 달리, 지금은 이 말씀들을 무리를 향해 말씀하신다. 주님은 마치 먼저 결단을 해야 그런 뒤에 나머지 이야기를 들려주시기 원하시는 양 그런 식으로 행동하지 않으신다. 주는 주를 따르기 원하는 사람들에게 그런 식으로 주의 요구사항들을 숨기실 의사가 없으시다. 예수는 주를 좇아가는 것이 얼마나 많은 것을 요구하는지를 분명히 하신다. 주가 반드시 첫 번째가 되어야만 하며, 좇고자 하는 사람들은 자신의 정체성을 주께 맞출 준비가 되어있어야만 한다. 물론 주의 고난에 대해서도 마찬가지다. 이는 주를 배척하는 유대인들로부터 추방당하는 것을 의미할 수도 있고, 혹은 고립과 배척당하는 것을 의미할 수도 있다. 제자도는 매우 거친 길이다. 주를 믿는 것은 주를 구원 여정의 해답으로 받아들이는 것을 의미한다. 제자도와 더불어 오게 되는 거친 길들을 포함해서 말이다.

예수는 요점으로 직접 들어가신다. 만약 누구든지 주를 따르기 원한다면, 아버지, 어머니, 아내, 자녀, 형제, 자매, 그리고 심지어 자기 자신의 생명까지도 미워해야만 한다. 이 말씀의 배경과 수사적인 강조점을 이해하는 것은 이 내용을 정확하게 이해하는데 있어서 매우 결정적으로 중요하다. "미워하다"라는 의미는 여기에서 비교적인 강조점을 갖고 있다.[2] 이 개념은 우리가 우리 가족들이나 생명을 미워해야만 한다는 것이 아니라, 만약 우리가 선택해야만 하는 상황이라면, 예수와 비교했을 때 선택의 승자는 반드시 예수가 되셔야만 한다는 의미이다. 제자는 다른 그 누구보다도 주를 사랑해야만 한다(참조. 마 6:24에 이와 유사한 개념이 나온다). 더군다나, 1세기 정황에서는 일부 사람들에게 예수를 향한 결단은 가족과 등을 지는 결단을 의미했다(눅 12:49-53). 이런 상황 속에서는 가족을 더 사랑했던 사람들은 예수에 대해서 생각조차 하지 못했을 것이다. 자기 자신의 생명을 더 사

나온다. 결론부분의 두 구절들은 개념적으로 마태복음 5:13과 마가복음 9:49-50과 유사하다.

2. J. Denny, "The Word 'Hate' in Luke 14:26," *ExpTim* 21(1909-10):41. 헬라어 안에는 동의어가 알려져 있다(에픽테투스 3.3.5를 보라). 또한 O. Michel, "μισέω," *TDNT*, 4:690-91도 보라.

랑했던 사람들 역시 예수에 대해 생각할 수 없었는데, 주를 의지하는 것은 결국에는 순교를 의미했기 때문이다. 그러므로 예수의 말씀은 회심과 전환이 필요했던 그런 정황 속에서 주어진 것이었다. 사람들은 이에 따르는 대가가 무엇인지를 이해해야만 한다.

예수는 주의 요점을 분명하게 제시하기 위해서, 두 가지 예를 사용하신다. 한 가지 예는 자기 땅이나 혹은 성읍을 살펴보기 위해 망대를 세우는 사람에 관한 것이다.[3] 이런 작업에 착수하려면 비용이 많이 들기에 그는 과연 이런 프로젝트를 감당할 수 있을 것인지를 먼저 계산해봐야만 한다. 그러므로 망대를 세우기전에 비용을 먼저 계산해보는 것이 가장 좋은 일이다. 건축을 시작했지만 마무리할 돈이 없다면 얼마나 슬픈 일이겠는가. 우리 모두는 아마도 시작하기는 했지만 펀드가 모자라서 건축을 마무리하지 못한 건축 프로젝트들에 대해서 알고 있을 것이다. 절반만 짓다가 만 건축이란 얼마나 심한 낭비인가! 예수는 지나가며 바라보는 사람들이 프로젝트를 마무리하지 못한 것을 쳐다보며 조롱하는 것을 묘사하시면서 요점을 분명히 제시하신다. 달리 말하자면, 성공적으로 제자도로 나아가려면 우선 심사숙고해야만 한다. 제자도는 자동적으로 이루어지는 것이 아니다. 지불해야 할 비용을 적절하게 평가하지 못했기 때문에 중간에 하나님과의 동행을 포기한 것에 대해서는 아무런 긍정적인 평가도 주어지지 않는다. 도리어 그건 비극이다.

두 번째 비유는 전쟁을 준비하면서 자신의 군사력을 가늠하는 왕을 묘사한다.

내가 글을 쓰고 있을 때, 지금 방금 아이티는 미국의 군사개입에 군사적으로 대립하기보다는 평화 협상을 선택했는데, 이것은 이 본문의 예를 잘 보여준다. 어느 왕이 적은 숫자를 가지고 전쟁하러 나가겠는가? 그는 우선 앉아서 자신의 일만 명의 군사들로 상대편의 이만 명의 군사를 이길 수 있을 것인지 계산하지 않겠는가? 만약 그가 이길 수 없다고 판단하게 된다면, 사신을 보내 평화 협상을 할 것이다. 이와 유사하게, 예수는 말씀하신다. 주의 제자가 되고자 하는 사람들은 이런 계산을 먼저 해야만 한다고 말이다. 한 사람은 하나님과 더불어 평화 협상을 해야만 한다. 그는 두 가지 옵션을 갖고 있다. (1) 결과적으로 하나님과 대적하는 자리를 선택하면서 자기 자신이 원하는 자기만의 길을 갈 수 있다. (2) 주의 은혜를 토대로 하나님과 평화를 누리고자 청원하면서, 좀더 현명한 접근을 선택할 수도 있다. 두 번째 옵션은 하나님께 자신이 드려야할 의무를 다하고 그런 뒤에 주를 좇는 것을

---

3. 이런 망대에 대해서는 J. Jeremias, *The Parables of Jesus*, 196, n. 19를 보라.

의미한다. 하나님은 제자들이 주께 전적으로 속하는 사람들이 되기를 바라신다. "모든 것"을 포기하는 것은 하나님이 우리 삶의 모든 영역들에 대해 주장하신다는 것을 깨닫는다는 의미이다. 하나님이 이런 모든 영역들에 대해서 무엇을 바라시는지를 하나님으로부터 배우는 것이 제자도의 일부분이기도 하다. 그 누구도 처음 제자도를 걷기 시작할 때에는 제자도 안에 포함된 모든 것들을 다 알 수는 없지만, 하나님이 모든 것들을 간섭하신다는 것을 이해하면서 이 여정에 들어설 수는 있다.

예수는 소금을 묘사하시면서 마지막 경고를 하신다. 소금은 짠 맛을 갖고 있는 한, 가치가 있고 유용한 것이다. 이 세상에서 소금은 그 효능을 약 15년까지도 지탱할 수 있다.[4] 어떤 형태로 사용되건 간에, 소금이 유용한 것은 그 짠 맛을 갖고 있을 동안이다. 소금이 만약 소금으로서의 기능을 멈춰버린다면, 그저 버려질 뿐이다. 이 말씀은 하나님이 자신에게 주어진 소명을 완수하지 않는 제자들을 제자에서 박탈하실 수 있음을 이야기한다. 이는 제자도가 자신의 생명과 관련될 만큼 심각하게 하나님으로부터 주어지는 것임을 의미한다.[5] 바로 이런 이유 때문에 주님은 우리에게 주가 말씀하시는 것을 들으라고 명령하신다. 물론 다른 시대에는 다른 모습의 동행이 나타난다. 왜냐하면 모든 사람들이 초대교회 시대 때 성도들이 겪었던 많은 고난을 받도록 명령받는 것은 아니기 때문이다. 그러나 이런 시대적인 차이점들이 신실한 제자로서 주님과 동행해야 할 필요성을 바꿔주는 것은 아니다. 예수는 이 여정에 있는 모든 사람들이 이 여정이 무엇을 요구하는지를 이해하고 제자도의 여정에 참여하기를 원하시며, 이 길에 항상 머물러 있겠다고 결단하기를 원하신다.

상황잇기

이 본문이 기록되던 당시의 정황과 이 본문이 오늘날 갖는 역할에 대해 묵상하는 것 사이에는 중요한 차이점이 있는데, 그건 예수의 말씀은 후기 기독교 문화 속에서 많은 사람들이 살고 있는 지금보다는 기독교가 처음 출발하던 상황 속에서 주어진 것이었다는 차이점 때문이다. 그 당시에 예수를 선택할 때 생겨나는 문제점은 지금보다 더 힘겹고 어려운 것이었다. 비록 지금이 "기독교"적 문화가 서구 세계를 지배하던 50년에서 250년 전보다는 더 예수를 선택하기 어려운 모습

4. F. Hauck, "ἅλας," *TDNT*, 1:229.

5. 이런 종류의 심판에 대한 본보기가 고린도전서 11:30에 나온다. 이 부분에서 바울은 주의 만찬에 부적절한 방식으로 참예한 일부 성도들이 심판으로 죽었다는 내용이 나온다.

이긴 하지만 말이다. 예수 시대나 이후의 초기 세대들 때에는 예수를 믿기로 결단한다는 것은 일반적으로 배척, 조롱, 그리고 긴장과 직면한다는 것을 의미했다. 그 누구도 주를 그냥 쉽고 편안하게 받아들일 수는 없었다. 오늘날 많은 사람들은 그저 자신들이 유대-기독교적인 뿌리에 토대를 둔 문화 속에 살고 있다는 이유만으로 스스로를 기독교인이라고 확신하곤 한다. 비록 어떤 사람들은 성도들에게 적대적이기는 하지만 이는 이전보다 좀더 관용적인 현대 세계에서는 그리 많이 일어나는 일은 아니다.

다른 한편으로, 이 세상에서는 예수를 믿기로 선택하는 것이 고립을 의미하는 지역들도 있다. 강력한 유대적 전통 속에서 예수를 믿기로 하는 사람들, 이슬람이라는 문화적 정황에서 예수를 믿기로 하는 사람들, 혹은 조상숭배가 두드러지게 지배적인 일부 아시아 지역에서 예수를 믿기로 하는 사람들은 신앙생활의 시작부터 배척당하는 위험을 무릅쓴다. 그러므로 이 본문이 담고 있는 문화적인 강제에 관한 명령은 한 사람이 어느 지역에 살고 있느냐에 따라서 전혀 다르게 적용될 수 있다.

물론 이 본문의 명령은 동일하다: 제자도는 예수께 가장 중추적인 충성을 하는 것을 요구한다. 주님은 삶의 모든 영역들에 대해서 우선성을 가지기 원하신다. 어떻게 삶 속에서 이런 우선성을 작동하게 해야 하는지는 하나님의 말씀, 기도, 우리의 동행을 격려하는 건강한 공동체에의 참여, 그리고 하나님이 제자들에게 활용하실 수 있는 모든 방법들을 경청하고 상호 작용하는 것을 통해서 알 수 있고, 그런 과정을 통해서도 이루어진다. 이 명령의 이런 측면은 시대를 초월한 명령이다.

이 본문을 적용하는데 있어서 생겨나는 어려움들은 이렇게 하지 않고서도 예수와 연관성을 가지는 것이 가능한 정황들 속에서 이 본문을 적용할 때 생겨난다. 이 본문은 그런 사람들을 어떻게 바라보는가? 우선 이 본문에서는 제자도를 실제적인 긴 여정으로 이야기한다는 점을 기억하라. 사람들은 예수가 그들 삶에 있어서 중추적인 의미를 가지신다는 것을 이해하고 적용하는데 있어서 점차적으로 성장한다. 만약 우리들이 정직하다면, 대부분은 하나님이 우리 삶의 더 많은 부분을 그분을 위해 살 것을 지속적으로 주장하고 계시다는 것을 알고 있다. 주가 이미 말씀하셨던 영역들에 우리 자신을 적용하고자 할 때, 우리는 삶의 영역들에서 주의를 기울여야 할 새로운 영역들을 계속해서 발견하게 된다. 우리는 결코 완전한 제자의 모습에 도달할 수 없다. 항상 주님과 동행하는 과정 속에 있다. 우린 그런 길 위에 있다.

그러나 예수는 우리가 구원받기 위해 완벽하고 퍼펙트해야만 한다고 가르치고 계신 것이 아니다. 구원은 은혜를 통해 주어지는 것이다. 주가 우리에게 주시는 선물들이 구원을 가능하게 해주며, 또한 우리로 하여금 주가 명령하시는 대로 행할 수 있게끔 해준다. 우린 우리 잘못들을 고쳐서 그것으로 인해 주의 호의를 얻을 수 있게 되는 것이 아니다. 그 대신 우리는 주께 돌아서며 그 결과 주가 우리 삶에서 역사하기 원하시는 대로 갱신을 시작하실 수 있게 된다. 진정한 의미에서, 제자(즉, 배우는 사람[6])는 계속적으로 갱신을 진행하고 있는 사람이다. 내가 종종 수업시간에 만약 자신이 갱신이 필요하다는 것에 의심을 갖는 사람이 있을 때, 그저 내가 하면 되는 일은 그 사람에게 그의 배우자나 룸메이트에 관해 물어보는 것뿐이다! 훌륭한 제자는 결코 갱신이 완성되지 않았다는 것을 깨닫고 있는 사람이다. 그는 또한 갱신이란 종종 무언가 신선하고 새로운 것을 세워나가기 전에 눈물을 흘리는 것을 의미한다는 점도 잘 깨닫고 있는 사람이다. 하나님이 행하시는 재건축이 항상 쉽거나 즐거운 것은 아니지만, 갱신의 목표와 마찬가지로, 결국 나타나게 되는 모습은 처음 출발할 때보다 훨씬 좋은 모습이다. 이런 변화의 소망이 제자도라는 여정이 참여할 만한 여정이 되게 해준다.

현대적 의미

제자도에 대한 근본적인 질문은 제자도가 믿음에 대해 갖는 관계가 무엇인지를 생각하는 것이다. 예수가 제자도에 초점을 맞추신다. 바로 이것이 오직 십자가를 지는 자만이 제자가 될 수 있는 이유이다. 만약 우리가 예수가 걸으신 배척의 길을 걸을 수 없다면, 우린 예수가 성도들에게 가라고 명령하신 믿음의 여정을 걸어갈 준비가 되어있지 않은 것이다. 때때로 제자도는 구원을 얻게 하는 믿음과는 구별되는 다른 무언가로 묘사되곤 하지만 예수는 그런 구별을 거부하신다. 믿음과 제자도가 개념상으로는 구별된 것일 수도 있지만, 이 개념들은 나뉠 수 없는 모습으로 연결되어 있다. 왜냐하면 우린 믿음의 행동을 통해 예수를 믿고 신뢰하며, 그런 뒤 믿음 안에서 주님과 동행하기 때문이다. 예수는 우리에게 그저 단순한 결단이 아니라 관계 안으로 들어올 것을 명령하신다. 배우는 사람으로서, 제자는 예수와의 관계를 시작하며 평생 동안의 배움의 여정에 동참한다. 바울은 이런 여정을 가리켜 "믿음으로 말미암은 순종", "그가 믿게 하신 사람들에게 기대하시

6. 배우는 사람으로서의 제자에 대해서는 K. H. Rengstorf, "μαθητής," *TDNT*, 4:419-21을 보라.

는 삶의 스타일"(롬 1:5; 참조. 행 26:20)이라고 불렀다. 은혜는 그 선물로서 하나님과의 관계를 가져다주지만, 그 안에는 하나님의 은혜와 더불어 동행하는 여정도 포함되어 있다.

이 본문에 대한 또 다른 적용은 매우 진지한 자기성찰을 요구한다. 나는 주께 내 삶의 모든 부분을 다 드리는가—나의 소유물들, 나의 가족들, 심지어 나 자신의 생명까지도? 나는 진정으로 주가 나를 돌보실 것이라고 신뢰하는가? 혹은 나는 이 세상에서 예수를 대신하는 자리에 서게 될 때 그 과정에서 오게 되는 피할 수 없는 긴장을 피하고자 조심스러워하지는 않는가? 이런 질문들은 매우 어려운 질문들이다. 사실은 우리가 편안하게 여기는 것들만 주께 드렸으면서도 이 모든 것들을 다 드렸다고 대답하는 것이 너무나 쉬울 수 있기 때문이다.

비용을 계산함에 있어서 생겨나는 일부 문제점은 앞으로 얼마만큼의 대가를 지불해야 할 시간이 자리 잡고 있는지를 우리가 잘 모른다는 점이다.

예를 들어서, 한 사람은 풀타임 사역자가 되기로 결단할 때, 그런 결정은 그 가족들이 그들이 여태껏 받아온 것과 동일한 수준의 교육을 받을 수 없는 그런 삶을 살아야만 한다는 것을 의미할 수도 있다. 이런 희생은 예수를 가족보다 더 사랑하는 것으로 이해될 수 있다.

때때로 예수를 향한 결단은 가족 구성원이 하나님 보시기에 비도덕적일 수 있는 결정을 내리게 되면 그 일을 지지하거나 후원하지 않기로 결정하는 것을 의미하기도 한다. 그런 입장을 취하는 것은 고통스러운 것일 수 있지만 꼭 필요한 일이다. 이는 하나님 앞에서 하나님께 영광이 되지 않는 방식으로 형성되어 왔던 관계를 거부하는 것을 의미할 수도 있다. 이는 간음을 범하고 있는 형제, 자매, 친척, 혹은 친구를 향해 고통스러운 행동이긴 하겠지만, 하나님이 그런 행동들을 기뻐하시지 않는다고 이야기하는 것을 의미할 수도 있다. 이는 한 사람과 다시는 이야기하지 못하게 될 위험을 감내하면서 누군가의 파괴적인 행동에 관해 이야기하는 것을 의미할 수도 있다. 이런 일들이 가족이나 친구들보다 하나님을 더 사랑하는 것으로 인식될 수도 있다. 아이러니컬하게도 둘 모두를 사랑하는 것을 의미하면서도 말이다!

때때로 사람들은 목회자들이 교회 내에서 특정한 상황들 속에 있는 사람들을 결혼시키지 않으려하는 이유를 잘 이해하지 못하곤 한다. 때때로 이런 선택은 이 어둔 세상 속에서 부도덕한 모습에 대해 눈을 감아버리는 것보다는 예수께 충직하고 주를 신실하게 대리하는 모습이 된다. 결혼하기 전에 동거부터 해온 사람들을 결혼시키는 것은 하나님이 우리의 도덕적 생활에 무관심하신 것처럼 가장하는 것이며, 이는 이런 유혹으로 가득 차 있는 이 세상이 보내주는 위험한 신호이다. 이런 상황들에 대해 교회가 갖고 있는 원칙은 그들이 하나님의 도덕적 기준들을 이해하는지를 다시금 확인하기 위해 결혼을 할 때까지 서로 따로 살 것을 요구하는 것이다. 물론 용서를 베푸시는 하나님의 뜻을 강조하면서 말이다. 지금은 동거하는 것이 일반적인 일이 되어버렸기 때문에 이런 정책이 필요하게 되었다. 또한 어떤 사람들은 주님 앞에 나아온 이후, 결혼하는 것을 통해 자신들의 삶 속에서 하나님께 영광 돌리기를 원하는 결단을 한다. 우리는 하나님과 동행하려는 그들의 바람을 격려하기 원하며, 또한 그들이 여태껏 살아온 삶이 그들의 영적 삶을 회복 불가능한 것으로 만들어버렸다고 생각하지 않게끔 하면서, 그들로 하여금 새롭고도 도덕적으로 건강한 관계를 갖도록 격려하기 원한다.

종종 정직해진다는 것은 사무실 안의 모든 사람들이 우리를 향해 지저분한 밀고자라고 주장하는 상황이 생긴다 하더라도, 어떤 죄악에 대해 증언하는 것을 의미하기도 한다. 겉으로 드러나는 결과를 중시하고 정직에 대해서는 그저 상대적인 가치 정도로만 생각하는 직장 생활 중에서는 정직을 추구하기란 정말 어려운 일이다. 하나님과 동행하는 발걸음을 선택하면서 직장 파트너와 떨어지는 발걸음을 선택한다는 것은 고통스러운 길이 될 수 있다.

제자도를 선택하는 것이 항상 쉬운 것만은 아니다. 예수를 좇고 주의 십자가를 공유한다는 것은 이웃들과 친구들이 우리가 지금 하는 일에 대해 왜 우리가 그 일을 하는지 항상 이해하는 것은 아니라는 점을 의미한다. 때때로 그들은 우리를 지지하지 않기도 할 것이고 어쩌면 우리에게 상처를 주는 일을 할지도 모른다. 우리가 어떤 대가를 지불해야 할지를 이해한다는 것은 우리가 실제로 그런 환경 속에 놓이게 될 때까지는 그저 이론적인 모습에 불과하다. 그러나 그런 대가를 지불하는 것에 대해 깊이 묵상해온 사람들은 그런 순간이 오는 것에 대해 준비가 되어 있을 것이다. 그들은 하나님을 의지해야만 하며 만약 가족이나 자기 자신이나 재산이 아니라 하나님을 선택해야 하는 때가 올 경우 하나님께 지혜를 달라고 구해야만 한다. 예수를 좇아가고자 하는 사람들은 설령 그저 예수와 더불어 여행을 시작하는 것을 생각하고 있는 때라 하더라도, 누가 우선순위를 갖고 있는지에 대해 주의를 기울여야만 한다.

누가복음 15:1-10

1 모든 세리와 죄인들이 말씀을 들으러 가까이
나아오니
2 바리새인과 서기관들이 수군거려 이르되 이
사람이 죄인을 영접하고 음식을 같이 먹는다
하더라
3 예수께서 그들에게 이 비유로 이르시되
4 너희 중에 어떤 사람이 양 백 마리가 있는데
그 중의 하나를 잃으면 아흔아홉 마리를 들
에 두고 그 잃은 것을 찾아내기까지 찾아다
니지 아니하겠느냐
5 또 찾아낸즉 즐거워 어깨에 메고
6 집에 와서 그 벗과 이웃을 불러 모으고 말하
되 나와 함께 즐기자 나의 잃은 양을 찾아내
었노라 하리라
7 내가 너희에게 이르노니 이와 같이 죄인 한
사람이 회개하면 하늘에서는 회개할 것 없는
의인 아흔아홉으로 말미암아 기뻐하는 것보
다 더하리라
8 어떤 여자가 열 드라크마가 있는데 하나를
잃으면 등불을 켜고 집을 쓸며 찾아내기까지
부지런히 찾지 아니하겠느냐
9 또 찾아낸즉 벗과 이웃을 불러 모으고 말하
되 나와 함께 즐기자 잃은 드라크마를 찾아
내었노라 하리라
10 내가 너희에게 이르노니 이와 같이 죄인 한
사람이 회개하면 하나님의 사자들 앞에 기쁨
이 되느니라

원 의미

예수는 누가복음 15장에 나오는 세 개의 비유들을 통해서, 주가 잃어버린 자들과 함께하는 것을 옹호하신다. 이 단락은 두 부분으로 나눌 수 있다: 두 개의 짧은 비유들(1-10절)과 좀더 긴 하나의 비유(11-32절). 우리 주님은 잃어버린 죄인이 하나님의 집으로 돌아오는 것에 대해서 하나님 나라에서 얼마나 기뻐하시는지를 설명하신다. 이 소망은 예수로 하여금 잃어버린 자들을 추구하게끔 하며, 그들을 잃어버린 양이나 잃어버린 동전으로 간주하게끔 한다. 이 비유는 또한 왜 예수가 방탕한 자들과 함께하는 사람들을 의심이나 질투나 혹은 신랄함보다는 소망 안에서 열린 팔들로 그들을 받아들여야 한다고 주장하시는지 그 이유를 설명한다. 하나님은 잃어버린 자들을 찾으라고 우리에게 명령하신다. 이 비유가 보여주는 소망은 잃어버린 사람들을 찾는 과정 속에서 우리가 몇몇 사람들을 발견할 수 있고 또한 그들을 하나님께로 돌아오게 할 수 있다는 데 있다.

하나님은 이 장이 설명하듯이 잃어버린 자들을 찾는데 깊이 간여하신다. 예수는 이런 하나님의 태도와 많은 성도들안에 있는 잃어버린 자를 무시하려는 유혹 두 가지를 대조적으로 다루신다. 예수는 다시 한번 주의 이런 비교에 있어서 서기관들과 바리새인들을 제시하신다. 그들은 주가 그토록 많은 시간을 죄인들을 받아들이고 그들과 더불어 식사하는데 사용하고 계시다는 것을 믿을 수가 없다. 그들이 생각하기엔, 이런 식탁교제는 의로움이 요구하는 죄인과의 분리가 없다는 것을 대표적으로 보여주는 것이었다. 하지만 예수는 하나님의 부르심이 잃어버린 자들을 찾는데 시간을 보낼 것을 요구한다고 선포하신다.[1]

3-10절은 두 개의 비유들로 구성된다: 잃어버린 양(3-7절)과 잃어버린 동전(8-10절)이다. 이 두 개의 비유들은 이제 뒤이어 나오게 될 용서하시는 아버지라는 좀 더 발전된 비유를 준비해 준다(11-32절). 이 문단들 사이를 연결해주는 것은, "잃어버린", "발견된" 그리고 "기쁨"이다(6, 9, 24, 32절).[2] 누가는 계속적으로 죄인들과 함께 연합하는 것과 관련한 이슈들을 제기한다(5:29-32; 7:36-50; 19:1-10). 이 모든 본문들은 19:10에 나오는 예수의 소명선언을 향해 몰아나간다.

누구든지 무언가 잃어버린 것을 열심히 찾아본 적이 있는 사람은 무언가를 찾다가 찾지 못하는 것이 얼마나 마음을 힘들게 하는지를 잘 안다. 그런 좌절감이 이 본문에 깔려 있다. 예수의 첫 번째 스토리는 팔레스타인 지역의 농업과 목축업 배경에 잘 들어맞는다. 목자는 백 마리의 양떼를 헤아렸는데 한 마리가 모자랐다. 이 양떼들은 신중한 주인에게 속해있다(평균적인 양떼 숫자는 20마리에서 2백여 마리 정도이다).[3] 이 양떼의 주인과 목자는 어쩌면 동일한 사람일지도 모른다. 그를 도와주는 파수꾼이 없기 때문이다.

이 목자는 잃어버린 동물을 찾아 나선다. 우리는 이 목자가 나머지 양떼들을 이웃에게 맡겼는지 어쨌는지에 대해서는 듣는 바가 없지만, 아마도 정황상 그랬을 가능성이 높다. 왜냐하면 한 마리를 찾기 위해 나머지 99마리를 위험에 처하게 하지는 않았을 것이기 때문이다. 다른 한편으로, 비유는 때때로 의도적으로 놀라게 하는 요소를 갖고 있곤 하며, 뒤틀림은 드라마의 한 부분일 수도 있다. 만약 그렇다면, 예수는 한 마리의 양을 찾는 것이 다른 양들에게 이처럼 위험을 감내하게 해야

---

1. 이 본문 내용은, 비록 마태복음 18:12-13이 개념상 잃어버린 양 비유에 있어서 평행을 이룬다고 할 수 있기는 하지만 누가복음에만 등장하는 내용이다.
2. Stein, *Luke*, 400.
3. J. Jeremias, *The Parables of Jesus*, 133.

할 만큼 중요한 일이라고 말씀하고 계신 셈이다. 이 일은 목자가 한 마리 양이 다른 짐승에게 상하지 않은 채 살아있는 모습으로 발견함으로써 성공을 거둔다. 이 목자는 그에게 중요한 이 양을 발견한 것을 기뻐한다.

기쁨에 대한 언급은 문화적 정황에 잘 맞는다. 이런 동물은 상업적 가치를 갖고 있었기 때문이다. 그러나 예수의 요점은 잃어버린 재산을 회복한 것이 자기 자신에게 얼마나 도움이 되는가에 있는 것이 아니라, 목자가 잃어버린 양을 찾기 위해 드린 노력을 주가 복음증거를 위해 노력하시는 것과 비교하는 데 있다. 이 이미지는 구약성경과 하나님이 우리를 돌보신다는 이미지를 생각하게 한다(사 40:11; 49:22).[4] 돌보심에 대해 하나님이 보여주신 모델은 잃어버린 자와 관계를 맺는 우리들의 모델이 되어야만 한다.

잃어버린 양을 되찾는 것은 기쁨을 나누는 것으로 나아간다. 목자는 그의 친구들과 이웃들을 불러 그의 양을 되찾은 것을 축하한다. 여기에는 죄인 하나가 하나님께 돌아왔을 때 하나님이 이를 기뻐하시는 모습이 그려져 있다. "마찬가지로" 예수는 말씀하신다. "회개할 필요가 없는 의인 99명보다도 죄인 하나가 회개하면 하나님 나라에서는 더 큰 기쁨이 있게 될 것이다."[5] 예수는 하늘에서 죄인의 회복을 기뻐하시기 때문에 그들을 찾으신다.

두 번째 이미지도 첫 번째 비유의 이미지와 유사하다. 이번에는 한 여인이 잃어버린 동전을 찾는다. 여기에 나오는 이 "은전"(드라크마)은 평균치 노동자의 하루치 품삯 정도에 해당한다. 이것도 신중한 계산이다. 이 여자가 은전을 찾는 데는 시간과 노력이 들어간다. 그녀는 등을 켜고, 방을 쓸고, 은전을 찾을 때까지 주의 깊게 찾고 또 찾는다. 그녀 역시 그녀와 기쁨을 함께 나누기 위해 이웃들을 부른다. 이것 역시 죄인이 회개한 것에 대한 하늘의 기쁨을 묘사한다.

이 비유들은 진리와 감정 양자 모두에 의사소통하는 예수의 가장 단순한 스토리들에 속한다. 하나님은 죄인들을 회복시키고자 하시는 그분의 마음을 이해하는 종들을 원하신다. 두 가지 경우 모두에 있어서, 찾는 일은 노동을 필요로 한다. 두 가지 경우 모두에 있어서, 겉으로만 보기에 찾는 대상은 사소한 물건들처럼 보인

4. H. Preisker and S. Schultz, "πρόβατον," *TDNT*, 6:690.

5. 의인 아흔아홉 명이라는 수사법은 뉘앙스와 톤에 있어서 5:31-32과 비슷하다. 이는 하나님이 회심하고 돌아온 사람을 얼마나 사랑하시는지를 보여주기 위해 사용된 방식이다. "회개할 필요가 없는 사람"과의 비교는 목자가 이미 찾아지고 발견해서 하나님의 용서와 돌보심 안에 있게 된 사람들보다도 잃어버린 사람들에게 더 우선성을 두는 것을 보여준다.

다. 사실 이렇게 찾는 일은 우선적인 일이 된다. 그러나 두 가지 경우 모두에 있어서, 잃어버린 것을 찾는 것은 다른 사람들과 더불어 기쁨을 나누는 일로 이어진다. 이 이미지는 하나님이 제자들이 잃어버린 자들을 그분께로 되돌아오게 하는 목표를 공유하기를 원하신다는 점을 강조한다.

여기서의 초점은 죄인의 회복으로 인한 기쁨에 있으며, 오직 예수만이 그렇게 행하시는 분이라는 사실에 맞추어져 있지 않다는 점을 주목하라. 이것은 이 비유가 "너희 중에 어느 사람이"라고 시작하는 이유이다. 이 스토리를 이런 식으로 이야기하는 것을 통해서, 청중은 마치 자신이 이 스토리 안에 나오는 목자인 것처럼 이끌려진다. 예수는 다른 제자들로 하여금 주를 좇아 주가 행하고 계신 것처럼 행하도록 훈련하고 계신다.

상황잇기

여기에 표현된 태도는 교회가 교회의 소명을 완수하는데 있어서 매우 근본적인 태도이다. 하나님은 성도들이 잃어버린 자들과 결코 관계 맺을 수 없을 만큼 그들 자신을 세상으로부터 고립시키는 것을 원치 않으신다. 예수는 지속적으로 사람들 사이에 계셨으며, 특별히 하나님을 모르는 사람들 속에 계셨다. 비록 몇몇 사람들은 주가 잘못된 관계를 맺고 계신다고 불평했지만, 예수는 자신이 왜 이런 관계를 맺어 가시는지 그 이유를 알고 계셨다. 주님은 무엇이 하나님을 몰랐던 한 사람으로 하여금 그분에 대해 좀더 심각하게 생각하게끔 만드는지를 알고 계셨다. 마태나 삭개오 같은 사람들은 이런 방식을 통해서 발견된 사람들이었다.

수세기를 넘어 본문과 오늘날 사이에 가교를 놓아주는 또 다른 특징은 예수가 바리새인들의 접근에 대해 암시적으로 비판하고 계시다는 점이다. 그들은 죄인들과 거리를 유지했고, 또한 죄인들을 사랑하고 관계 맺는 것을 추구하는 영적 지도자를 거부했다. 예수는 그들의 태도에 대해 도전하신다—주의 사역에서만이 아니라 특별히 잃어버린 자들을 위한 주의 죽으심을 통해서 말이다. 이 죽으심은 죄인들과 하나님간의 관계를 회복시킨다. 복음의 핵심에는 하나님이 죄인들을 찾아 그들에게 다가가시는 모습과 그들에게 죄 사함을 주시는 모습이 자리 잡고 있다.

우리 문화가 변두리로 몰려진 다양한 부류의 사람들을 별로 중요치 않게 바라보거나 혹은 경멸적으로 바라보는 것은 쉬운 일이다. 에이즈처럼 심각한 질병들로 인해 고통당하는 사람들이나, 복지구호 대상인 사람들(종종 사회의 거머리처럼 취급되곤 하는)은 현대적인 의미에서 볼 때 예수 당시의 세리들이나 죄인들과 비슷한 취급을 받는 사람들이다. 예수는 바로 이런 사람들을 당시 1세기 종교 공동체가 주의 성품을 의심할 만큼 열정적으로 추구하셨다. 그러나 이런 비유들은 왜 이런 추구가 주께 그토록 많은 의미를 갖고 있었는지를 설명해준다. 주님은 그들을 구해내는 것이 가능하다는 것을 알고 계셨고, 사랑은 주님으로 하여금 멸망에서 그들을 구원하게끔 만들었다.

만약 예수의 태도와 관점이 잃어버린 사람에 대한 이와 같은 신학을 갖고 있다면, 우리의 신학도 마찬가지가 되어야만 한다. 우리는 행동하도록 명령받았다. 우리는 잃어버린 자들을 찾는 것을 하나님 나라가 얼마나 많이 원하는지를 잘 인식하고 있기 때문이다.

현대적 의미

이 본문은 하나님에 대해 별로 관심 없어 하는 사람들에 대해, 하나님의 마음이 얼마나 그들에게 쏠려 있는지를 이야기한다. 하나님은 심지어 그들이 의식적으로 하나님으로부터 멀리 떨어져 있을 때조차 그들을 찾으실 만큼 그들을 깊고 충분히 돌보신다. 우리는 대단한 보물을 찾는 레이더처럼 되어야만 한다. 하지만 우리가 추구해야 하는 유일한 보물은 상처받기 쉬운 잃어버린 영혼들이다. 이렇게 찾는 것이 항상 쉬운 일은 아니지만, 결국 찾아오는 기쁨은 노력을 대가로 지불할 만한 가치를 갖고 있다.

성도들은 의미 있는 관계 속에서 잃어버린 자들과 깊이 관련되어 있어야만 한다. 하지만 나는 종종 교회 안에서 이와 정반대 모습을 보곤 한다. 우리는 우리의 복음증거가 손상될까 두려워 대중들로부터 물러선다. 결과적으로, 우리 주변에는 복음을 증거 할 대상이 아무도 없다! 복음증거가 잃어버린 사람을 찾아오기 위해서는 이 목자와 여자가 무언가를 찾을 때처럼 시간과 에너지를 필요로 한다.

어떤 사람들은 심지어 수년 동안의 시간을 사용해서 찾기도 하지만, 하나님은 우리에게 사람들 속에 있고 그들을 하나님께로 데려올 수 있는 관계를 세워나가라고 명령하신다.

모든 것이 신속하고 바쁜 오늘날의 문화 속에서 이런 관계를 형성해 나가는 것은 어려운 일일 수 있다. 가장 좋은 기회는 직장, 학교, 그리고 이웃들과의 접촉을 통해서 생긴다. 각각의 기회들은 좀더 깊은 관계로 이끌어 줄 수 있는 기회들이다. 우리 교회의 한 성도는 불신자와 만날 수 있는 아주 창조적인 아이디어를 생각해냈다. 그와 그의 부인은 자녀들을 홈 스쿨링하고 있었고 교회에서도 매우 활동적이었는데, 이런 두 가지의 조합은 잃어버린 사람들을 찾아내고 만나고 추구하는 일을 훨씬 더 손쉽게 만들어 주었다. 이들은 소위 "저 사람들은 누구인가?"라는 파티를 열기로 결정했다. 이들은 아이스크림과 쿠키 등을 통해 이웃들을 초청했다. 누구든지 자기 옆집에 사는 사람을 와서 만나길 원하지만 여태껏 그럴 수 없었던 사람들은 아무라도 이 파티에 와서 주변 사람들을 만나고 알아 갈 수 있었다. 이들은 이제 하나님이 이들 옆에 살게끔 하신 사람들과 관계를 세워나가기 위해 정기적으로 함께 모이는 모임을 갖는다. 이런 스타일로 시작하는 것은 어떻게 이 본문을 잃어버린 사람을 찾는데 적용할 것인지를 보여주는 좋은 본보기이다.

직장에서의 점심시간도 또 다른 좋은 기회를 제공한다. 몇 주 동안이나 몇 달 동안, 혹은 심지어 몇 년 동안 우리는 직장동료들을 섬기기 위해 기도하는 바로 그 장소에서 관계를 세워나갈 수 있다. 일단 우리가 기회들을 찾고자 한다면, 복음증거를 위한 접촉을 만들 수 있는 수많은 기회들이 있다.

예수는 주가 행하셨던 것처럼 우리들도 잃어버린 자들을 주의 깊게 망을 보고 있도록 명령하시며, 또한 그들이 하나님께로 돌아오는 길을 발견하는 것을 돕는데 주도권을 잡을 수 있게끔 준비되어 있어야 한다고 명령하신다.

누가복음 15:11-32

11 또 이르시되 어떤 사람에게 두 아들이 있
는데
12 그 둘째가 아버지에게 말하되 아버지여 재
산 중에서 내게 돌아올 분깃을 내게 주소서
하는지라 아버지가 그 살림을 각각 나눠 주
었더니
13 그 후 며칠이 안 되어 둘째 아들이 재물을 다
모아 가지고 먼 나라에 가 거기서 허랑방탕
하여 그 재산을 낭비하더니
14 다 없앤 후 그 나라에 크게 흉년이 들어 그가
비로소 궁핍한지라
15 가서 그 나라 백성 중 한 사람에게 붙여 사니
그가 그를 들로 보내어 돼지를 치게 하였는데
16 그가 돼지 먹는 쥐엄 열매로 배를 채우고자
하되 주는 자가 없는지라
17 이에 스스로 돌이켜 이르되 내 아버지에게는
양식이 풍족한 품꾼이 얼마나 많은가 나는
여기서 주려 죽는구나
18 내가 일어나 아버지께 가서 이르기를 아버지
내가 하늘과 아버지께 죄를 지었사오니
19 지금부터는 아버지의 아들이라 일컬음을 감
당하지 못하겠나이다 나를 품꾼의 하나로 보
소서 하리라 하고
20 이에 일어나서 아버지께로 돌아가니라 아직
도 거리가 먼데 아버지가 그를 보고 측은히
여겨 달려가 목을 안고 입을 맞추니
21 아들이 이르되 아버지 내가 하늘과 아버지께
죄를 지었사오니 지금부터는 아버지의 아들
이라 일컬음을 감당하지 못하겠나이다 하나
22 아버지는 종들에게 이르되 제일 좋은 옷을
내어다가 입히고 손에 가락지를 끼우고 발에
신을 신기라
23 그리고 살진 송아지를 끌어다가 잡으라 우리
가 먹고 즐기자
24 이 내 아들은 죽었다가 다시 살아났으며 내
가 잃었다가 다시 얻었노라 하니 그들이 즐
거워하더라
25 맏아들은 밭에 있다가 돌아와 집에 가까이
왔을 때에 풍악과 춤추는 소리를 듣고
26 한 종을 불러 이 무슨 일인가 물은대
27 대답하되 당신의 동생이 돌아왔으매 당신의
아버지가 건강한 그를 다시 맞아들이게 됨으
로 인하여 살진 송아지를 잡았나이다 하니
28 그가 노하여 들어가고자 하지 아니하거늘 아
버지가 나와서 권한대
29 아버지께 대답하여 이르되 내가 여러 해 아
버지를 섬겨 명을 어김이 없거늘 내게는 염
소 새끼라도 주어 나와 내 벗으로 즐기게 하
신 일이 없더니
30 아버지의 살림을 창녀들과 함께 삼켜 버린
이 아들이 돌아오매 이를 위하여 살진 송아
지를 잡으셨나이다
31 아버지가 이르되 얘 너는 항상 나와 함께 있
으니 내 것이 다 네 것이로되
32 이 네 동생은 죽었다가 살아났으며 내가 잃
었다가 얻었기로 우리가 즐거워하고 기뻐하
는 것이 마땅하다 하니라

원 의미

누가복음 15장의 세 번째 비유는 앞의 두 가지 비유보다 훨씬 더 자세하게 묘사되어 있다. 이 비유는 독특하게도 누가복음에만 나오며, 죄인을 받아주시는 하나님의 의지를 두드러지게 보여준다. 이 비유는 또한 큰 형에 대해서도 논의하는데, 이는 사람들이 회개한 사람에 대해서 어떻게 반응해야 하는지에 관해서 다룬다. 바리새인들과 서기관들의 부정적인 불평들이 이 장 처음 부분을 열어주었다(15:1-2). 이 비유는 종종 "탕자" 비유라고 불려지곤 하지만 이 비유가 진정 다루는 것은 방탕함에 대해 전혀 다른 반응을 보이는 것에 관한 비유이다. 핵심적인 반응은 아버지의 반응인데, 이 아버지는 자신의 아들이 돌아왔다는 것에 대해 흥분한다. 그러므로 이 비유를 좀더 적절하게 부를 수 있는 좋은 이름은 "용서하시는 아버지"이다. 이 안에는 큰 형이 보인 반응도 작은 단락을 이루며 들어있는데, 그러므로 다음처럼 부제를 달수 있다: "그리고 꺼려하는 형제."

이 비유는 풍유적(알레고릭)인 비유다. 이 스토리 안에 나오는 각각의 인물들은 각기 중요한 의미들을 함축하고 있기 때문이다. 아버지는 하늘에 계신 성부 하나님을 묘사한다. 방탕한 아들은 회개하는 죄인을 묘사한다. 맏아들은 죄인들이 하나님께 돌아오는 것을 별로 바라지 않는 바리새인들을 묘사한다.[1] 예수는 복음을 죄인들과 연결시키는 자신의 행동이 옳다고 주장하고 계신다. 사실 복음은 죄인들을 위한 것이며, 주의 소명도 이 메시지에 잘 들어맞는다.

이 비유는 둘째아들이 아버지를 향해 유산을 달라고 요구하는 것에서부터 시작한다. 이 아들은 둘째아들로서 아마 재산의 3분의 1을 받을 수 있었을 것이다(신 21:17). 흥미롭게도, 유대교에서는 이런 종류의 요구에 대해 어떻게 대처해야 할지를 충고한다. 시락서 33:19-23은 이런 말로 시작한다: '아들이나 아내에게, 형제나 혹은 친구에게, 당신이 살아있는 동안 당신을 좌우할 힘을 주지 말라. 그리고 당신의 물품들을 다시 돌려달라고 요구하지 않기 위해서라도 다른 사람들에게 그것들을 주지 말라.' 유산을 너무 일찍 분배하는 것은 당신 자신을 다른 사람들의 배려에 내맡기게 되는 일을 하는 것이다. 그럼에도 불구하고 이 비유에 나오는 아버지는 둘째 아들의 요구를 들어주었다. 이런 세부적인 묘사는 죄인으로 하여금 자기 하고자 하는 대로 허용하시는 아버지를 묘사한다.[2]

1. R. Tannehill, *The Narrative Unity of Luke-Acts*, 1:171.
2. Schrenk, "πατήρ," *TDNT*, 5 983-84.

두려워하던 일이 일어났다. 이 아들은 먼 땅에서 자기 재산을 다 써버렸다. 그는 받은 유산을 몽땅 없애버린 뒤에, 험하고 힘겹게 지낸다. 그러나 그가 돈을 탕진해 버렸을 때 기근이 찾아왔다. 그는 먹을 것이 필요했다. 이 모습은 죄가 낳은 비참한 환경들을 묘사한다.

그래서 이 아들은 빈궁하게 살다가 돼지를 먹이는 직업을 얻는다. 이 모습은 매우 중요한데, 유대교에서는 돼지는 불결한 짐승이었기 때문이다(레 11:7; 신 14:8). 그러므로 이 직업은 명예롭지 못한 직업이었다. 그러나 그는 여전히 배가 고팠고, 돼지가 먹는 쥐엄 열매라도 먹고자 했다.[3] 그를 도와줄 사람은 아무도 없었고, 그는 비참하게 살고 있었다.

그제야 그는 모든 일들이 다 변했음을 알아차린다. 그는 이 머나먼 땅에서 홀로 힘겹게 일하며 지내는 것보다는 아버지 집에서 종으로 지내는 것이 더 낫겠다고 결심한다. 그는 그제야 "정신을 차리게" 된 것이다. 아버지 집의 종들이 지금 자신보다 더 잘 살고 있는 상황에서 이처럼 굶주리고 있다는 것이 얼마나 어리석은 일인가. 그래서 그는 자기 아버지에게 나아가 고백을 하고 종이 되게 해 달라고 간구하기로 결정한다. 그는 자신이 하늘과 자기 아버지에게 죄를 지었으며, 또한 자신이 이 사실을 인정해야만 한다는 것도 알고 있다. 여기에서 예수는 하나님 앞에 나아와 하나님의 손에 자신의 영적 풍요를 맡기는 겸손함에 대해 묘사하신다. 다른 아무것도 말고 오직 은혜만을 구하는 그런 겸허함에 대해서 말이다. 그는 아버지의 긍휼만을 의지할 것이다.

이 아들은 집으로 향한다. 그러나 아버지는 이 아들이 집으로 걸어들어 올 때까지 기다리지 않는다. 도리어 아버지는 뛰쳐나가 이 아들을 끌어안는다. 이 이야기에서 이 부분은 문화적으로 매우 충격적인 부분이다.[4] 일반적으로 아버지가 보이는 모습은 아들이 고백을 하기까지 기다리거나, 혹은 아들이 아버지를 향한 존경의 표현을 할 때까지 반응하지 않는 것이기 때문이다. 그러나 하나님의 열정은 예외적이다. 이 아버지는 너무나 기뻐서 잃어버렸던 아들의 목을 끌어안고 그를 안아주면서 기쁨의 입맞춤을 한다.

그러나 이 아들은 마음을 바꾸거나 단념하지 않았다. 이 아들은 자신이 하고자

3. 후기 유대교에는 비참한 상황들이 어떻게 해서 관점의 변화를 가져오는지에 대한 표현이 있다: "이스라엘 백성들이 콩 껍데기나 까야 하게 되었을 때, 그제야 그들은 회개할 것이다"(*Leviticus Rabbah* 35 [123c]).

4. Blomberg, *Interpreting the Parables*, 176.

마음먹었던 것을 고백하기 시작한다. 그러나 아버지 앞에서 말을 다 마치기도 전에 완벽한 회복이 그를 기다리고 있다는 점이 매우 분명하게 나타난다. 이 아들은 모든 고귀함과 특권을 고스란히 다시 돌려받으며 가족의 일원으로 돌아오게 된다. 마치 아무 일도 일어나지 않았던 것인양 말이다. 그는 가장 좋은 옷을 입게 되었고, 가족의 반지와 신발을 신게 되었고, 그를 위한 큰 잔치가 벌어졌다. 이 축제는 잃어버렸던 아들을 다시 찾았다는 것을 선포한다. 바로 이것이 죄인이 하나님께 돌아온 것에 대한 하나님의 기쁨이다(참조. 15:7, 10).

그러나 맏아들은 힘든 하루 일과를 마치고 집에 돌아와 음악소리를 들을 때에도 무슨 일이 벌어졌는지를 몰랐다. 맏아들은 종에게 도대체 무슨 일이 벌어지고 있는 것인지를 묻고, 자기 형제가 돌아왔으며 그래서 잔치를 벌이고 있다는 소식을 듣는다. 그는 분노했고 잔치에 들어가는 것을 거부한다. 맏아들은 잃어버렸던 아들과는 아무것도 하기를 원치 않았다. 비록 동생이 돌아왔지만 말이다. 사실 맏아들은 자기 불평이 무엇인지를 늘어놓는다.

그가 수년 동안 신실하게 섬겼음에도 불구하고 아버지는 단 한번도 잔치를 열어주거나 염소 한 마리도 잡아준 적이 없었다고 말이다. 이 맏아들은 형제간의 전형적인 갈등을 보여주면서 그저 아버지를 향해 정의와 공평함만을 요구한다. 맏아들이 말하는 초점은 아버지가 자신이 살아온 충성에 빚지고 있다는 식이다. 요점을 분명히 하기 위해서, 맏아들은 "당신의 이 아들"("나의 형제"가 아니라는 점을 주목하라!)은 재산을 탕진하고 창기와 먹어버렸다고 이야기한다.

이 아버지는 아무런 변호적인 태도 없이 대답한다. 맏아들이 이미 아버지의 소유물들을 갖고 있다고 언급하면서 말이다. 맏아들이 바리새인들의 모습을 보여준다고 생각해 본다면, 이런 상세한 설명은 아들 됨의 모든 권리들은 맏아들의 것이기도 하다는 점을 보여준다. 그러나 형제에 대한 축하와 잔치가 필요한데("너의 이 형제!"), 그는 죽음에서 돌아온 것이기 때문이다. 죄인이 돌아오고 발견하게 되는 일은 축하하고 잔치해야 할 일이다.

이 이야기는 여기에서 끝난다. 이 비유는 공간에 대한 상세한 묘사를 통해 반전을 묘사한다. 집밖에 나갔던 아들은 지금은 바로 집안에 들어와 있고, 반면 맏아들은 바깥쪽에 앉아있다. 이 이야기는 맏아들이 아버지에 대해 어떻게 반응했는지 우리가 알 수 없다는 점에서 생각해봐야 할 점을 남기고 마무리된다.

상황잇기

이 이야기는 결론이 개방된 채 마무리된다. 이 점은 누가복음의 독자들로 하여금 만약 그들이 맏아들의 입장이라면 어떻게 행동해야 할 것인지를 깊이 생각할 것을 요구한다. 우리는 이 죄인이 집에 돌아온 것을 받아들이고 잔치할 것인가, 혹은 우리도 역시 이 맏아들과 마찬가지로 돌아온 기쁨을 나누지 못하고 염려하고 있을 것인가? 이 비유는 우리가 이 아버지가 맏아들에게 요구한 반응대로 반응해야만 한다는 것을 매우 분명하게 알려준다. 우리는 죄인들을 추구해야만 하며 또한 그들이 집으로 돌아올 때에 기쁨으로 그들을 환영해야만 한다.

이 본문은 죄인에 대한 하나님의 입장과 태도가 무엇인지에 대해서 그리고 다른 사람들이 죄인들을 향해 어떤 태도를 취해야 하는지에 대해서 매우 분명하게 보여준다. 하나님의 입장은 고대하며 기다리는 아버지의 모습 속에 나타난다. 이 아버지는 비록 둘째 아들로 하여금 집에 머물러 있도록 강요하지는 않았지만, 떠나는 아들을 끌어안기를 원하며 그를 가족 구성원으로 남겨두고 싶어 한다. 이 아들이 나가겠다고 말할 때, 이 아버지는 둘째 아들이 문을 열고 자기가 가고 싶은 대로 가게끔 허용한다. 하지만 이 둘째 아들이 돌아온 것에 대해 이 아버지가 보인 반응은 이 아버지가 떠나간 아들을 항상 생각하고 있었다는 점을 분명히 보여준다. 이 아버지가 급히 나가 껴안은 것은 둘째 아들을 향한 아버지의 사랑이 계속적인 것이었으며 둘째 아들의 떠나감을 진정 슬퍼했음을 보여준다.

아버지의 용서는 포괄적이고 즉각적이다. 아버지는 결코 아무런 악감정이나 유감도 갖고 있지 않다. 과거의 고통은 아들이 돌아온 기쁨 속에서 모두 다 씻겨 내려갔다. 맏아들과 아버지간의 대화는 이 아버지가 둘째 아들과 관련된 집안의 다른 사람들에게 자신과 마찬가지로 따듯하게 환영하도록 독려하고 있다는 점과 이미 둘째 아들의 돌아옴을 변호할 준비가 되어있었음을 보여준다.

이 비유는 아버지 하나님에 대해서 그분의 긍휼히 여기시며 용서하시는 성품을 탁월하게 드러내 보여준다. 그러나 하나님은 자녀들이 의식적으로 자발적으로 시작하는 그런 관계를 원하신다. 맏형은 이 아버지 주변에 있었지만 사실은 아버지에 대해 잘 알지 못했다. 둘째 아들은 겸손하게 아버지께 나아갔고, 아버지가 얼마나 은혜가 많은 분인지를 발견한다. 우리가 하나님의 깊은 은혜를 잘 보여주는 이런 본문을 묵상하면서 "놀라운 은혜" 같은 찬송을 부르는 것은 결코 이상한 일이 아니다. 하나님 앞에 회개하는 심령으로 나아오는 사람은 하나님이 우리를 만나기 위해 달려오시며 그분의 팔로 우리들을 끌어안아 환영하며 집으로 데리고 오는 분이심을 알 수 있다.

이 비유가 본문에서 원래 갖고 있던 배경에서는 분명 맏형을 바리새인으로 간주하는 것이 분명하다. 그들은 하나님께 가까이 있는 사람들이다. 적어도 겉으로 드러나는 모습에 있어서는 그렇다. 그리고 그들은 하나님의 축복 안에 자리 잡고 있는 사람들이다. 그들에게는 하나님이 약속하신 모든 축복들이 활용 가능한 축복들이다. 왜냐하면 "내가 갖고 있는 모든 것들이 너의 것이기" 때문이다. 하지만 그들은 사실은 바깥 편에 있다.

하나님의 선하심이 예수가 모든 사람들에게 공급하시는 죄 사함을 통해 나타난다는 것을 고백하는 것을 통해 하나님의 약속들을 끌어안아야만 하는데, 이들은 결코 그렇게 하는 것을 선택하지 않기 때문이다. 맏형이 보여주는 장면은 자기 자신이 하나님께 가까이 있다고 인식하고 있는 사람들이 잃어버린 사람들에게 어떻게 반응해야만 하는가에 관해서 오늘날에도 여전히 가치 있는 교훈을 준다. 이 비유는 우리에게 바리새인들의 태도에 대해서 생각해 보도록 초청하며, 또한 그들이 탕자가 돌아온 것에 대해 보인 태도와 느낌들을 거절하도록 요구한다.

이 본문은 또한 첫째 아들을 통해서 우리들에게 경고한다. 하나님을 위해 했던 행동 그 자체나 혹은 하나님과 인접해 있음이, 자발적이고 자성적으로 하나님께 돌아서는 것에 토대를 둔 관계와 동일한 것이 아니라고 말이다. 맏형은 하나님을 바라보면서 은혜로우신 아버지보다는 자신의 봉사와 섬김을 사용하는 직장상사 정도로 좀더 간주했다. 우리가 하나님께 나아가면서 어떻게 해서든 하나님의 호의를 얻으려고 노력하기보다는 그분의 은혜에 토대를 두고 겸손하게 우리에게 하나님이 필요하다는 것을 고백하고 인식할 때, 그때 우리는 하나님의 손이 우리를 끌어안아 주시기 위해 이미 준비되어 있다는 사실을 발견하게 된다. 우리가 하나님을 감독관 정도로 간주할 때, 우린 하나님과의 관계가 주는 기쁨을 상실할 위험이 있다.[5]

여기에 덧붙여서, 탕자가 집으로 돌아오면서 보여주는 태도는 회개의 본질의 한 단면을 잘 보여준다. 앞에 나온 두 개의 비유들은 누군가가 회개하는 것에 대해서 하늘나라에서 얼마나 기뻐하는지를 표현했었다. 이 비유는 회개에 대해서 묘사한다. 탕자가 아버지에게 나아감에 따라, 그는 아버지의 은혜를 전적으로 의지한

5. 하나님과의 은혜로운 동행에 관해 좀더 실제적이고 발전된 내용을 살펴보기 원한다면, Charles Swindoll, *The Grace Awakening*(Dallas: Word, 1990)을 보도록 하라.

다. 온전히 겸손한 모습으로 그리고 자신이 갖고 있는 권리라곤 오직 아버지의 도움을 호소하는 것뿐이라고 인정하면서 말이다. 바로 이것이 하나님께 돌아간다는 것이 갖는 본질적인 의미이다. 5:31-32이 기록하듯이, 그리스도는 죄인으로 하여금 회개케 하시기 위해서 오셨다. 예수께 돌아오고 회개하는 사람에게 기다리고 있는 것은 그들을 영적으로 치료해줄 위대한 의사와 이렇게 집으로 돌아온 것을 즉각 너무나 기뻐하고 축하하시는 아버지이시다.

현대적 의미

하나님의 태도가 이 비유의 핵심이다. 우리는 하나님이 그분께 돌아오는 죄인들을 향해 두 팔을 벌리고 다가오심을 확신할 수 있다. 한걸음 더 나아가, 하나님은 죄인들과의 관계에서 주도권을 가지시고 그들을 찾고자 능동적으로 나서신다. 주님은 "잃어버린 자를 찾으시고 구원하시고자" 오셨기 때문이다(19:10). 주님은 우리를 그분의 가족으로 인도하시는 것을 기뻐하시며, 우리가 주께 돌아오는 것을 즐거워하신다.

자신이 구원받았는지 아닌지에 대해 특히나 예민하게 생각하는 사람들은 하나님과 하나님이 우리들을 환영하시는 은혜를 베푸신다는 것을 의심하지 않도록 조심해야만 한다. 나는 자신이 구원받았는지를 항상 의심하던 신앙인 한 친구를 기억한다. 나는 그에게 그의 생각이 그토록 민감한 것 자체가 그가 하나님을 사랑하고 하나님이 그를 사랑하시는 증거라고 항상 말했다. 하지만 그는 과연 하나님이 자신을 사랑하시는가라는 문제를 놓고 늘 고민하고 힘들어했다. 결국 나는 믿음의 본질이라는 주제를 제기했다. 믿음은 하나님의 임재하심과 돌보심을 신뢰하는 것이라는 점, 즉 하나님이 자신을 찾는 자들에게 상을 주시는 분이심을 신뢰하는 것이라는 점을 이야기했다(히 11:6). 바로 이것이 이 비유의 가장 중추적이고 핵심적인 부분이다.

우리는 하나님이 자신에게 돌아오는 자들을 안아주신다고 믿는가? 이 본문은 우리로 하여금 하나님이 그렇게 하신다는 것을 보도록 명령하며 또한 그런 사랑과 은혜가 주어진다는 확신과 용기를 신뢰하라고 명령한다.

이 본문이 갖고 있는 중요한 또 다른 적용은 사람들이 잃어버린 사람에게 어떻게 반응해야 하는가에 관한 것이다. 이 비유는 예수가 죄인들을 포용하시고 받아들이시는 것을 정당화해주며, 우리로 하여금 누군가가 기독교 공동체로 돌아오는 것을 볼 때 기뻐해야 한다고 독려한다. 예수는 교회공동체가 하나님께로 돌아온 사람들을 용서하고 회복시키는 사람들로 가득 차기를 원하신다. 주님은 불평을 하면서 뾰루퉁한 모습으로 바깥에 나가 앉는 사람들을 기뻐하지 않으신다.

나는 목사로서 자신이 큰 죄를 범했다는 것을 알고 있는 그런 상황 속에 있는 사람들을 종종 보곤 한다(비록 성경에서는 죄를 큰 죄와 작은 죄로 이야기하지 않지만!). 그들이 돌아왔을 때, 가장 어려운 일들 중 하나는 그들이 하나님과 다시금 동행하고자 노력하고 있다는 점에 대해서 사람들의 신뢰를 얻는 일이다. 나쁜 과거생활을 하던 사람이 예수께 돌아오거나 심각한 죄를 지은 성도가 돌아왔을 때, 그들이 다시금 돌아오는 과정을 지지해주고 뒷받침해줄 수 있는 그런 연관성과 관계성을 다시 확립할 수 있도록 그들이 회복되는 것이 매우 중요하다.

나는 교회 성도가 포함된 한 중요한 사건을 기억한다. 그 성도는 그가 돌아오는 것에 대해 다른 사람들이 보여준 불신으로 인해 하나님께 돌아오는 일에 있어서 깊은 상처를 받았다. 그런 반응은 자연스러운 일일지도 모르지만, 그렇다고 해서 그런 반응이 올바른 반응인 것은 아니다.

우리는 우리를 과거로 가라앉게끔 하는 사람을 돕고 지원하기 위해 우리 자신을 던져주기를 원하는가? 안전을 누리기 위해서, 우리는 그런 사람과 거리를 유지하거나 그런 사람을 시험해보곤 한다. 그러나 그런 냉소주의나 비관주의도 상처를 주는 것이 될 수 있다. 전력을 다해 돌아오고자 하는 사람에게 불신을 보여주는 것이기 때문이다. 우리의 반응은 이 아버지의 반응과 같아야만 한다. 우리는 돌아오는 사람을 향해 팔을 벌리고 그를 환영하며 맞이해야만 한다. 만약 그 사람이 계속해서 다른 잘못을 저지른다면, 그 문제는 그때 가서 다시금 다룰 수 있을 것이다. 하여간에, "집으로 온 것을 환영한다. 넌 우리 식구야"라고 말하는 것이 중요하다.

결국 우리는 하나님의 은혜와 성자 예수의 고난과 희생을 통해 우리 자신이 가족으로 받아들여졌다. 하나님과 동행하고자 원하는 사람들을 향해서, 우리가 하나님이 그들에게 보이신 것보다 더 높은 기준을 가져야 할 아무런 이유가 없다.

누가복음 16:1-13

1 또한 제자들에게 이르시되 어떤 부자에게 청
지기가 있는데 그가 주인의 소유를 낭비한다
는 말이 그 주인에게 들린지라
2 주인이 그를 불러 이르되 내가 네게 대하여
들은 이 말이 어찌 됨이냐 네가 보던 일을 셈
하라 청지기 직무를 계속하지 못하리라 하니
3 청지기가 속으로 이르되 주인이 내 직분을
빼앗으니 내가 무엇을 할까 땅을 파자니 힘
이 없고 빌어 먹자니 부끄럽구나
4 내가 할 일을 알았도다 이렇게 하면 직분을
빼앗긴 후에 사람들이 나를 자기 집으로 영
접하리라 하고
5 주인에게 빚진 자를 일일이 불러다가 먼저
온 자에게 이르되 네가 내 주인에게 얼마나
빚졌느냐
6 말하되 기름 백 말이니이다 이르되 여기 네
증서를 가지고 빨리 앉아 오십이라 쓰라 하고
7 또 다른 이에게 이르되 너는 얼마나 빚졌느
냐 이르되 밀 백 석이니이다 이르되 여기 네
증서를 가지고 팔십이라 쓰라 하였는지라
8 주인이 이 옳지 않은 청지기가 일을 지혜 있
게 하였으므로 칭찬하였으니 이 세대의 아들
들이 자기 시대에 있어서는 빛의 아들들보다
더 지혜로움이니라
9 내가 너희에게 말하노니 불의의 재물로 친구
를 사귀라 그리하면 그 재물이 없어질 때에
그들이 너희를 영주할 처소로 영접하리라
10 지극히 작은 것에 충성된 자는 큰 것에도 충
성되고 지극히 작은 것에 불의한 자는 큰 것
에도 불의하니라
11 너희가 만일 불의한 재물에도 충성하지 아니
하면 누가 참된 것으로 너희에게 맡기겠느냐
12 너희가 만일 남의 것에 충성하지 아니하면
누가 너희의 것을 너희에게 주겠느냐
13 집 하인이 두 주인을 섬길 수 없나니 혹 이를
미워하고 저를 사랑하거나 혹 이를 중히 여
기고 저를 경히 여길 것임이니라 너희는 하
나님과 재물을 겸하여 섬길 수 없느니라

원 의미

누가복음 여행항목(16:1-31)은 세 부분으로 나눌 수 있는데, 각각의 부분들은 하나님이 제자들에게 주신 재원들에 대해서 그들이 지혜롭고 자비로워야 한다는 것에 초점을 맞추고 있다. 불의한 청지기에 대한 이 비유는 돈을 다룸에 있어서 신실함과 지혜가 있어야 한다는 점에 관해 권면하는 내용이 나오며, 이 비유에서 제시된 요점들을 좀더 증폭시켜 발전시키는 일련의 훈계들이 뒤이어 나온다. 이 비유 뒤에서는 지금 비유보다 좀더 짧은 단락을 통해 바리새인들의 태도를 책망하시고, 새로운 시대의 도래에 관해 선포하신다. 이 새로운 시대는 비록 새롭긴 하지만 하나님이 요구하시는 도덕적 요구들에 있어서는 변화가 없다(16:14-18). 그 뒤에는 마지막으로 부자와 거지 나사로의 비유가 나오는데, 이 비유는 다른 사람의 인간적인 필요들을 자비롭게 채워주라는 하나님의 윤리적 명령을 강조한다(16:19-31). 그리스도의 제자들은 바리새인들과는 달리 돈을 사랑해서는 안된다. 하나님이 제자들을 향해 윤리나 라이프스타일에 있어서 어떤 책임성을 요구하시는 모습은 물질을 사용하는 것에까지 뻗어있다.

누가복음 16:1-8에는 누가복음에서 가장 어려운 비유가 들어있다.[1] 이 비유는 분명 돈의 사용에 대해서 그리고 그에 합당한 책임성에 대해서 가르치지만, 도대체 어떤 방식으로 이런 책임성을 제시하고 있는 것일까? 이 비유를 해석하는 방식으로는 두드러진 두 가지 해석적 선택이 제시된다.[2]

(1) 이 청지기는 주인이 받아야 할 돈의 총액을 줄여버리는 부정직한 사람이었지만, 장래를 생각하고 있었다. 그래서 예수는 이 청지기가 꾀를 이용해 장래를 준비하는데 물질을 사용하는 것을 칭찬하신다. (2) 이 청지기는 처음에 주인의 돈을 가져다가 꿔줄 당시에 부정직한 모습이었을 수도 있다. 하지만 나중에는 빚진 자들의 채무를 줄여주었는데 이는 자신이 받아야 할 몫을 장래의 선의를 소망하면서 삭감해준 것이었다.[3] 만약 그렇다면, 예수는 그가 나중에 자신을 위해 준비하기 위해 선견지명적으로 물질을 사용한 것에 대해 칭찬하신 것이다.

이 두 가지 중 어느 것을 선택하느냐는 해석적인 측면에서 매우 어려운 문제이

---

1. 비록 13절이 마태복음 6:24과 개념상 비슷하기는 하지만 이 비유는 누가복음에만 나온다. 여기에 덧붙여서, 누가복음 16:10-12은 마태복음 25:20-30 그리고 누가복음 19:17-26과 개념상 중복되는 점들을 갖고 있다.

2. D. J. Ireland, *Stewardship and the Kingdom of God. An Historical, Exegetical and Contextual Steward of the Parable of the Unjust Steward in Luke 16:1-13*(Leiden: E. J. Brill, 1992), 5-47, 이 부분에서는 역사 속에서 이 부분에 대해 시도된 여러 다양한 해석들을 살펴본다. 그는 이 과정에서 여섯 가지 두드러진 방식들을 살펴보는데, 이중에서 우리는 가장 중요한 두 가지 방식들에 대해서 살펴보았다. 또한 이 비유가 어느 부분에서 끝나는가에 대한 논의도 있다. 이 비유는 7, 8a, 8b, 혹은 9절 중 도대체 어디서 끝나는가? 우리는 이 비유가 8a절까지 진행되며, 그 이후에 나오는 모든 내용들은 예수가 이 비유에서 만드신 다양한 적용들이라고 간주한다.

3. 이 마지막 방식에 대해서는 Fitzmyer, *The Gospel According to Luke X-XXIV*, 1098 부분을 보라. 이 부분의 문화적 배경에 대해서는, Fitzmyer, "The Story of the Dishonest Manager(Luke 16:1-13)," *TS* 25(1964):23-42, 그리고 D. M. Derrett, *Law in the New Testament*(London:Darton, Longman, & Todd, 1970), 48-77을 보라. 피츠마이어(Fitzmyer)와 데렛(Derrett)은 배경에 대해서 조금 다르게 설명한다. 데렛은 이 청지기가 그저 부채에서 이자만을 제거했을 뿐이라고 주장한다(출 22:24; 레 23:36-37; 신 15:7-8; 23:20-21). 피츠마이어(*The Gospel According to Luke X-XXIV*, 1097-1098)는 지금 삭감된 부분이 이 청지기가 받을 커미션 부분이라고 주장한다. 비록 이율이 품목에 따라 다양했다는 관점보다는 커미션이 품목에 따라 다양했다고 보는 것이 좀더 자연스럽기는 하지만 이 두 가지 중 어떤 설명도 타당한 설명이 될 수 있다.

다. 이 두 가지 선택 모두 적절한 선택이 될 수 있다. 예수는 부정적인 방식으로 물질을 활용하는 것에 관해 무언가를 말씀하시기 위해 비윤리적인 행동이라는 부정적인 본보기를 사용하고 계신 것일 수도 있다. 그러나 나는 이 청지기가 자기 자신에게 돌아올 몫을 단기적으로 삭감함으로써 장차 자신이 맞이하게 될 상황 속에서 사람들이 그에게 긍휼을 베풀게 하고자 했다는 방식을 선택하는 것을 더 선호한다. 그러므로 예수가 지금 이 비유에서 제시하시려는 본보기는 부정직한 것에 관한 것이 아니다. 이 비유는 정확하게 예수가 말씀하시려는 요점을 보여준다. 즉 하나님이 우리에게 주신 재원들을 지혜롭고 자비롭게 사용하라는 요점이다. 나의 주해적인 선택은 이런 접근법을 선택하지만 만약 다른 해석 방식을 받아들인다 하더라도 이 본문이 근본적으로 제시하는 요점은 동일하다는 점을 주목해야만 한다. 비록 요점에 도달하기 위한 방식이 조금 다르다 하더라도 말이다.

이 이야기는 자신의 일들을 관장하고 책임지는 청지기를 두고 있던 한 부자로부터 시작한다. 이 청지기는 분명 채무관계를 관장하는 일을 돕고 있었다. 그런데 어떤 사람들이 이 청지기가 주인의 재산을 축내고 있다고 비난했다. 흥미롭게도, 누가는 탕자의 낭비를 15:13에서 묘사하면서도 이와 동일한 단어를 사용했다. 이런 연결은 이 용어가 감정적으로 부정적인 이미지와 기능을 갖는다는 점을 보여준다. 이 청지기는 효율적인 청지기가 아니었다. 이 청지기는 이런 비난으로 인해 자신이 여태껏 해온 일들이 조사받게 될 것이라고 생각한다. 그리고 그 결과 자신의 지위를 잃게 될 것이라고 생각한다.

길거리에 내몰리게 될 처지에 처하자, 이 청지기는 자신이 선택할 수 있는 방식들에 대해서 생각한다. 그는 자신이 힘이 부치는 사람이었기 때문에 노동을 해서 먹고 살기를 원치 않았다. 물론 자신이 한때 빚을 거두러 다녔던 사람들의 손에 고용되는 것 역시 난처하고 부끄러운 일이었을 것이다. 다른 방편인 빌어먹는 방법이 있었는데, 이것 역시 별로 매력적인 선택이 아니었다. 이 사람은 자신이 할 수 있는 선택 방법들을 생각하다가 하나의 계획을 발전시킨다. 이 계획은 자기 주인에게 빚진 사람들에게 환심을 사서 나중에 그들이 자신을 돕게 하는 것이었다. 그는 신중하게 계획을 짠다. 자기 주인으로 아무런 보호를 받을 수 없는 지경이 되었을 때, 그는 다른 곳에서 도움을 얻을 방법을 찾는다.

이 청지기는 한번에 한 개씩 증서를 만든다. 각각의 증서를 통해서, 그는 빚의 양을 줄여준다. 이 비유에서는 빚의 양을 줄여준 두 가지 예를 제시한다(둘 다 농업적인 것인데, 이는 특성상 팔레스타인의 배경과 경제에 잘 들어맞는다). 첫 번째는 올리브기름 백 말이다(이는 800갤론 이상이다). 이는 1천 데나리온 이상이 되거나 평균적인 노동자의 3년 치 품삯을 좀더 웃도는 금액이다. 이 빚을 지고 있는 사람은 일상적인 노동자는 아니었겠지만, 이 빚은 아주 중요한 것이었다. 이 청지기의 몫을 삭감하는 것을 통해서, 이 빚은 절반으로 뚝 줄어들었다. 더 말할 것도 없이, 이처럼 축소시켜주는 일은 여기서 멈추지 않았다! 두 번째 본보기는 밀 백석에 관한 것인데, 이것은 약 백 에이커에서 나오는 소출에 해당하며, 약 2,500-3,000 데나리온 정도인데, 이는 8년에서 9년 남짓의 품삯이다.[4] 이 양은 80석 정도로 경감되었다. 다시 한번 이 청지기는 자신이 받아야 할 커미션을 포기한다. 이런 삭감은 매우 중요한 일이었고, 많은 감사를 받게 되었다.

예수는 이제 요점을 말씀하실 준비가 되셨다. 주님은 주인이 "이 불의한 청지기"를 칭찬하신 것을 지적하신다. 이 청지기는 자신이 하는 일을 통해서 미래를 위한 토대를 준비했다. 장래에 대한 이런 전망과 장래를 위한 준비는 인정될 가치가 있다.[5] 이 청지기는 어떤 미래가 오게 될 것인가라는 견지에서 행동했고, 지금 그것에 대해서 준비한다.

이 비유가 가르쳐주는 몇몇 적용 중 이 첫 번째 적용을 통해서, 예수는 "이 세대의 사람들이 빛의 사람들보다 더 지혜롭다"는 점을 지적하신다. 즉 의인이 자신들의 영적 축복에 대해 생각하는 것보다는 이 세상의 사람들이 육체적 축복에 대해서 좀더 많이 생각한다. 예수는 9절의 특수한 본보기를 통해 요점을 발전시키신다.

이 세상의 부는 친구들을 얻기 위해 자애롭게 사용되어야만 한다. 그래서 물질들이 사라졌을 때, 제자는 영원한 삶에서 환영받을 수 있어야만 한다. 가치를 뒤틀리게 하는 힘을 갖고 있는 화폐재원들(=돈)은 자애롭게 섬김을 위해 사용되어야만 하며, 그렇게 행하면 하늘나라는 그런 식으로 자비롭게 행한 사람을 기쁘게 받아들일 것이다. 하나님은 자애로운 사람들을 높이 평가하신다. 마지막 날이 오고 더 이상 돈이 아무런 가치도 갖게 되지 않을 때, 미래를 바라보았고 치밀하게 행동했

---

4. 고대 본문 속에서 이 수치와 척량 단위를 어떻게 헤아릴 것이냐는 문제는 논쟁거리이다. 우리는 본문에서 보다 커다란 수치를 다루었다. 더 적당한 표준을 적용한다면, 일백의 수치가 더 작을 것인데, 이는 전체의 1/10이나 8-9개월간의 평균 임금에 해당할 것이다. 이런 수치적 변화에 대해서는 Marshall, *Commentary on Luke*, 619를 보라. 어쨌든 이 양은 상당한 것이기에 할인해주고 있다.

5. 가격을 매기는 마지막 단계에서 청지기가 주인을 계속 속이고 있었다면, 주인이 이 부정직한 청지기를 칭찬하였을 것 같지 않기 때문에 나는 커미션이라는 견해를 선택한다. 예수의 비유는 이야기에 예기치 않은 전개가 있을 때조차도 내적인 일관성의 요소를 보통 간직하고 있다. 따라서 계속된 부정직함에 대해서 청지기를 주인이 칭찬하였을 것 같지는 않다. 청지기는 보다 최근의 행위가 아니라 이전의 행위 때문에 "부정직"하다고 불리고 있다.

던 사람은 하나님이 주신 재원들과 섬김의 직분을 현명하게 다루었던 사람들이 될 것이다. 삭개오는 그런 긍정적인 본보기가 되는 사람이다(19:1-10).

여기에 덧붙여서, 작은 것에 불의한 자가 큰 것에도 불의한 것과 마찬가지로, 작은 것에 충성하는 사람들이 또한 큰 것에도 충성할 수 있다는 점을 주목해야 한다. 만약 세상적인 물질과 풍요를 다룰 수 없는 사람이라면, 어떻게 그 사람에게 진정으로 중요하고 가치 있는 것들을 믿고 맡길 수 있겠는가? 이 질문은 무엇이 가치 있는 것인지를 규정한다. 우리의 물질들은 이기적인 목적을 위해서 사용되는가 아니면 자애롭게 사용되는가? 만약 누군가가 섬김의 일부분으로서 주어진 것을 잘 돌볼 수 없다면, 도대체 누가 진정 우리 자신의 것을 우리에게 주겠는가? 예수는 제자들에게 하나님의 성실함, 자애로움 그리고 은혜를 잘 보여주는 특징에 대해 제시하신다.

결정적인 요점이 제시된다. 이 세상의 사람은 충성에 대한 근본적인 선택과 직면한다. 어떤 종도 두 주인을 섬길 수 없다. 종은 누구를 섬길 것인지를 선택해야만 하는 그런 순간이 오게 될 것이다. 그 순간 두 주인 중 누군가는 사랑받게 될 것이고, 다른 사람은 미움 받게 될 것이다. 두 주인 중 한사람은 섬김을 받게 될 것이고, 다른 사람은 버려질 것이다.

누구도 하나님과 돈을 겸해서 섬길 수 없다. 만약 우리가 받은 재원들이 하나님이 우리에게 그분과 다른 사람들을 섬기라고 주신 섬김에 관한 것이라면, 우리의 재원들을 주변의 다른 사람들의 필요를 채워주기 위해 공급하는 일이 하나님을 섬기는 것이다. 언젠가 하나님은 우리가 물질들을 사용한 것에 대해서, 과연 그것들을 하나님의 뜻과 가치대로 사용했는지에 대해 평가하실 것이다. 만약 우리가 주의 뜻대로 사용했다면, 주는 칭찬을 해주실 것이다. 불의한 청지기가 장차 무엇이 필요할 것인지에 대해서 현명하게 생각했던 것처럼, 우리도 하나님이 주신 물질들을 우리가 어떻게 사용하길 하나님이 원하시는지에 대해서 현명하게 생각해야만 한다.

상황잇기

이 비유는 우리가 물질을 어떻게 다루고 어떤 태도를 가져야만 하는가에 관한 근본적인 문제를 다룬다. 예수는 여기에서 우리가 갖고 있는 돈이나 다른 물질적 재원들은 결코 우리의 것이 아니며, 무엇이건 간에 우리가 기뻐하는 것에 사용해서는 안 된다는 점을 분명히 하신다. 물질적인 재원들은 우리 주변에 있는 사람들의 필요를 채워주기 위해, 우리에게 관리하라고 주어진 것이다. 예수가 여기에서 말씀하시는 내용은 바울이 에베소서 4:28에서 이야기하는 내용과 비슷하다: 우리는 빈궁한 자들을 돕고 그들과 더불어 나누기 위해 물질을 버는 것입니다.

물질에 대한 이런 이해는 우리 문화가 갖고 있는 가치와는 정면으로 대치되는 것인데, 우리 시대의 문화는 우리가 벌어들인 것은 우리 자신의 것이며 우리는 그것을 원하는 대로 사용할 수 있다는 생각에 젖어들게 한다. 예수는 우리가 갖고 있는 것이 우리에게 위임된 것들이며, 하나님은 우리가 그것을 어떻게 사용하는지 관찰하고 계시다는 점을 제시하신다.

이런 관점은 성경이 어떤 경제 시스템을 지지하는가라는 이데올로기적인 논쟁을 넘어선다. 이런 관점은 하나님이 우리에게 재원들을 주신 것에 대해서 깊이 심사숙고할 것을 요구하며 또한 우리로 하여금 이런 재원들을 어떻게 사용할지 생각해보도록 격려한다.

예수가 제자들에게 가르치기 원하시는 시대를 초월하는 가치는 섬김, 긍휼 그리고 사람들과 관련이 있다. 물질은 지나치게 중시되거나 축적되어서는 안 되며 다른 사람들을 섬기고 그들의 진정한 필요를 채워주는 긍휼을 거둬들이기 위해 뿌려져야만 한다.

돈이 갖는 직무는 돈을 목표로 삼는 것이 아니라 돈이 수단이라는데 있다. 탐욕과 이기심은 인간심성에 깊이 뿌리내리고 있기 때문에, 이 본문의 메시지는 삶의 정황과 깊이 연결되어 있을 뿐만 아니라 그 안에서 떠들썩한 반응을 불러일으킨다.

그 훌륭한 예는 13절에 나오는 한사람이 두 주인을 섬길 수 없다는 선포이다. 우리는 하나님을 섬기는가 아니면 재물들을 섬기며 추구하는가? 많은 사람들에게 있어서, 이 질문은 삶에 있어서 가장 근본적인 질문이다. 부요함을 추구하는 것은 우리로 하여금 하나님을 잊어버리게 만들 수 있으며, 가족의 가치나 다른 사람들과의 동행을 경시하게 만들 수도 있고 비윤리적으로 행동하게 만들거나 다른 파괴적인 행동들을 하게끔 만들기도 한다.

바로 이 점이 성경의 여러 본문들에서 탐욕을 우상숭배라고 부르는 이유이기도 하다(엡 5:3). 풍요를 추구하고 그 풍요에서 비롯되는 지위를 추구하는 것은 창조주가 아니라 피조물을 숭배하는 것을 의미한다. 바로 이 점이 한 사람이 분명한 선택을 해야만 할 때 자신이 누구를 섬겨야만 하는가를 알아야만 한다고 말씀하시는 이유이며, 한 사람이 둘 모두를 섬길 수 없다고 말씀하시는 이유이다. 여기 나오는 모든 내용들은 우리로 하여금 하나님을 선택하라고 촉구한다.

현대적 의미

누가는 자신의 복음서에서 돈의 역할에 대해서 두드러지게 표현한다. 이 비유는 특히 이 비유의 마지막 부분에 나오는 적용들은 물질을 어떻게 사용하느냐가 한 사람의 영적 직분을 시험하는 리트머스 시험지라고 주장한다. 이 부분은 논의하기 매우 어렵고 위험한 부분이다. 한편으로 교회는 돈을 다루는데 있어서 조심해야만 하며(그리고 돈을 요구하는데 있어서), 그렇게 함으로써 우리들이 갖고 있는 가치들을 흔들어 버릴 수 있는 매혹적인 힘을 갖고 있는 돈에게 굴복하지 않게끔 해야 한다.

하나님은 우리가 문화적으로 인기 있는 그런 결정이 아니라, 올바른 근거들을 통해 결정함으로써 재원들과 자선가들이 유지될 수 있게 되기를 원하신다. 여기에 덧붙여서, 교회는 돈에 대해서 지나치게 많이 이야기하는 것을 경계해야만 하며, 이 이슈에 대해 설교함에 있어서 물질의 성공이 마치 영적 성공을 가늠하는 것인 양 비춰지지 않도록 해야만 한다. 과도하게 이런 것을 다루는 가장 분명한 예로서, 우리는 후원금을 항상 요구하고 볼 수 있게 하는 일부 텔레비전 사역들을 생각해 볼 수 있다. 이런 프로그램을 보는 것은 때때로 영성이 마치 누군가가 교회에 얼마만큼 무엇을 드리는가를 통해 결정된다는 인상을 남긴다. 이런 오류는 종교개혁을 일어나게끔 도와주었던 면죄부나 혹은 다른 과도한 요구들만큼이나 오래되었다.

교회가 돈에 대해서 어떻게 생각하고 호소해야 하는가에 관해 이야기하는 것을 이 본문에 대한 적용으로서 두드러지게 제시하는 것이 조금은 이상하게 보일지도 모르겠다. 왜냐하면 이 본문의 훈계는 개개인들에 관한 호소이기 때문이다. 그러나 하나님이 사용가능하도록 허락하시고 베푸시는 재원들을 얻는데 있어서 만약 교회가 착취하거나 잘못된 방식을 선택하는 죄를 저지른다면, 도대체 개개인들은 재원을 얻고 지혜롭게 사용해야 하는가에 대해서 어떻게 올바르게 배울 수 있단 말인가? 하나님과 그분의 은혜, 그분의 사랑 등에 대해서 알 필요가 있는 사람들을 섬기기 위해 형성된 그리스도의 지체를 통해서, 재원들을 사용하는 가치를 보여주는 모델이 분명하게 나타나야만 한다. 교회 리더들의 청지기적 책임성은 영성의 모범에 있어서 매우 중요한 부분이다.

베풂이라는 영역에 있어서 또 다른 비극은 무언가가 필요한 사람들의 필요를 채워주기 위해 물질을 사용하는 부분이 교회의 가치와는 멀리 동떨어진 이데올로

기적인 무언가로 규정되었다는 점이다. 풍요에서 제외된 사람들을 전혀 돕지 않는 그런 프로그램들을 비판함에 있어서, 우리는 종종 목욕물을 버리면서 아이도 같이 버리는 우를 범하곤 한다. 우리는 사람들로 하여금 그들 스스로를 돌볼 수 있게끔 돕는 프로그램들을 후원하고 뒷받침해야만 한다. 그러나 너무나 많은 사람들이 우리 사회 안에서 고통 받는 사람들에게 무언가를 주는 것에 대해서 마치 그런 일이 무언가 왜곡된 사회적 행동강령에 참여하는 것으로 간주한다. 그러나 수세기 전에, 경건한 기독교인들은 성경적인 가치들을 반영하는 증인들이었으며, 과부와 고아 그리고 하나님이 돌보신다는 분명한 증거를 필요로 했던 다른 가난한 사람들을 돕고 채워주는 주도적인 노력들을 했던 사람들이었다.

구약성경과 신약성경에는 궁핍한 사람들을 어떻게 바라봐야 하고 어떻게 도와주어야 하는가에 관한 많은 내용들이 담겨 있다(마 25:31-46; 약 2:14-16 등을 보라). 이 점은 중요하다.

왜냐하면 재물을 사용하는 것을 통해서 우리의 사랑을 구체적으로 보여주는 것이 우리가 하나님의 돌보심을 증거 하는 한 방법이기 때문이다. 해외에서 사역하는 선교사가 그곳의 자연재해를 호소할 때 우리가 얼마나 신속하고 그들에게 도움과 구제를 베푸는지를 생각해보라. 반면 우리가 같은 도시 내에 살고 있는 이웃들이 호소하는 것에 대해서는 그것이 정치적인 동기를 갖고 있는 것으로 간주하면서 얼마나 머뭇거리는지에 대해서도 생각해보라.

만약 예수의 명령이 재물을 가지고 자비를 베풀라는 것이라면, 우리는 나누고 베풀어 줄 기회를 찾아야만 한다. 대부분의 서구인들은 이 세상의 기준으로만 본다면 풍요롭고 축복받은 삶을 살아간다. 그래서 우리가 갖고 있는 물질 중 많은 것들이 우리 자신들을 먹이고 풍성하게 하기 위해 이런 저런 방식들로 사용되고 소비된다.

이 본문은 우리에게 어떻게 해야 주변의 궁핍한 사람들에게 자비를 베풀 수 있는지에 관해 질문을 던진다. 우리가 갖고 있는 재물들이 진정 우리 자신의 것이 아니라 그것을 궁핍한 사람들을 위해 사용하는데 있어서 우리가 얼마나 신실한지를 보기 원하시는 하나님이 우리에게 맡겨두신 것이라는 점을 얼마나 인식하고 있는가? 예수는 이제 그런 질문들을 가난하고 궁핍했던 사람인 나사로가 부자에게 어떤 취급을 받았는지를 보여주는 16:19-31에서 제기하신다.

이 본문의 메시지와 명령을 신실하게 존중할 수 있는 기회들은 모든 곳에 얼마든지 존재한다. 우리는 이 세상에서 항상 훌륭한 동기를 만날 수 있는 것은 아니며,

또한 모든 타당한 사역들을 항상 축적해 나갈 수만 있는 것도 아니다. 하나님이 자비롭게 되라고 명령하시는 것은 우리가 가치 있는 사역들이나 필요들을 찾고 기다려야 할 것임을 의미한다. 그런 나눔과 베품 중 일부는 지역교회들과 사역들을 통해서 나누고 베푸는 것일 수도 있을 것이다. 그러나 그저 지역교회에만 무언가를 주는 것으로만 국한시킨다면 그건 우리의 비전을 너무 협소하게 제한하는 것이다. 우리는 또한 궁핍한 지역들과 그곳의 가난한 사람들을 위해 일하는 기관들에게도 기부해야만 하며, 교육을 위한 가정적인 뒷받침을 제공받지 못하는 지역들에서 교육사업을 벌이는 기관들에도 기부해야만 한다.

다른 기회들로는 우리의 교회 지도자들을 교육시키는 기관들을 섬기는 것일 수도 있다. 목회자들과 설교자들을 배출해내는 신학교들을 후원하지 않는 교회들은 하나님이 그들 교회들에게 활용 가능하게끔 만들어주신 청지기적 사역에 대해서 생각해야만 한다.

파라 처치 기관들은 지역교회들이 다루지 않는 문화의 일정부분들에서 매우 중요한 복음증거 사역을 감당한다. 선교사들의 필요 역시 매우 중요한데, 특히나 외국에서 온 남녀들의 필요를 채워주는 것도 그들이 자기 나라에서 효과적으로 사역들을 감당하게끔 하는데 매우 중요하다. 때때로 사역을 위한 훈련을 미국에 있는 그 나라 사람들(교포들)이 받을 수 있도록 후원하는 것이, 미국사람이 다른 외국땅에 가서 문화적 전환을 감내하면서 사역하게끔 하는 것보다 훨씬 더 효과적인 때들도 있다. 미국에 나와 있는 그 나라 사람들(교포들)은 일반적으로 사역에 있어서 그 나라에 파송 받는 미국인들 못지않게 사역을 감당할 수 있다. 우리가 선택할 수 있는 방식들은 엄청나게 많이 있지만, 지금 이런 성경본문은 우리에게 우리의 재원들을 효과적인 사역을 위해 기부하고 사용하도록 명령한다. 우리는 궁핍한 사람들과 세상을 향해 말해야만 한다. "우리는 여러분을 돌볼 것이고, 우리 하나님이 그렇게 행하십니다."

이 질문은 또한 가치라는 차원에서도 중요하다. 나는 월급을 받기 위해서 일을 하는 것인가, 아니면 하나님이 내게 부여하신 사역에 대한 부름과 장점들을 갖고 있기에 섬기는 일을 하고 있는 것인가? 그것이 직업적인 사역이건 세상에서의 일이건 간에 말이다.

내가 일하는 과정에서 가장 중요한 것으로 생각하는 것이 과연 얼마나 많이 그리고 어떻게 섬김을 신실하게 실천하는가라는 문제인가? 얼마나 많이 기부하느냐라는 선입견 때문에, 억만장자가 아닌 사람들은 섬김에서 멀어질 수도 있다.

우리는 돌보고 섬겨야 할 책임을 지고 있는 사람들을 섬기기 위해 얼마나 많이 사용하는가에 대해 책임을 져야만 하지만 무언가가 필요한 사람들보다는 우리의 욕구를 통해 무언가를 선택할 때가 얼마나 많은가. 우리가 가장 절실하게 추구해야 하는 보물은 하나님이 기뻐하시는 일들을 찾고 그 일을 행하는 것이다.

누가복음 16:14-18

14 바리새인들은 돈을 좋아하는 자들이라 이 모든 것을 듣고 비웃거늘
15 예수께서 이르시되 너희는 사람 앞에서 스스로 옳다 하는 자들이나 너희 마음을 하나님께서 아시나니 사람 중에 높임을 받는 그것은 하나님 앞에 미움을 받는 것이니라
16 율법과 선지자는 요한의 때까지요 그 후부터는 하나님 나라의 복음이 전파되어 사람마다 그리로 침입하느니라
17 그러나 율법의 한 획이 떨어짐보다 천지가 없어짐이 쉬우리라
18 무릇 자기 아내를 버리고 다른 데 장가 드는 자도 간음함이요 무릇 버림당한 여자에게 장가드는 자도 간음함이니라

원 의미

누가복음 16장의 짧은 이 단락을 앞 뒤 문단과 문맥적으로 연속성을 갖게 해석하기란 쉽지 않은 일이다. 이 단락은 분명하게 돈에 관한 주제를 다루는 두 개의 문단 사이에 자리잡고 있지만, 이들 상호간의 연결성은 모호해 보인다. 하지만 이 단락의 제일 처음 부분은, "돈을 사랑하는" 바리새인들이 예수의 말씀에 대해서 코웃음 쳤다는 언급으로 시작되고, 이는 연결성을 분명하게 해준다. 왜냐하면 돈에 대한 예수의 말씀들이 주의 권위에 관한 이슈를 만들어냈으며, 하나님 나라의 임재는 한 사람의 가치관에 대해 그 가치가 어디에 근거를 두고 있고 그 사람이 얼마나 그 가치에 충성스러운가라는 문제를 야기하기 때문이다.[1] 이 나라는 서로 양분된 헌신과 충성을 드러나게 하는데, 한 사람은 하나님을 섬기거나 혹은 돈을 섬기기 때문이다(10-13절). 이런 모습을 통해 우상숭배가 드러나게 되며, 하나님은 이들을 미워하신다(14-15절). 이런 가치들의 핵심은 총체적인 성실성이며, 바로 이 점이 18절에서 이혼에 관한 언급이 제시된 이유이기도 하다. 이 단락의 연결부분은 16-17절인데, 이 부분에서는 하나님 나라의 임재가 예수의 선포와 연결되어 있다. 주님은 사람들에게 자신의 재화와 물질들을 어떻게 사용했는지 제시하라

1. Tiede, *Luke*, 285-88.

고 명령하실 권리와, 성실함이라는 측면에서 그들이 하나님과 어떤 모습으로 동행했는지를 돌아보라고 명령하실 권리를 갖고 계신 분이시다.

만약 방금 전에 제시한 내용이 이 단락이 주장하는 바를 올바르게 제시한 것이라면, 바리새인들이 비웃었다는 표현은 그들이 예수가 주장하시는 하나님 나라의 가치들을 이해하지 못했다는 점을 보여준다. 돈을 사랑하는 그들의 모습은 주의 메시지를 이해하지도 못하게 만든 것이다. 그러므로 예수는 바리새인들을 향해 그들이 하나님 앞에서 어디에 서 있는지를 직접적으로 말씀하신다. 바리새인들은 비록 사람들 앞에서는 자신을 정당화할 수 있을지 모르지만, 하나님은 그들의 중심과 마음을 알고 계신다. 하나님은 그들이 높은 가치를 두고 있는 부분들을 하나님은 너무나 싫어하신다. NIV에서 "detestable"(미움을 받는)[2]이라고 번역한 부분은 예수가 이보다 더 강력한 단어를 사용하실 수 없는 그런 표현으로 말씀하신 부분이다. 어디에 가치를 둘 것이냐는 입장에 있어서, 하나님과 바리새인들은 정반대 끝부분에 자리 잡고 있다. 하나님이 인정하시는 가치들에 대한 지식은 구약성경과 신약성경을 통해서 알 수 있다. "율법과 선지자들은 요한의 때까지이고", 지금은 새로운 시대가 도래했다—하나님 나라의 복음이 선포되는 시대가 되었다. 예수가 하나님 나라의 복음을 가져오셨고, 그 복음의 존재는 성취 시대의 시작을 의미한다. 여기에 덧붙여서, 예수는 하나님이 원하시는 윤리적 기준들을 알려주신다. 그렇다고 해서 이런 기준들은 율법에 제시된 가치들을 파괴하는 것이 아니다. 율법의 한 획이 없어지는 것보다는 천지가 없어지는 것이 더 쉬울 것이기 때문이다. 예수는 주가 가져오시는 것이 약속의 성취임을 또한 율법이 소망하던 것임을, 그리고 하나님의 백성들에게 의로움을 가져다주는 것이라고 선포하신다.

이 본문에는 또 다른 요점도 있다. 하나님의 계획은 두 시대로 나뉜다: 율법과 선지자의 시대와 하나님 나라의 시대. 이 양자간의 경계선은 세례 요한의 사역이다. 예수의 소명은 약속의 실현을 시작하시는 것이다. 이제 하나님 나라는 선포되기 시작하고 있다.

16절 마지막 부분은 논쟁거리가 되는 부분이다. NIV는 이 부분을 "모든 사람들이 그 안으로 밀고 들어간다"(Everyone is forcing his way into it)라고 번역했는데, 이는 성경본문이 묘사하는 것보다 좀더 광범위하게 복음이 수용된다는 방식으로

---

2. 이 헬라어 단어를 "혐오, 증오"라고도 번역할 수 있다. Foerster, "βδελύσσομαι, κτλ.," *TDNT,* 1:600을 보라.

본문을 읽는 독법이다. 하지만 "is forcing"('비아제타이')이라는 단어는 좀 다르게 읽을 수 있는데, 이 형태는 중간태수동(middle-passive) 형태이기 때문이다. 우리는 이 부분을 수동적으로 읽고 다음처럼 번역하는 것을 좀더 선호한다: "모든 사람들은 그 안으로 들어가도록 계속적으로 재촉된다." 본문을 이렇게 읽을 경우엔, 강조점은 선포된 말씀에 놓이게 되며, 이는 강조점이 예수가 여기에서 선포하시고 제시하시는 말씀이 된다는 뜻이다.[3] 주님은 주의 소명과 주를 좇는 자들의 소명이 하나님 나라의 말씀을 선포하는 것임을 강조하신다.

예수는 이혼에 관한 언급으로 마무리를 하시는데, 이 내용은 하나님 나라의 윤리적 명령이 율법과 선지자 시대의 성실함과 조화를 이루는 그런 성실함에 뿌리를 두고 있다는 점을 잘 보여주는 예시이다. 만약 누구든지 하나님 앞에서 맹세하고 결혼을 한 뒤 이혼을 하게 된다면, 이것은 간음이 된다. 그것은 신실치 못함을 보여주는 것일 뿐만 아니라, 애당초 하나님 앞에서 행했던 맹세를 깨는 행동이기 때문이다. 이 본문의 요점은 마태복음 5:31-32과 고린도전서 7:14-16에서 그렇게 했듯이 이혼이 어떤 경우에 가능한지 그 토대에 관해 논의하는 것이 아니라, 그저 새로운 시대에 인격적으로 속하게 된 것이 갖는 중요성을 보여주기 위한 것일 뿐이다. 결혼생활에 속하는 것은 결혼한 상태에 계속적으로 속하는 것이다. 그런 소속을 깨고 다시 결혼하는 것은 간음을 범하는 것이다. 이는 우리가 하나님 나라에 속한다는 관계성이 얼마나 진지하고 중대한 것인지를 보여준다.

상황잇기

하나님의 계획을 두 부분으로 구분해 묘사하는 것은 하나님의 약속이 예수를 통해 어떻게 성취되었는지를 분류하는 방식이다. 우린 오늘날 구약시대와 신약시대라고 이를 부르지만, 신약시대 자체도 한 가지 약속이 두 가지 측면에서 실현되고 있다는 점을 기억해야만 한다: 교회 시대와 주의 재림 이후에 나타날 시대가 바로 신약의 두 가지 약속이다. 신약성경 성취의 근간들은 아브라함에게 주신 하나님의 약속에서부터 시작한다(참조. 갈 3장).[4] 결과적으로, 죄에 대해 제사를

3. 이 번역의 타당성을 사전적으로 뒷받침해줄 수 있다는 점에 관해서는 J. B. Cortes와 F. M. Gatti, "On the meaning of Luke 16:16," *JBL* 106(1987): 247-59를 보라.

4. 이와 관련된 개혁주의와 세대주의의 관점은 약속의 시대와 성취의 시대가 어떻게 연결되는지를 강조한다는 점에서 서로 매우 밀접하게 연관되어 있는데, 이에 대해서는(개혁주의에 관해서는) O. Palmer Robertson, *The Christ of the Covenants*(Phillipsburg, N. J.:Presbyterian & Reformed, 1980); (세대주의적인 접근방식에 대해서는) C. Blasing과 D. Bock, *Progressive Dispensationalism*(Wheaton: Victor Books,

드리는 것과 같은 관행들은 더 이상 요구되지 않는다(히 8-10장). 또한 새로운 시대는 이방인들이 은혜를 통해 이전보다 더욱더 직접적으로 하나님의 공동체에 포함되는 것과 같은 여러 가지 새로운 요소들을 하나님의 약속에 가져오기도 한다(롬 9-11장; 엡 2:11-22).

우리는 지금 이런 변화들을 지극히 당연한 것으로 여기고 있지만, 이런 요소들은 당시엔 지극히 혁명적인 것이었다. 우리는 구약성경을 읽는 것을 통해 구약이 거룩함에 동참하고 다른 사람들의 필요를 채워주는 윤리적 가치들을 분명하게 담고 있음을 볼 수 있기에, 우린 다른 사람들을 이용해먹는 그런 방식으로 삶을 살지 않는다. 예배의 영역에 있어서조차도 비록 우린 제물들을 제단으로 가져가지 않지만, 하나님께 감사하며 거룩한 산제사로 믿음의 제물을 드릴 것을 명령받는다(롬 12:1-2). 구약성경은 기독교인들에게 유익한 교훈으로 가득 차 있다(딤전 3:16-17).

이 본문이 표현하고 있는 또 다른 근본적인 진리는 우리가 가치 있게 여기는 것들을 하나님이 항상 가치 있게 여기시는 것은 아니라는 경고이다. 예수는 수사적인 과장법을 사용하시면서, 우리가 가치 있게 여기는 것을 하나님이 미워하신다고 말씀하신다. 여기에서 염두에 두어지고 있는 것은 우리가 물질적인 것들에 치우친 경향을 갖고 있다는 점과 다른 사람들을 혹사하는 방식으로 높은 지위를 얻고자 추구하는 경향이 있다는 점이다. 이런 생각과 관련된 구체적인 적용이 이곳 이외에서 논의된 곳은 누가복음이다(참조. 12:22-34; 16:1-13, 19-31). 누가는 이 주제에 관련해 매우 주의를 기울이고 힘을 쏟았는데, 그건 아마도 데오빌로가 사회적으로 매우 높은 지위를 갖고 있었기에, 만약 그의 사역이 효과적이 되려면 재물들과 사회적 지위를 다룸에 있어서 그가 특별히 예민하고 세심한 주의를 기울여야만 했기 때문일 것이다. 이 세상에서 돈을 사용하는 것은 매우 특별한 영적 힘을 갖고

1993)을 보라. 이런 약속들은 여전히 주의 재림을 통한 성취를 기다리고 있다는 점을 기억하는 것도 매우 중요하다. 다가오게 될 이 시기가 어떤 모습이 될 것인지에 대해서도 기독교인들 간에 논쟁이 되고 있다. 어떤 사람들은 예수의 재림이 영원한 상태를 만들어주는 것이라고 간주하지만(무천년주의와 후천년주의), 반면 다른 사람들은 영원한 상태가 되기 전에 지상에 왕국의 형태가 이루어질 것이라고 생각한다(전천년주의). 대부분의 논쟁은 요한계시록 20절을 어떻게 읽을 것인가로 귀착된다. 대부분의 사람들은 이 성취가 예수 그리스도의 사역을 통해서 시작되며, 예수의 사역과 활동을 결국 모두 알 수 있게 된다는 점에 있어서는 동의한다. 이 논쟁에 관해 좀더 살펴보고자 한다면, 누가복음 21:5-38을 보도록 하라. 이 본문은 또한 율법과 기독교인의 관계성이라는 복잡한 이슈에 대해서도 제시하는데, 이 주제는 누가의 새로운 책에서도 계속적으로 다루어진다. 이에 대해 다음 세권의 책들이 가장 훌륭한 도움을 준다. G. Bahnsen , W. Kaiser, Jr. D. Moo, W. Strickland, W. VanGemeren, *The Law, the Gospel and the Modern Christian: Five Views*(Granf Rapids: Zondervan, 1993); T. Schreiner, *The Law and Its Fulfillment*(Grand Rapids:Baker, 1993); F. Thielman, *Paul and the Law*(Downers Grove, Ill.: InterVarsity Press, 1994).

있다. 왜냐하면 우리가 살아가는 이 문화는 우리 자신들을 너무나 높은 자기중심적인 기대로 뿌리 깊게 묶어놓고 있기 때문이다. 자애로움을 계발하고 발전시킨다는 것은 자아를 부정하는 것을 의미하며, 이는 가장 중요한 영적 덕목들 중 하나이다.[5]

예수가 여기에서 하나님의 약속에 관해 말씀하신 내용들에는 연속성과 불연속성이 병렬적으로 나타나있다. 한편으로는 시대의 전환이 발생했다. 우리는 더 이상 율법과 선지자들의 시대 속에 살고 있지 않다. 그리고 다른 한편으로는 예수가 가져오신 새로운 시대는 율법이 대표하는 모든 것들이 성취되었음을 보여주는데, 예수는 이를 통해 영원한 죄 사함과 성령의 능력이라는 방법들을 베풀어주시며, 이로써 우리는 우리를 거룩함으로 인도해주는 길로 걸어갈 수 있게 된다(고후 3-4장). 신학적으로 조직화 하는 것은 이런 균형의 한쪽 측면을 무시하는 위험성을 갖고 있기 때문에, 이런 병렬은 매우 중요하다. 신학적으로 새로운 시대의 새로움을 강조하는 사람들은 불연속성을 강조하고, 그렇게 함으로써 복음서들의 일부분들이나 구약성경이 갖는 중요성을 축소시키는 경향을 갖곤 한다. 특히 윤리나 가치들과 관련된 부분들에 대해서 더더욱 그러하다. 다른 사람들은 연속성을 중시하면서 새 시대의 실현이 갖는 차별성을 설령 있다 하더라도, 거의 강조하지 않는다. 구약성경이 갖고 있던 특정적인 율법적 교훈들에 대한 접근법은 예수가 행하신 일들을 통해서 변화되거나 충격을 받았으며, 그렇기에 구약성경에 직접적으로 호소하는 것이 항상 적절하지는 아닌 것이 되었다.

예를 들어서, 정결한 음식과 불결한 음식간의 분리를 유지해야한다는 주장은 비록 일부 기독교인들이 건강을 생각해서 그런 분리를 지켜야한다고 주장하기도 하지만 예수가 모든 음식을 깨끗하다고 선포하셨던 마가복음을 인용하는 것을 통해 정말이지 잘못된 주장이 된다(막 7:1-20; 행 10장을 보라). 누가복음의 본문이 여기에서 갖는 장점 중 하나는 누가의 본문이 예수가 가져오신 것이 새로운 시대이면서 또한 옛 언약의 실현과 성취라는 것을 선포하고 있다는 점이다.

이혼과 간음에 대한 짧은 본문은 이혼이 다반사가 된 오늘날에 매우 중요한 본문이 되었다. 하나님의 기준들은 변화하지 않지만, 오늘날에는 많은 가정이 이혼으로 깨져버리고 더 이상 결혼이 유지되지 않는 경우들이 점차 더 많아지고 있다.

---

5. 이 주제에 관한 두 가지 사상을 유발시키는 연구들은 다음과 같다: R. Sider, *Rich Christian in a Hungry World*(Dallas: Word, 1990), J. Schneider, *Godly Materialism*(Downers Grove, Ill.: InterVarsity, 1994).

그래서 교회는 이런 문화 속에서 현명하게 사역해야 할 필요가 있다. 가족에 대해서나 가정을 유지하는 것에 대한 강조는 매우 좋은 예방적인 접근이라 할 수 있다. 우리는 부부들이 이혼을 원하는 단계까지 나아가지 않도록 그 전에 그들을 잘 가르치고 격려할 필요가 있다. 우리는 결혼을 낭만적인 개념들로 바라보는 오늘날의 생각들이 결코 하나님을 존귀히 여기는 결혼의 근본적이고 핵심적인 부분이 아니라는 점을 사람들에게 상기시켜야만 한다.

결혼은 감정들을 통해서 지탱되지 않는다. 결혼에 대해 오늘날 문화가 기대하게끔 만드는 기대들은 종종 결혼을 너무 이상화시켜버리곤 한다. 또한 그 결과 우리로 하여금 배우자가 결코 완전하지 않으며 결혼이 힘든 과정들을 거쳐 가야만 한다는 것을 발견하게 될 때, 너무나 많이 실망하게 되거나 감정적인 롤러코스터를 타게 되곤 하기도 한다. 좋은 결혼의 근저에는 하나님에 대한 소속감과 배우자를 향한 소속감이 자리 잡고 있으며, 서로를 향해 귀히 여기고 약속들을 토대로 하나님을 좇아가는 것이 자리 잡고 있다. 이는 서로에 대해 용서한다는 것을 의미할 뿐만 아니라, 서로에 대해서 은혜를 베푸는 법을 배우고 함께 협력하며 일한다는 것을 의미한다. 결혼에 관한 짧은 본문 내용은 새로운 시대 속에서도 한 사람의 윤리적 소속감과 책임성은 계속 유지되어야만 한다는 점을 두드러지게 보여준다.

이미 갈라서기로 선택한 부부들에 대해서도 마찬가지로 후원이 제공될 필요가 있다. 이런 부부들은 이혼은 하나님이 원하시는 것이 결코 아니라는 점과 결혼생활에 종지부를 찍게끔 만든 요소들이 그들 삶 속에 있을 수 있음을 생각할 필요가 있다.

다른 한편으로는, 분명 이혼은 죄악이지만 그렇다고 해서 결코 용서받을 수 없는 죄악은 아니다. 이혼은 때때로 실제로 일어나며, 이혼이 발생한 이후에는 회복의 과정도 반드시 시작되어야만 한다. 이혼에 대한 처벌은 교회 내에서 사역을 위한 어떤 직분(장로 같은)을 맡을 수 없었다(딤전 3:2). 그러나 이것은 재혼을 했다고 해서 사역의 다른 형태들에 참여할 자격이 박탈됨을 의미하는 것은 아니다. 재혼을 한 사람들도 신실함에 대해 새롭게 참여할 수 있도록 교회 안에서 회복될 수 있어야만 하고 또한 그렇게 회복되어야만 한다.

이 본문은 이혼이라는 주제를 다루는 몇몇 본문들 중 하나일 뿐이며, 그러므로 이 본문 하나가 이혼이라는 이슈 전체를 결정짓는 것은 아니다. 이 본문은 이혼 자체에 대해서도 다루지만, 그보다는 성실함에 관한 진리를 보여주는 본문으로서 역할 한다. 이 본문에 대해서, 이혼이나 재혼이라는 분야에 관해서만 온전하게 다룬다기보다는 좀더 조심스럽게 다루어야 하는 것이다. 이혼이라는 이슈에 대해서 성경적인 이해를 하고자 한다면, 다른 본문들과 함께 더불어 연구해야만 할 것이다.[6]

현대적 의미

예수는 하나님 나라에 관해 설교하실 권리, 권위를 갖고 말씀하실 권리를 갖고 계신다. 이 작은 본문단락에 대한 가장 기초적인 적용은 윤리적 성실함을 요구하는 하나님 나라에 대해 순종하는 반응을 하는 것이다. 그 내용이 우리가 갖고 있는 물질을 어떻게 사용하느냐에 관한 것이건, 어떻게 우리가 결혼에 대해 다루고 접근해야 하느냐에 관한 것이건 간에 말이다. 돈을 사랑하던 바리새인들의 가치관은 하나님이 인정하시는 그런 가치관이 아니었다. 결혼 등과 같은 이슈에 대해 하나님 앞에서 우리가 하는 말은 반드시 우리 자신의 말이어야만 한다. 하나님을 경외한다는 것은 삶의 모든 영역들 속에서 그분께 신실해진다는 것을 의미한다.

하나님 나라의 메시지는 성취가 시작된다는 것에 관한 메시지이다. 신자들은 다른 사람들로 하여금 그 축복 안으로 들어가게끔 열정적으로 격려해야만 한다. 바로 이것이 다른 사람들이 계속해서 그 안으로 들어가도록 설득되는 이유이다(16b절). 강요로서가 아니라, "하나님과 화해하라"고 권면하며 말하는 것을 통해서 말이다(참조. 고후 5:20-21). 우리는 대사들로서 예수 그리스도를 대표하는데, 이는 복음에 응답하라고 선포하는 것을 통해서만이 아니라 주가 교회가 가져야한다고 말씀하시는 성품과 가치관들을 통해서도 나타나야만 한다.

예수가 시작케 하신 새로운 시대는 이제 이미 거의 2천 년이나 되었지만, 그 역동성은 처음 시기와 마찬가지로 여전히 새롭고 신선하다. 예수가 가져오신 하나님 나라로 들어가는 열쇠는 주가 제공하시는 온전한 죄 사함과 주가 약속하신 것을 다 이루실 때까지 우리에게 베풀어주실 성령이시다. 기독교 공동체는 변화와 성장이 분명하게 나타나는 공동체여야만 한다. 하나님은 우리로 하여금 그분의 형상이 되게끔 다시 만드시고자 우리를 하나님과 관계 맺는 자들로 부르셨다. 변화를 부정적으로 바라보는 기독교 공동체는 바로 이런 이유 때문에 참 이상하고 놀라운

6. 교회 내에서의 이 질문에 대한 다양한 접근법들을 훌륭하게 잘 정돈해 놓은 것으로는 H. Wayne House, ed., *Divorceand Remarriage: Four Views*(Downers Grove, Ill.: InterVarsity, 1990)를 보도록 하라. 또 다른 두 가지 핵심적인 연구들로는 다음과 같은 것들이 있다. W. Heth와 G. Wenham, *Jesus and Divorce: The Problem with the Evangelical Consensus*(Nashville:Nelson, 1984) 그리고 C. Keener, *And Marriages Another*(Peabody, Mass.: Hendricksen, 1991). 헷(Heth)과 웬함(Wenham)은 이혼 이후의 재혼에 대해서 부정적인 주장을 하고, 반면 키너(Keener)는 재혼에 대한 권리를 선호하는 주장을 한다.

공동체이다.

공동체가 설립되는 가장 중요한 본질은 공동체의 역동성이 우리를 변화시킬 것이라는 데 있다. 우리는 기독교인의 이런 근본적인 역동성을 어떻게 하면 이 세상이 형성한 가치관들로 오염시키지 않고 성실한 삶의 길을 추구하는 가운데서 활동력 있게 계속적으로 유지할 것인지를 생각해야만 한다. 이것은 그렇다고 해서 우리가 잃어버린 자들과 관계를 맺을 수 없는 그런 완전히 분리된 스타일이어야만 한다는 것을 의미하지 않는다.

이는 우리가 법이 되게끔 만들어온 전통과 하나님이 우리에게 요구하시는 것 사이의 차이점을 우리가 알아야 한다는 뜻이고, 따라서 가치중립적인 형식의 문제들을 마치 절대 변화시킬 수 없는 헌법 같은 문제로 간주해서는 안 된다는 의미이다.

누가복음 16:19-31

19 한 부자가 있어 자색 옷과 고운 베옷을 입고
날마다 호화롭게 즐기더라
20 그런데 나사로라 이름하는 한 거지가 헌데
투성이로 그의 대문 앞에 버려진 채
21 그 부자의 상에서 떨어지는 것으로 배불리려
하매 심지어 개들이 와서 그 헌데를 핥더라
22 이에 그 거지가 죽어 천사들에게 받들려 아브
라함의 품에 들어가고 부자도 죽어 장사되매
23 그가 음부에서 고통중에 눈을 들어 멀리 아
브라함과 그의 품에 있는 나사로를 보고
24 불러 이르되 아버지 아브라함이여 나를 긍휼
히 여기사 나사로를 보내어 그 손가락 끝에
물을 찍어 내 혀를 서늘하게 하소서 내가 이
불꽃 가운데서 괴로워하나이다
25 아브라함이 이르되 얘 너는 살았을 때에 좋
은 것을 받았고 나사로는 고난을 받았으니
이것을 기억하라 이제 그는 여기서 위로를
받고 너는 괴로움을 받느니라
26 그뿐 아니라 너희와 우리 사이에 큰 구렁텅
이가 놓여 있어 여기서 너희에게 건너가고자
하되 갈 수 없고 거기서 우리에게 건너올 수
도 없게 하였느니라
27 이르되 그러면 아버지여 구하노니 나사로를
내 아버지의 집에 보내소서
28 내 형제 다섯이 있으니 그들에게 증언하게
하여 그들로 이 고통 받는 곳에 오지 않게 하
소서
29 아브라함이 이르되 그들에게 모세와 선지자
들이 있으니 그들에게 들을지니라
30 이르되 그렇지 아니하니이다 아버지 아브라
함이여 만일 죽은 자에게서 그들에게 가는
자가 있으면 회개하리이다
31 이르되 모세와 선지자들에게 듣지 아니하면
비록 죽은 자 가운데서 살아나는 자가 있을
지라도 권함을 받지 아니하리라 하였다 하시
니라

원 의미

이 비유는 누가복음에만 나오는 비유이며, 또한 비유에 나오는 등장인물을 따라 제목이 붙여진 유일한 비유이기도 하다. 가난한 사람에 대해서는 나사로라고 이름을 붙였지만 부자에 대해서는 이름을 붙이지 않은 것은 가난한 사람에 대한 관심의 정도를 잘 보여준다. 물론 여기서의 부자는 어떤 한 계층이나 한 부류를 대표하는 인물이라는 것을 분명히 해주면서 말이다. 하나님은 각각의 가난한 사람들을 돌보시며, 또한 그들의 필요를 충분히 알고 계신다. 여기 나오는 부자는 그 누구건 여하튼 개별적인 부자들을 지칭할 수 있다.

종종 이 본문의 중요한 특징으로 논의되는 것으로서, 이 비유가 정말로 비유인가 아니면 그렇지 않은가라는 문제가 있다. 어떤 사람들은 이 비유를 비유라고 규정하면 사후 세계에 대한 교훈이 갖는 정확성이 사라질지도 모른다는 두려움으로 인해 이 비유를 비유라고 규정하지 않곤 한다. 비유가 실제 스토리보다 좀더 생생하고 대표적인 성격을 갖고 있기 때문이다. 하지만 사후 세계에 대한 근본적인 신학적 확신들—가령 예를 들어서 일단 한 사람이 심판을 받게 되면 그 뒤에는 그 위치를 영원히 바꿀 수 없다는 확신들—은 이 말씀을 어떤 장르로 구분하느냐는 아무 상관없는 진리이다.

이 비유는 반복적인 일상의 삶 속에서 일어난 사건에 관한 것이 아니라는 점에서 다른 비유들과는 차별성을 갖고 있고, 좀더 특별한 스토리를 갖고 있다. 이런 점에서 이 비유는 선한 사마리아인 비유와 비슷한 점을 갖고 있다. 이 비유는 한 부자라는 특정한 인물과 나사로라는 특정한 인물 사이의 역사적인 상황역전에 관해 자세하게 설명하지 않지만, 그와 관련 내용을 묘사한다. 이 비유 중 사후 세계에서 이루어진 대화의 구체적인 내용들은 부자가 이 대화와 논의에서 아브라함을 끌어들이고 포함시키고 있다는 점을 포함해서, 이 비유가 갖고 있는 서사적이고, 비유적인 그리고 상징적인 특징을 보여준다. 이런 내용들은 묵시문학적인 특징들이기도 하다. 여하튼 이 비유 안에는 하나님 앞에서 책임을 물어야하고 책임져야 한다는 것을 실재적으로 보여주는 점들이 담겨져 있다.

이 비유의 내용은 세 부분으로 되어 있다: 죽음 이전의 상황(19-21절), 사후 세계에서의 상황(22-23절) 그리고 이런 상황들에 대한 설명(24-31절). 여기에 덧붙이자면, 세 번째 부분은 다시 두 부분으로 되어 있다: 나사로의 도움을 얻는 것과 관련된 부분과 부자의 형제들에게 경고를 전달하고자 시도하는 내용. 이 경고들은 하나님이 한 사람이 지상에서 삶을 살아가는 동안 그에게서 무엇을 찾으시는지를 보여주며 또한 어떻게 한 사람의 상황과 지위와 죽음 이후에 결정되고 고정되는지를 보여준다. 이 비유에는 두 가지 주제가 지배적으로 제시된다: 사후 세계에서의 하나님의 평가라는 개념과 부활을 통해서조차 이길 수 없는 딱딱하고 완고한 마음이라는 개념이 바로 그것이다. 그러나 하나님이 무엇을 평가하시는가라는 점도 이 비유에 있어서 마찬가지로 매우 중요한 점이다. 다른 사람들을 향한 우리의 섬김은 하나님을 향한 우리의 충성과 관련한 무언가를 보여준다.

이 비유 내용의 첫 번째 부분은 부자와 나사로의 정반대 상황을 대조적으로 보여준다. 한사람은 매우 부유하다. 그는 대문이 달린 큰 집에서 살고 있고, 그 당시 시대에서는 가장 고급이고 값비싼 옷인 자주색 옷을 입고 있었다.[1] 그는 고운 베옷을 입고 있었는데, 이는 그가 입고 있었던 내의들이 어떤 것이었는지를 묘사해준다.[2] 반면 아무것도 갖고 있는 것이 없었던 나사로는 그의 문 앞에 있었고, 구걸하고 있었으며, 헌데가 몸에 가득했고, 부자의 식탁에서 떨어지는 것을 바라보면서 길거리의 개들이 그의 상처와 헌데를 핥아먹고 있는 그런 상황이었다. 개들이 핥고 있었다는 것은 중요한 묘사인데, 이런 묘사는 나사로가 종교의례적인 측면에서 불결한 사람이고 불결한 모습임을 보여주기 때문이다.[3] 그의 상황은 부자가 매우 호사스러운 것만큼이나 매우 비극적이었다.

그러나 죽음은 모든 사람들을 평등하게 만드는 위대한 역할을 하며, 심지어 역전을 시키는 역할도 한다. 왜냐하면 죽음 이후에는 사람의 마음 한 가지만이 중요하기 때문이다. 소유한 재산이나 지위 등의 상징들은 뒤에 남겨질 뿐이다. 하나님이 중요하게 여기시는 것은 달러나 숫자로 기록해 내려갈 수 있는 그런 것들이 아니다. 나사로는 죽었고 하나님의 환대를 받았다—성경 본문은 "아브라함 편에" 갔다고 기록한다(헬라어의 원 의미로는 "아브라함의 품에"). 그는 축복의 장소에 들어간다. 부자도 죽고 장사되었는데, 반면 그는 "지옥으로" 들어가고 만다('하데스'). 나사로와는 너무나 멀리 떨어진 곳에 불꽃 가운데 들어가게 되며, 이제 상황과 역할은 정반대로 역전된다.[4] 나사로는 안에 있고, 이 부자는 밖에 있게 된다. 사후 세계의 기준들은 이 세상에서 눈에 드러나게 보이던 기준들과는 사뭇 다르다.

이 부자는 눈을 들어서 아브라함과 나사로가 함께 있는 것을 본다. 그는 유대교 믿음의 첫 출발자였던 아브라함을 부르면서 나사로를 자신에게 보내어 이 뜨거움과 번민 속에서 자신을 구해달라고 요청한다. 여기에서 몇 가지 점들을 주목할 필요가 있다. (1) 이 부자가 고통 중에 있다는 표현은 그가 천국에 있음도 아니며 하나님이 존재하심도 알고 있음을 의미한다. (2) 이 부자는 나사로가 누군지를 알고 있다. 지상에서 삶을 살던 동안, 그는 이 가난한 사람이 밖에 있었다는 것을 알고

1. Kistemaker, *The Parables of Jesus*, 236-37.

2. Fitzmyer, *The Gospel According to Luke X-XXIV*, 1131.

3. 개들(wild dogs)이 갖고 있는 부정적인 이미지에 관해서는 Michel, "κύων," *TDNT*, 3:1103을 보라. 어떤 사람들은 여기 등장하는 개를 통해 나사로가 부자보다 더 긍휼히 여기는 마음이 많았다고 강변하기도 하지만 이는 이 장면에 대한 유대적인 배경을 무시하는 것이다. 유대적인 배경에서는 이 모습은 불결함을 의미하는 것이었고, 그러므로 이는 결코 긍정적인 상징이 아니었다. 후대의 랍비들은 나사로의 삶을 결코 삶이 아니라고 이야기했을 것이다. Talmud, *Batzah* 32b를 보라. 탈무드의 이 부분에서는 생명이 없다는 것에 대해서, 다른 누군가가 주는 음식에 의존해야만 하거나, 아내에게 지배당하고 있거나 헌데로 가득찬 몸을 갖고 있는 것을 뜻한다고 이야기한다.

4. 스올에 대한 헬라어 이름인, 죽음의 장소인 하데스에 관해서는 시편 86:13을 보라. 유대교에 있어서의 의미에 대해서는 Psalms of Solomon 14:6, 9-10; 15:10을 보라.

있었고, 궁핍하며 필요한 것들이 있음도 알고 있었고, 또한 심지어 그의 이름까지도 알고 있었다! (3) 죽음 이후에도 이 부자가 나사로를 보는 관점은 여전히 변하지 않았다. 그는 나사로를 자기보다 못한 사람으로 간주하고 있으며, 자신에게 도움을 주기 위해 보내질 수 있는 그런 사람으로 인식하고 있다. 이 점은 이 부자에게 온전하고 제대로 된 마음이 없다는 점을 보여준다.

아브라함은 영원함에 관해서 대답을 해주어야만 한다. 하나님 나라는 이 지상과 같지 않다. 아브라함은 지상에서의 삶에서 누리던 것들이 역전되었다는 것을 지적한다: 이 부자는 모든 것을 갖고 있었고 나사로는 아무것도 갖고 있지 못했다. 이 부자는 편안했지만 나사로는 깊은 고민 중에 살았다. 이처럼 역전된 상황 속에는 또 다른 매우 결정적이고 중요한 특징이 들어있다. 건너갈 수 없는 깊고 큰 구렁이 둘 사이에 있어서, 이쪽 편에서 저쪽 편으로 결코 건너갈 수 없다는 점이다. 실제적으로, 아브라함은 이 부자가 나사로에게 지금 그가 나사로를 통해 자신에게 무언가를 해 달라고 요청하는 그런 내용대로 무언가를 베풀어줄 수 있는 시간이 있었지만 그는 나사로에게 무언가 도움 주는 것을 거부했었다는 점을 지적한다. 그가 과거에 살았던 삶에 대한 평가가 지금 그에게 그대로 평가되고 있다. 단 한 가지만이 다를 뿐이다: 지금의 상황과 현실은 영원하다는 점.

이 부자는 자신이 모든 것을 다 잃어버렸다는 것을 이해한 뒤에, 자신과 태도가 비슷한 자신의 다섯 형제들을 위해 무언가를 하고자 한다. 그는 아브라함에게 나사로를 그들에게 보내어 자기 형제들을 경고하게 해 달라고 부탁한다. 이 본문에 제시된 아브라함의 대답은 이전에 이 부자에게와 누가복음의 독자들 양자 모두에게 말해졌던 내용들을 이해하는데 있어서 매우 결정적이고 중요한 의미를 갖는다: "그들에게는 모세와 선지자들이 있다, 네 형제들로 하여금 그들을 통해 듣게 하라." 이를 다른 식으로 표현하자면, 만약 누군가가 하나님이 자기 백성들에게 다른 사람들을 돌보고 섬기는 것에 관해서 무엇을 요구하시는지 알고 이해하기를 원한다면, 그 사람은 그저 구약성경을 읽기만 하면 된다는 의미이다. 이런 구약의 경고 이외의 다른 경고는 소용없는 일인데, 성경이 이미 하나님이 무엇을 원하시는지를 분명하게 제시하기 때문이다. 여기 나온 이 본문은 외견상 신명기 14:28-29; 15:1-3; 7:12; 22:1-2; 23:19; 24:7; 25:13-14; 이사야 3:14-15; 5:7-8; 10:1-3; 32:6-7; 58:3, 6-7, 10; 예레미야 5:26-28; 7:5-6; 에스겔 18:12-18; 33:15; 아모스 2:6-8; 5:11-12; 8:4-6; 미가 2:1-2; 3:1-3; 6:10-11; 스가랴 7:9-10; 말라기 3:5 등과 비슷하다. 하나님의 말씀은 하나님이 무엇을 원하시는지를 분명하게 제시한다. 하나님을 향한 우리의 헌신은 우리가 다른 사람들을 돌보고 섬기는 것을 통해 나타날 수 있다. 예수는 이를 "가장 큰 계명"이라고 부르신다—네 모든 것을 다해서 하나님을 사랑하고, 네 이웃을 네 몸처럼 사랑하라(막 12:28-34).

이 대답은 참 아이러니하다. 아브라함은 이 부자의 형제들을 위해 경고하기를 거부하지만 이 비유의 독자들은 이 문제와 관련한 경고를 아브라함의 대답을 통해 받고 있기 때문이다. 우리는 고통 중에 있는 한 사람이 우리 주변에 있는 사람들을 긍휼히 여기라고 경고하는 목소리를 듣는다. 이 비유에서는 죽음과 무덤이 우리에게 무언가를 듣게끔 이야기를 한다.

이 부자는 계속해서 부탁한다. 그는 아브라함에게 만약 누군가가 죽음가운데서 살아나서 경고한다면 그들이 회개할 것이라고 계속해서 이야기한다. 매우 특별하고 초자연적인 일이 일어나면 그것이 사람들의 마음을 바꾸리라는 것이다. 아브라함의 대답 역시 계시적인데, 그의 대답은 불신앙의 마음이 얼마나 깊고 완고한 마음인지를 보여주기 때문이다. 누군가가 죽음 가운데서 부활한다 하더라도, 그들은 여전히 확고하게 움직이지 않으며 결코 믿지 않을 것이다! 우리들처럼 예수에 관한 이야기를 알고 있으면서 이 복음서의 비유를 읽는 사람들은 이 선언이 진정 진실임을 다 알고 있다. 예수의 부활은 단지 몇몇 사람들에게만 하나님이 예수를 통해 역사하신다는 것을 확신하게끔 했을 뿐이었다. 완고한 마음은 하나님의 역사하심을 보지 못하는 눈을 만들어내고, 하나님의 경고를 듣지 못하는 귀를 만들어낸다. 하나님이 수많은 계시들을 베풀어주심에도 불구하고 말이다. 이 비유는 하나님이 사람들에게 활용 가능하도록 베푸시는 수많은 기회들을 사람들이 얼마나 많이 놓치고 흘려보내는지에 관해 암울하고 비극적인 언급을 하는 것으로 마무리된다.

상황잇기

이 비유는 사후 세계에 관한 핵심적인 질문들을 제기한다. 지옥은 도대체 어떤 곳인가? 지옥은 얼마나 영원한 곳인가? 우리는 여기 나온 이미지들을 어느 정도까지 읽어야만 하는가? 이는 이와 관련한 가치들에 대해서, 그리고 하나님이 우리에게 원하시는 바가 무엇인지에 대한 논의도 불러일으킨다. 하나님이 부자들에게 원하시는 바는 도대체 무엇인가? 하나님은 우리가 서로서로에 대해서, 특히나 도움이 필요한 사람들이 있는 지역들에서 우리가 어떻게 행동하기를 원하시는가? 하나님은 우리 삶의 청지기 직분에 대해 어떻게 평가하실 것인가? 이런 특징들은 하나님이 그분의 백성들이 갖기를 원하시는 기본적인 윤리적 소속감을 반영하고 있다.

나는 이미 이 본문이 비유라고 주장한 바 있지만, 그렇다고 해서 그런 주장이 이 본문을 단순히 이야기로만 읽어야한다는 의미는 아니다. 이 비유는 비극에 대해서 그리고 진지한 실재에 대해서 묘사한다. 다가올 심판은 하나님으로부터 거부될 사람들에게는 영원한 것이다. 하나님을 알고 있지만 삶을 통해 그분께 응답하지 않는 사람들에게는 영원한 고통이 이미 예비되어 있다. 하지만 기독교인들은 이 비유가 담고 있는 사후 세계에 관한 이미지들을 문자 그대로 받아들일 것인지(하데스를 불 가운데 고통당하는 장소로 바라보듯) 아니면 좀더 은유적으로만 바라볼 것인지에 대해서(그저 고통에 가득 찬 장소라고 바라보듯) 논란을 벌인다. 기독교인들은 또한 이런 상황이 다시금 뒤바뀔 수도 있는 것인지(로마 가톨릭이 연옥 등을 제시하고 주장하듯이) 아니면 잠시적인 것인지에 대해서도(이런 사람들이 심판 가운데서 소멸되어 버린다고 주장하는 것을 통해서) 논쟁을 한다.[5]

이 본문은 이 모든 이미지들을 통해서, 사후 세계에서의 극심한 고통이 영원한 것이라고 제시한다(건널 수 없는 "큰 구렁"). 우리는 일단 지옥에 들어가게 되면, 거기에서 탈출할 수가 없으며, 거기에는 고통스럽고 인식할 수 있는 고민과 고통만이 있게 된다. 나는 사후 세계에서의 "불"이라는 이미지에 대해서, 이런 이미지가 우리가 느끼고 의식할 수 있는 극심한 고통을 보여주는 은유라고 생각한다(대부분의 불들이 집어 삼켜버리는!). 비록 문자적인 관점과 은유적인 관점 사이에는 아주 미묘한 차이점만이 있을 뿐이지만 말이다. 이 두 가지 관점은 여기 제시된 심판이 실제적이고 영원하다고 둘 다 주장한다는 점에서 동일하다. 이런 이미지들은 성경 안에 나오는 경고들 중 가장 비극적이고 무거운 이미지들이다. 우리가 살아가는 이 시대의 문화는 이 진리를 부인하는 것을 통해 이런 개념들을 피해버리곤 한다. 이것은 매우 치명적인 도박이라 할 수 있는데, 만약 한 사람이 이런 심판에 대해 갖고 있던 생각이 틀려버린다면 그 결과는 엄청난 것이 될 것이기 때문이다. 응답하고 반응하는 것을 거부하는 것은 엄청난 대가를 치르게 된다.

이런 종류의 본문이 갖고 있는 한 가지 문제가 되는 측면이 있다면, 그건 우리 삶에 대한 하나님의 평가가 마치 행함에 토대를 두고 있는 것처럼 보인다는 점이다. 그러나 그런 식으로 이 본문을 보는 것은 이 본문을 성경의 전체성이라는 견지

---

5. 마지막 두 문장에 언급된 네 가지 관점들은 John Walvoord, William Crockett, Zachary Hayes, 그리고 Clark Pinnock in *Four Views on Hell*, ed W. Crockett(Grand Rapids: Zondervan, 1992)에 요약되어 있다. 이 네 개의 관점들은 문자적인 관점, 은유적인 관점, 연옥이라는 관점, 멸절설적인 관점이다.

에서 이해하는 방식이 아니다. 하나님의 윤리적 명령들은 하나님이 사람들에게 무엇을 기대하시는지를 계시하고 보여준다. 성경의 다른 부분들에서는 하나님이 우리로 하여금 이런 명령들을 성취하고 순종할 수 있게끔 하시는 방법에 대해서 그리고 하나님의 뜻을 반영할 수 있게끔 하는 방식들에 대해서 보여준다. 이런 윤리적 명령을 행할 수 있는 능력은 성령께서 영적 축복을 주신다고 믿는 사람들에게, 성령께서 은혜를 통해 베풀어 주신다.

다른 식으로 말하자면, 하나님이 여기에서 명령하시는 내용들에 순종하는 것은 하나님이 우리에게 긍휼히 여길 수 있는 물질들과 돌보고자 하는 마음을 주시기 때문에 가능하다. 더군다나, 우리의 마음이 하나님을 사랑하는지 안하는지에 대한 시험은 바로 이 시험이 성경의 가장 기본적인 윤리적 명령인데, 우리의 마음이 하나님 말씀에 주의를 기울이고 지키는가 안 지키는가에 달려있다. 우리가 하나님과 수직적으로 어떻게 관계를 형성하고 있는가라는 문제는 우리가 사람들과 수평적으로 어떻게 관계 맺는가에 지대한 영향을 끼친다. 그러므로 이 비유가 제시하고 이야기하는 목표는 우리의 관계성이며 그 관계성이 지상에서 구체적인 윤리적 표현들로 어떻게 나타나는가에 관한 것이다. 다른 본문들은 우리 마음이 이와 같은 반응과 응답을 맺는 것에 대해서, 그리스도를 통해 주어지는 성령의 축복을 통해 우리에게 그런 마음이 선물로 주어졌기 때문이라고 설명한다(행 4:32-37; 딤전 6:6-18).

하나님을 사랑한다면, 우리는 다른 사람들에게 예민하게 반응하고 그들을 돌보라는 그분의 명령에 열심을 품고 응답해야만 한다. 하나님이 이런 일들에 대해서 판단하시고 심판하실 경우에, 하나님을 사랑하는 사람들은 하나님이 심판하시는 그런 일들을 행해서는 안 되기 때문이다.

현대적 의미

이 본문의 적용은 16:1-13의 적용을 다시금 두드러지게 강조한다. 하나님은 부자들에게 그들의 물질을 자비로써 나누라고 명령하신다. 이 비유는 우리로 하여금 우리가 어떻게 나사로와 같은 사람들에게 반응할 것인지를 깊이 숙고하고 묵상하게끔 하고자 제시되었다. 비록 부정적으로 표현되기는 했지만, 이 비유는 긍휼을 규정하고 설명하는 비유이다. 긍휼히 여기는 마음은 필요들을 발견하며, 또한 그런 일들을 돕기 위해 움직인다. 그렇게 하지 않는 것은 중차대한 윤리적 부분들을 행하지 않는 것이다. 만약 궁핍한 누군가를 돕는데 있어서 우리가 힘겨워한다는 것을 발견한다면, 이 비유는 하나님이 부드럽게 하고자 원하시는 우리 마음의 완고함과 강퍅함을 드러내주는 것이다.

이와 같은 본문은 우리가 라이프스타일을 선택하는 것과 물질을 사용하는 방식에 대해서도 함축적으로 이야기한다. 그러나 도움이 필요한 사람들을 돕는 것이 그저 사람들에게 돈을 던져주는 것으로만 국한되는 것은 아니다. 이 점을 기억하는 일은 매우 중요하다. 설령 단기간 동안 그런 일이 필요하다 하더라도 말이다. '월드 비전'(World Vision), '사마리아 지갑'(Samaritan's Purse), '스텝'(STEP) 그리고 가난한 사람들에게 음식과 교육을 제공해서 그들로 하여금 자립하게끔 돕는 '지역 푸드 뱅크' 등 수많은 기관들이 있다. 우리 문화 속에는 정부에서 운영하는 일부 기관들을 포함해서 아이들에게 좋지 못한 배경 속에서 벗어날 수 있는 기회를 제공해주는 일들을 하는 기관들이 있고, 그렇기에 우리의 도움을 필요로 하는 기관들이 있다. 이런 기관들은 가정을 상실하거나 깨진 가정에서부터 오는 아이들을 돕고자 사역하면서, 이런 사역을 위해 개인적으로 시간을 헌신해줄 사람들과 시간적인 헌신을 일반적으로 필요로 하곤 한다. 이런 기관들이 도움을 주는 사람들은 안정적인 환경이 필요한 사람들이다. 그러니까 회복으로 나아가는 힘겨운 길을 갈 수 있도록 감정적인 뒷받침과 후원을 해주는 환경이 필요하다.

궁핍한 상황의 사람들에게 긍휼을 표현하는 것은 그저 돈만의 문제가 아니다. 이는 진정 불쌍히 여기고 긍휼히 여기는 마음을 갖느냐는 마음의 문제이다. 만약 이 부자가 나사로에게 그저 빵 조각들이나 던져주었다면, 그건 그저 긍휼을 베푸는 첫 번째 단계에 지나지 않았을 것이다. 나사로는 회복에 다다르기 위해 좀더 많은 도움과 돌봄을 필요로 했을 것이다. 우린 성경 안에서 그저 단순히 물질만을 공급해주는 것 이상을 제공한 긍정적인 예도 찾아볼 수 있는데, 선한 사마리아인이 바로 그런 경우이다. 그는 강도만나 쓰러진 사람에게 자신이 할 수 있는 최선을 다해 도움을 주었다. 이 본문은 우리들 모두에게 도전을 던지며 질문한다: 나는 지금 무엇을 하고 있는가?

여기서 명령되는 원칙은 신약성경 서신서들에서도 마찬가지로 제시된다(예를 들어서, 약 2:14-16, 이 부분은 생명력 있는 살아있는 믿음에 관해 이야기한다). 지역교회 차원에서 보자면, 공동체가 이런 이슈에 대해 과연 예민하고 민감성을 갖고 있는지 살펴볼 수 있는 여러 가지 척도들이 있는데, 그 중 하나는 이런 궁핍한 사람들을 대상으로 하는 사역에 대해 교회가 어떤 후원을 하고 있는지를 살펴보는 것이다. 우리의 목표는 매해 크리스마스나 혹은 추수감사절 때 하는 것 이상의 무언가가 되어야만 한다. 하나님은 우리가 궁핍하고 도움이 필요한 사람들의 삶에 계속적으로 간여하고 도움을 베풀기를 원하신다.

결국 책임성이라는 이슈 역시 우리의 가치관을 형성한다는 측면과 관련해서 매우 중요한 적용이라고 할 수 있다. 만약 하나님이 은혜로우신 분이시고 우리에게 은혜롭기를 명령하신다면, 우리는 받은 은혜를 묵상하고 다른 사람들에게 되돌려 주는 것을 통해 그분의 은혜에 응답하고 반응해야만 한다. 하나님을 향한 이런 응답은 우리가 그분의 성품을 이 세상에 드러내고 나타내기 원한다는 것을 보여준다. 예수가 누가복음 앞부분에서 말씀하셨던 것처럼, 제자들은 아버지께서 자비하시므로 마찬가지로 자비로워야만 한다(6:36).

이 비유는 또한 죄의 강퍅한 본성에 대해서도 묘사한다. 분명 어떤 사람들에게는 부활조차도 충분한 증거가 되지 못한다. 그렇기 때문에, 우리는 어떤 사람들이 하나님의 부르심에 응답하지 않을 때 그리 놀랄 필요가 없다. 하나님이 행하시는 것을 보지 못함은 그저 그분의 계시를 보지 못하는 것만이 아니라, 하나님이 그분의 계시들 뒤에 남겨두신 증거들도 보지 못하는 것이기도 하다.

마지막으로 우리는 이 비유가 모든 성경들이 충분성을 갖고 있음을 강조하고 보여준다는 사실도 지적할 수 있다. 예수의 비유는 하나님의 윤리적 명령이 이미 모세와 선지자들을 통해 나타났다는 점을 분명하게 나타낸다. 모세와 선지자들은 하나님이 제공하실 수 있는 다른 모든 기적들보다 훨씬 더 중요한데, 이들을 통해 말씀하시는 것은 다름 아니라 바로 하나님의 목소리이기 때문이다.

오늘날 우리는 이보다 훨씬 더 나은 계시를 이미 갖고 있다. 모세와 선지자들에다가, 복음서 기자들과 사도들을 더 얹을 수 있다. 예수 그리스도의 선포는 더 말할 것도 없을 것이다. 만약 우리가 하나님의 뜻이 무엇인지를 보기 원한다면, 바로 이들과 이들의 선포들에서 하나님의 뜻을 발견할 수 있다. 성경은 우리가 읽고 연구할 만한 가치가 있는 책일 뿐만 아니라, 깊이 묵상할 가치가 있는 책이다. 성경을 통해서, 우리는 하나님이 구원에 대해 품고 계신 마음을 볼 수 있다.

누가복음 17:1-10

1 예수께서 제자들에게 이르시되 실족하게 하는 것이 없을 수는 없으나 그렇게 하게 하는 자에게는 화로다
2 그가 이 작은 자 중의 하나를 실족하게 할진대 차라리 연자맷돌이 그 목에 매여 바다에 던져지는 것이 나으리라
3 너희는 스스로 조심하라 만일 네 형제가 죄를 범하거든 경고하고 회개하거든 용서하라
4 만일 하루에 일곱 번이라도 네게 죄를 짓고 일곱 번 네게 돌아와 내가 회개하노라 하거든 너는 용서하라 하시더라
5 사도들이 주께 여짜오되 우리에게 믿음을 더 하소서 하니
6 주께서 이르시되 너희에게 겨자씨 한 알만한 믿음이 있었더라면 이 뽕나무더러 뿌리가 뽑혀 바다에 심기어라 하였을 것이요 그것이 너희에게 순종하였으리라
7 너희 중 누구에게 밭을 갈거나 양을 치거나 하는 종이 있어 밭에서 돌아오면 그더러 곧 와 앉아서 먹으라 말할 자가 있느냐
8 도리어 그더러 내 먹을 것을 준비하고 띠를 띠고 내가 먹고 마시는 동안에 수종들고 너는 그 후에 먹고 마시라 하지 않겠느냐
9 명한 대로 하였다고 종에게 감사하겠느냐
10 이와 같이 너희도 명령 받은 것을 다 행한 후에 이르기를 우리는 무익한 종이라 우리가 하여야 할 일을 한 것뿐이라 할지니라

원 의미

이 짧은 단락은 네 개의 부분으로 되어 있다: 경고(1-3a절), 교훈(3b-4절), 권면(5-6절) 그리고 섬김에 대한 비유(7-10절).[1] 이 각각의 내용들은 제자도의 다양한 여러 측면들과 관련되어 있다. 제자도라는 주제는 예수가 예루살렘에 가까이 다가 가실수록 두드러지게 강조하신 주제이기도 하다.

경고(1-3a절) 부분은 누군가를 죄짓게 만드는 것과 관련한 주제를 다룬다. 비록 이런 일이 기독교 공동체 안에서 어쩔 수 없이 벌어지곤 하는 일이기는 하지만 그

1. 이 본문들이 담고 있는 개념들을 평행적으로 보여주는 성경본문들이 있다. 누가복음 17:1-3a에 대해서는 마태복음 18:6-7이 유사하다. 마가복음 9:42은 누가복음 17:2과 유사하다. 누가복음 17:3-4 내용에 대해서는, 마태복음 18:15, 21-22이 비슷하다. 누가복음 17:6은 마태복음 17:20이 비슷하며, 마가복음 9:28-29은 누가복음 17:5-6과 비교해볼 수 있다. 이 비유는 누가복음에만 나오는 비유이다. 반복은 예수가 다양한 배경과 상황들 속에서 어떤 개념들을 가르치셨음을 보여주는 것일 수도 있다.

러나 다른 지체를 실족하게 하는 원인제공을 한 책임을 져야하는 사람에게는 화가 있다. 헬라어 '스칸달론' 이라는 용어는 아마도 죄를 범하도록 매우 중대하게 유혹하는 것을 지칭한다. 가령 배교[2]로 이끄는 것과 같은 행동들처럼 말이다. 예수는 이런 범죄자의 운명이 목에 큰 연자 맷돌을 매고 바다에 던져지는 것보다 더 중차대하고 나쁘다고 말씀하신다. 요약해서 말하자면, 죽음이 오히려 이런 자신의 죄악에 대해 하나님의 심판에 직면하는 것보다 더 낫다고 말씀하신 셈이다. 이는 예수가 다른 지체를 실족케 하고 죄를 범하게 만드는 것에 대해, 주가 얼마나 무겁고 심각하게 다루셨는지를 보여준다. 실족한 지체인 다른 사람은 "작은 소자"라고 불려진다. 이들은 하나님이 긴밀하게 돌보시는 특별한 대상들이다.

이 경고에 담긴 중추적인 책임은 교사들에게 주어지는 것이다. 그러므로 예수는 제자들을 향하여 스스로를 조심하라고(3a절) 최종적으로 경고하신다. 여기 사용된 표현이 현재 명령형이라는 점은 예수의 제자들이 영적 행보에 대해 주의를 지속적으로 기울여야 한다는 점을 보여준다.

그러나 죄에 관한 경고가 심각하고 진지함과 마찬가지로, 죄를 용서해주는 것도 동일한 정도로 필요한 일이고 중요한 일이다(3b-4절). 죄는 꾸짖어야만 하고 비난받아야만 한다. 이런 모습은 공동체가 공의에 속해있음을 나타내준다. 그러나 죄인의 회개에 대해서, 교회는 반드시 죄 사함을 주어야만 한다. 제자들은 서로서로의 후원과 뒷받침을 의지하면서 영성을 추구하는 사람들이다. 종교는 그저 개인적인 추구만이 아니라, 영적 가족의 책임성을 공유하는 것이다. 그리고 이는 서로를 지속적으로 감시하는 그런 문제가 아니라, 서로를 지지해주고 도와주는 환경의 문제이기도 하다. 바로 이것이 용서가 핵심적이고 중추적인 이유이다.

그렇다면 죄 사함이라는 하는 문제는 도대체 회개할 때 얼마나 자주 죄 사함을 베풀어야 하는가라는 질문을 야기한다. 예수는 요청을 받는다면 하루에 일곱 번 용서하라고 대답하신다—회개를 할 때마다 아주 빈번하게 죄 사함을 베풀어주어야 한다는 매우 특징적인 대답 방식이시다. 여기서 말하는 죄 사함이 필요한 죄는 동역자들, 동료들을 포함한다("만약 네게 죄를 얻고"). 이는 함께 일을 해나가는 관계성을 유지해야 할 책임성이 그 사건에 연루된 모든 사람들에게 있다는 것을 의미한다. 종종 같이 일하던 사람이 동료에게 죄를 범하는 이런 상황들 속에서 함께

2. Stählin, "σκάνδαλον," *TDNT*, 7:351은 이 용례에 대해서 변절로 이끄는 죄를 포함하는 것이라고 이야기한다. 연자 맷돌은 매우 무거운 돌이었다. 배교로 이끌어가는 죄를 구별하고 분간하는 것은 중요하다. 예수는 지금 가장 파괴적인 상황들을 염두에 두고 계신다.

일하던 사람들이 서로 같이 일하는 것을 거부하곤 한다. 그러나 예수는 성숙한 믿음은 그런 문제들을 직접적으로 다루어야 한다고 선포하신다.

제자도의 또 다른 핵심적인 특징은 믿음을 갖는 것이다(5-6절). 예수께 중요했던 이슈는 믿음의 분량이 아니라, 믿음이 있느냐 없느냐의 문제였다. 제자들은 자신들의 믿음이 증가하게 해 달라고, 믿음을 더해달라고 요청했지만, 예수는 필요한 것은 그저 겨자씨 크기만큼의 믿음이라고 대답하셨다. 이런 정도의 믿음이라도, 깊이 뿌리박힌 뽕나무를 뿌리 채 뽑아 올릴 수 있고 "뿌리 채 뽑혀 바다에 심겨져라"고 말한다면 그대로 될 것이라고 말씀하신다. 다른 식으로 말하자면, 작은 믿음이 놀라운 일들을 성취할 수 있으며 비범한 사건들을 이끌어 낼 수 있다는 것이다.[3]

이 본문에 나오는 마지막 이미지는 섬김에 대한 짧은 비유이다(7-10절). 예수는 종의 생활에 대해서 말씀하신다. 종은 밭을 갈건 양을 돌보건 간에, 집에 들어오게 되면 여전히 주인의 저녁상을 준비해야만 하며, 그런 뒤 자기 밥을 먹기 전에 주인을 위해 봉사하고 섬겨야만 한다.[4] 하지만 주인은 이 종에게 아무런 감사도 표현하지 않는데, 그는 그저 자신이 명령받은 일, 자기가 해야만 하는 일을 했을 뿐이기 때문이다. 예수의 종들의 섬김도 정확하게 이와 마찬가지 방식으로 이루어져야만 한다. 우리의 태도는 그저 의무를 다했을 뿐이라는 그런 태도가 되어야만 한다. 순종은 미덕의 문제가 아니라(하나님은 물론 그런 순종하는 태도를 귀히 여기시지만), 의무의 문제이다. 우리는 무엇에 순종해야 할지를 고르거나 선택할 권리를 전혀 갖고 있지 않다.

상황잇기

이 본문의 중추적인 네 부분들은 우리가 하나님과 동행하는 것과 관련한 근본적인 측면들을 다룬다. 지체가 죄를 범하게 하는 이유를 제공하는 것에 관한 경고는 우리가 지체로서 공유하고 있는 책임성에 관해 심각하고 진지하게 말씀하시는 내용이다. 예수는 죄가 올 것임을 알고 계신다. 그런 일들이 올 수밖에 없

3. 문법적으로 살펴보면 요점이 좀더 강력하게 잘 드러난다. 나무의 순종을 묘사하는 동사는 현재의 사실적인 상황과 정반대를 의미하는 부정과거 시제로 되어 있다. 이는 이 나무가 명령에 순종할 준비가 되어있음을 제시한다. 실제적으로, 이런 동사 표현은 "만약 네가 이렇게 했었더라면, 나무가 네게 순종했었을 것이다"라고 이야기하는 셈이다.

4. 헬라어 불변화사 '우치'를 7절에 사용했다는 점은 예수의 질문이 긍정적인 대답을 기대하고 있음을 보여준다.

음에도 불구하고, 그 누구건 다른 지체가 실족하게 하는 원인을 제공하는 자가 되어서는 안 된다. 하나님이 그와 같은 죄의 원인 제공자를 매우 중대하게 다루실 것이기 때문이다. 여기 나오는 표현들은 고린도전서 3:17에 나오는 경고와도 흡사하다: 누구든지 하나님의 성전을 더럽히면 하나님이 그 사람을 멸하시리라.[5] 이 경고는 오랜 세월을 거쳐 흘러온다. 하나님은 이런 타락과 실족의 이유에 대해서 전적으로 책임을 물으신다.

두 번째 주제는 집합적인 관계성에 관해 다룬다. 이 부분도 역시 지체 안에서 갖는 상호적인 책임성에 관한 것이다. 죄는 반드시 책망되어야만 하고 용서되어야만 한다. 이 두 부분들이 균형을 이루는 것이 매우 중요하다. 죄를 책망하고 꾸짖는 것은 공동체가 얼마나 진지하고 중대하게 공의를 추구하는지를 보여주며, 반면 죄 사함은 공동체가 관계회복으로 나아가는 길을 얼마나 중대하게 바라보는지를 보여준다. 이 양쪽 편 중 어느 쪽에 자리 잡고 있느냐는 것은 문제가 되지 않으며, 진정 중요한 목표는 죄의 파괴적인 영향력이 다른 지체를 잡아먹게끔 공동체가 허용하지 않는 그런 공동체를 만드는 것이다. 고린도전서 5:7이 가르치듯이, 제어되지 않은 죄는 마치 누룩과 같은 모습으로 공동체 안에 온통 퍼져나가게 되며, 걸러내지 않으면 자꾸만 성장하는 바이러스와도 같은 모습을 갖게 된다. 만약 죄 사함이 제공되지 않는다면, 누군가가 죄에서 돌아선 이후에 회복을 누릴 수 있는 아무런 길이 없게 된다. 회복의 부재는 공동체의 생명에 있어서 죄가 존재하는 것과 마찬가지로 매우 심각한 결과를 초래하게 되는데, 회복을 통해서 우리는 우리의 과거의 실패들을 넘어서서 성장할 수 있기 때문이다.

믿음은 또한 우리의 영적 생활에 있어서 중추적인 역할을 한다. 우리는 믿음을 통해서 구원받으며, 믿음으로 행하며 살아나간다(갈 5:25; 히 11장). 영적 생활에 있어서 하나님을 신뢰하며 삶을 살아나가는 것보다 더 기본적이고 중요한 태도는 아무것도 없다. 이는 하나님이 자신이 건져내신 사람들을 받아들이시고 수용하시면서 무엇을 행하실 수 있는지를 인정하고 인식한다는 것을 뜻한다. 예수가 가장 주안점을 두고 관심을 두시는 것은 믿음이 있느냐이다. 주님은 믿음의 사이즈에 대해서는 관심을 기울이지 않으신다. 우리는 하나님께 이기적인 방식으로가 아니라 우리의 영적 성장과 영적 복지를 위해 하나님이 우리로 하여금 영적 능력을 갖

5. 고린도전서 3:17에 대해 좀더 자세히 보고자 한다면, 누가복음 12:35-48을 다룬 부분 중 "상황잇기" 항목을 보도록 하라.

출 수 있게 해달라고 간구하거나 비범한 일들을 우리에게 행해달라고 간구해야만 한다(참조. 11:9-13). 믿음은 배척당하는 것을 참아내는 능력을 갖는 것을 의미할 수도 있다. 믿음은 하나님이 영적 통찰력을 주실 것이라고 믿는 것일 수도 있다. 믿음은 그분께 구원을 간구하는 것을 의미할 수도 있다. 믿음은 그것이 무엇이건 간에 하나님이 우리 삶 속에 가져다 놓으신 것들을 받아들이고 하나님의 은혜를 의지하는 것일 수도 있다(고전 12:7-10).

그 무엇보다도, 믿음은 하나님이 우리들을 데려다놓으신 그 길을 결코 벗어나거나 거부하지 않고 그 안에 속해 있는 것을 의미한다. 믿음은 하나님을 마치 "내가 원하는 것을 내게 주는" 왕처럼 취급하는 것을 의미하지 않는다. 그저 우리가 제시하는 요구들에 응답하는 그런 왕으로 취급하지 않는 것이다.

이 본문의 마지막 주제는 섬김이다. 때때로 우리는 하나님과 협상벌이기를 원하지만 예수는 우리에게 하나님의 종이 된다는 것이 무얼 의미하는지 이해하도록 가르쳐주신다. "종"('둘로스', 참조. 롬 1:1)은 질문하지 않고 의무로서 하나님께 반응하고 응답한다. 하지만 섬김이라는 주제와 관련해서 생각할 때, 이 본문 하나만을 따로 떼어놓고 생각해서는 안 된다. 하나님은 신실한 섬김에 대해서 귀히 여기시기 때문이다(12:37을 보라). 섬김과 관련한 문제에 있어서 균형은 매우 중요한데, 종은 자신의 의무가 무엇인지를 적절하게 잘 이해해야만 한다. 하나님은 훌륭하게 이루어진 섬김을 귀히 보시기 때문이다. 하나님은 보상을 바라는 마음 없이 섬기는 사람들에게 상급을 주신다.

나는 언젠가 이 본문에 관한 설교를 들은 적이 있었는데, 설교를 했던 분은 평행을 이루어야하는 두 부분 중에서 오직 의무라는 측면에만 강조점을 두고 설교를 했다. 그때 설교된 메시지는 아랫 사람들은 그들의 일을 해야만 한다는 그런 내용이었다. 거기엔 함께 더불어 동역한다는 개념이나 사역을 맡은 사람들에게도 역시 책임이 있다는 그런 생각은 전혀 들어있지 않았다.

이런 점에 있어서의 균형점은 종들이 의무에 충실하게 섬겨야만 하지만 또한 섬김을 받는 사람도 그렇게 섬기는 사람들이 마치 아무것도 아닌 양 그렇게 잔혹하게 종들을 다루어서는 안 된다는 것이 균형점이다(엡 6:8). 하늘에 계신 아버지께서는 자기 자녀들을 그런 방식으로 다루지 않으시며, 우리들도 마찬가지로 그렇게 해야만 한다.

현대적 의미

죄의 원인제공을 하는 것에 관한 예수의 경고는 공동체 내의 다른 지체를 심각한 죄로 이끌고 들어갈 가능성에 대해 다룬다. 이런 실족은 심각한 교리적 왜곡을 통해서나 죄를 짓게끔 하는 위험한 실제적 충고를 통해서 생겨날 수 있다. 오늘날의 교회는 하나님의 계시에 대한 구체적인 교리에 대해 지나치게 관심을 기울이지 않는 경향이 있곤 한데, 이런 식의 반응은 공동체를 위험에 빠뜨리게 하기도 한다. 어떤 실천적인 오류들은 그 뒤에 신학적 오류들이 자리 잡고 있기에 생겨나곤 한다. 우리가 주는 영적인 조언과 신학적 조언은 반드시 주의 깊게 생각한 이후에 주어져야만 한다. 이런 조언들이 하나님과의 동행을 강하게 유지하도록 하는 것과 관련한 것인지에 대해서 말이다.

예수가 여기서 기대하시는 바는 의심할 여지없이 바울이 사도행전 20:28-30 부분에서 에베소 성도들에게 경고하듯 거짓 교사들과 투쟁을 벌이는 것이다(딤전 4:1-5; 딤후 3:1-9 부분도 참조하라). 이런 경고들은 죄가 존재함에도 불구하고 윤리적으로 무관심한 그런 일들을 다루거나 도덕적 가치를 추구하지 않는 것에 대해 다룬다. 이런 훈계들은 진리와 성실함이 함께 공존하고 서로 묶여있는 것으로 제시한다. 하나님은 진리뿐만이 아니라 성품과 인격에 대해서도 주의를 기울이신다. 둘 모두 다 부지런함과 부드럽고 사랑을 베푸는 돌봄을 통해 추구할 필요가 있다. 공의에 대한 필요성을 회복에 대한 필요성과 더불어 균형을 맞추며 추구하고 있는가와 관련해서는 이런 균형이 이루어지는지를 적용적으로 시험해볼 수 있는 방법이 있다. 그것은 공동체가 그저 죄를 짓는지 관찰하고 있는 감시인으로서만 인식되고 있는지, 아니면 죄인이 신속하게 회복하게끔 만들고자 신속하고 무조건적으로 노력하는 열정을 갖고 있다는 명성을 갖고 있는지를 보는 것이다(심지어 반복적으로 죄를 범하더라도, 그러니까 "하루에 일곱 번씩" 죄를 범하더라도 말이다!). 이미 과거에 죄를 저지르고 과거의 실수 속에 깊이 잠겨있는 사람을 그대로 방치하거나 혹은 계속해서 그에게 과거의 실수들을 기억하게끔 하는 일은 정말이지 쉬운 일이다. 우리의 개인적인 관계들이나 공동체적인 관계들 모두에서, 이처럼 자꾸만 계속해서 기억하게 하려는 경향은 진정한 용서가 이루어졌다는 사인이 아니다.

죄는 반드시 고백되어야만 하며 또한 반드시 다루어져야만 한다. 그러나 일단 죄를 고백하면, 아무것도 더 이상 요구되지 않는다. 오직 예수의 피만으로 그 죄를 정결케 하고 깨끗케 하는데 충분하다. 훈련과 징계라는 측면에서 보자면, 죄를 범한 사람이 다시금 이전과 같은 권리들과 책임을 감당하기 위해서는 시간이 지나야

할 것을 요구할 수도 있지만, 그것은 죄를 범하고 실패한 모습들이 다루어졌다는 것을 보여주기 위함일 뿐이다. 죄를 범하고 회개한 사람을 받아들이는 문제는 결코 논쟁할 수 있는 문제가 아니다. 친구들은 이전에 책망 듣고 꾸지람 들었던 다른 친구들을 후원하고 격려해야만 하며, 이렇게 함으로써 하나님을 경외하고자 하는 사람들을 향한 공동체의 사랑이 분명해지게 된다.

이 문단은 또한 우리에게 왜 공동체들이 그토록 죄를 용서하는데 더딘지에 대해서도 생각해보도록 요구한다. 공동체는 그들이 회복을 통제해야만 한다고 느끼는 것인가? 사실 회복이 가능한 환경을 만들어주는 것보다는 사람들로 하여금 자신들의 실수에 푹 잠기게끔 만드는 것이 더욱더 너무나 쉬운 일이다. 우린 어떻게 하면 우리 공동체들이 죄에 대해서 예민하게 반응하게 할 것인가에 대해서 생각해야만 하지만 은혜에 대해서 문을 닫아버려서도 안 된다.

우리가 신뢰라는 이슈에 대해 생각할 때, 적용들은 너무나 많다. 나는 하나님이 나의 영적 삶에 있어서 가장 좋은 것을 계획하신다고 하나님을 신뢰하는가? 나는 때때로 찾아오는 고통이 나의 영적 성장에 가장 좋은 과정이라고 하나님을 신뢰하는가? 하나님이 내가 그분의 선하심을 다른 사람들과 나누고자하는 노력을 기울일 때 그런 일들을 도와주실 것이라고 나는 과연 믿고 있는가? 나는 하나님이 내 마음을 변화시키실 수 있고, 그래서 내가 의롭게 행할 수 있다고 과연 믿는가? 나는 하나님을 높일 때 하나님이 나를 위해 싸우신다고 믿는가? 나는 하나님이 심각하게 손상된 관계를 다시 역전시키실 수 있다고 하나님을 신뢰하는가? 나무를 뿌리 채 뽑아서 바다에 심을 수 있게 하는 그런 참된 믿음이 갖고 있는 여러 측면들은 정말이지 끝없이 넓다.

물론 나무를 뿌리 채 뽑아 바다에 심는다는 표현은 놀라운 일들을 행하는 것을 나타내기 위한 특징적인 표현이다. 믿음은 우리에게 하나님이 우리 안에서 역사하시고 임재하시는 것을 활짝 열어주는 길이다. 이것은 긍정적인 사고방식 이상의 것이다. 믿음은 하나님과 관계 맺는 것이며 연결되는 것이다. 때때로 믿음은 우리 문화가 너희는 여기로 가야한다고 말하는 그런 방향과 전혀 다른 방향으로 갈 것을 우리들에게 요구하곤 한다. 때때로 믿음은 눈에 보이는 대로가 아니라 믿음으로 걷는 것을 의미하며(고후 5:7), 하나님이 우리들을 돌보심을 신뢰한다는 것을 의미한다. 그저 자연적인 본능들에 기초한 삶을 의미하는 믿음은 믿음이 아니다. 만약 우리가 삶을 우리 자신의 기대들에 토대를 두고 여행해 나간다면, 그 어떤 신뢰도 필요하지 않다. 이 문단에서, 예수는 엄청난 양의 믿음을 요구하시는 것이 아니라, 그저 믿음이 있기만을 요구하신다. 우리가 주께 의지할 때, 그분의 능력은 오랜 길을 걷게 해 주실 것이고 놀라운 일들을 이루실 것이다.

섬김에 관한 것과 더불어 이 본문이 갖고 있는 중요한 적용은 하나님과 협상을 벌이는 지점에 서는 것을 피하라는 것이다. 사실 우린 결코 보상심리를 가져서는 안 된다. 우리는 하나님이 하나님이시기에 그리고 하나님이 섬김 받으실 만한 분이시기에 하나님을 섬겨야만 한다. 만약 선한 종이 신실하게 자신의 의무를 다 행한다면, 하나님의 자녀들은 더욱더 많은 것들을 당연히 해야만 하지 않겠는가? 하나님의 사랑을 받는 자들로서, 신실하게 하나님을 섬겨야만 하지 않겠는가? 섬김, 순종 그리고 의무는 우리가 하나님과 더불어 이렇게 저렇게 하겠다고 협상할 수 있는 내용들이 아니다. 이런 모습들은 하나님의 은혜로운 역사하심들에 대해 당연하고 적절하게 나와야하는 모습들이며, 그렇기에 우리는 하나님께 영광을 돌려야만 한다.

앞부분인 7:41-43에서 죄를 용서하는 것을 빚을 탕감해준 것으로 묘사한 부분은 우리로 하여금 이 부분에 제시된 태도를 적절하게 묵상하는데 도움을 준다. 만약 누군가가 평생의 빚을 나를 위해 대신 지불해줌으로써 내가 그 얽매임에서 자유케 되었다면, 감사하는 마음으로 인해 그분이 행했던 일에 대해서 찬양을 하고 경외하는 그런 태도를 갖게 했을 것이다. 하나님을 향한 우리의 섬김은 의무에서부터 나오는데, 하나님이 우리를 자유케 하셔서 그분과 관계를 가질 수 있게 하셨기 때문이다.

하지만 비록 예수가 여기에서 종이라는 묘사를 사용하시기는 했지만, 성경은 또한 우리가 하나님과 갖는 지위에 대해 양자라는 묘사도 사용하고 있다는 점을 주목하도록 하라. 이 이미지도 역시 계시적인 것인데, 부모들이 자신들을 위해 베풀어준 일을 사랑하는 자녀들은 부모에게 신실하게 반응하고 응답할 것이기 때문이다. 사실 우리는 가족-양자라는 이미지를 구원받고 새로운 가정에 입양된 고아라는 이미지와 비교할 수 있다.

하나님의 역사하심을 적절하게 표현한다는 것은 신실한 종이 되고 신실한 자녀가 된다는 것 두 가지 모두를 의미한다. 지나간 과거들을 생각해볼 때, 우린 하나님과 더불어 섬김의 조건들에 대해 협상할 아무런 권리를 갖고 있지 않다. 나는 하나님이 우리를 위해 부여하신 특권적인 지위에 대해 자랑스러워하며 또한 자발적이고 의지적으로 하나님을 섬긴다.

누가복음 17:11-19

11 예수께서 예루살렘으로 가실 때에 사마리아
와 갈릴리 사이로 지나가시다가
12 한 마을에 들어가시니 나병환자 열 명이 예
수를 만나 멀리 서서
13 소리를 높여 이르되 예수 선생님이여 우리를
불쌍히 여기소서 하거늘
14 보시고 이르시되 가서 제사장들에게 너희 몸
을 보이라 하셨더니 그들이 가다가 깨끗함을
받은지라
15 그 중의 한 사람이 자기가 나은 것을 보고 큰
소리로 하나님께 영광을 돌리며 돌아와
16 예수의 발 아래에 엎드리어 감사하니 그는
사마리아 사람이라
17 예수께서 대답하여 이르시되 열 사람이 다
깨끗함을 받지 아니하였느냐 그 아홉은 어디
있느냐
18 이 이방인 외에는 하나님께 영광을 돌리러
돌아온 자가 없느냐 하시고
19 그에게 이르시되 일어나 가라 네 믿음이 너
를 구원하였느니라 하시더라

원 의미

누가복음에서 여정 부분 다음 항목에서는(17:11-18:8) 종말론이 결정적인 주제로 제시된다. 믿음과 감사를 두드러지게 강조하는 기적 스토리가 나온 뒤에(17:11-19), 예수는 하나님의 나라가 그들 가운데 있다는 점을 말씀하신다(17:20-21). 그런 뒤에 주님은 주의 마지막 재림 이전에 닥쳐올 여러 상황과 환경들에 대해서 자세하게 말씀하시는데(17:22-37), 이는 두려운 심판의 시기가 될 것이다. 제자들은 이 시기 동안 믿음을 지키고 변호할 수 있기 위해서 기도해야만 한다. 비록 예수는 과연 믿음을 보겠느냐고 반문하셨지만 말이다(18:1-8). 이 단락은 전체적으로 하나님의 계획과 그분의 타이밍에 대한 신뢰를 요구한다. 성도들은 주님과 더불어 신실하게 동행해야만 하며, 주가 성도들을 변호해주실 바로 그런 주의 재림을 기대하는 마음으로 고대해야만 한다.

이 기적 스토리는 누가복음에만 나오는데(17:11-19), 누가는 다시금 우리로 예수의 예루살렘을 향한 여정에 관심을 기울이게 하면서 이 기적 스토리를 시작한다.[1] 이 스토리는 여정 항목에 나오는 다섯 개의 기적스토리 중 네 번째 기적 스토리이다(11:14; 13:10-13; 14:1-4; 18:35-43). 예수는 지금 사마리아와 갈릴리의 경계선을 따라 동쪽에서 서쪽으로 이동하고 계신다. 달리 말하자면, 누가의 여정 항목은 예루살렘을 향해 곧장 가로지르는 일직선의 여정이 아니라, 그보다는 운명의 여정이라고 할 수 있다(10:38-42을 주목하라. 예수가 마르다의 집에 계셨을 때인데, 그 집은 예루살렘 인근에 있는 베다니에 있었다[요 11:18]).

이 기적은 두 가지 차원에서 문화적 긴장을 담고 있는데, 이 스토리의 중심인물이 문둥병자이면서 사마리아인이기 때문이다. 문둥병자들은 사회적으로 고립된 사람들이었으며(5:12-16을 보라), 또한 사마리아 사람들은 종교적 배교와 민족적 혼혈 등의 문제로 인해 유대인으로부터 미움을 받던 사람들이었다(9:51-56을 보라). 사마리아인 문둥병자가 하나님의 도움을 받는다는 개념은 의심할 여지없이 많은 사람들에게 충격적인 것이었다. 이런 부류의 사람들은 하나님으로부터 도움을 받을 수 있다는 것과는 상관없는 그런 부류로 분류되던 사람들이기 때문이다.

예수가 한 촌에 들어가셨을 때, 열명의 문둥병자들이 주께 다가왔다. 그들이 주께 가까이 나아왔다는 것은 매우 많은 것을 함축적으로 이야기해준다. 문둥병자들은 사람들로부터 자신을 격리시켜야만 하는 사람들이기 때문이다. 그들이 예수에 대해 알고 있던 내용이 아마도 그들에게 주께는 근접할 수 있다고 이야기해주었을 것이다. 하지만 그들은 다른 사람들과 섞이지 말라는 구약성경의 명령을 존중하며, 여전히 먼 거리에서 주를 부른다(레 13:45-46; 민 5:2-3). 우리가 누가복음 5:12-16에서 주목했듯이, 문둥병은 매우 다양한 범주의 증상들을 지칭하는데 사용되었는데, 그런 증상들이 전염될 수 있는 가능성이 있기에 증상들이 고침 받고 정결해질 때까지는 그들은 고립되어야만 했다.

문둥병자들은 은혜를 간구한다(NIV "우리를 긍휼히 여기소서!"). 이는 긍휼을 베풀어 달라는 부르짖음이며, 예수가 다른 곳들, 다른 사람들로부터도 종종 받으시곤 하던 그런 간구이다(마 9:27; 15:22; 17:15; 20:30-31; 막 10:47-48; 눅 16:24[예수를 향한 것이 아니지만]; 18:38-39). 그들은 고침받기를 원한다. 예수의 사역에 대해 계속해서 갈등이 있어왔고 곱지 않은 시선들이 있었다는 것을 알고 있기에, 독자들은 과연 예수가 계속해서 치유사역을 계속하실 것인지 궁금해하게 된다. 과연 적대감이 지속되는 가운데서도 은혜를 분명하게 보여주시고 나타

1. 어떤 사람들은 이 기적을 마가복음 1:40-45에 나오는 기적과 동일시하기도 하지만 마가복음의 그 기적과 평행을 이루는 부분은 누가복음 5:12-16 부분이다. 그러므로 지금 본문에 나오는 기적은 이 복음서에만 등장하는 기적이라고 할 수 있다. 주님은 여정의 마지막 부분에 다다르셨고 주를 향한 거부와 박해가 점차 주님 주변에서 자라나고 있지만, 여전히 열정적으로 사역하고 계신다.

내실 것인가?

예수는 과연 긍휼을 보여주길 원하실 것인지에 대한 우리의 모든 의심들을 즉각 없애버리신다. 주께 나아오는 사람들은 심지어 먼 거리에서조차도 구원을 누리기 때문이다. 주님은 그들에게 몸을 율법이 명령한 대로(레 13:19; 14:1-11) 제사장에게 가서 보이라고 말씀하신다. 문둥병이 든 사람은 그 병을 고침받기 전까지는 제사장에게 가지 않는다. 그러므로 예수가 그들에게 제사장에게 가라고 말씀하신 것은 치유가 일어날 것임을 보여준다. 만약 예수를 믿는다면, 그들은 순종할 것이다.[2] 문둥병자들은 제사장에게로 가다가 고침을 받았다. 이 사건은 하나님의 은혜를 잘 보여준다. 치유는 이 사람들로 하여금 일상적으로 삶으로 돌아갈 수 있도록 해 주었다. 비록 뒤이어 나오는 사건은 이들이 받은 구원이 온전하고 충분한 죄사함은 아니었음을 보여주긴 하지만 말이다.

열명 중 한 사람이 이 그룹에서 이탈한다. 하나님을 높이 찬양하면서, 그는 예수의 발 앞에 엎드려 주께 자신을 정결케 해주심을 감사드린다. 누가는 이 사람이 사마리아 사람이라고 기록하는데, 이는 그가 하나님께 별로 예민하게 반응하지 않던 그런 혈통에서 온 사람임을 보여준다. 예수는 열명이 치유 받았지만, 오로지 단 한 명만이(이방인이라는 단어는 종종 이교도를 의미하곤 한다)[3] 주의 행하심에 대해 하나님을 찬양하기 위해 돌아왔다는 것을 말씀하신다. 예수는 "다른 아홉 명은 어디 있느냐?"라고 물으신다. 주가 뒤이어 사마리아 사람에게 하신 말씀은 7:9과 비슷한데, 그 부분은 백부장의 믿음에 대해 이스라엘 중에서 이만한 믿음을 보지 못했다고 칭찬하신 부분이다. 다시 말해서, 예수는 지금 동시에 두 가지 일을 행하신다. 주님은 이 사마리아인의 감사하는 본을 칭찬하시고, 또한 주를 향한 감사가 나라 밖 이방인들에게도 가능하다는 점을 보여주신다. 어떤 경우들에 있어서는 복음에 가장 예민하고 민감하게 반응하는 사람들은 나라 밖 이방인들로부터 왔다.

예수는 그런 뒤 마지막으로 격려하시는 칭찬을 하신다. 주님은 그 사람에게 "믿음이 [너를] 건강케 했다"라고 말씀하신다(개역개정 성경에서는 "네 믿음이 너를 구원하였느니라"라고 번역됨–옮긴이). 예수는 아마도 비록 열명 모두 다 치유의 축복을 경험했지만, 오직 한사람만이 믿음을 가지고 예수와 관련을 맺는 자리로 나아왔으며 이것이 구원의 임재를 보여준다고 말씀하시는 것 같다(참조. 7:50;

---

2. 예수의 명령은 구약에서 요단강에 가서 일곱 번 몸을 씻으면 고침을 받게 될 것이라는 나아만이 들은 명령과 흡사하다(왕하 5:10-15).

3. 일반적으로 이것은 조롱하는 용어이다. van der Loos, *The Miracles of Jesus*, 500을 보라.

8:48; 18:48). 예수께서 여기서 확고하게 확인하시는 구원은 이 사람이 경험한 치유보다 더 위대한 일이다. 그는 이 기적이 그에게 가르쳐줄 수 있는 모든 것을 다 배웠다.[4] 여기에서 믿음과 구원이 다시 한번 융합된다.[5]

상황잇기

대적당하는 상황 속에서도 예수가 긍휼을 베푸시는 모습이 바로 이 본문의 결정적인 주제이다. 예수는 그에게 나아오는 그 누구건 계속해서 사역하신다. 그 누구도 되돌려 보내지 않으신다. 사람들이 긍휼히 여겨달라고 부르짖을 때, 예수는 긍휼을 베푸신다. 하나님은 긍휼을 그냥 간직만 하고 계시다가 그걸 베풀어 달라고 설득해야만 긍휼을 받을 수 있는 그런 도깨비 같은 분이 아니시다. 하나님이 요구하시는 것은 우리가 그분께 겸손히 나아가며 그분이 우리를 도우실 준비가 되어있음을 인식하는 것뿐이다.

또한 이 스토리에서는 도대체 어떤 사람이 도움을 얻었는가도 매우 중요하다. 예수는 외인으로 여겨졌던 사람들에게까지도 구원을 베푸신다. 주님은 특별히 다른 사람들이 종종 포기해버리고 열외로 여긴 사람들을 어루만지신다. 이와 마찬가지로, 우리 사역도 예수의 사역이 품고 있었던 그런 청중의 범주들을 포괄할 필요가 있다.

또한 믿음과 감사에 대한 표현들은 수많은 시간을 거쳐 오늘날까지도 거슬러 올라오는 중요한 반응이다. 이 사마리아 사람은 하나님이 돌보신다는 것을 그리고 예수가 그 일에 있어서 중추적인 역할을 하신다는 것을 알았다. 그가 찬양과 고백 가운데 예수께 돌아온 장면은 하나님의 행하심과 예수의 역사하심 사이의 연결성을 보여준다. 이 사마리아인이 보여준 감사는 하나님의 역사하심에 대해 믿음이 어떤 근본적인 응답을 해야 하는지를 잘 제시해준다. 그는 자신이 생명을 회복하게 되었음을 적절하게 깨달았으며, 하나님을 향하여 그리고 예수 그리스도의 행하심을 통해 주어진 생명을 향하여 적절한 반응을 표현했다. 죄가 만들어내는 고립을 이해하는 것은 구원이 가져다주는 자유를 이해하는 것이기도 하다.

4. 어떤 사람들은 이 부분에 나타난 구원선포가 유독 이 한사람만의 것은 아니라고 주장한다. 그보다는 다른 아홉 명의 사람들이 불완전한 믿음을 가졌다고 생각하기도 한다. 그러나 예수가 이 사람에게만 따로 독특한 성격의 선언을 하신 것은 여기 언급된 구원이 그의 것임을 보여주는 것으로 보인다.

5. A. Oepke, "ἰάομαι," *TDNT*, 3:211.

현대적 의미

오늘날 교회에서는 하나님을 향한 감사를 표현하는 태도가 더욱더 잘 나타나고 있고, 이는 매우 좋은 일이다. 내가 대학과 신학교를 다닐 때엔, 예배의 가장 중요한 특징은 가르침이었다. 우린 하나나 두 개의 찬송가를 불렀는데, 그렇게 하는 중요한 목적은 설교자에게 가능한 한 더 많은 시간을 주기 위해서였다. 가르침은 여전히 중요하지만(참조. 17:1-10), 우리의 마음은 하나님과 하나가 되고 찬양과 감사를 그분께 표현할 필요가 있다. 누가는 사람들이 하나님께 감사와 찬양하는데 시간을 사용하는 본문들로 가득 차 있다.

찬양은 우리와 하나님과의 관계를 매우 적절한 용어들과 관계들로 재정립시켜 주기 때문에 중요하다. 우리는 삶 속에서 하나님의 행하심을 감사한다. 찬양의 교제를 통해서, 삶이 우리 마음을 종종 오염시켜서 생겨난 태도들이 정결케 되곤 한다. 찬양과 감사는 우리로 하여금 하나님의 선하심을 다시 기억하게 한다. 가르침과 찬양간의 균형을 회복하는 것은 우리에게 하나님이 이해되어야 하는 분일뿐만 아니라 동시에 존귀함을 받으셔야 하는 분이라는 점을 다시 기억하게 한다.

개인적으로 감사하는 시간을 갖는 것도 또한 중요하다. 대부분의 복음주의 전통은 경건의 시간을 매우 강조한다. 경건의 시간이 중요한 이유는 우리가 성경 말씀을 통해서 하나님을 연구하기 때문만이 아니라, 우리가 하나님과의 관계를 시작하기 때문이기도 하다. 유익한 경건의 시간은 조용한 묵상, 기도, 찬양의 시간들을 포함한다. 우리는 삶을 분주하게 살아가던 것들을, 마치 이 사마리아인이 그렇게 했듯이, 잠시 멈추어야만 하며, 하나님께 감사를 드려야만 한다. 하나님의 돌보심과 선하심을 묵상하면서 시간을 적절하고 건강하게 보내는 것은 삶 속에서 너무나 쉽게 빠져들 수 있는 잘못된 경향들로부터 우리들을 보호해줄 수 있다.

예수께 감사하기 위해 돌아오지 않았던 다른 아홉 명의 반응은 우리가 얼마나 종종 하나님이 베푸시는 은혜들을 당연시하는지를 잘 보여준다. 나는 기도하는 매 순간마다 실제적으로 하나님의 은혜에 감사하는 것을 습관으로 만들었다. 나는 이것이 그저 공식화된 관습이 아니라 하나님이 매일 공급하시는 수많은 선물들에 대해서 감사하는 마음을 구체적으로 표현하는 방식이 되기를 소망한다.

복스런 삶의 모습들이 하나님의 은혜의 결과들로 여겨질 때, 이런 모습은 우리로 하여금 사람들에게 좀더 온유하고 좀더 감사하는 태도를 갖게 만들어준다. 이런 태도는 우리가 삶을 좌지우지한다고 주장하는 그런 태도, 그러니까 분노나 쓰라림을 만들 수 있는 그런 태도를 갖지 않게끔 해준다.

다른 많은 본문들과 마찬가지로, 여기에도 구원에 관한 모습이 제시된다. 이 사마리아 사람은 하나님이 예수를 통해 역사하신다는 것을 인식하고자 멈춰 섰다. 그는 하나님의 축복이 그분의 대리자를 통해 내려왔다는 것을 이해했다. 예수께 감사하기 위해 돌아서면서, 그는 개인적으로 예수가 자신에게 베푸신 축복과 은혜에 얼마나 감사하는지를 표현했다. 이에 대해서, 주님은 그에게 더 많은 것을 선물해주셨다—믿음이 그를 건강케 했다는 선포. 누가복음은 계속적으로 예수에 대해 결단할 것을 촉구하고 명령한다. 여기에서 누가는 이런 올바른 선택을 한 사람에 대해 묘사한다. 만약 우리가 주를 선택하지 않았다면, 누가는 우리에게 이 사마리아 사람의 발자취를 좇으라고 명령한다. 이 사마리아 사람이 본보기라는 사실은 우리가 적절치 않게 우리 사역의 범주를 제한하는 것에 대해서 그리고 하나님이 우리 사역을 통해 축복하시고자 하는 사람들의 범주를 제한하는 것에 대해서 경고한다.

오늘날의 일부 복음증거 방법들은 동질성을 강조하는 사역이 좀더 좋은 공동체를 만들어준다고 주장한다. 나는 그렇게 확신할 수 없다. 그런 방식은 공동체를 좀더 쉽게 만들어주기는 하지만 하나님이 베푸시는 화해가 뻗칠 수 있는 깊이와 넓이를 보여줄 수 있는 다른 요소들에 대해 이야기해야 할 부분도 너무나 많이 있다(엡 3:2-13). 우리는 하나님이 누군가는 축복하시고 다른 누군가는 축복하시지 않는다는 그런 식으로 생각할 수 있게 하는 모습을 사역 모델로 만드는 일에 대해서 매우 조심스러워 해야만 한다. 때때로 믿음은 아주 놀라운 문화 교차적 장소들에서 나타나곤 한다. 때때로 하나님은 사회적 혹은 인종적 경계선들을 넘어서서 그분의 은혜가 모든 사람들에게 주어진다는 것을 기억하게 하신다.

우리의 사역들은 자연스러운 청중들을 가질 수도 있겠지만, 그런 사역들 속에서 복음이 예수를 신뢰하는 모든 사람들을 위한 것이라는 점을 분명히 하는 가치와 태도들을 가지고 소통해야만 한다.

누가복음 17:20-18:8

20 바리새인들이 하나님의 나라가 어느 때에 임
하나이까 묻거늘 예수께서 대답하여 이르시
되 하나님의 나라는 볼 수 있게 임하는 것이
아니요
21 또 여기 있다 저기 있다고도 못하리니 하나
님의 나라는 너희 안에[가운데][1] 있느니라
22 또 제자들에게 이르시되 때가 이르리니 너희
가 인자의 날 하루를 보고자 하되 보지 못하
리라
23 사람이 너희에게 말하되 보라 저기 있다 보
라 여기 있다 하리라 그러나 너희는 가지도
말고 따르지도 말라
24 번개가 하늘 아래 이쪽에서 번쩍이어 하늘
아래 저쪽까지 비침같이 인자도 자기 날에
그러하리라
25 그러나 그가 먼저 많은 고난을 받으며 이 세
대에게 버린 바 되어야 할지니라
26 노아의 때에 된 것과 같이 인자의 때에도 그
러하리라
27 노아가 방주에 들어가던 날까지 사람들이 먹
고 마시고 장가 들고 시집 가더니 홍수가 나
서 그들을 다 멸망시켰으며
28 또 롯의 때와 같으리니 사람들이 먹고 마시
고 사고 팔고 심고 집을 짓더니
29 롯이 소돔에서 나가던 날에 하늘로부터 불과
유황이 비오듯 하여 그들을 멸망시켰느니라
30 인자가 나타나는 날에도 이러하리라
31 그날에 만일 사람이 지붕 위에 있고 그의 세
간이 그 집 안에 있으면 그것을 가지러 내려
가지 말 것이요 밭에 있는 자도 그와 같이 뒤
로 돌이키지 말 것이니라
32 롯의 처를 기억하라
33 무릇 자기 목숨을 보전하고자 하는 자는 잃
을 것이요 잃는 자는 살리리라
34 내가 너희에게 이르노니 그 밤에 둘이 한 자
리에 누워 있으매 하나는 데려감을 얻고 하
나는 버려둠을 당할 것이요
35 두 여자가 함께 맷돌을 갈고 있으매 하나는
데려감을 얻고 하나는 버려둠을 당할 것이
니라
36 (없음)
37 그들이 대답하여 이르되 주여 어디오니이까
이르시되 주검 있는 곳에는 독수리가 모이느
니라 하시니라

18:1 예수께서 그들에게 항상 기도하고 낙심하지
말아야 할 것을 비유로 말씀하여
2 이르시되 어떤 도시에 하나님을 두려워하지
않고 사람을 무시하는 한 재판장이 있는데
3 그 도시에 한 과부가 있어 자주 그에게 가서
내 원수에 대한 나의 원한을 풀어 주소서 하
되
4 그가 얼마 동안 듣지 아니하다가 후에 속으
로 생각하되 내가 하나님을 두려워하지 않고
사람을 무시하나
5 이 과부가 나를 번거롭게 하니 내가 그 원한

1. 우리는 이 본문에 대해서 NIV와는 다른 번역을 선호하는데, NIV는 이 구절의 의미에 대해 잘못된 인상을 줄 수 있기 때문이다. 예수는 여기에서 바리새인들에게 말씀하고 계신 것이므로, 주님은 그들에게 하나님 나라가 그들 가운데 있다고 말씀하시는 것이 아니다. 그보다는 주님은 주의 임하심에 대해서 이렇게 말씀하고 계신다: "하나님 나라가 너희 가운데 있다."

을 풀어 주리라 그렇지 않으면 늘 와서 나를 괴롭게 하리라 하였느니라
6 주께서 또 이르시되 불의한 재판장이 말한 것을 들으라
7 하물며 하나님께서 그 밤낮 부르짖는 택하신 자들의 원한을 풀어 주지 아니하시겠느냐 그들에게 오래 참으시겠느냐
8 내가 너희에게 이르노니 속히 그 원한을 풀어 주시리라 그러나 인자가 올 때에 세상에서 믿음을 보겠느냐 하시니라

원 의미

바리새인들은 예수께서 하나님 나라의 도래와 자신이 그 도래에 있어 핵심적인 역할을 한다고 가르치시는 것을 알고 있다. 그러나 그들은 예수의 사역이 그들이 기대하던 하나님 나라의 사역과는 매우 동떨어진 것이라는 점도 알고 있다. 그러므로 그들은 주께 하나님 나라의 도래에 관한 주의 가르침에 대해 질문을 던진다.[2] 그들의 이런 질문은 결코 놀라운 질문이 아니다. 세례 요한도 주를 향해 이와 비슷한 질문을 비슷한 이유로 인해 했던 적이 있기 때문이다(7:18-23을 보라).

바리새인들은 언제 하나님 나라가 올 것이냐고 물었던 것만이 아니라, 그 임재에 동반되는 징조가 무엇이냐고 물었을 가능성이 있다. 유대인들의 기대는 하나님 나라는 주의 날의 일부로서 온다는 것이었고, 또한 그 도래를 환영하면서 우주적인 징조들이 나타난다는 것이었다. 하나님 나라의 도래는 두 가지 방식으로 묘사되는 경향이 있었다. 어떤 사람들은 하나님 나라가 임하는 것을 선지자적인 용어로서 다루었다. 이는 하나님 나라가 일반적인 역사적 흐름과 운동 내에서 임한다는 것을 의미했다. 하나님은 나라를 구원하시기 위해서 다윗의 씨로부터 메시아를 일으키시거나 다른 기원으로부터 메시아를 일으키실 것이다.[3] 다른 사람들은 위

2. 이 사건의 배경과 평행을 이루는 성경구절들에 대해서는 많은 논쟁이 이어져왔는데, 예수가 여기서 하신 말씀 중 많은 부분들이 개념적으로 마태복음 24장, 마가복음 13장과 개념적으로 평행을 이루기 때문이다. 하지만 배경들은 서로 매우 다르다. 예수는 마태복음과 마가복음에서는 사역의 마지막 주간동안 제자들에게 개인적으로 말씀하시는 내용이었다. 여기에서 주는 예루살렘에 도착하기 한참 전에 바리새인들에게 말씀하고 계신다. 그러므로 이 본문은 개념적으로 주가 나중에 제자들에게 말씀하신 것과 평행을 이루지만, 이 복음서에만 나타나는 독특한 사건으로 보인다. 누가복음 중 이 부분이 과연 원래 한 가지 사건이었는지 아니면 두 가지 사건이었는지(내가 선호하는 입장)와 상관없이, 누가는 미래와 연관된 사건들을 구별해서 제시하기로 결정했다. 왜냐하면 다른 요소들이 누가복음 21장에 나타나기 때문이다.

3. 유대교에서 나타나는 메시아에 대한 다양한 기대들에 대해서는 Neusner, W. Green, 그리고 E. Frerichs, eds., *Judaism and Their Messiahs*(Cambridge: Cambridge Univ. Press, 1987)을 보라.

로부터 하늘의 징조들과 위대한 권능을 갖고 오는 인물에 대해서, 좀더 묵시론적인 이미지를 가지고 이야기했다. 구약성경은 이 두 가지 이미지들을 모두 사용했다. 그러므로 하나님 나라의 도래에 관한 질문은 자연스러운 것이었다. 만약 바리새인들의 후기 역사를 기준으로 삼아 생각해본다면, 그들은 묵시론적인 측면의 이미지를 좀더 경시하는 그런 경향을 갖고 있었지만 그들도 여전히 하나님의 권능 있는 구원이 미래의 언젠가 나타날 것을 갈망하고 있었다. 하지만 그들이 좀더 초기 시기에는 보다 묵시론적인 그런 기대들을 갖고 있었다고 볼 수 있는 가능성도 있는데, 이는 주후 70년경 유대전쟁과 132-35년경의 반란이 실패한 이후에 포기되었다.

예수는 하나님 나라가 관찰할 수 있는 징조들과 더불어 오는 것이 아니라는 점을 말씀하시면서 대답하시기 시작하신다. 이 말씀은 매우 중요한데, 예수는 하나님의 나라가 어떤 우주적인 상징이나 표식들과 더불어 임한다는 생각에 도전하고 계신 것이기 때문이다.[4] 바리새인들이 갖고 있는 기대는 변해야 할 필요가 있다. 그들은 여기저기를 지적하면서 그런 징조를 발견했다고 말할 필요가 없다. 하나님 나라는 "그들 가운데" 혹은 "그들이 닿을 수 있는 곳 안에" 있기 때문이다. 예수의 요점은 하나님 나라의 소망이 주의 임재 안에 제시되어 있다는 점이다. 도대체 어디에 하나님의 나라가 임하고 자리 잡고 있는지를 찾고 결정하고자 하는 모든 노력들은 에너지 낭비에 불과할 뿐이다.

누가복음 17:21은 하나님 나라에 관한 신약성경의 가장 핵심적인 구절들 중 하나이다. "너희 가운데"(in your midst)가 어떤 의미인지에 대해서 매우 다양한 견해들이 제시되어왔다. (1) 어떤 사람들은, NIV가 번역하듯이, 이 표현이 "너희들 안에"(inside of you)를 의미한다고 주장한다. 그러나 우리가 이미 위의 각주에서 지적했듯이, 예수는 바리새인들에게 이런 종류의 선포를 하신 것 같지는 않다. 만약 하나님의 나라가 존재하지 않는 한곳이 있다면, 그건 주의 대적자들 안이 될 것이다!

(2) 다른 어떤 사람들은 헬라어 현재 시제 '에르케타이'("does…come", 20절)가 미래적인 현재라고 주장하는데, 이는 문법적으로 가능한 주장이다. 이런 관점은 하나님 나라가 장차 그들 가운데 임할 것이라는 의미인데, 예수가 계속해서 말씀하신 많은 부분들이 미래에 관한 것이기 때문이다. 하지만 이런 접근법이 갖고 있는 문제점은 미래와 관련된 이런 점을 보다 분명하게 보여줄 수 있는 많은 방법

---

4. Riesenfeld, "τέλος," *TDNT*, 8:50.

들이 있다는 점이다. 가령 미래 시제나 현재 시제인 헬라어 '에이미'("to be") 등을 사용하는 방법들이 가능하다. 달리 말하자면, 현재 시제를 미래적인 의미와 병렬적으로 연결하는 것은 조금 어색한 방식이다. 이 점에 덧붙여서, 하나님 나라의 임재를 이처럼 미래적으로 이해하는 것은 예수를 모순적인 상황에 빠뜨리는 것이기도 하다. 주님은 하나님 나라가 징조들과 더불어 오는 것이 아니라고 말씀하고 계시며, 만약 미래적인 의미를 취하게 된다면 주는 하나님 나라의 임재를 보여주는 징조들을 열거하는 셈이 되어버린다. 마지막으로 '엔토스'라는 단어는 "너희 안에", "너희가 잡을 수 있는 안에", 혹은 "너희가 닿을 수 있는 곳 안에"라는 의미를 가질 수 있는데, 이는 이 본문에 잘 부합하는 의미가 될 수 있다. 왜냐하면 예수와 주의 메시지가 진정한 징조이기 때문이다.[5]

(3) 그렇기 때문에, 21절을 예수의 사역과 더불어 하나님 나라가 이미 시작되었다는 것이 이제 분명하게 시작되었다는 가르침으로 간주하는 것이 가장 좋은 방식이다.[6] 바리새인들은 하나님 나라가 임하는 것을 보기 위해 하늘을 쳐다볼 필요가 없다. 하나님 나라는 이곳에 그들 가운데 임해 있기 때문이다! 만약 그들이 이미 그들 주변에 자리 잡고 있는 하나님의 구원하시는 권능에 대한 모든 증거들을 생각한다면, 그들은 어느 곳을 바라봐야 할지 궁금해 할 필요가 없다. 누가가 여러 가지 다양한 방식으로 이미 이야기했듯이, 성취의 때가 예수 안에 나타나 있다(4:16-30; 7:22-28; 9:1-6; 10:18; 11:20; 16:16).

예수는 그들이 학수고대하던 인자가 권능으로 오는 그날이, 비록 그들이 고대하기는 하지만 볼 수는 없을 그런 날이라고 알려주신다. 즉 이미 권능의 그날이 임하고 있는 것이다. 메시아가 권능을 가지고 분명하게 임하는 그날은 아직 여기에 임하지 않았다. 많은 사람들이 비록 "여기에 있다" 혹은 "저기에 있다"라고 말하지만 예수는 그런 자들을 좇지 말라고 경고하신다. 인자가 올 때에는 번개가 하늘 이편에서 저편으로 번쩍이듯이 그 임함이 가시적이고 분명하게 나타날 것이다.[7] 이 모든 것들에 앞서서 한 가지 중요한 사건이 일어나야만 한다. 누가는 하나님의 거룩한 계획에 의해 이 사건이 반드시 일어나야만 한다는 점을 '데이'라는 헬라어 단어를 사용해 표현한다.[8] 그 중심적인 사건은 다름 아니라 바로 인자의 고난이다.

5. L. T. Johnson, *Luke*, 263; R. Stein, *Luke*, 438. 스타인은 "너희 가운데"와 "너희가 잡을 수 있는"을 구별하면서 전자를 좀더 선호한다. 비록 개념상으로는 모두 본문의 의미에 잘 부합하긴 하지만 말이다.

6. G. Fitzer, "φθάνω, κτλ.," *TDNT*, 9:89, n. 10; K. K. Schmidt, "βασιλεία," *TDNT*, 1:584.

7. A. Oepke, "λάμπω, κτλ.," *TDNT*, 4:25.

고난이 예수의 영광에 앞서 일어난다. 적대와 박해가 영광스러운 통치가 이루어지기 전에 따라 나와야만 한다.

예수는 메시아적 심판의 특징을 노아 시대의 홍수와 비교하시고(창 7장) 소돔과 고모라에 있었던 롯의 날들과 견주시는데(창 19장), 이 두 시기는 인간에 대한 가장 거대한 심판시기였다. 그때 그들이 그랬던 것처럼, 사람들은 하나님께 아무 관심도 두지 않고 그저 삶을 살아가고 있을 것이다. 그날에 사람들은 먹고, 마시고, 즐거워하고, 결혼할 것이다. 노아의 때에 노아가 방주에 들어가고 홍수가 임하는 날까지 그렇게 했듯이 말이다. 그것이 끝이다. 삶은 멈춰 설 것이다. 롯의 때와 비슷하게, 먹고, 마시고, 사고, 팔고, 심고, 건물을 짓는 일들이 있을 것이다. 그러나 롯이 소돔을 떠났을 때 심판이 임했고, 이전에 그토록 화려하고 생기 있었던 것들이 그 도시에는 아무것도 남지 않게 되었다. 이 두 가지 경우와의 비교는 하나님의 심판이 갖는 절대적인 최종성을 묘사해준다. 인자의 날들은 이런 고대의 심판의 날들과 비슷할 것이다. 심판의 날에 두 번째 기회가 있다는 생각은 성경이 이야기하는 한 단순한 미신에 불과할 따름이다.

예수는 그 심판이 얼마나 급박하고 총괄적이 될 것인지를 분명하게 말씀하시기 위해서, 그날에는 사람들이 도망갈 때 집안에 있는 아무것도 가지러 갈 시간이 없을 것이라고 말씀하신다. 들판에서 일하던 사람들도 소지품을 챙기러 집으로 갈 수 없을 것이다. 뒤를 돌아다볼 시간도 없을 것이다. 예수가 제자들에게 롯의 아내를 기억하라고 말씀하신 것은 바로 이런 이유 때문이다. 그녀는 뒤돌아보았고 지나간 시간들을 바라보았다. 만약 이 세상의 일에 빠져 이런 심판에 주의를 기울이지 않는다면, 심판이 오는 것에 대해서 세상은 심판을 준비할 수 없을 것이다. 이 세상에 속한 일들에 너무 얽매여 있다보면 하나님의 음성을 들을 수 없게 될 것이다.

예수가 자기 목숨을 구하고자하는 자는 잃을 것이고 반면에 자기 목숨을 잃고자 하는 자는 생명을 얻게 될 것이라고 말씀하시는 이유는 바로 이와 같은 잘못된 전념 때문이다. 주를 선택한다는 것은 세상으로부터 박해를 받는다는 것을 의미할 수도 있으며, 자기 생명을 위험에 빠뜨린다는 것을 의미할 수도 있다. 그러나 그것이 자기 영혼을 영원한 위험에 빠뜨리는 것보다는 훨씬 더 좋은 일이다(12:1-12). 하나님을 경외하기로 결심하는 것은 지금 당장 고난을 받는 것을 의미할 수도 있겠지만, 그것은 다가오는 영원한 영광을 선택한다는 의미이기도 하다. 그리스도의

---

8. 헬라어 '데이'가 핵심적으로 사용된 다른 부분들은 4:43, 24:7, 26, 44 등이다.

제자들에게는 바로 이것이 이 본문의 결정적인 요점이다—우리는 주가 오실 때까지 신실해야만 한다.

그렇다면 그날은 도대체 어떤 모습일까? 침상에 있건 밭을 갈건 간에, 두 사람이 서로 나뉘게 될 것이다.[9] 한 사람은 데려감을 당할 것이고 다른 사람은 뒤에 남겨질 것이다. 이런 모습은 의로운 사람들과 불의한 사람들 사이의 분리를 포함한다. 노아와 롯이 보여주는 본보기는 구원으로 이끌려진 사람들에 대한 본보기이다. 하나님은 자기 사람들을 보호하시고 변호해주실 것이다. 누가복음 17:37은 이 본문이 갖는 이런 접근을 확인해준다. 왜냐하면 남겨진 자들은 무자비한 자들의 몫으로 남겨지는 것이기 때문이다(개역개정 성경에서는 독수리와 주검으로 번역했는데, 이 글의 저자는 이 부분을 무자비한 자들과 시체들로 번역하고 해석한다—옮긴이).[10] 이 이미지는 하나님의 길을 거부한 사람들에게 주어지는 죽음과 총체적인 파괴를 묘사해주는 잔인한 장면이기도 하다. 제자들이 묻는 "어디에서?"(37절)라는 질문은, 이런 심판의 장소가 어디인지에 대해서 묻는 질문이다. 예수는 주가 말씀하시는 내용의 분위기와 실제 내용이 무엇인지를 지적하시는 것을 통해서, 이 질문을 다른 방향으로 이끌고 가신다: 인자의 날은 심판의 날이 될 것이다. 주가 모든 일을 마치셨을 때, 오직 무자비한 자들만이 심판에 남겨진 자들을 위해 남겨지게 될 것이다. 재림에 대한 경고는 들판에 가득한 시체들이 우리를 쳐다보고 있는 묘사를 통해서 마무리된다. 이 이미지는 우리 영혼으로 하여금 마지막 날이 어떤 자들에게는 얼마나 무자비하고 파괴적인 날이 될 것인지를 깊이 생각하게끔 하려는 의도를 갖고 있다.

누가복음 18:1-8은 하나의 비유와 예수의 재림이라는 주제를 계속 이어나가는 한 가지 적용을 담고 있다. 7-8절에 나오는 비유의 적용은 우리의 초점을 주의 재림에 대해 어떤 태도를 가져야만 하는가에 계속 맞춘다. 이 항목은 누가복음에만 나오며, 예수의 비유들 중 가장 흥미진진한 비유에 속한다. 이 항목은 하나님이 성도들 편에 서 주시기를 위해 기도하는 것이 얼마나 중요한지를 묘사한다. 만약 성도들이 그들을 수용해 주지 않을 그런 세상 속에서 사역한다면, 그들은 그런 적대

9. 밭을 간다는 것은 식량을 얻기 위해 곡물을 재배한다는 의미이다. 분리의 세 번째 모습을 보여주는 36절은 좀더 나은 누가복음 사본들에는 나타나지 않는다. 그러나 이 내용을 생략하는 것은 그리 중요하지 않은데, 이는 그저 심판 날 닥쳐오게 될 분리의 모습을 부가적으로 첨가해 보여주는 것이기 때문이다.

10. 37절에 사용된 이 헬라어 단어는 "독수리들"이라고도 번역될 수 있지만, 심판과 죽음을 다루고 있는 이 본문의 정황 속에서는 "무자비한 자들"이 좀더 좋은 번역이 될 것이다. 개역개정에서는 독수리와 주검으로 번역했다.

와 박해가 갖는 불공정함을 도대체 어떻게 다루어야만 한단 말인가?

이에 대한 대답은 낙심하지 말고 계속해서 기도하라는 명령을 통해 주어진다. 이는 믿음을 계속해서 가지라는 또 다른 방식의 명령이기도 하다. 누가는 종종 기도라는 이슈, 보호와 소망이라는 이슈를 다루곤 한다(4:25-30; 11:2; 12:5; 22:41). 누가는 헬라어 단어 '데이'를 18:1에서 다시 사용하는 것을 통해 요점을 좀더 강조적으로 표현하는데, 이는 필연적 필요성("should")을 나타내주는 단어이다. 주의 재림을 인내로써 기다린다는 측면에서 믿음을 지탱하고 유지하는 일은 중요한 일이다.

이 비유를 매우 효과적인 비유가 되게끔 해주는 것은 두 명의 등장인물들 때문인데, 이들을 통해서 비유가 말하려는 바가 매우 분명하게 규정된다. 도움이 필요한 과부는 이 사회에서 도움을 누리지 못하는 사람을 대표적으로 보여준다. 이런 부류의 사람이 유일하게 정의에 호소할 수 있는 길은 재판의 권위에 호소하는 것뿐이다. 비록 우린 이 여자가 나이 많고 늙은 여자일 것이라고 생각하곤 하지만 고대 세계에서 과부는 30대 때의 젊은 나이 때부터 과부가 될 수 있곤 했다. 이 여자는 정의를 찾고자 하며, 재판관에게 도움을 요청한다. 이 점은 돈 문제를 포함해서 자기 편이 되어 변호해줄 것을 요구하는 그런 형태를 포함하는 것처럼 보인다. 이 여자는 끈질겼는데, 예수가 이 스토리에서 본보기로 제시하신 품성이 바로 이런 끈질김이다.

이 재판관은 하나님을 두려워하지 않고 사람을 무시한다. 그는 대단히 외통수인 사람이고,[11] 하나님의 모습과 정반대의 모습을 대표적으로 보여주는 사람이다. 하나님은 자기 백성들이 공의를 부르짖을 때 응답하시지만, 이 사람은 전혀 그렇지 않기 때문이다. 예수의 주장은 만약 사람들을 무시하고 전혀 존중하지 않는 사람이 과부의 부르짖음을 들어준다면, 하물며 긍휼이 많으신 하나님이 자기 백성의 부르짖음을 들어주시지 않겠느냐는 것이다.

이 스토리에 등장하는 중심적인 간구자가 과부라는 사실은 재판관이 문화적으로나 도덕적으로 그녀의 상황에 민감해야만 한다는 것을 의미한다. 그녀는 상처받기 쉽고 연약한 지위에 있는 사람이다. 하나님은 가난한 사람들이 보호받기를 원하신다(출 22:21-24; 신 24:17-18, 시 65:8; 82:2-7; 146:9). 이 과부는 계속 반복

11. 이 묘사에 대해서는 Josephus, *Antiquities* 10.5.2 §283을 보라. 그는 여호야김을 묘사하면서 이 표현을 사용했다.

해서 호소하고 또 호소한다. 그녀는 원수에 대해 원한을 풀고 공의를 얻고자 한다.

얼마동안 이 재판관은 아무 행동도 하지 않았지만, 그는 결국엔 마음이 움직인다. 그녀의 끈질긴 꾸준함이 그를 지치게 만들었다. 이런 식의 끈질긴 간청을 받아본 적이 있는 사람이라면, 이 재판관이 어떻게 생각하고 어떻게 느꼈는지를 알 수 있을 것이다. 이 여자는 계속해서 그를 "괴롭혔다"(그녀의 행동을 표현하는 헬라어 단어는 "그에게 골칫거리가 되다"는 의미이다). 이 재판관은 이 여자 때문에 자신이 "기진맥진"하게 될 것이라고 생각한다(헬라어 표현은 누군가에게 멍이 생긴다는 것을 지칭하는 표현이다).[12] 이 재판관은 지금 여기에서 자신의 명성에 대해서 염려하는 것이 아니다. 그는 다른 사람들이 그에 관해 뭐라고 생각하는지 관심이 없기 때문이다. 하지만 그는 이 과부의 끈질김에 지쳐버렸고 그래서 행동을 하게 된다.

주님은 우리에게 "불의한 재판관이 말하는 것을 들으라"고 말씀하신다. 즉 이 과부의 끈질긴 간청에 대해 그가 보이는 반응을 묵상해보라고 말씀하신다. 이 비유는 성도의 기도들을 묘사한다. 하나님은 계속해서 간구하는 자기 백성들을 변호해주실 것이다. 이 말씀은 강조적인 두 개의 헬라어 부정어로 표현되어 있다('우메'). 하나님은 반드시 자기 백성을 변호하신다. 만약 불의한 재판관이 이런 호소들에 응답한다면, 하나님은 단연코 직접 선택하신 사람들의 부르짖음에 대해서 응답하실 것이다. 7절이 분명하게 제시하듯이, "공의"나 변호와 옹호가 주어질 것이다(동일한 단어가 사용된 3, 5절을 보라). 하나님은 의인을 핍박하는 자들을 심판하실 것이다. 하나님은 지체하지 않으실 것이고, 자기 백성들을 "공의와 신속함으로" 옹호하실 것이다.

신속한 공의에 관한 언급은 많은 관심을 받았는데, 마지막 날에 우리가 얻게 될 총체적인 옹호는 아직 도래하지 않았기 때문이다. 이에 대해서는 두 가지 방식으로 이해할 수 있다. (1) 누가는 언제인지 구체적으로 명시할 수는 없지만, 주의 재림이 어느 순간에건 올 수 있다는 점을 강조하기 위했다. 하나님의 옹호는 하나님의 계획여정에서 바로 직후의 일이며, 곧이어 뒤따라오는 영원성이라는 측면에서 볼 때 이런 옹호와 공의의 실현은 신속하게 이루어질 것이다. (2) 이 옹호는 여기에서 하나님이 자기 백성에게 공급하시는 보호의 일부분으로서 제시된다. 여기서는 이 두 가지 의미 중 어느 것이라도 모두 가능하다. 아마도 시락서 35:21-23 같은 본

12. G. Stahlin, "χηρα," *TDNT*, 9:450; H. -F. Weiss, "ὑπωπιάζω," *TDNT*, 8:590-91.

문이 이 본문을 이해하는데 도움을 줄 수 있을 것이다:

> 겸손한 사람의 기도 소리는 구름을 꿰뚫는다.
> 　또한 그는 목적을 이룰 때까지 만족하지 않는다.
> 그는 지극히 높으신 분께서 의로운 사람의 무고함을 판단하시어
> 　그를 돌보실 때까지 기도를 멈추지 않는다.
> 그러면 주님은 지체 없이 악한 자를 그냥 두지 아니하시고,
> 　마침내 포악한 자들의 허리를 부러뜨릴 것이요, 이방인들에게 보복을 하실 것이다.
> 오만한 자들의 무리를 모조리 없애버리시고 불의한 자들의 권력을 꺾어버리실 것이다.
> (공동번역 집회서 35:17-21)

하나님은 성도들을 옹호하시길 간절히 원하시며, 또한 그렇게 행하실 것이다. 하나님이 그렇게 행하실 때, 그분의 공의는 확고하고 든든하게 설 것이며, 우리가 당하는 고통은 이제 뒤이어 주어질 영원한 영광과 비교한다면 아무것도 아닌 것이 될 것이다. 그러한 공의가 이루어지기까지 하나님은 우리를 보호하신다.

마지막으로 한 가지 생각이 남게 된다. 이런 총체적인 옹호가 올 때, 과연 인자(즉, 예수)는 이 땅에서 믿음을 발견하실 수 있을까? 달리 말하자면, 이 비유 안에 어느 정도 전제되고 있는 연기(delay)는 우리들의 믿음에 영향을 끼칠 것인가? 왜 이런 생각을 하게 되느냐면, 예수는 우리를 향하여 포기하지 말라고 말씀하셨기 때문이다(1절). 이 질문에 대해서는 아무런 대답도 주어지지 않았지만, 예수는 믿음과 기도를 오랫동안 계속해서 가지라고 명령하신다.

상황잇기

역사가 도대체 어디를 향해 치닫고 있는가에 대한 궁금증은 매우 매력적인 주제가 될 수 있다. 미래에 흥미진진한 일들이 얼마나 많이 있을 것인지를 살펴보는 데에는 그리 오랜 시간이 걸리지 않는다. 우주탐험에 대한 인기와 성경 예언이 무얼 의미하는지 그 진상을 파악해보려는 매혹 이 두 가지는 모두 다 미래에 어떤 일들이 일어나는지를 알아보고자 하는 것이 얼마나 강한 흡입력을 갖고 있는지를 보여준다. 그러나 지금 이 성경본문은 이런 궁금증들이 결국엔 불확실한 추구들에 불과할 뿐임을 매우 진지하게 선포한다. 사실 예수는 주가 언제 재림하실 것인지를 우리가 알아낼 수 있는 그 어떤 종말론적 본문도 우리에게 주시지 않았

다. 이 본문은 우리에게 스스로를 잘 돌아볼 것을 권면하고, 우리에게 신실함을 지키고 있으라고 명령하며, 마지막 날이 많은 사람들에게는 힘겹고 어려운 시기가 될 것임을 알려줄 뿐이다. 또한 우리에게 하나님은 두려운 심판의 권능을 언젠가 분명히 나타내실 것이며, 그분 앞에서 우리는 자신에 대해 설명해야만 한다는 점을 기억하게끔 할 뿐이다. 예수가 보여주신 유일한 관심은 마지막이 다가오고 있으며 그때와 관련한 일반적인 대략을 계시해주심으로써 성도들이 깨어 있을 수 있게끔 하는 것이었다. 예수가 마지막 날이 어떠한 모습이 될 것인가라는 이슈를 다루실 때, 주님은 우리를 흥미롭게 하시거나 궁금증을 만족시켜주시려는 그런 시도를 하시는 것이 아니었다. 마지막 날이라는 순간은 거대한 재앙과 충격의 순간이 될 것이다. 그 순간은 결정적인 심판이 시행되는 순간이 될 것이다. 사람들은 분리될 것이다. 누군가에게는 생명이 주어질 것이고, 다른 누군가에게는 죽음이 주어질 것이다. 마지막 순간은 하나님이 행하실 순간이기 때문에 그와 관련한 교훈은 매우 준엄하다. 다가오는 심판이라는 실체는 인간이라는 실체를 드러나게 한다. 하나님은 우리에게 그날이 언제인지 알려주시지 않고, 그저 그날이 올 것이라고만 말씀하신다.

그날이 언제가 될 것인지를 알아내기 위해 우리는 부단히 노력할 필요가 없다. 그날은 마치 하늘에 번개가 번쩍이며 칠 때처럼, 모든 사람들이 볼 수 있는 가시적인 날이 될 것이기 때문이다. 중요한 점은 준비가 되어 있고 올바른 편에 서 있는 일이다. 주가 재림하실 때 인자가 권위를 갖고 있다는 점이, 지금 아직 재림이 임하지 않은 시점에서 우리가 인자의 명령에 응답해야하는 중요한 이유이다. 주님은 고난당하실 것이지만, 또한 재림하실 것이다. 십자가의 구주를 아는 것이 영광스러운 약속과 주의 재림 시에 누리게 될 옹호에 대한 소망을 아는 것이다. 이 진리는 주가 거룩한 운명을 감당하시기 전과 마찬가지로 십자가상에서도 동일한 진리이다.

누가에게 있어서, 하나님 나라의 도래는 단계적이다. 하나님 나라의 축복들 중 일부는 지금 예수와 더불어 주어진다—죄 사함, 예수의 사역을 통해 사탄이 물리쳐짐, 십자가 사건 그리고 주의 승천 이후에 주어지는 성령 등이 주어진다. 하나님 나라의 임재에 대한 이런 표현들은 예수를 그리스도이시며 기름부음 받으신 왕이며 하나님의 아들이라고 고백하는 교회 공동체 안에서 하나님 나라를 분명하게 나타내고 보인다. 교회는 지금 검이 아니라 십자가를 품고 있다. 우리는 섬김과 신실함의 도구들이다. 언젠가 우리는 그리스도의 신부들로 존귀함을 얻게 될 것이다.

그러나 하나님 나라의 권위가 갖는 또 다른 측면은 미래적인 것이다. 예수는 22-37절에서 제자들에게 이와 관련한 내용을 말씀하신다. 하나님 나라의 이런 측면은 징조들을 통해서 오는 것이 아니며, 하나님의 하나님 나라 프로그램의 완성을 통해 주어지고 제시되는 것이다. 하나님은 그때 권능을 보여주실 것이며, 성도들은 하나님의 변호를 누릴 것이고, 공의가 실현될 것이다. 그때는 기쁨과 절망의 시기가 될 것이다. 한 사람이 주님과 어떤 관계를 갖고 있었는가에 따라서 말이다. 그때가 되기까지의 중간기 동안, 우리는 주를 경외하고 높이기 위해 생명을 잃거나, 주를 섬기기 위해 자신을 드리도록 명령받는다. 많은 사람들은 마치 주가 재림하시지 않을 것처럼 그렇게 삶을 살아나가지만, 우리는 주가 언제이건 오실 수 있다는 깨어있는 모습으로 주를 섬겨야만 하며, 그날은 주를 모르는 사람들에게 대단한 재앙이 될 것임을 인식하며 주를 섬겨야만 한다.

주가 오실 때까지 좀더 긴 시간이 필요할 것이라는 점과 관련해서, 예수는 이와 관련한 좀더 많은 비유들을 18:1-7에서 주신다. 이 비유는 기도, 끈질김 그리고 인내 등을 요구하는데, 이런 것들은 우리가 좀더 오랫동안 기다리는데 필요한 것들이다. 이 비유의 근저에는 신자로서 불의와 직면할 때 어떤 태도를 가져야하는가라는 문제가 깔려 있다. 우리의 소명은 어떤 종류의 모습으로건 결코 뒤돌아서는 것이 아니라 하나님께로 나아가고 주가 우리를 지켜주시겠다고 약속하신 그 약속을 의지하는 데로 나아가는 것이다. 이 비유는 그렇기 때문에 권면이면서 약속이기도 하며, 이 비유의 요점은 2천년 전에 그러했듯이 지금도 매우 가치 있고 중요하다. 우리는 기도해야만 하며, 하나님이 언젠가 우리들에게 베풀어주실 우릴 향한 변호를 갈망하며 하나님을 계속해 바라봐야만 한다. 이 비유의 두 번째 교훈은 하나님이 공의를 베푸실 것이라는 점이다. 로마서 12:19이 기록하듯이, 하나님은 언젠가 원수를 갚아주실 것이다. 우리가 지금 살고 있는 문화 속에서 우리는 하나님께 심판을 맡겨버리는 일에 소극적인 모습을 보이는 경향이 있지만, 심판의 하나님은 진정 책임지시고 심판하시는 하나님이시다. 우리는 매일의 삶 속에서도 그런 개념이 필요하고 그런 개념을 요구한다. 만약 법이나 질서 혹은 법정이나 감옥 등이 없다면, 우리가 살아가는 길거리는 도대체 어떤 모습이 되겠는가? 공의의 하나님은 우리가 하고 싶은 대로 아무거나 할 수 없으며 반드시 책임을 져야만 한다는 것을 기억하게 하신다.

마지막으로 이 본문은 신실함에 대한 요구를 담고 있다. 주가 재림하실 때, 과연 이 땅 위에 믿음이 있겠는가?(8절) 누가복음 12:35-48에서처럼, 하나님은 재림을 앞둔 중간시기 동안 우리에게 신실할 것을 명령하신다. 우리는 심판을 주께 맡기고 주가 오실 때까지 부지런함으로 주를 섬겨야만 한다.

현대적 의미

하나님 나라가 시작되는 처음 모습은 우리에게 그 나라의 시민으로서 합당할 것을 명령한다(빌 3:20-21). 베드로는 신자들을 "이 세상의 나그네와 행인(이방인과 객)"이라고 부른다.[13]

우리는 주의 종들이며, 이 지상에서 주를 대신하는 사람들이다. 우리는 우리의 삶을 이 땅과 현세의 문화대로 결코 규정해서는 안 된다. 스탠리 하우어워스와 윌리엄 윌리몬은 "거주하는 나그네"를 이런 식으로 규정한다.

> 교회는 오늘날 거주하는 나그네로서, 불신사회 속의 모험적인 사람들로서 존재한다. 서구 문화는 순례, 여행, 모험이라는 의미들이 퇴색한 곳이다. 서구사회는 믿음보다는 자기 보존이나 자기표현이라는 계속 찌그러드는 지평선에 더 치중하기 때문이다.[14]

예수는 바리새인들을 향해 하나님 나라의 약속들을 공유하는 것을 통해 하나님이 기뻐하시는 것을 경험하고자 한다면, 그들은 반드시 주를 알아야하고 다루어야만 한다고 말씀하신다. 이 점은 오늘날에도 다르지 않다. 예수님만이 유일한 길이냐는 중대한 논쟁과 직면해서, 주의 강조점은 하나님의 임재하심 안에 참여하고 그 축복을 누리는 길은 주를 통해서만이 가능하다는 데 있다.[15] 주를 좇아가는 것은 달라지는 것이다.

마지막 시대들에 대해 확실하지 않은 관심을 기울이는 것이 신학의 영역들 중 가장 확실치 않은 영역이다. 이 이슈와 관련한 반응들은 정말이지 그 범위가 상당히 넓다. 어떤 사람들은 "시대의 징조들"을 발견하고 구별하는 것이나 우리가 마지막 날에 얼마나 가까이 다가서 있는지를 알아내는데 자기 평생을 바치기도 한다.

---

13. S. Hauerwas 그리고 W. Willimon, *Resident Aliens: Life in a Christian Colony*(Nashville: Abingdon, 1989). 여기서는 이런 세계관이 갖고 있는 윤리적 성격에 관해서 논의한다.
14. Ibid., 49.
15. 이 논쟁의 핵심은 그리스도만이 하나님께 나아가는 유일한 길이냐에 있다. 어떤 사람들은 하나님께 나아가는 길의 개방성을 강조하면서 하나님이 오직 예수를 통해서만 구원을 베푸신다고 제한해서는 안 된다고 주장한다. 이런 "하나님을 향한 개방성" 신학에 대한 분명한 비평에 대해서는 R. Richard, *The Problem of Heaven*(Chicago: Moody, 1994)을 보라.

어떻게 세상 끝날이 올 것인지에 대한 정교한 이론들은 성경의 상당히 많은 큰 부분들을 하나의 시나리오로 묶어내기도 한다. 몇몇 사람들은 심지어 그리스도의 재림시기에 대해서나 그날이 다가왔다는 것을 날짜로 콕 집어서 제시하기도 하는데, 이는 성경이 전혀 이야기하지 않는 바이다(막 13:32; 행 1:6-8).[16] 어떤 사역자들은 이런 관심에 그들의 모든 관심을 기울이기도 한다. 이와 정반대인 다른 한편에는, 이런 사색을 시간과 에너지를 낭비하는 것으로 간주하는 사람들이 있다. 그날이 어떻게 올 것인지에 대해서는 하나님이 알고 계시므로, 우리는 그저 그날이 되기까지 명령받은 일들을 행하기만 하면 될 뿐이라고 생각한다.

이런 두 가지 입장들은 모두 다 과도한 반응들이다. 만약 누군가가 마지막 날에 대한 논의를 무시한다면, 그런 태도를 가지고서는 성경을 진지하게 다루기가 매우 어렵다. 성경의 상당히 중요한 부분들이 하나님의 약속들에 관한 종말론적인 주제들을 다루고 있기 때문이다. 우리가 지금의 삶을 의미 있게 만들 수 있는 유일한 방법은 미래가 어디를 향해 가고 있는지를 적절하게 잘 이해하고 판단하는 것이다. 성경은 구체적인 날짜들을 제시하지는 않지만, 미래가 나아가는 대략에 대해서 제시하며, 앞으로 무엇이 일어날지에 대해서 일반적인 대략을 제시한다. 이런 대략이 제시되는 이유는 우리에게 예상도표를 준비하게끔 하기 위해서가 아니라 마음을 준비하게끔 하기 위해서이다. 예수의 재림은 매우 진지하고 중대한 일이며, 하나님이 최종적인 심판을 행하실 시간이기도 하다.

예수는 엄중한 용어들을 사용해 마지막에 관해 말씀하시며, 하나님께 심판받는다는 것이 얼마나 무겁고 중대한 일인지를 섬뜩하고 자세하게 말씀하신다. 심판은 자기 자신에 대해 설명할 수 있어야 한다는 것을 의미한다. 성인에 대해서 그가 자기 자신과 자신의 양심에 대해서만 책임을 지면된다고 바라보는 사회에서는 하나님이 우리들의 행동에 대해 책임을 물으신다는 것을 상기하는 것은 매우 중차대한 일이다. 바로 이 점이 예수께서 누가복음 18:1-8의 비유에서 마지막 날 이 땅에서 믿음을 보겠느냐고 반문하신 이유이기도 하다. 하나님을 향한 자신의 책임성을 인식하고 깨닫는 사람들은 용의주도하고 면밀하게 삶을 살아갈 것이다. 마지막 때를

16. 이런 시도들을 연대순으로 정리한 것을 보려면, Paul Boyer, *When Time Shall Be No More. Prophecy Beliefs in Modern American Culture*(Cambridge, Mass: Belknap, 1992)를 보도록 하라. 좀더 유명한 예언들로는 19세기의 William Miller(1844)이 있다. 그리고 이스라엘이 1948년에 팔레스타인으로 돌아와 땅을 회복한 이후의 세대가 주의 재림을 바라볼 수 있는 시기라고 주장했던 좀더 최근의 경우도 있는데, 이들은 1988년을 핵심적인 연대로 제시한다. 그러나 이런 시도들은 거의 매해마다 나타나곤 한다.

잊는 것은 책임성을 잊는 위험성을 갖는 것이다.

이 세상의 많은 사람들이 그저 아무 생각 없이 하나님에 대한 관심 없이 삶을 영위해 나가는 동안 마지막 때를 향해 치닫고 있다. 그날은 노아와 롯의 날과 같을 것이다. 많은 사람들이 영적으로 하나님께 속해 있지 않다는 점은 별로 놀라운 일이 아니다. 현실이 이렇다고 하더라도, 그런 점이 우리가 그저 삶을 살아만 가고 있는 사람들과 복음을 공유하기 위해 애쓰는 일을 포기해도 된다고 허락해주는 것은 결코 아니다. 그저 우리 이웃들을 망각하는 것만으로도 너무나 많은 것들이 위험하게 된다.

주가 심판을 시행하고자 재림하실 때, 두 번째 기회는 없게 될 것이다. 주의 백성인 사람들에게는 하나님 나라의 복스런 통치가 영원히 계속될 것이지만, 여기에 들어가지 못하는 사람들에겐 다시는 기회가 주어지지 않고 기회는 영원히 상실될 것이다. 이 본문은 무자비한 자들이 모여드는 삭막한 이미지로 마무리되는데(개역개정에서는 독수리와 주검으로 번역된 부분을, 저자는 무자비한 자들과 시체들로 번역하고 이 주석서를 진행한다–옮긴이), 이것은 다가올 심판에 기쁨이 있는 것이 아니라 슬픔과 괴로움이 너무나 실제적으로 가득할 것이기 때문에 그렇다. 이 본문은 모든 사람들을 향해서 하나님의 일들이 다가오는 때를 위해 현명하게 선택하라고 소리를 지르고 있다. 잘못된 선택을 하게 된다면 너무나 많은 것들이 위험하게 된다.

더군다나, 주가 재림하시기까지의 모든 순간들은 아직 하나님을 알지 못하는 사람들에게는 그들의 삶과 운명을 바꿀 수 있는 기회들이기도 하다. 하나님은 인내하시면서 다른 사람들이 그분께 나아올 것을 허용하시고자(벧후 3:9) 심판의 날을 연기하고 계신다. 그러므로 남아있는 시간들은 교회로 하여금 그들을 통해 다른 사람들이 하나님의 은혜를 보고 기뻐하고 누릴 수 있게 해주는 그릇이 되어야 한다고 동기부여를 한다.

누가복음 18:1-6에 나오는 이 비유의 중심적인 적용은 우리 눈을 아직 오지 않은 소망에 계속해서 집중하고 유지하는 일에 관한 것이다. 우리는 기대와 소망을 품고 주의 다시오심을 기다리지만, 그렇게 하는 동안 이미 구원을 받았으며 또한 착한 행실로 하나님을 열심히 섬기라는 명령을 받았다(딛 2:11-14). 투쟁적으로 이런 삶을 살아가는 것은 매우 힘겨운 일이고 또한 하나님을 섬기지 않는 이 세상에서는 하나님께 영광을 돌리며 살아가고자 한다는 것은 심지어 매우 불공평한 상황에 직면해야 하는 일이기도 하지만 우리는 결코 마음을 다른 데로 돌리거나 잃어버려서는 안 된다. 때때로 박해나 혹은 적대를 받으면 우린 과연 이 일이 그럴 만한 가치가 있는지 번민하기도 한다. 어떤 때엔 하나님께 신실치 못한 사람들이 현실 속에선 모든 것을 다 갖고 있는 것처럼 보이기 때문에 우리가 좌절하게 되기도 한다.

그러나 우리는 그런 삶을 살아가는 사람들이 이 지상에서 부요를 누리기 위해 자신들이 했던 선택에 대해 반드시 "대가를 지불해야만" 한다는 점을 기억해야만 한다. 찬장이 다 비게 될 그런 시간이 반드시 온다. 그러므로 그리스도께서는 우리에게 하나님을 향하여 날마다 힘과 능력을 공급해달라고, 하나님의 신실하심을 의지하며 살게 해 달라고 기도하라고 독려하신다.

이 비유는 또한 기도에 관해 중요한 점을 알려준다. 내가 참석했던 대부분의 기도모임들은 장래와 관련한 무언가를 구하는 그런 성격들을 갖고 있었다. 우리는 서로의 필요들—일반적으로 재정이나 건강 등과 관련한 이슈들—을 위해서 기도한다. 때때로 가끔씩 친구들이나 이웃들이 필요로 하는 것을 함께 나눌 수 있는 그런 기도를 교회나 선교사들의 지도자들을 위해 의무적으로 기도할 때 같이 하기도 한다. 자연재해로 피해를 본 사람들이나 정치적 압박을 받는 사람들을 위해서도 관심을 기울이기도 한다.

이런 기도모임들에서 종종 누락되곤 하는 것은 이 비유에 반영되어 있는 지속적인 간구에 대한 관심이다. 우리는 하나님의 능력의 손길을 통해서, 우리가 이 세상 속에서 증인으로서 살아가는 것을 위해 그리고 종국적으로 우리의 구원이 온전히 이루어지는 것을 위해 열정적으로 기도해야만 한다. 이 비유의 이미지를 사용해서 말해본다면, 과연 우리 교회 공동체는 하나님이 우리를 옹호하시고 변호해주시기를 부르짖는 그런 기도를 "하나님이 지치실 정도로" 하는가? 사도행전 4:23-31에 교회 공동체가 맹렬한 박해에 직면한다 하더라도 하나님이 교회를 향해 행하라고 명령하신 것을 감당할 수 있는 힘을 달라고 부르짖는 장면이 나오듯이, 이 본문에서도 기도에 대해 그런 식으로 부르짖으라고 명령된 그런 내용이기도 하다. 그들은 하나님이 그들의 사역을 통해 권능 있는 모습으로 그분의 임재하심을 보여주시기를 간절히 소망했다. 우리도 그에 못지않게 해야만 한다.

누가복음 18:9-17

9 또 자기를 의롭다고 믿고 다른 사람을 멸시
하는 자들에게 이 비유로 말씀하시되
10 두 사람이 기도하러 성전에 올라가니 하나는
바리새인이요 하나는 세리라
11 바리새인은 서서 따로 기도하여 이르되 하나
님이여 나는 다른 사람들 곧 토색, 불의, 간음
을 하는 자들과 같지 아니하고 이 세리와도
같지 아니함을 감사하나이다
12 나는 이레에 두 번씩 금식하고 또 소득의 십
일조를 드리나이다 하고
13 세리는 멀리 서서 감히 눈을 들어 하늘을 쳐
다보지도 못하고 다만 가슴을 치며 이르되
하나님이여 불쌍히 여기소서 나는 죄인이로
소이다 하였느니라
14 내가 너희에게 이르노니 이에 저 바리새인이
아니고 이 사람이 의롭다 하심을 받고 그의
집으로 내려갔느니라 무릇 자기를 높이는 자
는 낮아지고 자기를 낮추는 자는 높아지리라
하시니라
15 사람들이 예수께서 만져 주심을 바라고 자기
어린 아기를 데리고 오매 제자들이 보고 꾸
짖거늘
16 예수께서 그 어린아이들을 불러 가까이 하시
고 이르시되 어린아이들이 내게 오는 것을
용납하고 금하지 말라 하나님의 나라가 이런
자의 것이니라
17 내가 진실로 너희에게 이르노니 누구든지 하
나님의 나라를 어린아이와 같이 받아들이지
않는 자는 결단코 거기 들어가지 못하리라
하시니라

원 의미

누가복음 18:9-30 단락은 세 가지 장면들을 담고 있다: 바리새인과 견주시면서 세리를 칭찬하시는 내용(9-14절), 어린아이 같은 믿음의 모습(15-17절), 그리고 부자 관원에 관한 내용(18-30절). 이 세 가지 각각의 경우들은 기본적인 이슈들이 겸손함이거나 내가 누구를 신뢰하고 있는가에 관한 것이다. 세리는 겸손한 믿음을 가지고 있지만, 부자는 자기 안전에 대해서 자신의 소유물과 재산을 믿었다. 이와 대조를 이루는 자리에는 예수를 위해 모든 것을 버린 제자들이 자리 잡고 있다. 그들도 역시 주의 칭찬을 들었으며, 믿음을 가진 자들에게 하나님이 영생을 포함해서 가장 풍성한 축복들을 주신다는 약속을 받았다.

18:9-14에 나오는 세리와 바리새인의 비유는 오직 누가복음에서만 찾아볼 수 있다. 이 비유는 하나님이 어떤 유형의 사람에게 복을 주시는지에 초점을 맞추고

있다(5:27-32; 7:29-30). 도대체 무엇이 한 사람을 하나님 앞에서 칭찬 듣게 하는가? 자기만족이나 사회적 지위 혹은 이 세상에서 강조하는 그런 어떤 특징들이나 기준들인가? 이 비유는 두 가지 기도에 관한 비유이기도 하다. 이 두 기도에는 두 종류의 마음이 나타나는데, 대조적인 이 모습들은 그들이 간구를 하는 모습에서만 나타나는 것이 아니라 그들이 하나님께 나아가고 다가서는 방식에서도 마찬가지로 나타난다.

이 본문이 염두에 두고 있는 청중도 매우 분명하다: "자기 자신의 의로움에 대해서 확신을 가지고 믿고 있고, 자기 이외의 다른 사람들을 멸시하는 사람들." "(확신을 가지고) 믿고"라는 헬라어 표현은 완료분사형인데, 이런 시제는 결코 사라지지 않고 계속해서 자리 잡고 있는 확신을 보여준다. "멸시했다"라는 표현도 강한 단어인데, 이 단어도 역시 "배척했다" 혹은 "깔보았다"를 의미할 수 있다(23:11; 행 4:11; 롬 14:3, 10). 적어도 우리 자신의 눈으로만 본다면, 우리에게 결코 도달할 수 없는 사람들과 우리 자신을 비교하는 것은 매우 쉬운 일이다! 이 장면에 나오는 인물들은 처음부터 너무나도 많이 다른 사람들이다. 바리새인은 존경받는 종교적 지도자인 반면, 세리는 사회의 쓰레기이며 로마를 위해 일하는 배신자로 낙인찍힌 사람이었다.[1] 이 기도가 개인적인 기도였다는 점을 생각해볼 때, 여기 나오는 기도장면은 하루 중 아무 때고 일어날 수 있는 그런 사건이었다.

바리새인은 하나님께 담대하게 나가서 마치 찬양시편처럼 보이는 그런 기도를 시작한다: "저는 하나님께 감사드립니다." 이런 형태의 찬양시편에서 간구자는 일반적으로 하나님께 하나님이 행하셨거나 베풀어주신 무언가 축복에 대해서 감사를 드린다. 그러나 이 바리새인은 자기 자신에 대해 하나님께 감사드린다. 즉 자신이 다른 죄인들, 그러니까 토색, 불의, 간음하는 자들이나 특히 세리와 같지 않다는 것에 대해서 감사드린다. 그는 자발적으로 일주일에 두 차례씩(아마도 월요일과 목요일) 금식하고 십일조를 드리는 것을 통해 하나님께 영광을 돌린다. 이런 모습들은 의무적으로 해야 하는 정도를 넘어서는 것들이기 때문에, 이 바리새인은 하나님이 그를 기뻐하셔야 할 이유를 제공하는 그런 계급장 같은 성취물로서 이런 일들을 행하고 이런 일들로 자기 자신을 치장하고 있다. 십일조는 바리새인의 수입 중 10분의 1이 하나님께 드려졌음을 의미한다.

하지만 사실 이런 기도는 찬양 시편을 매우 심각하게 왜곡시킨 것에 불과하다.

1. 세리에 대한 고대의 관점에 대해서는 S. Kistemaker, *The Parables of Jesus*, 259를 보라.

왜냐하면 이 바리새인이 기도를 할 때 그의 기도는 실제적으로 "하나님, 저는 감사드립니다. 제가 너무나 잘났기 때문입니다!"라고 말하고 있는 것이기 때문이다. 사실 우리는 이 "신실한" 바리새인이 하나님 편에 서 있기 때문에 마치 하나님이 영광을 받으셔야만 하는 것 같은 그런 인상을 받게 된다. 이 두 구절 동안 그는 다섯 번이나 1인칭 단수 대명사를 사용하면서 자기 자신을 기도의 주된 내용과 주제로 삼고 있다.[2] 그는 심지어 자기 곁에서 기도하고 있는 세리를 멸시하듯이 "이 세리" 라고 지칭하면서 폄하하기까지 한다.

반대로, 세리는 감히 서지도 못한 채 하나님께 거리감을 두고 다가선다. 그는 하늘을 쳐다보지도 못하고, 회개의 탄식을 하면서, 가슴을 치면서, 자기 자신이 하나님께 죄인으로서 나아간다는 것을 인식하면서 기도한다.[3] 그의 기도는 매우 다르다: "하나님, 죄인인 제게 긍휼을 베풀어주십시오." 여기에는 그 어떤 자기 치하나 자기 축하가 들어있지 않다. 여기에는 자신의 선한 행위들에 대한 열거도 전혀 없다. 여기에는 하나님이 간구하는 자신을 자랑스러워하셔야만 한다거나 간구자를 향해 무언가를 해주셔야 할 의무가 있다는 그런 생각이 전혀 없다. 오직 한 가지 인식만이 있을 뿐이다: 하나님의 긍휼이 그에게 필요하다는 인식 단 한 가지뿐이다. 그가 긍휼을 간구하면서 사용한 헬라어 단어는 70인경이 "덮어주다"라는 히브리어 단어를 번역하면서 사용한 단어이다. 이 단어의 배경과 용례는 이 간구자가 죄 사함을 받을 수 없기에 하나님의 용서하시는 긍휼만을 바라보며 호소하고 있다는 것을 보여준다.[4] 그는 하나님께 나아오면서 그저 하나님과의 관계를 증진시키고자하는 마음으로 나아왔을 뿐이다.

이 문단은 예수의 평가로 마무리된다. 주님은 세리의 겸손함을 인정해주신다. 하나님 앞에서 의롭다고 인정받은 사람, 그의 기도가 상달된 사람은 모든 업적을 다 갖고 있던 종교적인 사람이 아니었다. 하나님이 들으시는 기도는 긍휼을 간구하는 기도이다. 예수는 그 이유를 설명하신다. 자기 자신을 높이는 사람은 낮아질 것이고, 반면 겸손한 사람은 높아질 것이라고 말이다. 내가 어떤 설교자가 소박하게 선포하는 것을 들었던 것처럼, "높아지는 최상의 길은 낮아지는 것이고, 낮아지는 가장 빠른 길은 자기 자신을 높이는 것이다." 이 원칙은 이 복음서 전반에 걸쳐

---

2. O. Michel, "τελώνης," *TDNT,* 8:105.

3. J. Jeremias, "αἴρω," TDNT, 1:185-86; W. Michaelis, "ὀφθαλμός," *TDNT,* 5:377, n. 11; G. Stählin, "τύπτω," *TDNT,* 8:262 n. 18; 264.

4. F. Buchsel, "ἱλάσκομαι," *TDNT,* 3:315.

잘 드러난다(1:52-53; 6:20-26; 10:29-37; 38-42; 11:37-41; 12:21; 14:11). 허세와 겉모습은 아무것도 아니다. 이력서와 사회적 지위도 아무것도 아니다. 내세울 만한 자기 모습도 아무것도 아니다. 정말로 중요한 것은 하나님이 주실 수 있다는 것을 적절하게 인정하고 깨닫는 마음이다. 그렇기 때문에, 예수는 세리가 의롭다고 인정받고 집으로 돌아갔다고 말씀하신다. 하나님이 주시는 죄 사함을 구하는 사람은 그것을 받는다.

18:15-17에 나오는 짧은 본문은 이 부분에서도 제자들에게 믿음을 가질 것을 권면하면서도 단순한 겸손함이 무엇인지를 보여준다.[5] 예수가 사역하실 때, 많은 사람들이 그들의 아이들을 데리고 와서 주가 만져주시기를 원했다. 제자들은 갓난 아이들과 작은 아이들이 별로 중요하지 않다고 분명하게 생각했으며 부모들의 그런 바램들은 주의 시간을 허비하는 것이라고 생각했다. 그래서 그들은 부모들이 그렇게 주께 나아오는 것을 가로막고자 한다.

예수는 정반대 태도를 취하신다. 주님은 아이들을 주께 오도록 초청하시는데, 그들은 중요한 사람들이기 때문이다. 그들은 하나님 나라가 도대체 어떤 곳인지를 묘사해준다. 우리는 의존적인 아이들이 갖고 있는 그런 단순한 믿음과 겸손함을 가지고 하나님을 신뢰하고 믿어야만 한다.

하나님 나라는 그런 자질들을 보여주는 사람들로 구성된다. 주의 제자들은 도대체 어떻게 해서 하나님 나라의 실제적인 모습들이라고 할 수 있는 이런 아이들과 이런 예시들을 별로 중요하지 않은 것으로 간주한단 말인가? 제자들은 여전히 많은 것을 배워야만 한다. 우리가 사람들을 가치매기는 방식은 하나님이 그들을 바라보시는 것과 매우 다르다.

예수는 오직 하나님 나라를 어린아이들처럼 받드는 자들만이 그곳에 들어감을 언급하시는 것을 통해서 요점을 분명하게 하신다. 하나님 나라에 들어감은 하나님의 도우심이 필요하다는 것을 인식하는 겸손함의 문제이다. 아이들이 칭찬 듣는 것은 그들이 갖고 있는 본래적인 의존하는 모습 때문인데, 그들은 아무것도 가져올 수 없는 사람들이고 그저 주의 발 앞에 자신을 내어 놓는 그런 사람들이기 때문이다.

5. 이 문단은 마태복음 19:16-22, 마가복음 10:17-22과 평행을 이룬다. 이 부분은 누가복음 9:49 이하에서는 마가복음과 처음으로 평행을 이루는 부분이다.

상황잇기

예수는 여기에서 겸손함과 오만함의 기본적인 자세들을 다루신다(참조. 14:1-12). 하나님이 귀히 여기시는 사람들은 다른 사람들과 비교하면서 생겨나는 왜곡된 평가로 자신을 바라보는 것이 아니라, 하나님이 누구신가라는 견지에서 자기 자신을 바라보는 그런 사람들이다. 그러나 바리새인들의 태도가 너무 빈번하게 지배적으로 나타나곤 한다—그저 겉으로 보이는 모습이나 사회적 지위를 통해서 사람들을 판단하는 태도. 이런 태도는 매우 불행한 실수인데, 우리가 종종 그렇게 누군가를 판단하고 마는 사람들이 되곤 하기 때문이다. 사회적으로 중요한 역할을 감당하는 사람들이 결국 도덕적으로 심각한 문제의 사람이라는 것이 드러나는 경우들이 얼마나 많은지 모른다. 반면 단순한 사람들이 성실함으로 가득 찬 사람들이라는 것이 드러나는 경우들도 얼마나 많은지 모른다. 이 성경본문은 또한 인간 심성에 대해 상당히 많은 것을 보여주는데, 우린 종종 우리를 다른 사람들과 비교하는 것을 근거로 해서 하나님께 나아가는 경향을 보이는 사람들이기 때문이다.

교만이라는 문제는 오랜 세월 동안 계속되어온 문제이다. 독특함이나 자랑거리를 떠벌리기 좋아하는 사회에서는 겸손은 참 드문 모습이다. 그러나 자랑거리는 부정적인 측면을 갖고 있다. 자랑거리는 패를 속이는 교묘한 방식으로 변질될 수 있다. 하나님이 베푸시는 은혜와 긍휼을 토대로 해서 그분께 나아가기보다는 우리는 내세우는 흔적과 기록들을 가지고서 그리고 하나님이 우리에게 응답하셔야한다고 은근히 주장하면서 하나님 앞에 나아가는 경우들이 있다. 교만이 갖고 있는 진정한 위험성은 우리들이 하나님 앞에서 설 때 교만이 진정 우리가 어떤 모습인지를 보지 못하게 만든다는 점이다.

다른 한편으로, 겸손은 우리가 어디에 서 있는지를 냉정하게 바라보며, 비교의 기준이 하나님의 성품이라는 사실을 결코 잊지 않는다. 우리는 쉽게 뛰어 넘을 수 있도록 그 기준을 절대 낮춰서는 안 된다. 세리가 받은 점수는 그가 하나님께 나아감에 있어서 어디에 서 있는지를 알고 있다는데 있었다. 그가 얻은 점수는 그가 이룬 성취의 결과물이 아니라, 하나님의 넓은 긍휼과 친절하심의 결과이다. 하나님께 이런 방식으로 나아가는 것은 우리가 하나님과 우리 자신들과 그리고 다른 사람들을 바라보는 방식을 매우 역동적이고 급격하게 바꾸어준다. 우리 자신들이 긍휼이 필요한 존재들임을 이해하는 것이 긍휼을 낳는다. 우리는 우리 스스로에 대해 평가해야하는 것보다 결코 더 높게 우리를 평가하지 않으며, 마치 하나님이 우리를 그분 편에 두고 있기 때문에 그분이 복이라도 받은 양 그렇게 생각하지도 않는다. 하나님을 안다는 것은 우리의 특권이다. 겸손한 태도는 하나님의 은혜를 의지한다. 교만은 하나님을 모욕한다.

여정 항목에 나오는 다른 많은 본문들에서처럼, 18:15-17 역시 제자들이 가져야만 하는 근본적인 가치관에 대해서 다룬다. 예수는 사람들을 그들의 사회적 지위와는 상관없이 존중하시고 귀히 여기신다. 이것은 우리가 갖고 있는 경향과는 정반대의 모습인데, 우린 종종 권력지향적인 모습을 보이기 때문이다(참조. 약 2:1-12). 사실 예수는 작은 소자들을 통해서 우리가 도대체 어떤 모습의 사람들이 되어야하는가를 보신다.

예수가 아이들을 향해 보여주신 태도는 하나님이 귀히 여기시고 존중하시는 성품들이 무엇인지를 알기 위해 그들을 연구하고 적절히 잘 인식해야만 한다는 점을 제시한다. 많은 아이들이 부모를 갖지 못하고 있는 그런 때에, 우리는 하나님이 그들이 받기 원하시는 그런 어루만짐을 우리가 그들에게 해주어야할 뿐만 아니라, 종종 그 과정에서 우리는 아버지 하나님과의 동행하는 삶이 어떤 모습이 되어야하는지에 대해서 교훈 얻기를 사모해야만 한다. 내 자녀들은 종종 내게 그들이 보이는 반응을 통해서 좋은 아버지가 얼마나 중요한지를 기억하게끔 만들기도 하고, 또한 나로 하여금 하나님이 우리에게 얼마나 좋으신 분인지를 깊이 묵상하게끔 만들기도 한다. 제자들이 그러했듯이, 우리들도 종종 아이들을 끌어안아주고 어루만져주면서 하나님의 축복을 기원해주기보다는 도리어 그들을 무시하곤 하는 때들이 있다.

현대적 의미

18:9-14이 담고 있는 교훈은 교만과 겸손의 대조를 통해서 제시된다. 교만은 자랑거리를 선포한다. 겸손은 긍휼을 간구한다. 교만은 평등한 입장에서 협상을 한다. 겸손은 가난함 가운데서 다가선다. 교만은 다른 사람들을 멸시하는 것을 통해 자신을 구별한다. 겸손은 우리 모두가 가난한 사람들임을 인식하면서 자기 자신을 다른 사람들과 동일하게 규정한다. 교만은 자기중심적이고 자기만을 섬기는 모습을 통해 파괴한다. 겸손은 우리가 공유하는 어려움들을 공감하는 능력을 가지고 문을 연다. 교만은 콧대를 높인다. 겸손은 개방되고 높이 들린 손을 내어민다.

그러나 우리가 살고 있는 고집스러운 사회 속에서 교만(혹은 최소한 교만과 연관되어 있는 미묘한 성취중심적인 형태들)은 종종 그것이 관계성들과 인품에 어떤 짓을 했는가는 아무 상관없이 영예를 얻곤 한다. 나는 달라스에 사는데, 여기는 유명한 풋볼 팀이 있는 도시이고, 이 팀의 목표는 어떤 대가를 지불해서라도 승리하는 것이다.

새로운 수석 코치인 베리 스위처(Barry Switzer)씨는 게임 전날 밤에 하는 마지막 팀 미팅에 참석하지 않고 자기 아들이 토요일에 하는 대학 풋볼 경기를 보러가겠다고 요청했고 또한 허락을 받았다. 이 코치는 자신의 가족이 자기 직업보다 더 우선한다고 설명했다. 아버지로서 그는 아들에게 그가 얼마나 자신에게 중요한 사람인지를 보여주길 원했다. 이전 수석 코치였던 짐미 존슨(Jimmy Johnson)은 "승리자"라는 별명으로 알려져 있던 사람이었는데, 그는 현 수석 코치가 팀의 가치를 어지럽히면서 팀을 포기하고 패배의 위험을 무릅썼다고 비판했다. 이전 코치의 삶을 규정했던 것은 승리였으며, 그것은 성취의 제단 위에 심지어 아내나 가족까지도 다 올려놓는 것을 통해서라도 얻는 그런 승리였기 때문이다. 그는 승리하는 풋볼 코치가 되는 성취를 얻기 위해 이미 수년 전에 아내와 아들들을 잃었다. 그러나 삶이라는 경기에서, 도대체 어느 코치가 가치를 잃고 뒤틀려버린 것인가? 정말 놀라운 것은 얼마나 많은 사람들이 소경처럼 "승리자"라는 방향으로 뛰어드는지 모른다는 점이다. 교만은 사람들보다도 일이 더 중요하다는 의미다. 목표는 사람들간의 관계성에 장애물이 된다. 예수는 교만이 너무나 교활하게 파괴적이기 때문에 교만을 비난하신다.

겸손은 그 자체가 스스로에 대해 논하지 않기 때문에 논의하기가 더 어렵다. 겸손은 단순하게 찾아가고 종종 희생해가면서 섬겨준다. 겸손은 권리들을 주장하지 않는다. 겸손은 올바른 일을 하고자 노력한다. 겸손은 성실함을 자랑하지 않는다. 겸손은 겸손을 내세우지 않는다. 때때로 자기 자신을 내세우거나 보여주지 않는 것들은 놓치고 지나가기가 너무나 쉽다. 그러나 하나님은 겸손한 마음을 보시고 그 마음을 높이 여겨주신다. 이것이 예수가 제기하시는 도전이다.

우리는 이 본문에 대해 묵상하면서, 어떤 사람들을 바리새인들과 견줄수 있는지를 물어봐야만 한다. 바리새인들은 많은 모양새들로 나타날 수 있다. 많은 경건한 사람들이 그들의 성취에 대해 자랑스러워하며, 종종 자신들보다 덜 "행하는" 사람들을 깎아내리며 이야기하는 것을 통해 자기 자신을 종종 규정하곤 한다. 이런 비유는 그런 사람들에게 적용할 수 있다. 우리가 살고 있는 문화 속에서 가시성이 두드러지는 역할을 맡고 있는 사람들도 마찬가지로 이런 위험에 노출되어 있는 사람들이다. 그들은 종종 칭송받기도 하고 연단에 올려지기도 하며, 그들이 말하거나 하는 모든 일들에는 상대가 없거나 결코 실패하지 않을 것 같은 분위기들이 둘러져 있기도 하다. 이런 사람들은 자신이 다른 사람들로부터 배울 것이 거의 없다고 느끼는 한, 중요한 무언가가 잘못되어 있는 것이다.

현대의 세리는 아마도 교회 안에서 거의 보이지 않지만 신실하고 정직하게 매주마다 교회를 섬기고서는 자신이 하는 일에 대해서는 거의 한마디도 하지 않는 교회관리 집사님이 아닐까 싶다. 이런 분들은 결코 교회에서 전면에 내세워지거나 사람들이 나도 이런 분이 되겠다고 추구되지 않는 그런 분들이다. 이런 분들은 신실하게 하나님과 동행하고 하나님을 의지한다.

이런 사람들은 종종 교회 내에서 적절하게 인정되거나 인식되지 못하는 경우들이 있지만, 하나님은 그들이 어떤 사람들인지를 잘 알고 계신다. 또한 본문에 나오는 세리들 같은 마음의 사람들은 자기 배우자에게 신실하고 책임을 다하지만 혹시 자신이 하나님이 귀히 여기는 방식으로 살지 못했을 때 추구해야 할 가장 좋은 일은 은혜로우신 하나님께 용서를 받는 것임을 알고 있는 그런 사람들이다. 이런 사람들은 자기 셔츠에다가 "신앙적인"이라는 문구의 배지를 달고 있지는 않다. 그들은 그저 하나님께 신실하고자 노력할 뿐이다.

18:15-17에서는 두 가지 요점이 제시된다. (1) 이 문단은 우리에게 믿음에 대해 다시 묵상할 것을 명령한다. 우리는 엄마의 팔에 안겨있는 아이를 바라보면서 물어봐야만 한다, "나는 하늘에 계신 내 아버지께 저런 모습을 가지고 돌아가 있는가?" 내가 주변을 둘러 볼 수 있을 만큼 삶이 느긋할 때, 종종 내 시선을 사로잡는 것은 아이들의 모습이었다. 아이들은 작은 손을 자신이 할 수 있는 최대한 위로 높이 치켜들고서는 엄마나 아빠의 손가락을 잡고선 아장거리며 걷는 모습을 보여주곤 한다. 나는 아이들이 부모의 걸음걸이에 보조를 맞추기 위해 그들이 할 수 있는 한 최대한 빨리 발걸음을 옮기는 모습도 보곤 한다. 그런 장면 속에 하나님의 자녀에 대한 모습이 들어있다.

우리는 우리 손을 주의 손에 두어야만 하며, 주님과 더불어 걸어야만 한다. 주가 우리 발걸음을 인도하시게끔 하면서 말이다. 다름 아니라 바로 이런 겸손함, 신뢰, 그리고 의지가 우리로 하여금 하늘에 계신 아버지의 얼굴을 추구하게끔 만들어주며, 또한 우리가 그분과 동행하면서 그분 가까이 머물게끔 해준다.

(2) 우리는 또한 아이들이 갖고 있는 값진 본성과 아이들의 중요성을 주목해야만 한다. 나는 신학교에 있을 때 이 점에 있어서 잘못을 범했다. 나는 그저 성인 사역을 다루었던 수업들에 대해서만 흥미를 갖고 있었다. 기독교 청소년 교육 과정

들이 필요했지만, 내 자신이 그런 과목들을 선택했던 적은 단 한번도 없었다. 이런 수업들은 그저 인내하고 참아내야만 하는 그런 수업시간들에 불과할 따름이었다. 나는 혹시 일부 사람들은 부모가 되는 것이나 심지어 교회학교에서 아이들을 가르치는 것에 대해서도 이런 방식으로 바라보는 것은 아닌지 의심스럽다.

그런 생각은 정말이지 너무나 짧은 생각이다! 아이들은 하나님을 향해 가장 열려있는 사람들에 속한다. 내가 아는 교수들 중에는 누군가가 아이에 불과했던 자신들에게 관심을 기울이며 시간을 사용하고 자신들을 교회로 데리고 가고 그랬기에 비록 부모들이 교회에 다니지 않는 분들이었음에도 신앙을 갖게 되었다고 고백하는 분들이 여럿 있다. 거기에서 그들은 하나님을 만났고 그분을 섬기기 시작했다. 그 어떤 연령의 사람들보다도 아이들 앞에는 더 오랜 시간 사역할 수 있는 더 많은 시간이 있다.

아이들은 그저 불편을 끼치는 그런 존재들이 아니다. 그들은 교회의 미래다. 사실 통계학적으로도, 하나님과 관계를 맺고 있는 사람들 중 대부분은 대학을 가기 위해 가정을 떠나기 전부터 하나님과 관계를 갖던 사람들임을 보여준다. 아이들은 종종 하나님을 향해 가장 많이 열려있는 사람들이고, 하나님을 생각하지 못하게끔 하는 문화에 가장 덜 물들어있는 사람들이기도 하다. 예수가 아이들을 그분 팔에 안으신다면, 우리도 그렇게 할 수 있어야하고 또한 그렇게 해야만 한다.

누가복음 18:18-30

18 어떤 관리가 물어 이르되 선한 선생님이여
내가 무엇을 하여야 영생을 얻으리이까
19 예수께서 이르시되 네가 어찌하여 나를 선하
다 일컫느냐 하나님 한 분 외에는 선한 이가
없느니라
20 네가 계명을 아나니 간음하지 말라, 살인하
지 말라, 도둑질하지 말라, 거짓 증언 하지 말
라, 네 부모를 공경하라 하였느니라
21 여짜오되 이것은 내가 어려서부터 다 지키었
나이다
22 예수께서 이 말을 들으시고 이르시되 네게
아직도 한 가지 부족한 것이 있으니 네게 있
는 것을 다 팔아 가난한 자들에게 나눠 주라
그리하면 하늘에서 네게 보화가 있으리라 그
리고 와서 나를 따르라 하시니
23 그 사람이 큰 부자이므로 이 말씀을 듣고 심
히 근심하더라
24 예수께서 그를 보시고 이르시되 재물이 있는
자는 하나님의 나라에 들어가기가 얼마나 어
려운지
25 낙타가 바늘귀로 들어가는 것이 부자가 하나
님의 나라에 들어가는 것보다 쉬우니라 하
시니
26 듣는 자들이 이르되 그런즉 누가 구원을 얻
을 수 있나이까
27 이르시되 무릇 사람이 할 수 없는 것을 하나
님은 하실 수 있느니라
28 베드로가 여짜오되 보옵소서 우리가 우리의
것을 다 버리고 주를 따랐나이다
29 이르시되 내가 진실로 너희에게 이르노니 하
나님의 나라를 위하여 집이나 아내나 형제나
부모나 자녀를 버린 자는
30 현세에 여러 배를 받고 내세에 영생을 받지
못할 자가 없느니라 하시니라

원 의미

이 본문은 누가복음에 나오는 일반적인 두 가지 경향들을 보여준다: 첫 번째는 대조의 사용이고 두 번째는 신실함을 요구하시면서 그 기초로 제시되는 부(富)와 관련한 논의이다.[1] 누가가 얼마나 자주 부와 관련해서나 자비와 관련한 이슈들을 논의하는지를 주목하라(3:11; 5:11; 6:23-26, 34-35, 38; 7:5; 8:3, 14; 10:34-35; 11:41; 12:13-21, 33; 14:12-14, 33; 16:9-13, 19-31; 18:22; 19:8).[2] 소

1. 이 본문은 마태복음 19:16-30, 마가복음 10:17-31과 평행을 이룬다. 누가복음은 전개 방식에서 마태복음보다는 마가복음에 좀더 가깝다.

유나 물질을 다루는 것은 삶의 중요한 부분이고 영적인 이슈이다.

대조들이 이 본문 전체를 통해 울려 퍼진다. 28-30절에서, 부자와 제자들은 대조를 이루며 서 있다. 흥미롭게도, 우리는 이 사람이 부자인 젊은 관원이라고 알고 있지만, 누가는 그의 연령에 대해서는 언급하지 않고 그의 지위에 대해서만 언급한다(마 19:22은 그가 젊은 사람이라고 이야기한다). 누가가 주안점을 두고 좀더 관심을 기울이는 부분은 이 사람이 미숙하다고 여겨질 수 있는 다른 어떤 부분에 대해서가 아니라, 그가 보인 태도에 대해서였다. 왜냐하면 이 사람이 보여준 태도는 한사람이 얼마나 연륜이 있고 나이가 들었느냐는 아무 상관없이 매우 파격적인 태도이기 때문이다. 이 부자는 또한 예수께 치유해주시기를 부르짖던 18:35-43에 나오는 소경과도 대조를 이룬다. 그 소경은 비록 앞을 보지 못하지만 분명하게 보게 된 반면, 이 부자는 눈을 갖고 있지만 자신의 소유가 그의 눈을 가렸기에 장래의 비전을 보지 못했다. 이 부자는 하나님의 은혜를 아는 그런 위치보다는 자신이 현재 서 있는 위치에 좀더 관심을 갖고 있다는 점에서는 18:9-14에 나오는 바리새인과도 비슷하다.

이 본문은 예수께 자신이 무엇을 해야 영생을 얻을 수 있느냐고 한 관원이 묻는 데서 출발한다(참조. 10:25). 그는 아마도 상당한 사회적 지위를 갖고 있던 사람인 것 같다. 그는 단순히 부유하기만 한 것이 아니라 어느 정도 사회적 영향력을 갖고 있는 사람이었던 것 같다. 그는 어떻게 해야 하나님이 생명을 거두어 가실 때 구원을 받게 될 것인지를 확실히 알고 싶어한다.[3] 이 관원은 예수를 "선한 선생"이라고 호칭하는데, 아마도 좋은 대답을 듣기 위해서 이렇게 불렀던 것 같다. 그러나 예수는 오직 하나님만이 선한 분이시라고 따끔하게 경고하시면서, 아예 처음 시작부터 이 관원이 듣기 좋은 입에 발린 소리를 듣기 어려울 것임을 알게 하신다. 예수가 이 관원에게 그의 재산을 가지고 가기 어려운 방향으로 가라고 권면하실 때, 이 교훈은 좋게 받아들여지지 않았고 안색이 변하는 그런 모습으로 거부된다(24절).

선함이라는 이슈는 하나님께 영광을 돌리는 것에 관한 질문을 제기한다. 예수는 하나님의 명령이라는 측면에서 대답하시는데(출 20:12-16; 신 5:16-20을 보라), 여기 언급된 계명들은 하나님과 관련한 계명들이 누락된 내용들, 즉 이웃과 관련한 내용들이다. 예수의 대답이 토대를 두고 있는 구약성경은 신명기 30:15-20

2. R. Stein, *Luke*, 459.
3. "영생을 얻으려면"이라는 표현은 유대적 배경을 갖고 있다. 시편 37:9, 11, 18; 다니엘 12:2; 제2마카비서 15:3; 에녹서 37:4; 40:9; 58:3; 솔로몬의 시편 3:12 등을 보라.

인데, 이 부분은 온 마음으로 하나님을 가장 사랑한다는 것은 이 세상이 주는 다양한 우상숭배적인 표현으로 끌려들어가지 않는다는 것임을 보여준다.[4] 부요함이 갖고 있는 가장 핵심적인 위험요소 중 하나는 소유물들이 우선이 되고 사람들이 목록에서 점차 아래로 밀려 내려간다는 점이다. 간음, 살인, 도적질 그리고 거짓증거 등은 성도의 삶 속에서 결코 나타나서는 안 되는 내용들이고 부모를 공경하는 것은 반드시 나타나야만 하는 항목이다. 예수는 자기를 섬기는 것이 아닌 항목들 그리고 다른 사람들을 착취하거나 이용해먹지 않는 그런 항목들을 특징적으로 명령하신다.

이 관원은 자신이 이런 계명들을 어려서부터 순종해왔다고 대답한다(어려서부터라는 표현은, 아마도 그가 대략 13세를 전후해서 어른으로서의 책임을 감당해야 했던 때를 의미하는 것 같다). 그에게는 더 배우거나 두려워할 것이 아무것도 없다. 예수는 만약 이 사람이 하나님을 섬기고자 하는지를 알 수 있는 부가적인 테스트를 더 말씀하시면서 대답하신다. 이 관원이 예수를 "선한 선생"이라고 불렀던 것을 기억하라. 분명 그는 이 멘토(선생)가 던지는 도전을 존중했을 것이다. 예수는 이 사람에게 그가 갖고 있는 모든 것을 다 팔아서 가난한 사람들에게 주라고 명령하신다. 이렇게 하는 것을 통해서 그가 하늘에 보물을 얻게 될 것이라고 말씀하시면서 말이다. 이 일 후에, 그는 예수를 좇아와야만 하며 하나님과 동행하는 것에 참여해야만 한다(22절).

예수의 대답을 이해하는데 있어서 이 조합이 매우 중요하고 결정적이다. 이 사람은 이 땅이 그에게 주는 것을 더 선호할 것인가 아니면 하나님 나라가 주는 것을 더 선호할 것인가? 이는 그저 단순하게 일들을 시험해보는 것이 아니라 그의 마음을 알아보는 것이며, 그가 근본적으로 어디에 소속되어 있는지를 검사하는 일이다. 예수는 실제적으로 "너는 정말로 원하고 있느냐? 네가 더 강하게 묶여있는 것이 하나님의 부르심에 대해서이냐 아니면 너의 소유에 대해서이냐?"라고 묻고 계신다. 예수는 이미 한 사람이 하나님과 돈을 겸하여 섬길 수 없다고 가르치셨고(16:13), 그러므로 주의 이 대답은 이 사람이 어느 것을 더 선호하고 중시하는지를 알아보기 위해 던져졌다.[5] 요약해보자면, 예수는 이 사람의 믿음이 지상에 관한 것

4. 마태복음 19:19에 나오는 평행부분에서는 이웃을 사랑하라는 계명을 인용하는데, 이 계명의 내용들은 십계명 전체의 견지에서 하나님을 사랑하는 결과 나타나는 모습인 것으로 보인다.

5. 예수가 이 부자에게 요구하신 것이 갖는 서사적인 효력을 보여주는 또 다른 예가 있다. 삭개오는 부자였고 자기 재산의 절반을 팔아서 가난한 사람들에게 나누어 주었다. 그러나 예수는 그에게 구원이 이미 그

들에 대한 것인지 아니면 하나님의 길에 대한 것인지를 알기 원하신다.

이 사람은 슬픔을 띠고 반응한다. 그는 부자였고 많은 것을 포기해야만 했기 때문이다. 예수가 24-25절에 해주신 설명은 이 사람이 갖고 있던 부자로서의 정체성이 이 사람을 이 땅의 것과 매우 강하게 묶고 있었기에 그가 모든 것을 하나님의 돌보심에 전적으로 맡길 수 없었다는 것을 보여준다(참조. 6:24; 12:15, 21; 16:9). 바늘귀에 대한 주의 말씀은 매우 강한 톤으로 들린다. 부자가 천국 가는 것보다는 낙타가 바늘귀로 들어가는 것이 더 쉽다고 말씀하셨으니까, 만약 낙타가 바늘귀로 통과하는 것이 불가능하다면 부자가 천국에 들어가는 것은 더욱더 어려운 일이 아니겠는가?[6]

예수가 부자에 대해 말씀하신 내용은 제자들을 힘들게 만들었다. 부자는 종종 축복받은 사람으로 여겨졌다. 여하튼 구약성경은 풍요로움에 대해 많은 것을 가르치지 않았던가?(잠 6:6-11; 10:4; 28:19) 만약 부자가 천국에 들어갈 수 없다면, 도대체 누가 들어갈 수 있단 말인가? 누가 구원받을 수 있단 말인가?(26절) 하지만 우리는 구약성경이 부자를 항상 하나님의 축복을 받은 사람으로 묘사한 것이 아니라는 점을 주목해야만 한다. 선지자들은 때때로 부자들을 향해 그들의 재물을 자비롭게 사용하지 않는 것에 대해 책임이 있다고 꾸짖었으며, 축복이 자동적으로 그들을 기다리고 있는 것이 아니라고 선포하곤 했다(암 6장; 미 6장). 예수의 명령은 구약성경의 선지자적 전통에 견고하게 서 있다.

사람은 도저히 할 수 없는 일을 하나님은 행하실 수 있다. 하나님이 인간의 마음을 바꾸시고 나아오는 길을 열어주셔야만 한다. 예수가 요구하시는 것을 행할 수 있는 사람들도 있다. 하나님이 그것을 가능하게 만드신다. 그러므로 베드로는 앞으로 나아와 근본적인 질문을 제기한다. 그는 "우리가 모든 것을 버리고 주를 좇았나이다"라고 말하는데, 이는 실제적으로는 그들이 "모든 것을 파는" 시험을 통과했는지를 묻는 것이다. 제자들은 예수가 이 관원에게 행하라고 명령하신 것을 이미 한 것인가? 예수는 베드로에게 확실하게 매우 기초적인 대답을 하신다. 누구

의 집에 이르렀다고 말씀하셨다. 그러나 이 부자는 그냥 돌아서버렸다. 주가 그에게 요구하신 것에 대해서 그 어떤 논의를 하기를 원치 않은 채 말이다. 그의 마음은 견고하게 물질적인 정체성에 뿌리박고 있었다.

6. 어떤 사람들은 여기에서 예수가 예루살렘 서문인 바늘귀문을 염두에 두고 있다고 주장하지만 이것은 전적으로 그렇지 않아 보인다. 그럴 경우 주의 이 말씀을 해석하는데 있어서 별다른 특징이 없게 되기 때문이다. 낙타가 문을 통과하는 것은 별로 어려운 일이 아니다. D. Bock, *Luke*(Downers Grove, Ill.: InterVarsity, 1994), 301을 보라.

든지 하나님 나라를 위하여 집, 아내, 자녀들 혹은 가족들을 버리는 사람은 이 생에서 가족 그 이상의 것을 받게 되고, 하나님의 가족과 영생을 내세에서 받게 될 것이다.

이 문단은 처음 시작했던 것과 동일한 주제로 마무리된다: 그 주제는 "영생"이다. 우리는 예수와의 관계에 우리 자신을 전폭적으로 드려야만 하며, 또한 주의 돌보심에 우리 모두의 윤택과 즐거움을 오직 주의 돌보심에만 의지해야 한다. 주는 이런 믿음을 우리에게 요구하신다—예수를 신뢰하는 것은 새로운 가족관계에 들어가는 것이고 생명을 선물로 받는 것이다. 예수는 베드로에게 그가 그런 선물을 받는다고 말씀하고 계신다. 하나님은 다른 방법으로는 도무지 불가능한 것을 가능하게 만드셨다.

상황잇기

이 본문이 사람이 근본적으로 어디에 충성도를 갖고 있는지를 검토하고 검사하는 것은 가장 미묘한 형태의 우상숭배를 노출시키는 일이다. 이는 시대를 초월해서, 마음을 테스트하는 것이다. 우리는 이 스토리를 읽으면서 잠시 멈춰서서 예수가 왜 이런 도전을 하시는지에 대해서 깊이 묵상해야만 한다. 주님은 마치 선지자처럼 마음을 들여다보시면서, 비단 이 부자만이 아니라 오늘날의 우리들 역시 반드시 대답해야만 하는 그런 질문을 물어 오신다. 이 사람은 자신이 의로운 마음을 갖고 있다고 생각했지만, 예수의 질문은 그가 하나님 나라가 그에게 줄 수 있는 것보다 더 많은 것을 주는 또 다른 신들을 마음속에 갖고 있었음을 적나라하게 드러나게 한다. 모든 것을 팔라는 주의 명령은 이 사람이 하나님께 온전히 깊게 연관되어 있지 않다는 점을 노출시켰다. 또한 이 명령은 이 사람을 하나님의 은혜를 향해 돌아서게끔 인도하는 명령이 되었어야만 했다. 그러나 그는 자신의 우선순위들을 하나님 앞에 다 내려놓는데 관심을 두지 않았다.

그렇다면 부요함에 대한 예수의 관점은 무엇인가? 이 질문에 대답하기 위해서 우리는 비단 지금 이 본문에 대해서만이 아니라 다른 몇몇 본문들도 봐야만 한다. 이 본문이 이 질문에 대해 배경으로서 제시해주는 내용과 뒤이어 나오게 될 삭개오의 본보기는 핵심적인 이슈가 하나님을 알기 위해 그저 소유물을 다 파는 것에 집중된 것이 아님을 보여준다. 구원은 텅 빈 은행 계좌를 통해서 나오는 것이 아니다. 그보다 이런 정황들을 연결해주는 진정한 연결점은 우리의 관심과 믿음이 어디에 두어져 있는가에 관한 것이다. 우리의 신뢰는 우리의 소유와 그 소유가 주는 안전감에 중심을 두고 있지는 않은가? 아니면 정말로 하나님께 그 중심을 두고 있는가? 우리는 우리가 소유하고 있는 모든 것들이 하나님이 우리 자신의 것으로서가 아니라 섬김을 위한 청지기 직의 일부분으로서 주신 것을 진정 인식하고 있는가? 우리는 하나님이 공급해주신 선물들 면전에서 우리 장래를 보장해주는 것인 양 다른 물질들을 꽉 붙들고 있으면서도, 그저 우리가 의로운 사람인척 행세하고 있지는 않은가?

베드로, 삭개오 그리고 다른 사람들은 이 시험을 통과했는데, 그것은 그들이 문자적으로 모든 것들을 다 팔았기 때문이 아니라(삭개오는 자신의 재산을 갖고 있었다), 하나님이 그들 삶의 정중앙에 자리 잡게 하시는 온전한 방향성 때문이었다. 그들은 하나님나라를 위해서 모든 것을 버렸다. 비록 어떤 때는 베드로의 부인같이 창피스러운 실패의 순간들도 있긴 했지만, 그들의 마음은 올바른 방향으로 돌려져 있었다.

또한 이 본문의 핵심에는 하나님이 인간의 마음을 바꾸신다는 인식이 자리 잡고 있다. 인간은 너무나 자기중심적이어서 우리가 우리 자신을 위해 도무지 성취할 수 없는 것을 하나님은 우리 마음을 바꾸어주심으로 성취하시고 이루신다. 구원은 하나님의 은혜로 말미암는다. 하나님은 우리로 하여금 다르게 볼 수 있게끔 만들어주신다. 부자라 하더라도 하나님의 역사하심을 통해 영적으로 가난하게 될 수 있다.

더군다나, 하나님이 우리에게 지시하실 때, 우리가 갖고 있는 소유와 물질들은 가난한 사람들을 위해 사용되게 된다. 예수는 부자에게 하나님보다 자신의 물질을 중시하는데서 돌아서서 그 물질들이 이런 사람들을 위해 사용될 수 있게끔 하라고 명령하셨다. 이런 형태의 자비는 한 사람의 마음이 하나님께로 돌아섰다는 것을 보여준다. 하나님이 진실로 하나님을 찾고자 할 때, 하나님은 우리에게 다른 사람들을 섬기라고 지시해 주신다. 예수 그분의 사역이 이런 모습을 가장 잘 보여주는 대표적인 본보기이다.

현대적 의미

이 본문은 우리에게 정체성을 근본적으로 어디에 닻을 내려두고 있는지 물어보며 도전한다. 소유물들도 그런 근원의 하나가 될 수 있다. 소유물들은 우리 시야를 핵심적인 가치들로부터 가릴 수도 있고, 우리 마음을 잘못된 정체성 방향으로 묶어둘 수도 있다. 아마 성경 안의 그 어떤 인물도 예수의 초청을 뒤로 한 채 멀리 떠나가 버린 이 부자만큼 비극적인 사람은 없을 것이다. 그렇지만 비단 재물만이 아니라 다른 요소들, 성취, 교만 그리고 가족 등과 같은 요소들도 하나님을 위해 마련되어 있어야만 하는 자리를 이런 것들이 떡하니 차지하고 있을 수 있다. 무엇이건 간에 우리를 하나님으로부터 위임받은 대표들로서 자유롭게 해주는 것보다는 우리를 과도하게 이 땅에 집착하고 닻을 내리게 만드는 모든 것들은 제자도의 과정에 있어서 잘못된 것들이다.

무엇보다도 정말 두렵게 만드는 것은 우리 모두가 하나님 나라보다도 이 땅을 더 중히 여기고 이 땅의 것을 선택하는데 너무나 쉽게 빠져든다는 점이다. 우리는 물론 구원받기 위해서 반드시 완벽해져야만 하는 것은 아니다. 그러나 하나님의 백성들은 하나님을 신뢰하는 것이 얼마나 중요한지를 반드시 인식해야만 한다. 주께 초점을 맞추고 있는 마음을 통해서, 우리는 영생을 얻게 되고 그분을 좀더 풍성하고 온전하게 알아가게 된다.

이 본문은 또한 우리가 하나님이 주신 물질들을 어떻게 사용할 것인가에 대해서 매우 조심스럽고 주의 깊게 생각해야만 한다는 점도 보여준다. 누가복음 12:13-21과 16:1-13이 이미 이 질문을 던졌지만, 지금 본문은 우리의 물질과 소유물들이 어디로 가야만 하는지, 그 방향성을 더욱 두드러지게 보여준다. 가난한 사람들의 필요를 채워주는 것은 긍휼히 여기는 마음의 구체적인 표현이다. 좀 상대적으로 말해서, 일부 소수의 사람들만이 이 세상 물질의 대부분을 차지하고 있는 세상 속에서, 이 본문을 적용하기란 쉽지 않은 일이다. 궁핍함과 필요들은 모든 곳들에 다 존재한다.

하나님께로 돌아선 부자는 사역을 감당하는 실제적인 행동들과 진정 궁핍함과 필요들을 갖고 있는 사람들을 섬기는 실천들을 통해 구체적으로 행동해야만 한다(참조. 4:16-30; 14:7-14).

아마도 가장 근본적인 적용은 베드로가 나중에 발전시킨 적용일 것이다—그것은 베드로전서에서 베드로가 예수의 제자들을 이 세상에서 "나그네와 행인(이방인과 객)"이라고 규정한 적용이다(벧전 2:11이하). 예수가 이 사람에게 모든 것을 팔고 하늘나라의 보물에 대한 약속을 붙들고 주를 좇아오라고 명령하실 때, 주는 이 사람에게 하늘나라의 시민이 되라고 말씀하고 계신 것이다.

이런 시민권(빌 3:20)은 이 지상에 속한 것들은 하나님과의 영광스럽고도 영광스러운 관계들과 견주어 생각해본다면 빛을 잃어간다는 의미이다. 우리의 물질들은 우리의 것이기를 멈춘다. 우리의 물질들은 하나님을 섬기기 위한 하나님 나라의 도구들이 된다. 오직 우리가 이 세상에 속한 것들로부터 분리된다는 생각을 가질 때만이, 우리가 갖고 있는 모든 것들을 하나님께 드릴 수 있다.

우리를 격려해주는 이 본문의 또 다른 특징은 이런 분리가 가능하다는 점이다. 베드로는 이미 제자들이 그렇게 한 것인지를 여쭈어보았고, 예수는 그들에게 그들이 이미 그렇게 했다고 확실하게 대답해주셨다. 한 사람의 마음을 가져다가 하나님의 부드럽고 사랑 많은 돌보심 앞에 두는 것은 얼마든지 가능하다. 예수는 이 부자에게 그런 신뢰와 믿음을 주고자 하셨지만, 그렇게 하실 수 없었다. 다른 한편으로, 베드로와 다른 제자들은 그런 신뢰와 믿음을 가졌고, 그래서 하나님을 경외하는 동료 순례자 가족에 합류했다. 결국 그들은 그들이 포기한 것을 훨씬 능가하는 수많은 것들을 얻는다.

마지막으로 이 본문은 우리가 예수께 나아올 때 전적으로 새로운 가족을 얻는다는 점을 분명히 한다. 이 진리는 예수를 향한 믿음 때문에 분열된 가족들로부터 오는 사람들이 많은 정황 속에서는 특별한 중요성을 갖는 진리이다.

교회는 새로운 "형제와 자매들"이 격려, 감정적인 후원, 그리고/혹은 다른 형태의 뒷받침들을 제공하는 그런 곳이다. 우리는 이런 점을 교회들 안의 작은 소그룹들이 위기상황 속에 빠진 다른 가족들의 필요를 채워주고자 동분서주할 때마다 특별히 더 깨닫게 된다. 이런 뒷받침과 후원을 통해서, 제자도의 어려운 길을 선택하는 것은 좀더 수월해지게 된다.

누가복음 18:31-43

31 예수께서 열두 제자를 데리시고 이르시되 보
라 우리가 예루살렘으로 올라가노니 선지자
들을 통하여 기록된 모든 것이 인자에게 응
하리라
32 인자가 이방인들에게 넘겨져 희롱을 당하고
능욕을 당하고 침 뱉음을 당하겠으며
33 그들은 채찍질하고 그를 죽일 것이나 그는
삼 일 만에 살아나리라 하시되
34 제자들이 이것을 하나도 깨닫지 못하였으니
그 말씀이 감취었으므로 그들이 그 이르신
바를 알지 못하였더라
35 여리고에 가까이 가셨을 때에 한 맹인이 길
가에 앉아 구걸하다가
36 무리가 지나감을 듣고 이 무슨 일이냐고 물
은대
37 그들이 나사렛 예수께서 지나가신다 하니
38 맹인이 외쳐 이르되 다윗의 자손 예수여 나
를 불쌍히 여기소서 하거늘
39 앞서 가는 자들이 그를 꾸짖어 잠잠하라 하
되 그가 더욱 크게 소리 질러 다윗의 자손이
여 나를 불쌍히 여기소서 하는지라
40 예수께서 머물러 서서 명하여 데려오라 하셨
더니 그가 가까이 오매 물어 이르시되
41 네게 무엇을 하여 주기를 원하느냐 이르되
주여 보기를 원하나이다
42 예수께서 그에게 이르시되 보라 네 믿음이
너를 구원하였느니라 하시매
43 곧 보게 되어 하나님께 영광을 돌리며 예수
를 따르니 백성이 다 이를 보고 하나님을 찬
양하니라

원 의미

예루살렘을 향한 예수의 여정이 이제 막바지에 다다르고 있다. 이 여정의 마지막 부분에서(18:31-19:44), 예수는 주님 앞에 놓여 있는 일들을 준비하신다. 그래서 주님은 자신이 다가서고 있는 운명에 관한 또 다른 예언을 주제로 삼으신다(18:31-34). 그런 뒤에 주님은 다윗의 자손으로서 갖고 계신 권능을 보여주시고(18:35-43), 또한 삭개오의 변화를 칭찬하시면서 구원을 베풀 권위가 주께 있다는 점도 보여주신다(19:1-10). 이 세리의 경우는 믿음으로 나아온 부자를 예증해주면서 누구든지 주께 나아올 수 있다는 주제를 강조적으로 보여준다. 열 므나 비유에서는 예수의 심판하시는 권세가 강조되는데, 이 부분과 이 내용은 우리에게 신실함을 명령한다(19:11-27). 예수는 예루살렘에 가까이 가실수록, 유대 종교 지도자들로부터 냉소를 받으신 것만이 아니라, 큰 찬송도 더불어 받으신다(19:28-40).

이 여정은 비극적인 기록으로 마무리된다: 예수가 예루살렘을 위하여 우셨고, 이는 이 성읍이 메시아를 배척한 것에 대해 심판에 직면할 것이기 때문이었다(19:41-44). 이 마지막 마무리 단락에 관한 모든 내용들은 예수의 권세에 관한 것들을 보여준다. 주님은 비록 죽음에 가까이 다가서시기는 하지만 여전히 핵심적인 중심 주제이신 분이시다. 주를 제거한다고 하더라도 바뀌는 것은 아무것도 없게 되는데, 하나님이 주를 변호하시고 지키실 것이기 때문이다. 오직 주가 일하시고 역사하실 토대만이 바뀌게 될 것이다.

누가복음 18:31-34은 누가복음 중에서는 예수의 죽음에 대해서 직접적으로 암시하는 여섯 번째 본문이다(5:35; 9:22, 44-45; 12:49-50; 13:32-33; 17:25).[1] 이 부분은 또한 인자의 죽음에 관해 언급하는 네 번째 부분이기도 하다(9:22, 44; 17:25). 이 부분에서는 두 가지 독특한 요소들이 누가복음에서만 나타난다: 그 중 첫 번째는 예수는 선지자들이 기록한 것을 성취하시는 것으로서 행동하시는 것이라는 측면이며(31절), 두 번째는 또한 제자들은 이를 깨닫지 못한다는 점이다(34절). 제자들은 예수의 죽음이 어째서 하나님의 뜻을 성취하는 것인지 전혀 이해할 수 없다. 다가올 사건들은 그들의 이해를 좀더 분명하게 해줄 것이다.

예수는 주님과 제자들이 선지자들이 이미 기록한 모든 것들을 성취하기 위해 예루살렘으로 향하고 있다고 선언하신다. 성취에 대한 이런 기록은 이제 일어나게 될 사람들이 반드시 일어나야만 하는 하나님의 계획 중 일부분임을 강조한다(2:39; 12:50; 13:22, 32; 22:37; 24:44-47; 행 2:23; 13:29). 그 무엇도 예수를 보호해줄 수가 없다. 예루살렘은 상당한 기간 동안 운명의 성읍으로 규정되어왔다(눅 9:22, 31; 13:33-34).

예수는 이방인들에게 넘겨질 것이다. 앞으로 닥쳐올 사건들 속에서, 대적들은 주를 희롱하고, 능욕하고, 침 뱉고, 채찍질하고 그런 뒤엔 죽일 것이다. 누가는 여기에서는 누가 예수를 넘겨주고 배반할 것인지에 대해서는 이야기하지 않는다. 그는 이미 9:22에서 배반을 진행시키고 있었다—장로들, 대제사장들, 율법교사들 등(참조. 마 20:18; 막 10:33). 그러나 이 스토리는 거기서 끝나는 것이 아니라 계속된다. 세 번째 날, 주님은 다시 부활하실 것이다. 고난이 끝난 뒤에 영광이 주어질 것이기 때문이다.

1. 이 본문과 평행을 이루는 부분들은 마태복음 20:17-19과 마가복음 10:32-34 부분이다. 예수의 죽음에 대한 간접적인 언급이 2:35에 나오지만 그러나 이 부분은 분명한 암시라고 하기엔 너무 불분명하게 언급되었다.

제자들은 이 점을 전혀 이해하지 못 한다—적어도 24:45까지, 그리고 그들이 결국 성경을 이해하게 될 때까지는 말이다. 하나님이 새로운 방식으로 행하고 계신 신비는 이 때에 나타난다(참조. 10:21; 고전 2:7; 엡 3:9; 골 1:26). 예수의 삶은 유대의 선지자들의 예언을 성취하시지만, 그런 성취가 어떻게 오는가와 관련해서는 놀라움으로 가득 차 있다. 초대교회는 예수가 구약성경의 소망을 성취하셨다는 것을 보게 될 것이고, 동시에 할례와 안식일, 음식규정들과 희생제사 등에 대해 새로운 접근을 선포할 것이다. 도대체 어떻게 예수의 성취가 유대교 예배에 있어서 이처럼 근본적인 측면들을 바꿀 수 있단 말인가? 도대체 어떻게 약속된 메시아가 죽는 것이 가능할 수 있단 말인가? 이 모든 사건들은 애당초 처음 시작할 때부터 심지어 주를 좇던 사람들에게까지 도무지 이해할 수 없는 그런 일들이었다.

예수는 자신이 약속들의 성취이며 방법이라고 선언하신다—유대인들의 믿음의 여정을 시작케 하시고, 방향설정을 다시 하시고, 완성시키시는 분이시라고 선언하신다. 주님은 율법이 지시했던 것들의 목적이며 완성이시다. 많은 유대인들은 이런 주의 주장을 배척하고 주를 죽음으로 몰고 간다. 하나님의 아들로 영광 받으시는 분께서 죽음에 다가서고 있다는 것은 엄청나게 놀라운 일이지만, 오늘날 교회가 지극히 당연히 여기고 있는 수많은 사실들 중 하나이다. 예수가 선택하시고 걸어가신 길이 얼마나 놀라운 일인지를 제대로 인식한다는 것은 종종 너무 힘든 일이기도 하다. 그러나 하나님이 그 뒤에 취하신 역사하심들은 지금 제자들에게 숨겨져 있는 내용들을 분명하게 드러내고 나타나게 할 것이다.

누가복음 18:35-43은 누가복음 여정 항목에 나오는 네 번째이자 마지막 기적 이야기이다(참조. 13:10-17; 14:1-6; 17:11-19).[2] 이 항목에는 가르침들과 갈등이 지배적으로 나타나면서, 기적들은 단지 몇 가지들만 제시된다. 그러나 이 마지막 기적은 매우 중요하다. 이 기적은 치유를 베풀어주시는 분이 누구신지를 매우 두드러지게 보여주는 기적이기 때문이다: 예수는 다윗의 자손으로서 치유를 베푸신

2. 이 설명과 평행을 이루는 부분은 마태복음 20:29-34과 마가복음 10:46-52이다. 이 두 복음서들 간에는 차이점들이 있다. 마태와 마가는 치유사건을 예수가 여리고를 떠날 때 벌어진 것으로 기록하는 반면, 누가는 이 치유가 주가 여리고로 들어가실 때 일어난 것으로 설명한다. 마태복음에는 두 명의 소경들이 치유받은 것으로 되어있다. 어떤 사람들은 지역적인 문제를 다루기 위해 두 개의 여리고가 있었다고도 주장한다. 그러나 이런 양상은 그저 여리고에서 벌어진 두 개의 사건을 재배열해서 소경 치유를 삭개오에 대한 설명 앞부분에 나오게끔 하고, 그래서 두 번째 사건에 상징적 가치를 부여하게끔 하려해서 생긴 경우라고 할 수 있다. 그러므로 이 차이점은 그저 문학적인 배열상의 문제로 인해 생겨난 것이거나 그저 외양만 그렇게 보이는 문제라고 할 수 있다. 마태가 소경의 숫자를 덧붙인 것도 마찬가지로 단순하게 이 사건의 세부적인 내용을 이야기하는 데서 생겨나는 차이점이다.

다. 아이러니컬하게도, 많은 사람들이 예수가 누구신지를 알기 위해 분투하는 동안, 한명의 소경은 너무나 분명한 비전을 보고 있다.

예수가 여리고에 가까이 여행하실 때, 한 소경이 사람들의 웅성거리고 있던 길가에서 구걸하고 있었다. 그는 지금 무슨 일이 일어나고 있는지를 묻는다. 사람들은 그에게 "나사렛 예수"가 지나가고 있다고 알려준다. 소경은 예수에 대해서 분명하게 들었고, 주가 그저 단순한 나사렛 사람이 아니라는 사실을 알고 있었다.[3] 그가 예수께 했던 반응 안에 담긴 모든 것들이 그가 주님에 대해 중요한 무언가를 이미 들었으며 또한 주가 자신의 삶을 바꿔주실 수 있음을 믿고 있다는 점을 보여준다. 이 순간은 그저 기다리기만 하는 것을 선택할 수도 있는 그런 순간이었지만, 그는 결코 그저 가만히 기다리기만 하지 않았다. 이 사람은 예수를 향해 "다윗의 자손이여, 나를 불쌍히 여겨주소서"라고 부르짖는다. 예수를 "다윗의 자손"이라고 부르는 것을 통해, 이 소경은 예수가 하나님이 약속하신 분임을 고백하고 인정한다. 유대교에서는, 다윗의 아들인 솔로몬이 치유의 능력을 갖고 있었고, 귀신을 넘어서는 대단한 권세를 행했다는 전승이 있다.[4] 이 소경은 예수가 그가 주님에 대해 들었던 권능을 자기를 위해서 행해주실 것을 원한다. 그는 자신의 행복과 복지를 다윗의 자손인 예수께 의지한다.

사람들이 일반적으로 갖고 있는 생각은 예수가 관심을 기울이시기엔 이 소경이 너무나 하찮은 존재라는 것이었다. 이 소경은 잠잠해야만 하고 또한 이 선생님께서 홀로 떠나가시도록 내버려두어야만 한다. 그러나 비난들은 이 소경의 결심을 더욱 견고하게 만들었고, 그는 은혜를 달라고 더욱더 크게 부르짖는다. 예수께 은혜를 구하는 이런 부르짖음은 흔히 나타나는 모습이다(마 9:27; 15:22; 17:15; 20:31-32; 막 5:19; 10:47-48). 이런 부르짖음의 뿌리는 다윗이 시편 51:1에서 회개하면서 부르짖었던 것에서, 그리고 누가복음 1:72에서 하나님의 긍휼히 여기심을 기억하는 부분으로 거슬러 올라가서 찾아볼 수 있다. 좀더 세밀하게 바라보는 사람에게는, 하나님의 은혜에 대한 표현이, 은혜 받는 자의 행동에 근거를 둔 것이 아니라 하나님의 긍휼이 확장된 것이라는 점도 보일 것이다.

예수는 부르짖음을 들으시고 그 소경을 주께로 데려오라고 말씀하신다. 군중들

---

3. 나사렛을 예수께 연결시키는 모습이 신약성경에는 종종 나타난다(마 2:23; 26:71; 요 18:5, 7; 19:19; 행 2:22; 3:6; 4:10; 6:14; 22:8; 26:9).

4. Josephus, *Antiquities* 8.2.4-5 §§42-49. 다윗과의 연결은 신약성경에 자주 나타난다: 마 9:27; 12:23; 15:22; 20:31-32; 21:9, 15; 막 10:47-48; 12:35; 요 7:42; 행 2:29-32; 롬 1:3; 딤후 2:8.

의 생각은 틀렸다. 예수는 이 소경과 같은 사람들에게 관심을 갖고 계신다. 주변 환경과 문화들은 그를 무시하기 원하지만 예수는 소경이 이 세상에서 보잘 것 없는 지위의 사람임에도 불구하고 도움을 구하는 그의 부르짖음에 응답하기를 원하신다. 하나님은 한 사람의 사회적 지위가 아니라 마음을 보신다. 예수는 이 사람에게 무엇을 원하는지 물으시는데, 아마도 이는 아마도 그의 바람을 공개적으로 나타내게 하시고 주를 향한 그의 믿음을 보이게끔 하시기 위해서였을 것이다. 이 소경은 다시 보기를 원한다고 대답한다. 그러자 예수는 그의 간청을 들어주시면서 그의 믿음이 그를 구원했다고 말씀하신다.

이 변화는 그저 다시 볼 수 있는 능력을 회복했다는 것 이상으로 참 많은 것을 상징적으로 보여준다. 이 소경은 다윗의 자손에게 그분의 권능을 베풀어달라고 간청하는 것을 통해 자신이 회복될 수 있음을 믿는다. 예수는 그러자 그의 눈을 열어주실 뿐만 아니라, 이 소경이 하나님을 바라보는 눈을 가지고 길을 갈 수 있다는 점도 확실케 해주신다. 그의 믿음은 구원과 봄을 가져왔다. 하나님이 자신들을 보게 하실 수 있다는 확신을 가지고 나아오는 사람들은 영적인 봄을 선물 받는다.

그래서 이 소경은 예수를 좇기 시작하고 하나님을 찬양하기 시작한다. 이와 같은 사람들은 그들의 태도를 바꾸고 하나님을 찬양한다. 하나님은 다시 한번 예수를 통해 권능 있게 역사하셨다. 이 행동은 예수가 4:16-18에서 선포하셨던 약속의 성취를 다시 한번 대표적으로 보여준다. 하나님께 나아감은 믿음 안에서 열려져 있다.

상황잇기

누가복음 18:31-33은 예수가 제자들에게 말씀하신 묘사적인 예언을 담는다. 주가 선포하시는 일들은 앞으로 일어나게 될 일들이었으며, 실제로 일어났다. 그리고 하나님의 계획을 알지 못하게끔 가리고 있던 안개는 결국엔 걷혀지게 되며, 제자들로 하여금 담대하게 복음을 선포하게 이끌어준다.

이 본문은 우리가 갖고 있는 기대들이 우리로 하여금 하나님의 역사하심을 보지 못하게 가로막기 때문에 우리가 얼마나 자주 하나님이 행하시는 일을 보는데 느려터진 존재들인가를 보여준다. 제자들이 갖고 있던 문제점은 그들이 예수를 통해 즉각적이고 두려운 모습으로 하나님 나라가 형성되는 것을 보려는 그런 기대를 품었다는 것이었다. 잘못된 기대의 맹점은 제자들로 하여금 주의 사역이 갖는 힘겹고 어려운 순간들을 그냥 지나치게끔 만든다. 우리도 때때로 하나님의 약속들을 이와 비슷한 방식으로 다루곤 하며, 기대를 품는데 있어서도 이와 유사한 불균형적인 기대를 갖기도 한다. 우린 "좋은 부분들"에는 끈질기게 매달려 있으면서도 주의 부르심이 좀더 무언가를 요구하는 것에 대해서는 별로 달가워하지 않곤 한다. 우리는 고통보다는 승리를 더 좋아하지만 하나님이 종종 우리 삶의 힘겹고 어려운 부분들을 통해서 그런 승리들을 만드시고 형성하시곤 한다는 점에 대해서는 무지하기도 하다. 제자들이 고난 이후에 영광이 온다는 것을 이해하기 어려워했던 것과 마찬가지로, 우리도 역시 이 사실을 이해하는데 매우 더딘 사람들이 될 수 있다.

누가가 18:35-43에서 기적을 다룬 방식은 매우 중요하다. 나는 이 주석을 통해 계속해서 예수의 기적들이 좀더 깊은 영적 실체성을 갖고 있다고 주장해왔다. 그 어떤 기적들보다도 바로 이 기적이 이 점을 분명하게 제시한다. 길가에 살면서 구걸만 하고 있던 한 소경은 예수를 약속된 메시아이시며, 시력을 회복해 주셔서 인간답게 만들어주실 수 있는 권능을 갖고 계신 분으로 고백한다. 그러자 예수는 이 사람의 눈을 회복케 하신다. 믿음은 회복으로 이끌어준다. 이 본문은 한사람이 하나님과 더불어 길을 가는 것을 추구하고 발견하는 것과 관련한 가장 기본적인 영적 진리들을 드러내 보여준다.

모든 것을 분명하게 잘 볼 수 있는 사람들이 우리 사회에서는 종종 가장 보지 못하는 사람들이곤 하다. 이 소경은 18:18-24에 나오는 부자와 정반대 위치에 특징적으로 서 있다. 그 부자관원은 이 세상이 주는 모든 것을 갖고 있었지만, 이 땅의 것들을 가지고 하나님 나라의 보물을 사는 것이 얼마나 대단하고 훌륭한 일인지를 분명하게 알지 못했다. 이 소경은 이 땅에서 살아가는 것을 위해 구걸하고 있었지만, 소경된 어두움 속에서 하늘의 약속이 던져주는 빛을 보았다. 이 장면이 중요하게 제시하는 것은 마음이 도대체 무엇을 보는가에 관한 것이다. 예수를 보는 믿음은 이 세상이 결코 알 수 없는 통찰력을 갖는다. 바로 이것이 예수가 이 치유를 통해 확실하게 보여주시는 내용이다.

현대적 의미

예수는 우리들 인간에게 구원과 소망의 약속을 보내려는 계획의 일부분이다. 18:31-33에 나오는 예언은 하나님의 계획 속의 사건들이 실제로 계획되었다는 점을 강조한다! 예수가 행하신 일들은 "계획"이 실패했을 때를 대비한 하나님의 부차적인 계획이거나 대비책들이 아니다. 이사야가 52:13-53:12에서 예언했을 때부터, 하나님은 그의 종이 멸시받고 버림받고 그의 백성들로부터 죽임당할 것임을 예언하셨다. 성경은 또한 십자가에 달리신 이가 이 땅의 권세들을 이기고 넘어서는 모습으로 다시 돌아오실 것이라고 약속한다. 남아있는 부분들은 여태껏 진행된 이 계획의 앞부분들만큼이나 분명하고 확실하다. 그러므로 하나님은 하나님의 적절한 시간에 사건들을 실현하시며 움직이고 계신다.

제자들이 하나님의 방식들을 깨닫지 못했다는 점은 우리로 하여금 우리 자신들에게 우리도 혹시 하나님의 명령이 힘겨운 길을 거쳐 가야만 하기 때문에 우리 삶을 향한 하나님의 인도하심과 이끌어주심을 놓치고 있는 것은 아닌지 물어보도록 도전한다. 이런 질문에 대한 대답은 개인적으로 깊이 묵상하는 조용한 순간들에 주어지거나, 우리를 잘 아는 사람들과의 상호작용 속에서 주어진다. 우리는 결과들을 보장할 수 없기 때문에 믿음 안에서 한걸음 전진하는 것을 주저하지는 않는가? 혹시 두려움 때문에 하나님이 우리에게 열어주고 계신 어떤 사역 기회들로부터 머뭇거리며 돌아서지는 않는가? 우리는 하나님과의 관계에 상처를 입게 될 수도 있는 그런 거절을 당하게 되는 것을 원치 않기에 복음을 나누는 것을 주저하지는 않는가? 하나님이 우리가 걷도록 원하시는 길은 항상 편안한 길만은 아니다.

18:35-43이 갖고 있는 기본적인 적용은 소경이 예수께 나아가면서 가졌던 담대함과 주를 볼 수 있는 마음에 있다. 사회적으로 주변인에 불과할 뿐이지만, 예수의 축복을 경험할 수 있는 기회를 직접 만나게 된 이 사람은 사람들이 그가 예수를 만나는 것을 책망하고 꾸짖는 가운데서도 주를 향해 나아간다. 우리는 이 소경이 가졌던 믿음에 대해서, 하나님의 은혜를 받은 이후에 했던 찬양에 대해서, 그리고 주를 좇아간 것에 대해서, 깊이 묵상해야만 한다. 길 한쪽 편에서 구걸하던 모습에서부터 예수를 좇아 여행길에 참여하는 모습으로 전환은 예수가 삶에 가져다주는 방향전환과 신분변화를 잘 묘사한다.

사회적 지위가 얼마나 오래된 것이건 간에, 주께 나아오면, 우리는 삶에서 가장 높은 지위에 오르게 되며, 우리를 위해 준비된 바로 그 지위를 얻게 된다—하나님과의 관계라는 지점에 말이다. 기독교 공동체의 역할은 신자의 이와 같은 가치전환을 재확인해주는 것이다. 내가 매해마다 참석하는 가장 즐거운 예배들 중 하나는 우리가 오랫동안 관계를 유지하고 발전시켜온 달라스의 가장 가난한 지역에 있는 교회와 설교교류를 하는 주일예배이다. 이 빈민촌 공동체는 그 교회 목사님과 성가대와 함께 우리 교회를 방문한다. 그들의 방문이 가져다주는 가장 신선한 모습은 그들의 믿음이 갖고 있는 단순성과 명료성이다. 나는 매우 거칠고 적대적인 환경 속에서 오랫동안 사역해온 사람들을 통해서 성령께서 역사하시는 열정과 친절함에 대해 많은 것들을 배운다. 그 교회 목사의 설교 속에는 길거리에서 발견된 지혜들로 가득 차 있다. 때때로 나는 빈민층 공동체가 더 가난한 세계의 다른 사람들을 향한 비전을 갖고 있는 반면, 도시 중산층에 속해있는 우리 교회는 도리어 맹점들을 갖고 있다는 것을 느끼곤 한다. 사회적으로나 개인적 정황에 있어 서로 다른 차이점을 갖고 있다는 점은 우리로 하여금 하나님의 성품에 대해서나 우리 자신에 대해서 좀더 부가적인 통찰들을 갖게끔 이끌어준다.

이 점은 또한 다양한 정서적 환경들에 개방적인 교회들이 한 가지 차원에만 몰두하는 교회들에 부족한 부분, 즉 깊이 있는 예민함을 왜 발전시킬 수 있는지를 보여준다. 때때로 우리는 사역의 방향성이 가진 자들로부터 갖지 못한 자들에게로만 진행될 수 있다고 생각하곤 한다.

이 본문은 우리들에게 보지 못하는 사람들이 볼 수 있고 많은 것을 갖고 있는 사람들보다 종종 더 훌륭하다는 점을 상기시켜 준다. 우리는 한 사람이 겉으로 보기에 무언가가 부족하고 갖고 있는 것이 없어 보인다는 이유만으로 그가 그리스도의 지체들에게 무엇을 줄 수 있을지를 너무 쉽게 판단해서는 결코 안 된다.

물론 예수를 다윗의 자손으로 인식한 것이 이 본문에 묘사된 모든 내용들의 가장 기본적인 토대이다. 누가는 예수를 이 복음의 중심주제로 만드는 일을 결코 멈추지 않는다. 누가가 이야기하는 모든 축복들은 주가 누구신지를 결정하는 선택 주변에 자리 잡고 있다. 누가는 예수 스토리를 점차적으로 이야기하지만 그러나 모든 본문들은 주님에 관한 동일한 질문을 던지고 있다. 주를 알고 있는 사람들은 이미 주님에 대해 다시금 확신하고 있다. 주를 모르는 사람들은 그분을 알아야 한다고 명령받고 있다.

이 본문은 가시적인 용어들로 질문을 던진다: 당신은 예수가 누구신지를 보는가, 아니면 당신은 소경인가? 우리가 주께 돌아설 때, 소경됨은 봄으로 바뀌게 될 것이다.

누가복음 19:1-10

1 예수께서 여리고로 들어가 지나가시더라
2 삭개오라 이름하는 자가 있으니 세리장이요
또한 부자라
3 그가 예수께서 어떠한 사람인가 하여 보고자
하되 키가 작고 사람이 많아 할 수 없어
4 앞으로 달려가서 보기 위하여 돌무화과나무
에 올라가니 이는 예수께서 그리로 지나가시
게 됨이러라
5 예수께서 그곳에 이르사 쳐다 보시고 이르시
되 삭개오야 속히 내려오라 내가 오늘 네 집
에 유하여야 하겠다 하시니
6 급히 내려와 즐거워하며 영접하거늘
7 뭇 사람이 보고 수군거려 이르되 저가 죄인
의 집에 유하러 들어갔도다 하더라
8 삭개오가 서서 주께 여짜오되 주여 보시옵소
서 내 소유의 절반을 가난한 자들에게 주겠
사오며 만일 누구의 것을 속여 빼앗은 일이
있으면 네 갑절이나 갚겠나이다
9 예수께서 이르시되 오늘 구원이 이 집에 이르
렀으니 이 사람도 아브라함의 자손임이로다
10 인자가 온 것은 잃어버린 자를 찾아 구원하
려 함이니라

원 의미

예수가 여리고에 들어가시면서 고쳐주셨던 소경처럼, 삭개오 에피소드(누가복음에만 나오는) 역시 구원에 대한 반응을 묘사한다. 여기에서는 인자를 통해 찾아지고 구원받은 사람이 제시된다(10절).

삭개오는 "세리장"이었는데, 이는 그가 세리 조직의 최고 지위에 올라있는 사람이었음을 의미하며, 그를 위해 세금을 거둬들인 사람들로부터 커미션을 받는 사람이었음을 뜻하기도 한다.[1] 그렇기 때문에 비록 많은 사람들이 그가 부당한 방법으로 재산을 모았다고 생각하긴 했지만, 그는 여하튼 부자인 사람이었다. 이런 문화적 배경은 여기 모인 사람들이 예수가 삭개오를 만나시는 것에 대해 보인 반응을 적절히 잘 이해하는데 있어서 매우 중요하다.

예수가 여리고로 들어가실 때, 삭개오는 이 유명한 교사를 간절히 보기 원했지

1. O. Michel, "τελώνης," *TDNT*, 8:104-5. 세리들이 받았던 경멸에 대해서는, 누가복음 3:1-20에 대한 주석과 Mishnah, Nedarim 3:4를 보라. 미쉬나의 이 부분에서는 세리들을 살인자나 강도들과 동일하게 취급했다.

만 그의 작은 키와 군중들로 인해 그렇게 할 수가 없었다. 그러나 그는 수완 있는 사람이었고, 그래서 앞으로 뛰어가 짧은 가지가 옆으로 넓게 나와 있는 뽕나무에 올라갔다. 이 상황은 예수가 삭개오가 나무에 있는 것을 보시면서 상황은 시작된다. 주님은 멈춰 서시고서는 그에게 나무에서 내려오라고 말씀하신다. 주가 오늘 그의 집에 "머물러야만"('데이') 하시기 때문이다. 예수께서 세리와 함께 머무르시는 일은 필요한 일인데, 이런 모습은 주의 사역이 도대체 어떤 사역인지를 잘 보여주는 일이기 때문이다—다른 사람들이 이미 포기해버린 사람들을 하나님께로 이끌어주시고 레위와 같이 회개가 필요한 세리들을 부르시는 일이 바로 주의 사역이다(5:31-34). 주의 소명은 죄인을 불러주시는 것이며(15장), 또한 겸손한 자를 의롭다 하시는 일이다(18:9-14).

삭개오는 예수를 기쁘게 환영한다. 그저 먼발치에서라도 이 교사를 한번 보기만 하고자 했던 사람이 지금은 그분을 얼굴과 얼굴을 맞대어 만나보고 있다. 예수와 삭개오 사이의 친밀함의 발전은 하나님께 나아가는 사람은 자신이 기대했었던 것보다 훨씬 그 이상의 것을 하나님으로부터 누린다는 것을 두드러지게 보여준다.

주가 머무르실 집과 집주인에 대한 주의 선택은 대중적인 인정을 받지 못했다. 종교지도자들은 예수가 "죄인의 친구"가 되기로 결정하셨다고 정죄하며, 그들은 "수군거리기" 시작한다('디에곤기존', 이 단어는 출애굽한 이스라엘 백성들이 광야에서 불평하는 모습을 표현하면서 사용되던 동사와 비슷한 동사이다[출 16:7; 17:3; 민 11:1; 14:27-29; 그리고 눅 15:2도 참조하라]).[2] 그들의 불평은 적절한 것이기도 하면서 동시에 틀린 것이기도 하다. 삭개오는 자기 자신의 말이 보여주듯이 실제로 죄인이지만, 그가 하나님의 어루만지심과 하나님의 부르심이 닿을 수 없는 그런 사람은 아니다. 하지만 누가복음 7:36-50에서 죄 많은 여인을 이미 포기했던 바리새인들처럼, 이 무리는 삭개오에 대해서도 마찬가지로 표현하고 생각한다. 그러나 예수는 하나님께 아직 열려있는 사람들을 포기하지 않으신다. 예수가 삭개오를 방문하시는 모습은 주가 세리를 받아들이시는 모습을 보여준다. 주님은 이처럼 주가 세리와 관련해 보여주신 모습에 대해 가해질 압력에 대해서 염려하지 않으시는데, 주가 갖고 계신 우선성은 하나님의 은혜를 알 수도 있는 잃어버린 사람들과 충분히 가까운 관계를 맺는데 놓여있기 때문이다.

삭개오는 자신이 이전과는 다른 사람이 되겠다는 의사를 선언하는 것을 통해,

2. K. Rengstorf, "γογγύζω," *TDNT*, 1:728-37.

예수가 자신을 받아주신 것에 대해 감사를 표현한다. 삭개오는 하나님과 이제 새로운 관계를 맺게 되었기 때문에, 두 가지 일을 할 것이다: 자신의 재산 절반을 가난한 사람들에게 줄 것이며, 그가 악한 방법이나 옳지 않은 방법으로 취한 재산들에 대해서 네 배로 갚아줄 것이다. 그는 자신의 죄를 인식하고 있으며, 자신이 이미 범한 잘못들을 바로잡기를 원하고 있다. 이 두 가지 행동들은 당시 문화 속에서 세리들에 대해 갖고 있던 생각이나 추측들에 견주어본다면 매우 두드러진 모습이다. 후기 유대교의 지침을 통해 생각해보자면, 자기 재산의 20퍼센트를 나눠주면 자비로운 것으로 여겨졌다.[3] 그리고 지금 삭개오가 이야기하고 있는 재산분배의 정도는 율법이 정한 가장 높은 기준보다도 더 훌륭한 모습이다(레 5:16; 민 5:7). 그는 실제로 자기 자신에게 가축도둑에게 요구되었던 기준을 가지고 벌칙을 가하고 있다(출 22:1; 삼하 12:6). 엘리스(Ellis)가 지적하듯이, 이는 분명 "변화된 마음이 하나님께 드리는 감사제"[4]이다. 삭개오의 변화된 마음, 하나님을 향한 사랑은 그것을 다른 사람들을 통해 표현한다.

자기 재산의 절반을 나눠주는 것, 그러니까 주가 여기서 칭찬하신 이 행동은 예수가 모든 것을 팔라고 사람들에게 요구하신 내용을 담고 있는 다른 본문들(18:22)에 대해서, 우리가 자신의 재산들에 대해서 하나님의 청지기 직분 하에 있는 것으로 간주하고 바라봐야만 한다는 점을 보여준다. 우리는 하나님이 주시는 것들은 다른 사람들을 위해서 사용해야만 한다(엡 4:28). 삭개오가 이런 요구와 명령을 이해한다는 것은 그가 재산을 내어놓고 물질을 분배하겠다는 의사를 나타내는 것을 통해 제시된다. 하늘에 있는 보물이 이 땅의 물질들을 쌓아두는 것보다 훨씬 더 중요하다. 우리가 갖고 있는 물질들과 재산들은 주의 것이며, 주는 우리에게 어떻게 그것들을 사용해야만 하는지를 가르쳐주신다. 우리가 주님 안에서 성장해갈수록, 우리 자신을 섬기는 것보다는 주를 섬기는 일에 재물들을 사용해야만 한다(참조. 롬12:8). 삭개오가 계획하고 의도한 대로 이처럼 물질들을 베푸는 것은 하나님의 율법이 요구하는 사항은 아니지만, 하나님을 향한 마음을 잘 보여주고 반영해준다.

예수는 바로 이 날 "구원이 [삭개오의] 집에 이르렀다"고 말씀하시는 것을 통해서, 이런 삭개오의 반응을 전적으로 인정해주신다. 이런 언급은 하나님의 임재를

3. Talmud, *Kethuboth* 50a를 보라.

4. E. Ellis, Luke, 221; O. Michel, "τελώνης," *TDNT*, 8:105 n. 154.

통해 삭개오의 마음이 변화되었음을 증거해 주는 표현이다. 주님은 이전에 잃어버렸던 자녀에 대해 다시금 선포하고 계셨다. 삭개오는 이제는 진정 아브라함의 자녀이다—바울이 믿음의 자녀라고 부르는 그런 아브라함의 자녀이다(롬 4장; 갈 3장). 이 세리가 돌아온 것에 관해 설명하고 표현하는 10절 말씀은 훨씬 더 흥미진진하고 역동적이다. 인자이신 예수는 잃어버린 자를 찾고 구원하시기 위해서 오셨다. 주님은 삭개오를 향해 하나님의 받아주심을 알 수 있는 사람으로 바라보시는데 있어서 주도권을 행사하셨고, 이 세리는 그 기회를 붙잡았다. 누가복음 15:1-10이 주장하듯이, 우리는 하나님 나라에서 그가 돌아온 것을 정말로 온전히 기뻐했다고 생각할 수 있을 것이다.

상황잇기

누가복음 중 여행 여정과 항목의 후반부에 나오는 다른 많은 본문들과 마찬가지로, 이 본문은 하나님이 겸손한 사람에게 그리고 자신이 잘못된 길을 걸어왔다는 것을 제대로 인식한 사람에게 기본적으로 어떤 태도로 반응하시고 응답하시는지를 보여준다. 누가복음에서는 하나님이 죄인들과 함께하신다는 것을 줄곧 계속해서 확인해준다(5:31-32; 7:29-35; 15:1-32). 이 본문은 하나님의 이런 함께하시는 모습을 드러내주심에 있어서 예수가 주도권을 갖고 계시다는 점을 묘사하고 보여준다. 하나님은 자기 자신이 하나님께로 돌아설 수 있다는 점을 발견하는 죄인들을 받아들이시고자 찾아 나서시고 그들에게 다가서신다.

삭개오는 한 사람이 어떻게 예수의 복음에 반응해야만 하는가를 제시해준다. 자기 자신의 실패를 깨달은 뒤에, 그는 그 모든 사실들을 공개적으로 고백할 뿐만 아니라 저질러온 잘못들에 대해서 적절한 배상을 한다. 그는 삶에 좀더 헌신적으로 접근하는 새로운 모습을 착수한다. 하나님을 향한 개방성 속에서 그의 마음에 생겨난 변화는 궁핍한 다른 사람들을 향한 개방성을 통해 표현된다. 이런 믿음은 단순히 지적인 경험만이 아니다. 이것은 세계관의 변화이다. 예수는 지금 여기서 일어나고 있는 일들에 대해서, 7:1-10에서 백부장을 칭찬하셨던 것처럼 그리고 17:11-17에서 사마리아인을 칭찬하셨던 것처럼 매우 적극적이고 열정적으로 칭찬해주신다. 삭개오는 하나님의 은혜를 통해 "주변인"이 "내부인"으로 바뀔 수 있음을 보여주는 또 다른 모습이다.

더군다나, 우리는 이 문단을 통해서 우리 공동체가 우리를 판단하는 기준과 모습들이 하나님이 우리를 어떻게 판단하시는가와 필연적인 연관성을 갖는 것이 아니라는 경고를 받는다. 만약 예수가 무리들이 갖고 있던 기준을 그대로 사용하셨다면, 주님은 아마 결코 삭개오에게 아무 말씀도 하지 않으셨을 것이다. 그러나 이 에피소드는 주의 사역이 어떤 본질을 갖고 있는지를 가장 두드러지게 잘 보여주는 장면들 중 하나이다. 교회는 잃어버린 사람들, 배척된 사람들을 그냥 그대로 방치된 채로 내버려두는 것이 아니라 그들을 찾고자 추구하는 것을 통해 그들을 회복시키는 도구들이 되어야만 한다.

현대적 의미

이 문단은 누가가 자신의 복음서를 통해 계속해서 강조해왔던 여러 핵심적인 주제들을 요약해서 보여준다—잃어버린 자를 찾으시는 예수의 매우 주목해야 할 사명, 이제는 그의 몸인 교회에 속해있는 사명 등이 바로 그런 핵심적인 주제들이다. 경건한 사람들이 저지를 수 있는 실수 중 하나는 죄인들과의 접촉을 잃어버리는 그런 방식으로 세상과 그들을 분리시키는 것이다.

일반적으로 두 가지 요소들이 그런 분리와 고립을 부추긴다: (1) 도덕적 성실함을 파괴하는 세속적인 삶의 기준들에 굴복하지 않으려는 건강한 바람들, (2) 우월성에 대한 세미하지만 대단히 잘못된 치명적인 느낌들, 이런 느낌들은 우리가 다른 사람들보다 천성적으로 더 훌륭한 사람들이라고 느끼게 한다(바울이 롬 2장에서 꾸짖는 유대인들의 태도와 매우 흡사하게). 이 두 번째 요소는 죄인의 어려움과 곤궁에 동감해주는 우리의 능력을 밖으로 밀어내버릴 수 있다. 이런 모습은 우리가 받은 축복이 우리 자신의 천성적인 특징이 아니라 하나님의 은혜와 역사하심의 결과라는 사실을 잊게 한다.

도덕적인 삶을 살고자 원하는 것은 성도들을 향한 하나님 명령의 일부분이다. 이런 명령을 따라가다 보면, 도덕적으로 의심되는 관습들이나 행동들과 거리를 두려는 바람이 생겨난다. 이 원칙은 좋은 것이다. 하지만 이를 잘못되게 너무 엄격하게 적용하다보면, 불신자들과의 관계 속에서 생겨날 수 있는 결과들을 두려워한 나머지 불신자들과 관계 맺는 것을 중단해버리는 위험성도 있게 된다. 이는 복음 증거를 위해서 토대가 되어야하고 의지해야만 하는 그런 관계성들을 만들어나가는데 매우 큰 어려움이 될 수 있다.

나는 학생 중 한명이 수업시간에 함께 나누었던 이야기를 기억한다. 그 학생과 그 학생의 아내는 몇몇 불신자들과 더불어 하나님의 역할에 관해 이야기를 할 수 있는 그런 지점에 도달하기 위해서 그들과 더불어 몇 달에 걸쳐 함께 일하고 관계를 맺어왔다. 그들은 드디어 그런 이야기를 함께 나눌 수 있을 정도의 신뢰관계에 도달했고 이런 몇몇 가족들이 함께 주말에 야외에 나가자는 제안을 받게 되었다. 그런데 이 부부가 야외에 나가는 것에 관해 깊이 생각하면서, 이들은 도덕적인 딜레마에 빠지게 되었다. 이 친구들은 뭘 하려는 것일까? 어디로 그들은 가려는 것일까? 어떤 종류의 이야기들을 이들은 하려는 것일까? 지금이 바로 그들이 그토록 기다려왔던 기회였다—그들이 기도해왔던 사람들과 더불어 인격적인 만남의 시간을 보낼 수 있는 기회! 이들 부부의 두려움은 그들이 온전한 섬김을 원한다는 것을 잘 보여주는 것이기는 하지만 이런 두려움은 우리가 이미 다른 사람들로부터 너무나 멀리 떨어진 영역에 있다는 점을 보여주는 것이기도 하다.

그들은 하나님이 언어의 문제들, 이야기될 내용의 갖게 될 취향의 문제들 그리고 여러 행동들에 대해서 하나님이 다 알고 계시고 적절하게 판단하실 것임을 신뢰하면서, 그들과 함께 가기로 했다. 도대체 어떻게 우리는 누군가에게 그가 결코 배워보지도 않은 기준들을 깊이 생각해볼 것을 요구할 수 있단 말인가? 결국 이 부부의 목표는 다른 가족들과의 우정을 견고하게 하는 동안 자신들이 어떤 모습인지를 깊이 묵상하는 것이었다. 이 학생과 그의 부인의 상황은 잃어버린 자들을 찾는 일을 하고자 무언가를 하고 있는 교회의 많은 사람들과 매우 비슷한 모습이다. 그저 이웃을 사랑하는 것을 통해 도전하려는 많은 사람들이 겪게 되는 것과 비슷한 상황이다. 이들은 그리스도가 필요한 사람들을 알아가기 위해서 한두 번 불편한 순간들을 경험해야만 했을 것이다. 그들은 잃어버린 사람들에게 그들이 진정 친구가 되기를 원하는 모습으로 남아있었기 때문에 그리스도에게로 돌아오게 된 많은 사람들을 보았다. 예수가 삭개오의 집에 머무르시겠다고 말씀하셨을 때, 주님은 그런 잠재적인 위험을 감내하신 것이었다. 주의 이런 첫출발과 관계를 시작하신 모습은 삭개오의 반응을 통해 존중되었다.

어려서부터 교회 안에서 성장한 것이 아닌 나 같은 사람들은 종종 이런 우정을 통해서 주께로 인도받곤 한다. 내가 대학신입생 시기를 즐기면서 지내기를 원했을 때 그 당시 같은 방을 사용했던 기독교인 룸메이트는 내게 그리스도의 모델이었으며 나를 주가 인도하는 주된 책임을 감당했다.

나는 수년 동안 복음에 대해서 들었지만 저항하고 있었다. 내 마음속에 자리 잡기 시작한 복음에 관한 내용들을 내가 살던 문화가 제기할 수 있는 모든 지적 내용들을 가지고 생각하려는 삐뚤어진 노력을 기울이면서 말이다. 하지만 이 룸메이트는 비록 내 질문들에 답할 수는 없었지만 나를 친구로서 섬겨주었고 그 과정에서 예수의 사랑의 모델을 보여주었다. 함께 시간을 보내고, 이야기하고, 때로는 그저 함께 놀기도 하는 것이 나의 모든 질문 목록들에 대해 대답해주는 것보다 훨씬 더 많은 것을 내게 보여주고 제공해주었다. 많은 성도들은 만약 그들이 이런 관계들을 주를 신뢰하면서 신실함과 진지함으로 추구한다면, 성도들은 친구들에게 이런 모습들을 제공할 수 있다. 이런 모습은 우리가 잃어버린 자를 찾기 위해 시작해야만 하는 일들이기도 하다. 우리는 우리의 사랑을 통해 하나님이 그들을 붙잡아주실 수 있는 그런 마음을 갖고 있는 사람들을 결코 포기해서는 안 된다.

이 본문의 또 다른 핵심적인 적용은 믿음에 대한 묘사에서부터 얻을 수 있다. 믿음은 사람들을 변화시킨다. 이 말은 기독교인들이 완벽하다는 의미는 아니다. 교회는 완벽한 사람들이 있는 곳이 아니라, 용서받은 사람들이 있는 곳이다. 이 차이점은 매우 중대하다.

변화된 믿음은 잘못을 범하고 있는 사람들을 향해, 본능이 보이는 반응과는 다른 방식으로 반응한다. 우리의 본능은 우리에게 잘못들을 인정하지 말라고, 어떤 연약함의 모습도 덮어버리라고 말한다. 우리가 점차 성장해감에 따라, 이런 태도들은 유명한 소설인 『러브 스토리』(*Love Story*)에 나오는 표현처럼 로맨틱하게 변화되곤 한다: "사랑은 미안하다고 말하지 않는 것이에요" 이런 표현들은 참 달콤하게 들리기는 하지만 관계성의 매우 근본적인 문제를 피해가는 잘못된 표현이기도 하다. 즉 잘못을 인정하는 그런 정직한 성실함을 피해버리는 것이다. 결혼은 종종 잘못을 인정하지 않으려는 모습으로 인해 심각하게 상처입기도 한다. 이런 모습은 다른 종류의 관계를 유지하는 사람들에게도 마찬가지다. 그 관계가 인격적인 것이건 직업적인 것이건 간에 말이다.

우리가 관계성 속에서 범할 수 있는 가장 고통스러운 일은 잘못된 일에 간여해 놓고서는 그런 일이 결코 일어나지 않은 척 하거나 어떤 피해도 주지 않은 척 하는 것이다. 이런 무책임한 모습은 후회를 만들어내고 관계성을 먹어치워 버린다. 잘못을 인정하는 것, 용서를 구하는 것, 그리고 대가를 지불하고자 노력하는 것, 이런 일들은 새로운 출발 가능성을 열어줄 수 있는 봄비와도 같다. 삭개오의 대가지불이 예수의 칭찬을 듣게 된 것도 바로 이런 이유 때문이었다—세리가 구원받기 위한 전제조건으로서가 아니라, 자신의 잘못을 고백하고 고치는 것이 필요하다는 것을 그의 마음이 알았다는 것을 보여주는 지침으로서 말이다. 여기서의 태도와 물질사용은 두 가지가 서로 합쳐져서 삭개오가 얼마나 자기 자신의 잘못에 대해 분명하게 인식했는지를 잘 보여준다. 만약 삭개오가 말했던 내용이 의미하는 바에 대해서 누군가가 의구심을 품는다면, 그의 지갑이 삭개오의 마음이 무엇인지를 확실하게 말해줄 것이다.

삭개오는 또한 정직함에 대해서 그리고 상처받기 쉬운 특성에 대해서도 보여주는데, 이는 복음이 죄와 실패를 다루는 동안 보여주는 복음의 본래적인 아름다움이기도 하다. 기독교 믿음은 궁극적으로 "회복" 운동인데, 회복되는 것은 하나님과의 근본적인 관계이며, 이는 다른 영역에서의 회복을 가능하게끔 해주기 때문이다. 이 "회복"을 삭개오의 말들이 매우 생생하게 보여준다.

교회는 이런 간증들을 강조할 필요가 있다. 교회에서 드려지는 가장 감동적인 예배들 중 하나는 죄인들이 하나님이 어떻게 그들을 잃어버린 모습 속에서 "회복"케 하셨으며 그들을 다시금 그분의 품안으로 이끌어주셨는지를 이야기하고 간증하는 그런 예배들이다. 그들이 자신의 죄를 하나님 앞에서 고백하고 드러냈을 때, 그는 하나님과의 관계 안으로 그리고 다른 사람들과의 관계 안으로 돌아왔다.

우리는 우리 자신을 공동체와 강하게 묶어주는 그런 간증들을 공동체 사람들과 함께 나누는데 매우 약한 모습을 보인다. 자신의 죄를 고백할 수 없는 "완벽한" 사람들로 구성된 교회는 복음의 변화시키는 능력에 대한 증거를 제시할 수가 없다. 주를 아는 것은 주님과 동떨어진 잘못된 착각 속에 빠져 들어가지 않는 것이다. 이 변화는 "죄인인 동안 의롭게 함을 얻는다"는 원칙을 보여준다. 즉 하나님은 나를 구원하셔서 다른 사람이 되게 만드시고 나로 하여금 주님과 동행할 수 있게끔 해주신다. 주가 우리에게 베풀어주시는 공급이 없다면, 우린 그 어디에도 갈 수 없다. 이는 주를 향한 평생 동안의 의지와 믿음의 동행을 요구한다. 우리는 새로운 피조물이지만, 주님 안에서 계속해서 새롭게 되어진다. 우리가 계속해서 새롭게 될 필요가 있다는 것을 망각하는 순간, 우린 영적으로 독립적이라는 자기 환상에 빠져들게 된다.

기독교인의 삶에 있어서 그 무엇보다 가장 심각한 파괴적인 영향력을 행사하는 것은 용서받은 죄인이 자신이 마치 자동항법장치를 달고서 당연한 듯이 성자처럼 살 수 있다고 생각하는 것이다. 독립성이 믿음의 본질이 아니다. 겸손함과 의지함이 믿음의 본질이다.

누가복음 19:11-27

11 그들이 이 말씀을 듣고 있을 때에 비유를 더
하여 말씀하시니 이는 자기가 예루살렘에 가
까이 오셨고 그들은 하나님의 나라가 당장에
나타날 줄로 생각함이더라
12 이르시되 어떤 귀인이 왕위를 받아가지고 오
려고 먼 나라로 갈 때에
13 그 종 열을 불러 은화 열 므나를 주며 이르되
내가 돌아올 때까지 장사하라 하니라
14 그런데 그 백성이 그를 미워하여 사자를 뒤
로 보내어 이르되 우리는 이 사람이 우리의
왕 됨을 원하지 아니하나이다 하였더라
15 귀인이 왕위를 받아가지고 돌아와서 은화를
준 종들이 각각 어떻게 장사하였는지를 알고
자 하여 그들을 부르니
16 그 첫째가 나아와 이르되 주인이여 당신의
한 므나로 열 므나를 남겼나이다
17 주인이 이르되 잘하였다 착한 종이여 네가
지극히 작은 것에 충성하였으니 열 고을 권
세를 차지하라 하고
18 그 둘째가 와서 이르되 주인이여 당신의 한
므나로 다섯 므나를 만들었나이다
19 주인이 그에게도 이르되 너도 다섯 고을을
차지하라 하고
20 또 한 사람이 와서 이르되 주인이여 보소서
당신의 한 므나가 여기 있나이다 내가 수건
으로 싸 두었었나이다
21 이는 당신이 엄한 사람인 것을 내가 무서워
함이라 당신은 두지 않은 것을 취하고 심지
않은 것을 거두나이다
22 주인이 이르되 악한 종아 내가 네 말로 너를
심판하노니 너는 내가 두지 않은 것을 취하
고 심지 않은 것을 거두는 엄한 사람인 줄로
알았느냐
23 그러면 어찌하여 내 돈을 은행에 맡기지 아
니하였느냐 그리하였으면 내가 와서 그 이자
와 함께 그 돈을 찾았으리라 하고
24 곁에 섰는 자들에게 이르되 그 한 므나를 빼
앗아 열 므나 있는 자에게 주라 하니
25 그들이 이르되 주여 그에게 이미 열 므나가
있나이다
26 주인이 이르되 내가 너희에게 말하노니 무릇
있는 자는 받겠고 없는 자는 그 있는 것도 빼
앗기리라
27 그리고 내가 왕 됨을 원하지 아니하던 저 원
수들을 이리로 끌어다가 내 앞에서 죽이라
하였느니라

원 의미

이 비유는 예수의 예루살렘을 향한 마지막 여정 중 마지막으로 나오는 비유이다.[1] 이 비유의 주제는 심판하시는 예수의 권세와 그의 제자들의 신실함에 대한 것인데, 이는 이제

1. 개념상의 평행이 마태복음 25:14-30에 나타난다. 예를 들어서, 누가복음에서는 므나가 나오지만, 마태복

다가오게 될 주의 떠나심과 궁극적인 재림이라는 측면에서 매우 중요한 주제들이다. 사람들은 예수와 어떤 관계성을 가져야만 하는가? 주가 계시지 않는 동안 그리고 재림하실 때 사람들은 이와 관련해 어떤 책임성을 가져야만 하는가? 주를 배척한 나라들은 어떤 일들을 맞이하게 될 것인가?

누가는 예수가 이 비유를 말씀하시는 이유를 매우 분명히 한다. 주가 예루살렘에 가까이 다가가실 때, 하나님의 나라가 결정적으로 드러나게 될 것이라는 기대감이 높아졌다. 하나님 나라가 "당장"(11절) 나타날 것이라는 기대감이 높아진 것이다. 하나님 나라가 가까웠다는 이런 기대는 누가복음에서는 하나님 나라의 권세가 완벽하게 표출된다는 것을 의미한다. 예수는 하나님 나라의 권세가 완전하게 온전히 표출되는 것이 주의 재림 때까지는 이루어지지 않을 것임을 제자들에게 알려주셔야만 했고, 또한 그 중간시기 동안 주가 제자들에게 무엇을 원하시는지에 대해서도 설명해주셔야만 했다.

이 비유는 역사적 배경을 갖고 있다. 기원전 40년경 헤롯(Herod)과 기원전 4년경 아켈라우스(Archelaus) 두 사람은 황제로부터 통치 권력을 받기 위해 로마에 갔었다. 별로 인기가 없었던 아켈라우스의 경우엔, 그가 통치 권력을 얻지 못하게 하려는 공개적인 저항이 있었다. 로마는 그에게 상대적으로 적은 통치권한을 주는 반응을 보였다—왕권이 아니라 분봉왕 정도의 작은 권력이 그에게 주어졌다.[2] 예수가 이 비유를 말씀하실 때 당시의 원래 청중들을 사로잡았던 일부 흥미로운 점들은 잘 알려져 있던 이 같은 고대 사건들과 이 비유 내용이 평행적이라는 점에 있었다.[3]

한 귀인이 "왕권을 받고 돌아오기 위해" 먼 나라로 떠나간다. 헬라어 표현은 문자적으로는 그가 "나라(Kingdom)를 받기 위해" 갔다는 의미를 갖는다—이 표현은 예수가 부활과 승천 이후에 나라를 받게 되는 것을 묘사한다. 그가 먼 나라에 가 있는 동안, 누군가 이 귀인의 재물들을 관리할 필요가 있었다. 그래서 그는 열명의 종들을 부르고 그들 각각에게 한 므나씩을 준다(한 므나의 가치는 일백 드라크마

음에서는 달란트가 나온다. 누가복음 19:14에는 분명한 반대 그룹들이 등장하지만 마태복음에서는 전혀 언급되지 않으며, 누가복음 19:27에 분명하게 나오는 이유가 마태복음에는 제시되지 않는다. 누가는 왕을 포함하는 것으로 이 비유를 묘사하지만 마태복음은 통치적 내용이 거의 나타나지 않는다. 이런 차이점들은 예수가 구체적으로는 다양한 변형을 주시면서 여러 차례 이런 비유를 말씀하셨을 수 있다는 점을 제시해준다. 이와 유사한 비유가 마가복음 13:34-35에도 나타난다.

2. Josephus, *Antiquities* 14.14.1-4 § 370-85.

3. C. Blomberg, *Interpreting the Parables*, 217-20.

혹은 당시 노동자들의 백일치 임금에 해당하는 가치를 지닌다).[4] 이 종들은 이렇게 받은 재화들을 가지고서 주인이 돌아올 때까지 그들이 할 수 있는 일들을 찾아봐야만 한다. 이 종들은 주를 좇는 사람들을 대표적으로 보여준다.

이 종들에 덧붙여서, 통치자를 싫어하고 그가 왕이 되는 것을 원치 않았던 사람들도 있다. 그들은 누구를 왕으로 삼을지를 선택하는 사람들에게 사자를 보내서 자신들의 불평을 전달한다. 이 장면은 이스라엘이 예수를 배척하는 것을 묘사한다.

그들의 불평에도 불구하고, 이 귀인은 왕권을 받는다. 고국에 돌아와서, 그는 자신의 종들에게 그동안의 일들을 설명할 것을 요구한다. 그들은 자신들이 받았던 재물들을 주인에게 유익이 되게끔 사용해 왔는가? 비록 한 므나씩 재물을 받은 것은 열명이었지만, 이 스토리는 오직 세 사람의 종들에 관한 상황만을 압축적으로 제시한다.[5] 첫 번째 사람은 한 므나를 가져가서는 열 므나라는 매우 인상 깊은 수입을 올렸다. 그래서 이 주인은 그의 성실함을 칭찬하고 그에게 열 고을 다스리는 권세를 준다. 두 번째 종도 마찬가지로 일을 잘했고, 다섯 므나를 벌어들였다. 비록 첫 번째 종처럼은 아니었지만, 그의 성실함도 마찬가지로 칭찬받았고, 그도 다섯 고을들을 차지한다.

핵심적인 변화가 이 주인과 세 번째 종 사이에 일어난다. 이 비유는 이 지점에서 진행이 느려지게 되는데, 예수가 관심을 기울이시고자 하는 핵심적인 부분이 바로 이 지점이기 때문이다. 세 번째 종은 그저 자기가 받았던 므나만을 가지고 왔는데, 그는 이 므나를 옷 속에 숨겨두었고(개역개정—"수건으로 싸 두었었고"), 그 이유를 설명한다. 그는 주인이 두지 않은 것과 심지 않은 것을 거두는 엄한 사람으로 알고 있었기 때문에, 이 주인을 두려워해서 그렇게 했노라고 설명한다. 이 세 번째 종은 주인을 향한 충성이라는 개념을 갖고 있지 않았다. 왜 내가 내 노력을 들어서 주인을 영화롭게 하고 공경해야한단 말인가? 이 종이 보인 태도에 대한 이런 수사적 묘사는 매우 중요하다. 이런 묘사는 이 종이 주인과 비록 외관상 연관되어 있기는 했지만, 이 주인을 향한 어떤 신뢰도 갖고 있지 않다는 점을 잘 보여주기

4. NIV의 "석달치 임금"(각주)이라는 표현은, 일주일 중 6일 동안 일한다는 것을 가정해서 한 므나의 가치를 약간은 깎아내린 것이다.

5. 상세한 부분에서 이런 차이가 나는 것이 일부 사람들로 하여금 두 비교가 여기서 조합된 것이라는 주장을 하게 만들었다. 하지만 이런 차이점은 가능한 한 간결하게 이야기를 하는 것에 지나지 않는다. 여기서 두 비유가 조합되어 있다는 견해에 대해서는 Nolland, *Luke 18 35-19 · 53*(Dallas: Word, 1993), 910-11을 보라. 전체 전승 역사에서 한 비유에 의존한 세심한 논의에 대해서는 Marshall, *Commentary on Luke*, 700-702를 보라. 그는 두 비유가 마태복음과 누가복음의 이면에서 볼 수 있는 한 비유로 조합되었는지를 확신하지 못한다.

때문이다. 이 종은 일종의 제자이기는 하지만 이런 모습의 연결성 안에는 의미 있는 관계성이 전혀 들어있지 않다. 이 종을 향한 주인의 반응은 매우 강력하고 분명하다. 이 악한 종은 자기 자신의 고백을 근거로 비난받게 될 것이다. 만약 그가 주인을 위해 일하기 원치 않았다면, 적어도 그 돈을 은행에 넣어두고 이자라도 얻게끔 했어야 했을 것이다! 만약 그가 정말로 이 주인이 엄한 사람이었다는 것을 알았다면, 그는 무언가 행동을 취하는 정도라도 지혜로웠어야만 했다. 흥미롭게도, 이 주인이 다른 종들에게 보여주었던 반응은 그가 그저 단순히 엄격한 관리자가 아니라는 점을 보여주었는데, 이 주인은 다른 종들에게는 좀더 중요한 책임들을 상급으로 주는 모습을 보여주었기 때문이다. 이 악한 종은 주인이 어떤 인품의 사람인지를 정말로 몰랐다. 22절에 나오는 이 주인의 말은 자신이 엄한 관리자라고 말하는 그런 내용이 아니라 세 번째 종이 그가 주인을 향해 보여주었어야 할 모습을 보이지 못했다는 것에 관해 책망하는 내용이다. 23절은 세 번째 종의 태도가 다른 것이었어야만 했다는 점을 보여준다. 그러므로 주인의 말속에는 아이러니가 담겨있다. 그는 종을 종 자신의 기준을 가지고서 평가하고 있다. 그가 살림하는데 실패한 것을 평가하면서 말이다.

이 주인은 아무런 열매가 없었던 세 번째 종으로부터 한 므나를 빼앗아다가 그것을 열 므나를 만든 종에게 주라고 명령한다. 이 비유를 듣던 무리들은 이미 그 사람은 충분히 많은 것을 갖고 있다고 말하면서 이의를 제기한다. 이 말은 중요한데, 이 내용은 이 종들이 자신들이 벌어들인 돈을 주인에게 줘버리거나 혹은 잃어버리는 것이 아니라는 점을 보여주기 때문이다. 그 돈들은 그들이 계속해서 청지기직을 수행해나가기 위해 그들 관리 하에 남겨져 있었다.

예수는 이 비유를 말씀하신 뒤 적용을 하신다. 이미 갖고 있는 자는 더 많이 얻게 되고, 아무것도 없는 자들은 그들이 갖고 있는 것조차도 빼앗기게 된다고 적용하신다. 예수는 세 번째 종에 대해 수학적인 경고를 적용하신다. 아무것도 없는데서 아무것도 남기지 않는 사람은 아무것도 남지 않게 된다. 하나님의 선하심을 믿지 않는 사람은 그가 비록 하나님과 "연관성"을 갖고 있다 하더라도, 하나님과 아무런 관계를 갖고 있지 않으며 결국엔 하나님과 아무 상관없이 끝나버리게 된다. 이런 종은 그가 생각하기에 자신이 갖고 있다고 생각하던 것조차도 빼앗기게 된다. 이 세 번째 종의 정체성과 곤경을 이해하는 핵심은 22절에 나온다: 그는 "악한 종"이며, 결국 복 받은 사람들 사이에 들어갈 수 없는 사람인데, 이는 그가 주인을 몰랐기 때문이다(12:46에 나오는 묘사처럼).[6] 세 번째 종은 공동체에 속해 있지만 주인이신 예수의 선하심을 알지도 신뢰하지도 않는 사람들을 대표적으로 보여준다. 아마도 여기에서는 유다 같은 인물이 염두에 두어지고 있었을 것이다. 공동체와 단순히 그저 연결만 되어 있다는 것은 아무런 의미가 없다. 중요한 것은 예수와의 인격적인 관계이다.

예수는 이 비유에서 좀더 넓은 그룹을 다루신다—이 귀인이 왕이 되는 것을 원치 않던 반대자들이다. 이 대적들은 원수들이다. 이들은 예수를 대적하고 배척하는 사람들을 대표적으로 보여준다. 이들은 이전에 얼마나 주님과 가까이 지냈는가는 상관없이, 축복으로부터 배제되고 심판받는다. 이런 세부적인 모습들은 마지막 심판의 최종적 성격과 중대성을 잘 보여준다.

상황잇기

이 비유는 두 가지 중심적인 주제를 갖고 있다: 첫 번째는 예수의 권위이고, 두 번째는 그분을 향해 모든 사람들이 자신의 삶에 대해 설명해야 하는 책임성이다. 이 점은 이 비유를 신실함에 대한 명령이 되게끔 해준다. 또한 이는 이스라엘이 예수를 배척한 것에 대해서, 그리고 누구든지 주님과 연관되어 있는 사람이라면 자신이 감당해야 할 책임성에 대해서 다룬다. 이 비유가 다루는 시기가 주의 재림 시까지이기 때문에, 이 비유는 우리들까지도 그 대상으로 포괄하고 있다.

모든 사람들은 예수에 대해 이런 방식으로건 저런 방식으로건 감당해야 하고 설명해야 할 책임성을 갖고 있다. 주님과 연관성을 갖고 있는 사람들은 섬김의 사역에 대해 책임을 져야만 한다. 주를 배척하는 사람들은 주가 누구셨으며 또한 지금 누구신지를 제대로 인식하지 못한 것에 대해 책임을 져야만 한다. 이 비유에서 상당히 많은 부분이 세 번째 종과 관련한 내용에 할애되었는데, 그는 잡다한 변명을 하는 사람이었고, 또한 예수가 세우신 공동체와 관련되어 있기는 하지만 결코 주를 은혜의 근원되신 분으로 철저히 신뢰하지는 않았던 그런 사람이었다. 비록 겉보기엔 공동체의 일원처럼 보일지도 모르지만, 이런 사람들은 공동체에 들어가

6. 본문의 독법에 대한 대안은 세 번째 종을 구원을 상실한 사람 또는 보상을 받지 못하나 여전히 공동체에 소속해 있는 사람이라고 보는 것이다. 하지만 첫 번째 견해가 갖는 문제점은 그것이 중생의 영구적인 효력(요 6:37)에 대한 신약성경의 가르침을 과소평가하고 있다는 것이고, 반면에 두 번째 견해가 갖는 문제점은 22절의 결정적으로 부정적인 이미지를 간과한다는 사실이다. 여기서 부정적인 이미지는 마태복음 25:30에서의 세 번째 종에 대한 평행에 의해 강화된다. 거기서 그 종은 무가치하여 '바깥' 어두운 곳에 감금되고, "울며 이를 갈게" 된다. 그는 빛의 나라의 주변부에 있는 것이 아니라, 어두움의 가장 깊은 곳에 내쳐지게 된다.

는 참된 문을 제공하는 믿음으로 행동하지 않는다. 즉 은혜에 반응을 하는 믿음의 문을 통해 행하지 않는다. 이들은 아무것도 맺지 못한 채 그저 외인으로서 마무리 지을 뿐이다.

이 비유는 또한 신실함에 대해 상급을 베푸시는 주의 은혜에 대해서도 강조한다. 첫 번째 종과 두 번째 종은 그들의 신실한 섬김에 대해 주인으로부터 따뜻한 칭찬을 듣는다. 그들은 자신들이 벌었던 것을 그대로 가지고 있게 되었을 뿐만 아니라, 좀더 부가적으로 섬길 수 있는 기회도 부여받는다. 하나님이 은혜롭게 그리고 자비롭게 신실한 사람들을 존귀히 여기신다는 개념은 이 비유가 베풀어졌던 당시와 이 비유를 읽는 오늘날 사이를 가로지르는 귀한 개념이다.

현대적 의미

우리 모두는 우리가 이 세상을 살아가는 동안 어떤 순례자적인 여정을 살아가느냐에 대해서 하나님께 책임을 갖는다. 언젠가 하나님은 심판을 행하실 것이다. 이 개념은 오늘날 어떤 부류의 사람들에게는 별로 인기가 없는 생각일 수도 있지만, 그들이 어떻게 생각하건 간에 이것이 성경적인 개념이다. 하나님은 각각의 사람들에게 그들이 피조 세계 속에서 살았던 삶의 행보에 대해 설명할 것을 요구하실 것이고, 성도들을 위해 변호해 주실 것이다.

우리 문화가 자꾸만 하나님으로부터 독립적이 되어갈수록, 많은 사람들은 자신들이 하나님의 종이 아니라는 주장을 하거나 하나님을 그들의 형상대로 만들고자 노력하거나 그들의 경험의 틀 안에서 하나님을 만들어가려고 노력한다. 그런 사람들은 각 사람의 운명은 자기 자신의 몫이고 자기하기 나름이라고 주장한다. 일반적인 세상 문화에서 흔히 이야기되곤 하는 중심적인 표현들 중에는 "자기 자신에게 진실 되게 하라"는 말이 있다. 이 표현을 성실함에 적용한다면 참 훌륭한 용례가 되겠지만, 이 표현은 종종 자기 자신의 이익이 한사람을 이끌어나갈 수 있고, 또한 이끌어 가야만 한다는 그런 의미로 사용된다. 이런 이해 속에는 큰 위험이 내포되어 있는데, 책임성은 자기가 스스로 평가하고 결정할 수 있는 문제가 아니기 때문이다. 삶을 평가하는 기준은 우리 자신이 아니다. 오늘날에는 책임지는 모습이 되는 것과 관련해 이야기하면서 아주 중요한 한 가지를 놓치곤 한다: 우리는 이미 하나님께 책임을 져야하는 모습이다. 우리 생명은 이 세상에서 아주 짧게만 지속될 것이고, 이런 짧은 방문에 대해서 생명과 호흡의 근원이 되시는 오직 한 분께서만 검토하실 것이다.

이 비유는 또한 하나님이 예수께 왕권을 주셨다는 사실을 강조한다. 주님은 죽음 이후에 아버지 오른편에 올라가셨을 때 이 통치를 착수하셨다(행 10:42-43; 17:31). 주의 왕권에는 심판이 포함된다. 성경은 계속해서 하나님의 아들 예수를 통한 하나님의 심판을 이 지상 삶의 필연적인 종착점으로 제시한다. 아마 한 가지 예를 들면 요점을 이해하는데 좀더 도움이 될 것이다. 만약 내가 체포가 되었다고 가정할 경우, 나는 재판관을 선택할 권리를 갖고 있는 것이 아니며, 어느 주에서 재판받을지를 결정할 수 있는 권리도 갖고 있지 않다(미국의 경우 주마다 법이 다르기 때문에, 동일 범죄에 대해서도 주마다 다른 판결이 나올 수 있다–옮긴이). 이 원칙은 1990년대 초반에 싱가포르에서 있었던 유명한 "체벌"의 경우에서 아주 생생한 예를 찾아볼 수 있다. 어떤 미국인이 한 개인의 재산을 손상한 것에 대해서 책임을 지게 되었고, 이 범죄에 대한 법적 형벌로 체벌(매질)을 당하게 되었다. 이런 형벌이 잔인하고 적절치 않다는 항의가 수없이 많이 제기되었지만, 얼마나 많은 항의를 하느냐는 상관없이 그 누구도 한 나라가 그들만의 통치 규범대로 행할 수 있는 권리가 있다는 것에 대해서는 아무도 의심하지 않았다. 이 사건은 심판의 기준이 재판관에게 있다는 것을 상기시켜주는 좋은 예이다.

그러므로 또한 이 비유는 하나님이 그분의 창조세계 안에서 우리를 주장하실 권리가 있으며 우리의 청지기 직분을 그분의 뜻에 따라 평가하실 권리가 있다는 점을 선포한다. 세 번째 종은 또한 매우 강력한 경고를 대표적으로 보여준다. 기독교 공동체와 연관되어 있다는 것이 한 사람을 기독교인으로 만들어주는 것은 아니다. 설령 그 사람이 공동체 내에서 책임 있는 청지기 직분을 맡고 있다고 하더라도 말이다. 기독교인은 예수와 신뢰관계를 갖고 있는 사람을 의미한다. 기독교인들은 복음에 이미 반응하고 응답했기 때문에, 하나님이 그분께 죄 사함을 구하고자 나아오는 자들에게 자비로우신 분이심을 알고 있다. 주님과 다른 사람들을 향한 섬김은 껴안는 마음 그러니까 변화되고 은혜로운 마음이면서 용서받은 마음이 보여주는 반응이다. 첫 번째 종과 두 번째 종은 귀인에게 응답해야만 한다는 부름을 이해했지만, 세 번째 종은 주인의 성품에 대해서 종이 하는 방식을 가지고 의심했다. 이 비유는 우리가 하나님과의 관계성에 대해 단순히 공식적인 그런 모습으로만 이해하는지 아니면 진정 온전히 이해하고 있는지를 검토해볼 것을 명령한다.

이 비유에는 겉으로만 본다면 세 번째 종이 그의 삶에 열매가 없었다는 것을 지적하는 것처럼 보이지만, 좀더 근본적인 불만족스러운 평가가 내재되어 있다. 이 세 번째 종은 그가 직접 한 자신의 말, 그가 하나님을 향해 품었던 자신의 마음을 토대로 해서 책망 받았다. 그는 주인을 엄한 사람이자 공의롭지 못한 관리자로 여겼기 때문이다. 그에게 열매가 없었다는 것 이면에는 하나님의 은혜를 인식하지 못한 점도 자리 잡고 있다. 예수가 지금 여기서 책망하는 것은 이런 믿음의 부재인데, 바로 이런 모습이 이 종이 주인의 부름을 위해 분투하지 않은 핵심적인 태도이기 때문이다. 교회에서 멤버십을 갖고 있다는 것이 하나님 나라에 들어가는 기차티켓을 얻게 해주는 것이 아니라, 하나님의 은혜를 알고 그것을 끌어안는 것이 하나님 나라에 들어가게 한다.

이 스토리의 긍정적인 언급은 예수가 주님과 동행한 신실함에 대해 상급을 주실 것이라는 부분이다. 첫 번째 종과 두 번째 종에게 부가적인 책임을 부여한다는 점은 하나님이 신실함을 알아보시며 칭찬하신다는 것을 보여준다. 이 심판은 하나님과 동행해온 사람들에게는 축복의 시간이며, 만약 우리가 청지기직분에 대해 신실하게 살아간다면 아무런 두려움도 가질 필요가 없다. 우리 삶은 하나님께는 여하튼 오픈 북(열린 책)이기 때문에, 우리는 하나님께서 그분을 찾는 자들에게 상주시는 분이심을 알고 그렇게 살아야만 한다(히 11:6). 신실한 자들에게는 심판의 때는 확신의 시기이다. 하나님은 우리에게 교회를 섬길 수 있는 능력들과 재원들(므나)을 주셨고, 이런 선물들을 활용하고 적용하는 것을 통해 우리는 다른 지체들의 유익을 증대시킬 수 있다. 여기에서 예수는 우리에게 이런 일에 우리 자신을 온전히 적용할 것을 권면하시며, 결국 주가 평가하실 날에 우리의 청지기 직분이 기쁨을 누리는 그런 경우가 되라고 말씀하신다(고전 4:5).

이런 상급들이 무엇과 비슷하게 보이는가, 그리고 이런 상급들은 어떤 것들을 포함하는가? 이런 상급이 무엇을 의미하는지를 확실하게 말하는 것은 매우 어려운 일이다. 천년왕국 시기가 있다고 생각하는 사람들은 천년왕국 안에 청지기적 책임성들이 있으며 지금 우리의 신실함의 정도가 우리가 그때 갖게 될 책임들과 상급들을 결정짓는다고 주장한다. 우리가 직접 영생으로 들어간다고 생각하는 사람들은 이 비유가 심판 때 우리의 역할에 대해서만 보여주는 것이라고 주장한다. 이런 상급문제를 구체적으로 다룬 본문들은 그리 많지 않다. 가장 눈에 두드러지는 본문은 고린도전서 6:2-3인데, 이 부분에서 바울은 성도들이 마지막 날에 이 세상과 천사들을 판단하는 일을 함께 할 것이라고 쓴다. 우리는 모두가 다 동일한 구원을 받았으며 하나님의 다스리심을 공유하고 있다. 그러나 분명 우리의 책임성들은 각기 매우 다르다. 이것이 무얼 의미하는지에 대해서 설명하는 기준들이 자꾸만 사색적이 되거나 추측적인 내용으로 전개되지 않는 것이 좋을 것이다.

누가복음 19:28-44

28 예수께서 이 말씀을 하시고 예루살렘을 향하
여 앞서서 가시더라
29 감람원이라 불리는 산쪽에 있는 벳바게와 베
다니에 가까이 가셨을 때에 제자 중 둘을 보
내시며
30 이르시되 너희는 맞은편 마을로 가라 그리로
들어가면 아직 아무도 타 보지 않은 나귀 새
끼가 매여 있는 것을 보리니 풀어 끌고 오라
31 만일 누가 너희에게 어찌하여 푸느냐 묻거든
말하기를 주가 쓰시겠다 하라 하시매
32 보내심을 받은 자들이 가서 그 말씀하신 대
로 만난지라
33 나귀 새끼를 풀 때에 그 임자들이 이르되 어
찌하여 나귀 새끼를 푸느냐
34 대답하되 주께서 쓰시겠다 하고
35 그것을 예수께로 끌고 와서 자기들의 겉옷을
나귀 새끼 위에 걸쳐 놓고 예수를 태우니
36 가실 때에 그들이 자기의 겉옷을 길에 펴더라
37 이미 감람 산 내리막길에 가까이 오시매 제
자의 온 무리가 자기들이 본 바 모든 능한 일
로 인하여 기뻐하며 큰 소리로 하나님을 찬
양하여
38 이르되 찬송하리로다 주의 이름으로 오시는
왕이여 하늘에는 평화요 가장 높은 곳에는
영광이로다 하니
39 무리 중 어떤 바리새인들이 말하되 선생이여
당신의 제자들을 책망하소서 하거늘
40 대답하여 이르시되 내가 너희에게 말하노니
만일 이 사람들이 침묵하면 돌들이 소리 지
르리라 하시니라
41 가까이 오사 성을 보시고 우시며
42 이르시되 너도 오늘 평화에 관한 일을 알았
더라면 좋을 뻔하였거니와 지금 네 눈에 숨
겨졌도다
43 날이 이를지라 네 원수들이 토둔을 쌓고 너
를 둘러 사면으로 가두고
44 또 너와 및 그 가운데 있는 네 자식들을 땅에
메어치며 돌 하나도 돌 위에 남기지 아니하
리니 이는 네가 보살핌 받는 날을 알지 못함
을 인함이니라 하시니라

원 의미

승리의 입성으로 알려져 있는 이 본문은 매우 복잡한 사건이다.[1] 모든 사람들이 예수가 예루살렘에 나귀를 타고 입성하신 것에 대해 전율을 느낀 것이 아니다. 이 점에 덧붙여서, "솔로몬 같은" 겸손한 왕의 입성을 사용한 것은 예수가

1. 이 입성장면에 대한 평행부분은 마태복음 21:1-11; 마가복음 11:1-11; 그리고 요한복음 12:12-19이다. 복음서의 이 부분들에 나오는 설명들은, 비록 누가복음 19:39-40에 나오는 바리새인들과의 논쟁부분이 누가복음에만 나오는 독특한 부분이기는 하지만, 대부분의 내용들이 유사성을 갖고 있다.

로마에 위협이 된다는 관심을 무디게 하는데, 주님은 권력을 갖고 있거나 혹은 주가 권력의 왕이라는 것을 보여주는 아무런 표식도 없기 때문이다. 예수의 입성과 로마 지도자들의 입성간의 대조는 문화적으로 매우 분명하다.[2] 요약하자면, 예수의 입성은 하나님의 계획과 주의 왕권에 관한 핵심적인 서술을 한다. 이는 어떤 사람들에게는 기쁨이 되는 메시지이고, 다른 사람들에게는 이해할 수 없는 내용이기도 하고, 여전히 또 다른 사람들에게는 강력한 배척이기도 하다.

예수가 예루살렘에 가까이 가셨을 때, 주님은 사건들을 지휘하기 시작하신다. 예루살렘에서 동쪽으로 2마일 정도 거리인 감람산의 벳바게와 베다니에 가까웠을 때, 주님은 제자들에게 예루살렘 성읍에 입성할 때 사용할 짐승을 가져오라고 말씀하신다. 누가는 이 짐승에 대해서 그저 묶여있는 망아지라고만 언급하는데, 복음 전승은 이 망아지를 나귀라고 구체적으로 표현한다(마 21:2, 참조. 슥 9:9).[3] 제자들은 그 짐승을 풀어가지고 와야만 하는데, 만약 누군가가 왜 그렇게 하느냐고 물어오면 그들은 그저 주가 그것이 필요하시다고(주가 쓰시겠다고) 말하기만 하면 된다. 이런 대답이 갖는 문화적 배경은 '안가리아'(*angaria*)인데, 이는 고위 성직자가 개인적인 이유들로 인해 재물을 사용할 수 있다는 그런 상황이다. 이런 권리는 랍비들 같은 사람들에게까지 확대되었다. 그러므로 이 요구는 독특하고 비범한 그런 요구는 아니라고 할 수 있다.[4]

제자들은 예수가 그들에게 가르쳐주신 그대로 했고, 모든 일들은 주가 말씀하신 그대로 진행되었다. 미래에 일어날 일을 알고 있는 이런 점도, 이 본문 분위기에 무언가를 좀더 보탠다. 주께는 예루살렘에서 일어날 일들이 결코 놀라운 일들이 아니다. 주님은 자신이 무엇 안으로 타고 들어가시는지를 정확하게 알고 계신다. 실제로, 예수는 주의 죽음으로 나아가는 사건 순서들을 정확하게 알고 계신다.

이 짐승의 역할은 예수가 예루살렘 성읍에 가까이 가시면서 분명해진다. 제자들은 그들의 옷을 이 망아지 위에 얹었고 예수를 그 위에 태운다. 주가 나아가실 때, 사람들 역시 그들의 겉옷을 주님 앞에 펼쳤는데, 이는 마치 오늘날의 레드 카펫과 비슷한 모습이다. 이 묘사는 몇몇 구약성경 본문들에서 얻어온 언어들을 사용한다. 나귀를 타고 가시는 예수의 이미지는 스가랴 9:9과 겸손하신 평화의 메시아

2. 출간되지 않았지만 Ph. D 논문인 B. Kinman, "The Atriumphal Entry(Luke 19:28-48)"(University of Cambridge, 1993)을 보라.

3. O. Michel, "πῶλος," *TDNT*, 6:959-61.

4. J. D. M. Derrett, "Law in the New Testament: The Palm Sunday Colt," *NovT* 13(1971): 243-49.

를 생각나게 한다. 짐승 위와 길 위에 옷을 펼쳐놓는 것은 열왕기하 9:13에 나오는 예후의 등극을 기억나게 한다. 여정 전체는 솔로몬이 열왕기상 1:38-39에서 기혼으로 가는 모습과 흡사하다. 그러나 지금 예루살렘 입성의 배경은 분명 왕적인 것이지만, 겸손한 짐승 위에 타신 것은 권력의 메시아가 아니라 겸손과 섬김의 메시아의 모습을 보여준다.

누가의 묘사에는 무화과 나뭇가지에 대한 설명이 들어있지 않은데, 이는 아마도 이 이미지가 유대적인 것이고 사건묘사를 복잡하게 만들기 때문이 아니었을까 싶다. 일반적으로 나뭇가지를 장막절에 흔드는 것으로 생각하곤 하지만 지금은 유월절이다. 장막절이 마지막 시대를 바라보는 절기였다면, 유월절은 죄 사함을 위한 희생과 최종적인 구원을 바라보는 절기이다. 이런 복합성은 예수가 이 두 가지를 모두 가져오신다는 점을 교훈한다.

누가는 예수라는 인물에 초점을 맞춘다. 예수가 감람산을 지나실 때, 제자들은 예수가 행하신 기적들로 인해 하나님을 찬양하기 시작한다. 이 산을 언급한다는 점(이 점은 누가복음에만 나오는 또 다른 독특한 표현에 속한다)은 이 사건이 갖는 메시아적 느낌을 더 강화시켜주는데, 이곳이 메시아가 나타나는 장소로 예언된 지역이기 때문이다(슥 14:4-5). 누가가 제자들이 찬양을 시작한 사람들이라는 것을 분명하게 언급한 점도 매우 중요한데, 다른 복음서의 기록에서는 이들이 무리의 찬양에서 촉매제 역할을 했던 것으로 나타나기 때문이다. 이런 세부적인 내용들은 어떻게 해서 불과 며칠 후에 이 무리들이 예수를 십자가에 못 박게끔 돌변했는지를 설명한다. 예수를 향한 그들의 찬양은 미온적인 것에 불과했다. 그러니까 다른 사람들은 좀더 열성적인 제자들의 인도를 좇아간 것에 불과했다. 일반적인 대중들은 항상 예수에 대한 이해에 있어서 끊임없이 요동치는 모습이었다.

하나님을 향한 제자들의 찬양은 또한 예수를 향한 찬양이기도 하다. 그들은 시편 118:26의 소망을 찬양하는데, 이 부분은 축복이 주의 이름으로 오시는 왕에게 내려온다는 내용이다. "그 왕"이라는 지칭은, 비록 아마 예배드리기 위해 백성들을 이끌고 성소로 들어가던 왕을 지칭하던 것이었겠지만, 원래 시편에는 없는 표현이다. 그 시편에서 그 왕은 자신이 하나님을 예배하고 섬기기 위해 나아왔음을 인식하면서 제사장들과 만난다. 이 시편은 또한 유대교에서는 유월절 식사와 연관되어 축하하며 찬양되던 시편이기도 한데, 그렇기에 이 시편은 잘 알려져 있었고 마지막 시대를 내포하는 것으로 가득 차 있는 시편이기도 하다.[5] 제자들은 시편 표현들을 반복해서 노래 부르는 것을 통해, 예수가 하나님이 주신 권세를 가지고 보냄 받은 왕이심을 선포한다. 그들은 또한 하늘의 평화와 영광의 임재(참조. 2:10-14)를 노래하면서 기쁨으로 가득 차 있었다. 제자들에게 있어서, 이것은 매우 위대한 순간이다. 지금은 또한 백성 무리들에게 있어서, 평행을 이루는 성경본문들이 우리에게 이야기해주듯이, 거기에 동참하는 시간이다.

"오시는"(38절) 이에 대한 언급 역시 누가복음 앞부분에서 언급되었던 내용들을 생각나게끔 한다(3:15-17; 7:19-23; 13:35).[6] 누가는 그렇기 때문에 예수가 누구신지에 관해 여기에서 두 가지 단서들을 남겨두었다. 한 가지는 구약성경이라는 배경에 호소하는 것이고, 다른 하나는 예수의 사역이 보여준 사건들을 다루는 것이다(특히, 기적들). 이 두 가지는 각각 다른 측면을 설명한다. 예수는 세례 요한이 선포했던 약속된 그분이시다. 주님은 또한 주의 이름으로 오시는 분이시며, 또한 예수가 예루살렘에서 붙잡히게 될 것이라고 예언하신 그분이시다(13:31-35).

그러나 모두가 다 이 점에 대해 만장일치였던 것은 아니었다. 바리새인들은 주께 와서 이런 찬양과 목소리들을 거부하고 제자들을 꾸짖으라고 요구한다. 왕적인 찬양과 내용들이 그들에게는 공격적인 내용들이었다.[7] 그러나 예수는 분명하게 이런 찬양과 내용들이 매우 적절한 것이라고 대답하신다: 만약 제자들이 찬양하지 않는다면, 피조물들이 찬양할 것이라고도 대답하신다. 이 말씀은 중요한 말씀이다. 창조물들은 불의를 갚아달라고 할 때 소리내기 때문이다(창 4:10; 합 2:11; 약 5:4을 보라). 이는 또한 무생물 피조 세계조차도 바리새인들이 알고 있는 것보다 더 많은 것들을 알고 있다는 말씀을 통해, 그들을 향한 내재적인 책망을 담고 있는 것이기도 하다. 조금 후면 예수의 눈물이 보여주게 되겠지만, 상황은 더 비극적일 수 없을 만큼 힘겹고 비극적이 되게 된다.

예수가 예루살렘에 다가가시면서, 우린 주의 마음을 얼핏 보게 된다.[8] 이사야와 예레미야처럼(사 29:1-4; 렘 6:6-21), 주는 이 나라를 향한 심판이 임박했음을 선

---

5. D. Bock, *Proclamation from Prophecy and Pattern*, 122.
6. E. Ellis, *Luke*, 225.
7. Danker, *Jesus and the New Age*, 313 같은 어떤 사람들은 바리새인들이 로마제국의 보복을 두려워했다고 주장하지만 예수와 바리새인간의 대화를 주고받는 모습은 비록 그런 요소가 바리새인들의 관심사들 중 하나였을 수는 있겠지만 이것이 전체 스토리는 아니었던 것으로 보인다. 바리새인들은 심지어 예수를 선지자로도 여기지 않았으며(7:39), 그래서 주를 왕적으로 찬양하는 것은 분명 그들이 보기엔 과도한 것이었을 것이다. 이 본문에 나타나는 그들의 불평은 예수에 대해 찬양하고 있는 내용에 관한 것이었지 그들이 그 결과 나타나게 될 모습을 두려워하는 것에 관해서가 아니었다.
8. 이 본문은 누가복음에만 나타난다. 이 내용이 있다는 것은 예수가 예루살렘에서 맞이하실 운명에 대한 누가의 관심을 보여주는 것이며, 그 결과 이스라엘이 맞이하게 될 운명에 관한 것이었다.

포하신다. 하나님이 선택하신 왕을 향한 배척은 그 대가를 톡톡히 치르게 될 것이다. 이스라엘 나라에 대한 심판 예언은 하나님이 예수를 얼마나 많이 믿고 계신지를 그리고 주님에 대한 결정이 얼마나 심각하게 다뤄질 것인지를 보여준다. 무화과나무 비유가 경고하는 것처럼(13:6-9), 이스라엘에게는 시간이 별로 없다. 이스라엘의 집은 파괴될 것이고, 이스라엘은 주를 고백하기까지 심각한 심판에 직면하게 될 것이다(13:31-35). 누가는 여기에서 구체적으로 말하지 않았지만, 그는 여전히 이스라엘을 향한 소망을 품고 있는데,

사도행전 3:18-22에서 구약성경의 약속들이 이미 선포된 대로 성취되고 완성되는 그런 날이 올 것임을 바라보는 모습을 보이고 있기 때문이다. 결국 남아있는 약속들이 이스라엘에게 중추적인 역할을 한다.

누가복음 19:41은 예루살렘을 향한 예수의 여정 중 마지막 발걸음을 보여준다(9:51-19:44). 주님은 예루살렘에 가까이 다가서고 계신다. 팡파르에도 불구하고, 이 입성은 주께 그저 기쁘기만 한 그런 입성만은 아니다. 주님은 앞에 어떤 일들이 기다리고 있는지를 알고 계시며, 주가 당하실 고통이 그저 주께만 국한된 고통이 아니라는 것도 알고 계신다. 이스라엘은 무시무시한 결과를 가져오는 두려운 선택을 했다. 공동체로 여겨진 사람들은 메시아의 방문이 주어지는 그날을 기대해왔다(1:68-69, 78-79; 7:16; 19:44["하나님의 오심"은 문자적으로는 "하나님의 방문"이다. 참조. 행 15:14]). 일부 개인들은 응답하고 반응하긴 했지만, 이스라엘 나라 전체는 그렇게 하지 않았다. 누가복음 19:42은 그날을 "네게 평화를 가져다주는" 날로 묘사한다(참조. 1:79; 2:14; 7:50; 8:48; 10:5-6; 19:38; 행 10:36).[9] 주께 믿음으로 반응할 수 있는 중심적인 기회는 이미 놓쳤다. 만약 그들이 이 사실을 알았더라면, 그들은 축복을 경험할 수도 있었을 것이다.[10] 그러나 지금 좀더 무시무시한 일들이 앞에 기다리고 있다.

예수가 예언하시는 내용은 언약적 불성실함에 대한 "저주"이다(시 137:9; 사 29:1-4; 렘 6:6-21; 8:18-22; 나 3:10). 주가 하신 예언의 뿌리는 신명기 28-32장에 있는데, 이 부분에서 하나님은 언약적 불성실함이 다른 열방들을 통한 심판으로 이끌고 갈 것임을 경고하셨다. 앗수르와 바벨론을 통해서 이스라엘은 이미 그런 심판을 경험한 바 있다. 이스라엘은 계속해서 진리의 순간을 놓치고 있으며, 그

9. W. Foerster, "εἰρήνη," *TDNT,* 2:413.

10. 누가는 42절에서 이 점을 "현실에 반하는"(제2조건절) 내용을 표현하는 헬라어 조건절로 표현한다. 그들은 그날이 어떤 날인지 몰랐다.

들은 지금 그들의 결정에 대해 책임을 져야만 한다.

요세푸스는 이런 심판들을 매우 자세하게 묘사한다(*Jewish Wars* 5.11-12 §§446-572; 6:1-10 §§1-142). 주후 70년에 로마의 티토는 예루살렘을 뒤엎어버렸다. 그가 예루살렘을 공격했던 마지막 행동은 대규모 포위공격이었는데, 그것은 바로 예수가 여기서 요약하신 그 본질적인 모습이었다.

로마가 어떻게 거대한 도시들을 차지했는지를 알고 있는 사람이라면, 누구건 예수가 여기서 예언하시는 것을 묘사할 수 있다. 주의 선지자적인 통찰력은 이스라엘이 메시아를 배척한 것이 어떤 대가를 그들에게 지불하게 할 것인지에 대해서 선포하시는 것을 통해 드러난다.

예수가 "그날이 올 것이다"라고 언급하신 것은 선지자적인 예언을 보여준다(삼상 2:31; 왕하 20:17; 사 36:9; 렘 7:32-34; 32:38; 33:14; 49:2; 슥 14:1). 여기에서의 예언은 운명에 관한 예언이다. 예루살렘 주변에 토성이 쌓여질 것이고, 모든 사람들은 노예로 끌려갈 것이며 완전한 파괴가 일어날 것이다. 이것은 정확하게 티토가 한 일이었다. 그가 얼마나 처절하게 예루살렘을 파괴했었는지, 그는 심지어 대성전마저도 무너뜨려 버렸다. 예수는 주가 지금 무엇에 관해 말씀하고 있는지를 알고 계신다. 예수를 배척하는 결정은 언약적 신뢰를 근본적으로 무너뜨리고 어기는 것이다.

상황잇기

예수가 예루살렘에서 보내신 시간과 연결되어 있는 대부분의 사건들과 마찬가지로, 이 사건들은 주의 소명과 인류 구원과 관련한 핵심적인 사건들을 계시해준다. 하나님이 계획하시고 마련하신 이 사건들은 어떻게 예수가 하나님의 계획의 중심축이신지를 보여준다. 우리가 이런 사건들을 어떻게 바라보느냐가, 우리가 하나님의 계획에 어떻게 연관되느냐를 결정짓는다. 비록 이 사건들이 지금은 2000년 전에 벌어진 사건들이지만, 하나님이 예수를 통해 역사하신 사건들을 독자들로 하여금 확신하라고 명령하는 최근의 사건들인양 배열되어있다. 이 사건들은 각각의 세대들에게 새롭게 결단하라는 요구를 한다.

이 사건들이 갖는 시대를 초월한 설명들은 그저 그 시대에만 국한되어 멈추지 않는다. 예수를 향한 이 본문에 나오는 다양한 반응들은 예수가 누구신가라는 질문에 대해 얼마나 넓은 범주의 반응들이 있을 수 있는지를 반영하고 있다. 가장 두드러진 두 가지 반응들이 제자들과 유대 종교지도자들로부터 나온다—이보다 더 정반대일 수 없는 두 가지 관점들이 그들을 통해 제시된다. 제자들은 여러 기적들이 분명하게 나타나듯이 예수를 하나님이 위대한 능력을 주시고 그분을 통해 역사하시는 약속된 왕이라고 간주한다. 주님 안에는 평화와 영광이 있고, 하늘에서 주어진 은혜로운 권세가 임재해 있다. 다른 한편으로 유대 종교 지도자들은 이런 주장들은 지나치게 과도한 주장들이며, 이런 주장의 일정 부분에 대해서는 예수 자신도 받아들여서는 안 된다고 생각한다(39절). 누가복음의 모든 세대의 독자들은 실제로 어느 편에 설 것인지를 선택하라는 요구를 받는다. 예수가 피조 세계가 찬양할 것이라고 이야기하신 점은 제자들의 주장이 얼마나 본질적이고 근본적인 주장인지를 잘 보여준다. 피조 세계조차도 제자들이 옳다는 것을 알고 있다.

이 본문 내러티브의 모든 구조는 우리에게 우리 스스로를 향해 우리가 예수를 어디에 자리매김하고 있는지 물어보도록 도전한다: 주님은 평화와 영광의 겸손한 왕이신가 혹은 그렇지 않은가?

짐을 실어 나르는 짐승을 타고 왕으로서 입성하신 이 복합적인 구성은 예수의 모습을 이해하는데 있어서 매우 중요한 가교역할을 한다. 주가 십자가를 목전에 바라보실 때 그리고 교회가 그분의 본보기로서 살아갈 때에도, 그분은 겸손한 왕이시다. 하지만 언젠가 주가 구름 가운데 영광스러운 인자가 되실 때가 올 것이다. 위대한 권능과 그것을 온전히 행사하시는 모습으로서 말이다(계 19:11-21). 그때엔 예수가 홀과 검을 손에 드실 것이다.

이 차이점은 매우 중요한데, 교회는 때때로 자기 자신을 마치 이 세상의 대안적인 정부인양 생각하려고 시도하곤 하기 때문이다. 하나님의 대적들을 능동적으로 집어던져 버려야만 하는 국가적인 공권력 형태로 말이다.

역사는 이것이 매우 비극적인 실수라는 점을 보여주어 왔다. 십자군 운동이건, 스페인의 종교재판이건 간에, 일부 종교개혁이나(잉글랜드에서의 청교도 혁명을 포함해서) 혹은 교회와 국가정부간을 혼동하는 좀더 최근의 시도들이건, 도덕적 설득이 아니라 그와는 대조를 이루는 정치적 권력을 행사하는 교회의 길은, 막다른 길에 다다랐다. 로마서 13:1-7은 세속적인 정부들이 비록 하나님과의 언약적 관계성이 없다 하더라도 선한 목적과 심판을 위한 일정한 역할을 갖고 있음을 인식한다. 사회는 분명 높은 도덕적 수준에 토대를 두고 진행될 때 좀더 낫게 운영된다. 그리고 서구 세계와 같은 민주주의에서는 우린 공개적인 광장을 공유해야만 한다. 그러나 우리는 정부와 교회를 혼동해서는 결코 안 된다. 인류를 변화시키기 위해서는 마음의 변화가 필요하다. 이것은 정부가 하는 일도 아니고, 법률을 통해서 성취할 수 있는 일도 아니다. 그보다 이것은 교회의 선지자적인 소명의 일부분이며 하나님의 성령이 역사하시는 일이다.

19:41-44에 나오는 예루살렘에 대한 독특한 심판 예언들은 이스라엘 역사 중 특정한 한 순간의 시간을 지시한다. 이스라엘은 지금 예수 안에 있는 약속을 부둥켜안는 모습으로 돌아올 때까지, 이스라엘 자신이 받은 약속으로부터 고립될 것이다. 로마서 11:12-32은 돌감람나무 가지들이 다시금 거룩한 약속의 참감람나무에 접붙힘 될 때를 바라본다. 이스라엘이 1948년 재독립을 한 것은 너무나 놀라운 사건이지만, 이 구절에 대한 적용은 이런 사건조차도 성경이 성취되고 마지막 날을 준비하는 필연적인 모습은 아니라고 적용할 수 있다. 성취는 이스라엘이 하나님께 돌아설 때 시작된다.

또 다른 추론이 이 심판에서 비롯되는 실상으로부터 나타나게 되는데, 그것은 이방인들이 하나님의 가족 안에 포함되는 일이다(롬 11:11-16). 그리스도 안에서의 하나님의 축복은, 비록 이 축복이 이스라엘과의 언약적 함께함을 포함하기는 하지만 이제는 모든 열방을 축복하는 아브라함의 씨의 역사하심을 통해 이방인들을 축복 안으로 융합시킨다(갈 3-4장). 그리스도 안에는 유대인이나 헬라인이 없다. 이는 이스라엘이 약속의 축복들을 유지하기는 하지만, 구원과 관련된 축복들은 더 이상 이스라엘에게만 유일하게 주어지는 것이 아니라는 것을 뜻한다. 이스라엘의 실패는 다른 민족들을 은혜 가운데 포함하는 데로 나아갔다. 그러나 바울은 이방인의 충만한 수가 차게 되고 이스라엘도 이전에는 배척했던 바로 그분을 끌어안게 됨으로써 새로운 믿음이 이스라엘에게도 뒤좇아 나타나게 될 그런 날을 고대한다(롬 11:25-27). 그때에는 본토에서의 평화로운 번영을 포함해서, 오래 전에 이스라엘에게 주어졌던 약속들이 이루어지게 될 것이다.

주후 70년에 이스라엘에 벌어진 사건들은, 21:5-37에서 앞으로 보여주게 되듯이, 앞으로 다가오게 될 좀더 중차대한 심판을 제시하고 묘사한다. 여기서 주가 말씀하신 내용들은 이스라엘이라는 독특한 상황에 대한 것들이지만, 결정과 심판에 대한 원칙이 여기에 나타나 있다. 심판에 대한 정확한 표현들이 세부적으로는 조금씩 다르긴 하지만 하나님이 선택하신 자이신 예수에 반대하는 결정을 하는 것은 진정으로 하나님의 심판에 자신을 남겨두게 된다. 예수를 배척하는 것은 한사람의 자유이다. 그러나 그 사람은 또한 그런 선택에 뒤따르게 되는 결과들에 대해서 스스로 책임져야만 한다. 여기에 덧붙여서, 언약적 불성실함에 대해 어떤 심판이 주어지는지를 묘사한 내용은 거룩한 원칙이 무엇인지를 제시한다(롬 11:17-21에 나오는 이방인들에 대한 경고를 보라). 단체적인 것보다는 각각의 개인들에게 적용되는 심판은 그들을 완전히 배척해버리는 심판이라기보다는 훈련의 형태를 취하지만, 하나님은 주께 어떻게 반응하는가에 대해 우리에게 책임을 물으신다는 점은 변함이 없다(예를 들자면, 고전 11:27-32).

심판은 유쾌한 주제가 아니다. 그러나 예수의 반응이 보여주는 두 가지 측면들은 이 어려운 주제에 대해 생각할 때 매우 중요하다. (1) 심판은 예수께 고통을 가져다준다. 주님은 예루살렘이 당할 고통을 생각하시면서 예루살렘을 위해 우셨다. 앞으로 다가오게 될 배척, 그러니까 주를 믿지 않는 자들이 하나님으로부터 받게 될 배척도 주께는 고통스러운 일이다. 마치 이스라엘의 배척이 사도 바울에게 고통스러운 일이었듯이 말이다(롬 9:1-4). 이스라엘 나라는 하나님과 화해할 수 있는 귀한 기회를 포기하고 내려놓고 있다.

예수는 구약의 선지자처럼 그들에게 기회에 관해 경고하신다. 비록 주님은 그들에게 그런 축복으로 나아오라고 강요하시지는 않지만 말이다. 이 선택은 그들이 결정하고 내려야만 하는 선택이다. 눈물을 흘리시는 이 장면은 그들의 비극적인 선택을 보여준다. 이 장면은 또한 우리가 어떻게 다가올 심판을 바라봐야만 하는지에 대해서도 알려준다. 심판은 피할 수 없는 것이고, 실제적인 것이고, 고통스러운 것이고 또한 비극적인 것이다—눈물을 뿌려야만 하는 무언가인 셈이다. (2) 이런 심판의 실제성은 우리로 하여금 그리스도를 모르는 사람들에게 나아가 복음을 전하도록 동기부여를 한다. 예수의 사역과 관련된 모든 일들은 이 소망을 알게 하는 방향으로 그리고 평화를 만드는 모든 일들을 행하는 방향으로 나아가던 것들이었다(참조. 엡 2:11-22).

현대적 의미

메시아에 대한 초상과 주가 자신의 주장들을 하시는 것과 관련해 행하셨던 모습은 공동체가 주를 어떻게 묘사하는가에 대해 할 많은 이야기들을 갖고 있다. 주를 하나님의 이름으로 오시는 분으로 찬양할 때, 거기엔 또한 이 메시아가 겸손함으로 오신다는 것을 기억하게 하는 모습도 있다. 대부분의 경우에 있어서, 주님은 자신이 누구신지를 선포하는데 승부를 걸지는 않으셨다. 주님은 다른 사람들이 이에 관해 선포하도록 하셨고 주의 행동들이 주의 정체성을 드러내게 하는 것을 더 선호하셨다. 예수는 복음증거를 구체화시키실 때, 심지어 자신이 예루살렘에 왕으로서 들어가시는 방식에 있어서조차도 겸손한 섬김의 모습을 통해서 제시하도록 했다. 주님은 행동과 상징들을 통해서, 하나님이 주님 주변의 사람들을 얼마나 돌보시는지를 보여주신다. 주가 믿음과 죄 사함에 대해서 언급하실 때는, 다름 아니라 선포된 내용에 대한 구체적인 반응이 제시되는 그런 정황 속에서였다. 교회의 메시아께서 그러하셨던 것처럼, 교회는 그저 증거와 말로서가 아니라 교회가 찾아 나서고자 추구하는 사람들 사이에서 섬김을 보여주는 그런 공동체가 될 필요가 있다. 하나님 임재의 만져주심은 하나님의 긍휼을 보여준다. 예수를 선포하고 계시하는 것은 단순히 머리만을 위한 것 그 이상의 일들이다.

삶과 신학의 결합은 매우 중요한데, 하나님은 하나님의 태도를 이와 비슷한 방식으로 제시하시고 계시하셨기 때문이다. 하나님의 성품은 일련의 철학적인 전제들을 통해서 계시되는 것이 아니다. 그보다 사람들의 삶 속에서 하나님이 행하시는 일들을 통해서 계시된다. 우리 삶의 행동들 속에서 하나님을 보는 것은 기독교적 세계관에 있어서는 본질적인 일이다. 예수를 선포하는 것은 우리 세계와 삶 속에서 능동적인 행동을 통해 주를 증거 하는 것이다.

여기에서 예수를 주가 행하신 기적들을 토대로 해서 약속된 왕으로 선포했던 이런 제자들처럼(참조. 18:35-42), 우리도 주를 향한 지식과 우리 삶에 직접적으로 포함되어 계신 주를 결합시킬 때, 가장 효과적으로 주를 선포하게 된다. 물론 이는 우리가 주를 보고 인식하는 것에 우리 믿음의 삶을 조율한 그런 삶을 사는 것을 전제한다.

우리는 예수에 대한 다양한 반응들을 예상할 수 있다. 하지만 긍정적인 반응을 보이라고 강요할 필요는 없다. 그건 하나님의 역사하심이기 때문이다. 예수가 유대 지도자들과 대립하게 되셨을 때(39-40절), 주님은 그들에게 반응을 하도록 구걸하거나 간청하지 않으셨다. 주님은 계속해서 선택을 하는 것에 대한 책임을 그들이 감당해야한다는 사실을 제시하신다. 여기에서 피조물에 대한 주의 호소는 만약 그 누구도 예수에 대해 선포하고 이야기하지 않는다면, 하나님 앞에서 불의가 발생한 것이라고 이야기하는 셈이다. 다른 식으로 말해서, 주가 누구신지를 적절하게 인식하는데 실패하는 것은 한 사람을 그런 선택을 하게끔 만든 모든 "권리들과 특권들"과 더불어 불의한 편에 있는 것으로 평가하고 자리매김한다(참조. 19:45-20:8 부분도 참조하라).

하나님이 진리를 말씀하신다는 것을 믿지 않는 이 세상을 향한 교회의 메시지는 만약 그들이 틀렸을 경우 그들이 감당해야 할 책임성에 대해서 생각하라고 이 문화를 향해 경고하고 이야기하는 것이다. 하나님이 계시하신 것들을 잘못 판단하는 실수를 범하는 것은 비극이다.

41-44절에서는 두 가지 적용들이 분명하게 나타난다. (1) 하나님은 하나님이 인류의 여러 사건들과 일들을 컨트롤하신다는 분명한 증거들을 남겨두셨다. 이스라엘이 주후 70년경 패망한 것과 같은 여러 사건들은 하나님의 심판을 반영하고 있는 사건들로 분명하게 표식된다.

사도행전 3:14-26과 로마서 11장이 분명하게 지적하듯이, 이 패망은 이스라엘 역사의 종식은 아니다. 그렇지만 이 사건은 하나님의 손도장이 어떤 사건들 속에 매우 분명하게 드러나 있다는 점을 잘 보여준다.

(2) 예수에 대한 현명한 결정을 내리는 것이 중요하다는 점은 이 복음서에서 계속적으로 제시되는 주제이다. 주를 받아들이는 것은 위대한 축복으로 이끌어주지만, 주를 배척하는 것은 엄청난 고통으로 이끌고 간다. 우리는 하나님이 예수 안에서 공급하시는 은혜를 배척하는 것이 어떤 결과들을 가져오는지에 대해서 심사숙고해야만 한다.

하나님은 우리가 충성되기를 원하신다. 우리가 그렇지 못한 모습을 보일 때, 우린 그런 선택에 대해 책임을 져야만 한다. 우리가 우리 자신의 결정을 열어 보여드려야만 하는 그런 때가 올 것이다. 올바른 결정을 내리는 것이 그 만남이 어떤 만남이 될 것인지 성격을 결정짓게 될 것이다.

누가복음 19:45-20:8

45 성전에 들어가사 장사하는 자들을 내쫓으시며
46 그들에게 이르시되 기록된 바 내 집은 기도
하는 집이 되리라 하였거늘 너희는 강도의
소굴을 만들었도다 하시니라
47 예수께서 날마다 성전에서 가르치시니 대제
사장들과 서기관들과 백성의 지도자들이 그
를 죽이려고 꾀하되
48 백성이 다 그에게 귀를 기울여 들으므로 어
찌할 방도를 찾지 못하였더라

20:1 하루는 예수께서 성전에서 백성을 가르치시
며 복음을 전하실새 대제사장들과 서기관들
이 장로들과 함께 가까이 와서
2 말하여 이르되 당신이 무슨 권위로 이런 일
을 하는지 이 권위를 준 이가 누구인지 우리
에게 말하라
3 대답하여 이르시되 나도 한 말을 너희에게
물으리니 내게 말하라
4 요한의 세례가 하늘로부터냐 사람으로부터냐
5 그들이 서로 의논하여 이르되 만일 하늘로부
터라 하면 어찌하여 그를 믿지 아니하였느냐
할 것이요
6 만일 사람으로부터라 하면 백성이 요한을 선
지자로 인정하니 그들이 다 우리를 돌로 칠
것이라 하고
7 대답하되 어디로부터인지 알지 못하노라
하니
8 예수께서 이르시되 나도 무슨 권위로 이런
일을 하는지 너희에게 이르지 아니하리라 하
시니라

원 의미

누가복음의 마지막 항목(19:45-24:53)은 예수의 "수난"에 대해서, 주의 죽으심과 부활에 이르는 사건들에 대해서 제시해준다. 이 항목에서의 강조점은 예수는 그분이 감당하신 고난에 대해 아무런 책임이 없는 죄 없으신 분이라는데 있다. 예수는 인간 마음의 강퍅함을 제외한다면 달리 설명할 방법이 없는 모습으로, 십자가로 나아가신다. 주님은 의로운 고난자로서 고난 받으신다. 사실 주님은 자기 자신이 그런 자리에 나아가는 것을 심지어 스스로 돕기조차 하신다. 주는 재판을 받으실 때, 유대인들이 주의 유죄를 확정짓기 매우 어려워하고 있을 때, 주님은 자신이 정죄될 수 있는 그런 말들을 말씀하시기도 했기 때문이다.

재판 이전에, 예수와 유대 종교지도자들이 서로 얼마나 멀리 떨어져 있는지를 잘 보여주는 일련의 논쟁들이 있었다. 주가 성전을 청결케 하신 사건은 예수가 요구하시는 예배와 현재 성전에서 진행되고 있던 예배 사이에 얼마나 큰 차이가 있는지를 잘 보여준다. 예수는 다시 한 번 예루살렘 멸망에 대해서 예언하시고, 또한 주가 돌아오실 때 이와 비슷한 사건들이 일어날 것임을 묘사하시면서 이 예언을 사용하신다. 비록 예수는 죽음으로 보내진 무죄한 분이셨지만, 하나님의 권능을 통해 돌아오실 변호되고 옹호되시는 분이시기도 하다.

부활은 이런 변호의 첫 번째 단계이다. 비록 예수가 이전부터 계속해서 예언해 오시기는 했지만, 부활은 제자들을 매우 놀라게 만든다. 부활과 여기에 동반되는 외양들을 통해서, 예수는 하나님의 계획에 대해 설명하시고 제자들로 하여금 주가 하나님 우편에 앉아 계실동안 일어나게 될 일들에 대해 준비케 하신다. 예수는 성령을 통해 주의 임재하심을 분명하게 나타내신다. 이렇게 주어지는 은혜에 의지하면서, 제자들은 복음을 이 세상에 증거 할 수 있다.

이 결론적 항목의 첫 번째 소단락(19:45-21:4)은 넓은 범주의 논쟁을 담고 있다. 논쟁을 시작하는 사람은 계속해서 전환되어 간다. 예수는 성전을 청결케 하시고(19:45-48), 포도원 비유를 말씀하시며(20:9-19), 또한 메시아가 도대체 누구냐는 질문을 하신다(20:41-44). 유대인들은 예수의 권세가 어디에서 온 것이냐는 질문(20:1-8)과 로마에 세금을 바치는 문제(20:20-26), 그리고 부활 교리(20:27-40)에 관해서 질문한다. 이 소단락은 예수가 사람들에게 이 지도자들처럼 되지 말라고 경고하시는 것으로 마무리된다. 그런 뒤에 주님은 영성의 본보기로서 한 가난한 과부를 제시하신다(20:45-21:4). 이런 사건들은 서로 대립적인 입장들이 얼마나 많이 대립적인지를 강조적으로 보여주면서, 이미 9-13장에서 자세하게 서술되었던 긴장을 계속 이어나간다.

19:45에서 누가는 예수가 예루살렘에 일단 들어가신 이후에, 어떤 종교적 행동들에 대해 주의 감상적인 감정들을 드러내거나 소통하는데 시간낭비하지 않으셨음을 보여준다.[1] 이 사건의 배경은 지금 여기서 벌어지는 사건을 이해하는데 있어

---

1. 이 본문과 평행을 이루는 부분은 마태복음 21:12-13과 마가복음 11:15-19이다. 또한 많은 사람들이 요한복음 2:13-17을 평행으로 보기도 하는데, 만약 문학적인 강조를 위해 요한복음 기자나 복음서기자가 본문을 재배치 한 것이라고 가정한다면 이렇게 보는 것도 가능할 수 있다. 하지만 구약성경을 인용한 내용에 있어서 차이가 있다는 점이나 본문을 서로 다른 위치에 배열했다는 점은 내가 보기엔 요한이 요한복음에서 말하는 사건은 지금 이 사건과 동일한 사건은 아닌 것으로 보이고, 예수의 사역 중에 두 차례에 걸쳐 성전 청결 사건이 있었던 것으로 보인다. 만약 한 가지 사건을 이렇게 다른 식으로 기록한 것이라면, 요한이 이 설명을 자기 복음서에서 앞부분으로 이동시켜 배치했을 것이다. 갈등이라는 문제와 예수가 자신의 부활을 성전회복과 견주시는 것을 확연히 드러나게 하기 위해서 말이다.

서 매우 핵심적인 요소이다. 성전 경내에서는 제사를 위해 필요한 물품들을 팔았다: 동물들, 포도주, 기름, 소금 그리고 비둘기들(요 2:14; *Mishnah Seqalim* 1:3; 2:4).[2] 여기에다가, 로마 현금을 이스라엘의 세겔로 환전하는 것도 율법에 부합하는 일이었다(출 30:11-14). 이런 환전에는 수수료가 부과되었는데, 이들 중 일부는 아마도 대제사장 가족들에게로 돌아갔을 것이다. 예수가 보시기에, 성전은 예배와 기도하는 장소가 아니라 이미 과도하게 상업적인 사업을 하는 장소로 되어버렸다. 예수의 행동은 주의 권위가 어디에서 온 것이며 그 권위의 본질이 무엇이냐는 문제로까지 진행되는데, 이 성전은 유대교에서 가장 거룩한 장소이기 때문이다.[3]

누가는 성전 청결 이야기를 간결하게 전해준다. 예수는 상인들을 내어 쫓으시면서 구약성경을 복합적으로 인용해 말씀하신다. 46절의 첫 번째 부분(성전을 "기도하는 집"이라고 말씀하신 부분)은 이사야 56:7에서 나온 말씀이다—이 본문은 공의를 요구하고, 하나님께 나아가는 길이 하나님의 법에 신실하기만 하다면 이방인이나 다른 모든 사람들도 하나님께 나아가는 길이 열려있다고 고백하는 본문이다. 두 번째 부분은 예레미야 7:11 말씀에서 나온 것인데, 이 부분은 하나님의 백성들이 성전을 "강도의 굴혈"로 만들었다는 내용이다. 예레미야는 이스라엘 나라를 향해 그들의 잘못된 행동을 회개하라고 명령하고, 그렇게 하지 않을 경우 그들이 심판을 당할 것이라고 경고한다. 예수는 이런 선지자들을 뒷받침으로 삼으시면서, 성전의 거룩한 기능이 쇠락해 버린 것을 책망하고 꾸짖으신다.

그렇다면 주의 이런 행동은 선지자적인 행동이면서 또한 메시아적인 행동인가? 이 사건 자체에는 메시아적 기능이라고 볼 수 있는 면이 거의 들어있지 않다.[4] 그러나 시기적으로 승리적인 예루살렘 입성과 병행을 이루고 있다는 점은 이 사건이 내포하는 바가 메시아적 사건과 멀지 않다는 것을 의미한다. 시편 118편을 찬양하면서 하나님을 찬양하기 위해 이 성읍에 들어왔던 사람이 지금은 성전을 청결케 한다. 메시아는 자기 백성들에게 지혜와 빛을 가져다주는 사람이었고, 그러므로

2. V. Eppstein, "The Historicity of the Gospel Account of the Cleansing of the Temple," *ZNW* 55(1964): 42-58. 여기에서는 이런 청결사건이 아마도 성전 뜰에서 일어났을 것이라고 주장한다.

3. B. Witherington, *The Christology of Jesus*, 107-16.

4. 만약 구약성경 본문에 메시아적 암시가 있는 본문이 있다면, 말라기 3:1도 후보 본문이 될 수 있기는 하다. 그러나 말라기 본문의 불명확성이나 이 전통과 연결성이 부족하다는 문제점이 있다. 말라기에 나오는 "언약의 사자"가 "그 길을 준비할 사자"와 동일한 것인가? 만약 동일하다면, 그 사자(메신저)는 요한이 아닌가? 더군다나, 주가 성전으로 오신다는 것이 예수에 대한 언급인가 아니면 주의 재림 때 주의 궁극적이고 권능 있는 모습이 드러난다는 것을 언급하는 것인가? 말라기에 나오는 다음 구절들은 후자의 의미일 것으로 생각된다.

예배의 성실함과 관련된 모든 행동은 분명 메시아의 행동에 포함되었을 것이다.

예수의 행동은 주를 처리하고자 했던 종교지도자들의 결심을 더욱 공고하게 만든다(6:11; 11:53-54). 예수는 성전에서의 예배가 어떻게 이루어질 것인지에 대해 명령하거나 이야기할 수 있는 허락을 받을 수 없었고, 그래서 노골적으로 제사장들의 관행에 대해 도전하신다. 주의 행동들은 만약 이런 행동들이 선지자적인 권위를 갖고 있는 사람으로부터 취해진 행동이 아니라면 분명 모욕적인 행동으로 간주되었을 것이며, 바로 이런 이유로 인해 다음 부분에서는 예수의 권세에 관한 질문이 제기된다(20:1-8). 예수가 매일 성전에 모습을 드러내심에 따라, 유대인들은 주를 죽일 계획을 모의한다.[5] 그러나 그의 인기가 그들로 하여금 주저하게 만들었다. 사람들이 주의 바로 그런 말씀들에 매달리고 있는데 어떻게 그들이 계획을 실행할 것이란 말인가? 바로 이런 점이, 그들이 주님으로 하여금 무언가 부적절한 것을 말씀하시게끔 하고자 주의 말씀들에 함께 참여했던 이유이다.

누가복음 20:1-8은 복음의 핵심적인 문제로 되돌아간다. 예수의 권세는 어디에서부터 온 것인가?[6] 이 논쟁은 심각한 것인데, 예배에 관해 성전에서 질문을 던지시는 예수의 권리는 주의 권능의 근원이 어디냐는 문제와 직접적으로 연결되어 있기 때문이다. 주님은 공식적인 훈련을 받으신 적이 없는 전적으로 아웃사이더에 불과하다. 그렇다면, 도대체 무엇이 주께 수세기 동안 성전운영을 책임져온 제사장들에게 성전을 어떻게 운영해야 한다고 이야기할 권리를 주었단 말인가? 도대체 무슨 권리로 주님은 이렇게 엄청난 종교적 주장을 하신단 말인가?

이런 관심들은 제사장들과 율법 교사들로 하여금 주가 성전 뜰에서 가르치시고 복음을 나누실 때 예수를 조사하게끔 만들었다. 그들의 질문은 두 가지 형태로 제기된다. 어떤 권세로 예수가 이런 일들을 행하시는가, 그리고 누가 그런 권세를 주었는가? "이런 일들"(2절)이라는 언급은 성전에서의 이 행동이 리더십을 방해하는 유일한 것이었음을 우리에게 이야기해준다.

예수는 질문을 통해서 대답하신다. 주님은 그들에게 세례 요한의 사역을 확인하는 질문을 하신다. 이 질문은 매우 탁월한 질문인데, 요한의 근원이 예수의 근원

---

5. 헬라어 본문은 그들이 주를 "파괴하기로" 계획했다고 되어 있는데, 이를 NIV에서는 단순화해서 "죽이다"로 번역한다.
6. 이 본문에 평행을 이루는 다른 성경 본문들로는 마태복음 21:23-27과 마가복음 11:27-33이 있다. 이 설명에 있어서, 이 본문들은 누가가 무화과나무에 대한 저주를 생략하고 있다는 점만 빼면 매우 흡사하다. 누가는 예수라는 이슈에만 초점을 맞추고 있다.

과 동일하기 때문이다. 예수와 마찬가지로, 세례 요한은 공식적인 훈련을 받은 적이 없었다. 그도 또한 모든 사람들에게 회개하라고 설교했지만, 사람들은 그의 사역을 인정했다.

유대교 종교 지도자들은 세례 요한의 사역에 대해서 무엇이라고 이야기할 것인가? 때때로 날카로운 질문이 날카로운 질문을 역으로 받게 되곤 한다. 이에 대한 대답은 매우 중요한데, 이 대답은 두 사람의 사역에 동시적으로 함께 연결되어 있기 때문이고, 사람들은 이미 요한의 사역에 대해 판단하고 있기 때문이다. 종교 지도자들이 예수를 판단할 기준—즉, 주가 공식적인 제사장 훈련이나 자격을 갖고 있지 않다는 것—은 세례 요한의 사역도 거부하는 결과를 낳게 될 것이지만, 요한은 이미 백성들로부터 선지자로 인정받고 있었다. 예수는 그들을 코너로 몰아붙이신다.

종교 지도자들의 리더십이 어떤 성격을 갖고 있는 것인지가 그들 사이의 의논하는 모습 속에 나타난다. 그들이 논의하는 문제는 진리에 관한 것이 아니라, 겉으로 드러나는 모습에 관한 것이었다. 요한의 사역이 하늘에 근원을 두고 있는 것이라고 인정하게 된다면, 그들은 자신들이 하늘의 선포에 응답하지 않았던 것을 드러내게 될 것이다. 이런 대답은 당황스러운 대답이다. 하지만 요한의 사역이 사람에게서 난 것이라고 대답하는 것도 대중적인 의견을 거부하는 것이고, 그러면 그들은 사람들이 선지자라고 인정하고 고백하는 사람을 그렇지 않다고 함으로써 사람들의 분노에 직면하게 될 것이다. 대답과 관련한 모든 내용들은 어떻게 이 대답이 그들에게 "역할 할 것인가"와 관련되어 있다.

이 유대인들은 자신들은 모른다고 주장하면서 안전한 루트를 선택하기로 결정한다. 어떤 구체적인 대답을 취하지 않고 문을 열어둔 것은 예수도 구체적인 대답을 하지 않고 거부할 수 있는 문을 열어놓는다. 이는 주가 분명한 주장을 하고 싶어 하지 않으셨기 때문이 아니라, 대답이 너무나 분명하고 논쟁할 필요가 없기 때문이었다. 그들은 요한을 인정하는 것을 거부했고, 지금은 예수와의 거리를 계속해서 유지한다. 그러나 예수는 주의 사역을 통해서 주의 권세가 어디에서 주어진 것인지에 관해 매우 풍부한 증거들을 이미 제공해 주셨다(5:24; 11:20을 보라). 논쟁할 시간은 이미 지나갔다. 유대 종교지도자들은 그들의 결정을 이미 내렸고, 그들은 그대로 밀고 나갈 것이다.

상황잇기

성전 청결사건은 지금은 더 이상 존재하지 않는 하나님의 제도 하에서 일어났다. 그러나 비록 지금은 더 이상 성전이 우리들과 함께하고 있지는 않지만, 예배에 관한 원칙들은 아직까지도 유효한 예수의 말씀들을 통해 제시되고 있다. 예배는 장사나 위선은 자리를 차지할 수 없는 거룩한 신뢰이다. 이 장면이 갖는 아이러니는 제사장들의 성전에 대한 관심으로 인해서 그리고 성전을 능가하는 그들의 권위로 인해서 그들은 참된 성전이신 예수를 파괴하는 것을 고민하고 있다는 점이다(요 2:19-22). 과도한 종교적 상업주의라는 죄악은 이제 살인을 획책하고 모의하는 지경으로까지 번져갔다. 46절의 복합적인 인용은 하나님의 거룩한 장소들은 예배를 위한 장소들이지 장사하기 위한 곳이 아님을 강조한다. 여기에 덧붙여서, 하나님이 원하시는 예배는 사람의 마음 상태와 매우 밀접하게 연관되어 있다(요 4:24을 보라).

우리가 마음에 기억해야 할 또 다른 사항은 죄란 일반적으로 한 가지 죄만 고립된 모습으로 벌어지지 않는다는 점이다. 한 가지 죄는 또 다른 죄를 낳는 경향을 가진다. 마치 암세포가 그렇게 번식하듯 죄가 갖는 이런 경향성은 죄에게서 돌아서는 것이 왜 그토록 중요한지를 알려준다. 이렇게 돌아서는 것을 통해 질병이 더 많은 부분들에 손상을 가하는 것을 막을 수 있기 때문이다.

20:1-8이 다루는 근본적인 이슈는 예수의 권세가 어디에 근원을 두고 있느냐는 것이다. 예수의 사역 자체가 갖고 있는 증거는 물론이거니와, 세례 요한과 예수님 간의 연결성은 누가의 대답이 무엇인지를 제시해준다. 1:15-2:52 단락에서 시작하면서부터 누가복음 안의 상당히 많은 중요한 본문들이 이 권세와 관련된 질문을 제기하는데, 이는 누가가 계속해서 데오빌로에게 예수가 누구신지 확신을 주고자 했던 것이 바로 이 모든 일들의 핵심적인 이슈였기 때문이다. 중요한 증언에는 많은 증거들이 필요하기 마련이고, 예수는 그런 증거들을 제공해 오셨다. 비록 대제사장들과 유대 장로들은 인정하기를 주저하고 싫어했지만 말이다.

이 항목에서 또한 중요한 것은 주를 향한 배척이 매우 분명하게 그 모습을 드러내고 있다는 점이다. 예수의 질문을 다루는 유대 종교지도자들의 모습 속에는 본질적으로 교활한 무언가가 들어있다. 그들은 정직하고 직접적으로 대답하고자 하지 않는다. 이런 정치적인 모습과 대중적인 관계들의 모습은 죄가 얼마나 교묘하게 일하는지를 이 내러티브에 첨가해 준다. 종교 지도자들이 계속적으로 방어벽을 치고 그 위에 앉아있는 모습 속에는 무언가를 조심스럽게 주장하는 모습들도 있긴 하지만 예수를 향한 그들의 반응은 그런 주장들이 얼마나 오류투성이인지를 잘 드러내 보여준다. 하나님의 방식을 받아들이지 않는 모습은 이런 식으로 죄가 없어 보이는 교활함을 통해 그 모습을 드러내지만, 이런 반응은 겉보기와는 달리 결코 죄 없는 그런 반응이 아니다.

사실 이 본문은 죄가 얼마나 공공연히 아니라 교묘하게 작동하는지를 잘 보여주는 파워 게임과 속임수가 나타나 있다. 이 종교 지도자들의 대화 이면에는 공개적으로 선언하지 않는 것을 정당화하려는 모습들이 나타나며, 이는 종종 우리가 갖는 관계들 속에서도 나타나곤 하는 모습이다. 다른 사람들이 우리를 어떻게 볼 것인가에 대한 염려와 관심이 우리가 어디에 왜 서 있는지를 솔직하게 이야기하는 것을 부자연스럽게 만들곤 한다. 기독교 믿음은 많은 사람들의 지지를 획득하고자 하거나, 대중적인 콘서트를 개최하거나, 혹은 높은 점수를 얻고자 하는 그런 것이 아니다. 우린 설령 인기가 없다 하더라도, 진리에 대한 견고하고 정직한 기준을 취해야만 한다. 바리새인들이 여기서 하듯이 지역구를 보호하기 위해 작전을 꾸미는 것은 사역이나 인격적인 신뢰성을 죽일 수 있는 영적 연약함에 빠져 있다는 징표이다. 만약 우리가 시선을 문화적인 칭찬이나 인정에 둔다면, 하나님의 진리나 진리에 대한 정직함은 고통 받게 될 것이다. 진리에 서 있다는 것이 무감각해짐을 의미하는 것은 아니지만, 이는 우리가 지금 어디에 왜 서 있는지를 분명히 할 수 있는 충분한 정직함을 보여줘야만 한다는 것을 의미한다.

현대적 의미

우리 문화가 기독교 믿음에 대해서 너무 상업적인 것이 아니냐고 비난할 때, 그런 비난들은 어떤 점에서는 올바른 지적일 수도 있다. 믿음을 통해 돈과 번영을 누리는 것이 하나님을 예배하는 것보다 더 중심적인 일이 될 때, 성전에서 벌어졌던 것과 같은 그런 왜곡이 오늘날에도 마찬가지로 발생해왔다. 텔레비전 사역들을 시청하면서 예배나 사역보다도 돈이 더 중심적이라는 것을 보는 것은 그리 어려운 일이 아니다. 누군가가 중요한 사업적 계약들을 촉진시키기 위해 교회에 출석할 때, 이런 잘못된 모습도 그런 일들을 만들어내곤 한다. 무엇보다도 가장 비극적인 것은 많은 선의의 사람들이 드린 물질들이 좀더 믿을 만한 많은 사역이나 기관들보다는 보다 덜 믿을 만한 쪽에 사용될 수도 있다는 점이다.

사역자들은 이런 물질들을 가지고 생활을 하는데, 그들의 생활스타일들은 종종 하나님의 돈에 대해 청지기 직분이 어떤 책임감을 가져야하는지를 보여주는 실마리가 되기도 한다. 만약 어떤 사역이 회계검사를 거부하거나 장부를 공개하기를 거부한다면, 그 사역의 성실성은 충분히 의심받을 만할 것이다. '경제적 책임을 위한 복음주의 위원회'(Evangelical Council for Financial Accountability) 같은 중립적인 기관들은 사역의 재정사용과 실행이 얼마나 성실하고 온전한지를 검토하고 확인해주기도 한다. 우리는 어떤 사역에 물질을 공급하기 전에, 그 사역이 이런 재정적인 식견과 책임성을 갖고 있는지를 알아보기 위해 반드시 체크해야만 한다. 바울이 예루살렘을 위해 모았던 헌금을 이런 방식으로 전달했고, 그래서 한사람 이상이 이에 관해 알고 있기를 원했다는 점을 주목하라(고전 16:3). 우리교회에서는 최근에 예배 장소를 교회의 기능들이나 교회 활동과 관련한 다른 아이템들을 위해 티켓을 판매하는 장소로 활용하는 것에 관해 검토했었다. 선의를 가진 많은 그룹들이 다양한 기부금 모집이나 여러 이벤트들을 위해 티켓을 팔기를 원했지만, 우리 공동체는 누가복음 19:45-46 말씀과 같은 성경본문들을 존중하고 실천하는 일환으로서 그런 일들을 예배당에서 하지 않기로 결정했다. 비록 좀더 불편하기는 하겠지만, 예배를 위해서만 예배당을 사용하는 것이 예배자의 마음이 하나님을 만나는 것에만 집중하도록 하는 최선의 길로 여겨졌기 때문이다. 우리는 위에서 죄악이 다른 죄악들을 낳는 경향을 갖고 있다는 점을 주목했다.

누가복음 19장에서는 상업적 이익에 대한 과도한 관심들이 예수를 제거하고자 하는 바램으로까지 성장한다. 종교지도자들은 틀림없이 예수께 저항하는 그들의 모습에 대해서, 그들은 그저 누군가가 성전에 들어와서는 성전에서 행패부리는 것을 못하게 하기 위해서였을 뿐이라고 변명했을 것이다. 그들은 어쩌면 율법과 질서는 정부가 관리해야 할 문제만이 아니라고, 예배에서도 또한 그런 감독이 필요하다고 주장했을 수도 있다. 그러나 자기 자신을 진지하고 무겁게 되돌아보고 검토하지 않는 모습은 결국 다른 더 많은 죄악으로 이끌고 갈 뿐이다. 이는 마치 한 가지 일을 덮기 위해 거짓말을 하는 배우자와도 비슷하다. 하나님 앞에서 범했던 한 가지 죄악을 덮기 위해 이후에 여러 가지 죄악들이 복합적으로 범해지게 되고, 결국 이런 많은 손상들은 결혼을 파괴하기에 이른다. 거짓말과 마찬가지로, 죄악들은 무리를 지어 다니며 늑대들처럼 게걸스럽게 먹어치운다. 만약 적절하게 다루어지지 않는다면, 죄악은 철저하게 파괴적인 힘이 되어버린다.

예수의 권세가 무엇이며 이 권세가 어디에 있는 것이냐는 근본적인 이슈와 관련해서 생각해보자면, 주님은 과연 지금 여기에서 행하신 그런 일들을 하실 권리를 갖고 계신 것인가? 그렇다면, 우린 여기에서 주어지고 있는 경고들을 주의 깊게 들어야만 한다. 주가 십자가에 가까이 다가서실수록, 우리는 예수를 향한 공식적인 배척과 반대들이 과연 적절한 것인지에 관해서 깊이 생각해봐야만 한다. 하나님의 약속의 도래를 선포하신 것과 성전을 청결케 하신 행동은 하나님으로부터 허락을 받은 행동들이거나 혹은 잘못된 행동들이다. 예수는 여기서는 그저 좋은 사람이기만 한 것이 아니다. 우리 문화가 예수를 향해 인자한 분으로 존경하는 것은 성경이 제시하거나 열어두고 있는 그런 범주가 아니다. 주님은 경계선에 앉아있는 것을 허락하시지 않는다. 주님은 구주이시며 주님으로서 받아들여지시거나 아니면 반대되어야만 한다. 만약 세례 요한이 주를 오실 그분이라고 지적했다면, 예수는 하나님이 약속하신 바로 그분이시다.

예수가 대적들을 향해 대답을 주저하시는 것을 주목하라. 때때로 예수가 주신 반응과 대답들에 대해서 광범위한 대적들이 생겨나곤 했고, 이제는 더 이상 본질적으로 똑같은 내용을 묻는 질문에 대해서 세세하게 반복해서 대답할 필요가 없다. 예수는 이 세상에서 수없이 많이 대답하셨고 유대 종교지도자들이 제기하는 질문에 대해 행동으로 보여주셨다. 우리 삶 속에서도, 이런 모습을 보게 되곤 한다. 우리가 누군가와 예수에 대해 오랜 기간을 두고 공유했을 때, 무언가에 대답하는 것이 더 이상 적절하지 않은 그런 시점이 온다. 대신에 우리는 그 사람에게 여태껏 이미 드러나고 알게 된 것에 대해 깊이 묵상하도록 요구하고 촉구해야만 하는 그런 시간이 온다. 어떤 상황들에서는, 반복되는 의문과 질문들에 대해 적절하게 반응하는 유일한 길이 말이 아니라 그저 계속적으로 사랑해주는 것인 그런 경우들도 있다. 유대 지도자들이 그들 사이에서 나눈 대화가 어떤 부정적인 성경의 교훈을 갖는지에 대해서는 이미 위에서 지적한 바 있다. 그러나 혹시 우리도 같은 일들을 저지르지는 않는가? 우리도 혹시 사람들이 별로 좋아하지 않고 인기가 없을 수 있는 상황 속에서는 우리가 예수와 관계를 맺고 있는 상관된 사람이라고 고백하기를 주저하지는 않는가? 우리는 지금 그것이 잘못된 행동이라는 것을 알고 있으면서도 이전에 행했던 잘못들을 숨기고자 교활한 책략들을 사용하지는 않는가? 우리는 마음이 이미 결정되고 정해졌으면서도, 공개적인 논쟁에서는 아직 진리를 추구하고 찾고 있다고 사람들에게 말하지는 않는가? 우리는 여기에 나오는 지도자들처럼 그렇게 교활하지는 않는가?

예수는 다른 곳들에서도 우리를 향해 우리가 "예스"라고 해야 할 때엔 "예스"라고 해야만 하며, 우리의 "노"는 "노"가 되어야만 한다고 촉구하신다(마 5:37). 다른 그 어떤 행동도 성실함과 신뢰를 무너뜨린다.

누가복음 20:9-19

9 그가 또 이 비유로 백성에게 말씀하시기 시
작하시니라 한 사람이 포도원을 만들어 농부
들에게 세로 주고 타국에 가서 오래 있다가
10 때가 이르매 포도원 소출 얼마를 바치게 하
려고 한 종을 농부들에게 보내니 농부들이
종을 몹시 때리고 거저 보내었거늘
11 다시 다른 종을 보내니 그도 몹시 때리고 능
욕하고 거저 보내었거늘
12 다시 세 번째 종을 보내니 이 종도 상하게 하
고 내쫓은지라
13 포도원 주인이 이르되 어찌할까 내 사랑하는
아들을 보내리니 그들이 혹 그는 존대하리라
하였더니
14 농부들이 그를 보고 서로 의논하여 이르되
이는 상속자니 죽이고 그 유산을 우리의 것
으로 만들자 하고
15 포도원 밖에 내쫓아 죽였느니라 그런즉 포도
원 주인이 이 사람들을 어떻게 하겠느냐
16 와서 그 농부들을 진멸하고 포도원을 다른
사람들에게 주리라 하시니 사람들이 듣고 이
르되 그렇게 되지 말아지이다 하거늘
17 그들을 보시며 이르시되 그러면 기록된 바
건축자들의 버린 돌이 모퉁이의 머릿돌이 되
었느니라 함이 어찜이냐
18 무릇 이 돌 위에 떨어지는 자는 깨어지겠고
이 돌이 사람 위에 떨어지면 그를 가루로 만
들어 흩으리라 하시니라
19 서기관들과 대제사장들이 예수의 이 비유는
자기들을 가리켜 말씀하심인 줄 알고 즉시
잡고자 하되 백성을 두려워하더라

원 의미

이 의미심장한 비유는 이스라엘에 대해 하나님이 행하신 일들의 역사를 요약해서 보여준다.[1] 이 비유가 여기 자리 잡고 있다는 점은 앞부분인 20:1-8에서 제기된 예수의 권위에 관한 질문에 대답하는 역할도 한다. 주님은 하나님이 보내신 독생자이시다. 구약성경의 주제들에 근거를 두시고 그 내용들을 개조하시

1. 이 본문과 평행을 이루는 성경본문들은 마태복음 21:33-44과 마가복음 12:1-11이다. 세부적인 사항들에 있어서의 변형들은, 이 비유가 어떻게 퍼져있었는지를 보여주며, 이 비유가 다양한 버전들이 요약된 것임을 보여준다. 예를 들어서, 마태복음에서는 종들과의 상호작용이 짧게 요약되어 있지만, 마가복음에서는 종들이 취급당하는 모습에 대해서 매우 심각하고 자세하게 표현하고 평가한다. 누가는 첫 번째 종이 빈손으로 쫓겨났고 두 번째 종은 매를 맞았고 세 번째 종은 상처를 입었다는 것으로 좀 덜 심각하게 표현한다. 오직 예수님만이 붙들리신다. 누가는 또한 시편 118편을 짧게 인용하는데, 아들을 죽였다는 설명 이전에 포도원 밖으로 내어 쫓았다고 표현하면서 아들을 죽인 것과 관련한 순서를 뒤집어서 표현한다.

는 것을 통해서, 예수는 이스라엘 나라를 향해 그들이 위험한 자리에 있다는 점을 경고하신다. 포도원이라는 이미지는 이사야 5:1-7 부분을 되풀이하는데, 이 부분에서 이스라엘은 포도원으로 이야기된다. 예수의 비유에서는 포도원이라는 이미지가 좀더 복잡하게 된다. 포도원은 아마도 "약속"을 의미하고, (소작) 농부들은 이스라엘을 지칭할 것이다. 아마도 특히나 이스라엘의 종교지도자들을 대표적으로 보여주면서 말이다.[2]

이 본문에는 구약성경의 다른 이미지들로서 시편 118:22의 이미지도 나오는데, 이 부분은 이미 누가복음 13:35과 19:38에 등장한 적이 있었다. 여기에서의 요점은, 사람들이 버린 돌이 하나님이 높여주시는 모퉁이돌이 되었다는 점이다(행 4:11; 벧전 2:7도 보라). 예수는 구약성경들을 인용하시면서 주를 배척하는 것이 비록 이스라엘 나라에 부정적인 충격을 주겠지만 주의 패배로 귀결되지는 않을 것임을 말씀하신다.[3]

이 비유에 나오는 장면은 일반적인 모습이다. 한 사람이 땅을 소유하고 다른 사람이 그 땅을 소작농으로서 경작하는 모습은 오늘날 세계에서는 쉽게 찾아볼 수 없는 모습이지만 당시 팔레스타인에서는 흔하게 볼 수 있는 모습이다. 한 사람이 포도원을 세우고 그것을 소작농부들에게 세를 주었을 때, 그는 열매를 거둬들이면 일정부분을 얻게 될 것이라고 기대한다. 비록 주인이 오랫동안 없다 할지라도, 그는 자신의 땅이 열매를 얻고 이익을 얻을 수 있는 땅으로 남아있게 될 것임을 예상할 수 있고 그렇게 기대한다.

추수기가 다가오자, 소유주는 포도원으로부터 소출 얼마를 받기 위해 종들을 보낸다. 첫 번째 종은 두들겨 맞은 뒤에 쫓겨난다. 두 번째 종도 역시 두들겨 맞고 능욕을 당했다. 세 번째는 상처를 입고 부상당했다. 소출 일부를 받으려는 주인의

2. 포도원을 이스라엘로 보고 농부들을 종교지도자들로 보지 않는 다른 견해에 대해서는 Blomberg, *Interpreting the Parables*, 248 n. 100을 보라. 나는 이 비유가 로마서 11장과 흡사한 역할을 한다고 보는데, 그 부분에서는 감람나무가 이스라엘을 원래의 가지로 갖고 있는 것으로 나오지만, 원래는 언약을 지칭하는 내용이다. 나는 모든 이스라엘을 지칭하는 것으로 보는 것을 더 선호하는데, 누가의 관점은 종교 지도자들이 가는 대로 이스라엘 나라의 반응도 마찬가지로 따라간다고 보는 것이기 때문이다. 이와 같은 비유나 이런 비유가 예언하는 심판은 왜 이스라엘 나라가 전체적으로 그들이 메시아로서 오신 예수의 방문에 대해 보인 반응에 책임이 있는지를 보여준다(참조. 19:41-44). 그러므로 종교 지도자들을 주로 염두에 두고 있으면서(19절), 이 비유의 적용은 이스라엘 나라의 역할이 무엇인지를 다룬다. 16절에서 이 포도원을 줄 "다른 사람들"은 이방인들이다.

3. 이스라엘 나라의 불순종이 하나님의 훈련으로 이끌고간다는 주제는 예레미야 7:21-28 같은 본문에 반영되는데, 이 부분은 신명기 28장의 경고들을 다시금 보여주는 부분이다. 여기서 제기되는 이 주제들은 사도행전 7장에 나오는 스데반의 설교에 다시금 등장한다.

모든 노력은 아무 실효를 거두지 못한 채 실패하고 말았다. 이 비유의 세부적인 내용들은 이스라엘 나라가 선지자들을 향해 아무런 반응과 응답도 하지 않으면서 계속적으로 불성실했음을 묘사한다(왕상 18:13; 22:24-27; 왕하 6:31; 21:16; 대하 24:19-22; 36:15-16; 느 9:26; 렘 37:15; 44:4). 누가복음 13:6-9이 지적하듯이, 이스라엘 나라는 하나님께 드릴 열매가 아무것도 없었다.

포도원 주인은 "내가 사랑하는 나의 아들"을 보내기로 결심한다. 이 표현은 주가 유일한 아들임을 묘사하는 아주 훌륭한 방식이 될 수 있는데, 농부들은 이 아들이 죽으면 그 땅이 자신들의 것이 될 것이라고 기대하기 때문이다. 포도원 주인은 농부들이 이 아들을 존경으로 대할 것이라고 생각한다. 그러나 그들은 이 아들이 도착하는 것을 보았을 때, 그들 눈에는 기회만이 보였다. 만약 상속자가 없을 경우에, 땅이 소작농들에게 돌아가는 것은 당시엔 흔히 일어나는 일이었다.[4] 하지만 그들의 논리는 어리석기 그지없는 것이었다. "만약 이 상속자를 죽이면, 우리가 상속자가 될 것이다!" 어떻게 상속자를 죽이는 것이 그들에게 유익을 가져다 줄 수 있단 말인가? 이 얼마나 죄악으로 뒤틀린 생각이란 말인가! 소경됨은 어둠 속에서 이상한 것들을 볼 수 있게 만들어준다. 여기 암시된 내용은 예수를 사형집행하기 위해 접근한 그들 방식이기도 한데, 이는 이 비유의 핵심적인 포인트이다. 예수는 비록 결코 논리적이지 못함에도 불구하고 그들이 무엇을 하고자 하는지에 대해서 정확하게 알고 계신다.

예수는 사람들에게 그 아들을 죽인 자들에게 포도원 주인이 어떻게 반응할 것인지를 물으신다. 포도원 주인은 돌아올 것이고, 농부들을 죽일 것이며, 그 땅을 다른 사람들에게 맡길 것이다. 이 비유는 사도행전이 보여주듯이, 비록 예수가 형성하시는 새로운 공동체의 기초를 형성한 열두 명의 제자들에 대한 언급도 포함하기는 하지만 약속 안에서 이스라엘 나라에 다가오고 있는 것이 무엇인지를 암시한다. 무리들은 누가 포도원을 갖게 되는지 그 전환이 무얼 의미하는지를 알아차리면서 외친다. "그렇게 되지 말지어다!" 분명 이스라엘과 그들의 리더십은 이런 무모한 불순종의 죄를 결코 범해서는 안 된다.

예수는 성경과 대중들이 잘 알고 있는 잠언을 인용하시면서 요점을 분명하게 말씀하신다. 시편 118편은 사람들이 버린 의인을 하나님이 높이 드시고 귀한 사람으로 세우신다고 가르친다. 이 본문은 아마도 성전에 들어가는 과정 중인 사람들

---

4. J. Jeremias, *The Parables of Jesus*, 75 n 99.

을 이끄는 왕에 대한 내용일 것이다. 구약성경의 유대인들은 그들의 왕에 대해서 이런 용어들로 생각했었던 것 같고, 유대인들은 지금 예수를 향해 이스라엘 나라를 축복의 장소로 만들어주실 것을 기대하고 있는 듯하다. 배척하는 자들은 열방들이었다. 예수는 이 이미지의 위아래를 뒤집으신다. 지금 그 왕이 자기 백성들로부터 배척당하다고 있다고 지적하시면서 말이다(참조. 사 53장). 만약 하나님이 이 돌을 기초를 담당하는 핵심적인 역할을 하게끔 높이신다면, 이 기초에 대적하는 자리에 서는 것은 위험한 일이다.[5] 이 돌 위에 떨어지는 모든 사람들은 부서지게 되고, 이 돌이 그 위에 떨어지는 사람들은 가루가 되어 흩어지게 된다. 이 잠언적인 설명은 에스더 3:6에 대한 후기 유대교의 미드라쉬와 매우 흡사하다: "만약 이 돌이 항아리 위에 떨어지게 되면, 아아 슬프도다 항아리여; 만약 이 항아리가 이 돌 위에 떨어지면, 아아 슬프도다 항아리여!" 어떤 것이 되었건 간에, 하나님이 높여주신 귀한 돌—하나님의 아들 예수—을 반대하는 것은 문제이다.

예수에 대한 대적은 점차 강렬해지게 되는데, 그들은 예수가 그들에게 도전하고 계시다는 점을 알고 있기 때문이다. 주가 이전에 성전에서 행하셨던 것처럼 말이다. 주님은 종교 지도자들을 향해 그들이 자기 자신들을 바라보는 것과 정확하게 정반대 지점에서 그들을 책망하고 꾸짖으신다. 그들은 주를 체포하기 원하지만 사람들이 장애물로 남아있다. 예수는 여전히 사람들에게 인기가 있는 분이시다. 주를 체포하려면 우선에 주가 신용을 잃게 해야만 할 것이다. 그래서 그들은 이런 쪽으로 관심을 돌리면서 노력을 기울인다.

상황잇기

포도원 농부들에 대한 이 비유는 하나님이 왜 그분의 축복의 지경을 넓히셨는지를 설명한다. 이스라엘은 더 이상 축복의 핵심자리에 앉아있지 않다. 그들을 의로움으로 이끄시고자 하는 하나님의 모든 시도들을 지속적으로 그리고 거칠게 배척해왔기 때문이다. 그들은 하나님의 길이 아닌 방식으로 행동하기를 요구해왔고, 그래서 그들은 이런 상황에 빠지게 되었다.

이 비유에 나오는 중추적인 인물들은 하나님의 계획 안에서 이스라엘의 기본적인 역할과 관련되어 있다. 이제는 이스라엘 나라가 한편 옆으로 젖혀져 있는 언약

---

5. 시편 118편과 이 본문은 예수를 갓돌이 아니라 건물의 기초(참조. 고전 3:10; 엡 2:20)로 언급한다. R. McKelvey, *The New Temple*(Oxford: Oxford Univ. Press, 1969), 195-204. 우리는 여기서 NIV의 각주 번역을 인정한다.

은 “다른 사람들”, 즉 이방인들이 돌보게 되었다. 로마서 11장이 이 본문에 대한 주석으로서 역할 하는데, 이 부분에서 사도 바울은 하나님의 계획이 어디를 향하고 있는지를 논의하기 위해 포도원이라는 비슷한 이미지를 사용한다. 하지만 이스라엘 나라의 장래를 바라보는데 있어서는, 조금 다르게 논의한다. 즉 바울은 예수의 비유 이미지가 멈춘 자리를 들어 제시한다. 그는 비록 원가지들(이스라엘)이 잘라져 나갔지만, 그들은 미래에 다시금 접붙임 받을 수 있고, 또한 접붙임 받을 것이다(롬 11:12, 14-15, 26-27, 29-32). 달리 말하자면, 이스라엘이 다시금 하나님의 계획 속에서 중심적인 역할을 감당하게 되는 그런 날이 오게 될 것이다. 그 동안, 접붙임 받은 가지들인 이방인들은 하나님을 신실하게 섬겨야만 한다. 하나님이 신실치 않은 원가지들도 잘라내셨으므로 신실치 않은 접붙임 받은 가지들에 대해서도 마찬가지로 잘라내실 수 있기 때문이다. 축복에 근접해 있다는 것은 교만의 이유가 될 수 있는 것이 아니라 겸손의 이유가 되어야 한다.

이 역사적 관찰은 이스라엘에 초점을 맞춘다. 그리고 이 사건들은 바울이 로마서 11장에서 경고했듯이, 교회들을 향한 경고도 마찬가지로 담고 있다. 더군다나, 이 비유는 하나님의 아들이신 예수께 일어나게 될 일들이 결코 놀라운 일이 아니라는 것도 나타내 준다. 역사는 하나님이 준비하신 범주들 내에서 움직인다. 그리고 하나님의 계획은 비록 아무것도 움직이지 않는 것처럼 보인다 하더라도, 앞을 향해서 계속 움직이고 있다. 이스라엘의 반응에 대한 모든 내용들은 이런 반응이 하나님의 계획을 도려낼지도 모른다는 추측을 하게 한다. 하지만 그렇지 않았다. 부활과 생명을 주시는 하나님의 권능은 하나님의 구원하시는 메시지에 반응할 다른 사람들을 발견하게 될 것임을 보여준다.

마지막으로 이 본문은 우리들에게 하나님의 약속을 확신하지 않는 것에 대해서도 경고한다. 실제로 이 농부들은 포도원이 영원히 그들 것이 될 것이라고 생각했지만, 그들은 잘못 생각한 것이었다. 하나님은 소산물을 찾기 위해 포도원에 오셨고, 하나님이 얻으신 것은 적대적인 모습과 슬픔뿐이었다. 이제 농부들은 하나님이 심판을 가져오신다는 것을 가정해야 한다(19:41-44을 보라). 포도원에 있는 사람들은 하나님이 찾으시는 열매들을 가지고 지체들을 세워나가야만 하고 하나님을 영화롭게 해야만 한다.

현대적 의미

비록 이 본문이 하나님이 이스라엘을 잠시라도 한편으로 치워버리시는 것을 거칠게 묘사하기는 하지만 하나님이 얼마나 오랫동안 참으시고 고통당하셨는지를 살펴보는 것은 매우 중요한 일이다. 하나님은 자기 백성들에게 수많은 종들을 보내셨고, 마지막에는 자기 아들을 보내셨다. 이스라엘은 응답할 수 있는 모든 기회들을 갖고 있었다. 그러나 그들이 소경됨은 그들의 적대감이 계속될수록 자꾸만 더욱더 강력해지고 또 강력해졌다. 바로 이것이 종종 죄가 활개를 치는 방식이다. 죄는 일단 한번 존재하기 시작하면, 자꾸만 더 깊이 뿌리를 내리고 활개를 친다(롬 1:18-32). 하나님의 심판은 변덕스럽지 않다. 하나님의 심판은 오랜 과정을 거쳐서 도달하는 정점에 자리 잡고 있다. 하나님은 사람들로부터 응답을 얻으시고자 노력하고 반복하시는 오랜 노력을 기울이신 후에서야 사람들을 배척하신다. 예수는 예루살렘에 들어가실 때 우셨는데, 그건 하나님이 사람들에게 가져오고자 하시는 것이 심판은 아니었기 때문이었다(벧후 3:9). 심판은 오로지 우리가 하나님의 열정에 부응하지 않고 응답하지 않기 때문에 온다.

이 본문은 다시 한번 예수의 중심성을 강조한다. 주님은 모퉁이 돌이시며, 주를 대적하는 자들은 하나님의 배척과 직면하게 된다. 이 돌은 주를 대적하는 사람들을 부서뜨린다. 이 메시지는 주를 대적하는 것이 하나님으로부터 배척당하는 결과와 직면하게 된다는 이 복음서의 여러 다양한 부분들에서 분명하게 나타난다. 이는 또한 그 무엇도 하나님의 계획을 좌절시킬 수 없다는 점을 보여준다. 하나님 계획의 중심으로서 예수는 부활을 통해 새로운 공동체의 중심이 되셨으며, 하나님의 임재하심이 거하시는 새로운 성전이 되셨다. 사실 우리 안에 거하시는 성령께서는 이러한 새로운 살아있는 성전에 그 생명력을 불어넣어주시는 분이시다(고전 3:17-18). 이 성전은 하나님께 거룩한 곳이며 하나님의 보호하심 가운데 역할 한다. 만약 누구든지 이 성전을 마치 유대 종교지도자들이 예수를 공격하듯이 그렇게 공격하고 회개하지 않는다면, 심판이 그들 위에 떨어질 것이다. 하나님은 하나님께 영광 돌리기를 거부하는 사람들로부터 영광받기를 원하실 뿐만 아니라, 하나님이 거하시는 공동체로부터 영광 받기를 원하신다. 언젠가 모든 사람들이 하나님을 고백하게 될 것이다. 나중에 하나님을 고백할 수밖에 없는 상황에 직면하기보다 지금 의지적으로 하나님을 고백하고 응답하는 것이 더 좋은 일이다.

누가복음 20:20-26

20 이에 그들이 엿보다가 예수를 총독의 다스림
과 권세 아래에 넘기려 하여 정탐들을 보내
어 그들로 스스로 의인인 체하며 예수의 말
을 책잡게 하니
21 그들이 물어 이르되 선생님이여 우리가 아노
니 당신은 바로 말씀하시고 가르치시며 사람
을 외모로 취하지 아니하시고 오직 진리로써
하나님의 도를 가르치시나이다
22 우리가 가이사에게 세를 바치는 것이 옳으니
이까 옳지 않으니이까 하니
23 예수께서 그 간계를 아시고 이르시되
24 데나리온 하나를 내게 보이라 누구의 형상과
글이 여기 있느냐 대답하되 가이사의 것이니
이다
25 이르시되 그런즉 가이사의 것은 가이사에게,
하나님의 것은 하나님께 바치라 하시니
26 그들이 백성 앞에서 그의 말을 능히 책잡지
못하고 그의 대답을 놀랍게 여겨 침묵하니라

원 의미

유대 지도자들은 이제 예수의 정치적 입장을 통해 발목을 잡으려고 한다.[1] 이 이슈는 로마의 "인두세"에 관한 것이다. 별로 인기 없었던 이 세금은 로마가 이스라엘을 통치하고 있다는 것을 보여주는 대표적인 항목 중 하나다.[2] 누가는 배경을 묘사하는 방식을 통해서, 이 음모를 복잡하게 제시한다. 유대 지도자들은 스파이들을 예수에게로 보냈는데, 그들의 임무는 매처럼 들러붙어서 예수를 감시하는 것이었다. 그들은 자신들이 "정직한" 사람들인양 위선적으로 행동하지만 그들은 예수의 말씀들 중 무언가를 책잡아서 주께 정치적 책임을 물어 총독에게 넘겨줄 기회만을 노려보고 있었다. 아마 얻을 수만 있다면 이런 결과가 그들에게는 최선의 결과가 될 것이다. 로마 정권에 투옥당한 상황 속에서, 예수는 반역죄에 대한 형벌로서 사형을 언도받을 수 있었을 것이며, 그렇게 함으로써 이 지도자들은 주의 죽음에 대해 직접적인 책임을 면할 수 있게 될 것이다. 여기에 덧붙여서, 로마

1. 이 본문과 평행을 이루는 다른 성경본문들은, 마태복음 22:15-22과 마가복음 12:13-17이다.
2. 이 세금에 대한 유대적인 관점에 대해서는 Josephus, *Antiquities* 2.8.1 §§117-18; 7.8.1 §§253-58; 18.1.1. §§1-10을 보라.

는 유대인들이 로마의 이익에 부합하고자 노력하고 있다고 인식하게 될 것이다.

이런 잠입자는 탁월한 계획을 갖고 있었다. 그들은 예수께 질문한다: "가이사에게 세를 내리이까 말리이까?" 만약 예수가 로마를 지지하신다면, 이스라엘과 같은 편에 있다는 점을 의심받게 될 것이다. 만약 주가 유대인들 편에 선다면, 로마를 불러들일 수 있을 것이다. 그들은 주를 향해 "의로운 것"을 가르치시는 분이라고 (21절) 주를 찬양하면서 접근을 시작하는데, 이는 그저 그들의 위선을 두드러지게 보여줄 뿐이다. 그들이 행하는 모든 일들은 예수를 배척하는 모습을 보여줄 뿐이다. 그들은 로마가 종교적으로 높은 경건을 갖고 있다고 믿는 것보다 주가 하나님의 길을 가르치시거나 진리의 길을 가르쳐주시는 분이라고는 더 이상 생각하지 않는다.

이 질문은 '둘 중 하나/혹은' 이라는 표현으로 구성되어 있다. 그러나 예수는 그들의 간사함을 알고 계셨고(NIV에서는 "위선"),[3] 동전을 가져오라고 하셔서는 그 동전 위에 누구의 얼굴이 그려져 있느냐고 물으신다. 데나리온인 이 동전에는 아마도 "디베리우스 가이사, 거룩한 아우구스투스의 아들인 아우구스투스"라고 쓰여 있었을 것이다. 로마의 통치권이 모든 동전들 위에 새겨져 있었다. 유대인들은 이런 동전들을 그들 주머니에 넣고 다녔다. 이는 그들이 이미 로마의 통치권 하에 있다는 증거였으며, 이런 상업적 과정들에 참여하는 것을 통해 로마통치를 받아들였음을 보여주는 증거였다. 하나님은 로마 정부를 임명하셨고, 이스라엘을 통치하는 그들의 현재 권력을 임명하셨다(참조. 롬 13:1-7).

예수의 대답은 짧다: "가이사의 것은 가이사에게, 하나님의 것은 하나님께." 예수는 이 질문을 '둘 다/그리고' 라는 질문으로 변환시키신다. 정부는 존재하고 기능을 감당할 권리를 갖고 있지만, 그 존재가 한사람이 하나님께 속해있는 것을 훼방하거나 파괴하는 것은 아니다(롬 13:1-7; 벧전 2:13-17). 예수는 로마에 항거하는 정치적 혁명가가 아니시며, 열성적인 민족주의자도 아니시다. 그 누구도 예수께 정치적 모반의 책임을 물을 수는 없다. 주님은 주를 잡으려고 놓아둔 덫으로 들어가지 않으셨고, 이 지도자들은 그들의 노력이 실패했음을 알아차렸다. 그들은 주의 대답 앞에서 그저 침묵하고 있을 수밖에 없었다.

3. 간사함을 표현하는 이 용어는 속임수를 쓰는 것을 표현한다. O. Bauernfield, "πανουργία," *TDNT*, 5.726.

상황잇기

이 본문은 예수가 말씀하신 많은 내용들 중 정치적인 내용에 가장 가까운 말씀이다. 이 말씀은 폭넓은 내용은 아니지만, 주가 국가라는 이슈에 대해서 어떻게 다루시는지를 상당히 많이 드러내 보여준다. 예수가 이 질문을 다루신 모습이나 다른 많은 방식들을 통해서, 주님은 로마를 변혁시키는 정치적 아젠다에 별반 관심이 없으시다는 것을 잘 보여준다. 예수는 젤롯당(열심당)이 아니시다. 주님은 이스라엘이 로마와 관련 맺고 있는 그런 연관성보다 좀더 하나님께 영광 돌리는 백성들이 되는 것에 관심을 기울이고 계신다.

교회와 국가에 대한 기본적인 원리도 여기에 나타난다. 정부들은 로마제국처럼 이교적인 정부라 할지라도 존재할 권리를 갖고 있으며, 또한 그 시민들에게 국가 기능을 위해 기여하도록 참여를 요청할 권리를 갖고 있다. 세금 등을 포함해서, 이런 정부를 뒷받침하는 것이 한사람이 하나님께 속해있는 것을 가로막거나 훼방하지 않는다.

그러나 예수는 지금 그저 특정적인 정부 문제를 다루시는 것 이상으로 좀더 근본적이고 포괄적인 무언가를 다루고 계신다. 주님은 하나님과 동행하고 이 세상에서 국가의 경계선들을 넘어 주를 증거 할 사람들을 이스라엘로부터 부르기를 원하신다(주의 죽으심 이후에, 열방의 사람들을). 예수는 로마에 대한 공격을 이슈화하지 않으실 것이다. 사실 주가 앞부분에서 예루살렘에 입성하신 것(19:28-40)은 주가 평화의 왕으로서 그리고 사람들에게 의로움을 가르쳐주시는 소망의 왕으로 겸손하게 오셨음을 보여주었다. 주가 건설하시고자 하시는 것은 국가라는 경계선을 초월하는 것이다. 어떤 점에서는 바로 이런 측면이, 주가 이교적인 국가에 세금 내는 것을 문제 삼지 않으시는 이유가 되기도 한다.

예수의 역사하심은 영적인 변화를 포함하고 이스라엘과 열방 가운데 하나님의 분명한 나라를 세워나가는 것을 포함한다. 주님은 사람들에게 사람들이 어떻게 하나님 앞에서 공동체를 통해 살아가야만 하는지를 보여주시면서, 하나님의 임재하심을 분명하게 보여주기를 소망하신다(엡 1:22-23; 벧전 2:13-17). 우리가 교회가 세상 속에서 어떻게 역할하고 기능해야만 하는가를 심사숙고할 때, 이런 구별과 구분이 본질적인 역할을 한다.

현대적 의미

교회는 정부를 어떻게 바라봐야만 하는가? 하나님은 기독교 국가를 원하시는가? 그리고 이런 표현은 무얼 의미하는가? 만약 사회구조들이 사람들을 하나님과 사람을 존중하고 존귀히 여기는 방식으로 하나님이 연결하기를 바란다면, 그렇다면 그 대답은 물론 예스이다. 하나님은 나라들을 세우시고, 설령 그들이 하나님과 언약 관계에 들어있지 않다 하더라도, 그들에게 백성들을 어떻게 다루는지에 대해 책임을 물으신다. 그러나 만약 우리가 하나님이 특별한 축복계약을 어떤 나라와 맺으신다는 것을 의미하는 것이라면, 그 대답은 아니오이다. 왜냐하면 오직 이스라엘만이 하나님과 특별한 관계를 가졌기 때문이다. 오늘날 하나님이 특별하게 역사하시는 장소에서, 교회는 모든 국가적인 경계선들을 초월한다(빌 3:20-21).

교회는 오늘날 하나님의 나라를 잘못된 장소에서 찾는 위험에 빠져 있다. 기독교 국가는 워싱턴, 런던, 베를린, 도쿄, 과테말라, 라고스, 상파울, 혹은 모스크바 같은 정치적 도시 안에 있는 것이 아니다. 그 나라는 예수가 세상의 빛이 되라고 세우신 공동체이며, 그 나라의 시민권은 하늘에 그 뿌리를 두고 있으며(빌 3:20-21), 이들의 소명은 모든 나라와 족속에게로 가서 그들로 하여금 이 공동체의 일부분이 되게끔 하는 것이다. 하나님께 속한 것을 하나님께 드리는 것은 이 열방 가운데서 하나님께 하나님의 나라를 위한 신실한 섬김을 드리는 것이다. 성경은 교회를 향하여 어떤 특정한 나라나 정치적 이데올로기 편에 서라고 명령하지 않지만, 모든 사람들 앞에서 그 소명을 따라 행하도록 명령하는데, 이는 모든 나라들이 하나님을 필요로 하기 때문이다.

이 점은 정치적 행동에 대해 어떤 내용을 함축하는가? 기독교인들은 어떤 나라에서건 온전한 시민권을 가진 사람들이 될 수 있으며, 그 의무들도 행해야 한다. 교회는 건강한 공동체를 만들어나가기 위한 가치들을 위해 공개적인 장소에서 논증을 하고 주장을 펼칠 권리를 갖고 있다. 세례 요한도 헤롯이 하나님 앞에서 져야할 책임성에 관해 문제를 제기하는 것을 통해 그의 삶의 스타일에 대해 헤롯을 책망하고 헤롯에게 도전했다. 그러나 교회가 해야 하는 일은 세속적인 권력이나 검을 휘두르는 일이 아니다. 콘스탄틴 시대 때나 중세 교회 때 이런 접근법을 가지고 했던 실험은 쓸쓸하게 실패한 것으로 간주되어야만 한다. 종교개혁 시기 동안 제네바에서 있었던 것과 같은 노력들조차도, 오직 혼합적인 결과들만을 얻을 수 있었을 따름이다. 교회에 속하기를 원치 않는 사람들이 교회에 속하도록 강요될 때, 교회는 부정적인 영향을 받게 된다. 하나님은 친히 사람들로 하여금 하나님의 공동체의 일원이 되는 것을 거부할 수 있게끔 허용하셨으며 그런 뒤에 그들의 선택에 대해 책임을 지게끔 하신다. 우리는 섬기라고, 의로움과 인격적인 성실함을 이 세상 가운데서 보여주라고 부름 받았다. 이 세상은 죄와 도덕적 책임성을 인정하는 데 더딘 곳이지만 말이다. 우리는 교회를 가리키면서 이렇게 말할 수 있어야만 한다. "여기가 건강한 관계들과 순전하고 다민족적인 공동체를 발견할 수 있는 장소이다." 세상 속에서 우리는 도덕적 공의를 뒷받침하고 후원해주어야만 한다. 어떤 특정한 이데올로기와 결합되어 있지 않은 그런 도덕적 공의에 대해서 말이다. 사실 하나님의 은혜를 증거 하는 일을 하기 위해서, 우리는 모든 기관들이 하나님의 높은 기준들을 통해 검토되어야만 한다고 주장할 수 있다. 교회의 정치적 모토는 하나님을 사랑하고 이웃을 사랑하라는 것이다. 이 신조에 대한 적용은 매우 많은 형태들을 가질 수 있으며, 이 모토는 오직 교회의 이해와 에너지를 통해서만 제한될 뿐이다. 교회는 이 영역에 있어서 심사숙고해야 할 그리고 실제로 실천하고 감당해야 할 많은 일들을 갖고 있다. 우리의 수도(capital)는 하나님의 오른손에서 발견된다.

그리스도와 문화에 관한 논쟁은 오래된 것이고 다양한 접근방법들이 이 이슈에 활용되어왔다. 1951년에 리처드 니버(Richard Niebuhr)는 그의 유명한 저서인 『그리스도와 문화』(*Christ and Culture*)를 썼는데, 이 책에서 그는 교회사에서 이 질문에 대한 다섯 가지 상이한 선택들이 있어왔음을 제시한다: "문화와 대립하는 그리스도", "문화에 속한 그리스도"(주님은 문화의 저자이시다), "문화 위에 있는 그리스도"(주님은 문화를 초월하신다), "문화와 역설적 관계에 있는 그리스도" 그리고 "문화를 변혁하는 그리스도".[4] 여기엔 한 가지 선택이 누락되어 있다: 재편된 문화의 모델로서의 교회. 이 마지막 선택은 문화를 재정비하는 것은 결국 하나님이 행하시는 일이라고 주장한다.

비록 우리가 문화를 변혁시키는 것을 추구할 수는 있지만, 그것은 교회의 소명이 아니다. 개혁은 단순히 구조들만 변화시키는 것을 통해서는 결코 이루어지지 않기 때문이다. 마음이 변화되어야만 한다. 이런 종류의 구조적이고 내적인 변화의 역동성이 교회 공동체 안에 존재하는데, 이런 모습이 빛으로서 역할 한다—사람들이 이 세상과는 전혀 다르게 작동한다고 지적할 수 있어야만 하는 그런 장소

4. H. Richard Niebuhr, *Christ and Culture*(New York: Harper and Row, 1951).

로서 말이다. 교회는 무엇이 건강한 관계인지를, 어떻게 가난한 사람들의 필요들을 긍휼을 통해 채워줄 수 있는지를, 인종주의라는 차별이 없는 것이 어떤 모습인지를, 사람들이 어떻게 성실성을 갖고 직업에 종사할 수 있는지를, 사람들이 서로에 대해 실망했을 때 어떻게 화해가 일어날 수 있는지를, 그리고 기타 여러 다른 모습들에 대해서 이 세상에게 보여줄 수 있어야만 한다.

이런 관점은 우리가 정치에 간여하는 것에 대해 어떤 의미를 갖는가? 서구 세계를 살아가는 우리들 중 많은 사람들은 참여 민주주의 속에서 살고 있고, 그래서 우리는 시민이 되는 것과 더불어 주어지는 의무를 행할 권리를 갖고 있다. 우리는 공개 광장에 참여할 권리를 갖고 있고, 또한 그렇게 해야만 한다.[5]

리차드 뉴하우스(Richard Neuhaus)가 지적했듯이, '벌거벗은 광장'(Naked Public Square)은 바람직하지 않다.

> 벌거벗은 광장은 머레이가 주장하듯이, "불가능한" 프로젝트이다. 하지만 그럼에도 불구하고 사람들이 이런 벌거벗은 광장을 시도하는 것을 단념하지는 않는다. 세속주의자들 중에서는 벌거벗은 광장이 꿈꾸어볼 만한 목표이기도 하다. 그들은 세속주의적인 계몽주의에 동의하는데, 즉 사람들이 점차로 더 계몽될수록(교육받을수록) 종교는 점차 사라지게 되거나 혹은 만약 종교가 사라지지 않는다 하더라도, 종교는 개인적인 취향정도로 축소되면서 대중적인 생각 속에서 안전하게 봉인되어 버릴 것이라는 점이다. 우리의 주장은 적나라한 공개 광장은 설사 그것이 가능하다 하더라도 별로 바람직한 모습이 아니라는 것이다. 이것이 신자의 관점에서 별로 바람직하지 않은 이유는 이런 생각은 종교적 진리와 도덕들도 보편적이고 공적인 타당성을 가져야한다는 잘못된 믿음에 빠져들 수밖에 없기 때문이다. 분명한 예를 하나 들자면, 십계명 같은 경우 규범적인 성격을 갖고 있다. 십계명은 여태껏 이야기되어오듯, 한 개인의 주관적인 입장이나 관점에 잘 들어맞는 그런 열 가지 제안들이나 열 가지 중요한 통찰이 아니다. 설사 누군가가 비록 신자가 아니라 하더라도, 한 사회가 도덕적으로 중차대하게 생각하는 내용들을 공공의 일과 별개인 양 분리해 버리는 일은 별로 바람직한 일이 아니다. 만약 그 사람이 민주주의 사상을 갖고 있는 사람이라면 말이다. 우리는 벌거벗은 광장이 바람직하지 않다는 것에 덧붙여서, 벌거벗은 광장이 가능하지도 않다고 주장해 왔다. 그

5. 이와 관련한 훌륭한 연구로서 Richard Neuhaus, *The Naked Public Square*(Grand Rapid: Eerdmans, 1984)를 보라. 정기적으로 이런 일들에 관심을 기울이는 것은 *First Things*라고 불린다.

건 단순한 환상일 뿐인데, 벌거벗은 광장은 계속 그렇게 벌거벗은 상태로 남아있을 수도 없기 때문이다. 한 사회는 공적인 도덕적 판단이 필요하게 되었을 때, 만약 어떤 특별하고 구체적인 종교적 가치들을 배제하고 또한 그런 가치들을 담고 있는 종교적 기관들을 배제한다면, 결국 그 사회의 규범적 도덕성은 그 사회가 민주적이라고 인정하지 않는 그런 자료들과 원칙들로부터 엘리트적인 구성을 통해 만들어지게 될 것이다.[6]

그러나 우리는 종교가 종교만의 영역에서 작동하게끔 하는 것에 대해서도 조심스러워야만 한다. 이런 일은 강제적으로 이루어져서는 안 되며, 또한 참여한다 하더라도 참여 역시 분명한 확신을 통해서 이루어져야만 한다. 또한 광장에 참여해서 이루어지는 우리의 논쟁은 우리 사회의 "공공의 선"을 토대로 주장을 펼쳐야 한다는 점에 민감해야만 한다. 이렇게 함으로써 공공의 도덕성이 만들어질 수 있는데, 도덕적인 것은 인간성을 건강하게 해준다(바로 이런 이유 때문에 하나님도 여기에 관한 교훈들을 주셨다). 그러나 정치적 이데올로기와 종교를 혼동하거나 이데올로기와 시민 종교를 혼동하는 것은 반드시 피해야만 한다.[7]

하나님은 정당들의 아젠다에 잘 부합하는 그 어떤 정부철학도 갖고 계시지 않다. 우리는 각 정당의 정책에 성경적인 관점들이 뒤섞여 있다는 점에 대해서나 각 정당이 어떤 정도의 도덕적 특성을 갖고 있는지를 정책들을 통해서건 혹은 정책안의 이슈들을 통해서건 살펴볼 수는 있다. 교회는 이 세상 문화의 대안으로서 역할함에 있어서, 그리고 정부나 다른 기관들이 일을 해나가는 것을 비평하는데 있어서, 세상의 문화보다 더 높은 기준과 위치에서 그렇게 해야만 한다.

정부는 국민을 보호하고, 법과 질서를 유지하고, 세금을 모으고, 공의의 원칙으로서 공공의 선을 돌보고 섬기기 위해 존재하며(롬 13:1-7), 반면 교회는 마음과 영혼을 양육하기 위해 존재한다.

이런 질문들은 어떤 특정한 주제와 관련될 때 좀더 어려워진다. 낙태는 어떤가? 이것은 공공의 도덕성과 관련한 문제이다. 그리고 이런 문제는 처음부터 종교적이고 철학적인 문제이며, 이 사회에서는 어떻게 이런 논의를 해야 할지 잘 모르는 그런 문제이기도 하다. 이런 이유로 인해서 이 논의는 문화적으로는 매우 고통스러운 논의이다. 이것은 도대체 배우자의 말을 듣는 방법에 대해 전혀 모르는 결혼한

---

6. Ibid., 86.
7. 여기서 강력하게 추천하는 것은 Os Guinness, *The American Hour*(New Yo가: Macmillan, 1992), 특히 147-61, 371-93이다.

사람들에게 어떻게 의사소통해야 하는지를 가르치는 것과 비슷한 종류의 일이다. 내가 글을 쓸 때, ABC 방송의 나이트라인(Nightline)에서는 낙태에 관한 특별프로그램을 방송하고 있었다. 이 프로그램에 나온 통계 치에서는 출산가능 연령의 여성들 중 2-3퍼센트가 작년에 낙태를 했었다고 보여준다. 물론 우리는 인간의 생명을 보호하도록 격려해야만 하지만 만약 낙태가 불법이 되었을 때 아이들을 양육하기 위한 구조들이 제자리를 잡게끔 준비하는 일도 해야만 한다. 우리는 생명보존에 대해서만 열정적으로 주장할 수 없다. 아이가 일단 태어난 뒤에 생명보존에 대한 관심을 그냥 쉽게 포기하게 된다면 말이다. 이는 재정적 편리주의에 입각한 주장들이 도덕적으로 필요한 주장들을 잘라내 버릴 수도 있다는 의미이다. 어떤 사람들은 원치 않는 아이들이 이 세상에 태어났을 때 얼마나 많은 돈이 들어가게 되는지를 강조하면서 낙태를 찬성하기도 한다—경제적으로나 감정적으로 말이다. 이런 주장에 반하는 주장을 하는 사람들은 도덕적인 주장을 하기 위해 지불해야 할 도덕적 사회적 비용들을 감당할 수 있는 준비를 해야 할 필요가 있다. 의로운 길이 항상 가장 쉬운 길인 것은 결코 아니다. 종종 낙태를 선택하는 것이 가장 편리한 방법인 반면, 아이를 키우기로 결정하는 것은 적어도 재정적인 부담을 많이 감당해야하는 선택이다.

이런 경우를 살펴보면서, 우리는 우리 자신이 좋은 이웃이 되어 주변 사람에게 도움을 줄 필요가 있다. 아이를 낳아 키우기로 결정하는 사람들을 그 이후에 돕고자 하는 마음을 가지고서, 특히나 재정적으로나 감정적으로 부족한 상황에 있는 사람들에 도움을 주고자 하는 마음을 가지고서 말이다.

학교에서 기도하는 문제는 어떤가? 이것은 매우 민감한 문제다. 나는 열심히 기도하는 사람이고 또한 하나님께 기도하는 것이 가치 있는 일이라고 가르치는 사람이다. 그러나 우리는 다문화적인 환경 속에서 어떻게 기도해야 할 것인가? 내가 믿는 바로는 우린 단일종교 공동체 속에 있다고 주장할 수 없다. 실제가 그렇지 않기 때문이다.

나는 종교적인 믿음을 공공의 이익과 정보라는 문제로서 광장에서 공개적으로 그리고 직접적으로 다루는 것을 더 선호한다. 그러나 우리는 바울이 아덴의 아레오바고에서 했던 것처럼 신중한 민감함을 가지고 해야만 한다(행 17:16-34). 나는 다양한 국적들과 종교들을 갖고 있는 사람들이 모여 있다는 것을 알고 있는 그런 공식적인 자리에서 기도해달라는 부탁을 받곤 한다. 우리는 이런 상황 속에서 어떻게 해야만 하는가? 우리는 행동과 예배에서 하나님께 신실하고, 또한 좀더 폭넓은 정황 속에서 분별된 모습이지만 진실하게 일반적인 다니엘과 같은 모습인가? 나는 이런 상황들 속에서는, 우리들을 만드시는 하나님의 역할에 초점을 맞추거나 하나님의 얼굴을 겸손하게 구하는 우리의 책임성을 중심 주제로 삼아 기도해왔다.

우리 문화에서는 특수하고 특정적인 종교적인 질문에 초점을 맞추기 전에, 일반적인 측면에서 종교적 질문들이 갖는 가치들을 숙고하고 살펴볼 필요가 있다. 조심스럽고 관심 깊게 말이다. 우리의 다종교적인 정황 속에서의 최상의 기도는 개인적인 기도를 위해 개별적인 시간들을 할애하는 그런 기도이다. 그렇게 하지 않는다면, 학급에서 기도하는 기도문을 쓰게 된 사람은 계속 싸움에 휘말리게 될 것이다. 하나님께 드려지는 것들은 강압에 의해서가 아니라 마음으로부터 진지하게 드려져야만 한다.

누가복음 20:27-40

27 부활이 없다고 주장하는 사두개인 중 어떤 이들이 와서
28 물어 이르되 선생님이여 모세가 우리에게 써 주기를 만일 어떤 사람의 형이 아내를 두고 자식이 없이 죽으면 그 동생이 그 아내를 취하여 형을 위하여 상속자를 세울지니라 하였나이다
29 그런데 칠 형제가 있었는데 맏이가 아내를 취하였다가 자식이 없이 죽고
30 그 둘째와 셋째가 그를 취하고
31 일곱이 다 그와 같이 자식이 없이 죽고
32 그 후에 여자도 죽었나이다
33 일곱이 다 그를 아내로 취하였으니 부활 때에 그 중에 누구의 아내가 되리이까
34 예수께서 이르시되 이 세상의 자녀들은 장가도 가고 시집도 가되
35 저 세상과 및 죽은 자 가운데서 부활함을 얻기에 합당히 여김을 받은 자들은 장가 가고 시집 가는 일이 없으며
36 그들은 다시 죽을 수도 없나니 이는 천사와 동등이요 부활의 자녀로서 하나님의 자녀임이라
37 죽은 자가 살아난다는 것은 모세도 가시나무 떨기에 관한 글에서 주를 아브라함의 하나님이요 이삭의 하나님이요 야곱의 하나님이시라 칭하였나니
38 하나님은 죽은 자의 하나님이 아니요 살아 있는 자의 하나님이시라 하나님에게는 모든 사람이 살았느니라 하시니
39 서기관 중 어떤 이들이 말하되 선생님 잘 말씀하셨나이다 하니
40 그들은 아무 것도 감히 더 물을 수 없음이더라

원 의미

예수를 향한 다음 도전은 신학적인 것에 관한 것이었다.[1] 이 부분의 주인공들은 사두개인들이다.[2] 그들은 부활에 관한 문제를 제기하는데, 이런 사두개인들의 모습은 바리새인들과 그들이 정반대편에 서 있음을 보게 해준다. 왜냐하면 사두개인들은 부활을 믿지 않기 때문이다. 사두개인들은 제사장적인 귀족정치 운동으로서, 그들은 구약의 모세오경이 가장 지고한 권위를 갖고 있다고 받아들였으며 바리새인들의 구두전승을 별로 좋아하지 않았다. 그들은 이성주의적인 경향

---

1. 이 본문과 평행을 이루는 성경본문들은 마태복음 22:22-33과 마가복음 12:18-27이다.
2. 이 부분은 누가복음에서 예수가 사두개인들을 만나시는 유일한 부분이다. 이들이 어떤 사람들인지에 대해서는 Josephus, *Jewish Wars* 2.8.14 § 163-165; *Antiquities* 18.1.4 § 16을 보라.

을 갖고 있었고, 또한 부자들이기도 했다.[3]

그러나 이들 간에 차이점들이 있었음에도 불구하고, 사두개인들이 예수께 나아왔을 때 그들은 예수를 몰아세우고 깎아내리려는 바리새인들의 시도에 동참했다.

사두개인들은 부활이 얼마나 어이없는 것인지를 보여주고자 할 때마다 즐겨 묻던 표준적인 질문이 있었다. 그들은 역연혼(levirate marriage: 자녀 없이 죽었을 때 형제가 대신해서 자녀를 얻게 하거나 결혼하는 제도-옮긴이)에 관해 제시하고(창 38:8; 신 25:5; 룻 4:1-12), 또한 한 사람이 천국에서 한 아내의 남편이라고 가정하는 것을 통해서, 그들은 "이 여자는 누구의 아내가 될 것인가?"라는 딜레마를 의문으로 제기해왔다.[4] 질문하는 사람은 이런 역연혼 제도를 지적하고 이야기를 전개하면서 예수께 다가선다. 한 여자가 했던 일곱 번의 결혼은 모두 자녀가 없이 끝나버렸다(자녀가 없다는 것은 역연혼 과정의 계기가 된다). 이 이야기는 유머어적인 면도 있는데, 이 여자와 결혼만 하면 죽어야 한다는 그런 느낌을 갖게 되기 때문이다. 마지막에는 이 여자도 죽는다. 이제 질문이 제기된다, "부활 때에 이 여자는 누구의 아내가 되겠습니까?" 결국 7명의 후보들이 있다. 사두개인들은 진정으로 대답을 원하는 것이 아닌데, 그들은 이 딜레마가 부활의 비논리성을 보여준다고 확신했기 때문이다. 그들은 또한 사후 세계도 지금 세계와 비슷하다는 가정을 갖고 있다.

이 질문은 여러 가지 이유들로 인해 매우 중요한 질문이다. (1) 어떤 유대인들은 부활을 진정 믿었다. (2) 예수는 제자들에게 자신의 부활에 대해서 예언하셨다. (3) 부활은 기독교 소망의 가장 중요한 핵심이다. 그러므로 이 질문 자체가 조금은 유머러스한 면을 갖고 있긴 하지만 대답은 진지하게 제시되어야만 한다.

예수는 두 가지 차원에서 대답하신다. (1) 주님은 사후 세계가 지금의 삶과 비슷하지 않다는 점을 지적하신다. 죽음 이후에 다가오는 세계에서는 결혼이 없게 될 것이다. 사람들은 영원히 살게 될 것이고, 결혼을 하고 이 땅을 채울 자손을 낳을 필요가 없게 될 것이다. 관계들은 하늘의 전혀 다른 차원에서 형성되고 진행되게 될 것이다.[5] 사람들은 천사들처럼 될 것인데, 그들은 먹지도 결혼하지도 않는다(참조. 제1에녹서 15:6; 51:4; 104:4-6; 지혜서 5:5, 15-16).[6] 부활하게 될 하나님의

---

3. R. Meyer, "Σαδδουκαῖος," *TDNT*, 7:35-54.
4. 어떤 사람들은 토빗서 3:8; 6:9-12; 7:12-13에서도 비슷한 주제들을 찾곤 한다.
5. E. Schweizer, "υἱός," *TDNT*, 8:347-49, 355.
6. 예수는 여기서 두 번째로 정곡을 찌르시는데, 사두개인들이 천사들을 믿지 않았기 때문이다!

자녀들은 부활의 자녀들이 될 것이다.

(2) 좀더 자세한 부분으로서, 예수는 모든 사람들이 부활하는 것이 아님을 함축적으로 말씀하신다. 주님은 "그 시대에 참여할 만하다고 여겨지는" 사람들에 관해서 이야기하신다.[7] 이 두 번째 점은 사두개인들이 제기한 질문 자체에 관한 내용은 아니지만, 누가 영생에 이르는 부활을 받게 되는가라는 중요한 이슈를 제기한다.

예수는 자신의 주장을 확고하게 하시기 위해, 사두개인들이 신뢰하는 성경의 한 부분인 오경의 한 부분에서 한 가지 사실을 제시하신다. 예수는 하나님이 모세를 향해 주님은 아브라함, 이삭, 야곱의 하나님이라고 말씀하셨음을 말씀하신다(출 3:2-6을 보라). 하나님은 살아계신 하나님이시며 죽은 자들의 하나님이 아니시다. 그러므로 만약 하나님이 모세에게 말씀하실 때 이미 오래전에 죽은 자들인 열조들의 하나님이라고 말씀하셨다면, 그들은 살아있어야만 하거나 아니면 여하튼 하나님 앞에 존재하고 있어야만 한다.[8] 하나님은 이 열조들을 향한 약속의 하나님이시다. 그들이 약속의 실현을 공유하려면, 그들은 살아 있어야만 하고 그런 성취를 봐야만 한다.

달리 말하자면, 예수의 대답은 두 가지 형태를 띤다. 사두개인들의 결혼 딜레마는 사후 세계를 오해한 것인데, 결혼은 죽음 이후에는 발생하지 않기 때문이다. 그러므로 사두개인들이 제기한 문제는 잘못된 문제이다. 그리고 성경은 열조들을 언급하는 방식을 통해 오경에서도 부활에 관해 가르친다. 만약 하나님이 그들에게 언약을 주시고 사후 세계를 알게 하셨다면(참조. 16:22의 "아브라함 편에"), 부활은 적절한 결론인 것으로 보인다. 이것은 소망의 근본적인 교리이다.

예수의 대답에 대한 반응은 즉각적이었다. 바리새인 같은 어떤 사람들은 주가 부활을 옹호하신 것을 좋아한다. 예수는 다시금 주의 대적자들로 잠잠케 하셨고, 그래서 그들은 주께 더 많은 질문들을 가져오고자 한다. 주의 사역이 어떤 권위에서 비롯된 것인지에 관해서, 정치에 관해서, 그리고 지금은 신학에 관해서, 주의 대적들은 퇴짜를 맞아왔다. 이런 전체적인 대결은 기초적인 요점을 제시한다: 예수는 하나님의 뜻에 대해서 그리고 주가 어디로 가고 계신지에 대해서 주의 대적들보다 더 많이 알고 계신다. 주님은 수적으로 열세였지만, 하나님의 길을 가르치시

7. 유대교의 어떤 사람들은 또한 이런 구별을 주장했었다(제1에녹서 91:10; 92:3; 103:3-4).

8. 이 본문은 여기에서 명확하지가 않다. 그리고 다가올 삶에 대한 유대교의 일반적인 가르침 역시 명확하지가 않다. 일반적으로 부활은 마지막 날들과 연관되어 있기 때문에, 열조들은 스올에서 의인들과 더불어 있으면서 마지막 날에 있을 부활을 기다리고 있는 것으로 이해되었다(제1에녹서 22장을 보라).

는데 있어서 신뢰할 수 있는 분이시다.

상황잇기

비록 이 논쟁이 사두개인들이 관심을 기울였던 독특한 문제를 다루는 것이기는 하지만 이 논쟁이 다루는 주제는 매우 중요하고 근본적인 주제다: 사람들은 죽음에서 부활할 것인가? 부활은 기독교 믿음의 핵심적인 가르침이다. 이 가르침에 세 가지 중요한 중추적 이슈들이 달려있기 때문이다.

하나님 앞에서의 책임성, 심판 그리고 영생이 중요한 부활과 관련한 세 가지 이슈들이다. 부활이 없다면 죽음은 그냥 끝이 되고 말 것이고, 하나님을 향해 우리가 감당해야 할 책임성도 그저 기껏해야 이 세상으로만 국한되고 말 것이다. 또한 심판과 영생은 의미없는 개념이 되고 말 것이다. 부활을 기독교 믿음의 핵심으로서 가장 웅변적으로 잘 변호한 내용이 고린도전서 15장에 나오는데, 여기에서 바울은 예수의 부활이 어떻게 미래에 있게 될 우리 자신의 부활의 증거가 되는지에 관해 이야기한다. 종종 죽음은 평등을 만들어주는 위대한 요소라고 이야기되어 왔는데, 우리 모두는 죽어야만 하기 때문이다. 그러나 부활은 위대한 기회이다. 영생에 들어갈 기회를 갖기 때문이다.

성경 본문과 우리 시대와 연결해주는 두 번째 가교로서, 우리는 종종 고대 사람들은 천진난만하고, 잘 속고, 또한 신들과 영들을 어디에서건 잘 믿는 그런 사람들이라고 생각하곤 한다. 그러나 고대 세계에서도 어떤 사람들은 영적 가르침에 대해서 회의적이었다. 마치 오늘날 사람들이 그러하듯이 말이다. 사두개인들은 고대 세계의 "현대인들"이었으며 천사들과 부활의 존재 모두에 대해 의문을 품는 사람들이었다. 그들은 물질주의에 속해있는 사람들이었고, 이 지상에서의 삶을 추구하는 데만 몰입하던 사람들이었다. 어떤 점에서 그들은 오늘날의 일반적인 태도에 관해 이야기하고 있는 셈이다.

이 본문과 우리 시대 사이의 한 가지 중요한 차이점이 우릴 향한 주의 대답에 아주 충격적인 모습 한 가지를 더해준다. 고대 세계에서 결혼은 가족들과 연관되기 위한 일이거나 그런 문제로 종종 간주되어 시행되곤 했다. 오늘날도 세계의 어떤 곳들에서는 여전히 이런 측면이 나타나곤 한다. 그러나 서구세계에서는 로맨틱한 사랑, 개인적인 선택, 그리고 데이트라는 개념들과 더불어서, 결혼은 좀더 개인적인 문제가 되었다. 이는 결혼해야 할 기본적인 이유들이, 가령 아이들이 태어나고 자라고 양육되는 그런 가정을 만들어낸다는 그런 이유들이, 좀더 개인적이고 관계적인 관심들보다 우선순위를 갖지 않고 있다는 것을 의미한다. 이는 성경 시대 때는 결혼생활의 사랑이 존재하지 않았다고 말하는 것이 아니다(아가서와 엡 5:22-33을 보라). 그러나 사랑의 로맨틱한 측면들은 과거보다는 현대로 들어오면서 우리에게 결혼에 있어서 좀더 핵심적인 역할을 갖게 되었다. 그렇기 때문에, 예수가 하나님 나라에서는 결혼이 없다고 말씀하시는 것은 우리 귀에는 거의 충격으로 다가온다.

그러나 하나님 나라에서의 관계성의 질과 순수성은 지금 결혼이 우리에게 제공하는 것보다 훨씬 더 광범위하고 넓게 될 것이다. 죄는 더 이상 우리가 갖게 될 관계성들을 먹구름 끼게 할 수 없을 것이고, 하나님의 임재하심을 통해 우리가 갖게 될 인격적인 상호관계의 질은 더욱더 직접적으로 고양될 것이다. 죄의 부재와 하나님의 임재하심은 결혼을 불필요한 협력적이고 보호적인 기구로 만든다. 자신의 결혼생활이 너무나 행복하기 때문에 이런 말씀에 대해 주저하는 사람들은 그저 하나님 나라가 더욱더 좋은 곳이라는 것을 기억하기만 하면 된다.

현대적 의미

이 본문에서 두 가지 기본적인 적용은 부활의 실재성이나 우리가 하나님 앞에서 스스로에 대해 책임져야 한다는 것과 관련되어 있다. 몇 해 전 20세기의 가장 대중적인 철학을 요약적으로 보여주는 특정한 광고 슬로건을 우리가 평가해 보면, 이런 적용들이 제시된다: "당신은 딱 한번만 삶을 삽니다. 당신이 붙잡을 수 있는 모든 즐거움을 꽉 붙잡으세요." 신학적으로 보자면, 이런 말과 내용은 여러 가지가 뒤범벅 되어있는 본보기라고 할 수 있다.

당신이 오직 딱 한번만 삶을 산다는 것은 훌륭한 신학이다. 윤회에 대한 믿음은 일정부분 책임성의 부재를 만들어내기도 하기 때문이다. 만약 내가 이번 삶에서 잘 못살 경우, 그건 다음 번 삶에서 어떻게든 회복할 수 있기 때문이다. 인생은 한 학생이 학업을 잘 못할 경우 한 학년을 다시 다닐 수 있는 초등학교 같은 곳이 아니다. 성경은 새로운 존재 형태로 다시 생명을 사는 것에 대해서는 전혀 이야기하지 않는다. 그렇기 때문에 이런 삶에 대해서 보여야 하는 적절한 반응은 이 광고 슬로건에서 보여주는 것과는 너무나 많이 다르다.

우리 삶이 갖는 특별함은 우리가 잡을 수 있는 한 모든 즐거움들을 다 잡는 것을 통해서가 아니라, 하나님과 동행하는 한번의 찬스에 우리가 조심스럽게 주의를 기울여야만 한다는 것을 의미한다. 우리는 우리가 살도록 창조 받은 대로 살아야만 한다. 부활이 실제로 일어난다는 점과 부활에 "참여할 만한 사람으로 여겨지는" 존재로 간주된다는 것은 우리가 믿는 것에 대해서와 어떻게 반응해야하는가에 대해 조심스럽고 주의 깊어야만 한다는 것을 의미한다. 예수는 사두개인들에게 죽음보다 더 중요하고 더 풍성한 무언가가 있다는 것을 깨달으라고 도전하고 계신다. 당신은 오로지 딱 한번만 삶을 사는 것이고, 그렇기에 당신이 붙잡을 수 있는 모든 하나님의 선하심을 붙들어야만 한다.

부활과 관련해서 이야기하자면, 우리는 죽음에서 부활했을 때 그저 천국에 가기만 하는 것이 아니다. 우리는 변형된다(고전 15:35-58). 부활 이후의 삶은 변형된 공동체 참여하는 것인데, 이곳은 죄가 더 이상 존재하지 않는 곳이다. 우리는 우리 자신의 죄를 포함해서 죄가 가득 차 있는 세상에서 살고 있으며, 그래서 천국에서의 삶이 얼마나 놀라운 것이 될 것인지에 대해 적절히 이해하기가 참 어렵다. 그러나 하나님은 우리에게 하나님이 우리를 그분과 같이 만들어주실 것이라고 확신케 하신다.

천국을 향한 우리의 소망을 그토록 크게 만드는 것은 우리가 어디로 갈 것인가에 관한 문제만이 아니라 우리가 그곳에서 어떤 존재가 될 것인가도 관련이 있다.

누가복음 20:41-44

41 예수께서 그들에게 이르시되 사람들이 어찌
하여 그리스도를 다윗의 자손이라 하느냐
42 시편에 다윗이 친히 말하였으되 주께서 내
주께 이르시되
43 내가 네 원수를 네 발등상으로 삼을 때까지
내 우편에 앉았으라 하셨도다 하였느니라
44 그런즉 다윗이 그리스도를 주라 칭하였으니
어찌 그의 자손이 되겠느냐 하시니라

원 의미

마지막 논쟁은 예수 자신에 의해서 제기된다.[1] 이것 역시 신학적인 퀴즈인데, 메시아에 관한 것이고 주님 자신의 정체성을 인식하는 것과 관련한 문제이다. 유대인들 사이에서 메시아를 규정하는 가장 인기 있던 규정은 메시아를 "다윗의 자손"으로 설명하는 것이었다. 예수는 그런 규정에 대해서 틀린 것이라기보다는 불완전한 것으로서 분석하고자 하신다. 예수는 후기 랍비들이 사용하던 것과 같은 그런 수사적 주장을 사용하시는데, 서로 갈등을 일으키는 두 가지 개념들을 나란히 제시하는 방식이다. 이는 이 두 가지 중 어떤 것을 부정하기 위해서가 아니라, 이 두 가지를 서로에게 연관시키는 방식이다.[2] 이 논쟁의 중심에는 시편 110:1 말씀이 자리 잡고 있는데, 이 구절은 예수와 초대교회가 사용했던 가장 인기 있는 구약성경 본문이다(행 2:30-36; 7:55-56; 13:33-39; 고전 15:22-28; 엡 1:19-23; 히 1:3-14; 5-7).

이 시편은 이스라엘이 이상적으로 생각하는 왕이 올 것이라는 소망을 만들어내는 그런 왕적 약속 시편이다. "오른 손"(오른쪽)이라는 표현은 이 왕이 하나님의 대리인으로서 하나님과 매우 밀접한 관계에 있다는 것을 선포한다. 이는 누군가가 권세를 가지고 다른 누군가의 가까이에서 역사하고 있다는 점을 보여준다(시 16:8; 45:9; 109:31; 110:5; 사 63:12). 이 시편에 표현되어 있는 것과 같은 관점

1. 이 본문과 평행을 이루는 성경본문들은 마태복음 22:41-46과 마가복음 12:35-37이다. 이 설명들은 비슷하다.
2. D. Daube, *The New Testament and Rabbinic Judaism*(London: Athlone, 1956), 158-63.

들은 왜 왕의 궁궐이 성전 오른편에 자리 잡고 있으며 또한 왜 솔로몬이 앉았던 왕좌가 "주님 나라의 왕좌"라고 불리거나 혹은 "주의 왕좌"라고 불렸는지 그 이유를 설명해준다(대상 28:5; 29:23).[3] 예수는 이 약속을 이야기하고 있는 사람이 다름 아니라 다윗이라고 지적하신다. 그러므로 이 시편은 다윗의 가계가 이런 통치의 특징을 갖게 될 것이라는 소망 중에 다윗의 자손들을 향하여 제시된 약속을 제시한다. 물론 이런 기대는 메시아가 주제로 제시될 때 가장 고양되는데, 메시아는 다윗 왕권이 되어야만 하는 모습 혹은 그 이상의 모든 것들이 될 것이기 때문이다.[4] 예수가 제기하신 이슈의 중심축은 44절에 나오는 질문에 제시된다. 만약 다윗이 이 시편의 화자이고 또한 왕권을 갖는 메시아적인 인물을 가리켜 그의 "주님"이라고 호칭한다면, 도대체 어떻게 "다윗의 자손"이라는 타이틀이 메시아에 대한 적절한 최상의 타이틀이 될 수 있겠느냐는 것이다. 이 질문에는 문화적 전제가 담겨 있는데, 그 사회에서는 조상들이 존경을 받았다. 아버지는 아들에게 일반적으로 절하지 않는다. 그러므로 이 질문 안에 담겨있는 딜레마는 어떻게 다윗이 이 인물에게 이런 총괄적인 존경을 보여드리고 그분 앞에 엎드릴 수 있느냐는 것이다. 만약 메시아가 다윗의 조상이 아니라 자손이라면 말이다.

이 본문은 여기에서 아무런 대답 없이 마무리된다. 이 질문은 깊이 생각하고 묵상해 볼 것을 요구한다. 바로 이것은 누가가 이 본문과 질문을 사용한 방식이다. 예수의 정체성에 대한 질문은 이제 주가 십자가로 가시는 동안 계속해서 중심적인 이슈가 될 것이다. 하나님 오른편에 앉아 계시다는 이 이미지에서부터 제시되는 것은 예수가 주님이시며 또한 그리스도라는 점이다(참조. 22:69; 행 2:22-36). 주님은 다윗의 자손이시지만, 다윗의 자손으로서 주가 행하시는 좀더 본질적인 역할은 주님으로서의 역할이다. "주님"이라는 타이틀은 주가 하나님이 약속하신 왕적 대리자로서 갖고 계시는 통치권을 표현해준다. 그렇기 때문에, 만약 다윗이 약속된 왕을 향해 이런 존경을 보여주었다면, 유대 지도자들도 당연히 그렇게 해야만 하지 않겠는가? 예수가 자기 자신을 메시아라고 정체성을 규정하지는 않으셨지만,

---

3. 이 시편의 구체적인 역사적 배경으로 가능한 상황들에 대해서는 H. Batemanm "Psalm 110:1 and the New Testament," *BibSac* 149(1992): 438-53을 보라.

4. 시편 110편에 대한 랍비적인 해석은 이 구절을 아브라함이나 메시아에게 적용하는 경향을 갖는다(시 110편에 대한 미드라쉬를 보라). 예수는 여기에서 발등상이라는 이미지에 대해서는 아무것도 언급하지 않으시는데, 이는 주가 오직 이 인물의 지위에 대해서만 관심을 기울이고 계시기 때문이다. 그러나 이 시편은 모든 예수의 대적들이 총체적으로 주님 앞에 복종하게 되는 그날을 고대하고 있는데, 이는 지위에서만이 아니라 실제적으로도 그렇게 되는 것을 고대하는 것이었다(고전 15:20-28).

지금 벌어지고 있는 모든 일들 가운데에는 이런 내용이 함축되어 있다. 주님은 누가복음 20:2에서 제기된 질문 "어떤 권세로 네가 이런 일들을 하느냐?"에 대답들을 제공하기 시작하고 계신다. 그것은 하나님의 권세를 통해서이다. 약속된 후손을 향해 다윗이 "주님"이라고 부르면서 인정했던 바로 그 권세를 통해서이다.

상황잇기

이 질문은 하나님의 선택하신 자의 정체성이 무엇인지를 탐구하는 신학적 질문을 제시한다. 사용된 본문인 시편 110편은 왕들을 묘사하는 본문인데, 특히나 모든 왕들의 본보기로 제시될 왕을 묘사한다. 각각의 왕들이 이스라엘의 왕좌를 계승해 나가지만, 백성들은 이 왕이 약속된 왕의 계보를 이룰 바로 그런 왕이라고 소망했다. 구약성경 중 열왕기와 역대기는 왜 여러 왕들이 이 왕에 부합하지 않는지를 심지어 다윗을 포함하면서 구체적으로 설명한다. 그럼에도 불구하고, 소망은 여전히 남아있었다. 예수는 이 왕권을 향해 심지어 다윗조차도 복종하게 될 것이라고 선언하신다. 이후에 벌어지게 될 사건들은 이 시편의 의미를 완성시켜주면서 왜 다윗이 이 약속된 왕에게 이런 권세가 있다고 보았는지 그 이유를 분명하게 보여주게 된다. 높임 받으신 예수는 이제 하나님 우편에 계시며, 모든 대적들로 하여금 복종케 하신다. 하나님과 더불어 예수는 인류를 구원하시는 권세를 행사하신다. 주님은 아버지와 더불어 통치하시는 아들이시기 때문에 "주님"이시다. 이 시편의 약속이 실제적이라는 점은 주가 이 질문을 제기하셨을 때보다 부활이 이미 일어난 지금 좀더 분명하다. 지금 예수는 하나님 오른편에 앉아 계시며, 권세를 갖고 그 자리에서 통치하고 계시기 때문이다.

메시아의 주님 되심은 매우 중차대한 이슈인데, 이 타이틀은 예수가 하나님과 더불어 공유하고 계신 통치권을 보여주는 것이기 때문이다. 하나님은 예수를 대리자로 세우셨고, 그래서 하나님의 축복들이 아들을 통해서 중재되게끔 하셨다(행 2:30-36; 엡 4:7-16). 성경이 예수의 주님 되심에 대해서 이야기할 때, 은혜 가운데 이루어지는 이런 핵심적인 역할이 강조된다. 왜냐하면 주님은 구원과 구원의 축복에 대한 권세를 갖고 계시기 때문이다. 그러므로 이 타이틀은 주의 신성을 주장하며, 또한 예수가 이런 권세 가운데서 갖고 계시는 은혜의 사역자로서의 역할을 묘사한다.[5]

5. D. Bock, "Jesus as Lord in Acts and in the Gospel Message," *BibSac* 143(1986): 146-54.

현대적 의미

이 본문의 역할은 예수에 관해 묵상하고 결단할 것을 또 다른 방식으로 명령하는 것이다. 다윗의 아들이시면서 또한 그의 주님으로서, 예수는 왕에게 합당한 존귀를 받으셔야만 한다. 왕들이 더 이상 순전한 통치권을 행사하는 그런 모습을 볼 수 없는 서구 세계에서는 이런 본문이 제시하는 권능을 적절히 이해하기란 쉽지 않다.

지도자를 선거로 선출하는 세계 속에 살고 있기 때문에, 존귀와 영광을 받는 왕적인 인물에 대한 모습은 이미 사라져 버렸다. 그렇지만 하나님 나라에서 하나님 아버지 편에 계신 예수의 계심은 주님으로 하여금 하나님의 축복들을 나눠주고 베푸시게끔 해준다(행 2:30-36). 이는 또한 주가 "생명과 죽음의 재판관"임을 보여주기도 한다(행 10:42; 17:31). 주의 통치는 의회적인 승인을 통해서 주어진 것도 아니며, 또한 주의 섬김도 일시적인 인간적인 모습의 섬김이 아니다. 주가 권세를 가지신 것은 좀더 높은 곳에서 주어지는 것이며, 영원한 차원에서 역사하시고 역할하시는 것이다.

주님이신 예수의 지위 안에서, 우리는 우리 구주가 얼마나 권능 있으신 분이시며 주가 장차 어떤 타이틀의 지위를 가실 것인지를 알 수 있다. 이분이 바로 하나님이 우리 모두에게 은혜의 축복을 주고자 보내주신 바로 그분이시다. 주님은 모든 대적들이 복종하게 될 바로 그분이시다. 주의 위대한 권능과 지위라는 측면에서, 우리는 온전히 그분께 응답해야만 한다. 만약 우리가 주를 무시하는 선택을 한다면, 하나님의 권세에 등을 돌리고 있는 것이다. 그러므로 메시아가 주님이심을 인정하고 인식하는 것은 우리로 하여금 주님과 더불어 동행하는 겸손함을 가지라고 명령한다.

주를 향한 우리의 책임성은 다른 그 어떤 존재에 대한 책임성보다 더 큰 것이며, 우리는 주님 앞에 대등한 동료로서가 아니라 종들로서 선다. 바로 이 점이 사도 바울이 자신의 서신서들을 시작하는 부분들에서 지기 자신을 "그리스도 예수의 종"이라고 그렇게 빈번하게 표현한 이유이다(참조. 롬1:1). 바울은 누가 자신의 주님이신지를 알고 있었고, 또한 그분께 신실하게 응답해야만 한다는 것도 알고 있었다.

누가복음 20:45-21:4

45 모든 백성이 들을 때에 예수께서 그 제자들
에게 이르시되
46 긴 옷을 입고 다니는 것을 원하며 시장에서
문안 받는 것과 회당의 높은 자리와 잔치의
윗자리를 좋아하는 서기관들을 삼가라
47 그들은 과부의 가산을 삼키며 외식으로 길게
기도하니 그들이 더 엄중한 심판을 받으리라
하시니라

21:1 예수께서 눈을 들어 부자들이 헌금함에 헌금
넣는 것을 보시고
2 또 어떤 가난한 과부가 두 렙돈 넣는 것을 보
시고
3 이르시되 내가 참으로 너희에게 말하노니 이
가난한 과부가 다른 모든 사람보다 많이 넣
었도다
4 저들은 그 풍족한 중에서 헌금을 넣었거니와
이 과부는 그 가난한 중에서 자기가 가지고
있는 생활비 전부를 넣었느니라 하시니라

원 의미

예수는 제자들을 향해 유대 지도자들을 주의하라는 마지막 경고를 하신다.[1] 주님은 개인적으로 생각하시는 내용을 공개적으로 이야기하시고 있다. 주님은 서기관들이 긴 옷을 입고 다니는 것을 좋아하는 것과 시장에서 특별한 인사를 받는 것을 좋아하는 것 그리고 그들이 회당과 잔치에서 상석에 앉는 것을 좋아하는 것 등에 관해 드러내놓고 말씀하시면서, 그들의 교만에 대해 경고하신다(11:43; 14:7-14).[2] 교만은 자기 자신을 드높이다가 결국엔 다른 사람들을(과부와 같은 사람들을) 열등한 존재로 바라보거나 혹은 발톱처럼 사용할 수 있는 사람들인 양 그렇게 바라보는 데까지 치닫게 한다. 예수는 사역이 자기 자신의 중요성을 강조하려고 무언가 행동을 하고 그 행동으로 인해 영예를 얻는 그런 것이 아니라,

---

1. 이 본문과 평행을 이루는 본문은 마가복음 12:38-40이다. 여기서의 내용들은 개념상으로는 마태복음 23:1-36과 누가복음 11:37-54의 일부분과 유사성을 갖는다. 이 말씀들과 표현들이 누가복음에 나오는 것은 마태가 묘사한 것보다 더 긴 책망과 비난을 누가가 알고 있음을 보여주는 것일 수도 있다.
2. 이런 특별한 종류의 인사들에 대해서는 Windisch, "ἀσπάζομαι," *TDNT*, 1:498을 보라. 이런 긴 옷들에 대한 묘사들은 Josephus, *Antiquities* 3.7.1 §151; 11.4.2 §80에서도 발견된다.

신뢰를 얻었기에 신뢰를 갖게 되는 그런 것이 되기를 바라신다.

예수는 과부의 재산을 삼키는 것에 대해서 책망하신다. 과부는 한 사회에서 가장 상처받기 쉬운 사람들을 대표적으로 보여주는 사람이며, 또한 경건한 사람들이 섬겨주어야 할 그런 대상이기도 하다. 그러므로 예수는 진지한 책임추궁을 하고 계신다.[3] 분명 서기관들은 과부의 일들에 간여하면서 자기 자신들을 위해 많은 몫을 떼어먹었다. 그들이 이런 인정머리 없는 모습 속에서도 다른 사람들을 위해 위선적으로 오랫동안 기도하는 것은 문제들을 더 나쁘게 만들었다.

하나님은 그저 종교적인 행위를 하는 것이 아니라 긍휼 베푸는 것을 원하신다(호 6:6). 좀더 큰 책망이 그들의 방식을 향해 던져지는데, 그들은 자신들이 사람들을 인도한다고 주장하고 하나님의 뜻을 보여주는 본보기라고 주장하지만 철저한 냉담만을 보여주기 때문이다.

누가복음 21:1-4은 하나님을 향해 전혀 다른 스타일로 응답하는 모습을 보여준다. 바리새인들이나 헌금 궤에 많은 것을 집어넣던 부자들과는 대조적으로, 한 가난한 과부는 두 개의 동전을 가지고 하나님께 나아온다.[4] 성전을 위한 헌금은 나팔 모양으로 생긴 헌금 궤에 드려졌는데, 이런 13개의 헌금 궤가 여인들의 뜰에 놓여 있었다.[5] 관리자가 궤를 관리하고 때때로 얼마만큼 헌금이 들어왔는지를 세기도 했다. 이 동전들은 가장 작은 것들이었다—각각의 동전은 데나리온의 1/100의 가치를 갖고 있었다(약 5분 정도 노동한 대가에 해당한다). 이 여인은 지금 여기서 칭찬을 얻고자 하고 있는 것이 아니지만, 그녀가 얼마나 하나님을 겸손히 섬기는지를 잘 보여준다. 하나님은 우리가 무언가를 보는 것과 동일하게 바라보지 않으신다. 하나님은 동전의 숫자를 세지 않으신다. 하나님은 무게를 재신다. 예수는 이 과부가 드린 것에 대해서 제자들이 여태껏 보아온 것들 중 가장 많이 드린 것이라고 말씀하신다. 다른 사람들은 그들이 갖고 있는 많은 것들 중에서 드리는 것이고, 또한 자신들이 성전에 드린 것들에 대해 별로 필요로 하지 않는 상황들이다. 그러나 이 여자는 자신의 재산 모두를 드리고 있다. 그녀는 자신의 생활을 위해 필요한 것들임에도 불구하고, 갖고 있던 작은 것을 모두 드린다. 예수는 이것이 진정한 드림이라고 말씀하신다.

---

3. 이런 돌봄의 예는 누가복음 7:12과 사도행전 6장에 나타난다.
4. 이 본문에 대해 평행을 이루는 성경본문은 마가복음 12:41-44이다.
5. 느헤미야 12:44; Josephus, *Jewish Wars* 5.5.2 §200; 6.5.2 §282; *Antiquities* 19.6.1 §294; 제1마카비서 14:49; 제2마카비서 3:6, 24, 28, 40. 이런 예물 드림은 성전을 위해 자유롭게 드리던 것이었다.

상황잇기

20:46-47에서 유대 지도자들과 관련해 언급한 행동 스타일들은 교회 지도자들이 어떻게 다른 사람들에게 행동하고 관계를 맺어야하는가에 관한 기본적인 이슈를 제기한다. 이런 사람들은 지위를 권력 행사의 근거로 삼거나, 개인적인 부를 챙기는 방법으로 삼아서는 절대로 안 된다. 리더들은 그들이 할 수 있는 모든 일들을 예수를 바라보게 하게끔 하는 일이나 자기 자신에게 관심을 두지 않게 하는 일을 위해 행해야만 한다. 이 위험은 진정한 위험이라고 할 수 있는데, 사람들은 종종 자신을 목양하는 사람들에게 아낌없이 존경을 부어주기 때문이다. 지금 벌어지는 일들은 미묘하게도 자기 자신을 다른 사람들보다 더 높이는 그런 일인데, 이런 일들은 리더들로 하여금 그들이 섬겨야 할 사람들을 도리어 이용하게끔 이끌고 가는 위험성을 갖고 있다.

사실 때때로 리더와 그가 갖고 있는 권세에 동반되는 무언가의 모습은 전혀 이해할 수 없는 경우들이 있다. 권세를 한 손에 꽉 움켜쥐고 있는 리더가 사역을 자기가 가고자 하는 방향으로 지시하면서 그 과정에서 그 어떤 비평도 받아들이지 않는 것보다 더 위험한 것은 아무것도 없다. 예수는 제자들이 다른 종류의 리더들이 되기를 원하신다. 그래서 주님은 그들 가운데 있는 눈에 보이는 부정적 예들에 대해 경고하신다.

그렇기 때문에, 이 본문은 우리에게 우리 마음을 검토해 볼 것을 명령한다. 교만과 씨름하는 것은 어려운 일인데, 특히나 높은 성과를 일궈내는 사람들에게는 이런 씨름이 더욱더 어려운 일이다. 그러나 이들이 하는 이런 모든 어려운 일에 대해서, 그리고 이들이 달란트와 노력을 기울이는 모든 실행들에 대해서는 보답이 주어진다. 자신들이 갖고 있는 능력들을 보는 대신에, 특히나 사역에 있어서, 하나님이 주신 청지기 직분을 신실하게 감당하는 모습을 갖는 것을 통해서, 이들은 자신을 위한 인격적인 칭찬을 얻는다. 그러나 그들이 하나님으로부터 여태껏 받아온 것들에 대해서는 자랑거리로 삼거나 자기를 과시할 여지가 전혀 없다. 만약 예수가 주님이시라면(41-44절), 교만은 자리 잡을 곳이 전혀 없다. 자랑하는 자들은 주님 안에서 자랑해야만 한다(고전 1:31).

예수는 21:1-4에서 대비적인 이미지로 관심을 돌리신다. 사람들이 칭찬하고자 하는 사람들에 관해서 말씀하시는 것 대신에, 주는 더할 나위 없이 드리는 별 볼일 없는 한 사람에 대해서 생각하신다. 어떻게 한 사람이 하나님께 드리는 것을 평가할 것인가? 이 스토리의 요점은 참된 드림은 하나님을 향하는 것이라는데 있다. 예수는 두 가지 스타일의 드림을 강조적으로 보여주시는데, 이 두 가지 스타일은 모두 다 적절한 것이기는 하지만 한 가지는 다른 한 가지보다 훨씬 더 많이 이야기한다. 풍부한 가운데 드리는 것은 적절한 일이기는 하지만 적은 것을 대가로 지불한다. 그리고 이와는 달리 생활을 유지하는데 필요한 가장 기본적인 것들마저 하나님께 영광을 돌리기 위해 포기하는 모습도 있다. 드림에 있어서 한 사람이 무엇에 우선성을 두고 있는가라는 것은 그 사람의 강조점이 어디에 있는지를 보여준다. 바로 이것이 예수가 여기 나오는 과부를 칭찬하시는 이유다. 그녀의 태도와 행동은 성도들이 어떻게 살아야만 하는가를 보여주는 본보기로서 역할 한다.

예수는 여기에서 평가의 기준들을 제시하신다. 우리는 무언가를 드리기 위해 어떤 희생이 동반되어야만 했는가를 통해서가 아니라, 그저 헌물의 양을 평가하려는 경향이 있다. 누가복음의 다른 본문에서처럼, 이 본보기는 사회의 주변인에 불과한 사람에게서 나왔다. 문화적으로는 거의 사람 취급을 받지 못했을 가난한 한 여자로부터 말이다. 그러나 하나님은 그녀가 드린 것을 가장 귀하고 중요한 것들로 바라보신다.

하나님이 물질에 대해 내리시는 평가는 우리가 헌물을 평가하고 바라보는 방식과는 엄청나게 다르다. 외관상 가난하고 볼품없어 보이는 헌물이 실제로는 대가로 지불하는 것에 있어서 더욱더 풍성한 것이 될 수 있다.

현대적 의미

"교만은 패망의 선봉이요"(잠언 16:18). 교만을 포착하기 어려운 것은 교만은 마음속에서 매우 의식하기 어렵게 발전해가기 때문에 종종 교만을 품고 있는 사람이 그 사실을 알아차리지 못하기 때문이다. 그러나 교만은 다른 사람들을 다루는 방식들을 통해서 분명하게 나타난다. 교만한 리더들은 다른 사람들을 경멸하는 태도를 분명하게 보여준다. 비록 성경이 리더들을 향해 존경할 것을 이야기하지만 그런 정중한 태도는 리더들을 다른 사람들보다 "월등한" 사람으로 생각하는 정도로 남용되어서는 안 된다.

나는 우리 신학교에서 일하시는 한 스텝이 어느 교수님에 관해 이야기했던 스토리를 기억한다. 그분이 일하시던 곳은 좀 떨어진 장소에 있었는데, 그래서 학생들을 위해 건물을 열고 닫는 일이 특별히 까다로웠다. 비행기를 타고 오는 교수님들은 종종 수업을 마치자말자 집으로 가는 비행기를 타기 위해 곧장 떠나야만 했고, 그럴 경우 다른 누군가가 건물 문을 잠거야만 했다. 이 문제를 해결하기 위해서, 그 건물 위치의 어느 교수님께 문을 잠거 달라는 부탁을 했다. 그분은 같은 시간에 방문 교수로 그곳에 있었던 분이었다. 이 교수님은 대답했다: "그건 잡역부의 일이고, 저는 학과장 교수입니다." 이 대답은 분명 거부를 표현하기 위한 대답이었지만, 이 대답은 단순한 의사표현만이 아니라 이 말을 한 교수님이 생각했던 것 이상으로 그 교수님의 마음에 대해서도 들려주는 대답이었다. 고민을 하다가, 그 스텝은 또 다른 교수 분에게 전화를 걸어 자신의 부탁이 비합리적인지를 여쭤보았다. 다른 교수 분은 대답했다, "제가 항상 그 일을 하지요. 제가 도울 수 있는 일이라면 무엇이건 간에 제가 하도록 하겠습니다." 이것이 섬김의 리더십이다—직위에 대해서는 생각하지 않는 마음가짐. 우리가 스스로를 좀더 특별한 존재로 만들수록, 하나님은 자꾸만 덜 특별해지신다. 불행하게도, 다른 사람들은 이런 사실을 분명하게 볼 수 있다. 그리고 위선의 존재로 인해서 생겨나는 피해는 비단 하나님에게만이 아니라 다른 사람들의 주목을 받길 좋아하는 그 사람 자신에게도 생겨난다. 예수는 십자가에서 고통당하시는 가장 나쁜 자리를 차지하시기 바로 직전에, 제자들을 향해서 주가 기대하시는 섬김은 "이익을 얻기 위해서" 무언가를 하는 것이 아니며, 무언가를 면제받기 위한 것도 결코 아니라고 권면하신다.

우리가 21:1-4에 나오는 한 과부가 드린 모습처럼 드리기 위해서 의도적으로 계획을 가지고 하나님께 드려야만 한다. 고린도전서 16:1-4은 매주일의 첫날에 그들이 드리고자 하는 것을 따로 모아두라고 이야기한다. 우리가 하나님께 드리는 것은 다른 것들보다 우선순위를 갖고 있어야만 한다.

하나님은 우리가 쓰다 남은 것들을 받으셔서는 안 된다. 모든 사람들에게 흔히 나타나듯이, 남은 것들은 신비로울 정도로 그 크기가 줄어든다. 남은 것들은 반드시 필요한 것들이 아니기 때문에, 뒤처리를 위해서라도 줄어드는 것이다. 반면에, 하나님께 드리기 위해 처음부터 따로 무언가를 구별해 놓으면, 필연적으로 우리가 우리 자신을 위해 사용할 수 있는 것들이 제한되게 된다. 이런 모습은 우리의 재물들이 우선적으로 하나님께 속해 있다는 것을 건강하게 인식하게끔 할 뿐만 아니라, 우리로 하여금 드리고 난 뒤 우리를 위해 남은 것들을 가지고 좀더 훈련받을 수 있도록 이끌어주기도 한다.

여기에는 드림과 관련한 또 다른 중요한 점이 드러난다. 그 누구도 하나님께 드릴 수 없을 만큼 가난할 수는 없다. 문제는 양이 아니라 참여이다. 어떤 의미에서 이 여자의 돈은 그녀가 이 두 개의 동전을 생활을 위해 갖고 있었다면 잃어버려지지 않았을지도 모른다. 그러나 그렇게 했을 경우에 그녀는 하나님이 영광을 받으시는 공동체에 대한 그녀의 참여의식을 잃어버렸을 것이다. 만약 그녀가 성전 옆을 그냥 지나쳐 걸어가면서 동전 두 개를 그대로 계속 갖고 있었다면, 그녀는 잃어버린 사람이 되었을 것이다. 그러나 그와 달리 행하면서, 두 개의 동전을 하나님께 드리는 것을 통해서, 그녀는 하나님을 향한 감사와 신뢰를 하나님과 더불어 소통했다. 극소수의 사람들만이 경험했을 그런 소통을 말이다. 예수가 이 여자를 주목하시며 하신 말씀은 이 여자의 용감한 행동을 기억하게 하고 우리들에게 마찬가지로 행할 것을 독려하신다.

흔히 베이비붐 세대들(2차대전부터 60년대까지 태어난 사람들)과 출생률 격감기에 태어난 사람들은 헌금을 잘 하지 않는 사람들이라고 이야기되어왔다. 만약 이것이 사실이라면, 교회에게는 슬픈 일이다. 기독교 기관들이 해야 할 많은 가치 있는 프로젝트들이 교회가 그런 사역들을 위해 필요한 재정을 확충하지 못하고 있기 때문에 그저 모금판 위에만 덩그러니 기록되어있다. 동시에, 기독교 엔터테인먼트 사업은 엄청난 규모의 사업으로 성장하고 있다. 교회는 이 여인과 같은 헌금자들을 더욱 필요로 한다. 사역이 진전되는 모습을 보기 원하며 마음으로부터 우러나오는 헌금을 하는 사람들을 더욱 필요로 한다. 우리는 무엇이 필요한지를 평가해야만 하고 또한 우리가 할 수 있는 대로 거기에 응답해야만 한다. 때때로 최소한을 드리는 것이 최대한의 희생을 감내해야하는 때들도 있다.

고린도후서 8-9장에서는 우리가 어떻게 드려야하는가에 관해 많은 것을 이야기한다. 하나님은 기쁜 마음으로 드리는 사람들을 사랑하신다—하나님의 인도하심을 받는 대로 드리는 사람들을 사랑하신다. 신자들은 개인적으로 계획해놓은 프로그램들을 만들어야만 한다. 하나님이 그들을 인도하셨다고 느끼는 그런 선에 도달할 때까지 드림을 올려가는 그런 프로그램들 말이다. 나는 하나님 앞에서 그들의 드림을 어느 정도 선까지 혹은 어느 정도 퍼센트까지 계속 늘려가고자 하나님 앞에 작정하고서는 하나님께 드리는 것을 그들의 계획 속에 자리 잡게 한 가족들을 알고 있다. 그들은 자신들이 사역에 같이 동참하며 참여하고 있고 하나님이 그들을 인도하고 계시다는 느낌을 갖는다. 일반적으로 주를 섬김에 있어서 성도들의 마음은 돈이 가는 곳을 따라간다. 하나님께 드리며 큰 대가를 지불하는 사람들에게, 그리고 우리에게 하나님은 우리가 무엇을 하고 있는지를 보고 계신다는 것을 상기시킨다.

누가복음 21:5-38

5 어떤 사람들이 성전을 가리켜 그 아름다운
돌과 헌물로 꾸민 것을 말하매 예수께서 이
르시되
6 너희 보는 이것들이 날이 이르면 돌 하나도
돌 위에 남지 않고 다 무너뜨려지리라
7 그들이 물어 이르되 선생님이여 그러면 어느
때에 이런 일이 있겠사오며 이런 일이 일어
나려 할 때에 무슨 징조가 있사오리이까
8 이르시되 미혹을 받지 않도록 주의하라 많은
사람이 내 이름으로 와서 이르되 내가 그라
하며 때가 가까이 왔다 하겠으나 그들을 따
르지 말라
9 난리와 소요의 소문을 들을 때에 두려워하지
말라 이 일이 먼저 있어야 하되 끝은 곧 되지
아니하리라
10 또 이르시되 민족이 민족을, 나라가 나라를
대적하여 일어나겠고
11 곳곳에 큰 지진과 기근과 전염병이 있겠고
또 무서운 일과 하늘로부터 큰 징조들이 있
으리라
12 이 모든 일 전에 내 이름으로 말미암아 너희
에게 손을 대어 박해하며 회당과 옥에 넘겨
주며 임금들과 집권자들 앞에 끌어 가려니와
13 이 일이 도리어 너희에게 증거가 되리라
14 그러므로 너희는 변명할 것을 미리 궁리하지
않도록 명심하라
15 내가 너희의 모든 대적이 능히 대항하거나
변박할 수 없는 구변과 지혜를 너희에게 주
리라
16 심지어 부모와 형제와 친척과 벗이 너희를
넘겨 주어 너희 중의 몇을 죽이게 하겠고
17 또 너희가 내 이름으로 말미암아 모든 사람
에게 미움을 받을 것이나
18 너희 머리털 하나도 상하지 아니하리라
19 너희의 인내로 너희 영혼을 얻으리라
20 너희가 예루살렘이 군대들에게 에워싸이는
것을 보거든 그 멸망이 가까운 줄을 알라
21 그때에 유대에 있는 자들은 산으로 도망갈
것이며 성내에 있는 자들은 나갈 것이며 촌
에 있는 자들은 그리로 들어가지 말지어다
22 이 날들은 기록된 모든 것을 이루는 징벌의
날이니라
23 그날에는 아이 밴 자들과 젖먹이는 자들에게
화가 있으리니 이는 땅에 큰 환난과 이 백성
에게 진노가 있겠음이로다
24 그들이 칼날에 죽임을 당하며 모든 이방에
사로잡혀 가겠고 예루살렘은 이방인의 때가
차기까지 이방인들에게 밟히리라
25 일월 성신에는 징조가 있겠고 땅에서는 민족
들이 바다와 파도의 성난 소리로 인하여 혼
란한 중에 곤고하리라
26 사람들이 세상에 임할 일을 생각하고 무서워
하므로 기절하리니 이는 하늘의 권능들이 흔
들리겠음이라
27 그때에 사람들이 인자가 구름을 타고 능력과
큰 영광으로 오는 것을 보리라
28 이런 일이 되기를 시작하거든 일어나 머리를
들라 너희 속량이 가까웠느니라 하시더라
29 이에 비유로 이르시되 무화과나무와 모든 나
무를 보라
30 싹이 나면 너희가 보고 여름이 가까운 줄을
자연히 아나니
31 이와 같이 너희가 이런 일이 일어나는 것을
보거든 하나님의 나라가 가까이 온 줄을 알라
32 내가 진실로 너희에게 말하노니 이 세대가
지나가기 전에 모든 일이 다 이루어지리라

33 천지는 없어지겠으나 내 말은 없어지지 아니하리라
34 너희는 스스로 조심하라 그렇지 않으면 방탕함과 술취함과 생활의 염려로 마음이 둔하여지고 뜻밖에 그날이 덫과 같이 너희에게 임하리라
35 이 날은 온 지구상에 거하는 모든 사람에게 임하리라
36 이러므로 너희는 장차 올 이 모든 일을 능히 피하고 인자 앞에 서도록 항상 기도하며 깨어 있으라 하시니라
37 예수께서 낮에는 성전에서 가르치시고 밤에는 나가 감람원이라 하는 산에서 쉬시니
38 모든 백성이 그 말씀을 들으려고 이른 아침에 성전에 나아가더라

원 의미

누가복음 21:5-38은 예수의 감람산 강설에 대한 누가복음 버전이다(참조. 마태복음 24-25장; 마가복음 13장). 누가의 버전은 예루살렘 파괴에 좀더 초점을 맞춘다(누가복음 안에서의 세 번째 예언이다. 참조. 13:31-35; 19:41-44). 성전의 장중함을 표현한 이야기들은 예수로 하여금 이 논의를 시작하게끔 한다. 이스라엘 나라는 어려운 시대를 향해 나아갈 것이다. 예수에 대한 이스라엘의 배척은 고통스러운 대가를 치르게 될 것이다.

이 강설은 성격상 선지자적인데, 예루살렘과 단기간에 일어나는 예루살렘의 파괴에 관해 이야기하면서 마치 마지막 날 인자의 재림과 관련한 사건들과 비슷한 사건들 패턴이 나타나기 때문이다. 선지자는 단기간의 성취나 장기간의 성취, 혹은 이 두 가지 모두를 동일한 선포의 각기 다른 부분들에서 동시에 말할 수도 있었다. 왜냐하면 사건들은 서로서로를 볼 수 있게끔 해주기 때문이다. 이런 측면과 관련해서 생각해보자면, 공관복음서에서는 마가가 장단기라는 시간에 관해 언급하는데 있어서 가장 큰 양면성을 가지고 설명을 전개한다. 마태는 장기간의 실현에 초점을 맞추지만, 누가는 단기간의 사건들에 주안점을 두고 강조한다. 묘사되는 사건들이 "거울" 같은 성격을 갖고 있기 때문에, 시기와 관련한 각각의 관점들은 예수의 가르침을 훌륭하게 종합해준다.

예수는 여기에서 구약성경이 갖고 있는 주의 날과 연결되는 많은 주제들을 다루신다. 구름을 타고 오실 이에 대한 묘사는 다니엘 7:13-14에 나오는 인자의 모습을 생각나게 한다. 선지자적인 말씀들이 누가복음 21:7-24에 지배적으로 나오지만, 25-28절에는 묵시론적인 요소들이 나타난다. 이 두 가지는 서로 어떤 점에서 차이가 있는 것인가? 선지자적 약속이라는 구조 틀은 하나님이 대리자들을 통해

서 역사하시는 매일매일의 역사라는 측면에서 제시하지만 묵시론적인 것은 매우 놀라운 방식으로 하나님이 역사 속에 갑작스럽게 개입하시는 것에 관해서 이야기 한다. 이스라엘 나라가 마지막 때 위험 속에 들어가게 될 때, 하나님은 인자를 통해 자기 백성을 구원하시기 위해 개입해 들어오실 것이다. 그 중간시기 동안에는 제자들은 박해에 직면할 것이고 이스라엘은 침략당할 것이다. 예수는 비록 아주 분명한 방식으로 말씀하시지는 않았지만, 여기 예언된 사건들은 지상 교회의 박해와 더불어 시작하며 주의 재림과 더불어 끝나게 된다.

이 강설은 5절에서 고대 세계의 엄청난 건축물 중 하나인 예루살렘 성전을 관찰하는 것에서부터 시작한다. 예수와 주의 제자들은 이제 막 성전에 와서 한 과부가 자신의 예물을 드리는 것을 보고 있었다(21:1-4). 마태나 마가와는 달리, 누가는 이 장면을 분리된 강설로 구별하지 않는다. 제자들 중 몇몇이 성전의 아름다움에 대해서, 특히 성전의 고상하고 아름다운 돌들과 이 건물을 독특한 건축물로 만들어준 여러 장식들에 대해 언급한다.

우리가 강한 권력의 나라를 바라볼 때면, 그 나라가 영원히 존재할 것이라고 생각하기 쉽다. 로마 제국이 최고조를 달릴 때 대부분의 사람들은 로마 제국도 언젠가 역사의 한 페이지로 남게 될 것이라고는 상상하기가 힘들었다. 다른 기관이나 기구들도 역시 이런 파괴되지 않을 것 같은 분위기를 갖는데, 이런 것들 하나가 바로 성전이었다. 예수 당시에, 성전은 거대한 재건축 프로그램을 진행하는 중에 있었다. 대략 기원전 20년경에 시작해서, 이 재건축은 주후 63-64년경까지 계속되었다. 그래서 예수가 주후 33년경에 말씀하셨을 때, 이 프로그램은 이미 상당히 진척된 상황이었다.[1] 분명히 이처럼 거대한 건물은 매우 긴 생명력을 갖고 있었을 것이다. 결국 이 성전건물은 많은 주변 나라들의 예물을 통해 장식되었고, 주변 로마 제국 세계로부터 주목을 받게 된 건물이었다.[2]

예수는 즉각적으로 이 건물이 영원히 지속되지 않을 것임을 지적하신다. "돌 위에 돌 하나도 남지 않을 시간이 올 것이다." 이런 말씀들과 더불어, 주님은 예루살

---

1. 예수가 십자가에 달려 돌아가신 연대가 주후 30년이냐 아니면 주후 33년이냐에 대해서는 논쟁이 되고 있다. 30년이라는 연대가 가장 대중적인 것이기는 하지만 나는 33년일 것이라는 입장을 갖고 있다. 이 논쟁에 대해서는 H. Hoehner, *Chronical Aspects of the Life of Jesus*(Grand Rapids: Zondervan, 1977), 95-114를 보라.
2. Josephus, *Jewish Wars* 1.21.1 §401; 5.5.1-6 §184-227; *Antiquities* 15.11.1-7 §§380-425; 타키투스(Tacitus), *History* 5.8.1. 그는 이 건물에 대해서 "눈으로 덮인 산이 예루살렘 성읍 위로 어렴풋이 보이는" 모습이라고 묘사했다.

렘의 주후 70년 멸망을 예언하시는데, 성전이 무너져 내릴 수 있는 유일한 방법은 성읍이 심각한 공격을 받게 되는 경우뿐이기 때문이다.[3] "때가 이르리니"라는 표현(문자적으로는, "그날들이 올 것이다"이다)은 예레미야가 이스라엘 나라의 멸망에 관해 중추적인 선언을 할 때 사용했던 바로 그 구문론을 사용한다(렘 7:1-14; 22:5; 27:6; 52:12-13). 예수의 말씀은 삭막한 것이었는데, 성전은 이스라엘 예배의 중심이자 영혼이었기 때문이다. 하나님이 도대체 어떻게 그토록 수많은 노력들을 성전 재건축을 위해 쏟아 부은 이후에 예배의 중심지인 성전을 파편조각이 되게끔 허락하실 수 있단 말인가? 이는 매우 놀라운 선언이기에, 제자들은 묻는다. "언제 이런 일들이 일어나겠습니까?"

예수의 확대된 대답들에 대해서 세 가지 관심을 기울일 필요가 있다. (1) 누가의 설명이 다른 복음서 기자들보다는 좀더 구체적이기 때문에, 그가 연대를 어떻게 배열했는지를 보는 것이 중요하다. 8-9절, 11-12절을 주의 깊게 살펴보면, 예수는 이 강설 속에서 역순으로 요점들을 제시하시는 것을 통해 질문에 답하시는 것을 볼 수 있다. 주님은 마지막 때에 관한 것에서 강설을 시작하시고 그런 뒤에 주가 지금 말씀하고 계신 시간으로 역으로 거슬러 올라오신다. 이는 비디오테이프를 거꾸로 돌리는 것과 비슷하다. 예루살렘 멸망에 관한 내용은 20-28절에 나오는데, 이는 마지막 날에 대한 설명인 것 같은 7-11절과 그 이전의 사건들인 12-19절 이후에 나온다. 사건 순서배열에 있어서 두 가지 핵심적인 구문은 다음과 같다: "끝은 곧 되지 아니하니라"(9b절) 그리고 "이 모든 일 전에[즉, 마지막]"(12a절). 주의 대답은 속지 말라는 경고(8절)와 아직 마지막이 아니라는 확신(9절)으로 시작한다. 그러므로 12절은 주가 8-11절에서 언급하신 일들 이전에 일어나는 사건들에 관해 이야기한다. 20절에서는 예루살렘 멸망이 중심적인 사건이다. 이제 앞을 향해 나아간다. 그런 뒤 역사의 마지막 순간에 일어나게 될 일들이 24절에서 시작한다.

(2) 이미 위에서 지적한 것처럼, 여기서의 사건들은 인자의 재림을 가져오는 예루살렘의 멸망이라는 거울 사건과 연계되어 있다. 달리 말하자면, 이 강설은 예수가 말씀하시고 있는 지금으로부터 시작해서 예루살렘 파괴의 시기를 거쳐 주가 재림하시는 시기까지 전체 모든 시기의 특징에 관해 이야기한다. 주의 첫 번째 경고는 메시아로 가장하는 사람들이 넘쳐날 것이라는 것이다. 그러므로 주의 제자들은 속아서는 안 된다. 예수는 이미 그들에게 17:22-25에서 주의 재림이 모든 사람들

3. Danker, *Jesus and the New Age*, 330.

에게 가시적으로 볼 수 있는 모습으로 있을 것이라고 말씀하셨다. 그러므로 비록 재림이 도적같이 임하기는 하지만 그 임재는 분명할 것이다. 만약 누군가가 약속된 메시아라고 주장하면서 그때가 가까웠다고 주장한다면, 그런 거짓 메시아는 결코 좇아서는 안 된다.[4]

(3) 전쟁과 전쟁 소문이 있다는 것으로 인해 놀라서는 안 된다. 주후 66-70년에 예루살렘을 집어삼킨 것과 같은 거대한 재난들로 인해서도 놀라서는 안 된다. 이런 사건들이 반드시 먼저 일어나야만('데이') 한다. 나라들이 나라들에 대적해 일어날 것이고, 자연적인 재해들도 넓게 일어날 것이다: 지진, 기근, 가뭄 등이 하늘의 두려운 표징들과 더불어 일어날 것이다. 이런 이미지들은 구약성경에 풍성한 기원들을 두고 있다: 이사야 5:13-14; 13:6-16; 19:2; 예레미야 4:13-22; 14:12; 21:6-7; 에스겔 14:21; 학개 2:6-7; 스가랴 14:4.[5]

그러나 메시아라고 주장하는 거짓된 사람들과 우주적인 혼돈이 오기 전에 하나님의 백성에 대한 박해가 있을 것이다. 이 일은 실제적으로 십자가 고난 직후에 곧장 시작되었으며, 사도행전의 상당히 많은 부분들은 이 예언이 성취되기 시작했음을 보여주는 것으로 읽을 수 있다. 대적들이 성도들에게 손을 대고, 박해하고, 감옥에 집어넣을 것이다.[6] 이런 박해 중 일부분은 유대교에서 오게 된다는 것을 알 수 있는데, 제자들은 회당에서 자신들을 변호해야 하게 될 것이기 때문이다. 심지어 왕들과 관원들 앞에서도 증거 할 기회들이 주어질 것이다(가령, 헤롯 아그립바, 펠릭스, 베스도, 그리고 가이사 앞에서 증거 했던 바울처럼). 박해는 종교적 차원에서 이루어질 것인데, 이 모든 박해들은 "나의 이름으로 인해" 일어나는 것이기 때문이다. 이 강설을 제자들이 들어야만 하는 중요한 이유 중 하나는, 예수가 그들이 마지막이 도래하기 전에 성도들이 힘겨운 시기들을 보낼 것임을 이해하기를 원하시기

---

4. 마지막을 지칭하는 전문적 용어로서 "이 때"(8절)라는 구문에 대해서는 Delling, "καιρός," *TDNT*, 3:461을 보라.

5. 이 강설에 대한 공관복음적인 요약들이 여기에서는 변형을 보인다. 세 가지 설명들에서 오직 가족들과 지진만이 언급되었다. 마가복음 13:8은 고통이 시작되는 것에 대해서 이 모든 것들을 이야기한다. 이 구문은 마지막 드라마가 시작되는 표징이다. 누가에는 이 구문이 없다. 이런 차이는 복음서들 간의 불일치를 보여준다기보다는, 짝을 이루고 있는 사건들의 거울 이미지들 중에서 서로 다른 마지막 부분들을 강조하고 있는 것이다. 마가와 누가 두 명의 저자들 모두에게, 이 시기부터 계속되는 모든 것들이 마지막 때에 대한 하나님의 계획이 펼쳐지는 일부분들이다, 바울도 또한 이런 관점을 공유했다(롬 8:18-25, 특히나 22절). 누가는 25절에서 이들 역시 마지막 때에 나타날 것이라는 점을 보여주기 위해 비슷한 표징을 사용한다.

6. 이런 의미를 갖는 "손을 대어"라는 관용어구에 대해서는 사무엘상 21:6을 보라.

때문이다.

이런 기회들을 통해서, 제자들은 예수의 "증인들"이 될 것이다. 증인이라는 주제는 1:8에서 예수의 교훈과 성령에 대한 약속과 더불어 시작되는 사도행전의 중추적인 주제이다. 제자들에게 있어서 증인이 되는 것보다 더 중요한 역할은 아무것도 없다. 때때로 가장 효과적으로 예수를 증거 하는 것은 한사람의 믿음에 대해 강력하고 위협적인 압력이 가해지는 동안 일어나곤 한다. 그런 순간들에 믿음은 중심적이고, 중대하고, 심지어 한 사람의 삶 속에서 예외적인 측면으로 제시되고 나타나게 된다. 이런 제자들은 공개적으로 마이크를 잡고 예수를 증거할 수 있는 기회를 잡게 될 것이다.

마가복음 13:10과는 대조적으로, 누가는 복음이 유대 공동체 밖으로 나가자말자 곧 어떤 일들이 일어나게 될 것인지에 대해 계속적으로 초점을 맞춘다. 복음을 증거할 수 있는 기회를 갖기 위해서는 결심이 필요한데, 이런 배척과 압박 속에서 복음증거가 어떤 결과를·얻게 될지가 불확실하기 때문이다. 그렇기 때문에 예수는 제자들에게 무엇을 어떻게 변호하고 증거 해야 할지 염려하지 말라고 말씀하신다. 누가복음 12:11-12에서도 주는 이미 이런 약속을 주셨다. 그런데도 예수가 이 약속을 반복하신다는 점은 주를 증거 할 사람을 하나님이 그분께 속해 있게끔 만드시는 일이 얼마나 중요한지를 보여준다. 이 부분에서 예수는 자신이 제자들에게 무엇을 말해야 할 것인지를 알려주시겠다고 말씀하시는데, 앞선 누가복음 12장에서는 성령께서 그렇게 하실 것이라고 이야기되었다. 이런 차이점은 예수와 성령의 역사하심이 얼마나 밀접한지를 잘 보여준다. 주님은 성령을 보내주시는 분이시고, 성령은 우리로 하여금 주를 위해 설 수 있게끔 해주시는 분이시다(요 16:5-15; 행 1:8; 2:30-36). 예수는 그들에게 대적들을 잠잠케 할 대답들을 주실 것이다(행 4-5장; 7:24-26을 보라).

가족들로부터도 팔아넘기는 일들이 일어날 것이다(참조. 12:49-52). 부모들, 형제들, 친척들 그리고 친구들이 박해에 연루될 것이다. 어떤 사람들은 그들의 믿음으로 인해 심지어 순교하게 될 것이다. 예수를 믿기로 결단하는 일은 매우 중대한 일이 될 수 있다.

예수는 계속해서 궁극적인 보호에 관한 말씀들을 주신다(18절; 참조. 12:1-5). 죽음이 온다 하더라도(16절), 성도의 머리카락 하나라도 상하게 되지 않을 것이다.[7] 영원한 생명이 오게 되면(18:28-30), 성도들은 하나님이 그들을 맞이하신다는 것을 알게 된다. 궁극적으로 성도들을 상하게 할 길은 전혀 없다. 바로 이것이 성도들이 단기간 동안의 고통과 맞대응할 수 있는 이유이다(행 7:55-50을 보라). 하나님이 주의 제자들을 보호하실 것이다. 예수와 함께 서는 것은 구원을 얻는 것이다.

20절에서 누가는 다시 한번 마태복음이나 마가복음과 다른 내용을 보여준다. 누가는 인류에게 떨어질 고통스런 시기가 대단히 격렬하다는 식으로 이야기하지 않으며, 또한 고통의 날들이 단축될 것이라고도 말하지 않는다. 그는 "이방인의 때"(24절)와 "그[예루살렘의] 멸망"(20절; 다른 복음서들은 성전의 멸망이라고 구체적으로 이야기한다)에 관해서 이야기한다. 달리 말하자면, 누가는 주로 단기간의 성읍 파괴에 주로 관심을 갖고 있으며, 마지막 때의 사건들에 대해서는 오직 간접적으로만 말한다.[8]

누가복음 21:20-22은 이미 앞선 19:43-44에서 이루어진 예언을 다시 회고하고 반복한다. 예루살렘은 군대들에 둘러싸일 것이고, 그 멸망은 지금 가까이에 와 있다. 예수는 예루살렘 성이 무너질 때 성전이 무너질 것이라고 예견하신다. 이는 성전이 언제 무너지겠느냐는 제자들의 질문에 대한 대답 중 일부분이다. 멸망이라는 이미지는 이런 침공과 더불어 오게 될 끔찍한 파괴를 암시한다. 요세푸스는 우리에게 백만 명의 유대인들이 죽임당했고 거의 십만 명 가까운 사람들이 포로로 잡혀갔다고 이야기한다. 어떤 사람들은 이 숫자가 너무 크다고 주장하기도 하지만(요세푸스는 좀 과장적인 것으로 지적된다), 이런 숫자들은 이 침공으로 인한 파괴가 얼마나 광범위한 것이었는지를 잘 보여준다.[9] 이 심판은 무시무시한 것이었다. 심지어 아이들을 식량으로 잡아먹을 정도였다.[10]

이 시기 동안 어떤 대가를 치르더라도 예루살렘은 피해야만 한다. 유다에 있던 자들은 산으로 도망가야만 하며, 성읍에 있던 자들은 거기서 나와야만 한다. 그 누구도 예루살렘에 들어가서는 안 된다. 다니엘의 언어인 "멸망"이라는 단어에 호소하고 있다는 점도 중요하다(단 9:27; 11:31; 12:1). 이미 인용했듯이, 마태복음 24:15과 마가복음 13:14은 성전파괴가 매우 특정적으로 제시되고 암시되는 본문들이다. 누가는 심판을 표현하는 일반적인 용어로서 이 용어에 호소한다

7. 이 개념은 강조적 헬라어 '우 메'를 사용하면서 매우 확실하게 표현되고 있다(즉 "분명히 상처입지 않는다").

8. 어떤 사람들은 이런 차이점이 누가가 주후 70년 이후에 누가복음을 썼다는 증거라고 주장하지만 그런 입장이 꼭 필요한 것은 아니다. 여기에 묘사된 모든 것들은 언약적 불성실함에 대한 하나님의 심판에 잘 들어맞는다. 그러므로 이 본문을 읽으면서 누가복음이 사실 이후에 기록되었다고 주장할 필요는 없다.

9. Josephus, *Jewish Wars* 5-7. 특히 6.5.1 §§271-73; 6.9.3 §420:7.5.3 §118:7.5.6 §154를 보라.

10. Josephus, *Jewish Wars* 6.3.4 §201-11.

(눅 21:20).[11]

이 모든 일들은 "이미 기록된 모든 일들의 성취"로서 일어난다(22절). 하나님의 계획에는 놀랄 것들이 없다. 이스라엘이 전복되는 것과 성전이 파괴되는 것은 하나님의 계획 가운데서 무언가 어긋나는 것을 보여주는 것이 아니다. NIV가 "형벌의 시간"이라고 번역한 부분을 헬라어에서는 "복수의 날들"이라고 표현하고 있다. 불성실함은 하나님이 결코 간과하시지 않는 중요한 부분이다.

이 시기 때는 두 종류의 사람들이 특히나 상처입기 쉽다: 임산부와 젖먹이는 어머니들이 바로 그들이다. 갓난아이를 데리고 있거나 어린아이를 데리고 있다는 것은 큰 압박감이 될 것이다. 절망과 분노가 모든 부분들에 있게 될 것이다(19:44; 23:29).[12] 이스라엘은 하나님의 심판에서 잘못한 편에 있게 될 것이다. 이런 여인들과 아이들은 칼 위에 엎드러지게 될 것이고, 포위 공격들이 종종 일어날 것이다. "그들은 칼 위에 엎드러지게 될 것이다"(참조. 사 3:25; 13:15; 65:12; 렘 16:4). 혹은 "죄인으로 끌려가게 될 것이다." 이것은 총체적인 패배를 보여주는 사인(sign)이다. 여기에서 예수의 말씀은 마치 옛 선지자들이 말하는 것처럼 들린다. 예레미야는 이스라엘 나라가 바벨론에 망하고 포로로 끌려가는 것을 예언하면서 이와 비슷한 이미지를 사용해 예언하고 그 내용을 기록했다.[13] 예수의 청중은 이 파괴가 어떤 유형이 될 것인지를 이해했을 것이다. 이스라엘은 이전에도 역사 속에서 그런 파괴를 경험한 적이 있었기 때문이다.

예루살렘은 짓밟힌 도시가 될 것이다. 이방인들이 "이방인의 때"가 다 차기까지 이 성읍 안을 휘젓고 다닐 것이다. 어떤 한 시대를 표시해주는 이 구문은 이스라엘이 하나님의 계획안에서 주도적인 대상이 되는 그런 때가 다시 올 것이라는 것을 제시해준다. 이 점은 기독교인들 사이에서 논쟁거리가 되는 부분인데, 많은 사람들은 예수의 재림이 새 하늘과 새 땅을 가져온다고 생각하기 때문이다. 이런 입장은 예수의 재림과 관련해서 천년왕국이 없다는 주장이거나(무천년왕국주의) 혹은

---

11. 만약 이 본문이 사건 이후에 예언을 업데이트 해서 기록한 것이라면, 이는 좀 이상한 일이다. 유대인의 관점에서 보자면, 당시 전쟁에서 가장 끔찍한 일은 성전파괴였기 때문이다. 그런데 이 본문은 성전 파괴를 성전에 대해서만 이야기하기보다는 예루살렘 파괴와 관련해 그저 일반적으로 언급하는 것을 통해, 이 본문 내용의 진정성을 증거하고 있다. 이는 이 내용이 예수의 말씀을 업데이트 하지 않았기 때문에 생겨난 모습이다.

12. W. Grundmann, "αναγκαζω," *TDNT*, 1:346.

13. L. T. Johnson, *The Gospel of Luke*, 323(렘 7:14-26, 30-34, 16:1-9; 17:27; 19:10-15; 미 3:12, 슥 1:4-13을 보라.

오늘날의 교회가 하나님 나라이며 이와 같은 모습으로 천년왕국의 약속들이 성취된다고 주장한다(전천년왕국주의).[14]

이 논쟁은 요한계시록 20:1-6을 어떻게 다룰 것인지에 달려있다. 예수가 재림하신 이후에(계 19장), 특정한 통치 시기가 오는데, 이 시기는 부활한 사람들을 통해 구분되고 또한 21-22장에 나오는 새 하늘과 새 땅과도 구별되는 시기이다. 요한계시록이 갖고 있는 상징적인 묵시론적 특징을 고려하고 생각한다 하더라도, 우린 어느 정도 일관성을 가지고 상징성과 언급들을 해석해야만 한다. 요한계시록 20장은 마지막 시기 때 피조 세계를 새롭게 만들기 전 중간시기의 왕국에 관해 예언하는 것으로 보인다—이것이 전천년왕국주의의 요점이다. 전천년왕국주의자들은 이방인의 때의 마지막에, 이스라엘의 두드러짐이 회복되는 새로운 시기가 출현하게 된다고 주장한다(참조. 행 3:16-22; 롬 11:26). 예수는 부활하신 이후 제자들과 보내신 40일 동안, 이스라엘이 여전히 미래를 갖고 있다는 개념에서 벗어나게 할 그 어떤 내용에 대해서도 말씀하지 않으셨다(참조. 행 1:6). 나는 이 본문들을 전천년왕국주의의 입장에서 읽는 것이 종말론에 대한 성경의 가르침에 가장 잘 부합한다고 믿지만, 지금 이 본문에서 계속되고 있는 강설에서는 이런 구체적인 내용들에 대해 아무것도 이야기하지 않고 있다는 점도 반드시 주목해야만 한다.

"이방인들의 때"가 차게 되면, 하나님의 약속하신 계획이 완성을 향해 나아가게 되는데, 이 계획은 예수가 주의 지상 사역을 통해 시작하신 계획이다. 그러므로 예수는 25절에서 주의 재림과 더불어 시작되는 "그 마지막"에 관해 이야기하신다. 그 재림과 동반해서 거대한 우주적인 징조들이 있게 될 것이다. 이런 이유로 인해 우리는 주의 재림을 찾아다닐 필요가 없다. 이 이미지는 인간 역사의 마지막에 대한 구약성경의 표준적인 설명이기도 하다.[15] 이 혼란들은 너무나 엄청난 것들이어서 거대한 좌절과 분노를 가져올 것이다. 우린 그저 주요한 대혼란 때문에 오게 되는 충격들을 묘사하는 것만이 필요하고 또한 여기 묘사된 것에 대해서 자꾸만 느낄 수 있게끔 그런 묘사를 반복하는 것이 필요하다. 이 지구가 불안정한 환경이 되

14. 무천년주의에 관한 내용에 대해서는 A. Hoekema, *The Bible and the Future*(Grand Rapids: Eerdmans, 1979)를 보라. 전천년주의에 대해서는 D. K. Campbell 그리고 J. L. Townsend, *A Case for Premillennialism. A New Consensus*(Chicago: Moody, 1992)를 보라.

15. K. H. Rengstorf, "σημεῖον," *TDNT*, 7:232. 사도행전 2:19-20에서 이 이미지를 사용한 것조차도 마지막 날을 바라보는 것이고 십자가 고난을 회상하는 것이 아니다. D. Bock, *Proclamation from Prophecy and Pattern*을 보라. 이 내용은 사도행전 2장에 대해서 사도행전의 이 본문 부분이 미래를 바라보는 부분적인 성취임을 변호하는 내용이다.

고 하늘이 그런 불안정성에 대한 증거들을 줄 때, 그때는 두려운 시간이 될 것이다.

이런 안전치 못한 순간에, 인자는 구름을 타고 나타나실 것이다(단 7:13을 보라). 인자는 하나님의 권세를 갖고 오시는 인물이며, 또한 하나님처럼 구름을 타시는 초자연적인 인물이기도 하다(출 14:20; 34:5; 민 10:34; 시 19:1; 104:3).[16] 다니엘서에서의 인자의 정체성은 논쟁이 되는 부분이지만, 인자에 대해서는 그의 존재가 성도들을 변호하는 것을 의미하는 존재, 성도들을 대표하는 존재로 보는 것이 가장 좋은 방식일 것이다. 이런 인물이 위대한 권능과 영광을 가지고 재림하는 것은 마지막 때의 혼돈을 멈추게 할 것이다. 예루살렘이 겪어야 될 파괴와 같은 혼돈에 대해서 말이다. 인자의 임재—즉 예수의 재림—는 성도들을 위한 옹호와 변호가 가까웠다는 것을 의미할 것이다. 그 시기에 있는 성도들은 구원이 가까웠기 때문에 고개를 들 수 있다. 두려움을 대신해서(25-26절) 소망이 온다. 예루살렘의 멸망이 나쁜 것이기는 하지만 그것이 역사의 끝은 아니다. 인자의 재림은 하나님의 백성들이 승리를 볼 것을 의미한다. 제자들이 깨어있어야 하는 것은 바로 이 이유 때문이다. 이런 일들을 보는 것은 구원을 알게 하고, 하나님의 나라와 주의 분명한 임재가 권능과 심판과 다스림으로 나타나는 것이 가까이 있음을 알게 한다.

예수는 요점을 분명하게 하시기 위해 짧은 비유 하나를 말씀하신다. 주님은 사람들이 무화과나무의 상태를 통해 일년 중 시기가 언제인 지를 알 수 있다는 것을 언급하신다. 무화과나무의 잎사귀가 무성하게 되면, 사람들은 여름이 가까웠다는 것을 알 수 있다. 마찬가지로, 예수는 이런 일들이 일어나는 것을 보게 되면, 사람들은 하나님 나라가 가까이에 왔다는 것을 알 수 있다고 말씀하신다. 예루살렘의 멸망은 하나님의 계획이 진행되고 있다는 증거를 제시해준다. 예루살렘의 멸망이 후에 그 뒤로 남아있는 하나님의 계획 안의 모든 일들이 그 계획대로 완성될 것이다. 우주적인 다양한 징조가 그 뒤에 재개되는 것은 마지막 때가 정말로 가까웠음을 가르쳐준다. 그러므로 이 비유는 실제적으로 하나님이 무엇을 행하고 계신지를 계속해서 주목하라고 이야기한다.

예수는 그런 뒤 "이 세대가 가기 전 이 모든 일들이 일어날 것이다"라고 말씀하신다. 이 부분은 누가복음에서 가장 어려운 구절 중 하나이다. "이 세대"는 이 사건

16. "초자연적인"이라는 용어의 의도적으로 사용한 용어이다. 이 다니엘적인 인물은 그가 초자연적인 특징과 자연적인 특징들을 혼합적으로 갖고 있다는 점에서 신비스러운 인물이다. 그는 다니엘의 비전 중에서 동물들과는 대비가 되는 인간이지만, 하나님처럼 그는 구름을 탄다. 신약성경에서, 이 신비는 성육신에 관한 분명한 가르침을 주는 것으로 이동한다.

들이 일어나는 구체적인 시간대를 제시하는데, 여기 제시된 모든 일들이 제자들의 평생 동안 다 일어난 것은 아니었다. "세대"가 무엇을 의미하건 간에, 예수 시대나 혹은 누가복음의 독자들의 시대를 의미하는 것이 아니라는 점만은 분명하다. 하지만 어떤 사람들은 예수가 여기에서 오직 주후 70년의 사건만을 지칭해서 이렇게 말씀하신 것이고, 이 사건에서는 "세대"가 제자들의 세대를 의미했었다고 주장하기도 한다. 그러나 이런 주장에는 또 다른 문제점이 남게 된다—"이 모든 일들"이라는 부분이다. 인자가 그때에 가시적인 모습으로 재림하지 않았다는 것을 주목하라. 그러므로 "이 세대"의 의미는 제자들이나 누가의 세대를 지칭하는 것일 수 없다.

어떤 사람들은 예수가 구체적인 시간을 이야기하신 것이 틀렸다고 주장하기도 하지만 주는 "세대"에 대해서 다른 의미를 염두에 두셨을 가능성이 높다. (1) 어떤 사람들은 이 단어가 비록 이전에는 그렇게 사용된 용례가 없긴 하지만 종족, 즉 유대인들을 의미한다고 주장한다. (2) 또 다른 해석적 선택은 "인류의 세대"를 전체적으로 지칭하거나 인류의 악한 세대를 지칭하는 것으로 보는 주장이다. 다시 말해서, 마지막 때는 인류가 멸망하기 전에 올 것이라는 주장이다. 비록 이런 식으로 보는 것이 이 구문에 과연 힘을 실어줄 수 있는지는 의문스러운 일이지만, 여하튼 이런 관점도 가능하기는 하다. (3) 다른 어떤 사람들은 "세대"라는 단어가 시간을 지칭하는 용어가 아니라 질(質)을 뜻한다고 주장한다. 즉, 예수는 "의인의 이 세대"가 지나가지 않을 것이라고 말씀하고 있는 것이다. 비록 이런 관점이 "세대"에 대해서 너무 일반적이지 않은 방식으로 해석하는 것이기는 하지만 그래도 이런 관점도 가능하기는 하다. (4) 이 주석에서 선호하는 관점은, "세대"는 이런 모든 일들을 보는 세대이며 이는 25절에 나타나는 세대를 언급한다고 보는 관점이다. 달리 말하자면, 마지막 때가 시작되는 것을 우주적인 징조들을 통해서 보는 사람들은 인자의 재림을 통해 주어지는 결정적인 시대의 임재를 보게 될 것이라고 해석하는 방식이다. 즉, 일단 마지막 때의 행동들이 개시가 되면, 그 행동들은 보다 더 신속하게 일어날 것이다.[17]

예수는 매우 확신을 갖고 계셨으며, 주의 말씀이 지나가는 것이 아니라(33절)

17. 여기 언급된 모든 방식들에 대해서는 R. Maddox, *The Purpose of Luke-Acts*(Edinburgh: T. & T. Clark, 1982), 111-15를 보라. 이 주석에서 선호한 관점이 갖고 있는 문제점은 28절인데, 이 부분에서는 제자들에게 깨어있으라고 명령하시면서 어떤 일들이 가까이 있다는 것을 알아야 한다고 명령하시는 내용이 나온다. 그러나 이 구절은 이 논의를 시작하게 했던 성전과 관련한 이슈를 언급하는 것일 수 있다.

피조 세계가 지나가버릴 것이라고 선포하신다. 그리고 주의 이 말씀내용은 사실이다. 이 강설은 정보를 주고 신실함을 격려하기 위해 고안되었다. 그렇게 하기 위해서, 주가 성도들을 변호해 주실 것이라고 선포하신 내용들은 반드시 일어나야만 한다. 예수의 제자들은 그 사실을 의지할 수 있다.

예수는 그런 뒤 계속해서 제자들을 향해 그날이 마치 덫과 같이 임할 것이라고 경고하신다. 이는 "방탕함, 술취함, 생활의 염려"를 피해야만 한다는 의미이다. 제자들의 마음은 자신들이 결국 구원을 누릴 것이라는 점에 있어서 결코 힘을 잃어서는 안 된다. 바울이 하나님이 우리를 구원하신다는 것을 이야기하면서 "복스러운 소망"이라고 불렀던 것이 우리들로 하여금 하나님 앞에서 지혜롭게 살도록 격려해야만 한다. 종종 우리들을 짓누르는 삶의 사건들로부터 어느 정도 떨어져 있는 모습으로 말이다(딛 2:11-14).

주가 정말로 다시 오실 때, 모든 사람들은 주의 재림과 권능 있는 임재의 실제 모습을 얼굴과 얼굴로 맞대고 보게 될 것이다. 어떤 사람들은 이 일을 준비하고 있을 것이고, 반면 다른 사람들은 놀라게 될 것이다. 예수는 제자들을 향하여 주의 재림을 기다리는 일에 "항상 깨어있으라고" 명령하신다. 이 표현은 현재 명령형인데, 우리가 주의를 기울이는 일을 계속해서 진행하고 있어야만 한다는 의미이다. 우리는 우리 앞에 놓여있는 예루살렘에서의 단기간의 일들과 마지막 때의 장기간의 일들 모두를 피하기 위해 기도해야만 한다(예루살렘과 관련한 내용들은 대부분 19절까지 다루어지고, 23절 이후의 주요 주제는 마지막 때에 관한 것이다). 우리의 궁극적인 목표는 "인자 앞에 서는" 것이다(참조. 12:8-12). 인자와 함께 자기 정체성을 규정하는 모든 사람들은 그날에 설 수 있게 될 것이다.

누가는 예수가 매일 낮이면 성전에서 가르치셨고 밤에 감람원이라는 산에 들어가 주무시고 쉬셨다는 것을 이야기하면서 이 항목을 끝낸다. 매일 아침마다 사람들은 주님 말씀을 듣기 위해 모여들었고, 주님은 약속의 소망을 가르치고 선포하시는 기회들을 가지셨다. 그러나 이것은 누가가 지금 이야기하려고 준비하는 사건들로 인해 금방 끝나게 된다. 이제 예수 앞에는 십자가 이외에는 아무것도 남아있지 않다.

상황잇기

이 본문을 오늘날 우리 시대에 어떻게 전할 것인지를 생각하면서, 몇 가지 질문들에 관심을 기울일 필요가 있다. 우리는 이 본문에 대한 '원 의미' 항목에서 이 본문이 어떻게 단기간과 장기간의 이슈들에 대해 선포하고 있는지를 설명하고자 노력했다.[18] 박해와 거짓 메시아적인 주장들이라는 이슈들은 수세기에 걸쳐 계속되어 왔다. 이런 일들은 성도들에게 주의 최종적인 변호해 주심이 아직 임하지 않았음을 보여주는 증거로 아주 오랫동안 계속 남아있어 왔다. 오직 한 가지 중요한 특징만이 변했다. 기독교인들에 대한 박해가 유대적인 특징을 갖지 않는다는 점이 가장 중요한 변화 부분이다. 복음에 대한 반대가 다양한 부분들로부터 오지만, 이제는 그런 박해와 반대들 중에는 회당들로부터 오는 박해가 거의 들어있지 않다. 이런 식의 배척과 관련해서는 오직 유대적인 혈통을 갖고 있는 사람들만이 이런 형태의 박해를 볼 수 있을 것이다. 이런 예외와 더불어, 이 본문은 "전형적인" 혹은 "패턴적인" 본문으로서, 예수 시대로부터 시작해서 주가 오실 때까지 모든 시대의 사람들에게 메시지를 선포한다. 주의 제자들은 주가 육체적으로 존재하시지 않는 세상에서 그리고 배척과 고통이 믿음을 갖겠다는 결단과 더불어 주어지는 그런 세상 속에서 살아간다.

예수의 이 부분에서의 강설은 성도들에게 하나님이 하나님의 계획을 진행시키고 있다는 것을 재 확신하게 하는데 도움을 준다. 우리가 뒤돌아서 생각해볼 때, 주후 70년에 벌어진 사건들은 하나님이 과거 인류 역사의 일들을 이끌고 계셨으며 지금도 여전히 이끌고 계시다는 것을 보여준다. 이런 사건들은 또한 우리들을 향

18. 여기 제시된 방식들은 물론이고, 주의 재림에 대한 기독교인들의 관점과 관련한 또 다른 이슈들에 대해서는 S. Grenz, *The Millennial Maze*(Downers Grove, Ill: InterVarsity, 1992)를 보라. 마지막 때에 대한 기독교인들의 관점에 있어서 세부적인 차이점들과 상관없이 이 질문에 대해 대부분의 기독교인들이 동의하는 내용을 확인하는 것이 중요하다. 그렌츠는 이런 방식으로 이에 대해 훌륭하게 이야기해준다(p. 215).

> 하나님의 영원한 통치하심은 이미 그 여명이 시작되었고, 지금 시작되고 있으며, 언젠가 완전한 온전함으로 마무리될 것이다. 그리스도를 통하여 우리를 하나님과 화평케 하신 그 하나님은 언젠가 우리들을 하나님의 거룩한 통치하심이 있는 종말론적인 위대한 공동체에 데리고 가셔서 온전히 참여케 하실 것이다. 바로 이것이 우리로 하여금 중간 사이의 시대에 있으면서 지금 하나님 나라의 백성이 되고자 추구하게끔 그리고 지금 이 세상 속에서 다가오시는 영원한 하나님의 통치하심의 복음을 선포하고 그대로 행하게끔 영감을 불어넣어주어야만 한다. 하나님이 역사를 향해 갖고 계신 영광스러운 계획하심이라는 비전과 더불어, 종말론은 교회로 하여금 심각한 질문에 직면하게끔 한다: 우리는 교회로서, 그리스도께서 영광과 존귀 가운데 오실 때까지, 지금 이 시대 속에서 주의 일을 행하는 것이 하나님이 최종 미래에 대해 갖고 계신 비전이라는 사실을 통해 동기부여를 받을 것인가?

한 성실함에 대한 명령과 심판에 대한 경고들을 포함한다. 이런 심판이 갖는 중차대한 모습은 하나님이 죄와 불성실함에 대해서 얼마나 진중하시고 엄하신지를 드러내 보여준다. 예루살렘의 멸망이 너무나 고통스러웠던 것만큼이나, 이제 앞으로 다가올 심판은 그 무엇과도 견줄 수가 없을 만큼 힘겹고 고통스러울 것이다. 이런 특징은 이 본문에 신학적인 힘을 부여한다. 우리 문화는 불의를 심판하시고 벌주시는 하나님의 권세를 축소하는 경향이 있다. 그러나 바로 그런 모습이 이 본문이 제기하는 중요한 주제들 중 하나이다.

하나님이 예언하시는 미래에 관해 듣고 접하게 될 때, 우리 문화는 그런 내용들을 사랑하거나 미워하는 관계를 갖는다. 한편으로 점성술이나 미래를 읽어내는 다른 방식들에 대한 인기는 사람들이 얼마나 운명으로 다가오는 일들을 전망하는데 빠져드는지를 보여준다. 다른 한편으로 많은 사람들은 심판적 운명의 구체적인 예언들에 대해서 어느 정도 회의주의적인 시각으로 바라본다. 이들은 과연 예수가 이런 예언들을 했는지에 대해서도 의문을 제기하는데, 이들은 예수를 종교적인 지혜를 가르치는 교사 정도로 제한해서 생각하기 때문이다. 만약 예수가 선지자라면, 그건 주가 예언하시기 때문이 아니라 주가 판결을 선포하시고 우리에게 사랑하라고 명하시기 때문이다. 심판에 대한 예언을 회의하는 것은 주를 한쪽으로만 보는 것이다. 이 본문은 예수가 다가올 미래에 대해서와 성도들을 향한 미래의 변호에 대해 어떻게 증언하셨는지를 보여준다는 점에서 중요하다. 주의 삶과 죽음은 단순한 전설 이상의 것이다. 주님은 심판하기 위해 재림하실 것이며, 그 심판은 매우 중차대한 일이 될 것이다.

마지막 날 성도들을 변호해 주실 것이라는 약속은 중요한 논리적 결론을 가져온다. 교회는 교회 주변을 통치하는 힘을 갖추라고 명령받은 것이 아니다. 그보다 우리는 그리스도께서 그러셨던 것처럼 주가 재림하실 때까지 주의 공동체로서 고난 받을 것이다. 우리가 이 시대에서 검이 아니라 십자가를 지고 있음을 잊는다는 것은 우리 소명의 가장 기본적인 측면을 포기함을 의미한다: 선포하고, 묵상하고, 예수를 섬긴다는 가장 기본적인 소명을 말이다. 오직 마지막 때에만, 우리는 고통과 배척과 박해로부터 건짐을 받을 것이다. 예수의 재림 이외의 다른 부분들에서 교회의 승리를 촉진코자 하는 신학들은 주의 변호하심이 어디에 그 근원을 두고 있는지를 잊는 것이다. 우리가 아니라 바로 주님만이 승리를 가져오는 유일한 분이시다. 이 세상 앞에 증인으로서 설 준비가 되어 있지 않은 것은 주를 이해하지 못한 것인데, 이런 사람들은 하나님이 그의 교회에 주시는 소명과 명령을 제대로 이해하지 못한다.

마지막 때와 관련한 가르침과 관련해서, 중요한 한 가지 마지막 특징이 있다. 그것은 이 마지막 때가 충분히 구체적이기 때문에 우리는 계속해서 깨어있어 지켜봐야만 하며, 또한 너무나 일반적이기 때문에 언제 예수가 나타나실지를 정확하게 예언하려고 하는 그런 경향에 우리가 결코 굴복해서는 안 된다는 특징이다. 하나님은 우리가 부지런하게 살펴보는 것을 원하시지만, 이것은 교회가 주가 정확하게 언제 오실지를 찾아내려 하기를 하나님이 원하신다는 의미는 결코 아니다. 사도행전 1:6에서 제자들이 이런 구체적인 날짜와 관련해서 주께 질문을 던졌을 때, 주님은 그들에게 성령의 능력 안에서 자신의 일에 전념하고 그들이 부름 받은 일들을 신실하게 감당하라고 대답하셨다. 그들은 "그날이나 때를" 알지 못한다. 하지만 우리는 주가 다시 돌아오심을 알고 있으며, 우리는 고대하는 마음을 품고 계속해서 바라보고 깨어있어야만 한다. 주가 오시기까지 그 기다림의 중간 시기 동안, 교회는 해야 할 일이 참 많이 있다.

현대적 의미

이 본문은 우리에게 하나님에 관하여, 예수에 관하여, 이스라엘에 관하여, 그리고 우리들 자신에 관하여 중요한 내용을 이야기한다(불신자들과 신자들 모두에게). 우리는 이들 각각에 대한 적용들을 생각해 볼 것이다.

(1) 트윌라 패리스(Twila Paris)는 제목이 아주 아름다운 선포를 담고 있는 유명한 노래를 썼다: "God Is in Control"(하나님이 통치하신다). 인간적인 혼돈이 너무나 많은 이 세대 속에서, 이 메시지는 참 중요한 메시지이다. 이 성경적인 메시지에다가, 하나님의 타이밍은 오직 하나님 그분만의 것이라는 메시지가 추가되어야만 한다. 때때로 우리는 하나님의 통치와 타이밍에 대해서 인내하지 못하곤 한다. 시편기자처럼, 우리는 하나님이 하나님의 백성들의 부르짖음을 듣지 않는다고 불평하며 악이 승리하는 것처럼 보인다고 불평하곤 한다. 예수는 이 강설에서 하나님이 역사의 방향을 통치하신다고 단언하신다. 주님은 우리에게 인내할 것을 명령하시고 우리 시간을 하나님의 은혜의 복음을 다른 사람들에게 제시하는데 사용하라고 명령하신다.

이 본문은 또한 하나님의 의로움을 드러내 보여준다. 하나님이 심판하실 때, 하나님의 심판은 종합적인 심판이 될 것이다. 하늘의 재판정에서는 그 어떤 변호사도 우리 자신의 의로움에 근거를 두고 사건에 대해 우리를 변호하기 위해 앉아있지 않을 것이다. 승리하게 될 유일한 의로움은 그리스도의 의로움뿐이다. 그러므로 하나님 없이 존재하기로 했던 결정과 자기 자신의 길을 가기로 했던 결정은 하나님이 예수를 통해 제공하셨던 너무나 은혜로운 영원한 구원의 기회를 놓쳐버리는 것을 의미한다.

(2) 우리는 이 본문이 우리가 경시하는 경향이 있는 예수의 선지자적 측면을 갖고 있다는 점을 이미 지적했다. 다른 한편으로 교회 역사가 우리들을 가르쳐주는 것처럼, 마지막 때에 관해 예언하는 것에 과도하게 사로잡혀 버리는 것은 너무나 쉬운 일이다. 종말론은 그저 신학의 한 주제일 뿐이다. 그러나 종말론이 신학의 중요한 부분인 까닭은 종말론이 현재의 사건들에 대한 관점을 제시해주고, 뿐만 아니라 우리에게 현재와 과거가 삶의 모든 것이 아니라는 사실을 기억하게끔 해주기 때문이다. 그러나 우리는 미래에 관해 지나치게 몰두하면서 도리어 현재 우리의 소명에 대한 시선을 잃어버려서는 결코 안 된다. 예수는 마지막에 관해서 가르치셨지만, 그것에 중심을 두지는 않으셨다. 주님은 지금 여기에서 사람들을 하나님과의 건강한 관계로 이끌어 들이는 것을 소망하신다. 우리는 계속해서 깨어 있어야만 하고 관찰해야만 하지만 하나님을 영광스럽게 섬기는 것을 통해서 그렇게 해야만 하며, 그래서 예수의 재림이 기뻐할 이유가 되어지는 그런 모습이어야만 한다. 우리는 이 세상에서 윤리적으로 살아야만 한다. 사도 요한의 가르침에 의하자면, 그리스도의 재림을 깊이 묵상하는 것은 우리를 정결케 해준다(요1 3:3).

(3) 이스라엘을 향한 교훈은 깊은 반성을 하라는 명령이다. 왜 그들은 그들의 귀한 성전을 오래전에 잃었는가? 눈물과 사랑으로(참조. 19:41-44) 교회는 이스라엘을 향해 이스라엘이 축복의 시간을 놓쳤다고 선포한다. 이스라엘은 이런 모든 일들을 통해서, 자기 자신에게는 물론이고 모든 사람들에게 하나님으로부터 등을 돌리는 것이 치르게 되는 고통스러운 대가를 가르쳐주는 본보기가 되었다. 이스라엘의 운명과 관련한 이런 지속적인 선포들을 읽는 것은 힘든 일이며, 그들이 위대한 기회의 순간들을 놓쳤다는 것도 매우 슬픈 일이다. 그러나 이스라엘의 국가적인 스토리나 하나님의 은혜를 선택하지 않기로 결정하는 모든 사람들의 스토리는 별반 다를 것이 없다.

이스라엘은 하나님의 자녀들을 핍박하는 것을 통해, 주후 70년에 자신들이 받게 되는 심판의 길을 닦고 있었다. 예수는 한 사람이 누군가를 평가하는 바로 그 기준을 통해서 심판 때 자신도 평가받게 될 것이라고 가르치신다. 이 기준은 이스라엘 나라에도 그대로 유지되지만, 이 교훈은 이스라엘만을 위한 것은 결코 아니다.

(4) 이 강설의 세부적인 내용이나 요한계시록을 읽는 모든 사람들은 마지막 때의 심판이 얼마나 두렵고 생생한지를 알 수 있다. 이런 부분들은 우리가 하나님 앞에서 어디에 서 있는지를 생각하게끔 만든다. 나는 불의한 자들을 심판하실 하나님 앞에서 자신의 도덕성과 책임성을 생각하는 것에 바로 자기 간증의 뿌리를 두고 있었던 수많은 신학교 학생들을 만나왔다.

우리가 사는 세상은 이런 책임성을 종종 평가절하하곤 한다. 마치 그 어떤 심판도 일어나지 않을 것처럼 생각하면서 말이다. 하나님은 예수를 통해서 우리가 범한 그 어떤 죄악이라도 용서받을 수 있는 방법들을 제공해주셨다. 우린 우리 자신에게 구원을 제공할 수 없다. 자기 자신이 의롭다고 선포하는 것은 유대 지도자들이 취했던 길을 가는 것이며, 이 본문은 그런 이스라엘이 결국 어떤 결말을 맞이했는지를 매우 분명하게 제시한다. 우리를 향한 경고는 그와 동일한 잘못을 저지르지 말라는 것이다.

(5) 마지막으로 이 본문은 성도들에게 무엇을 이야기하는가? 우린 계속해서 깨어 있어야만 하고, 언젠가 우리의 구원이 반드시 올 것이라는 확신을 가지고 하나님의 타이밍을 신뢰해야만 한다. 사건들은 매우 고통스러울 수도 있다. 가족들까지도 우리를 반대하고 가족들조차 우릴 향해 적대감을 가질 수 있기 때문이다.

우리가 사도행전 7장에 나오는 스데반을 생각하건, 남아메리카의 짐 엘리옷에 대해 생각하건 간에, 예수께 속하는 것은 오랜 시간동안 강력한 반대에 직면하게 되거나 심지어 가장 기본적인 삶의 모습을 희생해야 하는 경우들을 만나곤 한다. 그리스도의 제자들은 인내하고자 결단해야 한다. 그리고 이 인내는 하나님이 약속하신 것을 반드시 행하실 것이라는 확신 속에서 성장한다. 하나님은 자기 자녀들을 보호하시고 변호하실 것이다. 그러므로 우리는 계속해서 신뢰 가운데 행해야만 한다. 신뢰는 우리가 볼 수 없는 것들에 대해서 계속적으로 소망을 품는 것을 의미한다(히 11:1). 그러나 우리가 그것을 볼 수 없다 할지라도, 우린 믿음의 저자이시자 변호자이신 예수를 볼 수 있고, 그분은 언젠가 위대한 권능과 영광으로 재림하실 것이라고 우리에게 약속하신다. 그러므로 주를 바라보면서 우리는 위대한 기대들을 품고 섬기며 기다려야 한다.

누가복음 22:1-6

1 유월절이라 하는 무교절이 다가오매
2 대제사장들과 서기관들이 예수를 무슨 방도
로 죽일까 궁리하니 이는 그들이 백성을 두
려워함이더라
3 열둘 중의 하나인 가룟인이라 부르는 유다에
게 사탄이 들어가니
4 이에 유다가 대제사장들과 성전 경비대장들
에게 가서 예수를 넘겨 줄 방도를 의논하매
5 그들이 기뻐하여 돈을 주기로 언약하는지라
6 유다가 허락하고 예수를 무리가 없을 때에
넘겨 줄 기회를 찾더라

원 의미

예수의 체포로 이끌어지는 22:1-38에 나오는 사건들은 예수가 제자들과 더불어 보내실 수 있는 마지막 기회를 보내신 것에 관한 내용을 제시한다. 이 마지막 식사는 주의 마지막 뜻이나 유언과도 같은 그런 역할을 한다. 누가는 주를 배반하려는 유다의 계획에 관해 언급한 다음에(22:1-6), 제자들과 함께 마지막으로 유월절 시간을 보내시려는 주의 계획들에 대해서 이야기한다(22:7-13). 이 식사 자리는 예수가 마지막 만찬으로 행하셨고(22:14-20), 이 식사가 주의 만찬의 기초가 되었다(고전 11:17-34). 마지막 강설은 매우 넓은 범주의 주제들을 다룬다: 배반, 겸손함의 위대함, 권세에 대한 약속, 주를 부인할 것에 대한 예언, 그리고 배척과 박해에 대한 경고들(눅 22:21-38). 예수는 예루살렘을 향한 여정의 대부분을 주의 제자들로 하여금 이제 주가 계시지 않은 다가올 상황을 준비하기 위해 보내셨다. 이제 십자가에 직면해야 하는 시간이 되었다. 제자들은 주의 떠나심에 비추어 그들의 믿음의 행보를 보일 필요가 있을 것이다. 모든 사람을 위한 진리의 순간이 다가왔다.

유대 지도자들은 주의 인기로 인해 주님에 대해 아무것도 할 수 없는 무기력한 상황이 되어버렸다. 그러나 열두제자 중 한사람인 가룟 유다가 출두하면서 이런

1. 이 본문과 평행을 이루는 본문은 마태복음 26:1-16과 마가복음 14:1-11이다.

모든 상황은 변한다.[1] 유대 지도자들이 그들 자신들의 힘만으로는 만들어낼 수 없었던 것이 이 제자를 통해서 가능하게 되었다. 예수의 체포, 재판, 그리고 십자가에 달리시는 이 모든 일들을 둘러싸고 있는 대부분의 사건들이 갖고 있는 아이러니는 통솔(컨트롤) 하에 있다고 여겨졌던 모든 사람들이 사실은 그렇지 않았다는 점에서 생겨난다. 이 모든 일들은 예수가 이렇게 진행되도록 허용하셨기에 일어난다. 앞으로 더욱 분명해지겠지만, 예수는 유다가 무엇을 하고 있는지를 완전히 다 알고 계신다(22:22-23).

십자가 사건은 유대달력으로 볼 때 일년 중 가장 거룩한 시간인 유월절과 무교절 경에 일어났다. 이 절기들은 이스라엘의 장자가 목숨을 부지하고 그들이 애굽의 포로생활에서 해방된 것을 기념하고 축하하는 절기이다(유월절, 닛산 14-15일; 무교절, 닛산 15-21일).[2] 이 감사와 축하는 죽음의 천사가 이스라엘을 "넘어간" 것과 그들이 구원받은 것을 회상하고 기억한다(출 12장). 이스라엘은 이 절기를 통해 그들이 받은 구원과 하나님의 은혜를 기억했다.

그러나 이 시기 동안, "대제사장들과 서기관들"은 예수를 제거할 방법을 찾고 있었다. 그들은 지속적으로 방법을 찾았는데, 누가가 헬라어 미완료 시제를 사용해서('에제툰') 그들이 예수를 잡고자 방법을 찾고자 시도했던 것을 표현했다는 점에서 이 사실을 알 수 있다. 누가는 의도적으로 절기와 이 음모를 병행시켜 기록한 것으로 보인다. 이 절기가 축하하는 내용은 죄 사함과 구원인데, 이는 예수가 실제적으로 베푸시고 행하실 내용들이기도 하다. 묘하게도, 이스라엘이 그들이 받은 구원에 대해 회상하는 시간에, 지도자들은 예수의 생명을 빼앗고자 고심 중이었다. 이 본문은 이런 대조에 있어서 매우 아이러니하다. 그러나 사람들은 주께로 몰려들었다. 그래서 현재로는 아무 소동 없이 주를 붙잡을 수 있는 좋은 방법이 전혀 없었다.

그러나 내부에서부터 생겨난 기회가 이런 모든 장애물들을 제거한다. 누가복음 4:1-13 이후 처음으로, 사탄이 드라마 속에서 능동적인 배우로서 그 이름을 등장시킨다. 그는 가룟 유다에게 들어간다. 이 표현이 무엇을 의미하는지는 분명치가 않다. 이 표현은 귀신들림을 의미하는 것인가? 대부분의 사람들은 그렇게 보는 것은 너무 강한 묘사라고 생각한다. 최소한으로 생각되는 바는, 사탄이 그를 이끌어가

---

2. 이 두 절기들은 서로 매우 밀접하게 연관되어 있어서 무교절이 전체 주간을 지칭할 수도 있었다. J. Jeremias, "πάσχα," *TDNT* 5:898-904; Josephus, *Antiquities* 14.2.1§21; *Jewish Wars* 2.1.3§10; 3.105 §249를 보라.

고 영향을 끼치고 있다는 점이다. 이 표현은 예수의 소명이 우주적 차원을 갖고 있다는 점을 분명하게 보여준다. 악의 세력들조차도 주를 바라보고 있고, 주를 제거하기를 바라고 있다.

그래서 가룟 유다는 어떻게 예수를 넘겨줄지를 의논하기 위해 유대 지도자들을 찾아간다. 대제사장들과 군관들은 모두 다 이 논의에 참여한다. 유다는 그들의 일원 같은 그런 관심을 받는다. 이 모임에 대제사장들이 있었다는 점은 이 결정이 가장 높은 차원에서 결정되고 있다는 점을 보여준다. 군관이 여기 참여하고 있는 것은 그들이 체포를 실행해야 하는 사람들이기 때문이다. 그러므로 대제사장들은 기뻐하면서 유다에게 그의 행동에 대한 대가를 지불한다. 마태복음 26:15에서는 우리에게 그 대가가 유대인들의 종교적 심성을 다시 얻는 대가치고는 정말 작은 액수인 은화 30개였다고 기록하지만 누가는 여기에서 구체적인 액수에 대해서는 아무 말도 하지 않는다. 유대 지도자들이 이런 돈을 지불하는 것이 얼마나 크게 규율을 어기는 것인지는 알기 어려운 일이다. 이제 그들은 예수의 개인적인 행방에 대해서 알아 낼 수 있고, 예수에 반하는 내부의 증인을 확보할 수 있게 되었다. 이제 예수를 체포하려는 그들의 노력에 도전하고자 하는 사람이 있다면, 내부인이며 예수가 어떻게 활동하시는지를 잘 알고 있는 유다의 반응에 직면해야만 할 것이다. 유대 지도자들이 유다에게 그렇게 개방적이었고 그토록 이런 상황을 기뻐했다는 것은 결코 이상한 일이 아니다. 그들이 예수의 사형집행과 관련해 좀더 광범위한 대중들의 관심과 지지를 얻고자할 때, 그들 자신들을 그런 행동에서 멀리 둘 수 있게 되었기 때문이다.

이제 필요한 것은 이 교사를 체포할 적당한 시간을 찾는 것뿐이다. 그 시간은 군중들이 없는 그런 시간이어야만 한다. 유다가 그 시간을 선택할 것이다. 음흉한 힘들이 예수의 죽음 뒤에 도사리고 있다.

상황잇기

십자가 고난에 이르기까지의 독특한 사건들은 사건들 그 자체를 통해서보다는 그 사건들 안의 인물들의 유형들과 본보기들을 통해서 메시지를 전달한다. 내러티브에 대해서 연구함에 있어서, 학자들은 종종 원형적인 유형의 인물들에 관해서 이야기하곤 한다. 이럴 때 교훈들은 어떤 인물이 이 세상에서 어떤 유형의 사람이나 실체를 대표적으로 보여주는가라는 설명을 통해 주어진다. 이런 인물들은 그들의 성격이 스토리 내에서 어떻게 발전되었는지를 언급하는 것을 통해서,

그리고 그들이 그들의 역할을 감당하면서 갖게 되는 근본적인 특징들이 무엇인지를 생각하는 것을 통해서 특징적으로 제시된다. 복음서들의 경우에 예수를 향한 반응들이 주를 향한 응답의 유형들이고 우리는 이런 유형들을 통해서 배울 수 있다. 이런 분석들을 특별히 더 적용할 수 있는 것은 십자가 고난에 관해서 읽을 때인데, 고난 사건들은 예수에 대한 찬성과 반대의 반응들을 분명하고 명확하게 기록하기 때문이다. 우리가 누가복음에서 고난에 관한 내용을 담고 있는 장들로 이동해감에 따라, 우리는 이런 원형적인 인물들을 지적하게 될 것이다.

오늘날 우리는 성전 주변에 거주하는 대제사장들이나 서기관들을 갖고 있지 않다. 그렇지만 이런 인물들은 예수에 대해 강력하게 반대하는 입장을 갖고 있던 사람들을 서술해준다. 또한, 유다는 사실은 전혀 내부인이 아닌 "내부인"의 경우다. 그는 파괴적인 방식으로 하나님의 약속을 가져다주시는 분으로 알고 있다고 주장한 바로 그분을 반대하는 음모를 짠다. 유다는 우리에게 예수와 친밀하게 연결되어 있는 모든 사람들이 정말로 주를 알고 있는 것이 아니라는 점을 기억하게 한다. 요한복음 6:70에 의하자면, 유다는 마귀에게 연결되어 있다.

현대적 의미

우리는 예수가 어떻게 배척당하시고 배신당했는지를 생생하게 볼 수 있다. 주님 대적들의 행동들은 어떻게 죄가 활동하는지를 그림처럼 생생하게 잘 보여준다. 그 배후에는 사탄이라는 존재와 영향력이 자리 잡고 있다. 이 사건은 우리들에게 사람들이 자신들을 파괴적인 방향으로 밀어 넣는 세력들에 이끌려질 수 있다는 점을 보여준다(참조. 엡 2:1-3). 모든 책략과 음모는 예수를 잡아들이려는 파괴적인 계획에 얼마나 많은 노력과 속임수가 동원되었는지를 보여준다. 뿐만 아니라, 절기를 맞이하여 출애굽을 축하하면서 예수의 죽음을 획책하는 위선은 이 모든 일들에 비애감을 더해준다.

너무나 비극적인 것은 만약 우리가 잠시 멈춰 서서 죄가 우리 삶 속에서 어떤 역할을 하는지를 분석해보면, 우린 같은 유형의 행동들과 선택들을 우리 안에서도 마찬가지로 발견하게 된다는 점이다. 한 가지 죄는 종종 그것을 전개시키거나 혹은 덮어버리기 위해서 또 다른 죄를 범하게끔 이끌어간다. 죄의 거짓된 본성은 어두운 곳에서의 음모를 낳고, 비밀스러운 곳이나 개인적인 장소들에서 죄를 범하는 것을 시도하곤 한다. 죄의 신조는 이것이다. "나는 이 일을 할 수 있다, 만약 아무도 보지 않거나 아니면 선택된 몇몇 사람들만 본다면 말이다."

덧붙여서, 배신이 죄의 모든 유형들에 나타나는 근본적인 특징이다. 사실 죄는 근본적으로 배신적이다. 하나님에 대해서만이 아니라, 죄를 통해 상처를 받게 되는 다른 사람들에게 말이다. 죄는 심지어 죄가 가져오는 파괴를 만들어내면서 죄인 자신조차도 배신한다. 이 본문은 그저 단순한 역사 속 교훈만이 아니라, 가장 좋지 못할 때의 인간 본성에 대한 모습을 제시해준다. 죄가 행동을 통해 죄 자체를 합성해갈 때 어떤 모습을 취하는지를 보여주면서 말이다. 예를 들어서, 남성이나 여성들은 얼마나 자주 죄가 그들의 가족들을, 특히나 자녀들을 피폐하게 만드는 결과를 가져오는지 전혀 생각하지 않고서 죄를 범하는 일들에 연루되곤 하는지 모른다. 그런 행동들은 하나님 앞에서 우리들의 신실함에 대해 도대체 무엇이라고 평가하고 이야기하는가? 죄는 일반적으로 그 결과와 효과를 작은 측면에만 국한시키지 않는다. 죄는 다른 많은 부분들로 그 결과가 퍼져나가는 물결효과를 갖고 있다.

유대 종교지도자들이나 가룟 유다가 예수를 거부하는 패턴을 보면서 얻을 수 있는 또 다른 교훈은 다른 누군가를 또다시 죄인으로 만드는 경향에 관한 것이다. 죄는 자기 합리화라는 형태를 통해 죄짓는 행동을 보호하는 방패막을 만드는 경향이 있다. 이는 미묘한 고립막을 만들어내고, 비난을 다른 사람에게로 돌리게 하는 역할을 한다. 이와 같은 마귀적인 장벽은 한 남성이 자기 아내를 속이면서 그녀의 냉담함이 자기로 하여금 부드러운 돌봄을 누리기 위해 다른 곳을 쳐다보게끔 만들었다고 주장할 때 만들어진다. 이런 방패막은 아이들이 싸우거나 다른 아이의 나쁜 행동을 비난하면서 자신에게 그렇게 그 아이를 때리거나 나쁘게 행동할 권리가 있다고 주장할 때 표면화된다.

이 사건은 또한 예수가 우주적인 관심을 받고 계시는 분이시며, 악한 세력들에게도 관심을 받는 분이심을 드러낸다. 사탄은 하나님의 구원 계획이 진행되는 것을 막기 위해 자신이 할 수 있는 모든 일들을 다 시도한다. 이 내러티브는 유다 이면에서 활동하고 있는 권세들이 있었다는 것을 드러내는 것을 통해서 이 점을 강조한다. 우리는 또한 이런 마귀적인 배척이 아직 끝난 것이 아니라는 사실을 예민하게 기억해야만 한다. 만약 사탄이 여기에서 예수를 대적하고 배척했다면, 그는 교회도 대적하고 배척할 것이다. 내부로부터의 변절은 사탄이 교회로 하여금 신뢰를 잃게 하는데 가장 효과적으로 사용할 수 있는 방법이다. 이 전략은 오래된 것이고, 아담과 하와 시절까지 거슬러 올라갈 수 있는 전략이다. 사탄은 아담에게 접근하는 방법으로서 하와를 끌어들이는 방식을 취했다. 그러나 하나님을 향한 신실함은 사탄이 그런 발판을 갖지 못하게끔 할 것이다.

실제적인 변절도 이 본문이 주는 또 다른 교훈이다. 유다는 이제 더 이상 제자가 아닌 "제자"를 대표적으로 보여준다. 여러 해 동안, 다른 열한 명의 제자들은 그를 그들 공동체의 구성원으로 받아들여왔다. 이 사건은 그의 진정한 마음이 어디에 있는지를 보여준다. 이런 실제성은 우리들에게 교회 멤버십이나 예수와의 단순한 관련성이 구원받은 표식이 될 수 없다는 것을 기억하게끔 한다. 믿음은 구원을 누리게 하지만 그 믿음은 예수를 향해 결정적으로 등을 돌리지 않는 그런 믿음이다.

성도는 베드로가 그렇게 했듯이 예수를 부인할 수도 있지만, 성도는 결코 유다가 하듯이 그렇게 완전한 규모로 변절하는 일에 간여하지는 않는다. 주님과 접촉하고 만남을 가진 이후에, 열정이 부족한 것과 예수를 배척하기로 의식적으로 마음을 결정하는 것 사이를 구별하는 데는 어려움이 있다. 유다는 후자의 범주를 대표한다.

예수를 끝까지 신뢰하지 않는 사람에게는 구원이 없다. 유다 같은 인물의 변절은 일단 한번 일어나고 나면 계속 그런 모습이 지속되지만, 참된 믿음은 계속해서 믿음을 지킨다. 목회적으로 보자면, 신앙이 냉담한 시기와 노골적으로 믿음을 배척하는 것 사이의 차이점을 구별 짓는 것이 항상 쉬운 것만은 아니다. 이것은 겉으로 드러나는 것만 가지고는 판단할 수 없는 태도이다. 이것은 내적인 확신의 문제이다. 그러나 철저한 배척은 일반적으로 깊은 죄의식으로 인해 고민하지 않거나 혹은 이미 진행하고 있는 방향전환에 대해서도 주저하지 않거나, 혹은 이에 대해 씨름하지 않는 특성을 갖는다. 반면 마음이 신앙에 대해 냉담해지고 있는 사람들은 잠시 믿음에서 벗어나거나 무관심해지지만 그러나 냉담함은 이내 쇠퇴한다. 냉담한 시기는 얼마간 지속될 수도 있긴 하지만 노골적으로 예수와의 연관성을 부인하는 모습을 동반하지는 않는다.

로마서 8:16은 성령께서 성도들에게 하나님의 자녀됨에 대한 인식을 주시는 것에 관해 이야기하는데, 전적인 배척은 그런 인식을 제시해주지 않는다. 십자가 고난에 관한 모든 전체적인 내러티브가 보여주듯이, 우리가 사는 세계는 예수에 대한 다양한 반응들로 가득 차 있다.

누가복음 22:7-20

7 유월절 양을 잡을 무교절날이 이른지라
8 예수께서 베드로와 요한을 보내시며 이르시
되 가서 우리를 위하여 유월절을 준비하여
우리로 먹게 하라
9 여짜오되 어디서 준비하기를 원하시나이까
10 이르시되 보라 너희가 성내로 들어가면 물
한 동이를 가지고 가는 사람을 만나리니 그
가 들어가는 집으로 따라 들어가서
11 그 집 주인에게 이르되 선생님이 네게 하는
말씀이 내가 내 제자들과 함께 유월절을 먹
을 객실이 어디 있느냐 하시더라 하라
12 그리하면 그가 자리를 마련한 큰 다락방을
보이리니 거기서 준비하라 하시니
13 그들이 나가 그 하신 말씀대로 만나 유월절
을 준비하니라
14 때가 이르매 예수께서 사도들과 함께 앉으사
15 이르시되 내가 고난을 받기 전에 너희와 함
께 이 유월절 먹기를 원하고 원하였노라
16 내가 너희에게 이르노니 이 유월절이 하나님
의 나라에서 이루기까지 다시 먹지 아니하리
라 하시고
17 이에 잔을 받으사 감사 기도 하시고 이르시
되 이것을 갖다가 너희끼리 나누라
18 내가 너희에게 이르노니 내가 이제부터 하나
님의 나라가 임할 때까지 포도나무에서 난
것을 다시 마시지 아니하리라 하시고
19 또 떡을 가져 감사 기도 하시고 떼어 그들에
게 주시며 이르시되 이것은 너희를 위하여
주는 내 몸이라 너희가 이를 행하여 나를 기
념하라 하시고
20 저녁 먹은 후에 잔도 그와 같이 하여 이르시
되 이 잔은 내 피로 세우는 새 언약이니 곧
너희를 위하여 붓는 것이라

원 의미

이제 예수는 사건들을 주가 진행하시고 통솔하신다.[1] 주님은 제자들을 보내서 그들을 위해 준비되어 있는 집에서 유월절 식사를 하시게끔 준비하도록 하신다. 예수가 유대적 믿음의 절기들을 끝까지 계속해서 축하하시는 것을 주목하도록 하라. 그 무엇도 하나님을 경배하는 주의 경건함에 대해 도전할 수 없었다.

베드로와 요한은 예수가 지시하신 장소를 찾기 위해 나간다—예루살렘에서 식사할 장소를 찾고 있는 수천의 사람들 중 한 그룹으로서 말이다. 베드로와 요한은 장소를 찾아야만 했을 뿐만 아니라, 유월절 식사의 일부분이었던 희생을 위한 양

1. 이 사건과 평행을 이루는 본문들은 마태복음 26:17-19과 마가복음 14:12-16이다.

을 확보해야만 했고, 쓴나물과 무교병들도 준비해야만 한다.[2] 주의 이 지시에서 평범치 않아 보이는 것은 이 지시가 매우 구체적이라는 점이다. 예수는 그들에게 물 한동이를 지고 가는 사람을 찾으라고 말씀하시고, 그 사람이 그들을 한 집으로 인도할 것이라고 말씀하신다. 제자들은 집주인에게 선생님께서 유월절 식사를 하실 수 있는 "객실"이 어디인지를 물어야만 한다. 집주인은 그들에게 이미 마련되어 있는 큰, 이층 다락방을 보여줄 것이다.[3] 이 다락방에는 아마도 뒤로 비스듬히 누울 때 필요한 쿠션 등이 있었을 것이다. 여기 주어진 이와 같은 자세한 내용은 일종의 사전준비가 이미 되어 있었음을 보여주는 것일 수도 있는데, 마태복음 26:18은 집주인이 이 "선생님"이 누구인지를 알고 있는 것으로 제시하기 때문이다. 이 본문은 구약성경의 사건들과 비슷한 분위기인데, 하나님의 인도하심과 공급하심이 준비되어 있고 실행되는 그런 부분들과 유사하다(삼상 10:2-8). 제자들은 밖으로 나가고 예수가 그들에게 말씀하신 그대로의 모습을 발견한다(13절). 주가 말씀하시는 내용은 그것이 무엇에 관한 것이건 믿을 수 있다. 베드로와 요한은 신실하게 유월절을 준비한다.

누가복음 22:14-20은 예수의 사역 중 가장 유명한 한 순간에 대해서 묘사한다.[4] 이 사건은 누가복음에 나오는 7번의 식사장면 중 5번째 식사장면 동안 일어난다(5:29-32; 7:36-50; 9:12-17; 10:38-42; 11:37-54; 14:1-24; 24:28-32; 24:36-42). 이런 친밀한 식사장면들은 예수의 많은 가르침이 주어지던 정황들이고, 이는 "식탁대화"라고 특징지어 이야기할 수 있다. 이 식사는 또한 마지막 만찬이라고도 알려져 있으며, 주의 만찬의 토대를 형성한다. 이 식사의 배경은 유월절 식사라고도 할 수 있다. 비록 이런 결론이 불확실한 것이라고 이의를 제기하는 사람들도 있지만 말이다.[5]

---

2. Stein, *Luke*, 538. 이후의 관습은 탈무드에 요약되어 있다(*Pesahim* 64a-65b).

3. G. Stählin, "ξένος," *TDNT*, 5:19n. 136.

4. 이 본문과 평행을 이루는 본문은 마태복음 26:20, 26-29과 마가복음 14:17, 22-25이다. 고린도전서 11:23-26 역시 이 사건을 암시하는데, 형태에 있어서 누가복음과 유사하다.

5. 이 점과 관련한 논쟁은 매우 복잡하다. Stein, *Luke*, 539-40은 이 문제가 해결되지 않았다고 주장한다. L. T. Johnson, *The Gospel of Luke*, 341은 복음서 저자들 중 한사람이(공관복음서들에서나 혹은 요한이) 실수를 했다고 주장하며, 또 우리는 지금 알고 있는 후대의 유대 자료들을 통해서는 1세기 당시의 유월절 관습에 대해서 알 수 없다고 주장한다. 그러나 우리는 유월절 식사와 관련한 주장을 할 수 있다. D. A. Carson, "Matthew", in *EBC*(Grand Rapids: Zondervan, 1984), 8:531-32; I. H. Marshall, *Last Supper and Lord's Supper*(Exeter: Paternoster, 1981), 30-75; J. Jeremias, *The Eucharistic Words of Jesus*(London: SCM, 1966), 15-84를 보라. 카슨(Carson)은 여기에 실수나 오류가 있다고 생각할 필요가 없다고 설명하는 반면, 마샬(Marshall)과 예레미야스(Jeremias)는 유월절 식사의 모습이 있다는 점을 변호한다. 미쉬나에서는 유

제자들은 예루살렘에서 절기를 지켜야하는 전통을 존중한다(대하 35:18). 이 식사는 예수의 마지막 유언과 같은 사건으로도 역할 한다. 헬라어로는 이 장면을 '심포지움'(*symposium*)처럼 이해할 수도 있는데, 지혜의 교사가 자신의 사상들을 제자들과 함께 나누는 그런 모임으로서 말이다. 그러나 작별하는 장면이라는 측면에서 이 식사에는 유대적인 배경 역시 자리 잡고 있다. 헬라적 배경과 유대적 배경 이 두 가지 형태들은 서로 모순 되는 것이 아니다. 이들은 단순히 서로 다른 주제들을 강조하고 있을 뿐이다. 예수가 식탁에 기대어 앉으셔서 제자들과 더불어 마지막 식사를 나누실 시간이 다가온다. 주님은 십자가 고난을 당하시기 전에 이 식사를 함께 나누는 것을 "얼마나 간절히" 사모했는지에 대해서 말씀하신다(이 셈어적인 표현은 대단한 감정을 표시해준다). 고난에 다가가고 있는 것에 대한 언급은 뒤이어 일어나게 되는 일들의 분위기를 제시한다.

예수는 이 식사를 "유월절이 하나님 나라에서 이루기까지" 다시 참여하지 않으실 것이다. 예수는 지금 여기에서 완성되는 하나님 나라를 염두에 두고 계신다. 그 때엔 유월절 같은 식사를 약속의 성취를 기리며 갖게 될 것이다. 예수는 그 순간을 갈망하시지만, 그때까지는 지금 주가 참예하시는 이 식사가 마지막이 될 것이다.

누가만 두 개의 잔에 대해서 이야기하는데, 첫 번째 잔은 17절에 등장한다. 유대적인 유월절 식사는 일반적으로 네 번의 과정으로 이루어져 있는 것으로 알려져 있다. 아마도 이 잔에 대한 언급은 첫 번째나 두 번째 잔을 암시하는 것으로 보이는데, 예수가 뒷부분에 나오는 잔에서(20절) 희생에 관해 이야기하시고 그 부분이 유월절 식사의 세 번째 부분과 잘 어울리기 때문이다. 예수는 다시 한번 하나님 나라가 완성되어 임할 때까지(18절) 포도나무에서 난 것을 맛보지 않겠다고 말씀하신다. 제자들은 그들과 함께하는 예수의 사역의 끝이 가까웠다는 것을 깨닫게 된다. 이것은 여태껏 주님과 더불어 나누어온 교제에 있어서 당분간 마지막 순간이 될 것이다. 빵과 잔에 대한 말씀들이 이 점을 알려준다.

그러나 주의 죽음은 주의 사역이 끝난다는 것보다 더 많은 것을 의미한다.[6] 예

월절 관습에 대해 설명한다. 비록 미쉬나의 이 전승이 주후 2세기경에 연대를 두고는 있지만, 이 내용은 충분히 오래되었고 제의적 전승을 잘 보전하고 있기에, 오랜 기간의 관습을 반영하고 있다고 할 수 있다. 만약 여기에 유월절 식사가 사용되고 제시된 것이라면, 공관복음서가 묘사하고 있는 식사부분은 유월절 식사의 핵심 부분과 세 번째 포도주 부분일 것이다(네 가지 부분들 중에서).

6. 이 점을 어떻게 읽을 것인가에 영향을 끼치는 본문상의 의문이 있다. 누가복음 22:19b-20은 일부 사본들과 라틴어 역본에는 들어있지 않다. 본문 비평은 종종 짧은 본문을 더 선호한다. 왜냐하면 필사자들은 의미를 분명하게 하기 위해 무언가를 첨가하거나 아니면 일반적으로 본문에 분명하게 나타나 있는 단어들을 제거하지는 않기 때문이다. 그래서 어떤 사람들은 누가는 이 구절들을 포함시키지 않았었다고 주장한

수가 "떡"을 떼어주시는 부분은 유월절 식사의 세 번째 부분인데, 유월절 양과 쓴 나물과 더불어 먹는 부분이다. 예수는 주의 죽음이라는 측면에서 떡에 대해 새로운 상징을 만드신다. 주님은 떡을 취하시고, 감사하시고, 나누시고, 식탁 주변의 제자들에게 주신다. "이것은 너희를 위하여 주는 나의 몸이다. 이것을 행함으로 나를 기억하라." 이 순간, 유대적인 식사는 기독교적이 되고, 예수의 죽음을 기억하는 기념적 행동으로 전환된다(고전 11:23-26). 이 떡은 공동체를 위해 주셨던 예수의 찢겨진 살을 상징한다.

"기억하라"는 유대적인 명령인데, 이 일은 이스라엘 나라가 매해마다 유월절 때 그들이 출애굽 했던 것을 회상하면서 했던 일이기도 하다. 이런 회상은 그들을 현재 그들의 모습이 되게끔 만들어준 근원으로 돌아가게 하는 것을 통해서, 공동체의 정체성을 견고하게 해주는 역할을 해왔다. 이 일은 한 몸으로서 그들에게 하나님이 행하신 일들을 다시금 확신하게끔 해준다. 주가 주시는 희생과 그들이 공유하는 상징은 히브리적인 개념인 '지크론'(*zikron*)을 기억하게 하는데, 이는 기억해야만 하는 중요한 내용을 의미한다(출 2:24; 2:14; 13:9; 레 24:7; 민 5:15; 10:9-10; 시 20:3; 겔 21:23).[7] 이 식사는 새로운 출발과도 같은 것이다.

떡에 대해 하나님께 감사하는 것도 하나님과의 관계를 열 수 있는 길을 열어주심에 감사를 드리는 것이다. 예수의 몸이 어떻게 드려졌는가에 대해서는 여기에서 정확하게 구체적으로 제시되지 않는다. 다만 사도행전 20:28은 누가가 이 점을 어떻게 보았는지를 추측하게 해주고, 또한 로마서 3:21-31; 5:6-8, 그리고 고린도전서 10:16은 바울이 이 점을 어떻게 바라보았는지를 보여준다. 사도행전에서 누가는 구매의 이미지를 사용한다. 즉 죄 없는 피를 죄에 대한 대가로 흘려주시는 것을 통해 하나님과의 관계를 확보하는 이미지를 사용한다. 유월절과 성만찬과의 연결성 역시 대속적 죽음이라는 이미지, 바울이 사용하는 이미지를 제시한다. 유월절은 장자의 죽음을 통해 애굽에 심판이 임했지만 이스라엘의 장자들은 "넘어간" 그런 때였고, 이는 각 집의 문설주마다 어린 양의 피를 발라놓아서 이루어진 일이었다. 예수는 지금 그런 보호의 상징이 되신다.

예수는 "내 피로 세우는 새 언약"으로서 잔에 대해 말씀하신다. 피에 대한 이 언급은 이제 다가올 주의 희생에 대해서 제자들이 주의 희생의 결과로 누리게 될 유

다. 그러나 이들이 원래 누가복음의 일부분이었을 가능성이 더 높아 보인다. 특히 이 구절들은 중요한 헬라어 사본들 속에도 포함되어 있다.

7. O. Michel, "μνεία," *TDNT*, 4:678; "μνημονεύω," 4:682.

익을 주시는 언약적 공급을 주가 시작하시는 것으로 바라보게 한다. 이 새 언약은 신약성경의 중요한 중심 주제이다(렘 31:31; 마 26:28; 고후 3-4장; 히 8-10장). 이 안에는 죄 사함에 대한 약속이 들어있고 능력을 주시는 성령의 권능이 들어있으며, 이런 내용들은 마음에 새겨진 법이라고 표현되어 있다—고린도후서 본문들은 이 주제들을 구체적으로 발전시킨다. 그들을 위해 흘려주신 예수의 피는 이 언약의 축복을 나눠주는 길을 열어주시며(눅 24:49; 행 1:8; 2:14-39; 히 8-10장), 새로운 하나님의 축복의 시대를 열어준다.

요약하자면, 이 식사와 이 식사에 대한 기억은 예수의 희생의 죽음에 대해 선포하고 이를 기념한다. 미래에 이 식사에 동참하고 이 식사를 공유하는 것은 관계를 확인하는 것이다. 예수가 이제 행하시려는 십자가 고난을 통해 확립된 관계를 말이다. 이 식사는 예수와 그분의 죽으심과 자신을 동일시하는 사람들 사이의 친밀한 하나 됨을 확인해준다.

상황잇기

이 본문의 분위기는 본문과 오늘날을 연결해주는 핵심적인 가교 역할을 한다. 이 사건과 관련한 모든 것들은 예수의 고요하심과 하나님의 주도하심을 반영하고 있는데, 이 모든 것들이 행동을 통해서 제시되고 있다. 예수가 이 모든 행동들을 움직여 가신다. 각각의 구체적인 모습들이 어떻게 잘 맞아떨어지게 될 것인지를 이미 충분히 알고 계시면서 말이다. 비록 이 유월절 식사를 함께 지내고는 있지만, 유월절 어린양이신 예수는 제자들과 더불어 이 마지막 식사를 마치신 이후에 자신을 드리는 일을 준비하고 계신다. 그 무엇도 주를 놀라게 하지 않는다. 제자들은 그들 선생님의 교훈을 신실하게 따라간다. 주님은 본보기를 보여주시는 것을 통해서 그들을 이끌고 계신다. 아버지 하나님이 주의 모든 과정들을 감당하고 완성하도록 인도하실 것임을 신뢰하면서 말이다.

두 가지 태도들이 중심적으로 나타난다: 하나님의 통치권과 예수의 신실함이 십자가 고난을 직면해야하는 상황 속에서 전개된다. 예수는 어떤 일이 일어나게 될 것인지에 대해서 알고 계시면서 그리고 하나님이 주의 죽으심과 승천을 예루살렘에서 이루어지게 하실 것임을 알고 계시면서도 예루살렘으로 걸어 들어가신다. 주님은 하나님의 방식에 철저하게 따르는 모습으로 주의 소명을 감당하신다. 우리는 종종 하나님의 통치하심이 우리에게 그 길을 걸어가라고 분명 인도하시는 그런 상황들과 만나곤 한다. 비록 그 결과들이 지금 예수의 삶의 상황과는 달리 불분명하게 보인다 하더라도 말이다. 자기 길을 수정해야 할 것 같은 생각이 든다 하더라도 하나님께 주의 방향을 보여 달라고 묻는 모든 사람들은 이렇게 하는 것을 통해서만이 하나님이 바라시는 사역이 이루어질 수 있다는 것을 이해한다. 일반적으로 하나님이 알려주시는 방향은 우리에겐 예수의 경우처럼 분명하지 않은 경우들이 많다. 그러나 하나님은 우리에게 주의 얼굴을 구하라고 명령하시며 기도 가운데 하나님이 이끄시려는 방향을 구하라고 명령하신다. 그러면 종종 하나님은 우리가 컨트롤할 수 없는 외적인 상황과 힘들을 통해서 주의 뜻이 무엇인지를 알게 하실 것이다. 우린 주가 여기서 행하시듯이 하나님의 인도하심을 좇아갈 수 있다.

우리는 주를 기념하고 기억하는 일이 얼마나 중요한지를 심지어 교회 안에서 주의 만찬에 참여하는 교제에서조차 과소평가하곤 한다. 특히 말씀이 강조되고 의례가 덜 강조되는 신앙전통에서는 더욱더 그러하다. 하지만 우린 이 장면에서 중요한 무언가를 볼 수 있다. 제자들은 공동체로서 아주 오래된 과거에 그 뿌리를 두고 있는 식사를 함께 나누려 하고 있다. 그들은 하나님이 행하신 일들을 묵상하기 위해 함께 모였으며 그렇게 하려고 하고 있다. 때때로 식사를 위해 모이는 이런 교제는 진정한 교제가 아니라는 불평이 터져 나오기도 한다. 그러나 하나님의 선하심과 역사하심을 나누기 위해 사람들이 함께 모일 때, 영적이고 서로를 하나로 묶어주는 무언가가 실제로 일어난다. 주가 떠나신 이후에 이 식사를 계속해서 지키라고 명령하셨던 이유들 중에는, 우리들을 주님과 새롭게 연결시키려는 이유도 있을 뿐만 아니라 또한 성도들을 서로서로 연결시키려는 이유도 있다(고전 10:16).

이 마지막 식사는 교회에서 기념되는 주의 만찬의 토대를 형성한다. 이 식사와 이후에 행해지는 주의 만찬 사이의 중요한 차이점은, 마지막 만찬은 예수의 희생을 바라보고 예견하면서 이루어지는 반면 오늘날 교회에서는 주의 죽으심을 뒤돌아보고 회상하면서 이루어진다는 점이다.

고린도전서 11:26은 이 사건이 갖는 시대를 초월한 특성을 제시한다: 주의 만찬은 주의 죽으심을 뒤돌아보고, 주의 재림을 고대한다. 이 식사를 기념하는 것은 현재의 우리들을 과거의 그리스도와 연결시켜주고 또한 미래의 그리스도와도 연결시켜준다. 이 식사는 주의 만찬이기 때문에, 우리는 갈보리에서 우리를 위해 죽으신 그리스도를 묵상하며 또한 우리를 위해 영광 중에 재림하실 주를 묵상한다. 이와 같이 성만찬이라는 한순간 안에, 구원의 위대한 사건들이 엄숙한 기념의식으로서 하나로 묶여졌다. 영원성이 시간과 관련되고, 우리는 그런 교제의 수혜자들이 된다. 그러므로 이 식사는 교회가 주를 예배하는데 있어서 중요한 연계성을 세워준다. 우리와 하나님 사이의 관계가 어떻게 해서 형성되었고 확보되었는지를 기억하는 것보다 더 근본적으로 하나님의 은혜를 기억하는 일은 아무것도 없다.

또한 예수의 죽음이 어떻게 해서 우리를 위한 것인지에 관해 짧게 설명한 내용이, 바로 이 본문이 우리들에게 가르쳐주는 근본적인 교훈이다. 누가는 왜 예수가 우리를 위해 죽으셨는지를 자세하게 설명하지 않는다. 이에 대한 강조는 신약성경에서 나중에 나타난다(롬 3:21-31; 벧전 2:21-25; 계 4-5장). 누가는 예수가 누구시며 주가 어떻게 승리를 가져오는 권능을 갖고 계신지에 초점 맞추는 것을 더 중요하게 여긴다. 그러나 이 본문과 사도행전 20:28은 거룩한 변화가 십자가에서 일어났다는 사실을 누가가 알고 있다는 점을 보여준다. 우리가 우리 자신을 위해서 결코 할 수 없는 일을 하나님은 성자 예수 그리스도를 통해 우리를 위해 행하셨다. 많은 사람들이 생명을 얻게 하시고자 자기 생명을 주신 것이 하나님의 완성적인 사랑의 역사하심이다. 이것이 바로 주의 만찬이 갖고 있는 메시지이며, 역사상 매우 독특하고 유일한 이 순간을 기억하라는 우릴 향한 주의 명령이기도 하다.

이 만찬은 주가 떠나시기 전에 제자들과 더불어 나누신 중추적인 교제의 순간이다. 이 만찬은 또한 주가 십자가상에서 무엇을 성취하셨는지를 기억하게끔 하시고자 반복해서 기념되기를 원하셨던 그런 식사이기도 하다. 이와 더불어, 주의 재림을 기대하는 태도들도 생겨난다. 이 식사가 표명하는 모든 내용들이나 이 식사 자체는 결코 예배의 단순한 한 순서나 예배의 측면을 의미하는 것이 아니었다. 교회에 정해져 있는 극소수의 제의들 중 하나로서, 이 식사는 항상 특별한 위치를 점해왔다.

이 식사는 특별히 이중적인 확인을 해주는 의례이다: 우리는 이 식사를 통해서 주의 죽으심에 대해서 그리고 식탁에 함께 둘러앉아 기념하는 사람들 간의 하나된 공동체성에 대해서 선포한다. 이런 조합은 우리로 하여금 확신을 갖게 하는 방향으로 움직이게끔 한다. 우리가 예수의 죽으심을 통해 철저하게 근본적인 믿음으로 공유하고 있는 내용에 대해 확신하게끔 말이다. 이 식사가 무엇에 대한 것인지를 우리가 회상할 때, 이 제의는 매우 유익하고 건강하게 기억을 상기하게 하는 역할을 한다. 우리가 서로 맺고 있는 관계는 우연히 생겨난 것이 아니라, 엄청난 계획과 대가를 통해 만들어진 것이다. 이런 신학적인 사실이 우리로 하여금 서로에 대해 매우 예민하고 민감하게 관계 맺게끔 만들어야만 한다.

현대적 의미

예수는 하나님의 길과 뜻에 헌신되어 계시다. 주님은 배신과 죽음에 직면하시면서도, 하나님의 구원하시는 선하심을 기억하고 기념하는 일로 제자들을 조용히 이끌고 가신다. 이제 곧 주님은 십자가로 가시게 될 것이고 극심한 배척을 경험하게 되시겠지만, 주님은 제자들을 예배로 이끄시고 계시며, 또한 그들에게 주의 발걸음을 좇아가야 한다는 소명을 기억하게 하신다. 이 사건에서의 주의 침묵에는 오싹한 무언가가 있다. 이 사건에 병행되어 있는 이런 분위기는 신뢰의 본질에 관해 무언가를 이야기해주는 것일 수도 있다. 예수는 하나님이 주를 돌보신다는 지식을 신뢰하고 의지하신다. 이제 (겟세마네에서의) 기도를 통해 하나님을 향해 긴장과 염려들을 표현하는 순간들이 있게 되겠지만, 그 기저에는 하나님이 이 일들을 진행시키고 계시다는 인식이 있고 또한 예수님께서도 지금 무엇이 진행되고 있는지를 알고 계시다는 점이 자리 잡고 있다.

이 모든 점들은 누가의 설명을 읽는 사람들을 확신시킨다. 힘겨운 상황들 속에서조차도 하나님이 인도하고 계시고 상황들을 진행시키고 계시다는 사실을 우린 비록 우리 자신의 삶 속에서 고통스러운 환경들을 직면할 때조차 기억해야 한다. 비록 현대의 어려운 환경들 중에는 순교가 포함되어 있지는 않겠지만, 우리나 다른 성도들은 절망적인 환경들에 직면하게 되는 그런 순간들이 있다. 우리는 우리 삶 속에서 하나님의 역사하심과 더불어 분투해야 할 수도 있으며, 혹은 중요한 관계성들이 무너져 내릴 수도 있다. 어쩌면 우리는 하나님을 좀더 간절하게 바라보도록 만드는 건강상의 문제로 인해 고통당하고 있을 수도 있다. 예수가 주님 사역의 마지막 지점을 직면하시면서 선택하신 방식은 종종 우리 삶에 상처들을 던져주는 강한 커브볼에 맞게 되는 것과 별반 다르지 않다. 예수가 이런 모습의 본보기이시지만, 주님은 그분 앞에 놓여져 있는 것들을 신뢰와 침묵으로 맞이하셨고 이는 하나님이 인도하시는 방향에 대한 깊은 신뢰를 보여준다.

예수가 이 여행을 하실 때, 주는 하나님을 바라보시면서 아무 저항도 하지 않고 응답하실 것이다. 이 모든 일들은 주가 하나님이 주를 향한 소란 가운데서도 주를 돌보신다고 이해하고 있기 때문에 이루어질 수 있다. 비록 주가 심령의 상처들을 겟세마네에서 기도 가운데 하나님 앞에 아뢸 것이기는 하지만 다른 모든 상황들 속에서 주님은 지금껏 진행되어온 모든 일들 가운데 하나님의 임재하심이 있음을 조용히 묵상하신다. 탄원하는 기도를 드리는 것을 통해서, 예수는 하나님이 주의 간구들을 알게 하시고, 또한 하나님의 평안이 주를 지키도록 하신다. 주가 갖고 계신 확신의 기저에는 주가 제자들과 더불어 나누셨던 식사 가운데 함께 계셨던 하나님이 자리 잡고 있는데, 이 하나님은 다른 모든 일들이 뒤틀려진 것처럼 보일 때 정말로 중요한 구원을 베푸시는 그런 하나님이시다.

우린 이 본문이 최후의 만찬에 관해 보여주는 적용들을 이 장엄한 순간에서부터 제시되는 주의 만찬에 우리가 참예할 때, 진정한 방식으로 만나게 된다. 이 식사가 교회 예배 속에서 종종 중요하지 않은 부분으로 치부되곤 한다는 것이 아마도 교회에서 참으로 비극적인 일이 아닐까 싶다. 주의 만찬에서 이루어지는 많은 의례들이 예배의 간략한 순서로 전락해버리거나, 분기마다 한번 혹은 그보다 적게 시행되곤 한다. 이 만찬은 결코 예배의 요소로 "찡겨있게끔" 고안된 것이 아니다. 비록 우린 초대교회가 성찬식을 얼마나 자주 시행했는지에 대해서 듣지 못하지만 성도들이 주를 기억하기 위한 행동으로서 정기적으로 함께 모여 이 식사가 의미하는 바를 묵상하고 선포하면서 성도들이 한 몸이라는 것을 나누기 위해 성찬식이 제시된 것이라는 점은 의심할 여지가 없다. 우리는 일년에 한두 차례가 아니라 그보다 더 자주 성찬식을 거행해야한다는 점에 대해서 강력한 주장을 할 수 있다. 존 캘빈은 수세기 전에 이 점에 대해 동일하게 질타했었다.

> 지금껏 우리가 이야기해온 내용들은 일년에 한차례만 하라고 제정된 것이 아니라는 점을 보여준다—그리고 또한 지금 관습처럼 행하듯 그렇게 아무렇게나 하라고 제정된 것이 아니라는 점도 보여준다. 그보다 기독교인들이 좀더 그리스도의 수난에 대한 기억으로 돌아오게끔 하기 위해 좀더 자주 시행되도록 제정되었다. 이런 기념과 기억을 통해, 자신들의 믿음을 유지하고 강화시키고 또한 기독교인들 자신들을 하나님께 감사 찬양을 드리고 하나님의 선하심을 선포하게끔 하며, 최종적으로는, 이런 기념과 기억을 통해 피차간의 사랑을 풍성하게 하고 또한 이 사랑에 대한 증거를 서로 나누며 그리스도의 지체된 하나 됨 안에서 연합됨을 알도록 말이다. 우리에게 주어진 징표이자 우리가 받은 징표로서 우리가 주의 몸이라는 상징에 자주 참여할수록, 우리 중 그 누구도 다른 지체들을 상하게 할 수 있는 그 어떤 일도 허락하지 않게 하는 모든 사랑의 의무들에 우리자신을 피차 묶게 되며, 또한 필요한 모든 것들을 공급하시는 주를 도울 수 있게 하는 모든 것들을 바라보도록 서로를 묶어주게 된다.[8]

8. John Calvin, *Institutes*, 4. 17. 44.

주의 만찬을 통해서, 우리는 주의 임재하심, 주의 죽으심 그리고 주의 다시 오심에 대해 고백한다. 이런 요소들을 함께 공유하는 것을 통해서, 우리는 주님 앞에서 하나라는 사실과 우리가 주께 복종한다는 사실 그리고 우리가 어떻게 이런 은혜를 받아 누리게 되었는지에 대해 확인한다. 주의 깊게 이런 묵상들을 할 때 주어지는 유익들은 우리가 믿음과 다시금 하나가 되게 해주고, 또한 우리가 교회를 세상의 다른 기관들과 확연하게 구별지어주는 핵심적인 진리와 하나가 되게끔 한다는 것이다. 이 식사에 참여하는 것을 통해서, 우리는 그저 신앙고백을 이야기하는 것보다 훨씬 더 강력하게 공적인 선포를 하게 된다. 성만찬에 참여한다는 것은 우리 자신의 유지와 생명이 주님으로부터 오는 것임을 인정하고 인식하는 것이기 때문이다.

이 식탁은 우리를 그분의 몸으로 만드신 바로 그분 주변에 끌어들여주며, 이렇게 함으로써 이 식탁 자체가 우리의 하나 됨을 유지시켜주는 행동이 된다. 주가 새 언약을 가져오시는 어린양이 되실 때, 이 안에서 주의 희생과 약속은 하나가 된다(참조. 고전 5:7). 하나님의 임재하심과 권능이 성령을 통해 우리 안에 있게 되는데, 예수는 또 다른 보혜사께서 오시게 하고자 떠나셨다(요 14-16장). 이런 변화 역시 이 식탁에서 제시되었다. 우리의 소명은 이런 희생이 우리에게 가능케 한 일들에 대해서 믿음으로 응답하는 것이다.

예수의 희생은 주를 향한 우리의 반응이 우리 생명을 주를 향한 거룩한 산제사가 되게끔 하고 새 언약으로 나아가는 것이 되게끔 해야만 한다는 점을 기억하게 한다(롬 8:1-17; 12:1-2). 영적 예배라는 섬김에는 그의 죽으심을 공유하는 것 이상이 포함되는데, 주의 죽으심은 우리를 향한 새로운 생명을 의미하기 때문이다. 그렇기 때문에 우리는 여기에 순전함과 진실함이라는 누룩 없는 빵으로 참예해야만 하며, 괴악함과 악독함을 제해야만 한다(고전 5:7-8).

주의 식탁을 궁극적으로 기념하는 방법은 의롭게 사는 것이다. 만약 새로운 생명이 주의 죽음을 통해 주어진다면, 새로운 생명은 그에 대한 응답을 통해 분명하게 나타나고 보여야만 한다.

누가복음 22:21-38

21 그러나 보라 나를 파는 자의 손이 나와 함께
상 위에 있도다
22 인자는 이미 작정된 대로 가거니와 그를 파
는 그 사람에게는 화가 있으리로다 하시니
23 그들이 서로 묻되 우리 중에서 이 일을 행할
자가 누구일까 하더라
24 또 그들 사이에 그 중 누가 크냐 하는 다툼이
난지라
25 예수께서 이르시되 이방인의 임금들은 그들
을 주관하며 그 집권자들은 은인이라 칭함을
받으나
26 너희는 그렇지 않을지니 너희 중에 큰 자는
젊은 자와 같고 다스리는 자는 섬기는 자와
같을지니라
27 앉아서 먹는 자가 크냐 섬기는 자가 크냐 앉
아서 먹는 자가 아니냐 그러나 나는 섬기는
자로 너희 중에 있노라
28 너희는 나의 모든 시험 중에 항상 나와 함께
한 자들인즉
29 내 아버지께서 나라를 내게 맡기신 것 같이
나도 너희에게 맡겨
30 너희로 내 나라에 있어 내 상에서 먹고 마시
며 또는 보좌에 앉아 이스라엘 열두 지파를
다스리게 하려 하노라
31 시몬아, 시몬아, 보라 사탄이 너희를 밀 까부
르듯 하려고 요구하였으나
32 그러나 내가 너를 위하여 네 믿음이 떨어지
지 않기를 기도하였노니 너는 돌이킨 후에
네 형제를 굳게 하라
33 그가 말하되 주여 내가 주와 함께 옥에도, 죽
는 데에도 가기를 각오하였나이다
34 이르시되 베드로야 내가 네게 말하노니 오늘
닭 울기 전에 네가 세 번 나를 모른다고 부인
하리라 하시니라
35 그들에게 이르시되 내가 너희를 전대와 배낭
과 신발도 없이 보내었을 때에 부족한 것이
있더냐 이르되 없었나이다
36 이르시되 이제는 전대 있는 자는 가질 것이
요 배낭도 그리하고 검 없는 자는 겉옷을 팔
아 살지어다
37 내가 너희에게 말하노니 기록된 바 그는 불
법자의 동류로 여김을 받았다 한 말이 내게
이루어져야 하리니 내게 관한 일이 이루어져
감이니라
38 그들이 여짜오되 주여 보소서 여기 검 둘이
있나이다 대답하시되 족하다 하시니라

원 의미

예수가 제자들과 함께하신 거룩한 식사 뒤에는 다섯 가지로 구성된 담화가 나온다. 배반에 관한 예언, 큰 것에 관한 논의, 이스라엘을 다스리는 권세에 관한 언급, 베드로의 부인에 관한 예언 그리고 검에 관한 논의이다.[1] 제자들은 권력, 권위 그리고 박해와 배척 등 그들을 다른 사람들과 다르게 구별 짓고 특징지어

줄 것들을 어떻게 다루어야만 하는지에 대해서 다룬다. 비록 제자들이 이런 메시지들을 배우는 데는 시간이 걸릴 수도 있겠지만 말이다. 이 내용들은 지도자가 공동체를 떠나면서 그 공동체 안에서 보기 원하는 핵심적인 원칙들을 지시하는 고별 식사 유형을 형성한다.[2] 예수의 이런 마지막 말씀들은 부활 이후 주가 하신 말씀들과 대조를 이룬다. 주는 부활이후엔 존귀케 되신 측면에서 새로운 관계라는 영역에 대해 처음으로 말씀하시기 시작한다.

예수는 함께 식사를 나누시면서 배신자의 손이 식탁 위에 있다고 이야기하신다. 주님은 지금 어떤 일들이 진행되고 있는지를 잘 알고 계시지만, 주의 죽음을 향해 의지적으로 나아가신다. 이 과정은 인자에게 이미 결정되어 있었다. 그러나 "화"(가령, 심판)가 예수를 배반하는 그 사람을 기다리고 있다. 이 말씀은 제자들을 놀랍게 만든다. 분명 식탁위에 있던 한사람은 그 말씀이 무얼 의미하는지 알고 있었다. 그의 놀람은 예수가 자신의 마음을 알고 계시다는 것 때문이었을 것이다. 예수가 배반에 대해 알고 계시다는 것을 보여주셨을 때, 유다가 어떤 느낌을 가졌을지를 상상하는 것은 어려운 일이다. 누가 그 사람인지에 대해 제자들이 논의할 때, 예수가 이제 곧 죽음을 향해 가신다는 메시지는 그 논의 아래로 잠겨 내려가고 있었다.

아이러니컬하게도, 예수가 죽음에 직면하시고 유다가 배반에 관련되어 있을 때, 제자들은 예수 앞에서 자신들의 지위에 대해서 다툰다. 그들 중 누가 가장 큰 자인가? 사실 이 본문은 논쟁과 말다툼이 이 질문 안에 담겨 있음을 이야기한다.[3] 그들은 예수가 가져오실 미래의 나라에서 자신들이 어떤 역할을 갖게 될 것인지에 대해서 관심을 기울이고 있다. 섬김이 아니라 권력이 그들의 생각을 지배하고 있다.[4]

---

1. 누가복음만 구별시켜주는 내용은 22:35-38의 검에 대한 논의이다. 배신에 관한 평행구절들과 주를 부인할 것에 관한 예언은 마태복음 26:21-25, 30-35과 마가복음 14:18-21, 26-31에 나온다. 큰 것에 관한 논의와 이스라엘을 다스리는 권세에 관한 내용들은 마가복음 10:41-45, 마태복음 20:24-28, 19:28과 비슷하다. 다른 복음서들에서 이런 내용들이 좀더 앞부분에 자리 잡고 있다는 점은 같은 사건을 다른 위치에 기록했다기보다는 동일한 주제가 반복되고 있다고 볼 수 있다. 이 다섯 가지 내용들이 함께 나타나고 있다는 점은 앞으로의 박해와 배척이라는 정황 속에서 예수의 공동체가 역할하기 위해서는 겸손, 의지, 그리고 다른 사람들을 바라보면서 자신의 정체성을 어떻게 바라보는 것이 필요한지를 보여준다.
2. R. Stein, *Luke*, 545-46. 이런 마지막 말씀들은 일반적으로 식사, 경고와 교훈들, 기도 그리고 리더십에 대한 일종의 임명 등을 포함했다. 어떤 사람들은 이 항목을 헬라의 심포지움과 연결짓기도 했지만 유대적인 배경 역시 존재한다. 야곱이 창세기 49장에서 그리고 모세가 신명기 31장에서 했던 마지막 이야기들까지 거슬러 올라가보라(참조. 열두지파들에 관한 선포도 참조하라).
3. 다툼('필로네이키아')이라는 용어에 대해서는, 고린도전서 11:16; 제2마카비서 4:4; 제4 마카비서 1:26; 8:26 등에 나오는 이 단어의 형용사 형태를 보라.

이 논쟁은 이 문제가 공동체의 연합에 충격을 가하고 있다는 점에서 중요하다. 예수의 대답은 다른 복음서에 나타난 대답과 비슷하다. 제자들은 그들이 역할을 감당하는데 있어서 세상과는 전혀 다른 모습을 가져야만 한다고 말씀하신다. 왕들과 관원들은 권력을 휘두르고 백성들을 향해 "주관"한다.[5] 이들은 사람들로부터 "은인"이라고 칭함을 받는다. 이것은 예수가 명령하시는 리더십의 모습이 아니다. 제자-리더는 마치 어른들을 섬기는 젊은이와 같은 그런 모습으로 역할 한다. 예수가 말씀하시는 다스림이라는 의미는, 권력이 아니라 섬김을 뜻한다. 엘리트주의와 지위에 관한 논쟁은 이런 주의 말씀에서 벗어나 있는 것이다.

이 점을 분명하게 보이기 위해서, 예수는 구체적인 예를 보여주신다. 이 세상의 관점에서는 누가 더 큰 사람인가—식탁에서 섬김을 받는 사람인가 아니면 식사를 나르는 종인가? 이 세상에서는 주인이 되는 것이 더 좋다. 그러나 그렇다면 예수는 왜 그들 가운데서 "섬기는 종의 모습으로" 계신단 말인가? 예수는 자신의 사역의 특징이 무엇인지를 말씀하시는 것을 통해서, 새로운 본보기가 되는 정반대 모습을 제시하신다. 섬김을 받는 자가 되는 것보다 종이 되는 것이 더 좋다. '호 디아코논' 이라는 용어("섬기는 자")는, 그들 가운데서 예수가 행하시는 일에 대해서 묘사한다. 주의 리더십은 다른 사람들의 필요를 채워주고 그들에게 구원을 가져다주는 리더십을 의미한다. 만약 요한복음 13장에 나오는 발을 씻어주시는 사건이 이 말씀의 배경으로 자리 잡고 있다면, 예수는 이 점을 말과 행동 모두를 통해서 보여주신 셈이다.

예수는 그들의 신분과 지위에 대한 궁금증에 무관심하신 것이 아니다. 주님은 단지 그들이 자기 자신을 다른 사람들과 비교하기를 원치 않으신다. 주님은 이 제자들이 시종일관 주님 편에 "신실하게"('디아메메네코테스') 있어왔음을 아신다. 이 점을 표현하면서 헬라어로 완료형 분사형태를 사용한 것은 그들이 오랫동안 주님과 함께 있어왔음을 보여준다.[7] 그들의 지속성은 인정되고 상급을 받는다. 열한 명은 유다가 놓치는 것을 받게 될 것이다.

---

4. 마태복음 20:24-28과 마가복음 10:41-45의 평행구절들은, 이 양상이 다른 많은 일들에서 벌어질 수 있는 것처럼, 집 안에서 이루어진 계속적인 논의였음을 보여주는 것일 수도 있다.

5. 이 동사('카타큐리에우오')는 주님('큐리오스')이라는 용어를 동사적인 형태로 제시한 것인데, 이는 권세와 권능이 이슈라는 점을 보여주고 있다.

6. H. W. Beyer, "διακονέω," *TDNT,* 2:84-86; G. Betram, "εὐεργετέω," *TDNT,* 2:655; F. Buchsel, "ἡγέομαι," *TDNT,* 2:907-8.

7. E. Ellis, *The Gospel of Luke,* 256.

성부 하나님은 예수께 하나님 나라를 주셨고, 그래서 예수는 주의 제자들에게 그 나라에서 역할을 감당하게 될 것임을 약속하시고 임명하신다. 이 약속과 임명에는 두 가지 유익함이 있다: 그들은 승리를 얻었을 때 주의 상에 함께 앉게 될 것이며, 또한 이스라엘 열두 지파를 다스리는 보좌에 앉게 될 것이다.[8] 열두 지파를 다스리는 이런 구별된 권세는 주가 제자들을 통해 새로운 공동체를 형성하고 계심을 보여준다. 그들의 권세는 이 시대에 관한 것만이 아니라, 장차 오게 될 시대와도 관련된 것이다. 이 제자들은 하나님의 계획 안에서 중심적이고 독특한 역할을 갖고 있다. 예수의 말씀은 한 가지를 더 분명하게 제시하신다: 주님은 죽음을 향해 치닫고 계시고 이스라엘은 주를 그리로 보낼 것이지만, 주의 통치하심은 결코 끝나지 않을 것이다. 장차 언젠가, 주님은 모든 인류를 다스리실 것이며, 제자들은 지금 훗날 언젠가 그런 통치를 행하시는 예수를 도울 권세를 받고 있다.

그러나 모든 일들이 장밋빛인 것만은 아니다. 우주적인 다툼이 계속 진행될 것이다. 예수는 베드로에게 특별히 주의할 것을 따로 말씀하시는데, 사탄이 이 핵심적인 제자를 갈아버리려고 데려가려 하기 때문이다. 겨에서 분리된 밀처럼, 사탄은 베드로가 정말로 어떤 사람인지를 체크하자 할 것이다(욥에 대한 사탄의 시도를 참조하라). 그러나 베드로는 이런 일을 혼자서만 당하는 것이 아니다. 주가 베드로 편에 서 계시며, 주가 베드로의 믿음을 위해서 중보하신다. 그렇다고 해서 이것이 이 시험 과정에서 승리가 보장되어 있다는 것을 의미하지 않는다. 왜냐하면 예수는 계속 이어서 베드로가 형제들을 굳게 할 "돌이킨 후에" 관해서 이야기하신다. 이는 베드로에게 일시적인 실패가 있을 것임을 함축한다. 회복을 통해서, 예수의 중보가 궁극적으로 승리하는 모습이 나타날 것이다. 실망스러운 모습이 나타난 이후조차 주의 역사하심이 회복으로 이끌어 주실 수 있음을 보여주면서 말이다.

베드로는 주의 말씀을 이해한 것처럼 보이는데, 그는 자신이 주께 전적으로 속해 있다는 것을 선언하기 때문이다. 그는 자신이 예수와 더불어 감옥에라도 가고 심지어 죽음에라도 같이 갈 것이라고 느낀다(33절). 베드로는 분명 이 시간까지는 죽음이 예수를 기다리고 있다는 것을 이해하고 있고, 그런 죽음을 예수님 혼자서만 당하실 필요가 없다고 확신하고 있다. 주님은 그런 베드로를 향해 새벽에 닭이 울기 전에 그가 예수를 세 번 부인할 것에 대해서 예언하신다. 예수가 주신 모든

8. 보좌라는 이미지에 대해서는 Marshall, *Commentary on Luke*, 818; Tiede, *Luke*, 387을 보라. 또한 고린도전서 6:2과 제1에녹서 62를 보라.

교훈들과 주가 제자들에게 이미 베푸신 은혜로운 유익들에도 불구하고, 그들은 주를 의지하는 것에 관해 배워야 할 일들이 더 많이 남아있다. 그들은 예수가 없이는 연약한 사람들이다.

베드로에 대한 압박은 일들이 어떻게 변화하고 있는지를 보여주며, 그래서 예수는 그들로 하여금 미래에 펼쳐질 실제 일들에 대비하게끔 하셔야만 한다. 이전에 예수가 그들을 보내시면서 그들 삶에 필요한 것들을 공급해주실 것임을 의지하라고 명령하셨을 때, 그들에겐 부족한 것이 아무것도 없었다(9:1-6; 10:1-24). 하나님은 사람들을 통해서 그들에게 공급하셨다. 그러나 지금은 지갑, 가방 그리고 심지어 검을 갖고 있는 것도 필요할 것이다. 그들은 지금 그들에게 적대적인 모습을 보여줄 세상 속으로 사역을 하러 나아가고 있다. 이제 이사야 53:12을 성취하는 일들이 일어날 것이다. 예수는 죄인들 중 한사람으로 간주될 것이고, 또한 주님과 함께 하는 사람들도 그렇게 규정될 것이다. 이런 일들은 반드시 일어난다('데이'). 종의 노래에 대한 인용은 중요하다. 누가는 이사야 53장 중에서 예수의 고난을 다루는 부분을 인용하는 것이 아니라, 다른 사람들이 어떻게 주를 잘못 바라볼 것인가와 관련한 부분을 인용한다. 이스라엘 나라가 예수를 배척할 것이라는 점은 이미 예언되었다. 제자들은 앞에 높여있는 일들에 대해 대비해야만 하며 사역이 적대적인 상황 속에서 이루어진다는 점을 이해해야만 한다.

22:49-51에서 분명해지듯이, 제자들은 주가 대적에 대해 제자들을 보호하시고 변호하실 것에 관해 서사적으로 말씀하시는 내용을 오해한다. 그들은 예수가 그들이 전투를 대비해 검을 준비하길 원하시는 것으로 생각하며, 그들은 이미 검을 두 개나 갖고 있다고 대답한다('마카라이'; 즉 전투검). 그러나 그들이 조사해야 할 검에 대한 내용은 내적인 검에 대한 것이다. 그러므로 예수는 그런 일을 그만두게 하시는 말씀을 하신다: "족하다." 이 구문이 이 논의를 마무리 짓는다. 제자들은 여전히 그들의 책임이 무엇인지를 이해하지 못한다. 이제 몇 시간 후면, 그들은 무엇이 그들이 감당해야 할 책임인지를 발견하게 될 것이다.

상황잇기

이 항목 안의 각각의 주제들은 우리 시대와 연관성을 갖고 있음을 보여준다. 유다의 배반은 오늘날 견줄 만한 사건이 없긴 하지만 가룟 유다라는 인물은 겉보기엔 예수와 밀접하고 주를 위해 일을 하고 있긴 하지만 결국엔 주를 배척하는 그런 인물을 묘사해준다. 오늘날에도 유다 같은 태도를 보여주는 사람들이 있다. 외적인 모든 평가기준만 놓고 본다면, 유다는 신실한 성도이며 제자인 것처럼 보이지만, 그는 사실은 "마귀"였다(요 6:70-71). 그의 믿음 없음은 결국 배반이라는 분명한 행동을 통해 겉으로 드러난다. 때때로 우리는 너무나 오랫동안 교회와 밀접한 관련을 맺어온 역사를 갖고 있지만 결국에는 등을 돌리고 마는 그런 사람들을 보게 되곤 한다. 예수의 말씀을 들어왔고 섬겨왔다는 것이 주를 안다는 것을 반드시 의미하는 것만은 아니다. 우리 주를 진실로 아는 사람들은 주를 포기하거나 주를 배척하지 않는다. 유다가 제시하는 예수를 단념하는 범주의 스타일은 그의 행동을 베드로가 주를 부인한 것보다도 더욱더 분명하게 보여주고 또한 더욱 가증스러운 것임을 보여준다. 이런 행동은 그의 마음이 어디에 있었는지를 잘 드러내준다.

겸손함과 큰 것에 관한 논의는 예수의 제자들 사이에서의 섬김이라는 주제를 다루는데, 이는 특히 리더십의 역할을 감당해야하는 사람들과 관련한 문제이다. 진정한 리더십은 지위나 순위 등과 관련해서 리더십에 관심을 두는 것이 아니라 섬김에 대해 관심을 둔다. 예수의 사역이, 이 관점이 그분의 생각 속에서 중심을 차지하고 있다는 점을 잘 지시해준다. 주님은 가난한 사람들, 사회에서 버림받은 사람들, 병자들, 다른 인종과 다른 성별의 사람들, 아이들 혹은 궁핍한 사람들을 위해 사역하셨다. 지위나 신분은 주께는 아무것도 아니었다. 교회는 여전히 이런 섬김과 이런 자세를 오늘날에도 가져야만 한다.

제자들에게 열두 보좌들을 약속하신 것은 그들이 예수의 사역에서 갖는 독특한 역할에서 비롯된 것이다. 물론 유다는 다른 것에 속하는 결정을 내리면서 이미 지금 여기에서 볼 수 있는 내용에서 배제되었다. 그러나 자기 자신을 예수와 더불어 정체성을 규정하는 사람들을 예수가 귀히 여기신다는 것과 이런 연합으로 말미암아 축복이 주어진다는 사실은 이 본문에서 중요한 원칙들로서 서로 하나로 묶여있다. 비록 예수가 지금 여기에서 제자들에게 주시는 축복이 독특한 것이기는 하지만 주님은 신실하게 자신의 일들을 감당한 모든 주의 종들에게 언젠가 칭찬과 격려를 주실 것이다(고전 3:12-14; 4:5).

베드로의 부인 역시 오늘날의 우리들에게 어떻게 실패하며 어떻게 그 실패에서 회복할 수 있는지에 관해 중요한 교훈을 던져준다. 겉으로 보기에, 그의 행동들은 유다가 했던 행동들과 비슷해 보이지만, 그들 사이에는 중요한 차이점들이 있다. 유다는 예수를 반대하는 행동을 했다. 베드로는 공개적인 자리에서 예수와 자기 자신을 거리를 두고자 하는 그런 행동을 했다. 유다는 심령의 실패를 했고, 베드로는 용기에 실패를 했으며 자신의 상처로 인해 눈으로 보이는 상처를 입었다. 이런 차이점들은 우리에게 교훈을 주는데, 예수는 베드로를 회복시키시려 하셨지만 유다는 고통스럽게 기억되었고 정죄되었고 사도행전 1:15-20에서는 비극적인 인물이 되었기 때문이다. 예수께 가까이 있던 사람들도 주께 상처를 줄 수 있다. 그들은 압력에 굴할 수도 있다. 자기 자신의 힘만으로도 얼마든지 살아남을 수 있다고 확신하는 사람은 그 누구든지 간에 종종 실패의 벼랑 끝에 서 있는 사람들이 되곤 한다(고전 10:12). 베드로의 부인은 우리 모두가 실패할 수 있다는 사실을 기억하게 한다. 그러나 예수가 심지어 베드로의 실패 이전부터 베드로의 회복을 위한 토대를 마련하신다는 사실은 우리가 하나님께로 다시 돌아갈 때 하나님이 우리들을 긍휼히 여기신다는 것을 잘 보여준다. 용서와 회복에는 위대한 사랑이 필요하다.

검을 포함해서 자기에게 필요한 물품들을 챙기라는 예수의 마지막 말씀들은 성도들을 향한 이 세상의 반응이 얼마나 심각하고 지독할 것인지를 보여준다. 그들은 지금 자기 자신들을 스스로의 힘으로 부양해야만 한다. 이 말씀들이 갖고 있는 문학적인 성격을 놓치지 않는 것이 중요하다. 제자들은 검에 대한 말씀을 문자 그대로 생각한다—제자들 중 한사람은 예수가 붙잡히실 때 심지어 검을 휘두르게 되는데, 이는 예수가 책망하시는 행동이다. 그러나 주는 여기에서 험난함을 염두에 두고 계신 것이며, 세상적인 돌봄이나 칭찬 등을 필요로 하지 않는 그런 태도를 가지라는 것에 초점을 맞추고 계시다. 제자들은 낯선 땅에서 이방인처럼 섬기는 사람들이다(벧전 2:11). 하나님 나라의 시민들로서 말이다(빌 3:20-21). 그들은 서로를 돕고 후원하기 위해 함께 모일 필요가 있게 될 것이다. 주를 향한 그들의 헌신을 공유하지 않는 사람들로부터 도움을 얻을 것을 기대하지 않으면서 말이다.

현대적 의미

사도행전 20:29에서 성경은 기독교 공동체 안에서 교회를 파괴하는 흉악한 이리들에 대해 경고한다. 신약성경의 다른 많은 본문들에서도 이처럼 교회를 잘못된 길로 이끄는 사람들에 대해 경고한다. 가룟 유다와 같은 인물은 그런 사람들이 얼마나 주께 가까이 접근할 수 있는지를 보여준다. 한 사람이 과연 변절할 것인지 그 가능성을 가늠하는 것은 정말로 이야기하기 어려운 주제다. 공동체는 신뢰의 장소가 되어야만 하며, 성도들은 서로에 대해 확신해야만 한다. 교회에 있어서 무언가 의심할 만한 잘못을 알아차리는 일을 담당하는 이단 척결자들은 제일 처음이 아니라 가장 마지막으로 필요한 사람들이어야 한다. 이런 환경은 불신을 조장하기도 하고 혹은 종종 사실은 아무런 위험이 없는데도 문제를 만들어 내거나 위험을 만들어내기도 한다. 그러나 신약성경은 이처럼 은밀하게 변절 가능성을 탐색하는 태도를 취하지 않는다.

성경은 그보다는 하나님과 그분 말씀에 신실한 모습을 유지하고 남아있으라고 사람들에게 경고하는 태도를 갖는다. 성경은 또한 교회를 끌어내리려는 시도를 하는 사람들에게 하나님이 그들을 다루실 것임을 경고한다(고전 3:17-18; 딛 3:9-11; 요이 9-10절). 이런 본문들은 믿음의 핵심적인 진리들을 지키지 않는 사람들에게 관심을 기울여서는 안 된다고 이야기한다. 믿음을 가르치는 교사들이라거나 혹은 교회와 관련되어 있다는 점은 참된 믿음을 그들이 갖고 있다는 징표가 아니다. 믿음은 물론 진정으로 구원을 베풀며, 그런 믿음은 "한번 구원받으면, 항상 구원받는다"는 말이 함축하듯이 계속해서 믿게끔 한다. 하나님은 진정으로 하나님을 신뢰하는 사람들과 철저하게 함께하신다.

그러나 이런 표현에서 나오는 결론이 있다: "한번 신뢰하면, 계속해서 신뢰한다." 즉 구원을 가져다주는 믿음을 갖고 예수를 신뢰하는 사람들은 항상 그들이 하나님의 자녀라는 의식을 갖고 있으며 그 믿음을 부인하는 데로 나아가지 않는다(롬 8:15). 우리 안에 내주하시는 성령께서는 우리가 하나님의 자녀라는 의식을 우리에게 주시며, 우리 생각 속에 의심이 들어차는 그런 순간들 속에서도 이런 의식을 주신다. 가룟 유다는 긍정적인 점을 제시하는 부정적인 본보기이다. 가룟 유다에게는 예수가 답이 아니라고 말하는 그런 날이 왔다. 그의 대답은 그의 마음이 항상 어디에 있었는지를 드러내주었다. 비록 그 누구도 가룟 유다가 부인할 때까지는 이 점에 대해 몰랐지만 말이다(참조. 요1 2:19). 유다의 경우는 우리에게 우리 자신들을 과신하지 말고 예수께 가까이 붙어있을 것을 경고한다. 이 본문의 메시지는 "예수께 붙어 있으라, 그리고 만약 누군가가 주님으로부터 떨어져나간다 하더라도 놀라지 말라"이다.

예수는 이미 이 복음서에서 겸손함과 섬김에 대해서 여러 차례 말씀하셨다. 24-27절은 예수의 생각이 이 세상의 생각과 얼마나 다른지를 보여준다. 이 세상에서는 리더가 모든 종류의 섬김을 받는다. 그는 권능과 권세를 휘두르면서 자신이 갖고 있는 지위가 어떤 행동을 명령하거나 강제할 권리를 갖고 있다고 생각한다. 리더십에 대한 예수의 접근은 정확하게 그 반대이다. 리더십은 한 사람에게 자신이 마음에 갖고 있는 관심과 흥미대로 행동할 수 있는 권세를 부여받기 위해 지위를 획득하는 것이 아니다. 리더십은 책임감이며 자신이 이끄는 사람들을 섬기기 위해 자신의 기술과 에너지를 활용해야한다는 신뢰이다.

우리 문화는 권력 주변에서 벌어지는 수많은 전쟁들을 보아왔다. 하지만 성경은 정치권력을 다루지 않는다. 교회 안에서 권세를 갖는 지위에 있는 사람들은 그들의 필요에 대해 하나님이 채워주실 것을 바라보고 그들에게 주어진 소명대로 하나님을 섬기는 청지기들이다.

지난 몇 년 동안, 남성들로 하여금 그들 가정의 "머리"로 부르는 운동이 일어났었다. 머리됨(헤드십)과 관련해 에베소서 5:22-33이 보여주는 중요한 내용은, 이런 머리됨은 결코 권력을 휘두르는 것과 아무 상관이 없다는 점이다. 그보다 이 본문은 남편들에게 그리스도를 본받으라고 권고한다. 자신의 몸을 신부인 교회를 위하여 주셨고 또한 남편들에게 아내들을 풍성케 하고 사랑하라고 명령하시는 그리스도를 말이다. 헤드십과 리더십은 권력행사를 요구하는 자리가 아니라, 긍휼, 돌봄, 섬김을 예민하게 보여주어야 하는 자리이다. 목회적인 리더십도 결코 다르지 않다. 기도, 상담, 교훈, 긍휼 그리고 다른 모든 섬김의 형태들을 통해 공동체를 양육하는 것은 권력을 휘두르는 문제가 아니라 본보기를 보여주는 것을 통해 영적 자원들과 에너지를 공유하는 것이다.

진정한 리더십은 그 누구도 쳐다보지 않을 때조차 섬기는 리더십이다. 하나님은 자기 자신을 겸손히 여기는 사람들, 누군가를 이끌 때에도 섬김을 통해서 자신을 겸손히 여기는 사람들을 높여주신다. 베드로의 본보기는 우리가 압력을 받을 때 우리들도 쉽게 예수께 등을 돌릴 수 있다는 것을 경고한다. 그의 실패는 단기간적인 것이었다. 그는 이 경험으로부터 많은 것을 배웠고 요한복음 21장을 보면 주가 주시는 회복을 재확인하며 발견했기 때문이다.

우리가 사도행전에서 베드로를 다시 만나게 될 때, 그는 예수를 증거하고 주님 편에 서 있을 수 있는 그런 전도자의 모습이다. 그는 자신이 이전에 있었던 것과 역전된 모습을 보여주는 매우 중요한 결정을 했다: 그는 더 이상 다른 사람들이 자신을 받아들이는지 아닌지를 신경 쓰지 않는다. 물론 이는 그가 할 수 있을 때마다 모든 반응과 공격적인 행동들을 취하는 중국 상점에서 기독교 허풍선이 되었음을 의미하는 것이 아니다. 이는 예수를 선포하고 공유하는 기회를 회복 받으면서, 그는 주께 자신이 속해 있다는 것을 신실하게 새롭게 했다는 것을 의미한다. 베드로의 부인에 대한 실망은 그의 나머지 삶의 교훈들과 더불어 균형을 잡을 필요가 있다. 때때로 우리는 심각한 타락에서부터 완벽하게 회복한 경우들을 볼 수 있다. 물론 베드로에 있어서 핵심적인 차이점은 그가 오순절 때 성령을 받았다는 것이고,

이 점은 사도행전에 나오는 그의 담대함이 어디에서 나온 것인지를 설명해준다. 베드로가 갖고 있었던 담대함의 근원은 우리가 오늘날 갖는 담대함의 근원과 동일하다. 성령을 통해서, 변화와 회복이 가능하다.

나는 우리 모두가 과연 베드로를 정말로 이해했는지 의구심을 품는다. 우리 모두는 예수와 하나임을 확인할 수 있는 기회들을 가져왔지만 그 이후 어떤 반응들이 밀려올지 몰라서 주님에 대해 침묵하거나 부인했다. 우린 예수를 위해 일어서는데 실패해 왔다. 그러나 베드로처럼, 우리도 실패들로부터 배울 수 있고 성장할 수 있다. 그리고 베드로처럼, 예수는 우리에게 그분의 백성들을 강하게 하고 그들을 섬기게 하시기 위해 우리에게 돌아오라고 명령하신다.

예수는 죽음을 향해 나아가신다. 제자들에게 그들이 이제 직면하게 될 적대에 관해 알게 하시는 것을 통해 그들을 무장시키시면서 말이다. 이런 상황은 오늘날에도 다르지 않다. 기독교인들은 적어도 만약 그들이 기독교적인 방식으로 역할을 감당한다면 종종 세상에서는 "외적인 구성요소들"이 되곤 한다. 자기 자신을 책임져야한다는 것은 주님 안에서 교회가 연합성을 가져야 한다는 것을 의미한다. 많은 교파들과 기독교 그룹들은 우리가 예수께 속해있기에 하나로 묶여 있어야만 하고 다른 사람들을 책임져 주어야함에도 불구하고, 우리가 갖고 있는 기초적인 연합성을 희미하게 한다.

우리는 우리가 갖고 있는 차이점들을 확대하는 것을 통해 이 세상과 우리가 갖는 차이점들을 비교하는 것을 사소한 것이 되게 만들기도 하고, 또한 이 세상에 존재하는 좀더 근본적인 갈등과 직면하기보다는 신앙인들 서로를 향해 검을 휘두르는데 에너지를 낭비하는 것으로 끝맺음하기도 하다. 교회는 영혼을 구해내는 소명을 갖고 부름 받았지만, 전술적인 방식들로 인해 서로 시간만 낭비한다면 이런 소명을 감당하는 것은 무척이나 어려운 일이다.

물론 어떤 사람들은 우리가 갖고 있는 차이점들이 매우 중요하다고 생각한다. 아마도 어떤 차이점들은 그럴지도 모르지만, 우리는 그런 차이점들이란 세상에서 우리가 맞서야 할 전투에 비한다면 "집 안에서의" 논의에 불과한 부차적인 것임을 기억해야만 한다. 여태껏 오늘날의 많은 기독교 그룹들은 믿음의 핵심적이지 않은 이슈들로 인해 나뉘어져 있기 때문에 함께 사역하지 않아 왔다. 우리는 그런 문제들에 대해 "집 안에서" 논의할 수 있고 또한 해야 하나 우리의 소명을 위태하게 하는 그런 방식이 되어서는 안 된다.

주가 주신 말씀들의 마지막 부분은 우리에게 바로 앞에 전투가 놓여있다고 경고하신다. 교회는 오랫동안 어두운 영적 세력들과 씨름해왔다(엡 6:10-18). 그러나 연합과 동맹이 나뉘게 될 때, 전쟁은 결코 승리할 수 없다. 우리의 모든 에너지와 재원들은 우리가 우리 소명을 감당할 수 있는 충분한 공급들을 받는다는 것을 확신케 하는 쪽으로 나아가야만 한다. 우린 가장 효과적인 전술이 무엇인지에 대해 계속해서 이야기할 수 있지만, 우리의 소명을 성취하기 위해서 우리는 우리 편에서 있는 사람들에 대해서 잘 인식해야만 하며 또한 우리 시야에 보이는 진짜 적들을 잘 보고 있어야만 한다.

제자들은 사도행전에서 성령의 능력주심을 통해 교회를 시작할 때 이런 연합을 필요로 했다. 우리는 교회의 임무를 효과적으로 잘 감당하기 위해서 오늘날에도 이런 연합을 다시 얻을 필요가 있다.

예수는 이와 같은 집안 다툼의 경향과는 정반대로, 우리가 공동체로서 우리들 자신들을 위해 준비하고 공급해주어야만 한다는 점을 인식하도록 격려하신다. 이는 교회가 이 세상이 교회의 방어자가 되는 것을 기대할 수 없다는 것을 의미한다. 그렇기에 우리는 함께 서야만 한다. 여기에서 명령되는 방어는 사도행전에서 공동체가 서로를 돌보고, 서로를 위하여 기도하고, 베드로와 바울 같은 인물들을 보호했던 것을 통해 잘 나타난다. 우리의 저항은 군사적이거나 폭력적인 것이 되어서는 안 된다.

예수가 특히나 50-51절에서 승인하지 않으신 그런 반응이 되어서는 안 된다. 우리의 저항은 공동체가 자신을 위해 취하는 방어적인 형태이며, 보호와 돌봄을 위해 취하는 형태여야만 한다. 설사 위험할지도 모르는 곳에 가야한다 하더라도 말이다. 우리는 이 세상에서 복음을 공유하고 있는 것과 마찬가지로, 서로서로 함께 일해야만 하며 서로를 후원하고 뒷받침해야만 한다.

누가복음 22:39-46

39 예수께서 나가사 습관을 따라 감람 산에 가
시매 제자들도 따라갔더니
40 그곳에 이르러 그들에게 이르시되 유혹에 빠
지지 않게 기도하라 하시고
41 그들을 떠나 돌 던질 만큼 가서 무릎을 꿇고
기도하여
42 이르시되 아버지여 만일 아버지의 뜻이거든
이 잔을 내게서 옮기시옵소서 그러나 내 원
대로 마시옵고 아버지의 원대로 되기를 원하
나이다 하시니
43 천사가 하늘로부터 예수께 나타나 힘을 더하
더라
44 예수께서 힘쓰고 애써 더욱 간절히 기도하시
니 땀이 땅에 떨어지는 핏방울 같이 되더라
45 기도 후에 일어나 제자들에게 가서 슬픔으로
인하여 잠든 것을 보시고
46 이르시되 어찌하여 자느냐 시험에 들지 않게
일어나 기도하라 하시니라

원 의미

누가복음 22:39-23:56은 예수가 주의 죽으심으로 향하시는 마지막 길을 자세하게 보여준다. 하나님을 향한 주의 신뢰를 확인해준 겟세마네 동산에서의 주의 기도에서부터 아리마대 사람 요셉의 무덤에 장사지내지는 것까지, 이 항목은 어떻게 죄 없으신 분이 다른 사람들을 위해 죽음에 이르렀는지를 자세하게 보여준다. 유대 지도자들이 할 수 없었던 일은 예수의 유죄를 입증할 증언을 얻는 것이었다. 그리고 예수는 주를 죽음으로 이끌 그런 말씀들을 그들에게 공급하신다. 아이러니컬하게도, 주님은 진리를 말씀하셨기 때문에 죽는다. 빌라도와 헤롯 앞에서의 재판에서, 예수는 사형에 해당할 만한 아무런 죄가 없다는 것이 선포되지만, 그들은 주를 십자가에 보낸다. 어떤 사람들은 적극적으로 주의 죽음을 추구하고, 반면 다른 사람들은 그저 옆에 서 있거나 이 일이 진행되도록 방조한다. 이 재판자리에서 이런 아이러니한 논리를 변호하기 위해 범죄자가 놓여지는데 이는 예수의 죽음이 어떤 죽음인지를 묘사해준다: 죄 없으신 분께서 죄를 범한 누군가의 자리에서 죽으시는 모습. 십자가 위에서, 예수는 자기 자신과 다른 사람들을 구원해보라고 조롱과 멸시를 당하신다. 아이러니컬하게도, 주님은 주의 나라에 함께 있게 해 달라고 요구하는 죄인에게 그렇게 행하신다. 주의 죽음은 공의롭지 못한 것이면서, 피상적으로는 패배인 것처럼 보인다. 그러나 예수는 주님이시기 때문에, 그분 자신만을 위해서가 아니라 주가 어느 팔레스타인의 오후에 나무 위에 매달려 성취하신 것을 끌어안는 모든 사람들을 위하여, 이것을 승리로 바꾸신다.

22:39-46에서, 예수는 제자들에게 무언가를 가르치시는 것으로부터 아버지께 기도하는 것으로 전환하신다.[1] 기도하실 때 주가 보여주신 정직함은 주님과 아버지 하나님 사이의 관계가 얼마나 깊고 높은 수준인지를 보여준다. 지금은 매우 중요한 순간인데, 주님은 체포되시기 바로 직전에 하나님을 향하고 있기 때문이다. 주가 하신 기도 바로 그 자체 안에서 우리는 예수의 고민을 보게 되고, 또한 설사 그것이 생명을 내놓는 것이라 하더라도 하나님의 뜻을 좇아가려는 주의 바람도 보게 된다. 제자들은 이 순간이 얼마나 중대한 순간인지를 과소평가하고 있는데, 그들이 모두 잠들어 있는 모습이 이를 보여준다. 그들에게 필요한 것은 쉼이 아니라 하나님께 새로운 모습으로 돌아서는 것이다. 실패 속에 잠겨들지 않도록 말이다.

예수는 습관대로 저녁에 감람산으로 가시고, 제자들은 주님과 함께하고 있었다(22:37). 주님은 스스로 기도하시기 전에, 제자들에게 시험에 빠지지 않게 기도하라고 말씀하신다. 우리는 주가 제자들에게 요구하신 것에 대해 마치 그분 자신이 모범을 보여주시는 것 같은 그런 느낌을 갖게 된다. 주가 희생하실 순간이 다가옴에 따라, 주의 모든 감정적인 어려움들이 기도의 제단 앞에서 하나님 앞에 놓여지게 될 것이다. 만약 여기서의 말씀이 무언가를 보여주는 것이 있다면, 제자들이 받게 될 시험이 주를 부인할 가능성이라는 점이다(참조. 22:31-32). 기도는 중요한 일인데, 우리를 하나님과 연합하는 곳으로 데려다주고 또한 우리를 우리와 함께하시는 하나님의 임재하심으로 인도해주기 때문이다. 예수의 "기도하라"는 명령은 헬라어로 현재형 명령법으로 기록되었는데, 이 정황에서 이런 시제의 사용은 단회적

---

1. 이 본문과 평행을 이루는 성경본문은 마태복음 26:36-46과 마가복음 14:32-42이다. 누가복음은 위의 본문들과 견주어볼 때 가장 짧은 본문이지만, 오직 누가복음만이 제자들에게서 "돌을 던질 만큼" 거리를 두고 있었다는 점과 천사가 힘을 북돋아주었다는 점과 예수의 땀이 피처럼 떨어졌다는 것을 이야기한다. 43-44절이 누가복음에 속한 일부분이냐 아니냐는 논쟁되는 점이다. 우린 이 구절들이 권위 있고 정통성 있는 부분이라고 받아들인다. 이 부분의 생략을 주장하는 사람들은 그들 결론의 근거를 좀더 짧은 본문독법에 두고 있다. 즉 감정적 표현이 없는 것이 누가복음에 더 잘 적합하며, 이 본문은 오리지널로 보기에는 인물에 대해 너무 교훈적으로 보인다고 주장한다. 하지만 전체 구절들이 다 보일 때에도 짧은 본문이 원문에 가깝다는 규칙을 적용해야하는 것인가? 기도에 대한 언급을 포함하고 있는 이 내용을 첨가하는 것이 더욱 누가적이다. 여기에 덧붙여서, 본문은 이 부분이 천사가 힘을 북돋아주었다는 것으로 인해서 제거되었던 것일 수도 있다. 이 부분은 예수를 너무 인간적으로 보이게 만들기 때문이다. 이 논쟁은 중요한데, 이 구절들은 주가 죽음에 직면하게 되었을 때 인간 예수로서 어떻게 반응했는지를 나타내 주기 때문이다.

으로 기도하라는 것이 아니라 계속해서 기도하라는 의미를 담는다고 볼 수 있다. 하나님을 계속해서 의지하는 것을 통해서만이 시험을 피할 수 있다(11:4).

예수는 제자들로부터 "돌을 던질 만큼" 떨어진 곳에서 기도하시는데, 이는 대략 6-7미터 정도 되는 거리이다(창 21:16). 이 본문은 문자적으로는 제자들로부터 "떠났다"인데, 이는 이 스토리에 대해 감정적인 터치를 더해주는 표현이다. 주님은 무릎 꿇고 중보하신다. 만약 주님 앞에 놓여있는 일들을 피할 수 있는 무언가 방법이 있는지를 물으시면서 말이다. 이 요청은 예수가 하나님의 뜻을 행해야만 한다는 것에 근본적으로 하나가 되어 있는 상황 속에서 이야기된다. "아버지여, 만일 아버지의 뜻이어든…." 헬라어로는 주의 생각을 표현하면서 이 부분에서 생략이 나타나는데, 이는 강렬한 감정을 보여주는 또 다른 표식이기도 하다.[2] 예수의 주된 요구는 이것이다, "이 잔을 내께서 옮겨주옵소서." 하나님의 뜻 안에서 변화를 요청하는 이런 요구는 전례가 없는 것이 아니다(출 32:10-14; 삼하 15:25-26; 왕하 20:1-6). 예수는 이 쓴 잔이 주님으로부터 지나가기를 원하시지만, 다른 방법이 있을 경우에 대해서만이다.[3] 그래서 주는 덧붙이신다, "그러나 나의 뜻대로 마옵시고, 아버지의 뜻대로 하옵소서." 예수는 하나님의 뜻에 하나가 되는 내용을 주의 요구 양편 끝부분에 괄호처럼 자리 잡게 하셨다.

천사가 나타나서 주의 힘을 돕는다(참조. 마 4:11, 이 부분은 주가 시험을 받으신 이후인데 이와 비슷한 설명이 나온다). 천사의 등장은 중요하다. 위에서부터 힘을 북돋아주시는 것은 예수가 자신의 소명을 감당하실 때 하늘이 주님 곁에 서 있다는 것을 보여주는 것이기 때문이다.

예수가 더욱 간절하게 기도하시고 땀이 피처럼 떨어질 때(이 본문은 예수의 강렬한 "고민"을 표현하기 위해 헬라어 용어 '아고니아'를 사용한다), 감정적인 강렬함은 더욱 증가한다. 예수는 배척당하고 죽임당할 것을 예견하시면서 주의 짐들을 하나님 앞에 다 내려놓고 계신다. 여기에 바로 예수의 인간적인 초상이 있다. 주님은 주의 죽음을 넓은 감정들과 더불어 대면하고 계신다. 누가가 그런 예수의 초상은 주의 신성 뒤에 숨겨져 있지 않다. 누가는 우리의 연약함과 상처들과 동일시할 수 있는 그런 예수를 제시한다(히 4:15).

---

2. G. Schrenk, "βούλομαι," *TDNT,* 1:633.
3. 분노를 표현하는 "잔"에 대해서는 시 11:6; 75:7-8; 사 51:17;, 19, 22; 렘 25:15-16; 49:12; 51:57; 슥 12:12; C. Cranfield, "The Cup Metaphor in Mark xiv. 36 and Parallels," *ExpTim* 59(1947-48): 137-38 등을 보라.

마지막으로 예수는 일어나셔서 제자들에게 가시고는 그들이 "슬픔에 지쳐"서 잠들어있는 모습을 발견하신다. 그들은 예수를 향한 배척이 코 앞에 있다는 것을 이해하기 시작했으며, 그리고 이것이 그들을 감정적으로 힘들게 했다. 예수는 제자들에게 왜 이토록 중요한 순간에 잠을 자고 있느냐고 말씀하시면서 그들에게 시험에 빠지지 않게 깨어서 기도하라고 말씀하신다. 그들이 이제 앞에 기다리고 있는 것을 준비할 수 있는 유일한 한 가지 방법은 주가 하시는 것처럼 그들도 그렇게 준비하는 것이다. 진정한 신실함은 하나님과의 만남에 토대를 두고 있다.

상황잇기

이 본문은 예수의 성품에 관한 중요한 내용을 드러내줄 뿐만 아니라 하나님이 우리 길에 보내주시는 거대한 시련들에 우리가 어떻게 대면해야 할지 그 본보기를 제공해준다. 본문의 구절들에서 우리는 하나님을 의지하고 그분의 뜻을 행하는데 속해있는 한 사람을 본다. 우린 하나님을 향하는 것을 통해 시험을 대면하는 한 개인을 본다. 우리는 자신의 강렬한 감정들을 기도를 통해 하나님께 드러내는 한 사람을 본다. 이와는 대조적으로, 제자들은 그들만의 피곤함과 감정적인 고통을 갖고 있었다. 예수가 그들에게 기도하라고 권면하시지만 그들이 할 수 있는 일이라곤 자는 것뿐이다. 예수가 접근하시는 모든 모습들은 어떻게 우리가 시험의 시련의 긴장을 대면해야만 하는지에 대한 모델이다.

예수는 이 시련에서 죽음을 맞이해야만 하고 살지 않으시지만, 이것을 대면할 수 있는 힘이 공급되었다. 주님은 혹시 다른 길을 찾을 수 없는지 주저 없이 물으시지만, 주님은 하나님이 원하시는 그 길을 가시려는 주의 결심을 확고하게 하신다. 하나님 나라는 예수께 또 다른 길을 제공하는 것을 통해 주의 요구에 응답하는 것이 아니라, 하나님이 주께 행하라고 하신 일을 대면할 수 있는 힘을 주는 것을 통해 응답한다. 하나님의 명령에 대한 복종과 하나님이 공급하신 힘의 연합, 바로 이것이 이 본문의 메시지이다.

현대적 의미

이 본문은 예수가 십자가라는 시련과 대면하시면서 보여주신 모습을 통해서, 적어도 두 가지 본보기를 제시한다. (1) 예수는 기도를 통해 주의 고통과 필요를 하나님께로 가져간다. 하나님과 소통하시는 주의 습관은 갑자기 생겨난 독특한 사건이 아니다. 종종 우린 가장 바쁠 때, 하나님께 우리의 필요들을 들고 나아가 시간을 사용하는데 게을러지곤 한다. 시련은 종종 우리로 하여금 무릎 꿇게 만들어주지만, 소모적인 삶의 일들은 우리로 하여금 계속해서 달리게끔 하고 기도하지 못하게 만들곤 한다.

예수께는 그렇지 않았다. 주의 패턴은 심지어 가장 힘겨운 시간 속에서조차 기도가 중요하다는 것을 우리에게 생각하게끔 한다. 그리고 주의 기도는 단순히 체크하는 그런 문제가 아니다. 주의 기도는 정직함, 감정, 그리고 고통으로 가득 차 있다. 우리는 너무나 자주 머리를 조아리고, 눈을 감고, 마음으로 방황하곤 한다. 기도하는데 힘을 쏟는 것 대신에 말이다.

(2) 예수는 기도하시면서 정직과 겸손함을 분명하게 나타내신다. 주님은 하나님이 주 앞에 놓여있는 것들을 겪지 않게 하시기를 진정으로 간절히 원하시고 정직하게 그런 바람을 하나님 앞에 내어놓는다. 그러나 주님은 하나님의 뜻 안에 있는 것에 더욱더 헌신하신다. 비록 시편에 나오는 탄식들과 다른 것이기는 하지만 이 기도는 시편의 탄원자들이 그들의 가장 깊은 곳에 있는 감정들과 고통들을 하나님께 가져가는 것과 비슷한 모습을 취했다.

기도 가운데 생겨나는 개인적인 대립은 종종 우리가 하나님의 손을 붙들고 다음 걸음을 내디딜 때 필요한 위로를 가져다주기도 한다. 더군다나, 기도는 아무렇게나 하는 것이 아니다. 예수는 주의 상황 속에서 하나님을 찾으실 때 자신의 모든 전존재를 통해 기도하신다. 주님은 심지어 땀을 피처럼 흘리신다. 예수는 하나님을 정기적으로 찾으시기 때문에 하나님과 동행하실 수 있었다. 제자들은 주의 모습과 대조를 이루는 교훈을 주는데, 그들은 예수가 그들에게 하라고 명령하셨던 기도를 하는 것이 아니라 잠을 잤기 때문이다.

우린 종종 우리 문제들에 대해 스칼렛 오하라(Scarlett O'Hara—'바람과 함께 사라지다'에 나오는 등장인물) 식의 접근을 하곤 한다—"나는 거기에 대해서 내일 생각해보도록 하겠다." 이런 꾸물거리는 유형은 시간이나 운명은 원래 그 자체가 그런 방식으로 자리 잡을 것이라고 주장한다. 아마도 이런 태도는 기도가 사실 이뤄줄 수 있는 것은 거의 아무것도 없다는 관점을 반영할 것이다. 그러나 팽팽한 긴장의 순간들 속에는, 예수가 지금 여기서 그렇게 하셨듯이, 하나님 앞의 테이블 위에 가져가야 할 많은 이슈들이 있다. 주의 제자들인 우리는 기도시간에 대해 우리가 모이거나 무언가를 할 때 그런 사건들의 앞머리 부분에 공식적으로 자리 잡는 순서 정도로 여겨서는 결코 안 되며, 사역 그 자체의 가장 중요한 일부분으로 여겨야만 한다. 하나님과 우리 사이의 순수한 관계가 일어나는 그런 부분으로 여겨야만 한다.

예수가 하나님께 속해있었던 것과 마찬가지로, 천국도 주께 그렇게 속해있었다. 천사가 힘을 북돋아주었다는 설명은 우리가 주께 나아갈 때 주가 우리에게 힘을 주실 것임을 다시 한번 우리에게 확신하게 해준다. 다른 본문들도 우리가 시험을 당할 때에 하나님이 어떻게 "피할 길"을 주시는지에 대해 매우 명확하게 보여준다. 만약 우리가 주가 필요하다는 것을 고백하면 말이다(고전 10:12-13).

누가복음 22:47-53

47 말씀하실 때에 한 무리가 오는데 열둘 중의
하나인 유다라 하는 자가 그들을 앞장서 와서
48 예수께 입을 맞추려고 가까이 하는지라 예수
께서 이르시되 유다야 네가 입맞춤으로 인자
를 파느냐 하시니
49 그의 주위 사람들이 그 된 일을 보고 여짜오
되 주여 우리가 칼로 치리이까 하고
50 그 중의 한 사람이 대제사장의 종을 쳐 그 오
른쪽 귀를 떨어뜨린지라
51 예수께서 일러 이르시되 이것까지 참으라 하
시고 그 귀를 만져 낫게 하시더라
52 예수께서 그 잡으러 온 대제사장들과 성전의
경비대장들과 장로들에게 이르시되 너희가
강도를 잡는 것 같이 검과 몽치를 가지고 나
왔느냐
53 내가 날마다 너희와 함께 성전에 있을 때에
내게 손을 대지 아니하였도다 그러나 이제는
너희 때요 어둠의 권세로다 하시더라

원 의미

예수의 체포는 주가 이제 곧 잔을 경험하실 것임을 의미한다.[1] 주님은 하나님의 뜻에 복종하시면서, 이런 상황에서 벗어나고자 하는 그 어떤 시도도 허용하지 않으실 것이다. 주를 붙들러 나온 종의 귀를 치유해주시는 사건은 누가복음에 기록되어 있는 예수의 마지막 기적 사역이다. 아이러니컬하지만 준엄하게도, 예수는 마지막 순간까지도 치유를 베푸신다. 주의 대적들조차도 그 수혜자들이 된다. 예수가 자신을 체포하러 온 사람들에게 적절치 못한 체포 방식에 대해 지적하실 때 어둠의 시간은 이미 주께 다가왔다. 그들은 주를 도적처럼 취급하고 있는데, 이는 주께는 슬픈 운명이다.

배반자는 무리와 더불어 다가왔고 유다는 예수께 입맞춤하고자 나아온다. 이 본문은 유다가 열두 명 중의 한명이라고 이야기하며, 이를 통해서 이 배반이 얼마나 깊은 아픔인지를 강조하고 있다. 애정 표현인 이 입맞춤은 배반의 표시가 된다. 예수의 질문은 이런 친밀감의 행동이 삐뚤어져 있음을 지적한다, "네가 입맞춤으

1. 이 본문과 평행을 이루는 성경본문들은 마태복음 26:47-56; 마가복음 14:43-52; 요한복음 18:2-11이다. 누가복음에는 세 가지 독특한 내용들이 들어있다. 귀를 고쳐주심, 유다에 대한 말씀(48절) 그리고 검을 휘두른 제자를 향한 말씀이다(49절).

로 인자를 파느냐?"[2]

제자들은 검에 대한 주의 말씀을 기억한다. 어떤 순간에 검이 필요한 것인지를 전혀 이해하지 못한 채, 그리고 하나님이 예수로 하여금 이 과정을 걸어가시도록 부르셨다는 것을 이해하지 못한 채, 그들은 예수께 자신들이 싸워야하는지를 묻는다. 그들 중 한사람(요 18:10에 의하자면 베드로)은 대답을 기다리지도 않는다. 그는 대제사장의 종을 치고 그의 귀를 상하게 한다.

예수는 그 행동을 멈추게 하신다. 주님은 지금 자신이 붙들리시는 이 장면에서 싸우는 것을 원치 않으신다. 주님은 하나님의 부름에 복종하실 것이고 유대 종교 지도자들의 바람대로 붙들리실 것이다. 그들은 이런 그들의 행동에 대해 하나님께 책임을 져야만 할 것이다. 그런 뒤에 주는 상한 귀를 집으셔서 그 종의 상처를 치유해주신다. 우린 주의 이 행동이 주를 잡으러 왔었고 지금 주님 말씀을 듣고 있는 청중들에게 어떤 효과를 가져왔을 지에 대해서는 알 수 없지만, 그들은 그들의 의무를 계속해서 진행시킨다. 붙들리심과 관련한 모든 일들은 주를 붙들고자 하는 모든 사람들에게 이것이 얼마나 놀라운 일인지를 보여주는 방식으로 이야기된다.

예수는 한 가지를 더 말씀하신다. 주님은 대제사장들에게, 성전 군관들에게 그리고 장로들에게, 그들이 정말로 마치 "반역을 꾀하는" 누군가를 잡아들이듯이 이런 모습으로 올 필요가 있었는지에 대해 물으신다. 헬라어 단어 '레스테스'는 강도 등을 의미한다(참조. 10:30, 36). 이 단어는 혁명가들과 관련해서도 사용할 수도 있지만, 여기에선 그런 의미를 담을 필요는 없을 것이다.[3] 예수는 주가 날마다 성전에서 그들과 같이 계셨지만 주를 체포하지 않았으면서 지금은 그들이 주를 마치 범죄자인 양 그렇게 행동한다고 꾸짖으신다. 이제 무슨 일이 벌어졌는지에 관해서는 단 한 가지 설명만이 나온다: "지금은 너희 때이다" 그리고 "어둠의 권세이다" (문자적으로). 예수를 향한 사탄의 시도가 진행 중이다. 비록 용감한 노력이기는 했지만, 이 노력은 이제 곧 멈춰지게 될 것이다—주의 죽음을 멈추게 하는 것을 통해서가 아니라, 부활을 통해서 말이다.

아이러니컬하게도, 십자가는 어둠의 권세들이 원하는 것과 정확하게 정반대의 일들을 성취한다. 이런 모습은 하나님이 역사하시는 방식의 신비에 속한다. 유대

2. 왜곡되게 사용된 입맞춤에 대해서는 창세기 27:46-47; 사무엘하 15:5; 20:9; 잠언 7:13; 27:6 등을 보라.
3. Josephus, *Antiquities* 2.13 2-3§253-54. 예수의 생애 동안에는 이 단어가 혁명가들을 지칭하는 것으로 사용되지 않았다. 그러므로 여기서는 그런 의미를 의도하지 않았을 것이다. R. Brown, *The Death of Messiah*(Garden City, N. Y.: Doubleday, 1994), 687을 보라.

지도자들이 일들을 진행시키는 것처럼 보일지 모르지만, 진정으로 일들을 진행시키시는 분은 하나님과 그분의 대리자이시다.

상황잇기

유다는 죄를 시행하는 인물을 보여준다. 그는 자신의 스승을 입맞춤으로 배반하는데, 이런 죄악의 행동들은 입맞춤이 상징적으로 갖고 있는 의미와 정반대의 모습이다. 종종 이런 기만과 위선이 죄악의 기저에 자리 잡곤 한다.

예수는 여기에서 우리들에게 사역의 특징이 무엇인지에 대해 가르쳐주신다. 주님은 지금 검이 포함된 권력 투쟁에 간여하고 계신 것이 아니다. 주님은 언젠가 실제로 재판하실 것이지만, 그 시간은 아직 오지 않았다. 이 사건들은 예수와 유다가 여기에서 참여하고 있는 그런 상황들보다 좀더 현세적인 상황들과 직면하게 되는 우리들에게 본보기를 제시해준다. 우리는 힘이나 권력의 오용을 통해서라도 상황을 전체적으로 통제하고자 시도하지 않는가?

이 본문의 최고점은 이 본문이 독자들에게 일으켜야만 하는 감정적인 느낌에 있다. 우리는 주의 대적들이 주를 붙잡으러 나왔을 때 예수가 치유를 행해주시는 아이러니를 느끼는가? 우리는 주의 붙들리심에 대해 근본적인 불공평함을 느끼는가? 그리고 주의 대적들이 예수에 대해 심각하게 오해하고 있다는 사실에 대해 무언가를 느끼는가? 우리는 주가 붙들려 가실 때 어느 편에 서는 것을 선택하는가? 지금 성경본문이 문단내용을 통해 제시하는 사실들처럼, 이 세상은 주가 누구신지에 대해 적절하게 인식하거나 이해하는데 있어서 아주 중요한 무언가가 부족하다는 점을 보여주고 있다. 주를 향한 이런 잘못된 판단은 오늘날에도 넓게 펴져있다. 세상은 주를 잘못 읽곤 하기 때문에, 종종 우리들에 대해서도 잘못 읽곤 한다.

현대적 의미

유다는 관계에 대해서 때때로 죄가 만들곤 하는 상처입고 뒤틀려진 관점을 드러낸다. 그가 입맞춤을 통해 예수를 배반하기로 결정한 모습에서는, 죄의 일부분인 속임이라는 특성이 본질을 이룬다.

예수가 유다에게 인자(즉, 예수님)를 입맞춤을 통해 파느냐고 물으신 것은 이런 기만적인 아이러니를 표면으로 드러나게 한다. 유다는 주를 체포하는 일이 일어날 때, 주를 배반하는 자신의 행동이 덮여지기를 소망했던 것일까? 아니면 그는 자신이 배신자와 동일시될 것임을 알았던 것일까? 우리는 그가 어떤 마음을 품었는지는 알 수 없다. 그러나 그가 행했던 행동은 추측컨대 그가 지금 겉으로 보여주고 있었던 사랑과 존경과는 정확하게 정반대 모습이었다.

이 죄가 그 흔적들을 덮어버리고자 시도하는 것은 전혀 드문 일이 아니다. 우린 수많은 꽃과 선물들을 아내에게 갖다 주면서 한편으로 다른 여자를 쳐다보고 있는 그런 남자에 대한 이야기를 생각할 수 있다. 혹은 우린 구제기관에서 일을 하면서 궁핍한 사람들을 위해 준비한 재원을 훔쳐가는 그런 사람들을 이런 본보기로 생각해볼 수 있다. 이런 행동들은 얼마나 죄악이 역겹게 활동하는 지를 보여준다.

정반대 편에 예수가 서 계신다. 주의 대적들이 주를 붙들고자 마치 위험한 범죄자를 다루듯 주께 다가올 때, 주님은 그의 제자들이 반격하며 싸움하는 것을 멈추게 하시고 대제사장의 종을 고쳐주심으로써 이 위협에 대해 증언하시고 말씀하신다. 이런 아이러니한 장면은 복음서에 나오는 절정(카메오)이다. 예수는 궁핍한 죄인들을 향해 사역하신다. 유다와 대제사장들의 무리들은 예수가 사역 대상으로 삼고자 오신 사람들이기도 하다. 예수가 행하시는 이런 은혜로운 행동들을 보았음에도 그 뒤에 돌아서서 주를 체포하는 이 사람들의 강퍅한 마음과 소경된 모습이 얼마나 놀라운가! 예수가 행하시는 모든 일들은 주가 그들이 생각하는 그런 분이 아니라는 것을 제시해준다. 본질적으로, 누가는 자신의 복음서를 읽는 사람들에게 이를 통해서 그들이 어느 편에 설 것인지를 생각하도록 요구한다.

누가가 예수가 붙들리시는 시간을 "어둠이 다스리는 때"라고 지칭할 때, 그는 주의 죽으심이 이미 정해져 있기는 했지만 그것은 올바른 것이 아니라는 점을 지적하고 있다(행 2:22-24). 예수와 그의 주장들을 배척하는 것은 주를 체포하는 사람들 편에 서는 것을 의미한다. 왜냐하면 그들은 예수가 그분 자신이 주장하시는 그런 분이 아니라는 전제를 갖고 있는 사람들이기 때문이다.

그러므로 주의 수난에 관한 설명이 진행되어가는 것과 더불어 "어느 편이 하나님 편을 대표하는가?"라는 질문이 계속 제기된다. 누가는 독자들에게 이 질문에 대해서 깊이 생각할 것을 요구하며 또한 그저 단순한 지적인 선택으로서만이 아니라 주를 믿음을 통해 인식하는 사람들에게 예수가 베푸시는 죄 사함과 축복을 끌어안는 결정을 하라고 요구한다.

예수가 반응하시는 방식과 비폭력적인 모습 안에는 하나님의 통치하심에 대한 주의 확신이 나타나 있는데, 여기에는 중요한 무언가가 있다. 주님은 힘을 사용하는 것을 완전히 내려놓으신다. 방어는 검에서부터 오는 것이 아니라, 고난의 불공평함에서부터 온다. 예수가 싸움을 하실 날이 오겠지만(계 19장을 보라), 지금 우리는 예수를 위해 검을 들 필요는 없다. 우리의 소명은 주의 말씀을 나누는 것이며, 이웃을 사랑하는 것이며, 성도들의 연합을 위해 일하는 것이다. 사도행전의 초대교회는 결코 대적들을 향해 무기를 들지 않았다.

교회는 결코 데이빗 코레쉬(David Koresh)처럼 보루를 세우고 총을 들어서는 안 된다. 예수가 하셨듯이 박해를 대면하는 것, 즉 하나님의 능동적인 지켜주심을 수동적으로 의지하는 것에 신비한 능력이 있다.

이런 방어의 능력은 우리 시대에서도 공적인 자리에서 윤리적인 이슈들에 대해 비슷한 방식으로 접근하는 사람들 속에서 볼 수 있다. 바로 이것이 누가복음의 많은 본문들이 우리가 스스로에 대해 방어할 때 성령께서 필요한 말들을 공급해주신다고 이야기하는 이유이다(눅 12:11; 21:13-15). 실제로 이런 이들이 일어났다는 점을 사도행전의 수많은 재판장면들이 우리들에게 보여준다. 오늘날의 교회도 초대교회가 그러했던 것처럼 예수를 위해 담대할 수 있는 모든 재원들을 갖고 있다.

누가복음 22:54-71

54 예수를 잡아 끌고 대제사장의 집으로 들어갈
새 베드로가 멀찍이 따라가니라
55 사람들이 뜰 가운데 불을 피우고 함께 앉았
는지라 베드로도 그 가운데 앉았더니
56 한 여종이 베드로의 불빛을 향하여 앉은 것
을 보고 주목하여 이르되 이 사람도 그와 함
께 있었느니라 하니
57 베드로가 부인하여 이르되 이 여자여 내가
그를 알지 못하노라 하더라
58 조금 후에 다른 사람이 보고 이르되 너도 그
도당이라 하거늘 베드로가 이르되 이 사람아
나는 아니로라 하더라
59 한 시간쯤 있다가 또 한 사람이 장담하여 이
르되 이는 갈릴리 사람이니 참으로 그와 함
께 있었느니라
60 베드로가 이르되 이 사람아 나는 네가 하는
말을 알지 못하노라고 아직 말하고 있을 때
에 닭이 곧 울더라
61 주께서 돌이켜 베드로를 보시니 베드로가 주
의 말씀 곧 오늘 닭 울기 전에 네가 세 번 나
를 부인하리라 하심이 생각나서
62 밖에 나가서 심히 통곡하니라
63 지키는 사람들이 예수를 희롱하고 때리며
64 그의 눈을 가리고 물어 이르되 선지자 노릇
하라 너를 친 자가 누구냐 하고
65 이 외에도 많은 말로 욕하더라
66 날이 새매 백성의 장로들 곧 대제사장들과
서기관들이 모여서 예수를 그 공회로 끌어
들여
67 이르되 네가 그리스도이거든 우리에게 말하
라 대답하시되 내가 말할지라도 너희가 믿지
아니할 것이요
68 내가 물어도 너희가 대답하지 아니할 것이
니라
69 그러나 이제부터는 인자가 하나님의 권능의
우편에 앉아 있으리라 하시니
70 다 이르되 그러면 네가 하나님의 아들이냐
대답하시되 너희들이 내가 그라고 말하고 있
느니라
71 그들이 이르되 어찌 더 증거를 요구하리요
우리가 친히 그 입에서 들었노라 하더라

원 의미

이 내용은 세부분으로 구성되어 있다: 베드로의 부인(22:54-62), 희롱 당하시는 예수(22:63-65), 그리고 예수에 대한 재판(22:66-71).[1] 이 항목은 예수에 대한 넓은 범위의

1. 이 단락과 평행되는 성경본문은 마태복음 26:57-75; 마가복음 14:53-72; 요한복음 18:15-18, 25-26이다. 누가는 성전과 관련한 고발을 논의하지 않는다. 아마도 무관계한 것으로 끝났기 때문일 것이다. 누가는

배척과 반응들을 정렬시켜 보여주는데, 핵심적이고 중요한 제자가 공개적으로 믿음에 실패한 모습을 더듬어보며, 유대인들이 로마인들을 향해 예수를 십자가에 못 박아야한다고 주장했던 논의의 개요를 그려낸다. 오직 로마만이 사형을 집행할 권세를 갖고 있었기 때문에, 예수의 죄목으로는 로마에 해를 끼치려 했다는 죄목을 발견해야만 했다. 누가복음 23:2은 그 결과를 보여준다.

예수는 붙들리신 이후에, 대제사장의 집으로 끌려가신다. "대제사장"은 비록 지금은 존재하지 않는 직분이기는 하지만 한 사람이 평생 동안 유지하는 직위이기 때문에, 54절에서 의미하는 바가 안나스인지 가야바인지는 명확하지가 않다.[2] 요한복음 18:13은 안나스를 지칭하지만 18:24은 예수가 묶이셔서 가야바에게 보내지셨다고 이야기한다(마 26:57도 역시 가야바를 지칭한다). 가야바와 더불어 좀더 공식적인 과정들이 진행되기 전에 혹시 안나스와의 짧은 만남이 있었는지 아닌지에 대해서도 우린 명확하게 알 수 없다. 이 논의를 좀더 복잡하게 만드는 것은 안나스와 가야바가 같은 집의 다른 쪽에 살고 있었을 수도 있었다는 점이다. 그러므로 재판의 횟수에 대해 정확하게 판별하는 것은 어려운 일이다. 분명하게 보이는 점은 저녁에 시작된 재판이 이른 아침에 결론이 났다는 점이다. 이것이 하나의 긴 재판이었건 각기 분리된 세 번의 재판들로 이루어져 있었건 간에 말이다.[3]

베드로는 어느 정도 거리를 두고 뒤좇아 갔고 예수가 붙들려 계신 곳의 뜰에서 불 곁에 자리 잡고 앉아있었다. 이때는 중간 봄의 쌀쌀한 저녁이었다. 대부분의 큰 집들은 뜰을 갖고 있었다. 이 특별한 집의 종들은 거기에 모여 있었다. 그 저녁의 사건들은 그들을 휘저어 놓았다. 한 비자가 베드로를 예수의 제자 중 한명으로 알아보았고 그렇게 이야기한다: "이 사람도 그와 함께 있었느니라." 그러나 베드로

베드로의 부인을 제기하고 앞선 부분에 예수에 조롱에 대한 기사를 배치시킨다. 예수를 조롱하는 기사에 관한 전승은 다양한 형태로 존재했던 것으로 보인다. 베드로를 압박했던 사람들에 관한 세부사항이 서로 약간 다른데, 여기에는 닭이 얼마나 여러 번 울었는지도 포함된다(마가복음은 베드로가 세 번 부인하는 동안에 닭이 두 번 운 것으로 기록하고, 마태복음과 누가복음은 닭이 한 번만 운 것으로 기록한다). 아마도 서로 다른 전승이 구체적으로 어떻게 다른가에 대한 정도를 암시해주지만, 베드로에게 말을 걸었던 사람들에 대한 차이점은 그곳에 있었던 사람들이 베드로가 예수의 제자였음을 결정하게 위해서 얼마나 노력하였는지를 보여준다.

2. 이 타이틀은 오늘날의 대통령이나 통치자와 같은 역할을 한다.

3. 마태와 마가는 저녁때의 재판을 이야기하는 반면, 누가는 아침에 결론이 난다고 이야기한다. 아마도 누가복음에 성전과 관련된 이야기가 누락되어 있는 것은 그가 아침의 결론적인 재판과 만남에 대해서만 이야기하기 때문에 생겨났을 것이다. 공관복음서가 말하는 예수에 대한 심문이 과연 동일한 재판과정에 관한 것인지는 좀더 불분명하다. 마태와 마가가 좀더 빨리 변화가 온 것에 대해 말하는 것일 수도 있다. 그리고 이 변화를 아침에 있었던 재판에서는 그저 확인만 한 것일 수도 있다. 요한복음 18장도 역시 무언가 짧은 만남들이 있었음을 제시하는 것으로 보인다.

는 그가 주를 알지도 못한다고 부인한다. 이 본문은 왜 베드로가 이런 부인을 했는지 그 이유에 대해서는 전혀 이야기하지 않지만, 그 순간의 불확실성과 위험성을 생각해보면 그럴듯한 설명을 얻을 수 있다. 이 제자는 이 순간을 준비하는 기도를 하지 못했고, 안전하고 개인적인 장소에서 그토록 강력했던 베드로의 확신은 기가 꺾여 버렸다. 베드로의 부인은 회당에서 그들이 쫓아낸 유대인을 향해 내뱉는 저주 공식처럼 들린다: "우리는 더 이상 당신을 모른다."[4]

얼마 후 다른 누군가가 이 주장을 되풀이한다. "너도 그 당이라(너도 그들 중에 있었다)."[5] 베드로는 즉각적으로 대답한다, "이 사람아, 나는 아니로라!" 22:34에 나오는 예수의 말씀들이 지금 그대로 일어나고 있었다. 베드로가 지금 하고 있는 부인은 예수를 아는 것에 관한 것만이 아니라 자신의 동료 제자들과의 모든 연관성에 관한 것들에 대해서도 부인하는 것이다.

마지막 부인은 한 시간쯤 후에 나온다. 세 번째 사람이 계속해서 일관되게 주장한다: "이는 갈릴리 사람이니, 참으로 그와 함께 있었도다." 베드로의 발음(악센트)이 이스라엘 북쪽 지역에서 온 사람으로서 그와 동일하다는 것인데, 베드로는 여기에 대해서도 대답한다. "이 사람아, 나는 너 하는 말을 알지 못하노라." 베드로는 그들이 사람을 착각하고 있다고 주장한다. 주님과 더불어 감옥에라도 가고 심지어 예수를 위해 죽을 준비가 되어 있다던 이 제자는 세 번이나 주님과의 모든 연관성을 부인한다. "반석"(이것이 베드로 이름의 의미이다)은 압박에 의해 산산이 조각나 버렸다.

세 번째 부인을 할 때, 예수가 예언하셨던 것처럼 닭이 운다. 드라마의 또 다른 부수적인 교감으로서, 주는 베드로를 쳐다보시고, 주의 이 행동은 베드로가 지금 한 행동을 주가 아신다는 것을 보여준다. 주가 이때 한 장소에서 다른 장소로 이동하고 계셨던 것인지, 아니면 창문을 통해서 보실 수 있었던 것인지, 혹은 잠시 바깥쪽에 계셨던 것인지는 분명치가 않다. 주의 바라보심은 베드로로 하여금 세 번의 부인에 대한 예언을 기억하게 한다. 베드로는 슬프게 울면서 떠난다. 그의 심령은 자신이 무엇을 했는지를 알고 있다. 그의 행동이 가져온 고통은 그의 입술로 말할 수 없는 그의 참된 충성심을 표현해준다. 베드로는 매우 심각한 실패를 경험했다.

4. D. Catchpole, *The Trial of Jesus*(Leiden: Brill, 1971), 273.

5. 누가는 여기에서 또 다른 누군가에 관해 이야기하는 반면, 마가복음 14:69은 동일한 여자아이가 이렇게 질문한 것으로 제시한다. 요한복음 18:25은 "그들이" 이 이슈를 야기했다고 이야기하며, 베드로가 명백하게 이 종들의 논의의 주제이었음을 보여준다.

주의 말씀이 항상 그래왔던 것처럼, 주의 말씀은 지금도 실현되었다. 주님은 베드로가 지금 행한 참담한 일보다는 더 좋은 사람이라는 것을 알고 계셨다. 반면 군인들(개역개정–"지키는 사람들")–아마도 이들은 예수를 체포했던 성전 군관들이었을 것이다–은 주를 무자비하게 희롱하면서 시간을 보내고 있었다. 이 모습에 대한 묘사는 고대의 세 가지 놀이와 비슷한 모습인데, 일종의 장님놀이 형태인 것처럼 보인다.[6] 이뿐만이 아니라, 그들은 주를 때린다. 주를 희롱하면서, 주를 "선지자"로 이야기하면서 놀려대는데, 이는 예수에 대해 가장 많이 알려져 있는 개념이었다. 그러나 유대 지도자들은 예수를 로마 법정으로 끌고 가기 전에 좀더 강력한 죄책이 필요했다. 로마는 선지자에 대해서가 아니라, 왕이 되고자 하는 것에 대해 우려했었다. 군인들은 예수를 계속해서 "욕했다"(65절). 누가는 이 이야기를 고통스러운 느낌으로 이야기하는데, 여기서 사용된 헬라어 단어에서 "모독"(blasphemy)이란 단어가 나왔다.

날이 샐 무렵, "공회"(아마도 지도적인 유대인들로 구성된 산헤드린일 것이다)가 예수를 만난다. 집단적인 책임성을 갖고 있는 이런 행동은 로마가 결국 반응하도록 하는데 있어서 좀더 강력한 설득력을 갖게 될 것이다. 만약 미쉬나에 나오는 산헤드린에 관한 내용들을 좀더 고대의 관습을 알려주는 가이드 삼아서 살펴본다면, 주의 재판에 관한 설명에는 몇 가지 불규칙성들이 자리 잡고 있다.[7] 여기에는 진행 과정상 미쉬나의 규칙들과는 다른 몇 가지 변형들이 있다. (1) 진행 과정들이 성전에서 이루어지지 않았다. (2) 예수는 어떤 자기변호도 허락되지 않았다. (3) 예수는 하나님의 이름을 사용하는 의미에서의 신성모독을 하지 않으셨다(*San.* 7:5). (4) 중요한 범죄에 대해서는 이틀의 시간이 요구되었는데, 여기서는 평결이 재판이 있던 당일에 있었다. (5) 예수에 대한 재판은 절기 중에 진행되었는데, 이는 일반적으로 금지된 것이었다. (6) 상호모순 되는 증언들은 피고의 무죄로 추정되었지만 지금은 그렇지 않다(*San.* 5:2; 이 점은 마태복음과 마가복음에서는 성전에 관한 이야기에 좀더 적용된다). (7) 대제사장이 유죄평결을 내리는 것은 아니었던 것으로 추정된다. 어떤 상황들 속에서는 이런 과정들 중 일부에 대해서는 예외들이 허용되었을 것이다. 그러나 이 대부분 내용들은 재판이 얼마나 신속하게(그리고 불법적으로) 진행되는지를 보여준다.

---

6. 자세한 내용에 대해서는 R. Brown, *The Death of Messiah*, 575를 보라.
7. 미쉬나는 대략 주후 170년경에 기록되었다. 그러므로 우리는 1세기의 관습들이 과연 여기 제시된 기준들과 잘 맞아떨어질지에 대해서는 확신할 수 없다.

대제사장들과 서기관들이 함께 모여서, 예수를 검토하고 조사한다. 누가는 오직 중심적인 질문에 대해서만 언급한다. "만약 네가 그리스도이어든, 우리에게 말하라." 이 질문은 예수께 정치적인 죄책을 뒤집어씌우고 그래서 그들이 예수를 가이사를 대신하고자하는 혁명가로 몰아세우려고 고안한 것이었다. 이는 또한 복음의 초창기 부분의 핵심적인 타이틀에 초점을 맞추는 것이기도 하다(1:32, 35; 2:11, 26; 3:15; 9:20; 20:41). 이 질문 안에는 아마도 위대한 정치적 구원자에 대한 유대인들의 뿌리 깊은 소망이 들어있을 것이다. 만약 예수가 이 타이틀을 수용하신다면, 주님 자신의 말씀이 주를 어렵게 만드는 말씀으로 제시될 수 있다. 예수의 대답은 누가복음 20:1-8에 나오는 주의 반응과 비슷하다: "만일 내가 스스로 네게 말한다면, 너는 나를 믿지 않을 것이다." 주님은 그들이 진정 공평한 재판을 여기에서 원하고 있는 것인지, 아니면 그들의 마음이 이미 결정되어 있는 것인지에 대해서 아주 미묘하게 질문을 제기하신다.

예수는 그런 뒤 이 복음서에서 가장 중요한 선언 중 하나를 계속해서 말씀하신다: "이제부터는 인자가 하나님의 권능의 우편에 앉아있으리라." 만약 우리가 주가 이 복음서 전체를 통해 자기 자신을 "인자"라고 부르셨다는 점을 기억한다면 그리고 인자는 다니엘서에서 옛적부터 권세를 받으시고 하나님처럼 구름을 타고 임하시는 초자연적인 인물을 지칭한다는 점을 기억한다면(단 7:13-14), 우린 주가 여기서 세 가지 주장을 하신다는 점을 알 수 있다. (1) 예수는 자신이 결국에는 하나님 나라에서 하나님 오른편에 앉으실 것임을 예언하시는데, 이 점은 주가 부활-승천에 다가서고 계심을 암시한다. (2) 주님은 하나님으로부터 받은 권세를 갖고 계심을 주장하시는데, 이 권세를 주님은 이 순간부터 행사하실 것이다. (3) 주님은 그들을 능가하는 권세를 갖고 계신다. 지금은 그들이 재판을 진행하고 있을지 몰라도, 그러나 결국 궁극적으로 재판관이 되셔서 판단하실 분은 바로 주님이시다. 예수는 그들의 질문에 간접적으로 대답하시지만, 주의 대답은 실질적으로 그들이 듣기 원했던 그런 대답보다 더 많은 내용을 담고 있는 것이었다.

주를 심문하던 사람들은 이 주장에 부가적인 질문을 한다. "네가 그렇다면 하나님의 아들이냐?" 누가가 여기에서 주의 칭호들을 뒤섞고 있다는 점을 잘 주목하도록 하라: 그리스도, 인자 그리고 하나님의 아들. 예수는 하나님의 아들이냐는 질문에 대해 "내가 그라고 말하는 너희 말이 옳다"라고 대답하신다(NIV). 이 대답의 내용을 좀더 헬라어대로 풀이하자면, "너희들이 내가 그라고 말한다"이다. 청중들은 이것을 긍정의 대답으로 받아들인다(막 14:62도 보라). "우리가 어찌 다른 증거를 요구하리요? 우리가 저의 입술에서 나오는 말을 들었도다."

예수가 하신 말씀은 본질상 두 가지 차원에서 중요하다. (1) 주님은 자신에게 유죄판결을 내리는데 필요한 증언을 제공하신다. 즉 유대 지도자들이 예수를 죄인으로 몰아가기 위해 필요로 했지만 그들 힘으로는 얻을 수 없었던 것을 주가 자기 자신에게 불리한 증언을 통해 제공하신다. 본질적으로, 유대 지도자들이 주를 십자가에 보내고자 추구했던 것에 대해서, 예수 자신이 증인이 되신다. 물론 예수는 이전에 행하시던 대로 행하신 것이다. 주의 주장은 사실이기 때문이다.

(2) 예수의 신성모독(참조. 막 14:64)의 본질이 무엇이냐는 문제는 항상 논쟁의 주제가 되어왔다. 이 주장은 자신이 하나님이라는 주장이었는가? 이 주장은 자신이 메시아라는 주장이었는가? 이 주장은 하나님 나라에서 하나님 편에 앉는다는 주장이었는가? 도대체 예수가 말씀하신 어떤 내용이 그토록 유대인들의 눈에 비난거리가 되었던 것인가? 주님은 주의 말씀 중에서 하나님의 아들(즉, 메시아)라는 표현을 통해서, 그저 단순히 왕적인 의미에가 아니라 다니엘서에 나오는 인자라는 주장과 연결된 모습으로서 주님 자신에 대해 선포하신다. 주님은 실제적으로 하나님의 임재하심 앞에 직접 갈 수 있는 권리가 있다고 선포하시고 있는 것이고, 하나님 나라에서 하나님과 함께 앉으실 수 있는 권리가 있다고 선포하고 계신 것이다. 유대인들의 귀에는 이런 주장은 대단히 공격적으로 들린다—이는 성전 중 "지성소"에서 일할 수 있는 권리가 있고 영원히 그 안에 거주할 권리가 있다고 주장하는 것보다 더 나쁜 주장으로 들린다. 성전은 하나님 나라에 있는 하나님의 임재를 대표하는 곳일 뿐이기 때문이다.

유대인들은 성전을 세속화하려는 시도들에 대해 전쟁을 했었다. 그러므로 유대 지도자들은 이 말씀을 신성모독으로 간주했으며, 마태복음과 마가복음에서는 제사장들이 그들의 옷을 찢었다고까지 기록한다.[8] 진정, 예수가 자기 자신을 십자가로 보내시는 것이다. 주님은 주의 주장을 반박하고 배척하는 청중들 속에서도 주님 자신의 정체성에 대해 신실하시기 때문이다. 주님은 자기 자신에 대해 부정하는 것을 통해 자신의 생명을 구하려는 노력을 결코 하시지 않는다. 그러므로 산헤드린은 주를 로마 정부 앞에서 재판받도록 보낸다.

8. 상세한 내용에 대해서는, D. Bock, "The Son of Man and the Debate Over Jesus' Blasphemy" in *Jesus of Nazareth, Lord and Christ*, ed. J. B. Green and M. Turner(Grand Rapids: Eerdmans, 1994), 181-91을 보라. 이 논문은 또한 이 재판에 대한 매우 많은 역사적 비평들에 관해서도 다룬다.

상황잇기

주의 수난에 관한 설명은 역사와 내러티브 양면에서 역할을 한다. 이 설명의 주요한 관심사는 예수의 첫 재판에 대해 요약하는 것이지만, 이 설명은 또한 예수가 예언하셨던 대로 베드로가 실패했다는 것에 관해서도 자세히 기록한다. 이 설명은 우리들에게 재판에 대해서는 물론이고 주가 재판과정들에서 받으신 충격적인 취급들에 대해서 알려준다. 이 유대적 재판의 주요한 특징은 자기 자신에 대한 예수의 주장이 주를 죽음으로 보낸다는 점에 있다. 주님 자신이 이 재판장면에서만이 아니라 복음서 전체의 이슈이다. 누가는 자신의 독자들이 예수가 누구신지에 대해 생각하기를 원한다. 주의 주장들은 결정을 내리도록 촉구한다. 중립적인 위치는 주를 배척하는 위치이다.

내러티브라는 차원에서 보자면, 각각의 등장인물들은 중요한 무언가를 내포적으로 보여준다. (1) 베드로의 실패는 예수의 열정과 적나라한 대조를 이룬다. 이 제자는 이 세상의 압력과 죽음에 대한 위협이 너무 커서 감당할 수 없었기에 실패한다. (2) 군관들은 이 세상의 사람들이 얼마나 예수를 진지하지 않게 다루는지를 보여준다. 그들에게는 종교란 그저 게임에 불과할 뿐이며, 예수라는 리더는 농담거리에 불과할 뿐이다. 예수를 조롱하고 멸시하는 그들의 영혼은 이 세상에서 드문 모습이 아니다. (3) 유대 지도자들의 모습은 군관들보다는 좀더 예의바른 모습이기는 하지만 예수에 대한 그들의 관점은 매우 부정적이다. 예수를 그저 제거해야 할 대상으로만 보고 있을 뿐이며, 구원의 왕이 아니라 성가신 방해물로 간주한다.

예수의 변호는 배척을 이끌어낼 뿐이다. 주님은 자신의 지위에 대해 담대하게 증거 하시지만, 잘못된 평결에 대해 도전하는 방식으로 변호하시지는 않는다. 주가 여기서 담당하시는 불공정함은 비극적인 일이다. 사도행전에서는 예수를 설교할 권리에 대한 열정적인 변호가 계속될 것이다. 사도행전에서 제자들은 체포되었을 때 자신들의 무죄함에 대해 주장하고 계속해서 증거 한다. 그러나 그들은 체포된 상황 속에서, 재판이 진행되기까지나 초자연적인 능력이 그들을 풀어주실 때까지 계속해서 말씀을 섬긴다. 예수의 담대함이 초대교회 안에 스며들어 있는 것이다.

마지막으로 예수는 주를 고소하는 자들 앞에 서 계시며, 주가 예언해 오셨던 바로 그 운명을 대면하고 계신다(13:31-35). 주는 열정을 잃지 않으신다. 털 깎는 자에게 조용히 나아가는 양처럼, 그리고 도살하는 자를 향해 나아가는 어린양처럼, 주님은 다른 사람들이 생명을 얻게끔 하시고자 죽음을 대면하신다. 이 재판이 사실은 우리 자신의 재판이라는 점에서 매우 아이러니하다. 이 재판에 대해 어떻게 생각하느냐가 우리가 주를 어떻게 생각하는지를 드러내 주기 때문이다.

주님은 진정한 재판관이시다. 신학적인 의미에서 보자면, 예수는 우리를 위한 재판을 받고 계신다. 주님은 우리가 서 있어야만 하는 자리에 대신 서 계신다. 우리의 죄가 아니었다면, 주는 그곳에 서 계시지 않았을 것이다. 이 점은 성경이 가르치는 영원한 메시지 중의 하나이다. 그리고 예수의 부활을 통해서, 주님은 성부 하나님의 오른편에 계시게 되었고, 이를 통해 주의 주장들이 입증되었다. 재판받으신 분이 재판관이 되시며, 또한 주님은 우리를 대신해 그곳에 계셨던 바로 이 재판의 평결에 대해 우리에게 판단할 것을 명령하신다. 우리 모두는 단순한 질문을 만난다: 우리는 지금 아버지의 오른편에 앉아계신 인자에 대해 어떻게 반응할 것인가?

현대적 의미

이 본문에 대한 적용들은 매우 다양한 차원들에서 제시된다. (1) 이 설명은 예수가 어떻게 십자가를 지시게 되셨는지를 적절히 인식하게끔 하고자하는 역사적 요약으로서 제시된다. 오늘날 우리 세계의 많은 사람들은 이런 차원에 대해서조차 성경에 대해 질문하곤 한다. 기독교는 역사적인 토대를 갖고 있는 믿음이다. 십자가가 없다면, 기독교 신앙은 우릴 좀더 강인한 사람들로 만들고자 노력하는 다른 여러 심리학적 형태들이나 다른 윤리적 종교 시스템들보다 더 가치를 가질 수 없는 그저 단순한 도덕적 권고 수준으로 전락해버리고 말 것이다. 이 복음서 전체를 통해서 우리는 예수가 자기 자신을 이슈화하시는 것을 보아왔다. 기독교를 도덕적인 가르침으로 축소시키는 것은 기독교로부터 그리스도의 독특한 인격성을 제거해버리는 것이다.

예수와 주가 자신의 죽음과 부활을 통해 성취하신 것들이 없다면, 믿음에는 별다른 의미가 없게 될 것이다. 그러므로 이 재판은 예수의 정체성에 관한 것이다. 누가는 우리가 지금 누구 편에 서 있는지를 깊이 생각할 것을 원한다. 만약 우리가 예수 편에 서 있다면, 우리는 주가 하나님 편에 재판관과 구주로서 앉으신다는 주장을 인정하고 받아들이는 것이다. 만약 존귀를 받을 만한 왕이 있다면, 그건 하나님 편에 앉으시는 그분이시다.

(2) 이 본문에 나오는 예수를 향한 다양한 특징의 배척들을 주목하라. 군관들과 유대 지도자들은 비록 그들의 근본적인 전제는 비슷하지만 두 가지 구별된 형태의 배척을 대표적으로 보여준다. ⓐ 군관들은 예수를 경박하게 다룬다. 우리 모두는

종교에 대해 관심을 전혀 기울이지 않거나 종교의 존재 자체를 멸시하는 것을 좋아하는 사람들을 만나곤 한다. 그런 조롱이 비극적인 것은 그들이 멸시하는 모습들이 매우 진지하다는 점이다. 죄는 사람들로 하여금 진정 중요한 것에 대해 적절하게 인식하지 못하게끔 소경으로 만든다. 믿음을 조롱하는 사람들은 종종 믿음을 가장 잘 사용할 수 있었던 사람들이곤 하다. 그들은 믿음 위에 서 있는 척하지만 사실 믿음이 가장 필요한 사람들임을 드러내 보여준다. 이 본문은 우리에게 우리가 이런 반응들이 존재한다는 것에 대해 놀라서는 안 된다는 점을 보여준다.

ⓑ 유대 지도자들은 또 다른 배척의 측면을 보여준다—좀더 신사적으로 보이지만 그건 일부런 꾸민 그런 특징일 뿐이다. 우린 비록 종종 공정한 모습을 보여주기도 하지만 그 영혼은 속임수로 가득 찬 배심원들만이 있음을 볼 수 있다. 굳은 마음은 깨기 힘든 견과류 껍데기와 같다. 바로 이것이 복음전도가 결국엔 초자연적인 일이 되는 이유이기도 하다. 우린 변화가 진정으로 필요한 곳에 갈 수 없다. 즉 우린 성령께서 하시듯 마음속에 들어갈 수가 없다. 우리가 이 에피소드의 마지막에서 보게 될 것처럼, 누군가도 이 재판에 관한 내용에서나 혹은 그 이전에 분명 무언가를 듣게 될 것이다. 예를 들어서, 아리마대 사람 요셉은 열린 마음을 갖고 있다. 대적들이 볼 수 없었던 것을 그는 본다(23:50-51). 우리는 우리가 증거 한 내용들이 우리를 대적하는 사람들의 마음에 어떻게 충격을 줄 것인지에 대해 항상 아는 것은 아니다. 때때로 성령께서 우리의 삶과 말씀들을 사용하셔서 단단한 마음을 녹이시기도 한다.

(3) 베드로의 교훈은 비극적인 교훈이다. 그는 자신이 예수를 위해 분연히 일어설 것이라고 생각했던 사람이지만, 실제로는 자신이 생각하듯 그렇게 전투에 참여할 준비가 되어있지 않던 사람이다. 베드로가 여기서 직면했던 압박을 정말 힘겹고 어려운 상황이었다고 과대평가하기는 어렵다. 이 점은 하나님을 전적으로 의지하지 않는다면 예수와 가장 친밀한 제자들조차도 환경 속에서 무릎 꿇게 된다는 점을 보여준다. 그의 실패에 대한 실망은 매우 크다. 그의 실패는 매우 고통스러운 것이었고 그로 하여금 눈물 흘리며 떠나게 한다.

우리들 중 많은 사람들은 그가 있던 곳에 우리 역시 자리 잡고 있기에 베드로의 맹세와 우리 스스로를 동일시하곤 한다. 비록 엄청나게 힘들고 어려운 상황은 아니라 하더라도, 우린 예수를 위해 주님 편에 서지 않는 것이 어떤 것인지에 대해서 알고 있다. 베드로의 이야기에서 우리를 격려해주는 것은 그가 자신의 실패로부터 많은 것을 배운다는 점이다. 이제 몇 장만 뒤로 넘어가서 사도행전을 만나게 되면,

우린 동일한 베드로가 자신이 예수 안에서 발견한 죄 사함을 선포하기 위해 모든 위험을 무릅쓰는 것을 보게 된다. 만약 죄 사함과 회복이 무얼 의미하는지를 진정 잘 깨달은 사람이 있다면, 그건 다름 아니라 바로 베드로일 것이다.

사실 베드로에 대한 전체 스토리는 기독교인의 삶에 대한 매우 중요한 원칙을 강조한다. 교회의 목표는 상처입고 부상당한 사람을 총으로 쏴서 죽여 버리는 것이 아니라, 그들을 회복시키는 것이다. 우리는 베드로의 부인이 그를 모든 리더십의 자리에서 내려오게끔 했어야만 했다고 주장할 수도 있다. 그러나 예수는 베드로가 돌아와서 다른 사람들을 강하게 할 것이라고 말씀하실 때(22:32), 이미 베드로를 위한 자리를 마련해 놓으시고 계셨다. 잘못을 잘못으로 인식하고 주께 돌아오는 것에 죄 사함이 반드시 따라온다. 비록 베드로의 실패가 큰 것이기는 하지만 그의 승리는 그의 회복을 통해서 오며, 또한 이 회복은 예수가 궁극적으로 죄 사함을 주시기에 가능했다.

(4) 마지막으로 예수는 베드로는 실패했던 주의 십자가를 감당하실 준비를 하신다. 주님은 담대하게 자신의 정체성에 대해 증거 하신다. 그 대가가 자신의 생명을 지불하는 것이 될 것임을 아시면서도 말이다. 그렇게 하시는 것을 통해서, 주님은 복음을 위한 담대한 증인의 모본이 되신다. 사도행전의 몇몇 인물들도 이와 동일한 위험을 감당할 것이고, 많은 성도들도 이와 같은 일들을 행할 것이다. 『폭스의 순교자』(*Foxe's Book of Martyrs*)라는 책이 자세하게 설명하듯이 말이다.

누가복음 23:1-12

1 무리가 다 일어나 예수를 빌라도에게 끌고
가서
2 고발하여 이르되 우리가 이 사람을 보매 우
리 백성을 미혹하고 가이사에게 세금 바치는
것을 금하며 자칭 왕 그리스도라 하더이다
하니
3 빌라도가 예수께 물어 이르되 네가 유대인의
왕이냐 대답하여 이르시되 네 말이 옳도다
4 빌라도가 대제사장들과 무리에게 이르되 내
가 보니 이 사람에게 죄가 없도다 하니
5 무리가 더욱 강하게 말하되 그가 온 유대에
서 가르치고 갈릴리에서부터 시작하여 여기
까지 와서 백성을 소동하게 하나이다
6 빌라도가 듣고 그가 갈릴리 사람이냐 물어
7 헤롯의 관할에 속한 줄을 알고 헤롯에게 보
내니 그때에 헤롯이 예루살렘에 있더라
8 헤롯이 예수를 보고 매우 기뻐하니 이는 그
의 소문을 들었으므로 보고자 한 지 오래였
고 또한 무엇이나 이적 행하심을 볼까 바랐
던 연고러라
9 여러 말로 물으나 아무 말도 대답하지 아니
하시니
10 대제사장들과 서기관들이 서서 힘써 고발하
더라
11 헤롯이 그 군인들과 함께 예수를 업신여기며
희롱하고 빛난 옷을 입혀 빌라도에게 도로
보내니
12 헤롯과 빌라도가 전에는 원수였으나 당일에
서로 친구가 되니라

원 의미

산헤드린에서의 재판이 끝난 뒤, 누가는 예수를 십자가형으로 이끈 세 번의 재판에 대해 더 이야기한다: 두 번은 빌라도와의 만남이었고(한번은 개인적으로, 한번은 공적으로), 다른 한번은 흥미를 갖고 있던 헤롯과의 만남이었다. 빌라도의 첫 번째 재판은 유대인들이 예수를 처형하는데 있어서 로마의 도움을 얻고자 시도하는 것을 대표적으로 보여준다.[1] 사형을 언도하기 위해서는 로마의 권세가 필요했다.[2] 빌라도의 조사는 묘한 흥미를 갖고 있는데, 그는 예수가 무죄하다고 판단했음에도 불구하고 재판과정은 계속되었기 때문이다. 실제로, 이 통치자는

1. 이 본문과 평행을 이루는 성경본문들은 마태복음 27:2, 11-14; 마가복음 15:1b-5; 요한복음 18:29-38이다. 헤롯과의 만남은 누가복음에만 나오는 부분인 반면, 누가복음 23:11은 마가복음 15:16-20과 비슷하다.
2. Josephus, *Jewish Wars* 2.8.1 § 117.

주님에 대한 결정에 있어서 한편으로 물러나 있고 다른 사람들이 결정을 내리게끔 한다. 이것은 무의사결정(nondecision) 형태를 보여준다.

유대인들의 재판 이후에(22:66-71), 둘러싼 무리들은 예수를 끌고 빌라도에게로 향한다. 의심할 여지없이 이 재판은 신속하게 준비되었다. 이 고소의 재판건의 핵심은 세 가지 고소로 구성된다: (1) 예수는 백성들을 선동한다. (2) 예수는 가이사에게 세금을 내는 것을 반대한다. (3) 예수는 자신이 왕이며 그리스도라고 주장한다. 빌라도에게 있어서 가장 위험스러운 죄는 비록 첫 번째 항목이 백성들을 혼란케 하는 근원이 되기는 하지만 두 번째와 세 번째이다. 첫 번째 항목은 일반적인 내용인 반면, 두 번째와 세 번째는 구체적인 항목들이다.

(1) 첫 번째 고발은 실제적으로는 백성들을 "혹세무민하는" 것에 관한 것이라 할 수 있다(헬라어 단어 '디아스트레포'는 "선동하다"를 의미할 수도 있고 혹은 "혹세무민하다"를 의미할 수도 있다).[3] 물론 여기서는 선동을 좀더 염두에 두고 정치적 고발을 한 것이다. 이는 다른 두 가지 고발고소로 이어진다. 빌라도에게는 종교내적인 논쟁은 관심사가 아니었기에, 좀더 구체적인 정치적 고발들이 필요하다. (2) 빌라도는 평화를 유지하고 세금을 거둘 책임이 있었기 때문에, 세금부과에 대한 도전은 빌라도가 자신의 직무를 성실하게 잘 감당하는 능력에 대해 도전하는 것이다. 두 번째 고발은 누가복음의 독자들이 20:20-26에서 알 수 있듯이 뻔뻔스러운 거짓고발이다. (3) 세 번째 고발은 피상적으로만 보면 본질적인 것처럼 보인다. 만약 예수가 혁명가라면 주님은 로마로부터 감시를 받아야 할 필요가 있을 것이기 때문이다. 그러나 예수는 빌라도가 알아차리게 되듯 선동적인 분이 아니시다.

빌라도가 추궁한 것은 세 번째 고발이다(이 고발에 대해 좀더 길게 전개된 내용을 다루는 요 18:33-38을 보라). 그는 단순하게 "네가 유대인의 왕이냐?"라고 묻는다. 예수는 앞선 22:70에서 유대인들의 심문에 대답하신 것과 마찬가지로 대답하시는데, 그 내용은 헬라어를 문자적으로만 본다면 "네가 그렇게 말했다"이다. 이는 온건하고 부드러운 확인이다. 예수는 예스라고 대답하고 계시지만 빌라도가 의미했던 그런 의미상에서는 그렇지 않은 셈이다.[4] 여기에서 도대체 무엇이 빌라도의 결정을 이끌어냈는지는 명확하지 않지만, 그는 예수에 대해 "죄를 물을 만한 것이 없다"고 결론짓는다. 주님은 죽임당할 만한 일은 아무것도 한 것이 없다. 빌라도는

3. "διαστρέφω," BAGD, 189.

4. Blass, DeBrunner, Funk, *A Greek Grammar of the New Testament and other Early Christian Literature* (Chicago: Univ. of Chicago Press, 1961), sec. 441.4.

예수를 "무해한 열정주의자"[5]로 간주한다. 사실 여기에서 이 문제는 일단락되었어야만 했다.

그러나 유대 지도자들은 예수가 백성들을 갈릴리에서 유대에 이르기까지 휘저었다고 주장하면서 계속해서 빌라도를 압박한다. 그들은 주가 위험한 인물이라고 줄기차게 주장한다. 실제적으로 그들은 "빌라도여, 예수를 놓아주면 그건 당신의 의무를 충실히 이행하지 않은 것이오"라고 이야기하고 있는 셈이다. 갈릴리에 대한 언급을 듣고서, 빌라도는 묘수를 생각해낸다. 그는 예수를 유대의 정치적 리더인 헤롯에게로 보내는데, 그가 그 지역에 대한 권세를 갖고 있었기 때문이다. 이제 빌라도가 내리는 모든 결정은 헤롯의 자문을 통한 것이 될 터이고, 빌라도는 여하튼 보호받을 수 있게 될 것이다. 정치적인 신중함을 보이면서 책임을 회피하는 두 가지가 여기에서 가능하게 된다.[6]

헤롯은 예수를 만나고 싶어한다. 그는 주님에 대해서 들어왔고 이 갈릴리 사람이 이적을 행하는 것을 보고 싶어 했다. 그러나 그는 예수가 반응하지 않으시기에 실망하게 된다. 아무런 기적도 일어나지 않았을 뿐만 아니라, 아무런 대답도 주어지지 않았다. 물론 빌라도는 예수가 무죄하다는 것에 대해 이야기했는데, 그렇다면 도대체 왜 예수는 계속해서 질문들에 대답해야만 했단 말인가?(사 53:7도 참조하라) 그러나 유대인들은 "맹렬하게" 그들의 주장을 밀어붙인다. 그들은 이 사건에 있어서 촉매제 역할을 한 사람들이다. 빌라도와 헤롯의 역할은 좀더 수동적인 것에 불과하지만 그들이 공유하고 있는 상황은 비난받기에 충분한 모습이다(행 4:24-28을 보라).

예수의 침묵을 대하면서, 해롯과 다른 사람들은 좀더 조롱적인 반응을 보인다. 그들은 예수께 왕적인 의복 스타일로 입혀놓고서는(하얀색인지 아니면 보라색인지는 논쟁의 여지가 있다),[7] 그들이 보기엔 도무지 권력은 눈곱만큼도 갖고 있지 않은 주를 향해 "왕이시여"라고 부르며 조롱해댄다. 그런 뒤 그들은 주를 다시 빌라도에게 보낸다. 빌라도의 계획은 제대로 작동한 셈인데, 그날로부터 그와 헤롯은 친구가 되었기 때문이다. 이는 십자가에 달리신 사건의 연대를 주후 33년경으

5. Plummer, *The Gospel According to St. Luke*, 521.

6. 빌라도는 로마의 방패들을 헤롯궁궐에 두었는데, 이는 유대인들에게는 모욕적인 행동이었다. 그는 이런 행동을 통해 그가 유대인들에게 무감각했던 모습들을 보여 왔었다(Philo, *Legation ad Gaium* 38.299-305를 보라). 지금은 어쩌면 자신의 최근의 평판을 역전시키기 위해서 지금 정치적인 편의로 행동하고 있는 것일 수도 있다.

7. Oepke, "λάμπω, κτλ.," *TDNT*, 4:17; Danker, *Jesus and the New Age*, 366. 결정할 수 있는 방법은 없다.

로 보게 하는데, 이 두 사람간의 관계는 가이사(Tiberius Caesar)의 핵심적인 반(反) 셈족적 구제 이후에 좋아졌기 때문이다.[8]

상황잇기

우리는 이 본문을 역사적 차원과 내러티브라는 차원 두 가지 모두에서 분석한다. 역사적 차원에서 볼 때, 이 사건들은 예수에 대한 조사 이후에 두 부류의 정치적 지도자들이 예수가 무죄하심을 발견했다는 점을 제시해준다(4, 15절). 그러나 놀랍게도 재판은 계속된다.

이런 세부적인 내용들은 예수가 죄 없이 순교자적인 죽음을 맞이하실 것임을 제시한다. 주님은 십자가에서 고난을 강하시지만 그러나 의로우시다. 이 사실은 유대와 로마의 공의에 대해 고발하는데, 유대와 로마 양자 모두는 예수의 죽음에 대한 책임을 공유하고 있기 때문이다. 예수를 십자가에 보낸 책임은 확대되고 있다. 조금 후면 예수를 향한 배척이 무리들에게로 퍼져나갈 것이다. 점점 더 사람들은 주의 죽음에 대해 책임을 져야만 하게 된다.

우리 역시 예수의 운명에 책임을 져야하는 다양한 태도들을 이 내러티브 안에서 볼 수 있다. 빌라도나 헤롯은 주를 죄인으로 보지 않았다. 빌라도는 헤롯보다 (그는 군인들로 하여금 예수를 희롱하게끔 허용했다) 좀더 진지하고 전문적이다. 비록 이들이 주를 변호해주지는 않았지만, 이들 모두는 주를 향해 어떤 악의를 보여주지는 않는다. 그들의 무관심은 많은 사람들이 예수를 단순한 흥미 거리 정도로 취급하는지를 잘 보여준다.

예수에 대한 이런 유형의 반응들은 우리가 예수에 대해서 보아온 반응 모음들에 한 가지 유형을 더해준다. 유대 지도자들은 그들이 제기한 고발 중 일부분이 거짓임에도 불구하고 예수를 반대하는 행동을 하도록 계속해서 압박을 가한다. 누가는 예수와 주가 받으신 재판에 대해 이미 앞부분에서 지적했던 장면을 분명하게 제시한다.

8. 세자누스(Sejanus)의 몰락에 대해서는 디오 카시우스(Dio Cassius) LVIII, 4.1-11.7을 보라. 그의 죽음은 지금 이 장면이 보여주듯이 빌라도에게 좀더 "유대 친화적인 정책"을 펼 수 있게끔 자유롭게 했을 것이다.

현대적 의미

어떤 사람들이 예수에 대해 오해하거나 잘못 생각하는 것은 드문 일이 아니다. 유대 지도자들이 주를 향해 고발하는 장면은 어떻게 해서 사람들이 주가 행하시는 일들에 대해 오해하면서 그토록 철저하게 주를 반대하는지를 잘 보여준다. 물론 그들의 오해 속에는 약간의 진리도 포함되어 있기는 하지만 말이다. 예수가 왕이시라는 점에서 그들은 맞지만, 그들은 왕으로서의 역할에 대해 위협으로 바라보는 잘못을 범한다. 사람들이 예수에 대해 적대적일 때, 그들은 주님에 대해 이해하는데 실패한다. 만약 그들이 주의 핵심적인 선포들을 정말로 이해한다면, 그들은 그런 선포들을 즉각 거부한다.

빌라도와 헤롯의 거부는 좀더 미묘하다. 그들은 예수에 반대하는 반응을 하지 않는다. 그들의 지위는 실질적으로 중립적인 지위이다. 주님은 죄가 없으시지만 그렇다고 해서 그들이 주를 믿은 것도 아니다. 예수에 대한 이런 유형의 접근은 주를 약간의 존중을 가지고 대하지만 주를 존중받으실 만한 분으로 반응하는 것은 아니다. 빌라도와 헤롯이 예수가 무죄하시다는 것을 알면서도 그들의 지식대로 행동하지 않은 것은 비겁한 모습이다. 다시 한번 누가는 간접적으로 독자들에게 어느 편에 설 것인지를 선택하라고 요구한다. 그는 예수에 대한 다양한 반응들의 범주를 제시하지만 이런 모습들이 능동적인 배척이건 수동적인 무시나 혹은 비열한 반응들이건 간에 주를 끌어안는데 실패한 반응들이며, 결코 추천할 만한 반응들이 아니다.

우리가 예수를 공유하고 있을 때, 우린 주를 향한 상당히 넓은 범주의 반응들을 기대할 수 있다. 어떤 사람들은 매우 적극적으로 적대적일 것이고, 반면 다른 사람들은 좀더 무관심한 반응을 보일 것이다. 마치 지금 재판장면에서 보이듯이 말이다. 그러나 이 두 가지는 모두 다 배척하는 반응들이다. 복음 선포는 종종 인내를 필요로 한다. 동시에, 예수를 배척하는 가운데서도, 이런 첫 번째 반응의 모습이 결코 최종적인 반응이 아니라는 점을 기억하는 것은 매우 중요하다. 도대체 누가 사울이 예수의 열렬한 제자가 될 것이라고 예상할 수 있었단 말인가? 그러나 그 누구도 그들의 마음을 바꿀 수 없다. 우리가 주님 앞에서 갖는 일차적인 중요한 책임은 계속해서 주님과 함께하는 것이다.

우리는 오늘 뿌리는 씨앗이 과연 몇 년 후에 열매를 맺게 될 것인지 전혀 알 수 없을지도 모른다. 예를 들어 보도록 하자. 동유럽에서 성도들이 박해 속에서 했던 신실한 믿음의 고백들이 불신자들을 주께로 인도했던 수많은 이야기들이 있다. 우리 학교의 러시아 학생 중 한명은 KGB 같은 경찰로부터 감시당하던 여덟 살짜리 여자아이에게 새로운 사람이 그 아이를 감시하도록 할당받은 이야기를 한 적이 있다. 그 아이의 믿음이 너무나 새로운 것이었기에 그녀가 이전에 자신을 감시하던 경찰을 주께로 인도했던 것이다! 다른 한편으로, 말은 그저 장식에 불과한 그런 때가 올 수도 있다. 재판이 진행되어갈 때 예수가 침묵하셨던 것처럼, 우리들도 때때로 그렇게 효과적으로 말해야만 할지도 모른다, "나는 이미 그것에 대해 이야기했다. 더 이상 덧붙일 말이 없다." 이 과정은 결국 궁극적으로 하나님의 손에 맡겨져야만 한다.

누가복음 23:13-25

13 빌라도가 대제사장들과 관리들과 백성을 불러 모으고
14 이르되 너희가 이 사람이 백성을 미혹하는 자라 하여 내게 끌고 왔도다 보라 내가 너희 앞에서 심문하였으되 너희가 고발하는 일에 대하여 이 사람에게서 죄를 찾지 못하였고
15 헤롯이 또한 그렇게 하여 그를 우리에게 도로 보내었도다 보라 그가 행한 일에는 죽일 일이 없느니라
16 그러므로 때려서 놓겠노라
17 (없음)
18 무리가 일제히 소리 질러 이르되 이 사람을 없이하고 바라바를 우리에게 놓아 주소서 하니
19 이 바라바는 성중에서 일어난 민란과 살인으로 말미암아 옥에 갇힌 자러라
20 빌라도는 예수를 놓고자 하여 다시 그들에게 말하되
21 그들은 소리 질러 이르되 그를 십자가에 못 박게 하소서 십자가에 못 박게 하소서 하는지라
22 빌라도가 세 번째 말하되 이 사람이 무슨 악한 일을 하였느냐 나는 그에게서 죽일 죄를 찾지 못하였나니 때려서 놓으리라 하니
23 그들이 큰 소리로 재촉하여 십자가에 못 박기를 구하니 그들의 소리가 이긴지라
24 이에 빌라도가 그들이 구하는 대로 하기를 언도하고
25 그들이 요구하는 자 곧 민란과 살인으로 말미암아 옥에 갇힌 자를 놓아 주고 예수는 넘겨 주어 그들의 뜻대로 하게 하니라

원 의미

예수에 대한 이 공개적인 재판은 로마 재판의 모든 요소들을 다 갖추고 있는데,[1] 여기에는 체포된 자를 위한 재판석상, 고발과 고소, 심리, 평결 그리고 재판관의 선언 등이 나온다.[2] 이 재판을 드문 사례가 되게 만드는 요소는 두 번에 걸쳐서 무죄하다는 평결들이 나왔음에도 불구하고 예수는 여전히 로마의 손에서 재판을 받고 계시다는 점이다. 여기서는 평범치 않은 무언가가 진행되고 있었다. 운명은 이미 예수께 손을 대고 있었다.

이 마지막 장면은 가장 개방적인 모습을 보여준다. 대제사장들, 통치자들 그리

1. 빌라도 앞에서 이루어진 좀더 공개적인 이 두 번째 재판과 평행을 이루는 성경본문은 마태복음 27:15-26과 마가복음 15:6-15이다.
2. J. Neyrey, *The Passion According to Luke*(New York: Paulist, 1985), 81.

고 백성들이 함께 모여들었다. 온 나라를 대표적으로 보여주는 사람들이 예수에 대한 판결을 내리기 위해 수도에 모였다. 평결을 내릴 권세는 빌라도에게 있었지만, 그는 예수의 운명을 놓고 협상을 벌인다. 사람들이 이 논의에 참여하고 있다는 사실은 이들에게 드라마틱한 역전이었다. 왜냐하면 유대 지도자들이 예수를 체포하는데 있어서 심각하게 고려해야만 했던 중요한 요소에는 예수가 사람들에게 인기있는 분이었다는 점이 자리 잡고 있었기 때문이다(22:2).

빌라도는 그러나 이 문제를 그가 어떻게 바라보는지에 대해 매우 분명한 선언을 한다. 빌라도는 2절에서 주께 대해 사용된 내용을 통해 고발의 내용을 정확한 형태로 다시 진술한다: 예수는 "백성을 미혹하게 하는 자이다(백성들로 반란을 도모하게 하는 자이다)".[3] 즉 주님은 공공의 평화를 뒤엎으려하는 자라는 것이다. 빌라도는 이런 혐의에 대해서 유대 지도자들이 참석한 가운데 공개적으로 조사한다. 이런 공개적인 재판에서의 언급은 중요하다. 여기엔 개인적인 재판도 없고, 아무도 안보는 곳에서의 뒷거래도 없다. 모든 일들은 공개적으로 진행된다. 빌라도는 "그는 사형에 해당할 만한 죄가 없다"고 헤롯이 내린 평결과 동일하게 결론짓는다.[4] 두 사람의 증언은 효력을 갖는다(신 19:15). 이제 예수는 곧 풀려나실 것처럼 보이기도 한다.

그러나 빌라도는 자신이 정치적으로 뜨거운 감자를 갖고 있음을 알고 있다. 그래서 그는 예수께 "형벌(매질)"을 주고[5] 그를 놓아주겠다고 타협안을 제시한다. 이런 징벌은 일반적으로 끝에 금속이 달려있는 채찍으로 때리는 것을 포함한다. 빌라도는 끔찍한 채찍질을 하는 것을 보여주고 무죄한 피를 조금만 흘림으로써 유대 지도자들을 만족시킬 수 있기를 희망한다.[6]

이런 재판은 대중들의 반응을 불러일으켰지만 그건 빌라도가 원한 그런 반응은 아니었다. 그들은 "한 목소리로" 소리쳤다. "그를 없이하소서! 바라바를 우리에게 놓아주소서!" 이 반응은 분명 의외의 반응이었을 것이다. 왜냐하면 바라바는 봉기를 일으키고 살인을 했던 사람이기 때문이다. 그는 예수에 대해 제기된 주장들보

---

3. 여기 사용된 헬라어 동사는 2절과 다르기는 하지만 동의어이다.
4. 빌라도는 자신의 조사에 관해 논의하기 위해 '아나크리노'라는 동사를 사용하는데, 이는 평결에 이르기 위해 시행되는 법적인 조사를 지칭하는 헬라어 용어이다(행 4:9, 12:19).
5. Bertram, "παιδεύω," *TDNT,* 5:621; Marshall, *Commentary on Luke,* 859.
6. 누가복음을 담고 있는 최상의 사본들은 17절이 누락되어 있곤 한데, 이 부분은 절기 때 이스라엘에게 사람 하나를 놓아주는 빌라도의 관습을 설명하는 부분이다. 좀더 오래된 사본들은 이 구절을 생략하고 있는데, 이 부분은 아마도 애당초 처음부터 누가복음에 들어있지 않았던 것으로 보인다.

다 훨씬 심각한 죄를 저지른 사람이었다. 유대 지도자들과 무리들은 분명 예수보다 훨씬 더 위험한 사람을 놓아달라고 원하고 있다.

빌라도는 무언가가 잘못 흘러가고 있다는 것을 알지만, 그들에게 다시 한번 더 이야기한다. 예수를 놓아주길 희망하면서 말이다. 빌라도는 공의를 원하지만 넓은 대중의 반대에 직면해서 행동을 주저하고 있다. 그는 대중들의 의견에 눈을 맞추고 있는 첫 번째 관리도 아니고 또한 마지막 관리도 아니다! 발리 공격이 앞뒤로 옮겨 다니며 이루어지는 테니스 경기처럼, 무리들은 빌라도의 제안을 날려버린다. 그들은 십자가를 주장한다. 오직 예수의 죽음만이 그들을 만족시킨다. 그들은 주를 없애버리기를 원한다.

십자가는 특별하게 잔인한 죽음의 방식이다.[7] 로마 시민권자들은 이런 방식으로 죽일 수 없었다. 이런 죽음의 형태는 죄를 짓지 못하게 하기 위해 고안되었다. 사형집행이 공개적이었던 것은 바로 이런 이유 때문이었다. 반역이나 정당한 법집행을 기피하는 것이 이런 죽음의 일반적인 토대들이었다. 피를 흘리게 해서 죽음에 이르는 속도를 올리게 하는 심한 채찍질이 십자가형을 집행하기 이전에 진행되었다. 채찍질을 한 이후에 네 가지 단계들이 진행되었다. (1) 죄인은 십자가의 가로대를 사형집행 장소로 옮겨갔다. (2) 십자가 가로대를 땅에 놓은 채로 죄인을 못으로 박거나 묶었다. (3) 그런 뒤 이 가로대가 올려지고 세로로 이미 세워져 있던 나무에 묶여진다. (4) 모든 사람들이 볼 수 있게끔 죄목을 기록한 판을 십자가에 박아놓는다. 무리들은 예수가 그저 죽기만을 바라는 것이 아니라, 가장 끔찍한 사형을 당하기를 원한다. 주님은 가장 악한 죄인들 가운데 한사람으로 여겨진다(사 53:12; 눅 22:37).

빌라도는 다양하게 예수를 놓아주고자 시도한다. 세 번째로 그는 무리를 향해 예수가 어떤 죄를 범했는지 묻는다. 이 재판관은 거의 변호인의 역할을 담당하고 있고, 반면 무리들은 재판관과 배심원이 되어가고 있다. 누가는 이 과정들을 자세하게 묘사하는데, 그는 예수께 정의가 선언되지 않고 있다는 점을 부각시키길 원하기 때문이다. 음흉한 일들이 지금 진행되고 있다.

빌라도는 계속해서 주님은 사형에 해당할 만한 아무 일도 행하지 않았다고 주장하면서, 그가 이전에 제시했던 대로 채찍질을 하고 주를 놓아줄 것을 반복한다.

---

7. M. Hengel, *Crucifixion in the Ancient World and the Folly of the Message of the Cross*(Philadelphia: Fortress, 1977); C. Schneider, "σταυρός," *TDNT*, 7:573-81; n. 15, p. 573 부분에서는 비유대인적인 관점들을 요약한다.

이런 그의 이야기는 무리를 더욱더 거세게 흔들어놓았고, 군중의 목소리는 더욱더 커진다. 빌라도는 민란이 일어날까 두려워한다. 결국 그는 "그들 요구대로" 하도록 허용해주는 결정을 내린다. 바라바는 놓여지고, 반면 예수는 군중의 뜻대로 행하도록 내어주어 버린다. 예수를 십자가에 보내는 것은 정의가 아니라 인간 대중들이었다.

상황잇기

주의 수난에 대한 다른 본문들과 마찬가지로, 물론 신학이 여기에 제시되어 있기는 하지만 이 본문 역시 역사적 차원과 내러티브 차원에서 역할을 감당한다. 역사적인 측면에서는 예수에 대한 재판은 로마의 지방행정관이 위험한 정치적 상황을 처리하기 위해 분투하는 모습으로 나타난다. 공의와 대중봉기 사이에서 선택을 해야만 했기 때문에, 갈릴리의 선생은 적절치 않은 형벌을 받는 희생양이 되었다. 주님은 홀로 서 계시면서 소모품이 되었다. 예수는 무죄한 사람으로서 죽임당했으며, 이에 대해서는 많은 사람들에게 책임이 있다.

내러티브 차원에서는 우린 지속적인 적대감에서부터 가능한 한 애매모호한 입장에 남아있으려는 모습까지, 예수에 대한 상당히 넓고 다양한 반응들을 다시 보게 된다. 유대 지도자들은 대중의 지지를 얻었다. 이들과 함께 그들은 예수를 제거하기 위해 몰아간다. 이와 정반대로, 빌라도는 거리를 유지하고자 노력하면서, 예수가 전적으로 옳다고 말하지 않고 싶어 하지만 또한 예수를 적대하는 사람들이 주님에 대해 말하는 것에 대해서도 동의하지 않고 싶어 한다. 결국 이 위대한 수난은 성취된다. 이 모든 사건들은 매우 독특하며, 각기 사건들은 그리스도의 선포에 대한 다양한 반응들에 대해 패턴들을 형성한다.

가장 중요한 것은 이런 장면들 속에 세워지는 신학이다. 예수를 대신해 바라바로 교체한 것은 두 가지를 증언한다. (1) 빌라도 자신의 반응이 보여주듯이, 바라바를 더 선호하는 것에는 이해할 수 없는 무언가가 있다. 바로 이것이 죄가 활동하면서 보여주는 죄의 소경됨과 죄의 논리적 특징이다. 의의 교사와 살인한 죄인 사이에서 선택권이 주어졌을 때, 군중은 후자를 선택한다. 이는 그리스도의 수난이 종교적 믿음이 만들어내는 것인 반면 군중들은 주님에 대한 적대감을 낳을 수 있음을 보여준다. 말은 칼보다 더 위험한 것이고, 영혼은 생명보다 더 중요한 것이다. 이 재판은 겉으로 보기에는 비이성적인 모습으로 보이지만, 어떤 의미에서는 적절한 재판이었다고도 할 수 있다. 만약 주의 주장과 선포들이 틀린 것이라면, 주님은 매우 위험한 인물이기 때문이다. 그러나 다른 한편으로, 만약 주가 올바르시다면(그리고 무죄하다면!), 이보다 더 나쁜 재판은 있을 수 없을 것이다. 진리와 거짓 사이의 구별선은 종종 얇은 실처럼 가늘곤 하다.

(2) 이런 교환 안에는 신학적인 메시지가 둘둘 말려져 있다. 로마서 5:5-8은 주의 죽음에 대해서 불의한 자들을 위한 정의로 요약한다. 주님은 불의한 사람들의 자리에서 죽으신다(문자적으로). 비록 우리가 범하는 죄악이 살인이 아닐지는 몰라도, 그럼에도 불구하고 예수는 우리 죄를 위해 십자가에서 죽으신다. 십자가에서 다시 들려지는 이 메시지는 영원한 메시지이다. 바라바는 주의 죽음의 결과로 우리 모두가 자리 잡고 있는 지위와 위치를 보여주는 대표성을 갖는다: 우리는 주가 죽으시기 때문에 살 수 있다. 모든 불의 가운데서, 하나님의 은혜가 찬연하게 빛을 발한다. 십자가의 메시지는, 예수가 비록 죄와 불의 가운데서조차도, 죄와 불의를 이기신다는 것이다. 바로 이것이 하나님의 계획 안에 만들어진 기적이다.

현대적 의미

그리스도의 수난은 우리들의 묵상을 위해 이야기된다. 우리가 수난에 관해 읽거나 들을 때, 성경본문은 우리에게 예수를 향한 다양한 반응들에 대해서 결정할 것을 요구한다. 이런 판단들은 수난 사건들을 역사로서 판단할 것을 요구하는 것은 아니다. 성경본문이 이미 이 사건들을 역사적 사건으로 전제하고 있기 때문이다. 이 판단들은 좀더 복잡하고 좀더 본질적이다. 이 내러티브에서 누가 진리를 대표하는가? 누가 공의와 충실함으로 행동하는가? 어떤 것이 유익한 것인가?

적대감 속의 유대 지도자들은 지독하게도 자기주장들에만 고집을 피우는 모습을 보여준다. 그들은 고발거리를 꾸며대고 무죄한 생명을 살릴 수 있는 해결책을 배척했다. 그들은 사형을 시키라고 압력을 넣었다. 누가는 예수의 죽음에는 무언가 범죄가 들어있으며 그건 주의 범죄가 아니라는 것을 독자들이 볼 수 있게끔 이끌고 간다. 예수를 십자가로 보낸 것은 주를 배척하는 모습의 딱딱하게 굳은 마음들이다.

변화무쌍한 사람들 역시 정말이지 옳지 않은 무언가를 대표적으로 보여준다. 며칠 전에, 사람들은 예수를 왕으로 찬양했다(19:38). 그러나 지금은 살인자가 주님보다 더 낫다고 외쳐댄다. 단지 며칠만 지났을 뿐인데, 모든 것들이 변해버렸다. 사람들은 천박하고 얕은 확신만을 보여줄 뿐이며, 이런 이슈들에 피상적으로 접근하지 말라는 경고를 받아들일 수 없는 삐뚤어진 능력만을 갖고 있을 뿐이다. 종교적인 묵상은 모든 사람들이 해야 하는 일이지만, 거리를 두고 종교적 묵상을 하는 것은 온전하게 생각하기보다는 감정적으로 몰입되는 대상이 될 뿐이다. 진지한 묵상과 반성이 없다면, 궁극적으로 무엇이 중요한가라는 질문들에 대해서 그저 거친 감정적인 휘둘림만이 생길 뿐이다. 이는 오늘날이라고 해서 다를 바가 없는데, 오늘날에도 이런 질문들에 대한 감정적인 범주들은 무관심에서부터 시작해서 집중적인 열정에 이르기까지 넓고 거칠게 분포되어 있다.

나를 종종 매들린 머레이 오헤어(Madelyne Murray O'Hare)에 대해 넋 놓게 만드는 것 중 하나는 무신론에 대한 그녀의 열정이다. 그녀는 기독교에 대해서 너무나 염증을 갖고 있어서 그녀가 이야기할 땐 항상 분개가 포함되어 있는 모습이다. 다른 한편으로, 다른 사람들은 이런 논의를 그들 삶에서 재외시켜 버리기도 한다. 우리는 이 세상이 종교적 견해로 가득 들어차 있지만, 이런 견해들이 갖고 있는 열정의 정도는 물론이거니와 이런 견해를 뒷받침하는 조사와 연구의 양도 천차만별이라는 점을 잘 생각해야만 한다.

빌라도는 대중적인 인기의 한편에 영합하는 인물을 대표적으로 보여준다. 그는 예수의 선포와 주장이 진리인지를 확인하기보다는 풍조에 휩쓸리는 사람이다. 그는 마음속으로는 지금 상황의 진실이 무엇인지를 어느 정도 알고 있지만, 자신의 책임을 다하는 모습으로 서 있지는 못한 사람이다. 이 세상에는 예수에 대한 다양한 주장들을 하는 사람들을 담고 있다. 어떤 사람들은 유대 지도자들이 빌라도 앞에서 주장하듯이 복음서 기자들과 사도들이 예수의 참된 초상을 뒤틀어버렸다고 주장하면서 예수에 대해 잘못 생각하는 사람들도 있다. 이런 주장들은 종종 다른 사람들을 당황스럽고 혼란스럽게 한다.

예수의 종교적 선포들에 대해 최상으로 응답하는 방법은 성경본문에서 그 선포들을 있는 그대로 읽는 것이다. 빌라도가 한 것 같은 우유부단함을 방지하기 위한 가장 효과적인 방법은 종종 그 선포들을 직접 검토해보는 것이며 또한 의심하는 사람들의 뒤틀린 목소리들을 그만 듣는 것이다. 예수의 증언이나 예수와 더불어 지낸 사람들의 증언을 부인하는 것은 빌라도를 딜레마 속에 남겨놓게 된다. 그는 정상적인 생각이 예수를 놓아줄 것이라는 소망을 가지고 공개적으로 논의하는 것을 통해 문제를 풀고자 한다.

이 세상은 점차로 빌라도가 했던 것 같은 중요한 종교적 결정들을 흘려버리곤 한다. 쉬운 접근만이 인기를 얻고 대다수 사람들의 동의를 얻곤 한다. 혹은 이보다 사람들이 더 좋아하는 것은 각자의 사람들로 하여금 자신들이 좋아하는 것을 하게끔 해주고 종교적 결정과 같은 무거운 공적 대화는 하지 않게끔 하는 것이다. 빌라도는 단순한 대중적 분위기와 그들의 성향이 올바른 접근이 아니라는 것을 알지만, 여하튼 그대로 계속 진행해 나간다. 그는 군중들에게 바라바와 예수 중 한명을 선택하라는 빈약한 선택권을 줌으로써 이런 딜레마를 해결할 수 있기를 소망한다. 그러나 결국 빌라도에게는 군중의 선택이 너무나 중요한 것이기 때문에 그는 공의라는 원칙에 토대를 둔 결정을 할 수가 없었다. 종교적 이슈들은 마치 갤럽에서 종교적 진리를 조사하고 결정하듯 그렇게 단순한 반응을 하는 정도가 아니라 철저하게 생각해야 할 필요가 있는 이슈들이다. 우리가 사는 세상에는 수많은 빌라도들이 존재하지 않겠는가?

바라바와 관련해서 생각해보자면, 우린 그에 대해서 들은 바가 아무것도 없지만 진정한 의미에서 그는 예수를 설명해주는 스토리이다. 예수가 십자가 위에서 성취하신 것이 무엇인지를 아는 사람들은 바라바의 스토리가 바로 우리의 스토리라는 것을 깨닫는다.

예수는 주의 죽으심을 통해 우리를 자유케 하셨다. 바라바가 자유케 된 것처럼 말이다. 생명을 건짐 받은 사람은 목숨을 빚지게 된다. 기독교인의 삶은 우리를 지금의 자리로 건져내주신 분을 향한 감사 고백이다. 주님은 살인자와 우리들을 위해 십자가를 감당하실 때 결코 불평하지 않으셨다. 주님은 갈보리에 달리실 때 자신을 보호할 목적으로 불공정에 대해 이야기하신 바가 전혀 없으시다. 그 십자가에는 자신들이 도대체 무슨 일을 하고 있는지도 이해하지 못한 대적들을 위한 중보만이 있을 뿐이다. 거기엔 자신의 삶에 무엇이 남아있는지를 그제서야 정신 차리고 생각하게 된, 주님 곁에 매달려 있었던 또 다른 죄인을 위한 죄 사함만이 있었을 뿐이다. 죄의 형벌로부터 건짐 받은 사람들은 바라바의 자유가 예수의 은혜로운 역사하심을 통해 죽음으로부터 벗어나게 된 그들의 모습을 보여준다는 것을 이해한다.

누가복음 23:26-49

26 그들이 예수를 끌고 갈 때에 시몬이라는 구
레네 사람이 시골에서 오는 것을 붙들어 그
에게 십자가를 지워 예수를 따르게 하더라
27 또 백성과 및 그를 위하여 가슴을 치며 슬피
우는 여자의 큰 무리가 따라오는지라
28 예수께서 돌이켜 그들을 향하여 이르시되 예
루살렘의 딸들아 나를 위하여 울지 말고 너
희와 너희 자녀를 위하여 울라
29 보라 날이 이르면 사람이 말하기를 잉태하지
못하는 이와 해산하지 못한 배와 먹이지 못
한 젖이 복이 있다 하리라
30 그때에 사람이 산들을 대하여 우리 위에 무
너지라 하며 작은 산들을 대하여 우리를 덮
으라 하리라
31 푸른 나무에도 이같이 하거든 마른 나무에는
어떻게 되리요 하시니라
32 또 다른 두 행악자도 사형을 받게 되어 예수
와 함께 끌려 가니라
33 해골이라 하는 곳에 이르러 거기서 예수를
십자가에 못 박고 두 행악자도 그렇게 하니
하나는 우편에, 하나는 좌편에 있더라
34 이에 예수께서 이르시되 아버지 저들을 사하
여 주옵소서 자기들이 하는 것을 알지 못함
이니이다 하시더라 그들이 그의 옷을 나눠
제비 뽑을새
35 백성은 서서 구경하는데 관리들은 비웃어 이
르되 저가 남을 구원하였으니 만일 하나님이
택하신 자 그리스도이면 자신도 구원할지어
다 하고
36 군인들도 희롱하면서 나아와 신 포도주를
주며
37 이르되 네가 만일 유대인의 왕이면 네가 너
를 구원하라 하더라
38 그의 위에 이는 유대인의 왕이라 쓴 패가 있
더라
39 달린 행악자 중 하나는 비방하여 이르되 네
가 그리스도가 아니냐 너와 우리를 구원하라
하되
40 하나는 그 사람을 꾸짖어 이르되 네가 동일
한 정죄를 받고서도 하나님을 두려워하지 아
니하느냐
41 우리는 우리가 행한 일에 상당한 보응을 받
는 것이니 이에 당연하거니와 이 사람이 행
한 것은 옳지 않은 것이 없느니라 하고
42 이르되 예수여 당신의 나라에 임하실 때에
나를 기억하소서 하니
43 예수께서 이르시되 내가 진실로 네게 이르노
니 오늘 네가 나와 함께 낙원에 있으리라 하
시니라
44 때가 제육시쯤 되어 해가 빛을 잃고 온 땅에
어둠이 임하여 제구시까지 계속하며
45 성소의 휘장이 한가운데가 찢어지더라
46 예수께서 큰 소리로 불러 이르시되 아버지
내 영혼을 아버지 손에 부탁하나이다 하고
이 말씀을 하신 후 숨지시니라
47 백부장이 그 된 일을 보고 하나님께 영광을
돌려 이르되 이 사람은 정녕 의인이었도다
하고
48 이를 구경하러 모인 무리도 그 된 일을 보고
다 가슴을 치며 돌아가고
49 예수를 아는 자들과 갈릴리로부터 따라온 여
자들도 다 멀리 서서 이 일을 보니라

원 의미

누가는 예수의 십자가 고난 스토리를 십자가 고난을 바라보던 다양한 관찰자들의 반응을 이야기하는 것을 통해 전개시킨다.[1] 우리가 여태껏 그의 독자로서 경험해온 것처럼, 십자가 고난에 대해서도 다양한 관점들의 많은 시선들을 통해 보게 된다.

예수는 격정적인 길고 긴 밤과 낮을 보내신 이후에 주의 죽음을 향해 나아가신다. 잠을 주무시지 못한 채 채찍질을 당한 이후였기에, 주님은 십자가를 지고 가는 일에 있어서 도움이 필요하셨다. 구레네 사람 시몬이 십자가를 운반하기 위해 징발되었다. 그는 매우 먼 거리에서 예루살렘에 왔는데, 구레네는 오늘날의 트리폴리에 위치하고 있기 때문이다. 왜 시몬이 여기에 언급되었는지 그 이유를 확실히 알기는 매우 어렵다. 물론 이 스토리 중 이 부분은 역사적인 언급으로 역할 하지만 그러나 그 이상의 다른 무언가가 있는 것인가? 그가 예수의 제자였는지에 대해서는 아무런 암시가 없다. 그러나 이 항목은 예수가 십자가로 가시는 것이 개인적인 문제가 아니라는 점을 중요하게 강조한다. 주가 십자가에서 성취하시려는 것으로 인해 십자가에는 다른 사람들도 포함된다. 주가 십자가로 가실 때, 우리들과 같은 다른 사람도 그곳으로 가는 주의 여정을 공유한다.

예수의 이면에는 사람들이 있다. 주를 십자가에 처형하라고 아우성쳤던 군중들은 자신들의 외침이 이루어지는 것을 바라보며 서 있다. 그들 곁에는 일단의 여자들이 탄식하며 울면서 서 있다. 그들은 예수와 공감하고 있었던 것일까 아니면 이제 죽음을 맞이하게 될 사람과 동행하는 단순한 탄식자들에 불과한 것일까? 예수는 이 여인들을 진지하게 바라보셨던 것으로 보이며, 이 내러티브는 그들이 예수와 공감하고 있다는 측면에서 그들을 바라본다.[2]

예수는 그들의 연민에 대해 그들이 더 심각한 문제에 대해 주의를 기울여야 한다고 방향을 돌리게 하시는 것을 통해 응답하신다. 주님은 그들에게 주를 위해서 울지 말라고 말씀하신다. 주의 죽음은 너무나 고통스러운 일이지만, 주님은 이제

---

1. 이 본문과 평행을 이루는 성경본문들은 마태복음 27:31b-56; 마가복음 15:20b-41; 요한복음 19:16b-37이다. 누가복음에만 독특하게 나오는 항목은 울고 있는 여성들에 관한 부분이다. 이들에 대해서는 평행을 이루는 본문들 간에 약간의 차이점들이 있다. 좀더 두드러진 두 가지 내용은 내러티브가 진행되면서 서로 다른 시편들이 인용되었다는 점과 십자가에 달려있던 다른 죄인들이 보인 반응들이 대조적으로 표시되어 있다는 점이다. 이 복음서에 의하자면, 오직 누가만 시편 31편을 사용하며 또한 오직 그만 십자가에서 믿음을 가진 죄인에 관해 이야기한다.

2. Marshall, *Commentary on Luke*, 863.

얼마 후면 부활하실 것을 알고 있기에 이 고통은 해결될 것이다. 진정한 문제는 주가 고난당하시고 죽음 당하신 이후에 주를 배척했던 사람들에게 닥쳐오게 될 어려움과 문제들이다. 주가 고통 속에서 주신 이런 말씀들은 다른 사람들에 대해서 관심을 기울이시는 주의 이타적인 모습을 보여준다. 이제 심판이 분명 이스라엘 나라에 임할 것이기 때문에(13:34-35을 보라). 이 여인들은 이스라엘 나라와 자기 자녀들을 위해 울어야만 한다.

그런 뒤 예수는 십자가를 향해 나아가는 길에서 선지자적인 모습을 보여주신다. 이스라엘 나라 앞에는 어려운 날들이 기다리고 있는데(참조. 19:41-44), 이 날들은 "아이를 낳지 못하는 여인들"이 축복받은 날들이 될 것이다. 이것은 다산하는 여인들에게 복이 있다는 일반적인 유대적 관점과 대비되는 내용이다. 예수가 이처럼 말씀하시는 이유는 이스라엘 나라에 임할 심판이 너무나 어렵고 힘겨운 날들이 될 것이기 때문이다. 남자들, 여자들 그리고 아이들도 위험에 빠지게 될 것인데, 그런 모습이 고대 전쟁의 본질적인 모습이기 때문이다. 승리는 대적들의 완전한 파괴를 의미했다. 로마는 그렇기 때문에 결코 자비를 보여주지 않을 것이다. 예루살렘 사람들은 자신들이 행하고 있는 일이 무슨 일인지를 깨닫지 못하기 때문에 완전히 부서지게 될 것이다.

예수는 호세아 10:8의 교훈에 관심을 돌리신다. 심판의 날이 너무나 고통스러울 것이기에 사람들은 죽기를 갈망할 것이며, 피조물들을 향해(산이나 언덕을 통해 대표적으로 통칭되는) 그들 위에 쏟아져 내리라고 말하게 될 것이다(참조. 계 6:16, 이 부분은 호세아의 이 구절이 마지막 날 심판의 두려움을 묘사하는 부분이다). 하나님의 분노와 심판의 대상이 된다는 것이 얼마나 두렵고 고통스러운 일이겠는가.

예수는 수사적인 질문으로 말씀을 마무리하시는데, 그 내용은 논쟁거리가 되고 있다. NIV는 "만일 사람들이 나무가 푸를 때도 이런 일들을 행한다면, 나무가 시들 때에는 어떤 일들이 일어나겠는가?"(개역개정 성경에서는 "푸른 나무에도 이같이 하거든 마른 나무에는 어떻게 되리요?"라고 번역했다.)[3] 이 번역은 "사람들"(문자적으로는 "그들")이 유대인들이나 혹은 인간을 이중적으로 지칭할 수 있는 방식으로 해석된다. 하지만 어떻게 이 주어가 이 말씀 양 부분과 관련된 역할을 하는가를 이해하는 것이 어렵다. 이 말씀의 핵심은 건강한 나무인 푸른 나무에 지금 행해지

3. 마른 나뭇가지를 태워버리는 이미지는 이사야 10:16-19과 에스겔 20:47에 나오는 이미지이다.

고 있는 것과 죽은 나무에 붙어있는 마른 가지에 일어나는 일 사이를 대조하는데 있다. 여기서의 "그들"은 에둘러서 보자면 누가복음 12:20에서처럼 하나님을 지칭하는 것일 수도 있다.[4] 만약 이와 같은 운명이 예수 같은 분에게도 주어진다면, 주의 죽음에 대해 책임을 져야하는 마른 나무 같은 그들 앞에 기다리고 있을지 생각해보라! 이것이 예수가 이스라엘 나라에 대해 누가복음에서 마지막으로 탄식하신 내용이다.

예수는 홀로 처형당하신 것이 아니다. 다른 두 사람이 주님과 함께 "행악자"라고 묘사된 채 함께 처형당했다. 예수가 예언하셨던 것처럼, 주님은 "죄인들"의 하나로 간주되셨다(사 53:12; 눅 22:37). 주의 말씀대로 그대로 진행되고 있다.

십자가 처형이 이루어진 장소는 "해골"이라고 불려지던 곳이었다. 아람어로는 이 지명은 "골고다"이고, 라틴어로는 '칼바리아'(calvaria)인데, 여기에서부터 우리가 이 곳을 갈보리라고 부르게 되었다. 사형이 집행된 이 작은 언덕은 땅에서 마치 해골모양으로 조금 튀어나와 있다.[5] 예수의 십자가는 두 명의 행악자들 사이에 자리 잡고 있었다. 이 점은 이 두 명의 행악자들 사이의 논쟁에서 그들 중 한사람이 곧 주를 고백하고 구원받게 되는 것을 통해 드러난다. 예수는 불의한 자를 의로운 자가 되게 하시는 다리이시다.

예수는 죽음을 기다리시면서, 다시 한번 주의 대적들의 행동들을 용서해달라고 간청하는 기도를 아버지 하나님께 드린다.[6] 주님은 그들이 주를 죽이는 행동을 하면서도 그게 무얼 의미하는지 무지하다고 말씀하신다. 주의 요지는 그들은 그들이 하고 있는 일에 대해 진정으로 이해하지 못하고 있다는 것이다. 예수는 주의 대적들을 위해 기도하시는 것을 통해서, 주님 자신께서 6:29, 35에서 원수를 위해 기도

---

4. 누가복음 12:20을 문자 그대로 읽으면, "그들은 주께서 네 영혼을 요구할 것이다"이다. Danker, *Jesus and the New age*, 372를 보라. 만약 이 선택이 옳지 않다면, 가장 좋은 최상의 선택은 예수가 "만약 유대인들이 자신들을 구하기 위해서 나를 이렇게 다룬 것이 그런 결과를 가져온다면, 나를 파괴하고자 하는 것에 대해서는 그들이 어떻게 다루어지겠는가?(하나님이 그들을 어떻게 다루시겠는가?)"라고 말씀하시는 것으로 보는 것이다. 이런 관점에 반대하는 것은 이 말씀 전반부에 있는 분명한 주어가 후반부로 옮겨진다는 측면 때문이다. 즉, "유대인들"에서부터 "하나님"으로 주어가 전환되는 것 때문이다. 하지만 이 선택이나 여기서 선호한 방식이나 본질적으로는 동일한 효력을 가진다고 할 수 있다.

5. Fitzmyer, *The Gospel According to Luke, X-XXIV*, 1503.

6. 어떤 사람들은 34절에 나오는 기도가 누가복음의 일부분인지에 대해 논쟁하곤 하지만 우리는 이 부분이 포함되어야만 한다고 믿는다. 몇몇 훌륭한 사본들이 이 구절을 누락시키고 있지만 알렙 사본에 이 구절이 들어있다는 점이나 내적인 여러 토대들은 이 구절이 포함되어야 한다는 것을 지지해준다. 가장 주목할 만한 점은 사도행전 7:60에 나오는 평행구절이다. 누가는 예수와 교회 사이의 평행법을 좋아하는데, 만약 이 구절이 생략된다면 이런 평행적 특성이 사라지게 된다. Marshall, *Commentary on Luke*, 867-68을 보라.

하라고 말씀하셨던 자기 자신의 윤리적 기준을 몸소 실천하시고 성취하신다. 예수는 주의 사랑과 긍휼을 여기에서 직접 보여주시며 제자도에 대한 주님 자신의 교훈에 대한 모델을 보여주신다.

십자가에서의 군인들은 사형이 다 완료될 때까지 그저 제비뽑기를 하면서 시간을 때우고 있다. 그들은 제비뽑기를 통해 주의 옷가지들을 나눠가지고 있었다. 이 표현은 시편 22:18을 연상하게 하는데, 이 시편은 의인이 고난을 당하는 것과 그들이 어떻게 의인을 다루었는지에 관해 이야기하는 부분이다. 예수가 십자가에서 부르짖으신 내용을 통해서, 또 다른 시편 내용이 하나님이 주시는 죄 사함과 용서에 관한 내용을 보여준다(시 22:1; 마 27:46; 막 15:34). 이런 연결들은 예수가 겪으시는 고통이 어떤 유형의 고통인지를 묘사한다. 주님은 죄 없으신 분으로서, 주의 죽음에 대해 이해하지 못하는 사람들을 위해 그리고 주를 조롱하는 자들을 위해 자발적으로 매달려 죽고 계신다.

이런 사형집행은 고대 세계에서 공개적인 십자가 처형 패턴에 잘 들어맞는 모습이다. 사람들은 지금 벌어지고 있는 사형집행 장면을 "구경하고" 있고, 관리들은 "비웃고" 있다(35절; 이 두 가지 동사는 모두 다 시 22:7에 나온다). 그들의 조롱은 아이러니하다. "저가 남은 구원하였으니, 저가 만일 하나님이 택하신 자 그리스도이면 자기 자신도 구원할지어다." 이런 조롱은 하나님이 의인을 도우신다고 믿는 유대전통에 근거한 것일 것이다.[7] 그들의 빈정거림은 예수의 대적들이 얼마나 많이 주를 대적하는 일에 대해 확신과 열정을 갖고 있었는지를 보여준다. 하지만 궁극적인 아이러니는 예수의 부활을 통해서 하나님이 궁극적으로 그들의 요구를 행하셨다는 점이다.

군인들은 조롱을 더한다. 그들은 그에게 '옥소스'를 갖다 준다. 이는 "신포도주"인데, 가난한 사람들 사이에서 사용되던 것이었다. 그들의 조롱은 만약 주가 왕이시라면[8] 예수가 자기 자신을 구원해보라는 것인데, 이는 신포도주를 갖다 준 그들의 진정한 동기가 긍휼이 아니라는 점을 보여준다.

이 부분에서 누가는 예수의 죄패에 기록된 내용을 제시한다: "유대인의 왕이

---

7. 솔로몬의 지혜서 2:17-22를 보라.
8. 이 말씀은 헬라어의 제1조건절(first class)로 기록되었지만, 화자가 왕권 주장이 사실이라고 믿는다는 것을 보여주는 것은 아니다. 좀더 생생하게 표현들을 제시함으로써 조롱의 아이러니를 묘사하기 위해 이런 형태가 첨가되었을 뿐이다. 물론 여기 제시된 것은 아마도 헬라어가 아니라 다른 언어로 조롱했던 것을 번역해서 기록한 것이었을 것이다.

라." 누가는 십자가로 가시는 예수가 어떻게 해서 그리스도이신 예수이신지를 계속해서 보여준다.

장면은 행악자들에게로 전환된다. 그들 중 한사람은 "비방"(이 표현은 신성모독을 암시하는 구문이다)을 퍼부으면서 주를 조롱하는 일에 동참한다. 모든 사람들이 예수를 멸시하는 일에 아무 거리낌이 없었다. 유대 지도자들처럼 이 행악자도 예수께 만약 주가 그리스도라면 자기 자신을 구원해 보라고 요구한다. 더군다나, 만약 주가 그리스도라면 주님은 행악자들도 또한 구원해내야만 한다고 조롱한다. 그러나 다른 편에 매달려 있던 행악자는 "하나님이 두렵지도 않으냐?"라고 물으면서 첫 번째 행악자를 꾸짖으며 이야기한다. 마치 "도대체 무엇이 네가 마치 우월한 사람이라도 되는 양 예수를 꾸짖을 권리를 주었단 말이냐?"라고 말하듯이 말이다. 그는 자신들은 받아 마땅한 벌을 받는 것이므로 자신들이 받은 판결과 형벌이 공평하다는 점을 강조한다. 반대로, 예수는 죄가 없으시다. 빌라도, 헤롯 그리고 지금 한 행악자는 예수가 죽음을 향해 가고 계신 와중에서도 주가 죄가 없으시다는 것을 고백했다.

이 행악자는 예수께 간구하고자 주를 바라본다. 그는 이미 자신이 예수를 다른 분으로 바라보고 있다는 것을 보여드렸다. 이제 그는 예수께 주가 주의 나라에 가실 때 자신을 기억해 달라고 부탁한다. 이 행악자는 예수가 왕이시라는 선포를 받아들이고 있는 것이며, 이제 다가올 주의 통치하심에 참여하고 그 심판에서 의인들 가운데 있게 되기를 원하고 있는 것이다. 이 행악자는 십자가에 대해 긍정적인 반응을 했던 많은 사람들 중 첫 번째 사람이다.

예수의 응답은 이 행악자의 요구가 그의 소망들보다 훨씬 더 금방 이루어질 것임을 보여준다. 바로 그날, 주님과 이 행악자는 함께 "낙원에" 있게 될 것이다. 낙원이라는 이 단어는 의인들이 있게 되는 장소를 언급하는 단어이다. 예수가 이 대답을 하시면서 "내가 진실로 이르노니"라고 하신 점은 이 대답의 엄숙함을 잘 나타내준다. 예수는 십자가에 달리셔서도 사람들을 구원하신다. 예수를 조롱하는 것을 멈추게 할 일이 생기지 않을 것이라고 생각하는 사람들은 지금 벌어지고 있는 일을 놓치고 있다.

육시가 되어서, 혹은 정오쯤 되어서, 세 시간 동안 어둠이 임한다. 이제 하늘조차도 이 시간이 어떤 시간인지 그 본질을 증거 한다. 구약성경에서는 어둠은 종종 심판을 의미하곤 했다(엘 2:10; 암 8:9; 습 1:15). 하나님은 그분의 임재하심을 표시하신다. 그 어디에서도 태양을 발견할 수 없다. 진정한 어둠의 시간이 이제 왔다

(눅 22:53).

그러자 또 다른 징표가 이 순간에 더해진다. 성소의 휘장이 둘로 찢어진 것이다. 이때 찢어진 것이 어떤 휘장인지에 대해서 논쟁이 되어왔다—지성소의 휘장인지 아니면 성소 뜰의 휘장인지에 대해서. 그러나 좀더 중요한 것은 이런 행동이 무엇을 의미하고 보여주는가이다. (1) 심판의 때가 이미 이르렀고, 성전도 그 심판 안에 포함되어진다. 성전은 유대종교의 중심지이고, 그렇기에 성전에 대한 심판이 이스라엘 나라에 대한 중요한 심판이기 때문이다. (2) 휘장이 찢어지는 것은 또한 하나님께로 나아가는 길이 열린 것을 의미한다. 이 휘장은 하나님께 나아가는 것을 가로막았었다. 이 휘장을 열어젖히는 것을 통해, 더 이상 하나님께 접근하는 것을 가로막는 것은 존재하지 않게 되었다. 후에 히브리서 저자는 예수의 죽으심으로 인해 더 이상 희생제사를 드리는 것이 필요하지 않게 되었다고 이야기한다(히 8-10장).[9]

우주적인 징표들과 더불어 주가 운명하셨다. 주의 마지막 말씀은 시편 31:5에서 온 것인데, 주가 아버지 하나님을 향해 갖고 계신 신뢰를 보여주는 내용이다: "내 영혼을 아버지 손에 부탁하나이다." 예수는 주가 자신을 돌보실 것임을 신뢰하신다. 이 시편은 예수가 그러하시듯 의인이 받는 고난에 대해 묘사한다. 이 지점에서 진행되고 있는 일들은 하나님께 맡겨진다. 하나님은 이제 며칠 후에 행하실 일을 통해서, 예수에 대해 증거 하셔야만 할 것이다.

한 백부장이 하나님께 찬양을 드린다. 앞에 나온 행악자처럼, 그도 역시 이 사건에 대한 통찰을 갖게 되었는데, 이는 이 사건들 전체에 대해 누가가 공급하는 최종적 주석으로서의 역할도 감당한다. 이 백부장은 예수가 진실로 '디카이오스' 하다고 선언한다. 이 헬라어 용어는 이중적인 의미를 갖는다. 이 단어는 "죄가 없다"거나 혹은 "의롭다"는 것 중 무엇을 의미하는가?(둘 다 가능한 의미들이다) 어떤 측면에서는 이런 차이가 별로 중요하지 않다. 죄 없으신 예수는 의로우신 예수님이기 때문이다. 그러나 예수가 죄가 없으시다는 것을 강조해왔던 정황 속에서는 그런 죄 없으심을 좀더 분명하게 제시하는 그런 증언이라는 것이 좀더 의미에 적합할 것이다. 그러므로 이 백부장은 예수가 죽임당하고 계시는 것에 대해서 법적으로 무죄하다는 것을 증거 하는 두 번째 증인이 된다(신 19:15). 그리고 누가복음에

9. E. Ellis, *The Gospel of Luke*, 270.

10. J. Neyrey, *The Passion According to Luke*, 100.

서 그렇게 증언하는 네 번째 사람이기도 하다(빌라도, 헤롯, 한편 강도에 이어서). 누가는 이후에 예수가 무죄하시다는 것을 사도행전에서 강조할 것이다(3:14; 7:52; 13:28; 22:14).[10]

무리들도 또한 반응을 보인다. 그들은 그들의 가슴을 치면서 돌아간다. 우주적인 징표들은 그들에게 지금까지의 모습에서 단절되게끔 했을 것이다. 하나님이 택하신 자를 죽이고 잘못을 이미 저질러버렸지만 이미 상황을 되돌리기에는 너무 늦었다는 것을 깨달은 그 모습을 생각해 보라! 이런 탄식은 베드로가 사도행전 2장에서 설교하며 그들을 만날 때 그들이 마음을 여는 것을 미리 준비하는 역할을 했을 것이다. 왜냐하면 이 사건들은 너무나 잘 알려졌기 때문이다(행 2:37을 특히 보도록 하라).

제자들은 멀리서 바라보고 있다. 그들 중에는 갈릴리에서 주가 사역을 시작하실 때부터 주님과 함께 있어온 여인들 그룹도 있었다. 이 죽음에 대해서는 수많은 증인들이 있다. 누가는 이미 벌어진 이 일에 대해 수많은 다른 그룹들의 증인들이 있음을 지적해 왔다. 그는 또한 이 사건에 대한 다양한 관점들에 대해서도 기록해 왔다. 어떤 것이 진실인가? 백부장의 마지막 말이 의심의 여지를 남기지 않고 그 대답을 제시해준다.

상황잇기

그리스도의 수난과 관련한 이전 다른 사건들과 마찬가지로, 이 본문도 역사적인 차원과 내러티브적인 차원, 그리고 신학적인 차원들에서 작동하며, 이 세 가지 차원들은 오늘날과 당시의 시간적 격차에 다리를 놓아준다.

역사적인 차원은 요약적인 양식으로 십자가 사건들을 제시한다. 누가가 우리에게 제공해주는 내용들은 매우 폭넓은 반응 양상들을 볼 수 있게끔 해주는데, 이런 반응들은 회심에서부터 적대감까지 펼쳐져 있다. 누가는 지금 사건들이 어떻게 성경에서 의인의 고난에 대해 어떻게 증언하고 있는지를 기억하게 하는 방식으로 일어나고 있는지를 이야기한다. 예수는 죄 없으신 분으로서 고난당하고 계시지만, 이것은 하나님의 계획하심에 의한 것이다. 여기서의 가장 큰 아이러니 중 한 가지는 자기 자신과 다른 사람들을 구원하라는 조롱인데, 주님은 실제적으로 이런 조롱이 일어나는 동안 그렇게 행하고 계셨기 때문이다. 이 장면에서 가장 분별력이 있던 사람들은 한 행악자와 백부장인데, 이들의 태도는 누가의 태도와 가장 근접한 모습을 보여준다.

내러티브적인 차원에서는 다양한 대표적 인물들이 제시된다. 이 안에는 예수와 여인들 간의 상호작용 등을 포함해서 그룹들간의 상호작용들도 제시된다. 보통의 인간적 차원에서 반응하고 있는 여인들은 예수의 비극이 주께 비극이라는 생각을 갖고 있다. 그녀들이 우는 것은 바로 그런 이유 때문이다. 그러나 예수의 말씀은 진정한 비극이란 예수가 누구신지를 잘못 판단하는 것이라는 점을 분명히 하신다. 그러므로 십자가의 의미는 겉으로 드러나 보이는 그런 것이 아니다. 십자가가 피상적으로는 예수의 끝인 것처럼 보이지만, 골고다는 이스라엘 나라가 숙명적인 결정을 내린 그런 장소이다. 이스라엘 나라에 관한 내용은 또한 예수에 대한 개인적인 결정들에 대해서도 마찬가지로 적용할 수 있다. 예수에 대해 배척할 때, 하나님 앞에서 그 배척에 대한 책임을 지는 것이 따라오게 된다.

예수가 긍휼을 베푸시는 모습도, 주가 죽으실 때 어떤 마음을 가지셨는지를 보여준다는 점에서 매우 중요하다. 하나님은 십자가에서 잃어버린 사람들을 향한 그분의 사랑을 보여주기 원하신다(요 3:16). 예수는 주의 대적들을 위한 중보기도를 통해 그런 마음을 모델로 보여주신다(34절). 이와 같은 중보기도가 성공을 거두었다는 증거가 사도행전 9장에 나오는 사울 같은 사람의 회심을 통해서 보인다. 어떤 불신자들은 십자가에서 나타나는 것을 통해서 하나님의 사랑을 보게 된다.

유대 지도자들과 곁을 지나가던 자들이 쏟아내는 멸시는 예수를 향한 배척이 얼마나 어리석고 적대적일 수 있는지를 보여준다. 그런 소경됨은 죄 없는 하나님의 종을 사형시키는 데까지 끌고 간다. 예수의 죽음을 고소해하는 모습은 예수의 대적들이 이미 얼마나 긍휼이 없는 모습이 되었는지를 보여준다. 주를 향한 그들의 잘못된 판단은 결정적인 실수이다. 그들이 예수가 십자가에 달리셨기 때문에 성취할 수 없을 것이라고 생각했던 것들이 사실은 정확하게 예수가 성취하고 계시던 내용들이다.

"양편에서의 만남"은 예수와 함께 십자가 처형을 당한 두 명의 행악자들에 관한 내용이 번갈아 나오면서 요약적으로 제시된다. 그들 중 한사람은 예수가 자신에게 주실 수 있는 게 아무것도 없다고 확신한다. 그러나 다른 한 행악자는 예수께 자신이 구원받은 사람들 가운데 있을 수 있도록 왕으로서의 권세를 행사해 달라고 부탁드린다. 이 두 번째 행악자는 마치 성경이 다른 곳들에서 제시하는 것 같은 예수를 향한 간결하고도 웅변적인 증언을 한다. 예수는 이 고백적인 행악자에게 그가 의인들이 있는 장소에 있게 될 것임을 보장하신다. 이 사람은 예수께 나아가는 것을 통해 죄악으로부터 은혜를 받는 자리로 나아갔다. 그의 믿음은 그를 예수에 대해 새롭게 생각하게끔 움직여주었고 또한 그를 공의롭지 않게 십자가에 달리신 주님에 대해 변호하는 자리로 나아가게끔 이끌어주었다.

이 내러티브는 또한 하늘에서 나타난 징표들을 통해 하나님이 증거 하신 것에 관해 이야기한다. 예수가 죽임당하셔야만 했다는 사실은 역사에서 어두운 순간이다. 죄는 우리가 사는 이 세상이 갖고 있는 어두운 실체이다. 그러나 그 어두움과 나란히 하나님께 나아가는 길이 열리고 있다. 성전 휘장이 찢겨진 것은 하나님과 인간 사이에 예수를 통해 하나님께 돌아서는 것으로도 제거될 수 없는 그런 장애물은 더 이상 존재하지 않는다는 것을 보여준다. 하늘은 일반적으로 하나님을 향해 침묵 속에서 증거 하지만(시 19:1-6), 그러나 지금에서처럼 하늘이 이야기를 할 때, 우리는 그 이야기를 통해 들려지는 내용에 대해 깊이 생각해야만 한다.

신학적인 차원에서 십자가는 충분한 주석을 요구한다. 어떤 점에서 우리는 신약성경 전체가 십자가에 대한 주석이라고 주장할 수 있다. 우리가 로마서 3:21-31이나 히브리서 8-10장을 보고 있거나 아니면 세례나 주의 만찬과 같은 의례들에 관해서 생각하건 간에, 십자가는 각각의 세대들에게 주석으로서 역할 한다. 십자가가 오랫동안 가져온 모든 아이러니들 중에서, 인간의 영생이 주의 죽음으로부터 샘솟아난다는 아이러니보다 더 크고 위대한 아이러니는 없다. 하나님은 자기 아들을 주시는 것을 통해서, 이 역사하심에 응답하는 사람들을 그분의 아들과 딸들로 만드실 수 있다. 그렇기 때문에, 우리는 하나님이 그리스도를 통하여 십자가에서 이미 이루신 것들을 믿어야만 하며, 하나님을 존귀히 여기는 삶을 통해 거기에 응답해야만 한다(롬 12:1-2).

신학적으로 십자가는 죄를 용서하는 속죄를 제공한다. 예수는 여기에서 다른 사람들을 섬기기 위해 자기 자신을 주신다. 주님은 주의 대적들을 위해 기도하시고, 행악자 중 한사람을 그분의 나라에 받아들이신다. 주님은 우리 죄를 위해 주의 사랑 안에서 공의롭지 못한 형벌을 감내하심으로 우리에게 이런 것들을 주신다. 우리가 십자가에 대해 가장 중요하게 생각해야 하는 점은 우리가 십자가의 의미를 끌어안으면서 온 마음으로 응답해야만 한다는 점이다. 예수가 여기에서 장엄하게 보여주신 용서, 사랑 그리고 겸손함으로 가득 찬 마음으로 말이다. 그리스도의 십자가에 공의롭게 반응하는 유일한 행동은 다름 아니라 십자가의 역사하심을 끌어안고 받아들이는 믿음으로 환영하고 맞아들이는 것이다.

루터의 주요한 동료인 멜랑히톤은 예수의 역사하심에 응답해야한다는 것에 대해 다음과 같이 이야기한다.[11]

그렇기 때문에, 우리는 율법에 의한 죽음을 치워버리고 그리스도 안에서 약속된 은혜의 말씀을 통해서 다시금 살게 되었을 때, 우린 의롭게 된다. 복음은 우리 죄를 용서하며, 우린 그리스도의 의로움이 우리의 의로움임을 의심하지 않으면서, 그리스도께서 만족시키신 것이 우리의 보상임을 의심치 않으면서, 그리고 그리스도의 부활이 우리의 것임을 의심치 않으면서 그리스도께 붙어있다. 다시 말해서, 우리는 우리 죄가 용서받았다는 것에 대해서 그리고 하나님이 지금 우리를 기뻐하시며 우릴 선하게 하실 것에 대해서 결코 의심하지 않는다. 그렇기 때문에, 우리 자신의 그 어떤 행함도 그런 것들이 아무리 선하게 보인다 할지라도 우리의 의로움이 되지 못한다. 그러나 오직 믿음만이 예수 그리스도 안에서 우리 하나님의 은혜와 긍휼 안에서 우리의 의로움이다.

그런 뒤 이 종교개혁자는 로마서 1:17; 3:22; 4:5; 창세기 15:6을 인용한다. 그리스도 때문에 기독교인들은 말할 수 있다. "내 영혼이 편하다."

현대적 의미

이 본문의 적용들은 이미 앞 항목에서 제기되었던 이슈들을 다시 보여준다. 다시 한번 그리스도의 수난에 대한 다른 모든 본문들과 마찬가지로, 가장 근본적인 적용들은 예수에 대한 결단과 십자가에서 주가 행하신 일의 본질에 대해 다룬다. 누가는 예수의 재판을 읽는 독자들을 설득하고자 하는 그런 방식으로 이 내러티브를 이야기했다. 십자가가 제기하는 서로 다른 이슈들에 대해서는 그저 요약만 할 수 있을 뿐인데, 십자가라는 이슈는 많은 방식들을 통해 신약성경의 이슈들로 다루어지기 때문이다.[12]

신약성경은 십자가가 무엇인지 그리고 어떻게 우리가 십자가를 바라봐야만 하는지를 묘사하기 위해 많은 이미지들을 사용한다. 십자가는 속죄의 대가(막 10:45; 딤전 2:6)이며, 죄 값을 위해 지불되는 값이다. 십자가는 대속이다—예수는 우리를 대신해 자기 자신을 주신다(앞 항목에서 바라바가 갖는 의미를 참조하라; 눅 22:18-20; 요 6:51-52; 롬 8:3; 고후 5:21을 보라; 참조. 사 53:10). 십자가는 죄를 다룸에 있어서 하나님의 공의를 만족시켜주는 속전이다(롬 3:25). 십자가는

11. Melanchthon, *Loci Communes*, 인용된 내용은 W. Pauck, ed, *Melanchthon and Bucer*(LCC 19: Philadelphia Westminster, 1969), 88-89.

12. 이 주제를 철저히 다룬 것으로는 L. Morris, *The Cross in the New Testament*(Grand Rapids: Eerdmans, 1965)를 보라.

"예수가 높이 들리심"과 이를 통해 사탄을 집어던져 버리신다(요 3:14-15; 8:28; 12:31-32; 18:32). 십자가는 교회를 사신 수단이며 방법이다(행 20:28). 죄를 위해 드려지던 모든 희생제사를 끝내신 것이 다름 아니라 바로 이 희생제물이다(히 8-10장). 십자가는 주가 들림 받으시고 하나님 편에 앉으시는 것을 위한 선구자이기도 하다(행 2:16-39; 히 1:3). 십자가는 하나님이 자기 자녀들을 거룩한 공동체로 따로 구별하시는 근본 토대이다(벧전 1:2, 18-25; 2:1-11). 예수는 십자가에서 우리를 위한 저주가 되셨으며, 하나님 앞에 우리 죄를 위한 중재자가 되셨다(갈 3:13, 19-20). 십자가에서 유대인과 이방인 사이의 화해만이 아니라 하나님과 인간 사이의 화해도 일어난다(롬 5:8-11; 고후 5:20-21; 엡 2:11-22; 골 1:21-22; 2:11-15). 그러므로 하나님은 이제 우리를 의롭다 하실 수 있으시다. 즉 우리를 하나님 앞에서 의롭다고 선포하신다(롬 3:21-31).

위의 목록에 있는 각각의 본문들은 십자가 사건이 갖는 복합성 중 한 측면들에 대해서만 매우 풍성하게 형상화하고 있는 본문들이다. 수많은 찬송들도 또한 이 모든 내용들이 담고 있는 의미를 표현하고자 시도한다. 십자가를 존귀히 여기는 내용들로 이루어진 위대한 찬송들, 가령 "놀라운 은혜"(Amazing Grace), "갈보리 산 위에"(On the Old Rugged Cross), "주하나님 지으신 모든 세계"(And Can It Be), "하나님의 크신 사랑"(Love So Excelling, So Divine) 등의 찬송들은 우리로 하여금 하나님이 예수를 통해 행하신 일들에 대해 깊이 묵상하게끔 이끌어준다. 사실 십자가에 대해서는 신학적으로 논의하기보다는 깊이 묵상하고 계속해서 곱씹어 생각해야만 할 것이다. 나는 때때로 만약 고난일 예배 때 오랫동안의 침묵과 주님 앞에서의 기도를 할 수 없다면, 각자의 사람들은 십자가가 자신들에게 갖는 의미들에 대해 어디에서 조용히 묵상할 수 있을 것인지 생각해보곤 한다. 일반적으로 우리 문화에서는 침묵은 인기가 없다. 그러나 십자가는 단순히 묘사되는 사건이 아니라, 깊이 잠겨들어 가야하는 사건이다.

십자가를 묵상하라는 부름은 단순히 그리스도를 신뢰하는 것이다. 주가 십자가에서 우리가 있어야 할 자리를 대신하셨다는 것을 깨닫는 것으로부터 주어지는 모든 유익함을 위해서 말이다. 이런 묵상의 적용들은 한 사람이 처음으로 이런 결단을 하게 되었는지, 아니면 "주가 이 모든 것을 갚아주셨다"(Jesus Paid It All)는 위대한 찬송가처럼 이미 이 사실을 깨닫고 이미 그 안에서 살아가고 있는 사람인지에 따라 두 부류로 나누어진다.

십자가는 하나님이 주시는 죄 사함을 끌어안고 받아들이는 사람들에게 주어지는 하나님의 은혜로우신 죄 사함의 핵심에 자리 잡고 있다. 십자가를 받아들이는 것은 우리 자신의 행위를 구원을 위한 토대로 생각하는 것을 포기하는 것을 의미한다. 우리와 하나님과의 관계는 예수를 신뢰하는 것을 통해서 그리고 주가 완성하신 역사하심을 신뢰하는 것을 통해서 온다. "일부만이 아니라 나의 모든 죄악이" 예수가 주시는 죄 사함을 통해 깨끗하게 지워졌다.

십자가는 새로운 삶의 기회, 하나님 앞에서 깨끗한 모습으로 살아갈 수 있는 기회를 제공해준다. 이런 기회의 제공은 우리 힘으로는 도무지 가져올 수 없는 것이고, 오직 하나님의 은혜를 통해서만 주어진다. 우리가 만약 하나님의 은혜를 받아들인다면, 하나님은 우리와 함께 새로운 동행을 시작하신다. 우리의 영적 축복은 하늘에 계신 아버지의 돌보심 속에서 매우 든든하고 견고하다.

이런 결단을 내린 사람들인 우리들에게, 십자가는 이 모든 것들이 어디에서 시작되었는지를 기억하게 한다. 내가 하나님과 맺는 관계는 나를 그분께로 데려가시기 위해 주가 행하신 모든 일들에 대해 감사하는 반응을 보이는 것이다. 은혜는 우리에게 하나님이 우리를 위해 제공하신 새로운 삶을 깊이 묵상하는 것을 통해 하나님께 영광돌리는 방식으로 살라고 명령한다(롬 6-8장; 딛 2:11-14).

하나님과의 화해는 하나님과 나 사이의 관계를 변화시킬 뿐만 아니라, 내가 다른 사람들과 관계 맺는 방식까지도 바꾼다. 에베소서 2장이 강조하듯이, 십자가를 통해 인종적인 차이라는 장벽들은 모두 제거되었다. 서로 다른 인종의 사람들이 함께 조화를 이루며 역할을 감당할 수 있는 그런 모습에 대해서 생각해보라. 진정한 의미에서 십자가에 대한 궁극적인 적용은 이전과는 전혀 다른 토대 위에서 다른 사람들과 관계 맺는 것을 포함한다.

왜냐하면 우리는 이제 이 세상 속에서 용서받은 사람으로서 피조 세계 속에서 어떻게 그리고 어디와 어울려야 하는지를 알고 있는 사람답게 역할 해야 하기 때문이다. 십자가는 제자도에 대한 누가의 모든 본문(9:51-19:44)의 토대가 된다. 이 점을 다른 방식으로 말하자면, 하나님의 계획의 중심에는 예수가 서 계시고, 예수의 사역의 중심에는 십자가와 부활이 자리 잡고 있다고 말할 수 있다.

여기에서 마지막 적용이 중요하다. 십자가는 다양한 시편 말씀들을 통해 묘사되는데, 그 시편들은 무죄한 의인으로서 예수가 받으시는 고난을 가리키는 내용들이다. 주님은 본보기이신 분이시다. 심지어 이웃들이 자신에게 공의롭지 못하게 행할 때조차, 이웃을 향한 사랑을 보여주며 모든 것들을 다 제공해주는 그런 사람의 본보기이시다. 하나님은 예수의 고난을 보시고 주님 편에 서실 것을 약속하시는데, 이는 예수가 용서를 위해 기도하신 것(34절)이 한 행악자의 구원이라는 응답을 받는 모습(43절)을 통해 시작된다. 그러므로 예수는 하나님과 동행하는 사람이 어떻게 잃어버린 사람에게 다가서야만 하는지를 보여주신다. 우리가 할 수 있는 최소한의 일은 모든 사람들에게 죄 사함을 선포하는 것이다. 주가 죽어주심으로 주시고자 했던 죄 사함을 선포하는 것이다.

나는 위에서 암시적으로 "주가 이 모든 것을 갚아주셨다"는 찬송에 대해 이야기했다. 이 찬송의 후렴구는 십자가에 대한 가장 훌륭한 주석이 아닐까 싶다.

> 예수가 이 모든 것을 갚아주셨네,
> 나는 그분께 모든 것을 빚졌네,
> 죄는 붉은 흔적을 남겼지만,
> 주가 흰눈처럼 씻어주셨네.

누가복음 23:50-56

50 공회 의원으로 선하고 의로운 요셉이라 하는
사람이 있으니
51 (그들의 결의와 행사에 찬성하지 아니한 자
라) 그는 유대인의 동네 아리마대 사람이요
하나님의 나라를 기다리는 자라
52 그가 빌라도에게 가서 예수의 시체를 달라
하여
53 이를 내려 세마포로 싸고 아직 사람을 장사
한 일이 없는 바위에 판 무덤에 넣어 두니
54 이 날은 준비일이요 안식일이 거의 되었더라
55 갈릴리에서 예수와 함께 온 여자들이 뒤를
따라 그 무덤과 그의 시체를 어떻게 두었는
지를 보고
56 돌아가 향품과 향유를 준비하더라 계명을 따
라 안식일에 쉬더라

원 의미

이 본문은 중심적인 두 부류의 인물들을 중심으로 전개된다: 아리마대 사람 요셉과 갈릴리에서 온 여인들.[1] 일부 사람들은 예수의 죽음 이후에조차 주님에 대한 관심을 여전히 갖고 있다. 안식일을 주의 깊게 잘 지키는 것을 통해 자신들이 유대적인 경건함을 갖고 있음을 잘 보여주는 일단의 여인들은 모든 유대인들이 예수를 배척한 것이 아님을 보여준다. 일부 유대인들은 주를 받아들인다.

이스라엘의 많은 사람들이 예수 앞에서 "넘어지겠지만" 다른 사람들은 또한 "일어설" 것이다(2:34). 요셉은 두 번째 그룹에 속한 사람이다. 그는 선하고 의로운 사람이다. 사실 그는 예수를 사형시키기로 한 공의회 결정에 반하는 사람이다. 그는 신약성경의 관점에서는 "남은" 성도이며,[2] 하나님의 나라를 기다리는 사람이다. 그는 예수를 믿는 사람이었을 수도 있고, 아니면 적어도 주님에 대해 어느 정도

1. 이 본문과 평행을 이루는 성경본문들은 마태복음 27:57-61과 마가복음 15:42-46이다. 누가만이 언급하는 한 가지 구체적인 내용은 이 여자들이 갈릴리에서 왔다는 내용에 대해서이다.

2. Tiede, *Luke*, 26은 그가 신실한 사람들 가운데 있었던 사람이라고 이야기한다. 아리마대의 정확한 위치는 알려져 있지 않다. 한 가지 추측은 예루살렘 북쪽으로 5마일 정도 떨어진 지점이라는 것인데, 또 다른 추측은 리다(Lydda)에서 북동쪽으로 10마일 떨어진 지점이라는 추측이다.

열려있는 사람이었다.

요셉은 예수의 시신을 달라고 하는 이는 신명기 21:22-23을 지키기 위함이었다. 그는 예수가 빈민들의 무덤에 묻히시는 것이 타당하지 않다고 생각한다. 그는 시신에 대한 허락을 받고, 십자가에서 내려다가, 세마포(*sindon*)—아마도 훌륭한 의복이었을 것이다—로 싼다. 이것은 오늘날 많은 주목을 받고 있는 투린(Turin—이탈리아 북쪽 지역이름)의 수의는 아니다. 요셉은 그 시신을 이전에는 한번도 사용하지 않은 돌무덤에 갖다 놓는다. 이 무덤은 아마도 바위 한쪽 편을 뚫어 만든 무덤이었을 것이고, 아마도 약 1미터 정도 높이의 입구를 갖고 있었을 것이다. 이런 무덤들은 예루살렘의 북쪽에 자리 잡고 있었다. 예수는 명예롭게 장사되셨다.

누가는 이 날을 안식일 전날인 "예비일"이라고 기록한다. 그러므로 이때는 금요일 해질 무렵이었다. 이 날에는 안식일을 위한 모든 것들이 다 준비되어야만 한다. 요셉은 해가 지기 전에 모든 일들을 신속하게 마무리하는데, 안식일이 이 시간에 시작하기 때문이다. 그의 행동은 개인적으로 진행된 것이 아니었다.

몇몇 여인들이 그가 예수를 무덤에 두는 것을 보았기 때문이다. 그들은 분명 십자가 장면에서 떠나지 않았었을 것이다(참조. 49절). 이 여인들이 갈릴리로부터 왔다는 사실은 이들이 얼마간 제자들이었으며 예수를 잘 알고 있다는 점을 지시해준다. 이들은 요셉이 예수의 시신을 어디로 가져갔는지 등에 대해서 실수하지 않았을 것이다. 이들은 안식을 준비하는 것과 마찬가지로, 향품과 향유 역시 준비하는데, 유대인들은 시신을 약품처리 하지 않기 때문에 이것이 그들에게는 일반적인 관습이었다. 향품과 향유는 시신의 악취와 부패를 줄여주기 위해 시신에 놓여졌다.[3] 이 여인들은 무덤에 다시 돌아갈 생각을 갖고 있었다. 이들은 주를 계속해서 존귀하게 하기를 원하는 사람들이다. 이들이 예수의 시신과 관련해서 부활을 기대했다는 것을 보여주는 내용은 전혀 없다.

상황잇기

이 설명은 예수가 어떻게 장사되었는지를 단순하게 이야기하며 이 장사를 바깥 외부인들이 목격했다는 점을 이야기한다. 이 점은 근본적으로 역사적인 차원에서 역할을 한다. 여기에는 인물에 대해 내러티브적인 차원에서 발전시킨 내

3. W. Michaelis, "μύρον," *TDNT*, 4:801; "σμύρνα," 7:458. 마가의 설명은 이 여인들이 향품을 주일날 첫 번째 물품으로 산 것으로 되어 있다. 이 차이점은 이 여자들이 좀더 많은 향품들을 그날 샀다는 것을 보여주는 것일 수 있다. 혹은 아마도 마태와 누가가 문학적인 압축을 했을 수도 있다.

용이 전혀 나오지 않는다. 이 본문은 예수에 대해 깊은 관심을 보였던 두 종류의 본보기가 되는 사람들을 제시한다. 이 사람들은 여기에서 예수가 명예롭게 장사되기를 원하고 적절하게 돌봐지기를 원하는 사람들이다. 이들의 관심은 존경받을 만한 일이다.

한 가지 또 다른 중요한 점이 제시된다. 부활은 전혀 기대되지 않는 사건이었다는 점이다. 예수는 죽은 사람들이 일반적으로 받는 것과 동일한 취급을 받으신다. 예수는 죽음이라는 절대적인 쉼에 들어가신 것이고, 향유를 준비했다는 점은 이 여자들이 주가 그 무덤 안에 계실 것으로 기대했다는 점을 보여준다. 부활은 모든 사람들을 놀랍게 만든다.

하나님이 우리 마음속에서 그리고 우리에게 지금 그분이 무얼 하고 계시는지를 이야기하시면서 능동적으로 역사하시는 일은 드문 일이 아니다. 그러나 우리는 요점을 놓쳐버리곤 한다. 우리는 일들이 일상적으로 진행되는 것에 쉽게 젖어버려서, 하나님이 평범함에서 벗어난 일을 행하시는 것을 놓쳐버릴 위험에 언제나 쉽게 빠져버리곤 한다. 지금 이 본문 같은 성경본문은 우리에게 이제 놀라운 방식으로 나타나게 될 하나님의 약속에 대해 주의 깊게 주목해야 한다는 점을 기억하게 한다.

현대적 의미

이 문단은 일부 사람들이 주의 죽으심 이후에 예수께 드린 존경에 관해 이야기하면서, 부활을 다루는 문단으로 넘어가는 연결 문단을 형성한다. 매우 회의적인 우리 시대를 향해 아주 특징적이고 중요한 적용 하나가 제시된다.

오늘날 일부 사람들이 제기하는 질문들 중 한 가지는 부활이 예수에 대한 기억을 새롭게 하고 계속해서 가르치기 위해 초대교회가 만들어낸 사건이라는 것이다. 만약 그런 주장이 맞다면, 복음서를 기록한 사람들은 분명 매우 이상한 방식으로 부활에 대한 준비를 기록하고 있는 셈이다.

복음서의 증언은 부활이 제자들을 매우 놀라게 만들었다는 것이다. 예수가 죽으셨을 때, 그들은 주가 떠나가셨다고 판단했다. 예수가 자신의 부활에 대해서 예언하셨지만, 그 예언은 제자들 속에 자리 잡지 못했다. 만약 부활이 위조된 것이라면, 그런 거짓말을 만들어낸 사람들이 제자들을 묘사하면서 그들이 예수가 예언하신 것을 이해하면서 어쩔 줄 몰라 했다는 식으로 묘사했겠는가? 조작된 부활을 믿었다고 생각하는 것은 좀더 신뢰하기 어려운 모습이다. 예수의 제자들 중 일부 사람들은 단순하게 부활의 가능성을 진지하게 다룬 정도가 아니라 심지어 부활을 위해 죽기까지 했기 때문이다. 부활과 관련한 이런 두 주장의 대조는 부활에 대해 어떻게 생각하는지를 결단하도록 직접적으로 끌고 가며, 또한 예수가 자기 자신이 누구신지에 대해 선포하신 것에 대해서도 결단을 내리도록 이끌고 간다.

누가복음 24:1-12

1 안식 후 첫날 새벽에 이 여자들이 그 준비한 향품을 가지고 무덤에 가서
2 돌이 무덤에서 굴려 옮겨진 것을 보고
3 들어가니 주 예수의 시체가 보이지 아니하더라
4 이로 인하여 근심할 때에 문득 찬란한 옷을 입은 두 사람이 곁에 섰는지라
5 여자들이 두려워 얼굴을 땅에 대니 두 사람이 이르되 어찌하여 살아 있는 자를 죽은 자 가운데서 찾느냐
6 여기 계시지 않고 살아나셨느니라 갈릴리에 계실 때에 너희에게 어떻게 말씀하셨는지를 기억하라
7 이르시기를 인자가 죄인의 손에 넘겨져 십자가에 못 박히고 제삼일에 다시 살아나야 하리라 하셨느니라 한대
8 그들이 예수의 말씀을 기억하고
9 무덤에서 돌아가 이 모든 것을 열한 사도와 다른 모든 이에게 알리니
10 (이 여자들은 막달라 마리아와 요안나와 야고보의 모친 마리아라 또 그들과 함께 한 다른 여자들도 이것을 사도들에게 알리니라)
11 사도들은 그들의 말이 허탄한 듯이 들려 믿지 아니하나
12 베드로는 일어나 무덤에 달려가서 구부려 들여다 보니 세마포만 보이는지라 그 된 일을 놀랍게 여기며 집으로 돌아가니라

원 의미

누가복음의 마지막 부분(24장)은 세 부분으로 구성된다: 여인들에게 나타나시는 예수(1-12절), 엠마오로 가는 길의 경험(13-35절), 그리고 제자들에게 나타나신 예수(36-43절)인데, 여기에는 주의 마지막 교훈들과 승천하실 때의 작별 인사가 더불어 나온다(44-53절). 이 부분은 새로운 발견, 놀라움 그리고 경이로움으로 가득 차 있다. 부활은 태만한 제자들을 시종일관 붙잡으며, 그들은 예수가 다시 살아계신다는 사실에 적응하는데 어려움을 겪는 시간을 보낸다. 그러나 주님은 성경이 이 사건들이 일어날 것이라고 예언했다고 분명하게 말씀하신다. 하나님은 무언가 불가능해 보이는 일들이 있을 때조차도 그분의 말씀을 지키신다.

십자가는 예수 스토리의 끝이 아니었는데, 그 뒤에는 새로운 시작을 알리는 부활이 뒤이어 나오기 때문이다. 빈 무덤과 예수의 부활은 주가 갈릴리에서 하셨던 약속 일부를 성취한 것이지만, 이 일은 제자들을 놀라움과 충격으로 몰아간다.[1] 사

실 부활을 발견했던 초기 순간들은 그들이 이 사건들에 대한 강한 의심들을 극복해야만 했다는 점을 보여준다. 그들의 반응은 그들이 오늘날의 사람들이 그런 것처럼 마치 "현대적이고" "회의적"이며 "궤변적인" 사람들인 것처럼 보이게 만든다. 제자들로 하여금 예수가 이미 부활하셨다는 것을 확신하게 하는 데는 여러 차례에 걸친 주의 등장이 사용되었다. 제자들은 아마도 우리들이 그러했을 것처럼 단지 부활이라는 이 사건에 아직 준비가 되지 못한 상황이었다. 이런 놀라움에서부터, 하나님의 계획이 결코 탈선해 버린 것이 아니라는 부가적인 발견도 나타나게 된다. 부활사건은 교회가 만들어낸 것이 아니다. 도리어 교회가 바로 이 부활을 통해 만들어졌다.

안식 후 첫날 이른 새벽 시간에, 몇몇 여인들이 예수의 시신에 바르기 위한 향품을 들고 무덤으로 발걸음을 옮긴다. 주의 시신을 무덤 안에서 발견할 것이라고 기대하면서 말이다. 이 여인들은 할 수 있는 대로 빨리 그 무덤에 도착하기를 원했다. 무언가 심상치 않은 일이 벌어졌다는 첫 번째 암시는 무덤 문을 막고 있던 돌이 굴러져 나와 있는 모습이었다. 이런 돌은 매우 크고 무거운 돌인데, 무덤 앞부분을 가로막고 있던 돌이다.[2] 이 여인들은 무덤 안에 들어가서는 "주의 시신"이 사라진 것을 발견하게 된다. 이 장에서 예수를 향한 두드러진 호칭이 "주님"이라는 것을 주목하도록 하라. 이 호칭은 예수의 부활과 관련한 사건들을 통해 예수의 주되심을 드러내주며 또한 하나님이 주를 높이시고 변호해주시는 것을 드러낸다(행 2:14-39; 롬 10:9).[3]

더 말할 것도 없이, 이런 모습은 이 여인들에게 도대체 무슨 일이 일어난 것인지 그리고 그들이 이제 무엇을 해야 할지를 (4절) "의아스러워하게" 만들었다. 이때 "두 사람"이 나타난다. 그들의 옷은 마치 빛처럼 환하게 빛나는데, 이는 "사람"

---

1. 이 본문과 평행을 이루는 성경본문들은 마태복음 28:1-10; 마가복음 16:1-8; 요한복음 20:1-18이다. 중심적인 차이점들은 요한과 공관복음서의 설명의 차이에서 나타난다. 요한은 자신이 겪은 스토리를 이야기한다. 요한은 자신이 부활을 처음에 어떻게 발견했는지를 이야기하고 그런 뒤 마리아의 설명으로 돌아간다. 이런 관점에 대한 구체적인 변호는 이제 곧 나오게 될 나의 책, *Luke 9:51-24:53*(Granf Rapids: Baker)의 누가복음 24:1-12을 다룬 항목에 자세히 다루어져 있다. 이런 차이점들을 어떻게 해결하는지에 관해 다르게 설명하는 것들로는 J. Wenham, *The Easter Enigma: The Resurrection Account in Conflict?*(Grand Rapids: Zondervan, 1984)와 G. Osborne, *The Resurrection Narratives: A Redactional Study*(Grand Rapids: Baker, 1984), 149 n. 2를 보라.
2. 이런 돌들에 대한 고대의 묘사를 보려면 Josephus, *Jewish Wars* 5.12.2 §507; 5.3.2 §108을 보라.
3. 누가는 예수를 "주"라고 호칭한 유일한 복음서 기자이다. 누가는 이 호칭이 예수가 누구신지를 요약적으로 가장 잘 묘사한 것으로 본다.

이라는 용어가 "천사"를 표현하는 완곡한 어법임을 보여준다(참조. 24:23, 이 부분에서 누가는 그들을 "천사들"이라고 부른다). 그들은 등장하면서 두 명의 증인으로서 역할 한다(신 19:15). 이 여인들은 그들이 일종의 초자연적인 존재들이 임한 것임을 알았고, 그래서 그들 앞에 공경을 표시하면서 엎드린다.

이 "사람들"은 단순한 질문을 물으면서 이 여인들에게 이야기한다: "왜 너희는 살아있는 사람을 죽은 자 가운데서 찾는 것이냐?" 다른 식으로 말하자면, 예수는 살아 계시다는 것이다. 이 무덤은 주를 가둬둘 수 없었다. "주님은 여기 계시지 않다. 그분은 부활하셨다[문자적으로는, 이미 살아나셨다!]" "살아나셨다"를 표현하면서 사용된 동사는 수동 과거형인데(aorist passive), 이는 하나님이 예수를 생명으로 돌아오게 하셨다는 것을 함축한다. 하나님은 예수가 약속하신 그대로 이 일에 개입하셨다. "갈릴리에 계실 때에 너희에게 어떻게 말씀하셨는지를 기억하라: 인자가 죄인의 손에 넘겨져 십자가에 못 박히고 제삼 일에 다시 살아나야 하리라" (참조. 9:22, 44; 13:3; 17:25; 18:32-33; 22:37).[4] 이 말씀은 기억하라는 명령이면서 또한 꾸짖음이기도 하다. 하나님은 우리가 하나님을 받아들지 않기에 문제거리를 갖게 되는 것에 관해 종종 말씀하신다. 그러나 하나님이 말씀하실 때, 우리는 우리에게 익숙한 방식으로 그 말씀을 받아들이면 안 되고 누가 그 약속을 말씀하고 계신지를 잘 인식하고 깨닫는 마음으로 받아들여야만 한다.

6-7절의 말씀은 다른 이유 때문에도 매우 중요하다. 인자가 이런 사건들을 겪어야 한다는 언급은 하나님의 계획을 강조한다. 이런 일들은 반드시 일어나야만 한다. 누가는 하나님의 계획이 수행되는 것을 표시하기 위해 헬라어 단어 '데이'(~해야만 한다)를 18번 사용한다—성경에 약속되었고 예수의 삶 속에서 실행된 계획.[5] 그 계획은 세 단계로 되어 있다: 배반, 십자가 고난 그리고 부활. 이들 중 두 가지 단계들이 24:43-47에서 이스라엘 나라를 향해 설교하실 때 네 번째 단계와 더불어 다시 재등장한다. 이 천사들의 말은 이 여인들로 하여금 예수의 말씀을 기억하게끔 한다. 하나님의 말씀들이 실제로 진행되고 있었다. 만약 우리가 하나님의 약속들이 성취된 것을 발견하기 원한다면, 예수를 바라봐야만 한다.

이 여인들은 제자들과 다른 사람들이 모여 있는 곳으로 가서 그들이 들은 이야기를 전해준다. 누가는 그런 뒤 그들과 함께 하고 있었던 다른 사람들에 대해서도

---

4. 마지막 예언은 갈릴리에서가 아니라 예루살렘에서 이루어진다.

5. 많은 사람들은 이것이 누가-행전의 중요한 신학적 주제들 중 하나라고 주장한다. D. Bock, "Luke-Acts", in *A Biblical Theology of the New Testament*, ed R. Zuck and D. Bock(Chicago. Moody, 1994), 87-100.

이야기하긴 하지만 그들 중 세 사람이 구체적으로 누구였는지를 이야기한다. 막달라 마리아와 요안나는 예수를 섬겼던 갈릴리 그룹 속에서 언급되었던 사람들이다(8:2-3). "야고보의 마리아"(문자적으로)가 누구인지는 명확하지가 않은데, 이 표현은 어머니, 아내, 혹은 자매를 지칭하는 것일 수 있기 때문이다. 대부분은 이 여성에 대해서 마가복음 15:40과 16:1에 나오는 사람, 즉 야고보와 요세의 어머니와 동일시한다. 이 점을 빼고는 우린 이 여성에 대해 아는 바가 거의 없다.

이처럼 여러 명의 여성들이 증거 했음에도, 그들의 스토리는 신빙성이 없는 것으로 간주되었다. 그 내용을 받아들이기 어려웠을 뿐만 아니라, 문화적으로도 여성들이 전해주는 이런 스토리는 의심스런 눈초리로 바라보아졌기 때문이다. 부활 스토리가 신뢰할 만하다고 볼 수 있는 중요한 증거들 중 한 가지는, 1세기 교회는 결코 핵심적인 일차적 증인이 여성인 스토리를 만들어내지 않는다는 점에 대해서도 생각해 보는 것이다. 누가는 부활에 관해 전해들은 첫 번째 청중들이 얼마나 회의적이었는지를 분명하게 기록한다. 그들은 이 여성들의 설명을 "난센스"(혹은 "허탄한 이야기")라고 여긴다. 아마도 예수는 미래의 어느 날 일반적인 부활 때 돌아오실 것이기는 하겠지만, 육체의 부활을 가지고 지금 즉각 오시지는 않을 것이다—그건 믿을 수 없는 이야기이다. 예수가 만나신 첫 번째 회의론자들은 다름 아니라 주의 제자들이다.

그러나 베드로는 주의 말씀을 의심하는 것보다 무엇이 더 나은지를 알고 있다. 주를 부인하는 동안, 그는 자신들이 인식하는 것보다 주가 더 많이 알고 계심을 배웠기 때문이다. 그래서 그는 무덤으로 뛰어가고, 구부려서 그 안을 들여다보고, 무덤에 세마포만 있고 시신이 없는 것을 본다. 그는 "무슨 일이 일어난 것인지 의아해하면서"(개역개정—"놀랍게 여기며") 무덤을 떠난다. 학자들은 "의아해하면서"('다우마조', 또한 "놀라워하면서"로 번역되었다)라는 헬라어 단어가 이 지점에서 베드로의 믿음을 함축하는 것인지 아니면 그렇지 않은 것인지에 대해 논쟁을 벌인다. 대부분의 학자들은 24:24, 34이 베드로의 믿음이 나중에 나타난 것을 보여준다고 주장하면서 여기선 믿음이 함축되지 않은 것으로 말한다. 오스본(Osborne)이 베드로가 여기에서 "믿음의 첫걸음"을 경험하고 있다고 말한 것이 좀더 정확하게 분석한 것이 아닐까 싶다.[6] 완전한 믿음이라고 하기에는 부족한 그런 단어를 사용하면서, 누가는 이 드라마에 베드로가 지금 무슨 일이 벌어지고 있는 것인지를 생

6. G. Osborne, *The Resurrection Narratives*, 114.

각하고 있다는 점을 덧붙인다. 빈 무덤은 질문들을 불러일으키고 있으며, 이는 이 사도에게 비범한 무언가가 전해지고 있으며 하나님이 그 일 가운데 계시다는 것을 알아차리게끔 하고 있음을 의미한다. 베드로는 충분히 이해하지는 못했을 수도 있지만, 그는 예수가 말씀하시는 것이 무슨 의미인지를 배웠다. 누가의 부활에 대한 첫 번째 설명은 여기서 마무리된다. 그렇기 때문에 어떤 일이 벌어진 것인지에 대해 그리고 어떻게 해서 제자들이 예수가 부활하셨다는 것을 확신하게 될 것인지 등에 관한 일련의 질문들이 남게 된다. 첫걸음은 여기이지만, 완전한 확신은 뒤이어 나올 설명들을 통해 주어진다.

상황잇기

이 설명에는 오늘날 현대 세계와 거의 다르지 않은 중요한 특징 한 가지가 있다: 그건 부활에 대한 회의론이다. 이 본문 내용에 우리가 너무나 익숙하기 때문에, 우린 종종 제자들이 가졌던 태도를 잊곤 한다. 그들은 일반적으로 기적에 대해 열려있는 사람들이었다. 그러나 지금의 경우에 대해서는 그들은 설득 받아야만 한다. 이 여인들은 하나님이 행하신 일에 대해 지금 여기 모여 있던 대부분의 제자들보다 좀더 잘 반응하는 사람들이다. 부활이 기독교 신앙의 핵심이기 때문에 부활에 관한 내용은 매우 중요하지만(고전 15장), 교회는 부활을 쉽게 믿지 않았다. 제자들의 "내게 보여 달라"는 첫 번째 태도는 오늘날 현대적인 정서와 잘 들어맞는다.

인류가 갖고 있는 또 다른 오래된 질문은 도대체 죽음 이후에는 어떤 일들이 벌어지는가에 관한 것이다. 우리가 경험한 경험 밖의 일들에 대해 궁금해 하는 것은 인간의 본성이다. 오늘날에도 "죽음에 가까이 갔던" 경험들에 관한 논의도 많이 있고, 심지어 윤회의 가능성에 관해서도 많은 논의가 이루어진다. 나는 부활이 도대체 가능하냐고 질문하는 사람들이 윤회에 대해서 그토록 쉽게 확신하는 모습을 보면서 놀라움을 금할 수가 없다. 이 본문은 우리들에게 죽음 이후의 삶이라는 이슈에 대해 통찰력을 제시해준다. 예수의 부활이라는 실제 사건은 우리 자신의 부활에 관해 깊이 생각해볼 수 있는 토대를 형성한다. 죽음은 끝이 아니며, 우리는 언젠가 창조주 앞에 서야만 할 것이고, 우리가 지금의 삶 속에서 어떻게 청지기 직분을 감당했는지를 책임져야만 할 것이다. 성경이 윤회가 아니라 부활에 대해 가르치고 있기 때문에, 우리가 개인적으로 만나게 되는 질문은 심판날 우리에게 어떤 일이 일어날 것인지에 관한 질문이다.

본문과 우리 시대 사이의 세 번째 가교는 하나님의 계획과 그분의 말씀이라는 이슈이다. 누가복음 24장 전체는 계획에 대해서 그리고 하나님이 이미 약속하셨던 것을 실행하시는 것에 대해서 강조한다. 24장은 1-2장에서 이미 제기되었던 주제를 다시 도입한다. 이 주제가 누가복음 전체를 앞뒤에서 괄호처럼 도입하고 맺고 있다는 사실은 누가가 가르치는 모든 일들에 대해 이 주제가 얼마나 핵심적인 것인지를 잘 보여준다. 진정한 의미에서 누가가 데오빌로 각하에게 확신시키고자 했던 핵심적인 가르침은 하나님의 말씀이 진리라는 것과 연관되어 있다(1:4). 천사들이 이 여성들에게 예수의 약속을 상기시켰을 때, 그들은 주가 행하실 것이라고 말씀한 내용을 하나님이 행하실 것임을 확신하게 되었다. 예수의 부활은 이런 소망이 우리들에게도 있다는 것을 알려준다(고전 15:20-28).

현대적 의미

이 본문에 대한 적용 한 가지는 제자들이 부활에 대한 이 여인들의 증언을 받아들이는데 어려움을 겪고 있다는 사실이다. 아마도 우리는 사람들이 부활에 대해 주저하는 모습을 볼 때 놀라지 않아야 할 것이다. 결국 제자들은 이 난관을 좀더 많은 설득을 받은 이후에서야 넘어설 수 있었다. 우리는 그렇기 때문에 우리가 다른 사람들과 더불어 부활의 소망을 공유하고자 할 때 더 많은 인내를 해야만 할 것이다.

한번 생각해보라. 예수가 사역을 감당하시는 동안 부활에 대한 소망을 말씀하시고 제자들과 공유하고자 했을 때, 그리고 주가 다시 돌아오셨을 때 이상한 듯이 쳐다보고 있는 모습들을 바라보시면서 어떻게 느끼셨을지에 대해서 말이다. 우리는 이 여인들이 부활에 관한 이야기들을 나누어주면서 어떤 느낌이었을지 생각해 볼 수도 있을 것이다. 그러나 성경이 부활에 관한 스토리를 이야기할 때 그것은 진실이다. 제자들의 의심은 크리스털 같은 투명함을 위한 출발이다. 그들의 더딘 믿음은 본보기가 아니라, 교훈적인 모습이다. 부활은 믿기 어려운 교리이다. 이런 이유로 인해 복음을 심령 속에 함께 나누고 공유하기 위해서는 성령께서 역사하실 필요가 있다.

우린 이미 하나님이 그분의 약속을 지키신다는 개념이 얼마나 중요한지에 대해 지적한 바 있다. 부활은 하나님의 위대한 약속 중 하나이다. 기독교의 소망에 의하자면, 하나님은 자녀들에게 새롭게 재창조하시고 완전히 새로워진 세상과 그 안에서의 영생을 주신다(참조. 계 21-22장). 만약 그런 세상이 올 것이고 만약 하나님이 그분의 약속들을 지키신다면, 그런 이를 준비하는 것은 삶의 가장 중요한 일들 중 하나가 될 것이다. 물론 다가오게 될 삶은 지금 여기서 살고 있는 삶보다 그 기간에 있어서 비교할 수 없을 만큼 길다. 그러므로 그 시기를 준비하는 것은 우리가 오늘날 직면하게 되는 그 어떤 짧은 일들보다도 훨씬 더 중요하다. 오늘날 유행하는 비전적인 사고방식(Visionary Thinking)은 멀리 바라보는 안목을 갖는 것이다.

우리에게는 하나님과의 긴 안목에서의 관계성을 생각하는 것보다 더 비전적인 사고방식은 아무것도 없다. 우리의 충직함은 이제 장차 미래에 우리들에게 주어질 시민권에 대한 것이어야만 한다.

신세계를 향한 기독교인들의 소망은 그 소망 안에 언젠가 공의가 이 피조 세계에서 실현될 것이라는 생각이 연결되어 있기에 매우 중요하다. 로마서 8:17-39에 의하자면, 피조 세계는 하나님의 자녀들의 구원과 더불어 있게 될 구속을 기다리며 탄식한다. 하나님이 우리를 옹호해주시는 것과 더불어 공의가 오게 될 것이다. 미래의 공의가 없게 된다면, 과거의 공의롭지 못한 것들이 남게 된다. 그렇기에, 이런 미래가 반드시 온다는 측면에서, 우리는 이 땅에서 나그네로서 살아가며 하나님이 주신 청지기 직분을 감당하는 사람들로서 살아간다(빌 3:20-21).

요약하자면, 부활은 모든 것들을 다 변화시킨다. 누가는 우리가 예수의 부활이 "도대체 그래서 뭐?"에 관해 생각하게끔 하기를 원한다—예수가 살아계시고 죄 사함을 주시며, 그래서 우리는 주를 통해 하나님과 전혀 새로운 관계를 가질 수 있다. 성도들에게 부활은 하나님이 주시는 새 생명이 우리로 하여금 감사하며 동행할 것을 명령한다는 것을 다시금 기억하게 한다. 주를 모르는 사람들에게, 성경은 부활이 의미하는 바를 받아들일 것을 명령한다.

이 단락은 우리에게 베드로가 무덤 안을 들여다보고 빈 무덤과 세마포만 바라보고 있는 장면을 남겨둔다. 빈 무덤과 더불어 빈 세마포는 예수께 어떤 일이 일어났는지에 대해 질문을 하게 만든다. 누가는 이 장에서 이 질문에 대해 대답하겠지만, 우리가 대답해야만 하는 또 다른 질문이 있다.

만약 이 빈 세마포가 죽음이 끝이 아니라 새로운 변화를 보여주는 것이라면, 우리가 부활을 경험하게 될 때, 우리에겐 어떤 일들이 일어나게 될 것인가? 윤회나 혹은 부활이 없다는 것에 대한 성경적인 대안으로서, 우리는 하나님 앞에서 지금 이 삶 속에서 행하는 것에 대해 책임을 져야할 것이라는 점을 깨달아야만 한다. 다시 할 수 있는 기회는 없다. 오직 한번의 삶만이 있을 뿐 다른 것은 아무것도 없다. 우리들 각자는 그렇기 때문에 하나님 앞에 서 있다는 현재의 실체 속에서 씨름해야만 한다.

우리는 누가가 여기에서 호칭을 "주님"이라고 바꾼 것을 간과해서는 안 된다. 예수는 권세, 즉 구원에 대한 하나님의 권세를 갖고 계신 유일한 분이시다. 모든 것들의 주님으로서, 복음은 모든 사람들에게 나아가야만 한다. 누가가 지고 있었던 가장 큰 부담들 중 하나는 예수가 누구이시며 얼마나 위대한 분이신지를 이해하고 있는 사람들에게 하나님의 계획이 계시되고 드러난다는 점을 보여주는 것이다. 주님이시기에 예수는 신뢰할 만하고, 경배 받으실 만하며 또한 좇아갈 만한 분이시다. 그 누구도 주님보다 찬양받으실 만한 사람은 없다. 주의 장엄하심과 주의 지위라는 측면에서, 우리 모두는 주께 자발적으로 복종해야만 하며 또한 주의 돌보심과 인도하심을 의지해야만 한다.

누가복음 24:13-35

13 그날에 그들 중 둘이 예루살렘에서 이십오
리 되는 엠마오라 하는 마을로 가면서
14 이 모든 된 일을 서로 이야기하더라
15 그들이 서로 이야기하며 문의할 때에 예수께
서 가까이 이르러 그들과 동행하시나
16 그들의 눈이 가리어져서 그인 줄 알아보지
못하거늘
17 예수께서 이르시되 너희가 길 가면서 서로
주고받고 하는 이야기가 무엇이냐 하시니 두
사람이 슬픈 빛을 띠고 머물러 서더라
18 그 한 사람인 글로바라 하는 자가 대답하여
이르되 당신이 예루살렘에 체류하면서도 요
즘 거기서 된 일을 혼자만 알지 못하느냐
19 이르시되 무슨 일이냐 이르되 나사렛 예수의
일이니 그는 하나님과 모든 백성 앞에서 말
과 일에 능하신 선지자이거늘
20 우리 대제사장들과 관리들이 사형 판결에 넘
겨 주어 십자가에 못 박았느니라
21 우리는 이 사람이 이스라엘을 속량할 자라고
바랐노라 이뿐 아니라 이 일이 일어난 지가
사흘째요
22 또한 우리 중에 어떤 여자들이 우리로 놀라
게 하였으니 이는 그들이 새벽에 무덤에 갔
다가
23 그의 시체는 보지 못하고 와서 그가 살아나
셨다 하는 천사들의 나타남을 보았다 함이라
24 또 우리와 함께 한 자 중에 두어 사람이 무덤
에 가 과연 여자들이 말한 바와 같음을 보았
으나 예수는 보지 못하였느니라 하거늘
25 이르시되 미련하고 선지자들이 말한 모든 것
을 마음에 더디 믿는 자들이여
26 그리스도가 이런 고난을 받고 자기의 영광에
들어가야 할 것이 아니냐 하시고
27 이에 모세와 모든 선지자의 글로 시작하여
모든 성경에 쓴 바 자기에 관한 것을 자세히
설명하시니라
28 그들이 가는 마을에 가까이 가매 예수는 더
가려 하는 것 같이 하시니
29 그들이 강권하여 이르되 우리와 함께 유하사
이다 때가 저물어가고 날이 이미 기울었나이
다 하니 이에 그들과 함께 유하러 들어가시
니라
30 그들과 함께 음식 잡수실 때에 떡을 가지사
축사하시고 떼어 그들에게 주시니
31 그들의 눈이 밝아져 그인 줄 알아 보더니 예
수는 그들에게 보이지 아니하시는지라
32 그들이 서로 말하되 길에서 우리에게 말씀하
시고 우리에게 성경을 풀어 주실 때에 우리
속에서 마음이 뜨겁지 아니하더냐 하고
33 곧 그때로 일어나 예루살렘에 돌아가 보니
열한 제자 및 그들과 함께 한 자들이 모여
있어
34 말하기를 주께서 과연 살아나시고 시몬에게
보이셨다 하는지라
35 두 사람도 길에서 된 일과 예수께서 떡을 떼
심으로 자기들에게 알려지신 것을 말하더라

원 의미

예수와 두 제자가 엠마오로 가는 길에서 만난 사건은 부활이 가장 생생하게 나타난 사건들 중 하나이다. 이 설명은 누가복음에만 나오는 사건이며, 이 복음의 핵심적인 주제들을 담고 있는 사건이기도 하다: 하나님 말씀의 약속들이 갖는 중요성, 예수의 선지자로서의 신분, 그리고 메시아적인 역할. 이 본문은 또 다른 식탁 교제로 마무리된다. 예수가 자신을 드러내신 일은 주와의 친밀함이라는 정황 속에서 일어난다.

이 본문은 또 다른 여정에서 출발한다. 두 명의 사람들이 엠마오로 가고 있었는데, 이 마을의 정확한 위치는 알려져 있지 않다. 고대의 다른 문헌들에서 알려지기는 일반적으로 예루살렘에서 12마일 정도 거리에 있는 마을인 것으로 알려져 있다.[1] 이 제자들은 분명 예루살렘에서의 비극적인 주말을 보낸 뒤 집으로 향하고 있었을 것이다. 그들은 예루살렘에서 벌어졌던 일들에 대해 논의하고 있었다. 19b-24절은 그들이 함께 씨름해온 이슈들이 무엇이었는지를 보여준다. 매우 열중한 분위기에서 이 논의가 있었던 것으로 보인다. 여기 사용된 단어('시제테인')는 강렬한 논쟁을 제시하는 단어이기 때문이다(참조. 눅 22:23; 행 6:9; 9:29에서 이 단어가 사용되었다).[2] 아마도 그들은 빈 무덤의 의미에 대해서 논쟁하고 있었을 것이다. 예수는 그들이 이렇게 논의하고 있을 때 비록 그들이 주를 알아보지 못했지만 그들에게 다가가신다. 그들의 눈은 "가리어져서 주를 알아보지" 못한다. 누가복음에 나오는 예수가 부활하신 이후 첫 번째 등장하시는 모습은 평범하고 일반적인 모습이면서 동시에 신비로운 모습이다. 주님은 일반적인 사람의 모습으로 나타나셨지만, 처음에는 알아볼 수 없을 만큼 다른 모습이셨다. 이런 묘사는 이 드라마에 부활의 신비를 더해준다.

예수는 그들에게 무엇을 의논하고 있는지 물으신다. 이 질문은 그들로 잠시 멈춰 서게 하고, 그들의 태도를 변하게 만든다. 그들이 예루살렘에서 보고 온 것들은

---

1. 누가는 60스타디아라는 표현을 사용한다. 스타디아는 607피트이거나 혹은 200야드를 조금 더 넘는 길이이다(185m를 조금 더 넘는 길이이다). 그러므로 60스타디아는 약 6.8마일이다(약 11km정도이다). 비록 증명하긴 어렵지만, 이런 기록은 몇몇 사람으로 하여금 엠마오가 제1마카비서 3:40, 57, 4:3 등에 언급되는 '아마우스'(Ammaous)라고 주장하게끔 한다. 플룸머(Plummer)는 엠마오가 엘-쿼베이베(el-Qubeibeh)라고 제안하는데, 이곳이 1세기의 지역이었다고는 증명되지 않는다(*The Gospel According to St. Luke*, 551-52). 또한 Fitzmyer, *The Gospel According to Luke X-XXIV*, 1561-62를 보라. 요세푸스는 '암마우스'(Ammaous)가 예루살렘에서 약 30스타디아 거리에 있었다고 언급하는데, 이는 왕복으로 치자면 60스타디아 정도의 거리이다(Josephus, *Jewish Wars* 7.7.6 § 217).
2. J. Schneider, "συζηέω," *TDNT*, 7:747.

기억하기 고통스러운 일들이었기 때문이다. 소망이 예수의 죽으심과 더불어 사라져버렸기 때문이다. 이 두 사람 중 한명인 글로바는 매우 놀라워한다. 그는 아이러니하게도 "당신이 예루살렘을 다녀오는 사람 중에서 지난 며칠동안 그 안에서 벌어진 일을 모르는 유일한 사람이 아닌가?"라고 묻는다.[3] 물론 예수는 무슨 일이 벌어졌는지를 정확하게 잘 아신다. 그 일들은 주와 관련하여 벌어진 일이기 때문이다! 이 스토리 중 이 부분이 주는 즐거움은 본문을 읽고 있는 독자들이 등장인물들은 모르고 있는 사실을 알고 있다는 점이다. 적어도 만약 절기를 맞아 순례하던 무리 중에 속해 있었다면, 그 누구도 무슨 일이 일어났는지를 놓칠 수 없었을 것이다. 그럼에도 불구하고, 예수는 "무슨 일?"이냐고 물으신다.

이 제자들은 즉각 대답한다, "나사렛 예수에 관한 일"이라고 말이다. 그리고 "하나님과 백성 앞에서 말과 일에 능하신" 모습으로 주가 행하신 선지자적인 역사하심에 관해 이야기한다. 누가복음의 독자들은 만약 누가복음 4-18장의 여러 부분들을 기억한다면, 이 묘사에 대해 수긍할 수 있다(4:16-30; 7:16, 22-23, 39; 9:9, 18; 13:31-35; 행 3:14-26; 10:38-39). 그들은 대제사장들과 관원들이 십자가 처형을 통해 어떻게 주를 죽였는지에 대해 이야기한다. 이 제자들은 그들 스스로 예수가 선지자 이상의 분이시라고 생각했으며, 또한 주가 이스라엘을 속량하실 분이라고 소망했었다. 이것이 그들의 소망이었다. 예루살렘에서 십자가에 못 박혀 버린 것을 본, 그들이 갖고 있던 소망이었다.

그러나 얘기할 거리가 한 가지 더 있다. 삼일 후에, 제자들 중에 있던 어떤 여인들이 그 사람들을 놀라게 했다.[4] 그들은 무덤에 갔다가 무덤이 비어있는 것만 보았다. 그들은 또한 천사들이 그들에게 예수가 살아나셨다고 이야기했다고 전해주었다. 다른 동료들(아마도 베드로와 다른 제자들)도 무덤에 가서는 이 여인들이 전해준 대로 무덤이 비어 있었고, 예수를 그 어디에서도 찾아볼 수 없었다. 글로바의 이야기를 듣고 있는 주는 이 일이 얼마나 아이러니한가! 이 두 제자들은 이렇게 벌어진 일들에 대해 당황해했다. 그들이 기대하는 마지막 일은 부활이다.

그러자 예수는 꾸짖기 시작하시는데, 이 제자들의 생각들은 이 사건들이 진행되어 갈수록 점차 더 분명해지고 뚜렷해진다. 주님은 이들을 "어리석은" 자들이라고 부르시고, 또한 "마음에 더디 믿는 자들"이라고 부르신다. 누가의 독자들에게

---

3. 이 번역은 NIV와 조금 다르지만, 좀더 정확하다.
4. 누가-행전에서는 누군가가 전혀 생각지 못하다가 만난 일들을 표현하기 위해 "놀랐다"는 단어가 종종 등장한다(눅 2:47; 8:56; 행 8:9, 11).

는, 이런 주의 말씀은 너희는 이들과는 달리 믿음을 가지라는 명령이며 또한 지금 이 두 제자들이 빠져있는 그런 흐리멍텅한 안개 속에 너희는 빠져들지 말라는 명령이기도 하다. 그들은 선지자들이 말했던 내용들을 믿었어야만 했다. 성경에서 이미 오래전부터 옛 글들—기독교인들은 구약성경이라고 말하고 유대인들은 토라라고 말하는—이 메시아에 관해 약속해준 방식을 믿었어야만 했다. 누가는 누가-행전의 상당히 많은 부분들을 이런 약속들에 관한 특정한 구약성경 본문들을 언급하는데 사용한다. 성경이 메시아에 관해 제시하는 개요는 고난을 받고 그런 뒤 영광을 얻는 것이다. 이 순서는 반드시 그래야만 하는 것인데, 하나님이 그렇게 계획하시고 작정하셨기 때문이다. 누가는 다시 한번 하나님의 작정하심에 대해 분명하게 표현하기 위해 '데이'(해야만 한다)를 사용한다. 이 일들은 "반드시" 그렇게 되어야만 하는데, 이 일들이 하나님이 인간과의 관계성을 회복하시기 위해 애쓰시고 역사하시는 일부분이기 때문이다.

그런 뒤 예수는 이 약속들에 대해서 이 두 명의 여행객들에게 설명하기 시작하신다. 모세에서부터 선지자들에 이르는 일을 통해서 말이다. 이 약속들은 비록 이 여행자들이 지금 그들에게 말씀하고 있는 분이 누구신지 모르고 있지만, 다름 아니라 바로 주님에 관한 약속들이다. 엠마오 대화는 예수를 둘러싼 깊은 상처와 괴로운 사건들이 하나님의 구원 계획의 일부분임을 강조한다. 그들이 보았던 것은 소망의 끝이 아니라 그 시작이다.

세 사람이 마을에 가까이 갔을 때, 예수는 계속해서 여행을 하시려는 것처럼 보였다. 그러나 이 두 사람은 그들과 함께 있자고 주를 설득했는데, 그날이 거의 저물었기 때문이다. 예수는 식탁에 그들과 더불어 앉으셔서는 함께 식사를 하신다. 최후의 만찬 때와 비슷한 목회적 상황과 장면에서, 주님은 떡을 떼어 축사하시고서는 그들에게 나누어 주신다. 내러티브가 이 지점에 다다르게 되었을 때, 이 장면에는 침묵적인 무언가가 자리 잡는다. 갑자기 그들의 눈이 열린다. 그들은 이분이 예수이신 것을 알아본다. 그들은 그들이 논의하고 있던 바로 그분과 시간을 함께 보낸 것이다! 그러나 그들이 주를 알아보자말자, 주님은 사라지셨다.

글로바와 그의 형제는 그들이 동행하면서 나누었던 이야기가 얼마나 놀라운 것이었는지를 고백한다. "길에서 우리에게 말씀하시고 우리에게 성경을 풀어주실 때에 우리 마음이 뜨겁지 아니하더냐?" 하나님이 예수의 말씀을 통해서 그들로 하여금 하나님이 예수의 고난과 영광에 대해서 어떻게 행하는지를 알게 하신 것이 아닌가? 그들이 지금 막 경험한 것이 하나님의 약속이 아니던가?

이미 늦어버리긴 했지만, 그들이 보았던 것들은 그들로 하여금 다음날까지 지체할 수 없게끔 했다. 그들은 다른 제자들에게 예수가 그들에게 나타나셨다는 것에 대해서 말해줘야만 한다. 그래서 그들은 즉각 예루살렘으로 돌아간다. 열한 명의 제자들과 다른 제자들은 여전히 함께 모여 있었고 매우 흥분해 있었다. 엠마오에서 온 두 명의 제자들이 그들의 스토리를 다 이야기하기도 전에, 여인들이 전해준 이야기가 사실이라는 소식이 방안을 가득 채운다. "주가 과연 살아나시고 시몬에게 보이셨다!" 엠마오의 제자들은 그때서야 그들에게 길 위에서 벌어졌던 일에 대해서 그리고 예수가 그들에게 식탁에서 어떻게 나타내 보이셨는지에 대해서 말한다. 예수는 모든 곳들에 보이기 시작하고 계신다. 예수의 부활에 대한 진리가 점차 마음에 새겨지기 시작하면서, 절망은 기쁨이 되어간다.

상황잇기

이 문단의 중추적인 주제는 앞 단락의 주제와 동일한데, 바로 부활이다. 그러나 논의는 좀더 깊어졌다. 앞 단락은 단순하게 빈 무덤과 부활의 실재성에 대해서만 이야기했었다. 이 본문은 육체적으로 부활하신 예수의 등장을 포함한다. 이제 우리는 더 이상 부활에 관한 단순한 주장만을 갖고 있는 것이 아니라, 그 결과가 분명하게 드러난 모습도 갖고 있다. 이런 경험들은 제자들로 하여금 회의적인 모습에서부터 벗어나도록 설득한다.

아마도 이 본문이 우리의 현대적인 세상을 향해 던지는 가장 중심적인 도전은 이런 사건에 대해 우리 세계가 믿음을 가질 수 있는가에 관한 것일 것이다. 예수가 부활하신 후 자신을 드러내 주셨던 사람들이, 죽은 사람이 다시 살아나서 나타나는 것에 대해서 오늘날 우리들과 비슷하게 경험주의적인 자세를 갖고 있던 것으로 보인다는 점은 매우 중요하다. 빈 무덤에 대한 선언만으로는 그들을 확신케 하기에 너무나 부족했다. 예수가 부활하셨다는 눈에 보이는 가시적인 증거만이 확신을 가져다 줄 것이다. 글로바와 그의 친구의 반응, 예수가 꾸기 시작하시는 시점에서조차 부활을 받아들이기 주저하는 반응은 지금 여기서 이야기되는 내용들이 진짜로 일어났던 일들임을 증명하는데 도움을 준다. 결국 교회는 예수의 제자들을 믿음이 없는 사람들로 만들어버리는 그런 스토리들을 만들어낸 것인가? 여기 나오는 두 명의 제자들은 예수가 가져오셨던 소망이 십자가로서 끝장이 났다고 느꼈다. 오직 예수 그분만이 다시금 회복된 존재로 나타나시는 것을 통해 그들의 마음을 변화시키실 수 있다. 모든 측면에서 예수가 바로 부활신앙의 저자이시다.

이 본문의 두 번째 요소는 성경본문과 현재 사이에 오랫동안 존재해온 또 다른 핵심적인 주제를 반영하고 있다. 이 본문은 약속 안에 표현된 하나님의 말씀이 충분히 신뢰할 수 있는 것임을 두드러지게 강조한다. 예수는 고난에 뒤이어 나오는 영광이 구약성경에서 메시아에 대해 묘사하는 중요한 두 가지 차원임을 선언하신다. 이는 성경에 대한 새로운 이해이다.

우리는 아브라함에게 주어진 약속에 뿌리를 두고 있는 유대적인 믿음을 갖고 있는 사람들이, 하나님이 최종적으로 자기 백성을 구원하시고 이 땅을 통치하시게 되었을 때, 어떻게 이런 일들과 구약성경 계시를 함께 묶어 놓을 것인지에 대해 깊이 고민했다는 것을 알고 있다.

마지막 때가 되면 위대한 선지자, 위대한 왕, 하나님으로부터 권세를 받은 위대한 인물, 하나님의 소망을 선포하지만 고난을 받는 종을 소망하는 그런 본문들이 있다. 또한 하나님이 심령에 율법을 새기고 하나님과 더불어 친밀함을 누리는 그런 공동체의 삶 속에 임재하시는 그런 구원을 소망하는 본문들도 있다. 이런 모든 다양한 예언들은 다양한 제사장적인 이미지들과 더불어 유대교에서는 서로 다툼이 되는 예언들이다. 유대인들은 얼마나 많은 마지막 때의 인물들이 등장하게 될 것인지 그리고 그들 서로간의 관계는 어떻게 될 것인지에 대해 고민하고 갈등했다. 이런 세상 속으로 예수가 들어오셨다.

복음서들과 사도행전에서 예수는 구약성경의 약속들이 주님 안에서 이루어졌다고 선포하셨다. 주님은 모세와 같은 선지자, 다윗의 아들, 고난 받는 종, 메시아 그리고 인자 등 이 모두를 한 사람에게로 묶은 그런 분이시다. 주의 삶에는 고난과 승리 모두가 다 포함되어 있다. 이 두 단계들 사이를 연결해주는 가교는 부활이다. 바로 이것은 예수가 모든 성경이 주님에 대해 가르쳤던 것이라고 주장하셨던 이유이다. 오직 주가 누구신지에 대한 이해만이 성경에 나오는 다양한 요소들을 의미있게 해준다.

누가복음 24장은 예수를 선지자와 메시아로 묘사하는데, 이런 호칭들은 예수와 결합될 때만 성경의 약속을 이해할 수 있다. 이것이 기독교가 하나님의 약속들에 대해서 그리고 기독교와 예수의 관계에 대해서 제시하는 가장 핵심적인 해석적 주장이다.

비록 이 본문에서는 율법과 선지자들을 통해 주어진 약속들에 대해 일반적인 언급만이 주어지지만, 누가복음 전체를 통해서 특정한 본문들이 기록되었다. 이사야 40장과 먼저 보냄 받는 자에 대한 약속(눅 3:4-6), 이사야 61장과 구원에 대한 선포와 실현(눅 4:18-19), 시편 118편과 주의 이름으로 오시는 자를 받아들이라는 명령(눅 13:35), 그리고 버려진 돌이 높임을 받게 될 것이라는 경고(눅 19:38), 시편 110편과 하나님의 다스리심에 대한 약속(눅 20:42-43), 그리고 다니엘서 7장과 구름을 타고 오시는 인자에 대한 묘사(눅 21:27) 등에 대해서 생각해 보라.

사도행전에서는 지금 여기서 언급되지 않은 많은 본문들이 제시될 것이다: 예를 들자면, 요엘서 2장과 성령에 대한 약속(행 2:17-21), 아브라함을 향한 하나님의 약속에 대한 언급(행 3:25), 시편 16장에 대한 선포와 메시아적인 구원에 대한 소망(행 2:25-28; 13:35), 그리고 이사야 55장과 지금 새로운 시대 속에서 적용 가능한 다윗에 대한 약속들(행 13:34). 교회는 의심할 여지없이 이런 본문들에 대해 예수가 사역하시던 시기를 통해서 그리고 주가 부활하신 이후를 통해서 주님 그분으로부터 배웠다.[5] 약속의 성취에 대한 이와 같은 믿음의 핵심적인 선포는 하나님의 계획을 이해하는데 있어서 가이드 역할을 한다.

더군다나, 예수가 이 두 명의 제자들과 함께 식탁에 앉아 교제를 나누실 때 주가 누구신지가 드러난 것은 결코 우연이 아니다. 고대세계에서는 식탁은 교제의 자리였다. 식탁에서 가족들과 친구들은 함께 모여 서로 시간을 보내곤 한다. 누가는 식사 장면의 중요성을 그의 복음서 전체를 통해 잘 이해해 왔다. 식탁은 예수의 말씀이 들려지는 곳이며 또한 주의 함께하심이 가장 친밀하게 다가오는 그런 곳이기도 하다. 이 사실은 예수가 자기 자신을 삶의 가장 기초적인 순간 속에서 드러내신다는 것을 보여준다. 주님은 가정에서 이루어지는 우리의 일상적인 매일의 행동 가운데 계신다.

이 주제는 다음 장면에서도 마찬가지로 제시될 것이다. 예수가 41-43절에 나타나실 때, 주님은 다시 한번 제자들과 더불어 식탁에 앉으실 것이다. 이 이미지는 성찬식 때 교회 안에서도 재현되는데, 이는 주의 임재를 확인해준다. 그렇다. 주님은 부활하셨고 성부 하나님과 더불어 섬기고 계신다. 우리가 그 식사에 동참할 때, 우린 주가 다시 오셔서 모든 구원이 성취된 것을 최종적으로 기뻐하는 자리에 앉게 될 그날을 갈망한다.

---

5. 신약성경이 구약성경을 사용한 것에 대해서는 D. Bock, "Use of the Old Testament in the New," *Foundations for Biblical Interpretation*, ed. D. Dockery, K. Mathews, and R. Sloan(Nashville: Broadman&Holman, 1994), 97-114 그리고 에세이 모음인 *The Right Doctrine from the Wrong Text?* ed. G. Beale(Grand Rapids: Baker, 1994)를 보라.

현대적 의미

이 항목에 대한 가장 기본적인 적용은 부활에 관한 다른 모든 설명들에서와 마찬가지로, 우리에게 예수가 부활하셨고 지금 살아 계시다고 확신시켜주는 것이다. 이런 확신은 우리를 위한 하나님의 역사하심을 확인할 때마다 매번 우리의 믿음을 깊게 만들어준다. 사도행전 2장 예수가 지금 하나님의 보좌 우편에 앉아 계심(참조. 5:31; 롬 1:3-4)을 이야기하는 것을 통해서 부활로부터 성장할 수 있는 우리 믿음을 발전시켜준다. 그곳은 아버지 하나님과 더불어 통치하시는 곳이며(시 101:1; 단 7:13-14), 우리를 위해 중보하시는 곳이며(롬 8:34; 요1 2:2), 또한 하나님이 자녀들에게 축복 주시는 것을 중재하시는 곳이다. 히브리서 5-10장은 왕 같은 제사장인 멜기세덱의 반차를 좇는 사역에 대해 언급하는데, 예수는 자기 백성들에게 이제는 더 이상 희생제사가 필요 없는 방식으로 축복을 중재하신다.[6] 그러므로 부활은 우리 존재가 하나님이 자기 자녀들에게 주시는 수많은 은혜의 축복들을 받을 수 있는 기초와 근거로서 역할 한다(참조. 벧전 1:3-6). 특히나 죄 사함, 성령, 그리고 영생 등과 같은 축복들에 대해서 말이다. 고린도전서 15장은 예수의 부활을 앞으로도 더 많은 부활들을 가져오게 되는(우리들의 부활을!) "첫 열매"(20절)라고 부르면서, 어떻게 부활이 이런 소망들을 성취하는지를 정확하게 설명한다.

이 두 명의 제자들은 예수가 부활하신 모습을 보여주신 유일한 제자들이 아니다. 이 점은 중요한데, 부활은 수많은 다른 성도들이 증거 하는 사건이기 때문이다. 고린도전서 15:5-8은 예수가 나타나셨던 사람들에 대해 간단한 목록으로 제시한다. 이 본문에 나오는 부활에 관한 다양한 보고들은 부활에 대한 증언이 얼마나 넓고 다양한지를 알려준다. 이미 지적했던 것처럼, 부활 소망의 저자는 예수 자신이시다.

예수가 하나님 우편에 계시다는 선포는 교회의 가장 오래된 신앙고백들 안에서 발견된다(가령, 사도신경). 이것은 추상적인 선포가 아니다. 기독교적 삶의 핵심적인 모습들은 이 확신과 연결되어 있다. 예수가 하나님 보좌 우편에 계시다는 것은 주가 이 세대와 다가올 세대에서 인류를 대적하는 모든 세력들을 넘어서는 권세를

6. 왕 같은 제사장의 역할에 대해서 두 가지 직위들을 동시에 포함하는 것으로 적절하게 이해하는 것은 매우 중요하다. 히브리서 7장은 이 두 가지 권위와 중재를 여기서 볼 수 있다는 점을 분명히 한다. 이 이미지를 지금은 제사장으로 그리고 나중에는 왕으로 나누는 것은 오래전 네스토리안주의와 교회가 싸우면서 만났던 도전처럼 그리스도의 성품을 둘로 나누는 것이다. 히브리서 1장은 주의 왕 되심이 주의 제사장적인 역할과 더불어 지금도 존재한다는 점을 분명히 한다.

갖고 계시다는 것을 의미한다(엡 1:19-23을 보라). 이런 권세가 우리에게 새로운 생명과 출생을 주시는 주의 능력 뒤에 자리 잡고 있다(엡 2:1-10).

부활 소망의 이런 측면은 매우 중요하다. 우린 종종 우리의 죄나 사탄이 우리보다 더 권능이 있다고 느끼기 때문이다. 그러나 부활을 통해 확인된 예수의 권능이라는 정황 속에서, 우리 여정에 사탄이 놓은 모든 장애물들을 우리가 극복케 하실 수 있는 바로 그분께 나아갈 수 있다. 제자들을 향한 부름은 주의 인도하심을 좇아가라는 것이며 또한 주가 우리에게 활용 가능하도록 주신 영적 재원들을 의지하는 것이다. 우리는 신약성경이 십자가에 대한 주석일 뿐만 아니라 부활에 대한 주석이기도 하다는 점을 얼마든지 주장할 수 있다. 우리가 그리스도 안에서 갖고 있는 모든 것들은 궁극적으로 부활을 통해서만 가능하기 때문이다.

사실 누가복음의 이 본문 안에는 하나의 조합이 들어있는데, 이는 기독교적인 실재의 두 가지 핵심적인 특징을 보여준다. 부활과 하나님의 말씀은 서로 조합을 이루면서 하나님의 약속의 실현이라는 실재적인 모습을 보여준다. 이 조합의 한쪽 편에는 계시된 하나님 말씀이 자리 잡고 있으면서 점차 말씀의 실현을 향해 나아간다. 하나님의 계시로서, 말씀은 받아들여져야만 하고 또한 믿어져야만 한다. 제자들은 이를 붙드는데 더뎠지만 말이다. 바로 이 점이 교회가 항상 사람들이 하나님의 말씀을 배워야만 한다고 강조했던 이유이다. 그렇게 함을 통해서 하나님의 길과 지혜를 발견하기 때문이다. 이 조합의 다른 편 끝에는 부활하신 예수가 자리 잡고 있는데, 예수는 하나님의 약속들을 성취하시면서 말씀이 주께 부여하고 있는 많은 특권들을 행사하신다. 주가 돌아오실 때, 주님은 주가 시작하신 일들을 마무리하실 것이다(참조. 행 3:21). 그러므로 부활은 새 생명을 향한 가교이며, 주의 약속 성취로 인도해주는 영광을 향해 나아가는 첫걸음이다.

아마도 이 본문에 대한 주석으로는 히브리서 1:1-4보다 더 좋은 주석이 없을 것이다. 하나님은 모든 것들의 상속자이신 성자를 통해 우리에게 말씀하셨는데, 이 성자는 성부의 오른편에 앉아계신 분이시며, 죄를 정결케 하는 분이시며, 천사들보다 뛰어난 분이시다. 하나님의 아들을 아는 것보다 더 위대한 특권은 아무것도 없다. 우리는 오로지 하나님이 죽은 자들로부터 부활시키셔서 하나님의 약속과 계획의 핵심이 되게 하셨음을 인식하는 것을 통해서만 주를 알 수 있다.

누가복음 24:36-53

36 이 말을 할 때에 예수께서 친히 그들 가운데
서서 이르시되 너희에게 평강이 있을지어다
하시니
37 그들이 놀라고 무서워하여 그 보는 것을 영
으로 생각하는지라
38 예수께서 이르시되 어찌하여 두려워하며 어
찌하여 마음에 의심이 일어나느냐
39 내 손과 발을 보고 나인 줄 알라 또 나를 만
져 보라 영은 살과 뼈가 없으되 너희 보는 바
와 같이 나는 있느니라
40 이 말씀을 하시고 손과 발을 보이시나
41 그들이 너무 기쁘므로 아직도 믿지 못하고
놀랍게 여길 때에 이르시되 여기 무슨 먹을
것이 있느냐 하시니
42 이에 구운 생선 한 토막을 드리니
43 받으사 그 앞에서 잡수시더라
44 또 이르시되 내가 너희와 함께 있을 때에 너
희에게 말한 바 곧 모세의 율법과 선지자의
글과 시편에 나를 가리켜 기록된 모든 것이
이루어져야 하리라 한 말이 이것이라 하시고
45 이에 그들의 마음을 열어 성경을 깨닫게 하
시고
46 또 이르시되 이같이 그리스도가 고난을 받고
제삼일에 죽은 자 가운데서 살아날 것과
47 또 그의 이름으로 죄 사함을 받게 하는 회개
가 예루살렘에서 시작하여 모든 족속에게 전
파될 것이 기록되었으니
48 너희는 이 모든 일의 증인이라
49 볼지어다 내가 내 아버지께서 약속하신 것을
너희에게 보내리니 너희는 위로부터 능력으
로 입혀질 때까지 이 성에 머물라 하시니라
50 예수께서 그들을 데리고 베다니 앞까지 나가
사 손을 들어 그들에게 축복하시더니
51 축복하실 때에 그들을 떠나 [하늘로 올려지
시니]
52 그들이 [그에게 경배하고] 큰 기쁨으로 예루
살렘에 돌아가
53 늘 성전에서 하나님을 찬송하니라

원 의미

누가복음에 나오는 부활과 관련한 세 번째 본문은 저자가 부활의 중요성을 다양한 방식으로 묘사하는 것을 증진시켜 준다.[1] 누가복음 24:1-12은 빈 무덤을 강조한다. 24:13-35은 예수의 등장을 제시했고 성경이 예언했던 부활에 대해서 강조했다. 현재 본문은 예수가 부활 이후에 제자들을 향해 모든 열방으로 가라고 명령하시는 것을 담고 있다. 이 본문에는 또한 주가 제자들과의 식사에 동참하

1. 이 설명은 비록 요한복음 20:19-23과 비슷한 접촉점을 갖고 있기는 하지만 누가복음에만 나온다.

시는 것과 제자들에게 주를 만져보라고 초청하시는 것 등의 좀더 풍성한 증거들을 제공하는데, 이는 주의 등장이 결코 단순한 환영이 아님을 보여준다. 예수가 그저 단순하게 부활한 육체를 갖고 있는 것처럼 나타난 것일 뿐이라는 모든 영지주의적인 주장들은 이 본문을 통해 배제된다. 그러므로 이 본문은 교훈적인 가치와 더불어 변증적인 가치도 있다.

이 장면은 예수가 계속해서 다양하게 등장하시는 것을 보고하고 있는 앞 단락이 확장된 장면이다. 주의 등장이 갖는 동력은 한 만남에 이어 다른 만남이 신속하게 이어지면서 계속 쌓여가고 있다. 제자들이 이런 보고를 공유하고 있을 때, 예수께서 그들 사이에 서시고 승리 가운데 주의 사역을 총괄해 선포하시는 말씀을 주신다. "너희에게 평강이 있을지어다." 이는 위로의 인사말이다. 그들을 위해 하나님의 축복이 선언된다. 마치 부활이 예수의 안위에 대한 염려가 종식되고 하나님의 계획의 연속성이 계속 진행되는 것처럼 말이다(참조. 눅 2:14; 행 10:36). 이 제자들 그룹은 주의 나타나심으로 인해 두려워하게 되는데, 그들은 예수가 "영"이라고 생각했기 때문이다(NIV, "귀신"). 그들은 여전히 주가 부활하셨다는 생각이나 주가 제자들에게 나타나고 계시다는 생각을 하는데 어려움을 갖고 있다.

예수는 이 제자들 그룹을 향해 왜 두려워하느냐고 그리고 왜 그들 마음에 의심을 품느냐고 물으신다. "마음"은 고대 세계에서는 무언가를 생각하는 장소이다. 예수의 말씀은 주가 나타나신 이후에도 몇몇 사람들은 여전히 의심하고 있음을 추측케 한다. 그래서 주님은 그들로 하여금 주의 손과 발을 바라보고 만져보라고 하신다. 주가 십자가에 달리셨던 증거가 남아있는 부분을 말이다.[2] 예수는 주가 직접 말씀하실 수 있는 최대한으로 "영"은 지금 그들이 보고 있는 것과는 달리 살과 뼈를 갖고 있지 않다고 지적하신다. 다른 식으로 말하자면, 부활하신 주의 몸은 육적인 요소들을 갖고 있다. 고린도전서 15:35-49이 주장하듯이, 부활한 몸은 영광스러운 모습으로 존재하는 동안 육체적 몸과 같은 면을 갖고 있기도 하고 동시에 다른 면을 갖고 있기도 하다. 예수는 제자들이 주가 진정으로 살아계심을 확신하게 하시고자 주가 하실 수 있는 모든 일들을 다 하신다.

주가 제자들에게 주의 손과 발을 보여주실 때, 그들은 여전히 부활을 믿어야 할 것인지에 대해 고민하고 힘들어하고 있다. 믿지 않는 것에 대한 말씀은 부활은 그

2. 예수가 십자가에 달리셨다고 제시하는 것은 이 본문과 요한복음 20:25이다. J. Schneider, "σταυρός", *TDNT*, 7:574-75를 보라.

들이 믿을 수 있을 만한 그런 일이 아니라는 것을 서사적으로 절제해서 표현하신 것일 수 있다. 왜냐하면 그들 역시 기쁨과 놀라움으로 가득하기 때문이다—이런 태도는 만약 그들이 이분이 예수님이라고 생각하지 않는다면 결코 보여줄 수 없는 그런 모습이다. 그들은 예수가 죽음에서 정말로 부활하셨다는 것을 알게 되면서 거의 까무러칠 지경이다.

예수는 먹을 것을 좀 달라고 말씀하시면서 좀더 핵심을 건드리신다. 구운 고기가 있었고, 주님은 그 중 조금을 가져다가 드신다. 이 식사는 예수가 환영이 아니라 진짜 존재라는 것을 알려준다. 주님은 다시 한번 그분 자신을 식탁에서 식사를 나누며 교제하던 자리에서 드러내신다.

예수는 이제 무슨 일이 벌어졌는지를 설명하신다. 주님은 어떻게 지금처럼 여기에 계실 수 있는가? 십자가와 부활은 무엇을 의미하는가? "바로 이것이 내가 너희와 함께 있었을 때 너희에게 말했던 것이다" 주님은 그들에게 주가 지금 벌어진 일에 대해 예언하셨음을 기억하게 하신다(9:22, 44; 17:25; 18:31-33; 22:37). 십자가에 달려 돌아가시고 부활하신 메시아는 하나님의 계획에서 수정된 것이 아니다. 이 길은 모두 다 하나님의 계획 안에 있었다(25절을 보라). 사실 예수에 관해 "모세의 율법, 선지자들의 글 그리고 시편들"에 기록된 내용들은 반드시 성취되어야만 한다.[3] 다시 한번 하나님의 작정하심의 '데이'(~해야만 한다)가 언급된다. 제자들은 성경이 약속했던 것들과 옛 성도들이 오랫동안 보기를 갈망했던 것을 기대하고 있다(10:23-24; 벧전 1:10-12).

그런 뒤 예수는 성경에 대해 가르치신다. 교회가 구약성경에 대한 이해를 예수로부터 발전시켜왔다는 점을 주목하라. 하나님의 약속의 기본적인 구성요소에 대한 주의 가르침은 세 개의 동사들을 통해 요약된다: "고난받다", "부활하다" 그리고 "선포된다"(헬라어에서는 모두 다 부정사로 표현되었다). 예수의 죽으심과 부활은 제자들에게 복음 선포적인 명령을 주시는 데로 나아간다. 이 모든 세 가지 단계들은 구약성경 안에 반영되어 있다. 그리스도, 즉 메시아는 고난 받으셔야만 하며(시 22:69; 사 52:13-53:12), 부활하셔야만 하며(시 16:8-10; 110:1) 제자들은 이제 예루살렘에서부터 시작해서 열방을 향해 "회개와 죄 사함"을 선포해야만 한다(누가는 사 40:3-5 그리고 암 9:12 등의 본문들이 이 약속에 꼭 맞는 본문들로

3. 모세, 선지자들, 그리고 시편들은 히브리 성경의 중요한 세부분들을 지칭한다. 누가복음의 주제인 '성취'에 대해서는 G. Delling, "πληρόω," *TDNT*, 6:295-96; G. Schrenk, "γράφω," 1:748을 보라.

본다). 요구되는 반응("회개")과 그 결과("죄 사함")가 여기 기록되어 있다.

구약성경에 뿌리를 두고 있는 회개는 중요한 개념인데, 히브리적인 회개의 개념에는 "돌아서다"는 의미가 내포되어 있기 때문이다. 즉 회개하는 것은 우상에게 속해있던 모습에서부터 방향을 전환해서 살아계시고 참되신 하나님을 섬기는 데로 돌아서는 것이다(참조. 살전 1:9-10). 이런 관점의 변화는 예수와 주가 주시는 죄 사함이라는 열매들을 받아들인다. 이런 구원의 메시지는 비록 제자들이 열방이 의미하는 바가 디아스포라 유대인들보다 더 넓은 범주를 의미한다는 것을 알게 되기까지 사도행전의 10장 이상이 소요되어야만 하긴 하지만 "열방"에까지 선포되어야만 한다. 제자들은 모든 족속과 나라에 선포해야만 한다—이 사실을 지금 우리들은 지극히 당연시하지만, 당시엔 매우 혁명적인 것이었다. 왜냐하면 그들에게 종교는 매우 강력한 인종적 성격을 갖는 것이었기 때문이다.

제자들은 예수를 둘러싼 사건들의 증인들로서 섬겨왔다. 그들은 주가 십자가에 달리신 것을 보았고, 지금은 주의 부활하신 몸을 보았다. 그들의 소명은 성경대로 어떤 일들이 일어났는지를 자신들이 알고 있는 대로 공유하는 것이다(고전 15:1-5). 예수는 그들을 보내실 것이지만, 이전에는 그들을 준비시키지 않으셨다. 이 마지막 지점에서, 주님은 그들에게 성부로부터 성령을 보내주실 것이다. 여기서는 요엘서에 나오는 마지막 때의 성령에 대한 약속과 예레미야가 새 언약의 일부로서 성령이 오시는 것을 약속한 것을 암시한다. 성령은 우리로 하여금 증인이 되게 하시고 예수에 대해 효과적으로 증거 할 수 있게끔 하는 분이시다(눅 12:11-12). 하나님의 계획이 앞으로 진행되어감에 따라, 제자들은 그 진행에 있어서 중추적인 역할을 담당한다. 그러나 성령께서 오실 때까지, 그들은 예루살렘에 머물러 있어야만 한다.

이 복음서는 예수가 베다니에서 데리고 나가셔서, 주의 손을 드시고서, 그들을 축복하시면서, 하늘로 떠나가시는 것으로 마무리된다. 여기에서 요약적으로 제시된 승천은 누가복음과 사도행전을 서로 연결지어주면서 사도행전 1:9-11에서 자세하게 묘사된다.[4] 예수는 하나님 편에서 계속해서 주의 사역을 하고자 떠나시면서 제자들을 축복하신다. 그들에게 뒤따라 나오는 것은 기쁨과 경배이다. 그들은 성전으로 돌아오는데, 이곳은 누가의 스토리가 스가랴와 더불어 시작했던 곳이다.

4. 이렇게 본문을 읽고 연결시키는 것을 주장하고 변호하는 것에 대해서는 M. Parsons, *The Departure of Jesus in Luke-Acts*, (Sheffield: Sheffield Academic Press, 1987), 193-94, 196을 보라.

누가는 성도들의 삶의 핵심이 하나님께 기쁨으로 반응하는 것임을 결코 잊지 않는다.

상황잇기

가교 역할을 하는 정황들과 관련한 이슈들에 대해서는 이미 부활을 다룬 앞선 본문에서 이미 다 다루었다. 부활은 하나님의 약속 실현 위에 세워졌으며, 이는 다시금 우리에게 하나님의 다른 약속들에 대해서도 확신하게 한다. 그러나 세 가지 점들이 남아있다. (1) 예수는 부활의 나타나심을 교회에게 땅 끝까지 이 복음을 들고 가라고 명령하시기 위해서 사용하신다. 이 명령은 결코 멈추지 않는 끝이 열려있는 유형의 명령이다. 하지만 우리는 이 처음 제자들과는 다른 의미에서 증인들이다. 그들은 그들이 보았던 것을 증거 했지만, 우리는 그들의 증거를 품고서 부활하신 예수에 대한 우리의 경험을 증거 한다.

(2) 예배라는 측면에서 복음에 응답하는 것은 이 본문의 또 다른 본질적인 특징이다. 우린 예배를 그저 단순하게 찬양을 드리는 측면에서만 생각하곤 하지만 예배는 예배의 가장 근본적인 토대로서 하나님을 향한 새로워진 태도와 하나님을 향한 개방성을 갖고 있다. 이 본문에 제시된 예배는 하나님께 찬양을 드리는 것뿐만이 아니라, 예수가 명령하셨던 것에 순종하는 것이기도 하다(49, 52절). 복음에 대한 반응과 더불어 오게 되는 변화는 우리 마음을 새롭게 하는 것이며 그래서 우리가 하나님께 우리 입술로 감사할 뿐만 아니라 우리의 행동들을 통해서도 감사하는 것이 되어야만 한다. 누가복음은 예수의 명령에 순종할 준비가 되어있고, 그 일을 기쁨으로 감당하고자 하는 제자들의 모습으로 마무리가 된다. 사도행전 4장은 그들이 여전히 그렇게 하고 있었다는 점을 보여주며, 우리도 여전히 이 명령을 마찬가지로 감당해야만 한다는 것을 보여준다.

(3) 이 명령을 완수하게 하는 핵심은 하나님의 성령께서 우리에게 능력을 주시는데 있다. 성령님의 인도하심과 권능을 통해서, 이 메시지는 밖으로 나갈 수 있으며, 또한 배척에 대해서도 담대하게 맞설 수 있다(행 4:24-32). 사도행전 2장을 슬쩍 훑어보는 것만으로도, 베드로 자신이 주가 재판받던 장소에서 주를 부인하던 소심하고 겁 많은 모습으로부터 오순절 때 두려움 없는 열정으로 수많은 군중들을 향해 설교하던 선포자로 변화했음을 보여준다. 이런 대조는 성령께서 변화시키시는 역사를 행하신다는 증거를 보여준다.

현대적 의미

누가복음 24장의 사명은 공동체인 우리들에게 복음을 들고 모든 열방으로 나아가라고 명령한다. 그러나 우리는 어떻게 해야 이 사명을 효과적으로 감당할 수 있는가? 각각의 세대들은 이 메시지를 시작해야만 하며 또한 하나님과의 관계나 죄 사함이라는 기본적인 내용들을 특정한 문화가 이해할 수 있는 방식으로 골격을 짜야만 한다. 복음을 효과적으로 전달하기 위해서는 가교를 놓는 연결 유형이 매우 중요하다. 종종 어떤 한 문화 안에서 이미 살고 있는 사람이 청중들에게 복음을 전달하는 일에 있어서는 그 문화 밖의 사람보다 훨씬 더 그 일을 잘하곤 한다. 그런 사람들은 문화적인 특성이나 비유들을 잘 이해하기 때문에 사람들이 적절히 받아들이고 이해할 수 있는 방식으로 복음에 대해 이야기할 수 있다.

다른 문화권과 의사소통을 할 때, 복음을 그 문화의 그림들에 잘 연관시킬 수 있는 사람들이 가장 효과적으로 복음을 분명하고 적절하게 제시할 수 있는 사람들이다. 나는 내가 미국 밖으로 여행을 할 때마다 항상 삽화들이나 의사소통에 있어서 조금 낯선 감을 느끼곤 한다.

왜냐하면 내가 텍사스에서 사용하는 많은 것들이 튀빙겐이나 과테말라에서는 제대로 인식되지 못하거나 제대로 이해할 수 없는 것들이기 때문이다. 물론 이런 점이 내가 복음을 그들과 공유할 수 없다는 것을 의미하는 것은 아니지만, 내가 주도적 문화가 무엇인지, 그 가치체계는 어떠한지, 영웅들은 누구인지, 그들이 좋아하는 게임들은 무엇인지, 그리고 이와 같은 일상생활의 요소들에 관해 질문하는데 종종 시간을 보내야만 한다는 것을 분명 의미한다. 내가 좀더 가까이에서 살펴보면 복음의 메시지는 사람들이 살아가는 삶의 측면에서 좀더 친밀하고 인격적으로 전달될 수 있다.

이와 같은 다양한 의사소통이나 다양한 청중들에 대한 세심성은 신약성경 안에 잘 반영되어 있다. 예수는 팔레스타인의 농업으로부터 예를 들어서 의사소통하시곤 하셨는데, 주는 대부분 농업적인 환경 속에 계셨기 때문이다. 그러나 사도행전의 설교들은 유대인들을 향한 접근과는 사뭇 다른 방식으로 이방인들에게 접근하는 것을 담고 있다.

예를 들어서, 바울은 헬라의 시인들을 인용하거나 혹은 헬라 문화의 용어들을 사용하곤 했다. 이것은 이방인들을 위한 복음은 그 자체가 다르기 때문이 아니라, 다른 문화들은 다른 이미지들과 용어들을 요구하기 때문이다. 유대인들을 향한 설교들은 하나님의 백성들이 갖고 있는 긴 역사에 대해서 호소할 수도 있고 또한 자기 백성을 향한 하나님의 약속에 호소하는 방식을 취할 수도 있다. 이방인들을 향한 설교들은 하나님을 창조주나 심판자로서 선포해야만 한다. 인간과 새로운 관계성을 확립하시는 분으로 선포해야만 한다. 교회에 대한 비유는 몸이라는 이미지를 사용했는데, 이는 헬라의 정치적인 이미지들은 도시를 유기적 기관처럼 이야기했기 때문이다. 교회가 복음을 전 세계로 계속해서 가지고 나감에 따라, 우리는 어떻게 하면 복음의 진리를 우리 청중들에게 익숙한 장면들로 전달할 수 있을 것인지를 생각해야만 한다.

여기에는 청소년 그룹들에게 그들의 세상에 접속하기 위해 예화나 삽화들을 사용하는 것도 포함된다—예를 들어서, 스포츠나 운동들. 사업에서 효과를 거두기 위해서, 사람들은 언어사용에서 스피킹을 요구하곤 한다.

우리 교회에서는 나를 위해 예화조절을 담당하는 그룹을 두었는데, 나는 스포츠 예화들을 좋아하는 경향이 있기 때문이다. 우리 공동체에 속해있는 어떤 여성분들은 내가 성경 공부를 가르칠 때마다, "문화적으로 평등한" 예화를 위해 이 일을 자발적으로 감당한다. 내가 가르칠 때 한쪽 성별에만 치우친 그런 모습이 되지 않게끔 하기 위해서 말이다. 이 운동은 내게 나의 모든 청중들을 생각해야 한다는 점을 생각하게 해준다.

이 모든 점들이 의미하는 것은, 복음에 대해 미리 포장하거나 익숙한 방식으로 포장해서 접근하는 것은 비록 우리가 우리 믿음을 전하고 나누는데 있어서 편안하게 출발할 수 있게끔 해주기는 하지만 결코 우리가 복음을 증거 하는 유일한 방식들이 되어서는 안 된다는 점을 뜻한다.[5] 성경은 믿음에 대한 풍부한 은유들로 가득 차 있다. 우리는 복음을 증거하고 나눌 때 이런 풍성하고 다양한 용어들을 적절히 인식하고 활용해야만 한다. 우리가 한 사람에게 하나님의 은혜를 믿음 안에서 받아들이라고 말하면서 자기 자신의 행위를 구원을 위한 방편으로 신뢰하지 말라고 말하는 한, 우리는 복음을 선포하고 있는 것이다.

우리는 우리가 어디에서부터 회심하는지에 대해서 이야기할 때, 회개에 관해 이야기할 수 있다. 우린 돌아서는 것에 대해서 하나님을 받아들이는 것에서부터 주어지는 변화라고 묘사라고 이야기할 수 있다. 우린 소망의 대상을 두드러지게 강조하기 위해 그리스도에 대한 믿음을 이야기할 수 있다. 우린 그저 정서적인 동

5. 이 다양성과 이 논쟁에 관한 세부사항에 대해서는 D. Bock, "Jesus as Lord in Acts and the Gospel Message," *BibSac* 143(1986): 146-54를 보라.

감이 아니라 인격적으로 믿음을 소유하는 것을 강조하기 위해 주를 받아들이는 것을 대해 이야기할 수 있다. 우리는 예수의 관점을 가지고 행동하는 것을 묘사하기 위해 주께 나아감에 관해 이야기할 수 있다. 우리는 믿음의 존재를 어떻게 입으로 말하는가를 표현하는 것으로서 주를 고백하는 것에 관해 이야기할 수 있다. 이 모든 내용들과 말들은 우리를 구원하는 믿음의 행동들을 강조적으로 보여준다. 이 내용들은 예수가 그분의 은혜로 우리들을 용서하실 것이며 우리들을 주님과의 관계 속으로 데려가신다는 신뢰를 갖고 우리가 예수를 받아들이는 것에 관한 내용들이다.

이 본문이 제기하는 또 다른 이슈는 예수의 부활인데, 부활의 존재는 사후 세계가 있다는 것을 증명하기 때문이다(참조. 고전 15장). 이 새 생명은 비록 그 형태가 지금의 생명과는 다르지만, 실체에 대한 의식을 갖고 있다. 부활이 신체적인 특성을 갖고 있다는 점은 우리가 지금 누구인지와 우리가 앞으로 누가 될 것인지의 사이에 연속성이 있다는 점을 보여준다.

죽음은 끝이 아니라 전환이다. 그렇다면 도대체 무엇으로 전환된다는 질문이 있을 수 있다. 한 사람은 영생으로 들어갈 것인가, 아니면 두 번째 삶으로 들어갈 것인가, 아니면 좀더 영원한 죽음으로 들어갈 것인가? 무엇으로 전환되는 것인가? 생명에 대한 선택은 예수에 대한 선택을 포함한다. 이 복음 전체는 그런 선택과 결과에 대한 내용을 담아왔다. 이 항목에서 내가 이야기했던 내용 중에는 이 주제를 계속해서 반복했던 부분들이 들어있는데, 그건 누가가 이 점에 대해 계속 반복해서 이야기하기를 원했기 때문이다.

예수를 증거 하는 증인이 된다는 것은 특권이다. 물론 전문적인 의미에서 증인은 부활하신 예수를 본 사람을 의미하고 또한 주의 지상 사역을 아는 사람들을 의미한다. 그것은 오직 1세기 사람들에게만 해당한다. 하지만 이차적인 의미에서 우리도 주가 우리 삶 속에서 행하신 역사에 대해서 알고 있고 제자들이 교회에 위임했던 복음을 우리가 공유하고 나눌 때 이런 우리의 증거들을 함께 나눌 수 있다. 다른 사람들이 하나님의 존재를 경험할 수 있게끔 돕는 것보다 더 위대한 사명이나 더 높은 소명은 없다. 최근에 나는 만약 내가 복음을 증거 하는데 그 대상인 사람이 이미 하나님과 관계를 맺고 있다고 이야기하지만(그들이 교회 구성원이거나 다른 외적인 이유로 인해) 예수에 대해서는 모른다고 이야기할 때, 어떻게 해야 하는가라는 질문을 받았다. 나는 어떻게 반응해야 할 것인가? 뒤이어진 논의에서 세 가지 사항들이 제시되었다.

(1) 주의 깊게 듣는 것에서 출발하는 것이 가장 좋다. 기독교인들은 종종 너무 빨리 이야기하지만 듣는 데는 더디 한다. 한 사람의 영적인 여정을 듣고 공유하는 것을 통해서, 우린 그 사람이 하나님에 대해 갖고 있는 생각과 그 사람이 어떤 종교적 경험을 원하는지를 알 수 있다. 때때로 한사람이 하나님을 찾고자 했던 것이나 찾지 않고자 했던 것을 듣는 것을 통해서, 우린 그 사람에게 어떻게 이야기하고 증거 해야 할지를 분별할 수 있게 되기도 한다. (2) 우리는 한 사람이 자신이 하나님과 맺고 있는 관계에 대해 어떻게 확신을 갖고 있는지를 알아볼 수 있다. 때때로 복음을 믿는 것이 시작되는 것이 자신의 불확실성을 표현하는 것을 통해 나타나기도 한다(참조. 행 17:23의 바울). (3) 우리는 하나님께 나아가는 유일한 길로서 예수를 소개받은 것이 언제인지에서부터 시작해서, 우리가 갖고 있는 신앙 경험들의 긍정적인 측면을 나눌 수 있다.

나는 종종 신자들이 신학적으로 무엇을 말해야 할지 확신이 안 들어서 복음을 증거 하는데 두렵다고 말하는 것을 듣곤 한다. 이들은 불신자 친구들과 더불어 논쟁을 벌일 능력이 없다고 생각하거나 혹은 항상 그렇게 하는 것을 원하지 않는다. 하지만 우리는 증인이 되기 위해서 신학적인 용어들을 배워야하거나 변증법적인 방법들을 익혀야만 할 필요는 없다. 우린 그저 우리의 스토리를 이야기하기만 하면 될 뿐이다. 많은 교회들은 목회자가 성도들로 하여금 무언가 잘못된 것을 말하지 않을까 두려워하지 않게끔 잘 조절해서 간증을 하게 하는 효과적인 방법을 예배시간에 첨가할 수 있다. 이처럼 우리 삶 속에서 하나님이 함께하셨다는 것을 나누는 것을 통해서, 우린 하나님을 증거 하는 구두연습을 할 수 있고 또한 하나님이 어떻게 다양한 방법들을 통해 역사하시는지를 듣는 훈련도 할 수 있다. 하나님은 다른 사람들에게 가시적으로 제시된다.

그리스도를 교회 밖의 사람들에게 효과적으로 전하기 위해서는 일반적으로 그들과 관계를 형성하기 위한 시간이 필요하다. 이 방법을 통해서, 우린 그들이 복음을 증거 할 수 있을 만큼의 충분한 신뢰감을 갖게끔 그들과 가까워져야만 한다. 하나님이 주신 사명에 참여하는 것은 우리에게 매우 귀한 일이다. 우리가 복음증거의 결과에 대해 너무 신경이 곤두서지 않게끔 하기 위해, 예수에 대해 우리 힘만으로 결코 전하거나 다른 사람과 공유할 수 없다는 사실을 기억하도록 하자. 예수는 성령을 주시는데, 이 성령은 우리 안에 내주하시면서 우리가 증거 할 수 있도록 도우시는 분이시다. 제자들은 권능을 받고 믿음의 확신을 나누어 줄 수 있기 위해서 성령을 기다렸다. 성령께서 얼마나 효과적으로 이 일을 하실 수 있는지를 보려면,

우린 그저 주를 세 번 부인하던 베드로와 사도행전에서 복음을 선포하던 베드로를 비교해보기만 하면 된다. 우리가 복음을 증거 하는데 있어서 가장 큰 장애물은 다른 사람들의 반응이나 우리 자신의 능력에 대해 우리가 갖는 두려움이다. 다른 사람들이 보일 반응들에 대한 두려움은 우리가 하나님이 우릴 받아주신다는 의지와 믿음을 불확실하게 갖고 있다는 것을 보여주는 것이지만, 성령은 우리로 하여금 예수를 증거하고 나누도록 도와주신다.

누가복음은 오픈 엔딩(open ending, 열린 끝마침)이라고 불릴 수 있는 모습으로 결론 맺는다. 제자들은 그들이 이 세상에 예수를 전할 수 있는 능력을 갖게끔 하나님이 그들에게 주실 능력을 기다리기 위해 예루살렘으로 돌아간다. 누가는 제자들이 하나님이 그들에게 행하라고 명령하신 사명을 완수해가는 것을 초대교회 역사에 대한 설명과 더불어 앞으로 계속해서 제시할 것이다. 그러나 사도행전의 마지막 부분에서조차도, 이 사명에 관한 설명은 끝나지 않는다.

예수 그리스도에 대해 이 세상에 증거 하는 메시지는 한꺼번에 하나의 메시지로 세상으로 나아간다. 이 메시지는 선교사를 통해서, 설교자나 복음증거자를 통해서, 이웃집 아주머니를 통해서, 사업장의 동료를 통해서, 친구들에게 10대들을 통해서, 귀한 아들딸에게 아버지나 어머니를 통해서, 심지어 아버지나 조부모들에게 아이들을 통해서 전해질 수 있다.

증인으로서 증거 하는 일은 기쁨이나 절망 혹은 심지어 죽음의 문턱에 있는 순간들에도 할 수 있다.

복음을 나누는 일은 영어, 스페인어, 독일어, 프랑스어, 러시아어, 한국어, 중국어, 일본어 그리고 다른 모든 언어들로 일어날 수 있다. 단지 주가 행하신 일과 그 과정들을 깊이 묵상하는 것도 오랫동안 소망과 죄 사함의 메시지와 더불어 내려온 예수의 부활의 권능을 증거 하는 일이 될 수 있다. 도대체 다른 어떤 운동이 기독교처럼 오랜 세월 동안을 거쳐 내려오면서 이렇게 다양한 문화권들을 접촉하고 복음을 전한 것처럼 할 수 있단 말인가? 도대체 다른 어디에서 이처럼 넓은 범주의 다양한 국적의 사람들이 이처럼 함께 모여 풍성한 교제를 나눌 수 있단 말인가? 첫 번째 사도들로부터 시작된 이 사명이 보여주는 성공 안에서 우리는 분명 복음의 권능을 일부 볼 수 있다. 도대체 어떤 다른 운동이 이처럼 잘 이해하지 못하는 희미한 모습으로 시작해서 이렇게 포괄적이고 분명한 모습으로 끝맺음 한단 말인가? 하나님은 성전에서의 선언과 베들레헴에서의 탄생으로 시작된 이 운동 안에서 분명하게 역사해 오셨다.

우리는 역사를 통해 이루어진 그런 믿음의 행진을 함께 공유할 수 있는 기회를 갖고 있다. 하나님은 그분께서 오래전에 고대 유대 문헌들에서 약속하셨던 것을 성취하고 계신다. 예수가 1세기 때 대부분이 갈릴리인들이었던 소그룹의 제자들에게 명령하신 사명 속에 계셨던 것과 마찬가지로, 하나님은 지금도 우리들이 그 사명을 공유하는 것 안에 역시 함께 하신다. 믿음의 행진은 한 지역으로, 한 사람에게로, 그리고 한번의 증언으로 계속 진행된다. 오래전에, 누가는 데오빌로에게 그가 이 영광스러운 행진대열에 속해있다는 것을 확인시키고자 글을 썼다.

우리에게 다행스럽게도, 하나님은 데오빌로가 예수를 통해 주시는 하나님의 은혜를 확신해야 할 유일한 사람이 아니라는 점을 분명히 하셨다.